DER GROSSE BOSS

DER GROSSE BOSS

Das Alte Testament

Unverschämt fromm
neu erzählt
von Fred Denger

Eichborn Verlag

CIP-Titelaufnahme der Deutschen Bibliothek

Denger, Fred:
Der grosse Boss: d. Alte Testament – unverschämt fromm
neu erzählt/von Fred Denger. – Neuaufl. – Frankfurt am
Main: Eichborn, 1990
ISBN 3-8218-0099-2

Neuausgabe
© Vito von Eichborn GmbH & Co. Verlag KG, Frankfurt
am Main, August 1988 · Cover: Uwe Gruhle ·
Bleisatz · Druck und Bindung: Wiener Verlag
ISBN 3-8218-0099-2
Umschlaggestaltung: R. Lauer

Verlagsverzeichnis schickt gern:
Eichborn Verlag, Hanauer Landstraße 175,
D-6000, Frankfurt 1

All denen
die mich wegen dieser
meiner frechfrommfröhlichfreien
hemdsärmeligen Bibel-Fibel
anfeinden werden oder mir gar
mit Luthers deftigem Ausspruch kommen:
„Du solltest nicht eher ein Buch schreiben
du hättest denn den Furz
einer alten Sau gehört!"
möchte ich
ebenso frei nach
Dr. Martin Luther
antworten:

„Die Wahrheit zu sagen
hab ich's recht gern
wenn man wider mich streitet
wenn mein GROSSER BOSS
sie also erbittert
daß sie sich vor Bosheit
die Zungen zerreißen
dieweil ich unter des Glaubens Schatten sitz
und lache der Teufel und seiner Schuppen.
Hab ich's doch von Anfang an gewußt
daß ich eher 10 000 finden wollte
die meine Arbeit tadeln
ehe ich einen fände
der mir das 20. Teil nachtäte.
Nehme sich also jeder Klugscheißer
selber die Bibel vor
und mach er sich seine eigene."

KAPITELVERZEICHNIS

WELTREKORD IN SECHS TAGEN

1 Mose 1, 2

Der GROSSE BOSS schlägt zu! DER GROSSE BOSS will ein tolles, ein einmaliges Ding drehen, das Ding mit der Welt. Das hat vor ihm noch keiner gewagt. Kunststück, die Welt nämlich ist momentan ein trostloses Tohuwabohu aus lauter Wasser. Bloß die Idee ist da, die Idee vom GROSSEN BOSS. Sie geistert über den rabenschwarzen Fluten.

Die Düsternis mißfällt dem GROSSEN BOSS. *Man sieht ja nicht die Hand vor Augen!* räsoniert er. *Licht! Aber ein bißchen dalli!* Prompt wird es hell.

Das behagt dem GROSSEN BOSS. *Prima, wie das funktioniert. Hell wie der lichte Tag.* Damit hat die Helligkeit ihren Namen weg. Um sie von der Dunkelheit zu unterscheiden, nennt er die Finsternis Nacht. Er rahmt sie mit zwei Dämmerungen ein, mit Abend und Morgen. So entsteht der erste Tag. Übrigens an einem Montag.

Am nächsten Morgen überprüft der GROSSE BOSS seine Installation und schüttelt den Kopf. *Man kann ja gar nichts unterscheiden! Himmel, ist das 'ne Nässe!* Hatte er eben Himmel gesagt? Rasch wuchtet er ein Zirkuszelt quer durchs Wasser, so daß ein Teil darunter und einer darüber ist. Das Chapiteau nennt er Himmel.

Über all der Wasserverdrängung wird es wieder Abend. Der zweite Tag ist rum. Der Dienstag.

Anderntags früh starrt der GROSSE BOSS so lange auf den Wasserspiegel, bis ihm die Augen tränen. *Zuviel des Guten!* kritisiert er und gibt dem Wasser den Befehl, sich in ein paar geeignete Tümpel zurückzuziehen. Er will was Trockenes sehn.

Es klappt wie am Schnürchen. Das Trockene nennt der GROSSE BOSS Land, die riesigen Wasserpfützen Meer. Eine Weile gefällt ihm seine interkontinentale Gestaltung nicht schlecht, dann kneift er taxierend ein Auge zu. Sahen diese Dreckbatzen aus Erde nicht geradezu kläglich aus?

Der GROSSE BOSS liebt die schnellen Entschlüsse. Er fordert die Erde auf, grün zu werden und zu blühen. Und lustig sprießt es: eine Wiese mit Blümchen; Felder mit Korn voller Klatschmohn; und Obstbäume natürlich, Kernobst und Steinobst, damit später etwas nachwüchse. Mit zufriedenem Schmunzeln läßt der GROSSE BOSS noch mal sein Künstlerauge über das Stilleben schweifen und beendet den dritten Tag. Am Mittwoch.

Donnerstags übertrifft der GROSSE BOSS sich selbst: Er erfindet Sonne, Mond und Sterne und dekoriert mit den Laternen den Himmel. Die große rote soll den Tag, die kleinere gelbe die Nacht beherrschen. Die vielen kleinen und klitzekleinsten sind für die Schiffahrt, die Kalendermacher, die Astrologen und -nauten bestimmt. Das alles geschieht nach Adam Riese am vierten Tag. Der GROSSE BOSS reibt sich zufrieden die Hände.

Kurz vor Sonnenaufgang am nächsten Morgen betrachtet der GROSSE BOSS nachdenklich seinen Rohbau. Irgend etwas stimmte noch nicht. Gleich darauf weiß er auch, was. *Ich muß ein bißchen Leben in die Bude bringen!* Damit meint er die Erde, *Im Wasser soll's wimmeln und in der Luft flattern.*

Als erstes konstruiert er einen kolossalen Walfisch. Dann kommen die Delphine, die Lachse und ganz zuletzt die Kaulquappen an die Reihe. Anschließend macht er sich an die Fabrikation der Nachtigall, der Taube und des gemeinen Feld-, Wald- und Wiesenspatzes. Das ist eine Mordsarbeit, deshalb gibt er den Fischen und den Vögeln den Rat: *Vermehren müßt ihr euch schon selber. Ich hab noch 'ne Menge zu tun. Heute ist bereits Freitag. Der Fünfte!*

Gleich bei Anbruch der nächsten Morgendämmerung ergänzt der GROSSE BOSS seinen Tierbestand mit einer konkurrenzlosen Menagerie: Vom Regenwurm über die Klapperschlange bis zum Krokodil, von der Gonokokke über die Filzlaus bis zum Zirkusfloh, von der Kanalratte über die Wildsau bis zum ausgewachsenen Elefanten — der GROSSE BOSS vergißt rein gar nichts.

Trotzdem ist er noch nicht zufrieden, besonders als er sieht, wie ein Rauhhaardackel sich mit einer Angorakatze balgt. *Da unten müßte einer sein, der für Ordnung sorgt!* überlegt der GROSSE BOSS laut. Und hat auch schon eine Idee: Er erfindet den Menschen. Er macht ihn nach einer flüchtigen Skizze, so wie er ihn sich einbildet, ihn, den Mann — und sie, die Frau.

Als er die beiden fertig hat, sagt er zu ihnen: *Na denn! Meinen Segen habt ihr...* Er schenkt ihnen all das Gepladder, Geflatter, Geschnatter, das Meckern und Brüllen und den Moby Dick dazu. *Nun pflanzt euch aber auch schön fort!* ermahnt er sie und lächelt diskret. *Macht Geschichte, nicht nur Geschichtchen. Alles dürft ihr euch untern Nagel reißen, Hummer, Kaviar, Gänseleber, Büffelschinken und Langusten, aber laßt die Delikatessenlieferanten nicht aussterben. Jagt nicht zum Vergnügen! Ist das klar?*

Der GROSSE BOSS hätte gern noch mehr gesagt, aber da ist es schon wieder Abend. Der sechste Tag geht zu Ende, ein Samstag, und der GROSSE BOSS hat Kreuzschmerzen von seiner Superschaffe. Doch das vergißt er beim Anblick seiner Mammutbaustelle. *Hab ich das nicht Klasse hingekriegt?*

Als der GROSSE BOSS am siebten Tag frühmorgens in die Sonne blinzelt, ist zufällig Sonntag. Da bleibt er gleich liegen. *Heut wird geschwänzt!* frohlockt er. *In sechs Tagen Himmel und Erde auf die Beine zu stellen — das soll mir erst mal einer nachmachen!* Er dreht sich auf die andere Seite und murmelt im Einschlafen: *Das wollen wir auch in Zukunft so halten — sechs Tage wird gearbeitet, am siebten wird gefeiert.*

So entstanden Himmel und Erde: die Schöpfung. Eine Rekordleistung. Und alles Handarbeit.

STRIPTEASE IN DER PARADIESBAR

1 Mose 2

Unter uns gesagt – anno dunnemals, als der GROSSE BOSS in seinem gigantischen Hobbyraum an seinem Weltmodell herumbosselte, ging keineswegs alles glatt. Da sproß es mitnichten aus heiterem Himmel, weil unter einem heiteren Himmel von allein nun mal nichts sprießt. Dazu muß es schon regnen, denn der Mensch und die Gießkanne sind an diesem Mittwoch noch nicht erfunden. Zum Glück legt sich dicker Nebel wie ein nasser Schwamm auf die Erde.

Aus eben diesem klitschigen Lehm töpfert der GROSSE BOSS den ersten Menschen. Ab und zu wirft er einen flüchtigen Blick auf seine flüchtige Skizze und knetet und knetet. Der Kopf macht die meiste Arbeit. Ihn modelliert er siebenmal, denn sechsmal ähnelt er einem Affenkopf. Zuletzt gibt er es auf: *Vielleicht entwickelt der Kerl sich, wenn ich ihm kräftig in die Nase blase.*

Gesagt, getan – er bläst. Seit der Zeit gilt der Mensch als Lebewesen. Er macht von der ersten Stunde an nichts anderes als Scherereien. Seinetwegen betätigt sich der GROSSE BOSS sogar als Gartenarchitekt. *Wenn er schon leicht mißraten ist, der Mensch, soll er wenigstens schön wohnen,* beschwichtigt er sich und gestaltet einen geradezu paradiesischen Garten. Er nennt ihn Eden, das heißt ‚Wonne'. In ihn verfrachtet er den menschgewordenen Lehmbrocken, zwischen die bunt blühenden Blumen, unter die prachtvoll anzuschauenden Bäume, von denen alle naslang das Tafelobst prasselt.

Nur von zwei Bäumen im Zentrum der Plantage fällt nichts Reifes: vom Baum des Lebens und vom Baum der Erkenntnis. Der Erkenntnis dessen nämlich, was sich gehört und was nicht, was moralisch ist oder fies, göttlich oder bigott. Kurz: gut oder böse.

Bei passender Gelegenheit warnt der GROSSE

BOSS seinen Erstling: *Hör zu, Junge! Obst ist gesund. Iß soviel du willst. Von allen Bäumen, von allen Sträuchern. Nur rühre den Baum da drüben nicht an.*

Der junge Mann hat den Baum bislang gar nicht beachtet. Es gibt ja unzählige Bäume ringsum. Jetzt wird er neugierig. *Schmecken die Äpfel anders als die anderen?*

Das sollst du gar nicht erst erforschen! knurrt der GROSSE BOSS. *Wenn du von meinem Erkenntnisbaum naschst, muß ich dich leider wieder aus dem Verkehr ziehen. Haben wir uns verstanden?*

Meinethalben, brummt der nackte Twen und müht sich vergeblich, eine hoch hängende Traube zu erreichen. *Die ist mir zu sauer!* quengelt er und gibt es auf.

Das beobachtet der GROSSE BOSS. *Ich muß ihm einen Partner machen,* grübelt er. *Wenn der Bursche allein ist, kommt er auf dumme Gedanken.* Oder war es vielleicht ein guter Einfall, daß der Grünschnabel das Schwein Schwein nannte, als er ihn aufforderte, den Tieren einen Namen zu geben? Nur weil das Schwein seinen Rüssel grunzend in den Dreck steckte, aus dem der Kerl doch selbst gebosselt war!

Als er den Hund abfällig Köter nennt, ermahnt ihn der GROSSE BOSS zu mehr Respekt. Da hat er grad den Tausendfüßler beim Wickel und zählt dessen Extremitäten. Darüber schläft der erste Welt-Mann ein.

Sein Schnarchen erinnert den GROSSEN BOSS an seinen Plan, den Primitivling in gute Gesellschaft zu bringen. Heimlich säbelt er ihm eine Rippe aus dem Gerippe, nimmt dazu die Rundung des Mondes, die Wellenlinie der Schlange, das Zittern des Grases, den Blick des Rehs, die Heiterkeit des Sonnenstrahls, die Tränen der Wolken, die Unbeständigkeit des Windes, die Furchtsamkeit des Hasen, die Eitelkeit des Pfaus, die Härte des Diamanten, die Süße des Honigs, die Grausamkeit des Tigers, die Wärme des Feuers, die Kälte des Schnees, die Schwatzhaftigkeit des Hähers und das Gehirn der

Turteltaube. Das alles mischt er zusammen und bastelt den zweiten Menschen daraus — sie, die Frau. Ein Teenager noch, wenn man genauer hinsieht.

Das tut der Boy auch, als der GROSSE BOSS ihm anderntags das Girl zuführt. Er mustert sie ungeniert und staunt: *Die ist ja aus demselben Material wie ich?!* Er zwickt das Mädchen in den Po. *Fleisch von meinem Fleisch!* Er klopft ihr mit dem Fingerknöchel aufs Schlüsselbein. *Knochen von meinem Knochen!*

Ganz recht, sagt der GROSSE BOSS, *deshalb werden auch in Zukunft die Jungs ihren Eltern davonlaufen, um sich den Mädels an den Hals zu werfen. Ein Fleisch, ein Bein, ein Bett.*

Der junge Mann studiert interessiert den Schoß des neuen Spielgefährten. *Da unten fehlt was! Naja, dafür hat sie oben etwas mehr, das gleicht es wieder aus. Wie soll ich sie nennen? Vielleicht Mausi? Dann heißt's später, sie sind mit Mann und Mausi untergegangen, hahaha!* Sein Lachen kommt ihm selbst albern vor. *Oder was für einen Namen schlägst du vor?*

Der GROSSE BOSS ist inzwischen gegangen. Sollten die sich ruhig erst mal beschnuppern und befummeln. Denn Scham kennen die beiden Nudisten natürlich nicht. Natürlich!

3

DER MINIROCK — EIN ALTER HUT

1 Mose 3

Eines Tages bückt sich der erste Mensch, den der GROSSE BOSS mit aufreizenden Kurven versehen hat. Das Mädchen will einen Ast aufsammeln, weil der Kerl von einem Kerl ihr aufgetragen hat, für Brennholz zu sorgen. Er selbst ist zum Bücken zu faul. Das wird sich auch nie ändern.

Aber der morsche Ast ist kein morscher Ast. Er ist eine Schlange, eine Hornviper mit breitem, plumpem Kopf, auf dem zwei kleine Hörner sitzen. Sie ist ein ausgekochtes Luder; eine richtige Schlange! Hinterlistig fängt sie an, mit dem Mädchen zu tratschen. *Stimmt es, daß der GROSSE BOSS gesagt hat, ihr sollt die Finger vom Obst lassen?*

Quatsch! sagt das Mädchen. *Wir dürfen überall ran. Ich kann das Zeug schon nicht mehr sehen. Bloß von dem Baum da drüben – die Äpfel sind ungenießbar. Von denen stirbt man, sagt der GROSSE BOSS.*

Die Hornviper züngelt höhnisch: *Und das glaubst du? Jede Wette, daß du nicht davon stirbst! Der GROSSE BOSS hat das nur gesagt, damit du nicht genauso gescheit wirst wie er. Wenn du nämlich in so 'n Apfel reinbeißt, dann fällt es dir wie Schuppen von den Augen, und du kannst plötzlich unterscheiden, was gut ist und was böse.*

Wozu soll denn das gut sein, wenn ich weiß, was böse ist?

Die Schlange ringelt sich ganz dicht an das Mädchen heran und zischelt ihm mit ihrer gespaltenen Zunge lauter Lügen ins Ohr. Versteht sich, daß die Kleine neugierig wird; die verbotenen Früchte sehen ganz besonders saftig aus. Und wenn man von ihnen auch noch klug wurde... Der Kerl hatte doch heut morgen gesagt, sie stelle sich dümmer an, als die Polizei erlaube...

Ein letztes Zögern, dann huscht das Mädchen mit klopfendem Herzen zum Baum der Erkenntnis, pflückt den erstbesten Apfel, beißt hinein und rennt mit dem Rest zu ihrem Partner: *Koste mal!*

Der Nichtsahnende kaut auf beiden Backen. Als der letzte Bissen ihm im Hals stecken bleibt und seine Kehle sich zum Adamsapfel ausbeult, weiß er plötzlich, daß er Adam heißt. Vor Freude errötet er. Seit dem Moment bedeutet sein Name auch ,rot sein'. Der erste Mensch – ein Roter...

Als er noch an dem Apfelstück herumwürgt, werden seine Augen größer und größer. Zum Kuckuck, was fiel dem Mädchen ein! Empört schimpft er: *Wie läufst du eigentlich rum? Schämst du dich denn gar nicht? Zeigst mir die ganze Zeit dein Dreiecksfell!*

Na und? protestiert das Mädchen. *Meinst du, dein Gehänge ist 'ne Augenweide? Vielleicht ziehst du dir mal 'n andern Adam über!* Sie hält die rechte Hand vor ihr zierliches Wäldchen und den linken Arm über ihre sanfte Hügellandschaft, damit Adam sie nicht nackt sähe. Auch Adam hält die Hand vor seins; aus demselben Grund.

Ohne sich miteinander abzusprechen, verschwinden beide nach verschiedenen Richtungen. Als sie zurückkommen, haben sie sich aus Blättern Miniröcke gemacht. Die Kurvenbevorzugte trägt außerdem einen BH aus Chrysanthemen, der bei der großen Hitze allerdings rasch verwelkt.

Abends wird es endlich ein bißchen kühler. Die Kleine hat sich einen frischen Büstenhalter gepflückt, da hören sie Schritte zwischen den Tomatenstauden. Schnell verstecken sie sich in einem Gebüsch. Sie legen keinen sonderlichen Wert auf eine Begegnung mit dem GROSSEN BOSS.

Adam, wo bist du? ertönt seine sonore Stimme. *Komm her, ich hab mit dir zu reden! Und bring deine Biene mit.*

Die beiden kommen zögernd aus ihrem Versteck. Sie haben ein flaues Gefühl im Magen.

Warum treibt ihr euch in den Hecken rum? wundert sich der GROSSE BOSS. *Habt ihr das nötig?*

Naja, stottert Adam, *ich hab dich kommen gehört, und so nackt wie ich bin — da geniert man sich doch, nicht wahr?*

Der GROSSE BOSS runzelt die Stirn. *Wer hat dir gesagt, du seist nackt? Hast du etwa von meinem Erkenntnisbaum genascht?* Seine Stimme ist ein einziges Grollen.

Schnell deutet Adam, dieser Denunziant, auf das Mädchen: *Hier, das Flittchen, das du mir aufgehalst hast und das nicht mal kochen kann — sie hat mir den verbotenen Apfel untergejubelt. — Übrigens war ein Wurm drin.*

Der GROSSE BOSS verzieht geringschätzig die Lippen. Wurm, wagte dieser Wurm zu sagen! Dann blickt er auf das Mädchen. Sie schlägt verlegen die Augen nieder. *Warum hast du das getan?*

Ich bin verführt worden! entschuldigt sich das Mädchen mit der für ihr Geschlecht typisch werdenden faulen Ausrede. *Die sandfarbene Schlange hat mich beschwatzt, da hab ich halt reingebissen. Aber das mit dem Wurm stimmt nicht; bloß sauer war er, der Apfel.*

Der GROSSE BOSS ist verstimmt. Er ranzt die Hornviper an, daß das ganze Paradies scheppert: *Dafür, daß du das getan hast, sollst du und deinesgleichen für alle Zeiten auf dem Bauch kriechen, verfluchtes Biest! Alle Frauen sollen sich vor dir ekeln und dir spinnefeind sein. Und umgekehrt. Ihre Lausbuben werden dir begeistert den Kopf zertreten. Naja, dafür darfst du sie meinetwegen in die Ferse stechen. − Und nun, verschwinde!*

Dann richtet er das Wort wieder an das Mädchen. *Strafe muß sein, das ist dir hoffentlich klar. Deshalb sollst du deine Kinder in einer Weise bekommen, daß du denkst, es zerreißt dich. Außerdem gestehe ich dem Burschen da, den du in den sauren Apfel hast beißen lassen, das Recht zu, dich weidlich zu schikanieren. Auch wenn du zerfließt vor Sehnsucht − zuerst bringst du ihm das Frühstück ans Bett und wäschst und plättest und kochst für ihn.*

Als der GROSSE BOSS sieht, daß dem jungen Mann über diese Vormachtstellung der Kamm schwillt, dämpft er seinen beginnenden Größenwahn: *Glaub nur nicht, du kommst ungeschoren davon! Weil du ein Schwächling warst und dich hast rumkriegen lassen, verfluche ich deinen Acker, deinen Schreibtisch und dein Fließband für alle Zeiten. Unkraut soll deine Felder garnieren, sämtliche Bleistifte sollen dir abbrechen, und im Akkordlohn krieg Schwielen. Naßgeschwitzt und abgehetzt sollst du deine Suppe löffeln, bis du wieder zu dem wirst, aus dem ich dich gemacht habe: zu Dreck. Denn mehr als ein paar Hände voll Dreck bist du nicht. Und zu ihm sollst du zu schlechter Letzt auch wieder werden. Womit ich nichts Grundsätzliches gegen den Mutterboden gesagt haben will.*

Nachdem der GROSSE BOSS die beiden Apfelbeißer desillusioniert verlassen hat, schweigen sie lange. *Tut mir leid, Puppe,* sagt Adam spät in der Nacht. *Ich weiß, ich hätte die Schuld auf mich nehmen sollen, wo du schon die Schinderei mit dem Kinderkriegen haben sollst. Erlaube mir, daß ich dich Eva nenne.* Denn Eva bedeutet ,Mutter all dessen was lebt'.

Ein paar Tage später bringt der GROSSE BOSS den beiden Lendengeschürzten schicke Pelzmäntel und Lederkleidung aus himmelseigenem Modeatelier. Er zeigt ihnen, was hinten und vorn ist – schweigend, er hat sich schon mal vergeblich den Mund fusselig geredet. *Jetzt ist der Mensch mir schon ein bißchen ähnlich geworden. Wenigstens scheint er zu wissen, was Recht und was Unrecht ist. Bin mal neugierig, wie lange sich so ein Gewissen bei der Witterung hält, die ich meiner Schöpfung noch bescheren werde.* Der GROSSE BOSS sprach immer laut, wenn er allein war.

Plötzlich fällt ihm der zweite Baum ein, der Baum des Lebens. Wie nun, wenn die beiden mißratenen Geschöpfe sich auch an ihm vergriffen? Dann gewannen sie das ewige Leben. Alles, nur das nicht! Um es zu verhindern, jagt der GROSSE BOSS das naschhafte Pärchen schleunigst aus dem Schlemmerparadies. Sollte der Kerl sich seinen Luxus doch selbst schaffen! Land zum Bebauen war genug da, er brauchte es nur zu kultivieren. Und sich gleich selbst mit.

Damit es den beiden Apfeldieben nicht etwa einfiel, sich heimlich zurückzuschleichen, postiert der GROSSE BOSS Flurhüter und Nachtwächter rund ums Paradies. Sie rasseln schon mit den Säbeln, wenn sich nur eine Haselmaus dem Baum des Lebens nähert.

4

SPRUNGHAFTES ANSTEIGEN
DER KRIMINALITÄT

1 Mose 4

Über dem enormen Verzehr vitaminreicher Nahrung hat sich Klein-Eva kolossal herausgemacht. Ihre zunehmende Oberweite sprengt eines Tages ihr Ziegenfellmiederchen, ihr Röckchen aus geknautschter Nilpferdhaut platzt. Plötzlich steht sie, nackig wie am ersten Tag, vor ihrem Kerl, dem Adam, dem inzwischen ein Hippie-Bart gewachsen ist. *Nicht doch,* ziert sie sich, als sie sieht, daß auch sein Detail mit der Zeit gegangen ist.

In dieser lauen Mondnacht klettert Adam zu Eva ins Laub. Keinem von beiden ist es je zuvor gezeigt worden und klappt dennoch. Unfaßlich – ohne Aufklärungsunterricht...

Nach einem dreiviertel Jahr geschieht das, was der GROSSE BOSS seinerzeit prophezeit hat: Eva kriegt ein Kind, und es zerreißt sie fast. *Wie wollen wir ihn nennen?* fragt sie den leicht mitgenommenen Vater.

Einmal ist keinmal, scherzt er. Sie nennen ihren Sprößling – Analphabeten, die sie sind: Kain.

Dem nächsten Knaben geben sie den altmodischen Namen Abel. Eva hätte ihn lieber Klaus genannt. *Ich bin der Herr im Haus!* trumpft Adam auf. *Hat der GROSSE BOSS persönlich angeordnet!* Die gebärfreudige Mutter muß sich damit abfinden.

Die beiden Brüder wachsen in der gesunden, unverschmutzten Landluft rasch heran. Schon mit 14 hütet Abel unbeaufsichtigt an die 700 Schafe. Kain ist mehr fürs kräftige Zupacken; er übernimmt die Abteilung Hackfrüchte und Brotgetreide.

Mit der Zeit hat es sich in der ersten Weltfamilie so eingebürgert, daß dem GROSSEN BOSS gelegentlich etwas geschenkt wurde. Aus Dankbarkeit, wenn die Ernte gut war – als Bestechungsversuch, wenn die Säue Rotz oder Rotlauf hatten.

Eines Tages opfert Abel dem GROSSEN BOSS

aus echtem Anliegen ein paar neugeborene Lämmer. Kain will ihm nicht nachstehen, obwohl er ein kleinlicher Miesnik ist, der sich nur schwer von etwas trennt. Außerdem, wem verdankte man das verflixte Unkraut − Distel, Dorn und Klatschmohn im Korn? Na siehste!

Was Wunder, daß der GROSSE BOSS beim Anblick der brutzelnden Lammkoteletts dem Abel freundlich zunickt und über dem lieblichen Duft, der ihm in die Nase weht, Kains Pfannkuchen vergißt. Vielleicht mag er auch keine Mehlspeisen.

Kain hat eine Wut im Bauch; finster blickt er auf einen Maulwurfshaufen mitten auf seinem frisch angelegten Golfplatz. *Ist was?* hört er da den GROSSEN BOSS fragen. *Warum bist'n so muffig? Wenn du ein gutes Gewissen hast, dann schau mich an. Aber ohne zu zwinkern. Oder hast du nur geopfert, um dein Image zu wahren? Dann merke dir, derartige Präsente verursachen mir Sodbrennen. Nimm dir ein Beispiel an deinem Bruder. Salue!*

Kaum ist der GROSSE BOSS außer Sicht, lädt Kain den Abel ein, mit ihm draußen auf dem Stoppelacker Drachen steigen zu lassen. *Wo ist denn der Drachen?* fragt Abel, als sie auf dem Feld angelangt sind.

Hier! sagt Kain, hebt einen großen Stein auf und schmettert ihn seinem Bruder auf den Dez. Der erste Schädelbruch der Welt ist kompliziert und tödlich.

Ein paar Tage später erscheint der GROSSE BOSS, um Abel ein Kompliment über dessen Kochkünste zu machen, aber er sucht ihn vergeblich. *Kain,* fragt er mißtrauisch, *wo ist denn dein Bruder abgeblieben?*

Kain blickt gar nicht hoch. *Bin ich vielleicht sein Kindermädchen?* knurrt er bockig und hackt weiter Brennesseln aus. Aber die Wurzeln des Unkrauts sind rot von Blut.

Was hast du getan, Junge! Der GROSSE BOSS ist zum erstenmal fassungslos. *Das Blut deines erschlagenen Bruders dampft aus der Erde. Das schreit ja zum Himmel! Leg die Hacke weg; ich verfluche dich*

und deinen blutgedüngten Acker! Keinen Sack Wei-
zen wirst du hier mehr zusammenbringen, nicht mal
miese Hirse, hier und nirgends, wo immer du dich
auch häuslich niederläßt. Lauf, soweit dich deine
Füße tragen — mir wird übel, wenn ich dich noch
länger sehe!

Kain ist blaß geworden. *Ich weiß, ich hätte es*
nicht tun sollen, sagt er leise, *aber du kennst ja*
meinen Jähzorn.

Das ist keine Entschuldigung, antwortet der
GROSSE BOSS kalt.

Verstehe! murmelt Kain. *Was ich gemacht habe,*
ist kriminell. Ich bin der Erfinder des vorsätzlichen
Mordes. Das ist unentschuldbar, da hast du recht.
Deshalb will ich auch 'ne Fliege machen, wenn mir
der Ganovenausdruck gestattet ist. Ich gehöre ja
jetzt zu denen. Bloß, was wird die Menschheit den-
ken, wenn sie erfährt, was ich ausgefressen habe?
Vielleicht bringt sie mich um?

Momentan besteht die Menschheit lediglich aus
deinen Eltern, doch das wird sich rasch ändern. Aber
keiner von ihnen soll sich an dir vergreifen, sonst
kriegt er's mit mir zu tun. Und damit jeder erkennt,
daß er die Finger von dir zu lassen hat —. Der
GROSSE BOSS tätowiert ihm ein Kainsmal auf die
Stirn, das ihn von seinesgleichen unterscheiden soll.

Kain nimmt die Beine in die Hand und läuft und
läuft und läuft und läuft. Nach Osten, immerzu nach
Osten.

5

WO KEINE PILLE IST, DA IST EIN WEG

1 Mose 4, 5

K aum hat Kain sich abgesetzt, bindet er auch
schon ein Superweib an sich. Er zeugt, ohne
lange zu fragen, woher die Sexbombe überhaupt
kömmt. Er zeugt, was das Zeug hält, und seine Erzeugnisse machen es nicht anders. Einer ist darunter, der wird so alt, wie er heißt: Methusalem,

969 Jahre. Sein Sohn Lamech ist ganz besonders potent; er nimmt gleich zwei Frauen, die Zilla und die Ada, und gründet das Zeughaus. Von diesem Zeugmeister fallen später die Gilden der Flötenspieler, der Zitherschläger und der Eisenschmiede ab. Meteoreisen freilich.

Natürlich bleibt auch Adam, der Urkloß, nicht untätig. Mit 130 zeugt er noch einen Sohn, den Set. Daß er allerdings noch weitere 800 Jahre gelebt und gezeugt haben soll, dürfte — bei aller Würdigung von Joghurt, Kefir und Knoblauch — leicht geprahlt sein.

Der bereits erwähnte Bigamist Lamech soll bloß 777 Jahre alt geworden sein. Naja, bei zwei Frauen! Immerhin zeugte er schon mit 182 seinen Sohn Noah.

Mit Noah endet die Altershochstapelei und das Sexualprotzertum. Er ist ein vernünftiger Mann. Und nicht nur das...

6

SOS AUF HÖCHSTER EBENE

1 Mose 6

Je mehr sich die Erde bevölkert, um so gräßlicher benehmen sich die Kerle und ihre Weiber. Hat der eine ein paar Ziegen mehr, klaut sie ihm der Nachbar bei Nacht. Kriegt Frau Hausmann einen Nerz, bekommt Frau Zeltmann vor Neid die Gelbsucht. Sie gönnen einander nicht die Auster im Mund, nicht die Mätresse im Bett und nicht die Perlen um den Hals. Sie benehmen sich — wie Menschen.

Der GROSSE BOSS sieht sehr bald, was mit der Gesellschaft los ist, daß ihr ganzes Sinnen und Trachten nur darauf aus ist, sich Vorteile zu verschaffen, ohne Rücksicht auf Verluste. Da packt ihn die helle Wut. Am liebsten würde er sich eine runterhauen, weil er das Pack selbst in die Welt gesetzt hat. *Denen werde ich's zeigen!* schimpft er. *Sie sol-*

*len den Weg allen Fleisches gehn. Ausrotten will ich
die Bande, mit Stumpf und Stiel, mit Mann und
Maus. Wie konnte ich nur!*

Zufällig fällt sein Blick auf den alten Noah, der
gerade einer lahmenden Taube das Bein schient.
Nur den nicht! sagt der GROSSE BOSS. *Der tut
nicht nur fromm, er ist es. Ich will ihm rasch Bescheid sagen.*

Noah blickt mit freundlichen Augen auf den
GROSSEN BOSS, als dieser ihm rät, gebrochene
Beine in Zukunft in Gips zu legen. *Mit Holz kann
ich besser umgehen,* meint der Hundertjährige in
der Blüte seiner Jugend.

Das trifft sich gut, sagt der GROSSE BOSS. *Dann
mach dich mal gleich an die Arbeit. Bau dir einen
Bunker; ich will in Kürze die von mir konstruierte
Welt ausradieren. Radikal wegputzen, das alles hier;
reinen Tisch machen. Oder besser, klar Schiff, denn
der Kasten, den du dir bauen sollst, muß schwimmen können. Ich mach euch nämlich mit Wasser-
werfern fertig. Das heißt, dich und deine Sippschaft
nicht. Und auch von den Tieren will ich eine Gar-
nitur je Sorte leben lassen, sozusagen als Archiv-
material.*

Dann werde ich das Schiff Arche nennen, beschließt
Noah folgerichtig.

Mach sie nicht zu klein, empfiehlt ihm der GROSSE
BOSS. *Außer meiner Menagerie mußt du auch noch
Vorräte mitnehmen, für dich und deine Anhängsel.
Und für den Zoo natürlich.*

Wird ein schöner Zirkus werden! Noah schmunzelt. *Wo sich Katz und Maus doch wie Hund und
Katz benehmen.*

Alles nur 'ne Frage der Planung, beruhigt ihn der
GROSSE BOSS. *Konstruiere das schwimmende Ar-
chiv in drei Etagen, mit Käfigen, Bullaugen, einer
Luke. Hauptsache, es ist wasserdicht.*

Pech! murmelt Noah.

Glück, wolltest du wohl sagen! Aber Noah hat gemeint, daß er den überdimensionalen Kahn mit
Pech abdichten wird.

Als der GROSSE BOSS wieder weg ist, spuckt

Noah kräftig in die Hände und verwandelt seine größte Schafsweide in eine Schiffswerft. Tag und Nacht wird gesägt und gehämmert, gepicht und gepichelt. Handwerker dürsten immer so.

7

AM TAG ALS DER REGEN KAM

1 Mose 7

Der monumentale Frachter ist fertig. Er liegt auf der verschandelten Schafsweide, Noah betrachtet ihn stolz. Dabei kommt ihm der Gedanke, daß mit einer Schiffswerft bestimmt ein hübscher Profit zu machen ist. Später natürlich; zuerst mußte man mal die angekündigte Sintflut überleben. Oder hatte der GROSSE BOSS Sünd-Flut gesagt?

Dann ist es soweit. Gewaltige Mengen vom Proviant lagern im Schiffsbauch. Die gackernde, mekkernde, brüllende, krächzende Ladung ist verstaut. Seine drei Söhne mit ihren Frauen und seine bessere Hälfte haben sich bereits an Bord begeben. Noah verabschiedet sich von seinen Dienstboten mit allen guten Wünschen für einen schnellen, schmerzlosen Tod.

Die Schwachköpfe lachen nur schallend. Ihr Brötchengeber mußte übergeschnappt sein. Baute sich mitten aufs trockene Land eine schwimmende Herberge, 135 Meter lang, 22 Meter breit und 13 hoch. Doch ihr Lachen verstummt jäh, als der GROSSE BOSS persönlich die Luke hinter ihrem Chef zuknallt. Vielleicht war doch was Wahres an der Prophezeiung? Ein älterer Melker eilt zu dem hölzernen Monstrum, trommelt an die Planken. Aber es ist bereits zu spät.

Das Wasser kommt wie ein Naturereignis. Die reinste Sintflut! Es gießt in Strömen, es schüttet unaufhörlich, es regnet sozusagen junge Hunde. Die Zisternen fließen über und werden zu Quellen, zu

Brunnen, aus denen das Wasser in armdicken, mannsbreiten, haushohen Strählen strullt.

Auch die Felsenhöhlen erbrechen sich, und die Flüsse treten über die Ufer, daß selbst Leuten mit Gummistiefeln das Lachen vergeht. 40 Tage lang pladdert es auch nachts vom Himmel, schwappt es aus den Morästen, flutet es aus sämtlichen Meeren über die Erde, bis alles wieder so ist wie am zweiten Tag der Erschaffung der Welt. Alles, was mal gelebt hat, ist ersoffen. Auch die Rettungsschwimmer und Sporttaucher. Nur die Arche, Noahs riesiger Frachter mit allem Viehzeug und acht Personen, sie schwimmt, schwimmt sicher auf den wogenden Fluten. Und keiner wird seekrank.

8

ALPINES ENDE EINER SCHIFFSREISE

1 Mose 8

Nach 40 Tagen hat der GROSSE BOSS genug von seinen infernalischen Wasserspielen. Außerdem sind die vielen Wasserleichen kein erfreulicher Anblick. Sie stinken zum Himmel. Deshalb verstopft er die Sintflutbrunnen und zerstreut das Regentief, das er um den ganzen Globus gejagt hat. Dann betrachtet er die Bescherung und erinnert sich der schwimmenden Herberge Noahs. Ob der Archivar mit seiner Menagerie noch mal davongekommen war? Neugierig sucht er die endlose Wasserwüste nach Überlebenden ab.

Er entdeckt den Hochseezoo irgendwo in Armenien, beziehungsweise — wo Armenien mal war. Rasch läßt er sämtliche verfügbaren Winde los, damit sich die Wellen verteilen; verlangt von der Sonne, daß sie das Wasser verdunste. Nach 150 Tagen tauchen die ersten Berggipfel aus den Fluten auf. Unter der Arche befindet sich gerade der Ararat. Es gibt einen Ruck, dann sitzt der Kahn fest.

Noah hat keine Ahnung, wo er hingetrieben ist.

Vorsichtig öffnet er das große Bullauge. Als sich kein Sturzbach über ihn ergießt, nimmt er einen Kolkraben aus dem Vogelbauer und entläßt ihn ins Freie. Doch das sogenannte Freie hat noch keinen Nistplatz für Raben, er kommt wieder zurück.

Sieben Tage später probiert Noah dasselbe mit einer Taube, mit jener, deren Bein er damals geschient hat. Sie soll frei sein, wie es ihre Väter waren. Aber die Taube hält Noahs Absicht für verfrüht, sie kehrt alsbald wieder heim. Draußen ist es ihr noch zu feucht.

Einige Woche danach — die Archivare fangen schon an zu maulen und wollen keinen Schiffszwieback und nichts Eingemachtes mehr — wiederholt Noah seinen Taubentest. Und wieder kommt sein Täubchen zurück, doch diesmal ist es mehr als Anhänglichkeit: Die Taube hat einen Ölzweig im Schnabel und sieht aus, wie von Picasso stilisiert.

Meine kleine Friedenstaube! ruft Noah überglücklich aus und hat damit ein Symbol erfunden, das in den kommenden Jahrtausenden kräftig mißbraucht werden wird.

Als Noah die Taube zum drittenmal aussendet, fliegt sie geradewegs auf den Markusplatz in Venedig. Den gibt es zwar noch nicht, aber er ist schön trocken.

Mit vereinten Kräften wird nun das Dach der Arche entfernt. Sofort verkrümeln sich die Vogelpärchen. Sie wollen endlich mal wieder ungeniert schnäbeln, wie es der GROSSE BOSS ja auch im Sinn gehabt hat, bevor er die ungeheure Wasserorgel spielte.

Noah und seine sieben Mitesser verlassen schwankend die Arche. Sie recken die Glieder, daß die Gelenke knacken, während die übrigen fortpflanzungswütigen Tiere nach allen Himmelsrichtungen verduften. Was soll auch ein Eisbär in der Türkei!

Aus ehrlichem Herzen errichtet Noah als erstes dem GROSSEN BOSS einen Altar, und da er dessen Vorliebe für Gebratenes kennt, opfert er ihm ein Kälbchen, das während der Kreuzfahrt auf die ersaufende Welt gekommen ist.

Als der GROSSE BOSS den lieblichen Duft des Kalbsbratens schnuppert, wird er versöhnlich gestimmt. *Was soll's,* murmelt er, *so schlecht sind sie nun auch wieder nicht. Ich will in Zukunft das Verfluchen sein lassen. Was nutzt es, wenn ich sie verdamme — sie sind nun mal böse von Kindesbeinen an. — Und die Tiere werde ich auch in Ruhe lassen, besonders die Kälbchen, die Lämmer und die Täubchen. Ich werde mir doch nicht selber die Suppe versalzen, wie grad gehabt. Solang die Erde bestehen wird, soll sie sich drehen wie seither, mit allen Schikanen und Freuden. Kurzum, es bleibt alles beim alten!*

Das mit dem Verfluchen-sein-Lassen, also das vergißt der GROSSE BOSS manchmal im Verlauf der Jahrhunderte.

9

DAS GANZE NOCH MAL VON VORN

1 Mose 9, 10

Die Gegend gefällt mir nicht! sagt Noah zu seinen Verwandten, denn der Ararat ist über 5000 Meter hoch und er nicht schwindelfrei. *Bestimmt wächst hier auch kein Wein!* Er liebt nämlich einen guten Tropfen.

Als er so vor sich hinmosert, erscheint der GROSSE BOSS, um ihn ein bißchen aufzumuntern. Er verspricht ihm, Sintfluten und ähnliche Roßkuren in Zukunft zu unterlassen. Wenn Noah wieder mal dicke, schwarze Wolken am Himmel sähe, brauche er lediglich einen Schirm mitzunehmen. Und um jeden Irrtum auszuschließen, will der GROSSE BOSS auch noch einen handkolorierten Bogen ans Firmament setzen. *Damit ich an mein Versprechen denke, das ich dir gegeben habe. Der Regenbogen soll unser Bundesadler sein, wenn du verstehst, wie ich das meine.*

Noah ist nicht schwer von Begriff. Trotzdem gefällt ihm die Gegend nicht. Keine Chance für einen süffigen Riesling.

Und nun, keine Müdigkeit vorgeschützt! fährt der GROSSE BOSS fort. *Tummle dich mit den Deinen. Pflanzt euch tüchtig fort; die Verkehrsdichte läßt zu wünschen übrig. Nehmt euch ein Beispiel an dem Kaninchen da drüben!* Er deutet auf einen munteren Rammler, der mit Rammeln beschäftigt ist. *Freßt ihn aber nicht auf, und verzehrt auch kein Fleisch, das nicht ausgeblutet ist. Blut, das ist Lebenssaft. Ich habe jedem von euch nur wenige Liter mitgegeben, ein kostbarer Saft also. Deshalb soll, wer Menschenblut vergießt, auch von Menschen blutleer gepumpt werden.*

Du plädierst demnach für die Todesstrafe? fragt Noahs Sohn Japhet demonstrativ. Aber da ist der GROSSE BOSS in seiner Diplomatie bereits gegangen.

Noah macht sich mit seiner Familie an den Abstieg. Seine Frau wird angeschnallt, für das Kleinvieh konstruieren die Brüder Sem und Ham eine Art Seilbahn. So geht es schnell mit ihnen bergab. Gegen Mittag sind sie unten. Und weil es sie dorthin zieht, wo die Sonne am Himmel steht, wandern sie nach Süden. Lassen den Wan-See rechts liegen und ahnen Ninive und Babylon in gerader Richtung voraus.

Ihre Rallye dauert viele hundert Jahre, dabei pflanzen sie sich überaus fleißig fort. Sie setzen diverse Geschlechter in die Welt und gründen ganze Völkerstämme. Mit so verdienten Genossen darunter wie zum Beispiel Nimrod, einem gewaltigen Jäger.

Noah und seine drei potenten Knaben bevölkern — als die zweiten Ersten Menschen sozusagen — Syrien, den Libanon, Jordanien, den Irak und Israel bis hinunter nach Gaza und darüber hinaus. Nur heißt die Gegend anders.

CHAOS IM WOLKENKRATZER
1 Mose 11

Wenn einer sein Dolmetscherexamen machen will, ist er angeschmiert. So was gibt's gar nicht, weil alle Leute in derselben Sprache quasseln und sich streiten. Leicht dialektgefärbt, versteht sich. Die Hamiten — von Ham her — stoßen beim Gestikulieren mit der Zunge an, und die Semiten — von Sem — jiddeln ein bißchen.

Schwatzend und schwitzend ziehen die Scharen den Euphrat hinunter, Richtung Bagdad.Unterwegs kommen sie durch eine besonders fruchtbare Gegend, die bis hinüber zum Tigris reicht, in dem schon der rote Adam seine Füße gewaschen hat. Dort machen sie halt und stecken eifrig die Köpfe zusammen, halten eine Sitzung nach der anderen ab. Am Ende der Marathonkonferenz steht es fest: Eine Stadt soll gebaut werden, eine Stadt mit einem Turm von der Höhe, daß seine Spitze an den Wolken kratzt. So hoch, daß man von seiner obersten Plattform die gleiche Aussicht hat wie der GROSSE BOSS im Himmel.

Viele architektonisch begabte Kameltreiber malen Entwürfe in den Sand. Den einen ist er zu dünn, den anderen nicht monumental genug. Denn ein Denkmal soll er auf jeden Fall werden, ein Beweis ihrer einmaligen Größe und Macht. Und mindestens tausend Jahre soll er halten. Solche größenwahnsinnigen Pläne werden noch viele nach ihnen haben.

Das Hickhack um den Turm dauert monatelang. Endlich entscheidet man sich: Der erste Wolkenkratzer soll ,modern' werden; ein ,Fernseh-Turm', recht bedacht. Freiwillige werden in die Lehmgruben abkommandiert oder dürfen im Akkord Tag und Nacht Mörtel mischen und im Stücklohn Ziegel brennen. Bald sieht die saftiggrüne Ebene wie eine riesige Baustelle aus. Die Völker wimmeln wie Ameisen herum, der Turm wächst zusehends.

Auch der GROSSE BOSS bemerkt die Arbeitswut

seiner sonst recht faulen Ebenbilder. Er fährt mit 200 Sachen hinunter und besichtigt die werdende Stadt, den wachsenden Turm. *Nicht zu fassen!* brummt er vor sich hin. *Nun habe ich mich strapaziert und aus den Kerlen ein einziges Volk mit einer einzigen Sprache gemacht, doch wozu benutzen sie sie? Zu politischer Gigantomanie! Wem wollen sie eigentlich mit dem langen Lulatsch imponieren? Und dieses Monstrum wird nur der Anfang sein! Wenn ich die Bande gewähren lasse, machen die aus meiner rustikalen Erde eines Tages noch ein Laboratorium. Sie werden herumexperimentieren und forschen und mal auf dem Mond landen. Dem muß ich sofort einen Riegel vorschieben.*

Er saust durch sämtliche Etagen des halbfertigen Turmes, treppauf, treppab. Er braust durch die Gassen der richtfestlichen Großstadt, die kilometerlangen Befestigungsmauern entlang. Damit bringt er die Leute derart durcheinander, daß es ihnen die Sprache verschlägt.

Als der GROSSE BOSS wieder fort ist, wollen die Arbeiter einander ihre Eindrücke mitteilen. Da müssen sie feststellen, daß sie den anderen nicht mehr verstehen. Kein Wort! Ruft der Polier: ‚*Weitermachen, Leute!*‘ — fragt der Ziegelhucker verständnislos zurück: ‚*Quoi tu quatscht, maître?*‘ — Oder der Mörtelmischer schimpft: ‚*I need Kalk, son of a Hur!*‘ — jedoch versteht sein Kumpel Costa plötzlich nur noch Griechisch. Keiner findet sich mehr zurecht, so sehr sie auch kauderwelschen. Und weil Babel ‚Wirrwarr‘ heißt, herrscht solcher alsbald auf der gesamten Baustelle.

In der babylonischen Verwirrung schmeißen die Maurer die Kelle hin und erklären: ‚*Feierabend!*‘ Es ist das einzige Wort, das man keinem zu übersetzen braucht. So international sind die Männer vom Bau.

Nach der Arbeitsniederlegung zerstreuen sich die einzelnen Volksgruppen in alle Himmelsrichtungen der Welt, so wie es der GROSSE BOSS ausgetüftelt hat.

DER GROSSE TRECK
1 Mose 11, 12

Das hat sich Noah sicherlich nicht träumen lassen, daß zehn Generationen nach ihm der erste wirklich Prominente geboren wird. Er heißt Abraham und zieht mit seinem Vater, seiner Frau und seinem Neffen vom Euphrat weg. Er hat die Nase voll von der Gegend, von dem halbfertigen Turm, dem ‚hohlen Zahn von Babel‘, der nur ein paar Katzensprünge von Ur entfernt liegt. Deshalb packt er seine Sara, die Frau Gemahlin, aufs nächstbeste Kamel und haut ab. Sein Neffe Lot kümmert sich auf der Reise um die Viehherden. Diese und Opas Nebenverwandtschaft wirbeln fürchterlich viel Staub auf.

Die Karawane zockelt gemächlich den Fluß hinauf und noch weiter nördlich, bis sie Haran erreicht. Das liegt 1000 Kilometer entfernt. Luftlinie!

In Haran hat Abraham unerhörtes Schwein. Nur keine Säue, weil diese seit Noah nicht mehr gesellschaftsfähig sind. Der Zugereiste wird so vermögend, daß er immer neue Leute einstellen muß. Seine Herden vermehren sich enorm, im Gegensatz zu seiner Sara, die keine Kinder bekommt. Es ist einfach nichts zu machen; Abraham ist darüber ganz verzweifelt. Besonders weil sein Name ‚Vater der Menge‘ bedeutet. Das ist doch glatter Hohn.

Wie er wieder einmal so dasitzt und überlegt, wer sein Vermögen und seinen Besitz wohl mal erben wird, kreuzt der GROSSE BOSS auf. Anscheinend führt er was im Schild, man sieht's ihm an.

Hör zu, Abraham, beginnt er, *ich mach dir einen Vorschlag: Hau ab! Du hast hier auf die Dauer kein Glück, im zwischenmenschlichen Bereich jedenfalls, meine ich.*

Wenn du wüßtest, wie ich mich auf meiner lieben Sara abrackere! An der muß was kaputt sein.

Gut Ding will Weile, sagt der GROSSE BOSS verschmitzt. *Vielleicht liegt's am Klima? Deshalb will ich dir ein Land zeigen, wo du mal einer der ganz Großen werden wirst. Einer, von dem man noch in Tausenden von Jahren spricht. Ich mache dich nämlich zum Begründer eines ganzen Volkes. Ich will dich segnen, zum Segen für alle Völker in aller Welt.*

Große Worte, denkt Abraham, leere Versprechungen. Eine keimfreie Frau und dann Stammvater eines Volkes! Lächerlich!

Ich weiß, was du denkst, sagt der GROSSE BOSS mit feinem Lächeln, *aber du kannst mir vertrauen. Ich pflege meine Versprechen zu halten. Also pack deine Klamotten und komm.*

Im Reisen geübt, und auch sonst nicht zimperlich, zieht Abraham mit Sara und Lot los. Die übrigen Verwandten läßt er in Haran. Der Opa war tot und der Rest nicht gut zu Fuß.

Diesmal ist die Karawane schon keine Karawane mehr, es ist die reinste Völkerwanderung, denn nicht nur Abraham, auch Lot nimmt sein gesamtes Personal mit auf den Treck. Vor lauter Rindviechern, Schafen und Eseln sieht man den Boden nicht mehr, über den sie stampfen.

Sie trotten nach Süden, machen einen kleinen Umweg über Damaskus, weil Abraham gehört hat, daß es dort die bestgeschulten Kammerdiener geben soll. Einen namens Elieser heuert er an.

Das Mittelmeer zur Rechten, den Jordan zur Linken erreichen sie eines Tages Sichem. Da wären's noch rund 50 Kilometer bis Jerusalem. Aber die Leute, denen das Land gehört, sehen sie ziemlich scheel an. Trotzdem beschließt Abraham, den Viehtrieb zu beenden. Vielleicht auch, weil sie ihn den ‚Hebräer' schimpfen, das heißt ‚Ausländer'.

Abrahams Zuzug ist ganz im Sinne des GROSSEN BOSSES. Er kommt noch am gleichen Abend zu ihm: *Schau dich um, das ist das Land, das ich dir und deinen Nachkommen zugedacht habe.*

Immer wenn er etwas von Nachkommen hört, hat Abraham einen faden Geschmack auf der Zunge. Aber zum Dank dafür, daß der GROSSE BOSS sie alle ohne größere Schwierigkeiten hierher geführt hat, baut er ihm einen Altar.

Abraham ist hoch in die 70, als er unter der berühmten Orakel-Eiche für Sara und sich das Zelt aufstellt. Das macht er immer selbst. Er ist ein leidenschaftlicher Camper.

12

AM FUSS DER BLAUEN BERGE

1 Mose 13, 14

Wo Honig ist, da sammeln sich Bienen, wo Tauben sind, fliegen Tauben zu. Bei Abraham kommt ein Rindvieh zum andern. Er wird reicher und reicher. Für jedes verkaufte Schaf kassiert er Silber, für die strammen Bullen Gold. Nach Abzug der Löhne für seine 318 Cowboys bleibt ihm immer eine schöne Stange Geld.

Auch sein Neffe Lot betreibt den lukrativen Viehhandel. Die Preise spricht er vorher mit dem Onkel ab. Auf diese Weise füllen sich seine Kassen nicht minder. Er selbst setzt Speck an.

Das könnte ewig so weitergehen, wenn – ja, wenn! Daß die einheimische Bevölkerung langsam neidisch wurde, versteht sich am Rande. Kamen da zwei Ausländer, investierten ihr mitgebrachtes Kapital und sahnten ab. Sie nisteten wie Sandflöhe im sogenannten Volkskörper und verfremdeten alles. Viele Leute gaben bereits Abrahams Cornedbeef den Vorzug vor dem einheimischen, behaupteten sogar, Lots Esel seien weniger störrisch als die selbstgezüchteten.

Nein, der Ärger entsteht in den eigenen Reihen. Für zwei derart tüchtige Viehzüchter ist einfach nicht genug Platz. Die riesigen Herden fressen sich gegenseitig das Futter weg. Immer wieder kommt es zu Krawallen wegen des Weidelandes. Die Cowboys von Abraham prügeln sich mit denen von Lot. In den Saloons gibt es wüste Peitschereien, die Rauhbeine sind schnell mit dem Ochsenziemer. Schadenfroh reibt sich die Bevölkerung die Hände, wenn wieder eine Kneipe in Trümmer geht. An den Lohntagen hat der Landarzt allerhand zurechtzuflicken.

Als die Zustände immer unhaltbarer werden, bittet Abraham den Lot auf ein Wort unter Männern ins Zelt. *So geht das nicht weiter, Neffe Lot!* beginnt er. *Unsere Viehtreiber hauen sich gegenseitig aufs Nasenbein, und wir stehen tatenlos vis-à-vis.*

Wie wär's, wenn wir ein Rodeo veranstalten, Onkel Abi? meint Lot. *Wer siegt, hat gewonnen!*

Das ist keine Lösung, wehrt Abraham ab. *Wir hocken uns zu dicht auf der Pelle. Einer von uns muß hier verschwinden.*

Knobeln wir, schlägt Lot vor.

Abraham ist ein Feind des Glücksspiels. *Das Land ist groß genug für viele. Wir werden uns in aller Freundschaft trennen, und du sollst die Wahl haben. Mir ist es Wurscht, ob ich nach rechts ausweiche oder nach links. Such dir das schönste Weideland aus, ich nehme mit meinen Leuten, was übrig bleibt.*

Sehr nobel, Oheim! lobt Lot, aber ein Fünkchen Mißtrauen glimmt. Er weiß, daß sein Onkel es faustdick hinter den Ohren hat; wäre er sonst so reich geworden?

Abraham hat's ehrlich gemeint, er will keinen Knatsch in der Mischpoche. Als sich Lot für die fetten Koppeln im unteren Jordantal entscheidet, zieht er ohne Murren nach dem südlichen Hebron. Dort stellt er — wieder unter einer Eiche — sein Hauszelt in einem kleinen Wäldchen bei Mamre auf, nicht weit von der Stadt.

Lot treckt bis nach Sodom. Er ahnt nicht, was das für 'ne Lasterhöhle ist. Ein Las Vegas, ein einziges Reeperbahnviertel! Mit Spielhöllen und Freudenhäusern! Vielleicht sollte man besser Freuden-Ställe sagen, wegen der Sodomie, die in Sodom grassiert. Und das benachbarte Gomorrha ist kein Püffchen besser. Auch das weiß Lot noch nicht. Er siedelt am Stadtrand von Sodom und kümmert sich um sein Vieh. Den Lärm jede Nacht, die Rummelplatzmusik ignoriert er. Erst mal anschaffen, ist sein Motto, vorsorgen, weil man nie weiß, was kommt.

Er kommt schneller, als jemand vermutet: der Krieg nämlich. Sämtliche Könige der näheren und weiteren Umgebung dreschen aufeinander ein. Das heißt, weniger die vier Kings als ihre Heere. Bei dem Gerangel stürzen die vom Lotterleben geschwächten Soldaten der Könige von Sodom und von Gomorrha in die Asphaltgruben am Toten Meer. Dabei hätten doch gerade sie einen Puff vertragen müssen.

Anschließend plündern die Sieger die beiden Lasterstädte überaus gründlich. Nicht eine Hure bleibt zurück. Als sie allerdings beim Abmarsch auch noch den Lot mit all seinen Leuten und sämtlicher Wertgegenstände kassieren, rächt sich das bitter.

Das heißt, Abraham rächt. Als er erfährt, daß sein Neffe als Kriegsgefangener verschleppt worden ist, kocht sein Blut, das bekanntlich dicker als Wasser ist. Er ruft seine in vielen Raufereien abgehärteten Viehtreiber zu sich. *Soldaten!* donnert er; da wissen die Kerle Bescheid.

Sie jagen hinter den Siegern her, bis hinauf zu den Jordanquellen. Dort teilt Abraham seine Korona in zwei Guerillahaufen. Sie pirschen sich wie Indianer an den schlafenden Feind heran und überfallen ihn aus dem Hinterhalt.

Die Überraschung gelingt; obwohl die anderen in zehnfacher Übermacht sind, kann Abraham seinen Neffen befreien. Die Überrumpelten fliehen bis nach Damaskus, doch die Abrahamschen Dragoner hobbeln auf ihren Eseln hinterher. Erst als sie vor Schwielen am Gesäß nicht mehr reiten können, kehren sie um.

Mit allen seinen Leuten und allem geraubtem Besitz marschiert Lot nach Sodom zurück. Abraham kommt bis zum Königstal, wo ihn der Regent von Jerusalem für seinen siegreichen Privatfeldzug belohnen will. Doch Abraham lehnt ab: *Behalte dein Zeug, Majestät. Ich will nicht, daß es später mal heißt, ich verdanke mein Vermögen einer Stiftung. Erstatte meinen Leuten den Verdienstausfall, und die Sache hat sich.*

Seine Hoheit lassen sich nicht lumpen.

MENKENKE UM EINE ERBSCHAFT
1 Mose 15, 16

Auch der GROSSE BOSS ist von dem strategischen Genie Abrahams begeistert. Er besucht
ihn bei nächster Gelegenheit und lobt: *Alle Achtung, Abraham! Denen hast du's aber gegeben!
Dafür schenk ich dir was. Ich hoffe, du gibst mir
keinen Korb wie dem König von Jerusalem.*

Ich brauche nichts, knurrt Abraham. *Mein Zeug
erbt ja doch eines Tages irgendein Fremder. Wahrscheinlich vermache ich mein Irdisches mal meinem
Kammerdiener, dem Elieser aus Damaskus. Er*
seufzt schwer. *Wenn du 'ne Ahnung hättest, wie
sehr ich mir einen Jungen wünsche. Ich würde ihm
eine Eisenbahn schnitzen!*

Nun reg dich bloß nicht auf, beschwichtigt ihn der
GROSSE BOSS. *Wenn du mal abschwirrst, kommt
dein Erbe schon nicht untern Hammer. Dafür werde
ich sorgen. − Siehst du da oben die Sterne am Himmel? Aus meiner Werkstatt! Zähl sie spaßeshalber
mal.*

Abraham läßt seinen Blick über den Nachthimmel
schweifen. *Das ist nicht leicht. Jedenfalls sind es
mehr, als ich Vieh habe. Ich kann da nur schätzen.*

*Gib's auf, Abi. Du kannst sie nicht zählen. Kei-
ner wird es je können.* Der GROSSE BOSS schmunzelt. *Ebenso unzählbar sollen deine Nachkommen
einmal sein, alter Freund.*

Mich laust der Affe! entfährt es Abraham.

Glaubst du mir etwa nicht?

*Das ist ja das Komische, BOSS: So absurd der
Gedanke auch ist, ich glaube dir. Du hast etwas an
dir, daß man einfach nicht nein sagen kann.*

Freut mich, sagt der GROSSE BOSS. *Ich muß dir
allerdings jetzt schon sagen, es wird Schwierigkeiten geben mit deinen Nachfahren. Erst mal werde
ich sie bei sich bietender Gelegenheit für 400 Jahre
rüber nach Ägypten schicken. Nicht als Touristen,
bewahre; als Sklaven. Dort wird man sie ausbeu-*

ten, daß es nur so kracht. Aber beruhige dich, anschließend kriegen die Leuteschinder am Nil von
mir Saures, daß ihnen Hören und Sehen vergeht.
Und deine Abkömmlinge führe ich auch wieder
heim; hierher nämlich. Verlaß dich drauf.

400 Jahre? entsetzt sich Abraham. Das ist 'ne
lange Zeit, besonders wenn einer die Sprache nicht
kennt.

Der GROSSE BOSS ignoriert den Einwand. Erinnerst du dich, was ich dir an der Orakel-Eiche
versprochen habe?

Ja, antwortet Abraham lahm, das Gelobte Land.

Genau! Ich habe dir zugelobt, daß dein Volk all
das Land hier einmal haben soll, und das werde ich
halten. Vom Euphrat bis Ägypten soll es ihm einmal gehören. Das solltest du wissen, damit du unbesorgt in die Grube fahren kannst.

Ist es schon soweit? fragt Abraham erschrocken.

Laß dir Zeit, sagt der GROSSE BOSS. Damit ist
das Gespräch beendet.

Noch in derselben Nacht erzählt Abraham seiner
Sara von der Unterhaltung mit dem GROSSEN
BOSS. Sara kaut nachdenklich auf der Unterlippe
rum, dann ist ihr Entschluß gefaßt. Hör mir mal gut
zu, Alter! Sie macht Licht. Wenn unser BOSS sagt,
du würdest mal ein kinderreicher Vater werden,
dann dürfte das ja wohl stimmen. Ich aber bin fürs
Kinderkriegen zu alt. Deshalb schlage ich dir vor —
nimm 'ne andere!

Du willst dich scheiden lassen! fragt Abraham
verblüfft.

Wer spricht von sowas! Ich meine, du sollst mit
einer anderen ein Kind machen. Mit Hagar, zum
Beispiel. Sie ist jung und hat ein breites Becken.

Ich kann doch nicht mit deiner Zofe schlafen!
weigert sich Abraham entschieden. Außerdem ist
das, glaube ich, Unzucht mit Abhängigen.

Laß die faulen Ausreden. Ich seh's dir doch an,
daß du den Vorschlag gar nicht so schrecklich findest.

Meinetwegen, ich meine, deinetwegen! brummt
Abraham. Aber nur wegen der Erbschaft!

Nur wegen der Erbschaft, bestätigt Sara lächelnd, aber das kann ihr Mann nicht sehen, weil sie dabei das Licht ausmacht.

14

DIE ZOFE DER MADAME

1 Mose 16

Saras Zofe ist eine Gastarbeiterin aus Ägypten. Sie hat kohlrabenschwarze Augen und sträubt sich nicht lange, als Abraham zu ihr in die Kammer kommt. Mit geschultertem Gewehr sozusagen. Und sie wird auch gleich schwanger.

Leider bekommt das ihrem Charakter gar nicht gut. Je dicker ihr Bauch wird, desto vertraulicher tut sie mit Abraham. Ihre Herrin Sara übersieht sie völlig; die ist für sie abgemeldet. Zuletzt dient die Herrin der Zofe.

Das ist jedoch nicht im Sinne des Erfinders. Sara beschwert sich bei Abraham: *Alles was recht ist, aber nun langt's mir! Ich habe Hagar zur Stellvertreterin in Sachen Nachwuchs gemacht, aber nicht zur Hausherrin. Seit sie das Balg trägt, behandelt sie mich wie einen Putzlappen. Jetzt zeig ihr mal, daß du ein Mann bist!*

Als wenn ich das nicht schon getan hätte, protestiert Abraham. *Das Personal ist deine Sache, ich misch mich da nicht ein. Von mir aus schmeiß sie raus oder kleb ihr eine. Aber vergiß nicht, sie ist im siebten Monat.*

Wird ein schöner Bankert werden! grollt Sara. Dann läßt sie die Zofe kommen und staucht sie fürchterlich zusammen.

Hagar packt noch am gleichen Tag ihr Zeug in eine Korbtasche und verläßt zeternd das undankbare Haus. *Erst vernaschen und dann anpöbeln! Mit mir nicht!*

Sie marschiert südwärts, durch die Wüste Negev – oder Sur –, das ist Jacke wie Hose. An einer Zisterne macht sie halt, denn die Kehle ist ihr wie ausgedörrt. An den Füßen hat sie blutige Blasen. Ihre miese Stimmung wird erst etwas besser, als ein des Weges kommender junger Mann sich liebenswürdig erkundigt: *Na, beste Frau? Wohin soll denn die Reise gehn?*

Keine Ahnung! antwortet Hagar wahrheitsgemäß. *Nur weg von Sara, dem Drachen!*

Sara??? Ist das nicht die Frau von Abraham in Hebron???

Was denn, du kennst das Aas? wundert Hagar sich. *Dann wirst du verstehen, warum ich die Platte geputzt habe. Die Alte hat doch 'ne Meise! Da mach ich lieber wieder rüber nach Ägypten zu meinen Leuten.*

Der junge Mann wiegt besorgt den Kopf. *In deinem Zustand legt man leicht jedes Wort auf die Goldwaage. Du solltest lieber wieder umkehren. Zufällig weiß ich, daß du einen Jungen kriegen wirst, dem du den Namen Ismael gibst.*

Wirklich? freut sich die Zofe. *Wie sieht er denn aus? Isser hübsch?*

Ja. Leider wird er enorm jähzornig sein und sich mit jedem in die Wolle kriegen. Er bringt dir manches Loch im Kopf nach Hause. Und später... Außerdem wird er einen Haufen Kinder in die Welt setzen... Folge meinem Rat und geh wieder zurück. Wo willst du denn hier kreißen? Willst du dein Wochenbett im Wüstensand aufschlagen?

Hagar sieht den jungen Mann forschend an. *Woher weißt du das eigentlich alles?*

Ich bin ein Sonderkurier des GROSSEN BOSSES und in geheimer Mission unterwegs. In meiner Stellung erfährt man manches.

Hagar folgt seinem Rat. Sie marschiert den ganzen Weg wieder zurück und bekommt zwei Monate später einen Sohn, den Ismael. Abraham freut sich fast ein Loch in den Bauch. Immerhin ist er schon sechsundachtzig.

IM GEHEIMDIENST DES GROSSEN BOSSES
1 Mose 17, 18

Dreizehn Jahre ist Abrahams Seitensprung alt und nie ohne blaue Flecken oder Platzwunden nach Hause gekommen, als der GROSSE BOSS dem glücklichen Vater wieder mal einen Besuch abstattet. Abraham verbirgt geschickt sein schlechtes Gewissen, aber sein Besucher weiß längst, was die Glocke geschlagen hat. *Wie geht's, wie steht's?* erkundigt er sich, mehr der Form halber.

Danke, ich kann nicht klagen. Führt dich was Besonderes zu mir?

Der GROSSE BOSS erschien nie ohne besonderen Grund, das hätte Abraham inzwischen gemerkt haben dürfen. *Ich freue mich, daß du so fromm bist,* beginnt er, *mach weiter so. Du weißt, du sollst ein großes Volk begründen. Auch ein paar Königshäuser werden von dir abstammen. Ich möchte, daß sie gute Anlagen mitbekommen, deshalb werde ich Sara segnen, damit sie einen Sohn bekommt. Von ihm — nicht von Ismael — sollen deine Völker abstammen.*

Abraham kann nur schwer das Grinsen unterdrücken. In einem knappen Jahr wird er hundert, seine Alte ist neunzig. *Geht es nicht doch mit Ismael?* fragt er deshalb. *Den gibt's immerhin schon.*

Mit dem Racker hab ich was anderes vor. Er wird zwar auch einen Haufen Nachfolger haben, aber mein Versprechen will ich in direkter Linie erfüllen, über Isaak.

Wer ist Isaak? fragt Abraham verdutzt, denn Isaak bedeutet etwa ‚du wirst lachen'.

So sollst du den Jungen nennen, den dir Sara übers Jahr schenken wird. Ich betrachte ihn schon jetzt als Bundesgenossen. Sprach's und verschwindet.

Von diesem Gespräch erzählt Abraham seiner Frau nichts. Vielleicht hatte ihn der GROSSE BOSS nur auf die Schippe genommen, denn Sara war schon lange in den Wechseljahren. Sie würde ihm womöglich kalte Kompressen verpassen.

Doch schon bald wird er an die Unterredung erinnert: An einem glühend heißen Mittag erscheinen zwei junge Männer — Wandervögel anscheinend oder Pfadfinder — und bleiben in der Nähe seines Zeltes stehen. Als Abraham auf sie zugeht, entdeckt er etwas abseits im Baumschatten den GROSSEN BOSS, der ihn nicht aus den Augen läßt. *Hallo!* ruft der gastfreundliche Abi den beiden hübschen Tippelbrüdern zu. *Tretet doch näher und laßt euch die Füße waschen. Mein Butler wird ohnehin immer versnobter.*

Die beiden Jünglinge kommen heran. *Habt ihr Hunger? Was frag ich, ich hör ja eure Mägen knurren.* Er ruft ins Küchenzelt: *Sara, back Kuchen, wir haben Gäste! Ich schlachte inzwischen ein Kalb.*

Die jungen Männer setzen sich in den Schatten der Eiche. Sara bäckt leckere Kekse aus hellem Honigkuchenteig, während Abraham sein bestes Kalb schlachtet. Dabei blinzelt er verstohlen zum GROSSEN BOSS hinüber. Vielleicht gehörten die beiden Wanderer zu seiner Belegschaft?

Als das Essen fertig ist, serviert Abraham persönlich. *Schmeckt's?* erkundigt er sich. Die beiden Schmauser nicken schmausend und putzen das halbe Kalb weg.

Später, beim Pudding, fragt einer der Burschen: *Wo ist eigentlich deine Frau?*

Im Zelt, sagt Abraham. *Um diese Zeit hört sie immer die Nachrichten.* Und als er ihre verständnislosen Gesichter sieht: *Naja, den Klatsch halt. Sonst lebt man hier ja hinterm Mond.*

Sara tratscht keineswegs mit der Nachbarin; sie hat sich einen Hocker an den Zelteingang gerückt und horcht. Draußen sagt gerade einer von den beiden rundherum Satten: *Wenn wir es einrichten können, kommen wir in einem Jahr wieder vorbei.*

So gut hat es euch geschmeckt? freut sich der Alte.

Um deinen Sohn zu bewundern, erklärt der andere. *Deine Sara wird bald schwanger werden.*

Drinnen im Zelt fällt Sara fast vom Hocker. Wollte der Bursche sie veräppeln? Sie, eine Neunzigjährige, die sich nicht mehr daran erinnerte, wann sie zum letztenmal ihre Tage gehabt hatte? Da sollte doch... Dann muß sie schallend lachen. Sex juckte sie nicht mehr. Allein die Vorstellung, sie würde sich in wilder Leidenschaft auf der Matratze wälzen, treibt ihr die Lachtränen in die Augen.

Draußen ist der GROSSE BOSS zu der Tafelrunde getreten. *Warum lacht deine Frau so albern?* fragt er unmutig den Hausherrn. *Sie soll lieber daran glauben; in einem Jahr hat sie ein Kind. Der GROSSE BOSS macht's möglich!* Bei sich denkt er: Ich kann sie doch nicht vor die vollendete Tatsache stellen. Schließlich habe ich den Alten ausgesucht, seine Sippschaft dazu anzuhalten, in meinem Sinne zu leben.

Die beiden Wanderer bedanken sich herzlich für die Bewirtung und machen sich wieder auf die Sandalen. *Wo wollen die denn heute abend noch hin?* fragt Abraham den GROSSEN BOSS neugierig.

Nach Sodom. Der GROSSE BOSS seufzt. *Das ist vielleicht 'ne Stadt! Wenn meine Informationen zutreffen, geht es dort noch schlimmer zu als in Gomorrha, und das ist schon ein Saustall. Na, die können was erleben, beziehungsweise nicht erleben!*

Abraham starrt den GROSSEN BOSS ungläubig an. *Das ist doch nicht dein Ernst! Du willst alle Einwohner liquidieren, bloß weil 'n paar Gangster drunter sind? Nimm an, es gibt dort nur fünfzig brave Bürger wie mich — willst du sie etwa mit abmurksen?*

Der GROSSE BOSS sieht Abraham beeindruckt an. *Nun gut,* meint er nach einer Weile, *wenn ich wirklich nur fünfzig Anständige unter der verkommenen Gesellschaft finde, will ich um der fünfzig willen die Stadt ungeschoren lassen. Recht so?*

Abraham denkt, bin ich schon so weit gegangen, riskier ich es noch mal. *Vielleicht gibt's dort nur fünfundvierzig anständige Leute? Willst du wegen der fünf, die an den fünfzig fehlen, die ganze Stadt kaputtmachen?*

Ich bin nicht kleinlich. Auch wenn es nur fünf-

undvierzig sind, werde ich Sodom nicht vernichten.

Abraham wird immer kesser; schließlich wohnt sein Neffe Lot in der Nähe von Sodom, am Stadtrand quasi. *Vielleicht finden deine Kundschafter nur zehn Anständige?*

Auch dann verschone ich die Stadt.

Abraham setzt alles auf eine Karte: *Und wenn's nur einen einzigen Gerechten gibt in Sodom und Gomorrha?*

Der GROSSE BOSS holt tief Luft. Denkt, ein hartnäckiger Bursche, der Abraham. Aber human. *Gut*, sagt er dann, *auch wenn sich nur ein einziger findet, der sich nicht gegen mich versündigt hat, will ich noch mal Gnade vor Recht ergehen lassen.*

Und ,in dubio pro reo', nicht wahr?! Abraham weiß nicht, daß er seiner Zeit um Jahrtausende voraus ist.

16

DER BIEDERMANN
UND DIE BRANDSTIFTER
1 Mose 19

Obwohl sie einen Zahn zugelegt haben, erreichen die beiden Kundschafter des GROSSEN BOSSES das Villenviertel von Sodom erst bei Einbruch der Dunkelheit. Zufällig sitzt Lot auf der Terrasse seines inzwischen erbauten Bungalows und entdeckt die beiden hübschen Jungs auf der staubigen Landstraße. *Grüß BOSS!* ruft er ihnen leutselig zu. *Wollt ihr nicht reinkommen und einen Happen mit mir essen?*

Die beiden Geheimagenten sind noch satt von Abrahams Rostbraten. *Wir sind in Eile*, entschuldigt sich der eine. Und der andere: *Wir wollen heute noch nach Sodom.*

Das sind noch sieben Kilometer! gibt Lot zu bedenken. *Bis ihr dort seid, ist es Nacht. Wollt ihr nicht lieber bis morgen warten? Ihr könnt gern bei mir übernachten. Kostenlos natürlich.*

Die beiden beraten sich, dann sind sie einverstanden. Sie essen noch eine Handvoll Trauben mit Lot und beziehen später das Gästezimmer.

Mittlerweile hat es sich in Sodom herumgesprochen, daß Lot zwei bildhübsche Jünglinge zu Gast hat. Das ist für die übersättigten Playboys ein gefundenes Fressen. Öfter mal was Neues! Die einheimischen Strichjungen waren doch schon reichlich abgegriffcn. Sie ziehen vor Lots Bungalow und fordern die Herausgabe der beiden appetitlichen Jungs. ‚Um sich drüber herzumachen', wie sie unverblümt zugeben.

Lot ist in einer verflixten Zwickmühle. Einerseits ist ein Gast tabu, andererseits steht den Nachtschwärmern von Sodom die Geilheit im Gesicht geschrieben. Endlich hat er eine Idee. Er tritt vor die Tür und sagt zu den Lustmolchen: *Hört zu, Gentlemen! Ich habe zwei Töchter, die zwar verlobt, aber garantiert noch unschuldig sind. Ich werde euch die beiden überlassen, wenn ihr dafür auf die beiden Jünglinge verzichtet, die meine Gastfreundschaft genießen.*

Denkste! Die Lebewelt von Sodom ist heute auf Knaben scharf. *Steck dir deine Schnallen an den Hut!* grölen die Allroundsexuellen. *Gib die Lustknaben raus, wir wollen sie vernaschen! Sonst hauen wir dir alles in Klump!* Schon dringen sie mit ihren Prügeln auf den Hausherrn ein.

Den beiden Kundschaftern gelingt es im letzten Moment, Lot in seinen Bungalow zu ziehen. *Das sind ja schöne Sitten!* empört sich der eine, während der andere den Belagerern Pfeffer ins Gesicht schmeißt, daß ihnen die Augen überlaufen und sie fluchend ihr Vorhaben aufgeben. Dann schon lieber die Stricher von Sodom; die ritten jede Tour.

Die Kundschafter des GROSSEN BOSSES führen mit Lot ein ernstes Gespräch. *Zieh Leine, Lot!* raten sie ihm. *Nimm deine Frau, deine beiden Töchter und ihre Verlobten beim Schlafittchen und kratz die Kurve, so schnell du kannst. Laß alles zurück. Wir haben Order, Sodom und Gomorrha einzuäschern.*

Lot starrt die beiden an, dann informiert er sogleich seinen Anhang. *Nehmt nur das Nötigste mit, Waschlappen, Zahnbürste und so weiter. Dalli, dalli, meine Lieben!*

Die beiden Knilche, die mit seinen Töchtern verlobt sind, tippen sich an die Stirn. Lot wird wankend, da zwingen ihn die beiden Strafvollzugsbeamten des GROSSEN BOSSES mit Gewalt, sich in Sicherheit zu bringen; sich, seine Frau und seine beiden Töchter. Ihre Zukünftigen weigern sich, mit ins Ungewisse zu ziehen, und betrachten sich kurzerhand als entlobt.

In gehöriger Entfernung von der Peripherie der lasterhaften Stadt verabschieden sich die Geheimdienstler: *Wir müssen zurück. Verdrückt euch irgendwo in die Berge, dort seid ihr sicher. Tschüß!* Dann fällt ihnen noch was ein: *Übrigens ist es euch strengstens verboten, zuzugucken, wenn Sodom brennt! Dreht euch also auf keinen Fall um, damit euch nicht das Blut in den Adern gerinnt, denn es wird grauenvoll werden. Wir probieren was Neues aus: Napalmbomben!*

Lot tut, was die beiden Zerstörer gesagt haben, er marschiert mit Frau und Töchtern nach Zoar. Zoar bedeutet ‚Kleinigkeit‘, wiewohl der Weg alles andere als eine solche ist. Darüber wird es heller Tag. Rot steht die Sonne am Himmel. Blutrot. Aber dann ist es gar nicht die Sonne, die den Horizont blutig färbt!

Die Feuerwerker des GROSSEN BOSSES leisten in Sodom und Gomorrha ganze Arbeit. Es brennt an allen Ecken und Enden gleichzeitig. Eine gigantische Feuersbrunst vernichtet das Spielkasino und das Eros-Center, die Schwulenlokale und die Striptease-Bars, die Tierpuffs und die Sex-Shops. Die ganze Gegend im Umkreis von vielen Kilometern ist ein bombastisches Flammenmeer; das Prasseln und Knistern ist meilenweit zu hören.

Da hält es Madame Lot vor Neugierde nicht mehr aus. Nur einen Blick, einen einzigen, auf das Feuerwerk! Was hatte man denn schon vom Leben!

Sie dreht sich um, blickt zurück, sieht die ungeheure Katastrophe – und versteinert vor Grauen und Entsetzen. Das heißt, eigentlich fühlt sie sich eher wie eine Säule aus Salz an.

17

DEINE TOCHTER, DAS UNBEKANNTE WESEN

1 Mose 19

Lot schleppt seine erstarrte Gattin ans Ufer des großen Sees, gleich hinter Zoar. Er ist so groß, daß man das andere Ende nicht sieht. Dort bereitet er der Salzstange ein zünftiges Seemannsgrab. Sie löst sich im Wasser rasch auf. Seit der Zeit heißt die 980 Quadratkilometer große Fläche Salzmeer oder auch das ‚Tote Meer‘, aus dem durch Verdunsten Salz gewonnen wird. Somit geben Millionen Hausfrauen in der Folgezeit eine Prise von Frau Lot in ihre Knoblauchsuppe.

Die enge Nachbarschaft mit der nassen Grabstätte veranlaßt Lot bald, mit seinen Töchtern aus der Gegend fortzuziehen, hoch ins Gebirge hinein. Dort entdecken sie eine Höhle und richten sie wohnlich ein.

Doch die Mädchen können die Vergangenheit nicht vergessen. Sie finden die Art, wie Tarzan zu leben, bald stinklangweilig. Schließlich sind sie in dem Alter, wo man auch mal tanzen gehen will und einen Freund fürs Petting hat; wo andere schon verheiratet sind und Kinder haben. Von den Murmeltieren abgesehen, gibt es auf dieser einsamen Alm nicht die kleinste Zerstreuung.

An einem milden Frühlingsabend hält es die ältere der Schwestern nicht mehr aus. *Mist!* sagt sie zur jüngeren. *Hier gibt es weit und breit keine Männer! Wie sollen wir je zu einem Kind kommen? Ich geb Vati jetzt massig Wein zu trinken, und wenn er dann blau ist, leg ich mich zu ihm.*

Die Schwester ist baff, gibt dann zu bedenken: *Und wenn er was merkt?*

Blödsinn! Wenn er einen Rausch hat, hält er sei-
nen Bergstock für 'ne Zeder vom Libanon. Sie holt
einen Bembel Selbstgekelterten und animiert ihren
Vater so lange zum Trinken, bis er mit einem tüchtigen Zacken ins Bett sinkt. Dann kriecht sie zu ihm
und verführt ihn, ohne daß er in seinem Tran
merkt, mit wem er es treibt.

Morgens kommt die Blutschänderin mit leicht an-
geschlagenem Gewissen und umränderten Augen
aus der Höhle. Sofort fängt die Jüngere an zu maulen: *Gleiches Recht für alle! Ich will auch ein Baby!*
Heute nacht bin ich an der Reihe!

Lot trinkt gern ein Schöppchen. Auch mal fünf.
Gestern müssen es mindestens zehn gewesen sein;
er spürt es bis in die Haarspitzen. So fällt es der
Jüngeren nicht schwer, ihn zu belatschern: *Nach*
'ner Sause muß man einen Frühschoppen machen!
Schon zum Katerfrühstück trichtert sie ihm liter-
weise Wein ein, bis er am Abend wieder alles
verschwiefelt sieht und nicht mitbekommt, wessen
Schleier er zerreißt.

Beide Töchter werden schwanger. Am selben Tag
bringt jede von ihnen einen Jungen zur Welt. Lot
wundert sich ein bißchen, woher der Nachwuchs
stammt. Es ist ja auch selten, daß einer Vater und
Opa zugleich wird.

Die Ältere nennt ihr Söhnchen Moab, die Jüngere
sagt Ammi zu ihrem. Nach ihm wird die Hauptstadt Jordaniens einmal Amman heißen. Mit Moab
zusammen legt der Ammi in letzter Konsequenz
den Grundstein zu den ‚Arabern'.

18

SKANDAL AUF DER MILCHPARTY

1 Mose 19, 21

Abraham hat von der doppelten Vermehrung seines Neffen keine Ahnung; er hält ihn für tot.
Als er nämlich erfuhr, daß Sodom ein Trümmerhaufen war, eilte er an den Ort der grandiosen Ka-

tastrophe, fand aber nur Qualm vor und den Grundstock zu einer Pottaschefabrik in fernster Zukunft.
Von Lot keine Spur.

An Abrahams hundertsten Geburtstag kommt Sa-
ra in die Wehen, wie der GROSSE BOSS es prophe-
zeit hat. Sie bringt einen Jungen zur Welt, den die
Eltern Isaak nennen. Obwohl drei Ammen in Be-
reitschaft stehen, nährt Sara, die matronenhafte
Mutter, ihren Säugling selbst, traut sich aber aus
Schamhaftigkeit nicht mehr auf die Straße. *Die
Nachbarn halten sich ja den Bauch vor Lachen!*

An dem Tag, wo Isaak zu seiner Mutter sagt, er
wolle endlich einmal was anderes als Milch direkt
vom Hersteller, veranstalten Abrahams eine offizielle Entwöhnungsparty mit Milchmixgetränken.
Da kommt es zu einem unschönen Krach mit der
Zofe Hagar und ihrem, beziehungsweise Abrahams
Sohn Ismael.

Der Halbbruder des dreijährigen Isaak ist sozusagen von Geburt an in den Flegeljahren. Er benimmt sich auch heute wieder unmöglich. Er verspottet das Kleinkind und verhöhnt Sara: *Der sieht
ja jetzt schon aus wie 'n Mummelgreis!*

Der kleine Isaak spuckt vor Zorn seinen ersten
Hirsebrei aufs Tischtuch, und Sara verlangt empört
von ihrem Mann, daß er Hagar mit ihrem Bankert
aus dem Haus jagt und enterbt. Sie kann den Rü-
pel nicht mehr sehen und will auch nicht, daß er
später mal sein Erbteil mit losen Weibern oder beim
Pharaospiel verjubelt.

Das schmeckt Abraham nicht. Erstens setzte ein
Mann wie er keine Bankerte in die Welt, und zweitens — aber Sara gibt nicht nach. Die Party endet
mit einem Mißton, einem wahren Mißgetöne.

Nachts huscht der GROSSE BOSS in Abrahams
Haus. Der verärgerte Alte hat sein Bettzeug ins Arbeitszimmer rübergeholt. *Nun reg dich mal wieder
ab,* besänftigt ihn der GROSSE BOSS. *Tu, was deine Frau sagt; schick Hagar mit ihrem Lausebengel
in die Wüste. Ich werde mich um die beiden kümmern. Leg dich jetzt wieder rüber in dein Bett,
sonst fällst du noch von der Bank.*

In aller Frühe macht Abraham eigenhändig ein Paket Stullen zurecht und füllt einen Schlauch mit Wasser, den er Saras einstiger Zofe wie eine Nerzstola um den Hals legt. Dann schickt er sie mit Ismael fort, was natürlich nicht ohne Krach vonstatten geht. Rabenvater, das ist noch eine der harmlosesten Beschimpfungen, die der Alte sich gefallen lassen muß. Als die beiden außer Sicht sind, ist er einem Herzinfarkt nahe.

Hagar ist nicht minder aufgewühlt. Das schöne Erbteil! Vor lauter Wut verirrt sie sich in der Wüste. Das passiert in der Nähe von Beerseba. Dann ist das Wasser alle. Als der Knabe nicht mehr japsen kann, stößt Hagar ihn unter einen vertrockneten Busch. Nur eine Bogenschußweite entfernt setzt sie sich in den Sand und weint: *Ich kann's nicht mehr mitansehen, wie er vor Durst langsam eingeht!*

Der GROSSE BOSS hat seine Augen überall. Er entdeckt die beiden Verirrten und läßt Hagar durch seinen Regierungssprecher mitteilen: *Der GROSSE BOSS hat beschlossen, daß du die Flinte nicht ins Korn, respektive den Schlauch nicht in den Sand werfen sollst. Nimm deinen Sohn huckepack, der BOSS hat noch einiges mit ihm vor.*

Hagar wankt zum Gebüsch, schultert den Knaben. Als sie sich umblickt, entdeckt sie ganz in der Nähe eine Oase. Mit halbirren Augen und dem durstig hechelnden Ismael schwankt sie hin. Das klare Brunnenwasser schmeckt köstlich...

Mutter und Sohn führen ein Leben wie Nomaden. Ismael wächst zu einem strammen Burschen heran und wird ein glänzender Bogenschütze. Auf hundert Meter trifft er einen Wüstenfuchs zwischen die Augen. Das will was heißen, wo in der Wüste die Luft so flimmert.

Eingedenk ihres eigenen, unbemannten Schicksals besorgt Hagar ihm schon frühzeitig eine bessere Hälfte aus Ägypten, von wo sie boßlob herstammt. Denn alles, alles wünscht sie ihrem Liebling, nur keinen solchen Besen wie Sara.

19

IN LETZTER SEKUNDE
1 Mose 22

Nach all diesen Geschichten denkt der GROSSE BOSS wieder einmal an Abraham. *Muß doch mal gucken, ob der Alte mir wirklich so treu ergeben ist, wie er immer tut. Ich werde einen Test mit ihm machen, daß ihm die Haare zu Berg stehen.* Er geht gleich an die Ausführung.

He, Abraham! ruft er eines denkwürdigen Tages vor der Tür des Alten. *Bist du da?*

Jawollja, antwortet Abraham erschrocken. *Du hättest dich räuspern sollen; ich bin nicht mehr der Jüngste. Wo brennt's denn?*

Noch nicht, sagt der GROSSE BOSS. *Erst in drei Tagen, weil du mir da deinen Jungen als Brandopfer darbringen wirst.*

Abraham starrt den andern entsetzt an. *Was werde ich?*

Sattle deinen Esel und reite mit Isaak immer geradeaus, bis du zu einem Berg kommst. Auf dem sollst du deinen Sohn schlachten und mir opfern.

Ich soll Isaak —, stottert der Greis fassungslos. *Schmecken dir meine gebratenen Täubchen nicht mehr?*

Doch darum geht es dem GROSSEN BOSS nicht; er will nur Abrahams Gehorsam prüfen. *Tust du's oder tust du's nicht?* fragt er nicht ohne Schärfe.

Weil ich an dich glaube, werde ich es tun, sagt Abraham gebrochen. *Aber wenn das kein Kannibalismus ist...* Am nächsten Morgen belädt er einen Esel mit Brennholz und Reiseproviant, wählt zwei verläßliche Diener aus und reitet mit Isaak an der Spitze der Truppe zum Schlachtfest.

Drei Tage später erreichen sie den besagten Berg. Abraham befiehlt seinen Dienern, unten auf ihn zu warten. *Ich kraxle jetzt mit Isaak da rauf, um zu beten. Bis nachher also.* Er läßt seinen Halbwüchsigen das Brennholz tragen und bewaffnet sich selbst mit Messer und Kienfackel.

Schnaufend steigen sie in die Nordwand. Auf halber Höhe fragt Isaak seinen Erzeuger mit messerscharfer Logik: *Wozu hast du eigentlich Fackel und Dolch mitgenommen, Pa? Du hast doch gar kein Schaf zum Brandopfer!*

Kommt Zeit, kommt Schaf, Junge, sagt sein Vater außer Puste.

Auf dem Gipfel angekommen, häufelt Abraham Steine zum Altar zusammen und errichtet darauf einen Scheiterhaufen. Danach fesselt er seinen Sämling, der dermaßen brüllt, daß ihm der Vater einen Knebel in den Mund schiebt, ehe er ihn auf den Grill legt. Dann wetzt er, um Zeit zu gewinnen, lange den Dolch am Gestein und nähert sich endlich dem erbleichenden Sohn. Er setzt ihm das Messer an die Gurgel, da – in letzter Sekunde – ruft eine Stimme aus den Wolken: *Haalt! Genug!* Abraham läßt die Klinge sinken. *Der GROSSE BOSS läßt dir ausrichten, du hättest ihm deinen Gehorsam bewiesen, indem du bereit warst, deinen Erben zu opfern. Das genüge ihm; er sei kein Menschenfresser.*

Das schien zu stimmen, denn als Abraham sich umblickt, sieht er einen Widder in den Hecken hängen. Er brät und opfert ihn an seines Sohnes Statt.

Isaak schlottern ganz schön die Beine, als er mit seinem Vater betet. Wie nun, wenn der GROSSE BOSS gerade woanders hingeguckt hätte? Hat er aber nicht. *Der GROSSE BOSS sieht alles!* sagt sein Vater stolz, und von Stund an heißt der Berg auch so.

Abraham, läßt sich die Wolkenstimme noch einmal vernehmen, *weil du dem BOSS deinen Sohn nicht verweigert hast, will er deine Nachkommen so zahlreich machen wie die Sterne am Himmel und den Sand am Meer.*

Das verspricht er mir, seit wir uns kennen! brummt Abraham.

Da mischt sich der GROSSE BOSS persönlich ins Gespräch: *Die Haustüren aller deiner Feinde werden dir offenstehen! Durch dich sollen alle Völker der Erde gesegnet werden!* Danach herrscht wieder die majestätische Ruhe der Bergwelt.

Vater und Sohn machen sich an den Abstieg. *Bergab geht's viel schneller!* freut sich der Junge. *Wie im Leben!* knurrt der Alte.

20

VOR DER ZISTERNE
VOR DEM GROSSEN TOR

1 Mose 22—24

Nach dem makabren Test auf dem ‚Der-GROSSE-BOSS-sieht-alles-Berg' geschieht eine ganze Weile gar nichts. Bloß Geburtsanzeigen flattern Abraham ins Haus, acht Stück, denn soviel Söhne produziert sein Bruder in Haran. Einer von ihnen setzt dann später die berühmte Rebekka in die Welt. Über vier weitere Knaben, die Abrahams rastloser Bruder mit einer Zweitfrau zeugt, breiten wir den Mantel des Schweigens.

Mit 127 Jahren stirbt Sara an Altersschwäche. Das tut sie in Hebron. Abraham kommt sich plötzlich schrecklich verlassen vor. Er wischt sich die Tränen aus dem Bart und überlegt, wo er die liebe Verstorbene beerdigen soll. Der Friedhof der Einheimischen war ja wohl nicht das Richtige, obwohl sie ihm wegen seines hohen Ansehens eine Grabstätte förmlich aufdrängen.

Könnt ihr mir nicht ein ruhiges Plätzchen etwas außerhalb der Stadt abtreten? fragt er den Rat von Hebron. *Am Ende des Ackers von Meister Ephron liegt eine Höhle, in der ich später auch noch Platz hätte. Ich will sie natürlich nicht umsonst!*

Nichts da, sagt Ephron, *keinen Pfennig nehme ich von dir. Du kriegst die Höhle samt Acker gratis. Wär' ja noch schöner!*

Abraham sträubt sich: *Ich will dich nicht kränken, Herr Nachbar, aber umsonst ist der Tod. Ich möchte doch lieber bezahlen.*

Ephron schüttelt den Kopf: *Der Acker ist mit Höhle bestenfalls vier bis fünf Kilo Silber wert, was ist das schon. 'n Appel und Ei für Leute wie*

dich und mich. Also laß dein Geld stecken, Alter-
chen, und begrab deine Frau.

Abraham gibt nicht nach; in Geldsachen ist er
eigen. Er wiegt vier Kilo Silber ab, gibt nach kurzem Zögern noch 800 Gramm dazu und legt es vor
Ephron auf die Erde. Der nimmt es schließlich auch,
damit es nicht vergammelt oder gar geklaut wird.

Die Höhle wird gescheuert, verputzt und weiß ge-
tüncht. Eine schön polierte Steinplatte soll räube-
rischen Tieren den Zugang verwehren. Hier setzt
Abraham seine geliebte Sara feierlich bei.

Doch so entgegenkommend die Einheimischen auch
waren, Abraham mag sie trotzdem nicht. Schön, sie
haben ihm die Höhle für alle Ewigkeit als Erb-
begräbnis überlassen, aber hat er dafür nicht ge-
blecht? Nun also, damit entfällt ihm Verpflichtung
zu hemdsärmeliger Kumpanei mit diesen unsym-
pathischen Kanaanern. Auf diese Weise wird er natürlich immer einsamer. Und gebrechlicher dazu.
Am meisten fehlt ihm das Gespräch mit Sara, wenn
sie auch gelegentlich mit ihm gezankt hat.

An einem besonders trübseligen Tag ruft er seinen ältesten Mitarbeiter, den Elieser, zu sich. Der
einstige Kammerdiener hat ihm seit kurzem die
Verwaltung des Guts abgenommen. *Gib mir mal die
Hand,* fordert er ihn auf. *Schwöre mir, daß du mit
allen Mitteln verhindern wirst, daß Isaak eine Einheimische heiratet.*

Ich schwöre! antwortet der Damaszener. Er mag
die Frauen von Kanaan ohnehin nicht. Preise nahmen die!

*Versprich mir, daß du keine Mühe scheuen wirst,
für meinen Sohn eine passende Frau zu besorgen!*
verlangt Abraham weiter.

Ich kann ja ein Inserat aufgeben, schlägt Elieser
vor. *Das ist kein ungewöhnlicher Weg mehr.*

Der Hausherr hat anderes im Sinn. *Nichts da! Ich
bin von altem Schrot und Brotgetreide. Mach dich
auf die Strümpfe und reite zu meiner Verwandtschaft im Lande meines Vaters.*

Wo liegt denn das, dein Vater-Land? Der Brautwerber in spe hat damit im Handumdrehen einen

Begriff von eminenter politischer Tragweite erfunden.

Mesopotamien, sagt Abraham. *Geh dort zu meinem Bruder und suche das Beste vom Besten aus, eine Frau von Format, wenn ich bitten darf.*

Das sagst du so, gibt Elieser zu bedenken. *Und wenn sie nun nicht mitkommt? Was ist dann mit meinem Eid?*

Von dem bist du dann entbunden. Aber gib dir ein bißchen Mühe, Elieser. Isaak ist schon über dreißig, er muß endlich unter die Haube. Meine Tage sind gezählt...

Der Verwalter — kein junger Spund mehr, wie gesagt — belädt fünf Kamele mit Geschenken aller Art und fünf weitere mit Proviant. Von vier Männern — und was für Hirten! — begleitet, tritt der Heiratsvermittler die anstrengende Reise nach Haran an, wo die Leute später mal Türkisch sprechen werden und zur Zeit die Verwandtschaft seines Chefs wohnt.

Ziemlich strapaziert und abgemagert erreicht der Hochzeitsbitter mit seinem Geleitschutz an einem Spätnachmittag sein Ziel. Bei einer Zisterne auf dem Feld vorm Haraner Stadttor läßt er die Kamele niederknien, damit sie sich erholen können. Wie immer um diese Zeit herrscht hier reger Verkehr. Eine Menge Mädchen und Frauen erscheinen mit Krügen, um Wasser für die Küche zu holen. Andere tränken am Brunnenloch ihr Vieh.

Als Elieser all die Weiblichkeit sieht, hat er eine Idee: Er wird ein Orakel machen! Vorher richtet er den Blick nach oben und fragt den GROSSEN BOSS, ob er auch damit einverstanden ist. *Ich steh hier an der Zisterne und komme mir mit Recht wie ein Freier vor. Aber Mädchen gibt es in rauhen Mengen, eine schnuckeliger als die andere. Wenn ich jetzt eine von ihnen frage, ob sie mir einen Schluck Wasser gibt, und sie sagt ja und gibt dann auch noch meinen Kamelen zu saufen — die möchte ich gern für Isaak haben. Ist das 'n Gedanke, BOSS? Wenn du meinen Test schlecht findest, brauchst du das Mädchen nur recht abweisend sein zu lassen; dann bin ich im Bilde.*

Der Reisende in Ehesachen wartet vergeblich auf offiziellen Widerspruch. Da geht er einem bezaubernden Mädchen entgegen, das gerade auf die Zisterne zuschreitet. *Entschuldige, mein Fräulein, daß ich dich so einfach anspreche, aber ich habe großen Durst und nichts zum Schöpfen. Gibst du mir einen Schluck zu trinken?* fragt er mit leichtem Akzent.

Aber gern, Fremder! Das aparte Geschöpf schöpft Wasser und läßt ihn trinken. *Ich glaube, deine Kamele haben es auch nötig. Ich werde sie rasch tränken, deine Leute scheinen zu erschöpft dazu zu sein.*

Während sie unaufhörlich Wasser trägt, 100 Liter pro Kamel, wird es Nacht. Zum Dank für ihre Überstunden schenkt der Brautwerber ihr einen goldenen Stirnreif aus sechs Gramm 14karätigem Gold, über den sich die Kleine so freut, daß er ihr gleich noch zwei goldne Armreifen dazu verehrt. Sie wiegen zusammen 120 Gramm, das hätte die Jungfrau eigentlich stutzig machen sollen.

Das Mädchen ist völlig arglos. Andere Länder, andere Sitten, denkt sie und gibt brav Auskunft, als der Spender sie fragt, wer sie ist und ob er vielleicht mit seinen Leuten und den Kamelen bei ihren Eltern übernachten kann.

Bestimmt könnt ihr bei uns unterkommen; wir haben Platz genug. Ich bin die Enkelin eines Bruders von Abraham und heiße Rebekka.

Den Brautwerber haut es fast um. Da hat ihn der GROSSE BOSS doch geradewegs die richtige Bekanntschaft machen lassen! Während das Mädchen rasch nach Hause läuft, um Bescheid zu sagen, dankt Elieser dem GROSSEN BOSS dafür, daß er ihn ohne Umwege zu der gesuchten Adresse geführt hat.

In Rebekkas Elternhaus staunen sie nicht schlecht, als Rebekka den Schmuck vorzeigt. *Her mit dem Nabob!* sagt ihr Bruder Laban. *Er kann in meinem Zimmer schlafen. Seine Kamele sollen das beste Futter kriegen.* Er rennt zur Zisterne und holt die Karawane ins Haus.

Nachdem sich der Brautwerber ein bißchen frisch gemacht hat, trägt er sein Anliegen vor, wie es ihm sein Chef aufgetragen hat, und endet: *Es kann kein*

Zufall sein, daß ich ausgerechnet eure Rebekka an-
gesprochen habe. Wenn ihr also damit einverstan-
den seid und unserem jungen Herrn, dem Isaak,
eure Rebekka zur Frau geben wollt, dann sagt es
mir. Wenn nicht, kehre ich mit leeren Händen zu
Abraham zurück. Ich fürchte nur, dann macht er es
nicht mehr lange.

Rebekkas Eltern und ihr Bruder Laban überlegen
gar nicht erst. Wenn der GROSSE BOSS die Begegnung arrangiert hatte, würde wohl alles seine Ordnung haben. Was konnte schon schiefgehn; nach den
Erzählungen des Heiratsvermittlers war dieser Isaak
eine blendende Partie. Falls sein Vater Abraham,
dieser Auswanderer, wirklich so reich war!

Als könne er Gedanken lesen, breitet Elieser die
kostbaren Geschenke aus, die der Chef ihm mitgegeben hat. Fabelhafte Kleider darunter, die schick-
sten Hebroner Modelle, Minilook und Heiße Hös-
chen, nostalgische Fransenröcke und und... Welche
Eltern, die für ihre Tochter das Beste wollen, welcher Bruder erst recht, würden da nein sagen!

Sie tun es auch nicht: Schon am nächsten Tag tritt
der erfolgreiche Freier mit Rebekka und seinen
Geleitschützern die Heimreise an. Für die Braut ist
sie ein elementares Ereignis. Sie war noch nie verreist, geschweige denn im Ausland.

21

TEURE LINSEN – HOHE ZINSEN

1 Mose 25, 26

Die Freude über seine hinreißende Schwiegertochter verjüngt Abraham sichtlich. Rebekka ist
aber auch wirklich zu reizend. Trotzdem stirbt er
schon mit 175 Jahren. Und was zu seinen Lebzeiten
undenkbar gewesen wäre, geschieht jetzt: Isaak
versöhnt sich mit seinem Halbbruder Ismael. Wenigstens beerdigen sie ihren Erzeuger gemeinsam
in der Eigentumshöhle, wo Sara schon lange auf
ihn wartet...

Das Leben geht weiter. Isaak ist bis über beide Ohren in seine Rebekka verliebt. Er liebt sie täglich, aber es rührt sich nichts. Rebekka wird und wird nicht schwanger. In seiner Ratlosigkeit wendet Isaak sich an den GROSSEN BOSS, der auch ein Einsehen hat. Zwanzig läppische Jahre später sagt Rebekka eines Tages zu ihrem Mann: *Leg mal deine Hand auf meinen Bauch. Das reinste Erdbeben!*

Weil du immer Wasser trinkst, wenn du Gurkensalat gegessen hast! schilt Isaak. Er legt die Hand auf ihre Bauchdecke und rollt ungläubig die Augen. *Quatsch, Gurkensalat! Wir kriegen ein Kind!* Er freut sich wie über sechs Richtige.

Ich hab das Gefühl, das wird ein ganzer Kindergarten, wundert sich Rebekka und bittet, als das Gehopse und Gestrampel in ihrem Leib immer heftiger wird, den GROSSEN BOSS um eine Erklärung.

Schmunzelnd beruhigt sie dieser: *Keine Bange, es sind keine Fünflinge. In deinem Leib liegen die Grundsteine zu zwei Völkern, denn du bekommst Zwillinge! Der ältere wird mal dem jüngeren dienen, soll heißen, ein Volk wird dem anderen überlegen sein. Ansonsten — Komplikationen brauchst du nicht zu befürchten...*

Endlich ist die große Stunde da. Rebekka siedelt ins Wochenbett über. Wilde Wehen treiben das erste Kind heraus, einen Jungen. Er fühlt sich an wie ein Reibeisen; sein ganzer Körper ist rot behaart. Den Bruder hat er sozusagen im Schlepp, der hat nämlich seine Ferse gepackt und läßt sich von ihm ans Licht der Welt ziehen.

Als die beiden dem glücklichen Vater präsentiert werden, einigt Isaak sich mit Rebekka rasch auf den Namen Esau für den Älteren. Der Nachgezogene wird Jakob genannt, das heißt ,der Hinterlistige'. Dann gibt's Freibier für die gesamte Belegschaft.

Die Lenze lösen einander ab, die Zwillinge gedeihen glänzend. Sie wachsen heran und kommen in die Pubertät. In dieser Zeit der inneren Unruhe entscheidet sich Esau für den Beruf des Jägers. Er wird ein tüchtiger Weidmann, während sein um eine Minute jüngerer Bruder Jakob mehr für einen gemütlichen Job ist. Er schiebt eine ruhige Kugel bei den Zelten und hängt noch lange seiner Mutter am Schürzenzipfel. Kein Wunder, daß er Rebekkas Liebling wird. Isaak wiederum hat eine Schwäche für Esau, weil dieser ihm immer frisches Wildbret anschleppt.

Jakob hat von Anfang an einen Hang zum Küchenpersonal. Er schaut oft beim Kochen zu und wird selbst ein brillanter Koch. Eines Tages macht er Linsen mit Bockwurst, Ziegenbockwurst, als sein Bruder Esau von der Jagd heimkommt. *Scheiße!* sagt er wütend, denn er hat nichts geschossen. Dann schnuppert er. *Was kochst 'n da? Sieht ja so rötlich aus!*

Linsen! Jakob gibt einen Spritzer Essig in den Kochtopf.

Esau läuft das Wasser im Mund zusammen. *Kann ich 'n Teller abhaben?* fragt er und leckt sich die Lippen.

Jakob denkt einen Augenblick nach, dann macht er seinem Bruder einen Vorschlag. *Gern, aber vorher verzichtest du auf dein Erstgeburtsrecht.* Esau sieht ihn perplex an; Jakob, der Hinterlistige, erklärt: *Du bist zwar nur eine Minute älter als ich, trotzdem nennen dich alle Leute meinen großen Bruder. Das hängt mir zum Hals raus!*

Esau lacht: *Wenn's weiter nichts ist! Bevor ich vor Hunger umkomme, überlaß ich dir lieber mein Erstgeburtsrecht. Für 'ne Kelle Linsensuppe pfeif ich auf die sechzig Sekunden, die ich dir voraus bin.*

Grad so hat's Jakob gewollt. Er läßt sich von Esau das Ehrenwort geben, daß die Abmachung unwiderruflich ist, dann füllt er ihm die größte Schüssel des Hauses mit dem köstlichen Eintopfgericht, holt sogar einen Krug Wein aus dem Keller. Trotzdem ist die Mahlzeit natürlich überbezahlt, aber Esau wollte es ja nicht anders...

Die Jahre vergehen. Nicht nur für den freßlustigen Esau brechen schlechte Zeiten an. Eine Hungersnot kommt übers Land. Isaak packt seine Siebensachen und läßt seine Viehherden südwärts treiben, rüber ins Tal von Gerar, das liegt etwa 20 Kilometer von Gaza entfernt. Hier betrachtet Isaak lange die Gegend und überlegt, ob er nicht gleich weiter nach Ägypten ziehen soll. Das Land hier gehörte den Philistern, und die mag er auf Anhieb nicht.

Da erscheint der GROSSE BOSS auf der Bildfläche und redet ihm gut zu: *Geh nicht nach Ägypten, das gibt nur Zores. Bleib hier, auch wenn du ein Fremder bist unter den Philistern. Ich will, daß das Land einmal dir und deinen Nachkommen gehört, wie ich es schon deinem Vater versprochen habe. War 'n patenter Bursche, treu und zuverlässig. Man konnte ihn um den Finger wickeln...*

Isaak gehorcht und bleibt, doch weil Rebekka ein prächtiges, voll erblühtes Weib ist, verschweigt er den gemeinsamen Ehestand und gibt sie vorsichtshalber als seine Schwester aus. Er hat Angst, daß ihn die Philister sonst aus dem Weg räumen, um sie sich untern Nagel reißen zu können.

Das geht nicht lange gut. Eines Tages läßt der König den Isaak kommen und stellt ihn zur Rede: *Was hast du dir eigentlich dabei gedacht, deine Frau als deine Schwester auszugeben? Wenn sich nun einer meiner Untertanen an sie herangemacht hätte? Oder ich, zum Beispiel? Dann wäre ich zum Ehebrecher geworden, ohne es zu wissen. Unkenntnis schützt auch einen Landesvater nicht vor öffentlicher Ächtung. Also laß fürderhin deine Täuschungsmanöver!* Isaak geht betreten heim, der König aber hält seinen Untertanen eine Rede, die in dem fulminanten Satz gipfelt: *Wer Isaak was am Zeug flickt oder seiner Frau an die Wäsche will, den laß ich henken!*

Diese Warnung nehmen sich die Philister nur 'ne Weile zu Herzen; als Isaak immer vermögender wird, weil seine Äcker hundertmal mehr Frucht tragen als ihre eigenen, verstopfen sie ihm aus Neid heimlich sämtliche Brunnen. Sie schikanieren ihn bis aufs Blut − und schaffen es. Eines Tages sagt Isaak: *Ich hab's satt* − und evakuiert sich mit seiner Familie, seiner Belegschaft und sämtlichem Vieh

in Richtung Beerseba, das etwa 25 Kilometer süd-
westlich von Gerar liegt.

Hier graben die Knechte als erstes erfolgreich
nach Wasser, während Isaak einen Altar baut, um
dem GROSSEN BOSS zu danken und im Bescheid
zu sagen, daß er jetzt woanders wohnt.

22

SO STRENG SIND HIER DIE BRÄUCHE

1 Mose 27, 28

Isaak hat keine Ahnung von dem Tauschhandel
zwischen seinen beiden Leibesfrüchten. Er kümmert sich überhaupt nicht mehr viel um die Wirtschaft, weil er schlecht sieht. Grauer Star auf beiden Augen. Eines Tages ruft er seinen Erstgeborenen zu sich. *Ich glaub, ich muß mich so langsam von
der Verpflegung abmelden,* sagt er zu Esau. *Geh
und schieß mir einen Hasen; ich möchte mich noch
mal so richtig satt dran essen. Dann segne ich dich,
und du übernimmst hier das Kommando.*

Esau marschiert mit Pfeil und Bogen zur Jagd,
Rebekka aber, die an der Tür gelauscht hat, eilt zu
ihrem Muttersöhnchen Jakob. *Jockel,* sagt sie atemlos, *dein Vater hat Esau auf die Jagd nach einem
Abschiedsessen geschickt. Er will deinen Bruder
segnen und ihm alles vermachen, bevor er hinüber
ist. Hol rasch einen Ziegenbock! Wir braten ihn mit
allen Schikanen, dann bringst du ihn deinem Vater
und behauptest, das sei Hasenrücken nach Guts-
herrenart. Bestimmt wird er dich für deinen Bruder halten und als Alleinerben einsetzen.*

Jakob ist nicht auf den Kopf gefallen. *Alles schön
und gut, Mama — und wenn mir der alte Herr einen
Kuß gibt? Dann merkt er doch, was die Sonnenuhr
geschlagen hat. Ich hab 'ne Haut wie 'n Kinder-
ärschchen, der Edom aber fühlt sich an wie 'n Sta-
chelschwein.* Edom ist Esaus Uz-Name.

Laß mich nur machen! sagt Rebekka. *Aber du*

mach dalli mit dem Bock! Jakob spurtet zu den Herden und kommt völlig außer Odem zurück. Der Ziegenbock wird raffiniert gebraten und mit Grünkohl garniert. Dann zieht Rebekka ihrem Herzblatt den Sonntagsausgehanzug von Esau an, setzt ihm dessen Jagerhütl auf und wickelt ihm ein kurzhaariges Fell um Arme und Hals. Derart getarnt, trägt Jakob das Tablett zu dem Sehbehinderten.

Die Täuschung glückt. *Wenn ich nicht wüßte, daß es ein Hasenbraten ist, würde ich es für Ziege halten,* scherzt Isaak.

Er war nicht mehr ganz heurig, der Meister Lampe, erklärt Jakob mit schlecht verstellter Stimme.

Der Alte wird mißtrauisch: *Du sprichst heut fast wie Jakob, Esau! Komm, laß dich mal streicheln.* Er krault Jakobs pelzige Unterarme. *Jungejunge, du wirst immer haariger!* Er zieht Jakobs Kopf herunter und tief die Luft ein. *Wie herrlich du nach Wald und Weidwerk riechst!* Dann gibt er ihm seinen Segen. Der GROSSE BOSS möge ihm ewige Fettlebe bescheren, Völker sollen ihm dienen, ganze Stämme zu Füßen liegen. Auch über seinen Bruder soll er herrschen. *Verflucht sei, wer dir flucht, gesegnet sei, wer dich segnet!*

Kaum hat Jakob das Sterbezimmer seines Vaters verlassen, stürmt Esau in die Küche und beginnt zu brutzeln. Der Duft von gespicktem Hasenrücken weht Vater Isaak lieblich um die Nase, als Esau serviert. *Ich hab meine Henkersmahlzeit doch schon verspeist,* witzelt der Todeskandidat, satt bis zum Gehtnichtmehr.

Esau ist baff. *Du machst mir Laune! Vor drei Stunden hetzt du mich vor lauter Hunger in den Forst — wieso bist 'n auf einmal so satt?*

Fassungslos richtet Isaak sich auf und blinzelt aus trüben Augen. *Um des GROSSEN BOSSES willen, du bist Esau? Wer war denn dann der Jäger, der mir den Hasen gebracht hat?*

Du hast falschen Hasen gegessen, Vater! heult Esau auf. *Du hast den Verkehrten gesegnet! Mach fix und segne mich auch, bevor du das Zeitliche segnest!*

Isaak schüttelt bedrückt den Kopf. *Segen bleibt Segen, ich kann ihn nicht zurücknehmen. Ich weiß auch, wer ihn sich erschlichen hat: dein Bruder Jakob! Seine Stimme kam mir gleich so komisch vor.*

Dieser hinterlistige Schuft! wütet Esau. *Er macht seinem Namen wirklich alle Ehre! Jetzt hat er mich zum zweitenmal überlistet. Erst luchst er mir das Erstgeburtsrecht für 'n paar Löffel Suppe ab, nun kassiert er auch noch deinen Segen. Den Bruder mach ich fertig!*

Rebekka verläßt ihr Lauscherplätzchen am Schlüsselloch und eilt zu ihrem Liebling. *Es braut sich was zusammen, Jockel!* sagt sie hastig. *Esau will dich umbringen; du mußt für 'ne Weile verduften! Wie wär's, wenn du meinen Bruder Laban in Haran besuchst? Wenn Edom sich beruhigt hat, schick ich dir 'ne eilige Kamelpost, und du kommst retour.*

Jakob packt rasch seine Sachen, während seine Mutter zu ihrem Mann geht und ihm raffiniert den Schwarzen Peter zuschiebt. *Was sagst du dazu, Männe: Der Jakob will heiraten!*

Warum soll er nicht? fragt Isaak verwundert. *In seinem Alter war mir auch so, bis du dann gekommen bist, Schätzchen.* Wenn er gut gegessen hatte, nannte er sie immer Schätzchen.

Ich hab ja auch nichts dagegen, aber soll er etwa so 'n mieses Mädchen von hier nehmen? Die passen doch gar nicht in die Familie!

Natürlich nicht! Isaak denkt nach. *Wie wär's, wenn wir ihn zu deinem Bruder nach Haran schikken? Der hat bestimmt einen Haufen hübscher Töchter.*

Wenn du meinst... Wenige Stunden später ist von Jakob nur noch 'ne Staubwolke zu sehen.

23

DOPPELT GENÄHT HÄLT BESSER

1 Mose 29

Es wiederholt sich alles. Das sagt sich so leicht dahin, im Falle Jakobs stimmt es sogar. Ihm geht es wie dem Brautwerber seines Großvaters Abraham. Nach einer mühevollen Reise auf staubigen Trampelpfaden erreicht er endlich Haran, und wie der Welt erster Heiratsvermittler macht auch er an einer Zisterne vor einem großen Tor halt.

Hier liegen drei Schafsherden und warten aufs Tränken. Jakob fragt einen strickenden Hirten: *Guten Abend, Herr Schäfer! Stammst du aus Haran?*

Der Schäfer läßt die Nadeln sinken. *Freilich,* sagt er. *Du bist wohl fremd hier?*

Jakob nickt. *Da kennst du doch sicher auch einen gewissen Laban?* fragt er weiter. *Wie geht's ihm denn so?*

Wie soll's ihm gehen? Gut geht's ihm. Übrigens, da hinten das Mädchen ist seine Tochter. Er strickt weiter, zwei rechts, zwei links, denn der Pulli soll fertig werden.

Erwartungsvoll blickt Jakob dem Mädchen entgegen, das eine Schafherde zum Brunnen treibt. Die Tiere trödeln, er hat also ausgiebig Gelegenheit, seine Kusine zu betrachten. Sie sieht fabelhaft aus! Und wie sie beim Schreiten mit den Kurven wippt! Ganz warm wird ihm ums Herz. Das fängt ja gut an, denkt er und reißt sie ungestüm an sich, als sie an ihm vorbeigehen will. Er küßt die Kleine ab, bis sie ihm — nach einer Weile — eine schallende Ohrfeige gibt. Da stellt er sich vor: *Aber Mädchen, ich bin's doch, der Jakob! Dein Vetter, Isaaks Sohn!*

Nein, wie der Zufall so spielt! freut sich die Jungfer. Die Begrüßung beginnt von neuem. Immer wieder drückt Jakob sein Kusinchen an sich; sie fühlt sich so weich an, so aufregend gewölbt. Endlich wehrt ihn das Mädchen mit hochrotem Kopf ab. *Was sollen denn die Leute denken!*

Die können mich mal! Jakob schnippt mit den

Fingern. *Ich werde dich heiraten!* So high ist er. *Wie heißt 'n überhaupt?*

Rahel, haucht das hübsche ‚Mutterschaf' – das bedeutet ihr Name – von neuem erglühend. Dann eilt sie leicht- und barfüßig nach Hause, während Jakob ihre Herde tränkt. Dabei summt er eine Melodei, die er unterwegs aufgeschnappt hat....

Sein Onkel ist ein dürrer, ziemlich habsüchtiger Syrer. Rahel erzählt ihm aufgeregt, was für ein seltener Besuch draußen an der Tränke wartet. Spornstreichs stelzt Laban hinaus und holt seinen Neffen. Dann muß Jakob erzählen. Der berichtet weitschweifig und so, daß er nicht schlecht dabei wegkommt. Das Ding mit dem Hasen verschweigt er wohlweislich...

Der listige Jakob ist schon einen Monat auf Besuch und hat sich häufig in der Küche nützlich gemacht. Dort regiert Rahels Schwester Lea, ein ziemliches Reff. Eines Tages sagt der lange Laban: *Du spielst jetzt schon vier Wochen Küchenfee, Jakob, und auch bei den Herden sehe ich dich öfter. Ich finde, wenn du auch mein Neffe bist – du sollst das nicht länger umsonst tun. Sag, wieviel du willst. Ich kann dir zwar keinen Spitzenlohn zahlen...*

Jakobs Sinn steht nicht nach Materiellem. *Ich mach dir einen Vorschlag, Onkel Laban: Ich arbeite sieben Jahre lang bei dir für Kost und Logis, und zum Dank dafür gibst du mir deine Jüngste, die Rahel, zur Frau. Gemacht?*

Laban überlegt. Warum eigentlich nicht, denkt er, besser den als Schwiegersohn als keinen oder einen miesen. *Okay,* sagt der Onkel zum Neffen...

Jakob liebt Rahel, deshalb kommen ihm die sieben Jahre wie deren siebzig vor. Endlich ist die Zeit der Enthaltsamkeit vorbei. *Onkelchen, heute sind's auf den Tag sieben Jahre – darf ich um dein Fräulein Tochter bitten?* Laban ist einverstanden. *Du bist ein Ehrenmann!* lobt Jakob, was sich alsbald als voreilig herausstellen wird.

Die halbe Stadt nimmt an der Hochzeitsfeier teil. Bis in die Nacht hinein dauert die Party. Superportionen Braten, Kuchen und Schlagsahne werden

vernichtet, Hektoliter Wein hinter den Knorpel geschüttet. Am Ende sind alle infolge Vollrauschs weg
vom Fenster.

Auch Jakob hat einen Mordszacken, als er ins
Hochzeitsbett kriecht. Angeheizt, wie er ist, macht
er gar nicht erst Licht; er fühlt nur die Rundungen
neben sich und bedeckt sie mit Küssen. Dann de-
floriert er das Betthäschen.

Am andern Morgen trifft ihn fast der Schlag: Das
Wesen neben ihm ist gar nicht Rahel! Es ist Lea,
das Reff, die Schwester mit den Glubschaugen, dem
glanzlosen Haar und dem Pickel am Kinn!

Wutentbrannt stürmt Jakob zu seinem Schwiegervater. *Wen hast du mir da ins Bett gelegt, zum
Henker noch mal!*

Was denn, die kennst du nicht? wundert sich Laban. *Du hast ihr doch sieben Jahre beim Abwasch
geholfen!*

Es war aber ausgemacht, daß ich Rahel bekomme!

Laban macht ein pikiertes Gesicht. *Es ist bei uns
nicht Sitte, daß man die jüngere vor der älteren
Tochter verheiratet. Aber ich mache dir ein faires
Angebot: Du arbeitest noch mal sieben Jahre bei
mir, dafür kriegst du dann die Rahel als Zugabe.
Wie du gebaut bist, kannst du leicht zwei Frauen
befriedigen.*

*Ich kann mich nicht noch mal sieben Jahre be-
herrschen!* protestiert Jakob.

*Sollst du auch nicht. Ich gebe dir Rahel sozusagen
auf Kredit, also gleich nach deinem Honigmond mit
Lea. Zufrieden?*

Jakob bleibt keine Wahl. Er quält sich mit geschlossenen Augen über eine ganze Flitterwoche,
dann steigt er auf die Barrikaden beziehungsweise
zu Rahel ins Bett. Das Mädchen seiner Sehnsucht
wird endlich zur Spielgefährtin seiner Nächte. Mit
Lea macht er es nur gelegentlich der ehelichen
Pflicht wegen.

Das alles mißfällt dem GROSSEN BOSS, der die
vielen Jahre über stets ein waches Auge auf Jakob
gehabt hat. Die Schummelei mit Esau seinerzeit —
nun schlecht, aber Schwamm drüber. Das Dreiecks-

verhältnis momentan aber ist nicht nach seinem Geschmack. Deshalb arrangiert er es so, daß die ungeliebte Lea schwanger wird, während die heißgeliebte Rahel trotz eifrigsten Werkelns unbefruchtet bleibt. Viermal wird Jakob durch Lea Papa, und immer Knaben, doch die Glubschaugen, das glanzlose Haar und den Pickel am Kinn kann er trotzdem nicht übersehen.

Seine Söhne heißen Ruben, Simeon, Levi und Judas. Sie sind ihm wie aus dem Gesicht geschnitten und — wie der Name bereits verrät, bestens dazu geeignet, später einmal Völker zu begründen.

24

LEBEN WIE IN EINER KOMMUNE
1 Mose 30, 31

Jakob ist ein Kindernarr; stundenlang spielt er mit den Buben, die Lea ihm geboren hat. Das sieht Rahel gar nicht gern. Allmählich überkommt sie scheeler Neid. Eines Tages stellt sie den geteilten Ehemann zur Rede: *Wenn du mir nicht bald ein Kind machst, geh ich ins Wasser!*

Jakob verteidigt sich gekränkt: *Jetzt behaupte nur noch, es liegt an mir! Bei Lea hat es noch jedesmal geschnackelt!*

Rahel beißt sich auf die Lippen. Als zufällig ihre Zofe Bilha vorm Fenster vorbeigeht, hat sie eine Idee. *Ich wüßte vielleicht einen Ausweg, Jocki,* meint sie sinnend. *Wenn du mit Bilha bumst und sie statt meiner schwängerst, könnte ich behaupten, ihr Kind sei meins. Wie findst 'n das?*

Jakob enthält sich jeden Kommentars, er schwängert die Zofe noch am selben Abend. Als es soweit ist, legt sich Rahel neben Bilha ins Wochenbett. Das Baby, einen Jungen, beschlagnahmt sie sofort und nennt ihn Dan, das heißt ,Richter'.

Nachdem Jakob nun schon mal von Bett zu Bett gereicht wird, verschafft er der Zofe gleich noch einen zweiten Knaben, den Rahel ebenfalls mit Beschlag belegt. Sie gibt ihm den Namen Naphthali, das bedeutet ,Kämpfer', denn immerhin ist sie im Wettkampf mit Schwester Lea Zweite geworden.

Doch Jakob kommt noch immer nicht zur Ruhe. Lea, deren Eierstöcke gerade Pause zu haben scheinen, mißgönnt der Schwester das zwiefache Mutterglück auf Umwegen und legt deshalb ihre Raumpflegerin Silpa zu Jakob auf die Matratze. *Nun mach mal!* verlangt sie. *Was Rahel recht ist, ist mir doch wohl billig.*

Seufzend macht sich Jakob an die Arbeit, doch der Appetit kommt beim Essen: Leas Putze ist jung und äußerst sexy. Nach kurzem Experimentieren wird sie Mutter. *Glück gehabt,* sagt Lea am Tag der Geburt ihres Adoptivsohnes und nennt das Kind auch so, nämlich Gad. Und weil es so prima geklappt hat, läßt Lea den jetzt bereits gevierteilten Jakob gleich noch ein Kind herstellen. Wieder kriegt Silpa einen Jungen, den Asser.

In der Zeit, in der die Schwestern ihren gemeinsamen Mann sozusagen zur Lohnveredelung abgetreten haben, sind sie freilich sexuell etwas zu kurz gekommen. Als Leas Ältester eines Tages mit einem Korb voll Liebesäpfeln die Küche betritt, bittet Rahel die Schwester: *Gib mir die Tomaten, ich hab heut so 'n Gusto drauf!*

Du bist wohl meschugge, murrt Lea, *erst nimmst du mir die Liebe meines Mannes und jetzt auch noch die Liebesäpfel meines Sohnes?*

Wenn du mir die Tomaten gibst, sorg ich dafür, daß Jakob heute nacht mit dir schläft! verspricht Rahel. Das wirkt. Sie bekommt die Tomaten und Lea den Jakob in die Heia. Mit dem Erfolg, daß Lea mal wieder schwanger wird. Sie bekommt ihren fünften Sohn, ein Jahr später den sechsten, und das Jahr darauf streckt wieder ein Baby den Kopf in die Welt, das Mädchen Dina.

Jetzt reicht's mir aber! grollt die unfruchtbare Rahel. *Entweder liegt's an seiner Technik oder an meinem Nistplatz. Ich geh mal zum Gynäkologen.* Dieser repariert den intimen Knick, und Rahel wird prompt schwanger. Sie schenkt einem Knaben das Leben, Joseph, mit dem der GROSSE BOSS außerordentliche Pläne hat.

Davon hat Jakob freilich keine Ahnung. Er hat etwas ganz anderes, nämlich die Nase voll von diesem gesegneten Landstrich. Er will heim. Als er sein Vorhaben dem GROSSEN BOSS vorträgt, ist dieser sogleich einverstanden. *In Ordnung, Jakob, geh nach Hause. Es ist an der Zeit.*

Noch am gleichen Tag rückt Jakob seinem Schwiegervater auf die Bude. *Hast du mal 'n Moment Zeit, Laban?* fragt er.

Für dich immer! sagt der Schwiegervater onkelhaft. *Wo drückt denn der Strumpf?*

Ich möchte meinen Lohn für die letzten sechs Jahre. Vierzehn habe ich mich für Naturalien abgerackert, wenn ich mal Rahel und Lea dazurechnen darf. Und als Laban ein bißchen blöd guckt: *Ich will nämlich fort, heim in mein Land. Mal nach meiner alten Mutter sehen, wenn sie überhaupt noch lebt, und ihr ihre Enkel mit ihren diversen Müttern präsentieren. Aber wir können der alten Dame natürlich nicht auf der Tasche liegen.*

Ich verstehe deine Motive, sagt der lange Laban langsam. *Was hast 'n dir so gedacht — als Abfindung, meine ich?*

Jakob heißt nicht umsonst so. *Du mußt zugeben, daß du durch meine unermüdliche Mitarbeit ein wohlhabender Mann geworden bist!* Sein Schwiegervater nickt zurückhaltend. *Aber ich will nicht unverschämt sein. Es genügt mir, wenn du mir alle schwarzen Schafe und alle bunten oder gesprenkelten Ziegen und Rinder überläßt. Einverstanden?*

Der lange Laban denkt, wenn es weiter nichts ist! Er hat Jakob in 20 Jahren noch nicht durchschaut und war auch schon lange nicht mehr auf den Weideplätzen: Die schwarzen Schafe und die bunten und gesprenkelten Ziegen und Rinder sind die kräftigsten. Als Jakob die Tiere aussortiert hat, treten seinem Onkel schier die Augen aus den Höhlen.

Doch damit nicht genug. Rahel und Lea, die er ohne Mitgift ziehen lassen will, kommen sich verschaukelt vor und bedienen sich selbst. Sie klauen ihrem Vater, was ihnen des Mitnehmens wert erscheint. Als Laban den Raub entdeckt, sind sie längst über alle Berge und den Euphrat.

25

VERSÖHNUNG, SCHÄNDUNG UND GEMETZEL

1 Mose 32—35

Man kann nicht sagen, daß Jakob als Krösus über den Jordan setzt, aber ein kleiner Krauter ist er auch nicht. Immerhin zählen seine Herden einige tausend Stück Vieh. Eine entsprechende Anzahl Treiber begleitet seinen Treck. Als man nur noch wenige Tagesreisen von Esaus Domizil entfernt ist, schickt er einen Herold aus, der dem Bruder die bevorstehende Ankunft mitteilen und um gut Wetter für ihn bitten soll, denn schließlich hat er dem ja mal die Linsensuppe untergejubelt!

Je näher man dem Ziel kommt, um so mutloser wird Jakob. Wie nun, wenn Esau ihm nicht verziehen hat und ihn ins Jenseits befördert? — In dieser Nacht schläft der Heimkehrer abseits vom großen Treck beziehungsweise schläft nicht: Der GROSSE BOSS hat nämlich just einen Meinungsforscher zwecks Erkundung der Stimmung in Kanaan ausgeschickt, und der stolpert der Länge nach über den Schläfer.

Jakob, der gerade einen Alptraum hat, fährt hoch, hält den Gestolperten für einen Gestrauchelten und haut zu. Bei dem anschließenden turbulenten Catch-as-catch-can verrenkt der himmlische Interviewer dem irdischen Trecker die Hüfte. Aber Jakob gibt nicht auf. Er quetscht den Kopf des andern, bis der wimmert: *Laß mich los, ich krieg keine Luft mehr! Außerdem muß ich mich bis zum Hellwerden beim GROSSEN BOSS zurückmelden!*

Jäh geht Jakob ein Licht auf. Er weiß blitzartig,

mit wem er sich gekloppt hat. *Ich lasse dich nicht,
es sei denn, du segnest mich!* verlangt er und drückt
noch ein bißchen fester zu.

Auch dem andern dämmert plötzlich etwas. *Wie
heißt du? Doch nicht etwa –.* Er bricht gurgelnd ab.
Gestatten: Jakob! stellt sich derselbe vor.

Freudiges Erkennen zieht über das Gesicht des
Besiegten. *Sehr angenehm! Dein Name soll übrigens geändert werden, Jakob. Der BOSS will dich
in Zukunft Israel nennen, weil du so tapfer für ihn
und mit den Menschen gestritten hast. – Ich gra-
tuliere!*

Ohne sich vorgestellt zu haben, verläßt der Beauftragte des GROSSEN BOSSES den Ring. Äch-
zend erhebt Jakob sich von der Grasmatte und
hinkt, laut stöhnend, zu seinen Leuten. Die ver-
renkte Hüfte tut schauerlich weh...

Jakobs Befürchtungen stellen sich als unbegründet heraus. Das Wiedersehen mit seinem Bruder
wird zur tränenreichen Versöhnung, da bedürfte es
der Mitbringsel – 580 Stück ausgewählten Viehs –
gar nicht. Erst nachdem sich die riesige Verwandtschaft – auch Esau hat eine Großfamilie – gegenseitig beschnuppert und das Besuchsvieh dem Gastgeber die Weiden kahlgefressen hat, zieht Jakob
mit seinem Treck weiter.

Er schlägt den Weg nach Sichem ein. Dort wollte
einstens schon Abraham Wurzeln schlagen. Er kauft
dem Landesherrn einige Hektar Acker ab und errichtet einen Altar, um dem GROSSEN BOSS zu
danken, der alles so glücklich gefügt hat – mit ihm,
also mit Israel...

Jedoch Jakob ist noch immer nicht am Ziel seiner
Reise angekommen, dafür sorgt seine Sohnschaft.
Eines Tages nämlich geht ihre einzige Schwester,
Dina, spazieren, ,um die Töchter des Landes zu
sehen'. Unterwegs wird sie vom Sohn des Landes-
herrn in ein Gebüsch gelockt und vergewaltigt.

Die Brüder stellen den Schänder zur Rede, der
prompt Stein und Bein schwört, daß er Dina liebe
und nur deshalb die Beherrschung verloren und sie
ein wenig genotzüchtelt habe. Selbstverständlich

werde er Dina ehelichen, sein Vater sei einverstanden.

Die Brüder schnauben Wut und denken nach. Dann zeigen sie, daß sie echte Jakobsöhne sind; sie stellen listige Bedingungen, die auch akzeptiert werden. Trotzdem fallen sie überraschend über Sichem her und murksen sämtliche Einwohner im Schlaf ab. Besonders Simeon und Levi sind nicht zu bremsen. Anschließend nehmen sie mit, was nicht niet- und nagelfest ist. *Wir lassen unsere Schwester nicht ungestraft zur Hure machen!* erklären sie ihrem fassungslosen Vater.

Hier hilft nur noch Flucht, weiß Jakob. Wenn sich die Untat erst herumgesprochen hat, werden sich die Anhänger und Angehörigen der Hingemetzelten zum Vergeltungsschlag zusammentun. Der kann nur fürchterlich werden.

In aller Eile wird gepackt. Für seine Lieblingsfrau Rahel läßt Jakob eine Sänfte basteln; sie ist wieder schwanger und fühlt sich gar nicht wohl.

Tatsächlich setzen dann auch unterwegs die Wehen ein, derart zerreißend, daß die Hebamme das Schlimmste befürchtet. *Wenn es ein Junge ist, soll er Ben-Oni heißen,* kann Rahel noch flüstern, dann stirbt sie am Wegrand, nicht weit von Bethlehem.

‚Sohn meines Unglücks‘, das bedeutet der Name, den Rahel sterbend genannt hat, aber Jakob findet Ben-Jamin − ‚Sohn des Glücks‘ − angebrachter. Warum, verrät er nicht. Es fragt ihn auch keiner.

Rahel wird an Ort und Stelle begraben. Jakob, alias Israel, errichtet über ihrem Grab einen Gedenkstein, dann zieht der Treck weiter.

Jakobs Ältester bleibt zurück. Er beschläft gerade Bilha, die Zofe seiner verstorbenen Stiefmutter. Seines Vaters Drittfrau. Die Mutter seiner Brüder Dan und Naphthali. So ein Kuddelmuddel herrscht in der Familie.

26

SCHEINTOT TROTZ TOTENSCHEIN
1 Mose 37

J akob, der ständigen Umzieherei überdrüssig, wird im unteren Kanaan seßhaft und lebt dort zufrieden mit dem BOSS und der Welt. Dazu hat er ja wohl auch einigen Grund. Da ist zum Beispiel der Joseph, sein Lieblingssohn. Der Siebzehnjährige ist ein guter Hütejunge und bläst hübsch die Hirtenflöte. Ein musischer Typ sozusagen, vielleicht etwas weich fürs Geschäft. Aber sein Vater hat nun mal eine Schwäche für ihn, vielleicht merkt er deshalb nicht, daß Joseph in den Augen seiner Brüder eine Petze ist. Immer wenn es Krach bei den Herden gibt, läuft er zum Pappi und erzählt ihm brühwarm jedes Wort. Das fuchst seine Brüder natürlich.

Auf die Palme bringt es sie, als ihr Vater ihm aus lauter Affenliebe einen todschicken Zweireiher schneidern läßt; ihr eigenes Zeug ist von der Stange. Tagelang gönnen sie dem Bevorzugten kein gutes Wort.

Zum Überlaufen aber bringt Joseph den Becher, als er ihnen von zwei Träumen erzählt, die er gehabt hat. *Denkt euch, mir träumte, wir banden zusammen Garben auf dem Feld. Meine Garbe stand bolzengerade. Eure Garben stellten sich um die meine herum und machten einen tiefen Bückling. Ulkig, was?*

Du hältst dich wohl schon für den Chef, dem wir zu gehorchen haben! spotten die anderen hämisch, direkt giftig.

Joseph ist ein Peter Schlemihl unter seinen Brüdern. Unbefangen erzählt er weiter: *In dem anderen Traum, da verbeugten sich die Sonne, der Mond und elf Sterne vor mir. Das war vielleicht komisch!*

Das können weder die Brüder noch ihr Vater finden. *Was für ein alberner Traum!* schilt der Senior der Familie. *Sollen deine Mutter — der GROSSE BOSS habe sie selig — und ich und deine Brüder etwa vor dir auf die Knie fallen?*

Joseph zieht eine Schnute. *Ich kann doch nichts für meine Träume!* Von da an kaut er vorm Zubettgehn schlafförderndes Bilsenkraut...

Israeljakob gehen die beiden Träume seines Lieblings lange nicht aus dem Kopf. Eines Tages schickt er ihn hinaus auf die Weiden, damit er seinen Brüdern etwas Proviant bringt und bei der Gelegenheit ein bißchen nach dem rechten sieht. Die Bruderschaft ist inzwischen weiter hinauf nach Dotan gezogen. Josephs gemusterter Zweireiher sieht ziemlich ramponiert aus, als er seine Brüder endlich in der Ferne entdeckt.

Guckt mal, da kommt unser Träumer! ruft Juda und deutet gen Süden. Gehässig setzt er hinzu: *Der will bestimmt nur wieder rumspionieren, der Petzer! Ich schlage vor, wir bringen den Schnüffler um und schmeißen seinen Kadaver drüben in die Grube. Unserem Alten erzählen wir, ein tollwütiger Fuchs hat ihn gebissen und aufgefressen.*

Nein, die Brüder lieben Joseph wirklich nicht. Nur der älteste ist dagegen, daß er so kaltblütig kaltgemacht werden soll. *Warum gleich töten, wenn es auch anders geht,* wendet Ruben ein. *Wir können ihn doch lebend in die Grube werfen, den Rest besorgt schon das elende Klima.* Insgeheim hat er die Absicht, den kleinen Bruder später wieder unbemerkt aus dem Loch zu hieven, wenn sein Vorschlag angenommen wird.

Er wird akzeptiert. Ein fröhliches Lied auf den Lippen, erscheint Joseph und grüßt freundlich: *Hallo, wie geht's denn so?* Er klopft den Wüstensand vom karierten Jackett.

Man lebt, sagt Juda. Auf sein Zeichen ergreifen die Brüder den Bruder, ziehen ihm die Jacke aus und werfen ihn in die nächste Zisterne, in der zum Glück Ebbe herrscht.

Jetzt hab ich Hunger, sagt Naphthali, als hätte er sich wer weiß wie angestrengt. Dabei hat sich Joseph kaum gewehrt. Während zehn der unbarmherzigen Brüder herzhaft ins Rauchfleisch beißen, das ihnen der Reingelochte mitgebracht hat, schaut der älteste mal nach seiner Herde.

Kurz darauf taucht am Horizont eine Karawane auf. Sie kommt aus Gilead. Es sind Ismaeliter — stammen demnach in direkter Linie von Abrahams Seitensprung ab — und wollen nach Ägypten. Ihre Kamele sind hoch beladen mit teuren Edelharzen und Kosmetika.

Juda wittert ein Geschäft. *Hört zu!* sagt er zu seinen Brüdern. *Was haben wir davon, wenn Joseph in dem Loch krepiert? Nothing! Und schließlich ist er unser Fleisch und Blut. Ich mache euch einen Vorschlag: Wir verkaufen den Traumtänzer an diese Beduinen oder wer immer sie sind. Wer dagegen ist, hebe die Hand!*

Keiner ist dagegen; Joseph wird mühsam aus dem Loch geangelt. *Wenn du die Klappe hältst, passiert dir nichts.* Dann verhökert Juda seinen Bruder für lächerliche 50 Silberlinge, mehr kann er trotz heftigen Feilschens nicht herausholen.

Als die Karawane samt Joseph schon lange außer Sicht ist, kommt Bruder Ruben von seiner Herde zurück, wirft einen Blick in die durstige Zisterne und traut seinen Augen nicht. *Was habt ihr mit Joseph gemacht?* brüllt er. *Als ich fortging, japste er noch da drunten!* Seine Brüder versuchen, ihn zu beruhigen, aber ihre Beichte bricht ihm erst recht fast das Herze. *Verscheuert? Und dann noch für fünfzig Piepen? Dafür kriegt man auf dem Sklavenmarkt ja noch nicht mal 'n Liliputaner!*

Später schlachten die Brüder einen alten Ziegenbock, zerfetzen Josephs Jacke und tauchen sie ins Blut. Mit diesem Indiz macht sich einer auf den Weg zu ihrem Vater. *Das hier haben wir unterwegs gefunden, Pa,* sagt der Gesandte der Elf. *Sieht aus wie Josephs Sakko.*

Der Alte verfärbt sich. *Hilf Himmel, ja! Er ist tot! Ein Raubtier muß ihn angefallen und zerfleischt haben.* Er schlägt die Hände vors Gesicht, um die Tränen nicht zu zeigen. Monatelang hört man ihn nicht lachen, so groß ist seine Trauer...

Die Karawane mit Joseph ist inzwischen in Ägypten angekommen. Nachdem die mitgebrachten Waren für teures Geld an den Mann gebracht sind, wird auch Joseph günstig abgestoßen. Der Käufer ist ein gewisser Potiphar, Kommandant der Leibgarde des regierenden Pharaos.

27

ONAN ENTDECKT DAS DO-IT-YOURSELF
1 Mose 38

Juda – dem Initiator des Kuhhandels mit Joseph – geht die trübselige Stimmung seines alten Herrn bald auf die Nerven. Er verläßt das Trauerhaus, um eine Kanaaniterin zu heiraten. Ich werde sie schon assimilieren, denkt er, indem er drei Söhne mit ihr zeugt: Ger, Onan und Schela.

Ger entwickelt sich zu einem solchen Aas, daß ihn der GROSSE BOSS – gleich nach seiner Hochzeitsnacht mit einer gewissen Thamar – vom großen Welttheater wieder abberuft. Thamar wartet nach dieser einmaligen Kostprobe vergeblich darauf, daß sich in ihrem Leib etwas tut.

Als sie sich darob bei ihrem Schwiegervater bitter beklagt, hat dieser ein Einsehen und ruft seinen Sohn Onan zu sich. *Dein Bruder ist tot, und ich hab keinen Enkel!* klagt er. *Ist es nicht schade um so 'ne junge, kaum gebrauchte Witwe? Also geh zu ihr und spring in die Bresche.*

Onan denkt gar nicht daran, die Wittib zu schwängern, um seinem toten Bruder nachträglich einen Erben zu verschaffen. Er legt sich zwar zu Thamar und beglückt sie, aber kurz vorm Orgasmus bricht er das Vergnügen ab. So werden junge Israelis vergeudet.

Onan aber ist auf den Geschmack gekommen. Man brauchte also zur Befriedigung gar keine Frau! Das herrliche Gefühl, das himmlische, man bekam es auch im Do-it-yourself-Verfahren. Prompt verliert er jedes Interesse an jungen Mädchen und gereiften Damen. Onan onaniert wie ein Waldesel, wie man Jahrtausende später artikulieren wird.

Der GROSSE BOSS sieht mit Unmut, wie der kräftige Jüngling ganze Völkerstämme in den Wüstensand purzeln läßt. Eines Nachts beehrt er den Handwerker während des Zapfenstreichs mit einem Herzkollaps. Onan merkt über seinem Lustempfinden gar nicht gleich, daß er tot ist.

Juda hat von der egoistischen Neigung seines Sohnes keine blasse Ahnung. Er wartet vergeblich darauf, daß Thamar ihm endlich den gewünschten Enkel spendiert. *Ich seh schon, es wird wieder ein Reinfall,* sagt er eines Tages zu ihr. *Jetzt kann ich dich nur bitten, auf meinen Jüngsten zu warten. In ein paar Jährchen ist er alt genug, um dich zur Mutter und mich zum Opa zu machen.* Thamar ist einverstanden...

Zuerst stirbt Judas Frau. Dann wird Schela mannbar, doch davon, daß er die Witwe Thamar heiratet, ist nicht mehr die Rede. Und das paßt der Genasführten nicht.

Eines Morgens geht ihr Schwiegervater zur Koppel, um die Schafe zu scheren. Entschlossen legt Thamar die Trauerkleider ab, verschleiert ihr Gesicht und stellt sich handtäschchenschlenkernd in eine Toreinfahrt. Sie weiß, hier muß Juda auf dem Heimweg vorbeikommen.

Gegen Abend erscheint er auch, sieht die Verschleierte, stutzt und denkt: Wie kommt so 'ne junge Frau bloß zu so einem alten Gewerbe? Rein spaßeshalber fragt er sie: *Was verlangst du?* Sie zögert mit der Antwort. Er bietet ihr einen Ziegenbock an.

Gemacht! Wo hast du ihn?

Ich schick ihn dir morgen rüber.

Die verschleierte Thamar schüttelt den Kopf. *Cash-down, sonst laß ich dich nicht.* Sie macht eine Spannungspause, dann spielt sie die Noble: *Na schön; wenn du mir inzwischen deinen Siegelring als Pfand überläßt, kannst du mitkommen.*

Juda folgt Thamar in eine Stundenherberge, wo die vermeintliche Hure den Ziegenbock abarbeitet. Erfrischt kehrt Juda nach Hause zurück und setzt anderntags einen Knecht mit dem ältesten Bock seiner Ziegenherde in Marsch, damit er diesen der Hure bringe.

Der Domestike klappert sämtliche Absteigen und Toreinfahrten ab und kehrt dann unverrichteter Dinge zu seinem Arbeitgeber zurück. *Da kann man nichts machen,* knurrt Juda ärgerlich, denn sein Siegelring erschien ihm denn doch eine Nummer zu groß.

Thamars Vermieterin merkt schnell, daß ihr möbliertes Fräulein im Hinterzimmer in anderen Umständen ist. Sie ratscht und tratscht es in der Nachbarschaft herum, bis das Gerücht auch den etwas außerhalb wohnenden Juda erreicht. *Thamar kriegt ein Kind?* kreischt er. *Und kein Vater da? Diese Hure! Bringt sie mir her, damit ich sie eigenhändig erwürge!*

Um den tobenden Witwer zu beruhigen, wollen die lieben Nachbarn Thamar holen, aber die lächelt nur maliziös. *Der Wind wird's schon nicht gewesen sein. Hier, sucht den Mann, dem dieser Siegelring gehört. Er ist es, der mich angebufft hat. Nun soll er auch die Alimente zahlen!*

Als Juda seinen Ring erkennt, ist er wie vor den Kopf geschlagen. *Peinlich, peinlich,* murmelt er, *aber es geschieht mir ganz recht. Warum habe ich ihr nicht meinen Jüngsten gegeben!* Er schreibt ihr ein paar Zeilen, daß er auf das Besitztum seines Vaters zurückkehren wird und erklärt sich zur Unterhaltszahlung bereit. In eine Stundenherberge geht er nie wieder, kaum noch durch eine Toreinfahrt. Der Schreck hat ihn geheilt. Soweit man Impotenz als etwas Gesundes bezeichnen kann.

Thamar macht Juda bald erheblich mehr Unkosten als erwartet. Sie bringt nämlich Zwillinge zur Welt. Einer von ihnen − Perez mit Namen − wird später einmal der Stammvater Davids sein, des Löwen vom Geschlecht Juda, ergo also der Ahnherr des Juniorchefs vom GROSSEN BOSS...

DIE RACHE DER FRAU POTIPHAR

1 Mose 39

Zurück zu Joseph, dem Träumer. Seit er in Ägypten ist, hat er sich sehr zu seinem Vorteil verändert. Richtig männlich ist er geworden. Alle Mädchen schauen dem blendend aussehenden Kammerdiener Potiphars nach, dem alles gelingt, was er anpackt.

Als der Kommandant der pharaonischen Leibwache merkt, welch unwahrscheinlich glückliche Hand sein Diener hat, ernennt er ihn zu seinem Butler. Später zu seinem Verwalter. Endlich befördert er ihn sogar zu seinem Stellvertreter. Das alles ist nicht verwunderlich: Da der GROSSE BOSS es mit Joseph ausnehmend gut meint und dieser unter Potiphars Dach wohnt, kommt zwangsläufig alles Positive auch über den Hausherrn. Zuletzt überträgt er daher dem Hebräer auch noch die Verwaltung seiner ausgedehnten Ländereien.

Joseph wäre der glücklichste Mensch am Nil, wenn Potiphars Gattin nicht so scharf auf ihn wäre. Sie verfolgt ihn mit lüsternen Blicken, führt zweideutige Reden, streift ihn im Vorbeigehen mit ihren Spitzbrüsten und zeigt ihm bei jeder Gelegenheit, wie lang ihre Beine sind. Zuletzt weiß Joseph nicht mehr, wie er ihr ausweichen soll; die Dame des Hauses wird immer deutlicher.

Eines Tages sagt sie unmißverständlich: *Komm her, ich will, daß du mich —*. Sie sagt ein Wort von morgen.

Das Gespräch findet angesichts eines riesigen, mit schwellenden Kissen überladenen Diwans statt. Aber Joseph reißt sich am Riemen beziehungsweise zusammen. *Gnädige Frau Potiphar,* sagt er, *bitte laß den Rock unten. Ich vertrete deinen Mann zwar in fast allen seinen Angelegenheiten, aber der Intimverkehr mit seiner Frau ist nicht darin eingeschlossen.*

Die Potipharsche ist tödlich beleidigt. Das ist ihr

noch nicht vorgekommen, daß ein Mann sie verschmähte. *Du Narr!* zischt sie. *Spiel nicht den keuschen Joseph! Wahrscheinlich kriechst du mit jeder
meiner Sklavinnen ins Bett! Das wirst du mir büßen! Es sei denn* —. Aber Joseph bleibt standhaft im
Geiste und befiehlt seinem Fleische das Gegenteil...

An einem besonders heißen Tag braust er sich
unter Potiphars Thermaldusche ab, als sein nym-
phomanischer Quälgeist splitterfasernackt ins Bad
huscht und ihn endlich, endlich haben will. Mit
lüsternen Lippen und lockenden Augen geht sie auf
Joseph zu.

Der weicht zurück. Beteuert, daß er sich eher etwas abbräche, als mit ihr zu schlafen.

Jäh erlischt die Sinneslust der Madame Potiphar.
Haß steigt auf in ihr. Sie reißt Josephs Kleidung
vom Haken, verschwindet damit. Joseph, nackt wie
der GROSSE BOSS ihn schuf, denkt: So kann ich
nicht durchs Haus laufen! Was soll das Personal
denken!

Das Personal denkt bereits. Frau Potiphar hat
Josephs Kleider herumgezeigt und behauptet, er
habe sie vergewaltigen wollen. Als sie sich energisch
zur Wehr gesetzt habe, sei er unter Zurücklassung
seiner Klamotten getürmt.

Abends erzählt sie den gleichen Schmäh ihrem
Ehemann: *Dieser hebräische Lustmolch wollte mich
vergewohltätigen! So dankt dir der Kerl deine Güte!
Die Krummnasen sind unser Unglück!*

Und die Radfahrer, murmelt Potiphar. Er ist entsetzt. Das ging allerdings zu weit. Und da Joseph
kein Wort zu seiner Entschuldigung vorbringt, läßt
er ihn ins Gefängnis werfen.

Die dumpfe Gemeinschaftszelle stinkt. Keine
Waschgelegenheit, kein WC. Mörder und Räuber
teilen mit Joseph die Haft. Lauter Lebenslängliche.

IM KITTCHEN IST KEIN ZIMMER FREI
1 Mose 40

Im Knast des regierenden Pharaos wird Joseph bald Kalfaktor, denn hier ist seine Tugend keinen Anfechtungen ausgesetzt. Höchstens wird der Friseur manchmal ein bißchen zudringlich.

Mit der Zeit wird der bequemste Job langweilig. Zum Glück sind immer wieder Neuzugänge zu verzeichnen, deren Schilderungen er gerne lauscht, auch wenn viele maßlos übertreiben und sich häufig schlechter machen, als sie sind.

Eines Tages werden der Mundschenk des Königs und der Hofbäcker eingeliefert. Ersterer hat der Pharaonin versehentlich Rotwein in den Ausschnitt gegossen, letzterer Borsten vom Glasierpinsel in die Hörnchen gebacken. Dafür müssen sie brummen.

In einer besonders schwülen Knastnacht haben sowohl der Schenk als auch der Bäcker einen merkwürdigen Traum, den sie ihrem Kalfaktor gern erzählen möchten. *Du siehst so verträumt aus, Jupp, vielleicht kannst du unsere Träume deuten.*

Wenn jemand Traumdeuten kann, ist es allenfalls der GROSSE BOSS, wehrt Joseph ab. *Er verursacht unsere Alpträume ebenso wie die erotischen. Aber erzählt immerhin. Vielleicht kann ich euch einen Tip geben.*

Der Mundschenk beginnt. *Also das war so: Ich stand vor einem mickrigen Weinstock mit drei Reben, die zusehends grüner wurden und blühten. Gleich darauf waren auch schon die Trauben reif. Ich hatte den königlichen Prunkpokal in der Hand und drückte den Saft der Trauben in ihn hinein. Dann gab ich dem Pharao den Saft zu trinken. — Das ist alles.*

Ohne lange nachzudenken, gibt Joseph seinen Kommentar ab: *Das scheint mir ziemlich eindeutig. Die drei Reben bedeuten drei Tage. Traubensaft ist vitaminreich, und Vitamine verlängern das Leben. Ergo: Der Pharao wird dich in den nächsten drei*

Tagen amnestieren und dich geradewegs vom Kittchen in seinen Palast zurückholen.

Bist du sicher? zweifelt der höfische Pokalfüller.

*Beschwören kann ich es natürlich nicht. Solltest
du aber rauskommen, wär's nett von dir, wenn du
beim Pharao ein gutes Wort für mich einlegen würdest. Sag ihm, ich sei ein Hebräer und unschuldig.
Ich säße hinter Schwedischen Stores, einzig und
allein weil ich verleumdet worden sei.*

Der überglückliche Mundschenk verspricht, seine
ganzen Beziehungen spielen zu lassen, und hört gespannt zu, als nun der Hofbäcker seinen Traum
zum besten gibt.

*Mir träumte, ich schleppe drei Körbe mit lecke-
rem Gebäck auf dem Kopf in den Palast des Pharaos. Unterwegs kommen lauter Vögel und picken
die Kandierung von den Petit fours.*

Joseph schüttelt betreten den Kopf. *Hättest du
mich lieber nicht gefragt! Die drei Körbe bedeuten
drei Tage, wie bei deinem Kumpel –*

Ich komm auch raus? unterbricht der Hofbäcker
enthusiasmiert.

*Ja, aber nur, um gehenkt zu werden. Die nasch-
haften Vögel in deinem Traum sind Raben und
Aasgeier, die in deinem baumelnden Leichnam pik-
ken und sich an dir sattfressen.* Da wird der Kon-
ditor blaß um die Nase.

Drei Tage später veranstaltet der Pharao anläßlich seines Geburtstages ein rauschendes Gartenfest
und verfügt deshalb die vorzeitige Freilassung seines Mundschenks. Durch einen Übermittlungsfehler
wird auch der Hofbäcker entlassen. Als er sich auf
Knien beim Pharao bedanken will, knurrt der nachtragend: *Du nicht! Du hättest mich mit deinen ein-
gebackenen Schweinsborsten ums Haar ins Jenseits
gebracht.*

Er befiehlt dem Leibstandartenführer Potiphar,
den Borstenbäcker auf der Stelle hinter den Pyra-
miden aufzuknüpfen, wo dieser alsbald von Geiern
und Raben angeknabbert und benagt wird.

Längst schon reicht der Mundschenk dem Pharao
seinen Lieblingsrömer voll Trockenbeerenauslese

wieder. Den Kalfaktor Joseph erwähnt er mit keinem Wort. Man soll seine Beziehungen nicht zu sehr strapazieren, denkt er.

30

EINE TRAUMKARRIERE

1 Mose 41

Zwei Jahre sitzt Joseph auf Numero Sicher, als der Pharao eines Nachts zwei denkwürdige Träume hat. Im ersten sieht er sich am Nil stehen und angeln. Plötzlich steigen sieben Kühe aus dem Fluß. Sie sind so fett, daß jedem Schlachter das Herz im Leibe lachen würde. Sie fangen sofort an zu fressen, denn das Gras im Ried am Nilufer ist wunderbar saftig.

Kurz darauf gurgelt es erneut im Wasser. Wieder kommen sieben Kühe aus dem Strombett geklettert, doch sie sind so spillerig und häßlich, als hätten sie außer der Schwindsucht auch noch die Krätze.

Sie trollen sich ebenfalls ins Ried, sehen die sieben fetten Artgenossen, stürzen sich auf sie und beginnen sie zu verschlingen. Dann käuen sie behaglich wieder.

In seinem zweiten Traum steht der Pharao auf einem Kornacker und sieht einen ganz besonderen Halm aus der Erde wachsen: Er trägt sieben Ähren auf einmal, herrlich pralle Ähren mit fingerlangen Grannen, die wie Gold glänzen.

Neben diesem wächst ein zweiter Halm aus besagtem Acker. Auch er hat sieben Ähren, aber die werden in Sekundenschnelle von der glühenden Mittagssonne versengt und ausgedörrt.

Gleich darauf geraten der Halm und die sieben getoasteten Ähren in kreisende Bewegung, pressen sich an den benachbarten strammen Stengel, ringeln sich um die körnerreichen Ähren und schmarotzen sie kaputt.

Der Pharao läßt sich einen Eisbeutel bringen, so

brummt ihm von der gräßlichen Träumerei der Kopf. Dann bestellt er durch schnelle Stafetten- reiter sämtliche Wahrsager, Traumdeuter und Hell- seher Ägyptens in seinen Palast, damit sie ihm die Träume deuten.

Leider stellen sich die vor den König zitierten Fachleute samt und sonders als Scharlatane heraus. Keiner von ihnen hat für die pharaonische Traum- welt eine halbwegs vernünftige Erklärung.

Während die Okkultisten, Spiritisten, Telepathen und sonstige Parapsychologen ihren Quatsch ver- zapfen, hat der inzwischen zum Obermundschenk beförderte ehemalige Knastologe seinem Pharao immer wieder einschenken müssen. Als die obsku- ren Schwarzkünstler endlich den Palast verlassen haben, richtet er das Wort kühn an seinen King.

Majestät, mir fällt soeben eine Unterlassungs- sünde ein. Wie du dich bitte zu erinnern belieben magst, war ich auf dein Geheiß hin einige Wochen im Kittchen. Im Bett über mir hat dein Hofkondi- tor geschlafen, den du mit des Seilers Tochter hast Bekanntschaft machen lassen. Eines Nachts hatten wir jeder einen rätselhaften Traum, den wir dem Gefängniskalfaktor erzählten. Das ist ein junger Hebräer namens Joseph. Er war mal Sklave beim Kommandanten deiner Leibwache.

Ich habe davon gehört, flicht der Souverän ein. *Wollte der Ausländer nicht Potiphars Frau ver- naschen?*

Er sagt, das stimmt nicht. Ich glaub's ihm auch. Er hat überhaupt nichts von einem Triebtäter an sich.

Vielleicht hast du recht. Die betreffende Dame soll ziemlich mannstoll sein. Aber das bleibt unter uns! Erzähl weiter.

Sehr wohl, Majestät. Also, dieser Joseph hat un- sere Träume gedeutet, und alles ist bis aufs I-Tüp- felchen eingetroffen. Du hast mich und den Zucker- bäcker binnen dreier Tage amnestiert, der Mehl- wurm wurde gehängt, und ich durfte dir an deinem Geburtstag wieder den Pokal reichen.

Das hat die Krummnase alles vorausgesagt? fragt der Pharao verblüfft.

Ehrenwort! Der Boy ist 'ne Wucht auf dem Gebiet!

Noch am selben Tag wird Joseph aus dem Gefängnis entlassen. Frisch gebadet und neu eingekleidet wird er vor den Herrscher geführt. Der betrachtet ihn interessiert. Sympathisches Gesicht, denkt er.

Ich habe viel von dir gehört, Joseph. Nicht nur die Affäre mit Frau Potiphar. Du sollst eine Koryphäe im Traumdeuten sein. Ich habe sämtliche Wahrsager des Landes hier gehabt. Alles Schwachköpfe! Schade ums Geld. Ich hoffe, mit dir bin ich besser bedient.

Joseph blickt dem Gegenüber offen ins Pharaonenauge. *Du irrst, Majestät. Ich bin kein Traumdeuter. Das kann allein der GROSSE BOSS. Ich bin blutiger Laie und folge nur der Eingebung. Aber ich kann mir nicht denken, daß mein oberster BOSS dir etwas Schlechtes verkünden würde.*

Warten wir's ab, sagt der Pharao und erzählt Joseph den Sieben-Kühe-Traum. *Ich hab in ganz Ägypten noch nicht so häßliche Kühe gesehen wie dieses klapperdürre Septett!*

Danach berichtet er seinen Sieben-Ähren-Traum und bittet zum Schluß: *Sag mir offen deine Meinung. Es passiert dir nichts, wenn es etwas Negatives ist. Mein Hofstaat ist Zeuge.*

Die Minister, Ministerialräte und Staatssekretäre nicken devot. Joseph weiß, sie würden für ihren Brötchengeber ebenso jeden Meineid leisten.

Deine beiden Träume, doziert er, *sind recht besehen nur einer. Der GROSSE BOSS ließ dir eine Mitteilung zukommen. Die sieben fetten Kühe und die sieben prallen Ähren bedeuten, daß in Ägypten in den nächsten sieben Jahren Hochkonjunktur herrschen wird. Ein wahres Wirtschaftswunder wird deinem Land beschert werden. Ein ungeheurer Überfluß wird die Wochenmärkte überschwemmen.*

Das lob ich mir, freut sich der König. *Und was ist mit den sieben Mistkühen und den tauben Ähren?*

Sie sollen dir sagen, daß anschließend an die sieben Wohlstandsjahre sieben Jahre Arbeitslosigkeit und Hunger kommen werden. Mit knurrenden Mä-

gen wird dein Volk auf den Straßen protestieren und dir die Fenstergitter einwerfen.

Der Herrscher ist entsetzt. *Das ist ja grauslich! Das muß um jeden Preis verhindert werden! Aber wie? Was kann ich tun, Joseph? Sprich ungeniert; du scheinst ein heller Kopf zu sein.*

Und ob er das ist, der Jo, der Schlaumeier! Kühn geht er aufs Ganze. *Du solltest dir einen hervorragenden Organisator suchen! Einen Mann, der für dich die Sache managt und mit ein paar elitären Mitarbeitern — Führungskräfte, mein ich — in den sieben Jahren des Überflusses fünf Prozent aller landwirtschaftlichen Erzeugnisse einzieht und in Vorratshäuser lagert. Wenn dann die sieben Hungerjahre kommen, kann man auf die Getreideschwemme und den Butterberg zurückgreifen. Jeder Bürger kriegt die nötigen Kalorien zugeteilt. Auf diese Weise werden alle überleben.*

Der Pharao hat aufmerksam zugehört. Was dieser junge Hebräer sagte, schien Hand und Fuß zu haben. Bloß — woher nehmen, den genialen Organisator? Wenn er seine Großkopfeten betrachtete, die im Halbkreis herumsaßen und gelangweilt in den Aktenrollen rollten, konnte er nur verzweifeln.

Plötzlich hat er die Idee seines Lebens: Er ernennt Joseph kurzerhand zum Gastarbeiter. *Dein GROSSER BOSS hat mich durch deinen Mund rechtzeitig warnen lassen. Das kann doch nur bedeuten, daß er dich für den geeigneten Mann hält, die Organisation dieser pyramidalen Vorratswirtschaft in die Hand zu nehmen.*

Der Pharao erhebt sich, wird feierlich. *Hiermit ernenne ich dich, Joseph, zum Wirtschaftsminister von Ägypten. Niemandem außer mir bist du Rechenschaft schudig. Ägypten hört auf dein Kommando!*

Unter den mißgünstigen Blicken der Höflinge streift der Landesvater Joseph einen Siegelring über den Finger und heftet ihm den höchsten verfügbaren Orden ans Revers. Danach läßt er ihn in einer Staatskarosse durch ganz Ägypten fahren. Ein Vorreiter verkündet überall: *Achtung! Achtung! In*

wenigen Minuten trifft der neue Wirtschaftsbeauf-
tragte unseres weisen Pharao hier ein! Seinen An-
ordnungen ist widerspruchslos Folge zu leisten!
Straße freimachen!

Josephs Besichtigungsreise dauert viele Wochen.
Als er zurückkommt, erwartet ihn eine Überraschung. Sie heißt Asenath und ist die Tochter
eines Priesters aus On, wie Heliopolis bei Kairo gerade heißt. Ein verteufelt hübsches Mädchen mit
Augen wie glühende Holzkohle. Auch alles andere
ist nicht von schlechten Eltern. Wahrscheinlich,
denkt der König, an der Sache mit Frau Potiphar
sei doch etwas Wahres gewesen, und hält Joseph für
einen draufgängerischen Liebhaber.

Jedoch Joseph ist zwar schon dreißig, aber vom
Tuten und Blasen hat er keine Ahnung. In der Hochzeitsnacht muß seine junge Frau die Initiative übernehmen. Im Alltag behält er dieselbe.

Er hat sich mit seinem Amt eine geradezu gigantische Aufgabe aufgehalst. Da werden riesige Silos
und Lagerhallen gebaut. Tiefkühlhäuser — mittels
Nilwassers und handbetriebener Ventilatoren —
werden errichtet. Die Großgrundbesitzer und die
Kleinbauern werden erfaßt und eingeschätzt, und
was dergleichen mühsame Vorbereitungen mehr
sind.

Als die sieben Jahre des Überflusses da sind, wird
das Korn Sack um Sack in die Silos geschüttet. Gewaltige Mengen! Es rieselt wie Sand am Strand und
hört nicht auf in den sieben Jahren. Die Schuppen,
Lagerhallen und Kühlhäuser bersten schier, so groß
ist die Schwemme an Agrarprodukten und tieri-
schen Erzeugnissen.

Außerdem werden Joseph zwei Söhne geboren.
Den einen nennt er Manasse — das heißt ‚vergessen
machen‘. *Weil der GROSSE BOSS mich meine*
Zuchthausjahre und meine miesen Brüder hat ver-
gessen lassen!

Dem zweiten Jungen gibt er den Namen Ephraim,
was in etwa ‚fruchtbar‘ bedeutet. *Der GROSSE*
BOSS hat meine Ausdauer und meine Treue über-
reiche Früchte tragen lassen, kommentiert er, als er

die Namen seiner Kinder in die Zuteilungsliste für die Hungerjahre eintragen läßt.

Der konjunkturelle Rückschlag, die große Pleite kommt pünktlich. Im achten Jahr gibt es in ganz Ägypten nur Mißernten. Die Maul- und Klauenseuche rafft das Rindvieh hinweg. Das Geflügel verreckt an der Hühnerpest. Die Rebläuse veröden die Weinberge. Die Obstbäume gehen an Borkenkrebs ein.

Jetzt beweist sich Josephs Genialität. Als sich die ersten hungrigen Volkshaufen vor dem Pharaonenpalast zusammenrotten und aufsässige Reden führen, läßt er Lebensmittelkarten verteilen. Jeder kann entsprechend der aufgerufenen Zuteilung einkaufen.

Indes, auch in den Nachbarländern herrscht Hungersnot. Joseph richtet ein Exportmagazin ein, in welchem Ausländer einkaufen können. Gegen harte Währungen und nicht billig, versteht sich. Und auch nur, solang der Vorrat reicht. Doch der scheint dank seiner Vorsorge unerschöpflich zu sein.

31

DER HERR MINISTER LÄSST BITTEN

1 Mose 42

Nichts spricht sich schneller herum, als wenn es anderen besser geht als einem selbst. Auch bei den Jakob-Israels redet man kaum noch von etwas anderem als vom reichen Nachbarland Ägypten.

Die schwimmen im Korn! Wie schwer ihr Bruder Joseph dafür geschuftet hat, ahnen sie nicht. Sie wissen nur, daß es am Nil genug zu essen gibt, während hier in Kanaan die Schwarzmarktpreise kaum noch zu bezahlen sind.

Eines Tages faßt Jakob als Familienoberhaupt einen Entschluß. *Wenn in Ägypten alles zu haben ist, wie behauptet wird, warum reitet ihr nicht hin und hamstert ein bißchen? Macht euch auf den Weg und kauft ein. Kauft, was ihr bekommt, nehmt, was ihr kriegt! Geld spielt keine Rolle. Bei uns kriegt man sowieso nichts mehr dafür.*

Die Brüder satteln noch am gleichen Tag ihre Esel, beladen weitere mit leeren Säcken und ziehen los. Nur Benjamin − der jüngste − darf nicht mit. *Der Kleine bleibt hier!* bestimmt Jakob. *Ein Unglücksfall in der Familie reicht mir!*

Nach anstrengender Reise ziehen sie in die Stadt ein, in der Josephs Ministersessel steht. Als sie nach längerem Warten endlich vorgelassen werden, erkennt Joseph zu seinem maßlosen Erstaunen in den Bittstellern seine eigenen Brüder. Sie selbst erspüren nicht mal, vor wem sie ihren tiefen Bückling machen.

Einen Augenblick muß der Wirtschaftsminister an seinen Traum von den sich verneigenden Garben denken und wie sie ihn verhöhnt haben, als er ihnen davon erzählte. Nur schwer kann er seine Erschütterung verbergen.

Dann reißt er sich zusammen, läßt einen Dolmetscher kommen und tut, als verstehe er kein Hebräisch. *Wo kommt ihr her?* fragt er. *West oder Ost?*

Von Kanaan, Exzellenz, sagt Ruben, den die Brüder als den ältesten zum Sprecher erkoren haben. *Wir möchten Korn kaufen und benötigen dazu eine Genehmigung.*

Korn kaufen, soso, lächelt Joseph. Dann wird seine Miene eisig. *Lüge! Ihr seid Spione! Ihr wollt nur ausbaldowern, wie man in unser Land einfallen kann, um unsere Vorräte zu plündern!*

Die zehn Einkäufer sind betroffen. Potzelement, der Minister war ein zäher Brocken. *Du irrst, Herr Minister,* versichert Ruben eifrig. *Wir sind Brüder aus guter Familie. Keine Spione!*

Dann seid ihr eben Agenten, das bleibt sich gehupft wie gesprungen! Joseph macht das Spielchen Spaß. *Ihr wollt unsere militärischen Geheimnisse auskundschaften!*

Aber nicht doch, Exzellenz! Ruben gibt nicht auf. *Wenn Exzellenz mir einen Augenblick Gehör schenken würde... Wir sind eigentlich zwölf Brü-*

der. Den jüngsten haben wir bei unserem Vater ge-
lassen. Ein anderer hatte leider in seiner Jugend
einen tödlichen Unfall.

Joseph knurrt: *Tödlicher Unfall! Ihr könnt mir*
viel erzählen. So wie ihr ausseht, steht euch doch
der Geheimdienstler ins Gesicht geschrieben!

Heiliger Birnbaum, sagt Naphthali auf hebräisch
zu seinen Brüdern, *wie können wir das mißtrauische*
Luder nur von unserer Harmlosigkeit überzeugen?

Joseph wendet sich ab, damit sie sein Schmunzeln nicht sehen. *Ich will ein Experiment mit euch*
machen, sagt er dann. *Wir haben ein famoses Ge-*
fängnis hier. Ich lasse euch jetzt einlochen und nicht
eher wieder heraus, bis euer jüngster Bruder eben-
falls hier ist. Schickt einen von euch zu eurem Va-
ter, damit er ihn holt. So lange bleiben die andern
neun im Kittchen. Und sei's lebenslänglich! Er ruft
die Kanzleiwache: *Abführen!*

Die verstörten Brüder bekommen die gleiche Zelle, in der Joseph über zwei Jahre gesessen hat, wenig Brot, aber reichlich fauliges Nilwasser. Als sie
drei Tage später Joseph erneut vorgeführt werden,
haben sie schwarzumränderte Augen und Kohldampf.

Ich habe es mir überlegt, läßt ihnen der Minister
dolmetschen, *es genügt, wenn einer von euch Land-*
streichern im Gefängnis bleibt. Die übrigen können
nach Hause zurückkehren. Ich will euch sogar die
Säcke mit Korn füllen lassen, zum Tagespreis mei-
netwegen. Der eine aber wird so lange im Kerker
schmachten, bis ihr mit eurem jüngsten Bruder
wieder hier eingetroffen seid. Das tu ich nicht aus
Nächstenliebe, sondern weil ich glaube, damit im
Sinne des Weltenlenkers zu handeln.

Die Brüder beratschlagen. *Das ist sicher die Strafe*
dafür, daß wir damals dem Joseph so miserabel
mitgespielt haben! klagt Dan. Und Ruben schimpft:
Ich war dagegen! Jetzt haben wir den Salat!

Sie wissen wie gesagt nicht, daß der Supermini-
ster jedes ihrer Worte versteht. Deshalb sind sie
etwas verdutzt, als sie sehen, daß Seiner Exzellenz
eine dicke Träne über die Wange kullert.

Rasch beendet er die Audienz. Er wählt seinen Bruder Simeon als Pfand aus und entläßt die übrigen. Sein Speicherverwalter füllt ihre mitgebrachten Säcke mit Brotgetreide. Dann legt Joseph eigenhändig das dafür bezahlte Geld oben aufs Korn. Dabei muß er unwillkürlich an die 50 Silberlinge denken, die seine Brüder damals für ihn bekommen haben...

Zu zehnt sind sie gekommen, neun reiten nach Kanaan zurück.

Der alte Jakob freut sich, als er die prallen Säcke sieht. Dann zählt er die Häupter seiner Lieben. Er zählt zweimal. *Wo ist Simeon?* schreit er auf.

Laß uns doch erst mal abladen, sagt Ruben und öffnet seinen Sack. Er macht eine erstaunliche Entdeckung: Fein säuberlich in Pergament eingewikkelt findet er das Geld wieder, das er für seinen Einkauf bezahlt hat. Als auch die Brüder feststellen, daß in ihren Säcken der Kaufpreis deponiert ist, machen alle lange Gesichter. Was, zum Schenker, hatte das nun wieder zu bedeuten!

Dann erzählen sie ihrem Vater, was sich in Ägypten abgespielt hat und warum sie Simeon zurückgelassen haben. Der Alte schlägt die Hände überm Kopf zusammen. *Ihr bringt mich noch unter die Erde! Erst gebt ihr nicht auf Joseph acht, dann kommt ihr ohne Simeon heim. Jetzt wollt ihr mir auch noch meinen kleinen Benjamin nehmen. Womit hab ich das bloß verdient!*

Ruben, der selbst längst verheiratet ist und Kinder hat, beruhigt den Greis: *Erstens ist Ben ein gestandenes Mannsbild, und zweitens darfst du eigenhändig meine beiden Söhne töten, wenn ich ohne Benjamin und Simeon zurückkomme. Gleich morgen reiten wir wieder nach Ägypten. Sonst hält uns der Minister am Ende wirklich für Agenten und knüpft Simeon an der nächsten Palme auf.*

Ruben redet wie eine Papyrusrolle, aber der Alte bleibt stur. *Meine geliebte Rahel hat mir nur zwei Söhne geschenkt. Joseph ging vor die Hunde — ich meine, vor die Wölfe oder wer ihn gefressen hat —, wenn jetzt auch noch Benjamin etwas zustoßen würde, bekäme ich sicher einen Schlagfluß. Das wirst du ja wohl nicht wollen.*

Das will keiner der Brüder, und fürs erste hat man ja auch genug zu essen, dank dem Minister im Nildelta, gleich hinter den Bitterseen, durch die man so gut einen Suezkanal führen könnte.

32

HILFE, HIER WIRD GEKLAUT
1 Mose 43—45

Wenn man daran denkt, was für einen Haufen Kinder die Söhne Jakob-Israels haben, kann man sich leicht vorstellen, wie lange das ägyptische Mehl reicht. Eines schlechten Tags ist Schmalhans wieder Küchenmeister. Die Hungersnot lastet noch immer wie ein undurchdringlicher Nebel über Kanaan.

Als Jakob die vorwurfsvollen Blicke seiner Enkel nicht mehr erträgt, ruft er seine Söhne zu sich und erklärt: *So geht das nicht weiter! Es bleibt uns nichts anderes übrig, ihr müßt noch mal auf Hamstertour nach Ägypten.*

Levi ergreift als erster das Wort: *Das sagst du so, Paps! Der Minister hat uns eingeschärft, nicht ohne Benjamin wiederzukommen. Gibst du ihn uns mit, in Ordnung. Wenn nicht, bringen mich keine zehn Esel zu dem Agentensammler!*

Warum habt ihr ihm überhaupt verraten, daß ihr noch einen Bruder habt? Das war total überflüssig! nörgelt der Alte.

Warum, warum! knurrt Juda. *Der Kerl hat uns nach unserer Familie gefragt, da haben wir von euch beiden erzählt. Woher hätten wir denn wissen sollen, daß er unsern Benny-Boy anfordern würde!*

Asser, der gern gut ißt, mischt sich ein: *Wenn du Benjamin nicht mit uns ziehen läßt, werden wir allesamt verhungern!*

Naphthali ergänzt: *Am besten schmeißt du uns*

dann in ein Massengrab. Du überlebst uns nämlich alle, so zäh und stur wie du bist.

Wieder läßt sich Juda vernehmen: *Also, was ist, Pa? Ich bürge für Benjamin. Wenn ich ohne ihn zurückkomme, will ich mein Leben lang Meier heißen!*

Ruben drängt ungeduldig: *Nun entscheide dich endlich, Vater! Wenn wir uns damals gleich mit Benjamin auf den Weg gemacht hätten, wären wir schon zweimal wieder zurück.*

Jakob-Israel gibt vernünftigerweise seinen Widerstand auf und nach. *Meinethalben! Aber bringt dem Minister ein paar Geschenke mit. Ein Säckchen Nüsse und ein Beutelchen Mandeln werden ihn vielleicht friedlich stimmen. Und Harz und Myrrhe nehmt mit. Auch ein Eimerchen Honig; mag sein, die kennen dort den Zucker so wenig wie wir. Eine Karaffe Lotion vom Balsambaum für seine Frau dürfte auch nicht schaden. Nehmt die parfümierte Sorte. Gut riechen möchten sicher auch die Ägypterinnen gern.*

Die Brüder notieren eifrig, aber der Alte ist noch nicht fertig. *Bevor ich es vergesse: Gebt das Geld zurück, das ihr bei eurer letzten Tour wieder mitgebracht habt. Wer weiß, wie es in die Säcke gekommen ist. Und paßt mir gut auf den Kleinen auf! Hoffentlich hat der GROSSE BOSS ein Einsehen und läßt den Minister — wie heißt der Kerl eigentlich?*

Ich glaube, Zaphenat-Paneach oder so ähnlich. Josephs ägyptischer Name geht Ruben nur schwer über die hebräische Zunge.

Dann packen die Brüder ihre Sachen und reiten mit Benjamin los. Diesmal kommen sie schneller voran, sie haben den Weg ja schon mal gemacht.

Als sie staubbedeckt in die ägyptische Landeshauptstadt einreiten, schaut Joseph zufällig aus dem Fenster seines Ministeriums. Er erkennt Benjamin sofort.

Da macht er dem Hausverwalter Dampf: *Die Hebräer sind wieder da! Sie haben ihren Bruder mitgebracht. Bring sie in meinen Palast und sag dem*

Koch, er soll ein Essen für zwölf Personen vorbe-
reiten. Oder nein, sagen wir für zwanzig. Ich werde
ein paar verdiente Mitarbeiter einladen. Beeil dich
ein bißchen!

Der Verwalter bringt die Brüder in Josephs Palast. Schon unterwegs haben sie einander unsicher
angesehen. *Was hat das zu bedeuten?* fragt einer
den anderen bang.

Juda kombiniert: *Wahrscheinlich haben wir das*
dem Geld zu verdanken, das wir in den Säcken ge-
funden haben. Wahrscheinlich werden wir jetzt ver-
haftet und als Sklaven eingemeindet. Und die Esel
sind wir auch los!

Er zupft den Verwalter am Ärmel. *Hör mal, Herr*
Verwalter — als wir das letzte Mal mit unserem
Korn heimkamen, fanden wir in den Säcken das
Geld, das wir dafür entrichtet hatten. Wie das ge-
schehen konnte, ist uns heut noch ein Rätsel. Aber
wir haben die Penunze vorsichtshalber wieder mit-
gebracht.

Der Verwalter kennt den Vorgang. *Schon gut,*
Männer, beruhigt er sie. *Das Geld muß euch euer*
GROSSER BOSS in die Säcke gelegt haben. —
Macht euch jetzt ein bißchen frisch. Der Herr Mini-
ster will nachher mit euch zusammen lunchen.

Die Brüder wissen nicht, wie ihnen geschieht. Sie
waschen sich, kämmen ihr Hippie-Haar und holen
die Gastgeschenke aus dem Handgepäck. Dann gehen sie in den prächtigen Bankettsaal. Dort treffen
sie zu ihrer grenzenlosen Überraschung ihren Bruder Simeon an. Ist das ein Jubel!

Mitten in die Wiedersehensfreude hinein wird die
Flügeltür aufgerissen. Minister Zapenath-Paneach,
alias Joseph, erscheint an der Spitze einiger ägyptischer Mitarbeiter, alles höhere Dienstgrade.

Nachdem die Brüder ihre Mitbringsel überreicht
haben, werfen sie sich bäuchlings auf den dicken,
weichen Teppich. *Nicht doch,* sagt Joseph amüsiert,
ich verrenke mir ja das Kreuz beim Plauschen.

Sie erheben sich. *Ich hoffe, die Herren hatten eine*
gute Reise, beginnt Joseph die Unterhaltung. *Zu*
Hause alles okay? Der alte Herr, ist er wohlauf?

Dank der gütigen Nachfrage, gibt Ruben Bescheid. *Er hinkt zwar, seit er sich mit seinem Bruder Esau versöhnt hat, und auch schlecht hören tut er gut, aber sonst fühlt er sich pudelwohl.*

Nun erst richtet Joseph den Blick auf Benjamin. *Das ist wohl euer kleiner Bruder, wie?* Die Fußfallelf nickt. *So klein ist er nun auch wieder nicht!* beliebt der Minister zu scherzen, aber der Scherz schmeckt ihm selbst bitter. *Der GROSSE BOSS sei dir immer wohlgesonnen, mein Junge!* sagt er herzlich zu Benjamin.

Fluchtartig verläßt er den Bankettsaal, damit die Brüder seine Tränen nicht sehen. Das Wiedersehen mit seinem einzigen voll-leiblichen Bruder hat ihn zutiefst aufgewühlt.

In seinem Gemach wirft er sich aufs Bett und schluchzt in die Kissen. Dann schilt er sich einen sentimentalen Kerl und wäscht sich das Gesicht mit Wasser. Aber Blut ist eben doch dicker als dieses...

Das Festmahl wird an drei verschiedenen Tischen serviert: dem Vesir Joseph an einem kleinen Marmortisch, den ägyptischen Beamten, denen ihre Religion verbietet, mit Hebräern an einem Tisch zu essen, an einer Tafel aus Pinienholz, während die Brüder an einem langen Tisch aus geflammter Zeder Platz nehmen.

Sie staunen nicht schlecht, als sie entdecken, daß sie dem Alter nach sitzen. Der Zeremonienmeister mußte Hellseher sein.

Das Mahl wird aufgetragen. Als Hors d'œuvre gibt es Pharaoninpastetchen. Die Nilpferdschwanzsuppe schmeckt delikat. Über die getrüffelte Ibisleber verstummt jedes Gespräch. Der Lammnierenbraten ist unvergleichlich. Und die kandierten Heuschrecken zergehen auf der Zunge. Dazu werden exquisite Weine ausgeschenkt.

Die Brüder schlemmen. Keinem fällt auf, daß Benjamin stets die besten Stücke vorgelegt bekommt. Und die größten.

Dann hebt Joseph die Tafeln auf. Er tritt mit seinem Verwalter in eine Fensternische. *Gib genau acht, was ich sage! Du läßt jetzt die Säcke der Leute mit Getreide füllen. In den Sack dieses Benjamin aber steckst du außerdem den silbernen Pokal, aus dem ich gelegentlich weissage.*

Der Verwalter tut wie befohlen. Am nächsten Morgen bedanken sich die Brüder für die Gastfreundschaft und reiten los.

Sie kommen nicht weit. Kaum haben sie die Stadtgrenze erreicht, jagt Joseph ihnen seinen Verwalter nach. *Frag sie, warum sie Gutes mit Bösem vergelten. Warum sie meinen Kelch geklaut haben, aus dem ich die Zukunft zu weissagen pflege. Sag, sie seien Verbrecher. Mal sehen, wie sie reagieren. Nun mach schon!*

Der Verwalter haut seinem Tier die Absätze in die Flanken und holt die Brüder in Rekordzeit ein. Fassungslos vernehmen sie, wessen man sie beschuldigt. *Das ist eine infame Unterstellung!* tobt Gad los.

Levi ist genauso beleidigt: *Haben wir nicht das Geld zurückgeben wollen, das damals in unseren Säcken lag? Tun das Diebe und Räuber?*

Auch Asser mischt sich ein: *Wenn wir auch nichts zu essen haben in Kanaan — silberne Messer beziehungsweise Becher verschwinden zu lassen, haben wir weißboß nicht nötig!*

Am empörtesten ist Sebulon: *Los, Oberlakai! Mach 'ne Leibesvisitation! Durchsuch unser Gepäck! Wühl in den Kornsäcken! Wenn du bei einem von uns den silbernen Humpen findest, kannst du ihn auf der Stelle lynchen!*

Und Dan setzt siegessicher hinzu: *Wir andern kommen dann freiwillig als Sklaven mit!*

Der Herr Minister ist ausreichend mit Leibeigenen versorgt, wehrt der Verwalter versnobt ab. *Nur der, bei dem ich den Pokal finde, kommt als Sklave mit. An den übrigen sind wir nicht interessiert.*

Zielstrebig fängt er an, die Säcke zu öffnen. Um den Schein zu wahren, beginnt er bei dem ältesten Bruder, bei Ruben. Benjamins Sack nimmt er sich als letzten vor. In ihm wird dann auch programmgemäß der Silberkelch gefunden.

Die Brüder sind entsetzlich entsetzt. Erstens überhaupt und so, und dann auch noch ausgerechnet Benjamin. Wo der noch nicht mal ein Bad nahm, wenn man ihn nicht mit Gewalt in die Wanne stieß.

Sie laden die Säcke wieder auf ihre Lastesel und reiten mit dem Verwalter in den Palast zurück.

Zum Glück ist der Pokalspieler noch nicht ins Ministerium gegangen. Die Brüder werfen sich auf den Teppich und beteuern Benjamins Schuldlosigkeit. Joseph gibt sich unbarmherzig: *Wie konntet ihr mir das antun? Schändlich, schändlich! Schmach über euch!*

Der Schein spricht gegen unseren Bruder, erklärt Ruben beherrscht. *Aber sei's drum. Wir sind Hebräer, und bekanntlich sind wir Krummnasen ja immer an allem schuld. Das wird sich wohl auch nie ändern. Betrachte uns also als deine untertänigsten Diener.*

Das könnte euch so passen! entgegnet Joseph. *Damit es heißt, der Minister wirtschaftet in die eigene Tasche! Ich will nur den Übeltäter als Sklaven. Die anderen mögen zu ihrem alten Vater ziehn.*

Der kriegt 'n Herzinfarkt! bricht es aus Juda heraus. *Ich hab mich für den Kleinen verbürgt, bitte nimm mich an meines Bruder Statt.* Er schreit gequält auf: *Willst du, daß wir unseren eigenen Vater töten?*

Das Gesicht des Ministers, eben noch unbewegt und unerbittlich, beginnt zu zucken. Seine Augen werden feucht. Rasch schickt er die Dienerschaft aus dem Zimmer und heult los wie ein Schloßhund, schluchzt boßjämmerlich.

Erkennt ihr mich denn nicht! fragt er unter Tränen. *Ich bin doch der Joseph! Euer Vater ist auch mein Vater! O daß er noch lebt!*

Die Brüder stehen wie erstarrt. Dann – endlich – fällt ihnen die Familienähnlichkeit auf, seine Ähnlichkeit mit Benjamin besonders. Sie ringen nach Luft, suchen nach Worten.

Steht doch nicht da wie die Ölgötzen! Ja, ich bin's, euer Bruder Joseph, den ihr für fünfzig Silberlinge nach Ägypten verhökert habt. Aber unbesorgt, ich bin nicht nachtragend. Im Gegenteil! Jetzt erkenne ich, daß ihr nur getan habt, was der GROSSE BOSS wollte: Daß ich hierher käme, damit ich euch jetzt über die Hungersnot helfen kann. Deshalb hat er mich hier zu Amt und Ehren und auch zu Einfluß kommen lassen.

Damit ist der Bann gebrochen. Die Brüder fallen ihm um den Hals, umarmen ihn innig. Vor lauter Rührung kommen die Taschentücher nicht zur Ruhe.

Endlich sagt Joseph, nüchtern disponierend: Macht euch morgen wieder auf die Reise. Erzählt Papa, daß ihr mich gefunden habt und wie es mir geht. Berichtet ihm alles und bringt ihn hierher. Ihn, eure Frauen, eure Kinder. Rettet auch euer Vieh hierher. Ich will, daß ihr überlebt!

Während die Brüder miteinander klönen, dringt das Gerücht von diesem unglaublichen Zusammentreffen in den Palast des Pharaos. Der schickt sofort einen Läufer los, seinen Minister zu holen.

Nachdem Joseph ihm berichtet hat, will er hinter seinem Großvesir nicht zurückstehen. Sag deinen Brüdern, sie sollen nach Hause eilen und deinen Vater und ihre Familien herholen. Ich will ihnen Land für ihr Vieh geben. Am besten in Gosen, da wächst meines Wissens das fetteste Gras. Gib ihnen ein paar meiner Lastwagen mit, auf die sie ihre Habe laden können. Ihre Möbel sollen sie zurücklassen; wir haben hier vortreffliche Tischler. Ich will die Deinen nach Pharaoart verwöhnen, denn deine Weitsicht hat mein Land vor der Katastrophe bewahrt.

Nicht ich, wehrt Joseph ab, das hat der GROSSE BOSS getan!

Deiner Meinung nach ist also euer GROSSER BOSS die Ursache unseres Überlebens? fragt der Pharao etwas maliziös.

Er ist die Ursache all dessen, was war, ist und sein wird, sagt Joseph leise...

Mit den Lastwagen aus dem Fuhrpark Seiner Majestät, hoch beladen mit Geschenken, machen sich die elf Söhne Israels auf den Heimweg. Alle tragen nagelneue Anzüge. Benjamin hat weitere vier im Koffer und 750 Goldstücke dazu. Joseph hat sie ihm heimlich zugesteckt.

Eingedenk dessen Rates, sich unterwegs nicht zu zanken, verläuft die Reise in schönster Harmonie. Diesmal legen die Esel die letzten Kilometer im Galopp zurück. Die Fuhrwerke folgen langsam nach. *Papa! Papa! Wenn du wüßtest, wen wir getroffen haben!* rufen die Jakobsöhne schon an der Tür. Als sie dem Vater verkünden, daß Joseph lebt und Stellvertreter des Pharaos von Ägypten ist, erleben sie eine herbe Enttäuschung. *Ich verbitte mir diese makabren Witze!* schimpft er.

Es dauert lange, sehr lange, bis der alte Jakob seinen Söhnen glaubt. Als dann auch noch die mit Geschenken beladenen Fuhrwerke um die Ecke biegen, kommt jugendliches Leben in den Weißhaarigen. Was waren das für Präsente!

Daran erkenne ich meinen Joseph! Er hatte schon immer einen besonderen Geschmack. Erinnert ihr euch noch an seinen karierten Anzug? Den hat er damals ganz allein ausgesucht!

Er wischt eine Zähre weg. *Worauf wartet ihr noch! Macht zu, ich hab nicht mehr allzuviel Zeit, wenn ich ihn noch mal sehen will. Mit dem nächsten Zug fahren wir!*

Anderntags schon beginnen die Brüder, ihren Auszug aus Kanaan vorzubereiten.

33

ANKOMMEN 13 UHR 40
GOSEN-WIESENTAL
1 Mose 46, 47

Ein letzter Blick zurück, dann verschwindet der Zug hinter einer Biegung. Auf dem vordersten Fuhrwerk sitzt der alte Israel. Im nächsten wimmeln seine Enkel durcheinander. Dann kommt der Wagen mit den diversen Schwiegertöchtern. Den Schluß bilden die Lastwagen mit der leicht beweglichen Habe. Das Tempo bestimmen die Viehherden, um die sich die Brüder kümmern.

So vergehen die Tage, die Wochen, die Monate. Als sie die ägyptische Ostgrenze hinter sich haben, machen sie im Nildelta Rast.

Der alte Jakob schickt seinen redegewandtesten Sohn, Juda nämlich, zu Joseph, damit dieser alles Weitere veranlasse.

Joseph freut sich wie ein Nilstint, als sein Bruder im Ministerium aufkreuzt. Er läßt sofort seinen Dienstwagen anspannen und fährt mit Juda nach Gosen-Wiesental.

Das Wiedersehen mit dem Totgeglaubten gestaltet sich zu einer erschütternden Szene. Lange können weder Vater noch Sohn ein vernünftiges Wort sprechen. Endlich sagt Jakob: *Jetzt kann ich getrost sterben, mein Junge!* Aber es sollen noch siebzehn Jahre darüber vergehen. Die Israels haben Roßnaturen, wird es einmal heißen...

Später hat Joseph mit seinen Angehörigen eine längere Aussprache. *Ich muß jetzt leider ins Amt zurück,* sagt er zum Schluß, *doch möchte ich fünf von euch mitnehmen. Auch dich, Papa, möchte ich gern dem Pharao vorstellen. Wahrscheinlich wird er euch fragen, welchen Beruf ihr habt. Sagt ihm ruhig, daß ihr Viehzüchter und Hirten seid − er weiß es ohnehin. Er wird euch dieses herrliche Weideland hier überlassen.*

Auf die ausbrechende Begeisterung setzt er einen kleinen Dämpfer: *Ihr dürft euch allerdings nicht ärgern, daß die Einheimischen euer Gewerbe verachten. Naja, wir rümpfen dafür beim Anblick des Henkers die Nase. Chacun à son goût, wie die Pharaonin zu sagen pflegt. Sie ist ziemlich gebildet.*

Sieben Mann hoch fahren sie in die Landeshauptstadt zurück, geradewegs zum Königspalast. *Sie sind da!* verkündet Joseph seinem Pharao stolz. *Sie haben in der Gosener Ebene ihr Quartier aufgeschlagen und bitten dich um Asyl. Darf ich dir fünf meiner Brüder vorstellen.*

Prompt fragt der Pharao nach ihrem Beruf. *Viehhüter, Majestät,* antwortet Simeon. *Aber wir züch-*

ten auch! Vorausgesetzt natürlich, du erlaubst uns, dein Land als Exil zu betrachten.

Einverstanden! sagt der Herrscher huldvoll. *Siedelt in der Gosener Au.* Und an Joseph gewandt: *Warum machst du sie eigentlich nicht zu Oberhirten über meine Herden? Meine Hüter sind doch ausgemachte Trottel!*

Joseph stimmt dem Vorschlag zu. Dann holt er seinen alten Vater und führt ihn vor den Thron. *Ich bin glücklich, den Produzenten eines Organisationsgenies kennenzulernen!* sülzt der Pharao. *Darf ich fragen, wie alt du bist?*

Hundertdreißig Jahre erst dauert meine Erdenwanderung, antwortet Jakob-Israel. *Meine Väter mußten ihr Leid sehr viel länger tragen.* Die beiden Herren plaudern noch eine Weile miteinander, dann segnet Jakob den Regenten und ist entlassen.

Mit einer Extrakutsche fahren der Vater und die Brüder ins Land Gosen zurück. Unterwegs studieren sie die Lebensmittelkartentäfelchen, die Joseph ihnen zum Einkauf ihrer Nahrung mitgegeben hat.

Wieder stellt sich ein Ärgernis als Segen heraus: Simeon hat im Kittchen Hieroglyphisch gelernt. Sonst würden sie jetzt dumm aus der Wäsche gucken.

34

TOD EINES ÄGYPTENREISENDEN

1 Mose 47—50

Die Rationen müssen gekürzt werden. Sofort steigen die Preise auf dem Schwarzmarkt ins Uferlose. Der ärmere Teil der Bevölkerung klagt: *Sollen wir Hungers sterben, weil wir kein Geld haben?*

Nicht verzagen, Joseph fragen. Er erfindet mal eben den Tauschhandel. *Bringt mir euer Vieh, ich gebe euch Brot und Mehl dafür.* Nur zu gern tauschen die Leute ihre freßlustigen Rinder, Schafe und Ziegen gegen Grundnahrungsmittel und sind damit eine Weile aus dem Schneider.

Ein Jahr darauf jedoch ist es wieder soweit. *Jetzt haben wir nicht nur kein Geld, auch unser Vieh ist flöten. Wir haben nur noch uns selber und unsere Felder,* sagen sie zu Joseph. *Wir sind bereit, uns und unsere Liegenschaften gegen Fressalien abzutreten.*

Joseph läßt seinem Pharao das Geschäft nicht entgehen. Von Assuan bis hin zur Nilmündung gehört diesem bald das ganze Land. Joseph aber läßt Sämereien verteilen, damit es nicht unbebaut bleibt. Vom Ertrag kassiert er weitere fünf Prozent.

Endlich sind die sieben Jahre in der Talsohle rum. Langsam geht es wieder bergauf. Joseph benutzt die erste Verschnaufpause, um sich um seine weitverzweigten Angehörigen zu kümmern. Er reist zu seinem Erzeuger und findet ihn zum Sterben bereit.

Schwöre mir, daß du mich in Kanaan beisetzen wirst, wenn ich mal den Arsch zukneife! verlangt das Oberhaupt der Sippe in seiner drastischen Art. Joseph schwört und fährt wieder heim. Noch ist es nicht soweit mit dem Zukneifen.

Die Nachricht, sein Vater sei schwer erkrankt, man müsse mit dem Schlimmsten rechnen, erreicht ihn schon bald. Er holt seine Söhne Manasse und Ephraim vom Sportplatz und fährt mit ihnen nach Gosen-Wiesental.

Er kommt gerade noch zurecht. Der Alte nimmt zum letztenmal alle Kraft zusammen und empfängt ihn aufrecht sitzend im Bett. *Wen hast du bei dir?* fragt er und blinzelt kurzsichtig zu den Enkeln hinüber.

Meine Jungs, Manasse und Ephraim! antwortet Joseph stolz.

Sie sollen näher kommen, damit ich sie sehen und segnen kann!

Ephraim tritt von links, Manasse von rechts an sein Bett. Als der alte Israel sie segnet, verrenkt er sich fast die Arme: Er legt seine rechte Hand auf Ephraims Kopf und die linke dem Manasse aufs Haupt, obwohl letzterer der Erstgeborene ist.

Als Joseph seinen Vater auf den Irrtum aufmerksam macht, brummt der: *Das ist kein Irrtum, das ist Absicht! Manasse soll natürlich auch ein großes Volk in die Welt setzen, aber Ephraim wird größer werden. Eine ganze Menge Völker wird in ihm ihren Ursprung haben.*

Die beiden jungen Männer wissen mit den Prophezeiungen des sterbenden Opas nichts anzufangen. Sie sind froh, als sie wieder gehen dürfen. Draußen scheint die Sonne Ägyptens so herrlich über bildhübsche Hebräermaiden.

Inzwischen läßt der Alte seine sämtlichen Söhne ins Sterbezimmer kommen, um ihnen für immer Adieu zu sagen. Er verbindet sein Ableben mit einer gehörigen Standpauke.

Ich will euch sagen, was aus euch Rasselbande mal wird, hebt er an. *Du, Ruben, bist zwar mein Ältester, aber weil du immer so aufbrausend bist, solltest du nicht auch der Oberste sein. Außerdem kann ich dir nicht vergessen, daß du am Sterbetag deiner Stiefmutter Rahel mit meiner Drittfrau Bilha geschlafen hast. Wahrscheinlich hast du gedacht, der blöde Hammel merkt das nicht!*

Er macht eine Pause und sammelt neue Kraft. Dann fährt er fort: *Nun zu euch beiden, Simeon und Levi. Ihr seid mir zu schnell mit dem Messer zur Hand! In eurer Wut werdet ihr immer gleich grausam. Deshalb sollt ihr nicht zusammenbleiben, sondern in ganz Israel verstreut werden.*

Und weiter: *Juda, mein junger Löwe, vor dir werden sich einmal alle verneigen. Du wirst das Zepter schwingen, die Völker werden sich dir unterwerfen und dich lieben. Du wirst deine Hemden in Weißwein waschen und deinen roten Mantel in Taubenblut. Übrigens wirst du nie was mit den Zähnen haben.*

Dann bekommen die übrigen ihren Segen weg. Sebulon werde einmal am Hafen wohnen – Issachar ein knochiger Esel und ewiger Arbeitnehmer sein – Dan eine Schlange, die andrer Leute Gäule beißt – Gad ein tapferer Krieger – Asser ein Schlemmer – Naphthali ein schneller Hirsch, der schöne Reden schwingt.

Als elfter in der Reihe kommt Joseph an diese. Ihm prophezeit der Alte alle Wohltaten des GROSSEN BOSSES. Er sei bevorzugt vor allen seinen Brüdern, auch vor Benjamin, der sich zu einem reißenden Wolf entwickeln werde. Der morgens auf Raub ausgehe und abends seine Beute verteile.

Nachdem Jakob derart die zwölf Stämme Israels kurz charakterisiert hat, äußert er seine letzte Bitte: *Ich möchte, daß ihr mich in der Höhle beerdigt, die Abraham seinerzeit als Familiengrab von einem gewissen Ephron für teures Geld gekauft hat. Dort liegt er neben seiner Frau Sara. Auch Isaak schläft dort mit seiner Rebekka, und ich habe meine Lea da begraben. Ich würde gern bei ihnen liegen.*

Um euch mach ich mir keine Sorgen. Der GROSSE BOSS wird mit euch sein und euch eines Tages ins Land eurer Väter zurückführen. So ist es geweissagt und —

Seine weiteren Worte sind nicht mehr zu verstehen. Der alte Herr streckt die Beine aus, seufzt und stirbt. Joseph wirft sich über den Leichnam und weint herzzerreißend. Keiner der versammelten Brüder kann sein Leid ermessen...

Noch am gleichen Tag beginnen die besten Spezialisten des Landes mit dem Einbalsamieren des Leichnams. Inklusive des Herausnehmens der Eingeweide und des Gehirns dauert das 40 Tage. In dieser Zeit trocknen auch die nassesten Tränen.

Danach bittet Joseph seinen Pharao um eine Audienz. Er erzählt ihm, was er seinem Vater geschworen hat. *Gib mir Urlaub, damit ich seinen letzten Wunsch erfüllen kann. Das Familiengrab liegt bei Mamre in Kanaan.*

Der Herrscher gewährt ihm unbezahlten Urlaub. Joseph macht sich sogleich an die Zusammenstellung des Leichenzugs. Er staunt nicht wenig, als sich sämtliche Höflinge und die Honoratioren der umliegenden Orte daran beteiligen.

Ein gewaltiger Trauerzug zieht nach Osten und legt jenseits des Jordans eine Rast ein. Die Kanaaniter machen tellergroße Augen.

Sieben Tage lang klagen die Teilnehmer des Lei-

chenzugs bei Goren-Atad. Seit der Zeit heißt der
Ort ‚der Ägypter Klage‘.

Anschließend ziehen sie weiter zu der Höhle bei
Mamre und setzen den berühmten, geliebten Toten
bei. Die Trauerfeier wird durch die Anwesenheit
der pharaonischen Hofbeamten fast zum Staatsbegräbnis. Nur weil das Pulver noch nicht erfunden
ist, wird nicht Salut geschossen.

35

SCHATTEN DER VERGANGENHEIT

1 Mose 50

Alles könnte seinen Gang gehen, wenn es mit dem
menschlichen Gewissen nicht so eine merkwürdige Sache wäre.

Nachdem das Oberhaupt der Familie Israel beigesetzt und man wieder daheim ist, kriegen es die
Gebrüder Jakob mit der Angst zu tun. Wie nun,
wenn Joseph nur auf das Ableben des ehrwürdigen
Alten gewartet hat und ihnen jetzt ihre Untat von
damals heimzahlt? Ihre Ungewißheit ist so groß,
daß sie ihrem Bruder eine Nachricht ins Ministerium schicken:

‚Vater hat uns kurz vor seinem Tod beauftragt,
Dir mitzuteilen, Du möchtest uns ein für allemal
verzeihen. Deshalb bitten wir Dich hiermit, uns die
Missetat, indem daß wir Dich damals verscherbelt
haben, schriftlich zu vergeben. In der Hoffnung,
keine Fehlbitte getan zu haben, verbleiben wir mit
Grüßen von Haus zu Haus...‘

Alle unterschreiben, auch Benjamin, der sich keiner Schuld bewußt ist.

Als Joseph den Brief liest, ist er erschüttert. Falls
die Brüder nicht lügen, müssen sie ihrem Vater
kurz vor seinem Ableben alles gestanden haben.

Sogleich diktiert er seinem Schreiber eine be-
ruhigende Antwort. Leider hat der soviel auf seiner
Stenogrammrolle, daß er den Brief darüber vergißt.

Jeden Tag fragen die Brüder in Gosen-Wiesental nach Post. Endlich machen sie sich auf und fahren in die Landeshauptstadt zu ihrem prominenten Bruder.

Hier sind die untertänigen Garben, von denen du mal geträumt hast, sagen sie und verneigen sich tief. *Elf Sterne demütigen sich vor dir. Kannst du uns noch mal verzeihen?*

Joseph rückt ihnen die Köpfe zurecht. *Was redet ihr bloß für blödes Zeug! Zugegeben, ihr habt nicht fair an mir gehandelt. Aber der GROSSE BOSS hat ja alles zum Guten umfunktioniert, wie wir heute feststellen dürfen. Ich werde für euch und eure Familien immer ein offenes Ohr und Portefeuille haben. Genügt euch das?*

Seine Brüder begraben ihre Furcht und fahren beruhigt nach Hause zurück...

Die Jahre vergehen. Joseph wird pensioniert und spielt mit seinen Enkelkindern. Als er sein Ende nahen fühlt, ist er gerade 110 Jahre alt geworden. Man arbeitet eben nicht ungestraft 16 Stunden am Tag!

Ich muß euch leider jetzt verlassen, sagt er zu seinen versammelten Brüdern. *Denkt immer daran: Der GROSSE BOSS hat Abraham, Isaak und unserem Vater geschworen, daß er uns eines Tages wieder in die Heimat bringen wird. Was mich betrifft, werden es allerdings nur meine Gebeine sein, die mit Kanaan Wiedersehen feiern. Denn darum möchte ich euch bitten: Laßt mich nicht in fremder Erde den Knoblauch von unten betrachten!*

Ein letztes Lächeln, verschmitzt wie eine Fuhrmannspeitsche, huscht über sein Gesicht, danach schließt er die Augen für immer. Mit ihm wird der gigantischste Wirtschaftsmanager aller Zeiten eingeschreint.

36

DER KÖNIGLICHE ENGELMACHER
2 Mose 1

Siebzig Personen aus dem Hause Israel haben seinerzeit die Emigration einem Hungerleiderdasein vorgezogen, die Frauen und Jakob nicht mitgezählt. Jetzt sind es Hunderte und werden nach dem Tod der zwölf Brüder Tausende und Abertausende. Bald haben sich die emsigen Zeuger im ganzen rechten Nildelta breitgemacht und hören nicht auf, sich zu vermehren.

Das sieht der neue Pharao mit ziemlichem Mißvergnügen. Von Joseph und was dieser für einen seiner Vorgänger alles geleistet hat, weiß er nichts. In den Archiven ist nur Lobenswertes über die Pharaonen und ihre Untertanen notiert. Niederlagen und in Anspruch genommene Entwicklungshilfen werden nicht aktenkundig gemacht. Das wird sich auch in allerfernster Zukunft nicht ändern.

Eines Tages hält der Pharao die erste Agitationsrede der Welt. *Ägypter, Ägypterinnen!* schreit er über den Markt. *Das Volk Israels wird immer größer. Bald werden sie zahlreicher sein als wir Einheimischen. Wenn wir nicht dafür sorgen, daß ihre Geburtenfreudigkeit eingeschränkt wird, haben wir sie eines Tages am Hals. Mich werden sie zwar nur liquidieren, ihr aber werdet ihnen die Sandalen putzen und die Latrinen reinigen müssen. Deshalb frage ich euch: Wollt ihr, daß ich die Einwanderer zur Räson bringe?*

Das versammelte Volk brüllt einstimmig: *Jaaaa!* — so mitgerissen hat sie die zündende Rede ihres Führers.

Die Hofschranzen erarbeiten alsbald einen Haufen Verordnungen und Verbote. Die Israels werden zu Zwangsarbeitern erklärt, Fronvögte eingesetzt und mit Zuchtruten bewaffnet, das gesamte Wohn- und Weidegebiet darf nur noch mit besonderer Erlaubnis verlassen werden, und was dergleichen Schikanen mehr sind.

Die Nachfahren Jakobs müssen schwer ran. Die Antreiber des Pharaos jagen sie erbarmungslos in die Lehmgruben im Nilschlamm und lassen sie fast pausenlos Ziegel backen. So entstehen, durch den erzwungenen Fleiß der Israels, die Städte Ramses und Pithom, gleich rechts vom Nildelta.

Die Unterdrückung der fremden Minderheit erweist sich bald als Bumerang. Je schwerer die Israels schuften müssen, desto mehr sehnen sie sich nach ihrem Bett, in dem die Frau liegt. Und weil Liebe noch allemal das beste Beruhigungsmittel ist, pflanzen sich die Zwangsarbeiter nur noch forter als fort.

Allmählich überkommt die Ägypter ein Grauen vor den Einwanderern. Wenn das so weiterging, dann platzte das Getto, wie sie den Landstrich unter sich nennen, aus allen Nähten.

Auch der Pharao ist dieser Meinung. Er läßt die hebräischen Hebammen vorladen und gibt ihnen einen schauerlichen Befehl: *Euer Volk ist zu gebärfreudig. Daher sollt ihr von jedem Kind, das als Junge auf die Welt kommt, der Mutter sagen, es sei eine Totgeburt. Ihr aber sorgt mir dafür, daß es gar nicht erst seinen ersten Schrei tut. Nur die Mädchen laßt am Leben. Haben wir uns verstanden?*

Die Hebammen haben sehr gut verstanden, aber sie fürchten den GROSSEN BOSS mehr als Ramses II. Sie bringen brav alle neugeborenen Knäblein zur Brust der Mutter und lügen den zürnenden Pharao an: *Die Frauen unserer Rasse sind kerngesunde Weiber. Jedesmal, wenn wir gerufen werden, ist das Kind schon da!*

Nachdenklich läßt der Herrscher die Hebammen ziehen und entschließt sich zu einer Radikalkur. Er gibt durch alle verfügbaren Medien bekannt:

‚An mein Volk! Sämtliche männlichen Neugeborenen hebräischen Blutes sind als artfremd in den Nil zu werfen und zu ersäufen! Gezeichnet Ramses II., Pharao.‘

Ist das nicht ein bißchen happig, Papi? fragt die Tochter des Despoten, ein warmherziger Teenager.

Es geht nicht anders, antwortet ihr gekrönter Vater. *Sonst bringst du mir womöglich noch mal einen Mischling ins Haus.*

Er ahnt nicht, daß noch etwas viel Folgenschwereres passieren wird.

37

DER EHRLICHE FINDER
WIRD GEBETEN
2 Mose 2

In der Nähe vom Nil wohnen die Levis. Wie der Name verrät, stammen sie in direkter Linie von Jakobs drittältestem Sohn ab.

Frau Levi hat eine Tochter, Mirjam, und einen Sohn, Aaron. Jetzt kommt sie erneut mit einem Knaben nieder. Damit er nicht baden geht, versteckt sie den Säugling vor der Umwelt, denn täglich patrouillieren ägyptische Barfußstreifen durch die Gassen und spitzen die Ohren, ob irgendwo ein Neugeborenes kräht.

Drei Monate geht die Versteckspielerei gut. Da sieht ein Schnüffler, daß durch Frau Levis Spitzenbluse etwas Feuchtes suppt. *Ist das vielleicht Muttermilch?* forscht er inquisitorisch.

Ich hab 'ne eitrige Warzenhofentzündung, behauptet Frau Levi geistesgegenwärtig. So schnell sie die Füße tragen, eilt sie nach Hause. *Das Baby muß verschwinden!* sagt sie zitternd zu ihrem Mann.

Aus Schilf, Binsen und dünnen Weidenzweigen bastelt sie ein korbähnliches, kleines Schiffchen, macht es mit Harz und Pech wasserdicht und legt schluchzend ihren Säugling hinein.

Begleitet von ihrer Tochter Mirjam trägt sie den Schicksalskorb zum Nil, setzt ihn vorsichtig aufs Wasser. Sanft wiegen die Wellen die seltsame Wiege.

Die Augen voll Tränen, geht Mutter Levi heim. Mirjam bleibt am Nilufer sitzen und beobachtet das Bootchen mit ihrem winzigen Bruder.

Plötzlich hört sie Lachen und Kichern ganz in der

Nähe. Junge Mädchen amüsieren sich bei fröhlichem Spiel. Ägypterinnen.

Eine von ihnen, das Töchterchen des Pharaos, will gerade das Kleid ausziehen, um im Fluß zu schwimmen, da entdeckt sie das treibende Weidenkörbchen. Neugierig, was das wohl sei, fischt sie es heraus und findet das kleine Würmchen. Es hat seine Windel von sich gestrampelt, so sieht die Königstochter gleich, wes Fleisches Kind es ist.

Wie süß! Sicher ein kleiner Israelit! schließt sie mit der ihr eigenen Logik. *Was mach ich nun mit ihm? Mein Daddy schmeißt mich raus, wenn ich mit einem Kind ohne Vater ankomme.*

Mirjam hat alles beobachtet. Mit unbefangener Miene nähert sie sich der Pharaonentochter. *Ich könnte vielleicht eine hebräische Amme holen,* schlägt sie vor. *Ich kenne zufällig eine, die gerade ein Mädchen abstillen will. Vielleicht nimmt sie dir zuliebe das Baby an die Brust.*

Keine schlechte Idee! sagt die junge Finderin erfreut. *Lauf und bring sie her!*

Natürlich holt Mirjam die eigene, also die leibliche Mutter des geretteten Bübchens. Frau Levi nimmt ihr Kind aus der Hand der Pharaonentochter entgegen, ohne mit der Wimper zu zucken.

Wenn du es fleißig stillst, will ich dich reich belohnen! verspricht die junge Hoheit.

Eingehüllt in echte Mutterliebe wächst das Knäblein heran. Gelegentlich erscheint die Pharaonentochter mit Geschenken und besichtigt ihr Findelkind.

Als der junge Levisohn aus dem Gröbsten heraus ist, nimmt sie ihn mit in den Palast und gibt ihm mit viel Sinn für Symbolik den Namen Mose. Das heißt sowohl ‚Herausgezogener' als auch ‚Kind', denn aus dem Wasser gezogen hat sie dasselbe ja mal.

38

EIN FREMDER KOMMT NACH MIDIAN
2 Mose 2

Klein Mose lernt erst spät sprechen oder, genauer gesagt, stottern. Trotz bester Privatlehrer bleibt er lebenslang ein Stotterer. Aber mit welchem Intellekt!

Mit sechs gibt ihn die Pharaonentochter in die Haremsschule. Dort werden die königlichen Ableger auf allen bekannten Wissensgebieten unterrichtet.

Hier lernt Mose die uralten Weisheiten der Osirispriester und ihre magischen Künste kennen. Sie lehren ihn, Naturerscheinungen zu deuten und den Gebrauch der Wünschelrute. Sie hämmern ihm phänomenale mathematische Erkenntnisse ein und machen physikalische Experimente mit ihm zusammen. Sie bringen ihm bei, was Suggestion und Hypnose ist und trimmen ihn zu yogihafter Selbstversenkung. Nur das Stottern kann ihm keiner abgewöhnen, wenigstens nicht völlig.

Obwohl Mose eine Art Schlaraffenleben führt, ist er nicht glücklich. Er weiß inzwischen, daß er kein richtiger Prinz, nicht mal ein geborener Ägypter ist. Mit welchem Recht also lebt er wie die Made im Speck?

Immer öfter treibt es ihn zu den Ziegeleien bei den Lehmgruben. Jedesmal packt ihn ohnmächtige Wut, wenn er sieht, wie seine bärtigen Rassegenossen von den Aufsehern geschunden und verprügelt werden. Aus Protest läßt er, der nach Ägypter Art glattrasierte Akademiker, sich einen Bart wachsen.

Eines Tages muß er mitansehen, wie ein Fronvogt einen hebräischen Backsteinformer derart verdrischt, daß er nicht wieder aufsteht. In rasendem Zorn erschlägt Mose den ägyptischen Leuteschinder und verbuddelt die Leiche.

Als er tags darauf wieder zum Tatort geht, wird er Zeuge einer Prügelei zwischen zwei israelitischen Grubenarbeitern. Einem von ihnen fließt Blut aus Mund und Nase. *Warum schlägst du ihn?* fragt er den stärkeren in der Annahme, dieser habe angefangen.

Spiel hier nur nicht den Tugendrichter! pöbelt der Mann. *Oder willst du mich umbringen, wie den Oberaufseher gestern?* Als Mose vor Schreck erbleicht, grinst der andere. *Wenn es dein Gewissen beruhigt: Das Schwein hat es nicht besser verdient!*

Aber Moses Gewissen ist nicht so leicht zu beruhigen. Wenn das Verbrechen — und dafür würde der Staatsanwalt seine Selbstjustiz halten — erst vor dem königlichen Kammergericht zur Sprache kam...

Er kehrt gar nicht erst in den Palast zurück.

Ohne jedes Gepäck schlägt er die Richtung nach Osten ein, läßt den größeren Bittersee links liegen, durchquert die Halbinsel Sinai, macht einen Schlenker um den Golf von Akaba und erreicht das Land Midian.

An einer Oase mit einem Brunnen voll köstlichen Grundwassers beschließt er zu verweilen, als sieben Mädchen eine große Schafherde herantreiben. Es sind die Töchter eines Scheichs und Landespriesters, die hier jeden Tag ihre Tiere tränken.

Verwundert plienschen sie nach dem jungen Fremdling und schöpfen mit scheuen Bewegungen Wasser in lange Bottiche. Da erscheinen rüde Burschen und stoßen sie beiseite, um ihre Herden zuerst zu tränken.

Als Mose das sieht, packt ihn der Zorn. Er jagt die Schafhirten vom Brunnen und hilft den Mädels beim Tränken. Alle sieben sind ziemlich verlegen. *Vielen Dank auch!* Stumm treiben sie die Herde nach Hause.

Wieso seid ihr heute schon so zeitig zurück? fragt der priesterliche Scheichvater verwundert.

Am Brunnen kampiert ein junger Ägypter. Er hat uns geholfen.

Was denn, und ihr habt ihn nicht zum Essen eingeladen? Los, Zippora, lauf hin und hole ihn! Noch ist eurem Vater die Gastfreundschaft selbstverständlich!

Es kommt, wie's kommen muß. Mose nimmt die

Einladung an. Aus dem ersten Tag wird eine ganze Woche. Aus der ersten Woche werden Monate. Und er und das ‚Vögelchen' — das bedeutet der Name Zippora — verlieben sich ineinander.

Bei der Hochzeitsfeier ißt Mose zum erstenmal köstliches Kamelgulasch midianaise, dann geht's endlich auf die Ehematte.

Pünktlich kommt sein erster Sohn zur Welt. Er nennt ihn Gersom, das heißt ‚Gast'. Denn bei aller Liebe zu seinem Vögelchen fühlt er sich hier immer noch quasi auf der Durchreise. Dabei hätte er längst nach Ägypten zurückkehren können. Sein Totschlag ist inzwischen verjährt und Ramses II. gestorben.

Allerdings ist der neue Ägypterkönig kein Haar besser als sein Vorgänger. Im Gegenteil! Das Wehgeschrei und die Protestlieder der geknuteten Israels gellen zum Himmel.

Jetzt reicht's mir langsam! grollt der GROSSE BOSS und sinnt über Vergeltungsmaßnahmen nach.

39

DIE GROSSE NUMMER

2 Mose 3, 4

Mose wird Oberschäfer seines Schwiegervaters. Bald kennt er jeden Winkel in Midian. Deshalb treibt er seine Herde immer weiter, einmal tief in die Halbinsel Sinai hinein. Eigentlich aus Versehen, denn außer dornigem Gestrüpp wächst hier so gut wie nichts.

An einem Berg — Horeb nennen ihn die einen, Sinai die anderen — entschließt Mose sich zur Umkehr. Plötzlich sieht er aus einem Busch mit fingerlangen, spitzen Dornen eine Flammensäule aufsteigen, ohne daß der Busch verbrennt.

Kopfschüttelnd geht er auf die rätselhafte Erscheinung zu. Flammendes Erdgas, kaltes Feuer, gibt es das? — fragt er sich eingedenk des Physikunterrichts bei den Osirispriestern.

Während er noch grübelt, ruft eine sonore Stimme mitten aus der Feuersäule heraus zweimal seinen Namen. Unwillkürlich antwortet Mose: *Hier bin ich! Mit wem habe ich das Vergnügen?*

Keinen Schritt weiter! befiehlt die Stimme. *Zieh deine Schuhe aus! Du stehst auf geheiligtem Boden!*

Wie hypnotisiert schleudert Mose seine Galoschen von sich, obwohl der Wüstensand heiß wie ein Würstchengrill ist. Ich muß einen Sonnenstich haben, überlegt er. Seit wann darf ein brennender Busch mich herumkommandieren?

Die Erklärung folgt prompt. *Hier spricht der GROSSE BOSS! Hör mir gut zu. Schon deine Vorfahren Abraham, Isaak und Jakob haben mir blindlings vertraut. Ich hoffe von dir dasselbe, Mose.*

Mose schließt rasch die Augen. Er hat schon so viel vom GROSSEN BOSS gehört, daß er ihn lieber nicht persönlich kennenlernen möchte. Seine Angst vor ihm ist gewaltig.

Der GROSSE BOSS lächelt einen Moment. Dann wird er wieder ernst. *Ich habe eine Aufgabe für dich,* fährt er fort. *Während du hier gemütlich in den Tag hinein lebst, geht es deinen Landsleuten am Nil hundsmiserabel. So wie sie hat seit Bestehen meiner Welt noch kein Volk auf ihr schuften müssen.*

Keine Nacht kann ich mehr schlafen! Wie ein mittleres Erdbeben dröhnt mir ihr Wehgeschrei in den Ohren. Deshalb will ich sie aus Ägypten fortschaffen. Ich habe da ein Fleckchen Erde für sie im Auge, in dem Milch und Honig fließen. Und du sollst es sein, der sie aus diesem gräßlichen KZ herausholt. Geh hin zu dem Pharao —

Das denkst du dir so! unterbricht Mose muffig. *Wahrscheinlich hängt mein Steckbrief an jeder Litfaßsäule!*

Das war einmal! Der Monumentalbauherr Ramses, in dessen Palast du einst gewohnt hast, ist längst einbalsamiert und vergoldet, beruhigt ihn der GROSSE BOSS.

Das genügt Mose nicht. *Ich hab davon gehört. Leider aber scheint der neue Pharao auch nicht gerade ein Ausbund an Sanftmut zu sein. Wer bin ich, daß ich ihm auf die Pelle rücke und sage, ich möchte meine Landsleute ins Schlaraffenland führen!*

Der GROSSE BOSS denkt bei sich, daß diese Israels doch verflixt hartnäckige Gesellen sind. *Ich werde dir zur Seite stehen, Mose. Wenn du sie dann gerettet hast, bringst du sie zwecks Dankopfers hierher zu diesem Berg.*

Mose kratzt sich nachdenklich auf dem Kopf. *Gesetzt den Fall, ich trete wirklich vor meine Leute und sage ,Schönen Gruß vom GROSSEN BOSS, ihr sollt mal gleich mitkommen!' — ich fürchte sehr, die werden mir was husten.*

Nicht, wenn du ihnen sagst ,Der GROSSE BOSS hat euer Elend gesehen und will euch helfen. Er wird euch in eine Gegend führen, wo die Milch und der Honig nur so strömen, und ich soll euer Scout sein.' Du kannst auch Pfadfinder sagen, denn bis du mit deinen Leuten den richtigen Weg zu mir findest, wirst du über vierzig Jahre mit ihnen auf der Walz sein.

Alle Wetter! entfährt es Mose. *Das wird 'n Fußmarsch!*

Noch ist es nicht soweit, beschwichtigt der GROSSE BOSS. *Zuerst mußt du mit Merneptah, dem neuen Pharao, sprechen.*

Merneptah? Mose grinst. *Mit dem bin ich zusammen auf die Haremsschule gegangen.*

Um so besser, sagt der GROSSE BOSS. *Bitte ihn um eine Woche Urlaub für alle israelitischen Fremdarbeiter. Sag ihm, der GROSSE BOSS hätte euch aufgefordert, in die Wüste Sinai zu wallfahren, um ihm zu opfern.*

Und wenn der Knilch nein sagt?

Er wird bestimmt nein sagen! Ich will es nämlich so. Damit ich sein verhärtetes Herz zur Räson bringen kann. Ich werde soviel Zeichen und Wunder tun — also ihm Scherereien machen —, daß ihm die Augen aus dem Kopf quellen. Zuletzt wird er heilfroh sein, wenn ihr Leine zieht. Er wird sogar noch was draufzahlen, nur damit ihr aus Ägypten verschwindet.

So glaubhaft das alles geklungen hat, Mose ist noch immer nicht davon überzeugt, daß er der ideale Befreier ist. *Ich bezweifle nur, daß mir meine Rassegenossen glauben werden,* sagt er. *Wir wittern hinter allem einen Pferdefuß. Das müßtest du doch am besten wissen! Und warum? Weil man uns immer wieder angeschissen hat! — Kannst du mir nicht ein paar Zeilen mitgeben?*

Na schön, du kriegst einen Beweis mit. — Was hast du da eigentlich in der Hand?

Einen Hütestock. Damit die Schafe nicht auseinanderlaufen, erklärt Mose verwundert. *Warum?*

Wirf ihn auf die Erde!

Mose schmeißt den Stab in den Sand und traut seinen Augen nicht: Das Ding rollt sich plötzlich zusammen, hat auf einmal einen Kopf mit einer gespaltenen Zunge im Maul. Der Stock ist zur Schlange geworden! Mit einem Mordssprung bringt sich Mose in Sicherheit.

Der GROSSE BOSS pfeift ihn zurück. *Sei nicht so feige! Pack sie am Schwanz!*

Mose wagt nicht zu widersprechen. Adieu, schöne Welt, denkt er und packt zu. Zu seinem bassen Erstaunen hat er plötzlich wieder seinen Stock in der Hand. Wenn das mal mit rechten Dingen zuging!

Der GROSSE BOSS weiß natürlich, was Mose denkt. *Das war nur 'ne Kostprobe. Genauso wirst du vor deinen Landsleuten tun. Dann werden sie dir glauben, daß du mit mir ein Rendezvous hattest.*

Mose hat noch immer Bedenken. *Wenn ich nur nicht so schüchtern wäre! Immer bloß Schafe um sich rum, da kriegt man mit der Zeit Komplexe. Außerdem bin ich nicht gut bei Zunge. Du siehst, ich bin denkbar ungeeignet für den Job. Kannst du keinen anderen Märtyrer auftreiben?*

Jetzt reißt dem GROSSEN BOSS der Geduldsfaden. *Es ist zum Auswachsen mit dir! Aber du stehst nun mal in meiner Liste bedeutend werdender Persönlichkeiten. Ich habe dich als VIP konzipiert, und dabei bleibt es. Deshalb will ich dir deinen Bruder Aaron als Sprecher zur Seite geben. Was ich dir, Mose, vorsage, wird er, Aaron, deinen*

Landsleuten moderieren und dem Pharao dolmet-
schen. Und nun troll dich! Du kannst einem die gan-
ze Laune verderben.

Mose läßt sich das nicht zweimal sagen. Er treibt
seine Schafe in einem Tempo nach Midian zurück,
daß sie klapperdürr ankommen.

Ich möchte mich verabschieden! Mit diesen Worten stört er die Klausur seines geistlichen Schwiegervaters.

Wo willst 'n hin? erkundigt sich Jethro Hobab
Reguel überrascht.

Nach Ägypten rüber. Mal nach meinen Landsleu-
ten schauen. Sie haben momentan Probleme, weißt
du.

Sein verständnisvoller Schwiegervater hilft ihm
bei den Reisevorbereitungen und dann Tochter und
Enkel in den Sattel.

Gleich hinterm Golf von Akaba begegnet das trot-
tende Trio dem GROSSEN BOSS, der auf Mose gewartet hat. *Da wär noch was, Moische. Der Trick*
mit dem Stab, der zur Kobra wird, du solltest ihn
auch dem Pharao vorführen. Sag ihm bei dieser Ge-
legenheit, ich ließe ihm mitteilen, Israel sei mein
erstgeborener Sohn und seine Nachkommen mein
auserwähltes Volk. Wenn er es nicht ziehen ließe,
würde ich seinen Thronfolger töten.

Sapristi! sagt Mose beeindruckt. *Übrigens, woll-*
test du mir nicht meinen Bruder Aaron als Bei-
stand schicken?

Da hinten kommt er schon, sagt der GROSSE
BOSS und läßt Mose mit den Seinen allein.

Am Berg Sinai treffen die Brüder aufeinander.
Ihre Freude ist groß, des Umarmens kein Ende. Zu
viert passiert man die ägyptische Grenze. Unterwegs erzählt Mose seinem Bruder jede Einzelheit
seiner Unterredung mit dem GROSSEN BOSS.
Aaron glaubt ihm erst, als er das Kunststück mit
der Schlangenstange vorführt. Da ist er ganz schön
platt.

In der Gosener Gegend angekommen, geht alles
viel glatter über die Bühne als befürchtet. Aaron
redet so überzeugend, daß ihm die Familienober-

häupter auch ohne Zaubertricks glauben würden. Doch Mose — dem der GROSSE BOSS unterwegs noch zwei weitere Varieténummern beigebracht hat — besteht auf einer magischen Generalprobe, bevor man damit vor den Pharao tritt.

Er läßt seine Hand wie ein Chamäleon in verschiedenen Farben schillern und Wasser zu Blut werden. Jedenfalls glauben die Zuschauer, es gesehen zu haben.

Nachdem der begeisterte Applaus verklungen ist, gehen sie mit der beruhigenden Aussicht beten, daß ihr künftiges Leben ein einziges Honiglecken und Milchschlabbern sein wird.

40

BLAUBLÜTIGER WIRD BLUTROT

2 Mose 5—7

Die Audienz bei Pharao Merneptah erweist sich als Stich ins Wespennest. An Mose, der seinem Bruder soufliert, an seinen einstigen Mitschüler also, scheint er sich überhaupt nicht mehr zu erinnern. *Bitte sich kurzzufassen!* herrscht der Herrscher die beiden Handlanger des GROSSEN BOSSES an, denn er hat schlecht gefrühstückt.

Verärgert steigt Aaron sofort in die Vollen: *Unser GROSSER BOSS fordert dich durch uns auf, sein Volk auf eine Woche in die Wüste Sinai ziehen zu lassen, damit es dort zu seinen Ehren ein Fest veranstaltet.*

Verdammt, was geht mich euer BOSS an! wettert der Pharao. *Wer ist das überhaupt, daß ich ihm gehorchen soll? Ich denke gar nicht dran, auch nur einen Israel eine Landpartie machen zu lassen!*

Aaron korrigiert: *Es handelt sich nicht um ein Picknick im Freien, sondern um einen Opfergang. Wir wollen unseren GROSSEN BOSS bitten, alles Übel — die Lustseuche zum Beispiel — von uns fernzuhalten.*

Für so 'n Kokolores eine Woche Betriebsferien?
Der Pharao lacht laut hohn. *Nicht eine Stunde krie-*
gen sie frei! Sie benutzen die Gelegenheit doch nur
zum Kindermachen! Urlaub! Aus dem Gegenteil
wird ein Stiefel!

Mit bedepperten Gesichtern verlassen Mose und
Aaron den Palast. *Warum hast du dem Kerl nicht*
deine Große Nummer gezeigt? mault Aaron.

Man darf nicht gleich beim erstenmal sein Pulver
verschießen, belehrt Mose ihn weise. *Vielleicht über-*
legt er sich's noch mal.

Nun, Merneptah, der mit dem Gegenteil von Urlaub gedroht hat, denkt tatsächlich noch mal darüber nach. Mit dem Erfolg, daß anderntags in den
Schlammgruben und Ziegeleien der Teufel los ist.

Die ägyptischen Betriebsleiter haben die Arbeits-
norm erheblich hinaufgesetzt. Ab sofort müssen
täglich fünfundzwanzig Prozent mehr Ziegel son-
nengebacken werden. Dabei ist das vorgeschriebene
Soll schon jetzt kaum zu schaffen.

Als die Arbeiter dem Zusammenbruch nahe sind,
schicken sie eine Delegation zum Pharao. Der empfängt sie gar nicht erst. Enttäuscht, wütend kehren
die Abgeordneten um.

Auf dem Heimweg treffen sie Mose und Aaron.
Sie machen ihnen schwere Vorwürfe. *Hättet ihr*
bloß die Schnauze gehalten! Seit ihr mit dem Aus-
beuter gesprochen habt, ist alles nur noch viel
schlimmer geworden!

Noch am gleichen Tag zeigt Aaron auf Bitten Moses dem Pharao den Trick mit der zur Schlange
werdenden Stange. *Genügt dir das als Beweis für*
die Existenz des GROSSEN BOSSES?

Der Pharao winkt gelangweilt ab. *Kürzlich war*
'ne Truppe bei mir, die hat eine Jungfrau mitten
entzwei gesägt. Hinterher war sie dann wieder so
in Ordnung, daß ich sie gleich meinem Harem ein-
verleibt habe. Wenn ihr nichts Besseres habt —

Den Trick mit der sich verfärbenden Hand zeigen
die Brüder lieber nicht. Gegen eine zersägte Jungfrau hatte der bestimmt keine Chance. Und für das
dritte Kunststück brauchten sie Wasser.

In dieser Nacht meldet sich der GROSSE BOSS wieder. *Geh morgen früh an den Nil,* rät er Mose. *Um neun wird der Pharao baden. Sag ihm, wenn er euch nicht ziehen läßt, wirst du den Nil, oder noch besser, alle Wasser Ägyptens, in Blut verwandeln. Alle Fische werden krepieren und ihre Kadaver die Luft verpesten, daß er es vor Gestank nicht aushalten wird. Du brauchst nur mit deinem Hirtenstab kräftig auf den Nil zu klatschen!*

Noch vor Morgengrauen weckt Mose seinen Bruder. Gemeinsam eilen sie ans Flußufer und informieren den Pharao. Der hält die Warnung für einen Witz und steigt mit herausforderndem Lachen ins Wasser.

Mose gibt Aaron seinen Stab. *Alter geht vor Ehrgeiz,* sagt er großmütig. Aaron holt aus und haut die Stange aufs Wasser. Immer wieder.

Das Unglaubliche tritt ein: Das Wasser des Nils verwandelt sich in Blut!

Schreckensbleich klettert der Pharao an Land. Er sieht aus wie eine Blutwurst. Sein Bademeister muß ihn mit Tüchern abreiben, weil es nirgends mehr sauberes Wasser gibt. Nur Blut. Überall Blut, in welchem alle Fische verrecken, verfaulen und bestialisch stinken.

Wer da aber glaubt, der König gäbe klein bei, der hat sich gewaltig geschnitten.

41

MASSAKER UM MITTERNACHT

2 Mose 7—12

Die Wasserverschmutzung geht leider ins Auge. Die Leuteschinder konfiszieren kurzerhand das verschont gebliebene Trinkwasser der Israels.

Mose wendet sich vorwurfsvoll an den GROSSEN BOSS: *Die Idee mit dem Blut war mäßig. Außerdem treibt der Wind den Fischgestank in unsere Hütten.*

Erstunken ist noch niemand! brummt der GROSSE BOSS. *Und was die Blutflut betrifft, die war erst der Anfang. Jetzt fahre ich stärkere Geschütze auf. Geh morgen mit Aaron wieder zum Pharao und sag ihm folgendes:*

,Der GROSSE BOSS fordert dich erneut auf, sein Volk ziehen zu lassen, widrigenfalls er das ganze Land mit Fröschen überschwemmen wird. Sie werden aus dem Nil hopsen und in dein Bett kriechen, in den Brotteig hüpfen und den Damen in die Schlüpfer schlüpfen. Sie werden überall hinkriechen, in die Nase, die Ohren und wo ein Ägypter sonst noch ein Loch hat.' Hast du dir alles gemerkt, Mose?

Hab ich, sagt dieser und schüttelt sich. *Wird 'ne schöne Sauerei werden! Ich will vorsichtshalber meine Frau und meine beiden Buben nach Midian zu meinem Schwiegervater evakuieren.* Inzwischen ist ihm nämlich ein zweiter Sohn geboren worden, der kleine Elieser. Dem möchte er die Fröschelei ersparen.

Tags darauf werden die beiden Brüder wieder bei Merneptah vorstellig. Ihre Warnung macht auf ihn wenig Eindruck. Sein Herz bleibt verstockt. *Ein Pharao läßt sich nicht erpressen!* sagt er hoheitsvoll.

Na warte! knirscht Mose, als sie draußen sind. Dann gibt er Aaron seinen Stab. *Morgen früh beim ersten Hahnenschrei klatscht du aufs Wasser.*

Gesagt, geklatscht. Myriaden von Fröschen hopsen an Land, daß man vor lauter Quaken nicht treten kann. Überall schleimt es. Als der Pharao mit einem Schluck Pinienwein eine fette Kröte in den Gierschlund spült, kommt ihn das große Kotzen an.

Eilig läßt er Mose und Aaron vor seinen Thron zitieren und fleht sie an: *Ich ertrage das Froschkonzert nicht länger! Sagt eurem GROSSEN BOSS, wenn er die scheußlichen Biester von mir und meinem Volk nimmt, bekommt ihr den erbetenen Urlaub.*

Wann hättest du denn gern das Ende der Massendemonstration? fragt Mose nicht ohne Schadenfreude.

Am liebsten gestern! antwortet Majestät angeekelt.

Um Mitternacht verstummen sämtliche Frösche, aber es dauert tagelang, bis die Hekatomben von Froschleichen und -laich zusammengefegt und ein-geäschert sind. Es dauert genauso lange, wie der Pharao braucht, um zu vergessen, was er Mose und Aaron versprochen hat.

Waren zwei derartige Plagen nicht genug — der GROSSE BOSS hat noch acht weitere parat und setzt sie unerbittlich ein.

Die erste steht im Zeichen der Moskitos. Milliar-den dieser lieben Tierchen machen aus den Ägyp-tern die reinsten Streuselkuchen.

Als auch dieser Fingerzeig des GROSSEN BOSSES nichts fruchtet, schickt er die Pest über das ägyp-tische Vieh. Die Rinder und Schafe, die Kamele und Esel fallen um wie die Mücken, die in der vorigen Woche das Ihrige getan hatten.

Als sechste Plage holt der GROSSE BOSS die Pocken aus seinem Giftschrank. Weil der Pharao anscheinend geimpft ist und keine Pocken bekommt, gibt er noch immer nicht nach.

Da muß der Hagel ran, daß ganz Ägypten erbebt und aussieht wie eine Suppe aus Sago: Plage Num-mer sieben.

Als auch das Gehagel nichts nutzt, fressen in der achten Plage riesige Heuschreckenschwärme all das, was der Hagel nicht vernichtet hat.

Aber der Pharao ist unbelehrbar. Bei jeder Plage verspricht er, den Israels Urlaub zu geben, falls ihr GROSSER BOSS die Schikane beendet. Ist es dann geschehen, überlegt er es sich anders.

Daran ändert auch die ägyptische Finsternis nichts, die der GROSSE BOSS den Heuschrecken als neun-te Plage folgen läßt. Es ist so dunkel, daß man sein eigenes Wort nicht versteht.

Allmählich überfällt Mose eine gelinde Verzweif-lung. Er bittet den GROSSEN BOSS um eine Unter-redung. *Bei aller Achtung vor deinem modernen Strafvollzug, unter uns gesagt, viel helfen tut's nicht!* moniert er.

Der GROSSE BOSS nickt sorgenvoll. *Ich weiß, Mose. Deshalb werde ich noch eine letzte, die zehnte*

Plage über den Pharao und sein Land kommen las-
sen. Danach wird er euch händeringend bitten, ab-
zuhauen.

Wie wär's mit Alkoholismus? schlägt Mose vor.
Dann verblöden sie alle!

Der GROSSE BOSS winkt ab. *Ich werde veran-*
lassen, daß um Mitternacht alle Erstgeburt in Ägyp-
ten ausgerottet wird. Egal ob Mensch oder Tier. Vom
Thronfolger bis zum Taglöhnersohn, den reichen
Erben wie den Erstgeborenen des Zuchthäuslers.
Nur euch, die Kinder Israels, will ich verschonen.
Macht ein Zeichen über die Tür, damit meine Voll-
strecker nicht lange nach Ausweisen fragen müssen.

Pünktlich um Mitternacht beginnt das große Blutbad unter Ägyptens Erstlingen. Kaum ein Haus, in
dem nicht ein Toter liegt. In den Ställen und auf
den Weideplätzen ist es nicht anders.

Noch in derselben Nacht läßt der Pharao Mose
und Aaron rufen. Er fleht sie auf Knien an, mit
ihrem Volk das Land zu verlassen.

Bald darauf machen sich über 600 000 Israeliten
mit Frauen und Kindern und Enkeln auf den großen Treck ins gelobte, ins versprochene Land. Damit sie nicht trödeln, werfen die Ägypter ihnen freiwillig Geschmeide, Goldbarren und Edelsteine nach.

Freiwillig? Naja...

42

DIE GRÖSSTE SHOW DES JAHRHUNDERTS

2 Mose 13—15

Mitte April überschreiten mehr als eine Million
Hebräer die Reservatsgrenze in breiter Front.
Die Frauen schleppen ihre Backschüsseln mit, denn
die Marschverpflegung besteht in der Hauptsache
aus ungesäuertem Brot. Die Kinder nennen die Fla-
den Mazzen, diese werden später eine Art National-
gebäck. Die Mazzen.

Als Mose seinen Blick über die unübersehbare

Menschenmenge schweifen läßt, will ihn Mutlosigkeit überkommen. Mit einer kleinen Gruppe gut beschuhter Wanderer hätte er sich vielleicht einen 40 Jahre dauernden Ausflug zugetraut, aber so? Und nirgends ein Wegweiser, keine Markierung, an die man sich halten konnte! Ein schwerer Seufzer entringt sich seiner Brust.

Kopf hoch, Mose! ermuntert ihn da eine Stimme. Der GROSSE BOSS! Und er lächelt. *Bis jetzt verläuft alles planmäßig, Moische!* lobt er. *Aber ich will dir ein paar Wandertips geben: Erstens, ordne deine Leute in einzelne Marschkolonnen. Zweitens führe sie auf Umwegen ans Ziel.*

Dann dauert's ja noch länger, bis wir zu der versprochenen Honigmilch kommen! knurrt Mose aufsässig. *Die Bande mault eh' schon!*

Das macht die Masse, sagt der GROSSE BOSS. *Du mußt sie im Ungewissen lassen. Sie dürfen nicht merken, welche Strapazen sie erwarten, wenn du mit ihnen nach Süden zum Bittersee abbiegst.*

Der Karawanenweg an der Mittelmeerküste entlang ist aber wesentlich kürzer und bequemer! murrt Mose.

Stimmt! gibt der GROSSE BOSS zu. *Aber er ist sehr stark befestigt!*

Mose sträubt sich noch immer. *Mitten durch die Wüste? Wir werden uns verirren. Ohne Kompaß und Karte!*

Dann schick ich dir eben einen meiner Scouts, Himmel noch mal! Er wird dir die Pisten zeigen. Marschiere jetzt erst mal weiter mit deinem Haufen. Bis nach Sukkot. Von dort sind es höchstens noch zwanzig Kilometer zur Wüste. Ich melde mich dann wieder.

Und was wird aus dem Sarg mit den Gebeinen des seligen Joseph, dem wir diese Völkerwanderung im Grunde verdanken? Die Träger murren, das Ding ist schwer wie Blei!

Sie sollen sich stündlich ablösen. Das wär ja noch schöner! Vor vierhundertdreißig Jahren hat Joseph seine Angehörigen ins Exil geholt. Wenn ich sehe, was ihr alles von den Ägyptern gelernt habt und

— 127 —

was mein auserwähltes Volk an Wertgegenständen mitschleppt, muß ich mich über eure Pietätlosigkeit doch sehr wundern!

Nichts für ungut, murmelt Mose und tippelt mit seiner gigantischen Schar nach Sukkot und weiter. Bis man am Rande der Erschöpfung und der Wüste angelangt ist.

Hier läßt er das Nachtlager aufschlagen. Es ist in seiner Ausdehnung nicht mehr zu überblicken, allerdings auch nicht zu übersehen. Deshalb hält Mose wohl auch vergeblich nach dem zugesagten Scout Ausschau.

Wohin man guckt, Touristen oder Wüste! Wüster geht's nicht mehr! grantelt er und legt sich neben dem unhandlichen, schweißtreibenden Totenschrein zur Ruhe nieder.

Am andern Morgen entdeckt er unweit eine Wolke von seltsamer Gestalt. Direkt menschenähnlich. Sie winkt ihm zu folgen, und er läßt zum Abmarsch blasen. Doch schon bald wird er an seinem wandelnden Kompaß irre. Das Ding schlägt immer wieder gewaltige Haken.

Damit seine inzwischen leidlich geordnete Heerschar seine Ratlosigkeit nicht bemerkt, bittet er den GROSSEN BOSS um eine Erklärung.

Kein Grund zur Beunruhigung, lächelt dieser. *Du darfst deinem Wegweiser blindlings vertrauen. Auch wenn ihr wie Volltrunkene herumkurvt.*

Aber wozu soll das gut sein? Wir wollen doch zu den Bitterseen, nicht wahr? Die liegen aber rechts runter!

Strategie, mein Lieber! verrät der GROSSE BOSS. *Wenn die Generäle des Pharaos eure sinnlose Spur sehen, werden sie denken, ihr habt euch verirrt.*

Die Generäle des Pharaos? japst Mose. *Ist der Kerl etwa hinter uns her?*

Noch nicht. Ich muß ihn erst dazu bringen. Aber das wird mir nicht schwerfallen, freut sich der GROSSE BOSS.

Das verstehe, wer will! nörgelt Mose. *Endlich sind wir den Schinder los, da läßt du zu, daß er uns wieder einfängt?*

Eben nicht! Er wird es versuchen, aber ich werde mit euch Ehre einlegen und dem Pharao endgültig beweisen, daß ich der Stärkere bin. Eher gibt er ja doch keine Ruhe.

Wie recht der GROSSE BOSS hat! Kaum hat der Pharao erfahren, daß die Israels tatsächlich Valet gesagt haben, packt ihn die Reue. *Ich Hornochse, ich Riesenroß! Wie konnte ich nur meine besten und billigsten Arbeitskräfte gehen lassen!* Er möchte sich sonstwas abbeißen vor Wut. Aber davon kommen die preisgünstigen Fremdarbeiter auch nicht wieder.

Kurzentschlossen ruft er seinen Generalstab zu sich und verkündet die Mobilmachung.

Die totale? fragt der Chef der Landesverteidigung.

Was dachtest denn du! tobt der Pharao und rasselt mit seinem Zepter.

600 schwere Kampfwagen mit je drei Mann Besatzung warten auf den Befehl zum Losschlagen. Unzählige Fuhrwerke werden in rasender Eile zu Mannschaftswagen umgerüstet. Dazu die Kavallerie — es ist eine gewaltige Streitmacht, die zur Verfolgung aufbricht.

Als die Spähtrupps die kuriose Wanderspur der Auszügler entdecken, können sich die Generäle lange Zeit nicht einig werden. *Entweder haben sie sich verirrt — oder ihr Kommandeur ist besoffen!* Notgedrungen folgen sie der idiotischen Fährte. Manchmal kreuzen sich zwei, dann wird stundenlang beraten. So was hält natürlich auf.

Mose lagert inzwischen mit seinen Trabanten am Ufer des großen Bittersees, zu dem ihn der Wolkenscout endlich geführt hat. Nachts schien der Kerl übrigens dicke Zigarren zu rauchen; jedenfalls hat Mose auf den Nachtmärschen ständig einen glühenden Punkt vor Augen gehabt. Schon mehr eine feurige Säule.

Dahinten kommt jemand, Papi! sagt ein aufgewecktes Kind zu seinem Vater. Der dreht sich ungläubig um. Dann weiß er Bescheid: Die Staubwolke am Horizont, das konnten nur Ägypter sein. Die machten immer so 'n Wirbel!

Rasch verbreitet sich die Schreckensnachricht im Camp. Die Sippenältesten eilen angstschlotternd zu Mose. *Sie kommen! Sie kommen!* rufen sie schon von weitem.

Ich weiß, sagt Mose, ohne hinzublicken. *Das gehört zur Strategie vom GROSSEN BOSS.*

Die verstörten, fußkranken Dauerläufer interessiert die Strategie des GROSSEN BOSSES momentan nicht die Bohne. *Warum hast du uns nur hierher gelockt! Damit wir hier verrecken? Das hätten wir in Gosen bequemer haben können. Auf unseren Friedhöfen war noch Platz genug!* schimpft der Sprecher der Opposition.

Lieber ein lebendiger Sklave der Ägypter als ein toter Tourist in Freiheit! kreischt ein anderer.

Mose läßt ihnen keine Zeit, ihre Weltanschauung noch weiter zu interpretieren. Er steigt auf den Sarg mit Josephs Gebeinen, blickt über die Versammelten und fordert mit einer gekonnten Handbewegung Ruhe.

Laßt den Mut nicht sinken, Leute! Der GROSSE BOSS hat mir persönlich versprochen, er wird den Ägyptern eine Lektion erteilen, daß ihnen Hören, Sehen, Schmatzen, Tasten und sogar das Schnüffeln vergeht. Schaut euch deshalb eure Quälgeister noch einmal an. Es ist das letztemal, wo ihr so was zu sehen bekommt. — Und nun verschwindet! Ich erwarte Besuch.

Er klettert vom Sarg und möchte am liebsten alles im Stich lassen. Hinter ihm die feindliche Wehrmacht, vor ihm der riesige Bittersee — es war schon bitter!

Doch der GROSSE BOSS verläßt die Seinen nicht. *Was war das eben wieder für ein Krach?* hört Mose ihn sagen. *Du mußt mehr auf Disziplin halten! Und nun hör zu: Wenn ich wieder fort bin, nimmst du deinen Zauberstab und hältst ihn übers Wasser. Daraufhin wird sich der See in zwei Hälften teilen und eine breite Straße für euch freilegen. Der Untergrund wird knochentrocken sein. Du kannst also mit deinem Volk unbesorgt ans jenseitige Ufer traben.*

Und was ist mit den Verfolgern? Sie sind sozu-
sagen motorisiert. Wenn die Straße so trocken ist,
wie du sagst, dann haben sie uns im Radumdrehen
eingeholt. Im Wüstensand sind sie wenigstens des
öfteren steckengeblieben.

Der GROSSE BOSS lächelt überlegen. *Laß sie*
ruhig deine Privatstraße benutzen. Für sie wird sie
zur Einbahnstraße werden. Damit sie endlich be-
greifen, wer hier der BOSS ist!

Bevor Mose noch was sagen kann, ist der GROSSE
BOSS verschwunden. Dort, wo zuletzt die Verfolger
als winzige Pünktchen zu sehen waren, breitet sich
jetzt eine undurchdringliche Nebelwand über den
gesamten Horizont aus. Über dem Bittersee aber erscheint wieder das Leuchtfeuer des Lotsen mit der
brennenden Zigarre.

Da hebt Mose seinen Stab auf, tritt dicht ans Schilf
heran und reckt die Zauberstange über den See.

Im gleichen Augenblick setzt ohrenbetäubendes
Sausen und Heulen ein. Ein ungeheurer Sturmwind
bläst senkrecht auf die Wasserfläche, daß sie aus-
einanderspritzt, als wäre ein Meteor hineinge-
klatscht.

Dann faucht es von links, weht es von rechts, bläst
es von hinten, saust es von vorn, bis das Wasser
nach zwei Seiten zurückweicht und eine glatte, wind-
getrocknete Landstraße erster Ordnung freigibt —
quer durch den ganzen Großen Bittersee.

Als die Lotsenwolke wie eine Ampel rot aufleuchtet, klettern die ersten Auswanderer die Ufer-
böschung hinunter. Von den vorbildlichen Straßen-
verhältnissen begeistert, marschieren sie los.

In wenigen Minuten ist die Vorhut außer Sicht.
Rasch folgen die übrigen. Bald herrscht ein solches
Gedrängel, daß Mose den Verkehr regeln muß. Aber
es klappt alles; jeder kommt mit. Auch der blei-
schwere Sarg.

Gegen Morgen erreichen die Seebodenwanderer
das jenseitige Ufer. Im selben Moment löst sich der
undurchdringliche Smog, der sie vor den Augen
der Verfolger verborgen hat, in absolutes Nichts auf.

Im Eiltempo jagen die Feinde zum Seeufer, entdecken die einladende Straße. Nichts wie runter, und dann das Mütchen gekühlt, denken die Häscher und preschen los. Die Fahrbahn ist ein ideales Roll-feld.

Von seinem Beobachtungsposten aus überprüft der GROSSE BOSS den Ablauf seines realistischen Sandkastenspiels. *Prächtig, prächtig!* murmelt er zufrieden. *Nur die Streitwagen sind ein bißchen zu schnell. Die ersten werden auf der anderen Seite sein, bevor die letzten unten auf der Seestraße sind. Ich muß ein paar Pannen einbauen.* Rasch läßt er an einigen Kampfwagen die Deichseln und bei den Mannschaftstransportern die Speichen brechen.

Diese Anhäufung von Schadensfällen macht den ägyptischen Generalstab nachdenklich. *Geht nicht mit rechten Dingen zu, das!* schnarrt ein einge-fleischter Militarist. *Fürchte, GROSSEN BOSS, von dem Israels immer gequasselt, gibt's tatsächlich! Schlage vor, lassen Bande fürs erste sausen. Besser ehrenvoller Rückzug als —*

— als eine Reparaturwerkstatt auf dem Meeres-grund, ergänzt ein Panzergeneral.

Am jenseitigen Ufer steht Mose und beobachtet den Rückzug des Feindes. Er atmet auf. Da hört er den GROSSEN BOSS sagen: *Schnell, Mose, streck deinen Stecken über die hohle Gasse, damit sie sich wieder schließt! Das Wasser wird wie eine unge-heure Sturmflut zurückkommen und das ägyptische Heer verschlingen. Nun mach schon, Moische!*

Mose graust ein wenig, dann streckt er seine Wun-derwurzel über den See. Im selben Moment erleben die atemlos gaffenden Israels die größte Show, die es bis dato in der Welt gegeben hat. Dagegen sind die zehn Plagen Ägyptens ärmliches Provinztheater gewesen.

Als sich der Wasserspiegel wieder beruhigt hat, gibt es keine Verfolger mehr. Nur Leichen und Reste von Kriegsmaterial schwimmen herum. Und Hieroglyphen.

Da bricht aus sämtlichen hebräischen Kehlen ein Freudenschrei, ein einziger Jubel springt über die Lippen der Geretteten. Moses Schwester Mirjam ergreift ein Tamburin und stimmt unter rhythmischen Schlägen ein Danklied für den GROSSEN BOSS an:

,Mit Mann und Roß und General ertrank der Feind im Wellental...'

Begeistert singt und tanzt die Menge mit, so überglücklich, so dankbar sind sie!

Jaja, unser BOSS ist schon 'ne Wucht, denken alle. Aber der Mensch ist vergeßlich.

43

EIN VOLK WIRD AUS DER LUFT VERSORGT
2 Mose 15, 16

Der Mensch ist vergeßlich, wie wahr! Kaum sind die Israels drei Tageswanderungen vom Ort ihrer großartigen Errettung entfernt, geht das Gemaule schon los. Die Hitze und akuter Wassermangel machen sie quengelig.

Endlich erreichen sie die Oase Mara, 140 Kilometer nordwestlich vom Sinai. Sie stürzen sich aufs Wasser, ins Wasser – und verziehen angewidert das Gesicht. Das Zeug schmeckt wie Galle.

Nur mit Mühe und Drohungen erreicht Mose, daß sie sich noch zehn Kilometer weiter bis zur Oase Elim schleppen, wo sie unter 70 Palmen zwölf Wasserstellen vorfinden. So gut hat ihnen Wasser noch nie geschmeckt. Nun singen sie wieder: Psalmen unter Palmen...

Weiter geht es, in Richtung auf den Berg Sinai zu. Sandhügel rauf, Sandhügel runter. Prompt fangen die Kinder Israels wieder an zu nörgeln. Eine Million Querulanten hat Mose im Schlepp. Bis es ihm zu bunt wird.

Was ist los? schreit er zornig über die Wüste. *Wir sind jetzt siebenundvierzig Tage unterwegs, aber es vergeht keiner, wo ihr nichts auszusetzen habt!*

Wir haben nichts mehr zu essen! ruft einer aufbegehrend. *Hast du uns von den Fleischtöpfen Ägyp-*

tens *weggelotst, damit wir hier Kohldampf schie-*
ben?

Ich habe euch nicht *weggelotst!* verwahrt Mose
sich. *Ich habe euch nur ausgerichtet, was der*
GROSSE BOSS mir aufgetragen hat. Wenn ihr mich
also für euren Hunger verantwortlich macht, klagt
ihr den BOSS an, der euch immerhin vor einer
Schlacht mit den Ägyptern bewahrt hat! Er bricht
ab, weil er ein Tuscheln hört, kann aber den Flü-
sterer nirgends entdecken.

Du mußt sie beruhigen, Mose, raunt der GROSSE
BOSS unsichtbar. *Ich werde Brot vom Himmel reg-*
nen lassen.

Der Mensch lebt nicht von Brot allein, gibt Mose
leise zu bedenken.

Also schön, ich schick auch noch ein paar Wach-
teln.

Meinst du die handgroßen Hühnervögel? Da ist
aber nicht viel dran! tuschelt Mose, der seine Pap-
penheimer kennt.

Du denkst auch nur noch ans Fressen! grollt der
GROSSE BOSS halblaut. *Ich werde ganze Schwär-*
me zu eurem Lagerplatz schicken!

Ehe Mose sich bedanken kann, schreien seine
hungrigen Brüder: *Warum sprichst du nicht wei-*
ter? Dir geht wohl der Arsch mit Grundeis?

Mit einer seiner bekannt raumgreifenden Bewegungen bringt er die Versammelten zum Verstummen. *Heute abend ist ͺVerpflegungsausgabe. Der*
GROSSE BOSS schickt uns Fleisch und Brot. Ob-
wohl er über euer Räsonieren und Gepöbel äußerst
ungehalten ist.

Bei Einbruch der Dunkelheit wird das Lager errichtet. Aber niemand geht ins Zelt. Alle warten auf
die versprochene Atzung.

Plötzlich hören sie ein Schwirren und Flattern
über ihren Köpfen. Der rote Abendhimmel wird
fast schwarz, so groß sind die Wachtelschwärme,
die angeflogen kommen und sich ermattet zwischen
den Zelten niederlassen. Bald darauf ist das ganze
Lager eine einzige Wachtelbraterei.

Satt bis an den Halskragen schlafen die Israels,

als sie ein gewaltiger Regen wieder aufweckt. Es pladdert nur so auf die Zelte. Oder hagelt es etwa? Neugierig blicken sie hinaus: Ringsum ist alles weiß, als hätte es geschneit.

Man hu? fragen die Kinder, das heißt ‚was ist das'. Sie kosten von den korngroßen, weißlichen Dingern, die wie Honigsemmeln schmecken. *Manna! Manna!* jauchzen die Leckermäuler.

Mose könnte sich die Aufforderung sparen, seine Leute sammeln aus freien Stücken das Himmelsbrot ein. Kannenweise. Körbe voll. *Nehmt alles!* befiehlt er. Aber dazu sind sie nun wieder zu faul. Erst mal schlemmen! Der Tag ist ja noch lang und die Wüste voll von dieser Delikatesse. Denken sie. Doch am Abend ist alles Manna weggeschmolzen. Was nun? Sie machen lange Gesichter.

Ihre Niedergeschlagenheit ist überflüssig. Von nun an regnet es Nacht für Nacht Manna vom Himmel. Vierzig Jahre lang ist es ihre Hauptnahrung. Da empfinden sie es allerdings nicht mehr als Delikatesse. Sondern als Zumutung.

44

IN DER WÜSTE WAS NEUES

2 Mose 17

Und weiter geht die Safari. Mose immer als Askari voran. Dem Rauchsignal nach. Als sie nach Raphidim kommen, sind es noch gut 20 Kilometer bis zum Sinai. Leider herrscht in sämtlichen Wasserschläuchen gähnende Leere. Und wer ist daran schuld?

He, Mose! meutern seine Mitläufer. *Was ist mit Wasser? Willst du uns verdursten lassen?*

Was meckert ihr nur immer mit mir! Ist euch nicht klar, daß ihr damit wieder unzulässige Kritik an unserem GROSSEN BOSS übt?

Faule Ausreden! schreit der beauftragte Sprecher und ballt die Fäuste wider ihn. *Wenn du uns nicht bald zu einer Wasserstelle führst, kannste was er-leben!* Drohendes Gemurmel wabert über die Wüste.

Mose zieht es vor, sich in sein Zelt zurückzuziehen und den GROSSEN BOSS um ein Blitzgespräch unter vier Augen zu bitten.

Was ist denn nun wieder kaputt? fragt dieser, als er etwas atemlos ankommt. *Ihr seid schließlich nicht meine einzigen Kostgänger auf dieser bestmöglichen aller Welten!*

Aber es liegt Revolution in der Luft! klagt Mose. *Sie ballen die Fäuste und drohen mir! Vielleicht steinigen sie mich!*

Dazu müssen sie erst mal Steine haben, sagt der GROSSE BOSS mit feinem Spott. *Siehst du dort hinten die Bergkette? Die höchste Erhebung ist der Sinai, auf dem du mir danken sollst. Nimm ein paar vernünftige ältere Männer mit dorthin und schlage mit deinem Zauberstab an den Felsen, den ich dir zeige. Ich werde dafür sorgen, daß er frisches, klares Quellwasser speit.*

Nachdem der GROSSE BOSS wieder gegangen ist, um sich um seine übrigen Logiergäste zu kümmern, sucht Mose ein paar Sippenälteste aus, die noch nicht vom Geist der Rebellion infiziert sind. Mit ihnen stapft er zu dem rund 2500 Meter hohen Gebirge. Als er die Felswände hochblickt und an sein Versprechen denkt, nämlich auf den Gipfel zu klettern, wird ihm ganz schwindlig.

Haltet eure Schläuche und Krüge bereit, sagt Mose zu seinen Alterskollegen, *ich werde uns jetzt was wünscheln.* Er fuchtelt mit seinem Stockwerk am Gestein herum und kann gerade noch beiseitespringen, so jäh schießt das Wasser heraus.

Schnell werden die mitgebrachten Behälter gefüllt, dann beginnt der Rückmarsch zum Lager. Dort ist inzwischen ganz schön was los.

Ein gewisser Amalek — in gerader Linie vom Linsenfresser Esau abstammend — ist auf den Mammuttreck gestoßen und hat sich mit den Nachzüglern in die Wolle gekriegt. *Was habt ihr in meinem Hoheitsgebiet zu suchen? Wo kommen die vielen Wachtelknöchelchen her?*

Bevor es zur blutigen Auseinandersetzung kommt, erreichen die Säumigen das Lager bei Raphidim. Atemlos berichten sie Mose von ihrer gefährlichen Begegnung.

Moses Augen sprühen Blitze. *Diesen Amalek werde ich Mores lehren!* wettert er los. Dann läßt er Josua holen, der bei ihm das Amt eines Adjutanten versieht.

Nun zeig mal, was du kannst, Josua! beginnt er. *Such dir Freiwillige und töte Amalek samt seiner räudigen Meute. Ich werde da drüben auf den Hügel klettern und meinen Marschallstab übers Schlachtfeld halten. Dann kann nichts schiefgehen. Du wirst die Amaleker zur Schnecke machen, andernfalls kannst du mich amaleken!*

B'fehl, Mose! Josua macht eine flotte Kehrtwendung und sucht sich die kräftigsten Jungs aus, um mit ihnen Hauen und Stechen für den nahen Nahkampf zu exerzieren.

Am andern Tag steigt Mose auf den Feldherrnhügel und wartet, bis die beiden feindlichen Haufen aufeinander losdreschen. Rasch streckt er seinen bewährten Hirtenstab über das Schlachtfeld – seine Landser siegen mit Bravour. Josua wütet wie ein Mähdrescher unter Amaleks Streitern.

Leider wird Mose auf dem Hügel mit der Zeit der Arm lahm. Stöhnend läßt er seinen Prügel sinken. Im selben Moment wendet sich auf dem Kriegsschauplatz das Blättchen. Jetzt kriegen Josua und seine Freiwilligen Senge.

Als das der alte Aaron sieht, winkt er seinen Schwager Hur – Mirjams Mann – herbei. Gemeinsam erklimmen sie den Hügel. Sie stützen den ermüdeten Mose und seinen Glücksbringer mit dem Erfolg, daß bei Sonnenuntergang die Amaleker restlos am Boden zerstört sind. Die eigenen Verluste sind gering.

Aus Dankbarkeit und als Wahrzeichen für den GROSSEN BOSS errichtet Mose auf dem Feldherrnhügel einen Altar. Damit ist der Sechsstundenkrieg zu Ende.

ZWÖLFERLEI HEIMATGERICHTE
2 Mose 18

Mit Windeseile verbreitet sich die Nachricht vom Auszug der Kinder Israel aus Ägypten und ihrem maritimen Blitzsieg über die pharaonische Landarmee in den angrenzenden Entwicklungsländern. Das Wachtelwunder und das Monster-Mannamenü füllen die Spalten sämtlicher Boulevard-Tontafeln.

Als nun auch noch die Schlacht bei Raphidim und der wasserspeiende Felsen zum Lieblingsgespräch an den Lagerfeuern werden, packt den Scheich und Landespriester von Midian die Neugierde.

Mit seiner Tochter Zippora, Moses Frau also, ihren beiden Söhnen und ihrem Bruder Hobab macht sich der Geistliche auf den Weg zu seinem von dessen GROSSEN BOSS so sichtbar begünstigten Schwiegersohn.

Das Massenquartier am Sinai ist nicht zu verfehlen. Gerade tagt bei Mose der Schlichtungsausschuß. Als er seine Angehörigen entdeckt, bricht er die Konferenz ab und fällt seinem Vögelchen um den Hals.

Dann küßt er seine Buben ab. *Wie erwachsen ihr geworden seid!* freut er sich. Später erzählt er, was sich inzwischen alles ereignet hat.

Sein Schwiegervater und sein Schwager sind sehr beeindruckt. Nachdenklich sagt der midianitische Landespriester: *Mir scheint, der GROSSE BOSS ist größer als alle Unternehmer in Sachen leiblicher Notdurft und seelischer Wohlfahrt zusammen. Wenn ich an die vielen Baale denke, diese kleinkarierten Götzen aller Fakultäten ... Ich möchte eurem GROSSEN BOSS meine Reverenz erweisen und ihm opfern.*

Anderntags bringt er das angekündigte Schlacht-, Brand- und Dankopfer. Anschließend gibt er für die mosaische Sippe und die Stammesältesten ein Essen aus den mitgebrachten Lunchpaketen.

Danach tritt wieder das tägliche Schiedsgericht zusammen, dem Mose als Richter vorsteht. Aaron, Josua und Hur fungieren als Ordnungshüter, so groß ist die Drängelei. Im Freien ist die Öffentlichkeit schlecht auszuschließen.

Moses Schwiegervater sieht sich das eine Weile mit an, dann knüpft er sich in einer Sitzungspause den Mann seiner Tochter vor. *Das ist kein Schiedsgericht, das ist ein Schietgericht,* kritisiert er. *Einer allein kann doch nicht die Streitigkeiten einer Million Menschen schlichten!*

Na und? Soll ich sie wegschicken, wenn sie kommen und mein Urteil hören wollen? Einer muß ihnen schließlich die Weisungen des GROSSEN BOSSES zur Kenntnis bringen und erläutern. Leider gibt es noch kein Gesetzbuch.

Der in Ehren erweißte Priester von Midian schüttelt den Kopf. *Du bist aber nicht mehr der Jüngste! Suche dir eine Schar redlicher und gläubiger Männer aus und erhebe sie in den Richterstand, damit sie die kleineren Verfahren abwickeln. Es genügt, wenn du die Sensationsprozesse führst oder Grundsatzurteile fällst. Als oberster Bundesrichter sozusagen.*

Der Vorschlag leuchtet Mose ein. Er wählt für jeweils tausend Leute einen unbestechlichen Amtsrichter aus. Über jeweils hundert setzt er einen verläßlichen Schiedsmann ein. Damit kommt unter den zwölf Stämmen so etwas wie eine gemeinsame Rechtspflege zustande. Gleichzeitig verstärkt sich auch das Stammesbewußtsein. Leider so sehr, daß es schon wieder zum Dünkel wird.

Jedes Ding hat halt zwei Seiten! Mit dieser Binsenweisheit verabschiedet sich der Priester Jethro Hobab Reguel von Mose, um nach Midian zurückzukehren.

Wenn er ahnen könnte, was seiner Tochter im Treck der Israels noch alles bevorsteht, würde er sie sicher mit nach Hause nehmen. Zum Glück bleibt ihr Brüder Hobab einstweilen bei ihr. Noch so 'n Fremdrassiger, denken manche.

UND KEINEN JUX MEHR MACHEN

2 Mose 19, 20

Als oberster irdischer Streitschlichter und Präsident des Zwölf-Stämme-Gerichtshofes hat Mose Muße für ausgedehnte Spaziergänge, wiewohl es am Sinai nichts sonderlich Interessantes zu sehen gibt.

Eines Tages spricht ihn unterwegs der GROSSE BOSS an: *Na, Mose, ein bißchen die Beine vertreten?*

Man muß sich fit halten, antwortet der Alte. Damit spielt er auf die Bergtour an, die ihm noch bevorsteht.

Recht so! lobt der GROSSE BOSS. *Geh jetzt ins Camp zurück und erzähl dem Volk Israel folgendes: Nachdem sie gesehen hätten, wie ich mit den Ägyptern umgesprungen bin und sie selbst über alle Widrigkeiten hierhergebracht habe, sollen sie endlich auf mich hören. Wenn sie nach meinem Willen leben, sollen sie unter allen Völkern mein Lieblingsvolk sein. Ein königliches Volk! Ein heiliges Volk von Priestern!*

Im Camp berichtet Mose von seiner Begegnung. Begeistert rufen die Stammesältesten aus: *Alles, was der GROSSE BOSS gesagt hat, werden wir tun, damit wir ein gar königliches...*

Als Mose dem GROSSEN BOSS die Reaktion seiner Respektspersonen bekanntgibt, erhält er neue Weisung. *In drei Tagen inszeniere ich einen kleinen Vulkanausbruch auf dem Sinai. Verbiete deinen Leuten, den Berg zu betreten! Am besten läßt du eine Demarkationslinie ziehen.*

Außerdem sollen sie mal wieder ihre Hemden waschen, fährt er fort, *und drei Tage ihre Frauen nicht anrühren. Was zur Gewohnheit wird, verliert an Reiz. Ich merke schon lange, daß deine Leute es mit der Treue nicht so genau nehmen. — Alles klar?*

Mose nickt, nichts Gutes ahnend. Was sollte das nun wieder, der Vulkanausbruch?

Drei Tage später geht es auch schon los: Ein Grollen dringt aus dem Felsmassiv, Rauch steigt auf in Schwaden; Glut stiebt hoch, riesige Steinbrocken fliegen durch die Gegend. Das ganze Gebirge zittert wie ausgestülpte Götterspeise. Dazu erklingt ein Heulton wie von einer Überschallsirene.

Die versammelten Israels am Fuß des Berges schließen die Augen und stecken die Finger in die Ohren, weil sie denken, ihr letztes Stündlein sei gekommen. Und das in aller Herrboßfrühe.

Mose hört als einziger die Stimme des GROSSEN BOSSES inmitten der gewaltigen Kakophonie. Ihr Dirigent wünscht, daß er raufkommt auf den umnebelten Berg.

Das wird eine Tour! Mose hat kein Kletterseil, keine Nagelschuhe, bloß ein bißchen Rheuma. Trotzdem schafft er es. Er erreicht den Gipfel, wo der GROSSE BOSS ihn lächelnd empfängt: *Fein, Mose! Und nun klettere wieder hinunter.*

Ermattet mosert Mose: *Erst rufst du mich alten Mann rauf, und bin ich oben, schickst du mich wieder runter? Das ist aber nicht die feine englische Art!*

Nun, der GROSSE BOSS schickt ihn natürlich nicht mit leeren Händen zurück. Er diktiert ihm neue Weisungen fürs Volk, welches Mose allerdings erst suchen muß, als er wieder unten ist.

Zwei Kilometer vom feuerspeienden Befehlsstand entfernt findet er seine Israels wieder. Sogleich versammelt er die Sippenältesten um sich und hält eine Rede, bei der ihnen der Appetit aufs Mittagsmanna vergeht.

Ich habe euch zehn Anordnungen zu verkünden, die wir uns hinter die Ohren schreiben sollen, beginnt er. *Zuerst mal wünscht der GROSSE BOSS, daß wir nur ihn verehren und sonst niemand. Er duldet keinerlei Starrummel um irgendwelche nachgemachten Baale und so 'n Humbug. Habt ihr das verstanden?*

Sie haben; Mose kann fortfahren: *Ferner sollen wir uns kein Bild von ihm machen. Wir dürfen ihn also weder zeichnen, noch in Stein nachbilden — und auch nicht auf eine noch zu findende Art darstellen. Sonst wird er böse und straft unseren Ungehorsam an unseren Enkeln und Urenkeln. Ist das klar?*

Es ist; Mose kann fortfahren: *Desgleichen sollen wir seinen Namen nicht nennen, wenn uns der Zorn übermannt. Das heißt, wenn ihr fluchen müßt, dann belaßt es bei ‚zum Teufel nochmal' oder noch besser, sagt ‚zum Henker', ‚zum Kuckuck'. Versteht ihr, wie er das meint?*

Sie verstehen; Mose kann fortfahren: *Außerdem sollen wir den Feiertag heiligen. Da darf nicht gearbeitet, nur gefaulenzt und gebetet werden. Ich denke, das ist eindeutig. Oder hat jemand was dagegen?*

Keiner hat; Mose kann fortfahren: *Nun zur nächsten Anweisung. Sie verlangt von uns, daß wir, soweit wir keine Vollwaisen sind, Vater und Mutter ehren. Ich denke, dem können wir rückhaltlos zustimmen.*

Sie stimmen zu; Mose kann fortfahren: *Weiter im Text. Wir sollen nicht töten.* Er krault sich etwas irritiert den Bart. *Da will ich lieber noch mal rückfragen. Wenn Josua und seine tapferen Jungs nicht den Amalek und seine Mistkerle niedergemetzelt hätten, stünden wir jetzt dumm da!*

Kommen wir lieber zum nächsten Punkt, da ist kein Mißverständnis möglich: Wir sollen nicht ehebrechen. Das kann nur bedeuten, es wird zu Hause gegessen. Dagegen, daß ihr euch unterwegs Appetit holt, hat er nichts gesagt. Könnt ihr mir folgen?

Sie können; Mose fährt fort: *Des weiteren sollen wir nicht stehlen und keinen Meineid schwören. Beide Punkte sind so hervorragend formuliert, daß ich mir jeden Kommentar ersparen kann. Wer klaut und lügt, ist dran! Fragen hierzu?*

Keiner fragt; Mose kann fortfahren: *Nun zum letzten Passus: Wir sollen nicht haben wollen, was unserem Nachbarn gehört. Also weder sollen uns sein Haus oder seine Frau ins Auge stechen, noch dürfen wir sein Personal abwerben oder seine Herden begehren. Mit einem Satz, ihr habt zufrieden zu sein mit dem, womit ihr unzufrieden seid.*

Mose läßt die Scherbe sinken, auf der er sich die Gebote in Stichworten notiert hat. *Und jetzt guckt euch noch mal den feuerspeienden Berg an, damit es euch im Gedächtnis haften bleibt, wie fürchterlich der GROSSE BOSS mit euch ins Gericht gehen wird, wenn ihr sündigt.*

Die Israels blicken scheu auf die glosende Riesenfackel und denken bei sich, der GROSSE BOSS scheint ein gar gestrenger Boß zu sein. Unter seiner Herrschaft werden wir vermutlich nichts zu lachen haben.

Ziemlich betreten hocken sie sich vor ihre Zelte und wagen nicht mal mehr zu lächeln, so schwer lasten die zehn Gebote auf ihren Gemütern. Auch die Kinder machen keinen Jux mehr mit Papa und Mama, die sie ehren sollen, aus Furcht vor Strafe.

Und dabei stehen ihnen weitere Ge- und Verbotstafeln ins Hauszelt...

47

DAS GOLDENE BOCKBIERFEST

2 Mose 24—40

Mose glaubt, mit seiner einzigartigen bergsteigerischen Leistung sei es getan. Er irrt! Der GROSSE BOSS zitiert ihn ein zweites Mal auf den inzwischen wieder abgekühlten Berg. Diesmal nimmt der Wandergreis den jungen, kräftigen Josua mit, der ihn notfalls ein Stückchen tragen kann.

Bei herrlichstem Sonnenschein erreichen sie den Gipfel. Nur der letzte, der höchste Zacken ist in eine Wolke gehüllt, damit Josua den GROSSEN BOSS nicht sieht. Mose bewältigt das letzte Stück allein. Er ahnt nicht, daß die vertrauliche Unterredung mit dem GROSSEN BOSS geschlagene vierzig Tage und Nächte dauern wird.

Was dieser aber auch alles mitzuteilen hat! Da fehlt nicht das kleinste Detail. Wie groß die Bundeslade zu sein hat und aus welchem Holz, bestimmt er ebenso wie die Höhe der freiwilligen Abgaben.

Er gibt goldene Leuchter in Auftrag und setzt fest, wer das Olivenöl in denselben anzünden darf.

Auch den Bau einer tragbaren Stiftshütte aus Teppichen regt er an. Aaron & Söhne, deren Priesterkleidung aus Gold und Purpur gefertigt werde, sollen sie verwalten.

Dann erklärt er die Baupläne für die verschiedenen Altäre, präzisiert die Bestimmungen für den Ablauf der einzelnen Opferungen und ordnet eine Sühnesteuer an, die jeder zu entrichten hat. Ob arm oder reich, jeder zahlt gleich.

Mose nimmt das Diktat des GROSSEN BOSSES auf zwei Steintafeln auf und achtet nicht auf das Knurren seines Magens, wie er auch nicht mehr an seine Gefolgschaft am Fuß des Berges denkt. Das hätte er mal tun sollen...

Als nämlich Mose und Josua nach ein paar Wochen noch nicht zurück sind, bekommen viele Israels, denen die zehn Gebote nicht schmecken, wieder Oberwasser. Nicht mal 'n kleiner Seitensprung war erlaubt! Sie fangen an zu stänkern und gehen zu Aaron, von dem sie wissen, daß er ein bißchen labil und ohne Mose recht hilflos ist.

Mose ist wahrscheinlich mit Josua in 'ne Schlucht gestürzt und längst von den Geiern gefressen! belatschern sie ihn. *Mach du, als sein Bruder, eine schöne Figur für uns, die wir verehren und hinter der wir hermarschieren können. Wir wollen weiter. Aber so ganz ohne Fahne und ohne Symbol...*

Aaron fühlt sich geschmeichelt, denkt sich wohl auch nichts Arges dabei, als er alle Männer auffordert, ihren Frauen und Töchtern die Ohrringe abzureißen und ihm zu bringen. Ohne Ohrläppchen!

Als das geschehen ist, schmilzt er den Schmuck ein und formt einen goldenen Ochsen daraus. Weil er aber ein bißchen klein gerät, entschließt man sich, den Stier ein Kalb zu nennen. *Das Goldene Kalb hat uns aus Ägypten geführt!* jubeln sie. Dann bringen sie dem Götzenbild reichliche Opfer. Anschließend ist Tanz im Freien.

Die Anbetung des goldenen Jungviehs wird zu einer rauschenden Fete, um nicht zu sagen Sexorgie.

Nachdem man tüchtig in Manna geschlemmt und Palmwein gebechert hat, spielen Pauken und Trompeten zum Tanz auf. Dann geht man zum erotischen Teil über. Mit einer Inbrunst, daß das Seufzen, Kichern und Kreischen bis zum Gipfel des Sinai empordringt...

Gerade ist der GROSSE BOSS mit seinem Diktat fertig geworden, da wird seine Miene finster. *Los, Mose, mach dich an den Abstieg! Da unten ist Jahrmarkt. Kaum läßt man deine Leute einen Moment ohne Aufsicht, schon vergessen sie alle Versprechungen. Jetzt haben sie sich sogar einen Götzen aus purem Gold gemacht und behaupten, das Rindvieh habe sie aus Ägypten gerettet. Nein, Mose, ich bin es leid! Dein Volk benimmt sich einfach schofel. Ich werde es mal kurz anhusten, damit es von meiner Bildfläche verschwindet!*

Erst auf inständiges Bitten gelingt es Mose, den GROSSEN BOSS rumzukriegen, daß er noch mal Gnade vor Recht ergehen läßt. Schließlich hat er Abraham, Isaak und Jakob versprochen, aus den Israels etwas Besonderes zu machen...

Josua ist in den vierzig Tagen, die er vor dem umwölkten Gipfel gewartet hat, fast zum Skelett abgemagert. Lediglich ein paar vertrocknete Beeren haben ihn am Leben erhalten. Nicht gerade bester Laune hilft er dem alten Mose beim Abstieg. Die beiden unhandlichen Steintafeln machen die Kraxelei auch nicht leichter.

Je tiefer sie kommen, um so deutlicher ist das Geschrei am Fuß des Gebirges zu hören. *Was mag da unten bloß los sein?* fragt Josua. *Klingt wie Kriegsgeschrei!*

Mose macht eine Verschnaufpause. *Seit wann wird auf einem Schlachtfeld gelacht und gekichert? Nein, was du hörst, sind Liebesseufzer. Wir wollen machen, daß wir runterkommen und über sie herfallen!*

Zwei gegen eine Million? fragt Josua ziemlich fassungslos.

Du vergißt den BOSS! Er braucht nur mit dem Finger zu schnippen!

Angesichts der ausgelassenen Massen, die wie hysterisch den glitzernden Miniaturstier umtanzen, packt Mose unbändige Wut. Nur mit größter Beherrschung kann er einen unerlaubten Kernfluch zurückhalten. Stattdessen pfeffert er die beiden Steintafeln auf die Erde, daß sie in winzige Stücke zerschellen. Dann stürzt er das Kalb ins Götzenfeuer.

Aaron hört sich kleinlaut Moses Publikumsbeschimpfung an. Was er selbst sich alles sagen lassen muß, ist gar nicht wiederzugeben. Seine Ausreden sind aber auch wirklich fäulniserregend.

Noch am selben Tag müssen die Leviten dem Volk dieselben lesen. Als Mose nämlich herumgefragt hat, wer fest hinterm GROSSEN BOSS steht, haben sich alle Söhne der Sippe Levi gemeldet. Da hieß er sie, ihre Schwerter zu ergreifen und an den Landsleuten ein Exempel zu statuieren. Daraufhin müssen 3000 von diesen ins spärliche Gras beißen.

Um den GROSSEN BOSS zu versöhnen, klettert Mose am nächsten Morgen zum drittenmal auf den verflixten Gipfel. Seine Fürsprache hat auch Erfolg; allerdings behält der GROSSE BOSS sich vor, bei passender Gelegenheit Rache zu üben.

Dann diktiert er Mose noch einmal den gesamten Text der zerstörten Gesetzestafeln. Das dauert wieder vierzig Tage und Nächte, aber Mose merkt nichts von den unmenschlichen Strapazen. Sein Gesicht leuchtet und glänzt, als er mit den Tafeln wieder drunten ist: Der GROSSE BOSS hat ihm versprochen, sich mit den Israels für alle Zeiten zu verbünden. Vorausgesetzt, sie halten seine Gesetze ein.

Das ist leichter gesagt als getan. Jedenfalls schwören die Sünder leichtfertig, alles zu tun oder zu unterlassen, was Mose auf die Tafeln gekritzelt hat.

Dann bauen sie fleißig an den vom GROSSEN BOSS in Auftrag gegebenen Möbeln. Zuletzt wird das Stiftszelt genäht und ausgeschmückt. Aber nur Josua darf rein. Die anderen müssen draußenbleiben und sich verbeugen.

Am Tag der Einweihung des mobilen Heiligtums werden Aaron zum Oberpriester und seine Söhne zu Priestern schlechthin geweiht, das heißt, gesalbt und entsprechend ausstaffiert. Von nun an ist es aus für sie mit leichten Frauenzimmern und so. Priester dürfen weder Witwen noch Flittchen heiraten. Nur nachgewiesene Jungfrauen. Diese aber schon ab deren elftem Lebensjahr. Vielleicht weil sie in dem Alter noch nicht so rar sind.

48

OPFERN JA, ABER NICHT MIT UNREINEN VÖGELN

3 Mose 1—27

Eines Tages meldet sich der glutige Scout, der paffende Wolkenlotse. Als er das Stiftszelt umnebelt, weiß Mose, daß er sich mit seinen Leuten wieder auf die Reise machen soll.

Bevor er das Lager abbrechen läßt, macht er seine Vertrauten mit den Tafeln vertraut, damit sie die Gesetzestexte ihren Untervertrauten anvertrauen können. Weil doch jedermann ein Recht darauf hat, zu wissen, was ihm blüht, wenn...

Am vierten Tag der Textinterpretation ist auch dem Einfältigsten klar, warum Mose 40 Tage und Nächte für die Niederschrift gebraucht hat. Da heißt es, zum Beispiel, wer ein Brandopfer darbringen will, darf nur fehlerfreie Ware liefern. Außerdem muß das Tier männlich und rein sein. Rein aber sind nur Tiere, die gespaltene Klauen haben und wiederkäuen. Das Kamel, von dem Mose seinerzeit das Hochzeitsgulasch verspeiste, ist zwar Wiederkäuer, aber es hat keine durchgespaltenen Klauen. Der Hase ist aus demselben Grund unrein, also ungenießbar und natürlich auch nicht opferwürdig. Vom Schwein ganz zu schweigen. Es hat zwar durchgespaltene Klauen, ist aber kein Wiederkäuer.

Schwierig ist auch die Unterscheidung des Geflügels. Opfern ja, aber nicht mit unreinen Vögeln, wie beispielsweise Nachteule, Wiedehopf und Fledermaus. Wer ißt so was auch! Tauben hingegen sind stets willkommen. Ihnen soll der Priester am Altar das Köpfchen abknicken und die Flügel einreißen. Nach Entfernung des Kropfes stellen sie das ideale Brandopfer dar. Lieblich steige der Duft in die Nase des GROSSEN BOSSES, sagt Mose.

Und weiter: Von allen, was im Wasser schwimmt, darf gegessen werden, vorausgesetzt, das Tier hat Schuppen und Flossen. Auch die vierbeinigen Kleinlebewesen sind mit Einschränkungen zu genießen. Was oberhalb der Füße Schenkel hat, kann in den Kochtopf. Heuschrecken zum Beispiel. Hingegen ist alles Getier verboten, das auf dem Bauch kriecht.

So manches überlieferte Familienrezept muß aus der Erinnerung verbannt, so mancher lieben Gewohnheit entsagt werden, denn nicht nur auf die leibliche Notdurft beschränkt sich der neue Kodex. Auch etliche Pornoparagraphen hat Mose mitgebracht.

Das Verzeichnis all dessen, was unter Androhung der Todesstrafe geschlechtlich zu unterlassen ist, beschäftigt sich zuvörderst mit dem blutschänderischen Geschlechtsverkehr. Hier ist freilich in der Vergangenheit fröhlich gesündigt worden. Das soll jetzt anders werden.

Auch darf kein Mann bei seinesgleichen wie bei einer Frau liegen. Weil das ein Greuel ist. Mit Tieren soll er es ebensowenig treiben. Das ist ein Doppelgreuel. Und wenn gar eine Frau mit einem Esel oder sonst einem männlichen Tier – das ist ein schändlicher Frevel. Mit all dem Schweinkram hätten sich viele seiner Völker ruiniert, hat der GROSSE BOSS zu Mose gesagt.

Den Schluß des mosaischen BGBs machen die sanitären Verordnungen. Wer Aussatz hat, zum Beispiel, das bestimmt der Priester. Desgleichen, wer sich einen Tripper eingehandelt hat. In dieser fatalen Lage muß der Betreffende allen Passanten schon von weitem zurufen: ‚Unrein! Unrein!' Wenn er geheilt ist, und auch das entscheidet der Priester, muß er zwei makellose männliche Lämmer, ein ebensolches Schaf und ein paar teure Zutaten opfern. Für minderbemittelte Rekonvaleszenten gibt es Rabatt.

Bis hierher ist Mose mit der Auslegung der Gesetzestexte gekommen, als in der Nähe des Stiftszeltes ein Auflauf entsteht. Jemand hat jemanden öffentlich fluchen gehört. Man schleppt ihn vor den Kadi. Mal sehen, was der mit ihm macht.

Führt ihn aus dem Lager! bestimmt Mose. *Wir wollen ihn steinigen.*

Fein! freut sich der Denunziant. *Sein Vater war ein Ägypter!*

Aber in dieser Beziehung kennt Mose keinen Unterschied. Bevor der Flucher den ersten Stein im Gesicht hat, erklärt er kraft seines Amtes: *Wir sollen zwar unseren Nächsten lieben wie uns selber, aber wer den GROSSEN BOSS lästert, soll des Todes sterben, ganz egal, ob er ein Auswärtiger oder ein Einheimischer ist.*

Ja, ich gehe noch weiter: Wer einen Menschen erschlägt, der soll erschlagen werden. Wer ein Stück Vieh umbringt, soll es ersetzen. Leben um Leben, versteht ihr? Wer seinem Nächsten ein blaues Auge haut oder die Zähne einschlägt, der soll selbst entsprechend behandelt werden. Schaden um Schaden, Auge um Auge, Zahn um Zahn. Ohne Ansehen der Person oder des Ursprungslandes.

Wenige Minuten später ist der Flucher nur noch ein Haufen blutiger Matsch. So gründlich befolgen die Israels in den ersten Wochen die neuen Gesetze. Mose hat ihnen nämlich gesagt, welche Vergünstigungen sie vom GROSSEN BOSS erwarten dürfen, wenn sie seinen Anordnungen Folge leisten:

Die Dreschzeit werde bis zur Weinlese dauern. Die Weinlese bis zur ersten Aussaat. Brot gäbe es in Hülle und Fülle, und Sicherheit und Frieden. Nie werde er einen fremden Soldaten ins Land reinlassen: *Ihr sollt eure Feinde jagen, denn hundert von euch sind stärker als zehntausend Gegner! Immer werdet ihr Sieger sein, wozu hätte ich euch sonst aus Ägypten geholt!*

Wie gesagt, die Erfüllung seiner Versprechen

macht der GROSSE BOSS von ihrem Gehorsam abhängig. Und da darf man getrost einigermaßen schwarz sehen...

49

MASSENSTART INS UNBEKANNTE
4 Mose 1–12

Ein Schrei gellt durchs Lager: *Das Stiftszelt brennt!* Das Leuchtsignal, der glühende Wolkenwegweiser ist wiedergekommen. Nachts steht er wie eine Feuersäule über dem Heiligtum, in welchem Mose vom GROSSEN BOSS den Auftrag bekommt, seine Gefolgschaft zu zählen.

Die Vorsteher der einzelnen Stämme helfen ihm dabei und dürfen sich zum Dank dafür von Stund an Fürst nennen.

Tagelang notieren die Stammesfürsten jeden Mann über 20 Jahre. Insgesamt 603 550 Wehrfähige. Ohne die Männer vom Stamm Levi. Die dürfen nicht Soldat werden. Sie werden dem Oberpriester Aaron als Gehilfen zugeteilt. Der Transport des Stiftszeltes und aller Gerätschaften erfordert Muskeln. Außerdem sollen die Levi die Stiftung bewachen und nötigenfalls verteidigen. Auch die Opfergaben. Seit das Eifersuchtsopfer in Mode gekommen ist, fassen die Tröge kaum noch die Gaben. Wann immer nämlich ein Mann auf seine Frau eifersüchtig ist, schleift er sie zum Priester. Für drei Kilo Mehl fegt der Geweihte etwas Staub vom Boden zusammen, gibt ihn in einen Becher Wasser und droht dem verdächtigen Frauenzimmer: *Trink! Wenn du deinen Mann nicht betrogen hast, passiert dir nichts. Wenn aber doch, verschwindet die sanfte Rundung deines Popos, und du kriegst 'n Bauch!* Die Leviten müssen viele Doppelzentner Mehl verladen.

Die rigorose Zählung und anschließende Verselbständigung der einzelnen Stämme hat nicht nur Vorteile. Bald schlägt das Stammesbewußtsein Bla-

sen! Auch Moses Schwester Mirjam wird davon infiziert. Sie versucht, Aaron gegen die rassenfremde
Zippora aufzuhetzen.

Das geht dem GROSSEN BOSS wider den Strich.
Das Vögelchen Zippora war schließlich die Frau
seines Günstlings Mose. Sieben Tage Aussatz, lautet
seine Strafe für Mirjams Intoleranz. Von Kopf bis
Fuß mit Geschwüren verschandelt, muß sie eine
Woche außerhalb des Lagers wohnen. Dann wäscht
sie sich, und der ganze Dreck fällt wie Schorf von
ihr ab.

Ziemlich kleinlaut kehrt sie ins Lager zurück, wo
Bruder Aaron ihr völlige Heilung testiert und den
Segen des GROSSEN BOSSES für sie erfleht. Dazu
gebraucht er dessen eigenes Zitat, denn nicht der
Priester soll die Menschen segnen, sondern der
GROSSE BOSS: Er möge sie behüten und sein An-
gesicht leuchten lassen über sie. Er möge sein An-
gesicht heben über sie und ihnen Frieden geben...

Am 20. Februar des zweiten Jahres erschallen
laute Trompetenstöße vom Stiftszelt her. Das Signal
zum Aufbruch. Die lotsende Wolke übernimmt wieder die Führung. Das Volk Israel folgt willig. Stamm
auf Stamm, Kolonne auf Kolonne, Rotte auf Rotte.

Jeder Stamm hat seine eigene Fahne und seine
eigene Staubwolke. Die Naphthaliner bilden die
Nachhut und müssen den meisten Dreck schlucken.
Denn die letzten beißen die Hunde.

50

TRAUBEN DRÜBEN – TRAUER HÜBEN
4 Mose 13, 14

Ziemlich konsequent zieht der Millionentreck
nordwärts. Eines Tages meldet sich der GROSSE
BOSS wieder bei Mose.

Es ist soweit, sagt er leutselig. *Sende ein paar
Kundschafter voraus. Sie sollen das Land Kanaan
inspizieren, damit sie dir berichten können, was*

euch in euerer künftigen Heimat erwartet. Suche dafür von jedem Stamm einen verläßlichen Alten aus. Die jungen Spunde kämen vielleicht vor Begeisterung nicht wieder.

Die zwölf Kundschafter sind bald ausgewählt. Vorsichtshalber gibt Mose ihnen seinen Adjutanten Josua und ein paar erläuternde Direktiven mit auf die Reise.

Haltet die Augen offen, Männer! Stellt fest, wie fett oder mager der Boden ist. Ob's Obstbäume gibt, und was sonst alles wächst. Nehmt die Leute aufs Korn. Was für ein Menschenschlag sind sie und wie viele. Sind ihre Städte befestigt — wohnen sie in Zelten. Bringt Gesteinsproben mit und Kostproben von allem, was dort in die Mägen wandert. Macht mir keine Schande! Seid tapfer als Streiter und unerschrocken als Forscher. — Reise, Reise!

Die Kundschafter reiten los. Josua treibt sie weit ins fremde Land hinein. Bis hinauf nach Syriens Grenze. Was sie erleben und erschauen, läßt sie aus dem Staunen nicht herauskommen.

Am Eschkol, dem Traubenbach, wächst Wein, von dem eine einzige Traube so groß ist, daß sie von zwei Leuten getragen werden muß. Von den Feigen gar nicht zu reden Die mutigen Männer sammeln Säcke voll Feigen. Und Granatäpfel gibt's und — und — und...

Schwer beladen kehrt die Expedition zurück. Ungläubig betrachten die Kinder Israels die herrlichen Sachen. So was haben sie noch nicht gesehen. Nichts wie hin ins Gelobte Land!

Abends am Lagerfeuer aus gedörrtem Kamelmist berichtet Josua nähere Einzelheiten. Da sieht die Verheißung schon nicht mehr ganz so rosig aus.

Wirklich, ein Land, in dem Milch und Honig fließen, um im gewohnten Bild zu bleiben. Aaaber — Er macht eine Spannungspause. *Aber die Bevölkerung! Nicht nur, daß ihre Städte befestigt sind, wir haben Männer gesehen, gegen die wir die reinsten Liliputaner sind. Hirten, so groß wie Senfkornbäume!*

Ich hab einen im Schlaf gemessen, fällt ein anderer Kundschafter ein. *Er war sage und schreibe zweihundertzweiundneunzig und einen halben Zentimeter lang! Ein Nachkomme vom Riesen Enak, wie mir ein Hausierer verriet, der grad längs kam.*

In den Reihen der Zuhörer ertönt Murren. Rasch bagatellisiert Kaleb, der die 40tägige Landbegehung ebenfalls mitgemacht hat: *Auch bei Riesens wird nur mit Wasser gekocht. Wir müssen den Überraschungseffekt ausnutzen. Dann können wir die Überlangen leicht einen Kopf kürzer machen.*

Vergebliche Liebesmüh des kühnen Kaleb. Außer ihm und Josua klappern alle Zuhörer vor Angst mit den Beißerchen. *Wären wir nur in Ägypten geblieben!* geht's wieder los. *Das Gelobte Land ist uneinnehmbar! Ehe wir Frauen und Kinder von den weißen Riesen fressen lassen, laßt uns lieber einen Führer wählen, der uns zu den Fleischtöpfen und Kornkammern Ägyptens zurückbringt!*

In diese prekäre Situation platzt mit wahrem Donnergetöse der GROSSE BOSS, den aber außer Mose niemand zu Gesicht bekommt.

Wie lange soll ich mir eigentlich das Mißtrauen deines elenden Volkes noch mitansehen? Welche Wunder verlangt die Bande denn noch von mir, daß sie endlich an mich glaubt? Das Beste wird sein, ich vertilge sie auf der Stelle. Meine Nerven halten das nicht mehr aus.

Mose wartet, bis der GROSSE BOSS sich etwas beruhigt hat. Dann meint er, nicht ohne Schläue: *Wenn du das tust, werden sich die Ägypter ins Fäustchen lachen. ‚Ach nee', werden sie spotten, ‚aus der Sklaverei hat er sie geführt, aber die paar Meilen in das versprochene Land schafft er nicht mit ihnen. Mit seiner Herrlichkeit kann es nicht weit her sein.' − Meinst du nicht, du solltest den Kleinbürgern noch mal verzeihen? Wir sind doch nur Menschen, BOSS!*

Der GROSSE BOSS steht Mose an Lebenserfahrung wahrlich nicht nach. *Gut gebrüllt, Löwe Mose Levi!* lobt er lächelnd. *Wir wollen meinen Gegnern nicht noch selber die Argumente liefern. Ich werde deshalb noch mal durch die Finger sehen.*

Mein Verzeihen bezieht sich aber nicht auf die hundsföttischen Kundschafter, die das versprochene Land gesehen haben! Auch nicht auf die anderen Waschlappen, die bloß wegen der Fresserei wieder in die Knechtschaft gehen wollen! Sie haben mir nicht gehorcht und nicht geglaubt, darum sollen sie nie die künftige Heimat ihrer Kinder sehen. Vierzig Jahre wird das Herumirren in der Wüste dauern. In dieser Zeit wird auch der letzte Zweifler hinüber sein.

Nur ihre Kinder und Enkel sollen ins verheißene Eldorado ziehen. Sie kommen erst später mit Büßen an die Reihe. Soll keiner denken, ich hätte ein schlechtes Gedächtnis!

Und nun treib die Gaffer beiseite! Ich muß weiter ins Mohrenland.

Als Mose den Israels mitteilt, was sie wegen ihrer diversen Verstöße in den nächsten Jahrzehnten zu erwarten haben, brechen sie in Tränen aus, daß ihre Bärte triefen. Danach fühlen sie sich allerdings wieder unerhört stark und wollen sofort los, um Kanaan zu erobern. Koste es, was es wolle.

Ihr tut ja schon wieder, was ihr nicht dürft! brüllt Mose los. *Gerade habe ich euch den Vierzig-Jahres-Plan vom GROSSEN BOSS vorgetragen, schon schlagt ihr wieder über die Stränge!*

Sie hören nicht auf ihn. Stur und vermessen ziehen sie zur Landnahme los. Als die Einheimischen sie kommen sehen, bereiten sie ihnen einen Empfang, der sich gewaschen hat. Die Invasion wird zu einer fürchterlichen Blamage.

Zersprengt und aus tausend Wunden blutend, ziehen sich die Reste der querköpfigen Angreifer bis weit in die Wüste Negev zurück. Erst 20 Kilometer östlich von Beerseba kommen sie zum Verpusten.

51

KORAH ET LABORA
4 Mose 15, 16

Wie der Wüstensand im Wüstenwind verweht die Zeit. Eines schönen Sonntags sammelt ein Mann ein wenig trocknes Reisig fürs Feuerchen. Dabei erwischen ihn ein paar Volksgenossen und schleppen ihn vor Mose und den Oberpriester Aaron.

Statt zu beten und zu feiern, ist er stundenlang in der Wüste rumgelatscht. Wo man sonntags doch nicht mehr als tausend Meter gehen darf. Außerdem hat er mindestens einen Zentner Brennholz gesammelt, was auch verboten ist!

Mose hat beschlossen, seinen Leuten nicht mehr das geringste durchgehen zu lassen. In diesem Fall allerdings ist er, was die Art der Bestrafung betrifft, überfragt. Er setzt sich deshalb mit dem GROSSEN BOSS in Verbindung und schildert ihm das Vergehen.

Vergehen nennst du das? grollt der GROSSE BOSS. *Das ist ein Verbrechen! Sei nicht immer so lasch, Moische! Der Mann ist des Todes, was sonst! Die Gemeinden sollen Steine sammeln und ihn so lange damit bombardieren, bis er keinen Mucks mehr tut.*

Ist das nicht ein bißchen zuviel des Unguten? fragt Mose vorsichtig zurück. Doch da ist die transzendente Verbindung wieder abgerissen.

Wenige Stunden später liegt die Leiche des Reisigsammlers unter einem Haufen bluttriefender Steine. So können wenigstens keine Schakale ran.

Als Mose in sein Zelt zurückkommt, findet er eine Notiz vom GROSSEN BOSS vor, in der er ihn und die Kinder Israels auffordert, Quasten mit blauen Schnüren an die Zipfel ihrer Kleider zu hängen. Sie sollen sie ständig an die Hunderte von Verboten und Verordnungen erinnern, die ihnen auferlegt sind.

Mose gibt die Kleidervorschrift sofort bekannt, aber ans Quastenbasteln geht's erst tags darauf. Sonntags darf bestenfalls gesteinigt werden.

Es gibt noch so manche Mißverständlichkeiten, was die Gesetzgebung betrifft. Die ersten, die zu stänkern anfangen, sind ausgerechnet die Gehilfen der Priester, die Leviten. 250 Leute versammeln sich unter dem Kommando ihres Anführers Korah vor Mose und Aaron und protestieren.

Wir haben es satt! Korah droht mit der Faust. *Wir dürfen eure Dreckarbeit machen, während ihr euch als Priester aufspielt! Ihr kriegt die besten Opferstücke, die knusprigsten Koteletts und die zartesten Täubchen! Gleiches Recht für alle Stiftshüttenarbeiter!*

Die Leviten schimpfen nicht leise. Mose kann sich nur mühsam Gehör verschaffen. *Korah!* donnert er über den Platz. *Komm morgen mit deiner Rotte hierher! Mit euren Räucherpfännchen!*

Wir denken gar nicht dran! meutern zwei Unterrottenführer. *Wo ist denn das Schlaraffenland, das du uns versprochen hast? Prima hast du uns hingeführt! Herrliche Weinberge hast du uns gezeigt! Und der Wein erst! Der schmeckt!*

Das ist nicht nur bissiger Hohn, das ist offener Aufruhr. Aber Mose gibt nicht nach. *Korah!* legt er wieder los, ohne zu stottern. *Ich fordere dich zum letztenmal auf, morgen mit deiner Rotte hier anzutreten! Der GROSSE BOSS wird persönlich entscheiden, ob ihr Priester oder nur Schwellenhüter sein sollt. Damit es später nicht heißt, ich habe mich autoritär verhalten.*

Wenn euch ein normaler Tod durch Verdursten oder Verhungern bestimmt ist, so möge das bedeuten, daß ich meine seitherigen Beschlüsse ohne Auftrag gefaßt habe, und ihr könnt mich absetzen. Handelte ich nach Vorschrift des GROSSEN BOSSES, so wird er es euch morgen zeigen. Vielleicht läßt er euch in Rauch aufgehen oder macht sonst etwas Exemplarisches mit euch.

Korah und seine Rotte erscheinen am nächsten Morgen pünktlich und fast vollzählig. In ihren Kupferpfannen schmurgelt Räucherharz, glimmen duftende Stäbchen. Mit herausfordernder Miene bauen sich die Meuterer vor Mose und Aaron auf.

Noch einmal versucht Mose, die Korahleute zur Vernunft zu bringen. Da spaltet sich mit ungeheurem Getöse die Erde unter den Demonstranten. Ein gurgelnder, feuriger Sog schmatzt sie in die Tiefe, kaum daß Korah und seiner Rotte Zeit zum Wegwurf der Pfannen und einem schrillen Schrei bleibt. Danach schließt sich der Erdspalt wieder. Nur der Todesschrei hängt noch in der Luft. Vielleicht werden deshalb die Nachkommen der Korahner sehr viel später einmal Tempelsänger...

Die Kupferpfannen werden zu Blechen gehämmert und der Altar damit überzogen. Sieht aus wie etwas noch nicht Erfundenes. Elektrisches.

Damit könnte die leidige Affäre vergessen sein, wenn nicht noch andere wie Korah dächten. Die blitzartige Ausrottung der Rotte schafft böses Blut.

Diesmal macht der GROSSE BOSS kurzen Prozeß. Bevor Mose ihn wieder bequatschen kann, läßt er 14700 Personen jäh in die ewigen Jagdgründe eingehen. Tagelang wandelt Mose mit rauchendem Pfännchen zwischen verwesenden Leichen und finsteren Blicken.

Erneut läßt sich der GROSSE BOSS dazu herab, seinen unartigen Auserwählten zu zeigen, wen er als ihren obersten Priester auserkoren hat.

Mose muß von den Stammesfürsten das Zeichen ihrer Macht, einen Holzknüppel für joviale Zurechtweisungen, einsammeln und auf jeden den Namen des Besitzers einkratzen. In den Stock der Leviten ritzt er auf höhere Weisung den Namen Aaron. Dann deponiert er die zwölf knorrigen Symbolstücke über Nacht in der Bundeslade im Stiftszelt.

Als anderntags alle Stämme versammelt sind, holt Mose die Prügel wieder aus der Lade. Unversehrt bekommen die Fürsten ihre Insignien zurück. Aarons Hoheitsast aber ist über Nacht grün geworden und trägt außer prächtigen Blüten auch schon reife Mandeln.

Da werden die Murrer und Mauler sehr kleinlaut. Mandeln am Stiel, so was haben sie noch nicht gesehen.

52

DURCHGANG STRENG VERBOTEN
4 Mose 20—24

In der Oase Kades, 95 Kilometer südlich von Gaza, stirbt Mirjam, Aarons und Moses Schwester. Sie war inzwischen so fett geworden, daß sie schon lange nicht mehr das Tamburin zum Gruppentanz schlagen konnte. Dafür orakelte und opponierte sie bis zum letzten Atemzug.

Nach ihrer Beisetzung hadert das Volk mal wieder. Man hadert mit Mose und Aaron, weil es hier kein Wasser gibt. Nach einem Plausch mit dem GROSSEN BOSS manipulieren sie aus einem Felsen das lebensnotwendige Naß, ein ‚Haderwasser‘ mittlerer Qualität.

Mose will deshalb schnellstens weiter. Leider gehört die zwölf Kilometer breite Talsenke Araba, die sich vom Golf von Akaba bis zum Toten Meer erstreckt und durch die der kürzeste Weg nach Norden führt, den Edomitern.

‚Lieber König von Edom!‘ so etwa lautet der Brief, mit dem Mose seine Postboten losschickt. ‚Vielleicht erinnerst Du Dich, daß Du von Esau-Edom, dem Linsengerichtler, abstammst. Insofern darf ich Dich heute mit einigem Recht Bruder nennen.

Ich nehme an, Du hast schon gehört, was ich und das Volk Israel alles durchzustehen hatten. Nun liegen wir in Kades, direkt vor Deiner Landesgrenze. Da unser Reiseziel im Norden liegt, bitte ich Dich ebenso höflich wie dringend um eine Transiterlaubnis. Ich versichere Dir, daß wir weder Deine Weinberge noch Deine Äcker betreten, sondern ausschließlich Deine Königsstraße benutzen werden. Desgleichen will ich Dir unseren Wasserverbrauch vergüten. In bar!

Mit freundlichen Grüßen bin ich Dein ergebener Mose, Sonderbeauftragter.‘

Die Antwort ist niederschmetternd. Der König der Edomiter denkt nicht im Traum daran, eine Million Ausländer durch sein Land tippeln zu lassen, fett-

arm wie es ohnehin ist. Von den enormen Boden-
schätzen, auf denen er thront, ahnt er noch nichts.

Er schreibt zurück: ‚Solltest Du dennoch meine
Hoheitsrechte verletzen, werde ich Dir die gebührende Antwort mit dem Schwert erteilen. Im übrigen verbitte ich mir die vertrauliche Anrede!' Vorsichtshalber läßt er gleichzeitig an der Landesgrenze schwerbewaffnete Truppen aufmarschieren.

Mißmutig ziehen die Israels an der Grenze Edo-
miens entlang. Bis sie an ein Gebirge kommen. Hier
meldet sich der GROSSE BOSS wieder bei Mose.

*Hör zu, Alterchen. Du bist zwar auch nicht mehr
taufrisch, aber Aaron ist noch klappriger auf den
Beinen. Ich habe vor, ihn zu seinen Vorfahren zu
versammeln. Das Gelobte Land darf er sowieso
nicht sehen. Ich sage nur ‚Haderwasser'! Ich hatte
euch geheißen, den Felsen mündlich zum Wasser-
speien aufzufordern, ihr aber habt wieder mit dem
Zauberstab agiert.*

*Führe also deinen Bruder und seinen Sohn Elea-
sar auf diesen Berg da — er heißt Hor — und laß ihn
dort seinen letzten Schnaufer tun. Oben kann dein
Neffe gleich in seines Vaters Robe steigen. Bergheil!*

Weisungsgemäß ächzt Mose mit seinem gebrech-
lichen Bruder und dessen Nachfolger auf den Berg.
Hier kann Aaron sich gerade noch hinsetzen, dann
ist er auch schon tot.

Eleasar zieht sich um und steigt mit Mose wieder
ins Tal, um das Ableben des Oberpriesters bekanntzugeben. Siehe da, plötzlich beklagen sogar die
Widersacher des Toten denselben!

30 Tage lang nehmen sich die Israels den schweren Verlust zu Herzen, danach murren sie wieder,
weil Mose sie zu dem Mordsumweg um Edomien
zwingt. *Warum hast du uns nur aus Ägypten geführt!* geht die alte Leier wieder los.

Diesmal braucht Mose den GROSSEN BOSS nicht
erst um Strafmaß und Ausführungsbestimmungen
zu bitten. Plötzlich wimmelt die Gegend von Kreuz-
ottern und ähnlichem Gezücht, die ihre Giftzähne
wahllos in die isrealitischen Fersen hauen. Bald
wimmelt es auch von Gebissenen.

Als letztere endgültig zu wimmeln aufhören, kommen die noch ungebissenen Querulanten entsetzt zu Mose geeilt und flehen ihn an, daß er den GROSSEN BOSS schleunigst wieder versöhnlich stimme. Sie hätten zwar gesündigt, wollten sich aber bessern.

Mose trägt dem GROSSEN BOSS ihr Anliegen vor. Obwohl der natürlich weiß, was er von solchen Versprechungen zu halten hat, läßt er sich erweichen.

Na schön, brummt er, *laß dir von einem deiner Kupferschmiede eine Schlange anfertigen und wickele sie, mit dem Kopf nach oben, um einen Stab. Wer von einer Schlange gebissen ist, soll das Sinnbild anstarren. Dann bleibt er am Leben.*

Als der Äskulapstab fertig ist, funktioniert er wie der beste Arzt...

Und weiter geht der große Treck. Unmöglich, all die Orte zu nennen, die das Millionenvölkchen dabei passiert. Und was dabei passiert.

Schlachten werden geschlagen und gewonnen. Flüche über die östlich orientierten Vordringlinge gellen zum Himmel. Ein großer König hingegen gibt dreifach seinen Segen.

Ein Stab von Mitarbeitern des GROSSEN BOSSES — Kuriere, Agitatoren und Symbolisten — unterstützt die Einwanderer, die sich langsam, aber sicher dem verheißenen Schlemmerparadies nähern.

Daß darüber 38 Jahre vergehen, sei nur am Rande erwähnt.

53

DIE JUNGFERNTEILUNG

4 Mose 25—35

Um der Wahrheit die Ehre zu geben, die Israels futtern auf ihrem Riesentrip keineswegs nur Manna. Im Land Moab, östlich vom Toten Meer, verzehren sie mit besten Appetit all das unreine Zeug, das die Moabiter auf ihrem Speisezettel haben. Desgleichen munden ihnen die moabitischen Mädchen so köstlich, daß Sittim, eine Kleinstadt, bald zu einem Eldorado der Hurerei wird.

Aber daran sind die Einwohner selbst schuld: Ihr Baalsgott erlaubt so 'n Schweinkram. Die Reisenden decken ihren großen Nachholbedarf in den Baalstempeln, in denen sich die hübschen Mädchen aus religiösen Gründen prostituieren müssen. Nur um die Form zu wahren, beten die Israels ein bißchen mit, bevor sie die Tempeldirnen vernaschen.

Der GROSSE BOSS sieht sich das eine Weile mit an. Dann erscheint er in der Stiftshütte, staucht Mose fürchterlich zusammen und verlangt von ihm, daß er sämtliche Sippenverantwortlichen am nächsten Olivenbaum aufknüpfen läßt. So erbost ist er über das Luder- und Lasterleben seiner Elite. Vielleicht denkt er auch daran, daß die Moabiterinnen von jener Tochter abstammen, die mit ihrem Vater Lot...

Was soll Mose machen? Am nächsten Morgen beginnt das große Hängen. Bald baumeln Hunderte in der prallen Sonne, und das Ende der Massenexekution ist noch gar nicht abzusehen.

Zum Glück, jedoch nicht zu seinem eigenen, treibt es während des Strafgerichts ein junger Israel mit einer süßen Biene, die aus Midian stammt. Als Pinehas, der Sohn des Nachfolgepriesters Eleasar, von der Bumserei hört, reißt er einen Spieß an sich und stürmt zu dem Liebesnest im Teppichzelt.

Dort liegen die beiden aufeinander und bemühen sich um Lustgewinn. Pinehas stößt zu und durchbohrt beide auf einmal. So ein gewaltiger Stößer ist er.

Inzwischen hat Mose 24 000 Bäume mit je einer Leiche garnieren lassen. Da gebietet der GROSSE BOSS Einhalt. *Laß es genug sein damit. Die Tat von Pinehas hat meinen Grimm besänftigt. Du aber merke dir: Ich wünsche, daß du den Midianitern Schaden zufügst, wo du nur kannst. Deine Zippora natürlich ausgenommen. Sie hat sich assimiliert.*

In wilder Hast verlassen die Israels den liederlichen Ort, nachdem sie nicht weniger hastig die

Erhängten von den Bäumen gepflückt haben. Laut Gesetz darf niemand über Nacht baumeln. Was macht das auch für 'n Eindruck!

Gegenüber von Jericho, nur durch den Jordan von der Palmenstadt getrennt, veranstaltet Mose mit Eleasar wieder einmal eine Volkszählung. Das Ergebnis ist erstaunlich. Obwohl inzwischen, wie höheren Ortes prophezeit, alle Alten gestorben sind, ergibt sich die stattliche Zahl von 601730 männlichen Seelen. Mit ihnen konnte Mose allmählich daran denken...

Das Denken wird ihm vom GROSSEN BOSS abgenommen. *Mose, steig auf das Gebirge, das hinter dir liegt. Von da hast du einen guten Ausblick auf das Land, das vor dir liegt und einmal deinem Volk gehören wird. Sehen sollst du es wenigstens, wenn du auch nie hinkommst. Wegen des Haderwassers in Kades habe ich schon Aaron zu seinen Vätern versammelt. Jetzt bist du dran.*

Das kommt ein bißchen plötzlich, murmelt Mose. *Eigentlich wollte ich vorher noch meinen Nachfolger bestimmen und in sein Amt einführen. Sonst verläuft sich das Volk wie 'ne Hammelherde ohne Hirt. Außerdem sind da noch die Knochen vom seligen Joseph. Ich hatte vor, sie in der neuen Heimat beizusetzen.*

Das wird dein Nachfolger tun, sagt der GROSSE BOSS. *Ich schlage Josua vor. Er ist im aktiven Wahlalter und hat als dein Adjutant eine Menge von dir gelernt. Roger?*

Mose hat das gleiche vorgehabt. *Roger, BOSS! Morgen früh soll Amtsübernahme sein. Anschließend rüste ich mich für die letzte Bergtour. Es ist doch wirklich die letzte?* fragt er vorsichtshalber. *Ich bin immerhin schon 119 Jahre alt. Da ist man nicht mehr so alpin!*

Es wird deine letzte Strapaze sein, verspricht ihm der GROSSE BOSS. *Vorher mußt du allerdings noch Rache an den Midianitern nehmen. Das ist dir hoffentlich klar!*

Klar ist das Mose keineswegs, aber was bleibt ihm anderes übrig. Er läßt 12000 Streiter auswäh-

len und gibt ihnen den Befehl, über Midian herzu-
fallen. Als das Zippora hört, schlägt sie die Hände
überm Kopf zusammen.

Moses Soldaten marschieren unter Trompetenklang nach Midian und töten alle Männer, die ihren
Weg kreuzen. Sämtliche Könige müssen dran glauben. Selbst Bileam, der sich auf die Einwanderer
gefreut hatte.

Dann werden die Frauen und Kinder zusammen-
getrieben und alles eingesackt, was irgendwie von
Wert ist. Zum Schluß verbrennen die Sieger die
Städte und Zeltdörfer und singen auf dem Rückweg.

Als sie sich dem Lager nähern und Mose die vielen erbeuteten Weibsbilder sieht, rauft er sich den
Bart. *Seid ihr noch zu retten?* wettert er. Die Offiziere zucken zusammen. *Sind wir nicht schon Volks
genug? Eine Strafexpedition sollte euer Feldzug
sein, ihr habt einen Weiberfang daraus gemacht!
Sofort stopft ihr den überflüssigen Essern für immer
den Mund! Nur nachweisliche Jungfrauen laßt am
Leben. Wir werden sie unter uns aufteilen.*

Während 32 000 Mädchen ihr Jungfernhäutchen
vorzeigen, werden die Witwen und Mütter mit ihren
Kindern und alle deflorierten Junggesellinnen dazu
ins Jenseits befördert.

Dann wird das Beutegut gezählt und nach einem
ausgeklügelten Schlüssel verteilt. Bei den Mädchen
ergibt sich folgende Rechnung: 32 000 Stück Jungfrauen. Davon Kriegsanteil 16 000 Stück. Priester-
anteil 32 unberührte Mädchen. Bei der Ausrechnung
des Volksanteils entfallen auf — grob geschätzt —
23 000 Leviten dreikommazwei Jungfrauen. Auf jeden mannbaren Stammesangehörigen nur wenige
Gramm Unschuld also...

Schon bald darauf stattet der GROSSE BOSS
Mose wieder einen Besuch ab. *Stimmt es, daß die
Offiziere ihre gesamte Beute an Gold und Geschmei-
de für meine Stiftshütte gestiftet haben?* fragt er.

Freilich, antwortet Mose. *Sie heißt ja nicht umsonst so. Über drei Zentner Gold sind's gewesen.
Das Umziehen wird immer schwieriger, weil schwerer. Selbst die Esel japsen.*

Der GROSSE BOSS winkt ab. *Genug davon, Mose. Es gibt Wichtigeres. Dein Volk soll, wenn es über den Jordan nach Kanaan kommt, unbedingt sämtliche Götzenbilder zerstören und die Leute vertreiben. Sonst werden ihm die Bewohner bald zu Dornen im Auge, zu Stacheln zwischen den Rippen werden.*

Das besetzte Land soll im Rahmen einer Volkslotterie unter den einzelnen Stämmen verlost werden. Nur die Leviten bekommen kein Land. Ihnen sollen achtundvierzig Städte abgetreten werden, verteilt über die anderen elf Stämme.

Von diesen Städten wieder werden sechs zu Freistädten erklärt, in denen jeder Zuflucht suchen kann, der versehentlich jemanden totgeschlagen hat. Mörder natürlich nicht.

Mose notiert eifrig mit. Vieles hat der GROSSE BOSS schon auf dem Sinai diktiert. Vielleicht denkt er, doppelt genäht hält besser.

Zum Schluß fixiert er noch die Grenzen, innerhalb derer sich die Israels ausbreiten und ihm keine Schande machen sollen. Sie reichen über den Libanon hinaus nach Hammat, von Syrien hinunter bis zum Toten Meer und noch weiter, vom Mittelmeer zu den Jordanhöhen diesseits und jenseits des Flusses.

Ganz schön groß, dein Gelobtes Land! Mose ist überwältigt. *Jetzt kann ich mir ein Bild davon machen, was auf meine Leute zukommt.*

Umgekehrt, verbessert der GROSSE BOSS. *Loofen müssen se wieder!*

54

MOSES KATEGORISCHES VERMÄCHTNIS
5 Mose 21–25, 27, 28, 34

Im Hinblick auf seine bevorstehende letzte Reise benutzt Mose jede freie Minute, den Stammesobersten und den Priestern alle Vorschriften einzuhämmern, die ihm der GROSSE BOSS diktiert hat. Er weiß, daß der Teufel im Detail steckt. Deshalb schreibt er sogar die Anzahl der Schläge vor, die ein Schuldiger auf den Arsch kriegen soll: höchstens vierzig.

Auch der Mundraub ist eindeutig begrenzt: Trauben pflücken, ja; aber mit der Hand. Ähren vom Feld nehmen, bitte; aber nicht mit der Sichel.

Selbst die Notdurft ist geregelt: Es muß vorm Lager geschissen und die Fäkalie hinterher mit Sand bedeckt werden.

Nicht mal die Mode ist frei: Männerhosen an Frauen und Röcke an Männern sind ein Greuel.

Aber: Wenn ein Israel Appetit auf eine weibliche Gefangene hat, kann er sie sich nehmen. Bevor er sie beschläft, muß er sie allerdings kahl scheren, ihre Hände maniküren und ihr die Kleider herunterreißen. Hat er die Nase von ihr voll, kann er sie auf die Straße setzen. Nur verkaufen darf er sie nicht.

Überhaupt, Geld: Verleihen ist erlaubt, doch dürfen nur von Ausländern Zinsen genommen werden, nicht von nahen Verwandten.

Auch was das Pfandrecht betrifft, sind die Bestimmungen recht human: Mühlsteine dürfen nicht gepfändet werden, weil der Schuldner ohne Mehl zum Brotbacken glattweg verhungern würde. Auch sein Mantel ist tabu, wenn es sich um einen armen Schlucker handelt. Mit ihm muß er sich ja nachts zudecken.

Die Strafen für gewisse Delikte sind derart gepfeffert, daß die Zuhörer eine Gänsehaut nach der anderen bekommen: Ehebruch mit einer verheirateten Frau wird mit dem Tod der beiden bösen Brecher geahndet.

Bei Defloration einer Verlobten durch einen Dritten: weg mit den beiden Ferkeln! Es sei denn, die Jungfrau hat kräftig geschrien.

Selbst Söhne bleiben nicht verschont: Rockern, Trunkenbolden und ähnlichem Zores wird auf dem Schindanger der Garaus gemacht...

Wenn die Israels alle Gesetze buchstäblich nehmen, wird in Zukunft soviel Blut fließen, daß man darin herumwaten kann. Denn der Mensch ist anfällig von Kindesbeinen an. Hat der GROSSE BOSS im achten Kapitel selbst gesagt.

Verflucht sei, wer sich einen goldenen Buddha, einen hölzernen Manitu, einen steinernen Huitzilo-pochtli oder sonst ein Götzenbild aufstellt! dröhnt es aus dem Mund der levitischen Ansager über die Ebene.

So sei es! ruft die Riesengemeinde im Sprechchor zurück.

Verflucht sei, wer seine Eltern für vorsintflutlich oder borniert hält! — So sei es! — Verflucht sei, wer fremde Zäune einreißt und Grenzen verschiebt! — So sei es! — Verflucht seien alle Rechtsverdreher und linken Anwälte! — So sei es! — Verflucht sei, wer es mit Tieren treibt, seine Mutter, Schwester, Stiefschwester oder Schwiegermutter beschläft! — So sei es! — Verflucht sei jeder Meuchelmörder, aber auch der Lohnkiller im Auftrag eines anderen! — So sei es!

Endlich kommen die Levis zum letzten, dem zwölften Fluch. Er ist eine Zusammenfassung der elf übrigen und schließt sämtliche unerwähnten Verfassungswidrigkeiten ein. *Verflucht sei, pauschal gesagt, wer sich auch nur das geringste zuschulden kommen läßt, wer etwas tut, was nicht ausdrücklich erlaubt ist!*

So sei, so sei, so sei es! jubeln die Zuhörer, welche die Tragweite nicht erkennen. Sie wissen nur, daß sie das mächtigste Volk auf Erden werden und wie in einem Paradies leben sollen, wenn sie nicht gegen das umfangreiche Grundgesetz verstoßen. Dann wird's nämlich fürchterlich, gräßlich, ganz schauderhaft!

Wer gegen die Gesetze verstößt, legen die amtlich bestallten Informanten wieder los, *hat nur minimale Aussichten auf Überleben!*

Die Drohungen prasseln den Zuhörern wie Hagelkörner um die Ohren: *Verflucht soll sein Acker sein, sein Henkelkorb, seine Teigschüssel, seine Hoden, seine Ernte und sein Jungvieh! Unfälle am laufenden Band wird er haben und immer Streit in der Familie!*

Er wird die Pest kriegen, Fieber, Blutvergiftung und Gelbsucht! Geschwüre vom Scheitel bis zur Sohle, Tripper und Drüsenentzündung, Grind und Krätze, die Pocken samt Impfschäden!

Der GROSSE BOSS wird ihn mit Blindheit schlagen, mit Wahnsinn, Schwachsinn und Epilepsie! Seine Frau wird fremdgehen, daß er, rasend vor Zorn, durch die Gassen läuft und die Nachbarn sich vor Schadenfreude schieflachen!

Und weiter: Du, der du das Gesetz brichst, wirst deinen Feinden nackt, hungrig und mit einem Ochsenjoch um den Hals dienen. Ein ganzes Volk wird der GROSSE BOSS über dich schicken, ein Volk aus einem Land, wo sich die Füchse gute Nacht sagen und mit einer Sprache, die dir so fremd ist wie reichliches Essen! Du wirst deine Söhne und Töchter schlachten, damit du nicht verhungerst!

Ein Weib, das nie einen Schritt zu Fuß gegangen ist, sondern sich immer hat tragen lassen, wird die Nachgeburt zwischen den Beinen hervorklauben und heimlich verspeisen! So groß wird die Not sein, so unbarmherzig der Feind!

Aber das ist noch nicht alles: *Der GROSSE BOSS wird sich für die Gesetzesverletzer immer noch Gräßlicheres einfallen lassen, damit die Ungehorsamen von der Erde vertilgt werden!*

Er wird euch zerstreuen unter alle Völker der Erde, aber selbst da werdet ihr keine Ruhe und keine dauernde Bleibe finden! Tag und Nacht werdet ihr um euer Leben zittern und morgens flehen: Wenn's bloß schon Abend wär! Und abends: Wann ist endlich wieder Morgen!

Nicht enden will die Liste all der Vergeltungsmaßnahmen, die der GROSSE BOSS vorgesehen hat, für den Fall, daß...

Im Augenblick deutet wenig darauf hin, daß die Israels übermütig werden, nachdem sie wissen, wie rachsüchtig ihr GROSSER BOSS ist. Dagegen ist ihr Anführer Mose ein sanftes Lamm. Wenn er nur etwas jünger wäre!

Damit haben sie leider recht. Mose hat seine besten Jahre hinter sich. Er ist 120, als ihn der GROSSE BOSS zur letzten Kletterpartie holt.

Alsdann, Mose, meldet er sich wieder, *packen wir's. Komm mit auf den Berg Nebo. Von da oben kannst du dich mit eigenen Augen davon überzeugen, wie ich deine, ich meine, meine Sorgenkinder zu prämiieren gedenke. Weiß selbst nicht warum, nachdem was sie mir alles angetan haben.*

Sie sind besser als ihr Ruf, sagt Mose, gutherzig wie er nun mal ist.

Dann besteht ja noch Aussicht, lächelt der GROSSE BOSS. *Übrigens, Aussicht − du siehst doch noch gut, oder?*

Ich kann nicht klagen. Mose zieht andere Sandalen an. *Brille brauch ich vorerst noch keine.*

Du wirst nie eine benötigen, mein Freund. Vergiß nicht, es ist das letztemal, daß du in die Berge darfst.

Darfst ist gut, sagt Mose leise und macht sich an den Aufstieg aus dem Jordantal in die Wand. Auf dem Gipfel zeigt ihm der GROSSE BOSS das Gelobte Land: *Das ist die idyllische Landschaft, von der ich schon zu Abraham, Isaak und Jakob gesprochen habe. Hier sollt ihr endlich seßhaft werden! Habe ich zuviel versprochen?*

Mose schüttelt verzückt den Kopf. *Schade, daß ich schon so betagt bin!*

Das hat mit deinem Alter nichts zu tun, lieber alter Haderlump! sagt der GROSSE BOSS verschmitzt.

Mose hat die gutgemeinte Anspielung nicht mehr gehört. Nach einem letzten glücklichen Blick über das verheißene Land hat er einen zufriedenen Seufzer ausgestoßen und die Augen für immer geschlossen.

Du warst mein getreuester Diener, sagt der GROSSE BOSS leise, ein wenig wehmütig. *Ich will dich hier still und heimlich beisetzen, Mose. Sonst machen sie später einen Rummel um dich. − Schalom, Moische!*

So geschieht es. Moses Grab wird niemals gefunden, und kein anderer Prophet bekommt den

GROSSEN BOSS jemals von Angesicht zu Angesicht zu sehen.

Bis gestern wenigstens, denn heute — ist noch nicht rum.

55

AUFKLÄRUNG IM FREUDENHAUS

Josua 1, 2

Sie beweinen den Tod ihres Propheten Mose drei-ßig Tage lang. Manch ein Israele, dem der An-führer des Millionenvölkchens gelegentlich auf die Zehen getreten hat, ahnt jetzt, daß es der urwüch-sige Greis nur gut mit ihnen gemeint hat.

Weil aber auch die tiefste Trauer einmal endet, gibt der GROSSE BOSS dem Draufgänger Josua, als Moses Amtsnachfolger, die erste Order:

Überschreite den Jordan und besetze das Land vom Libanon bis zur Wüste, vom Euphrat bis zum Mittelmeer. Das wirst du schaffen, denn ich bin bei dir, wie ich mit Mose war. Aber beherzige meine Gesetze! Auch wenn sie dir vielleicht etwas rabiat vorkommen.

So wie er selbst einmal Kundschafter für Mose war, schickt Josua als erstes zwei Späher los. Sie sollen das Land jenseits des Jordans erkunden und feststellen, wie dick und hoch die Stadtmauer von Jericho ist. Und ähnliches mehr.

Wie das Leben so spielt! Nachdem die beiden Kundschafter unbehelligt in die Stadt Jericho hin-eingekommen sind, sehen sie, eingebaut in die Stadt-mauer, ein kleines Häuschen und an dessen Fenster ein Mädchen, das sie freundlich anlächelt.

Als sie eintreten, hebt die Kleine auch schon den Rock hoch. Sie strichelt nämlich. Doch zum Amüse-ment sind die Fremden nicht nach Jericho gekom-men, obwohl sie keine Kostverächter sind.

Wir wollen nicht mit dir, sondern allein schlafen, Süße! Übernachten, verstehste? Natürlich nicht um-sonst.

Die Süße nickt und führt sie aufs Dach, schichtet Flachstengel zu einem Lager auf und wünscht gute Nacht. Kaum ist sie wieder unten, hämmern kräftige Fäuste an die Haustür. *Aufmachen! Polizei!*

Rahab, wie die horizontale Gewerbetreibende heißt, öffnet unwillig. *Ich hab schon Feierabend unter der Schürze!* lügt sie.

Die Polizisten des Königs von Jericho sind aus profanerem Grund gekommen. *Keine Fisimatenten, Rahab! Rück die beiden Kerle raus, die du im Bett hast! Es sind israelitische Kundschafter!*

Leugnen ist zwecklos, weiß das Hürchen. In der Hoffnung, von ihren Gästen auf dem Dach gehört zu werden, erklärt sie mit einer Stimme von mindestens hundert Phon: *Stimmt, heute nachmittag hab ich zwei Fremde als Kundschaft gehabt. Leider haben sie mich aufs Kreuz gelegt. Finanziell, meine ich. Kaum hatten sie sich Erleichterung verschafft, sind sie ohne zu bezahlen getürmt. Wahrscheinlich erwischt ihr sie noch, wenn ihr euch sputet!*

Mißtrauisch klettert einer der Häscher aufs Dach, wo sich die beiden Kundschafter inzwischen unter den Stengeln versteckt haben. Achselzuckend kommt er zurück: *Nix! Nur Flachs!* Wütend knallen die Bullen die Haustür zu und machen sich an die Verfolgung der Spione.

Auf dem Freiluftbett lügen die beiden Späher der Staubfreien vergeblich was vor. Rahab sieht sie nur spöttisch an: *Gebt's auf! Ich weiß, daß ihr zu dem Volk gehört, das trocken durch den Großen Bittersee gekommen ist. Jedesmal wenn in der Stadt die Rede auf euch Israels und euren GROSSEN BOSS kommt, schlottern meiner Kundschaft sämtliche Glieder. Direkt geschäftsschädigend. Ihr werdet leichtes Spiel haben, wenn ihr uns erobern wollt. Das wollt ihr doch, oder?*

Die beiden Aufklärer weichen einer direkten Antwort aus. *Es kommt, wie's kommt!* sagt der jüngere treffend. Und der ältere: *Alles zu seiner Zeit!*

Natürlich werdet ihr über uns herfallen! behauptet die Junghure. *Ich hoffe nur, ihr seid nicht undankbar. Schließlich habe ich euch das Leben ge-*

rettet. *Wenn ihr angreift, verschont wenigstens mich und meine Angehörigen. Eine Hand wäscht die andere!* Auch Rahab versteht sich auf Platitüden.

Okay! versprechen die beiden Kundschafter. *Wenn wir hier anrücken, soll dein Haus out of bounds sein. Du mußt es nur irgendwie kennzeichnen. Vielleicht hängst du eine weiße Fahne aus dem Fenster.*

Rahab schüttelt den Kopf. *Da denkt die Jerichoer Lebewelt, bei mir wär Ausverkauf!* Sie holt ein rotes Seil aus einer Truhe. *An diesem Seil laß ich euch jetzt über die Stadtmauer runter. Dasselbe rote Seil wird aus dem Fenster hängen, wenn ihr die Stadt stürmt.*

Bist ein schlaues Schätzchen, schmunzelt der jüngere Späher. *Nur schade, daß wir verschwinden müssen. Ich hätt's gern gewußt.*

Es ist noch nicht aller Tage Abend! vertröstet ihn das fleißige Strichlieschen und hilft ihm und seinem Kumpel beim Abseilen über die Stadtmauer. Die Späher winken noch einmal zurück, dann verschluckt sie die Dämmerung.

Auf dem Rückweg laufen die beiden Aufgeklärten um ein Haar ihren Verfolgern in die Hände. In letzter Sekunde können sie sich in eine Gebirgsschlucht retten. Von hier aus machen sie eine merkwürdige Entdeckung.

An einer ganz bestimmten Stelle kräuselt sich das Wasser des nahen Jordans. Scheint fast stillzustehen. Mitten drin sind zwölf Flecken zu erkennen, große Steine, die durchs Flußbett führen. Wenn das mal keine Furt war oder so was Ähnliches!

Als sich die Königsbullen verzogen haben, eilen die Kundschafter ins Lager zurück und berichten Josua, was sie ausfindig gemacht haben. Auch das Versprechen, das sie der hilfsbereiten Dirne gegeben haben, vergessen sie nicht zu erwähnen.

Hoffentlich hält die Schnalle den Schnabel! zweifelt Josua, der die Frauen kennt.

Diesbezüglich bestimmt! antwortet der jüngere der beiden Späher überzeugt und denkt an Rahabs sonstige Diesbezüglichkeiten.

56

IST JA AUCH KEIN WUNDER
Josua 3

Josua hat nicht vergessen, was ihm seine Späher von den merkwürdigen Steinen im Jordanbett erzählt haben. Zielsicher führt er sein Volk — von einigen wenigen Zurückbleibenden abgesehen — zu dieser Stelle und verkündet dort stolz, daß der GROSSE BOSS beschlossen habe, sie trockenen Fußes hinüberzubringen. Das kann er gern behaupten, denn wer anders als dieser sollte ihm den Tip mit der Furt wohl gegeben haben!

Womit er ins Schwarze trifft und die Existenzberechtigung des ältesten Gewerbes der Welt wieder einmal, wenn auch etwas getüftelt, bewiesen ist.

Nach kurzem Zögern setzen die Priester und die Bundeslademannschaft den Fuß auf den ersten Stein, tasten ein bißchen herum und machen kühn einen großen Schritt. Dann den nächsten. Auf diese Weise kommen sie bis zur Mitte des Flusses, wo sie erst mal verpusten. Inzwischen hopst das Volk, nach Stämmen geordnet, an ihnen vorbei über den Jordan. Nur ein hinkender Hammel kommt in den Fluten um.

Als alle drüben sind, folgen die Priester als letzte nach. Gemeinsam wirft man einen abschiednehmenden Blick auf den Jordan. Hat sich nicht das Wasser gestaut? War's nicht ähnlich wie damals am Bittersee, wie es überliefert ist?

Ist ja auch kein Wunder!

57

POSAUNE DURCHBRICHT SCHALLMAUER
Josua 5, 6

Zufällig schaut das Hürchen Rahab aus dem Hinterfenster, das auf die Rieselfelder von Jericho führt, als die Israels wie ein riesiger Heerwurm näherrücken. Rasch holt sie das rote Seil und läßt es aus dem Fenster baumeln.

Aber nicht nur Rahab sieht die Feinde kommen. Auch die Jerichoer Stadtwache ist auf Draht. Schnell werden die Tore verrammelt.

Das hat Josua nicht anders erwartet. Nachdenklich klirrt er mit seinen Waffen. Was soll er als erstes tun? Die Mauern sind acht bis neun Meter dick, haben die Späher geschätzt, ihre Höhe auf zehn. Ohne Rammböcke und Leitern kam man da nicht rein, zum Teufel, zum Henker, zum Kuckuck!

Plötzlich sieht er einen jungen Mann in blitzblanker Rüstung auf sich zukommen. Wieso sah er den Kerl erst jetzt? *Halt! Wer da!* schreit Josua und reißt sein Schwert aus dem Gürtel.

Gut Freund! antwortet der andere. *Ich komme im Auftrag des GROSSEN BOSSES und bringe den Aufmarschplan.*

Das lob ich mir! freut Josua sich. *Es handelt sich nämlich um die erste befestigte Stadt, die ich einnehmen soll. − Komm, setzen wir uns zur Lagebesprechung.*

Zieh erst die Knobelbecher aus, verlangt der Stabsmelder des GROSSEN BOSSES. *Du befindest dich auf heiligem Boden.*

Schon? Es ist doch noch gar kein Blut geflossen! Josua entledigt sich seiner Fußbekleidung. Dann läßt er den glitzernden Ritter vortragen.

Was der zu melden hat, ist ebenso ungewöhnlich wie neuartig in der Geschichte der Kriegsführung und Waffentechnik. *Der GROSSE BOSS will dir den König von Jericho mit sämtlichen Soldaten in die Hand geben. Allerdings nur, wenn du widerspruchslos tust, was von dir und deinem Volk verlangt wird.*

Schieß los, ich bin ganz Ohr!

Ab sofort sollen deine Truppen sechs Tage lang − einmal pro Tag und immer in Sichtweite der Stadtmauer − um Jericho herumziehen.

Zum Glück haben wir Marschieren lang genug geübt, knurrt Josua. *Soviel wie mein Volk ist sicher noch keins auf Achse gewesen. − Was weiter?*

Hinter den Kampftruppen sollen sieben Priester mit sieben Posaunen und der Bundeslade hergehen.

Da wird's schon schwierig, überlegt Josua laut. *Die Bundeslade hat ein kolossales Gewicht. Allein die steinernen Gesetzestafeln wiegen — wenn nicht das Doppelte!*

Wozu hast du die israelitischen Schwellenhüter? Das sind doch durch die Bank die reinsten Preisboxer! Hinter ihnen und der Bundeslade soll sich das übrige Volk in Marsch setzen.

Und wer paßt aufs Vieh auf? fragt Josua als gewiefter Volksvater.

Die Kinder! Stell dich nicht so schwerfällig an. Du kannst dir doch wohl denken, wozu das Umkreisen der Stadtmauer dienen soll!

Klar! Wir ziehen eine Show ab!

Quatsch, Show! Der gigantische Zug wird einen ungeheuren Staub aufwirbeln und dadurch unüberschaubar sein. Die Jerichoer sind deshalb nicht in der Lage, eure Gesamtstärke auch nur annähernd zu schätzen. Hast du das kapiert? Du sollst einen richtigen Rommel, äh, Rummel entfalten!

Josua hat verstanden. *Genial! Unser GROSSER BOSS ist ein grandioser Taktiker!*

Am siebten Tag ziehst du mit sämtlichen Leuten siebenmal hintereinander um Jericho herum.

Josua sieht den Sprecher prüfend an. War das 'ne Falle? *Das wäre an einem Sonntag. Da dürfen wir laut Gesetz nicht mehr als tausend Meter laufen.*

In diesem Fall handelt es sich um einen Notstand. Da gelten Ausnahmegesetze. Ihr marschiert also siebenmal um die Stadt herum. Dabei blasen die sieben Priester ihre sieben Posaunen. Beim siebten Rundgang müssen sämtliche Marschierer ein fürchterliches Kriegsgeschrei anstimmen. Lauter noch, als die Posaunen dröhnen.

Schreien? Das können se, boßlob! Mir ist nur schleierhaft, wozu das alles gut sein soll!

Der Beauftragte des GROSSEN BOSSES beugt sich etwas vor und sagt leise, suggestiv: *Die Vibration, die Schallwellen werden so ungeheuer sein, daß die Stadtmauer einstürzen wird. Dann braucht* ihr nur über die Trümmer zu steigen und die verstörten Kleinstädter kaltzumachen.

Josua hätte noch viel zu fragen, aber der Blitzblanke ist ebenso plötzlich verschwunden, wie er aufgetaucht ist.

Seufzend gibt Josua den Israels seine Anordnungen. Er schließt mit der Warnung: *Wenn ihr in die Stadt eingedrungen seid und alles niedergemetzelt habt, untersteht euch nicht, auf eigene Faust Beute zu machen! Der GROSSE BOSS verbietet ausdrücklich das private Brandschatzen. Jedes Gramm Gold, Silber und Bronze wird am Stiftszelt abgeliefert!*

Und noch etwas: Keiner setzt den Fuß ins Haus der Hure Rahab! Sie hat unseren Spionen geholfen! Jetzt zahlen wir es ihr heim, indem wir sie weder kostenlos benutzen noch metzeln. Er richtet sich bolzengerade auf. *Stillstannnn! Im Gleichschritt — marrrrrsch!*

In einem Abstand von etwas über Bogenschußweite von der Stadtmauer setzt sich der eigenartige Zug in Bewegung. Zuerst die Kampftruppen, dann die sieben Posaunenpriester. Ihnen folgt auf den Schultern der athletischen Levis die Bundeslade. Den Schluß bildet das gemeine Volk.

Kopfschüttelnd blicken die Verteidiger Jerichos von der Mauer hinunter auf den staubenden Kreisel. Sie tippen auf Sonnenstich.

Am dritten Tag wird ihnen der menschliche Lindwurm unheimlich. Am vierten werden die ersten defaitistischen Äußerungen laut. Am fünften desertieren 37 Wächter.

Während des sechsten israelitischen Schweigemarsches werden 52 Maurer mit Nervenzusammenbrüchen und Angstpsychosen ins Lazarett eingeliefert. Selbst der König kann vor Alpträumen nicht mehr schlafen.

Als aber am siebten Tag die Belagerer gleich siebenmal hintereinander die Stadt umkreisen, kriegen sämtliche Verteidiger den Drehwurm. Längst schon haben sie zu zählen aufgehört. Es mußten mehrere Millionen Israels sein, die sich vor ihrer Palmenstadt wie Karussellesel benahmen.

Es ist fast eine Erlösung für sie, als sich gellende Posaunen mit fürchterlichem Geschrei zu einem infernalischen Krach vermischen. Das Getöse ist derart nervenzerfetzend, daß die Verteidiger ihre Waffen fallen lassen, weil sie die Hände zum Ohrenzuhalten brauchen.

Doch der Radau hat noch immer nicht seinen Höhepunkt erreicht. Der Schall steigert sich zu einer Intensität, zu einer Durchschlagskraft – ja eben: Er wird durchschlagend! Mit Donnergepolter stürzen die meterdicken Mauern Jerichos wie durch ein Erdbeben zusammen. Kein Quader bleibt auf dem anderen. Bloß das Bordellchen von Rahab hält stand.

Wer nicht von den einstürzenden Mauern und Häusern erschlagen wird, den töten die Eindringenden mit dem Schwert: Mann und Weib, jung und alt, Rindvieh, Schaf und Esel. Als alles Edelmetallische aus der Stadt geschleppt ist, geht Jericho in Flammen auf.

Josua hat an der Spitze seiner Truppen mitgekämpft. Jetzt wischt er das Blut vom Schwert und steckt es in den Gürtel zurück. Dabei läßt er seinen Blick über die Feuersbrunst, über den Totalschaden schweifen.

Das sieht ja verheerend aus! konstatiert er tief beeindruckt. Seitdem gibt es diesen Ausdruck.

58

GLÜCKLOSER KLAUT GEGLITZER

Josua 7

Nichts ist so fein gesponnen, es kommt doch raus! Der GROSSE BOSS sieht während der Einnahme von Jericho, wie ein Soldat aus dem Stamm Juda einen kostbaren babylonischen Mantel und noch etliches andere mitgehen heißt. Sogleich lodert Zorn in ihm auf, *Das sollen sie mir büßen!* wettert er. *Bei der erstbesten Gelegenheit!*

Sie bietet sich schon bald. Im Rahmen der Gebietsannektion ist als nächstes Objekt der Ort Ai — gleich links auf den Bergen — an der Reihe. Josua schickt Kundschafter aus, denn Vorsicht ist die Mutter der Tonkrugkiste.

Mag sein, den Abgesandten steckt der leichte Sieg über Jericho noch in den Knochen — als sie zurückkommen, winken sie großartig ab. *Kleiner Fisch!* geben sie an. *Dieses Ai nehmen wir im Handstreich! Zwei- bis dreitausend Mann, mehr brauchst du nicht, Josua. Der Aier sind nicht viele. Wir köpfen sie mit der linken Hand!*

Josua verläßt sich auf seine Späher. Er wählt 3000 Leute als Stoßtrupps aus und schickt sie ins Gebirge.

Pustekuchen! Die Aier haben von ihren Höhen die Rauch- und Flammensäule von Jericho gesehen und sind auf der Hut. Der israelitische Handstreich wird ein Fiasko. Die Angreifer machen auf dem Absatz kehrt und stürzen in heilloser Flucht davon.

Die Aier bleiben am Ball. In den Steinbrüchen erwischen sie die Türmer und schlagen 36 von ihnen den Schädel ein. Die anderen kommen humpelnd und blutend ins Gilgaler Lager zurück.

Der sieggewohnte Josua ist entsetzt. Er kann es nicht fassen. Mit Jericho hatte doch alles so prima geklappt!

Nachdem er seinen Scheitel mit Holzkohlenasche bestäubt hat, wirft er sich mit seinen Vertrauten vor die Bundeslade auf den Bauch und jammert: *Oh, daß wir doch jenseits des Jordans geblieben wären! Diese Blamage! Wenn das in Kanaan bekannt wird, hat uns die Bevölkerung das letztemal gefürchtet. Bald werden sie uns umzingeln und ausrotten. Und den Namen GROSSER BOSS werden sie zum Gespött machen. Oh, oh, oh!*

Als gebrochener Mann kehrt Josua in sein Stabszelt zurück. Dort hört er plötzlich die Stimme vom GROSSEN BOSS: *Ich will dir sagen, Josua, warum ich meine Hand von euch genommen habe. Während der Einnahme Jerichos hat ein Infanterist gegen meinen strikten Befehl in die eigene Tasche geplündert. Solang das unterschlagene Beutegut im*

Lager versteckt ist, werden deine Leute jeden Kampf verlieren. Das ist meine Rache für ihren Ungehorsam.

Josua richtet den Blick in die Ecke, aus der die Stimme erklingt. *Was soll ich tun?* fragt er demütig. *Wie kann ich dich besänftigen?*

Stelle fest, wer der Plünderer ist, und nimm ihm das Zeug ab. Dann statuiere ein Exempel, indem du ihn vor versammelter Mannschaft hinrichten läßt. Anschließend: Familie verbrennen!

Dann bist du nicht mehr böse?

Ich bin nie böse. Es kommt nur auf die Perspektive an, mein Lieber!

Am nächsten Tag läßt Josua zum Appell blasen. Er hat keine Ahnung, in welchem Stamm er den Privatmarodeur suchen soll. Aber dann geht es verhältnismäßig unkompliziert: Hinter den Angetretenen hängt eine Wolke, der qualmende Wegweiser, der für die Israels schon so oft Ratgeber gewesen ist.

Als Josua den Stamm Ruben scharf anblickt, kommt die Wolke rasch näher und schüttelt sich verneinend.

Die Simeonen vielleicht? Erneutes Verneinen. Erst beim Stamm Juda nickt der gewölkte Verpfeifer und bleibt heimlicher Fingerzeig.

Auf die gleiche Weise werden die einzelnen Judasippen aussortiert. Bis zuletzt nur noch das Geschlecht Sabdi übrigbleibt. Aus ihm kristallisiert sich zum Schluß ein junger Mann namens Achan heraus.

Achan läuft puterrot an, als Josua ihm den Raub auf den Kopf zusagt. Er gibt alles zu. *Der baby-baby-lonische Mantel hat mich verhext!* stottert er. *Er gli-glitzerte so!*

Und sonst hat nichts geglitzert? herrscht Josua ihn an.

Ein bi-bißchen Silber und ein klei-kleiner Barren aus Go-Gold, stammelt der Sünder. *Ich hab's in meinem Z-Z-Zelt vergraben.*

Männer eilen in Achans Wigwam, graben das unrechte Beutegut aus und bringen es ins Stiftszelt. Dann geht's ans Exekutieren. Der um Gnade Win-

selnde wird samt Familie in das Unglückstal geführt, das diesen Namen allerdings erst bekommt,
als er unter einem Haufen Steine begraben ist und
seine Familie sich in Rauch aufgelöst hat.

Um den GROSSEN BOSS auch ganz sicher wieder auszusöhnen, verbrennen sie auch noch Achans
Hornvieh, seine Schafe und Esel. Das stinkt derart,
daß das Hürchen Rahab denkt, so röchen noch nicht
mal die Rieselfelder Jerichos bei Westwind.

59

DIE AIER SCHLACHT

Josua 8

Endlich zeigt der GROSSE BOSS sich wieder von
seiner Schokoladenseite. Er rät Josua zum Groß-
angriff auf Ai. Diesmal werde es klappen. *Wenn du
tust, was ich sage, kriegst du den Aier König und
seine Leute genauso in die Hand wie im Falle von
Jerichos Fall. Hör zu!*

Während der GROSSE BOSS seinen Gefechtsplan
entwickelt, zieht eine Freude nach der anderen über
Josuas Kriegerantlitz. So begeistert ist er von der
Strategie seines unsichtbaren Befehligers.

Gleich beordert er seinen Generalstab zu sich.
Rache für Ai! grüßt er, und *Rache für Ai!* schallt es
im Chor zurück. *Steht bequem, meine Herren!* fordert Josua die Offiziere auf. Dann erläutert er ihnen
den Angriffsplan, der eigentlich eher eine Finte zu
nennen ist.

*Heute nacht ziehen dreißigtausend Mann ins Ge-
birge um Ai und legen sich dort in den Hinterhalt.
Aber so, daß die Aier nichts merken! Ich selbst
werde mit dem restlichen Heer am Tage ganz harmlos auf die Stadt zuspazieren.*

*Dann überfallen sie euch! Das ist dir hoffentlich
klar!* höhnt ein Hoher, der noch aus der alten Mili-
tärakademie mosaischer Prägung stammt.

Das sollen sie ja! Josua lächelt mild. *Freilich wer-den sie aus den Toren stürmen, um uns zu zer-schmettern. Daraufhin machen wir kehrt und ren-nen in wilder Flucht davon.*

Schon wieder! knurrt der pensionsreife Altstrei-ter.

Ruhe, zum... nochmal! Während die Aier also hinter uns herstürmen, setzen sich auf mein Zei-chen die dreißigtausend aus ihrem Hinterhalt in Marsch, besetzen die Stadt und legen Feuer. Wenn das jene sehen, die mir auf den Fersen sind, werden sie natürlich sofort umkehren, um ihr Ai zu retten. Nun setze ich meinerseits mit meinen Mannen hin-ter dem Feind her, so daß wir ihn in die Zange kriegen. Die brauchen wir dann nur noch zuzuknei-fen! Konntet ihr mir geistig folgen?

Begeistert klatschen sich die Offiziere auf alles Beklatschbare und lassen Josua hochleben. Der wehrt bescheiden ab. *Die Idee ist nicht von mir,* gibt er zu. *Sie stammt aus dem strategischen Pla-nungsbüro des GROSSEN BOSSES. Wenn wir ge-siegt haben, wollen wir ihm gleich ein paar kräftige Jungtiere opfern. — Und jetzt: ans Werk, Männer!*

Rache für Ai! dröhnt es noch mal durchs Stabs-zelt. Dann beginnt die Aier Kampagne. 30 000 best-bewaffnete Israels ziehen nach Einbruch der Däm-merung los und legen sich westlich von Ai in den Hinterhalt. Am Morgen drauf führt Josua den Rest des Heeres in Richtung Ai. Er wehrt den Männern und auch dem nachzügelnden Volk nicht, daß sie laut schwatzen und sich lachend Witze erzählen. Er will ja, daß ihn die Aier hören.

Das tun sie auch. Als der König von Ai die Staub-wolke das Tal hochkommen sieht, schüttelt er mit-leidig den Kopf. *Das müssen Schwachsinnige sein! Haben die noch nicht genug?* Er läßt zum Sammeln trommeln und die Stadttore öffnen.

An der Spitze seiner nicht sehr zahlreichen Wehr-männer eilt er den Angreifern entgegen. Der leichte Sieg, bei dem nur die Israels Verluste zu beklagen hatten, hat sein Hirn umnebelt. So findet er es auch völlig in Ordnung, als die Angreifer vor ihm davonlaufen. Mit seinen Aiern und triumphierenden Kampfrufen setzt er hinterher.

Auf diesen Augenblick hat Josua gewartet. Rasch gibt er seinen 30 000 Hinterhältlern das Zeichen zum Angriff. Sie stürmen wie die Feuerwehr los, besetzen im Handumdrehen die unbemannte Stadt, treiben alles Vieh aus den Toren, werfen das wertvollste Beutegut über die Stadtmauer und stecken sämtliche Häuser in Brand.

Mein Ai brennt! schreit der Aier König und erblaßt. *Zuuurüüück!* Seine sonst recht faulen Aier rasen den Berg hoch, daß die Funken stieben.

Haaalt! ruft Josua seinem wunschgemäß flüchtenden Haufen zu, als er die schon so gut wie verlorenen Aier umkehren sieht. *Genug geblufft! Rauf auf 'n Berg und nichts wie druff!*

Gemeinsam mit den aus der brennenden Stadt stürmenden Dreißigtausend umzingeln sie den Gegner und töten alle Aier. 12 000 Weiblein und Männlein. Nur den König trifft kein Schwertstreich. Er hat sich als Etappe etabliert und hinter einem Baum versteckt. An dem er deshalb auch aufgehängt wird. Das große Aier Suchen ist zu Ende.

60

TABULA RASA NACH ART DES HAUSES

Josua 8, 9

Was Josua verspricht, das hält er auch. Er läßt sofort nach dem siegreichen Aier Tanz einen Altar bauen, ein Riesending aus unbehauenen Steinen, wie das Gesetz es bestimmt. Auf ihm bringt er mit seinem Volk Brand- und Dankopfer dar, in der Hoffnung, daß der GROSSE BOSS nicht gerade in einem anderen Erdteil zu tun hat. Anschließend müssen die Kinder Israels noch einmal sämtliche mosaischen Gesetze über sich ergehen lassen.

Die Gedächtnisauffrischung dauert so lange, daß inzwischen die Könige aller anrainenden Länder von der Aier Schlacht erfahren. Auch die Bürger von Gibeon. Um einem Angriff der Unbesiegbaren vorzubeugen, greifen sie zu einer List. Schließlich haben die Eindringlinge diese Methode ja nicht gepachtet.

Eine Handvoll Gibeonen wird zu Delegierten erklärt. Sie legen ausgediente Schabracken auf ihre Esel, packen geflickte, alte Wasserschläuche auf die Lastesel, ziehen zerrissene Sandaletten an und sammeln steinharte Brotkrusten für eine Reise zu Josua.

Als sie im Lager der Israels ankommen, möchte ihnen mancher etwas schenken, so armselig sehen sie aus. Außerdem hatte man es ja! Es regnete schon lange kein Manna mehr auf die Sträucher. Aus den einstigen Fürsorgeempfängern sind längst Selbstversorger geworden.

Wer seid ihr? fragt Josua die fremden Besucher. Wenn das Scherflein schon gängige Münze wäre, würde er jedem eins schenken. *Woher kommt ihr?*

Von sehr weit, Herr General, lügen sie. *Schau dir unser Zeug an! Als wir zu Hause losgeritten sind, war alles nagelneu. Jetzt kommen wir uns wie Landstreicher vor. Fühl mal unser Brot an. Das haben wir ofenwarm mitgenommen!*

Ihr Armen! sagt Josua weichherzig. *Warum habt ihr die weite Reise überhaupt gemacht?*

Wir haben in unserer fernen Heimat von all den tollen Dingen gehört, die euer GROSSER BOSS mit euch gemacht hat: die Ägyptenflucht, die Flußbettenschlacht und wie ihr Jericho und Ai fertiggemacht habt. Das hat uns so imponiert, daß man uns zu dir schickt, damit wir einen Nichtangriffspakt mit dir abschließen. Was hältst du davon, Herr General?

Ich bin kein General, untertreibt Josua. *Ich bin nur der Oberkommandierende. Was den Pakt betrifft — wozu, frage ich mich. Dort, wo ihr wohnt, kommen wir nie hin. Unser GROSSER BOSS hat die Grenzen genau festgelegt, innerhalb derer wir Tabula rasa machen sollen.*

Tabula rasa? Was ist das?

Josua lächelt gönnerhaft. *Ich will es euch an ei-*

nem Beispiel erklären. Was macht ihr als erstes, wenn ihr auf einem unbeackerten Feld etwas aussäen wollt?

Wir reißen das Unkraut aus und pflügen den Boden um.

Seht ihr, das ist Tabula rasa auf israelitisch. Das Rezept stammt vom GROSSEN BOSS persönlich. Aber weil wir grad so nett miteinander plaudern — meinetwegen, schließen wir einen Pakt. Ich tu euch nichts! Meine Hand drauf!

In seiner Siegerlaune vergißt er leider, den GROSSEN BOSS zu fragen, ob er mit seinem Versprechen einverstanden ist. Das ist dieser nämlich ganz und gar nicht. *So was Dämliches ist mir noch nicht vorgekommen! Immer diese Selfmademan-Allüren! Na warte!* grollt er.

Nachdem die zerlumpten Vertragspartner wieder in die ferne Heimat abgereist sind, gibt Josua erneut das Zeichen zum Aufbruch: *Der Siegeszug geht weiter, Freunde!*

Drei Tage später liegt das nächste Angriffsziel vor ihnen. Späher erkunden, daß es sich um die Stadt Gibeon handelt. Und dort — dort sehen sie die ,weitgereisten‘ Nichtangriffspaktierer in Hausschuhen beim Wein sitzen.

Das angriffslustige Volk von Israel gerät in maßlose Wut. Erstens gegen Josua und ihre Stammesobersten, die den Pakt gebilligt und mit unterschrieben haben. Zweitens, weil sie wissen, was auf Eidbruch steht. Andererseits, die Stadt gehört in ihr Aufmarschgebiet. Wie konnte man das eine lassen und doch das andere tun?

Durch Parlamentäre läßt Josua die Männer, mit denen der voreilige Vertrag geschlossen wurde, zu sich ins Lager bitten. Er empfängt sie mit eisiger Miene. *Ihr habt mir vorgelogen, daß ihr von weither kommt. Nun finde ich euch mitten in unserer zukünftigen Heimat wieder. Was mach ich jetzt mit euch? Am besten, ich verfluche euch!*

Tu, was du nicht lassen kannst, antwortet der Sprecher der Lügenbolde. *Aber du solltest auch uns verstehen. Als wir hörten, daß euch euer GROSSER*

*BOSS unser Land versprochen hat, mußten wir be-
fürchten, ihr würdet uns genauso vom Erdboden
vertilgen wie alles, das euch auf eurem Vormarsch
im Weg gestanden hat. Aus purem Selbsterhaltungs-
trieb haben wir dich getäuscht, damit uns dein
Tabu, dein Tabu —*

Er hat den rücksichtslosen Reinigungsbegriff vergessen, dafür aber einen neuen gefunden, den Josua sofort aufgreift.

*Ganz recht, ihr seid tabu durch unseren Kontrakt.
Das bedeutet aber nicht, daß ihr ungeschoren da-
vonkommt. Wir löschen euch zwar nicht aus, aber
ich erniedrige euch zu einem Volk von Holzfällern
und Wasserholern.*

*Ich kann am Holzhacken und Wasserholen nichts
Erniedrigendes finden,* murmelt der älteste der Gibeonen.

Josua muß ihm insgeheim recht geben. Ohne einen
Fuß in die Stadt zu setzen, kehrt er mit der Armee
ins Hauptlager nach Gilgal zurück.

Außer Spesen nichts gewesen...

61

SONNE, STEH STILL ZU GIBEON

Josua 10

Zu dieser Zeit ist ein gewisser Adoni-Zedek König von Jerusalem. Er hört als erster von dem
Trick der Gibeonen. Weil Gibeon keine Kleinstadt,
sondern eine große Königsstadt ist, die jetzt mitten
im besetzten Gebiet liegt, schickt er eilige Post an
sämtliche befreundete Herrscherhäuser. Wenn man
nicht sofort handelte, ging es einem schließlich noch
wie Jericho und Ai.

Seine vier Königsfreunde begreifen sofort. Sie
mobilisieren alle wehrfähigen Männer und ziehen,
vereint mit dem Jerusalemer Heer, auf Gibeon zu.
Sie wollen die mit dem Feind kollaborierende Bevölkerung mit Waffengewalt zur Räson bringen.

Im letzten Augenblick gelingt einem unerschrok-
kenen Gibeonen der Ausbruch aus der belagerten
Stadt. Wie ein vom Teufel Verfolgter galoppiert er
nach Gilgal. Dort fällt er vor Josuas Stabszelt halb-
tot vom Esel. *Hilfe, General!* ächzt er. *Fünf Könige
belagern Gibeon, um uns dafür zu bestrafen, daß
wir zu dir übergelaufen sind!* Mehr kann er nicht
lallen. Freund Hein hat ihn samt Langohr kassiert.

Josua fackelt nicht lange. So 'ne günstige Gelegenheit kam bestimmt nicht so bald wieder: fünf
Könige im Skat! Trotzdem scheint es ihm geraten,
erst mal beim GROSSEN BOSS rückzufragen. Sonst
trat man womöglich wieder ins Fettnäpfchen, von
denen in allen Ecken welche aufgestellt scheinen.

Geht in Ordnung, beruhigt der GROSSE BOSS
den Rückversicherer. *Ich geb dir die fünf Majestä-
ten mit sämtlichem Zubehör in die Hand. Sie haben
nicht die geringste Chance gegen dich.*

Noch in derselben Nacht zieht das gesamte israelitische Heer in Eilmärschen auf Gibeon zu, wo es
den Gegner in einem einmaligen Blitzkrieg vernichtend schlägt. Wem die Flucht glückt, dem gibt der
GROSSE BOSS persönlich den Rest: Er schickt
einen Hagelsturm auf die Köpfe der Fliehenden
herunter, daß es sich anhört, als schwärmten Millionen wütender Bienen. Es sind absolut tödliche
Hagelkörner. Manche sind so dick wie Honigmelo-
nen. Nur nicht so süß.

Von Anbeginn an steht Josua wie eine Eins im
Kampfgetümmel. Als Schlacht und Verfolgung schon
viele Stunden andauern, ruft er lauthals über den
Kriegsschauplatz: *Sonne, steh still zu Gibeon!* Denn
von Galileo Galilei kann er nichts ahnen.

Die Sonne bleibt stehen, bis der Gegner restlos
am Boden zerstört ist. Nie wieder geschieht es, daß
der GROSSE BOSS auf die Stimme eines Menschen
hört. Jedenfalls so nicht...

Nachdem Josua mit seinen Mannen nach Gilgal
zurückgekehrt ist, erfährt er zu seinem Leidwesen,
daß als einzige ausgerechnet die fünf Könige mit
dem Leben davongekommen sind. Ein gründliches
Suchen hebt an.

Tatsächlich werden die Flüchtlinge gefunden.

Feige hatten sie sich in eine Höhle verkrochen. Gefesselt werden sie ins Lager transportiert, wo Josua seine Helden auffordert, einmal kurz den Fuß auf den Nacken eines Königs zu setzen.

Als dem waidmännischen Brauch Genüge getan ist, werden die fünf Potentaten an fünf Bäumen befestigt, bis sie ihr Gewicht nicht mehr spüren. Rhythmisch pendeln die Leichen im Abendwind. Wie Johannisbrot am Treberbaum.

62

DIE BEVÖLKERUNG HATTE VERLUSTE

Josua 10—24

Josua erobert Makkeda. Niemand bleibt am Leben; auch der König nicht. — Er erobert Libna. Niemand kommt davon; auch der König nicht. Wie in Makkeda. — Er erobert Lachis. Keine Überlebenden; kein König. Siehe Libna. — Hebron, siehe Lachis. — Debir, siehe Hebron.

Josua erobert nach und nach fast das ganze Land: auf dem Gebirge und im Süden, im Hügelland und an den Abhängen, von Kades bis Gaza, von oben bis unten, von links bis rechts, von Hinz bis Küster. Und die Ebenen am Libanon gleich mit.

Keiner bleibt am Leben, der eine Hand wider Josua hebt. Doch statt nachzugeben, beißen 31 Könige lieber ins Gras, beziehungsweise schwimmen den Jordan runter. Bildlich gesprochen.

Anschließend beginnt die große Landaufteilung. Häufig muß Josua das Los entscheiden lassen; er kann nicht jeden Stammeswunsch berücksichtigen. Der eine möchte lieber in der Ebene, der andere gern im Gebirge siedeln. Aber zum Schluß bekommt er sie doch alle unter einen Hut. Endlich, endlich herrscht Frieden im Land! Die Witwenschleier werden langsam kürzer.

Aus Dankbarkeit, daß der GROSSE BOSS alles

erfüllt hat, was er Abraham, Isaak und Jakob-Israel versprochen hatte, errichtet Josua in Sido endgültig – vorerst jedenfalls – das Stiftszelt. Dabei kommt ihm per Zufall ein alter, ziemlich verwitterter Sarg unter die Finger. Er enthält Josephs morsches Gebein.

Donnerlittchen, denkt Josua schuldbewußt, den haben wir doch tatsächlich vergessen in der Eile! Nichts wie nach Sichem! Dort mußte einst der alte Jakob ein teures Stück Acker zurücklassen, weil seine Söhne Simeon und Levi wegen ihrer genotzüchtigten Schwester die halbe Stadt ausrotteten.

Aber wie das so geht, bevor Josua sich mit den Überresten Josephs in Marsch setzen kann, ereilt ihn selbst der Tod. Er stirbt mit 110 Jahren als einer der siegreichsten Heerführer, die Israel je gehabt hat. Das müssen selbst seine ärgsten Feinde zugeben.

Ein paar tausend Jahre später werden die Neger in einem gewissen Amerika singen: ‚Joshua fit the battle of Jericho…'

63

EIN KÖNIG WIRD BÄUCHLINGS ERMORDET
Richter 1–3

Nachdem Josua beerdigt und Josephs Gebeine beigesetzt sind, legt sich Aarons Sohn Eleasar zum Sterben nieder. Damit sind die Israels ohne die Autorität wirklich weiser Köpfe, obwohl noch keineswegs das ganze Land in ihrer Hand ist. Viele befestigte Städte sind noch nicht eingenommen.

In ihrer Ratlosigkeit fragen die Kinder Israels den GROSSEN BOSS nach seinen Plänen. Doch nur wenige der ihnen angeratenen Unternehmungen sind erfolgreich. Es fehlt die einheitliche Führung. Auch sterben die Leute durch das Wohlleben früher als früher.

Eines Tages ist eine Generation relevant, die kaum noch etwas von den Großtaten der Ahnen weiß und den GROSSEN BOSS für einen Bilderbuchweihnachtsmann, sprich Märchenfigur, hält. Weil sie überdies mitten unter fremden Göttern, Sitten und Bräuchen aufwächst, kommt es schließlich so weit, daß sie die Götzen der Einheimischen anbetet. Den Baal zum Beispiel. Und Astarte natürlich, die Göttin der Fruchtbarkeit und Sinneslust. Sie hat um so größeren Zulauf, als in ihren Tempeln religiöse Hürchen und Tüntchen reichlich zu Diensten stehen.

Wen wundert es, wenn dem GROSSEN BOSS die Hurerei und die Abgötterei derart mißfallen, daß er seine schützende Hand von den Israels abzieht! Die Genüßlinge müssen alsbald Schlappen über Schlappen einstecken. Von denen sie freilich nur noch schlapper werden.

Manchmal allerdings, wenn der GROSSE BOSS seine mitleidige Stunde hat, sucht er einen gescheiten Mann von alttestamentarischem Geist aus und ernennt ihn zum Richtungsweiser, kurz: zum Richter.

Doch die Israels wollen sich gar nicht helfen lassen! Die Baale und Astarten sind viel amüsanter als der GROSSE BOSS, der immerzu straft und bei dem man vor Angst in die Hosen scheißt. Wenn sie wirklich mal auf einen Richter hören, dann gerade die 40 Jahre lang, die er lebt. Kaum ist er tot, geht's wieder los: rin in den Tempel, raus aus dem Puff. Viele Jahrzehnte über beißt sich die Schlange immer wieder in den Schwanz.

Nun könnte der GROSSE BOSS das leicht ändern. Er brauchte die ständige Versuchung nur abzustellen, indem er die einheimische Bevölkerung liquidiert. In seinem Plagenverzeichnis hat er noch eine ganze Menge Horror. Aber das tut er nicht.

Weil diese Bande meine Gesetze mit Füßen tritt, sollen die Völker, die Josua bei der Inbesitznahme Kanaans übriggelassen hat, ihr Prüfstein sein. Entweder beißen sie sich die Zähne daran aus, oder sie kehren um auf ihrem zügellosen Lasterpfad. Dann können sie die Prüfsteine leicht zwischen den Fingern zermalmen.

Aber wem nicht zu raten ist... Eines Tages hält ein König namens Eglon die Zeit für reif, den eingedrungenen Israels eins zu verpassen. Mit einem großen Heer besiegt er sie bei Jericho und macht sie sich untertan. Achtzehn Jahre lang müssen sie die mieseste Arbeit verrichten. Und, gucke da, plötzlich besinnen sie sich wieder auf den GROSSEN BOSS.

Der so lange und sträflich Vernachlässigte hört sich das Gejammer eine Weile mit an, dann dauern ihn die Geknechteten. Er sucht ihnen einen neuen Richter. Nach sorgfältiger Prüfung entscheidet er sich für den strebsamen Ehud aus dem Stamme Benjamin. Er ist zwar Linkshänder, aber was soll es. Dem Beutel mit dem monatlichen Tribut für den König ist es jedenfalls egal, wie er geschleppt wird.

Was kleinere Stichwaffen betrifft, ist das anders. Als wieder mal Ultimo ist, schärft Ehud vor seinem Gang in den Palast seinen Dolch und steckt ihn rechts unter der Jacke in den Gürtel. Bei der Waffenkontrolle am Tor lüftet er lässig sein Jackett links, und die Palastwache läßt ihn passieren.

Nachdem er dem König den Beutel mit dem Tribut ausgehändigt hat, bittet er den Monarchen um ein Gespräch unter vier Augen. *So was Wichtiges hast du mir zu sagen?* Der drei Zentner schwere König schickt Kassierer und Personal aus dem Thronsaal. *Schieß los!* fordert der Fettwanst ungeduldig, als der Richter zögert.

Mit Schießen ist nischt, sagt Ehud mit belegter Stimme. *Ich bin mehr fürs Lautlose!* Er reißt den Dolch mit der Linken von der rechten Hüfte und jagt ihn Seiner Majestät bis zum Griff ins Bauchfett. Dann schließt er den Thronsaal von innen ab und verschwindet durch ein Fenster ins Freie.

Als die Kassierer und die Dienerschaft neugierig wiederkommen, um zu erfahren, was der Hebräer Vertrauliches mitzuteilen hatte, finden sie die Saaltür verschlossen. *Vielleicht thront er gerade,* mutmaßt ein Lakai.

Majestät sitzt immer auf dem Thron! verweist ihn der Oberkämmerer. Aber der Lakai hat einen profaneren Stuhl gemeint.

Mit Brachialgewalt wird die Tür aufgebrochen. Lächelnd sitzt der König auf seinem kostbaren Thron. Beim Näherkommen sieht das Lächeln ein bißchen gezwungen aus. So als habe Majestät die Maulsperre. Dann entdecken die Domestiken die Fettflecken auf dem Teppich. Sie sehen sehr rot aus.

Bevor die Mordkommission mit ihrer Arbeit zu Ende ist, kommt schon eine neue Hiobsbotschaft. Oder besser: Schrecksekunde; Hiob kriegen wir später.

Der zum Hinrichter gewordene Richter Ehud hat die Chance der Stunde genutzt und das Volk zusammenposaunt. *Der König ist tot! Mir nach!*

Unter seinen unentwegten Anfeuerungsrufen gelingt es den versklavten Israels, 10 000 Moabiter zu töten.

Wo kein König ist, ist eben ein Richter!

64

ORA ET DEBORA
ODER NÄGEL MIT KÖPFEN

Richter 4

Kommt Zeit, kommt Eisen. Der kanaanäische König Jabin hat sich 900 eiserne Streitwagen zugelegt. Ihr Kommandant ist Hauptmann Sisera. Er würde nie aktenkundig werden, wenn die Israels nicht wieder rückfällig geworden wären.

Maßlos enttäuscht, ja rasend vor Zorn hat der GROSSE BOSS seine untreuen Auserwählten deshalb in die Hand des obengenannten Herrschers fallen lassen. Zwanzig Jahre lang zahlen sie sich nun schon dumm und dämlich an Tribut. Da versucht's der GROSSE BOSS noch einmal mit seinen liebsten Sündern.

Diesmal wählt er eine Frau zur Richterin über sie aus: Debora. Unter der Deborapalme auf dem Ephraimgebirge spricht sie Recht. Doch der GROSSE BOSS bedient sich ihrer auch als Mittelsfrau.

Ich habe einen Befehl des GROSSEN BOSSES für dich! sagt Debora zu Barak, einem zuverlässigen Naphthaliner. *Du sollst einen Krieg gegen Hauptmann Sisera machen. Sammle zehntausend Freiwillige und marschiere mit ihnen zum Bach Kison. Dort wird dir unser BOSS den Sisera und seine Armee in die Hand geben.*

Gern, sagt Barak, *aber nur, wenn du mit von der Partie bist! Allein möchte ich lieber die Finger davon lassen.*

Debora sieht ihn sinnend an. *Na schön, ich werde dich begleiten. Aber ich sage dir schon jetzt — nicht dich wird der Siegeslorbeer krönen, sondern das Lockenhaupt einer schönen Dame.*

Du bist doch gar keine — ich meine, du hast doch gar keine Locken!

Wer spricht von mir? Hauptmann Sisera fällt durch eine andere zarte Frauenhand! Was es mit dieser Zartheit auf sich hat, wird sich noch herausstellen. Vorerst einmal geschieht alles wie angeordnet: Barak sammelt die Freiwilligen, Debora schließt sich der Truppe an.

So was bleibt natürlich nicht unbemerkt. Das Geschwätz hat eine geflügelte Zunge. Auch hierzulande. Als Hauptmann Sisera davon erfährt, läßt er die Achsen seiner eisernen Kampfwagen mit Olivenöl schmieren und rollt vor seiner fröhlich singenden Fußtruppe mit siegessicherer Miene in Richtung Bach Kison.

Auf dem benachbarten Berg Tabor lagern bereits die Zehntausend von Barak. *Die Gelegenheit ist günstig; verricht es!* sagt Debora zu ihm. *Wenn der Sisera euch herunterstürmen sieht, denkt er, ihr seid vom Himmel gefallen.*

Alles geschieht, wie es Debora voraussagte. Die Überraschungstaktik des GROSSEN BOSSES bewährt sich erneut: Als die Gegner wie ein massiver Steinschlag vom Berg kullern, geraten Sisera und seine Mannen in Panik. Sie haben den Feind von vorn erwartet.

Das Schlachtfest wird fürchterlich. Sisera bringt sich als einer der ersten in Sicherheit. Während seine Leute fast restlos niedergemacht werden, flieht er weit über seinen Standort hinaus. Er hätte es sicher bis ins Ausland geschafft, wenn er in seinem Leben weniger Streitwagen gefahren wäre.

So macht er, mit Blutblasen an den Haxen, erschöpft bei einem Zelt halt. *Hauptmann Sisera,* stellt er sich der Besitzerin vor.

Angenehm, Jaël. Mein Mann ist gut Freund mit deinem König. Komm rein und ruh dich ein bißchen aus! Mit rätselhaftem Lächeln nötigt sie ihn auf eine Schilfmatte und deckt ihn zu. *Hast du noch einen letzten Wunsch? Vorm Einschlafen, meine ich?*

Wasser, hechelt der Hauptmann. Wegen seiner Fußmarschmaroditis gibt ihm die Zeltfrau einen halben Liter Milch aus dem Sahneschlauch zu trinken. Sisera speichelt dankbar. Dann bittet er: *Geh wieder vors Zelt, Jaël, und sag zu jedem, der nach mir fragen sollte, ich sei nicht da, ja?*

Jaël verspricht es lächelnd. Sisera rollt sich todmüde auf die Seite. Als er tief vor sich hin schnarcht, holt die Gastgeberin einen Holzpfahl. Sie spitzt ihn sorgfältig mit dem Beil an. Dann setzt sie die Nagelspitze auf die Schläfe des Schlafenden. Dreht das Beil um. Und nagelt mit dem stumpfen Ende den Hauptmannsschädel auf dem Zeltboden fest.

Bald darauf erscheint Barak. Er hat die Spur des flüchtigen Heerführers mit Fährtenhunden verfolgt. Jaël ruft ihm schon von weitem zu: *Hierher! Ich weiß, wen du suchst. Ich hatte ihn unterm Hammer.*

So demütigt der GROSSE BOSS den König Jabin vor den Kindern Israels. Er macht eben Nägel mit Köpfen.

65

TAUGLICH IST, WER LECKEN KANN

Richter 6—8

Es ist nicht zu fassen! Nach dem Sieg über Hauptmann Sisera — und damit über dessen König und Land — geben die Israels zwar 40 Jahre lang Ruhe, doch sofort nach Baraks und Deboras Tod hauen sie wieder dermaßen über die Stränge, daß der GROSSE BOSS erneut zur Knute greifen muß.

Diesmal läßt er die Leute aus Midian — von deren Vorfahren einst Uraltpräsident Mose sein Vögelchen Zippora zur Frau bekam — über seine mißlichen Lieblinge herfallen. Sieben Jahre stöhnen sie unter ihrer Geißel, verstecken sie sich in Höhlen und unzugänglichen Felsschluchten. Trotzdem schnappen ihnen die Midianer oft die Ernte vor der Nase weg. Dem Vieh müssen sie die Mäuler zuhalten, damit ihr Gemuh und Gemäh sie nicht verrät, wenn die Kamelreiter herumschnüffeln.

Eines Tages erreicht das Wehklagen der Israels eine solche Phonstärke, daß es dem GROSSEN BOSS peinlich wird und er mal wieder zu helfen beschließt. Er schickt einen Eilkurier zu Vater Joas in der Nähe von Ophra. *Wohnt hier Gideon?* kommt der gleich zur Sache.

Vater Joas sitzt im Schatten einer Eiche und blinzelt verstohlen zur Traubenkelter hinüber, in der sein jüngster Sohn, besagter Gideon nämlich, gerade heimlich Getreide drischt. Ohne derlei Tricks wäre man längst verhungert.

Mit wem habe ich das Vergnügen? fragt Joas den Fremden mißtrauisch.

Ich bringe Post vom GROSSEN BOSS. Der Kurier wendet sich der Kelter zu. *Schalom, tapferer Held!* grüßt er den jungen Mann.

Held ist gut! grinst Gideon. *Du willst mich wohl auf 'n Arm nehmen!*

Nichts liegt mir ferner. Ich habe eine Botschaft des GROSSEN BOSSES an dich: Du sollst das Volk Israel aus den Händen der Midianiter erretten.

Wenn's weiter nichts ist! frotzelt Gideon. Dann wird er ernst. *Schau mich mal an! Wie kann ein so junger Spund ein ganzes Volk erretten? Außerdem sind wir die kleinste Sippe unter allen Manasses. Such dir lieber einen anderen.*

Darüber habe ich nicht zu bestimmen. Ich soll dir nur bestellen, daß der BOSS mit dir sein wird und du deshalb die Midianiter schlagen wirst wie einen einzigen Mann!

Gideon legt nachdenklich den Dreschflegel aus der Hand. Der Kurier — wenn er einer war! — machte einen ganz vernünftigen Eindruck. Trotzdem, besser man war nicht gleich Feuer und Flamme. *Wie wär's, Fremder, wenn du mir einen kleinen Beweis für deine Behauptungen geben würdest? Es treiben sich viele Asoziale in der Gegend rum.*

Der Kurier verübelt dem Jüngling die Bedenken nicht. Er fordert ihn auf, einen Ziegenbock zu schlachten und ihn mit etwas Brot auf einen nahen Felsen zu legen.

Gideon bringt, obwohl man selbst arm an Vieh ist, das Opfer. Hier ist es wirklich eins.

Als Fleisch und Brot auf dem Felsen liegen, verlangt der Kurier: *Gieß die Fleischbrühe drüber!* Auch das tut Gideon. Und dann erlebt er eine Überraschung: Der Kurier tippt mit seinem reich verzierten Knotenstock an den Felsen, eine Flamme zischt auf und verbrennt Fleisch und Brot im Nu.

Das genügt Gideon als Beweis. Widerspruchslos befolgt er einen kleinen Zusatzauftrag des GROSSEN BOSSES: Er stürzt noch in derselben Nacht das steinerne Bildnis eines Baalgötzen um und macht aus der Holzplastik einer Astarte ofenfertiges Brennmaterial.

Dieser Altarfrevel ist für ihn die beste Publicity. Überall spricht sich seine kühne Tat herum. Dadurch gelingt es ihm verhältnismäßig rasch, ein Heer von 32 000 Mann auf die Beine zu stellen. ‚Lever dod as Slav!' ist ihr Kampfruf. Natürlich auf hebräisch.

An der Spitze seiner Armee marschiert Gideon bis zur Quelle des Harad, in deren Nähe die Midianer ihr Hauptquartier aufgeschlagen haben. Während seine Krieger einen gesunden Nachtschlaf tun, meldet sich der GROSSE BOSS bei Gideon: *Wieviel Männer hast du bei dir?*

Kleine zweiunddreißigtausend, antwortet der Jüngling.

Das ist nicht gut, sagt der GROSSE BOSS nachdenklich. *Wenn du mit soviel Soldaten die Midianiter besiegst, wird es heißen, der Sieg sei allein deiner Übermacht zu verdanken. Von meiner Mitwirkung wird nicht die Rede sein.*

Was soll ich deiner Meinung nach tun? fragt Gideon, dem der Einwand einleuchtet.

Führe den Männern morgen früh noch mal deutlich die Gefahr vor Augen. Mache ihnen Angst und stelle jedem frei, die Uniform auszuziehen beziehungsweise das Schwert niederzulegen und heimzukehren.

Das tut Gideon dann auch am nächsten Tag. 22 000 nutzen die Gelegenheit zur ehrenhaften Quittierung des Dienstes mit der Waffe. Bleiben immerhin noch 10 000. Um diese wieder zu sichten und zu lichten, hat sich der GROSSE BOSS etwas Originelles einfallen lassen.

Führe die Männer runter zum Bach und laß sie trinken. Wer den Kopf übers Wasser beugt und mit der Zunge schleckt wie ein Hund, den behältst du. Die aus der hohlen Hand trinken, schick allesamt nach Hause. Sie haben zwar Manieren, aber die Urwüchsigen sind rücksichtsloser. Mit denen wirst du die Midianiter schlagen!

Die seltsame Trinkprobe findet statt. 300 saufen das Wasser wie gierige Hunde. Mit diesem kleinen Häufchen soll Gideon den Feind vernichten? Nun, der GROSSE BOSS ist zum Glück auch noch da!

Mitten in der Nacht weckt er Gideon: *Unten in der Ebene lagern deine Feinde. Schleich zu ihren Zelten und belausche sie. Vielleicht nimmst du deinen Burschen mit, den Pura. Vier Ohren hören mehr als zwei. Wenn du wieder zurück bist, wirst du eine Kraft in dir spüren, eine Kraft —*

Das hört Gideon schon nicht mehr. Er schleicht

bereits. Auch sein Bursche Pura schleicht. Wie Indianer — von denen selbst reisende Inder nichts wissen — schleichen sie ins Lager der Midianer und belauschen im Schutz eines Zeltes die Unterhaltung zweier Wachtposten.

Denk dir bloß, sagt der eine, *mir hat geträumt, ein riesiger Laib Brot rollt vom Berg runter und haut das ganze Zelt in Klump!*

Das bedeutet nichts Gutes! antwortet der andere furchtsam. *Der Brotlaib — damit sind sicher die Leiber der Israels gemeint. Und das Zelt, das im Eimer ist, kann nur bedeuten, daß wir alle von ihnen zur Sau gemacht werden. Weißte was? Wir hauen ab, bevor es zu spät ist!*

Sag den anderen Posten Bescheid, stimmt der Träumer zu. *Ich hol nur noch meinen Tornister mit dem Beutegold.*

Bring meinen Beutebeutel auch mit! Die beiden Wachtposten gehen in verschiedenen Richtungen davon.

Ungesehen erreichen Gideon und Pura wieder das eigene Lager. Leise rütteln sie die 300 Leckschnäuzigen wach. *Jetzt oder nie, Männer!* flüstert Gideon tatendurstig. *Die Wachtposten haben das Hasenpanier ergriffen!*

Die Verschlafenen wissen zwar nicht, was ein Hasenpanier ist, weil Meister Lampe bei ihnen Küchenverbot hat, anscheinend aber nichts Unerfreuliches. Rasch holt sich jeder aus dem Haufen Kriegsgerät, den die Ausgemusterten dagelassen haben, eine Posaune, einen Krug und eine Fackel. Dann warten sie weitere Befehle ab.

Zündet die Fackeln an und legt sie in die Krüge, damit man ihren Schein nicht sieht. Wenn ich euch nachher das Zeichen gebe, zerschlagt ihr die Krüge, holt die Fackeln heraus und stoßt dazu aus voller Lunge in die Posaunen. Die ahnungslosen Midianer werden bei dem Krach denken, wir sind Legion, und sich nicht mal Zeit zum Anziehen lassen. Mit den Hosen in der Hand werden sie türmen! Ihr braucht nur rund ums Lager fackelschwingend Posaune zu blasen und zwischendurch zu rufen: ‚Für den GROSSEN BOSS und Gideon!' Von mir aus könnt ihr meinen Namen auch weglassen. Ich bin nicht eitel.

Die Schlacht wird zu einer der kuriosesten der Geschichte. Mitten aus süßen und weniger schmackhaften Träumen aufgeschreckt, sehen die Midianer rund um ihr Lager lodernde Fackeln. Hören dreihundert Posaunen gellen — wo sie selbst nur zwölf im ganzen Heer haben —, dazu das Geschrei! Wo aber steckte der böse Feind?

Hier! schreit einer, der einen Schatten um die Zeltecke biegen sieht. Er sticht ihn nieder, ohne zu merken, daß es einer seiner Kameraden ist. Bald schlagen alle Midianer munter aufeinander ein. Sie metzeln sich gegenseitig nieder, ohne lange zu fakkeln wie die Israels.

Nach diesem Suggestivsieg holen die urwüchsigen Wassertrinker die 31700 Heimgeschickten zurück, setzen mit ihnen hinter den Fliehenden her und üben grausame Vergeltung. Auch die beiden midianischen Generäle Rabe und Wolf — Oreb und Seeb — fallen ihnen in die Hände und werden kurz einen Kopf kürzer gemacht. Oreb sinnigerweise am Rabenfelsen, Seeb bei der Wolfskelter. Man kann's natürlich auch umgekehrt betrachten.

Nachdem Gideon flink noch die beiden Könige der Besiegten aus persönlichen Gründen persönlich erschlagen hat, ist der junge Feldherr der ungekrönte König der Israels. Was liegt daher näher, als daß sie ihn auch offiziell zu einem solchen machen?

Gideon, großer Held, macht sich einer zu ihrem Sprecher, *bitte herrsche über uns Unbeherrschte! Begründe die erbliche Dynastie der Könige Gideon. Du werde Gideon der Erste, dein Sohn Gideon der Zweite, dein Enkel Gideon der Dritte und so weiter.*

Gideon ist zwar schon Vater, winkt aber trotzdem ab. *Danke für Backobst! Wenn überhaupt einer in der Lage ist, euch zu beherrschen, ist es der GROSSE BOSS! Mich verschont mit einem so anstrengenden Geschäft. Ich gedenke es mir am häuslichen Herd gemütlich zu machen und mindestens siebzig Kinder zu zeugen. Mit mehreren Frauen natürlich. Jetzt*

stehen mir ja alle offen, besonders wenn ihr brav
sämtliche erbeuteten goldenen Schmuckstücke an
mich abliefert!

Das geschieht, doch statt die eingehenden 20 Kilo
Gold in seinem Privatsafe zu deponieren, wie jeder
insgeheim annimmt, läßt Gideon den Schmuck ein-
schmelzen und einem Ephod daraus herstellen.

Was das ist, ein Ephod? Ein Ephod ist ein Leibrock! Und dieses merkwürdige Denkmal stellt der
Held der Antination in seinem Heimatort Ophra auf.

Leider erkennen seine Fans den musealen Zweck
nicht. Sie knien vor dem Ding nieder, um es anzu-
beten. So wird aus den goldigen Souvenirs eine
Trophäe, aus der Trophäe ein Maskottchen, aus dem
Maskottchen ein Baal. Und weil vom Leibrock zur
Leibesübung kein allzu weiter Weg ist, versüßen
auch bald wieder Tempelsüße den Götzendienst.
Ohne – Ephod!

66

69 AUF EINEN STREICH

Richter 8, 9

Gideon hat auf seine Inthronisation als König
verzichtet. Vielleicht produziert er deshalb eine
so zahlreiche Nachkommenschaft. Weil er genug
Zeit fürs Privatleben hat. Jedenfalls stehen bei seinem Ableben 70 Kinder um seinen Leichnam herum. Genauer gesagt, 71. Gideon hat nämlich trotz
seiner vielen Frauen und Nebenfrauen auch noch
ein Verhältnis in Sichem gehabt. Dem schnuckeligen
Stubenmädchen verdankt er einen Sohn namens
Abimelech. Das bedeutet ‚Mein Vater hätte König
werden können'. Oder so ähnlich.

Nomen est omen! Abimelech läßt der Gedanke
nicht mehr los, daß er ein Königssohn geworden
wäre, wenn sein alter Herr nicht ein Brett vorm
Kopf gehabt hätte. Tagein, tagaus liegt er seiner
Mutter in den Ohren: *Tu endlich was für mich!*
Rede mit meinen Geschwistern und mit den Be-

wohnern von Sichem! So 'n König hat ein prima Einkommen!

Sein ständiges Gequengel hat Erfolg. Die Mutter erzählt es den 70 Halbgeschwistern und diese es wieder den Bürgern von Sichem. Zuletzt bekommt Abimelech 200 Silberlinge aus der baalschen Tempelkasse als Handgeld, mit dem er auf Männerfang geht. Er nimmt die verwegensten Straßenräuber in seine Dienste, bis er eine Rotte unerschrockener Schnapphähne und rücksichtsloser Killer beisammen hat.

Mit dieser wüsten Gang bedankt er sich bei seinen 70 Geschwistern für die lächerlichen 200 Silberlinge, indem er sie im Haus seines Vaters bei Ophra kurzerhand totschlägt. Nur den jüngsten, den siebzigsten Halbbruder Jotham, erwischen seine blutrünstigen Kreaturen nicht. Er hat sich in einem Heuhaufen versteckt.

Nachdem Abimelech auf diese drastische Weise 69 latente Thronanwärter ausgemerzt hat, steht seiner Krönung nichts mehr im Weg. Die Bürger von Sichem tragen ihn auf den Schultern zu einer vorstädtischen Eiche und salben ihn zum Regierenden. Mit Haaröl und Hurrarufen, daß sich Joseph entsetzt im Grab rumdreht. Er liegt ganz in der Nähe.

Inzwischen ist der kleine Jotham nicht nur aus dem Heuhaufen herausgekrochen, sondern auch aus den Kinderschuhen. Als er hört, daß der König der Mörder seiner sämtlichen Brüder ist, eilt er zum Nabel der Welt. Dafür hält man den Berg Garizim, auf den er klettert, weil er so nahe bei Sichem liegt, daß man in der Stadt jedes Wort hört, wenn man nur laut genug brüllt.

Das tut Jotham auch. *Bürger von Sichem!* schreit er so laut wie 50 Männer zusammen. *Hört mir zu! Ich will euch ein Gleichnis erzählen!*

Es war einmal — da beschlossen die Bäume, einen unter sich zu ihrem König auszuwählen. Als erstem trugen sie einem Olivenbaum ihr Anliegen vor. Aber der lehnte ab. ,Soll ich auf mein schönes Salatöl verzichten, das alle Hausfrauen loben, bloß um euer Baumkönig zu werden?'

Daraufhin fragten die Bäume einen Feigenbaum. Der wollte auch nicht gekrönt werden. ‚Erstens habe ich schon 'ne Krone, und zweitens, soll ich vielleicht meine zuckersüßen Exportfrüchte verhutzeln lassen, nur um über euch zu schweben?'

Ähnlich erging es ihnen beim Weinstock, der nicht daran dachte, von seinem Wein zu lassen, der die Menschen so herrlich berauschte.

In ihrer Verzweiflung entblödeten sich die Bäume nicht, bei einer Dornenhecke nachzufragen: ‚Komm, sei unser König, Busch! Wir sind sogar bereit, dich zur Kaisereiche zu ernennen!

Der Dornbusch grinste: ‚Einverstanden! Kommt in meinen Schatten und laßt euch pieken. Danach dürft ihr mich zum König salben. Wenn nicht, spei ich Feuer und verbrenne sämtliche Baumfrevler!'

Jotham muß rasch mal Luft holen. Er ist schon heiser vom gewaltigen Brüllen. Dann legt er wieder los: *Wie gesagt, das war nur ein Gleichnis, Sichemer. Real möchte ich euch fragen, ob ihr im Ernst glaubt, daß es richtig war, ausgerechnet den Abimelech zum König zu machen. Einen Menschen, der über neunundsechzig Leichen geht, seine eigenen Brüder noch dazu! Hat das mein seliger Vater Gideon, der verdiente Held des Volkes, um euch verdient?*

Rasch ein Schlückchen Wasser. *Aber sei's drum! Wenn ihr rechtens gehandelt habt, dann seid fröhlich mit eurem König und er über euch. Im anderen Fall wird Abimelech höchstpersönlich Feuer über euch spucken und euch alle verbrennen! — Aaaber auch ihr Sichemer werdet ein Feuerwerk über Abimelech niedergehen lassen, um ihn von der Erde zu vertilgen! — Und nun: vielen Dank fürs Zuhören!*

Der etwas plötzliche Schluß seines Hearings hat seine Ursache in den Vasallen des Königs, die den Berg heraufgeeilt kommen. Jotham bringt sich schleunigst in Sicherheit, gleich rauf bis nach Beer. Dort erwirbt er eine Eigentumswohnung und wartet ab.

Drei Jahre später erfüllen sich seine Prophezeiungen, die ihn fast die Stimmbänder gekostet hätten. Die Sichemer werden Abimelech untreu, und Abi kracht sich mit Sichem. Nach dampfenden Blutbädern stürmt der verkrachte König die Stadt Tebez. Bis auf die feste Veste fällt sie ihm in die Hand. Die will er noch eben rasch ausräuchern lassen. *Feuer marsch!* kommandiert er vorm Burgtor und schüttelt die Schweißperlen aus seinem Helm.

Im gleichen Augenblick beugt sich eine Frau über die Zinnen und ruft: *Das wirst du schön bleiben lassen, du Brudermeuchler!* Olympiareif schleudert sie den Mahlstein ihrer Getreidemühle auf Abimelechs unbedecktes Haupt.

Krrrch! Schädelfraktur. Mit ersterbender Stimme fleht der König seinen Putzer an: *Rasch, stoß mir ein Schwert ins Herz! Sonst heißt's später in den Geschichtsbüchern, den Abimelech hat ein altes Flintenweib besiegt!*

Bereitwillig stößt ihm der Polierer seines Schwertes dasselbe in die Pumpe. Er hat den arroganten Bankert nie gemocht.

67

JEPHTHA, EIN HURENSOHN
Richter 10, 11

Nach Abimelechs blamablem Ableben richten hintereinander zwei vernünftige Männer über Israel: Tola und Jair. 45 Jahre lang benehmen sich die Bevorzugten des GROSSEN BOSSES wieder einigermaßen manierlich, wie dieser nicht ohne Wohlwollen vermerkt. Bald muß er feststellen, daß er sich wieder mal zu früh gefreut hat.

Kaum ist Richter Jair tot, laufen sie wieder in die Tempel der Baale und Astarten, weil halt mal jede Generation ihre eigenen Erfahrungen machen will. Besonders auf sexuellem Gebiet.

Darüber ist der GROSSE BOSS so erbost, daß er seine abtrünnigen Lieblinge den Nachkommen Ammons überläßt. Während in Amman Jubel ausbricht, stimmen die Gestraften ein neues, unüberhörbares Klagelied an. Achtzehn Jahre lang ist es der unumstrittene Hit jeder Jeremiade, aber der GROSSE BOSS stellt sich taub. *Laßt euch doch von euren Baalen und Astarten helfen, elende Brut!* Er will sich nicht noch einmal aufs Glatteis führen lassen.

Doch der GROSSE BOSS müßte nicht der GROSSE BOSS sein! Eines Tages siegt sein Mitleid über seinen Groll. Besonders als die Israels schwören, fürderhin von dem Baalsgelichter zu lassen und alles zu befolgen, was er mal befohlen hat oder noch befehlen wird. Da erbarmt er sich ihrer. *Das ist aber das letztemal!* droht er. Nun, man wird sehn...

Zu dieser Zeit lebt in Gilead im Ostjordanland ein ungewöhnlicher junger Mann. Nicht weil er der Sohn einer Hure ist; davon gibt's viele. Jephtha, wie der stramme Bursche heißt, ist ein richtiger Draufgänger, ein Teufelskerl. Sozusagen ein vorweggenommener Robin Hood. Vielleicht wäre er ein braver Bürger geworden, hätten ihn seine Halbgeschwister nicht früh aus dem Haus gejagt, um später nicht das väterliche Erbe mit ihm teilen zu müssen.

Im Lande Tob hat er sich schnell zu einem Topman entwickelt und mit einem Clan gleichgesinnter, gleichverfemter Außenseiter umgeben. Ein wilder Haufen, vor dem sich jedermann fürchtet.

Inzwischen ist mal wieder Krieg im Gelobten Land. Die Ammoniaker kämpfen gegen die Gileader. Die Chancen stehen fünf zu eins für die ersteren. In ihrer ziemlich ausweglosen Situation suchen die Israels verzweifelt nach einem attraktiven und zugleich kühnen Heerführer. Als jemand den berühmt-berüchtigten Jephtha erwähnt, machen sich sofort ein paar Unterhändler auf den Weg nach Mizpa im Tobischen.

In einer kleinen Kneipe, wo er seinen Kummer in Alkohol zu ertränken pflegt, finden sie den Desperado. *Sprechen wollt ihr mich?* wundert er sich und bestellt beim Wirt: *Eine Lage für die Gesandtschaft! Aber 'n bißchen fix, sonst nehm ich deinen Laden auseinander!*

Ein andermal, Jephtha! Wir sind pressiert. Wir wollen dich nur bitten, Kommandierender General unserer Armee zu werden. Sicher hast du schon von dem Krieg gehört, den wir —

Verlieren werden! unterbricht der Räuberhauptmann und nimmt einen gewaltigen Schluck. Dann höhnt er: *Es ist doch merkwürdig! Jahrelang war ich für euch ein elender Hurensohn, für den es auf der Erde nichts zu erben gibt, plötzlich bin ich gesellschaftsfähig. Wenn euch das Wasser nicht bis zum Hals stünde, würdet ihr mich doch nicht mit dem Arsch angucken!* Er schiebt ihnen die vollen Krüge zu: *Sauft!*

Die Abgeordneten bringen das Opfer, um ihre Mission nicht zu gefährden. Am Ende sind sie genauso blau wie Jephtha, dem sie versprechen, daß er ihr Präsident wird, wenn er die Ammoniter besiegt.

Jephtha übernimmt tatsächlich das Oberkommando. Seine Mitbanditen macht er zu seinem Generalstab. Nach einem wenig sinnvollen Notenwechsel mit dem König von Amman kommt es zur ersten Schlacht. Vorher allerdings legt der im Grunde gutartige Rabauke Jephtha ein Gelübde ab.

Lieber GROSSER BOSS! Wenn du mir hilfst, den Feind zu besiegen, will ich dir, falls ich zu den Überlebenden gehöre, das zum Opfer bringen, was mir bei der Heimkehr als erstes aus meiner Haustür entgegenkommt. Ich habe zwar nicht viel Vieh, aber was unter meinem Dach wohnt, ist bestens im Fleisch. Du wirst durch mein Brandopfer in guten Geruch kommen!

Fanfaren, Signale! Sprungaufmarschmarsch ... ! Jephthas Rotte ist von mitreißender Wildheit. Allen voran der Oberkommandierende. Er wütet wie drei Berserker unter den Feinden. Die Fetzen fliegen nur so. Keine Frage, daß die Ammoniaker besiegt werden! Solche Dresche beziehen sie vielleicht erst in Jahrhunderten wieder...

Hoch geehrt und mit reicher Beute kehrt Jephtha nach Mizpa im Tobgau zurück. Er springt vom Esel und läuft leichtfüßig auf seine Haustür zu. In diesem Moment kommt trällernd und tamburinschlagend ein Teenager herausgetänzelt: seine Tochter!

Jephtha wird leichenblaß. Halb wahnsinnig vor Entsetzen reißt er sich das Hemd auf, schmeißt den Helm auf die Erde, trampelt ihn flach wie ein Kuchenblech. *Oh, mein BOSS, mein BOSS!* stöhnt er.

Fein, daß du wieder da bist, Pa! freut sich das hübsche Mädchen. *Hast du mir was mitgebracht? — Warum zertrampelst du deinen schönen Gileader Helm?*

Weil ich ein Gelübde abgelegt habe, Kind! Wenn mich der GROSSE BOSS den Krieg gewinnen läßt, wollte ich ihm ein ganz bestimmtes Brandopfer bringen. Oh, ich Unseliger!

Das Mädchen ahnt, was in ihrem rasenden Vater vorgeht. *Was man versprochen hat, muß man halten, Pa! Und da ich keine Geschwister habe —*

Sprich nicht weiter, ich flehe dich an! Mir graust bei dem Gedanken!

Mir auch, Pa. Aber was hilft's. Du hast gesiegt! Laß mir nur noch zwei Monate Zeit. Ich habe noch nie einen Mann gehabt —

Du willst —

Nein, Pa. Nur weinen will ich um meine vergeudete Unschuld. Vielleicht sollte ich auch froh darüber sein. Nun kann es mir nie so ergehen wie deiner Mutter und dir...

Die Kleine zieht mit ein paar Busenfreundinnen für zwei Monate in die Berge zum Camping. Wenn sie nicht weint, ist sie zärtlich. Da aber das Petting noch wenig verbreitet ist, weint sie eigentlich ununterbrochen.

Nach Ablauf der erbetenen Frist kehrt sie schlecht erholt zu ihrem Vater zurück. *Ich bin bereit,* sagt sie tapfer. *Hast du mal Feuer für mich?*

Jephtha hat.

DAS VERRÄTERISCHE LISPELN
Richter 12

Auf was man nicht alles neidisch sein kann! Kaum erfahren die Männer von Ephraim, daß Jephtha die Ammoniaker besiegt und unterworfen hat, würden sie gern etwas vom großen Kuchen abhaben. *Warum hast du uns nicht mitkämpfen lassen?* fragen sie Jephtha. *Unsereiner siegt auch gerne mal. Zur Strafe werden wir dir dein Haus anzünden!*

Jephtha ist ein gebranntes Kind beziehungsweise Vater eines solchen. Rasch sammelt er sämtliche Männer aus Gilead und setzt sie mit Erfolg auf Ephraim an. Die Krakeeler werden über den Jordan getrieben, hinter ihnen alle Furten über den Fluß hermetisch abgeriegelt.

Natürlich ist es nur natürlich, daß die Ephraimer wieder in ihr schönes Heimatland im goldenen Westen zurück wollen. Doch an den Furten wachen Jephthas Grenzer und lassen nur den rüber, der ihr Losungswort kennt und richtig ausspricht. Und hier liegt der Hund begraben.

Die Ephraimer lispeln! Wenn sie schimpfen, hört sich das wie ‚Seiße' an. Statt Schaukel sagen sie ‚Saukel'. Und schenken können sie auch keinem was.

Diese sprachliche Stammeseigentümlichkeit macht sich der schlaue Jephtha zunutze. Wenn einer über die Furt will, läßt er ihn das einfache Wort ‚Schibboleth' sagen. Klingt es dann wie ‚Sibboleth', ist der Furtgängler ein gebürtiger Ephraimer und wird erschlagen. Auf diese ebenso raffinierte wie radikale Weise kommen 42 000 Ephraimer Schlappschwänze ums Leben.

GEBURT EINES GAMMLERS
Richter 12, 13

Erst sechs Jahre ist Jephtha als Gerichtspräsident im Amt, als er mir nichts, dir nichts stirbt. Vielleicht aus Gram darüber, weil er sich selbst kinderlos gemacht hat.

Nach ihm spricht Amtsrichter Ibzan aus Bethlehem Recht. Er hat 30 Söhne und 30 Töchter. Wie ungerecht, denkt man an Jephtha.

Nach Ibzan versieht Elon zehn Jahre lang das Richteramt. Sein Nachfolger für weitere acht Jahre ist Richter Abdon. Als er stirbt, reiten 40 Söhne und 30 Enkeln auf 70 Eseln weinend zu seinem Begräbnis. Danach — es fällt schon schwer, Voraussehbares zu berichten —, danach juckt den Israels wieder mal das Fell. Sie werden übermütig, abtrünnig, bis sie ihre Strafe kriegen.

Diesmal läßt der GROSSE BOSS sie 40 Jahre unter der Fuchtel der Philister schmoren. Dieses amusische Volk verbietet den Unterdrückten jede Art von Folklore. Nicht mal Klagelieder dürfen sie singen. Trotzdem bleibt dem GROSSEN BOSS ihr Leid nicht verborgen. Seine Pannenhelfer sind ja ständig unterwegs.

Eines Tages ist er wieder weichgeklagt. Aus Mitleid mit seinen Sündern erbarmt er sich ihrer erneut. Zur Abwechslung bedient er sich diesmal eines völlig bedeutungslosen Ehepaares. Der Mann heißt Manoah und stammt aus der Linie des Jakobsohns Dan. Leider ist seine Frau anscheinend unfruchtbar. Sie warten seit Jahren vergeblich auf Nachwuchs. Bis zu diesem Tag...

Ein kraftstrotzender Mann mit Muskelbällen wie Jaffaorangen tritt überraschend in das Haus Manoahs, der gerade sein Feld umpflügt. Erschrocken weicht die Hausfrau bis zum Bett zurück. *Was willst du? Wer bist du?*

Statt auf die Frage zu antworten, erkundigt sich der Fremde, ob sie allein ist. Als sie arglos nickt, hält ihr der starke Mann einen streng vertraulichen Vortrag, der mit einer festen Zusage endet:

Wenn du bislang keine Kinder bekommen hast, muß das ja nicht unbedingt an dir liegen, gelle? Ich behaupte jedenfalls aus gutem Grund, daß du schwanger wirst und einen Sohn bekommst. Allerdings darfst du während der Schwangerschaft keinen Wein und Schnaps trinken und nichts Scharfes essen. Außerdem darfst du dem Kind, wenn es erst da ist, niemals die Haare schneiden oder schneiden lassen.

Dann wird er wie ein Gammler aussehen! mäkelt die Frau, noch bevor sie überhaupt weiß, ob sie guter Hoffnung ist.

Auf sein Äußeres kommt es nicht an. Dafür wird er von Geburt an unter dem persönlichen Protektorat des GROSSEN BOSSES stehen. Er hat ihn nämlich dazu ausersehen, das Volk Israels aus der Hand der Philister zu erretten. Aber wie gesagt, nur wenn er niemals zum Friseur geht!

Als Manoah abends vom Feld in sein Häuschen kommt, ist seine Frau noch ganz aus demselben. Ihre Wangen glühn, ihr Busen bebt. *Denk dir, Manoah, es war einer da, der hat gesagt...* Sie berichtet ihrem Mann, was zwischen ihr und dem bößlichen Boten gesprochen wurde. Dann geht sie mit ihrem Alten ins Bett und wird tatsächlich schwanger.

Von Stund an gönnt sie sich nicht mehr das kleinste Feigenlikörchen. Kein Pökelfleisch kommt über ihre Lippen. Bis sie − pünktlich neun Monate nach dem Kurierbesuch und dem anschließenden Bettgeflüster mit ihrem Gatten − einen prächtigen Jungen zur Welt bringt. Der Wonneproppen wiegt gut zehn Pfund und wird Simson genannt. Das heißt ‚Kleine Sonne‘, weil er der erste Lichtblick in Manoahs freudlosem Alltag ist.

Wenn er ahnen könnte, was für ein Feuerball aus der kleinen Sonne, welches Wetterleuchten aus dem ersten Lichtblick mal werden wird!

WILDER HONIG UND DUFTE BIENEN

Richter 13, 14

S imson einen Gammler zu nennen, nur weil er überlange Zottelhaare auf dem Kopf hat, ist eine Unterstellung. Auch daß er sich in der Gegend von Zora und Eschtaol rumtreibt, macht ihn nicht asozial. Die Unrast, die in seinem muskulösen Körper wohnt, ist ihm schließlich schon neun Monate vor seinem ersten Kräher prophezeit worden.

Auf seinen Streifzügen durch die engere Heimat im Land Dan, das ans Land der Benjamine grenzt, stolpert Simson eines Tages über das Dorf Timna. Das Kaff wäre kaum erwähnenswert – von den Kupferminen auf ihrem Gebiet ist den Bewohnern noch nichts bekannt –, wenn dort nicht die hübschesten Mädchen im Umkreis von sieben Meilen ansässig wären.

Hals über Kopf verliebt sich der behaarte Rumstreicher in eine der Schönen. Dabei vergißt er völlig, daß das holde Wesen einen erheblichen Nachteil hat: Sie ist die Tochter eines Philisters, die bekanntlich das Land unterjocht haben.

Simson beißt erst mal auf Granit, als er zu Hause von der Kleinen schwärmt. Vater Manoah schimpft: *Ausgerechnet 'ne Philisterische! Denen geht doch jeder Sinn für Humor ab!*

Ich will ja auch nicht mit ihr kalauern, sondern mit ihr – Er verschluckt das eindeutige Wort. *Ich will sie heiraten!*

Du spinnst! mault seine Mutter. *Es gibt so zauberhafte Backfische in Danien, warum ausgerechnet eine Nichtsemitin? Bleibe im Lande und vermähle dich redlich!*

Ich will den steilen Zahn aus Timna! Basta! Er holt so tief Luft, daß sein Brustkorb das Freizeithemd sprengt.

Herr und Frau Manoah können nicht wissen, daß Simsons Entschluß ganz im Sinne des GROSSEN BOSSES ist. Er braucht diese Mischehe, um einen

Streit vom Zaun brechen zu können. Sie gehört zu seiner geplanten Inszenierung. Diese Ehe soll quasi die Stellprobe sein. Deshalb geben die Manoahs nach und machen sich fein, um in Timna für ihr verliebtes Kraftei um die fremde Tochter zu bitten. Hoffentlich war der Kaufpreis nicht zu unverschämt. Die Philister hießen schließlich nicht umsonst so.

Auf der Höhe der Weinberge von Timna bleibt Simson etwas zurück. Ihm ist, als hätte er das Brüllen eines Löwen gehört. Da stürzt die Bestie auch schon fauchend auf ihn zu. An dem Athleten war wenigstens was dran!

Beim Anblick des sabbernden Löwenmauls fühlt Simson plötzlich wieder diese seltsame Kraft in sich, die ihn zuweilen spontan überfällt. Aus heiterem Himmel sozusagen. Er ahnt nicht, daß er seine Bärenkräfte tatsächlich von oben bezieht. Lachend packt er den Leu, zerreißt ihn wie ein Böcklein in der Luft, schmeißt ihn hinter eine Hecke und wetzt seinen Eltern nach, die ihm schon mehrmals gepfiffen haben.

In Timna wird man sich rasch handelseinig. Die Eltern des Mädchens lassen mit sich feilschen. Und da der bullige Simson und der steile Philisterzahn sexuell reif und gut im Safte sind, wird der Hochzeitstermin gleich für die nächste Woche festgesetzt.

Drei Tage später trabt Simson zu seiner Zukünftigen, um die Gästeliste und das Hochzeitsmenü zu besprechen. Unterwegs kommt er an der Hecke vorbei, hinter die er den zerfledderten Löwen geworfen hat. Neugierig schaut er nach — und entdeckt im Bauch des Kadavers einen großen Bienenschwarm. Er greift hinein und holt ein paar Hände voll Honig heraus. Das Zeug schmeckt bestialisch süß...

Sieben Tage sind für das Hochzeitsgelage vorgesehen. 30 junge Männer aus Timna werden als Spaliersteher geladen. Alles deutet darauf hin, daß es die Hochzeit des Jahres wird. Bloß die Haare läßt Simson sich nicht schneiden, weil seine Mutter den GROSSEN BOSS schon vorschwangerschaftlich versprochen hat, ihn später mal wie einen Palmaffen rumlaufen zu lassen.

Nach den üblichen albernen Gesellschaftsspiel-
chen gibt Simson den Gästen ein Rätsel auf. Wenn
sie es erraten, soll jeder der 30 Lohntänzer Bluejeans und einen Sonntagsanzug von ihm bekommen.
Wenn nicht, hat er selbst Anspruch auf 30 Bluejeans und 30 Ausgehanzüge.

Nachdem die Abmachung mit Granatapfelcalva-
dos begossen und besiegelt ist, stellt Simson die
Aufgabe: *Speise ging aus dem Fresser und Süßig-
keit vom Starken!*

Drei Tage rätseln die Denksportler daran herum,
dann bekommen sie allmählich Bauchschmerzen.
Nicht nur wegen der unentwegten Völlerei, auch die
versprochenen 60 Kleidungsstücke liegen ihnen im
Magen.

In ihrer Hirnlosigkeit wenden sie sich an die
frischgebackene Frau Simson. *Du mußt deinem
Mann die Lösung herauslocken!* drohen sie. *Andernfalls stecken wir dir das Haus überm Kopf an! Wir
lassen uns von so 'ner Krummnase doch nicht aus-
nehmen, verdammich!*

Die Junggefreite winkt ihren Gefreiten in eine
Nische und versucht, ihm des Rätsels Lösung abzuschmeicheln. *Hast du mich nicht mehr lieb, weil du
meinen Landsleuten Rätsel aufgibst und mich nicht
einweihst? Du hast doch nicht schon in den Flitterwochen Geheimnisse vor mir, Schatz?*

*Erstens haben die Flitterwochen noch nicht be-
gonnen; überall liegen die Schnapsleichen im Weg.
Zweitens hab ich die Lösung nicht mal meinen Eltern verraten. Und die sind keine solchen Philister
wie deine dreißig Ehrenjungfrauen in Hosen.*

Frau Simson rettet sich in eine Tränenflut, das
probate Mittel. Sie flennt während des ganzen restlichen Gelages, und zwar im Liegen, wie der Name
schon sagt. Bis sie Simson leidtut und er ihr die Lösung verrät.

Prompt gibt jene sie ihren Jugendgespielen preis.
So können diese ihm am Ende der Hochzeitsparty,
am siebten Tag, die Lösung des Rätsels höhnisch
ins Gesicht schleudern: *Was ist süßer als Honig, was
ist stärker als der Löwe?!*

Simson durchschaut das unfaire Spiel. *Wenn ihr nicht mit meinem Kalb gepflügt hättet... Ihr habt gewonnen, aber ihr habt dennoch nicht recht: Es gibt jemanden, der stärker ist als der Löwe!*

Mit dieser dunklen Andeutung stürmt er von der Tafel weg, runter nach Askalon und drüber her, über die Askaloner. Mit dem GROSSEN BOSS als Bewährungshelfer gelingt es ihm, binnen kurzem 30 Männer totzuschlagen und ihre Kleiderschränke auszuräumen.

Im Eiltempo rast er zur Hochzeitsgesellschaft zurück, gibt jedem der dreißig den versprochenen Klamottengewinn und höhnt mit einem vernichtenden Blick auf seine junge Frau: *Philister! Euer Name wird zum Schimpfwort werden bis in alle Ewigkeit!*

Eine Minute später ist er auf dem Weg nach Zora zu seinen Eltern. Er hat sich seine Hochzeitsnacht etwas textilfreier vorgestellt.

71

MIT BRENNENDEN SCHWÄNZEN INS KORN

Richter 15

Nach ein paar Tagen hat Simson sich wieder beruhigt. Er müßte kein Israele sein, wenn ihn das Geld nicht dauerte, das für die Hochzeitsfeier verschwendet worden ist. Für nichts und wieder nothing! Der Gedanke wurmt ihn so, daß er sich nach Timna aufmacht, um seiner Frau Gemahlin zu verzeihen.

Aber daraus wird nichts. Als er im Haus seines Schwiegervaters zum Zimmer seiner Frau stürmt, um endlich nachzuholen, was ihm vertraglich zusteht, ist die Tür von innen verriegelt. *Aufmachen!* brüllt er. *Oder ich schlage die Tür ein!*

Der Schwiegervater hält ihn von Handgreiflichkeiten ab. *Wir haben gedacht, du bist deiner Frau überdrüssig. Kann ja mal vorkommen, nicht wahr?*

Deshalb haben wir sie inzwischen günstig an den Mann gebracht. Sie ist seit heute mit dem Brautführer verheiratet, der dein Rätsel so fabelhaft gelöst hat.

Simson weiß jetzt, was die Glocke geschlagen hat: ein abgekartetes Spiel, das Ganze! Er muß an sich halten, damit er des Klamottengewinners Koitus nicht zum Exitus macht.

Mir kommt da ein Gedanke, Simson, fährt sein Exschwiegervater fort. *Ich hab noch eine jüngere Tochter, tausendmal hübscher als deine Verflossene. Sie kannst du als Ersatz haben. Du müßtest natürlich noch 'ne Kleinigkeit drauflegen, um wieder mein Schwiegersimson zu werden!*

Der Reingelegte schäumt vor Empörung. *Das werdet ihr mir büßen! Diesmal bin ich frei von Schuld, wenn ich euch Drecksphilistern heimzahle, was ihr mir angetan habt!* Mit dieser Drohung verschwindet Simson.

Im nächsten Wald stellt er Fallen auf, in denen er in wenigen Stunden 300 Füchse fängt. Ist eben 'ne fuchs- und listenreiche Gegend! Dann besorgt er sich 300 Fackeln, bindet sie an die Schwänze beziehungsweise Ruten der Reinekes, steckt sie an – die Fackeln – und jagt die Füchse in die Weizenfelder der Philister.

Zufällig ist gerade Erntezeit. Im Nu stehen die Garben in hellen Flammen. Sie greifen auf die Weinberge über, fressen sich an den Olivenbäumen hoch. So weit das Auge reicht, ein solches Flammenmeer, daß die entsetzten Philister gar nicht erst zu löschen versuchen. *Wenn das mal nicht der Simson gewesen ist!* kombiniert ein besonders heller Kopf.

Stimmt! bestätigt ein Wingertwächter, der den Täter gesehen hat. *Wahrscheinlich als Rache dafür, daß man ihm die Frau weggenommen und einem anderen gegeben hat.*

Das gehört sich auch nicht! murren die Brandgeschädigten, obgleich der Töchtermanipulator einer von ihnen ist, und zünden sein Haus an. Mit seinen Exverwandten verbrennt auch Simsons steiler Zahn, in dem ein kleines Loch war.

Jetzt erst merkt der junge Witwer, wie sehr er beides geliebt hat. Rasend vor Zorn — und mit allerhöchster Protektion — fällt er über die philiströsen Brandstifter her und schlägt ihnen sämtliche Knochen entzwei. Anschließend zieht er sich in eine Felsenhöhle bei Etam zurück, um nichts mehr zu sehen, nichts mehr zu hören von diesen miesen und fiesen Philistern samt ihren Geschwistern.

72

DIE BALLADE VOM ESELSKINNBACKEN
Richter 15

Simsons Privatrache spricht sich schnell herum. Philister über Philister stoßen zueinander und marschieren zusammen ins Gebirge, das den Leuten von Juda gehört. Eigentlich!
Die Gebirgsbewohner wundern sich über das Massenaufgebot und klappern aus Furcht mit den Zähnen. *Was haben wir euch getan, daß ihr uns zu Tausenden auf die Pelle rückt?*
Wir suchen diesen langmähnigen Simson! Wir haben einen Haftbefehl für ihn!
Überlaßt das uns, bitten die Männer von Juda, um die Racheschniebenden so schnell wie möglich loszuwerden. *Er ist zwar ein geborener Israele, aber wenn er gegen die Gesetze der Besatzungsmacht verstoßen hat, muß er natürlich bestraft werden.*
Die Philister kehren um. Als sie außer Sicht sind, suchen 3000 Judäer Simson in seinem Versteck auf. Sie granteln ihn an: *Weißt du nicht, daß wir von den Philistern beherrscht werden? Wie konntest du gegen ihre Gesetze verstoßen?!*
Gesetz hin, Gesetz her — wir haben eigene Gesetze! Nach denen habe ich mich gerichtet. Man soll Gleiches mit Gleichem vergelten, steht da drin!
Natürlich hat Simson im Prinzip recht, aaaber... Wenn man Weiterungen vermeiden wollte, mußte man ihn den Besatzern ausliefern. *Wir haben den*

Philistern versprochen, daß wir dich bringen.
Kommst du freiwillig mit?

Euretwegen, erklärt Simson sich bereit. *Aber nur,*
wenn ihr mir schwört, euch nicht an mir zu ver-
greifen. Dann wird's nämlich fürchterlich!

Du hast unser Ehrenwort. Nur ein bißchen fesseln
werden wir dich vorsichtshalber. Macht auch 'n
besseren Eindruck!

Die Nachkommen des Jakobsohns Juda binden
den Nachkommen des Jakobsohns Dan mit zwei
nagelneuen, zolldicken Stricken. Dann führen sie
ihn zu den Philistern und übergeben ihn mit dem
Ausdruck des Bedauerns, daß in ihrer — wenn auch
weitläufigen — Verwandtschaft so was vorkommen
konnte.

Die Philister benehmen sich, als hätten sie selbst
Simson gefangengenommen. Jubelnd umtanzen sie
den Athleten, der plötzlich wieder die seltsame
Kraft in sich spürt, diese unglaubliche Energie. Er
ballt ein wenig die Fäuste, läßt Bizeps und Trizeps
spielen — und schon fallen die zerrissenen Stricke
wie morsche Zündschnüre an ihm herunter. Bevor
die Philister überhaupt merken, daß ihr Gefange-
ner aller Fesseln so ledig wie seiner jungen Frau
ist, hat er schon zu einem herumliegenden Prügel
gegriffen. Zufällig ist es ein abgenagter Eselskinn-
backen. In der Not tut's auch ein alter Knochen!

Simson schwingt die Kinnlade wie einen Dresch-
flegel, haut ihn in die Menge, daß an die tausend
Philister mit eingeschlagenem Schädel auf der
Strecke bleiben. Anderen hat die Kinnlade nur die
Kinnlade zertrümmert. Zum Schluß wirft er den
tödlichen Unterkiefer auf die Leichen.

Natürlich wartet Simson nicht, bis die Bevölkerung den Leichenhügel in ,Kinnbackenhöhe' um-
tauft. Er wandert munter fürbaß als das, was er ist:
eine kleine Sonne, die gelegentlich zum rasenden
Feuerball wird.

73

40 KILOMETER MIT ZWEI FLÜGELN
BEWÄLTIGT

Richter 16

S imsons Ruhm verbreitet sich rasch. Bald ist er
so berüchtigt, daß die Esel auf der Weide die
Köpfe nach ihm umdrehen und laut mit den Kie-
fern mahlen. Da beschließt der langhaarige Kurz-
weiler, die Tapete zu wechseln. Auf nach Gaza! Das
liegt nicht nur am Meer, das er noch nicht kennt,
dort soll's auch leichte Mädchen geben, die nicht
nach Nam' und Herkunft fragen.

Er wandert quer durch ganz Philisterland. In Gaza geht er als erstes in ein Bordell, mehr ein Bordellchen. Aber das einzige Freudenmädchen hat
allerhand im Repertoire.

Vielleicht ist Simson doch nicht der kluge Kopf,
für den er sich hält. Wo soviel Muskeln sind, kommt
leicht das andere zu kurz. Jedenfalls irrt er mit der
Annahme, sein Ruf und sein Steckbrief seien noch
nicht bis Gaza gedrungen. Er ist noch keine fünf
Stunden in der Stadt, da weiß man das schon auf
dem Polizeipräsidium. Eine halbe Stunde später
ist auch sein Aufenthaltsort ermittelt.

Natürlich, im Puff! spöttelt der Chef der Frem-
denpolizei. *Was anderes können die Israels wohl
nicht!* Dann erteilt er seine Instruktionen: *Sämtliche
Stadttore besetzen und das Hurenhaus umzingeln!
Bei Sonnenaufgang wird der Kerl festgenommen!
Vorher nicht. Warum unnötig etwas riskieren!*

Während die Häscher ihre Posten beziehen, treibt
Simson es seelenruhig bis kurz nach Mitternacht.
Dann verabschiedet er sich von der Prostituierten,
die ihn endlich und preiswert zum Mann gemacht
hat.

Ein fröhliches Lied auf den Lippen, trabt er durch
die finsteren Hafengäßchen zum verschlossenen
Stadttor. Links und rechts neben den beiden riesigen, eisenbeschlagenen Flügeln lauern verdächtige
Gesellen.

Nichts Gutes, also das Richtige ahnend, reißt Simson trotz geschwächter Lenden geistesgegenwärtig die beiden Torflügel aus den Angeln. Dann lädt er sie sich auf die Schultern und macht sich mit seiner kuriosen Beute auf den Weg.

Er schleppt das Stadttor von Gaza huckepack rund 40 Kilometer nach Osten, bis zum Berg Hebron. Dort wirft er die beiden Flügel ab, mit denen ihm die Zeit wie im Flug vergangen ist.

74

DELILA SORGT FÜR HAARAUSFALL

Richter 16

Bei all seiner Stärke hat Simson leider eine weitverbreitete Schwäche: die holde Weiblichkeit. Seit er auf den Geschmack gekommen ist, schmeißt er sich, wo immer er was zum Vernaschen findet, ran beziehungsweise drauf. Er hatte ja schon in Mizpa eine Schwäche für Süßes.

In Delila, ein Mädchen aus dem Tal Sorek, verliebt Simson sich allerdings echt. Er bewirbt sich und gewinnt die sehr Hübsche für ein Leben zu zweit. Fast sieht es so aus, als käme sein rastloses Wesen bei Delila in gemäßigtere Bahnen.

Leider kreuzen in seiner Abwesenheit die Fürsten der Philister in seinem Haus auf. Sie spielen auffällig mit Geld herum, bis Delila nicht mehr an sich halten kann. *Was reibt ihr mir dauernd eure Moneten unter die Nase? Ich bin keine so eine!*

Die Fürsten sind diesbezüglich nicht interessiert. Ihr Anliegen ist anderer Art. *Wir möchten rauskriegen, wieso dein Simson so enorm stark ist. Wenn du ihm sein Geheimnis entlocken kannst, damit wir ihn überwältigen können, zahlt dir jeder von uns dreitausend Goldstücke Belohnung.*

Rasch zählt Delila die Fürsten an den Fingern ab. *Heiliger Dagon!* so heißt der Gott der Philister, *das wären ja fünfzehntausend Piepen! Da könnte ich*

mir endlich das *Nerzcape kaufen, das bei Feuer-*
stein und Söhne im Fenster liegt.
Du bist also einverstanden?
Delila verspricht, ihr bestes zu tun. Die Fürsten
verschwinden. Nur einer bleibt zurück und versteckt sich im Schlafzimmerschrank.

Als Simson und Delila im Bett liegen und er an
ihr rumzufummeln beginnt, fragt sie mit unschul-
digem Augenaufschlag: *Schon wieder? Da muß ich*
leider passen. Mir ist schleierhaft, wo du deine
außergewöhnliche Kraft hernimmst!
Simson lächelt geschmeichelt. *Wir Israels sind*
halt eine potente Rasse!
Das walte Dagon! Und deine andere Kraft? Die
körperliche? Wie kann ich dich niederzwingen? Mit
was muß ich dich binden, damit du nicht mehr hoch-
kommst? Als Ganzes, meine ich.
Versuch's mal mit Baststricken, Liebling. Aber
sieben Stück müssen es sein. Und feuchte dazu. Ich
bin sicher, dann bleibe ich auf der Matte. Er schmunzelt vergnügt vor sich hin, denkt: Du Dummchen,
einen Simson willst du auszählen? Da lach ich aber!

Nachdem er sich auf Delila austoben durfte und
eingeschlafen ist, besorgt sie sich die erforderlichen
sieben nassen Baststricke und fesselt ihm damit
Arme und Beine. Dann ruft sie: *Aufwachen, Sim-*
son! Die Philister sind da!
Gähnend springt Simson auf die Beine. Dabei zerreißen die Baststricke wie Zwirnsfäden. *Wo sind*
die Hunde? fragt er kampfeslustig.
Im Kleiderschrank! entfährt es Delila.
Simson lacht über den vermeintlichen Scherz. *Ich*
dachte, unterm Bett! Er legt sich wieder nieder, um
noch eine Mütze voll Schlaf zu nehmen.
Aber Delila läßt ihn nicht ruhen. Sie spielt die
Gekränkte. *Du hast mich angeschwindelt, du böser*
Simmy! schmollt sie. *Jetzt will ich erst recht wis-*
sen, womit ich dich binden muß, um dich mir unter-
tan zu machen.
Bin ich dir nicht untertan genug? fragt Simson.
Er tatscht wieder nach ihren Hügeln und Tälern.
Nix da! Erst verrätst du mir deinen Trick!

Probier's mal mit ungebrauchten Stricken. Am besten direkt vom Seiler.

Der Seiler wohnt in der Seilerstraße, gleich um die Ecke. Delila denkt an das Nerzcape und trommelt ihn wach. Mit funkelnagelneuen Tauen kehrt sie ins Schlafgemach zurück und verschnürt ihren schnarchenden Liebhaber zu einem Paket. Dann ruft sie wieder: *Aufwachen, Simson! Die Philister sind da!*

Jetzt reicht's mir bald! knurrt Simson schlaftrunken. Er räkelt und wundert sich. *Was hab ich da für Spinnenbeine am ganzen Körper?* Er holt tief Luft, sein Brustkasten dehnt sich, seine Oberarmmuskeln kriegen Fußballgröße, dann reißen die Seile vom Seiler mit dumpfem Knall.

Langsam packt Delila das schiere Entsetzen. Wenn das so weiterging, bekam sie den Nerz nie. *Du Schelm!* flötet sie etwas gequält. *Wenn du mir jetzt nicht sagst, womit ich dich für immer an mich binden kann, laß ich dich nie wieder!*

Blöde Gans! flucht Simson leise. *Pardon, ich wollte sagen, gerade damit bindest du mich doch an dich! Aber damit du Ruhe gibst: Nimm sieben Locken von meinem Haar und web sie in den Teppich auf deinem Webstuhl ein. Du wirst sehen, dann bin ich ein Schwächling wie jeder andere.*

Voll neuer Hoffnung beginnt Delila noch in der Nacht mit dem Einweben seiner Locken in den angefangenen Bettvorleger. Zum Schluß verkeilt sie den Pflock des Kettenbalkens. Dann geht das Geschrei wieder los: *Auf auf, Simson! Der Feind steht im Zimmer!*

Simson saust senkrecht hoch, flitzt zur Tür. Polternd kracht der schwere Webstuhl ins Aus. Es hat wieder nicht geklappt! Den Nerz kann Delila in den Mond schreiben.

Aber das Problem läßt sie nicht mehr los. Tagelang liegt sie ihrem Partner in den Ohren und gestattet ihm nicht das kleinste Aufhupferl. *Dreimal hast du mich belogen, weil du mir nicht vertraust. Wenn du mir nicht sagst, worin deine große Kraft liegt, darfst du nie, nie, nie wieder!*

Die dreifache Verneinung und seine gestaute Begierde bringen es fertig, daß Simson das Geheimnis verrät, das zwischen ihm und dem GROSSEN BOSS besteht. *Du hast schon oft über meine Mähne gemeckert! Nun, vor meiner Geburt ist meiner Mutter geweissagt worden, daß ich einmal ein Günstling unseres GROSSEN BOSSES sein werde, wenn ich mir nie die Haare schneiden lasse. Das habe ich befolgt und bin deshalb ein solcher Titan geworden. Das ist das ganze Geheimnis! — Und jetzt darf ich wohl bitten, daß du endlich den albernen Pyjama ausziehst!*

In Gedanken schon den weißen Nerz auf den gebräunten Schultern, hält Delila still bis zum Morgengrauen. Dann schickt sie heimlich zu den Philisterfürsten und läßt ihnen mitteilen, sie sollen sofort mit der versprochenen Belohnung antanzen. Sie wisse jetzt das Rezept.

Die Fürsten erscheinen mit der Abenddämmerung und der Kopfprämie. Sie verstecken sich, bis Delila ihren Hünen mit Schlafmohn eingeschläfert hat. Dann schneiden sie ihm eigenhändig eine Glatze. Anschließend überlassen sie den Kahlen Delilas Test: Kann Simson noch...

Simson kann gar nichts mehr! Delila versucht mit allem Raffinement, ihn zu verführen. Doch wie sie ihn auch bearbeitet, knetet, kitzelt — mit seiner Muskel- ist auch seine Manneskraft entschwunden. Die Fürsten brauchen den Versager nicht mal zu binden.

Plötzlich wird es Simson auf dem Kopf kalt. Er faßt über seine Glatze und weiß Bescheid. Wieder einmal ist er von einer Philisterin reingelegt worden! Wieder mal hat ihm sein Supersex einen Streich gespielt!

Während Delila mit glühenden Wangen die Belohnung nachzählt, werden ihm die Augen ausgestochen. Er schreit wie jeder normale Sterbliche, dem die Augen ausgestochen werden.

Im Gefängnis von Gaza ist der Blinde zu nichts anderem zu gebrauchen als zum Getreidemahlen. Tagein, tagaus dreht er die Mühle. Dabei summt er:

Delila larum Löffelstiel, wer langsam mahlt, kommt auch ans Ziel. Denn er spürt von Tag zu Tag mehr, wie seine alte Kraft wiederkommt, da sein Haar allmählich nachwächst. Zwar nur einen Millimeter pro Tag, aber das macht im Jahr...

75

SIMSONS MÜHLEN MAHLEN LANGSAM

Richter 16

Jubel, Trubel, Heiterkeit. Jahrmarktsrummel in Gaza. Ringelpiez im Philisterland. Freudenfeuer zu Ehren ihres Gottes Dagon brennen auf allen Altären. Im großen Saalbau ist Galavorstellung: Hitparade mit Ballett und bekannten Solisten. Die Bevölkerung ist herzlich eingeladen, der Eintritt frei. In den Logen lümmeln die Fürsten, auf den Sperrsitzen feiern die Reichen, der Pöbel grölt auf der Galerie. Rund 3000 Menschen begeistern sich an den Darbietungen.

In der Pause hat ein versnobter Oberfürst eine absurde Idee: Wie wäre es, wenn man den Simson aus dem Gefängnis holte? Ein blinder Athlet mußte auf der Bühne doch verdammt komisch wirken!

Gesagt, geholt. Ein Knabe führt den blinden Simson an der Hand vom Kittchen zum Saalbau, auf dessen Dach all die Zaungäste sitzen, die keinen Einlaß mehr gefunden haben.

Simson hört in der Kulisse den Veranstalter launisch konferieren: *Und nun, meine Herrschaften, darf ich euch eine einmalige Sensation ankündigen! Ihr wißt alle, daß uns unser verehrungswürdiger Gott Dagon den stärksten Mann der Welt in die Hand gegeben hat...*

Simson in der Kulisse fleht den GROSSEN BOSS an: *Noch einmal gib mir Kraft, BOSS, nur noch dieses eine Mal! Laß mich an den Philistern Rache nehmen — wenigstens für eines meiner blinden Augen!*

Auf der Bühne beendet der Conférencier seine Ansage: *Und damit, meine Dam' und Herrn — Bühne frei für Simson, den hebräischen Stolperclown!*

Der Vorhang wird aufgezogen. Prasselnder Beifall empfängt Simson. Vor Scham hält er sich an zwei Säulen fest, die das Dach samt den Zaungästen auf ihm tragen. *Schwächling!* brüllt das Publikum. *Laß los und stolpere uns was vor!*

Tosendes Gelächter — das sogleich in einen einzigen Schrei des Entsetzens übergeht: Simson hat mit gigantischer Kraft die beiden Trägersäulen umgerissen! Unter ungeheurem Getöse stürzt das Dach mit seiner kreischenden Menschenlast auf die Zuschauer im Saal.

Simson lächelt, als ihn ein Dachsparren erschlägt: Er weiß, mit ihm sterben über 3000 Feinde. Mehr als er je im Leben umgebracht hat.

76

STRAFPORTO FÜR LEICHENTEILE

Richter 19—21

Nach Simsons Beisetzung im Familiengrab der Manoahs in Zora herrscht unter den Israels große Bestürzung. Wieder einmal haben sie keinen, den sie echt respektieren. Bald lebt jeder wieder nach Gutdünken, jahrelang, jahrzehntelang. Bis ein schauerliches Vorkommnis die Untätigen mobilisiert.

Es fängt damit an, daß im Gebirge Ephraim ein Levit wohnt, den reiner Zufall mit Frau und Nebensolcher hierher verschlagen hat. Mit seiner Zweitplage gibt es neuerdings Ärger; sie spurt plötzlich nicht mehr. Vielleicht hat sie auch nur Heimweh nach Bethlehem. Von dort stammt sie.

Nach einer lächerlichen Lappalie packt sie ihre Koffer und kehrt zu ihrem Vater zurück. Der Levit denkt: Na schön, soll sie. Sie war mir sowieso zu füllig! Jedoch nach vier Wochen schon entbehrt er ihren Prachtbusen so sehr, daß er sich mit seinem Knecht per Esel nach Bethlehem aufmacht.

Sein Nebenschwiegervater begrüßt ihn wie einen verlorenen Sohn und tischt auf, was das Haus bietet. Wein fließt in Strömen. Von der Flucht der Sexbombe wird gar nicht gesprochen; sie kommt halt wieder mit, basta! Morgens wird sie auf einen Esel gehoben, den ihr verkaterter Mann ins Schlepptau nimmt, und ab geht's.

Der Knecht achtet auf den richtigen Weg. Als sie sich gegen Abend Jerusalem nähern, will er nach dorten abbiegen. *In Jerusalem soll es prima Drei-Sterne-Herbergen geben!*

Nichts da! lehnt der Levit ab. *Fremden Leuten das Geld in den Rachen schmeißen! Wenn wir schon einkehren, dann bei einem isrealitischen Wirt. Vielleicht in Gibea oder Rama.*

Weiter geht's. Nordwärts. Als sie Gibea erreichen, ist es dunkel. Alle Herbergen haben bereits geschlossen. Wo sie anklopfen, Ablehnung. Ratlos stehen sie auf der menschenleeren Straße. Ob man die fünf Kilometer bis Rama noch dranhängte?

Schritte! Ein schlafloser Bürger kommt vom nächtlichen Luftschnappen zurück. *Nanu?* grüßt er das Trio. *Was treibt ihr denn um diese Zeit auf der Straße?*

Kein Quartier! seufzt der Levit. *Wir sind auf der Heimreise ins Gebirge Ephraim.*

Nach Ephraim wollt ihr? Der Luftschnapper freut sich. *Von dort stamme ich! Hier wohnen leider nur ungastliche Benjamine!*

Aber Israels! nimmt der Levit seine Brüder in Schutz.

Ich gebe nicht viel auf die Rasse. Außer bei Damen! Er wirft einen bewundernden Blick auf die Vollbusige. *Wißt ihr was? Kommt mit zu mir! Ihr könnt bei mir übernachten. Bekommt auch etwas zwischen die Kiemen.*

Die drei ortsfremden Durchreisenden folgen dem freundlichen Gastgeber ins Haus und schmausen tüchtig. Als sie gerade über die neuesten Tages-

ereignisse plaudern, die freilich schon Monate zu-
rückliegen, erhebt sich Lärm vorm Haus. Füße-
getrappel. Trommeln an der Tür. *Aufmachen!*

Sicher ein paar Besoffene! entschuldigt sich der
Gastgeber. *Ich jag sie mal eben davon.* Er geht zur
Tür und öffnet. *Was fällt euch ein, zum —*

Weiter kommt er nicht. *Rück den Fremden raus,
Alter!* grölen die Randalierer. *Wir wollen ihn erkennen!*

Erkennen! höhnt der Hauswirt. *Berauben wollt
ihr ihn, um weitersaufen zu können! Aber der Mann
ist mein Gast und damit für euch tabu! Haut ab,
oder ich ruf die Polizei!*

Bis die da ist, steht dein Schuppen in Flammen!

Der ehrenhafte Gastgeber kann noch soviel reden,
die nächtlichen Ruhestörer lassen sich auf nichts
ein. In seiner Verzweiflung bietet er ihnen seine
Tochter als Trostpreis an. *Sie ist noch unschuldig,
auf Ehre! Ihr könnt sie schänden, wie es euch gefällt, nur laßt meinen Gast in Ruhe!*

Der Levit hat hinter der Tür jedes Wort gehört.
Das Angebot seines Gastgebers rührt ihn zutiefst.
Aber er kann natürlich nicht zulassen, daß ein Mädchen seinetwegen die Unschuld verliert. Dazu war
das Ding, auch für den Vater, zu kostbar. Dann
schon lieber die eigene, seine Nebenfrau. Das war
er dem Hausherrn wohl schuldig.

Tut mir leid, Liebling, sagt er zu seiner Prall-
busigen. *Was sein muß, muß sein. Das Leben besteht nun mal aus Opfern. Diesmal mußt du es bringen. Ich habe schließlich Familie.* Damit schiebt er
die Dame mit der Oberweite auf die Straße.

Die Benjamine, vorher nur auf die Levitenreise-
kasse scharf, stellen sich beim Anblick des saft- und
kraftvollen Frauenzimmers sofort um. Gegen sie
waren ihre Benjamiezen die reinsten Backbleche!

Gemeinsam schleppen sie die Abfindung auf einen
Sandhaufen und ziehen sie aus. Dann knobeln sie,
wer als erster darf, und vergewaltigen die Nebenfrau zusammen an die 77 Mal.

Morgens tritt der Levit mit nicht ganz reinem Gewissen aus der Haustür, um nach dem Verbleib sei-

ner Zweitfrau zu sehen. Er tritt ihr fast auf die Hände, die sie im Sterben in die Schwelle gekrallt hat. Eine breite Blutspur führt zu dem Sandhaufen, auf dem sich noch ihre Körperformen abzeichnen.

Der untröstliche Levit packt die Tote auf einen Esel und zieht nach Hause. Dort holt er eine Säge aus dem Holzschuppen und zerteilt die Leiche in zwölf Portionen. Es ist ein schauerliches Geschäft, aber es muß sein: Er will jedem Stamm Israels ein Päckchen schicken − mit einem Bein, einem Arm, einem Stück Bauch, einem Popobäckchen...

Diese einmalige Form von Rundschreiben hat den gewünschten Erfolg. Die Israels mobilisieren jeden, der auch nur ein Federmesser tragen kann, um den Stamm Benjamin zu züchtigen. 25 000 Benjamine werden von ihren Blutsverwandten erbarmungslos getötet. Desgleichen fallen ihre Frauen und sämtliches Vieh der Gemeinschaftsrache zum Opfer.

Nur 600 Männer können sich vor der Vergeltung auf den Felsen Rimmon retten. Wieso das unfruchtbare Gelände ausgerechnet ‚Granatapfelbaum‘ heißt, bleibt ihnen vier Monate lang unerfindlich. So lange dauert es, bis sie von ihrem rettenden Felsplateau erlöst werden.

Die Israels hatten zwar nach der siegreichen Züchtigung geschworen, daß keiner der Übriggebliebenen je eine Frau aus ihrer Mitte bekommen soll. Doch damit war der Stamm des Jakobsohns Benjamin dem Untergang preisgegeben. Was also tun? Der GROSSE BOSS weiß Rat.

Anläßlich eines großen Opferfestes zu seinen Ehren, zu dem sämtliche Israels aufgefordert wurden, stellt sich heraus, daß aus Jabesch kein Mensch gekommen ist. Solche Ungebührlichkeit gehörte bestraft! 12 000 kampferprobte Männer bekommen den Auftrag, nach Gilead zu ziehen und alle Bewohner von Jabesch umzubringen. Bloß die Jungfrauen nicht!

Jabesch wird in ein Schlachtfeld verwandelt. Nur 400 Mädchen bleiben verschont, weil sie garantiert unberührt sind. Davon hat man sich während der Metzelei anscheinend überzeugt, tja...

Die vier Jungfernhundertschaften werden nach Silo, weiter nördlich, gebracht, wo sie dafür sorgen sollen, daß recht bald viele kleine Benjamine für die Erhaltung des in Schande gefallenen Stammes zur Verfügung stehen. Die 600 übriggebliebenen Söhne Benjamins nämlich sind nach den vier Monaten Hungers- und Sexualnot bereit zu kapitulieren. Um so mehr, als sie erfahren, daß sie zu Defloranten ernannt worden sind.

Im Jungfernlager bei Silo ist bald guter Rat teuer. Wie die Benjamine auch zählen, es kommt immer dasselbe heraus: Den 600 Männern stehen nur 400 Jungfräulein zum Anstich zur Verfügung, 200 müssen demnach in die Röhre gucken. Beziehungsweise nicht. Zum Glück findet sich eine Lösung für dieses verletzliche Problem.

In Silo ist gerade Weinlese. Nach altem Brauch drehen sich dabei die Traubenpflückerinnen fröhlich im Kreis. Nach getaner Lese, versteht sich. Auf Empfehlung der Sieger verstecken sich die 200 leer ausgegangenen Benjamine in den Weinbergen und warten, bis der Tanz der Winzerinnen seinen Höhepunkt erreicht hat. Da brechen sie in den Reigen ein und sortieren 200 Jungfrauen aus. Rasch schultern sie ihren Raub und eilen davon, als ein vielstimmiger Schrei hinter ihnen her gellt: *Und was ist mit uns?*

Die Benjamine lebten schon immer von der Hand in den Mund. Bei zweihundert haben sie prompt zu zählen aufgehört.

77

ÄHRE WEM ÄHRE GEBÜHRT

Ruth 1—4

Während all der vielen Jahrzehnte, in denen die Israels gelegentlich einen Richter und Volkshelden haben, der sie zusammenstaucht, herrscht freilich nicht immer Fettlebe im Land. Als wieder

mal Hungersnot ist, macht sich ein Mann aus Bethlehem auf und flüchtet rüber nach Moab. Seine aus-
gedörrten Äcker läßt er zurück, seine Frau Naëmi
und die beiden Söhne nimmt er mit.

In der Fremde heiraten die jungen Männer zwei
Moabiter Mädchen, Ruth und Orpa mit Namen. Gemeinsam trägt man den Vater zu Grabe. Zehn Jahre
später beweinen Ruth und Orpa ihre Männer, die
Schwiegermutter Naëmi die Söhne. *Die Fremde hat
mir kein Glück gebracht!* jammert sie. *Ich gehe wieder zurück nach Bethlehem.*

Und die Hungersnot? fragt Orpa mit vollem Mund.

Die ist lange vorbei. Naëmi packt ihre Siebensachen. Auch ihre Schwiegertöchter tun es, gegen
den Willen der Alten. Sie kommen einfach mit.

Unterwegs versucht es Naëmi noch einmal: *Ist
doch Quatsch, daß ihr mich begleitet! Kehrt um und
heiratet wieder. Ihr seid doch noch jung! Ich krieg
bestimmt keinen Mann mehr und also auch keine
Jungs, die ihr mal heiraten könntet.*

Orpa küßt ihre Schwiegermutter. *Vielleicht hast
du recht. Ich kehre um. Mach's gut, Mümmelchen!*
Fragend blickt sie auf Ruth, die sich der Alten an
den Hals wirft und verspricht: *Wo du hingehst, da
will auch ich hingehn! Wo du bleibst, bleibe ich
auch! Dein Volk ist auch mein Volk, dein GROSSER
BOSS auch der meine! Wo du stirbst, will ich auch
mal eingescharrt werden! Nur der Tod kann uns
scheiden!*

Naëmi gibt nach. Gemeinsam ziehen die beiden
Frauen nach Bethlehem ein, was einiges Aufsehen
erregt. *Ist das nicht Naëmi, die ,Liebliche' aus der
Elimelechgasse?*

Ihr scherzt wohl! winkt die Alte ab. *Nennt mich
lieber die Bittere. Der GROSSE BOSS hat mir die
zehn Jahre Moabit alles andere als versüßt.*

Die Leute beruhigen sich schnell. Naëmis altes
Vaterhaus ist zwar halb eingefallen, aber man kann
zur Not noch drin wohnen. Nur an Lebensmitteln
hapert's. *Weißt was, Schwiegermama,* sagt Ruth
eines Tages entschlossen, *ich geh aufs Feld und lese
Ähren! Zum Glück ist just Erntezeit.* Und schon

läuft sie los, aufs nächstbeste Feld. Es gehört Herrn Boas, einem der reichsten Männer der Stadt.

Großbauer Boas inspiziert täglich seine Felder. Auch heute. *Schalom!* grüßt er die Schnitter und Schnitterinnen freundlich, denn er ist ein umgänglicher Mann.

Schalom, Herr Boas! Der Oberschnitter hat eine Neuigkeit: *Da ist 'ne junge Frau auf deinem Feld.*

Boas äugt hinüber zu Ruth. *Nette Deern! Wer ist das?*

Die Schwiegertochter von Naëmi, die vor gut zehn Jahren mit ihrem Mann nach Moab ausgewandert ist. Sie ist Witwe und heißt Ruth. Übrigens hat sie vorher um Erlaubnis gefragt, Bauer.

Gut erzogen! lobt Boas. *Laß sie auch zwischen den Garben lesen und sei nicht kleinlich: Zieh ab und zu ein paar Hände voll Ähren raus und laß sie auf die Erde fallen. Aber ohne daß sie es merkt! Wir wollen sie nicht beschämen.*

Die beiden Männer tratschen noch ein bißchen, während Ruth fleißig sammelt. Sie war schon immer eine eifrige Leserin. Plötzlich hat sie das Gefühl, jemand blicke ihr auf die Beine. Sie richtet sich auf und sieht einen lächelnden Mann.

Mein Name ist Boas, stellt er sich vor. *Mein Schnittmeister hat mir von dir erzählt. Ich weiß, daß du deine Eltern und deine Heimat verlassen hast, um deine liebe Schwiegermutter zu versorgen. Und daß du, wie wir, an unseren GROSSEN BOSS glaubst. Deshalb heiße ich dich in seinem Namen willkommen.*

Die junge Witwe weiß nicht, wie ihr geschieht. Wenn alle Israels so nett waren... *Vielen Dank, Herr Boas! Du bist sehr freundlich.*

Nicht der Rede wert! sagt Boas angetan. *Komm lieber mit zu meinen Männern. Es ist Mittagszeit, du mußt mit uns schmausen. Mach uns die Ähre, äh, Ehre!*

Ruth nimmt die Einladung an und steckt heimlich einen Teil der Mahlzeit beiseite, um ihn abends der Schwiegermutter zu geben. Boas entgeht das nicht. Seine Sympathie für Ruth wächst.

— 227 —

Als die Jungwitwe bei Dunkelwerden in die Elimelechgasse zurückkehrt, schleppt sie einen halben Zentner Gerste auf dem Rücken. Naëmi fällt aus allen Wolken. *Wo hast 'n das viele Zeug her? Du hast doch nicht etwa an den Garben gezupft?*

Ruth erzählt ihr, was sie erlebt hat. *Der Herr Boas ist 'ne Wucht, Mümmelchen! Er hat gesagt, ich soll so lange wiederkommen und Ähren auflesen, wie noch Garben auf den Feldern stehen.*

Boas? Sagtest du Boas? Ruth nickt. *So ein Glück! Das ist einer der Verwandten meines seligen Mannes, die sich während unserer Emigration um seine Äcker gekümmert haben. Du kennst unsere Gesetze zuwenig, Kind. Ein Israele ist verpflichtet, einem in Not geratenen Verwandten zu helfen!*

Eine schöne Sitte! Von nun an geht Ruth mit weit weniger Hemmungen auf die Boasschen Felder. Bis Gerste und Weizen eingebracht sind. An diesem Abend sagt Naëmi zu Ruth: *Eigentlich ein Jammer um deine unverbrauchte Jugend! Ich finde, du solltest wieder unter die Haube!*

Ich verlasse dich nicht! wird Ruth pathetisch. Und dann neugierig: *Du hast doch was mit mir vor, Mama! Ich seh's dir an! An wen willst du mich verkuppeln?*

Das sag ich dir, wenn du dich gewaschen hast. Und parfümiere dich ein bißchen, bevor du dein schönstes Kleid anziehst. Vielleicht legst du ein bißchen Rouge auf. Beeile dich aber! Die Alte schmunzelt bei dem Gedanken an ihren Plan, der Ruth zu einem passablen Ehemann verhelfen soll.

Witwe Ruth duftet nach Mandelmilch und Zypressenbalsam, als sie frisch und appetitlich wie ein Maienmorgen aus der Badestube kommt. *Wer ist es denn? Wer interessiert sich für mich?* Sie brennt vor Neugierde.

Er weiß noch gar nichts von seinem Glück. Wir müssen ein bißchen nachhelfen. Du kennst doch die Tenne von Boas draußen auf dem Feld? Da gehst du jetzt hin und wartest ab, bis alle gegessen und sich schlafen gelegt haben. Ich weiß, daß auch Boas die Nacht über draußen bleibt. Gib acht, wo er sein

Lager aufschlägt. Dahin gehst du dann heimlich und legst dich zu ihm.

Mümmelchen! Ruth blickt schockiert auf die Schwiegermutter.

Das meine ich doch nicht, Kind! Du hebst seine Decke hoch und legst dich zu seinen Füßen nieder. Wenn er davon nicht wach wird, kitzelst du ihn ein bißchen an den Fußsohlen. Alles andere ergibt sich dann von selbst. Das rät dir eine erfahrene Frau. Guck nicht so doof!

Du sollst Vater und Mutter ehren, heißt es bei euch. Das bezieht sich ja wohl auch auf die Schwiegermutter. Deshalb will ich alles tun, wie du mir geraten hast. So naiv bin ich nun wieder nicht!

Eine Stunde später trifft Ruth bei der Tenne ein, in der sich Boas gerade auf einem Haufen Körner schlafen legt. Sie wartet, bis er leise schnarcht, dann schleicht sie zu ihm, deckt ihn auf und kriecht ans Fußende.

Kurz darauf wacht Boas auf. *Was, zum Geier, kitzelt mich an den Füßen?* Zu seiner Verblüffung entdeckt er ein weibliches Wesen, das mit seinem großen Zeh spielt. *Wer bist du?* fragt er leise.

Ich bin die liebe Ruth, deine untertänigste Dienerin. Laß mich unter deiner Decke schlummern, ja?

Boas durchzuckt es. *Du bist Klasse, Ruthchen!* flüstert er. *Nicht den jungen Dachsen läufst du nach! Morgen schon will ich dafür sorgen, daß du die Hinterlassenschaft deines verstorbenen Mannes bekommst. Auch zu einem leiblichen Erben will ich dir verhelfen, damit das Geschlecht deines Entseelten und seines Vaters Elimelech nicht ausstirbt. — Nein, danke mir nicht! Das ist bei uns so Sitte. Ehrenwort!*

Du bist so gut zu mir! haucht Ruth.

Beschäme mich nicht, Kind. Rück ein bißchen höher, dann können wir uns besser unterhalten. Muß ja nicht jeder merken, daß ich Damenbesuch habe.

Ruth rutscht der besseren Verständigung wegen ein bißchen höher. Zwei Wochen darauf heiraten sie. Leviratsehe nennen das die Einheimischen, eine

Art Schwagerehe. Nicht zu verwechseln mit Onkelehe. Jedenfalls wird der Erstgeborene nach dem Verstorbenen benannt. Erst die nachfolgenden Kinder kriegen den Namen des Produzenten.

Ruths erstes Kind wird ein Junge. Sie nennen ihn Obed, das heißt ‚Diener'. Er wird mal der Großvater von David, dem späteren König der Länder Juda und Israel. Aber das sieht man dem rotbäckigen Posaunenengel natürlich nicht an.

78

TRUNKENHEIT AM FEUER

1 Samuel 1, 2

Im Gebirge Ephraim wohnt Elkana mit seinen beiden Frauen. Eine heißt Anna, die andere Peninna. Letztere hat Kinder, erstere kriegt keine. Und das gilt als Schande im Lande. Deshalb beleidigt Peninna auch andauernd Anna. Besonders wenn sie gemeinsam und mit der ganzen Familie nach Silo reisen, um dort zu opfern. Das geschieht einmal jährlich. Jedesmal gibt's dabei Brassel zwischen den beiden Weibern.

Daran ist allerdings auch der gemeinsame Ehemann ein wenig schuld. Beim Verteilen des Opferfleisches gibt er Anna stets das saftigste Stück Braten. Sofort fängt dann die andere an zu krakeelen, bis Anna der Bissen im Hals stecken bleibt und Elkana besorgt fragt: *Schmeckt's nicht, Anna?* Aber die flennt weiter. *Ist es, weil du kein Kind bekommst?* Anna nickt. *Aber Kleines! Bin ich dir nicht ebenso lieb wie zehn Söhne?*

Was soll Anna auf so 'ne alberne Frage antworten! Mann ist Mann, na schön — aber ein eigenes Kind ist eben — na eben!

Diesmal bleibt Anna allein vor dem Heiligtum zurück, um ihr Herz auszuschütten. Leider sitzt der Oberpriester Eli in der Nähe auf einem Stuhl. Das geniert sie so, daß sie nur stumm die Lippen bewegt. Vielleicht kann der GROSSE BOSS mir die Bitte vom Mund ablesen, denkt sie, wenn ich nur gut artikuliere.

Erbarme dich deiner Magd! fleht sie. *Mach, daß ich ein Baby bekomme, wie damals bei Sara und auch anderswo. Du kannst das doch! Ich verspreche dir auch, wenn's ein Junge wird, soll er Priester werden!*

Eli hat Anna und ihre merkwürdigen Grimassen beobachtet. Er herrscht sie an: *Was fällt dir ein, sturztrunken hierherzukommen und ins Opferfeuer zu lallen!*

Anna, bereit in jede Tüte zu blasen, beteuert: *Ich schwöre dir, Herr Oberpriester, ich hab nicht gepichelt! Ich hab auch nicht gelallt, nur dem GROSSEN BOSS ganz leise mein Herz ausgeschüttet.*

Wenn das so ist! Um was ging's denn? erkundigt Eli sich besänftigt. Und da Anna zögert: *Du mußt es mir nicht sagen, meine Tochter. Ich bin sicher, der GROSSE BOSS wird dir deinen Wunsch erfüllen. Schalom!*

Irgendwie getröstet macht Anna sich mit der übrigen Familie auf den Heimweg nach Rama. Peninna wirft hin und wieder einen schiefen Blick auf die fröhlich trällernde Nebenbuhlerin. Was die bloß auf einmal hatte?

Neun Monate später weiß sie es: Anna bringt einen Sohn zur Welt, einen Prachtjungen. So richtig was zum Vorzeigen. Der GROSSE BOSS mußte ein Ohr für geflüsterte Wörtchen haben. Deshalb nennt sie das Kind auch ‚Anhörung', nämlich Samuel.

Anna stillt ihren Säugling, bis er reisetauglich ist, und nimmt ihn auf den Familienopferausflug mit. Wie meistens sitzt Eli auf seinem Stuhl beim Heiligtum. *Erkennst du mich wieder?* fragt Anna ihn mit strahlendem Lächeln. *Ich bin die Frau, die du vor Jahren fälschlich der Trunkenheit bezichtigt hast. Guck dir meinen Kleinen hier an, um den ich den GROSSEN BOSS damals gebeten habe. Ich hatte ihm versprochen, wenn er mich erhört, den Knaben Priester werden zu lassen. Hier hast du ihn! Bitte mach ihn zum Priester!*

Sie präsentiert Eli den Schreihals. *Ich weihe ihn dem GROSSEN BOSS, der mich fröhlich und stark gemacht hat. Ach, keiner ist so zuverlässig wie er! Bogen von Helden läßt er zerbrechen! Mutlosen gibt er Selbstvertrauen! Die satt waren, betteln nach Brot, den Bettlern füllt er die Speisekammern! Er zieht die Unterdrückten aus dem Staub und führt die Armen aus ihren Elendsquartieren! Ohne seine Hilfe sind wir alle aufgeschmissen! Wer gegen ihn ist, den zerschmettert er, denn sein ist —*

Anna betet lange und laut. Eli nickt zufrieden mit dem Kopf. Wenn der Sohn einmal genauso wurde, hatte er alle Aussichten, es weit zu bringen. Vielleicht sogar zu seinem Nachfolger! Denn in seiner eigenen Familie, da ist der Wurm drin.

79

SAMMY LERNT PROPHET

1 Samuel 2, 3

In Elis Familie ist wirklich der Wurm! Die beiden Söhne des Oberpriesters sind ausgesprochene Taugenichtse. Sie kümmern sich einen Dreck um Sitte und Ordnung. Die Spielregeln zwischen Priester und Bevölkerung gelten für sie nicht einen Deut. Bringen Fromme ein schönes, leckeres Fleischopfer, fischen sie aus dem Kochtopf der Betenden die besten Stücke und verzehren sie ohne Gewissensbisse. Nicht mal das Fett lassen sie verbrennen, wie es doch Vorschrift ist.

Aber damit nicht genug! Ihre restliche Freizeit verbringen sie wahllos mit losen und anderen Weibern. Sie machen sich nicht mal die Mühe, verschwiegene Örtchen aufzusuchen — sie treiben es angesichts der Stiftshütte. Mit dem weiblichen Stiftsputzpersonal ebenso wie mit Frauen, die ohne ihren Mann zum Opfern kommen.

Samuel — inzwischen herangewachsen — schweigt zu all dem. Doch auch ohne sein Zutun kommt dem

Oberpriester Eli der üble Leumund seiner Söhne zu Ohren. *Nicht doch, Jungs,* sagt er dann wohl zu ihnen, *tut doch nicht solch garstige Dinge!* Mehr unternimmt er nicht. Er ist den beiden Tunichtguten nicht gewachsen.

Mit um so größerem Wohlgefallen bemerkt er, wie vorteilhaft sich der Priesterschüler Samuel entwickelt. Und hübsch sieht er aus! Jedesmal wenn seine Mutter, die inzwischen drei weitere Söhne und zwei Mädels bekommen hat, zum Jahresopfer eintrudelt, bringt sie ihrem Samuel etwas zum Anziehen mit.

Leider werden die Augen des alten Eli immer schlechter, was freilich auch sein Gutes hat: Er sieht das zuchtlose Treiben seiner Söhne nicht. Das kann kein gutes Ende nehmen. Und nimmt es auch nicht!

Eines Nachts – Samuel hat sich vor der Bundeslade zum Schlafen niedergelegt – hört er einen Ruf: *Samuel! Samuel!* Sofort steht er auf und läuft zu Eli. *Ja, was gibt's, Herr Oberpriester?*

Was es gibt! Nichts gibt's. Du hast geträumt, mein Junge. Marsch, zurück in die Heia!

Kaum hat sich Samuel wieder niedergelegt, hört er erneut seinen Namen. Aber auch diesmal will Eli ihn nicht gerufen haben. Dieses Spielchen wiederholt sich noch ein drittes Mal. Da rät Eli ihm, sich beim nächsten Anruf mit seinem Namen zu melden. *Vielleicht ist es ein Gespräch vom GROSSEN BOSS persönlich! Früher hat er mit unsereinem engen Kontakt gehalten.*

Der halbblinde Greis hat recht. Als wieder Samuels Name ertönt und er sich sprechbereit meldet, hört er tatsächlich den GROSSEN BOSS: *Hallo, Sammy! Hör mir gut zu, denn ich werde Israel für deine Karriere programmieren, indem ich das Haus Eli schlichtweg auslösche.*

Bitte nein, flüstert Samuel verstört. *Der Eli ist wie ein Vater zu mir.*

Zu dir vielleicht! Seinen Söhnen gegenüber benimmt er sich wie ein... Er weiß seit Jahren, was das für kriminelle Burschen sind, aber was tut er dagegen? Nichts! Diese Unterlassung ist mein Mo-

tiv. Ich wollte dich nur informieren, damit du, wenn es soweit ist, nicht an mir irre wirst.

In dieser Nacht bekommt Samuel kein Auge zu. Am nächsten Morgen stellt Eli ihn zur Rede. *Was hat er gesagt?* fragt er. *Keine Ausflüchte bitte! Sonst soll dich der Schlag treffen!*

Auf deine Verantwortung! sagt Samuel und berichtet wortgetreu, was der GROSSE BOSS zu ihm gesagt hat.

Der alte Eli krault lange seinen noch längeren Bart. Dann seufzt er: *Was soll ich dazu sagen?! Der GROSSE BOSS muß wissen, was er tut. Ich kann mich nur dreinfügen...*

Aus dem kleinen Sammy wird ein rechter Samuel. Groß, treu und fürchtig. Noch häufig wird ihm die Ehre zuteil, daß sich der GROSSE BOSS mit ihm unterhält. Er nimmt sich jedes seiner Worte von Herzen zu Herzen. Bald weiß ganz Israel, was für einer er ist. Die Leute nennen ihn voll ehrfürchtiger Scheu den Propheten von Silo. Nur seine Mutter sagt weiter Sammy zu ihm, wenn sie ihm ein frisches Hemd bringt.

80

DER GROSSE RADIKALINSKI GREIFT EIN

1 Samuel 4

Mit der Zeit wird der Oberpriester Eli immer behäbiger. Und fetter. Das ständige Rumsitzen infolge seines schweren Sehfehlers schlägt auf seine Verdauung. Dies wäre nicht erwähnenswert, wenn es nicht so endgültige Folgen haben würde...

Krieg! Die Philister haben mobilgemacht und wollen die Israels vernichten. Aber die sind auch nicht dämlich und stellen ihrerseits eine mächtige Truppe auf die Beine. Bei Eben-Ezer kommt es zur Schlacht. Sie wird fürchterlich! 4000 Israels bleiben auf der Walstatt. Anschließend beraten die Anführer der Unterlegenen im Hauptquartier.

Das kommt nur, weil wir die Bundeslade nicht mithatten! Wir sollten sie schleunigst aus Silo holen. Dann muß uns der GROSSE BOSS den Sieg zuschanzen! Schon um sein Image zu wahren.

Der Vorschlag wird einstimmig angenommen, die Lade in Silo angefordert. Als die schwere Truhe eintrifft, machen sich zwei der Begleiter ganz besonders wichtig: ausgerechnet die beiden verkommenen Söhne des Oberpriesters Eli.

Der Einzug der Bundeslade wird von den Israels mit Freudengeheul begrüßt. Den Sieg so gut wie sicher in der Tasche, schreien sie vor Begeisterung so laut, daß es die Philister im feindlichen Lager hören. *Warum brüllen die wie Baseballfans?*

Späher entdecken die Ursache und melden sie hinter die Front. Da ist im Etappenquartier des Generalstabs guter Rat teuer. Furcht macht sich breit, wird zur Massenpsychose. *Jetzt ist Sense mit uns! Wenn die ihren BOSS bei sich haben, können wir einpacken! Dem sind wir nicht gewachsen! Was der schon alles gezaubert hat, oh, Dagon!*

Ihr wollt wohl die Sklaven der Hebräer werden, wie sie vorher die unseren waren? höhnt ein zackiger Veteran, Inhaber vieler Orden und Ehrenzeichen. *Reißt euch zusammen! Zieht singend in den Kampf! Kein schönrer Tod ist in der Welt, als wer vom Feind erschlagen...*

Das wirkt, das reißt mit. Die Krieger zücken die Schwerter, stürmen auf die Israels los, die sich von ihrer Begeisterung gar nicht trennen können.

Besonders die beiden Großmäuler von Vater Eli trifft der Angriff völlig unerwartet. Zwei kurze Schwertstreiche machen sie zu Gefallenen auf dem Felde der Ehre. Die übrigen Israels nehmen statt des Schwertes die Beine in die Hand. Wer nicht gut zu Fuß ist, wird erschlagen. Rund 30 000 Tote beleben die Landschaft, in der außer Stilblüten kein Gras mehr wächst. Zurück bleibt die Bundeslade, die zu schwer ist, als daß man mit ihr sprinten könnte.

Noch am gleichen Tag kommt ein junger Benjamine atemlos und mit zerrissener Kleidung zu Eli gelaufen, der wie immer auf seinem Stuhl sitzt und mit bangem Gefühl auf den Lärm in der Stadt lauscht. *Ich komme direkt vom Kriegsschauplatz!* berichtet der Melder. *Die Philister haben uns überrumpelt und vernichtend geschlagen. Deine beiden Söhne sind tot! Die Bundeslade ist ebenfalls flöten!*

Vielleicht hätte der 98jährige den Tod seiner mißratenen Ableger verschmerzt; der Verlust der Bundeslade trifft ihn wie ein Dolchstoß. Vor Entsetzen zuckt er so jäh zurück, daß der Stuhl mit seiner Massigkeit nach hinten umkippt. Elis Kopf knallt auf einen Balken. Mit häßlichem Knirschen bricht sein Genick. Vierzig Jahr lang hat er seinem Volk treu gedient – und dann so was!

An diesem Tag bleibt dem Hause Eli nichts erspart! Als die hochschwangere Frau eines der gefallenen Söhne vom Verlust der Bundeslade erfährt, setzen überraschend die Wehen ein. Die Mitteilung von den diversen Ableben innerhalb der Familie gibt ihr den Rest: Sturzgeburt! Sie kann gerade noch den Namen sagen, den ihr so jäh ans Licht der Welt gestoßener Sohn tragen soll. Dann stirbt sie.

Der arme Junge aber heißt sein Leben lang ,Alles-im-Eimer'. Mehr ist von Ikabod nicht zu erzählen. Höchstens, daß man seinen Namen auch mit ,Die Herrlichkeit ist dahin in Israel' übersetzen kann.

81

SCHOCK MIT LADE

1 Samuel 5–7

Wohin mit der Bundeslade? Das ist die Frage, die sich den Philistern stellt. Nach vielem Hickhack landet das Heiligtum eines Nachmittags in der Stadt Asdod, wo es im Tempel direkt neben der Holzfigur ihres Gottes Dagon aufgebaut wird. Als am nächsten Morgen die ersten neugierigen Besucher erscheinen, um die Truhe, von der man sich wahre Wunderdinge erzählte, zu besichtigen, ist das erste Wunder bereits passiert: Die Holzstatue ihres Dagon ist vom Podest gestürzt und liegt flach auf dem Bauch.

Mühsam wird das gewaltige Standbild wieder an seinen Platz gewuchtet. Am nächsten Morgen liegt es wieder auf der Nase. Diesmal hat ihr Gott dabei Kopf und Hände eingebüßt. Der Rumpf liegt vor der Bundeslade, als wolle wenigstens der Torso den GROSSEN BOSS um Verzeihung bitten.

Am Tag darauf klagen die ersten Asdoder über Fieber. Gegen Mittag kriegen sie am ganzen Körper Beulen. Und abends steht fest: In der Stadt ist die Beulenpest ausgebrochen. Selbstverständlich bekommt die Bundeslade der Hebräer die Schuld, deren BOSS für sein Sortiment an ansteckenden Krankheiten berühmt war. Nichts wie fort mit dieser aussätzigen Lade! Eine Schar älterer Ladenhüter bringt die unheimliche Trophäe nach Gath.

Die Freude über die Umquartierung des Heiligtums schlägt bei den Gathern sehr schnell ins Gegenteil um. Kaum steht die Truhe in den Stadtmauern, klagen die ersten über Fieber. Gegen Mittag kriegen sie am ganzen Körper Beulen. Und abends steht es säulenfest: Beulenpest!

Klammheimlich laden ein paar beherzte Männer die Lade auf einen Karren und fahren sie auf Schleichwegen nach Ekron. Mitten in der Nacht stellen sie den Bazillenträger vorm Stadttor ab und verschwinden wieder.

Als die Ekroner morgens sehen, was ihnen ins Tor geschneit ist, machen sie einen großen Rumor, ein Mordsgeschrei also. Sie legen nicht den geringsten Wert auf die Ehre, das pestilente Ding in ihren Mauern beherbergen zu dürfen.

Sieben Tage lang wird das schwere Prunkstück im Philisterland von einem Schrottplatz zum anderen gerollt. Eine unwürdige Verlade! Das finden sogar die Fürsten und befragen deshalb ihre Dagonpriester und die lizensierten Wahrsager: *Wohin mit dem Ding? Und wie? Keiner will die verdammte Schocklade anfassen!*

Die Wahrsager und die Pfarrer beraten lange.

Dann teilen sie den Philisterfürsten mit: *Gebt den Israels ihr Heiligtum zurück. Aber sendet es nicht ohne Sühnegabe. Imponiert ihrem BOSS mit ein paar Geschenken, damit er der Epidemie ein Ende macht.*

Was habt ihr euch als Sühneopfer gedacht? wollen die Fürsten wissen.

Ihr seid fünf Fürsten — das Volk hat Beulen — die Ratten übertragen die Pestflöhe — ergo: Schickt den Hebräern fünf goldene Beulen und fünf goldene Nager. Außerdem laßt einen neuen Wagen vom Stellmacher bauen, sucht zwei Milchkühe aus, die noch nie unterm Joch gegangen sind, und spannt sie vor den Wagen. Ladet die Truhe und die Geschenke auf und laßt die Tiere sich ihren Weg suchen. Finden sie nach Israel hin, so wissen wir, daß der GROSSE BOSS hinter der Verseuchung steckt. Wenn nicht, dann hat uns irgendein Beduine die Pest ins Land geschleppt.

Der Karren wird gebaut. Als die Goldbeulen und die güldenen Nagetiere verpackt sind, werden die Kühe vor den Wagen gespannt. Dann geht es los: *Hüüü!* Die Rindviecher zockeln, als wären sie den Weg schon oft gegangen, geradewegs nach Beth-Schemesch. Das sind gute 15 Kilometer. Die neugierigen Philister tippeln hinterher, damit die Milchlieferantinnen bloß nicht umkehren.

Die Freude über die Rückgabe der Siegesbeute ist geteilt. Die Beth-Schemescher opfern sofort dem GROSSEN BOSS — und werden dafür von der Nachbargemeinde ausgeschimpft. Prompt müssen sich daraufhin 70 von den Meckerern mit Fieber hinlegen. Gegen Mittag kriegen sie am ganzen Körper Beulen. Und abends steht es dann fest.

Jetzt gibt jeder klein bei, der die Riesenschatulle nur von weitem sieht. Die Beth-Schemescher aber schicken Boten nach der Wälderstadt Kirjath-Jearim, um dort das Heiligtum in Quarantäne zu geben. Nur der Bürger Abinadab, der für seine fortschrittlichen Ansichten bekannt ist und sich täglich die Hände wäscht, erklärt sich bereit, die Bundeslade bei sich unterzustellen. Vorher wird er sie gründlich desinfizieren. Wer weiß, wer sie alles mit seinen Dreckpfoten angefaßt hat.

Die Truhe wird gebracht und steht 20 Jahre lang auf dem Hügelgrundstück des reinlichen Abinadab. Niemand kriegt in der Zeit Beulen. Höchstens die Grippe. Aber das liegt am Wetter.

82

ÖFTER MAL WAS NEUES
1 Samuel 7, 8

Ob die Philister bereuen, daß sie den Israels ihr Heiligtum zurückgegeben haben? Oder ihren Goldbeulen nachtrauern und den güldenen Ratten, die sie aus Geiz so klein gemacht haben, daß die Israels sie für Mäuse halten und fragen: *Hast du Mäuse?*, wenn sie Geld meinen.

Egal, die Philisterfürsten ersparen ihren hebräischen Untertanen noch nach 20 Jahren keine nur mögliche Schikane. Als der Geschundenen Klage immer lauter zum Himmel gellt, schaltet Samuel sich vermittelnd ein. Er ruft die Abgeordneten aller israelitischen Stämme nach Rama, wo er − der meistens als Reisender in Seelsorge, sozusagen, unterwegs ist − sein Domizil aufgeschlagen hat.

Seine Rede an die Volksvertreter ist kurz und unmißverständlich: *Schmeißt die Astarten und Baale aus den Tempeln und glaubt allein an die Allgewalt des GROSSEN BOSSES, dann wird er euch erretten. Auch aus der Hand der Philister. Der augenblickliche Religionsmischmasch ist ja widernatürlich! Niemand kann zween Herren dienen!*

Die Israels kommen der Aufforderung nach. Ein großes Saubermachen hebt an, ein Aufräumen ohnegleichen. Tagelang brennen in den Dörfern und Städten die teilweise grob pornographisch gestalteten Holzfiguren der Astarte. Nachts leuchten die Feuer weit über Land.

Nun sind die Philister weder blind, noch gehen sie

mit den Hühnern zu Bett, die es noch nicht gibt, weil sie erst später importiert werden. Als sich eines Tages alle Israels in Mizpa versammelt haben, um ihren Propheten Samuel reden und beten zu hören, wollen die Philister die Gelegenheit zu einem Vergeltungsschlag benutzen. Sammy, ohnehin gerade beim Zwiegespräch mit dem GROSSEN BOSS, bittet um dessen Unterstützung.

Gemacht! sagt dieser daraufhin. *Wie ich sehe, seid ihr zur Vernunft gekommen und glaubt wieder an mich. Ich werde die Philister zuerst kräftig erschrecken, dann dürft ihr sie in die Mangel nehmen.*

Kurz darauf braut sich über den Köpfen der anrückenden Philistertruppen ein Unwetter zusammen. *Komisch,* meint ein UvD, *es ist doch noch gar nicht Regenzeit!*

Gar nicht komisch! Es gibt nämlich keinen Regen, sondern ein Gewitter mit Stürmen bis Windstärke elf. Die sich alsbald zum Orkan steigern. Dann zum Taifun. Später wird's ein Tornado. Dazwischen ein bißchen Blizzard und Zyklon. Zum Abschluß gibt's Hurrikan. Da sind die Philister bedient. Wer von ihnen noch irgendwie krebsen kann, flieht rückwärts. Nur fort von hier!

Die Israels haben leichtes Spiel. Als sie sich an die Verfolgung machen, weht nur noch ein lauer Zephir. In Hemdsärmeln jagen sie ihre Unterdrücker aus dem Land und erobern ihre Städte zurück. Von Ekron bis Gath. In der Nähe von Mizpa errichtet Samuel aus Dankbarkeit dem GROSSEN BOSS ein Denkmal aus Stein. Eigenhändig, wo er doch zwei kräftige Söhne hat!

Je nun, Sammy Junior I und II leben in Beerseba und schlichten nach dem Willen des Vaters als Amtsrichter die vorkommenden Streitfälle. Fragt sich nur wie! Beide Sprößlinge sind korrupt bis zum Gehtnichtmehr. Wer sie gut schmiert, kriegt von ihnen viel Recht. Folglich verlieren die ärmeren Leute jeden Prozeß.

Als die Willkür der beiden Richter nicht mehr mitanzusehen ist, machen sich ein paar Delegierte auf den Weg zum alten Sammy nach Rama. *Ver-*

ehrter *Samuel,* beginnen sie harmlos, *wie schön,*
daß du in deinem Alter noch so rüstig und gerecht
bist! Leider sind das deine beiden Nachfolger nicht.
Die sind bloß rüstig. Im übrigen beugen sie das
Recht und sahnen ab. Deshalb bitten wir dich, gib
uns, bevor du das Zeitliche segnest, einen König,
wie ihn andere Völker auch haben.

Samuel blickt die Volksvertreter traurig an. Eine
Monarchie wollten sie, wo die Demokratie schon so
gut wie in der Luft lag! Bevor er sich entscheidet,
trägt er dem GROSSEN BOSS das Ansinnen der
Leute vor. *Was soll ich tun?* fragt er müde.

Volkes Stimme — Mitbestimmung — Mehrheits-
recht, sagt der GROSSE BOSS. *Tu, was sie verlan-*
gen. Sie wollen ja nicht dich absetzen, sondern ich
bin es, dem sie mal wieder indirekt den Laufpaß
geben. Es ist immer dasselbe mit ihnen! Seit ich sie
aus Ägypten geführt habe, versuchen sie in schöner
Regelmäßigkeit, mich abzuservieren, um anderen
Göttern nachzulaufen. Nun gut, lassen wir dem
Kind die Bulette; es spielt ja nur damit. Du darfst
bloß nicht vergessen, ihnen recht deutlich zu sagen,
was eine Monarchie alles mit sich bringt. Notier mal!

Als Samuel am nächsten Tag die Volksvertreter
empfängt, ist seine Schreibtischplatte mit vollge-
kritzelten Scherben übersät. *Bevor ich zu eurem*
Königsbegehren Stellung nehme, beginnt er, *mache*
ich euch auf die möglichen Folgen aufmerksam!

Ein König hat das absolute Recht, euch zu Söld-
nern und Lakaien zu machen; eure Frauen und
Töchter entsprechend zu Dienstbolzen. Desgleichen
müßt ihr den zehnten Teil eurer Ernte abliefern.
Das ist legal. Auch daß er sich an eurem Vieh be-
reichert und euch anbrüllt, wenn ihr nicht spurt.
So ein König ist ein teures Vergnügen, ein Luxus,
den sich nicht jedes Volk leisten kann. Ihr werdet
noch mal auf den Knien gekrochen kommen und
den GROSSEN BOSS bitten, euren König zum Ab-
danken zu zwingen. Da wird er euch was husten!

Samuel redet und redet, aber die Männer sind
nicht zu überzeugen. Sie wollen partout einen König und verteidigen ihren Wunschtraum wie bocki-

ge Kinder. Bis Samuel auf Zuraten des GROSSEN BOSSES nachgibt.

Na schön, dann werde ich nach was Passendem suchen. Aber gebt mir hinterher nicht die Schuld, wenn euch vor lauter Steuern schwarz vor Augen wird! So 'n König haust nicht in 'ner baufälligen Sozialwohnung wie ich!

Damit schickt er die angehenden Monarchisten nach Hause. Sie sollen schon mal fleißig sparen.

83

SAMUEL SALBT SCHÖNEN SAUL
1 Samuel 9, 10

Wenn einer behauptet, alle Israels hätten haken-förmige, vorspringende Nasen und wulstige Schlemmerlippen — wie es geschrieben steht —, so ist das eine dußlige Verallgemeinerung. Überall gibt es so 'ne und solche. Sowohl Nasen als auch Lippen. Im Land Benjamin zum Beispiel lebt ein junger Mann, bei dessen Anblick jedes Mädchen-auge aufleuchtet. Er heißt Saul und ist nicht nur der Sohn vom alten Kis, sondern auch mindestens einen Kopf größer als seine Landsleute. Alles in allem, ein schöner Mann! Der Saul.

Eines Tages verlaufen sich die Eselinnen seines Vaters. Der Schöne wird mit einem Knecht losge-schickt, die Tiere zu suchen und zurückzubringen. Um abends wieder daheim zu sein, eilen die beiden sofort fort, aber sie können die langohrigen Aus-reißer nirgends finden. Drei Tage durchstreifen sie die Gegend. Schon will Saul die Sache ergebnislos abbrechen, damit sein Vater sich nicht auch noch um ihn sorgt, als sie auf einen Landstreicher stoßen.

Hast du irgendwo ein paar ortsfremde Eselinnen gesehen? erkundigt sich der Knecht.

Woran erkennt man bei so was die Herkunft? fragt der Tramp grinsend. *Aber ich will euch einen*

Tip geben. *Dahinten in der Stadt wird heute ein Hellseher erwartet. Fragt den doch mal!*

Die Idee ist nicht schlecht, findet Saul. *Nur — womit bezahlen wir den prähistorischen Uri Geller?* Er zieht eine Gabel aus dem Rucksack, ein Messer und eine alte Brotkruste. *Das ist alles, was wir noch haben.*

Ich hab noch 'n paar Mäuse! Der Knecht fummelt Fünffuffzig aus der Tasche. *Die geben wir dem Hellseher.*

Saul und sein Gehilfe marschieren zu der angegebenen Ortschaft. Dort fragt man sich nach dem Haus des Hellsehers durch. Aber der ist gar nicht okkult. Es handelt sich um Samuel, und der hat einen ehrlichen Beruf erlernt: Prophet. Deshalb ist er auch bereits vom GROSSEN BOSS auf Sauls Ankunft vorbereitet worden:

Morgen wird ein junger Mann aus dem Lande Benjamin kommen, sagte er gestern. *Ihn habe ich zum König über dein beziehungsweise mein Volk ausersehen. Kröne ihn, ich meine, salbe ihn. Danach gebe ich dir weitere Instruktionen.*

Was unterscheidet den jungen Thronanwärter von den vielen Halbstarken, die hier herumwimmeln? fragt Sammy vorsichtshalber.

Er ist schöner und größer als die anderen seines Alters. Außerdem wird er dich nach dir fragen...

So kommt es, daß Saul nicht lange suchen muß. Er fragt einen alten Mann, wo er wohl den Hellseher finden könne, und der andere antwortet: *Du sprichst mit ihm. Komm mit auf den Hügel, du und dein Kamerad sollen mit mir essen. Und was die Eselinnen betrifft —*

Woher weißt du? fragt Saul überrascht.

Samuel schmunzelt. *Bin ich ein Seher oder nicht?! Sorge dich also nicht wegen der Tiere. Sie wurden inzwischen gefunden. Wem gehört denn alles, was von Wert ist in Israel? Doch dir und deinen Leuten!*

Du sprichst in Rätseln, Väterchen Seher. Wir Kisens sind eine der ärmsten Familien in ganz Benjaminien!

Komm erst mal essen; es wird ja alles kalt. Mor-

gen sehen wir weiter. In die Zukunft, die fernere.
Dann bist du ja ein richtiger Fernseher, murmelt
Saul und folgt dem Alten an den gedeckten Tisch.
Unter 30 Gästen erhält er den ehrenvollsten Platz
und ein Stück geschmorte Schulter, das der Koch
extra seinetwegen morgens schon zubereitet hat.
Wo doch noch gar keiner wissen konnte, daß er
käme. Aber so ist das bei Prophetens.

Am anderen Morgen weckt Freiluftschläfer Samuel den schönen Jüngling sehr früh und begleitet
ihn vor die Stadt. Hier sagt er zu Saul, der ihn sinnigerweise wie eine Säule überragt: *Schick mal deinen Knecht außer Hörweite. Ich habe eine Botschaft
für dich, einen Auftrag vom GROSSEN BOSS persönlich.*

Als der Gehilfe weit genug weg ist, holt Samuel
ein Flakon aus der Jacke, entstöpselt es und schüttet den Inhalt auf Sauls Kopf. *Haarspray?* fragt der
Besprengte und zieht tief den Duft ein.

Samuel schüttelt mit verzeihendem Lächeln den
Kopf. *Hiermit salbe ich dich zum König von Israel!*
Er beginnt, sanft mit den Fingerspitzen Sauls Kopfhaut zu massieren. *Zum Beweis, daß ich es im Auftrag unseres GROSSEN BOSSES tu, werde ich dir
jetzt ein paar Ereignisse voraussagen.*

*Erstens wirst du auf zwei Männer stoßen, die zu
dir sagen werden: ,Die Eselinnen sind wieder da,
aber dein Vater hat Angst, es könnte dir etwas passiert sein!'*

*Danach wirst du an der Eiche Tabor drei Männer
treffen. Einer von ihnen wird dir einen Laib Brot
schenken.*

*Und drittens wird dir ein Zug mit vielen Musi-
kanten und Besessenen begegnen, die vom Geist
des GROSSEN BOSSES in Verzückung geraten sind.
Denen wirst du dich anschließen und gleichfalls in
Ekstase fallen. In diesem Zustand kannst du tun,
was du willst – es wird dir gelingen.*

*Und damit: Schalom, künftiger König! In sieben
Tagen erhältst du weitere Weisungen.*

Alles trifft ein, was Samuel prophezeit hat. Zuletzt gerät Saul mit den musizierenden Wallfahrern

in Verzückung. Da hat er endgültig keinen Grund mehr, an Samuels Weissagungen zu zweifeln. Auch als ein paar Bekannte hämisch tuscheln: *Wie kommt denn der Sohn vom alten Kis hierher? Ist Saul etwa unter die Propheten gegangen?*, kann er nur milde lächeln. Was wußten denn die! Waren ja bloß neidisch auf sein glänzendes, duftendes Haar!

84

MANIPULATION AN LOSTROMMEL

1 Samuel 10

Saul hütet wieder Vaters Vieh, und der Parfümduft im Haar ist dem Gestank geiler Esel gewichen, als ein amtliches Schreiben im Hause Kis eintrifft. Darin werden alle männlichen Familienangehörigen aufgefordert, sich zwecks Wahl eines Königs in Mizpa bei Sammy senior einzufinden. Saul ist ein bißchen komisch zumute, als er sich mit seiner Sippe auf die Reise macht. Wenn die wüßten! Waia!

Sämtliche Stämme Israels haben ihre Vertreter nach Mizpa geschickt. Samuel hält eine ausgeklügelte Rede unter Palmen. Zuerst allerdings bekommen die Versammelten einen schon lange fälligen Anschiß.

Israels! beginnt der alte Prophet. *Der GROSSE BOSS läßt euch sagen, schließlich sei er es gewesen, der eure Vorfahren aus Ägypten und euch aus der Gewalt vieler Könige errettet hat. Und was ist der Dank? Ihr wollt keinen unsichtbaren BOSS, sondern einen sichtbaren König mit Zepter, Krone und Purpurmantel wie aus dem Märchenbuch!*

Nun denn, der GROSSE BOSS hat nichts dagegen, daß ihr euch wieder mal die Finger verbrennt! Tretet jetzt nacheinander und nach Stämmen geordnet an, damit das Los entscheide, wer euer König sein soll. Ich weiß es eh schon!

Ersparen wir uns die minutiöse Schilderung der

Auslosungspräliminarien. Alles geschieht korrekt und in aller Öffentlichkeit. Zum Schluß sind sämtliche Stämme aus dem Rennen geschieden, außer den Benjaminen. Diese wieder ziehen so lange Nieten, bis die Familie Kis als letzte übrigbleibt. Auch bei ihr haben alle zuletzt nur Luschen. *Fehlt da nicht einer?!* grollt Samuel, der Saul nirgends entdecken kann.

Unser Säulchen, brummt der alte Kis. *Aber der kommt sowieso nicht in Frage, denke ich.*

Das Denken überlaß gefälligst dem GROSSEN BOSS! wettert Samuel, denn dieser hat ihm inzwischen verraten, daß Saul sich bei den parkenden Karren und Kutschen rumtreibt. Rasch läßt er ihn holen.

Seht ihn euch an, den Mann, den der GROSSE BOSS zu eurem König bestellt hat! Stattlich und integer! Dagegen seid ihr —

Seine Beleidigung geht in wilden Begeisterungsrufen unter. Sie heben den neuen oder besser ihren ersten König auf die Schultern und tragen ihn spazieren. *Vive le roi!* schreien sie auf hebräisch und sind ganz aus dem Häuschen.

Das heißt, nicht alle! Einige Miesmacher murren: *Was kann uns so ein armer Schlucker schon nützen! Keinen Sechser auf der Naht! Wovon will der denn die Palastunkosten bestreiten?*

Wenn die ahnten, was Jahrtausende später ein gewisser Buckinghampalast verschlingen wird! Ganz klein würden sie. Mit Hut.

85

SIEGREICHER SAUL WIRD FRISCH GEÖLT

1 Samuel 11

S chon bald nach seiner zweiten Ernennung muß Saul die erste Bewährungsprobe ablegen. Bis dahin bestellt er wie vorher seines Vaters Feld.

Eines Tages ziehen nämlich die Ammoniaker gegen die Israels und belagern Jabesch. Den Ort hatten wir schon mal: Gilead — Jungfernklau — vierhundert Stück! In ihrer Verzweiflung — denn in Jabesch herrscht nach der historischen Metzelei naturgemäß noch ein gewisser Männermangel — bieten sie dem König von Ammon ihre totale Unterwerfung an, falls er sie in Frieden läßt. Aber der pfeift ihnen was. *Frieden mit euch Waschlappen? Nee! Jedem von euch werde ich das rechte Auge ausstechen, daß ganz Israel euch Einäugige auslacht!*

Gib uns sieben Tage Zeit, bitten die Belagerten. *Wenn wir bis dahin keinen Retter finden, wollen wir uns dir ausliefern.* Unerfindlich, warum die Ammoniaker sich darauf einlassen. Jedenfalls erlauben sie, daß die Jabescher berittene Boten nach Hilfe losschicken.

Die Unterstützungsschnorrer reiten auch bei Saul vorbei, der gerade vom Feld kommt und erstaunt fragt: *Was ist los? Warum weinen unsere Weiber? Und wer sind die trüben Tassen auf den zuschandengerittenen Eseln?* Als er von der Jabeschschen Misere erfährt, zerschnippelt er vor rasendem Zorn mit der Axt das nächste Rindvieh und tobt: *So werde ich die Tiere aller Israels zerhacken, die nicht mit mir und Samuel gegen die Ammoniter in den Kampf ziehen! Jabesch muß geholfen werden, und wenn der ganze Schnee verbrennt!*

Wenn ein Monarch mal so richtig loslegt... Insgesamt 300 000 bewaffnete Israels trommelt sein Wutausbruch zusammen. Kurz darauf sind die Belagerer nur noch kümmerliche Reste. Selbst von ihnen finden sich nicht zwei zu einem Paar zusammen. Saul kennt kein Pardon!

Zum Dank wollen die Sieger all jene lynchen, die seinerzeit über Sauls Wahl zum König gemurrt haben. Aber der winkt ab. *Laßt das! Heute ist Siegestaumel! Wir haben genug Blut verspritzt!*

Wegen dieser seiner Großmut krönen sie Saul gleich noch einmal. Somit wird er also zum drittenmal gesalbt, was den Gebrauch von Shampoos und Lotionen in Mode kommen läßt.

86

DER TRICK MIT DEM DREH
MIT DER FINTE
1 Samuel 12—14

Bevor der alte Samuel endgültig sein Richteramt niederlegt, hält er sich sozusagen selbst eine Lobrede. Und womit? Mit Recht! *Ihr habt jetzt, was ihr wolltet, einen König, und ich bin der Mohr, der seine Schuldigkeit getan hat. Von der Mutterbrust an bis heute. Oder etwa nicht? Habe ich jemandem je ein Rind oder einen Esel weggenommen, hat mich je einer bestechen können?*

Neiiin! rufen die verehrten Zuhörer.

Und warum nicht? fährt Samuel fort. *Weil ich immer nach Vorschrift Dienst getan habe! Deshalb rate ich euch dringend, folgt den Ge- und Verboten des GROSSEN BOSSES. Seid gehorsam und treu. Das gilt auch für den König, der ohne unseren BOSS nie so senkrecht nach oben gestartet wäre. Ich prophezeie euch, wenn ihr oder euer König unrecht tut, seid ihr und euer König verloren! — Falls meine Voraussage stimmt, möge es umgehend regnen!*

Wenige Sekunden später sind die Zuhörer klitsch-naß, derart pladdert es vom Himmel. Saul aber hat sich bereits bestens in seine neue Rolle gefunden: Er läßt sich beschirmen...

Die Jahre vergehen. Sauls Sohn Jonathan kommt in das Alter, wo man Räuber-und-Gendarm-Spielen albern findet. Sein Interesse richtet sich jetzt auf Mädchenbeine und glänzende Uniformen, woran an Sauls Königshof kein Mangel herrscht. Besonders von letzteren strotzen die Kleiderkammern. Hingegen gähnen die Waffenarsenale vor Leere. Die Philister haben nämlich sämtliche Schmiede umgesiedelt, damit sie nicht etwa Schwerter und Spieße statt Pflugschar und Mistgabel herstellten. Trotzdem hat Saul ein stehendes Heer von 3000 Mann ins Leben gerufen, von denen er 1000 dem Oberbefehl Jonathans unterstellt. Er ist zwar noch ein bißchen jung, dafür aber Prinz.

Als Jonathan vom theoretischen Unterricht am Sandkasten und der Leibesertüchtigung auf dem Exerzierplatz genug hat, glaubt er sich bereits zu großen Taten berufen. Als erstes erschlägt er den Kommandanten des Wachbataillons der Philister, was von der gesamten Presse zur Kriegshetze benutzt wird. ‚Königssohn killt Kommandant!' steht im Papyrusblatt der Besatzer, ‚Hebräer proben den Aufstand! Saul provoziert totalen Krieg!'

Bald kann Saul gar nicht anders, er muß mobilmachen. Zumal seine Spione herausfinden, daß die Philister 3000 Wagen und 6000 Reiter zusammengezogen haben. Genaue Zahlen über die Stärke ihrer Infanterie liegen noch nicht vor. ‚Wie Sand am Meer', melden die Späher.

In der Tat, bald ziehen gewaltige Heerhaufen auf Sauls Stellungen zu. Ihr Anblick genügt, den Israels alle Courage abzukaufen. Sie verstecken sich in Höhlen und Löchern, sogar in Zisternen. Ein großer Teil von ihnen flieht gleich bis über den Jordan. Als Saul antreten und abzählen läßt, sind es noch sechshundert Mann, und bewaffnet, daß es einen Hund jammert: 6 Grenadiere = 1 Spieß! Nur Saul und Jonathan besitzen unhandliche Schwerter.

Angesichts der aussichtslosen Lage beschließt Jonathan einen Alleingang. Ohne seinem Vater ein Sterbenswörtchen zu sagen, zieht er mit seinem persönlichen Schwertschlepper zwecks Handstreichs dem Feind entgegen.

Wir wollen versuchen, den Philistern ein Schnippchen zu schlagen! weiht er seinen Komplizen ein. *Siehst du dort drüben die Posten auf dem Felshang?* Der Träger nickt. *Die locken wir in eine Falle!*

Fein, Johnny! Bloß — wie? fragt der andere zweifelnd. *Zwei allein gegen die ganze Vorhut?*

Du vergißt den GROSSEN BOSS! Wenn er wirklich mit uns Israels ist, wird er schon irgendwie helfen. Wir klettern einfach mal den Hang hoch. Rufen die Posten uns zu, wir sollten unten bleiben, sie kämen runter, dann halten sie uns für Parlamentäre. Wenn sie aber sagen: ‚Na, nun kommt schon, damit wir euch köpfen können!', dann wollen wir

— 249 —

das als Zeichen dafür ansehen, daß der GROSSE BOSS unseren Dreh mit der Finte billigt und uns beistehen wird. Einverstanden?

Okay, Johnny! Probieren wir's. Ich bin bereit zum Heldentod!

Seite an Seite kriechen die beiden Einzelkämpfer den Steilhang hoch, da sind sie auch schon entdeckt. *Ach nee,* höhnen die Wachtposten, *es gibt also doch noch zwei Krummnasen, die sich hertrauen! Wollt ihr überlaufen oder was? Kommt ruhig rauf, wenn ihr zur Schnecke gemacht werden wollt!*

Du hast es gehört! tuschelt Jonathan. *Demnach ist der GROSSE BOSS auf unserer Seite!*

Ich seh nix! Der Schwertschlepper blickt forschend nach links und rechts.

Idiot! Der GROSSE BOSS ist doch metaphysisch bei uns! knurrt Jonathan und kraxelt wie ein Libanon-Tiroler.

Kurz vorm Ziel gibt der Prinz seinen Plan bekannt: *Hör zu, Boy! Ich werde mich da oben sofort totstellen. An meiner Galauniform werden sie erkennen, daß ich der Königssohn bin. Wenn sie sich nun zu mir runterbücken, um sich zu überzeugen, daß ich wirklich hinüber bin, fällst du mit meinem Schwert über sie her. In diesem Moment springe ich auf —*

Alles verläuft programmgemäß. Als die Posten sich über Jonathan beugen, schlägt ihnen der Schlepper mit ein paar pfeifenden Hieben die Köpfe ab. Sofort springt Jonathan auf, packt das Schwert eines toten Gegners, und in Blitzesschnelle sind zwanzig Feinde kopflos. Der schäbige Rest ergreift — ebenfalls kopflos — die Flucht.

Mit den erbeuteten Waffen kehren Jonathan und sein Mitheld zum Lager Sauls zurück. Schon auf halbem Weg begegnen ihnen die 600 unerschrockenen Gardesoldaten, welche die fliehenden Posten bemerkt haben. Auch die ungeheure Erregung in der gesamten Philisterarmee entging ihnen nicht. Diese Verwirrung gilt es zu nutzen. Rasch werden die erbeuteten Waffen an die Unterführer verteilt, dann geht's zum Kriegsschauplatz.

Unterwegs äußert einer der Mistforken- und Dreschflegelnahkämpfer, er habe Hunger. Zufällig hört das König Saul. Er tobt: *Wer auch nur einen Happen ißt, bevor wir gesiegt haben, sei verflucht, verflucht, verflucht!*

Jonathans Husarenstückchen ist nicht ohne Einfluß auf den Kampfgeist der Israels. Sie ziehen mit einem Gebrüll in die Schlacht, daß die Erde bebt. Sehr schnell verwischen, vermischen sich die Fronten, zumal viele hebräische Philistersöldner zu Saul überlaufen. Bald haut einer auf den anderen ein; die Unterdrücker können Freund und Feind nicht mehr unterscheiden. Ihre letzte Rettung besteht in wilder Flucht.

Müde, matt und ebenso ausgehungert wie siegestrunken trotten die Israels ins Lager zurück. Unterwegs entdecken sie einen hohlen Baum voller Bienenwaben. Jetzt ein paar Löffelchen Honig! Aber sie denken an Sauls Fluch und verkneifen sich die Leckerei.

Leider ist Jonathan nicht dabei gewesen, als der König die harte Fastenforderung gestellt hat. Ohne Skrupel genießt er von dem herrlichen Honig, schaufelt er das süße Zeug in sich hinein. Bis die Landser zu maulen anfangen. Ihnen knurrte der Magen, und Seine Königliche Hoheit naschte sich satt!

Ein Feldwebel wagt es endlich; er teilt Jonathan den Fluch des Königs mit. Aber der lacht nur: *Mein Vater ist kein starker Esser, sonst würde er das nicht verlangt haben. Stellt euch vor, ihr hättet zwischendurch was Kräftiges zu euch genommen. Ich bin sicher, ihr hättet die Philister bis ans Meer getrieben. Ach was, bis runter nach Ägypten!* Seine charmante Übertreibung bewirkt, daß die Soldaten das Beutevieh abschlachten und halb roh hinunterschlingen.

Als die Kunde davon zu Sauls Ohren kommt, ist er sehr bestürzt. *Wer immer euch dazu verleitet hat, er soll sterben! Ihr habt blutendes Fleisch verzehrt, das ist streng verboten. Ihr kennt doch den entsprechenden Absatz in der Dienstvorschrift, deren Co-Autor der GROSSE BOSS ist?!*

Dummerweise ist der indirekte Anstifter zu dem Freßgelage sein eigener Sohn. Also runter mit Jonathans Rübe! Schon aus Prinzip kann Saul keine Ausnahme machen; die Disziplin wäre sofort im Arsch, wie ein Offizier sich frontschweinisch ausdrückt.

Johnny nimmt das Todesurteil ziemlich gelassen zur Kenntnis. *Ich verstehe zwar den Sinn nicht ganz, alter Herr, aber wenn du meinst, der GROSSE BOSS gönnt unsereinem nicht mal 'n Löffel Honig — dann bitte. Hungrig darf man kämpfen, satt muß man sterben — eine eigenartige Logik!*

Das finden auch die versammelten Krieger. Wem verdankte man den glorreichen Sieg? Dem Johnny, wie sie ihren Befehlshaber unter sich liebevoll nennen. Wem verdankte man, daß der Bauch voll und die Laune euphorisch war? Dem Johnny! Und solch ein Teufelskerl sollte auf dem Schafott enden? Niemals!

Majestät, sagt Jonathans Schwertträger zu Saul, *Majestät, die siegreiche Garde bittet um Gnade für ihren heldenhaften Häuptling, deinen Sohn! Es wäre, wie wenn du dir selbst die rechte Hand abhacktest. Als weiser König, der du doch bist, verschiebe die Exekution wenigstens bis nach Kriegsschluß. Momentan brauchen wir ihn wie das tägliche Brot. Womit ich nicht gesagt haben will, daß wir nur ans Fressen denken.*

Die Fürsprache der ganzen Armee erreicht den Aufschub der Hinrichtung. Schon bald stellt sich heraus, wie klug Saul gehandelt hat, denn jetzt geht der Krieg erst richtig los. Dagegen ist die Schlacht gegen die Philister das reinste Honiglecken gewesen.

87

SAMMY HAT HOFTRAUER
1 Samuel 14, 15

Zuerst kommen die Moabiter dran. Großes Schlachten rechts vom Toten Meer. Dann sind die Leute aus Ammon an der Reihe. Sie bewohnen bekanntlich das Land weit rechts vom Jordan, vom Toten Meer rauf bis fast zum See Genezareth. Viel Blut versickert in der Steppe.

Danach geht es über die Senke von Araba zu den Edomitern. Auch sie beziehen furchtbare Dresche.

Selbst die Könige von Zoba läßt Saul nicht in Ruhe. Sie regieren so hoch im Norden, daß es fast schon leichtfertig ist, einen Krieg anzuzetteln. Weil Saul aber siegt, haben die anderen angefangen. Im Prinzip stimmt das sogar: Alle Besiegten waren jahrelang ihre Unterdrücker. Jetzt geben sie, vorerst wenigstens, Ruhe.

Nur die Philister sind nicht kleinzukriegen! Immer wieder mucken sie auf. Da Saul aber nicht überall zugleich Krieg führen kann, haben sie noch Schonzeit. Erst sind jetzt die Amaleker dran, weil Samuel das so will. Der Ex-Richter und Prophet im Ruhestand beginnt ganz harmlos: *Hallo, Saul! Hast dich fein rausgemacht, seit ich dich zum König gesalbt habe!*

Dreimal, wenn ich dich erinnern darf, antwortet Saul lächelnd. *Eine gutgeölte Maschine* — das Wort hat er von einem griechischen Händler aufgeschnappt — *läuft eben gut. Aber du bist doch bestimmt nicht gekommen, um mir Komplimente über mein Aussehen zu machen!*

Natürlich nicht, wenngleich ich feststellen muß, daß du nichts von deiner früheren Ausstrahlung verloren hast. Doch kommen wir zur Sache. Er zieht ein Notizröllchen aus der Tasche und studiert, was er zu Papier gebracht hat. *Der GROSSE BOSS läßt dir durch mich folgendes mitteilen: ,In Erinnerung an das Verhalten eines gewissen Amalek auf der Halbinsel Sinai während des Auszugs der Kinder*

Israels aus Ägypten, der unter meinem Patronat erfolgte, habe ich beschlossen, die damaligen Schikanen, Feindseligkeiten und Übergriffe jetzt an seinen Nachfolgern durch dich, Saul, rächen zu lassen.'

Kannst du dich nicht ein bißchen volkstümlicher ausdrücken, Samuel? fragt Saul, als der Alte seine Notizen für einen Augenblick sinken läßt. *Oder willst du hier Literatur verzapfen?!*

Samuel faucht ihn an: *Du vergißt, wessen Diktat ich dir vorlese!*

Na, so verquast wird er sich wohl nicht ausgedrückt haben. Der GROSSE BOSS ist doch nicht nur für die Studierten da, oder?

Samuel gibt ihm darauf keine Antwort. Er fährt fort: *Ich zitiere weiter:* ,*Zieh in den Kampf gegen die Amaleker, Saul, und verschone nichts! Weder Mann, noch Frau! Nicht Kinder, nicht Säuglinge! Schlachte ab alle Schafe, Rinder, Esel und sämtliche Kamele! Denn mein ist die Rache!'* *Dies alles hat der GROSSE BOSS gesagt. Der letzte Satzteil ist schon historisch.*

Saul runzelt leicht die Stirn. *Und was ist mit den Kenitern? Soviel ich weiß, haben sie sich seinerzeit den Wüstenwanderern gegenüber sehr fair benommen. Sie wohnen bekanntlich mitten zwischen den Amalekern.*

Laß dir was einfallen, du bist hier der König! Damit reitet Samuel vom Hof...

Saul hätte zwar lieber pausiert, aber was soll's. Schnell sind 210 000 Soldaten unter die Fahnen gerufen. 10 000 von ihnen stammen aus Juda. Das sei beiläufig erwähnt, denn mit diesem Stamm gibt's später Zores. Den Kenitern läßt Saul eine Aufforderung zum vorübergehenden Verlassen des Kampfgebietes zustellen. Dann geht der Feldzug los.

Eine Vernichtungsschlacht sonder Vorbild ist das Ergebnis. Alles, was da leibt und lebt, wird entleibt und stumm gemacht. Nur Agag, den König von Amalekien, nimmt Saul lebend gefangen. Und noch ein paar Kleinigkeiten läßt er seinen Kriegern durchgehen: Sie töten nicht alles Vieh, nur das miese, zähe, überalterte. Das beste lassen sie am

Leben und kehren damit in die Kasernen zurück. Wär ja auch schade drum! Oder?

Der GROSSE BOSS ist jedenfalls anderer Meinung. Zutiefst gekränkt beschwert er sich bei Samuel: *Ich bin außer mir, Sammy! Hätte ich den Saul nur nicht als König vorgeschlagen! Der Kerl hat doch tatsächlich meine Befehle mißachtet und Beute eingeheimst!*

Da soll doch –, fährt Samuel auf.

Nicht fluchen! warnt der GROSSE BOSS ihn grad noch rechtzeitig. Dann spricht er weiter. Die Unterhaltung dauert bis in die frühen Morgen. Ziemlich übermüdet macht Samuel sich auf den Weg zu Saul.

Was verschafft mir das Vergnügen, Samuel? empfängt ihn der König mit strahlendem Lächeln. *Gerade wollte ich dir unseren epochalen Sieg melden!*

Und was ist das für ein Geblöke, Gemuh hinterm Haus? Das klingt mir sehr nach Nutzvieh! Oder hast du 'ne andere Erklärung?

Ach, davon sprichst du! Saul bagatellisiert die Angelegenheit. *Ein paar Mastschäfchen und Zuchtstierchen haben meine Leute mitgebracht, um sie nachher dem GROSSEN BOSS zu opfern. Oder dachtest du etwa –*

Lüg mich nicht an, Saul! warnt Samuel. *Vergiß nie: Du bist ausgezogen, um Eselinnen zu suchen und hast ein Königreich gefunden! Du kannst deine Herkunft nicht auslöschen. Ein kleiner Kleinbauernsohn bist du gewesen, als ich dich auf Geheiß vom GROSSEN BOSS zum Rex ölte. Lügen setzt Intelligenz voraus. Warum hast du nicht gehorcht, sondern Beute gemacht, statt alles umzubringen?*

Hab ich doch! Bis auf die paar Opfertiere. Prachtexemplare! Dem GROSSEN BOSS wird das Herz im Leibe und die Zunge im Munde lachen. Seine Nasenflügel werden –

Halt gefälligst den Rand, Saul! Warum hast du den König der Amaleker nicht geköpft? Den Agag meine ich!

Das weißt du auch?

Einer wie ich weiß alles! Auch im Ruhestand. Also?

Weil er — weil er ein Kollege von mir ist. Wie ich ihn so vor mir zittern sah — überleg doch mal, ein Monarch aus 'ner alten Dynastie schlottert vor einem ehemaligen Kleinbauernsohn, wie du mich eben genannt hast — also, da brachte ich es einfach nicht über mich. ‚Majestät', hab ich zu ihm gesagt, ‚Majestät, kommste freiwillig mit, dann laß ich deinen Hals bedeckt!' Naja, und so ist er halt mitgegangen.

Samuel blickt Saul nachdenklich an. Dann schluckt er ein paarmal. Hin und wieder denkt auch er, daß der GROSSE BOSS — aber das denkt er nur selten und ganz insgeheim. Laut sagt er: *Der Gehorsam ist wichtiger als das Opfer. Folgsamkeit ist besser als Hammelfett, das zum Himmel brutzelt. Und Befehlsverweigerung ist fast noch schlimmer als Abgötterei. Du hast den Befehl des GROSSEN BOSSES in den Wind geblasen, jetzt bläst er dich von deinem königlichen Thron, du Windei!*

Das ist ärger, als Saul erwartet hat. Soll er vielleicht wieder zurück aufs Feld? Mist fahren und Unkraut hacken, wo er sich so schön ans Königsein gewöhnt hat? Nur das nicht!

Ich gebe zu, ich bin ein schwerer Sünder! sülzt er, *wenn mich auch meine Soldaten so halb und halb dazu gezwungen haben. Sie protestierten geschlossen gegen die Vernichtung des prämiierten Musterviehs. Willst du mir in Anbetracht dessen nicht noch mal meine Sünden vergeben?*

Ich habe nichts zu vergeben! Das ist das persönliche Ressort des GROSSEN BOSSES. Er hat dich abgesetzt, weil du den Gehorsam verweigert hast. Auch wenn du dich jetzt auf einen Befehlsnotstand hinausredest — ich sehe keine Chance für dich. Als Samuel gehen will, krallt Saul sich an seinen Schultern fest. Dabei fetzt er ihm einen Ärmel aus dem Sakko.

Das macht das Maß voll. Samuel schimpft: *So wie du mir eben den Ärmel aus meinem schönsten Jakket gerissen hast, so macht der GROSSE BOSS nun einen Riß zwischen dir und dem Volk Israel. Er wird die königliche Würde einem Zuverlässigeren als dir anvertrauen. Und damit basta! Kein Wort wird un-*

ser BOSS zurücknehmen. Er kennt keine halben Sachen. Weil er kein Mensch ist!

Saul weiß, daß er verspielt hat. *Wenn es also sein soll – ich sehe meiner Entlassung entgegen. Aber du wirst mir hoffentlich nicht verbieten, daß ich dem GROSSEN BOSS vor versammelter Mannschaft noch einmal für seine Unterstützung auf meinen sämtlichen Feldzügen danke.*

Dagegen hat Samuel nichts einzuwenden. Er folgt Saul zu dem improvisierten Feldaltar. Dort wünscht er zuerst die Vorführung des gefangenen Königs. Agag wird sofort gebracht. *Sterben ist bitter!* sagt er, als er Samuel ein scharfes Schwert in den Händen wiegen sieht.

Samuel prüft die Schneide und knurrt Agag an: *Ich möchte nicht wissen, wieviel Mütter du ihrer Kinder beraubt hast!*

Weniger als Saul bestimmt! motzt der Delinquent auf.

Samuel ignoriert das Kontra. *Deshalb soll auch deine Mutter ohne Kinder sein!*

Die ist schon lange tot, kann Agag noch sagen, da haut Samuel auch schon zu.

Entweder sieht der Uraltprophet schlecht, oder er ist als Scharfrichter ungeeignet: Er trifft daneben und hackt Agag bloß ein Stück Schulter weg. Beim zweitenmal trennt er dem König ein Bein ab. Oberhalb des Knies. Aga stürzt zu Boden und bringt sich dadurch in eine bessere Position für Samuel, der ihn nach und nach in handliche Portionen aufteilt.

Endlich gibt er ermattet das bluttriefende Richtschwert zurück. Etwas verlegen entschuldigt er sich für sein Gehäcksel: *Ich bin nicht mehr der Jüngste. Man müßte eine Guillotine erfinden...*

88

JUNGER MANN MIT SEX-APPEAL
1 Samuel 16

Saul ist zwar ein gekündigter König, aber in Ermangelung eines anderen wirkt er noch eine ganze Weile weiter als Haupt der Monarchisten. Samuel trauert indessen bereits so heftig um ihn, daß es dem GROSSEN BOSS zuviel wird: *Genug des Wehleids, Sammy! Das ist der Bursche nicht wert! Mach dich lieber auf eine Reise nach Bethlehem gefaßt, wo ein Enkel der ehemaligen Ährenleserin Ruth namens Isai wohnt. Er hat einen Haufen Söhne. Einen davon habe ich als neuen König im Sinn. Vergiß deine Salbe nicht! Ich meine, mach das Ganze ein bißchen salbungsvoll. Und top secret natürlich! Du kennst ja unsere verschlungenen Wege, auf denen wir jemanden zum Glück führen.*

Wenn Saul erfährt, daß ich auf Salbungsreise bin, läßt er mich glatt aus dem Weg räumen! gibt der Alte zu bedenken. *Der hat doch nichts mehr zu verlieren!*

Sei nicht so einfallslos! murrt der GROSSE BOSS. *Nimm eine Kuh mit und verbreite unterwegs das Gerücht, daß du in Bethlehem opfern willst. Dort lädst du Isai mit seinen Söhnen ein. Während des Opfers sag ich dir, wenn du ölen sollst.*

Samuel reitet nach Bethlehem, dessen Einwohner ihm mit sichtlichem Mißtrauen entgegenkommen. *Was bringst du uns denn heute Schlechtes?* fragt ein zahnloser Alter rundheraus. Er kann sich das erlauben, Samuel ist drei Monate jünger als er.

Nur Gutes bring ich euch, Freunde! behauptet Samuel. *Ich will mit euch gemeinsam diese Kuh dem GROSSEN BOSS opfern. Sie ist zwar etwas mager —*

— dafür aber humpelt sie! ergänzt der Zahnlose amüsiert. *Wo soll das Opfer denn stattfinden?*

Bei Isai auf dem Druschplatz. Sagen wir — um elf? Dort sind dann auch alle versammelt, die mit dem fast schon musealen Propheten opfern wollen.

Isai steht mit seinen Söhnen in einer Reihe. Samuel schreitet die Front ab. Beim ersten Isai-Sproß denkt er, das ist er! Der Bursche war groß, stattlich und schön. Aber schon tuschelt ihm der GROSSE BOSS zu: *Gib nicht soviel auf Äußerlichkeiten, Sammy! Geh weiter. Wenn der Richtige vor dir steht, zupf ich dich am Ärmel.*

Samuel geht von Sohn zu Sohn. Bei keinem bekommt er Bescheid gezupft. *Sind das alle deine Söhne?* fragt Samuel daher den Vater Isai. *Mehr als sieben haste nicht hingekriegt?*

Draußen bei der Herde ist noch mein Jüngster. Mein kleiner David. Einer muß ja aufs Vieh aufpassen, gelle?

Herbringen! befiehlt Samuel, und David wird geholt. Ein gutgewachsener Junge mit sonnengebräuntem Teint und hellen, strahlenden Augen. Außer Sex-Appeal hat er noch eine Gitarre bei sich.

Samuel spürt einen heftigen Ruck am Ärmel. *Das ist er, Sammy! Los, schmier ihn ein!* Wohlgefällig läßt der alte Öler seinen Blick über den jungen Mann gleiten. Dann tätschelt er ihm die Wange und zaust in seinen Haaren.

Sie müßten mal wieder gewaschen werden, sagt David errötend. *Aber auf der Viehkoppel ist das Wasser knapp.*

Ich hab was Besseres! Samuel holt sein Königsflakönchen aus der Tasche und reibt David mit dem Inhalt den Wuschelkopf ein.

Das riecht aber Klasse! freut sich der Junge.

Und stärkt die Kopfhaut! sagt Samuel. *Merkst du schon was?*

Ja, es juckt! Aber dann breitet sich auf Davids Kopf ein ganz neues Haarwurzelgefühl aus, ein geradezu königliches Wonniglichsein überflutet seinen Körper. *Wo gibt es das zu kaufen, Herr?* fragt er — in der Absicht, sein Sparschaf zu schlachten.

Würde kann man nicht kaufen, sagt Samuel, etwas mysteriös für Davids Ohren. *Höchstens Titel. Aber bis dahin werden noch viele Jahrhunderte vergehen.*

Wie weise.

89

DAVID ZUPFT 'NEN DUFTEN DARM
1 Samuel 16

S eltsam, im gleichen Maße, wie die unerklärliche Euphorie den kleinen David ergreift, wird die Laune König Sauls immer mieser. Bald ist es mit ihm nicht mehr auszuhalten. Den ganzen Tag stiert er düster in eine Ecke des Thronsaals. Früher hat der schöne Lange wenigstens ab und zu über einen Witz gelacht, jetzt können die servilen Hofleute Purzelbäume schlagen — er verzieht nur grämlich die Miene ob solcher Albernheiten.

Endlich hat ein junger Windfächler eine gute Idee: *Majestät*, sagt er, *darf ich mir einen Vorschlag erlauben?*

Saul, dem heute mal wieder nichts schmeckt, schiebt sein zweites Frühstück beiseite. *Und was wäre das für einer?*

Ich kann es nicht mehr mitansehen, wie du immer schwermütiger wirst. Willst du dir nicht ein paar Musiker an den Hof holen? Sie könnten dir etwas vorspielen, wenn du verstimmt bist.

Ich bin nicht verstimmt, ich habe Probleme! Im übrigen kann ich mir keine Hofkapelle leisten.

Es braucht ja nur 'ne kleine Band zu sein! Fünf Mann vielleicht. Ober eine Vier-Mann-Combo!

Davon wird meine Laune nur noch ekliger.

Und wie wär's mit einem Alleinunterhalter? Der Frischluftbereiter legt für einen Moment den gefiederten Fächer beiseite. *Ich kenne zufällig einen jungen Mann in Bethlehem, der zupft 'nen duften Darm, Jungejunge!*

Was macht er?

Er spielt Gitarre wie kein zweiter in ganz Israel. Ich hab ihn mal gehört. Beim Schafhüten. Eine Wucht, Majestät! Was der alles auf seiner Wimmerschrippe hat! Klassisch und Hot, Romantik und Märsche, Folklore und Chansons — was das Herz begehrt, mein König.

Und wie sieht er aus? Du weißt, ich bin Ästhet!

Blendend! So wie Majestät früher mal ausgesehen haben muß!
Saul streichelt sich geschmeichelt den Vollbart. *Na schön. Soll mir mal was vorschrummen. Wir Könige sind sowieso die einzigen, die etwas fürs Kulturschaffen tun...*
Der Kühlungswedler eilt nach Bethlehem und überbringt Vater Isai den Wunsch des Königs, der ein Befehl ist. Seufzend packt Frau Isai Davids Sachen, gibt ihm auch ein Mitbringsel für den Monarchen mit. Dann reitet der Lockenkopf mit dem Höfling zum Palast des Königs. *Was soll ich Saul denn vorspielen?* erkundigt er sich unterwegs.
Laß mal hören, was du im Repertoire hast, fordert sein Begleiter ihn auf. *Dann kann ich dir sagen, womit du dem Alten imponieren kannst. Hauptsache, heiter! Trübsal bläst er alleene!* So ergibt es sich, daß David musizierend vor dem Königspalast ankommt.
Saul hat gerade einen Granatapfel nach einem Pagen gefeuert, da hört er anstelle einer Detonation Musik. Neugierig tritt er ans Fenster und lauscht. Der Jüngling da unten im Hof griff ja prächtig in die Därme, entlockte ihnen mitreißende Klänge...
Saul ist bald nicht wiederzuerkennen. Jedesmal, wenn er schlecht gelaunt ist, muß David ihm vorspielen. Die Nummern des neuen Kostgängers gefallen dem Misanthropen in einer Weise, daß er nicht nur aufblüht, sondern den Hütejungen sogar liebgewinnt. *Du hast mir gerade noch gefehlt!* freut Saul sich. *Dich hat mir der GROSSE BOSS gesandt!*
Wie wahr! David ist wirklich ein Gesandter. Ein geschickter sogar...

90

RIESENRÜBE ZU SCHLEUDERPREISEN
1 Samuel 17, 18

Es ist wieder soweit! Die Philister schnoben schon lange nach Rache, jetzt sammeln sie ihre Truppen und ziehen zur Niederung bei Aseka. Ihre Ausgangsstellungen beziehen sie auf einem Hügel jenseits des Maulbeerfeigentals. Das liegt etwa zwischen Jerusalem und dem Mittelmeer, im Wohngebiet des Stammes Juda.

Daraufhin rüstet auch Saul zum Kampf. Er bewegt sich gleichfalls auf die Sefela-Ebene zu und geht mit seiner Armee diesseits des Maulbeerfeigentals in Stellung. Auch auf einem Hügel.

Nachdem sich die feindlichen Heere eine Weile von Hügel zu Hügel angestarrt haben, geschieht etwas in der bisherigen Kriegsgeschichte absolut Einmaliges!

Vom Hügel der Philister herunter kommt ein einzelner Krieger. Auf halber Höhe bleibt er stehen und zeigt sich, kokett posierend, von allen Seiten. Dazu hat er allen Grund: Er ist ein wahrer Riese! Mindestens zwei Meter 85 groß! Und so breit und stark, daß sein Speer das Format einer Wagendeichsel hat. Allein die eiserne Spitze wiegt sechs Kilo. Sein Schuppenpanzer ist, ohne Schwert, mit 50 Kilo eher zu leicht geschätzt. Dazu trägt der Riese einen glänzenden Helm, der Ohren, Augen und Hals genügend Spielraum läßt. Eisenschienen schützen die Beine, auf dem Rücken hängt ihm ein gewaltiger Spieß, und als Clou des Ganzen schleppt ein kräftiger Mann einen gepanzerten Schild vor ihm her.

Nachdem sich der lange Lulatsch genügend bewundert glaubt, erhebt er seine Stimme. Sie paßt in ihrer lauten Schrille zu seiner Masse. *Männer von Israel!* brüllt er. *Hier spricht Goliath, der Unbesiegbare! Ich stamme zwar aus Philisterland, aber ich bin ein Gather dazu. Einer meiner Vorfahren war Enak, wenn euch der Name was sagt. Oder löst ihr keine Kreuzworträtsel?*

Das tun die Israels zwar, aber der Name sagt ihnen doch eine ganze Menge. Von den Enakern hatten schon Moses Späher berichtet, als sie das verheißene Land auskundschafteten. Und ausgerechnet ein solches Monster machten die Feinde zu ihrem Herausforderer! Schöne Aussichten!

Der Riese Goliath brüllt weiter: *Hört, Hebräer! Wir Philister wollen unnötiges Blutvergießen vermeiden, deshalb machen wir euch einen Vorschlag: Wählt unter euch einen Mann aus, der es wagt, mit mir zu kämpfen. Wenn er mich besiegt, wollen wir Philister eure Untertanen sein. Schlage aber ich ihn tot — worauf ihr euch verlassen könnt —, dann unterwerft ihr euch bedingungslos und dient uns als Knechte!*

Goliaths Hohn ist nicht zu überbieten. Den Israels schwimmen die Felle weg. Dabei ist noch gar nichts passiert. Ein Riese hatte ein großes Maul, aber das hat er ja von Natur aus. Sie ahnen auch nicht, daß ihnen ein Retter bestimmt ist. Nur mit Grundeis geht er ihnen, der...

David hat von Saul Urlaub bekommen, um seinen einsamen Vater zu besuchen, der drei Söhne in der Armee hat. Gerade packt der alte Isai ein paar Stullen und frischen Käse zusammen. Er drückt David die Sachen in die Hand. *Bring das Freßpaket deinen Brüdern an die Front. Sie sollen ihrem Feldwebel etwas von dem Camembert abgeben. Vielleicht verschafft ihnen das ein Druckpöstchen, und sie müssen nicht auf dem Feld der Ehre fallen, wo wir so goldene Kornfelder haben!*

Noch besteht kein Grund, Trauer zu tragen. Laut Heeresbericht stehen sich die feindlichen Truppen noch immer ohne besondere Ereignisse gegenüber. Als David im Maulbeerfeigental seine Brüder begrüßt, absolviert just der Riese Goliath seinen täglichen Auftritt. Herrlich funkelt seine Rüstung im Sonnenlicht. Nur was er sagt...

Das laßt ihr euch gefallen? empört David sich. *Ich muß schon sagen, ihr seid mir scheene Monarchisten! Sächsle hier nicht rum, hau lieber wieder ab!* warnen ihn seine Brüder. *Hier gibt's bald Stunk!*

*Schau dir doch den Brocken an! Wie ein Garten-
zwerg kommt man sich vor!*

David denkt nicht daran, sich in Sicherheit zu
bringen. Im Gegenteil! *Was bekommt denn der, der
dem Prahlhans den Mund stopft?*

Der Feldwebel beißt kräftig in den stinkenden
Camembert des alten Isai. Dann sagt er mit vollem
Mund: *Sauls Tochter! Außerdem werden der Fa-
milie seines siegreichen Schwiegersohns sämtliche
Steuern erlassen.*

Das läßt sich hören, sagt David. *Besonders das
letztere.* Eine Stunde später steht er vor Saul, und
diesem der Angstschweiß auf der Stirn.

*Du, David? Du wolltest doch deinen Herrn Vater
besuchen?* Saul bemüht sich vergeblich um einen
leutseligen Ton.

*Schon passiert, Majestät. Ich soll schön grüßen.
Und wegen dieses Goliaths, da mach dir mal keine
Sorgen. Den schaff ich dir vom Hals. Wetten?*

*Du spinnst, David! Der Kerl braucht doch nur zu
husten, und hin biste! Nein, das kommt nicht in
Frage! Wer soll mir die neuesten Blues zupfen,
wenn du entseelst?*

David lächelt. *Was glaubst du, Majestät, habe ich
wohl als Hütejunge gemacht, wenn ein Bär oder ein
Löwe in die Herde einbrach? Ich erschlug ihn! Genauso werde ich es mit dem kolossalen Angeber
machen. Gelernt ist gelernt!* Etwas leiser fügt er
hinzu: *Der GROSSE BOSS wird mir beistehen...*

Da gibt Saul nach. *Zieh wenigstens meine Rüstung
an und nimm mein Schwert!*

David schüttelt ablehnend den Kopf. *Danke, Majestät! Bitte behalte deine Armierung. Ich muß beweglich sein. Am liebsten ginge ich nackt, aber man
soll seine Feinde auch nicht verwöhnen.*

Nur mit einem Stecken bewaffnet, marschiert er
in Richtung Feind, bis er an einen kleinen Bach
kommt. Aus ihm fischt er fünf flache, scharfkantige
Kiesel und steckt sie in die Hirtentasche zu seiner
Schleuder. Mit ihr hat er bereits als Knabe anderen
Leuten die Tonkrüge von der Fensterbank geholt.
Vergnügt vor sich hinpfeifend, schlendert er dem

riesigen Herausforderer entgegen. Mit strahlendem Lächeln – und in gut geschätzter Entfernung – bleibt er vor ihm stehen. Vor Schauder schließen die verzagten Israels die Augen, während der Goliath vor Verblüffung sein Riesenmaul nicht zukriegt.

Endlich brüllt er los: *Was wills du, du hebräischer Wurm? Ich soll dich wohl zwischen den Fingern zerquetschen?*

Nimm das Maul nicht so voll, lächerlicher Zwerg! höhnt David.

Hast du eben Zwerg gesagt? wütet der Riese. *Das wirst du büßen, verdammter Schlachtenbummler! Komm her, damit ich dir mit dem Schwert einen Scheitel ziehen kann! Die Aasgeier und Schakale haben Hunger!*

Quatsch nicht soviel, Riesenbaby! Ich weiß ja, daß du Angst hast! Gleich wird der GROSSE BOSS dir und deinen Philistern beweisen, wer hier das Sagen hat! Ohne Schwert und Speer werde ich mit seiner Hilfe deinen hirnlosen Kopf kassieren. Hast du noch einen letzten Wunsch? Goliath bleibt vor Fassungslosigkeit über Davids sieghaftes Gequassel stumm wie ein Stockfisch. *Also nicht! Na, dann wollen wir mal!*

Ohne Hast holt David seine Schleuder aus der Tasche, wählt den schärfsten Kieselstein aus, legt ihn in die lederne Halterung und wirbelt die Schleuder ums Handgelenk. Schnell – schneller – noch schneller. Philister wie Israels halten den Atem an. Nur ein zirpendes Surren ist weit und breit zu hören.

Plötzlich läßt David das eine Ende seiner Schleuder los. Der Kiesel schwirrt mit rasender Geschwindigkeit aus der Lederschlaufe und – trifft! Trifft Goliath mitten auf die rechte Schläfe, durchschlägt sie, schneidet tief in das kleine Riesengehirn. Wie vom Blitz gefällt stürzt Goliath zu Boden.

David rast zu dem Erschleuderten, reißt dessen Schwert aus der Scheide und trennt dem Riesen mit einem Hieb den Kopf vom Hals. Dabei fliegt der eiserne Helm runter, scheppert ins Tal. Angewidert packt David den Kopf am Haarschopf und trägt ihn — wie eine Riesenrübe am Strunk — schlenkernd davon.

Erst jetzt begreifen die Philister, daß der stärkste Mann ihrer Armee besiegt ist. Das Grauen fährt ihnen in sämtliche Knochen. Ohne Absprache fliehen sie in panischem Entsetzen und geben den Israels damit das Signal zum Sturm.

Mit ohrenbetäubendem Siegesgeschrei setzen sie den Fliehenden nach. Durch ganz Juda — bis Gath — bis an die Tore Ekrons. Links und rechts säumen tote Philister den Kriegspfad. Eine Allee von Leichen.

Inzwischen ist David mit dem bluttriefenden Kopf zu Saul gegangen. *Hier, Majestät! Du siehst, Köpfchen muß man haben. 'ne große Klappe allein genügt nicht.*

Dieses Gespräch hat Jonathan mitangehört. Bislang hat er den jungen Mann für einen zwar netten, aber harmlosen Barmusiker gehalten. Jetzt kennt seine Begeisterung keine Standesgrenzen mehr. Er haut David auf die Schulter, boxt ihm freundschaftlich in die Rippen. *Du bist ein As, Dave! Laß uns Freunde werden!*

Gern, sagt David. Auch er kennt natürlich den Königssohn und hielt ihn bislang für einen zwar netten, aber harmlosen Playboy mit einem Faible für reichverzierte Uniformen.

Meine Freunde nennen mich Johnny, sagt Johnny und gibt David die Hand. Dann küßt man sich auf alle vier Backen, zusammengerechnet. Zuletzt zieht Prinz Jonathan sein Jackett aus und gibt es samt Accessoires und Schwert dem neuen Freund. Nur die Hosen behält er an. Woran sollten seine Soldaten sonst erkennen, daß er ihr Befehlshaber war, wenn nicht an den breiten roten Streifen.

91

GESTERN EINE FRAU FÜR HÄUTE
1 Samuel 18

Viel Ruhm, viel Ehr − und noch mehr Arbeit. Nach dem siegreichen Zweikampf mit Goliath kommt David, der auf die als Belohnung ausgesetzte älteste Saulstochter verzichtet hat, nur noch selten zum Musizieren. Dafür darf er ständig an der Spitze kleinerer Truppeneinheiten für Saul kämpfen. Denn Kampf ist allemal und irgendwo immer. Wenn nicht, wird schnell einer vom Zaun gebrochen.

Mit der Zeit gewöhnt David sich an das Landsknechtsleben, zumal ihm nicht nur seine Stoppelhopser große Sympathie entgegenbringen. Wo immer er an der Spitze seiner Truppe erscheint, begrüßen ihn die Leute mit Blumen und Hurrarufen.

Wieder einmal kommt er von einem siegreichen Kleinkrieg zurück. Vor der Stadt haben sich die Mädchen des örtlichen Gesangvereins aufgestellt und stimmen eine Lobeshymne an, deren Refrain lautet: ‚Tausend Feinde fallen durch Saul, zehnmal sovielen schlägt David aufs Maul!' Dazu tanzen sie in weißen Wallawallagewändern Ringelreihn.

Die Kunde von diesem Großen Bahnhof, der David bereitet worden ist, kommt rasch zu Ohren des Königs. Neidisch und eifersüchtig zetert Saul: *Das ist doch der Gipfel! Mir gönnt das Volk bloß einen schäbigen Sieg über tausend Feinde, dem David aber über zehntausend? Fehlt nur noch, daß sie ihn zum König machen!*

Von diesem Tag an ist es aus mit der Freundschaft zwischen ihm und seinem Schleudergenie. Auch seine Laune wird wieder mies wie einst. Er schmeißt mit Geschirr, flucht wie ein Fuhrknecht und beleidigt selbst seinen Intimus, Oberst Abner.

David ignoriert die Raserei des Königs und spielt ihm an jedem kriegsfreien Tag auf seiner Gitarre was vor. Aber selbst die fröhlichsten Kompositionen vermögen Saul nicht aufzuheitern. Einmal ist es besonders arg. Zufällig erinnert eine Melodie den

König an die Hymne, die man zu Ehren Davids gedichtet hat und deren Refrain längst zum Gassenhauer geworden ist. Ergrimmt ergreift Saul einen
Bratspieß und wirft ihn nach David, um ihn an die
Wand zu spießen.

Im letzten Moment kann der ahnungslose Saiten-
zupfer ausweichen. *Was soll das?* fragt er leicht verwundert. *Das war Mozart, ich meine, so wird Mozart später einmal komponieren!* Er hat noch nicht
ganz ausgesprochen, da schwirrt der Spieß zum
zweitenmal. Wieder daneben. Fetttriefend zittert
die sonderbare Waffe in der Holztapete. Jetzt dämmert es David, daß ihn sein König aus tiefster Seele
haßt.

Auch Saul dämmert etwas, nämlich daß der
GROSSE BOSS ein Faible für David haben mußte.
Sonst würde er den Kerl, dieses Teenageridol, getroffen haben! Noch am selben Tag befördert er seinen Instrumentalsolisten zum Oberst, nach dem
Prinzip: Willst du einen loswerden, dann lobe ihn
dir vom Hals. Denn insgeheim denkt Saul, je mehr
Verantwortung er David auflädt, um so schneller
werden ihn die Philister erwischen — und dann hat
sich's!

Nichts hat sich! David siegt weiter und wird immer beliebter. Da denkt Saul sich etwas Neues aus.
Er will ihn zu seinem Schwiegersohn machen. Nach
dem Motto etwa: Glückliches Israel, heirate! Seine
Tochter Michal soll der Fallstrick sein, über den Da-
vid stolpert. Als Brautpreis hat Saul nämlich etwas
ausgetüftelt, das dem prominenten Newcomer mit
Sicherheit das Genick bricht: Er verlangt hundert
Vorhäute von Philistern! Ganz recht, hundert Phili-
stern soll David die Vorhaut vom Penis amputieren.
Dafür darf er dann ins Herrscherhaus einheiraten.
Saul ahnt nicht, daß seine Tochter Michal und der
Oberst David schon längst miteinander...

David glaubt an das Recht der Obrigkeit. Wenn
Saul hundert Vorhäute wollte, bekam er hundert
Vorhäute, die nach einer mörderischen Schlacht
ohnehin zu nichts mehr zu gebrauchen waren. Mit
einer Kompanie schneidiger Soldaten begibt er sich

alsbald auf Eichelsuche, bei der zweihundert Philister getötet werden.

Dann geht's ans Abschneiden. Zum Glück hat Davids Schwertschlepper vor seiner Einberufung zum
Wehrdienst Metzger gelernt. Er säbelt drauflos wie
einst im Schlachthaus, als er noch in der Ochsen-
schwanzsuppenabteilung tätig war.

92

VOM VERDERBLICHEN EINFLUSS
DES GASSENHAUERS

1 Samuel 18—20

Wie gern würde David sich seines Ehestandes
freuen, zumal ihm seine bezaubernde Frau Michal den Kaufpreis, für den so viele Männer Haut
und Haare lassen mußten, mit wirklicher Liebe
dankt. Wenn Saul nicht so mißgünstig wäre! Scheel-
äugig beobachtet er die Entwicklung, die sein raffi-
nierter Plan genommen hat. Jetzt stand dieser David seinem Haus näher denn je. Heimlich versammelt er deshalb seine Vertrauten um sich, zu denen
auch sein Sohn Jonathan gehört.

David muß weg! verkündet er. *Da die Hautauf-
gabe nicht funktioniert hat, werde ich ihn selber
töten. In drei Tagen wünsche ich entsprechende Vorschläge!*

Jonathan graust bei seines Vaters Worten. Schließlich ist er Davids engster Freund. Rasch eilt er zu
seinem Schwager und unterrichtet ihn von dem
schändlichen Vorhaben. *Komm morgen lieber nicht
zum Dienst, sondern versteck dich irgendwo! Wenn
ich mit meinem Vater unter vier Augen gesprochen
habe, geb ich dir Bescheid.*

Danach sucht er seinen Erzeuger auf und macht
ihm energische Vorhaltungen. *Du bist das undank-
barste Geschöpf auf BOSSES Erdboden, Pa! Hat dir
David nicht den Goliath vom Hals geschafft und damit dich und die Monarchie gerettet? Glaubst du*

— 269 —

denn, der *GROSSE BOSS läßt zu, daß du seinen Günstling meuchelst? Ebensogut kannst du dich in dein Schwert stürzen!* Johnny sagt noch eine ganze Menge, bis Saul hoch und heilig verspricht, David nicht mehr nach dem Leben zu trachten.

David ist über Sauls Sinneswandlung selig. Gern schlägt er dafür wieder eine Schlacht gegen die Philister und gewinnt sie. Klar! Leider begrüßen die Wäschermädels vom Königshof ihn bei seiner Heimkehr mit dem Dauerhit: ,Tausend Feinde fallen durch Saul, doch David, nicht faul, haut zehntausend aufs Maul', oder so ähnlich; der Variationen sind mittlerweile viele.

Sofort fällt Saul wieder in Schwermut und vergißt das Versprechen, das er seinem Sohn gab. Abends läßt er Davids Haus umstellen. *Tot oder lebendig!* verlangt der adlige Neider. *Heute nacht muß er dran glauben! Stecht dem Star den Star!*

Als Frau Michal die Fensterläden schließen will und dabei zufällig auf die Straße blickt, entdeckt sie die königlichen Geheimpolizisten. *Aus unserem Aufhupferl wird leider nichts, David — du mußt sofort verschwinden! Mein Vater hat seine Gorillas vor der Haustür postiert.*

Seufzend zieht David sich wieder an und verläßt das Haus über die hintere Feuerleiter. Frau Michal aber legt an seine Stelle eine Holzstatue ins Bett, macht dem ausgedienten Hausgötzen eine Perücke aus Ziegenhaar und deckt ihn bis über die Nasenwurzel zu.

Morgens verlangen die Kriminaler donnernd Einlaß. *Wo ist dein Mann?* Sie fuchteln mit den Handschellen herum, daß es nur so bimmelt.

Im Bett, sagt Frau Michal. *Er ist krank. Ziegenpeter, wahrscheinlich.*

Egal! Der König will ihn sehen. Wir tragen ihn samt Bett zu Saul!

Wär's nicht gescheiter, ihr bringt ihn gleich hier um? fragt die junge Frau, die bis drei zählen kann. *Er schläft ganz tief. Wenn ihr richtig zustecht, merkt er's gar nicht!*

Du bist vielleicht ein Herzchen! wundern sich die

abgebrühten Killer. Dann stechen sie zu. Als ihre Dolche abbrechen, entdecken sie die Schummelei mit der Holzfigur. *Wird dein Vater 'ne Freud' haben!* ärgern sie sich und verschwinden handschellend.

David sucht spornstreichs den uralten Samuel in Rama auf. Wenn einer Rat wußte, war es der weise Oberprophet. Doch obwohl Old Sammy gerade mit seinen Anhängern in Verzückung ist, hat er nur einen schwachen Trost für ihn. *Kommt Zeit, kommt Rat* sagt er wenig originell und widmet sich wieder seinen heulenden Derwischen.

Inzwischen hat der erboste König herausgebracht, wo David steckt. Er schickt seine besten Sicherheitsbeamten zur Festnahme Davids los, doch als diese in Rama die verzückten Jungpropheten aus Samuels Prophetenschule sehen, geraten sie ebenfalls so in Verzückung, daß sie ihren Auftrag darüber vergessen.

Nun schickt Saul neue Leute aus, die außer David auch die verzückten Sicherheitsbeamten zurückholen sollen. Aber auch die neuen Leute fallen beim Anblick der verzückten Jungpropheten und der mitverzückten Saulsboten in Verzückung.

Da macht sich Saul selbst auf den Weg, um David, die verzückten Boten und die verzückten Botenholer zurückzuholen. Wen wundert's, daß auch Saul in besagte Verzückung gerät, sich die Kleider vom Leib reißt und verzückt vor dem alten Sammy auf der Erde wälzt?

Diese Gelegenheit benutzt David zur Flucht. Rasch eilt er nach Hause und stellt seinen Freund Jonathan zur Rede: *Dein Vater muß vom wilden Affen gebissen sein, Johnny! Was hab ich ihm eigentlich getan, daß er mir so grimmig ans Leder will?*

Lieber Freund, sagt der Prinz beschwichtigend, *sei unbesorgt, du wirst nicht ermordet! Ich werde dafür sorgen, daß du rechtzeitig abhauen kannst. Mein Vater tut keinen Schritt, ohne vorher mit mir darüber zu sprechen.*

Da bin ich nicht so sicher, Johnny! warnt David. *Er wird inzwischen spitzgekriegt haben, wie wir* zueinander stehen, und sich hüten, dich zu informieren. Nee, ich kann mich einsalzen lassen! Ich steh schon mit einem Bein im Grab!

Was sollen wir aber machen? fragt Jonathan bedrückt.

Machen wir ein Orakel! schlägt David vor. Morgen gibt dein Vater ein Galadiner im kleinen Kreis. Ich bin auch eingeladen, werde aber nicht hingehen. Ich verstecke mich, bis du mir vom Ausgang des Orakels berichtet hast. – Soweit klar?

Klar! Und wie läuft der Test?

Wenn dein Vater nach mir fragt, behauptest du, ich bin in dringenden Familienangelegenheiten nach Bethlehem gereist. Schweigt er dazu, dann besteht Hoffnung. Tobt er los, war die Einladung als Falle gemeint und sollte mich den Kopf kosten. – Akzeptiert?

Genial! lobt Johnny. Komm, wir suchen ein Versteck für dich! Sie schleichen vor die Stadt. Bei einem abgelegenen Acker sagt Prinz Jonathan: Dort drüben hinter der kleinen Felsgruppe versteckst du dich. Sowie ich die Einstellung meines Vaters ausgekundschaftet habe, komme ich zum Bogenschießen hierher. Wenn ich dann meinen Köcherträger nach den abgeschossenen Pfeilen schicke, mußt du gut achtgeben: Geht der Knabe nach rechts, besteht keine Gefahr für dich. Schicke ich ihn aber nach links, dann zieh Leine! Hau ab, daß die Sandalen dampfen! – Alles verstanden?

Ja, Johnny! Ich danke dir! Sie umarmen sich, als wäre es das letztemal. Dann bezieht David zwischen den Steinen Quartier. Sein einziger Begleiter ist seine Gitarre.

Saul ist – wieder völlig ent-zückt – aus Rama zurück und vermißt prompt beim Festbankett seinen Oberst David. Johnny gibt die vorbereitete Antwort. Saul reagiert negativ, so negativ, daß man schon von einem Tobsuchtsanfall sprechen kann. Sohn einer dreckigen Hure! läßt er seine Wut am eigenen Sproß aus und schmeißt das Tranchiermesser nach Jonathan.

Der wartet das Dessert nicht ab; er eilt zum Bo-

genschießen auf den abgelegenen Acker. Sein Köcherträger wundert sich über die miserablen Schieß-
künste seines Herrn. Er hat Mühe, die vielen Pfeile
mit Linksdrall wiederzufinden. Dann wird er nach
Hause geschickt.

Jonathan läuft auf die Felsgruppe zu, um sich von
David zu verabschieden. Viel Tränen, viel Schalom!
Jeder wünscht sich, daß ihre Freundschaft bis in
alle Ewigkeit dauert. Zum Zeugen dafür rufen sie
den GROSSEN BOSS an. Aber der handelt ohnehin nur nach eigenem Fahrplan, in welchem alle
Anschlüsse und Umsteiger exakt aufgezeichnet sind.
Und sehr viele Endstationen – auf viele Jahre im
voraus.

93

DIE FLAMMENZEICHEN RAUCHEN

1 Samuel 21, 22

David erreicht den Ort Nob – nur wenige Kilometer vom Saulssitz entfernt – so wie er Gibea
verließ: mit nichts als seiner Gitarre. Schnurstracks
eilt er zu dem dortigen Oberpriester Ahimelech, der
aus der Linie Eli stammt und ihn etwas verwundert
begrüßt: *Allein, Herr General?* Mit den militärischen Dienstgraden kennt sich der Geistliche nicht
so aus.

David lügt ihm was vor: *Ich bin mit einem Ge-
heimauftrag König Sauls unterwegs. Deshalb habe
ich meine Begleiter erst mal auf eine falsche Fährte
gesetzt. Wenn du mir vielleicht etwas zu essen
überlassen könntest? Wir haben in der Eile den
Proviant in der Kaserne vergessen.*

*Gern, aber ich habe nur geweihtes Brot vorrätig.
Wenn du mir schwören kannst, daß du in den letzten Tagen keinen Geschlechtsverkehr hattest – und
deine Leute natürlich auch nicht –*

David hebt die Schwurhand. *Da bin ich ganz
sicher. Ich bin ja dauernd am Rennen. Das gilt auch
für meine Begleiter.* Plötzlich hat er das Gefühl, daß

man nicht allein ist. *Hast du Besuch?* Er blickt sich forschend um und sieht gerade noch, wie ein Mann eine Tür hinter sich zuzieht.

Der Priester verschanzt sich hinter seine Schweigepflicht. *Wo hast du deine Waffen, David?* fragt er, um abzulenken.

Ich bekam den Sondereinsatz so plötzlich mitgeteilt, daß ich sogar mein Schwert vergessen habe. Du hast nicht zufällig einen Speer oder sonstwas Spitzes?

Speer nicht, höchstens das hier! Er reicht David einen eingewickelten, länglichen Gegenstand, das Schwert des Riesen Goliath. *Ich glaube, mit dem hast du schon gearbeitet.*

Mit Goliaths Schwert und einem kleinen Brotvorrat setzt David seine Flucht fort, geradewegs zu Achis, dem König von Gath. Er hofft, daß inzwischen genug Wasser den Jordan runtergeflossen und der König ihm gnädig ist. Aber der Empfang ist alles andere als herzlich. Die Hofbeamten machen ihn nicht nur madig, sie stempeln ihn auch zum Erzfeind.

Dürfen wir Majestät untertänigst an den verderblichen Gassenhauer erinnern, der auch hierzulande in aller Jugendlichen Mund ist? ,Tausend Gather fielen durch Saul, zehnmal so vielen schlug David aufs Maul!' Bedenkenlos haben sie den Refrain zur Provokation umfunktioniert. Dann stänkern sie weiter: *Du willst doch nicht im Ernst dem Manne Asyl gewähren, der unseren Bürger Goliath erschleudert und entschädelt hat!*

David, der den gathischen Dialekt beherrscht, ahnt sein Ende, falls er nicht sofort etwas dagegen unternimmt. Raus kommt er im Augenblick nicht, deshalb simuliert er den Wahnsinnigen. Er beginnt zu toben und zu schreien, schneidet fürchterliche Fratzen und spuckt wild in die Gegend. Er trommelt wie ein Affe auf seine Brust und rennt ein paarmal mit dem Kopf gegen die Saaltür, die zum Glück mit schalldämpfendem Schaumgummi gepolstert ist.

Seht ihr nicht, daß der Mann übergeschnappt ist!

schimpft der König. *Der gehört in die Klapsmühle, aber nicht an einen Königshof! Ich hab genug Verrückte um mich. Ab mit ihm!* Statt in die vollbelegte Gather Landesirrenanstalt wird David zum Stadttor gebracht und des Hoheitsbereiches verwiesen. Mehr wollte er auch gar nicht mehr...

Sein nächstes Ziel ist Adullam, ein Felsennest, das durch natürliche Befestigungen fast hermetisch von der Welt abgeschlossen ist. Hier erlebt David eine freudige Überraschung. Ein junger Offizier bittet, ihn sprechen zu dürfen. Sein Neffe Joab! Als David fliehen mußte, war der Rocker gerade in die Saulsche Armee einberufen worden.

Nach und nach erfahren auch Davids Brüder und die übrigen Verwandten von seinem Schicksal und seinem Unterschlupf. Da sie wissen, daß ihnen von Saul Sippenhaftung droht, eilen sie auf Schleichwegen nach Adullam, wohin es bereits viele andere Männer gezogen hat: Hungerleider, Schuldenmacher und Verfolgte des Saul-Regimes. Standhafte Burschen, die sich lieber den Haß eines Königs zuziehen, als ihm in den Hintern zu kriechen — zu den Beamten und Offizieren.

Als erstes bittet David den König von Moab um Asyl für Frauen und Kinder. Dabei läßt er geschickt durchblicken, daß seine Urgroßmutter, nämlich die Ährenleserin Ruth, eine edle Moabiterin war.

Das Asylrecht wird gewährt. Jetzt beginnt David, seine kühne Rotte straffer zu organisieren. Er benennt Unterführer und gibt persönlich Unterricht im Gebrauch der verschiedensten Waffen. Nur selten spielt er noch Gitarre.

Wenn sich vierhundert Männer unter einer Phantasiefahne zusammenfinden und aussehen, als fürchteten sie weder Tod nach Teufel, dann spricht sich das rum, mag ihr Schlupfwinkel auch noch so geheim sein. Saul erfährt es, als er unter einer Tamariske sitzt und mißmutig auf seine Speerspitze starrt. Um ihn herum stehen seine sämtlichen Arschkriecher, um Luft zu schnappen. *Wenn das stimmt, gibt es nur eins: schlachten! Alle vierhundert!* tobt Saul los.

Vierhundertein, Majestät — den Rebellenführer mitgerechnet! korrigiert der Beauftragte für Kriegsgräberpflege.

Du hältst den Schnabel! David ist ein Hochverräter! Sowas kriegt kein ehrliches Saulmannsgrab! Er blickt seine Mitarbeiter reihum an. Was waren das alles bloß für Würstchen! *Ich verstehe nicht, warum mir keiner gesagt hat, daß mein eigener Sohn Jonathan mit diesem David unter einer Decke steckt! Nie wäre mir der Kerl sonst entkommen!*

Hier meldet sich der Oberviehherdenverwalter zu Wort. *Ich habe Oberst David nach seiner Flucht noch einmal gesehen. Bei dem Oberpriester Ahimelech in Nob. Er hat David das Schwert von Goliath gegeben.*

Das sagst du erst jetzt? brüllt Saul. *Sofort holen, den alten Defaitisten! Und seine gesamte Priestermischpoche dazu. Der Bande werde ich zeigen, was 'ne Harke ist!*

Ahimelech und seine Jung- und Altpriester werden im Eiltempo vor Saul geschleppt. Der donnert den Oberpriester an: *Wie konntest du es wagen, meinem ärgsten Feind das Riesenschwert zu geben? Wahrscheinlich auch noch ein paar Feigenkuchen dazu, damit der Deserteur nicht verhungert?!*

Brot, Majestät! Ich habe deinem treuesten Waffengefährten Brot gegeben. Ich spreche übrigens von David, der meines Wissens dein Schwiegersohn ist. Man erzählte mir, er sei einer deiner besten Offiziere, hochdekoriert und der äußerst beliebte Kommandeur deiner Garde. Wo hätte ein solcher Mensch es nötig, sich an mich zu wenden, wenn er Hilfe braucht? Steht ihm nicht der GROSSE BOSS persönlich mit Rat und Tat zur Seite? Ich versichere dir, König Saul, ich habe bis zur Minute keine Ahnung gehabt, daß David ein Hochverräter ist. Ich glaube es auch jetzt noch nicht!

Das setzt doch dem Faß das Ei auf die Krone! kreischt Saul. *Dafür hast du den Tod verdient! Du und deine Trabanten, die vermutlich kein Haar besser sind!* Er winkt seine Leibwache zu sich. *Schneidet ihnen die Köpfe ab! Sie haben einen flüchtigen Volksfeind mit Waffen und Proviant versorgt! Das Urteil wird sofort vollstreckt!*

Aber die Leibwache läßt das Schwert stecken. Fünfundachtzig Priester und Priesternovizen bringen sie selbst für ihren König nicht um. Stumm und unbewegt blicken sie über denselben hinweg in die schuppigen Blättchen der Tamariske.

Wütend wendet Saul sich an den Oberviehherdenverwalter: *Auch du hast nicht pflichtgemäß gehandelt und mir die Begegnung mit David sofort gemeldet! Deshalb wirst du das Urteil vollstrecken!*

Das dauert aber 'ne Weile! gibt der Erschrockene zu bedenken.

Fang an! schreit Saul. *Oder du bist die längste Zeit Oberviehherdenverwalter gewesen! Du bist überhaupt nur noch gewesen!*

Nachdem die fünfundachtzig Männer abgestochen sind, rast der Hingerichtsvollzieher nach Nob. Erst kommen die Frauen und Kinder dran. Dann die Rinder, Esel und Schafe. Danach brennt er die Stadt nieder. Anschließend kommt der Urteilsvollstrecker in eine Gummizelle, weil er überall rot sieht.

Diese Radikalkur überlebt nur ein einziger Mensch: Abjathar, der blutjunge Sohn des Oberpriesters. Er flieht zu David und erstattet ihm Bericht.

David ist voller Selbstvorwürfe. *Hätte ich nur damals, als ich bei deinem Vater im Tempel war, hinter der Tür nachgeschaut! Jetzt bin ich schuld am Tod aller! Oh, daß ich den GROSSEN BOSS besser verstünde! Einen einzigen ließ er entkommen, und auch er, auch du, Abjathar, bist in tödlicher Gefahr. Saul wird schäumen, wenn er von deiner Flucht erfährt. Ich bitte dich, bleibe bei mir! Hier hast du deine Ruhe, mein Junge!*

Inwieweit man bei David seine Ruhe hat, werden wir gleich erfahren.

SAULS DRINGENDES HÖHLENGESCHÄFT
1 Samuel 23, 24

Schon bald scheint David das Goliathschwert zu jucken. Die Philister haben einen Streit gegen Kegila in Juda angezettelt, was liegt also näher, als daß Stammesangehöriger David den Kegilanern zu Hilfe eilt. Er siegt mal eben mit seiner inzwischen sechshundert Mann starken Rotte und steht dadurch plötzlich wieder im Rampenlicht der Massenmedien.

Das ist König Saul ein Dorn auf die Mühle, respektive Wasser im Auge. Sein Erzfeind David steckte also in Kegila! Na, dann nichts wie hin!

Als Saul mit seiner Armee losmarschieren will, hat sich der Starfighter mit seinen Männern bereits planmäßig abgesetzt. Der GROSSE BOSS hat ihm – auf eine entsprechende Anfrage – dazu geraten. *Die Kegilaner werden dich, anstatt dir für deine Hilfe zu danken, mit deinen Leuten an Saul ausliefern!* prophezeit er.

In den Bergfesten der Wüste Siph, wohin David sich mit seinen Wetterfesten zurückzieht, bekommt er eines Tages unverhofften Besuch. *Johnny!* schreit er begeistert und fällt Jonathan um den Hals. *Kommst du meinetwegen? Oder bist du nur auf der Durchreise?*

Johnnyboy kam eigens, um den Freund vor seinem explosiven Vater zu warnen, aber auch moralisch zu stärken. *Er wird sich die Zähne an dir ausbeißen, Dave! Und das weiß mein Alter auch!*

Anschließend wird die Freundschaft mit einem kräftigen Schluck erneuert. Dabei erfährt David, daß er sozusagen ein geschiedener Mann ist: Gegen ihren Willen ist seine süße Michal von Saul mit einem anderen verheiratet worden. Der so jäh Entweibte will seinen ehrlichen Kummer in schwerem rotem Wein ertränken, aber Leid kann schwimmen.

Am nächsten Morgen reitet Jonathan nach Gibea zurück. Sein Vater ist bereits unterwegs, um David endgültig zu liquidieren. Fast kriegt er ihn auch. Fast!

Fast sind alle Daviditisten umzingelt, als ein reitender Bote bei Saul erscheint und ihm meldet, daß die Philister seine Abwesenheit zum Angriff benutzt haben. Da macht der König Pause in seinem Privatkrieg und eilt mit Mann und Esel nach Hause, um hier ein schwertscharfes Machtwort zu sprechen. David aber zieht mit seinen Getreuen in eine Bergfestung bei der Oase En-Gedi — ,Böckchenquelle' — am Toten Meer und richtet sich dort in einer weiträumigen Höhle wohnlich ein...

Aufgeschoben ist nicht aufgehoben. Saul gibt keine Ruhe. Kaum hat er die Philister vertrieben, erkundet er Davids neue Ausweiche und marschiert mit dreitausend Mann los, derweilen sein einstiger Schwiegersohn und dessen Gefolgschaft sich in der ,Steinbockhöhle' langweilen.

Wieder einmal stimmt David seine Gitarre, während seine Leute sich mit Steinchenpoker die Zeit vertreiben, da hört Joab — der inzwischen zum stellvertretenden Befehlshaber avanciert ist — ein merkwürdiges Geräusch. *Ich kann mir nicht helfen,* sagt er zu David, *aber ich glaube, verzeih das harte Wort, ich glaube, vorn in der Höhle scheißt einer!*

Vorsichtig schleicht David mit Joab und ein paar Männern auf den Höhleneingang zu. Als sie um die letzte Stollenecke biegen, sehen sie tatsächlich einen Mann, der seelenruhig seine Notdurft verrichtet. *Mich trifft der Schlag!* murmelt David. *Das ist Saul! Tttt, König Saul gibt uns die Ehre, unser Quartier als Latrine zu benutzen!*

Los, stich ihn nieder! flüstert Joab.

David wehrt grinsend ab. *Damit die Landser später mal fluchen: ,Der David soll dich beim Scheißen treffen'? — Gib mir mal was zum Schneiden!*

Mit Joabs Messer schleicht er zu dem Verrichter eines unaufschiebbaren internationalen Geschäftes. Saul hat dazu den purpurnen Leinenmantel ausgezogen und an einen Felszacken gehängt. David schneidet den Hermelinkragen ab und huscht damit in den Hintergrund.

Als Saul die Hosen wieder oben hat und nach seinem Mantel greift, klingt eine hallende Geisterstimme an sein Ohr: *Saul! Saaauuul! Warum hörst du auf das Geschwätz der Leute, welche behaupten, David wolle dein Verderben? Wie leicht hätte er dich eben umbringen können und vermöchte es noch immer, denn er steht direkt hinter dir. Du brauchst dich nur umzudrehen!*

Langsam dreht der König sich um, sieht Joab, sieht die Männer, sieht David mit dem Hermelinkragen seines Mantels – und schämt sich sehr. Nicht weil David ihn bei einer so profanen Beschäftigung angetroffen hat, sondern weil dieser seine Chance nicht nutzte und ihn am Leben ließ.

Das werde ich dir nie vergessen, David! flötet er, tritt aber vorsichtshalber ins Freie. *Deine Großmut beschämt mich. Ich weiß ja, daß du einmal König werden wirst. Deshalb wollen wir uns nicht länger bekämpfen. Adel verpflichtet! Ich verspreche dir, dich fürderhin in Ruhe zu lassen!*

David läßt ihn ungeschoren, obwohl er langsam wissen müßte, was von Sauls Versprechungen zu halten war.

DA IST DIE WITWE ABIGAIL

1 Samuel 25

Saul kommt gerade noch rechtzeitig mit seinem Heer nach Hause, um Landestrauer anzuordnen: Der alte Sammy ist nicht mehr! ‚Mähet der Tod doch Großes und Kleines hinweg‘, wird später mal ein Römer sagen. In diesem Fall: Der Tod ist ein Kamel; selbst vor Propheten kniet es nieder.

Kaum ist Samuel eingescharrt, reut Saul sein Versprechen, das er David gab. Woher der Bursche nur immer seine Informationen bezog? Das war doch kein Zufall gewesen, daß er ausgerechnet im Foyer von Davids Räuberhöhle die Hosen runterließ! Vielleicht befragte der Kerl Wahrsager oder ließ sich Horoskope stellen? Um allen Eventualitäten vorzubeugen, verbietet Saul unter Androhung schwerster Strafen jede Wahrsagerei, Zauberei und Sterndeutung. Man konnte nie wissen.

David indessen wechselt mal wieder den Wohnsitz. Er zieht nach ‚Wohnplatz' – das bedeutet der Name Maon –, wo ein sehr reicher Mann lebt: dreitausend Schafe, tausend Ziegen, von dem, was er in Kisten und Kasten verwahrt, ganz zu schweigen. Dazu hat er eine Frau, ebenso schön wie klug, aber noch hundertmal schöner und klüger als ihr Mann Nabal. Wo er rücksichtslos bis dorthinaus ist, handelt seine Frau Abigail gütig, mitfühlend.

Eines Tages sendet David seinen Vize Joab mit einer Abordnung zu dem reichen Viehzüchter, damit sie ihn um ein paar Nahrungsmittel für die Truppe bitten. In der Zeit, wo es nichts zu kämpfen gab, hat man immerhin Nabals Hirten beim Hüten der großen Herden unterstützt.

Nabal denkt nicht im Traum daran, etwas von seinen Vorräten abzugeben, mögen die Männer noch soviel geholfen haben. Er hatte sie nicht darum gebeten. *David, wer ist David?* höhnt er. *Es gibt 'ne Menge Handlanger, die ihrem Arbeitgeber davongelaufen sind. Euer David wird keine Ausnahme sein!*

Als die erfolglosen Boten im Lager berichten, was der reiche Rancher geantwortet hat, lodert in Davids Augen ein gefährliches Feuer auf. *Er kennt mich nicht? Dann wird's Zeit, daß er mich kennenlernt! Los, Männer, wetzt die Schwerter! Wir werden ihm zeigen, daß wir nicht Krethi oder Plethi sind!*

Dieser Vergleich ist ein Vorgriff auf das 109. Kapitel, aber das bedenkt David nicht. Mit vierhundert Mann marschiert er auf Nabals Herrensitz zu. Unterwegs denkt er: Mit welchem Recht vergilt der Mann Gutes mit Bösem? Als der Wüstensturm kam, haben wir ihm über tausend Schafe gerettet. Kann er uns dafür nicht ein Scheibchen Brot ablassen?

Vierhundert tatendurstige und bratenhungrige

Männer sind nicht zu übersehen. Schneller als die Protestler trifft die Meldung von ihrem Anmarsch am Zielort ein, wo Abigail gerade Melonengelee einkocht. Fassungslos hört sie, was ihr Mann sich mal wieder geleistet hat. In Windeseile läßt sie zweihundert Brote und zweihundert Pullen Wein auf Esel packen, holt eigenhändig fünf Schafe aus der Räucherkammer und tütet sämtliche vorrätigen Rosinenkuchen ein. Mit all dem nahrhaften Zeug und mehr noch zieht Frau Abigail der Strafexpedition entgegen.

David sieht die kleine Karawane kommen und läßt seine Leute halten. Mit wohlgefälligem Blick begrüßt er die bildschöne, junge Frau. Sein Herz bummert wie schon lange nicht mehr.

Wortreich entschuldigt Abigail sich für ihren Mann, wobei sie kein gutes Haar an ihm läßt. *Er heißt nicht umsonst Nabal, Herr! Das bedeutet nämlich soviel wie Flegel und Narr zusammen. Und das ist er auch: das größte Rindvieh unter der Sonne! Tut mir leid, das sagen zu müssen.*

Warum hast du ihn dann geheiratet? fragt David mit hinreißendem Lächeln.

Das haben meine Eltern ausgehandelt. Er hat einen ungewöhnlichen Kaufpreis für mich bezahlt.

Doch nicht etwa hundert Vor... Er bricht rasch ab; an das Gliederreißen erinnert er sich nicht gern.

Im übrigen hatte nicht nur Michal inzwischen wieder geheiratet. Er selbst hat es auch getan — und nicht nur aus Trotz. Ahinoam aus Jesreel war Zukker, wenn er sie aber mit dieser entzückenden Abigail verglich...

Natürlich wird nach Entgegennahme der Naturalien an Nabal, dem Geizkragen, keine Vergeltung mehr geübt. Mochte der GROSSE BOSS den Hartherzigen bestrafen, wenn sein Sinn danach stand.

Das geschieht schneller, als der letzte Wein ausgetrunken ist und David die Gitarre aus der Hand gelegt hat: Mit einem glücklichen Lächeln auf den Lippen ist Abigail nach Hause zurückgekehrt. Dort liegt ihr Alter sturzbesoffen auf der Erde. Der Anblick ist ihr so widerlich, daß sie Nabal am liebsten

– und auf der Stelle... Aber das ist gar nicht nötig. Als sie ihm am andern Tag erzählt, wie sich David und seine Gefolgschaft über die Lebensmittelspende gefreut haben, trifft ihn der erste Schlag. Beim zehnten verendet er unwiderruflich.

Abigail kann darüber nicht traurig sein. Nachdem sie David kennengelernt hat, wäre das Leben an der Seite des Geizhalses ohnehin nicht mehr zu ertragen gewesen. Nie würde sie den charmanten Beau aus Juda vergessen können!

Die Nachricht vom Ableben des reichsten Mannes von ganz Wohnplatz macht David bestürzt. Hatte er sich etwa schon wieder schuldig gemacht? Er beantwortet die Frage auf seine Weise, indem er die Witwe heiratet. Sicher stand das so im Terminkalender des GROSSEN BOSSES. Sonst hätte er Nabal wohl nicht durch totales Ableben bestraft.

Der Narr ist tot, es lebe David! Und für die Verpflegung seiner Korona ist von Stund an auch gesorgt.

96

SAMMYS DREI-MINUTEN-RÜCKKEHR
1 Samuel 26, 27

Mit seinen beiden Frauen ist David gut bedient. Abigail hat allein fünf Kammerzofen. Seine Truppe und sein Troß werden immer größer. Trotzdem hält es ihn nicht lange in Wohnplatz – Saul schwebt wie eine drohende Wolke über seinem Kopf. Selbst die Gitarre ist verstimmt, als es wieder heißt: *Morgen früh brechen wir auf! Nein, nicht nach Lodz, nach Siph!* Die Gegend hat David schon gefallen, als sein Freund Johnny ihn dort besuchte.

Kaum erfährt Saul von Davids Wohnsitzwechsel, bricht er wieder mit einer kleinen Armee auf. Diesmal wird er das Objekt seines mörderischen Hasses bestimmt schnappen! Tagsüber schnüffelt man, nachts schnarcht man im Kreis. Mitten drin Saul und sein Oberkommandierender, Oberst Abner.

David hat schnell heraus, daß Saul ihm wieder mal auf den Fersen und wo sein augenblicklicher Standort ist. Nur von seinem Vize Joab begleitet, macht er sich auf, um dem feindlichen Lager einen Besuch abzustatten. Unbemerkt schleichen sie durch die Reihen der schnarchenden Dreitausend und finden Sauls Feldbett im Mittelpunkt des Rundes. Zu seinen Häupten steckt der Speer mit den Farben des Monarchen in der Erde. Daneben liegen sein königlicher Taschenkrug und sein Vetter, Oberst Abner.

Jetzt murks ich ihn ab! hechelt Joab haßerfüllt.

Untersteh dich, Neffe! lehnt der unverbesserliche David ab. *Du kannst doch keinen König beim Pennen killen! Einen Geölten, Gesalbten, Eingekremten! Der GROSSE BOSS wird ihn schon abberufen, wenn es an der Zeit ist. Los, nimm den Speer und den Feldkrug — wir wollen wieder davonwandeln.*

Leise murrend zieht der gebremste Joab den Königsspieß aus der Erde und nimmt den Krug an sich. Dann huschen die beiden Nachtwandler aus dem Lager hinaus — auf einen nahen Hügel, von dem aus David kurz nach Sonnenaufgang das ganze Saulsche Heerlager weckt. *Oberst Abner!* schreit er. *Aaaabner!*

Der Oberst fährt schlaftrunken hoch. *Wer brüllt denn hier so?! Mitten in der Nacht!*

Aufstehn, Langschläfer! Karriere machen! frotzelt David. *Du bist vielleicht ein feiner Vetter deines Königs! Statt ihn zu bewachen, läßt du ihn bestehlen. Kein einziger deiner Sauliden hat bemerkt, daß ihr heute nacht Besuch hattet!*

Inzwischen ist auch Saul erwacht; die Stimme vom Hügel kommt ihm einigermaßen bekannt vor. *Hör ich da nicht meines lieben Davids fröhlichen Sopran?* schreit er zurück.

Richtig gehört, Majestät! Ich bin es, dein früherer Hofmusiker und Gardekommandant. Warum verfolgst du mich bis aufs Messer? Was habe ich dir getan, daß du mich wie einen Floh im Hemd, wie ein Rebhuhn im Gebirge jagst? Ich dagegen hebe nicht mal den kleinen Finger wider dich, obwohl ich dich heute nacht hätte schon wieder kaltmachen können! Schau mal nach deinem Speer und deinem Fläschchen, Herr Nachbar!

Saul blickt sich suchend um, dann schreit er zurück: *Beides verschwunden! Die Feldflasche ist aus reinem Silber! Man hat sie mir geklaut!*

Du wirst vulgär, Saul! Ich selbst habe sie heute nacht von deinem Kopf weggeholt. Schick jemand zu mir, damit ich das Zeug zurückgebe. Ich wollte es nur als Beweis, nicht als Trophäe.

Da klingt es schmeichelnd, fast schluchzend zum Hügel herüber: *Oh, David, ich bin ja so schlecht! Komm rüber, mein Sohn, ich will dich ans Herz drücken. Ich bin ein sündiger Mensch, aber das soll jetzt anders werden. Ich schwöre es dir!*

Ich danke für die Einladung! antwortet David laut und fröhlich. *Aber ich möchte lieber keinen Gebrauch davon machen. Du könntest es dir wieder anders überlegen. Ich wünsche viel Glück im Privatleben und daß deine Gemahlinnen nicht gar so bald Witwen werden. Schalom, großer Meineider!*

Mit diesen ehrlich gemeinten Worten verläßt David mit Joab den Ort der Demütigung Sauls.

Und weiter treibt es David mit seinem Gefolge. Diesmal führt er es nach Gath zu König Achis, dem er mal den Irrsinnigen vorgespielt hat. Vielleicht daß er ihm jetzt, mit seiner kampferprobten Truppe, willkommen war. Denn wo war man vor Saul sicherer als unter dessen ärgsten Feinden! Fragte sich nur, ob sie wußten, daß er mit Saul endgültig Schluß gemacht hatte.

Sie wissen es; auch König Achis. Sehr zum Ärger der Hofbeamten rückt David rasch auf der Stufenleiter der königlichen Gunst nach oben. Besonders als er, um den Philisterkönig von seiner Loyalität zu überzeugen, mit seinen Männern in verschiedenen Nachbarländern einfällt und alles niedermetzelt. Vieh und Wertgegenstände läßt er nach Gath bringen, wo er Achis wöchentlich berichtet. *Na, wo seid ihr diesmal eingefallen?* fragt der König sensationslüstern.

In das Südland von Juda, Majestät! Oder: *Ins*

XYZ-Land! Das entspricht jedesmal der Wahrheit; David hat zu dieser Zeit eine einnehmende Art, bei der auch Joab nicht zu kurz kommt. Achis hält bald die größten Stücke auf die beiden.

Seine Zuneigung ist so groß, daß er David eines Tages zu einem streng vertraulichen Gespräch zu sich bittet. *Ich beabsichtige, gegen Israel in den Krieg zu ziehen und möchte, daß du und deine Leute daran teilnehmen. Beweise mir, daß du imstande bist, als mein Vasall gegen deine eigenen Brüder zu kämpfen!* David bittet um Bedenkzeit.

Als die Philister sich sammeln, macht auch Saul mobil. Beim Anblick der gewaltigen Zahl von Feinden knicken ihm allerdings die Knie ein. Das konnte nie gutgehn! In seiner pessimistischen Verfassung sucht er eine Wahrsagerin auf, von der behauptet wurde, sie könne sogar Tote beschwören. Er kommt als einfacher Mann verkleidet und bittet sie, ihm einen ganz bestimmten Verblichenen heraufzubeschwören. Aber die warzige Alte ist vorsichtig. *Weißt du nicht, daß der König gepfefferte Strafen über die Leute verhängt hat, die sich dem edlen Beruf des Wahrsagens hingeben?*

Ich versichere dir, ich werde Saul kein Sterbenswörtchen davon sagen! Hier, das Geld wird hoffentlich reichen.

Die Alte zählt flink, dann nickt sie. *Wen soll ich dir aus dem Reich der Toten heraufrufen?*

Samuel, den Propheten!

Ha, kreischt die Wahrsagerin auf, *du bist Saul! Du hast mich reingelegt!*

Blödsinn! Ich hab doch gesagt, ich tu dir nichts. Hol jetzt endlich den Samuel her. Ich hab's verdammt eilig!

Unter allerlei Hokuspokus gelingt der Schwarzkünstlerin das Unglaubliche − sie bringt den alten Sammy in ihr verdrecktes Studio. Der ranzt Saul sofort an: *Was fällt dir ein, meine Ruhe zu stören? Warum läßt du mich holen, und dann noch in so 'n Saustall?!*

Verzeih, lieber Samuel, ich bin in großer Not! Die Philister sind zum Kampf angetreten; ich weiß nicht, was ich tun soll. Der GROSSE BOSS läßt sich von mir nicht mehr sprechen.

Ich weiß. Er hat dir die Freundschaft gekündigt, weil du damals den Agag nicht geköpft und die prämiierten Kühe verschont hast.

Vergiß das doch mal einen Augenblick, Samuel. Ich habe dir ein kostspieliges Begräbnis gestiftet, dreißig Tage war Landestrauer und überall Halbmast — dafür könntest du mir ruhig einen kleinen Hinweis geben!

Samuel verzieht angewidert das leichenblasse Gesicht. Dann halt dich mal fest: Dein Heer wird in die Hände der Philister fallen! Du aber und dein Sohn Jonathan, ihr könnt morgen bei mir zum Dauerskat antreten.

Du meinst —? fragt Saul entsetzt.

Ich weiß es! Der Totenschädel grinst. Dann löst Samuel sich in Nichts auf.

Vor Grauen stürzt Saul der Länge nach zu Boden. Er ahnt nicht, daß er bald endgültig stürzen wird. Auf eigenen Wunsch sogar.

97

HARAKIRI EINES DRECKBATZENS
1 Samuel 29, 31

David hat es sich überlegt und ist mit seinen Trabanten und dem Philisterheer auf dem Weg zur Front. Die ist zwar noch keine solche, aber es kann sich nur noch um Stunden handeln.

Immer wieder blicken die Offiziere des Königs mißtrauisch auf die Überläufer. Wenn ihr Monarch nicht was am Kopp hatte, wollten sie Levi heißen. Schließlich halten sie es nicht mehr aus und stellen Achis zur Rede: Untertänigster Diener, Majestät, aber hast du dir mal überlegt, was passiert, wenn dieser David plötzlich sein Stammesbewußtsein wiederentdeckt und erneut überläuft? Dann bricht unsere Front wie ein Kartenhaus zusammen!

Ich habe den Mann jahrelang getestet, meine Herren! widerspricht Achis. *Wenn jeder von euch so treu ist wie dieser Vasall, dann gewinnen wir diesen Krieg!* Der König denkt, ein umgekrempelter Feind haßt intensiver als jeder andere Mensch, besonders wenn er persönliche Gründe hat. Wie David.

Aber die Offiziere lassen nicht locker. *Majestät, die andere Seite braucht nur diesen Ohrwurm, das Siegeslied anzustimmen und über das Niemandsland zu schmettern: ,Tausend Feinde fallen durch Saul, David schlägt ihnen zehnfach aufs Maul!' Das wird ihn und seine Leute so ergreifen, daß sie mit fliegenden Haaren überlaufen! Schick sie um Dagons willen nach Gath zurück!*

Achis seufzt. Er weiß, wenn er den Krieg gewinnen will, darf er seine Offiziere nicht verkrätzen. Deshalb gibt er nach. Natürlich kleidet er Davids Entlassung aus dem aktiven Kriegsdienst in versöhnliche Worte. Aber der weiß Bescheid. Mit Joab und seinen sechs Hundertschaften macht er eine Kehrtwendung und lauscht auf das Geschrei, das alsbald in der Ferne losbricht.

Die Philister siegen auf der ganzen Linie; die Israels fliehen in alle Himmelsrichtungen. Das Schlachtfeld und die Fluchtwege sind mit abgeschlagenen Köpfen garniert, von denen drei eigentlich auf die Hälse der Söhne Sauls gehören. Unter ihnen befindet sich das — auch amputiert noch edle — Haupt vom braven Johnny.

Die Verfolgung geht weiter. Zuletzt wird König Saul selbst von allen Seiten umzingelt. Ein Pfeilschuß trifft den Fliehenden in die Brust. Saul wankt, stürzt aber nicht. Es ist noch nicht soweit. Einen Augenblick lang betrachtet er ungläubig das gefiederte Pfeilende, das in seiner Brust zittert. Dann wird ihm schwärzlich vor Augen.

Los, Bursche! herrscht er seinen Burschen an. *Stoß mir ein Schwert in die Brust! Wenn die Philisterschweine mich kriegen, foltern sie mich zu Tode!*

Soll ich nicht lieber den Pfeil rausziehen? fragt der überforderte Schwertträger.

Idiot! Meinst du, das tut nicht weh? Gib mir mein Schwert! Ich mach Harakiri, wenn du weißt, was das ist! Zögernd reicht der Mann aus dem Volk seinem Herrn das Schwert. Saul holt noch mal tief Luft, sieht die näher rückenden Philister — und stürzt sich seufzend in sein eigenes Schwert.

Fassungslos sieht der Waffenträger, wie die Spitze des Schwertes aus dem Rücken seines Königs herauskommt. Da macht er auch Harakiri, denn jetzt weiß er ja, was das ist. So sieht er wenigstens nicht mehr, wie die Sieger Saul enthaupten und ihm die Rüstung ausziehen, deren Glanz größer als ihre Widerstandkraft war. Sie klingt auch ganz blechern, als man sie später im Tempel der Astarte zur allgemeinen Besichtigung freigibt.

Sauls Körper und die seiner drei Söhne werden an die Stadtmauer von Beth-Schean gehängt. Mit dem Kopf, genauer gesagt, mit dem Hals nach unten, damit sie schneller ausbluten.

Vielleicht haben nicht wenige Menschen Saul gehaßt; die Bewohner von Jabesch in Gilead mögen ihn jedenfalls. In einem nächtlichen Gewaltmarsch eilen sie nach Beth-Schean und hängen die vier königlichen Leichname ab, transportieren sie auf den Schultern nach Hause und verbrennen sie dort. Unter dem zur Legende werdenden Baum von Jabesch begraben sie die Asche und ein paar Knöchelchen.

,Mehr als ein paar Hände voll Dreck bist du nicht!' sagte der GROSSE BOSS im dritten Kapitel. Das gilt auch für Könige.

98

GOOD BYE, JOHNNY

2 Samuel 1

Während die Philister aus den Israels Hackfleisch machen, führt David einen Streifzug gegen die Amaleker. Einerseits um dem enttäuschten Joab und seinen ums Metzeln gekommenen

Soldaten einen kleinen Ersatz zu bieten, andererseits weil die Vorräte zur Neige gehen. Heute wird der leichte Sieg mit Wein, Laib und Gesang tüchtig gefeiert.

Plötzlich wankt ein völlig erschöpfter Mann ans Lagerfeuer. Seine Kleidung hängt in Fetzen an ihm herunter, halb verschorfte Wunden verunzieren das ungewaschene Gesicht. *Ich muß sofort David sprechen!* röchelt er heiser.

Was gibt's denn, mein Freund? fragt dieser leutselig. *Wer bist du? Wo kommst du her?*

Direkt vom Schlachtfeld. Man hat mich für tot gehalten. Aber ich war nur ohnmächtig.

Wie steht denn die Schlacht? fragt David interessiert. Das Nachrichtenpapyrus erschien nur monatlich. Außerdem kann er noch nicht lesen.

Grauenhaft! Der Mann schlottert in der Erinnerung. *Meine Kompanie hat völlig den Kopf verloren. Die übrigen Truppenteile sind aufgerieben und fliehn.*

Von welcher Seite sprichst du eigentlich! Du bist kein Israel und kein Philister!

Ich habe auf der israelitischen Seite gekämpft, Herr! Aber ich bin ein Amaleker.

Wie sich das trifft! freut Joab sich und fummelt an seinem Hirschfänger rum.

Laß das! faucht David ihn leise an. Und zu dem Söldner Sauls gewandt: *Du hast doch noch mehr auf dem Herzen! Raus mit der Sprache!*

Der Mann blickt ängstlich auf Joab, dann schadenfroh und beifallheischend auf David: *König Saul ist tot! Er hat sich in sein Schwert gestürzt. Ich hab's mit eigenen Augen gesehen!* sagt er stolz.

Nein! David ist echt erschüttert. *Saul ist tot?* Und nach einer Weile: *Dann wird wohl Jonathan die Führung übernehmen.*

Glaub ich nicht! feixt der Bote. *Der ist nämlich auch hinüber!*

Am Lagerfeuer herrscht tiefe Stille. Wenn man auch auf Sauls Abschußliste stand — man ist schließlich Israele. Auch wenn man aus Juda stammt.

David gibt sich minutenlang schweigend dem

Kummer um seinen Freund hin, der ihm einmal in warmer, brüderlicher Liebe zugetan war. Dann blickt er hoch, sieht den strahlenden Überbringer der Unglücksbotschaft und brüllt: *Wache! Tötet diesen grinsenden Totenvogel! Er hat den Freitod Sauls gesehen und ist ein Amaleker!* Bevor der Bote begriffen hat, wird er schon als Leiche aus dem Lichtkreis des Lagerfeuers gezogen.

David läßt seine Gitarre holen und dichtet aus dem Stegreif eine Totenklage für Jonathan: *Mein Freund Johnny war ein dufter Junge, war ein Held – ich hatte ihn sehr lieb... Good bye, Johnny! Good bye, Johnny...*

Besonders die Melodie des Refrains geht ins Ohr. Leider gerät sie mit der Zeit wieder in Vergessenheit, aber es ist natürlich nicht ausgeschlossen, daß sie eines sehr fernen Tages wieder aufersteht – aus Ruinen...

99

UND IST KEIN FEST GEWORDEN

2 Samuel 2

Bei mir wirst du deine Ruhe haben, sagt David im 93. Kapitel zu dem blutjungen Abjathar, der als einziger der Priesterschlachtung entkommen ist. Nun, von Ruhe hat er in all den Jahren mit David wenig gemerkt. Aber etwas anderes hat er mitbekommen: daß man sehr wohl mit der Waffe in der Hand beten kann, wenn man muß. Und bei David mußte man immer.

Du hast doch deinem Vater, unser BOSS habe ihn selig, oft als Gehilfe in seinem Priesteramt gedient, sagt David eines Tages zu ihm. *Sei so lieb und befrage für mich den GROSSEN BOSS, ob ich hierbleiben oder nach Hebron in Juda ziehen soll.*

Ich will es versuchen. Abjathar ist trotz des rauhen Landsknechtslebens bescheiden geblieben. Mit strahlenden Augen kommt er bald darauf wieder.

Es hat geklappt, David! Ich habe dir die Karten gelegt.

Und? Wie hat der GROSSE BOSS das Blatt gemischt? Was läßt er mir bestellen?

Du sollst zusammenpacken und nach Hebron ziehen. Mit allen deinen Leuten, dem Troß und – und – Und?

Und mir natürlich, setzt der junge Priester erglühend hinzu. *Das hab ich dazugemogelt; der GROSSE BOSS wird mir hoffentlich verzeihen.*

Alsbald bewegt sich eine riesige Staubwolke auf Hebron zu. Allein Davids Weiblichkeit benötigt einen eigenen Wagenpark, denn so gut sie sich auch untereinander zu verstehen scheinen – insgeheim mißgönnt man der jeweiligen Favoritin den Liebesgenuß.

In Hebron belohnt David die bewährten Mitstreiter mit passenden Unterkünften, die ihm – seiner steigenden Beliebtheit wegen – freiwillig überlassen werden. Außerdem ist Saul tot. Vielleicht wird dieser Rebellenführer mal König?

Eines Tages nähern sich große Menschenmassen der Stadt. Kein Feind – die Bewohner Südjudas, welche nichts weiter wollen, als David zum König zu cremen. Und das tun sie auch. Mit allem Brimborium. Man muß die Krönungsfeiern feste feiern, weil das Leben kurz und keine Kirmes ist.

Bei dieser Gelegenheit erfährt David auch, wo sein Freund Johnny und dessen Vater und Brüder begraben sind. Sofort schickt er den Männern von Jabesch ein tönernes Telex, worin er sich für ihre hochherzige Tat bedankt: ‚Seid guten Muts, wackere Männer. Vertraut dem GROSSEN BOSS und mir, dem König von Juda, der ich, der Unterzeichnende, nunmehr bin.‘ Schreiben hat er inzwischen gelernt.

Davids Krönung ist bald in aller Munde. Landauf, landab freut man sich. Oder freut sich nicht. Zum Beispiel Oberst Abner, der Vetter von Saul selig. Sein Kopf wurde nur deshalb nicht von den Philistern amputiert, weil sein Besitzer grad im Heimatlazarett lag. Die Krankheit hatte er sich bei einem Weib aus der Türkei geholt. Schnell beschließt er, den Israels einen neuen König aus dem Hause Saul auf den verwaisten Thron zu setzen. Aber leider hat er keine große Auswahl. Jonathans sechsjähriger Sohn Meribaal ist ein Krüppel, seit ihn seine Amme, als ihr der Tod Jonathans mitgeteilt wurde, vor Schreck hat hinfallen lassen.

Zum Glück hatte Saul mehrere Frauen, von denen es eine ganze Menge Ableger gibt. Abner entscheidet sich für Isboseth. Der Name bedeutet ‚Mann der Schande‘, was aber vorerst nichts besagen will. Ihn lotst Abner nach Mahanaim, ziemlich weit östlich, um ihn dort zum König über alle Stämme zu salben. Mit Ausnahme von Juda natürlich, die ja schon ihren David haben und sieben Jahre lang auch sehr zufrieden mit ihrem musikalischen Monarchen sind.

Junges Volk will sich austoben; dafür haben sowohl David als auch Isboseth volles Verständnis. Auch Könige sind ja mal halbstark gewesen. Heute sind sie dreißig beziehungsweise vierzig. Ohne voneinander zu wissen, brechen die Jugendlichen beider Königtümer zu einem Ausflug auf. Außer der Besichtigung ruhmreicher Schlachtfelder dient die Wanderung vornehmlich der Leibesertüchtigung. Damit das auch tüchtig geschieht, leitet Joab die judäische Jugendgruppe, den israelitischen Turn- und Sportverein begleitet Oberst Abner.

Wiederum ohne Absprache gelangen beide Wandervogelgruppen, fleißig wandernd und auch sonst nicht faul, an einen kleinen See bei Gibeon. Man ist sich somit halbwegs entgegengekommen. Auf der einen Seeseite schlagen die Boys aus Davids Machtbereich ihre Zelte auf, am gegenüberliegenden Ufer entzünden Isboseths Junguntertanen ihr Lagerfeuer. Israels sind beide, oder eben doch nicht mehr so ganz. Neugierig beobachten die einen die anderen und die andern die einen.

Eines frühen Tages schwimmen Abner und Joab im See und begegnen sich in der Mitte. *Moin, Abner!* grüßt Joab als der Jüngere.

Moin, Joab! prustet Abner. *Es geht doch nichts über ein erfrischendes Bad, was?*

Du sagst es, Oberst. Sind deine Burschen auch so wasserscheu wie meine?

Es geht an. Sie raufen lieber. Er blickt den anderen sinnend an, wittert eine Möglichkeit, dem politischen Separatismus Davids einen Dämpfer zu verpassen. *Mir kommt da eine Idee, Joab! Was hältst du davon, wenn wir einen Wettkampf veranstalten? Zwölf von deinen Jungs gegen zwölf von meinen Jungs. Natürlich muß es fair zugehen.*

Joab ist sofort einverstanden. Vielleicht durchschaut er auch den listigen Oberst. *Gemacht, Abner! Wird eine Mordsgaudi werden!*

Aber — als Spaß beginnt's und ist kein Fest geworden: Die zwölf kräftigsten, trainiertesten Jünglinge aus beiden Lagern treten zum Schwerterkampf gegeneinander an. Sie laufen mit erhobener Waffe aufeinander zu und stoßen sich gegenseitig, einen Jauchzer auf den Lippen, das Schwert in die Seite. Man braucht kein Einmaleins, um vierundzwanzig Tote zu zählen. Schöne, stramme Prachtboys, die nie wieder jauchzen werden.

Einen Moment sind beide Abteilungen fassungslos. Dann stürzen sie sich aufeinander. Ein fürchterliches Gehaue, Gesteche, Gebeiße beginnt, artet in tödlichen Ernst aus und wird zur Schlacht, welche die Untertanen Davids gewinnen. Wer von den Isobethlern nicht in seinem Blut oder tot im See schwimmt, flieht wie Oberst Abner.

Joab und seine beiden Brüder Abisai und Asahel bemerken Abners Flucht und setzen ihm nach. Asahel ist ein begnadeter Läufer; er läßt seine Brüder bald hinter sich, holt Abner ein und weicht ihm nicht mehr von den Fersen. Rein aus Fiduz treibt er ihn vor sich her. Mal nach links, mal nach rechts. Bis der Oberst ihm zuruft: *Nun laß doch endlich den Quatsch, Asahel! Da drüben rennen doch noch mehr! Warum jagst du ausgerechnet mich?* Und da der Traummeilenläufer nicht antwortet: *Gleich dreh ich mich um und steche dich tot! Das wirst du deinen Brüdern doch nicht antun wollen?! Wie steh ich dann vor Joab da!*

Als wieder keine Antwort kommt, dreht der

Oberst sich um und bleibt stehen. Er richtet seinen Speer, versehentlich mit dem stumpfen Ende nach vorn, auf Asahel, der mit Weltbestzeit in sein Verderben spurtet beziehungsweise in den Speer. Er hat so 'n Tempo drauf, daß ihm das Ding in die Magengrube rein- und am Rücken wieder rausfährt.

Das kommt davon, wenn man hundert Meter unter zehn Sekunden läuft.

100

ALLER GUTEN DINGE SIND SIEBEN

2 Samuel 3

Aus der so tragisch beendeten Fußwanderung entwickelt sich leider ein Dauerschwelbrand zwischen den Anhängern der beiden Königshäuser. Es ist, als ob der blutige Wettstreit eine Mauer zwischen den beiden Gruppen errichtet hätte. Diesseits Hebräer, jenseits Hebräer, aber sagt einer versehentlich ein falsches Wort, schon knallt's. Die Entfremdung scheint unaufhaltbar, die Spaltung vertieft sich täglich.

Dazu kommt ein weiteres: Je mehr Macht König David gewinnt, desto mehr Macht verliert König Isboseth. Als legte das Schicksal immer wieder einen Gewichtstein — übrigens in Entenform — von einer Waagschale auf die andere, die bevorzugte. In der David sitzt. Mit Familie.

Mit Familien, genauer gesagt! Denn da hat sich inzwischen allerlei zusammengeläppert: Von Ahinoam, der Zuckrigen aus Jesreel, stammt sein Ältester, Amnon; ein Egoist und Schänder, wie wir noch erleben werden. — Von Abigail, der zauberhaften Narrenwitwe, stammt Kilab; ein etwas zu zarter, verträumter Junge. — Sein Töchterchen Thamar und den Sohn Absalom verdankt er einer echten Königstochter namens Maacha. Sie ist ein bißchen töricht, wie schon ihr Name sagt. Aber was macht das, wenn man geliebt wird! — Letzteres tut auch

Konkubine Nummer vier mit dem Namen Haggith. Der Junge, den sie David schenkt, heißt Adonia. Mit dem nimmt's mal ein böses Ende! — Dame fünf heißt Abital; ihr Sprößling Schephatja. — Und weil ein halbes Dutzend leichter zu behalten ist, schenkt die gertenschlanke Egla David den pausbäckigen Jithream.

Das wär's fürs erste und sei auch nur deshalb erwähnt, damit wir uns später ein bißchen zurechtfinden. Die Potenz in diesem Landstrich ist gewaltig! Man kommt da gar nicht mehr mit.

Zum Beispiel der Oberst Abner! Als er es ringsum immer kräftiger besamen, blühen und gedeihen sieht, holt auch er sich eine Glutäugige ins Bett. Leider ist es ausgerechnet eine der Witwen Sauls, weshalb ihn der sensible König Isboseth unwirsch zur Rede stellt: *Was fällt dir ein, mit der Witwe meines Vaters — na du weißt schon!*

Warum ich mit Rizpa — na du weißt schon? Weil sie mir gefällt, und ihr gefällt's auch! Und jetzt will ich dir mal was sagen, Herr König: Ich verbitte mir deine Einmischung in meinen Intimbereich! Bin ich vielleicht ein hundsföttischer Eunuche? Seit Jahr und Tag setz ich mich für euch Sauliden ein! Ich opfere jede freie Minute für deine königliche Verwandtschaft, diese Lobby von Hofschranzen! Ständig bin ich hinterher, damit nur keiner in die Hände von David fällt! Von Urlaub keine Spur! Und du wagst es, mir Vorwürfe wegen meines Faibles für Witwen zu machen?

Isboseth versucht, Abner zu unterbrechen: *Du verstehst nicht —*

Ich bin noch nicht fertig, Majestät! Der Oberst ist nicht zu bremsen. *Ich hab die Nase voll! Bis oben hin! Ohne mich säßest du überhaupt nicht auf diesem Thron! Genieß die kurze Zeit noch — ich bin nämlich fest entschlossen, David, den König von Juda, auch zum König über Israel zu machen! Herrschen soll er von Dan bis Beerseba und wieder zurück, du — du Flasche!* Er macht eine zackige Kehrtwendung und klotzt zur Flügeltür.

Du bist entlassen! schreit Isboseth ihm hinterher.

Und als der Oberst sich noch mal mit grimmiger Miene umdreht: *Nicht hauen, bitte!*

Abner ist es mit seiner Drohung überaus ernst. Er weiß sehr genau, wo gutes Brot und bald das beste gebacken wird. Sogleich schickt er einen reitenden Boten runter nach Hebron, der David seine Bereitschaft zu einem Bündnis mitteilen soll. Darüber hinaus verpflichtet sich der Oberst freiwillig, dem König von Juda das gesamte Volk von Israel zuzuführen. Nach und nach natürlich.

David hört sich die Botschaft interessiert an; dann schickt er den Geheimkurier mit seiner Einverständniserklärung zurück. Sie enthält allerdings eine Bedingung: Oberst Abner wird zur Ratifizierung der Verträge am judäischen Hof nur empfangen, wenn er Davids erste Frau, Michal, die wiederverheiratete Saulstochter, mitbringt.

Außerdem schickt David vorsichtshalber dem Abnerschen Boten einen eigenen hinterher, der sich mit Isboseth in Verbindung setzen soll. Die Nachricht für den Monarchen lautet: ‚Gib deine Schwester Michal frei, für die ich hundert Philister enthäuten mußte. Andernfalls sind Repressalien nicht auszuschließen.‘

Vielleicht hat Isboseth von Abners Solotour Wind bekommen. Vielleicht steckt ihm auch dessen Drohung noch in den Knochen. Bestimmt aber ist er ein Opportunist: Er läßt seine Schwester sofort unter ihrem zweiten Gatten hervorziehen und durch den Oberst — der freilich keinen Augenblick lang an eine Duplizität der Absichten glaubt — über die Landesgrenze abschieben.

David ahnt nicht, daß Nummer sieben schon auf dem Weg in sein Bett ist, als laut Kalender wieder mal Nummer zwei, Abigail, an die Reihe kommt. Aber die Sieben ist ja auch eine schöne Zahl. Sie hat so was Sonntägliches.

101

KILLEKILLE IM PINKELWINKEL

2 Samuel 3

Oberst Abner bleibt nicht eine Stunde untätig. Ohne seinen König zu informieren, versammelt er heimlich den Ältestenrat der Israels. *Meine Herren!* beginnt er mit meisterlicher Schläue. *Falls ihr euch wundert, daß Isboseth nicht anwesend ist — er ist nicht krank. Mangelndes Genie bei einem König ist keine Krankheit, sondern eine Katastrophe! Nun, jeder von euch weiß, wer in Wahrheit seit Jahren Israels Staatsgeschäfte führt.*

Abwartend blickt er in die Runde. Manche der Alten nicken vorsichtig mit dem Kopf. Die meisten harren des dicken Endes, das mit Sicherheit kommen wird.

Ihr alle wißt, fährt der Oberst fort, *daß der GROSSE BOSS einmal gesagt hat: ‚Durch David will ich Israel vor den Philistern und allen übrigen Feinden erretten!' Jetzt ist die Stunde X gekommen. Seid ihr damit einverstanden, daß ich entsprechende Vorbereitungen treffe? Meine Frage richtet sich in erster Linie an den Vertreter des Stammes Benjamin. Denn ein Benjamine war der tapfere Saul ebenso, wie auch der leider etwas behämmerte König Isboseth einer ist.*

Der Abgeordnete der Benjaminen ist ein diplomatischer Liberaler: *Ich bin nicht gegen deinen Plan, aber um für ihn zu sein, brauche ich Bedenkzeit. Er scheint mir nicht ausgeschlossen, daß ich mich der Zustimmung meiner Kollegen anschließen werde.*

Mit dieser beinahe einstimmigen Entschließung macht der Oberst sich auf den Weg nach Hebron zu David. Zwanzig Männer begleiten ihn; Sekretäre, Diener, Bewacher. Unterwegs muß er öfter an Frau Michal denken. Hoffentlich hatte sie sich vorige Woche nicht verlaufen! Ihre Rückkehr war von David zur unabdingbaren Voraussetzung für die Aufnahme der Gespräche gemacht worden.

Abner könnte beruhigter reisen: Michal ist gut angelangt. Nur die Begrüßung war nicht sonderlich herzlich. David hatte seine erste Frau faltenfreier in Erinnerung...

Zu Ehren seiner illustren Gäste gibt David ein Festbankett. Abners Teilerfolg im Ältestenrat läßt Großes, noch Größeres erwarten. Wer wird nicht gern der mächtigste Mann in einem wiedervereinigten Volk! Mit der Zusicherung, bestimmt schon bald die Bereitschaft sämtlicher Stammesfürsten melden zu können, treten der Oberst und seine Equipe die Rückreise an. Sie kommen nicht weit.

Kaum eine Stunde nach ihrer Verabschiedung kehrt Joab mit einem Elitetrupp Soldaten und reicher Beute von einer Nomadenjagd zurück. Nomaden sind streunende Wüstenbewohner, welche die Kaufmannskarawanen überfallen, deren viele aus Damaskus herunterkommen. Stolz will Joab den erfolgreichen Ausgang seines Beutezugs David mitteilen, da erfährt er in dessen Vorzimmer vom Besuch der Abordnung aus Israel.

Mit zornsprügenhen Augen stürmt er in Davids Arbeitszimmer: *Bist du noch zu retten, Onkel? Oberst Abner war hier, und du hast ihn wieder fortgelassen?* Wenn er wüßte, daß David ihn nur deswegen auf die Nomaden gehetzt hat, um eine Begegnung zwischen ihm und dem Aufspießer seines Bruders zu vermeiden! *Der Kerl ist doch nur gekommen, um dich auszuhorchen! Ein Spion ist er, ein übler Renegat!*

Das Wort hat David noch nie gehört; es wird auch erst im Mittelalter populär; ein Wort, das ebenfalls noch ganz unpopulär ist...

Joab wartet das Ergebnis des königlichen Nachdenkens nicht ab. Grußlos eilt er aus dem Zimmer, stellt rasch eine Eskorte zusammen und schickt sie Oberst Abner hinterher. Sie sollen ihn bitten, noch einmal zu David zurückzukommen, der etwas Wichtiges vergessen habe.

Das ist 'ne glatte Lüge, aber Oberst Abner fällt drauf rein. Ohne Begleitung reitet er zurück, weil, was ein richtiger Militär ist, so einer spurt immer.

Joab erwartet ihn am Stadttor und begrüßt ihn unbefangen. Herzlich sogar: *Mein liiieber Oberst!* Händeschütteln. *Gehen wir ein Stückchen zu Fuß? Ist gut gegen den Bauch, hahaha!*

Schwimmen auch, erinnert Abner versehentlich an die Begegnung im See bei Gibeon.

Unter dem breiten Bogen des Stadttors riecht es wie in einem Pissoir und herrscht immer Zwielicht. Der Oberst denkt deshalb, Joab will pinkeln, als er im dunkelsten Winkel an seinem Ding rumfummelt. Aber dann ist das Ding ein scharfes Jagdmesser, das Joab dem Oberst tief in den Bauch rammt. *Das ist für meinen Bruder Asahel!* zischt er. *Dein Speer wird ihm nicht weniger Qualen verursacht haben!* Im Tor von Hebron schwemmt Oberst Abners Blut das Pflaster blank...

Rasch gelangt die Mitteilung von Abners Ermordung in den königlichen Palast. David gerät außer sich; er glaubt, den Täter zu kennen. *Der GROSSE BOSS weiß, daß ich an dieser schändlichen Tat unschuldig bin. Das ist keine Blutrache mehr, das ist ein Verbrechen! Deshalb sollen Joab und alle, die zu ihm gehören und seinen Namen tragen oder einmal tragen werden, nie wieder ihres Lebens froh werden. Es soll ihnen an allem fehlen, nur nicht an Eiterbeulen und juckenden Hautkrankheiten. An Krücken sollen sie humpeln, Hungerödeme wünsche ich ihnen und recht viele abgehackte Köpfe in der Familie!*

Dann ordnet er ein Staatsbegräbnis an, denn um die Leiche nach Mahanaim zu schaffen, ist es zu heiß. Außerdem — konnte man wissen, ob Isboseth überhaupt Wert darauf legte? Unter großer Anteilnahme der Bevölkerung hält David persönlich die Leichenrede.

Wir nehmen Abschied von einem Großen dieser Erde. Erschüttert stehen wir an der Grube eines Mannes, der wie ein Ehrloser gestorben ist, und rufen ihm nach: Oberst Abner, nicht gefesselt an Armen und Beinen, frei bist du gefallen, weil du als freier Mensch in unsere freie Stadt kamst. Der GROSSE BOSS, der Böses mit Bösem vergilt, wird

für die Bestrafung deines Mörders sorgen. Wir, die
trauernde Gemeinschaft, wollen bis Sonnenunter-
gang hungern, um dich zu ehren. Wiewohl dich das
auch nicht wieder zum Leben erweckt!

Eine Kompanie Bogenschützen schießt den Ehren-
salut. Das Zischen der gefiederten Pfeile mit den
eisernen Widerhaken klingt wie der Flügelschlag
einer gewaltigen Archäopteryxe.

102

WIE MAN KOPFWEH FÜR IMMER KURIERT

2 Samuel 4

Abners Equipe eilt nach dem Attentat bestürzt
nach Hause und berichtet Isboseth von dem tragischen Ableben seines zweiten Ichs. Nun wird der
König bestimmt... Isboseth tut gar nichts. Er wankt
nur ins Schlafzimmer. *Jetzt ist alles aus!* stammelt
er vorm seidenen Pfühl. *Ohne den Oberst bin ich
hilflos. Das hat er nur nicht gewußt.* Der selbstge-
fällige Schwächling macht vor Kummer ein Schläf-
chen.

Auch die Hausmeisterin im königlichen Pförtner-
stübchen hält mittags immer Siesta. Heut ist sie besonders kaputt. Sie hat stundenlang schwarzes Mut-
terkorn aus dem Getreide gepuhlt, weil man von
diesem Unkraut kribbelkrank wurde, wenn man es
versehentlich mit ins Morgenmüsli rührte.

Den beiden israelitischen Hauptleuten begegnet
kein Mensch, als sie an diesem Mittag in den Königspalast schleichen. Sie wollen die Ermordung
ihres Obersten benutzen, um rechtzeitig die Fahne
zu wechseln. Gerüchtweise haben sie von seiner Mission gehört. Nun beabsichtigen sie, zu David über-
zulaufen und ihm ein Mitbringsel mitzubringseln.

Das Angebinde, mit dem sie sich anbiedern wollen, schnarcht im Augenblick: Es ist Isboseths Kopf,
Noch stellt er mit dem Hals eine feste Verbindung
dar. Eine Minute später nicht mehr. Da gibt es statt

eines Königs von Israel nur noch ein blutbesudeltes Bett mit einem Torso und zwei Hauptleute mit einer wasserdichten Hutschachtel.

Mit diesem grausigen Gepäck marschieren die beiden Mittagsmörder das Jordantal hinunter. Nachts benutzen sie die Straße nach Araba; morgens sind sie in Hebron und bitten um eine sofortige Audienz beim König.

David empfängt sie auch. Ohne Fußfall und Helm-ab öffnen die beiden Offiziere ihre ziemlich feucht-gewordene Hutschachtel. Blutrünstig zieht der eine den Inhalt an den Haaren heraus und läßt ihn vor Davids Augen hin und her pendeln.

Befremdet blickt der König auf die beiden Kopf-jäger und den trippenden Schädel, der ihn peinlich an einen gewissen Goliath erinnert. Nur daß dessen Rübe mehr Format hatte.

Wir erlauben uns, dir den Kopf Isboseths zu über-reichen. Der GROSSE BOSS hat durch uns die Schmach gerächt, die Saul und sein ganzes Haus dir, königliche Majestät, angetan haben! sagt der eine Hauptmann triumphierend. Der andere fügt anmaßend hinzu: *Hoffentlich werden wir in deiner Armee ein bißchen schneller befördert als bei dem da!* Er stipst den Königskopf an, daß die Kinnlade runterklappt und Isboseth David die Zunge zeigt.

Jäh wird Davids meist sanfter Blick zu einem funkelnden Blitz. *Der GROSSE BOSS, der mir so oft geholfen hat, sei mein Zeuge: Ich habe den Bo-ten, der mir einst freudestrahlend den Tod Sauls mitteilte und auf eine hohe Belohnung hoffte, auf der Stelle töten lassen. Nun kommt ihr an und bringt mir den verwesenden Schädel eures heimtückisch gemeuchelten Souveräns.* Seine Stimme wird ge-fährlich leise. *Für was haltet ihr mich eigentlich?* Er lächelt grausam. *Ihr wollt befördert werden, sagt ihr? Das könnt ihr haben.* Er schreit: *Wachä!*

Seine Leibwächter stürzen in den Empfangssaal. *B'fehl, Majestät!* Die Davidswache steht stramm.

David deutet auf die Hauptleute. *Die beiden wol-len befördert werden. Ihr Wunsch wird sofort er-füllt: Befördert sie zum Tode!* Die eben noch so siegessicheren Hauptleute werden mit Fußtritten und Püffen auf den Hof zu einem Hauklotz getrieben, auf den sie die Hände legen müssen. Das Abhacken der Füße macht etwas mehr Umstände. Anschließend werden die beiden Mörder neben dem Jauchebecken der Hebroner Hofstallungen aufgeknüpft.

Isboseths Kopf läßt David im Grab von Oberst Abner beisetzen, ohne zu bedenken, wie spätere Archäologen etikettieren sollen, wenn sie ein Skelett mit zwei Köpfen freilegen: ‚doppelköpfiger Homo sapiens‘ oder ‚vorchristlicher siamesischer Zwilling‘?

103

WIEDERVEREINIGUNG WIRD TATSACHE
2 Samuel 5

Abners Ermordung und Isboseths Enthauptung schaden Davids Image enorm, obwohl er gar nichts dafür kann. Es dauert lange, bis die isrealitischen Fürsten ihre Furcht vor ihm überwinden. Kleckerweise kommen sie in die Königsstadt Hebron, wo David sie wie ein gewiefter Parteiredner belatschert. Besonders gern erinnert er sie an die letzten Segenssprüche und Flüche ihres seligen Stammvaters Jakob-Israel damals in Ägypten. Ist nicht das meiste, was er im 34. Kapitel prophezeit hat, inzwischen eingetreten?

Die Nachfahren von Simeon und Levi, zum Beispiel, sind in alle Winde zerstreut. Von denen gibt's kaum noch welche. Hingegen hat Jakob von Juda unterm Sterben gesagt: ‚Juda, mein junger Löwe, vor dir werden sich einmal alle verneigen! Du wirst das Zepter schwingen; die Völker werden sich dir unterwerfen und dich lieben.‘ Na bitte! Nur daß er seine Hemden in Weißwein und seinen Mantel in schwerem Roten waschen werde, also da hat Jakob übertrieben. Das mit den Beißerchen stimmte andererseits wieder: keine Spur von Karies.

War es nicht Juda, der seinen Bruder Joseph aus

der Zisterne gerettet hat? ruft der König der Versammlung zu. *Und war es nicht derselbe Juda, der sich für die Sicherheit Benjamins verbürgte, als dieser unbedingt mit nach Ägypten mußte? Schon damals waren Juda und Benjamin ein Herz und eine Seele. Kann das nicht wieder so werden? Das benjaminische Herrscherhaus des seligen Saul vereint mit dem judäischen des lebenden und bündniswilligen David?*

Egal ob den versammelten Fürsten die alten Geschichten überhaupt bekannt sind, sie wählen ihn einstimmig zu ihrem König. *Schon damals, als Saul noch unser König war, hast du für Israel Sieg um Sieg erfochten.* Der Ratssprecher summt lächelnd: *Tausend Feinde fallen durch Saul, zehnmal so vielen schlägt David aufs Maul!* Hier setzt der erste Beifall ein. *Außerdem hat der GROSSE BOSS dich persönlich wissen lassen, daß du einmal sein Volk wie eine unübersehbare Hammelherde weiden sollst. Mag auch der Vergleich nur symbolisch gemeint sein — wir wollen dich zum König salben!*

Der einsetzende Beifallssturm wird zum Orkan, als David, der geschickte Taktiker, einen Moment zögert, um dann langsam, wie nach einer schweren Entscheidung, aufzustehen und lächelnd zu verkünden: *Nun denn, ich nehme die Wahl an!*

Haarwaschen und -ölen macht Abjathar, das kostet nichts. Um so teurer wird das anschließende Krönungsfest, zu dem die gesamte Bevölkerung eingeladen ist. Monatelang gibt's in keinem Laden Rosinen. Dafür müssen die Philister auf den fälligen Tribut warten. Sie sind — trotz aller Krönerei — noch immer die eigentlichen Herren im Land. Was ihnen ihre bezahlten Spitzel von der Wiedervereinigung Israels und Judas berichten, paßt ihnen ganz und gar nicht in ihren Kram.

Siebenunddreißig Jahre ist David alt. Er kann mehr als Brot essen, Gitarre spielen und Kriege gewinnen: Er kann folgerichtig denken und das Umweltgeschehen reflektieren. Und lieben natürlich! Dazu finden sich immer mal ein paar königliche Minuten.

PER ASPERA AD ADSTRA
RESPEKTIVE ZION

2 *Samuel* 5

So schön Hebron im Herzen von Juda auch ist, so lieblich die terrassenförmig ansteigenden Weinberge in der Abendsonne liegen — Jerusalem ist schöner. Außerdem ist es wesentlich besser befestigt. Es beherrscht durch seine Lage das Tal von Rephaim und liegt überdies an einer viel benutzten Hauptstraße. Momentan findet David schön, was ihm Vorteile verspricht und ihm als Hauptstadt dienen könnte. Doch leider gehört Jerusalem den Jebusitern, für die er nicht zuständig ist.

Bin mal neugierig, wie du da reinkommen willst? knurrt Joab, als David ihn ein bißchen in die Karten gucken läßt. *Mit Gewalt? Da beißt du dir sämtliche Weisheitszähne aus!* Seit dem Abner-Zwischenfall hat er an allem was auszusetzen.

Gewalt? David lächelt. *Warum sollte ich die Jebusiter nicht fragen, ob sie mir ihr Urusalim gegen gutes Geld verkaufen?*

Vier verschlossene und verriegelte Panzertore führen in die Stadt Jerusalem. Nach mehrfachem Klopfen, kräftigen Hammerschlägen und lautstarken Hallorufen zeigen sich ein paar Stadtherren am Guckloch und fragen unwirsch, was der Fremden Begehr ist. David bleibt wirsch und schenkt ihnen sein gewinnendstes Lächeln: *Ich habe euch einen Handel vorzuschlagen. Dürfen wir reinkommen?*

Nein! Das klingt endgültig. *Falls ihr aber mit Gewalt —, schaut euch unsere Befestigungsanlagen an. Um sie zu verteidigen, genügt eine Handvoll Blinder, Lahmer und Deppen.*

Die Stadteigner übertreiben nicht. Selbst dem schwachsinnigsten General mußte klar sein, daß er bei der Stadt auf Granit biß, auch wenn sie auf einem Kalkplateau lag. Unverrichteter Dinge kehrt David mit seinem Gefolge nach Hebron zurück und ruft sein Offizierskorps zusammen.

Meine Herren, provoziert er, *nun zeigt mal, was ihr könnt! Wer Jerusalem für mich erobert, soll Oberbefehlshaber der vereinigten israelitischen und judäischen Armee werden.*

Joab wirft dem König einen forschenden Blick zu. Ging das etwa gegen ihn? Dann hatte David sich geschnitten! *Gemacht, Majestät!* sagt er zu seinem Onkel. *Gib schon die Uniform in Auftrag.*

Du bist deiner Sache sehr sicher, wundert David sich.

Joab schmunzelt. *Das ausgeprägte Selbstbewußtsein liegt in meiner Familie, Majestät!* Dann gibt er stundenlang vertrauliche Anweisungen, von denen selbst David vorerst nichts erfährt.

Joabs Plan zeugt von echtem Partisanengeist. Lag Jerusalem auf einem Plateau? Ja. Fließt Wasser freiwillig bergauf? Nein. Wie bringt man Abwässer aus einer Stadt zu Tal? Durch Rinnen. Oder? Durch Schächte und Kanäle. Eben! Also kriecht Joab an der Spitze einer Elitetruppe, Pioniere und Mariner, einen Abwasserkanal hoch. Es riecht zwar nicht gut, die Luft ist auch knapp, man wird total eingeschmuddelt – aber man kommt mitten in der befestigten Stadt durch einen kleinen Schacht ans Tageslicht, welches ein Nachtlicht ist.

Als David kurz nach Sonnenaufgang in Jerusalem einreitet, liegt alles voll Blinden, Lahmen und Deppen. Die Stadtherren haben kaum einen Kratzer abgekriegt. Davon überzeugt David sich, als er sie zu sich bitten läßt und zu ihnen spricht.

Damit ihr klar seht, meine Herren: Diese Stadt wollte ich ursprünglich mieten, nicht erobern. Jetzt ist sie mein Privatbesitz geworden, die ,Stadt Davids'. Vielleicht wird die Bezeichnung mal volkstümlich. Wenn ihr vernünftig seid, werdet ihr Jerusalem ohnehin bald nicht wiedererkennen. Ich will euch nämlich nicht rausschmeißen, sondern mich eurer langen Erfahrung bedienen. Gegen gute Bezahlung und dreizehntes Gehalt, versteht sich. Oben auf der Burg werde ich residieren. Wie nennt ihr sie?

Die Veste heißt Zion.

105

ZWISCHENFALL IM STOSSVERKEHR

2 Samuel 5

Jerusalem wird zu einer gewaltigen Baustelle und größer und größer. David läßt die Stadt von hervorragenden Kasematten- und Festungsbauern zu einem einzigartigen Bollwerk machen. Aber auch um sein eigenes Haus ist er besorgt. Besonders als ihm der König von Tyrus, einer Hafenstadt zwischen Haifa und Beirut, Zedernholz samt Zimmerleuten und Steinmetzen als Huldigung schickt. Da geht die Bauerei erst richtig los.

In allem, was er anpackt, hat David Erfolg: alles gelingt ihm. Das nimmt er als Bestätigung, daß der GROSSE BOSS zu seiner Krönung voll und ganz ja gesagt hat.

Ein derart bevorzugter Mensch hat nicht nur das Recht, er hat sogar die Pflicht, sich fort- und fortzupflanzen. Immerzu und immerfort – und so fort. Deshalb lacht David sich – sachverständig und siebenfach geübt – in die Herzen etlicher weiterer Frauen. Das Kontakten mit seinen neuen süßen Konkubienen ergibt folgenden Zuwachs allein an Prinzen: Schammua – Schobab – Nathan – Salomo – Jibhar – Elischua – Nepheg – Japhia – Elischama – Eljada und Eliphelet.

Da die Emanzipation der Frauen erst Jahrtausende später von sich reden machen wird, sei der Prinzessinnen nur insofern Erwähnung getan, als daß es sie gibt.

106

ZU SIEGEN VERSTEHST DU, DAVID

2 Samuel 5

Als die Philister hören, daß David zum König über das wiedervereinte Israel gekrönt worden ist, vergessen sie die Eintreibung der rückständigen

Tributzahlungen. Momentan ist es wichtiger, diesem Nonsens ein Ende zu machen. Wo gab's denn so was, einen König mit so 'nem Haufen Untertanen und einer Privatstadt dazu! Dann konnte man ihn ja gleich Kaiser nennen oder Cäsar oder Zar. Schnell sind die Truppen zusammengezogen. Bald wimmelt die Ebene Rephaim von Soldaten. So weit das Auge reicht: Helme, nichts als Helme.

Da nimmt David den Hut ab und kratzt sich auf dem Kopf. Soll er oder soll er nicht? Er beschließt, das Orakel befragen zu lassen. Das ist zur Zeit der modische Weg, sich mit dem GROSSEN BOSS in Verbindung zu setzen. Ob seine Priester allerdings die Karten legen, im Kaffeesatz lesen oder Lose ziehen, weiß er nicht. Er will es auch nicht wissen; hat ja schließlich selbst seine kleinen Berufsgeheimnisse.

Der GROSSE BOSS will, daß du die Philister angreifst. Er wird dir den Sieg zuschanzen! verkünden die Priester freudestrahlend. Sie haben leicht strahlen, sie kämpfen ja nicht mit. Wenigstens nicht mit der Waffe und nicht im vordersten Bogenschützengraben.

Wie nicht anders zu erwarten, besiegt David mit seinen Truppen das Heer der Philister. Sie laufen davon, daß sie die Hosen verlieren. Erst als sie ihre Monturen wieder vervollständigt haben, zieht man zum zweitenmal in Richtung Jerusalem.

Diesmal gibt der GROSSE BOSS mittels eines Pendels seine Weisungen. Das Ausschlagen desselben deuten die Priester Davids so: *Diesmal sollst du die Philister nicht von vorn, sondern von hinten bekämpfen. Der GROSSE BOSS empfiehlt dir, den Feind im großen Bogen zu umgehen, um ihm in den Rücken zu fallen. Der Überraschungsangriff soll vom Maulbeerwald her erfolgen. Und zwar in dem Augenblick, wo die Baumwipfel zu rauschen anfangen.*

David befolgt den Rat, ohne auch nur auf die Generalstabskarte zu sehen. Im Maulbeerwald angelangt, braucht er nicht lange zu warten. Plötzlich rauscht es in den Wipfeln der Bäume wie von einem mächtigen Sturm. Der unverzüglich einsetzende Überfall von hinten führt zu einem grandiosen Sieg.

Wie hat schon Shakespeare noch nicht gesagt? ‚Im Krieg ist's Sitte, jeden Vorteil zu nutzen.'

DER VERSCHWUNDENE SCHATZ

2 Samuel 6

Nachdem die Siege ausgiebig gefeiert worden sind, herrscht wieder Ruhe in den Mauern der Stadt Davids. Bloß in seinem eigenen Haus findet derselbe dieselbe nicht. Dabei hat er die Zimmer seiner kaum noch zu zählenden Gefährtinnen numeriert und auf einem Lageplan in seinen Terminkalender eingezeichnet. Besonders Nr. 7, Michal, macht ihm bei jeder Nr. Kr.! Das Weib erträgt seine Liebkosungen mit der Wärme des Schnees vom Libanon. Am liebsten würde er ihr Zimmer überspringen, wenn er es mit den ehelichen Pflichten nicht so ernst nähme. So löscht er lediglich das Licht bei Michal.

Um sich ein wenig abzulenken, studiert er in seiner Freizeit hebräische Geschichte. Dabei geschieht es: Eines Tages stößt er auf einen Bericht, der von der verschwundenen Bundeslade des GROSSEN BOSSES unwahrscheinliche Dinge erzählt. Demnach konnte die Lade tödliche Schläge austeilen. Reihenweise soll sie die Menschen dahingerafft haben. Andererseits muß das Ding auch eine Art Maskottchen gewesen sein: Jericho und Ai haben die Waffen gestreckt, weil die Lade dem Heer vorangetragen wurde.

Wo mochte das Heiligtum wohl abgeblieben sein? David liest weiter, bis er auf ein kleingeglyphtes Postskriptum stößt, das er nur mit Hilfe einer Lapislazulilupe entziffern kann.

Dem Gekritzel nach ist die Bundeslade zuletzt bei

einem gewissen Abinadab in Kirjath-Jearim gesehen worden. Aber wo liegt Kirjath-Jearim?

Es wird in der Nähe von Baala gefunden, einem Ort, der in Davids eigenem Stammland Juda liegt. Kaum fünfzehn Kilometer von Jerusalem entfernt.

Und noch was kriegt der König bei seinen Nachforschungen raus: In der Gegend von Baala erzählt man sich, ein großer Schatz sei auf dem Grundstück eines gewissen Abinadab verborgen. Aber der alte Mann verwehre mit seinen beiden Söhnen Usa und Achjo jedermann den Zutritt.

Da weiß David Bescheid. Bei dem Schatz konnte es sich nur um die Bundeslade handeln! Jäh schlägt seine wissenschaftliche Neugier in heilige Begeisterung um. Er beschließt, die Lade, die der Überlieferung nach die beiden Gesetzestafeln von Vater Mose enthalten mußte, nach Jerusalem zu holen.

Mit dreißigtausend jungen Männern zieht er auf unwegsamen Pfaden nach Baala und weiter nach Kirjath-Jearim. Das Grundstück Abinadabs liegt etwas außerhalb. Der alte Mann und seine beiden Söhne erwarten sie bereits schwerbewaffnet. Aber es kommt zu keinem Pfeilwechsel. David weist sich leicht als König der Länder Israel und Juda aus und fragt ohne Umschweife nach der heiligen Bundeslade. Das beeindruckt die drei Ladenhüter mehr als Davids Insignien: Wer anders als ein vom GROSSEN BOSS Begnadeter konnte wissen, was der versteckte Schatz in Wirklichkeit darstellte!

Auf einem nagelneuen Karren wird die Lade auf den Weg nach Jerusalem gebracht. David bestaunt sie mit ehrfürchtiger Scheu und scheut sich, sie zu berühren. Zu seinem Glück, wie sich nach wenigen Kilometern herausstellt.

Als der Ochsenkarren in einer ausgefahrenen Spur mächtig hin und her schwankt und umzustürzen droht, springt Abinadabs Sohn Usa hinzu und versucht, die Lade zu stützen. Doch kaum legt er die Hände an das Heiligtum, zuckt er wie elektrisiert zurück und bricht tot zusammen.

Was hatte das zu bedeuten? David traut sich nicht, dem Phänomen auf den Grund zu gehen und den

Ladendeckel zu öffnen, um nachzuschauen, was drin ist.

Aber nicht nur der König hat keine Traute mehr. Auch die Transportarbeiter streiken. Grad daß sie die Lade noch ins nächste Haus bugsieren und dort unterstellen. Dann hasten sie aus der Gefahrenzone. Unverrichteter Dinge kehrt man nach Jerusalem zurück, wo David sich wieder seinem Terminkalender widmet. Oft denkt er an die Bundeslade, die zum Glück gut aufgehoben ist. Die Bewohner des Ladehauses waren alle viel zu krank gewesen, um neugierig zu sein. Selbst das Vieh starb dort wie die Fliegen, wenn sie sterben. So hat David es jedenfalls in Erinnerung.

Nach drei Monaten kommt ihm eine merkwürdige Geschichte zu Ohren. Hausierer bringen sie aus Juda mit. Dort soll es einen Mann geben, der mit seiner Familie auf den Tod darniederlag. Eines Tages stellte jemand bei ihm eine große Kiste unter. Von diesem Augenblick an kehrte bei den Leuten das Glück ein. Nicht nur, daß sie selbst alle wieder kerngesund wurden, auch das Vieh hörte auf zu sterben wie die Fliegen, wenn sie sterben. Die Seuche war allseits überwunden. Heute gab es wieder reichlich Milch für glückliche Melker und Mütter.

Die Bundeslade! durchzuckt es David. Sie war also doch ein Heiligtum! Aber vielleicht durften sie nur Menschen berühren, die der GROSSE BOSS persönlich dazu bestimmt hatte? Priester zum Beispiel? Oder naive, unschuldige Leute? Den letzten Gedanken verwirft er wieder; dann hätte er den Deckel ja nie aufmachen dürfen! Oder doch? War er nicht ein Gesalbter? Im Auftrag des GROSSEN BOSSES vom alten Sammy selbst zum erstenmal eingecremt!

Wieder macht sich ein riesiges Abholkomitee auf die Reise. Und diesmal klappt's. Sechs Priester heben die Bundeslade auf lange Stangen und tragen sie auf den Schultern gen Jerusalem, gefolgt von der immer fröhlicher werdenden Menge.

Kurz vor den Mauern der Davidsstadt beginnen alle – wie auf ein Kommando, das keiner gab – zu musizieren und zu tanzen. In wilder Verzückung drehen sie sich im Reigen. Bis es auch den König packt. Zu Marsch- und Tanzrhythmen des Gardemusikkorps legt David eine kesse Sohle aufs Straßenpflaster, daß alle begeistert jubeln. Er ist nicht nur ein durch und durch musikalischer König, er hat auch tänzerisch sozusagen das totale Gehör.

Unter unbeschreiblichem Jubel ziehen die Israels mit der ehrwürdigen Bundeslade im Triumphzug in Jerusalem ein. Die Passanten bleiben stehen und stimmen in die Freude mit ein. Manche weinen vor Ergriffenheit. An den Fenstern schwenken Kinder kleine Fähnchen.

Vor seinem Palast zuckt es David ganz besonders in den Beinen. Auf dem gefliesten Königshof tanzt er in heißem Wirbel um die Lade, wirft das Hemd ab, das ihn nur behindert, und jauchzt dazu – jauchzt. Dabei bemerkt er nicht, daß Michal ihn mit verächtlicher Miene von ihrem Fenster aus beobachtet. Der Wildgewordene da unten, der aus dem Refugium seines Palastes einen Freiluftbeatschuppen machte, sollte ihr Gemahl sein? Niemals! Da sah man es wieder: Er war eben kein geborener König! Er war und blieb ein kleiner Schafhirt!

Die Bundeslade wird in einem vorbereiteten Zelt untergestellt, dann werden dem GROSSEN BOSS viele schöne Dank- und Brandopfer gebracht. Für die Bevölkerung gibt es pro Kopf ein großes Stück Kalbsbraten, einen Laib Brot und einen kleinen Rosinenkuchen, verbunden mit einem Segen im Namen des gütigen Spenders. Denn daß das der GROSSE BOSS ist, bezweifelt weder David noch ein einziger seiner Untertanen.

Ermattet, aber glücklich legt David die wenigen Meter zum Portal seines Palastes zurück, wo ihm das Personal mit Blumen zur erfolgreichen Heimkehr gratulieren will. Da drängt Michal sich durch die Reihen der Dienstboten. Sie bleibt vor David stehen, funkelt ihn an und sagt verächtlich: *Ein wunderbarer König bist du! Entblödest dich nicht, halbnackt vor dem Pöbel zu hopsen, als wüßtest du heut schon, wie man einst Charleston tanzen wird!*

Charleston! denkt David. Das war doch Folklore! Laut sagt er: *Damit du es weißt — ich tanze zu Ehren des GROSSEN BOSSES, denn er hat mich und nicht einen aus deinem Geschlecht, keinen aus dem Hause Saul zum König über sein auserwähltes Volk bestellt. Dennoch will ich ein Geringerer sein als die geringste Tellerwäscherin in meinem Palast! Mag mich der Adel verachten, wenn mich nur der Pöbel versteht, von dem du so geringschätzig gesprochen hast. Denn Pöbel heißt ,Volk'! Selbst deine Verachtung kann es in meinen Augen nicht zum Pack erniedrigen!* Sprach's und geht ins Haus zu Abigail, die früher auch mal Schafe gehütet hat.

Michal hat nicht mehr die geringste Chance, von David schwanger zu werden. Und sie wird's auch nicht! Wo der Dünkel sprießt, verwelkt der Schoß.

108

UNTER VIER AUGEN

2 Samuel 7

Was tut ein Monarch, wenn er keinen Krieg mehr führen muß? Er erledigt das bißchen Staatsgeschäft mit der linken Hand und ruht sich aus, um Kraft zu sammeln, falls es mal wieder soweit ist. Zu diesem Zweck hat David sich einen Liegestuhl auf die Terrasse stellen lassen, von wo aus er das Stiftszelt mit der Bundeslade im Auge behalten kann.

Eines Vormittags bemerkt er, wie ein Geier auf der Zeltspitze sitzt und kleckert. *Willst du wohl!* David läuft zum Zelt und fuchtelt mit den Händen, bis der Geier abschwirrt. Die Kacke bleibt; David reicht nicht bis ran. Beleidigend weiß sticht ihm des Geiers Stuhl ins Auge, welches nachdenklich auf dem verschandelten Heiligtum, dem beschissenen Zelt, ruht.

Er begibt sich wieder zu seinem Liegestuhl und läßt den Priester vom Dienst rufen. Heute ist Nathan dran, nach dem er seinen soundsovielten Sohn genannt hat. *Du hast mich rufen lassen, König David,* sagt er mit ehrerbietiger Verneigung.

Schau dir mal das Stiftszelt an! fordert der König. *Fällt dir nichts auf?*

Nathan schaut lange. *Unterhalb der Spitze glaube ich ein helles Ahornblatt auf der Zeltplane zu erkennen.*

Was heißt hier Ahornblatt! schimpft David. *Das ist die Visitenkarte eines Geiers! Ich habe es selbst gesehen, wie er defäkiert hat!*

Schweinerei! schilt auch Nathan. *Ich werde das sofort entfernen.*

Darum geht's nicht, Nathan. Sieh mal, ich wohne hier in dem herrlichen Palast, und was hat der GROSSE BOSS? Einen Dreck! Vogeldreck auf einem windigen Zelt, in dem er sich noch mal 'ne Lungenentzündung holen wird. Meinst du nicht auch, wir sollten ihn umquartieren?

Vielleicht in einen Wohnwagen?

Quatsch! Wir bauen ihm einen Bungalow, einen Tempel aus den edelsten Hölzern, die wir auftreiben können. Und wenn ich halb Israel abholzen müßte! Der GROSSE BOSS ist doch kein Dauercamper!

Ganz wie du denkst, Herr König. Dein Wunsch sei mir Befehl, denn der GROSSE BOSS ist dein Mäzen, dein Förderer in allen Dingen. Er wird wohl nichts gegen ein wenig Komfort einzuwenden haben.

Doch, hat er, der GROSSE BOSS! Noch in derselben Nacht spricht er mit Nathan. *Ich weiß, aus welch edler Gesinnung dein König mir eine andere, schöne Bleibe zuweisen will. Bitte richte ihm folgendes aus:*

,*Ich, der GROSSE BOSS, kann mich nicht erinnern, den Wunsch nach einem eigenen Haus geäußert zu haben. Seit ich deine Vorfahren aus Ägypten führte, habe ich gezeltet. Und zwar gern. Wenn ich das Bedürfnis nach Luxus und Bequemlichkeit gehabt hätte, würde ich wohl längst eine Villa haben. Aber ich habe mir so etwas nie gewünscht. Weder von Josua seinerzeit, noch von den Richtern kürz-*

lich. Ich habe dich vom Schafhirten zum König ge-
macht; ich habe dir geholfen, deine Feinde auszu-
rotten, weil ich meinem Volk Israel wünsche, daß es
endlich mal in Ruhe und ohne Angst vor Neidern
wohnen kann. Nicht ich will ein Haus, dir will ich
ein Haus bauen! Ein noch nie dagewesenes.'

An dieser Stelle muß der GROSSE BOSS eine
Pause einlegen, weil Nathan einen Krampf in der
Schreibhand hat. *Man müßte Stenohieratisch kön-*
nen, brummelt der Priester und massiert seine Hand.
Jetzt geht's wieder, sagt er. Der GROSSE BOSS
diktiert weiter.

Schreib: ‚Wenn du eines Tages nicht mehr bist,
David, will ich einem aus deinem Geschlecht meine
Zuneigung schenken. Der darf dann meinem Namen
ein Haus bauen. Ihm will ich ein Vater sein, wie er
mein Sohn sein soll. Wenn er sündigt, wird er den
Hintern versohlt bekommen, aber ich werde ihn
nicht fallenlassen, wie ich das mit Saul gemacht
habe. Genauso wie ich dir manches durchgehen lasse,
ohne dich gleich abzuschreiben. Dein Thron wankt
nicht, David, nicht vor meinen Augen. Für mich bist
du unkündbar!' — *Hast du alles notiert, Nathan?*

Ja, BOSS! sagt der erschöpfte Priester. *Für alle*
Zeiten!

Als er am andern Tag David die Botschaft vorträgt, wird dieser sehr nachdenklich. Dann geht er
allein ins Stiftszelt und kniet vor der Bundeslade
nieder. Er möchte einmal ohne Vermittler mit dem
GROSSEN BOSS sprechen. So wie ihm der Schnabel gewachsen ist.

Wer bin ich eigentlich, GROSSER BOSS, daß du
mich bevorzugst vor allen anderen? Womit habe ich
dein Wohlwollen verdient, ich und mein Haus? Oder
kann man sich so was nicht verdienen? Aber nun
ist dir auch noch das zuwenig. Jetzt versprichst du
mir und meinem Haus noch mehr Ehre, noch mehr
Ruhm für die Zukunft. Wie meinesgleichen redest
du zu mir, wie Hütejungen unter sich. Oh, BOSS,
wie bist du doch menschlicher als alle Götter und
göttlicher als jeder Mensch! Das meine ich damit,
wenn ich dich den GROSSEN BOSS nenne. Meine

Liebe zu dir ist nicht geringer, wenn ich nicht ,Lieber Gott' zu dir sage oder ,Herr Zebaoth'!

Und nun verzeih mir bitte, daß ich dich so einfach angequatscht habe. Ich hab ja nicht um was gebeten, sondern gebetet. Nur mal eben so. Ganz und gar wunschlos. − Also dann: Schalom! Bis zum nächsten Mal!

Als David das Heiligtum verläßt, öffnet sich auf geheimnisvolle Weise der Deckel der Bundeslade. Wenn jetzt einer käme und ins Innere der Truhe blickte − er fände sie leer. Aber spielt das überhaupt eine Rolle?

109

LEICHEN AM LAUFENDEN METER

2 Samuel 8

Frisch gestärkt macht David sich daran, die Tributzahlungen an die Philister aus der Welt zu schaffen. Diesmal schlägt er mit seinem hervorragenden Heer die Steuereinnehmer endgültig. Keinen Sechser kriegen sie hinfort mehr.

Dann kommen die Moabiter an die Reihe. Er besiegt sie und läßt die Gefangenen in eine Reihe legen. Dann wird abgemessen: Zehn Meter werden getötet, fünf Meter begnadigt; zehn Meter geköpft, fünf Meter nicht; zehn Meter − und so weiter. Jeder hat eben so seine Methode. Zum Schluß werden die übriggebliebenen Moabiter mit gesalzenen Steuern belegt. Nach der Methode der Philister!

Anschließend schlägt David den König von Zoba. Er regiert am Euphrat, und dahin hat es David schon lange gezogen. 20 000 Stoppelhopser werden gefangengenommen. Dabei fallen den Truppen Davids auch 3400 Gespannpferde in die Hände. Da den Israels die wiehernden Tiere so gut wie unbekannt sind, schneiden sie 3300 von ihnen die Fesseln durch. Damit sie nicht mehr mit den Hufen ausschlagen können! War ja furchtbar gewesen! Und tat so weh!

Boßseidank kommt da gerade David aufs Schlachtfeld. Er sieht die entfesselten Araber und tobt: *Seid
ihr meschugge? Was soll ich mit den lahmen Gäu-
len?!* Er macht der Sehnenkapperei ein Ende und
rettet so noch 99 Stuten und einen Berberhengst, der
sich darauf freut, sein Monopol auszuüben.

Bei dieser unüberlegten, infantilen Tierquälerei
hätte man fast einen neuen Gegner übersehen: Die
Aramäer eilen — von Damaskus her — dem König
von Zoba zu Hilfe. Aber den hat's ja schon erwischt.
Nun müssen sie selbst dran glauben. Weitere 22 000
Leichen wesen dahin. Ihre goldenen Schilde läßt
David einsammeln und verladen.

Nachdem er auch hier einen kräftigen Tribut festgesetzt hat, geht's wieder heimwärts. Dabei haut er
im Salztal noch schnell den Edomitern vernichtend
auf den Dutt. Auch sie bekommen einen Stadthalter
vor die Nase gesetzt.

Viele Wagenladungen Gold, Silber und Kupfer
kommen in das Depot, das David dem GROSSEN
BOSS zum Dank für seine moralische Unterstützung einrichtet. Nun herrscht er über ein Israel, das
so groß ist, daß es fast schwerfällt, überall für
Recht zu sorgen. Aber wozu hat er seine Beamten!

Joab, sein Neffe und Oberbefehlshaber über die
gesamte Armee, wird Verteidigungsminister und
bekommt den Rang eines Generalfeldmarschalls
verliehen. Josaphat, der Sohn Ahiluds, wird zum
Bundeskanzler ernannt. Zadok und Ahimelech dürfen sich als Oberpriester von nun an Exzellenz nennen lassen. Seraja wird Pressereferent im Range
eines Staatssekretärs, Benaja Chef der Leibstandarte. In ihr tut nicht ein einziger Israele Dienst.
Nur Philister, die größtenteils von der Insel Kreta
stammen und vom Volk etwas geringschätzig die
Krether und Plether genannt werden. Wenn ein
rassereiner Israel zu einem ebenso echten sagt: ‚Bei
dir verkehrt aber auch Krethi und Plethi' — hat er
schon eins auf 'm Maul.

Ein feiner Mann sagt so was ja auch nicht. Der
sagt Hinz und Kunz.

110

MENSCH SEIN MUSS DER MENSCH
2 Samuel 9

David müßte kein künstlerischer Mensch sein, wenn er eines Tages nicht wieder zur Gitarre griffe. Dabei kommt ihm wie von ungefähr die Melodie des alten Gassenhauers in die Saiten: ‚Tausend Feinde fallen durch Saul...'

Saul! Als sei der Name ein Stichwort, läßt David das Instrument sinken. Er muß an seinen Freund Johnny denken und zerquetscht eine Zähre. Dann erinnert er sich daran, daß Jonathan vor seiner Hauptsache Kinder in die Welt gesetzt hatte. Hieß eines nicht Meribaal, dessen Name man später in Mephiboseth – ‚Verbreiter der Schande' – entstellen würde?

Sofort läßt er nach ihm fahnden. Ein wenig auch aus Sicherheitsgründen. Konnte man wissen, ob der Bengel nicht dem Gedanken an eine Wiederaufrichtung der Saulsdynastie frönte?

Schon bald wird ein Mann aufgestöbert, der mal bei Saul angestellt war. Er heißt Ziba und hat nicht nur 15 Söhne, sondern auch 20 Knechte. Wer sich so was leisten konnte, mußte entweder – oder er war – falls er nicht sogar...

Du bist nicht unvermögend, wie ich höre, beginnt David das Gespräch mit besagtem Ziba.

Ich hatte Glück, sagt der Mann bescheiden.

Vielleicht auch hohe Protektion?

Wer ist höher als mein König?

Du sagst es! Wenn du also nur ein Normalverdiener mit Glück bist und von niemandem Schweigegeld erhältst – David macht eine vielsagende Pause. Dabei beobachtet er scharf das Gesicht des anderen, in welchem sich jedoch nur völlige Verständnislosigkeit abzeichnet. *Na schön, dann sag mir frei und frank: Wo hält sich Meribaal, der Sohn Jonathans, versteckt?*

Diesmal zuckt Ziba leicht zusammen. *Woher – soll ich – das wissen?* druckst er mühsam heraus.

Gib's auf, Ziba! Lügen ist zwecklos. Aber zu deiner Beruhigung kann ich dir versichern, daß ich dem Enkel Sauls nur Gutes will. Sag ihm also, er möchte zu mir kommen; es sei noch etwas mit der Hinterlassenschaft zu regeln.

Aber er ist an beiden Beinen gelähmt! gibt Ziba zu bedenken, ehe der König ihn verabschiedet.

David läßt den Sohn seines einstigen Busenfreundes in einer bequemen Kutsche abholen. Auf Krükken humpelt Meribaal in den Thronsaal, gefolgt von einem kleinen Jungen, seinem Sohn Micha. Als er vor dem Königsthron die Krücken beiseite wirft, um vor David niederzuknien, knickt er ein und fällt aufs Gesicht.

Sofort ist David bei ihm und hebt ihn auf. *Laß den Unsinn! Dein Vater und ich waren Blutsbrüder und wärmten einander in Zeiten der Entbehrung.* Er läßt einen Sessel bringen und hilft Meribaal hinein.

Der Gelähmte fühlt, daß er nicht übertölpelt werden soll. *Geh spielen, Micha,* sagt er zärtlich zu seinem Söhnchen.

David sieht dem Knaben wohlwollend nach. *Ein Prachtkerl dank Johnny!* lobt er.

Das ist er! Zum Glück hat er nur wenig von mir, dem Krüppel. Was bin ich denn? Ein toter Hund! Ein lahmer Esel, der von der Barmherzigkeit anderer lebt!

Das wußte ich nicht! sagt David betroffen. *Aber das ist nun vorbei für dich. Ich werde dir den gesamten Privatbesitz deines Großvaters Saul und deines Vaters Jonathan zurückgeben. Außerdem wirst du ab sofort neben mir an der königlichen Tafel speisen.*

Das kann ich nicht annehmen, stammelt Meribaal überwältigt.

Du wirst gar nicht erst gefragt, mein Junge! Übrigens laß ich dir noch heute einen schicken Rollstuhl konstruieren, damit du beweglich bist. Du mußt öfter an die frische Luft! Auch um Ziba zu kontrollieren. Der soll nämlich mit seinen Söhnen und Knechten die Saulsdomänen bearbeiten, damit du nicht das Gefühl hast, du ißt bei mir das Gna-denbrot.

Er greift zur Gitarre, schlägt ein paar Akkorde an und singt die Totenklage: *Mein Freund Johnny war ein dufter Junge...*

Als er zufällig mal hochblickt, sieht er, daß der Lahme Rotz und Wasser flennt.

111

DER BART IST AB

2 Samuel 10

Als der König von Ammon stirbt und sein Sohn Hanun die Nachfolge antritt, läßt es sich David nicht nehmen, eine Abordnung zu den Trauerfeier-lichkeiten zu delegieren. *Der König hat sich mir gegenüber zuletzt fast kollegial verhalten. Wir sind es seinem Sohn schuldig, daß wir kondolieren. Legt einen Kranz nieder. Mit 'ner hübschen Schleife.*

Die offiziellen Anteilnehmer machen sich auf die Reise. König Hanun empfängt sie so nett, daß einer von ihnen sich zu der Behauptung versteigt, mit dem Tode seines Vaters habe den ganzen Vorderen Orient ein herber Verlust getroffen.

Leider imponiert das dem intriganten Ältestenrat nicht die Bohne. *Du glaubst doch nicht im Ernst, Majestät,* hetzen sie, *daß David dir wirklich nur sein Beileid bezeugen wollte! Seine Gesandten haben natürlich in erster Linie den Auftrag, hier unter dem Deckmantel ihrer Exterritorialität alles auszu-spionieren. Wenn sie wieder zurück sind, wird es nicht lange dauern, bis Davids Heer angreift und unsere Stadt zerstört.*

Der junge König ist erst wenige Tage im Amt. Er durchschaut die Ohrenbläser nicht und widerspricht deshalb auch nicht, als sämtlichen Mitgliedern der Trauerdelegation die Vollbärte abgeschnitten wer-den. Kahl am Kinn wie ein Säugling am Po treten die Kondolenten die Heimreise an.

David, der längst von ihrer Schur gehört hat, schickt ihnen einen Boten mit einem geharnischten Brief entgegen. ‚Nur Memmen lassen sich ihrer Manneszierde berauben!' steht in dem Schreiben. ‚Seid froh, daß sie euch nicht noch was anderes abgeschnitten haben. Und kommt mir nicht unter die Augen, bevor ihr wieder wie Männer ausseht. Geht nach Jericho und laßt euch den Bart wachsen. Dann könnt ihr meinetwegen mein Auswärtiges Amt von neuem blamieren.'

So saugrob der Brief auch ist, David hat sich vor Lachen den Bauch gehalten, als er die Geschichte erfuhr. Trotzdem läßt er seine Diplomaten natürlich nicht diskriminieren. In aller Heimlichkeit mobilisiert er die Armee, um die Beleidigung blutig zu rächen.

Leider bekommen die Ammoniaker von der Sache Wind und sammeln ebenso heimlich ihre Truppen. Außerdem bitten sie die befreundeten Anliegerkönige um Unterstützung.

Es wird ein fürchterliches Gemetzel! Summa summarum 40 000 Mann werden von den Israels abgeschlachtet, 700 Kampfwagen erbeutet und das Oberkommando im Hauptquartier durch Stoßtrupps ausgelöscht. Die wenigen überlebenden Intriganten des Königs Hanun unterwerfen sich freiwillig. Besonders als ihnen die israelitischen Unterhändler mit bewunderndem Verlangen über ihre schönen, langen Vollbärte streichen. Da unterschreiben sie alles. Aber Papyrus ist geduldig.

112

HELDENTOD FÜR KÖNIGSLIEBE

2 Samuel 11

Anscheinend reicht den Ammoniakern die erteilte Abfuhr nicht. Bald gärt es bei ihnen wieder. Besonders in Rabba hetzen viele zum Krieg. Dabei ist kaum ein Jahr rum, seit sie ihre Bärte retteten.

David läßt den Oberkommandierenden des Heeres kommen. *Joab,* sagt er zu ihm, *die Ammoniter werden wieder frech. Nimm deine Armee und verheere ihr Land. Bring Rabba in unseren Besitz. Gib keinen Pardon! Verstann?*

Joab hat verstann und zieht mit seiner schlagkräftigen Truppe wieder in den Krieg. Das hat er gelernt, und es war auch wieder an der Jahreszeit. Das haben Kriege so an sich; bestimmte Monate sind für so was besonders anfällig.

Aber nicht nur fürs Leutetöten ist momentan eine gute Zeit. Auch fürs Kindermachen. Vielleicht ist das ein natürlicher Ausgleich. Bloß daß die Babyproduzenten nicht da sind. Aber David ist da. Allabendlich ergeht er sich auf dem Dachgarten seines Palastes, von dem aus man eine gute Aussicht in die Gegend hat. Auch in die Badeanstalt, in der sich die Mädchen und Frauen beim Reinigen ergötzen.

An diesem Abend läßt David sich ein Fernrohr holen, um eine attraktive, junge Nacktheit besser bewundern zu können. Sie hatte Kurven wie die Slalompiste auf dem Libanon. *Weißt du zufällig, wer die Gewölbte da unten im Bad ist?* fragt David mit begehrlichen Lippen seinen eingeschworenen Diener.

Darf ich mal? Der Diener schaut durchs Okular. *Das ist Bathseba. Sie ist mit dem Obergefreiten Uria verheiratet, der zur Zeit mit Joabs Ledernacken die Stadt Rabba belagert.*

Und da stehst du noch hier rum?! schimpft David. *Sie könnte längst in meinem Bett liegen!*

Das tut Bathseba auch eine halbe Stunde später. Befehl ist Befehl, und ein königliches Zepter ist ein königliches Zepter. Man muß nur die Augen schließen, dann merkt man gar nicht, daß alles Natur ist, was einem Lustgewinn verschafft. Leider aber auch das andere.

Ich fühle mich schwanger, Majestät! eröffnet Bathseba alsbald ihrem heimlichen Beiwohner.

Das ist fatal! brummt David. *Was tun? sprach Zeus!*

Zeus? Ist das ein Arzt, der —?

Versündige dich nicht, Kind!

Haben wir das nicht schon längst getan? Auf Ehe-
bruch steht die Todesstrafe. Aber du kannst dich
natürlich nicht zu deiner eigenen Hinrichtung ver-
knacken.

David ignoriert die Bemerkung. Er hat eine Idee.
Keine schöne freilich. *Dein Mann muß her!* sagt er
erleichtert. *Er soll dich ordentlich bedienen. Wenn*
es dann soweit ist, sorge ich dafür, daß die Heb-
amme behauptet, dein Kind sei 'ne Frühgeburt.

Noch am gleichen Tag jagt er einen Boten zu
Joab nach Rabba, der jeden seiner Leute persönlich
kennt. *Der Obergefreite Uria soll sofort zum König*
kommen! meldet der abgehetzte Kurier atemlos.

Ist was mit seiner Frau? fragt Joab.

Der Bote hat keine Ahnung und reitet mit dem
Obergefreiten in einem Höllentempo nach Jerusalem.

Als Uria sich bei David meldet, läßt der seinen
ganzen königlichen Charme spielen. *Wie steht die*
Front? fragt er jovial. *Was macht mein General-*
feldmarschall? Wie ist die Stimmung?

Uria berichtet das wenige, das zu berichten ist.
War das etwa der ganze Grund für den Höllenritt?
Anscheinend − David entläßt ihn mit allem Wohlwollen: *Geh jetzt nach Hause und wasch dich erst*
mal. Morgen sehen wir weiter.

Der Obergefreite salutiert und geht etwas benommen. Er begreift die Audienz nicht. Wie soll er auch!
Aber nach Hause geht er auch nicht. Er legt sich zu
den Wachen vorm Palast. Dort finden ihn dann auch
die nachgesandten Diener, denen David ein Stück
Seife für ihn mitgegeben hat, das einen betörenden
Duft verströmt. Das versteht Uria noch weniger.

Nun, was hat er gesagt? Hat er sich gefreut? fragt
David die Diener bei ihrer Rückkehr. *Was hat seine*
Frau für 'n Gesicht gemacht?

Sie hat gar kein Gesicht gemacht. Bloß der Ober-
gefreite. Ein saudummes sogar. Er schläft nämlich
unten bei der Palastwache.

Im Freien? fragt David verblüfft. Dann denkt er
wieder an sein unsauberes Plänchen. *Holt ihn noch*
mal her, unseren Freund Uria!

Uria wird gebracht. David versucht erneut, ihn zu

leimen: *Ich höre, du bist nicht nach Hause gegangen? Wieso dieses? Du hast einen heißen Ritt hinter dir, du mußt dich entspannen, Uria! Das kann
man am besten im Bett, glaub mir das! Ich bin
Fachmann auf dem Gebiet der Entspannung!*

Doch Uria will nicht. *Bitte um Verzeihung, Majestät — Joab und meine Kameraden kampieren auf
der blanken Erde vor Rabba —, wie könnte ich da
ruhigen Gewissens zu Hause essen und trinken und
womöglich noch mit meiner Alten was abziehn! Ich
möchte wirklich —*

Schon gut, schon gut, sagt David. Damit ist Uria
entlassen und sein Schicksal besiegelt...

Der loyale Obergefreite ist schon wieder ein paar
Tage an der Front, als Joab von David eine geheime
Kommandosache erhält. ‚Streng vertraulich!‘ steht
auf der Büchse mit dem berühmt werdenden Uria-
brief, dessen Inhalt von lakonischer Kürze ist: ‚An
den Oberbefehlshaber der israelitischen Streitkräfte. Hiermit ordne ich an, daß der Obergefreite Uria
in der vordersten Linie zum Einsatz kommt. Sollte
der Mann im Kampf sein Leben verlieren, entspricht dies den Intentionen Seiner Majestät. Gezeichnet: David, König.‘

Joab hat keine Ahnung, womit sich ausgerechnet
Uria, einer seiner vorbildlichsten Soldaten, den Zorn
des Königs zugezogen hat. Er stellt ihn beim Angriff
auf Rabba ungedeckt in die Schußlinie des Feindes,
was zu einem alsbaldigen und tödlichen Getroffen-
werden führt. Mit der Nachricht ‚Befehl ausgeführt,
Uria starb Heldentod‘ schickt Joab einen Sonder-
urlauber nach Jerusalem.

Davids Empfangsbestätigung an Joab ist nicht
weniger kaltschnäuzig: ‚Nachricht erhalten. Gute
Arbeit. Mut nicht verlieren. Krieg hat krummen
Arm. Wen's trifft, den trifft's. David.‘

Als Bathseba erfährt, daß ihr Mann auf dem Feld
der Ehre gefallen ist, ehrt sie sein Andenken gerade
so lange, wie es der Anstand erfordert. Dann zieht
sie als soundsovieltes Königsliebchen in den Palast,
wo der Verkehr infolge Wochenbettes gestaut werden muß.

Bathsi gebiert einen Sohn, während David sich schon lange wieder mit seinem Rohr auf dem Dachgarten ergeht. Bis es den GROSSEN BOSS anwidert.

113

AUCH SALOMO WAR BETTNÄSSER

2 Samuel 12

Majestät, der Prophet Nathan bittet um eine Audienz! David blickt den Ordonnanzoffizier der Palastwache fragend an. Na und? brummt er. Soll reinkommen!

Nathan erscheint mit ernstem, vergrämtem Gesicht. Majestät, ich hatte heute nacht ein Gespräch mit dem GROSSEN BOSS. Er läßt dir ausrichten — Warum sagt er mir das nicht selbst? unterbricht David ihn leicht gekränkt.

Das wirst du gleich erfahren! Mit ungutem Gefühl lehnt David sich in seinem Thronsessel zurück und hört Nathan zu. In einer Stadt leben zwei Männer. Einer ist stinkreich, der andere bettelarm. Der eine hat riesige Schafherden, der andere nur ein einziges Lamm, das er mit der Milchflasche großzieht und später auf seinem Lager schlafen läßt.

Ist er nicht verheiratet? fragt David anzüglich.

Der königliche Ratgeber erspart sich eine Antwort. Er erzählt weiter: Eines Tages bekommt der reiche Mann Besuch. Da er zu geizig ist, eines von seinen Tausenden von Schafen zu schlachten, nimmt er dem Armen das einzige Lamm weg und tischt es dem Gast auf.

Mit einem Ruck stößt David den Thron zurück. Wer ist der Kerl? schreit er aufgebracht. Den laß ich hängen! Und das Lamm muß er vierfach zurückerstatten!

Majestät, sagt Nathan kalt, der Kerl — bist du!

David kriegt den Mund nicht zu vor Verblüffung. Ich? fragt er ungläubig.

Nathan nickt. Der GROSSE BOSS meint, du hättest eigentlich schon mehr als genug Frauen. Trotzdem gönnt er dir noch ein paar Neuerwerbungen. Aber daß du Uria auf ein Himmelfahrtskommando geschickt hast, weil du unbedingt seine Frau ausprobieren mußtest, das findet er unverzeihlich. Er spricht zu dir durch meinen Mund:

,Ich, der GROSSE BOSS, will dir von nun an einen Haufen Scherereien machen. Auch in deiner Familie wirst du gewaltigen Ärger kriegen. Ich werde dafür sorgen, daß deine Frauen von anderen Männern beschlafen werden, am hellen Tag und vor allen Leuten. Das gehört sich zwar auch nicht, aber die Heimlichen wie du sind mir noch zuwiderer als zuwider!'

So ungefähr lautet die Botschaft des GROSSEN BOSSES! beendet Nathan seine Rezitation.

David hat die Augen geschlossen. Ein tiefer Seufzer entringt sich seinen Lippen, denn er weiß – auch ein König darf sich nicht alles erlauben. Ich habe mich versündigt! stöhnt er. Wie konnte ich nur! Aber mein Ding ist nun mal ein leichtes. Schon allein der Gedanke an Bathseba hebt es. Oh, Schande, oh, Schande!

Wenn du das einsiehst und bereust, wird dir auch der GROSSE BOSS noch einmal verzeihen. Denke ich mir. Du wirst wohl nicht sterben müssen. Aber weil du dich mit diesem Schleichverkehr bei deinem Volk und deinen Gegnern ins Gerede gebracht hast, deshalb wird das Kind von Bathseba sterben.

Nathan deutet eine Verbeugung an und verläßt den Saal. Sieben Tage später stirbt der Knabe aus dem königlichen Seitensprung an Mittelohrentzündung.

David ist untröstlich, Bathseba nicht minder. Um sich und seine Geliebte zu trösten, ernennt er sie zu seiner rechtmäßigen Frau. Sie bekommt ein Zimmer mit einer zweistelligen Zahl in der Königsflucht und viele Kreuzchen in seinem Terminkalender. Da einige seiner Gespielinnen hoffnungslos überaltert sind, widmet er der Neuanschaffung einen Großteil seiner Potenz. Bis Bathseba sich wieder Mutter fühlt. Da ist es aber rechtens.

Wieder ist es ein Knabe, der vorwitzig das Köpfchen in die Welt streckt und − als wisse er, daß diese noch in Jahrtausenden von ihm sprechen wird − lauthals zu krähen beginnt. *Ein kluges Kerlchen!* freut sich David und nennt es Salomo.

Wie weise das ist, weiß er nicht. So 'n Säugling macht ja auch noch keine Sprüche. Höchstens in die Windeln.

114

UND BIST DU NICHT WILLIG...

2 Samuel 13

S alomo ist zum Glück noch zu klein, um mitzubekommen, welche munteren Spielchen seine prinzlichen Halbgeschwister treiben. Zusammengenommen bilden sie einen ganz schönen Playboyclub. Und alles zahlende Mitglieder! Denn natürlich leben die Prinzen nicht schlecht. Jeder hat irgendwo sein kleines Schlößchen oder doch wenigstens ein Jagdhäuschen.

Nur Amnon zieht es vor, in der Nähe des Königs zu weilen, der gar nicht damit gemeint ist. Amnons Interesse gilt der bezaubernden achtzehnjährigen Thamar, seiner Halbschwester.

Leider werden die jungfräulichen Mädchen am Hofe wie kostbare Juwelen gehütet. Man kommt einfach nicht ran. Außerdem ist da auch noch Prinz Absalom, der Bruder von Thamar. Der wohnt zwar außerhalb, kommt aber immer wieder unverhofft zu Besuch. Bald kann Amnon vor Sehnsucht nach Thamar nachts nicht mehr schlafen. Wenn nicht bald was geschieht, dreht er noch durch.

Es geschieht etwas. Seinem Busenfreund und Cousin Jonadab bleiben die tiefen Ringe um Amnons Augen nicht verborgen. *Du solltest nicht soviel handarbeiten,* rät er dem Freund. *Für einen Prinzen gibt es doch wirklich Starlets genug.*

Laß mich mit deinen Mannequins zufrieden! Ich liebe leider und leide lieber −

Wen liebst du denn so unbändig, daß du immer mehr vom Fleisch fällst? fragt Jonadab.

Großes Ehrenwort, daß du's nicht weitersagst? Sein Cousin nickt. *Es ist — meine Schwester Thamar.*

Jonadab pfeift leise durch die Zähne. *Das ist allerdings 'n dicker Hund!* Neugierig bohrt er weiter: *Und sie? Weiß Thamar, daß du sie liebst?*

Natürlich nicht! Ich komm ja nicht an sie ran! knurrt der ausgehungerte Liebhaber.

Quatsch! Liebe kann Berge versetzen. Warum stellst du dich nicht einfach krank?

Krank? Und was ändert das? fragt Amnon verständnislos.

Vielleicht versteht Thamar sich besonders gut auf Hammelfleisch mit grünen Bohnen?

Das nicht; ihre Spezialität sind Reibekuchen. Ich begreife nur nicht —

Paß mal auf! Morgen früh bleibst du im Bett und sagst deinem Kammerdiener, du fühlst dich krank. Eine unerklärliche Appetitlosigkeit habe dich befallen. Er möchte das deinem Vater ausrichten. Daraufhin wird dein Alter besorgt bei dir aufkreuzen. Ihn bittest du dann beiläufig um die Erlaubnis, daß dir deine Schwester Reibekuchen bäckt. In deinem Zimmer, damit der Duft deinen Appetit anrege. Ich bin sicher, er wird nach Thamar schicken. Naja, und dann sagst du ihr, was mit dir los ist.

Tatsächlich, so einfach ist das. Alles verläuft programmgemäß. Amnon liegt im Bett, Thamar macht Reibekuchen und füttert ihn sogar. Das aber ist ein Zahn zuviel. Ihre atemberaubende Nähe läßt Amnon vergessen, daß er sie eigentlich nur mal sprechen wollte. Er stößt sie auf sein Bett und entflort sie mit einem Stoßseufzer. Er holt alles nach, wovon er monatelang geträumt hat.

Hätte Amnon es doch bei der stillen Verehrung, beim heimlichen Wunsche belassen! Die Erfüllung ist gleichzeitig seine Ernüchterung. Erleichtert und erschöpft, aber auch über sich selbst entsetzt, jagt er das geschändete Mädchen aus seinem Zimmer. *Hau ab, ich kann dich nicht mehr sehen!* sagt er. *Warum hast du mich nicht zurückgestoßen!*

Wie hätte Thamar ihn wohl abhalten sollen? Durch ein Stoßgebet vielleicht? Weinend und schreiend verläßt sie Amnons Zimmer, hört den Riegel hinter sich einklinken und rennt verzweifelt durch die endlosen Gänge des Palastes. Direkt ihrem Bruder Absalom in die Arme.

Thamar, was ist passiert? Er betrachtet sie von Kopf bis Fuß, sieht ihr zerfetztes Kleid, das Blut – und weiß Bescheid. *Amnon?* fragt er leise. Thamar nickt. *Ich ahnte, daß er nur auf die Gelegenheit wartete, um dich vor die Flinte zu bekommen.*

Die Schande! flüstert Thamar unter Tränen. *Ich kann Papa nicht mehr in die Augen sehen!*

Der König wird seinen erstgeborenen Sohn natürlich nicht bestrafen, gibt Absalom zu bedenken. *Das beste wird sein, wir sagen ihm gar nichts von der ganzen Schose.*

Und wenn ich – wenn ich – ein Kind –

In der Nähe meines Waldschlößchens wohnt ein altes Kräuterweib... Zieh eine Weile zu mir und denke nicht mehr dran. Alle Wunden heilen mit der Zeit.

Die aber nicht! sagt Thamar autodidaktisch. In aller Eile packt sie ihre Sachen. An Amnon darf sie dabei nicht denken. Nicht weil er ihr das angetan hat. Wegen des Rausschmisses! Dabei hätte er nur zu Väterchen David zu gehen brauchen. Er würde bestimmt seinen Segen gegeben haben. Schon damit die Schändlichkeit in der Familie bliebe.

Wenn Thamar versucht, Amnon zu vergessen, so bemüht Absalom sich um das genaue Gegenteil. Er läßt seinen Haß auf den Halbbruder kochen und auf Sparflamme weitersieden. Genießen wird er ihn eines Tages eisgekühlt.

115

...DANN BRAUCH ICH GEWALT
2 Samuel 13

In zwei Jahren ist der zäheste Haß tafelfertig. Absalom nimmt ihn vom Feuer und läßt ihn abkühlen. Dann geht er zu seinem königlichen Vater und lädt ihn zu einer Cocktailparty ein. Mit sämtlichen Prinzen. Aber David wehrt ab: *Bedenk, was das kostet!*

Wenn du nicht kommst — mein Renommee als Prinz! Die Leute werden denken, ich sei dir zuwider.

Junge, ich habe mehr zu tun, als auf Partys zu gehen! Hast du 'ne Ahnung, was ein König alles muß. Sei froh, daß du keiner bist!

Was nicht ist, kann ja noch werden, gelle? Prinz Absalom lächelt harmlos.

Immer der Reihe nach! Amnon ist Thronerbe! Auch David kann harmlos lächeln. *Laß dir aus dem Repräsentationsfonds einen Tausender geben und verschwinde. Ich muß zu 'ner Konferenz.*

Absalom legt nicht den geringsten Wert auf die Anwesenheit seines Vaters, aber er tut enttäuscht: *Dann schick wenigstens deine Prinzengarde zu meinem Fest, Papa! Ich hab extra eine Bauchtanzgruppe engagiert. Lauter Zuckerpuppen! Du willst doch nicht, daß ich mir den Magen verderbe!*

David seufzt. Da hatte er ja eine schöne Rübe in die Welt gesetzt; der Bursche war kein Haar besser als er! *Also gut, die Prinzen sollen deine Partyfreuden teilen. Und jetzt raus!*

Aus dem Fest, als Cocktailempfang kaschiert, wird schon bald eine Sexparty mit großem Besäufnis. Immer neue Getränke schleppen die Diener an. Besonders eifrig bedienen sie Amnon, denn ihn sollen sie auf Befehl Absaloms volltrunken machen. Wenn er es dann ist, wird ihnen der Hausherr ein Zeichen geben. Das Zeichen zum... Da ist es schon!

Prinz Absalom schüttet wie verabredet der Primabauchballerina einen Becher Feigenlikör zwischen die nackten Brüste. Die solchermaßen Ausgezeichnete kichert. Amnon hingegen schreit. Er schreit kurz und gar gräßlich. Dann ist er tot, geköpft von Absaloms Dienern. Die Schande der Schwester ist gerächt.

Der Todesschrei Amnons ernüchtert die Sexbeflissenen. Sie brechen jeden Verkehr ab, laufen zu ihren Maultieren und galoppieren zum Palast ihres Vaters.

Dort ist das Gerücht bereits eingetroffen. Natürlich maßlos übertrieben. Nicht nur einer der Prinzen, sämtliche seien ermordet worden! Der König habe keinen Sohn mehr; nur noch ein Söhnchen im Krabbelalter.

David kann es nicht fassen. Er schlägt die Hände vors Gesicht und stammelt: *Das darf doch nicht wahr sein!* Es ist auch nicht wahr. Nach und nach trudeln alle Prinzen im Palast ein. Nur der erstgeborene nicht, Amnon. *Wo bleibt der Thronfolger?* fragt David mit bösen Ahnungen.

Er ist tot! antwortet Jonadab. *Sein Tod war schon lange eine beschlossene Sache. Prinz Absalom hat es geschworen am Tag, als Amnon seine Schwester Thamar vergewaltigte.*

Amnon hat —? Auch das noch! Oh, GROSSER BOSS, wie sehr hältst du dein Wort! Bathseba — Uria — Thamar — Amnon... Wüßte ich, was du mit Absalom beschlossen hast!

Momentan beschließt der Prinz noch selbst. Nämlich zu fliehen. Er steckt sich genug Moneten ein und verläßt schleunigst die Gegend.

Die Bauchtänzerinnen ziehen ihr Kapital ein und sich an. Schon duftere Partys erlebt!

116

SALBT MICH, GENOSSEN

2 Samuel 14—16

Gut drei Jahre trauert David um den ermordeten Thronfolger. Dann legt sich sein Groll auf den Mörder ein wenig. Auch weil Absalom sich bei den

Leuten noch immer großer Beliebtheit erfreut. Er möge den Bengel endlich zurückholen, fordern sie unverblümt. Da gibt David Joab Order, daß er seinen Cousin höchstpersönlich aus dem Exil erlöst.

Trotz diverser Eingaben seitens der Bevölkerung verstreichen jedoch weitere zwei Jahre, bis David sich von seinem Sohn sprechen läßt und ihm in einer tränenreichen Küsserei verzeiht. Vaterherz ist nun mal Vaterherz. Aber ist Sohnesliebe auch Sohnesliebe?

Als Prinz Absalom sich zum erstenmal wieder in der Öffentlichkeit zeigt, zieht er eine eindrucksvolle Schau ab: Er fährt mit einem speziell für ihn angefertigten, reich verzierten Straßenkreuzer vierspännig durch Jerusalem. Kutscher und Schlagaufreißer tragen Phantasieuniformen. Ein Supergag jedoch sind die Weißen Mäuse, die vor der Luxuskarosse herflitzen: Fünfzig ausgewählte Leibwächter mit weißen Helmen, weißen Handschuhen und weißen Armbrüsten. Als gälte es, den König selbst zu beschützen.

Dabei fährt der junge Prinz nur bis zum Stadttor, wo früher einmal öffentliche Gerichtsverhandlungen abgehalten wurden. Da David den alten Brauch schon lange nicht mehr übt, postiert sich Absalom am Tor und fängt jeden ab, der einen Rechtshandel vor den König bringen will. Mit dem Charme seines Vaters schmeichelt er sich ins Herz des Streithammels.

Er beginnt mit gefälligen Floskeln: *Woher, wohin, wo drückt der Schuh?* Dann läßt er den anderen seinen Fall vortragen. Zuletzt schüttelt er mitfühlend den Kopf: *Du bist natürlich völlig im Recht, mein Gutester. Nur schade, daß mein Vater, der König, sich so gar nicht um die Probleme und Sorgen der kleinen Leute kümmert. Wenn ich hier zu sagen hätte, ich würde jedem zu seinem Recht verhelfen. Aber leider –* Er seufzt herzergreifend. *Wie gern hätte ich dir geholfen, mein Lieber!* Ein freundschaftlicher Bruderkuß beendet jeweils die Farce.

Absalom weiß genau, was er tut. Mag sein Vater, der von den Extravaganzen seines Sohnes hört, ruhig insgeheim über ihn lachen — er jedenfalls stiehlt ihm langsam die Herzen der Untertanen. Bald flüstert man im ganzen Land: *Schade, daß nicht Prinz Absalom König ist! Er hat ein Herz für uns kleinen Leute! Aber leider* —

Anderen wieder imponiert Absaloms sensationelles Auftreten, der Duft der großen weiten Welt, den er aus dem Exil mitgebracht hat. *Er hat schon wieder einen neuen Wagen!* tuschelt man sich zu. *Mit sechs PS macht der glatt seine vierzig Sachen! Und nur zwölf Eimer Hafer auf hundert Kilometer!*

Eines Tages hält Absalom seine Zeit für gekommen. Mit der glaubwürdigen Ausrede, er habe im Ausland das Gelübde getan, nach erfolgter Heimkehr dem GROSSEN BOSS in Hebron zu opfern, verabschiedet er sich von seinem Vater. Zweihundert ahnungslose, aber einflußreiche Einwohner Jerusalems begleiten ihn zu dem Opferfest.

Was David nicht weiß: Während sein Sohn in großer Gala nach Hebron kutschiert, überschwemmen Hunderte von zuverlässigen Propagandisten das Land und fordern die Bevölkerung auf, Absalom — der bekanntlich zu den Habenichtsen hält — zu ihrem Bürgerkönig zu wählen. Den Habenden wiederum schwatzen sie das Gegenteil vor. Mit dem Erfolg, daß sich aus allen Gesellschaftsschichten riesige Abordnungen auf den Weg nach Hebron machen, wo die letzten Vorbereitungen zum Opferfest und Volksaufstand gleichermaßen getroffen werden.

Sogar Davids Vertrauten Ahithophel läßt Absalom bitten, dem Fest beizuwohnen, um diesem durch seine Teilnahme die letzte Würze zu geben. Als dieser jedoch die unübersehbare, jubelnde Menschenmenge erblickt, weiß er Bescheid — und versichert den putschenden Prinzen seiner Ergebenheit.

Inzwischen ist bereits der Eilbote eines Königstreuen zu David unterwegs. Aber er kommt zu spät; der Aufstand ist nicht mehr zu bremsen.

David erkennt sehr schnell, daß hier nur die sofortige Flucht half, wollte er vermeiden, daß Absaloms Anhänger Jerusalem zerstörten. In wilder Hast werden die Sachen gepackt, die Fuhrwerke beladen, der Staatsschatz verstaut – und was dergleichen mehr ist, wenn man nicht ohne Zehrpfennig lostrampen will.

Damit sein Palast nicht von zurückbleibenden Einwohnern geplündert wird, müssen zehn von Davids Kebsweibern dableiben. *Aufgeschoben ist nicht aufgehoben!* tröstet er die Konkubinen. *Jeder macht mal 'ne Durststrecke durch.* Die Damen weinen und winken ihrem Gemeinschaftsgeliebten lange nach.

Beim letzten Haus am Stadtrand postiert David sich, um die Flüchtlinge an sich vorbeiziehen zu lassen. Seine Hofbeamten und die Bundeslade – von Leviten getragen und Priestern begleitet – stehen malerisch um ihn herum. Hinter den Zivilisten marschieren die Leibgardisten, Krethi und Plethi also. Danach kommen sechshundert Söldner aus Gath, angeführt von Hauptmann Ittai.

David winkt den Hauptmann zu sich. *Was soll das, Ittai? Warum bleibst du nicht in der Stadt und wartest ab? Du bist Ausländer, dir wird mein Sohn nichts antun. Du könntest ihm genauso dienen wie mir.*

Ittai schüttelt den Kopf: *Ich hänge meinen Mantel nicht nach dem Wind, Majestät! Meine Männer und ich haben den Treueid dir, nicht dem Prinzen Absalom geschworen. Es gibt keine Alternative!* Er salutiert und eilt wieder an die Tete seiner Truppe. David blickt ihm gerührt nach. Ein Ausländer beschämte ihn. Sein eigener Sohn hingegen...

Hört zu, meine Herren Priester! wendet er sich in plötzlichem Entschluß an Abjathar und Zadok. *Ihr packt jetzt die Bundeslade und kehrt in die Stadt zurück. Wenn der GROSSE BOSS will, werde ich sie wiedersehen. Wenn nicht – kann ich's auch nicht ändern. Nehmt eure beiden Söhne mit; Jonathan und Ahimaaz wären prächtige Geheimkuriere, wenn ich an der Jordanfurt auf Nachricht von euch warte. Spioniert, aber seid vorsichtig!* Ein letztes, hoheitsvolles Winkewinke, dann folgt David als Schlußlicht dem endlosen Flüchtlingstreck.

Unterwegs erfährt er, daß sein Intimus Ahithophel zu Absalom übergelaufen ist. Das trifft ihn erneut ins Herz. *Womit habe ich das alles nur ver-dient?!* klagt er. Dabei brauchte er nur an den Ober-gefreiten Uria zu denken, um Bescheid zu wissen. *Oh, GROSSER BOSS, fleht er, tu mir einen Gefal-len und nagele dem Ahithophel ein Brett vor den Kopf, damit er meinem Sohn lauter Blödsinn in die Ohren bläst!*

Kaum hat er seinem Herzen Luft gemacht, zupft ihn sein Freund Huschai am Mantel. *Was willst denn du hier?* knurrt David. *Du hast mir gerade noch gefehlt!*

Das will ich hoffen! grinst Huschai. *Hätte ich viel-leicht zurückbleiben und Absalom schöne Augen machen sollen?*

Ja! Genau das sollst du! Du nutzt mir auf dem Treck 'n Dreck; in Jerusalem hingegen kannst du meinem Sohn von mir aus in den Hintern kriechen; Hauptsache, du erfährst dort was Neues. Ich will damit sagen, du sollst dich Liebkind bei Absalom machen und ihn aushorchen. Wenn möglich, ihn auch falsch und schlecht beraten. Über alles, was du erfährst, läßt du mir Nachricht zukommen.

Keine schlechte Idee! Bloß — wie? Erst ranklotzen und dann abhauen?

Die Priester Abjathar und Zadok sind mir treu ergeben. Was immer du ihnen anvertraust — ihre Söhne werden es mir sofort weitermelden. Ich war-te an der Jordanfurt.

Huschai kehrt nach Jerusalem zurück. David mar-schiert mit seinen Ministern weiter. Es kommt ihn sauer an. Sie auch. Denn der Durst ist enorm. Dabei hat die Flucht grad erst begonnen.

Plötzlich sehen sie eine kleine Karawane im Trab näher kommen. Ziba, der für Meribaal die Sauls-domänen bearbeitet, hat sie zusammengestellt. Er bringt Brot, Kuchen und Wein für die Flüchtlinge. Er weiß, wie das ist; er ist selbst schon getürmt. Vor David nämlich.

Wo ist Meribaal? erkundigt sich der König.

Zuerst will Ziba nicht mit der Sprache heraus. Dann stammelt er: *Er ist in Jerusalem geblieben, Majestät.*

Was will er denn da? wundert sich David. *Denkt er vielleicht, daß ihm das Königreich seines Groß-vaters zurückgegeben wird?* Ziba nickt verzagt. *Der arme Narr!* spottet David. *Glaubt er im Ernst, mein Herr Sohn wird seine Macht freiwillig an einen aus dem Geschlecht Sauls abtreten?* Er schüttelt mit-leidig den Kopf. *Und so was hat an meinem Tisch gesessen und von meiner Leibspeise gefressen!*

Er wendet sich wieder an Ziba: *Hör zu, Alter! Hiermit übergebe ich dir alles, was du bislang für Meribaal verwaltet hast, als Eigentum! — Und jetzt muß ich weiter. Ich bin ohnehin schon das Ende vom Schwanz.*

Ziba bedankt sich überschwenglich und reitet wie-der zu den Domänen bei Mahanaim zurück. David tippelt mit seinem Restparlament weiter. Bis es zu einem unfreiwilligen Aufenhalt kommt.

Am Wegrand schmeißt einer mit Lehm, wirft große Dreckbatzen und sogar Steine nach David. Dazu schimpft er unflätig: *Hau ab, du Sauhund! Verschwinde, du Blutsauger!*

Davids Neffe Abisai — wir kennen ihn von der tödlichen Jugend-Davidiade am See zu Gibeon — reißt sein Schwert aus der Bauchbinde und schreit: *Keiner wirft unbefugt unserem König Dreck an die Kapsel! Diese Majestätsbeleidigung kostet den Kopf.*

Er will auf den Schlammschmeißer losstürmen, aber David hält ihn zurück: *Sind ja keine Farbeier, Abisai! Wenn mir mein eigener Sohn das Lebens-licht ausblasen will, wieso sollte dann ein gemeiner Bürger nicht fluchen?! Vielleicht tut er nur, was ihm der GROSSE BOSS aufgetragen hat.*

Das scheint zu stimmen; ein besonders handfester Lehmbatzen trifft David an die Stirn. Mit einer Mordsbeule und seinen Ministern erreicht er end-lich die Furt über den Jordan. Da kann er sie we-nigstens kühlen. Die Beule.

117

DIE KÖNIGE KOMMEN UND GEHEN
2 Samuel 16, 17

Absalom zieht als selbstgemachter König mit allem Pomp in Jerusalem ein. Ahithophel sitzt an seiner Seite in der Sechs-PS-Kutsche. Hinter dieser marschieren die Massen der ewigen Kurswechsler und Umfaller. Am Straßenrand jubeln ein paar Ureinwohner; die meisten Eingewanderten sind ja wieder ausgewandert.

Auf der Freitreppe des Palastes hat sich Davidfreund Huschai aufgebaut. Als die Karosse vorfährt, bellt er wie ein ganzes Offizierskorps: *Es lebe der König! Vivat Absalom! Heil! Heil! Siegheil!* Und ähnliches Zeug. Er strahlt übers ganze Gesicht und scheint nur mit Mühe die Freudentränen unterdrücken zu können.

Absalom ist nicht von gestern. Oder doch! Er steigt aus und fragt Huschai mißtrauisch: *Du hier? Meines Vaters Busenkumpel? Wieso hast du ihn nicht ins Exil begleitet?*

Komödiant Huschai ist keinen Augenblick verlegen. *Wer bin ich, Majestät, daß ich dem neuen König den Gehorsam verweigere? Dem Mann, den der GROSSE BOSS vor allen Kindern Israels so offensichtlich bevorzugt?! Außerdem, bleibt es nicht in der Familie? Ich kann nichts Ungetreues dabei finden, wenn ich dem Sohn wie vorher dem Vater diene!*

In einem Atemzug mit seinem berühmten Vorgänger genannt zu werden, schmeckt Absalom. Er winkt Ahithophel zu sich und berät sich mit ihm. *Was soll ich tun? Was schlägst du vor? Jerusalem hätten wir, aber solang mein Vater noch —*

Zuerst mußt du ihn mal tüchtig provozieren! rät Davids Ex- und Absaloms Neo-Intimus. *Das macht dem letzten Zauderer klar, daß du nicht für 'ne Stippvisite hier bist, sondern deinem Vater den Kampf bis aufs Zahnfleisch angesagt hast.*

Provozieren ist gut! schmunzelt Absalom. *Ich war*

schon als Junge ein rechter Provo! Um keine Zweifel an seiner stolzen Behauptung aufkommen zu
lassen, kämmt er mit gespreizten Fingern seine
Haare, die ihm bis über die Schultern reichen. Dagegen war Simson im 69. bis 75. Kapitel direkt kahl.
Und womit bringe ich meinen Vater auf die Palme?
fragt er unternehmungslustig.

*Triff ihn an seiner empfindlichsten Stelle. Die
sitzt bei ihm immer noch unterhalb der Gürtellinie
seiner Mätressen. Zehn von ihnen hat er zurückgelassen; die mußt du in aller Öffentlichkeit beschlafen. Damit demonstrierst du, daß dein Haß
selbst vor deines Vaters Bett nicht haltmacht.*

Alle zehn? fragt Absalom entgeistert. *Aber doch
nicht auf einmal!*

*Soviel du schaffst, Majestät. So genau sieht das ja
keiner, wenn du auf dem Dachgarten ein Zelt auf-
stellst. Hauptsache, du läßt die zehn Davidliebchen
alle auf einmal hineinbringen. Wie du dann den De-
monstrationsverkehr regelst, bleibt dir überlassen.*

Absalom ißt erst noch was Kräftigendes, dann absolviert er die Pflichtakte im Zelt auf dem Dachgarten. Jedesmal wenn die Leinwände beben, jubelt
das Volk, das in Massen erschienen ist. So sehr interessieren sich Wähler für hohe Politik.

Nachdem das erledigt ist, begibt sich der neue König wieder in sein Arbeitszimmer. Leicht lenden-
lahm fragt er seinen Berater Ahithophel, was er als
nächstes tun soll. *Nehmen wir an, mein Vater ist
jetzt tatsächlich an seinem penibelsten Körperteil
getroffen — den Kopf auf dem Hals hat er noch!*

*Das soll deine zweite Aktion werden. Gib mir
zwölftausend Soldaten — Meisterschützen müssen
es sein —, mit denen ich David nachjagen und überfallen werde. Momentan dürften ihm alle Felle weggeschwommen sein. Vermutlich sitzt er flennend in
seinem eigenen Schatten und wäre lieber tot als ein
Abgedankter. Es dürfte nicht schwer sein, diese Situation auszunutzen und ihn zu erschlagen. Seine
Truppen werden automatisch zu dir überlaufen,
wenn sie erst wissen, daß du nur ihn ausmerzen
wolltest, ihnen aber die Versöhnungshand reichst.*

Der Vorschlag gefällt Absalom nicht schlecht, aber weil Ahithophel genauso ein Fahnenwechsler ist, wie Huschai einer zu sein scheint, beargwöhnt er beide und spielt einen gegen den anderen aus. *Huschai soll kommen,* sagt er. *Es interessiert mich, was er zu deinem Vorschlag meint.*

Ahithophel verbirgt, wie sehr er sich gekränkt fühlt. Er holt Huschai und informiert ihn. *Nicht schlecht, der Plan,* schmeichelt der raffinierte Davidist. *Ich gebe nur eins zu überlegen, Majestät: Nehmen wir mal an, dein bauernschlauer Vater rechnet mit deinem Angriff und hat sich mit seinen Soldaten im Gebirge verschanzt. Dann wird deine Armee mit Sicherheit enorme Verluste hinnehmen müssen; selbst Scharfschützen haben in einem solchen Gelände kaum'ne Chance. Du selbst aber wirst viel von deinem vorzüglichen Renommee einbüßen.*

Nein, wenn du mich schon fragst — ich rate dir, rufe sofort alle Truppen, von Dan bis Beerseba, unter deine Fahnen und schlage dann erst los. Mit dir an der Spitze werden wir wie der Tau vom Himmel über diese Davidioten herfallen und sie vom Erdboden vertilgen. — Von einem Handstreich, so sehr er auch von Ahithophels Kühnheit zeugt, würde ich abraten!

Huschais geschickt getarnter Einspruch bewirkt, daß der Überraschungsangriff unterbleibt. Ahithophels taktisch völlig richtiger Vorschlag wird unter den Tisch gefegt. Das Unheil nimmt seinen Anfang.

Noch in derselben Stunde schildert Huschai den Priestern Abjathar und Zadok, scheinbar ins Gebet versunken, die Besprechung mit Absalom. Er endet: *Jagt eure Melder zu David! Er soll sofort über den Jordan setzen. Ich weiß nicht, wieviel zeitlichen Aufschub ich seiner Streitmacht noch verschaffen kann.* Danach geht er wieder wie ein normaler Frommer seines Wegs.

Ahithophel durchschaut die Komödie, die Huschai dem neuen König vorspielt. Aber er ist zu klug, um nicht zu wissen, daß er seine Sternstunde verpaßt hat. Ohne sich von Absalom zu verabschieden, sattelt er in aller Heimlichkeit seinen Esel und reitet in seine Heimatstadt. Dort bestellt er sein Haus, indem er sein Testament macht. Dann sucht er einen haltbaren Strick und einen passenden Ast dazu.

So wie vorher sein Mantel, dreht er sich kurz darauf selbst nach dem Wind.

118

HAARE, DIE DEN TOD BEDEUTEN

2 Samuel 17—19

S ofort nach Erhalt von Huschais Nachricht ist David mit seinen Anhängern durch die Jordanfurt und nach Osten gezogen. Der schnellfüßige Melder Ahimaaz ist gleich dageblieben; er kann den Absalom nicht riechen. Eigentlich verwunderlich — bei der vielen Pomade, die dieser in seine Mähne schmiert. Mit den Davids marschiert er in Richtung Mahanaim, wo einst Saulnachfolger Isboseth wohnte. Verpflegung und Freiluftmatratzen bekommen sie unterwegs geschenkt.

Alsbald berichten Späher Absalom von Davids Aufbruch. Sofort setzt auch er seine Truppen in Marsch. Den Oberbefehl übernimmt ein Oberst Amasa. Es entbehrt nicht einer gewissen Pikanterie, daß er gegen Joab ins Feld zieht: Er ist der Sohn von Joabs Kusine.

David, inzwischen in Mahanaim angelangt, zählt erst mal die ihm verbliebenen Armeesplitter. Es kommt noch eine stattliche Truppenstärke zusammen. Die Soldaten werden neu eingeteilt und in drei Heeresgruppen aufgegliedert. Gruppe Nord führt Joab, Gruppe Süd sein Bruder Abisai. Die dritte Gruppe — West — unterstellt David jenem Hauptmann Ittai, der sich beim Auszug aus Jerusalem nicht zurückschicken ließ.

Als sämtliche Kriegswilligen angetreten sind, will David sich an ihre Spitze setzen. Sofort erheben die drei Heeresgruppenführer spontanen Protest: *Das kommt überhaupt nicht in Frage!*

Derselben Meinung sind die Soldaten: *Ein König gehört in die Etappe! Wenn wir futsch sind, na schön beziehungsweise Scheiße! Aber wenn der König fällt, ist das, als hätten zehntausend von uns ins Steppengras gebissen!*

Es wird noch vieles gesagt und nicht ohne Berechtigung. Zuletzt gibt David nach und nimmt nur die Parade der Hurrarufer ab. Mit ihm auf der Ehrentribüne stehen Joab, Abisai und Ittai, zu denen er − absichtlich laut und deutlich − sagt: *Wie es auch immer kommt, geht mit meinem Sohn Absalom schonend um!*

Dieser Wunsch wird als mündlicher Tagesbefehl von Soldat zu Soldat durchgegeben. Bis es der letzte Sanitäter weiß: Der König will seinen Rausschmeißer nicht töten.

Aber erstens kommt es zweitens anders. Im Wald von Ephraim treffen die feindlichen Heere aufeinander. Die Schlacht wird wieder einmal fürchterlich und grausam, aber das ist man bei den Israels nicht anders gewöhnt. Nur daß es sich hier um einen reinen Bürgerkrieg handelt, in welchem die Davidler eindeutig überlegen sind. Haupttriebfeder ihres selbstmörderischen Kampfgeistes ist die Stinkwut, die sie auf den langhaarigen Thronstreber im Bauch haben.

Immer mehr Absolomisten ergreifen in panischem Entsetzen die Flucht; der neue König mag noch so laut brüllen. Er würde besser tun, ebenfalls die Platte zu putzen. Und das will er endlich auch. Abgeschnitten von seiner Truppe galoppiert er wie ein Geisterreiter querwaldein. Die Haare wehen wie ein Banner im Reitwind.

Ja, die Haare! Seine Mähne, auf die er so stolz ist, besiegelt dann auch sein Ende. Als er durch ein Unterholz bricht, tief auf den Maultierrücken gebeugt, damit ihn kein Ast köpft, erwischt ihn dann doch einer. Ein Ast. Zwar nicht seinen Kopf, aber doch seine Haare. Sie verheddern sich in den Knorren und Gabeln und lassen sie nicht wieder los. Oder umgekehrt. Jedenfalls wird Absalom mit einem jähen Ruck aus dem Sattel gerissen und schwebt wie ein chinesischer Zopfakrobat zwischen Himmel und Waldboden.

Als Joab die Meldung bekommt, Absalom pendle im Säuseln des Abendwindes, beschimpft er den Überbringer der sensationellen Nachricht: *Und du hast ihn nicht erschlagen? Dafür hätte ich dir den Pour le mérite verliehen, Mensch!*

Was nutzt mir ein Purle, ein Purle — is ja ooch Wurscht — wenn König David mir hinterher die Rübe abhacken läßt?! Nichts ziert meinen Hals so wie mein Kopf!

Lahmarsch! flucht Joab, galoppiert selbst zu dem Baum mit dem Baumelnden, strauchelt über einen Strauch, richtet sich auf und Absalom hin. Mit drei glänzend gedrechselten Speerstößen in den Bauch sorgt er für ewige Entlüftung. Den Rest erledigen andere. Zum Schluß wird die Leiche des Karrieristen in ein Loch versenkt und mit Dreck und Steinen zugedeckt. Feierabend.

Ahimaaz erbietet sich, die Nachricht nach Mahanaim zu David zu bringen. *Ich bin der Division schnellster Läufer.*

Mein Bruder war auch ein flotter Renner und ist geradewegs in seinen Tod gelaufen! Joab schickt lieber einen Mohren. Der konnte wenigstens nicht blaß werden, wenn ihm David zum Dank für die Nachricht einen Dolch in die Brust stieß.

David tötet niemanden, als er erfährt, daß sein Sohn tot ist. Nur in ihm selbst stirbt etwas. Jammernd läuft er einher: *Mein Sohn Absalom! Absalom, mein Sohn! Warum hat der GROSSE BOSS nicht mich getötet statt deiner?! Oh, Absalom, mein Sohn, mein Sohn!*

Davids Kummer und seine Tränen bewirken, daß aus der Siegesfeier ein trübsinniges Gemeinschaftsschweigen wird. Man könnte denken, die Siegreichen seien die Verlierer. Endlich geht Joab zu David und macht ihm bittere Vorhaltungen.

Was du tust, treibt mir und den Soldaten die Schamröte ins Gesicht. Sie haben dich und dein Königshaus vorm Untergang bewahrt, und was ist dein Dank? Du beklagst ihren Sieg! Du liebst jene, die dich wie die Pest gehaßt haben, und haßt die, welche aus Liebe bereit waren, für dich ihr Leben zu opfern. Du schmähst mit deinem persönlichen Kummer und deinem Gejammer alle Gefallenen dieses Krieges! Schon tuscheln sich die Männer zu, dir wäre es lieber gewesen, sie alle wären verreckt, wenn nur dein Sohn noch lebte. Du mußt sofort etwas gegen das Unterschwellige tun, sonst garantiere ich für nichts!

Joab braucht gar nicht deutlicher zu werden; von der Straße erklingt ein gewaltiger Sprechchor: *Lieber David, sei so nett und zeige dich am Fensterbrett!* Immer und immer wieder rufen sie ihren Führer. Denn auch das bedeutet der Name David. Nicht nur Darling...

Müde wischt sich der König die Tränen aus dem Gesicht, trocknet seinen Bart und geht ans Fenster. *Haltung, Majestät,* raunt Joab ihm zu. *So sieht kein Sieger aus! Mach ein Gesicht, als wolltest du in einem fort ,cheese-cake' sagen.*

So kommt es, daß David während seiner Dankesrede in Psalmen immer wieder mal *Käsekuchen* vor sich hinsummt.

119

ZACKZACK UND AUS

2 Samuel 19, 20

Nachdem Absalom tot ist, könnte David wieder als König in Jerusalem einziehen. Aus Stolz und gekränkter Eitelkeit aber wartet er ab, bis man ihn darum bittet. Man, das sind die Völker Judas und Israels und die Ältesten in Jerusalem.

Eines Tages ist es endlich soweit. Nach unerquicklichen Streitereien zwischen den einzelnen Stämmen ist das Bedürfnis nach der ordnenden Hand eines Königs groß. Man erinnert sich an den Barbarossa im Kyffhäuser, pardon, an David in Mahanaim, und bittet ihn. Grad so, wie er es erwartet hat.

Wieder geht's auf die Reise. Zurück nach Jerusalem. Dabei kommt es beim Überqueren des Jordans zu unschönen Pöbeleien zwischen den Begleitern aus Juda und solchen aus Israel. Auf einmal besinnen sie sich wieder darauf, daß sie ja eigentlich zwei verschiedene Völkchen sind. Wer hat das Vorrecht, beim Einzug Davids Spalier zu stehen? Wer darf Blumen streuen? Wer bloß den roten Teppich ausrollen?

Zum Glück ahnt David nichts von dem Knatsch, den seine Rückkehr anrichtet. Er ist überhaupt in versöhnlicher Stimmung. Er verzeiht dem Kerl, der ihn bei seiner Flucht aus Jerusalem mit Dreck beschmissen und einen sauhündigen Blutsauger genannt hat, und fragt den fußlahmen Meribaal ohne Groll, warum er damals bei der Exthronisation nicht mitgekommen ist.

Ich wollte ja, entschuldigt Meribaal sich zwiefach lahm, *aber Ziba, dem du die Saulsdomänen geschenkt hast, hat mich schnöde zurückgelassen. Hätte ich dir im Rollstuhl folgen sollen?* David lächelt undurchsichtig; der Fall ist für ihn erledigt. Meribaal war der Sohn seines unvergessenen Freundes Johnny. Selbst wenn er log.

Wenn David nicht so rosiger Laune wäre, würde ihm auffallen, daß ihm verdächtig wenig Israels zum Jordan entgegengekommen sind. Da hört er aus der Ferne Fanfarenstöße herüberklingen und erfährt auf seine bohrenden Fragen, daß in Jerusalem ein Volksverhetzer aufgetaucht ist, der die Israels mit Demagogie beharkt. Schon sein Name klingt nach Revolution: Scheba.

Seid ihr mit Blindheit geschlagen? schürt Scheba. *Seht ihr nicht, was hier gespielt wird? David bevorzugt die Leute aus Juda, weil er im Herzen immer ein Judäer geblieben ist! Wenn ihr jetzt wieder auf die Knie vor ihm fallt –* geifert er, und sehr viele Israels fallen daraufhin nicht auf dieselben. Wenn nicht die Leute aus Juda David nach Jerusalem geleiten würden, hätte er auch durch die Hintertür kommen können...

Als erstes macht David einen Fehler. Um Absaloms geschlagenen Heerführer, Oberst Amasa, für sich zu gewinnen, überträgt er ihm den Posten des Oberbefehlshabers. So bestraft er gleichzeitig Joab für den Abstich seines gelockten Lieblingssohnes.

Als zweites verärgert er die zehn Konkubinen, die ihm während seiner Abwesenheit das Haus gehütet haben. Zum Dank dafür steckt er sie zusammen in eine abseits liegende Villa und schließt hinter ihnen ab, ohne es ihnen auch nur einmal besorgt zu haben. Das hatte ja Absalom in aller Öffentlichkeit besorgt.

Joab sieht mit mißgünstigen Augen, wie sich der neue Generalfeldmarschall Amasa im Herzen Davids und seiner Soldaten immer breiter macht. Deshalb will er bei passender Gelegenheit − zackzack und aus!

Die Chance hierzu läßt nicht lange auf sich warten. Da der Volksverhetzer Scheba in ganz Israel aufrührerische Reden hält und zu Sabotageakten an königlichen Transportmitteln und dergleichen mehr aufruft, schickt David Oberst Amasa los. *Bring die Leute auf Vordermann und diesen Scheba ins Jenseits!* fordert er lapidar.

Als Amasa längere Zeit nichts von sich hören läßt, schickt David Joabs Bruder Abisai mit seinem Truppenteil hinterher; vielleicht daß Amasa Hilfe brauchte. Und weil Joab Abisai beim Helfen helfen möchte, schließt er sich mit seinen Helden auf eigene Faust an.

Unterwegs passiert wenig; dann hat man Amasa eingeholt. Er befindet sich keineswegs in einer Notlage. Ein langweiliger Kerl ist er. Er nimmt sich Zeit und läßt sie auch seinen Leuten, weil er darauf spekuliert, daß ihm der Schlendrian Sympathien einbringt.

Joab geht freudestrahlend auf Amasa zu und ruft mit Innigkeit: *Schalom, Kamerad! Schalömchen! Was macht die Galle, die Leber, die Milz?* Er schmatzt seinen nachgefolgten Vorgesetzten ab, dann packt er ihn fast zärtlich am Bart und jagt ihm kurz und zackig einen Dolch in die Wampe. Danach zieht er das Ding kreiselnd wieder heraus und mit ihm

Galle, Leber und Milz. Auch ein paar Meter Darm quillen heraus und ringeln sich auf der Straße, wie im Zweiten Buch Samuel 20, 10 berichtet wird. Hernach erst bricht Amasa zusammen. Ein toter Generalfeldmarschall mit offenem Bauch unterscheidet sich in nichts von einem Landser mit dem gleichen Air-conditioner.

Was Amasa infolge Säumens nicht schaffte, gelingt Joab alsbald. Er wiegelt die Aufgewiegelten wieder auf Normalmaß und jagt Scheba nach.

Zu spät! An dem Demagogen haben bereits andere herumgeschnippelt. Joab erhält Schebas Kopf sozusagen tafelfertig serviert. Die Revolution erstickt im eigenen roten Saft, noch bevor sie alttestamentarisch interessant wird.

120

BAUPLATZ FÜR EIN BUTTERBROT

2 Samuel 21—24

Alle reden vom Wetter, auch die Israels. Dafür haben sie gute Gründe. Seit Menschengedenken ist in ihrer Gegend kein Schnee gefallen; plötzlich schneit's. Was die Kinder jubilieren läßt, macht die Bauern besorgt und die Abergläubischen mißtrauisch. Was hatte das zu bedeuten?

Vorerst nur, daß ein Mann namens Benaja dadurch berühmt wird. Er stürzt in eine unterm Schnee verborgene Spalte, in die bereits ein Löwe geplumpst ist. Um sein eigenes Leben zu retten, zerstückelt Benaja die Bestie mit bloßen Händen.

Als David von dem Meistergestückel erfährt, ernennt er Benaja spontan zum Kommandeur seiner Krethis und Plethis, denn gelegentlich muß so 'n Leibwachenchef selbst mit Hand anlegen. Benaja hat Pfoten von Klodeckelgröße.

Nachdem der Schnee geschmolzen ist, fällt nicht mehr das geringste vom Himmel. Die Folgen sind Trockenheit, Dürre, Hungersnot. *Warum bestraft uns der GROSSE BOSS schon wieder so grausam? Und wofür? Was haben wir getan?* klagen die Leute.

Da sei noch eine kleine Rechnung offen, meint der GROSSE BOSS: *Du weißt doch, David — die Blutschuld Sauls! Frag mal die Alten von Gibeon.*

Das tut David. *Womit kann ich euch versöhnen?* fragt er. *Ich habe leider mit Sauls Königreich auch seine Privatschulden geerbt.*

Gib uns sieben Männer aus Sauls Geschlecht, die wir zu Ehren des GROSSEN BOSSES aufhängen wollen. Damit ist dann die Sache bereinigt.

Gemacht, sagt David erleichtert. Denkt, wenn es weiter nichts ist... Er verschont Meribaal, obwohl er hinkte und eine rechte Last war, und greift auf Sauls altgewordene Mätresse Rizpa zurück. Sie hat zwei Söhne. Mit den fünfen der Saulstochter Merab hatte man die sieben zur Regulierung der kleinen Blutschuld schon beisammen: Sie werden postwendend den Gibeonern im Namen des GROSSEN BOSSES zur Strangulierung übersandt: Dafür kommen ihre Knochen auch — nach einer solistischen Protestaktion der Dame Rizpa — zusammen mit den exhumierten Gebeinen von Saul, Johnny und seinen beiden Brüdern in ein gemeinsames Grab. Wenigstens etwas!

Aber noch immer gelangt David nicht in den Genuß seiner königlichen Altersrente. Seine Eitelkeit bringt ihn auf den Gedanken, wissen zu wollen, über wieviel wehrfähige Männer er insgesamt verfügt. Für dieses mühsame Unterfangen schickt er Joab und einen Stab von Zählern los. Als sie nach neun Monaten zurückkehren, haben sie das riesige Gebiet von der Hafenstadt Tyrus im Norden bis runter zur Oase Kadesch weit südlich von Gaza durchgekämmt und über 800 000 israelitische und rund eine halbe Million judäische Kriegstaugliche statistisch erfaßt.

Sie hätten es besser nicht getan! Der GROSSE BOSS ist über Davids Eigenmächtigkeit und Arroganz äußerst ungehalten. Er läßt ihm deshalb eine Nachricht zukommen, die den König beinahe vom Thron haut: entweder drei Jahre Hungersnot im

Land − oder drei Monate schimpfliche Flucht und erbarmungslose Verfolgung für ihn persönlich − oder, drittens, drei Tage Pest für alle.

David überlegt nicht lange. Lieber in die Hand des GROSSEN BOSSES fallen als in die Hände grausamer Verfolger, die ihn womöglich erst folterten, bevor sie ihn lynchten.

Binnen dreier Tage rafft die Pest zwischen Dan und Beerseba 70 000 Israels dahin. Nur Jerusalem bekommt von der Seuche vorerst nichts zu spüren. Vorsichtshalber und erschüttert fleht David den GROSSEN BOSS an, dem Unheil ein Ende zu setzen und doch lieber an ihm allein die Strafe zu vollziehen. *Was haben dir die armen Menschen getan! Nimm mich statt ihrer. Ich habe in meinem Leben schon soviel Beulen gehabt −*

Der GROSSE BOSS ruft seine Pestverteiler zurück. Für 70 000 Israels allerdings zu spät. Aber die wachsen ja schnell nach. Auch der König kriegt keine Beulenpest. Stattdessen wird er von einem seiner Hofpropheten aufgefordert, dem GROSSEN BOSS einen Altar zu errichten. Auch den Standplatz hat der Prophet schon hellgesehen: Es ist der Druschplatz des gebürtigen Jerusalemers Arawna, nicht weit vom Königspalast.

Als der Grundbesitzer den König und seinen Chefarchitekten kommen sieht, zerfließt er vor Ehr und Furcht und will von einer Bezahlung für den Druschplatz nichts wissen. *Bau deinen Altar so groß wie du willst! Nimm meine Rinder als Brandopfer! Benutze meine Ochsenjoche, alles was aus Holz ist, zum Grillen! Aber bitte: kein Entgelt. Der GROSSE BOSS sei dir immer gewogen, Majestät!*

David lehnt lächelnd ab: *Ich kann dem GROSSEN BOSS nicht etwas opfern, das nichts gekostet hat. Im Gegenteil! Übervorteile mich lieber, damit unser BOSS das Unheil von mir und meinen Leuten wendet. Dafür ist mir kein Preis zu hoch, kein Altar zu teuer. Da laß ich gern was springen. Also?*

Arawna fordert vom König für Platz und Rinder ein Butterbrot, nämlich ein Pfund Silber. Der Form halber...

Nach den ersten Brandopfern auf dem neuen Altar hat sich's ausgepestet, ausgeseucht. Eitel Sonnenschein herrscht alsbald wieder über dem Gelobten Land. Besonders als David seine Gittith stimmt, um mit den 288 aus seiner Hochschule für Musik hervorgegangenen Sangesmeistern ein Loblied auf den GROSSEN BOSS zu psalmodieren — musikalisch unterstützt von Harfen, Lauten, Zithern, dem klavierähnlichen Minuim und vielen Nephinoths, einer Art Geige. Natürlich fehlen nicht Flöten, Posaunen und Hörner. Auch das Schlagzeug — bestehend aus Rasselhölzern, Cymbeln, Triangeln und Pauke — beteiligt sich an der Hymne, die David eigens zu diesem Zweck dichtet und vertont. Die erste Strophe hat stark autobiographischen Charakter:

,Ich halte seine Gebote / ich bin ohne Tadel vor ihm / ich hüt' mich vor Schuld und vor Sünde / drum wird mir von ihm auch verziehn. / Der GROSSE BOSS, er vergilt mir / nach meiner Gerechtigkeit und / nach meinen sauberen Händen / und meinem preisenden Mund...'

Eben eben! Genau das wird er tun, der GROSSE BOSS. Hast du deinen Uria-Brief vergessen, Majestät? Dafür mußt du noch Strafporto bezahlen — und zwar bald, David. Bald!

121

STURM AUF DEN THRON

1 Könige 1

Am empfindlichsten trifft einen potenten Potentaten das Schwinden seiner sogenannten Manneskraft. Dagegen sind Rheumatismus und dauernd kalte Füße ein Klacks. Bei letzteren hilft natürlich Wärme, am besten natürliche Wärme, die auch bei Rheuma nichts schadet. Ergo muß David angewärmt werden. Möglichst am ganzen Körper. Eine Wärmeflasche muß her! Eine kleine mit Ohren.

Sie heißt Abisag, ist siebzehn und ein Bild von einem Mädchen. Jungfrau selbstverständlich. Sie wird in der Gegend von Sunem requiriert und dem König ins Bett gelegt. *Nun wärme Hoheit mal tüchtig, Kleine!*

Abisag tut ihr möglichstes; sie heizt David ein. Er kommt auch ganz schön ins Schwitzen, bloß ansonsten tut sich nichts. Absolut nichts. Da läßt auch er den Kopf hängen und denkt, verdammt noch mal, jetzt ist der Ofen aus! Nur gut, daß ich beizeiten für Nachwuchs gesorgt habe und damit für Thronfolger.

Von denen sind allerdings schon zwei tot: Amnon und Absalom. Als nächster wäre Prinz Adonia, der Sohn der Haggith, an der Reihe. Der flotte Knabe bereitet sich auch schon sorgfältig auf seinen späteren Job vor. Zuerst lernt er mal fleißig das Repräsentieren. Das Geld dazu lockt er seinem Vater, der ohnehin die meiste Zeit im Bett liegt und sich wärmen läßt, leicht aus der Tasche.

Leider bekommt er beim Inkasso der Piepen die bildhübsche Abisag zu Gesicht. Er verliebt sich so unsterblich in sie, daß er sie am liebsten sofort entführen würde. Er unterläßt es nur, weil — naja, lange machte der Alte es sowieso nicht mehr.

Inzwischen schafft Adonia sich eigene Wagen und Schimmelgespanne an, dazu eine Leibgarde von fünfzig Negern — des Kontrastes wegen — und unternimmt ein paar Goodwill-Reisen durchs ganze Land. Danach versichert er sich seiner Jerusalemer Freunde, zu denen Generalfeldmarschall Joab und der Oberpriester Abjathar gehören. Der Kommandeur der königlichen Leibstandarte, Benaja, der Oberpriester Zadok und der Hofprophet Nathan hingegen mögen Adonia nicht. Besonders Nathan ist gegen seine Thronfolge. Der alte Intrigant hat eigene Pläne.

Als bei David ein erster, kleiner Schlaganfall konstatiert wird, hält Adonia seine Stunde für gekommen. Er lädt alle seine Freunde zu einem großen Opferfest an der Rogel-Quelle ein. Dabei will er sich zum König ausrufen lassen. Man muß Tatsachen schaffen, hat ihm der Taktiker Joab geraten.

Nathan, Benaja und seinen Bruder Salomo hat Adonia freilich nicht eingeladen. Und das fällt auf. Wenigstens dem Fuchs Nathan, der das Gras wachsen und die Flöhe husten hört. Rasch geht er zu Salomos Mutter Bathseba, die schon lange zur Hauptfrau Davids avanciert ist. *Du mußt sofort deinen Mann aufsuchen!* beschwatzt der Prophet sie. *Ich weiß aus sicherer Quelle, daß Adonia sich an der Rogel-Quelle zum König ausrufen lassen will.*

Bist du sicher? fragt die ehemalige Uria-Witwe wie vor den Kopf geschlagen.

Absolut, Hoheit! Deshalb gibt es nur eins, wenn du willst, daß dein Sohn Salomo auf den Thron steigt...

Mit genauen Anweisungen eilt Bathseba zu David ans Bett. *Kann ich dich mal unter vier Augen sprechen, Liebling?*

Der schwitzende Liebling mit dem Zipperlein schickt seine Wärmeflasche aus dem Zimmer. *Was gibt's denn, Bathsi?*

Mein Gemahl, mein König! Du hast mir nach dem Tod unseres unehelichen Sohnes etwas geschworen; weißt du noch?

Nun laß schon die alten Geschichten! knurrt David. *Dein Mann Uria ist ehrenvoll auf dem Feld der Ehre fallen gelassen worden —*

Um den geht es jetzt nicht! Du hast mir geschworen, daß Salomo nach dir König wird. Jetzt ist es soweit!

Bin ich denn schon tot? wundert der Alte sich und kneift prüfend in sein Bein. *Warum pressiert es dir auf einmal so?*

Weil Adonia sich in diesem Augenblick zum König ausrufen läßt! Er hat eine Menge Stiere, gemästetes Vieh und viele Schafe teils verbrannt, teils gebraten und feiert mit seinen Freunden und fast sämtlichen Königskindern ein aufwendiges Opferfest. Dabei will er sich zu deinem Nachfolger salben lassen. Wahrscheinlich ist es schon passiert! Wenn du nicht sofort öffentlich verkündest, wer der neue König über Israel sein soll, dann regiert Adonia, falls du morgen abnippelst!

Erstens nippelt ein König nicht ab, er entschläft sanft — zweitens denkt er nicht daran, das schon morgen zu tun — und drittens — Er bricht ab, weil der Prophet Nathan atemlos ins Zimmer tritt. Wenn er nicht grad hellsieht, lauscht er notgedrungen.

Königliche Hoheit, du auch hier? begrüßt er Bathseba heuchlerisch. Dann neigt er vor David Kopf und Knie. *Untertänigster Prophet, Majestät! Du siehst mich außer mir. Hast du Adonia etwa erlaubt, sich zum König machen zu lassen? Durch Zufall erfahre ich, daß er mit Hunderten von Freunden zur Rogel-Quelle gezogen ist, wo er anläßlich eines ausschweifenden Opferfestes* — Er bricht ab, tut fassungslos. *Du siehst, ich bin ganz außer mir!*

Das sagtest du bereits! brummt David. *Fahre wieder in dich und erzähle weiter. Natürlich habe ich nichts dergleichen zu Adonia gesagt, obwohl er — bei genauer Einhaltung — nach der Reihenfolge der Geburten —*

Du kannst deinen Sohn nicht in Schutz nehmen, wenn er dich noch zu Lebzeiten wie eine Leiche behandelt und sich zum König ausrufen läßt. Der Oberpriester Abjathar hat das Flakon mit der Königssalbe aus dem Stiftszelt genommen. Wahrscheinlich cremt er ihn schon ein. Auch sind Benaja und dein Sohn Salomo nicht eingeladen worden. Eine Brüskierung sondergleichen! Ich bin ganz außer —

Geschenkt! David richtet sich etwas mühsam auf. *So wahr es den GROSSEN BOSS gibt, der mich mein Leben lang geführt und gefördert hat: Mein Sohn Salomo soll mein königlicher Nachfolger werden! Das schwöre ich hiermit!* Erschöpft läßt er sich zurückfallen, schließt die Augen und ist —

Er wird doch nicht — flüstert Bathseba erschrocken.

Aber David ist nur in Gedanken. Als begabter Organisator durchdenkt er die Krönungsfeierlichkeiten für seinen Sohn Salomo und weiß plötzlich, daß es sofort sein muß. Jetzt! Er reißt die Augen wieder auf. *Der Oberpriester Zadok soll kommen!* Ein Diener wird losgejagt. *Ruft den Chef meiner Leibwache!* Benaja wird eiligst herbeigeholt.

Nathan ist seiner Sache sehr sicher gewesen: Oberpriester Zadok hat schon auf Abruf im Palast gewartet. Zuerst tut er etwas überrascht, dann ist er
Feuer und Flamme. Genau wie Benaja.

Nun zeigt mal, daß ihr tüchtige Macher seid! fordert der angegreiste Souverän. *Ruft alle erreichbaren Abgeordneten zusammen und reitet mit ihnen
zur Gihon-Quelle. Salomo soll mein Maultier nehmen; es stammt ebenfalls aus einem königlichen
Stall. Im Kidrontal salbt ihr, Zadok und Nathan,
meinen Jungen zum König. Macht's ein bißchen
feierlich; mit Fanfaren und Hurra. Und so laut, daß
es bis hierher zu hören ist. Anschließend zieht ihr
im Palast ein und hebt ihn auf meinen Thron. Legt
ihm ein Kissen unter, falls er noch zu klein ist.*

Aber Liebling, sagt Bathseba verdutzt, *Salomo
ist schon lange volljährig!*

Was du nicht sagst! Die Zeit vergeht aber auch!
David wackelt mit dem Kopf und friert wieder.
*Worauf wartet ihr noch? Dalli dalli, sonst ist Ado-
nia schneller!* Kaum sind alle raus aus seinem Schlafzimmer, klingelt er wie wild und brüllt den herbei-
stürzenden Lakai an: *Meine Bettflasche! Ich hab
Eisbeine!* Dann schmunzelt er stillvergnügt vor sich
hin und schläft ein...

An der Gihon-Quelle wird Salomo zum König geschmiert; Posaunen dröhnen; Hurrarufe gellen
durchs Tal. Die Leute, die um die Quelle rum wohnen, schreien: *Es lebe König Salomo!* Dann geht's
wieder zum Palast zurück.

Da das kein weiter Weg ist, hat es sich in Jerusalem bereits herumgesprochen, daß David Salomo zu
seinem Nachfolger bestellt hat. Die Bewohner säumen die Straßen und jubeln vor Begeisterung. Dazu
erklingen immer wieder laute Fanfarenstöße.

Der Krönungskrach ist so enorm, daß er bis zur
Rogel-Quelle zu hören ist, wo Adonia von vielen
pöstchengeilen Freunden bereits unverblümt ‚Herr
König‘ genannt wird. Als der Radau aus Jerusalem
immer begeisterter klingt, schmeichelt ein Speichler
dem Gastgeber: *Die Leute in der Stadt ahnen was,
Majestät! Der Jubel gilt dir!*

Irrtum! Abjathars Sohn Jonathan kommt in einer Staubwolke angerannt. Er kann kaum sprechen vor Überanstrengung, nur stammeln: *Salomo ist auf Befehl Davids zum König gesalbt worden! Nathan und Zadok haben ihm den Kopf eingerieben!*

Womit denn? fragt sein Vater perplex. *Die Königsvaseline habe ich doch hier!*

Salbe bleibt Salbe! spöttelt Jonathan. *Ein paar salbungsvolle Worte drüber gesprochen, schon ist sie geweiht! Aber das weißt du doch selber, Papa.*

Abjathar antwortet nicht; er ist zu erschüttert. Auch Joab sagt keinen Ton mehr. Zu wem auch? Kaum haben die Freunde erfahren, daß Salomo thront, sind sie auch schon davongelaufen, um sich dem neuen Herrn zu Füßen zu werfen.

Was wird jetzt aus mir? fragt Adonia verstört und schrecklich ernüchtert, denn natürlich ist bei der gezackten Zeremonie tüchtig geschlürft worden. Aber wie heißt es so treffend? Über ungelegte Eier soll man nicht sprechen! Das ungelegte Ei Adonia wird von Abjathar ins Stiftszelt gebracht. *Hier bist du sicher!* sagt der Oberpriester.

Das stimmt. Als Salomo erfährt, daß sein Halbbruder sich aus Angst vor ihm in das Heiligtum geflüchtet hat, läßt er ihm ausrichten, er könne unbesorgt nach Hause gehen; es läge nichts gegen ihn vor.

Noch nicht, hätte Salomo sagen sollen, denn noch liegt die süße Abisag in Davids Tiefkühlalkoven. Trotzdem wird der profilierte Alte von Stunde zu Stunde kälter.

122

MEIN LETZTER WILLE: KILLE

1 Könige 2

Kurz bevor Davids Zustand endgültig den Gefrierpunkt erreicht hat, läßt er seinen Sohn Salomo zu sich rufen, um ihm seinen letzten Willen zu verkünden: *Es ist soweit, Junge. Ich spür's. Da hilft alles nix. Ich kann dich nur noch bitten, stark zu sein. Ein richtiger Mann halt. Denk immer an den GROSSEN BOSS! Tu ihm gegenüber stets deine Pflicht. Halte seine Gebote. Seine Verbote natürlich erst recht. Lebe nach den Gesetzen, die er Mose mitgeteilt hat und von denen wir zum Glück die mündliche Kopie besitzen. Oh, daß die Steintafeln verschwunden sind! Sicher haben die Philister sie zertöppert oder als Ofenkacheln verwendet.*

Komm zur Sache, Pa! Du wirst schon ganz leichern, erinnert ihn Salomo dezent an seine letzte Willenskundgebung.

Drängle doch nicht so! Auf die paar Minuten kommt es nun auch nicht mehr an. Also, der GROSSE BOSS hat mir mal gesagt, wenn meine Söhne ihm treu seien, werde immer einer aus meinem Hause auf dem Thron sitzen. Deshalb achte auf deinen Weg und schlafwandle nicht mit offenen Augen. Wie gesagt, sei ein Mann!

David legt ein kleines Verschnauferchen ein. Dann wird er wieder erstaunlich munter. *Bevor ich es vergesse, Salomo: Du weißt, was Generalfeldmarschall Joab angestellt hat! Vergiß nie, er hat Oberst Abner in einer öffentlichen Bedürfnisecke gemeuchelt! Dann hat er deinen Bruder Absalom gespeert, statt ihm einfach die Haare vom Ast zu schneiden oder den Baum zu kappen! Und zuletzt hat er auch noch Amasa die Gedärme aus dem Leib gedolcht! Sei weise und laß nicht zu, daß er seine grauen Schläfen in Frieden zu Grabe trägt. Du verstehst mich?*

Salomo versteht. *Ich werde ihn durch Benaja umlegen lassen!* verspricht er dem Vater.

Aber David hört es nicht mehr. Nach vierzigjähriger Regierungstätigkeit hat er es vorgezogen, alles weitere der Weisheit Salomos zu überlassen. Und das für immer.

123

ROTE WOCHE FLOTTER DOLCHE

1 Könige 2

Nur gut, daß Adonia nicht König geworden ist. Der Trottel glaubt tatsächlich an seines Bruders Großmut und strapaziert diese, indem er zu Salomos Mutter Bathseba geht und sie anfleht, beim König ein gutes Wort für ihn einzulegen. *Du weißt so gut wie ich, daß eigentlich ich König sein müßte. Ich bin älter als dein Sohn! Aber da er jetzt ein Gesalbter des GROSSEN BOSSES ist, will ich mich nicht mehr darüber aufregen. Nur eine Bitte habe ich; vielleicht könntest du sie Salomo vortragen?*

Nur raus damit, Adonia! sagt Bathseba, die kein ganz reines Gewissen hat. Besonders wenn sie dem Propheten Nathan begegnet und er ihr vertraulich zuzwinkert.

Ich möchte Davids letzten Zeitvertreib haben, Frau Königsmutter. Die kleine Abisag. Salomo hat selbst Feuer und langhaarige Bettwärmer genug. Bist du so nett?

Bathseba ist so nett. Sie geht noch am selben Tag zu Salomo in den Thronsaal. *Kann ich dich mal 'n Moment sprechen?* fragt sie in schöner Distanziertheit.

Freilich, Mama! Setz dich hier neben mich. Was hast du denn auf dem Herzen? Reicht das Wirtschaftsgeld nicht? Ein herziger Bursche, der Salomo. Und so nobel! Gleich darauf ist er das Gegenteil. Kaum hat ihm Bathseba seines Bruders Bitte vorgetragen, tobt er los: *Warum verlangt er nicht gleich das ganze Königreich? Das ist doch eine beispiellose Anmaßung, mich um die einzige Konkubine zu bitten, die ich als Erbe anzunehmen gewillt bin! Soll ich vielleicht mit den alten Rapunzeln —? Nein, Adonia, so haben wir nicht gewettet! Ich schwöre dir bei unserem GROSSEN BOSS, das kostet dich das Leben! Jetzt biste fällig!*

Bathseba traut sich nach dem königlichen Tobsuchtsanfall nicht mehr, für Adonia um Gnade zu bitten. Fluchtartig verläßt sie den Thronsaal. Salomo aber gibt dem ererbten Leibstandartenführer den Befehl, seinen Bruder zu liquidieren. *Ohne Gerichtsverhandlung?* fragt Benaja und wird belehrt, daß Salomo es ist, der über Hegung und Abschuß bestimmt.

Ohne Zögern jagt Benaja zu Adonia und schnarrt: *B'fehl des Königs — keine Abisag — keine Gnade — dafür das!* Und sticht ihn tot.

Als nächster ist Adonias getreuer Abjathar an der Reihe. Salomo läßt ihn holen. *Wie ich gehört habe, wolltest du meinen Bruder eigenhändig zum König cremen. Dafür hast du den Tod verdient. Aber ich will nicht so sein. Immerhin hast du die Bundeslade ausfindig gemacht und hierher gebracht. Ich verurteile dich daher zu lebenslänglichem Hausarrest. Außerdem entkleide ich dich der Priesterwürde. Lange machst du's ohnehin nicht mehr; du siehst ziemlich klapprig aus.*

Salomos nächste Regierungstat gilt Generalfeldmarschall Joab. Der ist bereits voll böser Ahnungen ins Stiftszelt geflohen und klammert sich an die Bundeslade. Als Benaja von draußen ruft, er möge herauskommen, um den Todesstoß zu empfangen, lehnt Joab das ab. *Ich kann nicht! Ich bete!*

Mal wirst du ja damit fertig sein! schimpft der Obergorilla.

Kaum, sagt Joab heiser. *Ich werde beten, bis ich tot umfalle.*

So lange kann ich nicht warten! Benaja eilt in den Palast zurück und erbittet von Salomo neue Instruktionen. *Wie soll ich ihn killen, wenn man mit Waffen nicht vors Heiligtum treten darf, Majestät?*

Du bist doch sonst nicht so korrekt, wundert sich Salomo. *Laß dir was einfallen. Wenn Joab nicht mehr lebt, übernimmst du seinen Posten!*

Ich werde Generalfeldmarschall? Benajas Augen bekommen Glanz.

Oberbefehlshaber sämtlicher Streitkräfte. Aber erst muß Joab, der Massenmörder — ftttt! Er bläst über die flache Hand.

Eine Viertelstunde später hört Joab ein Geräusch

am Eingang des Stiftszeltes. Als er sich erschrocken umdreht, zischt ihm ein Wurfmesser in die Brust. Benaja hat ihn getötet, ohne das Heiligtum zu betreten.

Das Großreinemachen geht noch weiter. Wenn einer erst mal auf den Geschmack gekommen ist...

Nun, neue Besen kehren gut, frische Bürsten schrubben schonungslos. Aber mit der Zeit lassen auch die teuersten Perücken Haare.

124

WEISHEIT STATT LOTTOGEWINN
1 Könige 3

Mit dem Ende der Aktion ‚Sauberer Hof' ist auch Salomons Sturm- und Drangperiode vorbei. Jetzt denkt er an das Fernerliegende und heiratet. Warum allerdings ausgerechnet eine Ägypterin, wird man wohl schwer ergründen. Sie ist die Tochter des momentanen Pharaos und wird von den Bewohnern der Slums respektlos Salomos Salami genannt. In allen anderen Dingen befolgt der König die Satzungen des GROSSEN BOSSES. Er ist ein fleißiger Frommer und scheut keinen Weg, wenn es zu opfern gibt.

Eines Tages macht er sich auf einen Trip nach Gibeon, wo sich die höchstgelegene Opferstätte Israels befindet. Hier brutzelt er tausend Stück Vieh. Tagelang liegt herrlicher Bratenduft über der biblischen Landschaft.

In einer Nacht hat Salomo einen seltsamen Traum, in welchem der GROSSE BOSS persönlich mit ihm plaudert. *Hast du einen Wunsch, Salomo? Ich will ihn dir erfüllen. Nicht wegen der tausend Ochsen am Spieß − du bist auch sonst meine Kragenweite.*

Salomo überlegt kurz und handelt klug: Er bleibt bescheiden. *Du bist schon zu meinem Vater wie ein nobler Patenonkel gewesen, sonst säße ich heute nicht auf dem Königsthron. Was kann ich mir mehr*

wünschen? Er macht eine kleine Pause, fährt nachdenklich fort: *Ich bin allerdings noch unverschämt
jung für diesen Job. Mir fehlt an allen Ecken und
Enden die Erfahrung. Ohne eine gewisse Routine
aber ist ein so zahlreiches Volk wie das deine nicht
leicht bei der Stange zu halten. Deshalb würde ich
dich bitten — wenn es schon sein soll: Gib mir ein
Herz voll Verstand und einen Verstand mit viel
Herz, damit ich immer die richtige Entscheidung
treffe und Recht und Unrecht unterscheiden kann.*

Der GROSSE BOSS ist nicht überrascht. So hat er
sich den neuen König gewünscht: jung, agil, mo-
dern, unbürokratisch, zielbewußt — kurz, ein Intel-
lektueller mit Seele.

Ich bin sehr glücklich über deinen Wunsch! sagt
er deshalb mit Wärme. *Nicht um ein langes Leben
oder um Reichtum, nicht um den Tod deiner Feinde
hast du mich gebeten, sondern um Weisheit. Das ist
famos! Das paßt in die spätere Weltliteratur! Gern
erfülle ich dir diese Bitte. Aber auch das andere,
worum du nicht gebeten hast, sollst du bekommen
von mir, weil du nicht erpicht darauf bist: Reichtum, Ehre und ein langes Leben! Schalom, Salomo!*

Der König fährt aus dem Schlaf hoch. *Ist da wer?*
ruft er ins Halbdunkel seines Zeltes. Aber da ist
keiner. Nur ein ganz bestimmter, feierlich-mysti-
scher Duft hängt in seinem Wigwam. Da weiß er,
daß er keinen Nullachtfuffzehn-Traum gehabt hat.
Denn die duften nicht.

125

SALOMO, FUNDGRUBE FÜR EPIGONEN

1 Könige 3

Gerichtstag im Freien: Salomos erster großer Fall.
Kindesunterschiebung. Ein heikles Thema! Besonders, da Klägerin und Beklagte sich keines guten Rufs erfreuen. Wenn sie nicht schwanger sind
— wie erst vor kurzem —, gehen beide auf den
Strich. *Ich mache euch darauf aufmerksam, daß ihr*

*hier die Wahrheit und nichts als die Wahrheit sa-
gen müßt!* beginnt Salomo. *Es könnte sein, daß ich
euch vereidigen lasse. − Darf ich bitten, Frau Klägerin.*

Die junge Hure schildert den Fall aus ihrer Sicht.
*Also, das war so, Herr Gerichtspräsident: Meine
Freundin und ich sind Berufskolleginnen. Fleißig,
strebsam und −* Das weitere geht im Gelächter der
Zuhörer unter.

Salomo bimmelt, ruft: *Ihr seid hier nicht im
Theater! Wenn noch mal gelacht wird, laß ich das
Freie räumen!* Und zur Klägerin: *Bitte erzähle
weiter.*

*Wir haben ein Appartement zusammen. Man spart
Miete und auch Bettwäsche und so. Als wir jetzt
schwanger waren und nichts mehr verdienen konnten, mußten wir von der Fürsorge leben. Ist ja keine Schande nicht, oder?*

*Komm endlich zur Sache! Es sind heute noch neun
Verhandlungen angesetzt,* bremst Salomo den Rede-
fluß der Horizontalen.

Gewiß, Euer Ehren! Die Klägerin reißt sich am
Riemen. *Als es soweit war, bekam ich einen kleinen
Sohn. Drei Tage später brachte meine Freundin
einen Jungen zur Welt. Meiner war natürlich viel
hübscher!*

Lüge! schreit die Beklagte.

*Noch einen solchen Zwischenruf, und ich muß dich
zu einer Ordnungsstrafe verurteilen!* droht Salomo
der Beklagten.

Die Klägerin erzählt weiter: *Eines Nachts muß
meine Freundin versehentlich ihr Kind im Schlaf
erdrückt haben. Kein Wunder, bei ihrem Gewicht!
Jedenfalls war es am anderen Morgen tot. Aber es
lag nicht in ihrem, sondern in meinem Arm! In
ihrem Bett lag mein Junge − und zwar lebendig!
Zum Glück hatte ich mir meinen süßen Schreihals
oft genug betrachtet, daher sah ich sofort, daß die
kleine Leiche nicht mein Sohn war. Meiner war der
Wonneproppen in ihrem Bett!*

Lüge! schreit die Beklagte erneut. *Der lebende ist
mein Sohn; der tote ihrer!*

Du bist es, die lügt! schreit die Klägerin zurück. *Ich werde doch wohl mein Kind kennen! Das lebende ist meins; das tote deins!*

Du elende Schlampe! Mein Baby lebt! Deins ist das tote!

Hin und her geht der Streit. Es fehlt nicht viel, daß die Stricherinnen sich gegenseitig die Haare ausreißen. Bis Salomo dem Gezeter ein Ende macht. *Ruhe, ihr beiden!* donnert er und rückt sein Barett gerade. Dann winkt er den Gerichtsdiener zu sich: *Ein Schwert! Aber beeile dich!*

Der Platzwachtmeister stellt sein Schwert zur Verfügung. *Scharf wie Chilisauce, Majestät!*

Gut! Nimm das Streitobjekt, ich meine das Kind da, und teile es der Länge nach in zwei Hälften. Die linke Hälfte bekommt die Klägerin, die rechte die Beklagte.

Da schreit die Klägerin entsetzt auf: *Nein, bitte nein, Herr Richter! Lieber verzichte ich! Gib meiner Freundin das Kind!* Sie kann vor Tränen kaum weitersprechen. *Nur nicht töten,* stammelt sie, *bitte nicht töten...*

Kommt ja gar nicht in Frage! keift die beklagte Hure. *Das Kind wird in zwei Stücke geteilt! Eins für dich, eins für mich! Damit jeder was davon hat!*

Salomo wartet, bis Ruhe herrscht. Dann erhebt er sich von seinem Richterstuhl, setzt das Barett ab und verkündet sein salomonisches Erstlingsurteil: *Das Kind wird der Frau zugesprochen, die darauf verzichtet hat, denn sie ist die leibliche Mutter desselben. Die Beklagte ist schuldig und trägt die Kosten des Verfahrens. Wäre sie die Kindesmutter, würde sie nicht seinen Tod gewünscht haben. Die Sitzung ist geschlossen!*

Die Nachricht von dieser spannenden Gerichtsverhandlung verbreitet sich mit orkanartiger Schnelligkeit in ganz Israel. Bald ist der weise Urteilsspruch in jedermanns Munde. Woher der junge König das nur hatte, diesen Nerv fürs Unterschwellige im Volk? Findet die Lösung sozusagen im Traum, der Salomo...!

Wie wahr!

126

WIE MAN GROSSE SPRÜCHE MACHT
1 Könige 4, 5

Von Woche zu Woche sitzt Salomo fester im Sattel, im Sessel. Er beruft die klügsten Köpfe in den Staatsdienst und knobelt mit ihnen ein gescheites System aus, das ihm regelmäßige Einnahmen garantiert. Er teilt sein Land in zwölf Kreise ein und ernennt zwölf Kreisleiter, die für seine Hofhaltung sorgen müssen. Jeder einen Monat lang. Das hört sich läppisch an, ist es aber nicht, denn für besagte Hofhaltung benötigt Salomo an jedem Tag, den der GROSSE BOSS läßt werden, 30 Sack Weizenmehl, 60 Zentner Gerstenmehl, 10 Mastochsen, 20 Weidelandkühe und 100 Schafe. Ganz zu schweigen von den Hirschen, Rehen und Gazellen und den Unmengen von gemästetem Federvieh! So groß und verfressen ist der Regierungsapparat.

Aber den braucht er auch. Er herrscht schließlich über sämtliche Fürstentümer vom Euphrat bis zur ägyptischen Grenze. Und da er mit seinen Nachbarn in Frieden lebt, können sich Juda und Israel so sicher fühlen wie in Abrahams Schoß. Ein jeder sitzt unter seinem Feigenbaum oder neben seinem Weinstock und läßt den GROSSEN BOSS einen feinen Kerl sein.

Salomo wird dabei immer weiser. Selbst bei allerhöchster Protektion ist das nicht verwunderlich, wenn man bedenkt, wieviel Zeit er für Kultur und Bildung hat. Er pflegt seinen Geist und seinen Verstand, bis er klüger ist als alle Orientalen.

Dazu kommt, daß er ein begabter Schriftsteller ist. Als er sein Talent zur Schreibe entdeckt, legt er kaum noch den Rebhuhnkiel aus der Hand. Insgesamt dichtet er an die 3000 Sprüche und Lieder, von denen später böse Zungen behaupten werden, etliche seien fremden Lyrikbänden entnommen und lediglich auf israelitische Gemüter umfunktioniert worden.

So gut wie alles bedichtet er: die Zedern vom Libanon und die Ranken am Gemäuer; die Vierbeiner so gut wie die Vogelwelt; die Kriechtiere ebenso wie den Fischreichtum der Meere. Nichts ist ihm zu profan, als daß er ihm nicht wenigstens einen Vierzeiler widmet. ‚Wer andern eine Grube gräbt, fällt selbst hinein!' ist einer seiner Gedankensplitter.

Des Königs literarischer Ruhm dringt weit über die Landesgrenzen hinaus. Bald kommen die Abgeordneten ausländischer Schriftstellerverbände angereist, um ihm ihre Reverenz zu erweisen und Abschriften für Raubdrucke abzuschmeicheln.

Salomos Weisheit ist wirklich einmalig: Er lehnt es sogar ab, Präsident des PEN-Clubs zu werden.

127

ALLES IST EITEL
Prediger 1—4, 7—9, 12

D es vielen Büchermachens ist kein Ende, sagt Salomo lächelnd und überreicht seinem Schönschreiber ein neues Manuskript. Gib dir Mühe, bittet er. Ich möchte, daß es noch in vielen tausend Jahren zu dechiffrieren ist, obwohl es den Lesern auch dann nichts Neues verraten wird. Es gibt nichts Neues unter der Sonne. Wenn einer sagt: ‚Schau her, das ist neu', so ist das im Grunde immer etwas Uraltes. Alles ist schon mal dagewesen.

Salomo begibt sich an seine Regierungsgeschäfte, die ihn lange nicht so interessieren wie sein Poetisieren und Philosophieren. Im Kopierraum aber sitzt der Schriftmaler über dem neuen Manuskript und kann sich nicht satt daran lesen. Das wird ein Bestseller, murmelt er immer wieder vor sich hin. Dabei ist es gar kein Krimi. Bloß schön und gescheit dazu. Auch ein bißchen traurig, wie alles Wahre, Gute und Schöne.

‚Alles ist eitel', beginnt das Manuskript, ‚nichts ist wichtig. Nichtig und Nonsens sind Leben und Tun. Was hat der Mensch für einen Gewinn von all

seiner Mühe unter der Sonne? Generationen werden geboren, sterben und werden geboren, nur die
Erde bleibt immer dieselbe. Die Sonne geht auf und
geht unter; der Wind weht mal von Nord, mal von
Süd. Alle Flüsse fließen zum Meer; aber das Meer
wird nicht voller. Kein Gespräch findet ein Ende;
kein Auge sieht sich satt; kein Ohr wird voll vom
ewigen Hören. Was war, es kommt wieder; was man
tat, man tut es von neuem. Es wiederholt sich alles.
Ich sehe an alles Tun unter der Sonne und finde es
sehr sinnlos, unwichtig, nichtig: ein Haschen nach
Wind!

Ich maße mir an zu behaupten: Kein König vor
mir hatte vermutlich mein Wissen, mein Können.
Vieles hab ich gesehen, manches verstanden. Als
ich aber anfing, Weisheit und Torheit miteinander
zu vergleichen, merkte ich schnell: Auch die Weisheit ist nichtig, ein Haschen nach Wind. Je weiser
der Mensch ist, um so stärker empfindet er die Ab-
gründe des Menschen. Dieses Erkennen betrübt.
Wer viel weiß, dessen Leid ist groß.

Deshalb beschloß ich, das Leben leichter zu nehmen. Ich suchte die Freude, aber ich fand das Lachen bald albern, ein Selbstbetrug. So wie auch die
Freude nichts einbringt außer ein paar schöne Stunden. Nichts ist von Dauer, alles ist nichtig, ein Haschen nach Wind.

Danach versuchte ich es mit Wein; vielleicht daß
der Rausch... Oh, Torheit, oh, Tollheit! Nur kurz
dauert der Zustand in der Schwebe, das Erwachen
ist gräßlich. Denn das Leben ist kein Rausch! Es ist
nichtig; ein Haschen nach Wind.

Ich habe mir Sänger und Sängerinnen geholt
— hot, sweet and cool —, und mag's nicht mehr hören. Was sind das für klägliche Texte! Und lullen
sie auch ein für kurze Zeit, dahinter kommt das Erwachen und die Erkenntnis: Alles ist nichtig, ein
Haschen nach Wind.

Frauen hab ich in Hülle und Fülle, die Wonne
aller Männer, und besitze sie doch nicht. Nicht wie
zehntausend Schafe, nicht wie Silber und Gold, von
dem meine Schatzkammern schier bersten. Frauen

können ärger sein als der Tod. Netze werfen sie über dich – wie willst du ihre Garne entwirren?

So bin ich denn groß, reich und mächtig; mehr als jeder meiner Vorgänger habe ich Schätze angehäuft und Wissen dazu; nie habe ich mir etwas versagt. Aber wenn ich nun alles ansehe, was ich geschaffen habe, und die Mühe bedenke, die das alles gemacht hat, dann muß ich sagen: Alles ist nichtig, ein Haschen nach Wind. Sinnlos ein jeder Gewinn! Weiß ich, was mein Nachfolger damit tun wird?!

Vergleiche ich Weisheit mit Dummheit – wie das Licht mit der Finsternis –, so sehe ich, daß beide das gleiche Schicksal erleben. Deshalb überlege ich: Warum eigentlich trachte ich nach Weisheit, wo es mir doch wie dem Dummen ergehen wird? Herr Klug und Herr Blöd sterben denselben Tod, sterben wie das liebe Vieh! Haben ja auch alle drei den gleichen Atem; sind aus Staub gemacht und finden den Weg zurück in den Staub.

Wer vermag zu sagen, daß des Menschen Atem nach oben und der des Viehs nach unten geht...

Sind die Toten nicht glücklicher als die Lebenden? Sind nicht am glücklichsten die Ungeborenen überhaupt? Sie brauchen das Übel unter der Sonne gar nicht erst zu sehen, nicht den Neid, die Eifersucht, nicht die Nichtigkeit und das Haschen nach Wind. Sie sehen nicht die Tränen der Unterdrückten, sie hören nicht die Flüche der Ausgebeuteten, und es ist ihnen erspart, vielleicht allein bleiben zu müssen im Leben.

Wehe dem Einsamen! Niemand hilft ihm auf, wenn er hinfällt. Niemand wärmt ihn im Bett. Zwei halten mehr aus als einer, wieviel mehr noch eine dreifache Kordel. Nichts Besseres hat der Mensch unter der Sonne, als mit dem anderen essen, trinken und fröhlich sein. Tragt schöne Kleider! Macht euch ein bißchen hübsch füreinander! Genießt das Leben mit dem Menschen, den ihr liebt! Alles andere ist nichtig, ist ein Haschen nach Wind. Liebe ist der bessere Teil eures Lebens! Liebe ist der Lohn all eurer Mühe! Denn du kennst deine Zeit nicht, o Mensch!

Alles im Leben hat seine Zeit und seine Stunde. Geborenwerden hat seine Zeit wie das Sterbenmüssen; das Setzen der Keimlinge wie die Obsternte; Weinen hat seine Zeit und das Lachen auch. Klagen und Tanzen, Umarmen und sich Trennen, Suchen und Verlieren, Streit und Versöhnung, alles hat seine Zeit; wie das Schweigen und das Reden, wie Lieben und Hassen, wie Krieg und Frieden — hat alles, alles seine Zeit.

Sagt nicht: Früher war alles besser! Es stimmt nicht. Seid fröhlich an guten Tagen und überlegt an schlechten, daß den einen wie den anderen ein Höherer als wir gemacht hat: Der GROSSE BOSS einer sehr törichten Menschheit.'

Bis hierher hat Salomos Schönschreiber das königliche Manuskript überflogen. *Unser Regierender ist ein Genie!* murmelt er vor sich hin. Dann spitzt er hundert Federkiele an und öffnet die letzte Sendung aus Byblos, einem Ort im Libanon. Sie enthält sortierte Blätter der dort wuchernden Papierstaude.

Wer jetzt noch nicht weiß, warum die Bibel Bibel heißt...

128

GOLDTEMEPEL IM MONTAGEBAU

1 Könige 5—7; 1 Chronik 29

Wieder einmal ist ein Staatsbesuch angesagt. Botschafter aus Tyrus kommen mit Grüßen und Geschenken von ihrem König Hiram, der schon mit David befreundet war. Sie sind von dem Pomp an Salomos Hof ebenso beeindruckt wie vom König selbst. Sympathischer Mensch! Hatte allerlei auf dem Kasten und im Köpfchen! Zum Abschied gibt Salomo ihnen einen Brief an ihren König mit.

‚Hochverehrter Herr Kollege!' beginnt das Rollschreiben. ‚Wie Du Dich sicher noch erinnern kannst, war es meinem Vater infolge ständigen Kriegführens nicht vergönnt, zu Ehren unseres GROSSEN BOSSES einen Tempel zu bauen. Ich hingegen lebe seit Regierungsantritt mit meinem Volk in Frieden, und nichts deutet auch nur annähernd auf einen künftigen Krieg hin. Ich beabsichtige deshalb, etwas für das notleidende Baugewerbe zu tun. Zuerst kommt ein Tempel dran, diesbezüglich bereits meinem seligen Vater geweissagt worden ist, daß ich ihn errichten werde.

Meine Bitte an Dich, hochverehrter Freund, ist folgende: Ich benötige für meine diversen Vorhaben gewaltige Mengen von Bauholz. Könntest Du mir Zedern vom Libanon, Zypressen u. a. liefern? Vielleicht im Tausch gegen Weizen und kalt gepreßtes Öl? Außerdem möchte ich Dich bitten, mir einige Bautrupps von tüchtigen Zimmerleuten zu vermieten. Ich zahle selbstverständlich Spitzenlöhne! Meine Arbeiter, die nicht soviel von der Holzverarbeitung verstehen wie Deine phönizischen Spezialisten, stünden Dir für den gemeinsamen Holzeinschlag kostengünstig zur Verfügung.'

Als König Hiram den Brief Salomos gelesen hat, sagt er anerkennend: *Dieser GROSSE BOSS ist 'ne Wucht! Ausgerechnet den weisen Salomo läßt er über dieses volkreiche Volk herrschen! Wo der Kollege das nur herhat? Sein Vater David, so bezaubernd er war, hat eigentlich nur zwei Hobbys gehabt: Kriegführen und Kindermachen.*

Was das letztere betrifft — aber greifen wir nicht vor. Interessieren wir uns erst mal für König Hirams postwendende Antwort.

,Lieber Freund und König! Gern erfülle ich Dir Deine Wünsche bezüglich Bauholz und Facharbeitern. Ich werde sogleich aus Zedern- und Zypressenstämmen große Flöße bauen und von Spezialisten die Küste entlangschippern lassen. Bitte teile mir mit, in welcher Hafenstadt sie das Holz anlanden sollen, damit Du es dort abholen lassen kannst. Wenn Du dann Deine volkseigenen Holzfäller zum Libanon schickst, könnten sie gleich die angebotenen Tauschobjekte mitbringen.

Mit gleicher Post übersende ich Dir einen Vorschlag für einen Gewaltverzichts- und Freundschaftsvertrag in sieben Ausfertigungen. Wenn Du

damit einverstanden bist, brauchst Du ihn nur durch
Deine Unterschrift und Dein Siegel zu ratifizieren.
In diesem epochemachenden Sinne bin ich mit vorzüglicher Hochachtung Dein Hiram, König von Phönizien.'

Salomo akzeptiert hocherfreut Tauschgeschäft und
Freundschaftsvertrag. 20 000 Sack Weizen und 20 000
Eimer gepreßtes Pflanzenfett treten jedes Jahr die
Reise nach Tyrus an. Dafür schwimmen gewaltige
Flöße das Mittelmeer hinunter und werden auf is-
raelitischem Boden auseinandermontiert.

Zum Holzfällen schickt Salomon 30 000 dienstver-
pflichtete Männer — in drei Etappen — zum Libanon: Jeweils 10 000 arbeiten einen Monat lang in
den Wäldern, anschließend machen sie zwei Monate
Urlaub zu Hause.

70 000 Lastträger und 80 000 Steinbrucharbeiter
werden mobilisiert. 3300 Vorarbeiter und Aufseher
treiben die Heim-Arbeit zügig voran. Und die Steinmetzen metzen und metzen...

Im vierten Jahr nach seiner Thronbesteigung beginnt Salomo den Tempelbau. Da alle Steine — darunter überaus kostbare — und sämtliches Bauholz
bereits als Fertigteile angeliefert werden, kommen
bei der Errichtung am Bau selbst weder Hammer
noch Beil zur Anwendung. Alles wird gefugt, ver-
schränkt, gepflockt, notfalls mit dem Holzhammer,
denn Eisen darf — seit Mose — nicht ans Heiligtum
ran.

Aber Gold! Nachdem sämtliche Wände des viel-
zimmrigen, weitläufigen Tempelbaus mit den erlesenen Hölzern getäfelt sind, werden das Allerhei-
ligste und andere sakrale Räume mit Goldblech
verkleidet. Auch der Altar ist aus Gold. Der Tisch
für die Brote, die zehn siebenfingrigen Armleuch-
ter, die Dochtscheren, die Schalen, Messer und Löffel, Becken und Pfannen, selbst die Türangeln:
lauter lauteres Gold!

Hunderte von Künstlern — Steinbildhauer, Holz-
schnitzer, Kupferschmiede, Wappenstecher und viele
andere noch — sind jahrelang an der Arbeit. Tonnen
von Steinen aus Onyx, von Platten aus Marmor,

Millionenwerte an Edelsteinen werden verarbeitet. Der Tempel wird nicht nur schön und kostbar, er wird unvergleichlich unter seinesgleichen. Was sollen da Zahlen! Wen kümmern hinterher noch die paar Gramm Edelmetall! Rund 8000 Zentner Gold, 850 000 Kilo Silber und 9000 Tonnen Kupfer werden verbaut, und das spendende Volk ist sogar fröhlich während der sieben Jahre. So lang nämlich dauert es, bis der Tempel für den GROSSEN BOSS endlich fertig ist.

Gleichzeitig wächst auch Salomos Palast höher und höher. Dreistöckig, kostbare Parkettböden, alles getäfelt. Genauso wie das Traumhaus, das er für seine erste Frau, die Tochter des Pharao, bauen läßt. Genauso wie das Gerichtsgebäude, in welchem er seine weisen Urteile fortzusetzen gedenkt. Genauso wie die fünfzig Meter lange Aula für Konferenzen, Ausstellungen und literarische Abende. Genauso wie...

Wenn von einem Regenten behauptet werden darf, er sei ein großer Baumeister: Salomo ist einer! Das walte der GROSSE BOSS!

129

ALLER HIMMEL HIMMEL FASSEN DICH NICHT

1 Könige 8

Von der Einweihung des Tempels in der Stadt Davids wird man noch in Jahrtausenden sprechen. Nicht wegen der Pracht, mit der die Bundeslade aus dem Stiftszelt in das gewaltige Heiligtum gebracht wird. Auch nicht wegen der unzähligen Schafe und Rinder, die Salomo dem GROSSEN BOSS als gemeinsames Dankopfer im Namen des ganzen Volkes darbringen läßt. Und auch nicht wegen der vielen Vertreter fremder Königreiche, die daran teilnahmen. Es sind die schlichten Worte, die Salomo vor seiner Gemeinde spricht, die nur zu einem Bruchteil im Tempelinneren Platz gefunden hat. Deshalb hängen auch sämtliche Türen weit offen in ihren goldenen Angeln, als Salomo beginnt.

Der GROSSE BOSS hat die Sonne an den Himmel gestellt und will dennoch im Dunkeln wohnen. Ich aber habe ihm ein Haus gebaut, eine Wohnung für seinen Namen.

Salomo kniet nieder und hebt die offenen Hände gegen die goldene Decke über dem goldenen Altar.

Oh, GROSSER BOSS, ich weiß, der Himmel und aller Himmel Himmel fassen dich nicht. Wie sollte es also dieser Tempel tun, den ich dir gebaut habe! Aber du hast zu meinem Vater David gesagt, ich dürfe dir ein Haus, dürfe deinem Namen ein Haus bauen. So nimm es also zu eigen aus der Hand deines kläglichen Baumeisters. Gönne ihm ab und zu einen freundlichen Blick; höre zu — sooft du kannst —, wenn dein Volk zu dir fleht oder ich selbst: Ein König, der doch nur ein Stümper ist gegen dich. Leih uns dein Ohr, wo immer auch du wohnen magst.

Wenn einer von uns sündigt und es hier ehrlich bereut und dich bittet, ihm zu verzeihen, so wolle ihm gnädig sein im Verhältnis zu seiner Schuld und der Aufrichtigkeit seiner Reue. Laß uns dich fürchten, aber mach uns keine Angst vor dir. Gehorsam wollen wir dir sein, doch wolle du keinen Kadavergehorsam von uns, deinem Volk. Habe ein Herz für unser Gebet, sooft wir dich anrufen. Sei geneigt den Fremden, die deinen Namen hören und kommen werden, um deine Freundschaft zu gewinnen. Sei gnädig, wo wir Kummer machen. Du hast uns doch erwählt aus allen Völkern der Erde; so wolle dein Verzeihen größer sein als dein Zorn. Und, daß ich Bitternis ahne in einer fernen Zeit, das vergib, GROSSER BOSS, deinem Zweifler.

Salomo erhebt sich, tritt vor den Altar, breitet segnend die Hände über der ergriffen schweigenden Menge aus und spricht:

Gepriesen sei er, der GROSSE BOSS, der seinem Volk Israel endlich den versprochenen Frieden gegeben hat. Er möge unsere Herzen öffnen, daß wir seinen Willen begreifen und erfüllen; denn da ist

kein anderer Gott in der Welt als der GROSSE
BOSS. Oh, wäre es doch, daß er jedes meiner Worte
gehört hat! Mögen andere zu Ihwe beten, zu Jahwe
oder zu Wishnu — mögen sie Buddha anrufen oder
Adonaj oder Krischna — sie meinen immer nur ihn.
Sein Haus hat viele Fenster; viele Türen führen
in sein Reich! Aber der alleinige Herr der Welt ist
der GROSSE BOSS...

Damit ist die feierliche Einweihung beendet. Der
anschließende, inoffizielle Teil dauert sieben ganze
Tage. Ein Volksfest, eine Freudenwoche! Ein einziger Jubel liegt über der Bilderfibellandschaft, von
der Grenze Hamaths bis runter nach Ägypten. Außer
22 000 Rindern werden über 100 000 Schafe am Spieß
gebraten und verzehrt. Und alles auf Staatskosten.

130

DIE QUEEN VON SABA
KNOBELT NACHTS
1 Könige 9, 10

Oh, wäre es doch, daß er jedes meiner Worte gehört hat, sagte Salomo über den GROSSEN
BOSS bei der Tempeleinweihung. Nun — er hat! Er
erscheint dem weisen König erneut im Traum, grad
wie damals auf dem Gipfel in Gibeon.

Ich habe selbstverständlich gehört, was du zu mir
und über mich gesprochen hast. Klang alles sehr
vernünftig und glaubhaft. Ich werde deshalb die
Ehrung annehmen und meines Namens Haus nicht
mehr aus den Augen lassen. Das gilt aber nur so
lange, wie du meine Gebote und Gesetze einhältst!
Dann kannst du König bleiben. Auch für deine
Nachfolge — immer aus dem Geschlecht deines Vaters — werde ich sorgen. Wie gesagt — wenn! Falls
allerdings du und deine Untertanen Sperenzchen
machen, womöglich sogar fremden Götzen nachlaufen und sie anbeten, dann ist Matthäi am Letzten
mit euch.

Bitte, wer ist Matthäi am Letzten? Ich kenne ihn nicht mal am Ersten? fragt Salomo schlaftrunken.

Ein Anachronismus. Ich plane für Jahrtausende, mein Lieber. Dich soll im Moment nur interessieren, daß ich dein Volk bei Ungehorsam samt meidem Tempel zum Tempel rausjagen und von der Erde vertilgen werde. Die ganze Welt wird sich kringeln vor Lachen und höhnen: ‚Seht mal, was der GROSSE BOSS mit dem reichen Volk und dem teuren Tempel gemacht hat!' Andere werden frohlocken: ‚Das geschieht ihnen recht! Warum sind die Idioten ihrem Wohltäter nicht treu geblieben?!'

Wie gesagt, noch ist für dich und deine Hintersassen alles drin! Mach's gut, Salomo! Übrigens, wie bist du mit deiner Weisheit zufrieden?

Sie wird leider ziemlich strapaziert. Gerade hat sich die Königin von Saba zu Besuch angemeldet. Sie hält mich anscheinend für einen Quizmaster!

Das stimmt nur zum Teil. Unterwegs ist die Königin samt Gefolge zwar, aber nicht, um sich von Salomo Fragen stellen zu lassen, sondern umgekehrt, um seinen Intelligenzquotienten zu testen. Salomos Ruf ist mittlerweile schon legendär; nun will sie es wissen, ob da einer ist, der mehr Grips hat als sie.

Deshalb erscheint sie nicht nur mit einem Haufen kniffliger Rätselfragen, sondern auch mit einer Transportkarawane voll Haupt- und Trostpreisen: 120 Zentner Gold, Säcke voll Edelsteinen, völlig unbekannte Gewürze.

Die weitgereiste Königin ist ein attraktives Geschöpf. Salomo läßt sie keinen Moment aus den Augen, als er ihr die Mitglieder seiner Regierung der Reihe nach vorstellt. Allein seine Ressortaufteilung nötigt der Königin schon Anerkennung ab. Auch über die Uniformen der Militärs, die Livreen der Lakaien und die ganze Form des höfischen Protokolls zeigt sie sich begeistert.

Na und dann der Tempel! Die Namensvetterin späterer Zigarettenmarken ist überwältigt. Sie nimmt an einem Brandopfer teil — nur als Zuschauer, nicht als Mitesser — und wird recht schweigsam. Das imponiert ihr irgendwie und überzeugt sie emotional von der Existenz eines GROSSEN BOSSES.

Es ist tatsächlich wahr, was ich in Arabiens Süden von deinen Taten und deinem Reichtum gehört habe, Sahib Salomo, Löwe Judas! Ich sehe, du bist Milliardär. Da kann ich nur sagen: Glücklich, wer dein Freund ist!

Das ist für Salomo das Stichwort. *Ich würde mich glücklich schätzen, dein Freund sein zu dürfen, Kollegin Queen!* scharwenzelt er, denn sein Besucher hat nicht nur rabenschwarze Haare, die Dame ist auch Ausländerin. Für beides hat er ein Faible. Item flirtet er.

Doch die Königin von Saba ist keine billige Willige. Sie lächelt zwar vielversprechend, stellt ihm aber erst mal die vorbereiteten Denksportaufgaben. *Was ist das?* fragt sie zum Beispiel, *es ist rot und kommt immer wieder!*

Ein Paradiesapfel klebt am Schöpfrad! kommt, wie mit der Armbrust geschossen, die Antwort des Weisen.

Dieses unterhaltsame Spielchen treiben sie tagelang. Nächtelang! Kein Wunder, daß beide morgens immer sehr müde sind. Nachdem sie solchermaßen ein paar Wochen lustiglich miteinander gequizzelt haben, verabschiedet sich der zeitvertreibende und schlafraubende Gast herzlich und reich beschenkt.

Wie ich die Menschen beneide, die sich deiner Weisheit jederzeit erfreuen dürfen! Sie lächelt sexy: *Dein nächtliches Knobeln wird mir sehr fehlen, mein Freund!* Sie wird wieder sachlich: *Gepriesen sei dein GROSSER BOSS, der einen solchen Alleskönner auf Israels Thron gesetzt hat!*

Als sie in ihre Sänfte gehoben wird, weiß sie bereits, daß sie guter Hoffnung ist. Nur noch nicht, daß sie die Lösung aller Denksportaufgaben einmal Ebna Hakim — ,Sohn des Weisen' — nennen wird, der als Menelek I. Stammvater des äthiopischen Kaiserhauses werden soll. Jahrtausende später wird ein gewisser Negus Kaiser von Äthiopien sein und stolz den Titel ,Löwe von Juda' tragen. Bis er wegen Veruntreuung und Ausbeutung dem Fortschritt zum Opfer fällt.

Salomo winkt der rassigen Königin von den Sandelholzstufen seines Palastes lange nach, weil beide so schön sind: die Königin aus Saba und seine Treppe aus Sandelholz.

131

PECUNIA NON OLET ODER DER DUFT DES GOLDES

1 Könige 10

Nachtrag zur Sandelholztreppe: Salomo ist aus gutem Grund auf das Holz stolz. Der bislang unbekannte Baum wurde von ihm entdeckt und in Israel eingeführt. Doch gehen wir chronologisch vor:

Zuerst hat der König die Idee, sich im Golf von Akaba eigene Schiffe bauen zu lassen, die er mit erfahrenen phönizischen Seeleuten bemannt und aufs Meer hinausschickt. Alle drei Jahre kommen sie in den Heimathafen zurück. Was dann aus den Ladeluken zutage gefördert wird, ist wahrhaft einmalig. Von der ersten Ausfahrt bringen die Fregatten 666 Zentner Gold mit! Und besagtes Sandelholz, für das es vielerlei Verwendung gibt.

Erstens riecht es gut: Die Sandelholzseife wird erfunden. Zweitens glimmt es glänzend: Räucherstäbchen erblicken das Licht der blauen Stunden. Drittens verarbeitet es sich hervorragend: daher die Treppen und Säulen in Tempel und Palast. Und viertens klingt es bestens: Die Instrumentenmacher zahlen die höchsten Preise dafür. Schon protzen prominente Tafelmusiker: *Ätsch, ich hab 'ne echte Sandelvari!*

Doch nicht nur vornehme Leute — gelegentlich auch Bohemiens — profitieren von Salomos Wirtschaftswunder. Bald ist Silber selbst den Minderbemittelten so alltäglich wie der Stein am Wegrand, Zedernholz erschwinglich wie 'n wilder Feigenbaum.

Die Palastpolizisten werden zum Schutz gegen mögliche Demonstranten mit kiloschweren Schilden aus purer Weltwährung ausgerüstet.

In dieser Zeit der Goldschwemme entsteht auch Salomos neuer Königsthron. Er ist gänzlich aus Elfenbein und zusätzlich mit Gold überzogen. Natürlich legt der Herrscher beim Thron ein Kissen unter seinen souveränen Hintern; so weich ist selbst achtzehnkarätiges Gold nicht. Bevor er sich jedoch überhaupt setzen kann, muß Salomo erst sechs Stufen zu seinem Thron emporsteigen. Dabei plienschen ihn ebensoviel stramme, kunstvoll geschnitzte Berberlöwen an. Zwei weitere Wüstenkönige bewachen den Lehnstuhl von der Seite. Von den beiden Säulen der Rückenlehne stieren ihn zwei Stierköpfe an. Noch nie hat ein König inmitten einer solchen Menagerie gestuhlt und mit goldenen Pokalen zugeprostet.

Apropos Menagerie! Salomos Schiffe bringen außer so prosaischen und toten Dingen wie Gold auch Lebendiges von ihren Fahrten mit: Affen; possierliche Tierchen, bei deren Anblick den König ein dumpfes Ahnen möglicher Ahnen überkommen will.

Außerdem stolzieren prächtige Radschläger durch den Hofgarten; Pfaue, deren Federn bald modisches Accessoir werden.

Im Hofhof aber schnauben herrliche Rösser, schäumen auf der Trense, knabbern am vergoldeten Zaumzeug. Die Pferde sind aus Ägypten importiert. Das Stück zu 400 Silberlingen. 12000 Gespanne braucht Salomo für den Eigengebrauch. Dann macht er aus seinem königlichen Gestüt eine weitere Goldgrube. Bald werden die Araber zum beliebten Exportartikel.

Bedenkt man noch die Steuereinnahmen aus den zwölf Kreisen, in die das Land aufgeteilt ist, und vergißt man auch nicht die Honorare aus den königlichen Spruchweisheiten, die Salomo bei jedem Staatsbesuch verzapfen muß und wofür man ihn mit wertvollen Geschenken überhäuft – also dann muß man sich ernstlich fragen, wie er wohl den nächsten Winter übersteht.

WENN TAUSEND SCHLANGEN
SCHLANGE STEHN

1 Könige 11

S alomo ist reich, noch reicher, am reichsten. Aber ist er auch glücklich? So glücklich, wie der Ärmste reich ist? ‚Sei ein Mann', hat der alte David auf dem Sterbebett zu seinem Sohn gesagt. Vielleicht erklärt es sich daraus, daß er in anderen Größenordnungen denkt als seine Vorgänger. So wie er im Geldausgeben nicht kleinlich ist, so großzügig ist er auch bei der Befriedigung seines Menschlichen.

Weghören, die manisch monogamen Damen... Salomo legt sich klein bei klein 700 Frauen zu; Hauptfrauen, die er zu Fürstinnen ernennt. Doch was bedeuten schon 700 Frauenschöße für einen großen Menschen! Als kluger Mathematiker errechnet er, daß er sich damit 1400 Brüstchen, 16 800 Rippchen und 22 400 Zähnchen zugelegt hat. Immer diese krummen Zahlen! Die Rechnung geht glatter, wenn er seine 300 Konkubinen mit einbezieht, die ihm ebenfalls die Nächte versüßen. Wo dem seligen David ein Taschenkalender genügt, braucht Salomo ein Kalendarium von Telefonbuchformat. Da hierzulande auch die dicksten Wälzer gerollt sind, studiert Salomo eifrig seine Rolle.

Dieser salomonströse Harem hat nur einen gewaltigen Schönheitsfehler: Alle Damen stammen aus dem Ausland! Aus Moab und Ammonien, aus Edom und Arabia. Libanesinnen sind darunter und Antilibanesinnen, Türkinnen und − und − und alle schwarzhaarig. Letzteres ist freilich Geschmackssache, und Hebräisch lernen die Damen schnell. Manche sogar Lesbisch. Leider aber widerspricht die salomonische Vorliebe für auswärtige Puppen den Weisungen des GROSSEN BOSSES. ‚Ihr sollt nicht mit solchen verkehren!' hat er die Israels damals durch Papa Mose wissen lassen. ‚Sie werden eure Herzen fremden Göttern zuneigen, nämlich ihren Heimatgötzen!'

Mach mal was, wenn du verliebt bist, und das ist der König tausendfach, im wahrsten Sinne des Wortes. Jede einzelne, die mit seinen königlichen Gliedmaßen Bekanntschaft macht, wird von ihm geliebt. Es sei denn, sie hat Ladehemmung. Dann wird sie, wenn die Reparatur sich nicht lohnt, zurückgeschickt. Nach Moab, nach Amman, zu ihren Türken — siehe oben...

Anscheinend ist der GROSSE BOSS anderweitig beschäftigt; in China beispielsweise, wo auch Tempel gebaut werden. Nur so ist es zu erklären, daß Salomo — ohne ein Veto von oben — jeder seiner schwarzen Katzen ihren Lieblingsgötzen aufstellen kann. Die Mädchen von Ammon, um nur mal zu exemplifizieren, bekommen ihren greulichen Moloch. Wenn sie ihm opfern, begleitet sie der alternde Monarch. Was tut man nicht alles im letzten Herbst.

Da allerdings meldet der GROSSE BOSS Protest an. Das ging nun doch über die Hutschnur. *Bist du von allen guten Geistern verlassen, Salomo?* schimpft er. *Opferst dem Milkon, dem Kemosch und wem noch alles die schmackhaftesten Sachen! Von der Astarte will ich gar nicht erst reden, diesem Saustück von Götzin! Tut mir leid, du hast meine Gebote so gründlich mit Füßen getreten, daß ich dir leider dein Königreich wieder abnehmen muß.*

Salomo macht ein derart entsetztes Gesicht, daß der GROSSE BOSS sich eine anzügliche Bemerkung nicht verkneifen kann. *Nach allem, was geschehen ist, hast du die Weisheit nicht grad mit Löffeln gefressen. Ich will deshalb warten, bis dein Sohn Roboam alias Rehabeam dich abgelöst hat. Dem werde ich dann das Königreich abnehmen lassen. Mir schwebt da ein Mann aus deiner nächsten Umgebung vor... Naja, stirb du erst mal; ich hab genug von dir. Außerdem stinkt's hier wie in China, wo ich kürzlich war.*

Das kommt vom Sandelholz, murmelt Salomo.

Ich dachte, von deinen tausend Schönchen... Der GROSSE BOSS hat bei allem berechtigten Zorn immer ein kleines Scherzchen zur Hand.

GREISER WEISER AUF LEISER REISE

1 Könige 11

Seit ihn der GROSSE BOSS abgekanzelt beziehungsweise runtergethront hat, altert Salomo
schnell. Allerdings hat er dabei noch warme Tage
genug, um in jeder Beziehung fleißig zu dichten. In
dieser Zeit letzten Lenzes erhebt sich nämlich einer
seiner Fronvögte namens Jerobeam gegen ihn. Was
er an Salomo auszusetzen hat, kommt nie recht ans
Tageslicht, denn schon sein erster Aufstand wird
vereitelt. Der König läßt den Millo dichten, soll heißen, er läßt den Wall um die Davidsstadt zumauern;
Jerobeam und seine Handvoll Rebellen gucken in
die Fugen.

Der Fall interessiert Salomo. Nicht weil besagter
Jerobeam wider ihn ist — von der Sorte gibt es
etliche —, sondern weil der junge Mann ihm imponiert. Ein Stürmer und Dränger, der ohne Rücksicht auf Konventionen gegen das Alter aufbegehrt.
Er läßt ihn deshalb auf Schritt und Tritt über-
wachen.

Als erstes erfährt Salomo, daß der junge Mann
im Nebenberuf einer seiner besten Fronvögte ist. Da
ernennt er ihn kurz entschlossen zum Oberfronvogt
über den ganzen Stamm Joseph. Sozusagen zum
Erzvogt. Weiser geht's nicht; jetzt hab ich den Re-
voluzzer unter Kontrolle, denkt Old Salomo. Er irrt
sich sehr und folgenschwer.

Eines Tages ist Jerobeam mit Geschenken unterwegs, um mal wieder seine verwitwete Mutter zu
besuchen. Unterwegs trifft er den Propheten Ahia
aus Silo. *Schalom, Prophet! — Schalom, Erzvogt!*
Beide mustern einander. Der Prophet trägt einen
nagelneuen Mantel und Jerobeam eine gelangweilte
Miene zur Schau.

Plötzlich zieht Ahia seinen Mantel aus und reißt
ihn in Fetzen. *Was soll das?* wundert sich Jerobeam.
Der war doch bestimmt nicht billig!
Ahia lächelt und legt die Fetzen nebeneinander

in den Sand: zwei Ärmel, zwei Manschetten, zwei Kragenteile, ein Gürtel, ein Saum und vier Taschen. Summa summarum: zwölf Fetzen. *Nimm dir zehn Teile!* fordert der Prophet den Erzvogt auf.

Was soll ich damit? fragt Jerobeam kopfschüttelnd. *Bin ich ein Lumpensammler oder was?*

Das sind keine Lumpen, Herr Nachbar; das sind die zwölf Stämme des vereinten Israel. Der GROSSE BOSS hat beschlossen, Salomo das Königreich wegzunehmen und dir davon zehn Stämme anzuvertrauen. Den Rest soll Salomo für seinen Sohn Roboam behalten. Nimm also die zehn Fetzen an dich!

Wenn das so ist! Jerobeam hebt die Mantelteile auf. *Und warum ist dir Salomo jetzt theoretisch einen neuen Ulster schuldig?*

Der GROSSE BOSS hat gesagt: ,Weil Salomo mich verlassen hat und den albernen Götzen seiner ausländischen Haremsdamen nachgelaufen ist − weil er mißachtet hat, was mir wohlgefällt − weil er meine Gebote und Gesetze in den Dreck getreten hat −, deshalb wird Jerobeam seinem Sohn zehn Stämme wegnehmen. Der Rest bleibe Roboam, damit ich in Jerusalem wenigstens etwas Licht habe. Schließlich wohne ich dort zur Untermiete. Jerobeam aber soll Herrscher sein über ganz Israel − abzüglich Juda natürlich −, wenn er mir in allen Dingen gehorcht. Dann will ich mit ihm sein, wie ich mit dem Haus Davids war, das ich durch ihn zu blamieren gedenke.'

Diese Weissagung und die Bemäntelung derselben hat Jerobeams Gepäckträger mitgehört. Er hat nichts Eiligeres zu tun, als das Erlebte dem König brühwarm mitzuteilen. Der darob prompt außer sich gerät. Zum erstenmal hat er völlig danebentaktiert. Das bedeutet für den Erzvogt die Liquidation.

Aber der ist nicht umsonst der oberste aller Fronvögte. Auch ihm wird ofenheiß zugetragen, was Opa Salomo mit ihm vorhat. Ohne Adieu flieht Jerobeam nach Ägypten zu Pharao Sisak und wartet dort in aller Ruhe ab, bis Salomo seine letzte Reise antritt.

Das tut der greise Weise dann auch bald und dis-

kret. Nach einer erfüllten, vierzigjährigen Regierungszeit, in der er sein Land und sich selbst un-
glaublich reich machte, legt er sich zu seinen Vätern.
Hat ja auch lange genug bei seinen tausend Muttis
gelegen.

134

EIN VOLK, ZWEI REICHE,
ZWEI FÜHRER

1 Könige 12

Tod eines Monarchen! Das ist für jede Zeitung
ein gefundener Aufmacher. Auch in Ägypten,
wo der geflohene Erzvogt Jerobeam gerade mit Pharao Schoschenk I. — den er hebräisch Sisak nennt —
zum zweitenmal frühstückt. Kaum hat er die Nachricht in der Morgenrolle gelesen, bereitet er alles
für seine Rückreise nach Israel vor. Er hat keine
Ahnung, daß Salomos Sohn Roboam bereits so gut
wie auf dem Königsthron sitzt. Dessen Wahl ist
eigentlich nur noch eine Formalität. Zu diesem
Zweck muß Roboam allerdings nach Sichem reisen,
wo sich die Vertreter aller Stämme zur Vollver-
sammlung eingefunden haben.

Erzvogt Jerobeam erreicht die Stadt noch rechtzeitig genug, um von den Leuten zu ihrem Versamm-
lungsredner ernannt zu werden. Wie der Zufall so
spielt!

Bevor wir dich zum König wählen, beginnt der
Ägyptenheimkehrer, *möchte das Volk dir sein Beileid zu dem schweren Verlust aussprechen. Dein
Vater war ein großer Mann, der nur einen Fehler
hatte: Er hat seine Untertanen fürchterlich aus-
genutzt! Ich kann das beurteilen, denn ich war mal
oberster Fronvogt. Was die Leute zusammenge-
schuftet haben, geht auf keine Kuhhaut. Deshalb
fordern sie, daß der Frondienst ganz und gar ab-
geschafft wird. Sie verlangen bei Dienstleistungen
für das Herrscherhaus das Recht der freien Mit-*

bestimmung. *Dann wollen sie gern deine treuen Untertanen sein.*

Das Volk spendet Jerobeam reichlich Beifall. Der Rex in spe, Roboam, berät sich mit den alten, erfahrenen Ministerialbeamten seines verstorbenen Vaters. *Was soll ich tun? Bitte um Vorschläge!*

Es wächst der Mann mit seinem Amte, sagt man. Salomos Minister haben im Verlauf ihrer Regierungsmitarbeit eine ganze Menge von der Weisheit des Verblichenen mitbekommen. Ihr Rat ist einhellig: *Wenn du den Leuten in freundlichen Worten erklärst, du möchtest der erste Diener deines Reiches sein und würdest nichts Unbilliges von ihnen verlangen, werden sie dir zujubeln und gern deine ergebenen Untergebenen sein.*

Der Thronfolger sagt, er wolle darüber nachdenken. Doch anstatt das auch zu tun, ruft er seine gleichaltrigen Freunde zu sich und fragt sie: *Was soll ich machen, Boys? Die Leute wollen, daß ich die Arbeitsdienstpflicht abschaffe!*

Blödsinn! ist die einstimmige Meinung der jungen Radikalautokraten. *Sag ihnen, dein kleiner Finger sei dicker als deines Vaters Lenden. Salomo habe ihnen ein kleines Joch aufgebuckelt, du würdest sie in ein großes spannen. Dein Vater hätte sie mit Ruten geschlagen, du würdest sie mit Skorpionen züchtigen, wenn sie nicht parieren.*

Drei Tage drauf ist wieder Wahlversammlung. Höflich fragt der Sprecher Jerobeam nach der Entscheidung des Prinzen. Gespannt warten alle auf die Antwort. *Mein Vater mag einen dicken Hintern gehabt haben,* kolportiert der Prinz den Rat seiner Freunde, *aber meiner ist breiter. Er hat euch täglich zwölf Stunden arbeiten lassen, bei mir werden es fünfundzwanzig sein. Mein Vater hat euch den Po versohlt, von mir kriegt ihr den Arsch voll, wenn ihr nicht spurt!*

Der arme, kleine Gernegroß! Wenn er wüßte, daß ihm der GROSSE BOSS diese Antwort — freilich etwas gewählter — in den Mund gelegt hat! Und warum? Damit der Prophet Ahia seinen Mantel nicht vergeblich gezwölfteilt hat.

Die Versammlung hat einen Augenblick den Atem angehalten; jetzt toben die Wähler los: *Bourgois! Nazi! Wohl größenwahnsinnig geworden!* und was dergleichen Schmähungen mehr sind. Auch der Bürgermeister von Sichem ist ein entschiedener Mißbilliger: *Mein Prinz, im Namen des Volkes frage ich dich: Was haben wir, historisch gesehen, überhaupt mit Davids Haus, mit Davids Geschlecht zu schaffen, wenn es sich in Männern deines Kalibers manifestiert?*

Hier brüllt ein Karawansereivorsteher: *Zurücktreten!*

Der Bürgermeister baut sich mit dem Gesicht zur Versammeltheit auf: *Mal alle herhören! Kehrt jetzt heim zu euren Zelten, Häusern und Hütten! Lieber gar keinen König als einen so einen!* Dem abgeblitzten Königskandidaten ruft er abschließend zu: *Mach deinen Dreck alleene, Enkel Davids!* Unter Absingen frivoler Lieder verlassen die Leute den Marktplatz...

Wie von Ahia geweissagt, wird der Sohn Salomos lediglich König über die Stämme Judas. Als Roboam der Erste regiert er in Jerusalem die Benjamine und die Judäer. Sämtliche übrigen Israels ernennen Jerobeam zu ihrem König. Alles geht nach dem bewußten Mantelsymbol: Roboam kriegt die beiden Manschetten.

Trotzdem versucht er, die verlorenen zehn Stämme für sich zurückzuerobern. Er läßt alle wehrfähigen Männer seines Teilkönigreiches zusammentrommeln, was immerhin 180 000 Soldaten ergibt, mit denen er in den Kampf gegen Israel ziehen will. König von Juda − also das ist ihm nun doch nicht standesgemäß genug. Bei so 'nem Vater, wo er hatte!

Leider macht ihm jemand einen Strich durch die Rechnung: Semaja! Auch er ein Prophet, der mit dem GROSSEN BOSS in Verbindung steht und von diesem den Auftrag bekommt, Roboam I. zurückzupfeifen. *,Du sollst nicht gegen deine Brüder kämpfen',* läßt der GROSSE BOSS dir bestellen. *,Alle Soldaten sollen wieder an die Arbeit gehen!'*

Und weiter sagt der GROSSE BOSS: ,Ich selbst

habe das große israelitische Reich in zwei Teile ge-
rissen, und du sollst König über das Südreich Juda
sein. Mit dem Stamm hat auch dein Opa David mal
angefangen. — Jerobeam aber soll über das Nord-
reich Israel herrschen. — Ich habe gesprochen.

Widerspruchslos fügt Roboam I. sich den Anordnungen eines Befähigteren. Nicht weniger bereitwillig brechen die Soldaten ihren nicht begonnenen
Feldzug wieder ab und eilen nach Hause. Ein Krieg,
der nicht stattfindet, ist immer ein gewonnener
Krieg. Wenigstens für das Kanonenfutter.

135

DER MANN MIT DEM STEIFEN ARM

1 Könige 12, 13

Jerobeam — nunmehriger König von Israel — hält
Roboams unterlassenen Krieg für ein Zeichen
von Schwäche. Gleich trägt er die Nase noch etwas
höher. Und damit die schäbige Konkurrenz in Jerusalem auch ganz bestimmt ausgeschaltet bleibt, hat
er einen fatalen Einfall.

Nachdem er Sichem zur befestigten Hauptstadt
und Penuel zum Fort und zweiten Stützpunkt aus-
gebaut hat, läßt er zwei Stiere aus Gold gießen.
Seine Überlegungen sind an sich nicht dümmlich:
Wenn meine Israels weiter nach Jerusalem wallfahren, um dort im Tempel zu beten, werden sie
eines Tages von mir abfallen. Ich kenne doch die
Priester! Die schmieren ihnen so lange Honig ums
Maul, bis sie mich satt und abgemurkst haben. Dann
fallen sie dem dämlichen Roboam wie reife Nüsse
in den Schoß!

Also beruft Jerobeam eine Volksversammlung ein,
bei der er die beiden Goldochsen vorstellt. *Damit*
ihr erkennt, wie volksverbunden ich bin, habe ich
euch hier zwei Standbilder machen lassen. Sie sol-
len euch den mühseligen Weg nach Jerusalem er-
sparen, wenn ihr beten wollt. Hier habt ihr den

GROSSEN BOSS, der Israel aus Ägypten geführt hat!

Hat unser BOSS denn Hörner? fragt ein Untertan etwas verdutzt.

Da bin ich überfragt. Aber die Dinger sind ja auch nur Symbole! redet Jerobeam sich heraus. *Ein Ochse kommt nach Bethel, der andere rauf nach Dan. Wenn ihr in Zukunft beten wollt, braucht ihr weder mein Ausreise- noch ein jüdisches Einreisevisum. Und so was wie das Jerusalemer Laubhüttenfest denke ich mir auch noch aus für euch.*

Die Stiere werden aufgestellt und Priester eingekauft, die aber keine Levis sind, wie doch seit Mose vorgeschrieben ist. Für Gold werden selbst Faulpelze bereitwillig falsche Priester. Bald lodern auf vielen Höhen die Feuer der Brandopfer, und da Jerobeam keineswegs das Gefühl hat, damit zu sündigen, opfert er selbst fleißig und gern.

Wie heute am 15. August zum Beispiel. So 'n leckeres Hammelchen hatte man selten. Dazu das Fest, das er zum erstenmal feiert! Zwar einen Monat später als die in Jerusalem, aber nicht weniger großartig. Nein, er ist schon ganz geschickt, der Herr König vom Nordreich.

Mitten in seine Opferei platzt ein sonderbarer Mann. Er kommt aus Juda und wirkt deshalb so ungewöhnlich, weil die Israels noch nie einen Bilderstürmer gesehen haben. Und dann noch so 'n jungen, hübschen! Aber der GROSSE BOSS hat nun mal keine mickrigen Mitarbeiter.

Der Mann schiebt die Bethler und den König beiseite und spricht im Auftrag seines Arbeitgebers mit dem Altar. Genauer – er be-spricht ihn...

Altar! Altar! ruft er mit heller Stimme über Steine und Stier auf der Höhe von Bethel. *Merke dir, was der GROSSE BOSS dir prophezeit: ‚Auf dir werden deine Priester verbrannt werden und Menschenknochen verkohlen! Der Mann aber, der kokeln wird, ist Josia aus dem Geschlecht Davids!'*

Da das noch 'ne Weile dauern wird, Altar, und damit du mir glaubst, daß ich auf Weisung des GROSSEN BOSSES zu dir rede, wirst du jetzt ber-

sten und zerschmelzen. *Die Asche auf dir wird in alle Winde stauben.*

Jerobeam hat den sonderbaren Burschen reden lassen; jetzt reicht's ihm. *Packt diesen gehirnamputierten Idioten!* befiehlt er seinen Leibwächtern und deutet mit ausgestrecktem Arm auf den Sonderling. Als er die Hand wieder zurückziehen will, geht es nicht. Das Ding ist steif wie fünf Zahnstocher am Spieß.

Entsetzt dreht sich der König wie ein einarmiger Wegweiser im Kreis. Gleichzeitig stürzt der Altar mit Donnergepolter in sich zusammen. Ein jäher Windstoß bläst den Aschenhaufen mitten in Jerobeams Gesicht.

Prustend, mit brennenden Augen fleht der König den vermeintlichen Zauberkünstler an: *Um Himmels willen, bitte deinen GROSSEN BOSS, daß er meinen Arm wieder losläßt! Mit der Latte muß ich ja im Stehen schlafen! Mach rasch, sonst bricht er noch ab!*

Der Beauftragte des GROSSEN BOSSES gibt Jerobeams Bitte gleich nach oben weiter und bekommt die Erlaubnis, die Steife rückgängig zu machen.

Sachen gibt's! sagt der König erlöst. *Den Trick möcht ich wohl kennen. Ich hätte Verwendung...*

136

EIN FRESSEN FÜR DIE GEIER

1 Könige 14

Zweimal umgezogen ist so gut wie abgebrannt, heißt es. Jerobeam zieht bereits zum drittenmal um. Nach Tirza, wo er von nun an regieren will. In Sichem und Penuel ist ihm zuviel verbaut worden; vom Schlafzimmerfenster aus hat er zuletzt nur noch Schornsteine und Antennen gesehen.

In der neuen Metropole wird als erstes sein Sohn krank. So krank, daß er seine Frau beauftragt, einen

Wahrsager aufzusuchen. *Das ist verboten!* wider-setzt sich Mütterchen Jerobeam.

Na schön, dann geh eben zu einem Propheten, gibt ihr Mann nach. *Am besten zum alten Ahia in Silo. Das ist der Bursche, der mir geweissagt hat, daß ich mal König von Israel werden würde. Nimm ihm was Hübsches mit. Eine kleine Torte vielleicht — und ein Eimerchen Honig. Aber zieh dir was Ein-faches, Schlichtes an, Liebste. Damit er nicht merkt, wer du bist. Frag ihn, was mit unserem Jungen wird. Vielleicht hat er auch 'ne Salbe...*

Frau Königin macht sich auf den Weg nach Silo. Dort tuschelt gerade der GROSSE BOSS mit dem inzwischen erblindeten Propheten. *Paß auf, Ahia! Du wirst in wenigen Minuten Besuch bekommen. Die Dame hat sich getarnt, aber das würdest du ohnehin nicht sehen. Es ist die Gemahlin von König Jerobeam. Du erinnerst dich doch an die Geschichte mit deinem auseinandergenommenen Paletot? Sie wird dich fragen, was aus ihrem kranken Sohn wird. Gib ihr bitte folgendes zur Antwort —*

Der GROSSE BOSS ist kaum mit seinen Anwei-sungen zu Ende, klopft es auch schon an der Tür. *Herein!* krächzt der greise Ahia.

Tagchen! sagt Frau Jerobeam. *Ich hab dir auch was mitgebracht, Alterchen!*

Stell's drüben aufs Torten- und Honigbord, brummt der Prophet.

Verblüfft fragt die maskierte Besucherin, woher er wisse, was in ihrem Korb sei. *Kannst du durch Gemäuer gucken?*

Ich kann überhaupt nicht mehr gucken! Trotzdem weiß ich, daß du die Frau von König Jerobeam bist und mich wegen deines kranken Sohnes um Rat fra-gen willst. Du hättest dir die Maskerade sparen können. Der GROSSE BOSS hat mir gesagt, daß du kommst. Auch was du erfahren sollst, hat er mir mitgeteilt. Wenig Gutes, das sage ich dir im voraus. Und jetzt rezitiere ich dir, was du deinem Mann vom GROSSEN BOSS ausrichten sollst.

,Ich', hat er gesagt, ,ich habe dich, Jerobeam, zum König über Israel gemacht; habe das Königreich

*Davids zerstückelt und dir das größere Teil vom
Kuchen gegeben. Doch was hast du getan? Du hast
noch mieser gehandelt als deine sämtlichen Vorgänger! Andere Götter hast du dir gemacht und goldene Abbilder von ihnen gießen lassen! Als wenn
zwei Rindviecher deine Vorfahren durch den Großen Bittersee gelotst hätten! Wie konntest du mich
derart herausfordern, mich so mißachten?!*

*Zur Strafe werde ich von nun an deinem Haus
nur noch Unglück bringen. Sämtliche Jerobeame
sollen elendig krepieren! Wie Dreck sollen alle deine männlichen Nachkommen aus deinem Haus gefegt werden! Alles, was Jerobeam heißt und in
einer Stadt stirbt, soll von Hunden verschlungen
werden! Wer auf freiem Feld abkratzt, den sollen
die Aasgeier fressen!'*

*So spricht der GROSSE BOSS, schöne Maske. Und
nun geh wieder heim. In dem Moment, wo du das
Stadttor von Tirza passierst, passiert's; dein Junge
stirbt. Damit nicht genug: Der GROSSE BOSS wird
das Haus Jerobeam mit Stumpf und Stengel ausrotten und ganz Israel schlagen, daß es wie betrun-
ken hin und her schwankt. Er wird das Volk bis
hinter den Euphrat scheuchen, weil es sich von deinem Mann hat verführen lassen. – Leb wohl, tra-
gische Mutter! Ich muß jetzt ein wenig ruhen.*

Frau Jerobeam wankt aus der Prophetenhütte,
torkelt heimwärts, erreicht die Stadt mit Müh und
Not, im Bettchen zu Hause – das Kind lebt nicht
mehr.

137

REAL ÄGYPT SCHLÄGT SALOMO
VERSCHNITT 1:0
1 Könige 14; 2 Chronik 11, 12

Nun soll bloß keiner glauben, Roboam I. in Jerusalem sei gegen Jerobeam in Tirza ein reiner
Tugendbold! Vieles läuft während seiner Regierungszeit mit den Unternehmungen seines verhaß-

ten Kollegen synchron. So baut er im ganzen Land Juda Städte und Festungen aus und legt Vorräte für Notzeiten an. Aber er gewährt auch den aus Israel fliehenden ‚echten' — nämlich levitischen — Priestern Asyl. Juda wird mächtig, selbst als Knirps. Auch dem GROSSEN BOSS machen sie keine Schande. Weder die Ober- noch die Untertanen. Drei Jahre lang.

Dann geht der alte Zirkus wieder los! Und wer ist schuld? Die Weiber! Von denen hat Roboam zwar nur lächerliche 18 und auch bloß 60 Konkubinen, weil er in allem halt doch nur ein Salomo-Verschnitt ist; auch wenn er 28 Söhne und 60 Töchter zustande bringt. Dazu braucht man ja nun wirklich keine besondere Begabung.

Von seinen Knaben mag er einen am meisten: Abia. Er ist ein Enkel des Thronräubers Absalom. Roboam bereitet ihn sorgfältig auf seinen zukünftigen Beruf als König vor; kein ganz leichter Job...

Erinnern wir uns, daß Salomo ein Faible für schwarzhaarige Ausländerinnen hatte und daß eine seiner Ammoniakerinnen nicht nur dem schauerlichen Moloch huldigte, sondern auch obenerwähntem Roboam das Leben schenkte. Wen nimmt's daher wunder, wenn er eines Tages in die besagten Fußstapfen tritt? Nach dem dritten Regierungsjahr breiten sich langsam die fremden Götzen wieder aus. Überall wachsen ihre Standbilder empor. Und nicht nur das! Die Astarte-Fans führen auch den umstrittenen Brauch der Tempelprostitution wieder ein. Ein munteres Gehure beginnt und findet bei allen drei Geschlechtern fröhlichen Zulauf.

Dieser lästerliche Intimsport wird jäh unterbrochen; die Strafe marschiert ins Land ein. Vollstrecker ist Pharao Schoschenk I. — alias Sisak. Mit 1200 schnellen Kampfwagen und 60 000 Dragonern rückt er an. Die Stärke seiner Infanterie ist nicht annähernd zu schätzen; allein aus Libyen haben sich drei Divisionen angeschlossen. In schneller Folge fallen den Aggressoren die neuen Festungen Judas in die Hand.

Und dann sieht eines unschönen Tages Roboam

der Erste von seinem Dachgarten aus die Spitze der feindlichen Heere auf Jerusalem zukommen. Da ist guter Rat teuer beziehungsweise überhaupt nicht zu bezahlen. Bis der Prophet Semaja in die ratlose Ratsversammlung platzt: *Ich habe ein Kamelex vom GROSSEN BOSS erhalten!* teilt er düster mit. *Darin heißt es: ,Roboam und sein Volk haben mich tödlich beleidigt. Gebe deshalb das Schicksal Judas in die Hand von Pharao Sisak.'*

Die Versammelten machen betretene Gesichter. Natürlich hatte der GROSSE BOSS recht; sie haben sich wirklich wie Säue benommen. Wie peinlich! Und wie dumm dazu, wo der GROSSE BOSS doch damals zu Salomo gesagt hat, er werde ein Auge auf seinen Tempel haben.

Semaja merkt, daß die Sünder reuig sind und die Ferkeleien lieber nicht gemacht hätten. Rasch hält er Rückfrage beim GROSSEN BOSS. Dessen Antwort lautet: ,Weil Schufte sich gedemütigt haben, will ich sie nicht ganz verderben. Sollen aber Pharao untertan werden, damit sie mal merken, wo bessere Bedingungen: bei mir oder unter Besatzungsmacht.'

Der Prophet richtet die Bestellung aus. Etwas erleichtert läßt Roboam die Tore im Millo-Wall öffnen, damit der Pharao in Jerusalem einziehen kann. Als er – schon bald – wieder verschwindet, fehlen sämtliche Schätze des Tempels und alles Wertvolle aus dem Königspalast. Selbst die goldenen Schilde der Palastpolizei nimmt Sisak mit, denn auch in Ägypten schmeißen Bravos und Provos gelegentlich mit harten Gegenständen.

138

KÖNIGE DER PATERNOSTER

1 Könige 14–16; 2 Chronik 13, 16

Achtzehn Jahre lang regiert Roboam I. über Juda. Die meiste Zeit verplempert er mit der Befehdung seines politischen Nebenbuhlers Jerobeam von Israel. Bis ihn die blutigen Zänkereien an den Rand des Grabes bringen. Da legt er sich dann auch gleich hinein.

Dadurch kommt sein Sohn Abia an die Regierung. Seine Mutter heißt Maacha, was soviel wie ‚leicht behämmert' bedeutet. Nun, so bekloppt ist sie auch wieder nicht. Schließlich stammt sie aus Ammonien, und die haben greuliche Götzen, wie wir mittlerweile wissen. Item, auch Abia wandelt wider den Willen des GROSSEN BOSSES. Und natürlich heizt auch er — wie sein Oller vor ihm — dem Kollegen König von Israel tüchtig ein.

Jerobeam, auch nicht faul, heizt zurück. So brennt's eigentlich immer. Mal hüben, mal drüben. Man kennt das aus der Zukunft, falls man Hellseher ist, von denen es ja 'ne Menge im Nahen Osten gibt.

Einmal gelingt Abia ein großer Schlag. Da hat Jerobeam ihm und seinen Kommisköppen im Ephraimgebirge einen Hinterhalt gelegt. Hinten 400 000 Listige, vorn 400 000. Abia hat nur halb soviel Soldaten. Als er sich umzingelt sieht, fleht er den GROSSEN BOSS um Hilfe an. Der hat auch ein Einsehen: Jerobeams Heer wird vernichtend geschlagen; eine halbe Million gefallener Israels müssen zur letzten Ruhe gebettet werden.

Auch Abia bettet; privat: 14 Frauen macht er 22 Söhne und 16 Mädchen. Dann stirbt er. Allerdings nicht an selbigem, sondern weil ihn der GROSSE BOSS, der seine Götzen zum Kotzen findet, so zeitig abberuft. Nach drei Jahren hat er die Nase voll von Abia und ist auf dessen Sohn Asa neugierig.

Asa wird König von Juda und kann diesen Job 41 Jahre lang halten, weil er die Götzen wieder abschafft und die Tempelhuren, -hurer und -homos zum Teufel jagt. Seine Großmutter, die götzengeile Maacha, entmachtet er als oberste Palasthaushälterin und kauft sie in ein Altersheim ein.

In Juda könnte somit alles wieder seinen Gang gehen, wenn Asas israelitischer Gegenspieler Jerobeam nicht stürbe und dessen Sohn Nadab an die Macht käme. Er ist nämlich kein Haar besser als sein Vater, und der hatte bestimmt keine Glatze!

Zwei Jahre wandelt Nadab in seines Erzeugers ausgelatschten Latschen: neue Goldochsen, neue falsche Priester, neue Herausforderungen für den GROSSEN BOSS. Bis dieser den Unfug durch einen Mann namens Basa aus dem Stamm Issachar beendet.

Als König Nadab die Philister bekriegt, zettelt jener eine Verschwörung an und verübt ein Attentat auf ihn, das der Monarch nicht überlebt. Keiner aus dem Hause Jerobeam überlebt Basas Rebellion; sämtliche Verwandte des Königs bringt er um. Dabei kann er sich auf die Prophezeiung des alten Ahia von Silo berufen, auf die einstige Drohung des GROSSEN BOSSES, einmal alle Jerobeame auszurotten.

Im dritten Jahr Asas von Juda wird Basa König von Israel, denn der GROSSE BOSS weiß: Wer a sagt, muß auch b sagen. Selbst wenn dadurch der Streit zwischen Juda und Israel kein Ende nimmt. Asa und Basa bekämpfen sich bis aufs Brotmesser.

Basa residiert in Tirza. Insgesamt 24 Jahre lang liegt er im gemachten Bett. Tagsüber sündigt er mittels Götzen, nachts pflanzt er sich fort. Eines Mittags meldet sich im Auftrag des GROSSEN BOSSES ein Mann namens Jehu bei ihm und überbringt eine deftige Sturmwarnung. Katastrophenalarm!

Ich soll dir vom GROSSEN BOSS bestellen, malt Jehu schwarz, *er hätte dich Mistkäfer aus dem Staub aufgehoben und zum König über Israel gemacht, in der Hoffnung, du würdest dich besser führen als Jerobeam und sein Sohn Nadab. Aber leider läufst auch du den Schimären nach, Trugbildern und Hirngespinsten. Auch du verführst das Volk Israel zur Sünde wider ihn. Deshalb sollst auch du vernichtet werden, wie du selbst alle Jerobeame ausgelöscht hast. Auch aus deinem Haus wird keiner überleben! Neue festliche Mahlzeiten will er den verlausten Kötern von Tirza bereiten; den Geiern Feiern mit allen Basas, die da leben. Das nur zu deiner Information, Majestät!*

Ungeschoren kehrt Jehu zu seinem Vater Hanani zurück...

Könige sind eine besondere Sorte Mensch. Als höchste Vertreter der Obrigkeit halten sie alle anderen für Untrigkeit. Basa pfeift auf die Warnung Jehus, denkt, es ist ohnehin zu spät zur Umkehr. Auf jeden Fall will er dem ekelhaften Asa von Juda noch ein Schnippchen schlagen, bevor er verbleichen muß.

Er baut die Stadt Rama zu einer gewaltigen Festung aus und riegelt dadurch den Staat Juda wie durch eine Mauer, fast hermetisch, vom Staat Israel ab. Das macht den Flüchtlingen das Überlaufen schwer. Es gibt nämlich nicht wenige Israels, die lieber im goldenen Süden leben möchten — wo der GROSSE BOSS noch was galt — als in Basas Nordreich, wo man vor einem Rindviech aufs Gesicht fallen mußte.

Der Mauerbau ist König Asa ein Dorn im Auge; ein ganzes Verhau! Er mißfällt ihm so sehr, daß er alles Gold und Silber zusammenpackt, über das er privat verfügt. Dazu leert er den Tempeltresor und schickt das ganze Zeug als Wert- und Eilpost an den König von Damaskus.

Schönen Gruß von deinem Freund Asa, lieber König Ben Hadad! sagen die Überbringer zu dem Damaszener. *Du möchtest so nett sein und uns gegen den üblen Basa von Israel helfen.*

Ben Hadad wiegt die Geschenke, besinnt sich der Freundschaft und schickt sein Heer gen Israel.

An alles hat Basa gedacht, nur nicht daran, daß Asa eine ausländische Macht zu Hilfe rufen würde. Ben Hadads Angriff trifft ihn völlig überraschend. Er muß Rama räumen und verliert in mörderischen Schlachten sämtliche Städte mit Kornspeichern in der Provinz Naphthali. Auch Dan geht ihm flöten.

Asa reibt sich die Hände und nießt nutz; das heißt, er läßt Rama bis auf die Grundmauern demontieren. Mit dem Material baut er die Städte Geba und Mizpa zu Festungen aus, um nun seinerseits den Zugang nach Israel zu sperren. So hat jeder mal sein Mäuerchen.

Nur kann Asa sich nicht lange mit den fremden Federn schmücken. Hanani — ebenfalls ein Seher mit Kontakten zum GROSSEN BOSS und Jehus Vater — kommt zu ihm, um ihn — wie sein Sohn — vergeblich das Fürchten zu lehren.

Warum hast du dich an den König von Damaskus gewandt, Asa?! klagt er an. *Das verzeiht dir der GROSSE BOSS nie! Du hättest dich allein auf ihn verlassen sollen. Bislang hat er dir immer geholfen; ich brauch wohl keine Beispiele anzuführen. Von nun an wirst du von einem Krieg in den andern gestürzt werden. Verlaß dich drauf!*

Zuerst stürzt der wütende Asa was anderes; den Hellseher ins Loch nämlich. Da könnte ja jeder kommen und ihm Vorhaltungen machen! Zornig stampft er mit den Füßen auf den Estrich. Und schreit auf: Da hat was geknackt! Nicht in den Dielen, in seinen Füßen.

Der königliche Leibarzt wird geholt. Diagnose: spontaner Plattfuß. Von Stund an humpelnd regiert Asa, bis er es vor Schmerzen nicht mehr aushält. Flugs ernennt er seinen Sohn Josephat zum Mitregenten. Dann stirbt er. Vielleicht hätte er besser den GROSSEN BOSS statt eines Orthopäden konsultiert.

139

GELIEBTE BESTIE ISEBEL

1 Könige 16

Wenn im vorigen Kapitel behauptet wurde, Könige seien eine besondere Sorte Mensch, so stimmt das zumindest in einem nicht: Sie saufen genauso wie ihre Untertanen. Vielleicht Champagner statt Perlwein und Whisky statt Klaren, aber die Räusche ähneln einander. Das bekommt auch der neue König von Israel zu spüren. Er heißt Ela und ist Basas Sohn. An Basa schmatzen inzwischen die Würmer; vielleicht waren die angekündigten Köter gerade zur Entlausung und die Geier in der Mauser.

Ela regiert in Tirza zwei Jahre, dann ereilt ihn während eines Saufgelages sein Schicksal. Voll wie tausend Mann liegt er im Haus seines Hofmeisters unterm Tisch. Plötzlich stürmen Aufständische herein, schlagen alles kurz und klein und ihn gleich tot. Aus ist es mit der Herrlichkeit König Elas, die Neige im Becher bitter.

Vielleicht ganz gut, daß er in seinem Tran nicht gemerkt hat, wer ihm die Rübe abgehackt hat. Es war der Kommandeur seiner Panzerbrigade, Oberst Simri. Der Befehlsempfänger wollte auch mal König sein. Und er wird es auch, indem er sich einfach dazu ernennt. Seine erste Heldentat ist die Ermordung sämtlicher Mitglieder der Basa-Dynastie, die damit aufhört, eine zu sein. Ganz wie's der GROSSE BOSS angedroht hatte.

Simri hat allerdings seine Rechnung ohne das Volk gemacht. Als die Israels hören, daß der Oberst ihren König abgemurkst und dessen gesamte Sippschaft umgebracht, erwählen sie sich flink einen König nach ihrem Geschmack. Auch 'nen Offizier. Zwar bloß Hauptmann, aber beliebt. Er heißt Omri und marschiert mit seinen Wählern zum Königspalast in Tirza, um den Usurpator Simri abzusetzen.

Aber das ist weder nötig noch möglich: Als der selbstgestrickte Siebentagekönig merkte, was die Sanduhr gerieselt hatte, steckte er kurzerhand das Haus an. Jetzt riecht es rund um den brennenden Palast lieblich nach Schaschlik. Das ist Simri mit seinen Lieben. Mögen die geschmollt haben!

Hauptmann Omri erhebt sich zuerst in den Rang eines Nordreichsmarschalls, denn er liebt schöne Uniformen. Sechs Jahre lang regiert er in Tirza, dann kauft er Gelände für eine neue Residenz. Das Grundstück ist nicht klein: Es ist ein ganzer Berg, kostet zwei Zentner Silber und trägt den Namen Samaria, nach seinem früheren Besitzer, einem Herrn Semer.

Auf dem Gipfel baut Omri eine repräsentative Königsstadt, womit er jahrelang zu tun hat. Endlich ist alles fertig in der Stadt Samaria; nur Betplätze fehlen noch. Und da haut Omri fabelhaft daneben!

In kaum überbietbarer Weise tritt er ins Fettfaß. Soviel Götzen wie er hat kein König seit Jerobeam geduldet und ihnen gelobhudelt. Schnell setzt ihn deshalb der GROSSE BOSS vom Spielplan ab.

Haben wir eben gesagt, Omri habe in kaum überbietbarer Weise gesündigt? Unangebrachter Optimismus! Sein Sohn und Thronnachfolger Ahab ist noch etliche Zähne schlimmer. Er übernimmt nicht nur die alteingeführte Abgötzerei, er geht gleich noch einen Schritt weiter und heiratet die Isebel. Ganz was Unverzeihliches, denn Isebel ist die Tochter von Ethbaal, dem König von Sidon. Und der war vor seiner Karriere ein hoher Priester der Astarte! Seine Tochter als Frau Königin von Israel? Kann ja gar nicht gutgehn!

Isebel erreicht, daß Ahab in Samaria auf dem Samaria dem Götzen Baal einen prächtigen Tempel errichtet. Natürlich kriegt auch die verruchte Astarte, was ihr zusteht: ein flottes Altärchen und weich gepolsterte Separées im Tempel. Warum auch nicht? Wenn schon gesündigt, dann wenigstens bequem.

140

UNKENRUF UND WITWENTROST

1 Könige 16, 17

Isebel, die attraktive Schönheit aus Phönizien, hat einen geradezu katastrophalen Einfluß auf König Ahab. Nachdem er ihr zuliebe dem illustren Pärchen Baal und Astarte Tempel, Altar und Fummelecken gebaut hat, verlangt sie nichts weniger, als daß er sämtliche Restbestände an echten Propheten kaltmacht. Nun gibt es zwar ohnehin nur noch etwa hundert Verkünder der Weisheit und Allmacht des GROSSEN BOSSES, aber gar keiner ist natürlich besser. Isebel hat nämlich für eine ganze Menge eigener Propheten zu sorgen. 450 Baalhörige und 400 Astarteliebhaber kosten ganz schön Kohle.

Apropos, Propheten! So werden hierzulande gemeinhin alle Leute genannt, die sich auf religiösem Gebiet besonders hervortun. Sei es als Hellseher, als Wahrsager oder als Wahrheitsverkünder. Unter ihnen befinden sich viele, die sich auch vor Königen kein Blatt vor den Mund nehmen. Aber es gibt auch solche darunter, die für gutes Honorar nach jeglichem Maul schwätzen. Von den vielen ,falschen Propheten' gar nicht erst zu reden...

Die beabsichtigte Liquidation der letzten hundert Propheten des GROSSEN BOSSES kommt durch einen Zufall dem Hofmeister Obadja zu Ohren. Der ist boßgläubig bis dorthinaus und überlegt fieberhaft, wie den Todgeweihten zu helfen sei. Noch in derselben Nacht führt er sie in zwei kaum bekannte Höhlen und verspricht ihnen, für ihren Unterhalt zu sorgen. Glücklicherweise pflegen Propheten barfuß zu schreiten und karg zu speisen.

Als er im Morgengrauen in den Palast zurückkommt, entdeckt er zu seinem Verdruß, daß er einen Propheten übersehen hat: Elia. Jetzt ist es zu spät; Elia verkündet dem König gerade, daß in diesem Jahr weder Regen noch Tau aufs Land fallen werden.

Ahab von Israel ist darüber furchtbar sauer. Dieser verdammte Elia! Konnte einem der Kerl nicht was Erfreuliches weissagen oder gleich ganz die Klappe halten?

Als der Schwarzseher den Palast verläßt, schleicht der Hofmeister dem Hellseher nach. *Sst!* macht er sich leise bemerkbar. *Hallo, Prophet! Du mußt sofort von hier verschwinden!*

Elia lächelt Obadja zu. *Danke, mein Freund! Der GROSSE BOSS hat mir schon Bescheid gesagt. Schalom, Obadja!*

Das hat der GROSSE BOSS Elia geraten: ,Verkrümle dich schnellstens und geh nach Osten, bis du zu einem Bach kommst. Er heißt Krith und fließt zum Jordan. Für Trinkwasser ist also gesorgt. Was feste Nahrung betrifft, habe ich meine Raben beauftragt, dich zu verpflegen.'

Deshalb geht Elia zum Bach Krith. Sein Wasser schmeckt köstlich, und die Raben sind auch da. Im

Schnabel halten sie Frischhaltepackungen mit Brot und Fleisch. Jeden Tag! Alles was recht ist, der fliegende Supermarkt funktioniert tadellos. Bloß der Bach trocknet aus. Hat er ja selbst geweissagt, daß es heuer nicht regnen wird.

Als dem Propheten schon die Zunge aus dem Hals hängt, meldet sich zum Glück der GROSSE BOSS wieder: *Es hilft nichts, du mußt weiter. Geh nach Zarpath. Das liegt bei Sidon. Dort wohnt 'ne junge Witwe. Ich werde dafür sorgen, daß sie dich ein bißchen verwöhnt.*

Gehorsamer Prophet, der Elia ist, macht er sich auf nach Zarpath. Das erste, was ihm begegnet, ist 'ne schwarze Witwe, von der er sofort weiß, daß sie die vorgesehene Verwöhnerin ist. Allerdings sammelt sie gerade Brennholz; reich kann sie demnach nicht sein.

Sei gegrüßt! grüßt Elia die Wittib. *Könnte ich vielleicht ein Schlückchen Wasser bekommen?*

Wenn es weiter nichts ist!

Ein Stückchen Brot würde mir auch nichts schaden, ergänzt Elia lächelnd.

Die junge Frau schüttelt betrübt den hübschen Witwenkopf. *So wahr ich an den GROSSEN BOSS glaube — mit Brot sieht es bei mir zappenduster aus. Ich hab grad noch soviel Mehl und Öl zu Hause, um mit dem gesammelten Brennholz ein Brötchen für mein Kind zu backen. Anschließend wollen wir Tollkirschensaft trinken, der Kleine und ich.*

Wie schmeckt denn der Drink?

Das hat noch keiner verraten. Jeder, der ihn gekostet hat, war gleich darauf im Jenseits.

Nicht doch, meine Tochter! sagt Elia erschrocken. *Du kannst dich doch nicht entleiben! Bei so einem Leib! Und deinen Jungen erst recht nicht; er hat doch das Leben erst noch vor sich!*

Leben nennst du das? Na, ich weiß nicht! Du siehst doch auch nicht aus, als gehörtest du zur Wohlstandsgesellschaft!

Ich bin ein bescheidener, kleiner Prophet des GROSSEN BOSSES. Deshalb bitte ich dich auch — mach das Brötchen und gib es mir. Wenn ich es ge-

gessen habe, wirst du sehen, daß noch genug da ist
für euch. Denn unser BOSS läßt dir sagen: ‚Dein
Mehl wird nicht weniger werden und deine Ölkanne
nicht leer, bevor ich es wieder regnen lasse.'

Mit erklecklichen Zweifeln backt die Witwe ein
Zarpather Kipferl und gibt es — ohne in die hungrigen Kinderaugen zu blicken — dem Propheten, der
es mit bestem Appetit verzehrt. Nachdem er auch
noch den letzten Krümel vom Tablett getupft hat,
fragt er: Du hast nicht zufällig ein Zimmerchen
frei?

Doch, aber erst will ich mal sehen, ob du mich
auch nicht reingelegt hast! Damit geht sie zum Mehl-
faß. Es ist randvoll! Auch die Ölkanne — sie schwappt
über! Und das alles bleibt so, solang Elia in ihrer
Dachkammer wohnt und sich verwöhnen läßt...

Eines Morgens wird der Junge seiner Schlummer-
mutter krank. Das Fieber steigt rasch auf 40 Grad.
Bei 42 japst der Knabe nicht mehr. Er ist schneller
gestorben, als er geboren ward.

Der Kummer der Witwe ist unsagbar. Kaum hat
sie den Schleier abgelegt, soll sie schon wieder
Schwarz tragen? Was Elia von ihr zu hören bekommt, steckt er sich nicht hinter den Spiegel.
Hätte ich dir bloß nie die Kammer vermietet! Bestimmt bist du nur gekommen, um mich sündigen
zu sehen. Das hast du nach oben gepetzt, und dafür
hat der GROSSE BOSS mein Kind ersticken lassen!

Elia ist sehr betroffen. Die Frau hatte ja eine rei-
zende Meinung von ihm! Gib mir deinen Jungen,
bittet er und trägt den kleinen Leichnam rauf in
seine Dachkammer. Dort beschwert er sich bitter
beim GROSSEN BOSS.

Ich bin ganz konfus! klagt er. Warum tust du der
braven Frau das an? Sie ist doch so ein netter Käfer
und verwöhnt mich ganz in deinem Sinne. Nimm
ihr doch den Sohn nicht weg. Bitte!

Ratlos legt er sich halb über den toten Jungen.
Fleht innig: GROSSER BOSS, bitte — laß doch das
Leben in den kleinen Körper zurückkehren! In wil-
dem Schmerz küßt er den Mund des Kindes — holt
tief Luft — schnauft küssend aus —, kurz und sehr

gut: Er erfindet unwillkürlich eine Art Mund-zu-Mund-Beatmung.

Als Elia das friedlich atmende Kind seiner Mutter zurückgibt, kann sie es nicht fassen. *Bitte verzeih mir, Elia! Jetzt erkenne ich erst, daß du wirklich ein Wahrheitsverkünder des GROSSEN, so sehr GROSSEN BOSSES bist!*

An diesem Abend ist des Verwöhnens kein Ende.

141

FEUER VOM HIMMEL
UND JUNGE HUNDE

1 Könige 18

Elia lebt drei Jahre im schönen Schlendrian, da hat der GROSSE BOSS einen neuen Auftrag für ihn. *Geh zu König Ahab von Israel, Elia. Ich beabsichtige, die Trockenheit zu beenden. Es staubt ja schon zum Himmel! Da will ich's lieber wieder regnen lassen.*

Nach ergreifendem Abschied von der verjährten Witwe zieht Elia Richtung Samaria los. Was er unterwegs sieht, ist wahrlich erschütternd: Alle Sträucher sind verdorrt; überall herrschen Hungersnot und König Ahab. Aber der ist auch mit den Nerven am Ende.

Hör zu, Obadja, sagt er zu seinem Hofmeister, *wir wollen doch mal sehen, ob wir nicht schlauer sind als meine Inspektoren. Wir gehen jetzt gemeinsam los und suchen nach Wasser und Gras. Wenn nicht das gesamte Vieh krepieren soll und die Pferde und Maultiere meines Marstalls dazu, müssen wir unbedingt Erfolg haben!*

König und Hofmeister machen sich auf die Wanderung. Unterwegs trennen sich die beiden Grassucher und Wasserschnüffler. Zehn Minuten später stößt Obadja auf den Propheten Elia. Er traut seinen Augen nicht. *Bist du's oder bist du's nicht?* stammelt er.

Was starrst du mich an, als sei ich ein Geist? Ich bin's natürlich! Lauf zu deinem König und melde meine Ankunft!

Dann kannst du mich gleich töten! sagt Obadja verstört. *Es gibt kein Örtchen, keinen Schlupf und Winkel im Land, wo der König nicht nach dir hätte fahnden lassen. Hast du vergessen, daß du ihm die verheerende Trockenheit aufgehalst hast?*

Nicht ich habe das getan, Obadja. Ich habe ihm damals nur eine Botschaft ausgerichtet! korrigiert Elia den zitternden Hofmeister.

Das ist doch gehüpft wie gesprungen; für Ahab bist du an dem ganzen Schlamassel schuld. Wenn ich jetzt zu ihm komme und sage: ‚Elia ist wieder da', und du bist dann vielleicht nicht mehr da, schlägt er mir den Schädel ein. Wer garantiert mir, daß du dich nicht in Luft auflöst, während ich den König auf deine Ankunft vorbereite?

Ich, ein Prophet des GROSSEN BOSSES — von denen keiner mehr lebt in diesem Israel —, ich garantiere dafür!

Na schön, ich glaube dir. Und was deine Herren Kollegen angeht, da kann ich dir etwas verraten: Ich habe hundert von ihnen drei Jahre in Höhlen versteckt und verpflegt. Sieben von ihnen sind an Höhlenkatarrh eingegangen; die übrigen sind noch recht kregel. Hast du 'ne Ahnung, was ich dieser gräßlichen Isebel alles aus der Speisekammer geklaut habe für deine Spezis!

Elia lächelt. *Bist 'n Pfundskerl, Obadja! Und nun lauf los. Sag deinem Pantoffelhelden von König Bescheid.* Der Hofmeister wetzt in einer hustenreizenden Staubwolke davon. Er ist verflixt neugierig, wie sein Monarch reagieren wird, wenn er ihm sagt...

Ahab reagiert wie erwartet. Als er mit Elia zusammentrifft, brüllt er zornig los: *Bist du endlich da, verfluchter Wettermacher? Mußtest du Israel unbedingt ins Unglück stürzen?*

Nicht ich habe dein Volk und dein Land ins Unglück gebracht; das warst ganz allein du und deine Familie. Jawohl, Majestät: Ich spreche von deiner

— 400 —

bezaubernden Isebel. Die Dürre und die Hungers-
not sind die Strafe für euren Baalkult!

Aber das Volk, Mensch! Das sind doch nur kleine
Mitläufer! regt Ahab sich auf.

Mitgelaufen, nichts zu saufen! So ist das nun mal
bei BOSSENS. Aber ich werde nachdenken, was ich
für euch tun kann. Versammle erst mal deine 850
falschen Propheten und deine Volkskammerabge-
ordneten auf dem Berg Karmel. Dann sehen wir
weiter.

Ahab tut, was Elia von ihm verlangt. Abends sind
unzählige Israels und die 850 religiösen Fehlzünder
auf dem Karmel versammelt. Elia tritt vor, wartet
bis Ruhe herrscht, dann sagt er: *Wie lange wollt ihr*
eigentlich noch auf beiden Seiten hinken? Ihr habt
zwei Möglichkeiten: Baal oder BOSS! Eine andere
Wahl gibt es nicht. Wofür entscheidet ihr euch?

Elia kann lange warten, er kriegt keine Antwort.
Da fährt er fort: *Seht mich an! Ich bin ein einziger*
Prophet des GROSSEN BOSSES gegen achthundert-
fünfzig Baal- und Astarte-Fetischisten. Bringt jetzt
zwei Stiere her, damit wir sie opfern: für Baal und
Konsorten einen, für den GROSSEN BOSS einen.
Wir werden sie zerstückeln und aufs Holz legen.
Aber anstecken werden wir die Scheite nicht — das
soll der Baal oder der BOSS tun! Ruft ihr euren
lächerlichen Gott an, ich den meinen. Mal sehen, bei
wem es eher funktioniert!

Mit dieser Lösung ist das Volk einverstanden.
Rasch wird ein Scheiterhaufen errichtet und der
Baal-Stier geschlachtet. Die Einzelteile werden malerisch auf dem Holz verteilt. Dann geht es los: *Baal,*
hörst du uns? Lieber Baal, steck doch das Feuer
an! Baaaaaal, so melde dich doch! Baali-Baali-Baa-
lilein... So schallt es vom Morgen bis zum Mittag.
Dabei hinken die Baalisten immerzu um den Scheiterhaufen herum.

Elia grinst und höhnt: *Ihr müßt lauter brüllen,*
Männer! Vielleicht ist euer Baal grad auf einem ge-
wissen Örtchen oder er pennt! Vielleicht ist er auch
verreist; in das Land, wo der Pfeffer wächst und
wo ihr eigentlich auch hingehört!

Die Israels sind schon ganz heiser vom Brüllen. Zuletzt ritzen sie sich mit Messer und Gabel, bis sie aus vielen Wunden bluten. Vielleicht daß der anscheinend schwerhörige Baal sich ihrer nun erbarmte.

Pustekuchen! Nachmittags macht Elia dem Rummel ein Ende. *Kommt mal alle her!* ruft er. Und alle kommen. *Ich werde jetzt einen Altar für den GROSSEN BOSS bauen. Dazu brauche ich zwölf unbehauene Steine, denn zwölf Stämme hat Israel, und Israel war der Künstlername des Urvaters Jakob, von dessen zwölf Söhnen wir abstammen. Nicht von Baal! Da wären wir ja Kannibalen,* scherzt er mit bitterer Ironie.

Der Altar wird gebaut und Holz draufgeschichtet. Dann läßt Elia um die Opferstätte herum einen breiten Graben ausheben. Zuletzt wird viel Wasser — wo man das nur herhat? — über den zerteilten Stier und das trockene Reisig geschüttet, bis alles klitschnaß und der Graben voll ist.

Nachdem das geschehen ist, verinnerlicht Elia sich einen Moment, dann hebt er den Blick zum Himmel und spricht, während das Volk einschließlich der Baalpropheten mucksmäuschenstill ist.

GROSSER BOSS im Himmel! Strafe mich nicht Lügen! Zeige den Leuten, daß du der Herr über alles und also auch über Israel bist! Erhöre mich, GROSSER BOSS, damit das Volk deine Allmacht erkennt und wieder aus seiner Sackgasse herausfindet! Steck an, GROSSER BOSS, auf daß du ihre Herzen zündest und wiedergewinnst!

Elia hat kaum ausgesprochen, da zischt ein Blitz aus dem wolkenlosen Himmel, setzt das Holz, den Stier, setzt den ganzen Altar in Brand, läßt Steine und Erde schmelzen, leckt alles Wasser aus dem breiten Graben — dann erlischt der Feuerpilz wieder.

Als Elia seinen Blick zu den Versammelten wendet, liegen alle flach auf dem Bauch und stammeln fassungslos und überzeugt: *Der GROSSE BOSS ist Gott! Gott ist der GROSSE BOSS!*

Endlich! jubelt Elia. *Los, packt die falschen Pro-*

pheten! Wir wollen sie vertilgen von der Welt, die unserem GROSSEN BOSS gehört! Heißa, das wird ein Horrörchen!

Die 850 Hochstapler werden ergriffen, runter zum Kison geschleppt und im ausgetrockneten Bachbett geköpft. Bei 850 ausgewachsenen Männern ergibt das nicht mehr als höchstens 6000 Liter Lebenssaft, die in den Kison gluckern. Davon wird der Boden kaum feucht. Nur sehr dunkelrot.

Nach der geglückten Brandstiftung schickt Elia den König Ahab heim. *Aber beeile dich ein bißchen; es wird gleich junge Hunde regnen! Ich höre es schon rauschen!* Ahab wirft einen skeptischen Blick auf den wolkenlosen Himmel und läßt sich nach Hause kutschieren.

Elia steigt wieder auf den Karmel, setzt sich erschöpft auf die verbrannte Erde und steckt den Kopf zwischen die Knie. *Sieh mal nach, ob sich überm Meer schon was zusammenbraut!* sagt er zu einem Jungen, der ihm seine Dienste angeboten hat.

Der Boy blickt zum Meer hinüber. *Da ist alles ganz klar, Herr Prophet. Sieht nicht nach Regen aus.* Zehn Minuten später muß der Junge erneut nachschauen. Wieder Fehlanzeige. So geht das siebenmal. Bis der Knabe ganz aufgeregt ruft: *Ich seh was, Meister Elia! Überm Meer — eine kleine Wolke! So groß wie deine Hand etwa.*

Elia steht rasch auf. *Los, Kleiner!* sagt er. *Wir müssen uns beeilen — ich hab keinen Schirm mit!* Wenige Minuten später schüttet es wie aus Kübeln, daß der Kison über die Ufer tritt und die letzten Spuren der Großschlachtung beseitigt.

142

HOLD ERWACHT ER
UNTER WACHOLDER
1 Könige 19

A habs Frau, die Isebel, schaut, als er berichtet, scheel. Regen trommelt auf das Dach, Isebel rast im Gemach: *Sämtliche Baalpropheten hat der Kerl getötet? Und das hast du zugelassen, du Waschlappen?* Kleine Schaumkrönchen treten auf ihre Lippen, so groß ist ihr Zorn auf den Propheten Elia. Ist schon kein Zorn mehr, ist tödlicher Haß!

Sie klingelt ihrem Diener, trägt ihm auf, sofort zu Elia zu laufen und ihm folgendes mitzuteilen: ,Die Götter sollen mich glubschäugig wie eine Sumpfunke machen, wenn Elia morgen nicht hinter den Ermordeten herschwimmt!'

Isebel spaßt nicht, weiß der Prophet, als er ihre Nachricht bekommt. Er reißt den Mantel vom Haken und stürmt barhäuptig und -füßig in den Regen hinaus. Nur fort von hier! Er läuft um sein Leben. Bis runter nach Beerseba, jenseits der Grenze. Und weiter in die Wüste hinein. Eine Tagesreise noch. Dann ist er allerdings fix und fertig. Erschöpft läßt er sich unter einem Wacholderstrauch zu Boden sinken. Sein letzter Gedanke, bevor er einschläft: Hier riecht es penetrant nach doppelstöckigem Wacholder!

Morgens weckt ihn ein junger Mann. Erschrocken blickt Elia auf, aber er beruhigt sich schnell. Der Mann sieht nicht wie ein Häscher Isebels aus. Eher wie ein Kellnerlehrling des GROSSEN BOSSES.

Ist der auch! Er grüßt fröhlich: *Aufstehn, Elia! Zeit zum Frühstück!*

Ich mag nicht. Ich bin total fertig! Es ist genug. Der GROSSE BOSS soll mich zu meinen Vätern versammeln. Ich bin auch nicht besser als sie!

Iß erst mal 'n Happen; das beruhigt die Nerven! Oder soll ich dich füttern?

Nein, danke; es geht schon so. Elia blickt sich um und staunt nicht schlecht: Toast gibt's zum Frühstück, ein Krug mit Wasserkakao steht da — nur der junge Pikkolo ist fort. Da stärkt Elia sich und schläft dann weiter, gleich 24 Stunden hintereinander. Bis er wieder geweckt wird.

Frühstück ist fertig! ruft der Jungkellner vom Vortag strahlend. Elia richtet sich schlaftrunken auf. Wieder ist alles für ihn vorbereitet. Sogar Feigengelee gibt's. *Du mußt tüchtig essen, Elia! Du hast einen weiten Weg vor dir.* Der Pikkolo des GROSSEN BOSSES verschwindet, ohne dem Propheten gesagt zu haben, wohin der weite Weg gehen soll.

Elia marschiert aufs Gradewohl los, vierzig Tage und Nächte. So lange hält das gute Frühstück vor. Dann kann Elia nicht mehr. Zum Glück entdeckt er einen Berg mit einer Höhle, in der er übernachtet. Er weiß nicht, daß er sich mitten im Sinai eingenistet hat; im heiligen Berg, seit Mose.

Um Mitternacht weckt ihn eine freundliche Stimme: *Nanu, Elia, was machst du denn hier?*

Ich habe in Israel für meinen GROSSEN BOSS Partei ergriffen und mir den Zorn der Obrigkeit zugezogen. — Wer spricht da überhaupt?

Der, für den du dich so wacker eingesetzt hast!

GROSSER BOSS! Elia schlägt die Hände überm Kopf zusammen. *Was führt dich hier zu nachtschlafender Zeit vorbei? Weißt du nicht, daß die Israels deine Altäre besudelt und dich verleugnet haben? Und jetzt trachten sie mir nach dem Leben!*

Du sagst mir nichts Neues, Elia. Steh auf und komm aus dem Stollen. Der Prophet erhebt sich und tritt vor die Höhle. Im selben Augenblick bricht ein fürchterlicher Sturm los; donnernd poltern die Felsbrocken zu Tal. Sofort nach dem massierten Steinschlag erhebt sich der Felsgrund. Erdbeben! Danach steht einen Moment der ganze Sinai in Flammen. Als der rote Schein verschwunden ist, lacht die Sonne über den Gipfel; ein zartes Säuseln hängt in der Luft.

Elia schlägt den Kragen seines Trenchcoats hoch und versteckt sein Gesicht darin. Er spürt, nein, er weiß, daß der GROSSE BOSS ganz nahe bei ihm ist. Richtig, da hört er auch schon wieder die sym-

pathische Stimme: *Höre, Elia! Ich habe drei Auf-*
gaben für dich. Reihenfolge sowie Zeitpunkt und
Art der Ausführung überlasse ich dir.

Ich bin ganz Öhrchen, murmelt Elia im Hoch-
gefühl einer bedeutungsvollen Stunde.

Geh jetzt wieder durch die Wüste zurück. In Da-
maskus lebt ein gewisser Hasael. Ihn sollst du zum
König von Syrien parfümieren.

Momentchen mal, BOSS! Haben die nicht schon
einen? Den Ben Hadad?

Ja, aber nicht mehr lange. Also, den Hasael in-
thronisierst du. Außerdem soll auch Israel einen
neuen König bekommen. Ich möchte, daß du Jehu
zu ihrem Monarchen cremst.

Jehu? fragt Elia verblüfft. *Meinst du etwa den*
Propheten Jehu, den Sohn von Hanani?

Nein, ich spreche vom Enkel Nimschis. Daß hier
bloß keine Panne passiert, Elia!

Du kannst dich ganz auf mich verlassen, BOSS! —
Und was ist das dritte?

Ich habe einen Nachfolger für dich ausgesucht,
Elia. Er nennt sich fast wie du: Elisa. Er soll Pro-
phet sein an deiner Stelle. Und weil du nicht fragst,
wozu das alles gut sein soll, will ich dir sagen, was
ich vorhabe:

Der von dir zum König gemachte Hasael soll spä-
ter alle töten, die über mich lachen und mich ver-
achten. Wer aber Hasael entkommt, den soll Jehu
umbringen. Und wen Jehus Schwert verfehlt, dem
soll Elisa den Garaus machen. Ich will nur die Is-
raels am Leben lassen, die nicht vor Baal gekniet
und nicht der Astarte hölzerne Lippen geküßt haben.

Über den letzten Worten ist die Stimme immer
leiser geworden, und das zarte Säuseln des Windes
verweht...

Elia macht sich auf den Rückweg. Als erstem begegnet er zufällig besagtem Elisa, seinem Nachfolger, der auf seines Vaters Acker mit zwölf Ochsen-
gespannen — und Knechten — pflügt. Elia tritt heimlich von hinten an den jungen Mann heran, zieht
seinen Mantel aus und wirft ihn dem Furchenzieher
um die Schultern.

Was soll das? fragt Elisa erschrocken. Dann erkennt er den Manteldrapierer. *Du, Elia? Soll das etwa bedeuten —*

Genau! sagt Elia lächelnd. *Follow me!*

Elisa errötet vor Freude und Stolz. *Sofort! Ich will nur noch rasch meinen Eltern Adieu sagen.*

Wie du meinst, Elisa, sagt Elia verstimmt. *Wenn dir das wichtiger ist als meine Weihe!*

Beschämt schlachtet Elisa rasch zwei Zugochsen, opfert sie dem GROSSEN BOSS und kocht sie gleichzeitig für seine Knechte zu Mittag. Dann schreitet er neben dem großen Propheten zum Amtsantritt.

Es wird ein höchst strapaziöser Fußmarsch, bis er endlich die erste Damaszener Pflaume zu kosten bekommt.

143

NASSE SÄCKE
AUF DAMPFENDEN GÄULEN
1 Könige 20

Ben Hadad, König von Damaskus, ahnt nicht, was sich gegen ihn zusammenbraut. Er lagert momentan mit seiner mächtigen Armee am Fuß des Samariaberges und ist auf die Königsstadt scharf. Mit ihm sind 32 befreundete Fürsten gezogen, die sich zu Hause langweilten. Sie sitzen die meiste Zeit mit dem König im Zelt und spielen Karten. Daß dabei fleißig gebechert wird, bedarf wohl keiner Erwähnung.

Ahab — oben in Samariastadt — liest das Ultimatum Ben Hadads nun schon zum drittenmal: ,Auslieferung aller Schätze an Gold und Silber, sämtlicher Konkubinen und Kebsen und all deiner erwachsenen Söhne — oder ich greife an! Ben Hadad.'

Auf ein paar seiner Haremsdamen hätte Ahab notfalls verzichtet. Aber auf seine besten Prinzen und den Kronschatz? Kam gar nicht in die Tüte!

Seine Antwort ist knapp und mysteriös: ‚Ich und mein Haus stets gern zu Diensten. Ahab.'

Das ist dem Belagerer zuwenig; Personal hat er genug. Postwendend schreibt er an Israels König zurück: ‚Erhöhe meine Forderung. Außer bereits gestellten Bedingungen ab morgen zusätzlich Plünderfreiheit für meine Soldaten. Ben Hadad.'

Über diesen beschämenden Nachtrag ist Ahab so erbost, daß er sich sofort mit seinen Ministern berät. Das Ergebnis ist erschütternd: Er soll sich um Himmels willen mit den Bedingungen des ersten Ultimatums einverstanden erklären, damit die syrischen Soldaten nur nicht in die Stadt reinkommen. Also wird Ben Hadad mitgeteilt: ‚Erste Forderung okay!'

Aber der ist beese. Jetzt will er nicht mehr. *Greift an!* sagt er zu seinen Offizieren. Und zu den Dienern: *Schenkt ein!* Denn er und die 32 blaublütigen Schlachtenbummler haben einen furztrockenen Knorpel.

Ahab sieht die Angreifer den Berg abtaxieren. Was soll er tun? Wen um Rat fragen? Wie auf Bestellung erscheint ein Prophet auf der Bildfläche, sagt: *Der GROSSE BOSS läßt dir mitteilen, daß er dir die Angreifer in die Hände fallen läßt, damit du endlich merkst, wer hier der BOSS ist! Nicht solche Harlekine wie Baal und Astarte!*

Das hört der König gern; wenigstens den ersten Teil der Meldung. *Durch wen soll's geschehen?* fragt er den Propheten. *Oder ergeben sie sich freiwillig?*

Der Heilsbotschafter schüttelt den Kopf. *Durch die Leute der Landvögte!* sagt er dann. *Und du mußt losschlagen!*

Seufzend sortiert Ahab seine wehrfähigen Männer und bekommt knapp 7000 zusammen. Die Landvögte können gar nur lächerliche 232 zur Verfügung stellen. Mit dieser kläglichen Truppe soll er die unübersehbare Armee des Damaszeners angreifen?

Er soll, und er tut's! Und er hat sagenhaftes Glück, denn Ben Hadad liegt sturztrunken im Zelt, garniert von seinen 32 fürstlichen Saufkumpanen. Der König von Damaskus lallt zwar: *Bringt sie — hick*

— *bringt sie mir lebend* —, aber es ist bereits zu spät. Die Leute von Samaria stürmen den Berg hinunter und überrollen die Syrer wie eine Dampfwalze, weil Angriff noch immer die beste Verteidigung ist.

Ben Hadads Armee sucht in wilder Flucht das Weite. Auch der Zecher und seine 32 Zechanten suchen. Ihre Pferde nämlich. Manche sehen weiße Mäuse, andere ihren Gaul doppelt. Als sie endlich im Sattel sitzen und davonjagen, hängen sie wie nasse Säcke auf den dampfenden Pferderücken...

Ein Jahr später lebt Ben Hadad noch immer. Er darf gar nicht dran denken, daß ihn Ahab besiegt hat. Schöne Blamage, das! Zeit, die Scharte auszuwetzen! Mit 127 000 ausgeruhten Soldaten macht er sich auf den Weg nach Israel zum Auswetzen. Diesmal will er die Gegner in die Ebene locken und dort schlagen. Man hat ihm gesagt, die Israels hätten Berggötter; im Tal wären sie deshalb verraten und verkauft.

Der GROSSE BOSS, ein kleinkarierter Berggott?! Na, diesem Ben Hadad wird er's aber zeigen! Den hat er ohnehin auf seiner Abschußliste. Rasch läßt er König Ahab durch einen Propheten informieren: *‚Weil Ben Hadad und sein Ältestenrat behauptet haben, ich sei ein selbstgestrickter Höhengötze und im Tal ein Versager, sollst du sie fertigmachen. Auch Ben Hadad muß endlich begreifen, wer hier der BOSS ist!‘*

Eine Woche lang liegen sich die ungleichen Armeen wie zwei Ziegenherden vor tausend Wolfsrudeln gegenüber. Dann greifen die Israels an. Diesmal ist Ben Hadad nicht besoffen. Dafür muß er anscheinend seinen Soldaten was in den Kaffee getan haben: Schon am ersten Schlachttag bleiben rund vier Fünftel von ihnen flach in der Jesreel-Ebene der Ehre liegen.

Mit dem Rest flieht der König über den Jordan, in die Stadt Aphek. Dort machen die Überlebenden einen solchen Krach, daß die Stadtmauer einfällt und sie samt, seide und sonders erschlägt. Warum stellen sie sich auch so dicht an die Wand!

Ben Hadad ist in ein Verwaltungsgebäude geflohen. Er irrt durch die Gänge, die Büros, hin und
her, rauf und runter, bis er im Keller auf seinen
Ältestenrat stößt. Die Zausel schlagen ihm vor, er
soll sich König Ahab ausliefern, der als großmütig
bekannt sei und ihm bestimmt kein Haar krüm-
men werde.

Gesagt, getan — Ben Hadad kleidet sich in Sack
und Asche und sucht mit seinen schlotternden Beratern den König von Israel inmitten seiner Soldaten auf. *Hier bin ich!* meldet er sich und schüttelt
den Ruß vom Scheitel.

Was denn, du lebst, Ben Hadad?!

*Wie du siehst, Ahab. Ich bin bereit, dir freiwillig
alle Städte zurückzugeben, die mein Vater euch seinerzeit weggenommen hat. Außerdem gebe ich euch
die Erlaubnis, in Damaskus Supermärkte und Dis-
kontläden zu eröffnen. Bloß laß mich leben!*

*Sprich nicht so, Ben! Wir sind doch Berufskolle-
gen! Ich laß dir jetzt ein Taxi kommen, und du
galoppierst schön nach Hause. Lebe wohl, Kamerad
König!* Mit einer Träne im linken Auge kutschiert
Ben Hadad im Leihwagen nach Damaskus zurück.
Feiner Kerl, der Kerl, ist seine Meinung über Ahab.

Immer Mensch sein! sagt dieser zur gleichen Zeit
zu seinen Offizieren. *Immer fair playen, Leute!* Er
ahnt nicht, daß ihm ausgerechnet seine feine englische Art das Genick brechen wird. Sie ist ganz und
gar nicht im Sinne des Erfinders.

Während der siegreiche Feldherr seine Truppe
inspiziert, steht ein Jungprophet am Rand des Wegs
nach Samaria und bittet einen Passanten: *Sei so
gut, Freund — hau mir eine runter!*

Spinnst du? fragt der Passant und will kopfschüttelnd weitergehen.

Du hättest es lieber tun sollen! sagt der Jungprophet. *Du hast einen Befehl des GROSSEN BOS-
SES mißachtet. In fünf Minuten wird dich ein Löwe
töten!*

Du hast nicht alle Tassen im Spind! knurrt der
Passant und setzt seinen Weg fort. Kaum hat er die
nächste Biegung passiert, passiert's dem Passanten:

Ein Löwe haut ihm die Pranke auf den Schädel, daß sein Genick abknickt.

Inzwischen fordert der junge Prophet einen anderen Mann auf: *Bitte, könntest du mir wohl eine scheuern?* Dieser Fußgänger läßt sich nicht lange bitten; er schlägt den Jungpropheten krumm und lahm. Dann geht er trimmfit weiter.

Der Nachwuchsweissager scheint ein Masochist zu sein. Lächelnd verbindet er sein blutverkrustetes Auge und wartet stundenlang, bis König Ahab des Wegs kommt. Ihn spricht er an: *Majestät, ich sollte hier auf einen Gefangenen aufpassen. Ich habe mit meinem Leben für ihn gebürgt; aber plötzlich war er weg. Dafür hat mich der Auftraggeber furchtbar verdroschen.*

Geschieht dir ganz recht! sagt Ahab. *Warum tust du nicht, was man dir sagt?!*

Da reißt der Jungprophet den Verband von seinem verquollenen Gesicht, plienscht den König mit blutunterlaufenen Augen an und sagt: *Ich bin zwar noch Lehrling im Prophetenberuf, aber der GROSSE BOSS läßt dir durch mich mitteilen: ,Weil du den König, den ich dir zum Gefangenen gegeben habe, hast gehen lassen, geschieht dir ganz recht, was geschehen wird. Dein Leben für das Leben des Verschonten, dein Volk für Ben Hadads Volk!'*

König Ahab hat verstanden. Mißmutig reitet er weiter. Wenn er an die lädierte Visage des jungen Propheten denkt, wird ihm ganz flau im Magen. Und der war noch Lehrling! Wie wird er selbst erst aussehen, wenn der GROSSE BOSS ihn zur Kasse bittet!

144

LACKMEIERS TRAURIGER WEINBERG

1 Könige 21

Was ein erfolgreicher Monarch ist, der hat neben seiner Residenzstadt noch eine kleine Nebenresidenz. König Ahab von Israel ernennt Jesreel in der gleichnamigen Ebene zu seinem Wintersitz. Hier schwitzt man nicht ganz so wie in Samaria. Außerdem wächst in der Gegend der süffige Karmelwein. Und überdies hat er in besagtem Flachland den Ben Hadad besiegt.

Zuerst läßt er sich einen hübschen Palast bauen. Dummerweise liegt er direkt neben einem Weinberg, den sein Besitzer — Naboth heißt der Kerl — um keinen Preis der Welt verkaufen will. Auch tauschen lehnt er ab, wiewohl der Ersatzwingert wesentlich größer und schöner ist. *Nichts da!* sagt Herr Naboth. *Ich kann das Erbe meiner Väter nicht verschleudern!*

Verschleudern ist ja nun übertrieben, aber was soll der König machen?! Erst mal will er nichts zu Mittag essen vor Wut, obwohl Isebel eigenhändig gefüllte Paprikaschoten für ihn zubereitet hat. *So kann man doch einen König nicht behandeln!* poltert er am gedeckten Tisch.

Iß, bevor alles kalt wird. Ich verschaffe dir den Weinberg schon! sagt die Frau Königin großartig.

Wenn Ahab nicht so unbändig viele Paprikaschoten futtern würde, wäre er hinterher nicht so schläfrig; somit verdankt Weinbergbesitzer Naboth sein baldiges Ableben indirekt einer leckeren Mahlzeit. Isebel nämlich benutzt des Königs Mittagsnickerchen dazu, um in seinem Schreibtisch herumzustöbern. Auf Briefpapyrus mit seinen Initialen schreibt sie eine Weisung an die Stadtverordneten von Jesreel, fälscht die Unterschrift ihres Mannes und versiegelt das Ganze mit seinem Königssiegel.

Als die Stadträte das Schreiben erhalten, sind sie erschrocken. Darin wird von ihnen verlangt, daß sie ein Fasten veranstalten, zu dem der Winzer Naboth eingeladen und als Ehrengast ans Kopfende der leeren Tafel gesetzt werden soll. Neben ihm seien zwei verläßliche Männer zu placieren, die so unzuverlässig sind, daß sie gern mal einen Meineid schwören. Sie sollen bezeugen, daß Naboth während des Fastens den GROSSEN BOSS gelästert und seinen König geschmäht hat. Da darauf die Todesstrafe steht, können sich die Stadträte selbst ausrechnen,

wie das improvisierte Null-Diner für Naboth ausgehen wird.

Und so geschieht es auch. Ein lukullisches Fest-
hungern wird angesetzt, Naboth eingeladen, die
Meineide werden geleistet und der Weinbergbesitzer zur Rechenschaft gezogen.

Naboth ist tot! sagt Isebel zu ihrem Mann, nachdem sie die Nachricht bekommen hat. *Los, geh rüber in seinen Wingert und beschlagnahme ihn. Er
gehört dir!*

Ahab graust und freut sich zugleich. *Du bist ein
Satansweib!* sagt er, aber in seiner Anerkennung
klingt Angst mit. Trotzdem geht er natürlich in den
billigen Weinberg. Und wen trifft er dort? Ausgerechnet den Propheten Elia, der ihm seinerzeit die
Dürre geweissagt hat und bestimmt wieder etwas
Unangenehmes in petto hatte.

Sieh da, mein lieber Feind! grüßt der König süß-
sauer. *Was bringst du mir denn heute wieder schönes Schlechtes?*

Elia bleibt reserviert. *Der Besitzer dieses Wein-
bergs ist durch Verleumdungen aus deinem Haus
ums Leben gebracht worden. Das ist glatter Mord.
Deshalb läßt dir der GROSSE BOSS durch mich
bestellen:*

*,Wisse, Ahab, ich will dich und alle deine männ-
lichen Nachkommen von der Erde vertilgen! Ich
werde dein Haus ebenso wie Jerobeams und Basas
Haus ausrotten, um des Zornes willen, den du mir
verschafft hast. Du hast gemordet, indem du Naboth
hast töten und enteignen lassen. Wer Verbrechen
Vorschub leistet oder duldet, wird bestraft.*

*Auch deine Frau Isebel wird nicht leer ausgehen:
Sie wird von Hunden an der Stadtmauer von Jes-
reel gefressen werden. Dein Blut aber werden die
Köter mit Wonne aus 'ner Wanne schlürfen!'*

Damit ist mein Auftrag ausgeführt, endet Elia.
Sieh zu, wie du damit fertig wirst!

Als Elia gegangen ist, zerfetzt der König seine
Winzertracht, die er sich vorsorglich hat anfertigen
lassen. Dann macht er vier Löcher in einen Sack
und streift ihn sich über. Oben guckt sein bedrück-

tes Gesicht raus. In dieser Montur schleicht er tagelang einher. Schläft sogar darin, wo ihm doch König Ben Hadad zum Dank für seine Freilassung so
prächtige Pyjamas aus Damaskus geschickt hat:
Damast!

Der GROSSE BOSS sieht den zerknirschten Ahab
nicht ohne leichte Schadenfreude. Großmütig – wie
er gelegentlich sein kann – sagt er zu Elia: *Hast du
gesehen, wie Ahab einherschleicht? So was von
Demut! Ich will mal nicht so sein: Er soll das Unheil nicht mehr erleben, das ich über sein Haus
bringen werde. Es genügt, wenn sein Sohn dafür
büßt. Ich strafe bekanntlich mit Vorliebe an den
Nachkommen die Sünden der Väter. Bloß vergessen
die Burschen das immer wieder!*

Wenn nun aber einer schon mit Gedächtnis-
schwäche auf die Welt kommt? Nach einem flüchtigen Rückblick auf viele Jahrhunderte scheint sie
erblich zu sein. Wenigstens bei unseren Auserwählten.

145

LEBENSMÜDER SUCHT
GLEICHGESINNTEN
1 Könige 22; 2 Chronik 17, 18

Es ist an der Zeit, sich mal wieder um die Leute
von Juda zu kümmern. Immerhin sind sie Israels; wenn auch abgesplitterte. Als wir zum letztenmal von ihnen hörten, hatte sich König Asa gerade Senkfüße gestampft und seinen Sohn Josaphat
zum Mitregenten ernannt. Dann ist er gestorben
und hat seinen Nachfolger mit einem Haufen Verantwortung zurückgelassen.

Josaphat bewährt sich bestens. Bei ihm kommen
weder Baal noch Astarte noch einer der vielen anderen Götzen zum Zuge. Er wandelt, wenn er wandelt, nach den Ge- und Verboten des GROSSEN
BOSSES. Das tut er auch, wenn er stillsitzt, bloß

daß er selten dazu kommt. Immer ist er auf Trab. Was der aber auch alles macht!

Er schickt ganze Schwärme von Lehrern und Priestern über das Land Juda, wo sie mit dem Grundgesetz unterm Arm viel Gutes tun. Auch Burgen baut er. Und Vorratslager. Über eine Million wehrfähige Männer werden nach und nach zu tüchtigen Soldaten gedrillt. Und was der einschneidenden zweischneidigen Reformen mehr sind.

Der Erfolg seiner konzertierten Geschäftsführung zeigt sich bald. Alle anrainenden Könige haben insgeheim einen Bammel vor ihm. Sie schmeißen sich diplomatisch an ihn ran, indem sie ihm ihre Aufwartung machen. Dabei bringen sie Berge von Geschenken mit. Sogar von den Philistern erscheinen welche an seinem Hof, um ihn zu hofieren.

Aber auch die Araber wollen sich gut mit ihm stellen. Sie bringen ihm viele tausend Widder, die einen widderlichen Geruch verbreiten.

Josaphat ist jedoch auch in einer anderen Beziehung ein wirklich souveräner Souverän: Nach drei Jahren Regierungszeit beschließt er, Ahab einen Besuch abzustatten. Ganz recht, der König von Juda besucht den König von Israel! Warum auch nicht? Hätte schon früher einer draufkommen können!

Ahab ist nicht wenig überrascht. Dann freut er sich und hat auch allen Grund dazu. Drei Jahre herrscht jetzt Frieden in seinem Land; das war schon unheimlich! Er bereitet für Josaphat und seine zahlreichen Begleiter ein großes Fest. Leider ist Josaphat ein maßvoller Mensch; wenn er trinkt, tut er's heimlich, falls er trinkt. So wird's keine Orgie. Stattdessen macht Ahab dem judäischen Kollegen einen Vorschlag.

Wie wär's, mein lieber Josaphat, fragt er, *wenn wir — wo wir schon mal so gemütlich beisammensitzen — gemeinsam etwas auf die Beine stellen würden?*

Hast du was Bestimmtes im Auge, Freund Ahab? erkundigt sich Josaphat.

Ja, hab ich. Ich denke da an Ramoth in Gilead. Die Stadt gehört doch eigentlich uns, nicht wahr?

Wollen wir sie nicht dem König von Syrien wieder abnehmen? Ich hätte grad so schön Zeit.

Kein schlechter Gedanke! Der König von Juda erwärmt sich schnell für die Repatriierungsidee. *Gemacht, mein Bester! Ich will sein wie du, mein Volk soll sein wie deins — und meine Gäule wie deine. Allerdings —* Josaphat denkt einen Augenblick nach *—, allerdings sollten wir vielleicht den GROSSEN BOSS nach seiner Meinung fragen. Was hältst du davon?*

Ahab ist einverstanden. Er läßt sämtliche legalen Propheten zusammenrufen — von denen es inzwischen wieder über 400 gibt — und fragt sie: *Was meint ihr, soll ich gegen Ramoth in Gilead in den Kampf ziehen — oder soll ich lieber die Finger davon lassen? Ich spreche auch im Namen meines eventuellen Waffenbruders Big Jo, dem König von Juda!*

Nix wie hin! rufen die Propheten, als würden sie dabei etwas profitieren.

Josaphat wiegt nachdenklich den Kopf. *Sind das auch alle deine Propheten, Ahab? Vielleicht hast du einen vergessen?! Den sollten wir natürlich auch noch befragen.*

Ahab verzieht das Gesicht, als hätte er Essig getrunken. *Ich hab da noch einen, den Micha. Eine Art Elia. Der Kerl hat mir noch nie was Gutes prophezeit. Er mag mich wohl nicht!*

Das darfst du nicht sagen, rügt Josaphat fein. *Arschkriecher kriegst du zehn für einen Cent!*

Micha wird geholt. Die beiden Könige haben zwei Throne nebeneinander rücken lassen und posieren auf dem Marktplatz. Während die 400 Propheten wortreich versuchen, sie davon zu überzeugen, daß der GROSSE BOSS ihnen zu dem Krieg rät, erscheint Micha und sagt — sagt dasselbe. Das kann Ahab kaum fassen. *Michaaaa,* warnt er, *wie oft soll ich dich noch beschwören, mir die Wahrheit zu sagen?!*

Schön, sagt Micha flammenden Auges, *so höre denn: Ich sah ganz Israel auf den Bergen zerstreut wie eine verirrte Hammelherde, und nirgends einen*

Hirten. Plötzlich war die Stimme des GROSSEN BOSSES zu hören: ,Kehrt heim in Frieden! Ihr habt keinen Herrn mehr!'

Ahab wendet sich mit hochrotem Kopf an seinen königlichen Gast. *Hab ich's nicht gesagt? Er weissagt mir ums Verrecken nichts Gutes! Immer nur so 'n Mistkram!*

Mit Erlaubnis, widerspricht Micha dem König, *ich erzähle dir nur meine Vision. Ich sah den GROSSEN BOSS inmitten seiner Berater sitzen und hörte ihn fragen, wie man dich am besten dazu verleiten könne, gegen Ramoth zu ziehen und dabei zu fallen. Da sagte ein Geist zum GROSSEN BOSS: ,Laß mich gehen! Ich will als Lügengeist über die vierhundert Propheten von Israel kommen, damit sie dem König Ahab was Verkehrtes einreden, wie es dein Wille ist.'*

Micha hat noch nicht richtig ausgesprochen, da knallt ihm ein Oberpriester eine Schelle. *Lügner, verfluchter! Warum sollte sich der GROSSE BOSS statt meines Mundes des deinen bedienen?*

Das wirst du merken, wenn du verzweifelt ein Versteck suchst! antwortet Micha mit überlegener Haltung.

Fort mit dem Kerl! donnert Ahab. *Werft ihn ins Kittchen! Gebt ihm Wasser und Brot und sonst gar nichts — bis ich im Vollbesitz meiner geistigen und körperlichen Kräfte nach Samaria zurückkehre!*

Wenn das der Fall sein würde, sagt Micha unerschütterlich, *träfe mich ohnehin der Schlag. Denn dann hätte mich der GROSSE BOSS durch seine Tele-Vision an der Nase rumgeführt!*

Da schmiert ihm der Oberpriester noch eine. *Damit du nicht schief wirst, Lästermaul!*

146

DIE IM BLAUEN BLUTE PLANSCHEN

1 Könige 22

Gemeinsam mit König Ahab von Israel zieht König Josaphat von Juda los, um Ramoth im östlichen Gilead zu kassieren. So weit, so gut. Niemand wird wohl je erfahren, was in Ahabs grauen Gehirnzellen vorgeht, als er seinem Verbündeten einen kuriosen Vorschlag macht: *Wie würdest du das finden, wenn ich als ordinärer Soldat in den Kampf gegen die Syrer ziehe?*

Was denn, du willst die ganze Strecke loofen? fragt der König von Juda verwundert.

Das hab ich nicht gesagt. Ich will nur nichts Besonderes sein. Genügt ja, wenn einer von uns Eindruck schindet!

Josaphat ist einverstanden; er bleibt in Purpur. Ahab pumpt sich die Rüstung eines Soldaten, der seine Größe hat und das Ding gern los ist. Auf ihren Streitwagen stehend, stürzen sie sich ins Schlachtgetümmel.

Auch die Syrer tümmeln tüchtig, aber sie haben Befehl, nur den König von Israel auszuschalten. *Laßt die Soldaten und ihre Offiziere leben! Sie führen nur aus, was dieser Irre von Samaria befohlen hat!* ordnet ihr König an.

Von diesem Tagesbefehl weiß Josaphat freilich nichts. Er steht stolz und weithin als Monarch erkennbar auf seinem rollenden Befehlsstand und wundert sich, als sich alles auf ihn konzentriert. Plötzlich sieht er sich von syrischen Offizieren umringt. *Ergib dich, König von Israel!* rufen sie ihm zu.

Josaphat schreit zurück: *Ich bin nicht Ahab! Mein Name ist Josaphat, wenn ich mich vorstellen darf. Josaphat, König von Juda! Angenehm!* Da machen die Offiziere lange Gesichter. Wo steckte denn nun der Initiator dieses Angriffskrieges, der Ahab?

Ahab steckt, mitgerissen von anderen Kampfwagen, mang in der Bredouille. Keiner erkennt in dem schlichten Landser die wertvolle Beute. Der Pfeil, der ihn trifft, gilt daher auch nicht dem König; er ist einem Syrer versehentlich von der Sehne geschnellt und hat sich seinen Weg zwischen zwei Schuppen des Blechpanzers gesucht. Nun ragt er dem Ahab aus der Brust und kitzelt blasige Blutstürze aus dem königlichen Körperhaushalt.

Dreh um! befiehlt Ahab seinem Chauffeur. Aber der kann nicht; momentan herrscht ein Verkehrschaos. Erst gegen Abend löst es sich auf. So lang muß Ahab, den Pfeil im Interieur, auf dem Wagen stehend ausharren. Und es tropft und tropft das Blut in die Wagenwanne. Erst um 19 Uhr 19 kippt Ahab um und ist nicht mehr. Bloß rot isser.

Der König ist tot! schallt es übers Schlachtfeld. *Auf auf, Musketiere und sonstige! Ab nach Hause! Heim zu Muttern! Der Krieg ist aus!*

Ahab wird nach Samaria transportiert, bestattet und sein Sohn Ahasja zu seinem Nachfolger ernannt. Aber das ist nicht so wichtig wie dies:

Als der Oberschirrmeister des israelitischen Heeres den Kampfwagen des gefallenen Monarchen am Teich von Samaria säubern läßt, kommt eine Meute verwahrloster Straßenköter und beginnt, das Blut aus der Wagenwanne zu schlecken.

Was hat der GROSSE BOSS dem Ahab durch Elia im traurigen Weinberg zu Jesreel bestellen lassen? ,Dein Blut werden die Köter mit Wonne aus 'ner Wanne schlürfen.'

Nach einer Weile werden die Hunde von Huren verscheucht. Sie preisen Ahabs Ableben, indem sie in seinem blauen Blute planschen, weil das Glück bringen soll.

147

ECKIG IST DIE PARANUSS
2 Chronik 19—21

König Josaphat nimmt an König Ahabs Beisetzung nicht teil. Es genügte ja wohl, daß er ums Haar an seiner Stelle erschossen worden wäre. Nie wieder, denkt er, als er nach Jerusalem zurückkehrt, und kriegt auch gleich noch einen entsprechenden Rüffel von dem Propheten Jehu:

Mußte das sein, daß du für diesen Götzenheini von König Ahab unbedingt die Kastanien aus dem Feuer holen wolltest? Ich bin sicher, das läßt dir der GROSSE BOSS nicht so ohne weiteres durchgehen. Bei allem Respekt vor deiner persönlichen Lebensführung — immerhin hast du Baal und Astarte verboten —, manchmal sehe ich auf den Höhen kleine Feuerchen brennen. Sollte es vielleicht noch ein paar Falschspieler in deinem Volk geben?

Josaphat schaltet schnell und macht sofort eine Rundreise durch Juda. Von Beerseba bis zum Ephraimgebirge beschwört er seine Untertanen, um alles in der Welt dem GROSSEN BOSS anzuhangen und die Finger von den Falsifikaten zu lassen.

Danach wendet er seine ganze Aufmerksamkeit der Justiz zu. Für alle größeren Städte bestellt er Amtsrichter. *Vergeßt nicht, ihr sprecht Recht nicht in der Menschen, sondern in des GROSSEN BOSSES Namen! Wehe, wenn sich einer von euch bestechen läßt oder einen Unterschied macht zwischen arm und reich! Vor dem GROSSEN BOSS sind alle Prozeßgegner gleich.*

Fragt einer: *Dürfen wir auch keine Taschenkalender oder andere Werbegeschenke annehmen?*

Nichts da! braust Josaphat auf. *Nicht mal 'n Federkielschreiber! Dafür habt ihr ja das Behördeneigentum!*

Überall sieht der König von Juda persönlich nach dem rechten. Der Wohlstand wächst mit dem Sozialprodukt, und der Neid der Nachbarn gleichermaßen. Prompt spinnt sich eines Tages wieder ein Krieg an. Ungeheure Truppenbewegungen vom Toten Meer her werden Josaphat gemeldet. In seiner Ratlosigkeit befragt er vor allen Leuten und dem schönen Tempel den GROSSEN BOSS.

GROSSER BOSS, Wegbereiter und -begleiter unserer Väter, herrschst du nicht auch über die Königreiche deiner und unserer Feinde? Du hast die Bewohner dieses Landes vertrieben, um die Nachkom-

men Abrahams hier anzusiedeln. Sie haben dir ein Heiligtum für deinen Namen gebaut und gesagt: ,Wenn Krieg oder Pest oder eine Hungersnot kommt, werden wir hier vor dir stehen und dich anrufen, damit du uns hilfst.'

Jetzt ist es wieder soweit. Riesige Heerscharen sind im Anmarsch! Moabiter und Ammoniter, sogar die Leute vom Gebirge Seïr — die damals Mose und seinem Millionenvolk bei seiner Ägyptenflucht das Transitvisum verweigert haben —, sie alle kommen, um uns aus deinem Heiligtum zu vertreiben. Willst du sie nicht richten, GROSSER BOSS? Einer solchen Übermacht sind wir nicht gewachsen!

Die Gemeinde und der König halten den Atem an. Wird der GROSSE BOSS antworten? Er tut es; er spricht mit dem Mund eines seiner Propheten: Jerusalemer! Mein König! Der GROSSE BOSS läßt euch sagen: ,Fürchtet euch nicht vor der feindlichen Übermacht! Nicht ihr werdet gegen sie kämpfen, sondern ich, euer BOSS! Zieht morgen gegen sie hinab. Wenn sie am Ende des Tals an den Höhenweg kommen, werdet ihr auf sie treffen. Ihr braucht nichts zu tun. Steht und schaut zu, wie ich, euer BOSS, es ihnen besorge!'

So spricht der GROSSE BOSS! ruft der Prophet fanatisch über den Tempelvorplatz. Wohlan denn, wir werden siegen und — wie weiland Cäsar in etwa achthundert Jahren seinem Freund Amintius schreiben wird — sagen können: Veni, vidi, vici!

Anderntags marschieren die Truppen Josaphats los. Vornweg ein Musikzug, der aufmunternde Märsche bläst. Zwischendurch singen die Mannen auch mal bekannte Soldatenlieder, wie ,In der Wüste blüht kein Blümelein' und ,Eckig ist die Paranuß'. Was der GROSSE BOSS anstellt, sehen sie nicht. Auch nicht, ob er eine List anwendet oder mit Tränengas arbeiten läßt. Jedenfalls schlagen die Angreifer sich gegenseitig tot. Mausetot!

Josaphat und sein Heer blicken vom Berg in die Wüste hinunter und sehen nur Leichen, Leichen, nichts als Leichen. Und dahinter noch mehr Leichen. Und rechts und links Leichen, soweit das Auge reicht. Wenn man sie alle fleddern will, muß man sich beeilen. Trotzdem dauert es ganze drei Tage, bis alles eingesammelt und unter den Siegern — die keinen Finger gerührt, nur musiziert und gesungen haben — verteilt ist.

Stöhnend unter der schweren Last der leichten Beute erreichen sie auf ihrer Heimkehr ein Tal. Hier machen sie Rast und loben den GROSSEN BOSS. Seitdem heißt die Gegend ‚Lobetal‘.

Der Einzug der Siegreichen in Jerusalem gestaltet sich zu einem Volksfest. Mit Freibier und ähnlichen Späßchen.

Den Nachbarkönigen hingegen geht der Steiß mit Eis, als sie die Nachricht von Judas verlustlosem Blitzkrieg erreicht. Finger weg von Josaphat, ist die Parole. Der Kerl ist entweder ein Genie, oder er hat einen Verbündeten, der zaubern kann.

Ein Genie ist Josaphat beileibe nicht, sonst würde er nicht mit dem neuen König von Israel, dem Ahabsohn Ahasja, ein Wirtschaftsabkommen treffen. Vorläufig bezieht es sich nur auf den gemeinsamen Bau von Schiffen, die im Golf von Akaba auf Kiel gelegt werden und Gold aus Ophrika, pardon, aus Ophir holen sollen. Erst kurz vorm Stapellauf erinnert sich der GROSSE BOSS, daß Josaphat schon einmal mit den götzendienernden Israels fifty-fifty machen wollte. Ging das schon wieder los? Wußte Josaphat-Süd nicht, daß Ahasja-Nord genauso ein Abtrünniger war wie sein gefällter Vater?

Schiffstaufe! Die Sektflaschen zerschellen; die Trosse werden gekappt; der Stapellauf beginnt. Alle Stapel laufen zum Wasser, als sich jäh ein Wirbelsturm erhebt, die plumpen Schiffe erfaßt, sie ein paarmal im Kreis dreht und sie allesamt an den Klippen zersplittern läßt. Das Unternehmen Edelmetall fällt buchstäblich ins Wasser.

Außerdem stirbt Josaphat. Nicht vor Kummer, nicht zur Strafe; nur so. Mal kann einer ja auch normal sterben! Sogar ein König...

Josaphats Nachfolger, sein erstgeborener Sohn, heißt Joram. Seine Geschichte ist nichts vorm Einschlafen.

148

FENSTERPURZLERS BUBENSTREICH

2 Könige 1

Nachdem sich im Nordreich Israel die Hunde und Huren mit der Blutspende des gefallenen Königs Ahab amüsiert haben und Sohn Ahasja regiert, passiert nach der Havarie im Werfthafen erst einmal eine Weile gar nichts. Der neue König ist genauso ein Abseitswandler wie sein Vater selig. Baal hinten, Astarte vorn, und dazwischen noch eine Menge Wischiwaschigötzen.

Das sieht sich der GROSSE BOSS nicht lange mit an. Als Ahasja-Nord im dritten Stock am Fenster lehnt und durchs Gitter guckt, gibt das Ding plötzlich nach. Der König will zurückspringen, da fällt er auch schon über die Brüstung und im acht Meter tiefen Hof unten auf die Fresse. Seine Kauwerkzeuge heilen schnell, die inneren Verletzungen zwingen ihn auf die Knie respektive ins Krankenbett, wo die Quacksalber sich bald goldene Nasen an dem Fensterpurzler verdienen.

Da läßt er seine Vertrauten kommen und gibt ihnen den Befehl, nach Ekron zu flitzen, um dort den Beelzebub zu fragen, ob er wieder gesund wird. Die Philister nämlich, denen die Stadt Ekron gehört, huldigen einem Götzen dieses Namens. Der Kerl schreibt sich auch Baal-Sebub. Egal, der ‚Bub‘ ist ein richtiger Teufelsgötze. Was kann der dem Plumpskönig schon weissagen!

Gar nichts wird Besagter prophezeien, denn vorher schickt der GROSSE BOSS einen Eilboten zu seinem Chefpropheten Elia. *Auf auf, Alter!* ruft dieser schon von weitem. *Du sollst die Boten des Königs Ahasja aufhalten und ihnen ins Gewissen reden! Frag sie, ob's denn keinen GROSSEN BOSS gäbe, der für solche Sachen in Israel zuständig sei. Ob sie unbedingt zu dem gräßlichen Beelzebub rennen müßten, um ihn zu interviewen.*

Und weiter sollst du ihnen sagen, daß sich der GROSSE BOSS brüskiert fühlt und deshalb be-

schlossen hat, König Ahasja auf gar keinen Fall wieder gesund werden zu lassen. — Alles mitgekriegt, Elia?

Der Prophet hat alles verstanden; so senil ist er nun auch wieder nicht. Er eilt den Königsboten entgegen und richtet ihnen die Botschaft für ihren Herrscher aus, ohne sich vorzustellen. Daraufhin machen die Kuriere zufriedene Gesichter und kehrt. Sie laufen nicht gern, und schon gar nicht nach Philistrien.

Wieder in Samaria, erzählen sie dem König, was ihnen der Alte aufgetragen hat. Stirnrunzelnd fragt Ahasja, wie der Spinner ausgesehen habe. Alt, die Haare bis zum Kreuz, barfuß, lautet ihre flüchtige Personenbeschreibung.

Da weiß der König Bescheid. Das kann nur Elia gewesen sein. Der hat schon meinem Vater lauter Negatives geweissagt! Sofort jagt er einen Hauptmann mit fünfzig Soldaten los.

Der Alte sitzt gemütlich auf dem Berg und sonnt sich. Unbeeindruckt hört er sich an, was der Hauptmann brüllt: Du sollst sofort in den Palast kommen, Mann Gottes!

Hättest du lieber ‚Menschenskind‘ geschimpft! Jetzt muß ich dir ja wohl beweisen, daß ich wirklich ein Prophet des GROSSEN BOSSES bin. Paß auf, gleich wird er Feuer vom Himmel regnen lassen und dich und deine Leute schmoren! Der Hauptmann hat gar keine Zeit mehr zum Aufpassen: Ein Blitz, ein einundfünfzigstimmiger Schrei, dann qualmt nur noch ein Haufen Asche.

Ahasja-Nord gibt keine Ruhe; er hat ja Untertanen genug. Gleich schickt er einen neuen Hauptmann mit fünfzig Mann los. Komm mir nicht ohne Elia wieder! droht er.

Keine Angst, Ahasja, sie werden nicht ohne Elia wiederkommen. Sie werden auch nicht mit ihm wiederkommen. Sie werden überhaupt nicht wiederkommen. Zum zweitenmal veranlaßt Elia den GROSSEN BOSS, ein Demonstrationsfeuerwerk zu veranstalten. Gleich darauf stinkt's wieder ziemlich angebrannt.

Der König von Israel hat anscheinend die Absicht, die Armee auszurotten: Zum drittenmal jagt er einen Hauptmann mit einer halben Hundertschaft los. Doch dieser Offizier mausert sich unterwegs zum Widerstandskämpfer. *Hör mich an, Elia!* ruft er dem Propheten auf dem Berg zu. *Ich bin kein Pyromantiker wie meine beiden Vorgänger. Im Gegenteil! Ich leide an Pyrophobie! Und ich weiß auch, daß du ein Beauftragter des GROSSEN BOSSES bist. Laß das Leben meiner Leute und mein eigenes etwas gelten vor dir. Erkenne doch den Befehlsnotstand, Herr Prophet!*

Nach kurzer Rückversicherung beim GROSSEN BOSS begleitet Elia den Hauptmann zum Palast des Königs in Samaria. *Was hast du da gesagt, du elender Schwarzseher?* brüllt Ahasja ihn an, kaum daß er im Krankenzimmer steht. *Ich soll nie wieder –*

Genau! Der GROSSE BOSS läßt dir ausrichten, daß du nie wieder... Weil du Boten nach Ekron senden wolltest, damit sie den Beelzebub befragen, als gäbe es nicht ihn, dem man vertrauensvoll sein Herz ausschütten kann! In diesem Bett hier wirst du –

Elia braucht nicht weiterzusprechen; Ahasja-Nord ist schon tot. Zweimal hat der GROSSE BOSS bei den Hauptleuten gefackelt, bei ihrem König fackelt er nicht lange.

149

WARUM ES AN HIMMELFAHRT SO GERN REGNET

2 Könige 2

Elia wird langsam tattrig! Anders ist es nicht zu erklären, daß er noch immer nicht die beiden restlichen Aufträge des GROSSEN BOSSES erledigt hat: Es sind da noch zwei Könige einzureiben! Vorsichtshalber gibt er die Anweisungen an seinen Nachfolger Elisa weiter, der neben ihm auf dem Berg Gilgal bei Gilgal im Kreis Gilgal hockt und fragt: *Was hast du heute nur, Meister? Du bist so geistesabwesend.*

Ich spüre das Wetter in allen Knochen. Wahrscheinlich gibt's Sturm. In demselben werde ich vermutlich umkommen, sagt Elia seufzend und steht auf.

Wo willst 'n hin? fragt Elisa und nimmt seine Kopfbedeckung — einen frischen Kuhfladen — vom Haupt.

Nach Bethel! Der GROSSE BOSS verlangt es so. Bleib du hier und versuch's mit Kamelmist. Der hilft gegen Schnupfen, warum sollte er nicht auch den Haarwuchs —

Elisa läßt ihn nicht aussprechen. Er springt auf: *So wahr es einen GROSSEN BOSS gibt und du lebst, ich verlasse dich nicht!*

Gemeinsam tippeln sie los und erreichen die Prophetenschule in Bethel. Dort winkt einer der Schüler Elisa beiseite: *Weißt du schon, daß der GROSSE BOSS deinen Meister zu sich —*

Still doch! Elisa läßt den Frühreifen nicht ausreden. *Natürlich weiß ich das!* Rasch eilt er zu Elia, der schon wieder sein Ränzel schnürt.

Ich muß weiter, Elisa, sagt Elia. *Nach Jericho. Bleib hier und gib acht, daß die Jungs was lernen. Sooo leicht ist Prophezeien nun auch wieder nicht!*

Elisa wirft seinen Rucksack über die Schulter. *So wahr es den GROSSEN BOSS gibt und du lebst, ich verlasse dich nicht!*

Gemeinsam erreichen sie die Prophetenschule in Jericho. Dort winkt einer der Schüler Elisa beiseite: *Weißt du schon —*

Still doch! Natürlich weiß ich das! Elisa eilt zu seinem Herrn und Meister: *Gib dir keine Mühe, Chef — wo immer du hingehst, ich verlasse dich nicht — — —*

Gemeinsam wandern sie zum Jordan, von ferne gefolgt von fünfzig Famuli. Am Ufer zieht Elia seinen Mantel aus, rollt ihn zu einer Wurst und haut damit aufs Wasser. Daraufhin teilt sich dasselbe

und gibt einen schmalen Pfad frei. Trockenen Bar-
fußes begeben sich die beiden Propheten zum anderen Jordanufer hinüber. Die staunenden Schüler
bleiben auf der westlichen Seite zurück.

Sag schnell, ob du einen Wunsch hast, Elisa, sagt
Elia ermattet. *Gleich geht mein letzter Zug.*

Gib mir zwei Teile von deinem Geist, bittet Elisa.

*Du sprichst wie ein Erstgeborener, der hierzu-
lande das doppelte Erbe erhält. Aber sei's drum!
Doch nur unter einer Bedingung: Schau mir nach,
wenn ich abschwirre. Siehst du mich, bekommst du
zwei Teile Geist. Mit dem deinen zusammen ergibt
das 'ne Menge Intellekt. Siehst du mich nicht —
dann mußt du mit deinem Grips allein —*

Der Satz wird Elia aus dem Mund gerissen. Ein
unglaublicher Sturm fegt das Jordantal entlang und
reißt ihn von Elisas Seite. Der Jüngere sieht den
Älteren durch die Luft schwirren und schreit exal-
tiert: *Der Wagen Israels und sein Gespann!* — Danach besteht der ganze Himmel nur noch aus Wetterleuchten.

Elisa wartet, bis der Sturm sich gelegt hat, dann
geht er zum Jordanufer und probiert den Trick mit
dem zusammengerollten Mantel. Es funktioniert;
wieder teilt sich das Wasser. Schnell trabt Elisa ans
andere Ufer hinüber, wo ihn die Prophetenschola-
ren bereits erwarten und sich tief beeindruckt vor
dem neuen Chefpropheten verneigen.

Elias Geist ist auf Elisa übergegangen, flüstert
der Klassensprecher überwältigt. Und ein anderer:
*Vielleicht kann er die Quelle entseuchen? Was meint
ihr?*

Das hört Elisa. *Was für 'ne Quelle?* fragt er. Die
Jünglinge führen ihn zu einer kleinen Stadt mit
einem absonderlichen Wasser, von dem die Leute
behaupten, es mache unfruchtbar. Er kostet das Naß
und schüttelt sich. *Schmeckt ja scheußlich! Hol mal
einer 'n Pfund Salz!*

Das Gewürz wird geholt; Elisa wirft es in kleinen
Prisen in die eingefaßte Quelle. *So, das dürfte reichen,* sagt er. *Jetzt ist es aus mit der Schwanger-
schaftsverhütung! Die Apotheke ist zu!*

Während sich die halbe Stadt über das entgiftete Wasser hermacht — und nach einem dreiviertel Jahr eine explosionsartige Bevölkerungszunahme zu verzeichnen sein wird —, wandert Elisa hocherhobenen Hauptes nach Bethel. Das hätte er nicht tun sollen, das mit dem Haupt: Aus unerforschlichem Grund leidet er unter Haarausfall. Seine Glatze ist weithin sichtbar. Kein Wunder, daß ihn vorbeikommende Kinder eines Vorschulkindergartens veräppeln. *Kahlkopp! Kahlkopp!* dalbern sie, weil Glatzen noch nicht in Mode sind.

Elisa ist kein besonders humoriger Mensch, dafür eitel wie eine Primadonna. Sonst würde er die vorlauten Kinder nicht verfluchen und zwei Bären aus dm Dickicht eines Waldes tappen lassen, die alle 42 Lästermäulchen — zerreißen.

Elisa wischt sich den Schweiß von der Glatze und geht rasch weiter. Zuerst zum Berg Karmel, dann rüber nach Samaria. Vielleicht daß sich unterwegs noch mehr Gelegenheit bietet, Wunder zu tun, Staunen zu erregen, sich unsterblich zu machen.

Nur an die 42 Kinder darf er nicht denken. Da schmeckt ihm kein Maulbeerchen mehr.

150

SCHNUPFEN IST OFT SEHR BELEBEND

2 Könige 4

Im Vollgefühl seiner neuen Würde stattet Chefprophet Elisa nach und nach sämtlichen Prophetenschulen und -universitäten einen Besuch ab. Seine Inspektionen sind sowohl gefürchtet als auch willkommen. Einerseits hat er ein scharfes Auge, dem nichts entgeht, andererseits braucht man ihm nur ein bißchen um den Bart zu streichen — am Kinn ist er behaart —, und schon tut er gern Gutes.

So kommt eines Morgens die Witwe eines stud. proph. zu Elisa und klagt ihm ihr Leid: *Mein Mann ist gestorben, obwohl er Prophet studiert hat. Nun sitz ich da mit zwei Kindern und in der Wohnung. Gestern war die Miete fällig. Aber greif mal 'ner nackten Mutter ins Dekolleté! Jetzt will der Hausbesitzer meine beiden strammen Knaben als Leibeigene haben!*

Stramme Knaben — Leibeigene? Schweinkram! Kannst du nicht was von der Einrichtung verscherbeln?

Schon passiert! — Jaja, die Studentenehen! — Sonst weißt du mir keinen Rat? — Haste 'ne Ölkanne? — Just eine solche blieb mir. — Dann mach mal folgendes: Leih dir von deinen Nachbarn alle Kannen und Krüge, die sie entbehren können und dir anvertrauen. Pump dir, was du kriegen kannst!

Die Jungwitwe blickt ihn verständnislos an. *Und wozu das, wenn ich mal dumm fragen darf?*

Darfste! Hör zu: Haste die Kannen, schließte hinter dir und deinen Jungs die Tür ab und ziehst die Vorhänge zu. Dann gießte! Du gießt einfach von deinem Krug in die ausgeborgten Behälter! Klaro?

Nee! In meiner Kanne sind nämlich bloß noch 'n paar Tropfen!

Tu, was ich dir sage! herrscht Elisa sie an, und sie tut, was er gesagt hat. Sie leiht sich Krüge, schließt die Küche ab, verdunkelt und gießt.

Oh, Wunder, ihre Ölkanne ist unerschöpflich! Das fließt und fließt goldgelb und nahrhaft in sämtliche Leihgefäße. Schade, daß sie nicht mehr zusammengeschnorrt hat. Überglücklich eilt sie zu Elisa. *Du mußt wirklich 'n heißen Draht zum GROSSEN BOSS haben! Denk dir —*

Ich weiß alles, unterbricht Elisa die Frau stolz. *Geh jetzt mit dem Öl auf den Markt und verkauf es. Von dem Erlös kannst du deine Miete bezahlen und eine Weile den Haushalt für dich und deine Kinder bestreiten. — Schalom, Ölkönigin!* scherzt Elisa zum Schluß und geht nach Sunem.

Sunem liegt in der Jesreel-Ebene, wo Elisa eine reiche Bekannte hat. Immer wenn er zu ihr kommt, tischt sie ihm herrliche Sachen auf. Eines Tages sagt sie zu ihrem Mann: *Dieser kahle Prophet macht einen ordentlichen Eindruck; wollen wir ihm nicht* oben in der Kammer ein Lager richten? Dann muß er nicht immer in der teuren Touristenherberge absteigen.

Aus ebenerwähntem Grund kann Elisa heute nach tiefem, traumlosem Schlaf gut gelaunt erwachen und aus dem Fenster blicken, um seinen Assistenten im Freien liegen zu sehen. Zugedeckt natürlich. Man ist ja Mensch.

Elisa pfeift ihn wach, winkt ihn rauf in die Kammer und sagt zu ihm: *Moin, Hasi!* Er nennt ihn meist Hasi, obwohl der junge Mann eigentlich Gehasi heißt. *Geh, Hasi,* sagt Elisa also, *geh jetzt zu der Frau des Hauses und frag sie, ob sie einen Wunsch hat. Wir müssen uns für ihre Gastfreundschaft irgendwie erkenntlich zeigen. Vielleicht braucht sie Fürsprache beim König oder beim Bürgermeister oder sonstwo. Frag sie halt mal unauffällig aus.*

Hasi klopft die Hausfrau ab, modisch gesprochen, aber sie ist wunschlos glücklich. *Richte deinem Meister aus, ich hätte alles,* sagt sie. Dann seufzt sie: *Fast alles...*

Adlatus Hasi berichtet Präses Elisa, was er in Erfahrung gebracht hat. *Schade,* sagt letzterer zu ersterem, *ich hätte ihr gern einen Wunsch befriedigt.*

Befriedigt? Hasis Augen leuchten auf. *Könntest du ihr nicht ein Kind verschaffen? Sie hat nämlich keine, und ihr Mann ist aus den Jahren raus, wo er...*

Das ist eine Idee! sagt Elisa. *Schick sie mal zu mir.* Als die Gastgeberin in die Kammer tritt, hat Elisa einen nachdenklichen Zug im Gesicht. Dann führt er ein langes Gespräch mit ihr, das mit der festen Zusage endet, daß sie übers Jahr einen Sohn ans Herz drücken werde.

Nicht doch, Herr Prophet, sagt die verlegene Dame des Hauses errötend, *mach bitte nicht solche Scherze mit mir. Auch wenn du in der Gunst des GROSSEN BOSSES stehst.* Doch der Günstling ist überm Zuhören eingenickt...

Neun Monde später kommt der angekündigte Junge zur Welt, wird zwangsläufig immer älter und trippelt endlich mit aufs Feld, wo die Schnitter ihre Sensen dengeln. Plötzlich faßt er sich an den Kopf. Er hat wahnsinnige Schmerzen unterm Pony. *Bring ihn zu seiner jungen Mutter,* sagt der alte Vater zu seinem ältesten Knecht.

Die Frau nimmt den Kleinen bestürzt auf den Schoß. Wenn es nicht besser wurde mit dem Kindskopf, würde man wohl den Arzt holen müssen. Mit Migräne war nicht zu spaßen.

Es ist keine Migräne, und der Knabe mittags tot. Fassungslos trägt die Mutter den Leichnam rauf in die Kammer und legt ihn auf das Bett, wo ihr der Chefprophet Elisa einst das Kind annonciert hat. Dann sattelt sie einen Esel, reitet los und findet Elisa sofort. Auf dem Karmelberg. Das macht ihr mütterlicher Instinkt.

Sieh da, die freundliche Gastgeberin von Sunem! sagt Elisa lächelnd. *Was macht dein Mann? Wie geht's dem Kleinen? Er ist doch pünktlich eingetroffen, oder?*

Statt einer Antwort wirft die Frau sich vor ihm auf die Erde und umarmt seine Waden. Hasi will sie zurückreißen, aber Elisa wehrt ihm: *Laß sie, Gehasi! Ihr Herz ist betrübt, das seh ich. Dazu brauch ich den BOSS nicht. Obschon er mir hätte Bescheid sagen können.*

Die Frau richtet sich auf, klagt: *Du bist schuld, großer Prophet! Ich hatte dich nicht um den Jungen gebeten, der über Mittag gestorben ist! Ich habe dich damals noch angefleht, keine Scherze mit mir zu machen!*

Scherze nennt sie das! murmelt Elisa vor sich hin. Dann sagt er zu Gehasi: *Nimm meinen Stock und begleite die Dame nach Hause. Grüße unterwegs keinen und laß dich auch von niemandem grüßen. Wenn du in Sunem bist, legst du meinen Stock auf das Gesicht des Kindes und —*

Die Frau weint auf. *So wahr es den GROSSEN BOSS gibt: Ohne dich kehre ich nicht nach Hause zurück!*

Elisa steht auf und brummt: *Na schön... Reite schon voraus, Hasi; wir zockeln hinterher...*

— 431 —

Während sein Meister noch zockelt, erreicht Gehasi das Haus der Frau und steigt in die Kammer hinauf. Dort legt er probeweise Elisas Stecken auf das bleiche Kindergesicht. Nichts tut sich, aber das tut nichts, denn Elisa und die Jungmutter treffen ein. Sogleich begibt sich der Prophet zu der kleinen Leiche und legt sich über sie. Wahrscheinlich hat ihm der leider zu früh verstorbene Elia von seiner erfolgreichen Mund-zu-Mund-Beatmungstherapie erzählt. Jedenfalls küßt Elisa den Jungen wie ein feuriger Liebhaber die Braut. Zwischendurch betet er und pumpt frische Luft in seine Lungen. Er müht sich ab und schafft sich selbst. Als er es endgültig aufgeben will und schon zur Tür geht, niest jemand hinter seinem Rücken.

Elisa saust herum und blickt auf die Leiche, die keine mehr ist, weil Leichen nicht niesen. Und schon gar nicht gleich siebenmal hintereinander.

151

HAUPTMANN GEHT
AUF TAUCHSTATION

2 Könige 5

Um diese Zeit rum hat der König von Damaskus — Ben Hadad — einen Hauptmann namens Naëman im Heer, der ihm zwar jeden Krieg gewinnen oder verlieren hilft, aber leider den Aussatz hat. Zum Glück an Körperteilen, die man nicht so sieht. In dieses Kranken Haus ist ein israelitisches Dienstmädchen beschäftigt, ein nettes Ding, das von irgendeinem Feldzug als Beute mitgeschleppt und an den syrischen Hauptmann verhökert wurde.

Eines Tages, als dem Hausherrn wieder mal das Fell juckt, sagt das Dienstmädchen zur Frau Hauptmann: *Zu schade, daß dein Mann den Elisa nicht kennt!* Wer das sei, will die Hausherrin wissen. *Elisa ist der Oberprophet von Israel. Ein toller Mann! Was der für Sachen macht! Bitterwasser wird*

zu Fruchtsaft, aus leeren Krügen fließt Salatöl, na-
ja, lauter so Dinger. Der könnte bestimmt den Herrn
Hauptmann von seinem Aussatz befreien!

Die Hausfrau merkt auf. Abends erzählt sie ihrem
angetrauten Dauerjucker von dem Wundermann in
Samaria. Anderntags berichtet Hauptmann Naëman
seinem allergnädigsten Herrn und König die ganze
Geschichte. *Na und, Hauptmann?* fragt Ben Hadad
kopfschüttelnd. *Da bist du noch nicht unterwegs?*

Wenn du gestattest?

Das verlange ich sogar! Das ewige Geschuppere
geht mir langsam auf die Nerven. Warte einen Mo-
ment, ich gebe dir ein paar Zeilen an meinen Kol-
legen in Samaria mit. Zum Glück krachen wir uns
grad nicht.

Mit einem Empfehlungsschreiben, zehn Zentnern
Silber und 120 000 Mark in Form von 6000 Goldgulden — von den unzähligen geballten Anzugstof-
fen ganz zu schweigen — fährt der Hauptmann zur
Kur nach Samaria. So hofft er jedenfalls.

Kaum jedoch hat der israelitische König das
Schreiben seines syrischen Kollegen gelesen, rauft
er sich die Haare und wettert: *Was denkt sich die-*
ser Ben Hadad überhaupt! Schickt mir einen Leprö-
sen ins Haus! Bin ich vielleicht der GROSSE BOSS,
daß ich ihn heilen könnte? Oh, ich weiß schon, was
dieser räudige Big Ben damit bezweckt: Streit sucht
er mit mir! Einen Vorwand zum Krieg!

Von diesem königlichen Zornesausbruch erfährt
Elisa. Sofort hetzt er seinen Adjunkten Gehasi nach
Samaria. *Schönen Gruß von meinem Chef!* sagt er
zum König. *Du sollst den syrischen Hauptmann zu*
ihm schicken. Er will ihm beweisen, daß in Israel
wenigstens die Propheten Format haben.

Hauptmann Naëman läßt wieder anspannen und
rollt mit seinen Geschenken zur Wohnung Elisas auf
dem Universitätsgelände. Eine Dienstwohnung; alles ein bißchen eng. Als ihm der Jucker gemeldet
wird, läßt Elisa ihm durch Gehasi bestellen: *Du*
sollst gleich weiterfahren zum Jordan. Wenn du
dich siebenmal darin gewaschen hast, wirst du ge-
sund sein.

Ist das alles? nörgelt der Hauptmann. *Ich soll im Jordan baden, und nicht mal selber kommen tut dein Chef? Nennt er das vielleicht Kundendienst? Sag ihm, er kann mich mal! Baden! In eurer drekkigen Jordanbrühe!* Er schüttelt sich angewidert. *Ich dachte, dein Meister ruft euren GROSSEN BOSS an, streckt seine Hand nach mir aus und ruft ,Heileheile' oder sonstwas, und dann juckt's nicht mehr! Baden kann ich auch daheim!*

Wütend läßt der Aussätzige die Wagen wenden und macht sich auf den Rückweg. Zum Glück hat er in seiner Reisebegleitung einen zur syrischen Wehr eingezogenen Philosophiestudenten. Der junge Mann durchschaut, was in Naëman vorgeht, und stößt ihn mit der Nase drauf. *Was würde der Herr Hauptmann wohl getan haben, wenn ihm der Prophet zu einer Kur in Baden-Baden geraten hätte, statt zum Baden, Baden, Baden, Baden, Baden, Baden und Baden?*

Ich weiß zwar nicht, wo Baden-Baden liegt, aber ich wäre vermutlich hingefahren.

Wäre es möglich, daß dem Herrn Hauptmann das siebenmalige Baden im Jordan vielleicht nur zu simpel erscheint, nach der volkstümlichen Redensart: ,Was viel kostet, hilft auch viel'?

Der unreine Hauptmann schweigt eine ganze Weile. Als er endlich hochblickt, um zu antworten — sieht er den Jordan vor sich liegen. Träge strömt sein Wasser und sieht gar nicht so rheinhaft aus, wie er's in Erinnerung hatte. Kurz entschlossen läßt er anhalten, zieht sich rasch aus, springt in den Fluß und schreit: *Seifä!*

Er seift sich siebenmal ein; er taucht siebenmal unter. Als er aus dem Jordan steigt, juckt es ihn nirgends mehr. Fassungslos und mit angehaltenem Atem studiert er seine Haut. Da ist keine Flechte mehr, kein Geschwür, keine Pustel — alles ist glatt und rein wie die Haut eines Milchmädchens.

So schnell ist noch nie ein Offizier in frische Wäsche gestiegen! So hastig hat noch kein Hauptmann der Welt saubere Uniformen angelegt! Und selten wurden Gespannpferde derart angetrieben wie jetzt bei seiner Rückkehr zum Haus des Propheten.

Elisa! ruft er zum Fenster hinauf. *Elisa, wie soll ich dir danken! Verzeih mir meine Kleingläubigkeit und nimm zum Dank meine Geschenke entgegen!*

Er kommt nicht zur Aushändigung seines Spitzenhonorars; Elisa tritt aus der Haustür und winkt ab: *So wahr es einen GROSSEN BOSS gibt, dem du deine Heilung verdankst, so wahr will ich von dir keine Bezahlung und keine Geschenke nehmen!*

Alles Nötigen, alles Betteln nutzt dem Hauptmann nichts; Elisa bleibt hart. Da sagt Naëman zum Abschied etwas sehr Schönes: *Ich verstehe deine Motive, Elisa. Würdest du deinem ewigen Schuldner gestatten, daß er von der Erde, auf der du stehst, zwei Säcke voll mitnimmt? Ich will nie mehr zu unseren faden Göttern beten. Auf israelitischer Erde stehend, möchte ich eurem GROSSEN BOSS huldigen und opfern. Erlaubst du?*

Nimm soviel Erde, wie du willst. Ich planiere das hinterher wieder.

Tausend Dank, Elisa! Nur eine winzige Einschränkung bitte ich zu meinem eben Gesagten machen zu dürfen: Es kommt gelegentlich vor, daß ich meinen König in den Tempel des syrischen Donnergottes begleiten muß. Ben Hadad ist etwas gebrechlich und pflegt sich dabei auf meinen Arm zu stützen. Ob der GROSSE BOSS es mir verzeihen würde, wenn ich insofern nicht völlig mit Rimmon, dem Donnerer, breche?

Ich denke schon, Hauptmann. Zieh jetzt los in Frieden! Mein Hasi bringt dich bis zur nächsten Kreuzung. Aber Gehasi ist unauffindbar.

Der Hauptmann und seine Begleitung finden die Kreuzung auch ohne ihn. Plötzlich hören sie Hufschlag hinter sich. Und wer kommt? Hasi Gehasi! Mit ein paar Hilfspropheten, mehreren Lasteseln und einem scheinheiligen Grinsen hausiert er: *Mein edler Meister schickt mich. Gerade sind ein paar arme Prophetenschüler vom Ephraimgebirge eingetroffen. Nun läßt er fragen, ob du ihm nicht doch*

ein Zentnerchen Silber und ein paar Bällchen An-
zugstoff dalassen würdest.

Aber mit Vergnügen! freut sich der Geheilte.
Nimm lieber zwei Zentnerchen! Nimm, was du
willst, mein Freund!

Mit Geschenken beladen, reitet Hasi zurück. Doch
nicht zu Elisa: in seine eigene Behausung! Dort versteckt er die ergaunerten Sachen und geht mit dem
harmlosesten Gesicht der Halbwelt zu Elisa, der ihn
so ganz beiläufig fragt, wo er so lange gesteckt habe.
Ich hab mir nur 'n bißchen die Beine vertreten,
murmelt Gehasi.

Da braust Elisa auf: *Für wie dämlich hältst du*
mich eigentlich? Meinst du, ich wäre Chefprophet
des GROSSEN BOSSES geworden, wenn ich nicht
um die Ecke gucken könnte? Du hast Silber und
Damast geschnorrt, um Olivenhaine und Weinberge
dagegen einzutauschen! Meinethalben. Aber du hast
dir damit was Schönes eingehandelt! Den Aussatz
nämlich, den der Hauptmann gerade losgeworden
ist. Betrachte mal deine Arme und Beine!

Hasi rollt verstört die Ärmel hoch, zieht die Ho-
senbeine über die Waden und wird kreidebleich. So
bleich wie seine Haut, auf der sich zusehends ausbreiten: Flechten, Geschwüre, Pusteln, Pocken, Blat-
tern, Beulen, Schorf und Grind.

In panischem Grauen eilt Gehasi davon, rennt
ohne Halt und Verzehr bis zum Jordan und springt
ins Wasser. Er taucht siebenmal, taucht siebzigmal,
taucht siebenhundert Mal. Aber bei dem Tauge-
nichts taugt leider alles Tauchen nichts.

152

MAGGYS KLARE KINDFLEISCHSUPPE

2 Könige 6, 7

Alles was recht ist, der Prophet Elisa überflügelt
rasch seinen Lehrmeister, den großen Elia, von
dem er zwei Teile Geist bekommen hat. Mit seinem

eigenen zusammen ersetzt er jedes Psi. Wo ein anderer sich anstrengen muß, einen ohnehin schon Labilen in Trance zu versetzen, hypnotisiert Elisa gleich ganze Menschenmassen. Wie er aber das Ding mit der Axt macht...

Weil es auf dem Universitätsgelände an Platz mangelt und der Numerus clausus noch nicht erfunden ist, beschließen die Studenten, einige Erweiterungsbauten zu errichten. Natürlich holen sie vorher die Erlaubnis des Magnifikus ein. *Ich komme mit!* sagt Elisa, als er hört, daß seine Jünger im Jordantal Bäume fällen wollen.

Bei der Holzhackerei entgleitet einem Ungeschickten die Axt und fällt in den Fluß. *Herrjemine!* schreit er auf. *Mein Beil ist im Bach, und dabei gehört es Müller Zwo!*

Was quatschst du so lange?! sagt Elisa daraufhin. *Hol's lieber wieder raus. Dort vorne schwimmt's!*

Eine eiserne Axt kann doch nicht schwimmen, Magnifizenz! widerspricht der Verlierer.

Elisa nimmt einen Stock und angelt vom Ufer aus die schwimmende Axt aus dem Jordan. *Gewußt wie, mein Bester!* sagt er zu dem fassungslosen Studenten, der von Stund an sein fleißigster Schüler in Know-how wird...

Ja, gewußt wie! Elisa macht das Unmögliche möglich. So zum Beispiel, als der König von Syrien den König von Israel in einen Hinterhalt locken will. Das weiß Elisa, bevor Ben Hadad seine Truppen richtig verteilt hat. Sofort benachrichtigt er seinen König von dem heimtückischen Plan: *Tappe nur nicht in ihre Falle!*

Der König von Israel tappt auch nicht. Das macht den Syrerkönig stutzig. *Wenn unter uns kein Verräter ist,* schreit er sein Offizierskorps an, *will ich keine Zigarette mehr rauchen!*

Ben Hadad braucht sich nicht abzugewöhnen, was ohnehin krebsfördernd wäre, wenn es das eine wie das andere schon gäbe. Hauptmann Naëman ruft intuitiv: *Das kann nur Elisa gewesen sein! Er weiß alles, hört alles, sieht alles!*

Aber doch nicht, was ein genialer Stratege wie

ich am Schreibtisch ausknobelt! protestiert der König von Damaskus.

Pardon, Majestät — hat er mich nicht geheilt, ohne mich je gesehen zu haben? Erst nach meiner großen Wäsche durfte ich ihm unter die Augen treten.

Das überzeugt Ben Hadad. *Her mit dem Kerl, tot oder lebendig! Du, Hauptmann Naëman, bist von der Attacke befreit. Ihr andern, worauf wartet ihr noch?!*

Elisa hält sich gerade in Dotan auf. Nachts umzingeln syrische Einheiten die Stadt, um ihn bei Tagesanbruch zu überrumpeln und gefangenzunehmen. Aber Elisa ist ein Frühaufsteher. Lange vor Hellwerden entdeckt er die Belagerer, zählt ihre Streitwagen und die Reiter, dann geht er in sein Hotelzimmer zurück und bittet den GROSSEN BOSS um Hilfe. *Könntest du sie nicht mit Blindheit schlagen?* fragt er vorsichtig an.

Der GROSSE BOSS tut ihm den Gefallen. Als Elisa auf die Stadtmauer tritt und die Aufmerksamkeit der Feinde auf sich lenkt, senkt er einen suggestiven Sound in seine Stimme. *Ihr wollt nach Dotan, wie ich höre?* ruft er laut und auf syrisch. *Hier ist nicht Dotan, hier ist Schilda! Dotan liegt dahinten... Wartet, ich werde euch hinführen! Dort findet ihr auch diesen arroganten Elisa, auf den ihr's ja wohl abgesehen habt.*

Wie in Trance folgen Offiziere und Mannschaften dem seltsamen Wegweiser. Keinem unter ihnen kommen während der fünfzehn Kilometer langen Wegstrecke irgendwelche Bedenken. Erst auf dem Marktplatz von Samaria fällt es ihnen wie Schuppen von den Augen. Da sind sie auch schon entwaffnet.

Was für 'ne Todesart schlägst du vor, Elisa? fragt der König von Israel.

Gar keine, lehnt der Prophet ab. *Gib ihnen was zu essen, und dann laß sie gehen. Was sie Ben Hadad zu berichten haben, ist wichtiger; ist sogar von höchster psychologischer Bedeutung. Sie werden behaupten, wir arbeiteten nach völlig neuen Methoden; mit Radar, Laserstrahlen und ähnlichem Fort-*

schritt. *Lassen wir sie im Glauben an die Zukunfts-musik. Hauptsache, Ben Hadad wird so verunsichert, daß er für eine Weile Ruhe gibt.*

So geschieht's dann auch. Die Damaszener ziehn in Zehnerreihen und mit eingezogenen Schwänzen heim, um ihre Damen zu enttäuschen, denn die haben sich was anderes erhofft. Reiche Beute und so.

Leider hat Ben Hadad keine Antenne fürs Okkulte. Diese Krummnasen müssen doch zu schaffen sein! Ein neuer Krieg gegen Israel beginnt schon bald. Diskret gelangt man in eiligen Nachtmärschen bis zum Samariaberg und belagert die Stadt. Der König von Damaskus hat Zeit; er kann warten.

Auch die Samarianer haben Zeit. Bloß zu essen haben sie bald nichts mehr. Auf dem Schwarzmarkt werden Preise verlangt, daß einem das Käppi hochgeht. Ein Eselskopf kostet 200 Silberlinge. Für eine Handvoll Taubenmist zum Strecken des Brotteiges werden 15 dieser Münzen gefordert – und bezahlt. Am Königshof gibt es zwar noch reichlich zu essen, aber davon wird die Bevölkerung nicht satt.

Tief in Gedanken wandert der mitleidige König auf der Stadtmauer entlang, als ihn eine Frau stört. *Hilf mir, Majestät!* fleht sie ihn an.

Du hast gut reden! knurrt der König. *Womit denn? Wenn dir der GROSSE BOSS nicht hilft...* Er betrachtet die Frau etwas genauer. *Du siehst käsig aus. Bist du krank?*

Die Bittstellerin schüttelt den Kopf und deutet auf eine abseits stehende Frau: *Dieses Weib dort hat mir einen teuflischen Rat gegeben. ,Weißt du was, Maggy', hat sie zu mir gesagt, ,wir schlachten deinen Sohn und essen ihn auf. Morgen fressen wir dann meinen Jungen.'*

Und? fragt der König, dem schon vor ihrer Antwort übel wird. *Habt ihr etwa –*

Ja! weint die Frau auf. *Gestern haben wir aus meinem Jossele eine kräftige Suppe gekocht.*

Soso, sagt der König würgend, *und was ist aus dem Kind deiner Nachbarin geworden? Gulasch vielleicht?*

Frau Maggy verneint schluchzend: *Meinen haben*

*wir gegessen, ihren hat sie versteckt! Ist das viel-
leicht gerecht, Herr König?*

Nachdem der Monarch eine Viertelstunde über
die Brüstung gekotzt hat, flucht er so laut, daß es
die ganze Bevölkerung hört: *Ich will nie wieder
einen Bissen essen, wenn Elisas Kopf heute abend
noch auf seinem Hals sitzt!*

Der Chefprophet bewohnt, wenn er nicht unterwegs ist, eine Laube in der Nähe des Südtors. Plötzlich sagt er zu seinen Freunden, die mit ihm Kohldampf schieben: *Seid mal still! Ich glaube, der König kommt! Er hat einen Mann bei sich, der mir
den Kopf abhacken soll.*

Woher willst 'n das wissen? fragt einer verdutzt.

*Ich weiß es eben! Immer wenn ich einen Schluck-
auf kriege, ist —* Im gleichen Augenblick klopft es
hart an die Tür. Elisa nickt bedeutungsvoll. *Hab
ich's nicht prophezeit?* Und laut: *Herein, König und
Killer!*

Von seinem finster blickenden Scharfrichter begleitet, betritt der König die Laube. Er kommt gleich
zur Sache: *Hör zu, du Laubenpieper! All das Unglück, die Hungersnot und daß die Frauen schon
ihre Kinder auffressen, all das kommt nur von deinem GROSSEN BOSS! Kannst du mir vielleicht
sagen, wie das weitergehen soll? Hat dein BOSS
womöglich noch weitere Schikanen für uns in Bereitschaft?*

Nein! sagt Elisa sehr bestimmt. *Morgen um diese
Zeit wird das Kilo Weizenmehl wieder eine Silber-
münze kosten; Gerste die Hälfte.*

Der Scharfrichter läßt sein Schwert zischen und
grunzt verächtlich: *Gewäsch! Und wenn der GROSSE
BOSS Fenster im Himmel hätte — wie könnte das
geschehen, wo er anscheinend nie rausguckt?!*

Elisa wirft ihm einen strengen Blick zu: *Schweig!
Morgen wirst du die Fettlebe sehen, aber selbst
nicht einen Happen davon essen!*

Schweigend verläßt der König die Laubhütte. Der
Scharfrichter streichelt entschuldigend sein ent-
täuschtes Schwert, dem er einen Kahlkopf zum
Abendmahl versprochen hatte.

153

SIEBEN AUGEN SEHEN LAND

2 Könige 7

Nacht! Weder König Ben Hadad von Damaskus noch seine Offiziere noch sämtliche Soldaten werden sie je vergessen. Abends gibt es ausnahmsweise pro Kopf ein Kochgeschirr voll Wein. Feuerwasser nennen den die Landser, weil sie wissen, jetzt steht ein schwerer Kampf bevor. Mit dicken Köpfen legen sie sich schlafen. Dann kommt das merkwürdige Geräusch. Einer hört's zuerst. Weckt den Kameraden. Bis jeder im Zelt lauscht. Dann das ganze Lager.

Auch der König und seine Offiziere, alle hören es: das Geräusch! Alte Soldaten kennen den Unterschied zwischen den selbstbewußten, herausfordernden Schritten eines Angreifers und dem zögernden Trippeln eines Verteidigers. Das Geräusch, das sie hören, ist unverkennbar der Lärm unzähliger Soldatenstiefeln; das Klirren schwerer und schwerster Waffen; der Hufschlag einer gigantischen Kavallerie; das Räderrollen zahlloser schlecht geschmierter Kampfwagen.

Ben Hadad streckt den Kopf aus dem Zelt. Leider ist der Mond von schwarzen Wolken verhüllt; man sieht kaum die Hand vor Augen. Aber hören tut man! Jeder hört den Marschtritt endloser Kolonnen. *Alaaaarm!* schreit der König. *Samaria hat Hilfe bei den Ägyptern geholt! Sie kommen!*

Das Durcheinander als Folge seines Geschreis ist unbeschreiblich. Wenn der Wind günstiger stünde, wäre der Krach bis rauf nach Samaria zu hören. So vollzieht sich die wilde Flucht der syrischen Armee unbemerkt von den halbverhungerten Belagerten...

Kurz vor dem Hellwerden stehen oben am Stadttor vier scheußlich anzusehende Bettler. Ein Einbeiner stützt sich auf einen Einarmer; ein Einäugiger führt ein Einohr. Noch haben die vier nicht ans Tor geklopft. *Wozu?* murrt der Einäuger. *Wenn sie uns auch reinlassen — die haben doch selber nicht das Schwarze unterm Nagel! Warum also mit ihnen verhungern?*

Ganz recht! bestätigt der Einbeiner. *Bleiben wir lieber draußen. Mir tun sowieso die Füße weh.*

Füße! spottet Einarm.

Einohr meldet sich zu Wort: *Hier verrecken wir aber genauso, Kameraden!*

Richtig! ruft Einauge. *Gehen wir doch runter zu den Syrern! Mehr als totschlagen können sie uns auch nicht, oder?*

Ja, warum nicht, sagt Einbein. *Geben sie uns nichts, sterben wir. Töten sie uns, sterben wir. Es gibt keine Alternative.*

Die vier angestümmelten Bettler humpeln den Samariaberg hinunter und erreichen im Morgengrauen das Lager der Syrer. Vorsichtig streckt Einauge seinen Kopf durch eine Zeltöffnung. *Ich seh keinen!* meldet er verwundert.

Laß mich mal! sagt Einohr. *Zwei Augen sehen mehr!*

Mußt du mir immer mein Auge unter die Nase reiben! grollt Einauge und überläßt dem anderen den Zeltspalt.

Die schlafen wohl noch alle? fragt Einbein ungeduldig.

Ich hör nix, sagt Einohr. *Kein Schnarchen, kein Pupen, rein gar nichts!*

Mit einem Ohr! rächt sich Einauge.

Bevor es zum Handgemenge kommt, stellen die vier Armseligen etwas Unfaßliches fest: Das Lager der syrischen Armee ist völlig unbewohnt! Kein einziger Mensch da! Aber zu essen ist da, und zu trinken ist da, und Silber und Gold und schöne Sachen zum Anziehn sind da! Da fressen die vier Bettler für acht, saufen für zwölf und können's noch immer nicht glauben.

Später raffen sie an Wertgegenständen zusammen, was sie nur tragen können, und verstecken es im nahen Wald. Plötzlich tut Einbein der Fuß nicht mehr weh; Einarm entwickelt Bärenkräfte; Einauge sieht die kleinsten Juwelen; und Einohr hört die Divisionskasse klingeln.

Doch es ist zuviel, was es hier abzustauben gibt. *Hört mal, Kumpel, sagt Einarm, wie wär's, wenn wir rauf nach Samaria gingen und dort Bescheid sagen? Im Augenblick sind die Leute da oben größere Bettler als wir!*

Satt und reich ist es leicht, großmütig zu sein. Der Vorschlag wird vierstimmig angenommen. Der mühsame Aufstieg beginnt.

Oben angekommen, begrüßt sie ein Torhüter mürrisch: *Wir geben nichts!* Ein zweiter schreit: *Betteln und Hausieren verboten!* Und ein dritter flucht: *Wir haben selber nichts zu fressen!*

Da erzählen die vier, was sie im Lager der Syrer erlebt haben. Die Freudenbotschaft verbreitet sich mit Orkaneseile in der ganzen Stadt.

Auch der König erfährt sie beim Morgenkaffee. Gerade hat er beschlossen, von heute an nur noch drei Eier zum Frühstück zu verzehren. *Ich werde euch sagen, was los ist!* erklärt der Miesmacher den versammelten Hofbeamten. *Die Syrer wissen, wie wir hungern!* Er beißt ins Honigbrötchen. *Deshalb tun sie so, als wären sie abgezogen. — Wo ist die Sahne? — Sie haben sich in den Wäldern versteckt und warten, bis wir aus der Stadt rauskommen. — Gebt mal 'ne Grapefruit rüber! — Wenn wir erst den Berg runter sind,* sagt er schlürfend, *werden sie über uns herfallen und uns reihenweise niedermähen!*

Hin und her geht das Gerede, bis der Kommandant der Palastwache einen Vorschlag macht: *Wir haben noch ein paar Pferde, Majestät. Früher oder später werden sie ohnedies geschlachtet. Laß mich mit ihnen losziehen und die Lage peilen. Wenn ich nicht wiederkomme, weißt du jedenfalls Bescheid.*

Der Mutige startet mit zwei raschen Kampfwagen, sucht den Feind, dessen Spur überhaupt nicht zu verfehlen ist: Der Weg ist eingesäumt von weggeworfenen Gegenständen und Kleidungsstücken. In ihrer grotesken Angst vor der Geisterarmee haben die Syrer nur das nackte Leben gerettet.

Als der Wachkommandant mit dieser Nachricht zurückkommt, ist die Bevölkerung nicht mehr zu halten. Die Leute stürmen das verlassene Lager und plündern es bis zum letzten Hosenknopf. Selten wurden Bettler so gefeiert!

Abends schlägt der Wochenmarkt am Stadttor wieder seine Tische auf. Ein Kilo Weizen kostet einen Silberling, Gerste die Hälfte. Grad wie Elisa es vorausgesagt hat. Als der Scharfrichter des Königs das hört, eilt er zum Markt, um sich persönlich davon zu überzeugen und einzudecken. Dabei gerät er ins Gedränge, stolpert, stürzt aufs Pflaster und rollt direkt vor einen Lastwagen mit Beutegut. Der Rest des darob sehr platten Scharfrichters ergäbe schlimmstennotfalls eine Henkersmahlzeit.

Wie hat Elisa vierundzwanzig Stunden zuvor zu dem Scharfrichter gesagt? ,Du wirst vor vollen Lebensmittelläden stehen und nie davon essen!' Oder so ähnlich.

154

MAJESTÄT WERDEN SICH ERKÄLTEN

2 Könige 8

Ein rühriger Prophet hat was von einem Klinkenputzer an sich. Wie ein tüchtiger Weinreisender ist auch Elisa ständig unterwegs und sucht neue Kunden. Nur sind seine mehr im geistlichen Bereich angesiedelt.

Auf einem seiner seelischen Fischzüge erfährt er, daß der König von Damaskus schwer erkrankt ist. Das erinnert ihn jäh wieder an den Auftrag, den ihm sein Vorgänger Elia als Erbe hinterlassen hat: Ein gewisser Hasael wartet noch immer auf seine Nominierung als König von Syrien.

Ben Hadad fiebert. Auch der Ankunft Elisas entgegen, von dessen Kommen er gehört hat. Der große Prophet Elisa will Damaskus besuchen, sagt er zu seinem Betreuer Hasael. Geh zu ihm und frag ihn, ob ich wieder gesund werde. Er soll sich bei seinem GROSSEN BOSS erkundigen. Und vergiß nicht, ihm was verpflichtend Schönes zu schenken!

Hasael eilt mit vierzig Kamellasten kostbarer Geschenke Elisa entgegen. *Mein König schickt dir hier 'ne kleine Aufmerksamkeit und läßt fragen, ob er wieder gesund wird.*

Elisa streift die hochbeladenen Wüstenschiffe mit flüchtigem Kennerblick: *Sag deinem König, daß er wieder gesund wird. — Du aber, Hasael, sollst wissen, daß du ihm eine Lüge mitteilst: Der GROSSE BOSS will Ben Hadad sterben lassen.*

Plötzlich fängt Elisa bitterlich zu weinen an. Minutenlang starrt er feuchten Auges vor sich hin. *Ist dir nicht gut?* fragt Hasael mitleidig. *Du solltest dir eine Perücke kaufen. Wegen der Sonne, meine ich. Oder 'n Strohhut aufsetzen.*

Mir ist nicht heiß, Hasael. Ich weine, weil ich weiß, daß du dem Volk Israel Böses antun wirst. Du wirst seine befestigten Städte ausräuchern, seine jungen Soldaten mit dem Schwert erschlagen, die Kinder töten und schwangeren Frauen den Bauch aufschlitzen!

Igitt! sagt Hasael entrüstet. *Und wieso werde ich all diese Scheußlichkeiten begehen? Wer bin ich denn, daß ich solche unwahrscheinlichen Dinge tun könnte?*

Elisa sieht den jungen Damaszener wehmütig an: *Der GROSSE BOSS hat mir gezeigt, daß du einmal König von Syrien sein wirst!*

So 'n Spinner, denkt Hasael und kehrt zu Ben Hadad ans Krankenbett zurück. *Was hat der Gottesmann gesagt?* fragt der König erwartungsvoll.

Daß du wieder gesund wirst! Da schläft Big Ben seit langer Zeit wieder mal selig und süß. Im Gegensatz zu Hasael, der kein Auge zukriegt. Immer wieder muß er an die Worte des Propheten denken. Wenn der nun doch kein Spinner war?

Als er am nächsten Morgen ans Krankenlager des Königs tritt, hat er eine große, schwere Pferdedecke in der Hand.

Was willst 'n damit? fragt Ben Hadad verwundert.

Dich zudecken, mein König!

Mir ist nicht kalt! moniert der Monarch.

Das wirst du aber gleich sein, sagt Hasael und deckt seinen König sorgfältig zu. Auch den Kopf. Und die schwere Decke ist naß. Komische Wadenwickel, denkt Ben Hadad der Zweite als letztes.

So wird Hasael König von Syrien. Einfälle muß man haben!

155

WER WANDELT WIRD MISSHANDELT
2 Chronik 21

G ar garstig ist die Nahostpolitik. Im Nordreich Israel ist nach des kinderlosen Königs tödlichem Fenstersturz sein Bruder Joram an die Macht gekommen. Im Südreich Juda herrscht aber auch einer namens Joram. Das kommt von der Inzüchterei. Der judäische Joram wiederum heiratet eine Schwester des israelitischen Joram. Ihr schlechter Einfluß macht, daß König Joram-Süd anfängt, vom GROSSEN BOSS abzufallen. Er beginnt ebenso zu wandeln wie König Joram-Nord und sein Volk.

Als erstes bringt der Südjoram seine sämtlichen Brüder um und nimmt ihnen ihren Besitz weg. Bei dieser Gelegenheit liquidiert er auch gleich noch ein paar antiquierte Minister aus der Hinterlassenschaft seines Vaters. Vielleicht um deren Pension zu sparen. Und im übrigen, wie gesagt, wandelt er zum Mißfallen des GROSSEN BOSSES. Aber weil der mal geäußert hat, er will das Haus David nicht ganz verderben – wegen des Bundes, den er seinerzeit mit dem Goliathtöter geschlossen hat –, deshalb bläst er das Lebenslicht dieses Geschlechtes nie völlig aus.

Eines Tages bekommt Joram-Süd von Elisa, dem Präsidialpropheten Israels, einen geharnischten Brief. ‚Majestät, im Auftrag des GROSSEN BOSSES habe ich Dir folgendes mitzuteilen: Da Du nicht auf den Pfaden Deines Vaters Josaphat und Deines Opas Asa, der verewigten Könige von Juda, wandelst, sondern auf dem Weg der Könige von Israel, indem Du Dein Volk zu widerlicher Abgötterei verführst, und weil Du Deine sämtlichen Brüder erschlagen hast, deshalb wird der GROSSE BOSS alsbald diverse Unbilden über Dich und die Deinen kommen lassen. Deine Frauen und Kinder und all Deine Habe werden schneller futsch sein, als Du je wieder gesund wirst. Denn für Dich hat der GROSSE BOSS ein Sortiment besonders scheußlicher Geschwüre bereit. Übers Jahr wirst Du an einem prima Magen- und Darmkrebs krepieren! – Per procura: Elisa, Reichsprophet Nord.'

Die Vorankündigungen des GROSSEN BOSSES treffen schon bald ein. Philister und Araber fallen in Juda ein und rauben alles, was ihnen raubenswert erscheint. Auch nehmen sie sämtliche Frauen und Söhne von König Joram-Süd mit. Nur den jüngsten lassen sie zurück. Er heißt verwirrenderweise wie sein aus dem Fenster gepurzelter israelitischer Onkel Ahasja: Ahasja.

Auch das andere erfüllt sich, für König Joram-Süd das Schlimmste: Er kriegt sieben fürchterliche Magengeschwüre. In seinen Eingeweiden rumort es, daß er am liebsten die Wände hochgehen würde, wissen die Eingeweihten.

Mit zweiunddreißig wurde er König. Mit vierzig krebst er unter mörderischen Qualen ab. Das hat er von seinem fatalen Gewandel!

156

JUHU! JEHU!

2 Könige 8, 9

Nachfolger des südlichen Joram wird der übriggebliebene Sohn Ahasja. Geben wir ihm ruhig auch das Beiwort Süd, obwohl sein Onkel Nord nicht mehr lebt und er ohnehin nur ein Jahr lang regieren wird. Der zweiundzwanzigjährige König wandelt – wie der Vater an der Seite seiner Frau –

im Schatten seiner Mutter dieselben schlimmen Wege wie König Joram-Nord. Aber er tut noch ein übriges: Er läßt sich auf eine Fusion der israelitischen Armee mit seiner judäischen ein. Gemeinsam will man den neuen syrischen König Hasael, den Ben-Hadad-Ersticker, bekriegen.

Vor Ramoth in Gilead kommt es zum Kampf. Für Joram-Nord dauert das Getümmel nur kurz; er wird verwundet und schleunigst nach seinem Winterquartier in Jesreel transportiert. Während hier die teuersten Quacksalber an ihm rumdoktern, stehen seine Truppen Speer bei Fuß und Pfeil im Köcher.

Neffe Ahasja-Süd ist noch jung, Onkel Joram-Nord nicht mehr. Also besucht Judas König den Regenten der Israels am Krankenlager. Er bringt ihm Blumen, liest ihm aus alten Scherben und neuen Papyrussi vor, kurz: Er entfernt sich von der eigenen Truppe. So was kann bloß ein König!

Elisa ist zwar Prophet und kein Staatsmann, beschäftigt sich aber gern mit Politik. Als er von Joram-Nords Verwundung hört, weiß er, daß er nun den dritten Auftrag ausführen muß, den Elia damals vom GROSSEN BOSS bekam; nämlich einen Mann namens Jehu durch tüchtiges Einreiben zum neuen König von Israel zu machen. Aber er dreht das Ding nicht selbst. Er sucht sich einen ihm geeignet erscheinenden Studenten der Propheten-Uni aus und sagt zu ihm: *Gürte deine Lenden –*

Was soll ich? unterbricht der junge Mann begriffsstutzig.

Du sollst dir was Vernünftiges anziehen! Du kannst doch nicht in Bluejeans zum Salben gehn!

Ich höre immer Salben! Soll ich etwa eine salbungsvolle Rede halten? fragt der Jungprophet, der mit einer roten Zelle liebäugelt.

Keine Rede von 'ner Rede! Du nimmst hier diese Flasche Haaröl und reist damit nach Ramoth in Gilead. Dort erkundigst du dich nach einem General Jehu. Wenn du ihn gefunden hast, bittest du ihn höflich um ein Gespräch unter vier Augen, bei dem du ihm den Inhalt des Flakons aufs Haar schüttest und tüchtig verreibst.

Und wenn der Kerl nun kahl ist wie du? Pardon,
ich will dich nicht kränken; Glatze wird ja noch
mal große Mode. Besonders wenn erst die Kine-
matographie erfunden ist.

Elisa ist überfragt. Er sagt dem Studiosus noch
rasch, was er dem General bestellen soll, dann erklärt er das Gespräch für beendet.

General Jehu sitzt mit einigen Kameraden in seinem Offiziersquartier beim Poker, als der Prophe-
tenjüngling ihn zu sprechen wünscht: *Vertraulich!*
Allein! Der Besucher fühlt nach dem Taschenflakon.

Ich verschwinde mal für 'n Moment. Aber nicht in
meine Gurken kacken! sagt Jehu zu seinen Mitspie-
lern und führt den jungen Mann in sein Ankleide-
zimmer. *Was gibt's!*

Der sakrale Kommunarde greift in die Tasche.
Ein Attentäter, zuckt es durch Jehus Gehirn. Kein
Attentäter: ein Haaröler! Er reibt dem General den
Scheitel so schnell voll mit dem Zeug, daß der gar
nicht zur Abwehr kommt. Dann verkündet er wie
geölt, und es geht wie geschmiert:

Herr General! Der GROSSE BOSS läßt dir mit-
teilen, daß du soeben von mir zum König über sein
Volk Israel gesalbt worden bist. Er will, daß du
alles Blut vergießt, das in irgendeinem männlichen
Nachfolger König Ahabs fließt. Du sollst das Haus
Ahab ausrotten, wie die Häuser Jerobeams und Ba-
sas vernichtet worden sind. Desgleichen sollst du
alle Schandtaten rächen, die Königinwitwe Isebel
je an Propheten begangen hat, damit sie die Hunde
fressen können und sie nicht begraben wird!
So lautet die Botschaft vom GROSSEN BOSS in
freier Rede, General!

Bevor Jehu etwas fragen kann, ist der Besucher
aus dem Fenster gehechtet und verschwunden. Nachdenklich geht der General zu seinen Kameraden zurück. *Was wollte das Jüngelchen denn?* fragt einer.

Ein Autogramm, sagt Jehu und setzt sich, um
weiterzuspielen. Ausgerechnet vier Könige hat er!

Mit dir stimmt doch was nicht, Genosse General!
meint ein anderer mit forschendem Blick. *Nun sag*
schon!

*Meinetwegen. Aber es ist hirnverbrannter Blöd-
sinn!* Er erzählt seinen Spielgefährten, was der
Jüngling zu ihm sagte. *Schaut euch meine Frisur
an! Und riechen tue ich wie sieben süße —* Er bricht
verdutzt ab. *Was habt ihr denn auf einmal?*

Das haben sie: Sie reißen ihre rotgefütterten
Mäntel von den Garderobehaken und breiten sie
wie einen Teppich vor seinen Füßen aus. Einer bläst
Posaune; die anderen schreien begeistert: *Juhu!
Jehu ist König! Jehu ist König! Juhu!*

So einfach geht das.

157

ISEBELS SPRITZTOUR INS JENSEITS

2 Könige 9

Zum erstenmal darf König Joram-Nord in Jesreel das Krankenbett verlassen. Noch etwas
wacklig auf den Beinen, macht er mit König Ahasja-
Süd einen Spaziergang auf der Stadtmauer. *Morgen
werde ich abreisen, lieber Onkel,* sagt der König
von Juda.

*Aber erst liest du mir noch den Schluß von dem
arabischen Krimi vor. Du weißt, ich kann mit meinem steifen Genick noch nicht wieder von rechts
nach links lesen. Ich tippe auf den Gärtner als Mörder! Und du?*

Der Butler! sagt der Neffe und blickt starr in die
Ferne. *Da kommt jemand!*

Jetzt sieht auch Joram-Nord die Staubwolke am
Horizont. Sofort schickt er einen Reiter los: *Wer
immer es ist, frag ihn, ob er den Frieden bringt.*

Während die beiden Könige sich um den mut-
maßlichen Mörder zanken, nähert sich ein schneller
Streitwagen mit dem neuen König Jehu der Stadt.
Als der Bote aus Israel nahe genug heran ist, ruft
er: *Mein König läßt fragen, ob du den Frieden
bringst!*

Scheiß Frieden! sagt Jehu, der als ehemaliger General ein kerniges Manneswort liebt. *Reite nach hinten und folge uns!*

Auf der Stadtmauer sagt Ahasja-Süd zu Joram-Nord: *Dein Bote kommt nicht wieder!* Daraufhin schickt der König von Israel einen zweiten Kundschafter aus.

Auch der zweite Israele sagt als erstes zu Jehu: *Mein König fragt, ob du den Frieden bringst!*

Das geht ihn einen Dreck an! flucht Jehu und scheucht den Boten nach hinten zu seinen Begleitern.

Auf der Stadtmauer sagt Ahasja-Süd zu Joram-Nord: *Ich habe kein gutes Gefühl: Auch dein zweiter Kundschafter kommt nicht wieder!*

Sehr fein beobachtet! knurrt der Onkel. *Wenn du mich fragst, wer da kommt — das kann nur General Jehu sein. Er überschreitet immer die für kleine Streitwagen erlaubte Höchstgeschwindigkeit! — Komm, Neffe König, wir fahren ihm entgegen!*

Schnell sind zwei Dienstwagen zur Stelle, weil einer zu eng ist für die beiden Wohlgenährten. Auf dem Acker Naboths — dem traurigen Weinberg — treffen die Könige auf den König, den sie für einen General halten. *Hallo, General!* schreit Joram-Nord. *Bringst du den Frieden?*

Einen Scheißdreck bring ich dir, solang deine Mutter Isebel und du den fremden Göttern in den Arsch kriechen!

Während der König von Juda sich über den rüden Kasernenhofton wundert, hat der König von Israel die Lage begriffen. *Verrat, Neffe Ahasja!* brüllt er und wendet die Karre zur Flucht.

Jehu ist ein schneller Reagierer und ein meisterlicher Bogenschütze. Pfeil aus Köcher, rauf auf Sehne, Schuß! Joram-Nord wird von dem zielsicheren Pfeil förmlich an die Wagenwand genagelt.

Schmeißt ihn auf den Acker! befiehlt Jehu. *Er hat ihm sowieso nie richtig gehört! Außerdem hat der GROSSE BOSS es so eingeplant, daß er hier verblutet.*

Er will sich dem König Ahasja-Süd zuwenden, aber der verschwindet gerade am Horizont. Da gibt

Jehu Vollgas, indem er den Pferden die Peitsche überzieht, bis er den Fliehenden auf der Höhe von Gur bei Jibleam einholt.

Wieder geht alles ruckzuck: Pfeil aus Köcher, rauf auf Sehne, Schuß! Fürwahr, ein Blattschuß, Herzschuß, Herzblattschuß! Der goldene Schuß befördert Ahasja-Süd nach Megiddo und zu seinen Ahnen...

Aber Jehu ist noch nicht fertig mit Aufräumen. In voller Fahrt wendet er den Wagen und rast nach Jesreel. In der Winterresidenz wird er von der Königsmutter Isebel bereits erwartet. Als er angerasselt kommt, streckt sie ihr sorgfältig auf jung getrimmtes Make-up aus dem Palastfenster und ruft ihm zu: *Geht's gut, du nachgemachter Simri? Du Eintagskönig, der seinen Herrn erschlug?*

Jehu blickt hoch: *Wer ist die alte Schreckschraube mit der gepuderten Fresse?* Zu Isebels Pech recken hinter ihr zwei neugierige Kammerdiener die Köpfe aus dem Fenster. *Ach nee! Ahabs Witwe Isebel! Los, schmeißt sie aus dem Fenster! Ich halte nichts von antiken Möbeln!*

Die verstörten Kammerdiener heben die einst so schöne Frau an den einst so schönen Beinen hoch und stürzen sie aus dem Fenster auf ihr einst so schönes Gesicht. Isebels Blut spritzt an die Wand, spritzt auf die Pferde, die so was nicht mögen und Isebel zu Mus zertänzeln.

Unbeeindruckt zieht Jehu im Palast ein und verlangt königliches Essen. Als ein Lakai beim Servieren ein bißchen Rotwein aufs Tischtuch kleckert, erinnert er sich der auseinandergespritzten Isebel. *Schau doch mal nach der Alten!* sagt er. *Wenn sie auch ein Mistvieh gewesen ist, sie war immerhin 'ne echte phönizische Königstochter. Verscharrt sie irgendwo.*

Aber dazu ist es bereits zu spät. Als die Totengräber Isebel vom Pflaster kratzen wollen, finden sie nur noch ihren Kopf und ein paar abgenagte Ellbogen. Den Rest haben die Hunde gefressen, wie es Elia im 143. Kapitel prophezeit hat.

MUTTERLIEBE, -LEID UND -LUST

2 Chronik 22

Wer kann ermessen, was in einem Königsmutter-
herzen vorgeht, wenn der Sohn stirbt! Bei
Ahasja-Süds Ableben entwickelt Mutter Athalja
— Tochter der abgenagten nördlichen Isebel — allerdings einen krankhaft anmutenden Eifer: Sie tötet
in ihrem rasenden Schmerz sämtliche Prinzen. Ob
ihr danach wohler zumute ist? Einen Prinzen killt
sie nicht, denn das Kind ist spurlos verschwunden.
Es heißt Joas — ein direkter und legitimer Sohn des
Verstorbenen —, das Ahasjas Lieblingsschwester
entführt und in ihrer Bettenkammer versteckt hat.
Samt Amme.
Wie gescheit sie gehandelt hat, stellt sich bald
heraus: Es war mitnichten die Qual eines gepeinig-
ten Mutterherzens, die das Massenmorden auslöste!
Athalja schwingt sich auf den verwaisten Thron
Judas und wird Königin.
Endlich mal was Neues.

KOPFBALLSPIELE

2 Könige 10

Im vorigen Kapitel hat eine trauernde Witwe ihre
sämtlichen erreichbaren Enkel abgemurkst, um
selbst Königin zu werden. Warum wurde ihr diese
Eigenkrönung eigentlich nicht von einem Bruder
Ahasjas verwehrt? Ganz einfach: Weil keiner mehr
lebt! Die hat nämlich Jehu von Israel, als er sie zufällig unterwegs traf, auf die Schnelle umgebracht.
Zweiundvierzig Stück.
Der zum König avancierte General ist überhaupt
recht blutrünstig. Kaum hat er sich in Jesreel ein
bißchen eingelebt, beginnt er einen regen Brief-

wechsel mit Samaria, der Hauptresidenz. Hier wohnen insgesamt siebzig Söhne und Enkel des unseligen Ahab teils bei Vormündern, teils zur Untermiete. Jehu bombardiert den Stadtrat und das Vormundschaftsgericht mit Briefen gleichen Wortlautes: ‚Mit diesem Schreiben fordere ich Euch auf, den besten und geschicktesten männlichen Nachkommen König Ahabs zu eurem König zu ernennen. Wogegen soll ich sonst kämpfen?‘

Soldatencharakter, Soldatenehre! Aber die Verantwortlichen von Samaria husten Jehu was. Der resolute General hatte gleich zwei Könige auf einmal ausgelöscht; da würde sich auch ein dritter keine fünf Minuten auf dem Thron halten. Am besten, man verzichtete von vornherein.

Entsprechend lautet die gemeinsame Antwort: ‚Hochgeehrter Herr General Jehu! Die Endesunterzeichnenden haben Dein geehrtes Memorandum erhalten. Wir versichern Dich unserer ganzen Ergebenheit und möchten von der Ernennung eines Königs Abstand nehmen. Damit entfällt wohl auch Dein Kampfbedürfnis.‘

Als Jehu die Antwort gelesen hat, diktiert er sogleich einen Erpresserbrief: ‚Wenn ihr mir wirklich so ergeben seid, wie ihr schreibt, dann beweist das, indem ihr mir postwendend die Köpfe sämtlicher männlicher Ahabableger portofrei nach Jesreel liefert!‘

Schon am nächsten Abend stürzen die Palastwachen in Jehus Privatraum: *Draußen sind Dienstmänner aus Samaria mit großen Körben, die sie nur dir persönlich aushändigen wollen. Du sollst ihnen den Empfang quittieren, den Empfang von –* Der Sprecher bricht ab und mit graugrünem Gesicht in eine Bodenvase.

Ihr seid alle verweichlicht! brüllt Jehu los. *Werde veranlassen, daß hier endlich Zucht reinkommt! Körbe am Stadttor ausleeren! Morgen früh zähle ich nach! Solang hat's wohl Zeit mit dem Kopfsalat! Versäumen ja nichts mehr! Fressen keinen arm!*

Am nächsten Morgen läßt Jehu die Einwohner der Stadt zum Tor rufen. Dort liegen die siebzig blutigen Häupter der Söhne und Enkel Ahabs ordentlich auf zwei Haufen; wie Rotkohl auf dem Wochenmarkt.

Schaut euch die Hohlköpfe ruhin an! beginnt Jehu seine Ansprache. *Ihr habt keine Schuld an der Vernichtung des Hauses Ahab. Nur ich trage die Verantwortung, und zwar dem GROSSEN BOSS gegenüber, der es so von mir verlangt hat. Zugegeben, den König Joram-Nord habe ich persönlich getötet, aber wer hat diese siebzig hier geköpft? Na seht ihr! Elia hat es prophezeit, und ich habe es vollzogen auf meine Weise. Somit ist kein Wort unseres BOSSES verlorengegangen! − Und jetzt räumt den Dreck weg!*

Wirklich, die Jesreeler sind verweichlicht. Keiner will die Prinzenköpfe anfassen. Bis einer eine Idee hat: Er macht's mit dem Fuß; kickt den ersten aus dem Tor, den zweiten. Bergrunter rollen sie allein, die Köpfe.

Sein Beispiel macht schnell Schule. Immer feste druff! *Tooor!* brüllen sie, wenn ein Schädel hindurchsaust. Manchmal trifft einer daneben; an die Latte oder ins Aus. Dann gibt's einen Eckball.

Seit der Zeit besteht der 1. FC Jesreel.

160

TRÄNEN TROPFEN IN LATRINEN
2 Könige 10

König Jehus Einzug in die Residenz vollzieht sich mit leisen Buh- und lauten Juhu-Jehu-Rufen. Ganz Samaria ist auf den Beinen, denn Jehu hat eine Ansprache angekündigt. Mit schneidender Stimme beginnt der neue König − boßloser geht's nicht mehr!

Volk von Israel! Wie mir zu Ohren gekommen ist, habt ihr seit König Ahab dem Gott Baal nur noch nachlässig gedient! Die Schweinerei muß eine andere werden! Ich jedenfalls beabsichtige, ihm besser zu dienen. Das gilt selbstverständlich auch für jeden meiner Untertanen! Ich fordere deshalb sämtliche Baalpropheten und Baalpriester auf, sich heute in einer Woche pünktlich um sechzehn Uhr im Tempel einzufinden. Niemand von ihnen soll es wagen, sich davor zu drücken! Ich werde jedes Fernbleiben mit dem Tod bestrafen!

Aber wenn einer krank ist? erschallt es schüchtern aus der Menge.

Um Baal zu opfern, würde ich auf Händen und Füßen gekrochen kommen! Dasselbe erwarte ich von den amtlich bestallten Baalistikern!

Jehu tritt vom Balkon des Palastes ins Zimmer zurück und reibt sich die Hände. Natürlich weiß er, daß er das Volk mit seiner Ansprache völlig verwirrt hat. Für einen solchen Baalfanatiker haben sie ihn bestimmt nicht gehalten! Ist er ja auch nicht, der Ex-General. Er ist ein ausgekochter Haudegen, der eine äußerst individuelle Methode hat, seine Ziele zu erreichen.

Eine Woche später versammeln sich sämtliche Baalpropheten und -priester aus ganz Israel im Tempel. Das Gebäude ist schon vor der angesetzten Zeit gerammelt voll. Jehu läßt die Kleiderkammer öffnen und die Festgewänder austeilen. Dann erkundigt er sich persönlich, ob sich auch wirklich kein priesterlicher Kontrahent des GROSSEN BOSSES oder einer seiner Propheten unter den Versammelten befindet. Da das nicht der Fall ist, sagt Jehu mit einem Blick auf die Sonnenuhr: *Gut, dann fangt schon mal an zu opfern! Ich muß nur noch schnell was erledigen.*

Während die Baalisten fleißig Brandopfer verbrennen und Schlachtopfer schlachten, hat König Jehu eine kurze Unterredung mit dem Chef seiner Leibstandarte: *Umstelle mit deinen Leuten den Tempel! Laß keinen heraus von dem Gesindel! Ihr haftet mit eurem Kopf dafür! Wenn ich dir dann ein Zeichen gebe, läßt du den Tempel stürmen und alle umbringen! Nicht einer von ihnen darf mit dem Leben davonkommen! Ist das klar?*

Alles ist klar; der Tempel wird umstellt, dann gibt Jehu das verabredete Zeichen. Achtzig unerschütterliche Elitekämpfer dringen mit gezogenen Schwertern in den Tempel ein – in welchem es wie in einer Schaschlikbude riecht – und lassen nicht einen Baalpropheten, nicht einen Baalpriester am Leben. Leiche um Leiche wird ins Freie geworfen.

Dann kommen die steinernen Baale dran. Sie werden von den Sockeln gestürzt und zertrümmert. Die hölzernen Astartebildnisse brennen vorzüglich und gleich an Ort und Stelle. Zuletzt steht der ganze Tempel in Flammen.

Als alles nur noch Schutt und Asche ist, läßt Jehu von einer Pionierabteilung auf dem einstigen Tempelgelände Latrinen ausheben. Anschließend wird die gesamte Einwohnerschaft Samarias zum Scheißen befohlen, um so ihre Verachtung für den Baalkult möglichst drastisch auszudrücken. Wer gerade nicht kann, kriegt Rizinus eingeflößt. Das Zeug wächst hier wie Unkraut.

Daß die Israels während Jehus achtundzwanzigjähriger Regierungszeit trotzdem noch häufig die Hosen voll haben, können daher nur böswillige Verleumder behaupten.

161

KÖNIG MEIN TRÄGST KRÖNLEIN FEIN

2 Könige 11, 12; 2 Chronik 24

R aus aus dem Gemetzel, rin in das Gemetzel. Was dem Nordreich Israel recht ist, ist dem Südreich Juda nur billig. Wir haben Jerusalem verlassen, als Athalja – Mutter von Ahasja-Süd – alle Prinzen killte und sich selbst zur Königin machte. Das geht sieben Jahre ganz gut.

Sieben Jahre alt ist auch der einzige nochmal davongekommene Prinz Joas. Wir erinnern uns, daß ihn seine Tante rechtzeitig gekidnappt und in ihrer Bettenkammer versteckt hat. Nun, so unbequem lebt der Kleine schon lange nicht mehr. Seine gutherzige Tante ist nicht umsonst mit dem Priester Jojada verheiratet. Er verbirgt das Kind im Tempel des GROSSEN BOSSES, den die baalhörige Königin nicht betritt.

Priester Jojada ist ein mutiger Mann. Eines Tages faßt er den Entschluß, hinter dem Rücken der Königin den kleinen Joas zum König von Juda zu machen. Wie er die ganzen Vorbereitungen trifft und daß kein Wort an die Öffentlichkeit dringt, ist eine Meisterleistung für sich. Endlich wird mal wieder ein judäischer König nach allen Regeln der Kunst — soll heißen, unter genauer Einhaltung der Riten, der Bräuche und der mosaischen Tempelordnung — in sein Amt eingeführt. Er ist zwar erst sieben Jahre alt, aber er hat ja hervorragende Ratgeber. Den Priester Jojada zum Beispiel.

Als Klein-Joas die Krone — eine Sonderanfertigung en miniature — aufs Lockenköpfchen gesetzt wird, bricht das Volk in lauten Jubel aus. Gesungen wird und musiziert, getanzt und geprostet. Das macht naturgemäß Krach, und den hört Königin Athalja in ihrem Palast.

Rasch eilt sie zum Tempel des GROSSEN BOSSES, sieht den blutjungen König im Purpurmäntelchen, das niedliche Krönchen auf dem zierlichen Köpfchen, und schreit hysterisch: *Verrat! Revolution! Aufruhr!* Sehr viel mehr schreit sie nicht.

Führt sie zum Roßtor! befiehlt Jojada, der Initiator der Knabenkrönung. *Wer ihr nachläuft, den bringt um!*

Die abgesetzte Königin wird zum Roßtor geführt. Nicht eine Menschenseele denkt daran, ihr treu zu bleiben. Von allen Freunden verlassen, senkt sie das Haupt zwecks Entfernung desselben.

Danach werden alle Baalgedenkstätten vernichtet. Der Tempel des GROSSEN BOSSES bekommt eine neue Priestermannschaft. Und Jungkönig Joas kommt ins Heiratsalter.

Jojada hat Joas-Süd nicht nur gute sechs Jahre unter Lebensgefahr großgezogen, er führt ihm auch seine Frau zu. *Ist das alles? fragt Joas,* nachdem er auf den Geschmack gekommen ist. Da verschafft ihm Jojada noch eine Aushilfsgattin. Mit diesen beiden Damen leitet er seine Fortpflanzung ein.

Aber auch sonst tut er 'ne Menge. Zuerst sorgt er dafür, daß der Tempel ausgebessert wird. Die geköpfte Athalja hat ihn total verkommen lassen.

Auf geht's, meine Herren Priester! ruft er diesen unternehmungslustig zu. *Warum sorgt ihr nicht dafür, daß von jedem Bürger die Tempelsteuer eingezogen wird? Schon Mose hat diesen freiwilligen Zins für die Stiftshütte befohlen!*

Schnell erfindet er die Sparbüchse, das heißt, er stellt im Tempeleingang einen Kasten mit einem Schlitz auf. Wer zu Gebet oder Opfer kommt, muß an dieser Sammelbüchse vorbei. Die Leviten vergessen nie, mit dem Ding auffällig zu rasseln. Auf diese Weise kommt täglich eine ansehnliche Kollekte zusammen.

Joas-Süd ist ein kleiner Eulenspiegel: Er fordert von den Renovierungsbaumeistern einen Kostenvoranschlag, und als diese sagen: *Nach Belieben, Majestät!* übergibt er ihnen täglich die Tempelkollekte. Davon wird — ohne Rechnungslegung — restauriert; so tragen sowohl der König als auch die Bauunternehmer das Risiko. Aber der Tempel bekommt wieder sein früheres Gesicht. Und das ist ja wohl die Hauptsache.

Jojada, der Priester und väterliche Freund von Joas, sieht mit Vergnügen, wie gut sich sein Ziehkind entwickelt. Deshalb legt er sich auch mit der Gewißheit zur letzten Ruhe, daß alles in Ordnung ist im Lande Juda. Von ein paar unbelehrbaren Höhenopferern abgesehen.

Aber wie das so ist — kaum hat der ehrwürdige Priester die Augen für immer geschlossen, melden sich die linken Baalhuldiger wieder. Das Böse schläft nie! Systematisch belatschern sie den jungen König, hofieren ihn, beschwatzen ihn und schaffen es: Erst einmal, dann öfter, dann regelmäßig besucht Joas-Süd die neu errichteten Götzen. Das erstemal tarnt er seine Stippvisite mit seinem künstlerischen Interesse an jeglicher Bildhauerei. Beim zweitenmal hat er das erstemal seinen Stock vergessen. Beim drittenmal fummelt ihm eine Astartenhure am Hosenschlitz rum.

Diesmal ist der GROSSE BOSS auf der Hut. Wehre den Anfängen, sagt er sich und schickt Propheten los, die Joas tagelang, aber erfolglos in den Ohren liegen. Da macht sich Sacharja, der Sohn des verstorbenen Königserziehers Jojada, zum Sprecher des GROSSEN BOSSES. Er hält vor versammeltem Volk eine Rede. Sie ist kurz, prägnant und wirkungslos.

Weil ihr den GROSSEN BOSS verlassen habt, wird er euch verlassen! gellt es über den Tempelvorplatz. Kurz darauf gellen Sacharjas Schreie darüber, denn Joas-Süd läßt ihn steinigen, ohne Rücksicht darauf, was sein Vater alles Gutes an ihm getan hat. Sacharjas letzte Worte sind: *Der GROSSE BOSS wird mich hier liegen sehen und euch dafür bestrafen!*

Seine Prophezeiung erfüllt sich schnell. Binnen Jahresfrist erscheinen syrische Truppen vor Jerusalem. Obwohl es nur eine kleine Armee ist, besiegen die Syrer die Judäer. Sie bringen die Vertrauten von Joas um — das sind ganz zufällig die Steineschmeißer in Sachen Sacharja — und nehmen alles Wertvolle für König Hasael nach Damaskus mit.

Die grausame Strafe, die seinem sündigen Treiben sozusagen auf dem Fuß folgt, schlägt König Joas fürchterlich auf die Galle. Er wird ganz gelb und muß ins Bett. Deshalb ereilt ihn sein Schicksal auch bettlägerig: Sacharja, der Gesteinigte, ist von seinen und seines Vaters Anhängern nicht vergessen. Sie rächen seinen Tod mit einem probaten Mittel. Wo das Bett grad erst frisch bezogen worden war!

MANCHER LEBT TATSÄCHLICH ZWEIMAL
2 Könige 13

König Joas-Süd ist tot, es lebe König Joas-Nord! Wer das nun wieder ist? Ganz einfach: der Enkel von General Jehu, König von Israel. Dazwischen hat zwar mal sein Vater Joahas geherrscht, aber von dem ist nur zu sagen, daß er wieder fürchterlich in den falschen Fußstapfen gewandelt ist und dafür von Hasael, dem König von Damaskus, einige peinliche Male besiegt wurde. So wie's der GROSSE BOSS in seinem gigantischen Dispositionsplan stehen hat.

Kleine Pikanterie am Rande: Hasael, der bekanntlich die tödlichen Wadenwickel an Ben Hadad II. ausprobierte, scheint kein geborener Meuchelmörder zu sein; er gibt seinem ältesten Sohn den Namen Ben Hadad. Wetten, daß der Bengel mal Ben Hadad III. wird, wenn er was wird? König von Syrien nämlich? Aber vielleicht ist Hasael auch nur ein verdammter Heuchler; der Meuchler. Wer kennt sich bei so feinen Leuten aus!

Zurück zu Joas-Nord. Der ist bezüglich seines Wandels eine Mixtur: Die Jerobeamer Goldochsen in Dan und Bethel läßt er stehen, dem GROSSEN BOSS huldigt er im Vorbeigehen, und auf den Höhen raucht er gelegentlich mit. Als er hört, daß der mittlerweile uralte Oberprophet Elisa im Sterben liegt, eilt er sofort zu ihm.

Mein Alter! Mein Vater! Mein Elisa! weint er auf. *Du Treibriemen des Landes! Du Panzerspitze Israels! Du Kutsche! Du wunderbares Zugpferd, du!*

Elisa wehrt lächelnd die Elogen ab. *Mach's Fenster auf!* sagt er. — Joas-Nord tut es; das Fenster geht nach Osten. — *Nimm deinen Bogen und lege einen Pfeil auf die Sehne!* — Der König tut auch das. — Elisa berührt Joas Arm: *Und jetzt — schieß!* — Joas läßt den Pfeil vom Bogen schnellen. — Elisa nimmt die Hand wieder weg, die den König elektrisiert hat: *Ein Siegespfeil gegen die Syrer! Du wirst sie bei Aphek schlagen und aufreiben!*

Prima! freut sich Joas und denkt: Warum auch nicht?!

Und jetzt nimm deine restlichen Pfeile und hau mit ihnen auf den Fußboden! fordert der greise Elisa.

Joas versteht zwar den Sinn nicht, aber er drischt mit den gebündelten Pfeilen dreimal auf die Dielen. Da schreit Elisa: *Idiot, warum hörst du schon auf? Wenn du öfter geschlagen hättest, würdest du die Syrer völlig verkasematukkeln! Nun siegst du nur dreimal!*

Hättste auch früher sagen können! räsoniert Joas-Nord. Zum Glück hört das Elisa nicht mehr. Der König kann ihm nur noch die Augen zudrücken.

Elisa tut auch tot noch eine gute Tat: Als er gerade fünf Minuten in seinem Grab liegt, soll ein anderer toter Mensch in der Nachbargrube beerdigt werden. In diesem Moment stürmt eine Rotte Moabiter Wegelagerer auf den Friedhof. Rasch schmeißen die Leichenträger den toten Nachbarn ins erstbeste Loch, wo schon Elisa drin liegt. Da wird die weggeworfene Leiche gleich wieder lebendig und haut ab. Wäre auch ein bißchen eng geworden auf die Dauer.

Kurz nach dieser bezeichnenden Episode beginnt der Krieg zwischen Israel und den Syrern. Bei letzterem regiert jetzt der Sohn des verstorbenen Hasael als Ben Hadad III. Siehste!

Dreimal besiegt Joas-Nord die Syrer, drei Städte erobert er zurück und flucht entsetzlich, weil er nicht bis tausend geklopft hat. Dann würde ihm jetzt der ganze Orient gehören.

163

NESSEL SETZT SICH IN NESSELN
2 Könige 14; 2 Chronik 25, 26

Zwei Jahre erst herrscht König Joas-Nord über Israel, da wird in Juda der Sohn des ermordeten Joas-Süd König. Er heißt glücklicherweise Amazja, was ihn einigermaßen unverwechselbar macht. Bloß die Höhenopfer schafft er nicht ab. Irgendwas stimmt mit denen anscheinend nicht: Bislang hat sich noch kein König richtig an sie rangetraut. Auf beiden Seiten nicht.

Als Amazja sein Königreich einigermaßen fest in der Hand hat, läßt er die Mörder seines Vaters ausfindig machen und töten, damit das Gleichgewicht wieder hergestellt ist. Ihre Söhne jedoch läßt er am Leben, weil in Moses Gesetzbuch ein entsprechender Paragraph steht: ,Väter sollen nicht für die Söhne, Söhne nicht für die Väter zur Verantwortung gezogen werden. Jeder hat um seiner eigenen Sünden willen abzunippeln.' Die Sippenhaftung ist ein Privileg des GROSSEN BOSSES.

Als nächstes organisiert König Amazja seine Wehrmacht von Grund auf neu: 300 000 Männer über zwanzig werden erfaßt und in Kompanien, Regimenter, Divisionen eingeteilt; Offiziere ausgewählt und vereidigt. Der Drill beginnt.

Aber damit nicht genug! Amazja läßt außer in Juda auch in Israel die Werbetrommel rühren. Ja, im Nordreich, wenn auch nicht grad in Samaria. Aber er bekommt auch so 100 000 Söldner zusammen. Sie kosten ihn bare neun Silberlinge pro Kopf.

Noch bevor die israelitische Legion eingekleidet ist, meldet sich ein Prophet des GROSSEN BOSSES bei Amazja. *Majestät,* warnt er, *laß die Finger von den Israels! Die hat der GROSSE BOSS ganz gewaltig auf dem Kieker. Wenn du mit denen in den Kampf ziehst, verlierst du mit Sicherheit.*

Das sagst du so! murrt König Amazja. *Ich habe neunhunderttausend Piepen für die Brüder hingeblättert!*

Pfeif auf die Kohlen! Wenn der GROSSE BOSS dir wohlwill, gewinnst du's hundertfach zurück! sagt der Prophet.

Das wären ja neunzig Millionen! rechnet Amazja schnell aus. *Gemacht! Für die Israels ist Laden-schluß!*

Den Söldnern schmeckt das gar nicht. Sicher hatte es sich daheim schon rumgesprochen, daß sie in die Fremdenlegion wollten. Nun wird man mit Fingern auf sie deuten. Wütend geben sie ihre Essenmarken wieder ab.

Amazja zieht mit seinen 300 000 judäischen Solda-ten in den Krieg gegen die Edomer, um sie im Salz-tal vernichtend zu schlagen. 10 000 von ihnen fängt er lebend und läßt sie von einem hohen Felsen run-terschmeißen. Unten zerschellen sie. Wenigstens die ersten; die folgenden fallen ja wesentlich weicher. Mit enormer Beute kehrt Amazja an der Spitze sei-ner Armee nach Jerusalem zurück. Das Zeug war mindestens 90 Millionen wert.

Aber — wie oft muß das noch gesagt werden — der Teufel steckt im Detail: Unter dem Beutegut befin-den sich ein paar goldene Götzen der Besiegten. Was den König wohl juckt, daß er die Dinger auf-stellen läßt? So museumswürdig sind sie auch wie-der nicht. Trotzdem geht er täglich zu ihnen und macht ihnen seine Aufwartung. Bis er ihnen auch mal was mitbringt. Ein kleines Kälbchen zum Bei-spiel. Das kann man bei seinem Reichtum ja nicht grad als Opfer bezeichnen.

Der GROSSE BOSS ist da völlig anderer Mei-nung. Er läßt Amazja sogleich eine Verwarnung zu-kommen. Der Überbringer kann von Glück sagen, daß ihn der König nicht umbringen läßt. *Bleib mir mit deinem Geschwätz vom Hals!* schimpft er reni-tent und schickt aus lauter Daffke einen provozie-renden Brief an Joas, den König von Israel: ‚Schla-ge vor, wir messen uns miteinander. Bestimme Zeit und Ort!'

Joas erhält den Brief in Samaria und antwortet postwendend und fast literarisch: ‚Eine Brennessel auf einem verunkrauteten Acker schickte einer edlen Zeder eine Anfrage, mit der sie um deren Tochter als Frau für ihren Sohn ersuchte. Aber die Rehe und Hirsche sprangen über den impertinenten Acker und trampelten die Brennessel nieder.

Denkst Du, weil Du die Männer von Edom besiegt hast, geht das immer so weiter? Du bist eitel und suchst Ehre und Ruhm, doch Du solltest lieber daheim bleiben, statt in Dein Unglück zu rennen! Warum willst Du Dich selber zu Fall bringen und mit Dir ganz Juda?' So lautet Joas' Antwort.

Natürlich hört das keiner gern. Auch Amazja reagiert sauer, ganz im Sinne des GROSSEN BOSSES, der sein Unglück will, weil er sich den Götzen der besiegten Feinde zugeneigt hat.

Als Joas merkt, was der König von Juda vorhat, marschiert er seinerseits mit seinen Truppen über die Grenze und überrumpelt den Gegner. Amazjas Soldaten fliehen; er selbst wird von Joas gefangengenommen.

Mit dem reingefallenen König-Süd im Schlepp sucht Joas-Nord Jerusalem heim, reißt die Stadtmauern vom Ephraimtor bis zum Ecktor ein und nimmt alles Gold und Silber mit. Auch Geiseln und Weiber. Nur Amazja nicht. Der ist ohnehin moralisch erledigt...

Zuerst stirbt Joas-Nord von Israel. Normal. Fünfzehn Jahre später wird Amazja — Vater des Usia — von Verschwörern ermordet. Auch normal. Nach Joas' Tod wird sein Sohn Jerobeam König von Israel. Er ist der zweite mit dem vertrackten Namen, deshalb wird er allgemein Jero Zwo genannt.

Jerobeam II. ist ein Mißwandler wie sein Namensvetter vor elend langer Zeit. Trotzdem tut ihm der GROSSE BOSS nichts, weil er ja bekanntlich das Lämpchen Israel niemals ganz verlöschen lassen will. Hat der ein Glück, der Jero Zwo!

164

AUCH FISCHE ÜBERGEBEN SICH

Jona 1, 2

In dieser Zeit − des Usia von Juda und des Jerobeam II. von Israel − hat der GROSSE BOSS eine längere Aussprache mit einem Mann, der Jona heißt. Das bedeutet ‚Taube‘, und wie eine Reisetaube kommt sich der Prophet auch vor, als er hört, was er tun soll. *Höre, Jona! Ich möchte, daß du nach Ninive gehst. Die Stadt in Assyrien ist voller Schlechtigkeit und keiner dort, der den hundertzwanzigtausend Einwohnern ins Gewissen redet. Tu du es also!* sagt der GROSSE BOSS zu dem kleinen Propheten.

Ja, Jona ist ein Geringer unter seinesgleichen und nicht sehr mutig dazu. Als er den Auftrag überdenkt, nämlich mutterseelenallein gegen eine Großstadt voller Heiden zu predigen, rutscht ihm das Herz in die Hosen. Heimlich marschiert er bei Nacht und Bodennebel nach der Hafenstadt Tel Aviv, die zwar momentan Japho heißt, deren Jaffaorangen aber nichtsdestoweniger vorzüglich schmecken. Von hier aus will er aus dem Hoheitsbereich des GROSSEN BOSSES fliehen.

Als wenn dessen Reich Landesgrenzen und Zollschranken hätte! Und wenn Jona auf den Flügeln der Morgenröte reisen könnte, entkäme er ihm nicht. Zu seinem Glück, möchte man sagen.

Jona findet einen Frachter, zahlt seine Passage und geht an Bord. Die Segel werden gehißt, die Reise geht los. Nach drei Tagen erhebt sich ein furchtbarer Sturm. Der Kahn wird hin und her geworfen, so daß Jona ständig über der Reling hängt. Danach geht er wie ausgeleert unter Deck, um möglichst schnell zu sterben.

Das genaue Gegenteil ersehnt sich die Besatzung: Leben will sie! An Land gehn im nächsten Hafen; Bordellchen besuchen; Schnäpschen trinken und so. Doch vorerst sieht es aus, als zerbräche jeden Augenblick das ganze Schiff. Das ist schon kein Sturm mehr, das ist ein Orkan! Ein Teil der Deckslandung geht ohne Zutun über Bord; den Rest schmeißen die Matrosen hinterher. Dabei ruft jeder der zusammengewürfelten Mannschaft seinen vaterländischen Gott an. Das ist ein Sprachenmischmasch!

Dem Kapitän des Seelenverkäufers graust allmählich. Wenn das mal mit rechten Dingen zuging! Vielleicht war ein Klabautermann an Bord? Kaum gedacht, eilt er in Jonas Kabine, weckt den Seekranken und fleht ihn an: *Wer immer du auch bist, schlafe jetzt nicht, sondern bete! Jeder von uns betet zu seinem Gott — mach's mit deinem ebenso!*

Als der Kapitän wieder auf der Brücke steht, sieht er, wie die Besatzung trotz des kolossalen Seegangs eine Lotterie veranstaltet. *Seid ihr vom wilden Watz gebissen?!* brüllt er nach Mittschiff.

Aye, aye, Käpten! schallt es zurück. Dann losen sie weiter, um herauszukriegen, wer von ihnen an dem miesen Wetter schuld sein könnte. Jeder an Bord ist verdächtig.

Natürlich trifft das Los den Propheten Jona. Zur Rede gestellt, gibt er sogleich zu, sich an seinem GROSSEN BOSS versündigt zu haben. *Ich habe mir ohne sein Wissen eine falsche Fahrkarte gelöst. Ihr habt richtig gelost, gleich seid ihr mich los. Ich geh über Bord!* sagt er tollkühn. *Ihr werdet sehen, sofort wird der Sturm sich legen.*

Warte noch ein bißchen, sagt der Kapitän. *Wir versuchen's mal mit Rudern.* Aber so sehr sie sich auch in die Riemen legen, sie kommen gegen das enorme Unwetter nicht an.

Jetzt werden sie auf des Jonas GROSSEN BOSS wütend. *Warum bestrafst du uns wie Mörder, wenn dein Prophet ein Versager ist? Was können wir dafür, großer Admiral!*

Sie packen Jona und werfen ihn über Bord. Schlagartig beruhigt sich das Mittelmeer. Kein Sturm mehr; nicht mal Wind. Nur noch Flaute! Da fluchen sie wieder, denn das ist ihnen auch nicht recht. Sie wollen rasch zum nächsten Hafenstädtchen; Bordellchen besuchen; Schnäpschen trinken und so.

Jona treibt inzwischen im Meer und denkt, wie das wohl ist, wenn man ersäuft. Zu dumm, daß er sich nicht vorher bei einem Ertrunkenen erkundigt hat, Telepath der er war.

Ein großer Walfisch schwimmt auf ihn zu, reißt das Maul auf wie ein gähnender Golem und atmet ihn kurz ein. Im Fischbauch kommt Jona wieder zu sich. *Wo bin ich?* stammelt er wasserspeiend, denn es ist sehr dunkel.

Drei Tage und Nächte plätschert Jona auf einer unverdauten Gräte durch den Magensaft und betet in seiner Angst. Er verspricht alles, was der GROSSE BOSS je noch von ihm verlangen könnte, und will ein guter Mensch und Prophet werden. Ehrenwort!

Dem Walfisch dreht sich vor soviel Reue der Magen um. Er würgt und würgt, Jona kreist auf der Gräte, dann erfaßt ihn ein gewaltiger Sog. Er saust in hohem Bogen aus dem Walmaul und fliegt geradewegs auf den weichen Sandstrand.

Etwas benommen erhebt er sich und kann das alles nicht recht glauben. Trotzdem beschließt er, die Story für die Nachwelt aufzuschreiben, die den Propheten ohnehin schon Kränze flicht. Vielleicht, daß deshalb so manche künstliche Blume unter das Immergrün und den Lorbeer gerät...

165

RIZINUS VOR LADENSCHLUSS

Jona 3, 4

Als der GROSSE BOSS den Kleinpropheten zum zweitenmal auffordert, nach Ninive zu gehen und dort wider die Unmoral zu predigen, macht Jona keine Sperenzchen mehr. Er eilt nach Assyrien, wo man bloß auf ihn gewartet zu haben scheint. Seine Ansprachen in der Großstadt am Tigris haben einen Bombenzulauf. Dabei verkündet er nichts anderes als den Untergang von Ninive binnen vierzig Tagen.

Doch nicht nur popliges Volk glaubt ihm, auch der König hat ein derart schlechtes Gewissen, daß er sofort ein allgemeines Fasten und Beten anordnet. Er geht sogar noch weiter: Auch das Vieh darf nichts zu fressen und zu saufen kriegen. Denkt der König etwa, wenn alle in Sack und Asche rumlaufen, gehörig beten und ihren liederlichen Lebenswandel verurteilen, wenn auch die Tiere darben und verwahrlosen, vielleicht daß sie dann noch mal mit 'nem blauen Auge davonkommen?

Tatsächlich, die Totalkasteiung wirkt! Ninive wartet vergeblich auf seinen Untergang. Der GROSSE BOSS läßt noch mal Gnade vor Brecht ergehen.

Nur einer ist darüber verdrossen; Jona. Er hockt östlich von Ninive und schielt himmelwärts: *Dacht ich mir's doch! Nee, BOSS, so macht das Prophetsein keinen Spaß! Die Leute glauben mir in Zukunft doch kein Wort mehr! Dann schon lieber tot. Ich leg mich jetzt hier in die knallige Sonne; dann krieg ich einen Hitzschlag – und Feierabend!*

Er legt sich in die Sonne, hört noch den GROSSEN BOSS fragen: *Bildest du dir wirklich ein, im Recht zu sein mit den Vorwürfen, die du mir machst?* – da ist er auch schon eingeduselt.

Das kann nun wieder der GROSSE BOSS nicht mitansehen. In der glühenden Sonne seinen zürnenden Jona? Nee! Rasch läßt er am Kopfende eine Rizinusstaude emporwachsen, damit der kleinformatige Prophet Schatten bekommt. Den kriegt er auch reichlich, weil so'n Rizinusblatt bis zu einem Meter breit wird.

Am nächsten Morgen schickt der GROSSE BOSS einen Wolfsmilchspinner zu dem Rizinusstrauch. Der Spinner ist ein Wurm mit chronischer Verstopfung. Deshalb frißt er den Rizinuslieferanten bis auf die Strünke ab. Aus ist es mit dem Schatten, an den Jona sich schon so gewöhnt hat. Jetzt trifft ihn die Sonnenglut wieder mit aller Kraft auf die Birne.

Als er einem totalen Sonnenstich nahe ist, hechelt er: *Jetzt möchte ich aber wirklich lieber tot sein als leben! Ich bin doch kein Glühwürmchen!*

Da hört er wieder die Stimme des GROSSEN

BOSSES: Bist du sicher, daß du mir zu Recht wegen dieses harmlosen Sträuchleins grollst?

Absolut! Was hat dir die einfältige Schattenspenderin getan, daß so ein hergekrochener Spinner sich an ihr gütlich tun kann?

Komisch, sagt der GROSSE BOSS mit feiner Ironie, die Staude, für die du keinen Finger krumm gemacht hast, dauert dich! Ich aber soll mich nicht über Ninive erbarmen dürfen? Eine Stadt mit soviel Einwohnern, die nicht wissen, was rechts und was links ist? Heiden sind doch auch Menschen, Jona –, und Tote lernen nicht mehr beten!

Ob Jona begreift, daß er und sein Volk den GROSSEN BOSS nicht allein gepachtet haben?

166

HUREN UND HUREN LASSEN

Joel 1, 2, 4; Hosea 1, 2

Wacht auf, ihr Säufer, ihr Trunkenbolde! Jammert und heult, denn bald wird es aus sein mit dem flüssigen Brot! Es gibt keinen Wein mehr, nicht Schnaps und nicht Bier! Flennt Rotz und Wasser, wie die Braut, welcher der Bräutigam vor der Hochzeit davonlief! Weint, weint, ihr Genießer, denn auch zu Fressen wird's nichts mehr geben! Kein Öl in der Kanne; keine Butter im Kühlfach! Weil niemand mehr etwas findet zum Ernten! Was die Raupen übriglassen, das fressen die Heuschrecken! Was denen entgeht, vertilgen die Käfer! Und ist dann noch was da, das schmatzt das Geschmeiß! Denn es werden Armeen das Land überfallen, mächtig und gar nicht zu zählen, mit Zähnen wie Löwen und Klauen wie Raben!

Blast das Feuerhorn zu Zion! Schreit Alarm durch das Land! Zittert, Bürger und Priester! Der Tag wird kommen – der Tag ist nah – ein finsterer Tag, ein dunkler Tag – Wolken und Nebel. Darum tut Buße! Betet! Fleht ihn an, den GROSSEN BOSS

dieser Welt! Vielleicht daß er euch noch mal ver-
zeiht.

Fertigmachen zum heiligen Krieg! Bietet auf alle
Starken! Macht Schwerter aus euren Pflügen und
Spieße aus Sichel und Sense! Auf, alle Heiden der
Erde! Versammelt euch, denn der Tag der Entschei-
dung im Tal eures Jüngsten Gerichtes ist nah!

Der solchermaßen wettert in Israel wie auch in
Juda, heißt Joel und ist ein Zeitgenosse von Jona,
ein Kollege von Hosea, den wir jetzt kennenlernen.
Auch er ein Prophet mittlerer Größenordnung, aber
recht und schaffen, vergleicht man ihn mit dem gemeinen Volk der Israels, in dem momentan mal
wieder der Wurm drin ist. Aus diesem Grund wendet der GROSSE BOSS sich an Hosea.

Junger Freund! beginnt er. *Mit dir hab ich etwas*
ganz Neues vor. Eine Scharade, wenn du weißt, was
das ist.

Das weiß der junge Prophet nicht. Weder ist dieses Gesellschaftsspiel schon erfunden, noch bereits
wieder veraltet. *Erkläre es mir,* bittet Hosea.

Scharaden sind lebende Bilder. Ich möchte, daß
du mit deinem Lebenswandel sinnbildlich darstellst,
was ich von Israel halte.

Hoffentlich Gutes! bangt der Jungprophet mit
Recht.

Im Gegenteil! begehrt der GROSSE BOSS auf.
Eine Hure ist das Volk! Eine dreckige Hure, die geil
hinter Götzen her ist! Das Land ist mir untreu ge-
worden. Deshalb sollst du eine Hure heiraten und
Hurenkinder zeugen!

Hosea ist ziemlich betroffen; das Ansinnen ist
wenig nach seinem Geschmack. Aber dann pfeift er
auf die intakte Virginia und heiratet die Hure Gomer, die hübscheste aller Stricherinnen im Umkreis.
Neun Monate später kriegt sie einen Sohn.

Nenne ihn Jesreel, verlangt der GROSSE BOSS.
Ich will in Kürze all das Blut rächen, das König
Jehu und seine Nachfahren in der Jesreel-Ebene
vergossen haben. Ganz Israel will ich zugrunde rich-
ten, als Volk, als Königreich und überhaupt und so.
— Zeuge weiter, mein Sohn!

Das zweite Kind wird ein Mädchen. *Nenne sie* *‚Schluß mit der Gnade‘, fordert der GROSSE BOSS.* *Ich will Israel erbarmungslos und für immer von* *mir stoßen. — Zeuge weiter, mein Sohn!*

Hosea tut sein Bestes. Als Exhure Gomer abge-stillt hat, kommt bald der nächste Junge zur Welt. *Nenne ihn ‚Nicht mein Volk‘, wünscht der GROSSE* *BOSS. Ihr seid nicht mehr mein Volk! Ich will nichts* *mehr mit euch zu tun haben!*

Und was ist mit der Zeugerei? Soll ich weiter-machen? fragt Hosea bereitwillig. *Meine Gomer* *hat’s ganz gern.*

Beklage sie lieber, mein Freund! Fordere von ihr, *daß sie die Hurenschminke aus dem Gesicht wischt,* *beim Gehen nicht mit ihrem Hintern wippt und das* *Handtäschchen nicht so schlenkert. Sie soll die Zei-chen ihrer Ehebrecherei zwischen ihren prallen* *Brüsten wegwaschen, sonst ziehe ich sie pudelnackt* *aus und laß sie wie ein Neugeborenes am Wegrand* *krepieren!*

Aber Gomer hat doch gar nicht — ich meine, seit *wir verheiratet sind —,* stottert Hosea begriffsstut-zig.

Natürlich hat sie! Das ist ja gerade die Symbolik! *Wir spielen doch Scharade. Hast du das vergessen?* brummt der GROSSE BOSS.

Ganz schön schwer, dein Bilderrätsel! mosert Hosea.

Hast du ’ne Ahnung, wie sich erst später die Leute *den Kopf darüber zerbrechen werden!* sagt der GROSSE BOSS schmunzelnd. *Aber weiter im Text:* *Auch ihrer Kinder erbarme ich mich nicht; es sind* *ja Hurenbälger, und die sie getragen hat, taugt kei-nen Schuß Pfeil! Ich höre sie reden: ‚Jedem X-be-liebigen mach ich schöne Augen! An den mickrig-sten Knilch schmeiß ich mich ran! Hauptsache, er* *hat Kohlen!‘*

Mein lieber Hosea, das Weib hat keinen Schim-mer, daß sie ihre Honorare letztlich durch mich be-zieht. Es wird soweit kommen, daß sie hinter den *Liebhabern herläuft und um Liebe bettelt. Aber ich* *schicke sie in die falsche Richtung: die Hure Israel!*

Bis sie zu ihrem Mann zurück will, bei dem es ihr
besser ging als auf dem Strich. Aber dann, ha!,
dann werde ich ihr die Wäsche herunterreißen, daß
ihr jedermann auf ihr Gelumpe gucken kann. Scham-
rot soll sie werden, wenn sie das überhaupt noch
kann. Aus wird es sein mit der Lust, mit den Sex-
partys und den wüsten Orgien! Aus, aus, aus!

Der GROSSE BOSS sagt noch 'ne ganze Menge zu
Hosea, aber der kann sich kaum noch konzentrieren:
Während er mit halbem Ohr zuhört, sieht er seine
Hurengemahlin hinternwippend, täschchenschlen-
kernd und lidschattenwerfend davonschlendern. An-
schaffen geht Gomer nicht, weiß er; sie treibt es aus
Freud an der Lust, um im lebenden Bild zu bleiben.

167

ER STEHT UND KANN NICHT ANDERS

Amos 1—5

In dieser Zeit — des Jerobeam II. von Israel, des
Usia von Juda — ist der Prophet Hosea nicht der
einzige Gesprächspartner des GROSSEN BOSSES.
Da lebt im Südreich Juda der Schafhirt Amos, der
nebenbei noch eine kleine Maulbeerbaumschule be-
wirtschaftet. Dem gibt er den Auftrag, ins Nordreich Israel hinüberzuwechseln und dort in seinem
Sinne zu predigen. Oder besser: zu wettern! Denn
was und wie Amos spricht, hat schon fast lutheri-
sches Format; die Kraft eines Autors, den der
GROSSE BOSS in seinem vieltausendjährigen Kalender bereits als Sprachereignis vorgemerkt hat.

Brüllen wird er, der GROSSE BOSS, von der Burg
Zion, von Jerusalem her, so laut, daß die Weiden
und die Weinberge verdorren! sagt Amos zum Beispiel. Denn so spricht der GROSSE BOSS:

,Wegen dreier Freveltaten — meinetwegen auch
vier — derer von Juda, drücke ich kein Auge mehr
zu! Weil sie meine Gesetze mißachten und immer
wieder gleisnerischen Götzen zujubeln! Zunder

— 473 —

schicke ich nach Jerusalem! Alle Paläste werden in Flammen aufgehen!

Wegen dreier Schändlichkeiten — meinetwegen auch vier — derer von Israel, nehme ich kein Wort zurück! Weil sie unschuldige Leute für schnöden Mammon verhökern und die Ärmsten der Armen für ein paar alte Latschen! Sie trampeln die Minderbemittelten in den Dreck! Vater und Sohn pennen mit derselben Schlampe! Vor den Altären liegen sie auf gepfändeten Klamotten und versaufen die Steuern! Und ich Illusionist habe sie aus Ägypten geführt; vierzig Jahre für sie den Scout gespielt! Und jetzt das!

Nein!' spricht der GROSSE BOSS. ,Jetzt reicht es mir. Aus allen Geschlechtern auf Erden habe ich euch auserwählt, darum werdet ihr auch selber für eure Unverschämtheiten büßen! Hin und her sollt ihr schwanken wie hochbeladene Heuwagen! Der sportlichste Sprinter soll die Füße zur Flucht nicht heben können! Den Pferden fliehender Reiter will ich die Beine lähmen! Den besten Schützen Pfeil und Bogen verbiegen! Und sollte dennoch einer was retten können, dann nur das nackte Leben!

Wo gibt's denn das, daß zwei miteinander wandern, die sich nicht ausstehen können?! Wie der erfolgreiche Jäger dem erbeuteten Löwen ein paar Krallen aus den Tatzen reißt oder die Ohrspitzen als Trophäe abschneidet, so sollen die Söhne Israels von der schwellenden Couch gerissen werden, aus dem Bett von Damast, darin sie sich in Samaria flözen!'

Und nun zu euch, ihr feisten Weiber von Israel; ihr hochnäsigen, verfressenen Schnapseulen! Dies hat euch der GROSSE BOSS persönlich geschworen: ,Es wird die Zeit kommen, da wird man euch mit Angelhaken und Fischkeschern aus eurem Wohlstandsleben herausholen! Wegzerren wird man euch durch ein Loch in der Stadtmauer und auf den Misthaufen werfen!'

Los! Macht weiter so! Sündigt kräftig! Es macht euch doch Spaß! Oh, ihr Riesenrindviecher! Glaubt ihr denn, der GROSSE BOSS kann nicht auch euch

*ein Sodom und Gomorrha bescheren? Warum kehrt
ihr nicht um auf eurem Weg zum todsicheren Untergang? Wenn ihr dem GROSSEN BOSS folgen
würdet, ihr bliebet am Leben! Geht nicht länger
nach Bethel! Meidet Gilgal wie die türkische Lustseuche! Sonst wird er ganz Israel in Flammen aufgehen lassen! Sucht das Gute und geht dem Bösen
weit aus dem Weg — das ist eure einzige Chance zu
überleben!*

*Und noch was, ihr Idioten! Was wünscht ihr euch
bloß dauernd den Tag des Herrn herbei? Was glaubt
ihr, passiert, wenn der GROSSE BOSS euch zeigt,
wer hier der Hausherr ist? Zappenduster wird's an
diesem Tag sein! Wer dem Löwen entkommt, läuft
einem Bären in die Pranken! Wer ins Haus flieht,
tritt auf 'ne Kreuzotter! Schutz findet ihr an diesem
Tag nirgends! Der GROSSE BOSS schaut in den
tiefsten Tiefbunker und sieht euch im Dunkeln.
Euch allemal!*

Amos bricht mitten in seiner Gewitterpredigt ab.
Unruhe in der Zuschauermenge läßt ihn aufmer-
ken und zu zwei Männern hinblicken, die sich eifrig
Notizen machen. Sollen sie, denkt Amos, ich bin
kein Prophet; ich bin Schafhirt und Baumschul-
lehrer. Man wird ja wohl noch seine Meinung sagen
dürfen! Wo leben wir denn!

Im Nordreich Israel, wo sonst. Aber für die israelitische Polizei ist Amos ein Ausländer aus Juda,
völkerrechtlich gesehen. Auch wenn es sich um ein
Brudervolk handelt.

168

VERDAMMT UND ZUGETEERT

Hosea 3

H osea hat es da besser als der Schaf- und Baum-
züchter Amos. Den bearbeitet der GROSSE
BOSS mittels feinsinniger Scharaden. Sein neuester
Wunsch: *Geh ihr nach, deiner Frau Hure, und hole*

sie zurück. Gib ihr eine Chance; ich mach's ja mit meinen Auserwählten genauso. Immer wieder gebe ich meinem Volk Israel eine Chance zur Umkehr, zur Heimkehr, obwohl sie den ekligen Götzen nachlaufen und sich die Bäuche mit Rosinenkuchen vollschlagen.

Hosea sucht sein feiles Weib und muß sie von ihrem augenblicklichen Zuhälter auslösen. Für vierzig Silberlinge und anderthalb Sack Gerste. Mehr würde er allerdings auch nicht ausgegeben haben, denn er beabsichtigt nicht, jemals wieder mit ihr zu schlafen. *Es wird lange dauern, bis du wieder rumhuren darfst. Inzwischen kannst du dir das Ding zuteeren lassen. Auch von mir hast du nichts mehr zu erwarten!*

Als ihn die Zurückgeholte verständnislos anschaut, erklärte er es ihr auf symbolisch: *Tja, es kommen schwere Zeiten! Lange werden die Israels ohne König und ohne Regierung sein. Ohne Opfer, Steinmal, Leibrock und Hausgott. Danach allerdings werden sie sich bekehren und mit schlotternden Knien ihren GROSSEN BOSS suchen.*

Du sprichst in Rätseln! sagt Frau Gomer Hosea kopfschüttelnd.

Eben eben! freut sich der Prophet und macht sich auf eine neue Prophezeitournee. Ohne vorher was zugeteert zu haben.

169

VORSICHT! FEIND HÖRT MIT!

Amos 5—9

Inzwischen wettert Hirte und Laienprophet Amos an anderer Stelle — in Bethel — weiter wider König, Volk und fremdes Vaterland. Wieder notieren die Geheimpolizisten von Jero Zwo jedes verfängliche Wort, also alles. Amos redet kein Blabla.

,Wegführen werde ich euch lassen, verfluchtes Volk! Fort, bis hinter Damaskus und noch weiter!'

spricht der GROSSE BOSS. Aber das gilt nicht nur für euch; auch den Schranzen von Jerusalem ruft er zu: ‚Wehe euch Sorglosen! Ihr glaubt, der Tag der Rache ist fern? Daß ich nicht lache! Ihr sinnt immer wieder auf neue Schandtaten! Lümmelt euch lüstern auf Lotterbetten! Freßt vom Feinsten! Sauft vom Besten! Schmiert teure Sälbchen auf die geile Haut! Um den Schaden des Volks kümmert ihr euch einen Dreck!‘

Aus wird's bald sein mit der Schlemmerei, mit dem Prassen, Saufen und Huren! Allen voran werdet ihr in die Gefangenschaft ziehen, denn der GROSSE BOSS haßt eure grenzenlose Anmaßung, so wie er eure Paläste haßt. Sämtliche großen Häuser wird er zertrümmern und die kleinen zerbröseln. Wer kann auf spitzen Klippen reiten? Wer pflügt an der Steilwand mit Ochsen? Der GROSSE BOSS wird ein ganzes Volk gegen euch aufstehen lassen, das euch beharken wird von Nord bis Süd, von Hammath bis runter nach Ägypten!

Hier wird Amos unterbrochen. Einem Geheimen ist sein Tempo zu schnell. *Kannst du nicht ein bißchen langsamer sprechen? Ich komm gar nicht mit!* ruft er von hinten, merkt, daß er sich verraten hat und redet sich rasch heraus: *Presse!*

Amos grinst. Er weiß natürlich, wer die Stenographen sind. Es ist ihm nur recht. Auf diese Weise erfuhr König Jerobeam der Zweite davon. Was er braucht, ist Verbreitung. Als einzelner ein Massenmedium zu sein – muß man dauernd schreien.

Neulich hatte ich eine Vision, Damen und Herren: Heuschrecken fielen übers Land und fraßen ratzekahl alles weg, was da grünte. ‚He, GROSSER BOSS!‘ rief ich, ‚mach's halblang! Wovon soll Israel leben? Sind doch lauter Schwächlinge! Mach's gnädig, ja?‘ Und der GROSSE BOSS ließ sich erweichen. Und eine zweite Vision: Ganz von tele, von fern, sah ich eine riesige Flammenwand vom Meer heranrollen. Das Wasser war schon verzischt; jetzt sollten die Äcker drankommen. ‚He, GROSSER BOSS!‘ rief ich, ‚was soll das? Wovon soll Israel leben? Sind doch allesamt bloß halbe Portionen! Mach's gnädig, ja?' Und der GROSSE BOSS sagte: *,Deinetwegen, Amos!'*

Und noch *'ne* weitere Vision hatte ich: Ich stand auf einer senkrechten Mauer, daneben der GROSSE BOSS mit *'ner* Wasserwaage. *,Ich prüfe die Mauern in Israel',* sagte der BOSS. *,Mal sehen, ob sie nicht schief sind, denn ich werde meinem Volk nicht mehr das Geringste durchgehen lassen. Vertrauen ist gut, Kontrolle ist besser, möchte ich mit dem 1924 post Christum natum verstorbenen Lenin sagen.'*

Unser BOSS maß und maß. Dann schimpfte er: *,Na, bitte! Alles Pfusch! Ich muß die Höhen Isaaks verwüsten und die Heiligtümer Israels zerstören. Mit einer dampfenden Ramme werde ich das Haus Jerobeams zum Einsturz bringen!'*

Jetzt denkt ihr vielleicht: Ende der Sendung? Irrtum! Ich hatte noch mehr Visionen: Einmal stand der GROSSE BOSS mit einem Korb voll reifer Früchte neben mir. *,Was siehst du, Amos?'* fragte er. *,Obst',* sagte ich. *,Siehste',* sagte er, *,reif wie das Obst ist mein Volk Israel zum Untergang. Statt zu singen, sollen sie heulen, daß es einen Hund jammert!'*

Und nun wieder zu euch, ihr fetten Wänste in den Palästen, die ihr die Armen unterdrückt und auspreßt wie Zitronen und immerzu nur fragt, wann endlich der Feiertag rum ist, damit ihr wieder munter feilschen könnt, Gewichte abschleifen, Waagen fälschen, Spreu für Korn verkaufen, die Preise in die Höhe treiben und auch noch die Verpackung mitwiegen! Der GROSSE BOSS hat geschworen, daß er eure Untaten niemals vergessen wird; er hat gesagt: *,Die Zeit wird kommen, da werde ich euch einen Hunger ganz besonderer Art ins Land schicken, dagegen kein Brot hilft, kein Kuchen. Und einen Durst, den kein Wasser löscht und kein Wein. Den nämlich: nach einem guten Wort von mir! Aber da könnt ihr laufen von Sonnenaufgang bis Sonnenuntergang — nichts werdet ihr finden! Kein Sterbenswörtchen soll dann über meine Lippen kommen! Die hübschesten Mädchen und die flottesten Knaben werden verhungern, verdursten und sich sehnen. Alle, die*

— 478 —

jetzt bei den Götzen schwören, werden fallen und sich nie wieder erheben!'

Jaaa, alle sollen sterben, die da sagen, das sei doch alles Blödsinn, was ich euch namens des GROSSEN BOSSES erzähle. Der Tag ist nahe – es ist später, als ihr denkt!

Als Amos endet, herrscht Totenstille unter den Versammelten. Alte Mütterchen wischen sich die Tränen von der zerfurchten Backe. Junge Mädchen und Burschen würgen wie an einem steinharten Kloß. Und die Geheimen kritzeln sich die Finger blutig.

Na, nun laßt mal nicht die Köpfe hängen! setzt Amos etwas milder hinzu. *Die Geschichte hat eine Pointe. Denn auch das sagt der GROSSE BOSS:*

,Es wird die Zeit kommen, da will ich die zerfallene Hütte Davids wieder aufrichten und ihre Risse mit Zement verschmieren, damit das Schöne und Gute von früher wieder so schön und gut wie früher wird. In dieser Zeit werdet ihr sowohl ackern als auch ernten; zugleich keltern und säen. Die Berge werden triefen von süßem Wein; fruchtbar sollen alle Hügel sein. Denn ich will die Gefangenschaft Israels enden, damit sie neu beginnen können; neue Ordnung schaffen, neuen Wohlstand. Dann will ich sie auch nicht mehr verteiben aus ihrem Schlaraffenland, das sie sich selber gestalten werden – wider allen Haß und Neid der Welt! Schalom, Israel!'

Beifall, Aufatmen! Ein Silberstreifen bleibt ihnen, und wär's erst in hundert Jahren. Oder in tausend. Oder in zweitausend Jahren und ein paar zerquetschten. Sie gehen auseinander, die Angeranzten, Angewetterten, die lieben Labilen.

Dafür erscheint der israelitische Oberpriester. Er hat dem König die Ermittlungen der Geheimpolizei persönlich weitergegeben: ,Da ist ein gewisser Amos aus Juda, der macht in Bethel Aufruhr gegen dich und ganz Israel. Er behauptet, dein Haus werde restlos vernichtet und Israel in die Verbannung geführt werden. Was soll ich tun, Majestät?'

,Abschieben, den Judäer!' Jerobeam II. macht sich die Sache leicht.

Der Oberpriester macht's ebenfalls kurz: *Scher dich nach Juda zurück, Amos! Erzähl deine Märchen im Südreich! Hier wird nicht geweissagt! Das Land gehört Jero Zwo, und der mag solche Agitationsreden nicht!*

Ich bin kein Prophet! antwortet Amos. *Ich bin ein simpler Schafhirte und Baumzüchter. Außerdem bin ich nicht freiwillig hergekommen. Der GROSSE BOSS hat mich höchstpersönlich hieher beordert, damit ich euch Israels weissage. Aber schön, wenn du meinst, ich soll es bleiben lassen... Höre dir wenigstens noch an, was der GROSSE BOSS dazu meint, daß du dich seinem Willen widersetzt:*

‚Deine Frau wird in der Stadt auf den Strich gehen — deine Söhne fallen durchs Schwert — deine Töchter werden erstochen — dein Acker wird versteigert — und du selbst stirbst in einer boßverlassenen Gegend! Ganz Israel wird aus seinem Land vertrieben!‘

Was du nicht sagst! höhnt der Oberpriester. *Und was wird aus dir?*

Ich werde jetzt davongehen, um nach Juda im schönen Süden zurückkehren, sagt Amos etwas traurig. *Dort werde ich aber nie ankommen. Vielleicht, daß du mich unterwegs mit einer Stange erschlägst? Was meinst du?*

Der Oberpriester meint nichts, und die Leiche von Amos wird nie gefunden.

170

BITTERE MEDIZIN

Hosea 4—9, 12—14

Der Mensch ist das Produkt seiner Umgebung. Naja, nicht nur: auch! Hoseas Vermählung mit 'ner Hure auf Wunsch des GROSSEN BOSSES und deren Zurückholen auf Wunsch ebendesselben muß auf den Propheten abgefärbt haben. Er schwelgt auf seiner Prophezeitournee förmlich im Jargon der

Freudenmädchen. Seine Symbolik wird von Tag zu Tag horizontaler und staubfreier:

Hört her, ihr Israels! Hört, was der GROSSE BOSS euch vorzuwerfen hat! Es ist keine Treue im Land, keine Liebe, keine Erkenntnis seiner Größe und Allmacht! Nichts als fluchen, lügen, stehlen, morden und ehebrechen habt ihr im Sinn! Weshalb werden eure Töchter zu Huren, eure Bräute und Frauen zu Ehebrecherinnen? Weil ihr selber abseits geht mit den Huren! Weil ihr mit den Tempelnutten opfert! So kommst du, dummes Volk, zu Fall!

Aber wenn ihr schon hurt und schwelgt, ihr Israels — muß deshalb auch Juda in Schande fallen? Israel läuft dahin wie eine liebestolle Kuh, schamlos und mit frivoler Lust an der Schande. Der Stamm Ephraim ist eine Hure und ganz Israel schlimmer als ein verdrecktes Freudenhaus. Eure Laster sind's, die euch nicht umkehren lassen zum GROSSEN BOSS!

Denn so spricht er: ,Ich werde Ephraim zerfressen wie eine Motte den teuren Frack — das Südreich zerschmatzen wie eine Made den Speck. Ich schleppe sie fort, und keiner kann sie davor bewahren. Erst wenn es ihnen übel ergeht, werden sie ihre Schuld erkennen und mich suchen.'

Liebe Gemeinde! Wollen wir nicht gemeinsam den GROSSEN BOSS suchen? Vielleicht ist es noch nicht zu spät! Laßt uns danach trachten, ihn zu erkennen! Dann wird er wie ein herrlicher Sonnenaufgang hervorbrechen, über uns kommen wie ein warmer Sommerregen.

,Aber ach', spricht der GROSSE BOSS, ,eure Liebe ist wie der Tau, der frühmorgens verdunstet. Darum rede ich so grob mit euch durch meine Propheten. Tödlich sind meine Worte, weil ich Liebe will und nicht Opfer. Erkennen sollt ihr — nicht frömmeln! Glaubt ihr denn wirklich, ich sehe nicht all euren Lug, euren Trug? Wie die Diebe durchs Fenster einsteigen und die Räuber auf der Straße plündern? Ihr erfreut mit eurer Bosheit nur den König, dessen Minister ständig besoffen sind. Eure Herzen

sind von Sünde glühend wie ein Backofen, den der Bäcker anheizt, wenn er den Teig ausgeknetet hat.

Blast die Trompeten! Stoßt in die Fanfaren! Ich werde wie ein Aasgeier über euch herfallen wegen eurer Treulosigkeit! Jeder Goldschmied ist imstande, goldene Kälber zu gießen, wie also kann ein Schmelzprodukt ich sein?! Oh, die ihr Wind sät, ihr werdet Sturm ernten!'

Eine wütende Stimme aus dem Publikum ruft zur Tribüne hoch: Du hättest Meteorologe werden sollen!

Hosea verzieht spöttisch den Mund: Flucht ruhig meiner! Stellt mir Fallen wie meinem Kollegen Amos in Bethel. Ihr seid so abgrundtief verdorben, daß der GROSSE BOSS euch ankündigt:

,Allenthalben ist Lüge wider mich, sogar in Juda. Deshalb werde ich auch das Südreich zur Rechenschaft ziehen. Ihm und dir, Israel, werde ich alle Schandtaten vergelten. Euer Stammvater Jakob hat seinen Bruder Esau schon im Mutterleib betrogen; dann ergaunerte er sich dessen Erstgeburtsrecht, flüchtete und diente sieben Jahre als Schafhirt um eine Frau. Unter dem Namen ,Israel' kam er des Hungers wegen nach Ägypten. Hernach führte ich sein Volk vom Nil weg durch die Wüste und den Propheten Mose ins Gelobte Land.

Doch wie vergeltet ihr mir das heute? Durch Schmach und durch Schande! Deshalb will ich für euch zum Löwen werden, zum Panther, der am Wegrand auf euch lauert! Anfallen will ich euch wie eine Bärin, der ihre Jungen genommen sind! Ich will euch zerreißen samt eurem verstockten Herzen! Samaria wird wüst werden und durch mein Schwert fallen! Seine Babys sollen zerschmettert und seine Schwangeren aufgeschlitzt werden!

Es sei, ihr bekehrt euch und bekennt euch zu mir! Dann will ich meinen Zorn von euch wenden. Will für ganz Israel erfrischend wie der Tau sein! Blühen soll es wie eine Lilie! Seine Wurzeln sollen ausschlagen wie die einer Linde, seine Zweige sich ausbreiten wie ein Ölbaum! Rühmen soll man euch wie den herrlichen Wein von den Hängen des Libanon!

Ach, Israel, was sollen dir weiter die Götzen?! Ich will dich erhören, will dich an der Hand nehmen und führen. Wer von euch, oh, mein Volk, wer ist so weise, mich zu verstehen? Wer ist so klug, daß er das einsieht?'

Ja, wer ist so weise, so klug... Und: Wer ist willens? Denn die Wahrheit schmeckt wie bittere Arznei, welche die Israels lieber meiden, als gesund zu werden. Das weiß auch Hosea, den der König kurz darauf mit Auftrittsverbot belegt. Weil die Wahrheit meistens obdachlos ist.

171

KONJUNKTUR IN PROPHETIE

2 Chronik 26; Jesaja 6

Nun soll mal keiner denken, nur im Nordreich Israel geben die Propheten Sturmwarnung! Auch im Südreich Juda hat der GROSSE BOSS seine Parteiredner. Sie sind ebenfalls nicht zahm im Umgang mit Abtrünnigen. Usia kann ein Lied davon singen; das heißt, er könnte, wenn er nicht vorher stürbe.

Nach der Ermordung seines Vaters Amazja wird Usia mit sechzehn Jahren zum König von Juda gewachst. Der hübsche und patente Bursche bekennt sich echt zum GROSSEN BOSS. Leider wird er mit der Zeit ein wenig zu selbstherrlich. So will er höchstderopersönlich im Tempel das Räucherpfännchen schwenken, was allein den Priestern vorbehalten ist. Prompt kriegt der Pfännchenschwenker den Aussatz und wird im Pesthaus auf Isolierstation gebracht. Dort siecht er dahin, statt weiterhin zu siegen. Dabei hat er das erste Geschütz erfunden: eine gewaltige Steinschleuder. Die schmeißt vielleicht Ottos durch die Gegend! Wenn sie schmeißt.

Zweiundfünfzig Jahre regiert Usia, dann stirbt er. War ja auch zuletzt nur noch 'ne Schinderei: Immer alles per Fernsprecher — aus dem Fenster auf den Hof — oder schriftlich.

Im gleichen Jahr bläst der GROSSE BOSS einem nicht unvermögenden, sehr gebildeten und literarisch ambitionierten jungen Mann die Gabe der Weissagung ein. Er ist verheiratet und hat zwei Söhnchen. Sein Name: Jesaja.

Stell dir vor, Liebling, ich habe den GROSSEN BOSS gesehen! Mit diesen Worten stürmt er mitten in der Nacht ins Schlafzimmer. *Ich komme direkt aus dem Tempel. Dort saß er auf dem Thron, und der Saum seines Mantels reichte bis in die letzte Ecke. Um ihn herum standen seine besten Mitarbeiter; alle sehr jung, alle sehr hübsch und samt und sonders schick gekleidet. Pelerinen und so. Kamelhaarmäntel mit Fledermausärmeln.*

Die Boys riefen laut und fröhlich: ,Heilig, heilig, heilig ist der GROSSE BOSS! Jeder rühmt ihn, alle Welt ist von ihm begeistert!' Sie machten einen solchen Krach, daß die Türen in den Angeln klirrten.

Plötzlich war der ganze Tempel voll Rauch; da erst kam mir das Ungeheuerliche zu Bewußtsein: Ich s a h den GROSSEN BOSS! Verzweifelt rief ich aus: ,Weh mir, jetzt ist Ultimo für mich! Ich bin nur ein schäbiger Mensch unter schäbigen Menschen und sehe den GROSSEN BOSS mit meinen schäbigen Augen!'

Auf einen Wink des GROSSEN BOSSES nahm einer seiner etwas älteren Berater mit einer Zange eine glühende Holzkohle vom Altar und berührte damit meine Lippen, ohne sie zu verbrennen. Gutgelaunt erklärte er mir: ,Damit ist deine Schuld getilgt. Bei uns ist alles anders. Wir löschen zum Beispiel mit Feuer.'

Ein paar Sekunden später schnappte ich eine Frage des GROSSEN BOSSES auf, die er an seine Mitarbeiter richtete: ,Ich brauche einen zuverlässigen Boten. Wen soll ich eurer Meinung nach senden?'

Zugegeben, ich war vielleicht ein bißchen vorlaut, aber ich rief zum Thron hinüber: ,Sende mich! Auf mich ist Verlaß!'

Der GROSSE BOSS schaute mich einen Moment nachdenklich an. Dann sagte er: ,Gemacht, Jesaja!

Geh und verkünde deinem Volk: Hören sollt ihr und nichts verstehen. Sehen sollt ihr und nichts erkennen. — Hast du das verstanden?' ,Ja', sagte ich, ,verstanden schon, aber nicht begriffen!'
,Ganz einfach', antwortete der GROSSE BOSS, ,du wirst das Herz dieses Volkes derart verhärten, bis es einen gefühllosen Stein in der Brust hat. Sie sollen, nein, sie dürfen nicht sehen, nicht hören, weder begreifen noch erkennen, was sich über ihnen zusammenbraut. Sie könnten sonst wieder genesen.'
,Und wie lange, wenn mir die Frage gestattet ist, soll ich tauben Ohren predigen? Ich meine, die Leute in dieser Weise bearbeiten?' erkundige ich mich diskret.
,Bis ihre Städte verödet und zerstört sind und ihre Äcker brachliegen wie die Wüste Negev. Ich will nämlich das Volk in die Verbannung schicken. Zwar noch nicht morgen, auch noch nicht übermorgen, aber mit Gewißheit. Ich werde sie des Landes verweisen. Und sollte beim erstenmal vielleicht noch der zehnte Teil darin bleiben, dann werde ich es halt ein zweitesmal verwüsten. Doch so wie beim abgesägten Baum immer ein Stubben zurückbleibt, so wird auch von diesem Volk Israel die Wurzel übrigbleiben. Die soll dann mal neue Triebe hervorbringen.'
,Okay, BOSS!' habe ich noch sagen können, dann qualmte es wieder kolossal und roch auch penetrant nach Weih.

Was ist Weih? fragt Frau Jesaja. *Und warum kommst du erst mitten in der Nacht heim?*

Weil immer nachts geweiht wird. Heißt ja auch so. Jedenfalls mußte ich mich durch die duftenden Rauchschwaden tasten. Naja, und da bin ich also wieder. Darf ich mich vorstellen? Jesaja, Prophet!

Der Geweihte strahlt vor Begeisterung. Auf die verständliche Frage seiner Frau, ob die erstaunliche Stellung auch was einbringe, kann er ebenso verständlich abwinken. *Wie du weißt, bin ich nicht unvermögend, daher auch nicht anfällig für Bestechung. Ich betrachte meine neue Aufgabe als eine Mission.*

— 485 —

Da wirst du noch viel Ärger haben, Herr Missio-
nar! Wenn du den Jerusalemern die Augen zuklebst,
wird uns die bessere Gesellschaft bald meiden!

Prophetenlos, Liebling! Die Wahrheit hat ein
schönes Gesicht, aber das Volk sieht immer nur die
Lumpen, in denen sie einherschreitet.

Was in dieser Nacht noch alles zwischen den Ehe-
leuten gesprochen wird, ist nicht übermittelt. Nur
daß Jesaja als erstes bei einem Sprachlehrer Pri-
vatunterricht in wohltönender Rede nimmt und an
seinem neuen Image zu basteln beginnt. Das Talent
nämlich ist fleißig und arbeitet; das Genie aber
schuftet und schafft. Wir werden uns bald davon
überzeugen können.

172

KURZGEFASSTE KÖNIGE

2 Könige 15

König Jerobeam II. − vom Nordreich Israel −
wird von seinem Sohn Zacharias-Sacharja abgelöst. Der wandelt sechs Monate miß und wird von
einem gewissen Schallum erschlagen.

Schallum − der Verschwörer − regiert sage und
schreibe einen Monat lang in Samaria, dann schlägt
Menahem ihn tot. Bei der Gelegenheit schlitzt er
auch gleich einer Menge Schwangerer die gesegneten Bäuche auf.

Menahem − der Schlitzer − schafft es immerhin,
zehn Jahre lang als König über Israel kommandie-
ren zu können. Dabei wandelt er − igitt! Im übrigen paktiert er nicht ohne Geschick. Als König Pul
von Assyrien im Nordreich einmarschiert, verehrt
er ihm schnell tausend Zentner Silber und erkauft
sich damit dessen Wohlwollen. Außerdem belegt er
die israelitische Oberschicht, die Kapitalisten, mit
einer Kopfsteuer von 150 Goldstücken. Auch dieses
Geld fließt in König Puls Pool, der daraufhin, ohne
was kaputtgemacht zu haben, wieder heimmar-
schiert.

Nach Menahems natürlichem Ableben wird sein Sohn Pekaja König von Israel. Er tut zwei Jahre, was den GROSSEN BOSS verkrätzt und wird deshalb von seinem eigenen Adjutanten im Burgturm erschlagen.

Pekajas Meuchelmörder heißt fast wie sein Opfer, nämlich Peka. Ohne ‚ja'. Er ist zwanzig Jahre lang Israels König. Doch weil er sich nicht das Wohlwollen des Assyrerkönigs erkauft, bekommt er den Zorn Puls zu fühlen: Er nimmt ihm viele Städte und die ganze Provinz Naphthali weg. Samt Einwohnern.

Das Versagen des Israelkönigs ärgert wiederum einen Mann namens Osee, was man auch ‚Hosea' schreiben kann. Bedeuten tut's dasselbe, nämlich ‚Gerettet'. Besagter Osee macht sich, um auch mal König zu werden, zum Rädelsführer einer Protestbewegung. Er sagt zu Peka – dem ohne ‚ja' – nein und bringt ihn um. Mit assyrischer Duldung springt er breitbeinig in den Thronsattel. Ob er auch reiten kann, wird sich herausstellen.

Inzwischen werfen wir wieder einen Blick über die Mauer, rüber nach dem Südreich Juda. Hier wird ja ebenfalls Geschichte gemacht. Und Geschichten, waia! Aber – dort lebt auch Jesaja, ein glänzender Redner!

173

WO BLEIBT DAS POSITIVE, JESAJA

2 Könige 15, 16; 1 Chronik 27, 28
Jesaja 1–4

Im zweiten Regierungsjahr von Israelkönig Peka wird Jotham, Sohn des aussätzig gestorbenen Usia, in Jerusalem das judäische Königsshampoo aufs Haar geträufelt. Er bleibt sechzehn Jahre lang an der Macht und benutzt die Zeit, um kräftig im Sinne des GROSSEN BOSSES zu wandeln. Bloß die Höhenräucherer – siehe weiter vorn.

Da er — im Gegensatz zu seinem räucherpfänn-
chenschlenkernden Vater — im Tempel die Ordnung
nicht stört, kriegt er auch keinen Aussatz. Im Gegenteil: Umsatz! Er besiegt die Ammoniaker und
kassiert von ihnen einen saftigen Tribut. Davon
baut er Städte, Türme, Burgen und ein neues Tor
am Tempel des GROSSEN BOSSES. Trotzdem stirbt
er mit einundvierzig Jahren. Immerhin nicht durch
ein Messer zwischen den Rippen oder einen anderen
unfreundlichen Akt.

Nach Jotham wird sein zwanzigjähriger Sohn
Ahas König, der — zwecks Abwechslung — wieder
völlig aus der Art geschlagen ist. Das heißt, wie
man's nimmt! Er läßt den Baalen und Astarten neue
Denkmäler errichten und gibt dem verbotenen Kult
wieder eine Chance. Er ist sogar ein besonders
gründlicher Abgründler: Er führt das Menschen-
opfer wieder ein und geht mit schlechtem Beispiel
voran, indem er seine eigenen Söhne auf den Altären der Horrorgötzen verbrennt. Das stinkt derart
zum Himmel, daß der GROSSE BOSS das Fenster
schließt und seinen Propheten Jesaja zu erhöhtem
Eifer antreibt.

Der läßt ihn auch nicht im Stich. *Hört, ihr Himmel! Erde, horch auf!* beginnt er. *Herhören, Leute!
Der GROSSE BOSS spricht durch mich. ,Ich habe
viele Kinder großgezogen', klagt er, ,aber was tun
sie? Sie zeigen mir die kalte Schulter! Jeder Ochse
kennt seinen Herrn, jeder Esel die Krippe in seinem
Stall. Israel aber kennt gar nichts mehr. Nicht mal
mehr mich!'*

*Ihr Israels hier im Südreich Juda, hört mir gut
zu! Mögen meine Worte auch ins Nordreich hinauf
dringen; wir sind doch einer Zunge, nicht wahr?
Eurer Schätze ist kein Ende. Pferde habt ihr wie
Kutschen — Abgötter wie Rösser. Flieht in die Berge! Versteckt euch in Höhlen und Löchern, denn
gewaltig wird der Zorn unseres BOSSES sein! So
gräßlich wie seine Größe! Euer Hochmut wird gebeugt werden! Die Stolzesten unter euch werden am
tiefsten erniedrigt — am Tag des GROSSEN BOS-
SES, der so sicher kommen wird wie das Amen im*

gemiedenen Tempel! Stürzen wird das Erhabene, zerbrechen der Stolz! Groß nur werden dann sein die hohen Zedern, die Berge, die Türme und die Maste der Kauffahrteischiffe.

Höher aber noch als all dies wird er sein, der GROSSE BOSS, der euch in den Staub hinab demütigt. An jenem Tag der Flucht vor seinen Schrekken werdet ihr wegwerfen alle silbernen, goldenen Götzen, die Perlenmaskottchen und jedweden abgött'schen Tand, um die Hände freizuhaben, damit ihr euch Löcher wie die Maulwürfe wühlen und die Höhlen von Fledermäusen entrümpeln könnt!

Was ist der Mensch? Ein Hauch nur! Für was ist er zu achten, denn für gering? So gering! Das werdet ihr merken, wenn der GROSSE BOSS Stütze und Stab, Beistand und Rat und seine Zuneigung abzieht von Juda und Jerusalem! Wegnehmen wird allen Vorrat an Brot und Wasser! Wegnehmen eure Helden und Krieger, Richter und Minister, Offiziere und Hautevolee, Zauberer, Wahrsager, Beschwörer und Weise! Wegnehmen eure Propheten! Ja, auch die!

Und es werden Knaben zu Königen werden; Halbstarke werden euch beherrschen. Einer wird den anderen hetzen; jeder den Nachbarn. Dann ist jeder sich selbst der Nächste. Jugend pöbelt das Alter an, der Pöbel das Ehrbare. Wer einen Mantel hat, dem werdet ihr dienen wollen, ihm sagen: ,Nimm hin, diesen Trümmerhaufen! Er sei dein!' Da wird er euch höhnen: ,Bin ich ein Arzt? Macht euch doch selber gesund!'

Jerusalem, Juda! Mädchen und Frauen! So spricht der GROSSE BOSS: ,Weil ihr so stolz seid, ihr Töchter Jerusalems, so eitel und den Kopf so hoch tragt und dahertänzelt mit lüsternen Augen und feuchten Lippen — weil ihr trippelt und wippt mit Mini und Midi — mit den Fußspangen klirrt und den Kunstwimpern klimpert —, deshalb werde ich dafür sorgen, daß euer Lockenkopf kahl wird, geschoren zur Glatze!

Weg werden sie sein, eure zierlichen Schuhchen mit Schnallen aus Gold! Eure Stirnreifen, juwelen-

geschmückt! Armbänder, gleißend und kostbar! Weg, das baumelnde Ohrgehänge! Weg, all die Accessoires an den tief dekolletierten Kleidern! Nirgends ein Ring mehr am Finger; kein Kettchen am Fuß oder um eure Taille! Statt Gürteln aus Goldblech ein zerschlissener Baststrick! Fort werden sie sein, die Dessous aus Batist! Die Stolen aus Nerz! Die hauchdünnen Strümpfe! Kein Spiegel wird sich mehr finden, darin ihr eure Kahlköpfe sehen könntet! Aus wird es sein mit den orientalischen Parfums! Ihr werdet stinken statt duften! Säcke tragen statt Seide! Statt Lippenstift wird euch das Brandzeichen zieren, das euch zu Sklavinnen stempelt!

Und so wird es sein mit den Männern', spricht der GROSSE BOSS weiter: ,Fallen werden sie durch das Schwert. Da werden sich sieben Frauen an einen einzigen Mann hängen und bitten und betteln, daß er sie nähme: Wir wollen uns unseren Unterhalt selber verdienen, nur nimm uns, uns alle sieben! Gib uns deinen Namen und was dazu gehört, damit wir stolz sein und rufen können: Seht her, wir haben einen Mann!'

Bis hierher ist Jesaja gekommen, da sieht er seine eigene Frau unter den Versammelten; schöner denn je, geschmückter denn je, stolzer als jemals zuvor. Das bereitet ihm solches Unbehagen, daß er die Ansprache abbricht: *Kommt nächste Woche wieder; da erzähle ich euch die Geschichte vom unfruchtbaren Weinberg. Eine sauersüße Story!*

Haste nicht mal was Erfreuliches auf der Platte? keift eine Frau aus dem Hintergrund.

Wo bleibt das Positive, Herr Jesaja? ruft ein Belesener...

An diesem Tag wundern sich viele Geschäftsleute in Jerusalem, besonders die Inhaber von Drogerien und Kosmetikläden: Binnen einer Stunde sind sämtliche Parfums und Spiegel ausverkauft. Wie die Heuschrecken fallen die Schönen und weniger Schönen der Stadt drüber her. So eitel sind Heuschrecken.

174

DIE GESCHICHTE VOM RACHENPUTZER
Jesaja 5, 7, 8, 10

Kommt nächste Woche wieder, hat Jesaja gesagt. Nicht ohne guten Grund. Heute nämlich wird das Fest des obstreichen Herbstes gefeiert, bei dem fleißig gebechert wird. Darauf stimmt Jesaja seine Rede ab. Er spricht vom vielen Trinken, doch auch vom großen Durste und bettet das Ganze geschickt in eine tadelnde Story ein. Fröhlich beginnt er: *Meine lieben Festteilnehmer! Heut will ich euch singen von meinem Freund, singen von seinem Weinberg! Ist nicht auch Anlaß zur Freude? War die Ernte nicht prächtig? Also hört zu...*

Mein Freund hatte auf einem Hang mit guter Erde einen Weinberg in herrlicher Lage. Nicht allzuviel Sonne, nicht zuwenig freilich und aller Voraussicht nach bestens geeignet für einen Tropfen von internationaler Qualität. Zu diesem Zweck grub mein Freund als erstes den ganzen Wingert tüchtig um und las jeden Stein einzeln aus der Erde. Dann pflanzte er die edelsten Reben, die auf dem Weltmarkt der Winzer zu haben waren. Dazu baute er eine Laube und eine Kelter auf dem Gelände und wartete, daß die Weinernte gut werde.

Um es kurz zu machen: Die Ernte wurde miserabel! Ganz katastrophal! — Nun frage ich euch, was hätte er denn noch mehr tun können, als was er getan hatte? Deshalb will auch mein Freund seinen Weinberg nicht mehr bearbeiten; nicht mehr die Reben beschneiden; nicht mal regnen soll's über seinem Weinberg, denn Disteln und Dornen wachsen ja auch so.

Blöde Geschichte, denkt ihr? Dann will ich euch sagen, wer mein Freund ist: der GROSSE BOSS! Und sein Weinberg — ist das Haus Israel! Und die Reben, an denen das Herz meines Freundes hing, das seid ihr, ihr Frauen, Mädchen und Männer von Juda! Der GROSSE BOSS wartete auf köstliche Trauben und fand murklige, vertrocknete Beeren an seinen Rebstöcken! Statt süßen Wein miesen Wein! Statt Gerechtigkeit Schlechtigkeit!

Die Geschichte vom Rachenputzer diente Jesaja sozusagen als fabel-hafter Aufhänger. Jetzt geht er in die besagte Medias vom alten Res, soll heißen, nun steigt er in die Vollen. Er wettert los:

Wehe den nimmersatten Immobilienhamstern! Haus um Haus reißen sie sich unter den Nagel! Große Wohnblocks, ja ganze Straßenzüge ergaunern sie sich. Wehe den Grundstücksmaklern! Acker um Acker raffen sie an sich! Wiese um Wiese! Bis kein Raum mehr da ist für den sozialen Wohnungsbau, weil wenige allen Grund und Boden besitzen. In meinen Ohren gellt die Stimme des GROSSEN BOS-SES: ,Die riesigen Wohnmaschinen werden veröden, die Luxusbungalows mit Park und Pool leerstehen! Zweieinhalb Hektar Weinberg werden nur einen Eimer sauren Krätzer ergeben, zehn Sack Saatgut nur einen Sack Frucht!'

Wehe den Saufeulen, die frühmorgens schon zur Schnapsflasche greifen und munter zwitschern bis tief in die Nacht! Die mit glasigen Augen und voll wie zehntausend Mann mit schwerer Zunge und heulendem Elend die albernen Schnulzen der Musikbox lallen und nicht achten auf die Taten des GROSSEN BOSSES! Dabei müßten sie diese doch doppelt sehen! Aber sie blicken ins Glas, ob nur da noch was drin ist.

Wehe denen, die das Unrecht herbeiziehen an Stricken der Lüge, das Verbrechen mit Wagensei-len! Weh ihnen, die das Böse gut und das Gute böse nennen! Die aus sauer süß und aus süß sauer ma-chen und dazu lachen: ,Soll der GROSSE BOSS doch kommen und uns zeigen, was er mit uns vor-hat! Ist doch alles Gewäsch, was der Jesaja da pro-phezeit!'

Weh euch, die ihr euch für weise und klug haltet! Das Unheil wird kommen aus der Ferne; was wollt ihr dann tun? Wie wollt ihr dem Sturm entgegen-treten? Wohin wollt ihr fliehen? Wen um Hilfe bit-ten? Wo wollt ihr eure Schätze verstecken? Ihr könnt kein Grundstück, kein Haus könnt ihr mit-

nehmen! Wer sich nicht gefangen gibt, wird erschlagen werden! Wie Kehricht werden die Leichen sich auf den Straßen türmen!

Der GROSSE BOSS wird euch ein Fest bereiten, doch keines wie dieses heute: Ein Fest in Blut, wie es noch nie eines gab seit der Zeit, als sich Juda und Israel zu zwei unabhängigen Staaten erklärten! Er wird die Fliege herbeipfeifen vom Nil in Ägypten und die Biene aus Assyrien. Sie werden heraufbrummen, heruntersummen und sich niederlassen, wo es ihnen grad gefällt. Keiner der Feinde wird müde sein oder schwach! Keiner verschlafen oder schlecht gerüstet! Ihre Pfeile sind spitz — ihre Bogen tragen weit — die Hufe ihrer Pferde sind hart wie Eisen — und die Räder ihrer Kübelwagen werden sich drehen wie der Wirbelwind! Brüllen werden sie wie der Löwe! Zuschlagen wie der Adler! Und ihren Raub davontragen, ehe einer sich retten kann!

Was glaubt ihr, weshalb ich meinen ersten Sohn ,Raube-bald; eile-Beute' genannt habe? Weil es der GROSSE BOSS mir so gebot. Noch ehe der Junge Papa und Mama sagen kann, wird der König von Assyrien die Macht von Damaskus und die Beute aus Samaria wegnehmen. Doch gebot mir der BOSS auch, daß ich den zweiten Sohn ,Ein-Rest-bekehrt-sich' heißen soll, der wenigen wegen, die noch zur Besinnung kommen werden, ehe der Feind uns überflutet.

Mit diesem Schlenker ins Privatleben beendet Jesaja seine Drohrede. Es klingt wie Hohn, als er seinen leicht verstörten Zuhörern noch freundlich hinterherruft: *Nun feiert mal schön! Sauft, daß die Schwarte kracht! Das rote Wochenende kommt bestimmt!*

Still gehen viele in ihre Häuser zurück. Dafür bechern die Renitenten um so fleißiger. Das gleicht sich wieder aus. Für die Wirte jedenfalls, die den Weinpreis schnell ein bißchen erhöhen, weil ja nach Jesajas Rebstockstory ein guter Tropfen Mangelware wurde. Nun, was ein rechter Zecher ist, der zahlt ohnehin jede Zechine.

175

RAUSSCHMISS EINES TREUEN MIETERS

2 Könige 16; 2 Chronik 27, 28; Jesaja 7

Die in den Wind geschlagene Warnung Jesajas wirft schon bald ihre Schatten voraus: Rezin, der neue König von Damaskus, erscheint mit seinen Truppen in Jerusalems nächster Umgebung. Aber nicht allein: Er hat sich mit dem König von Israel − dem Meuchler Peka − zusammengetan und zieht mit ihm gemeinsam gegen die Davidsstadt.

Eines Tages melden judäische Handelsvertreter dem König Ahas, sie hätten nördlich der Stadt große Truppenansammlungen ausgemacht. *In der Mehrzahl scheinen es Syrer zu sein, Majestät, aber wir erkannten auch unseresgleichen darunter: Israels aus Israel, dem Nordreich!* Da fängt Ahas' Herz vor Furcht an wie wild zu klopfen, und die Cognacpumpen der Bevölkerung blubbern nicht minder. Aus demselben Grund und ohnehin schon.

In dieser Situation empfängt Prophet Jesaja ein Kabel direkt vom GROSSEN BOSS: ‚Los, Jesaja, mach dich auf die Fußsohlen! Geh raus vor die Stadt, rauf zum Acker des Lederwalkers. An der Wasserleitung beim Teich steht König Ahas und zittert. Kannst ja deinen Sohn Ein-Rest-bekehrt-sich mitnehmen.'

In Ordnung, BOSS! antwortet Jesaja fernmündlich, als er den GROSSEN BOSS endlich an der Strippe hat. *Und was soll ich auf dem Acker beim Zitterkönig?*

Sag ihm, daß er sich zurückhalten und mucksmäuschenstill sein soll. Er braucht sich vor den beiden Brandfackeln nicht zu fürchten. Sie qualmen nur noch und werden Jerusalem nicht erobern.

Ob er mir das glaubt? zweifelt Jesaja, der den Pessimismus seines Königs kennt.

Sag ihm, ich will seinen Feinden einen Strich durch die Rechnung machen. So wie Damaskus nur die Hauptstadt von Syrien ist, soll Rezin nur König von Damaskus sein. Erst in fünfundsechzig Jahren

*wird es ganz aus sein mit Israel. Glaubt Ahas nicht,
bleibt Ahas nicht! Das bestell dem König draußen
an der Wasserleitung beim Teich auf dem Acker des
Lederwalkers.*

Jesaja marschiert mit seinem Bübchen sogleich zu
der Wasserleitung beim Teich auf dem Acker des
Lederwalkers, teilt dem Bibberking von Juda die
Botschaft des GROSSEN BOSSES mit und fügt hinzu: *Wenn du willst, kannst du dir ein Zeichen von
ihm erbitten.*

König Ahas schüttelt heftig den Kopf. *Um alles in
der Welt, nur das nicht! Das hieße ja, den GROSSEN
BOSS versuchen!*

Unmutig brummt Jesaja: *Reicht es dir nicht, daß
du deine Untertanen mit deinem Geschwätz er-
müdest? Mußt du auch noch unserem BOSS den
Nerv töten? Trotzdem wird er dir — freiwillig! —
ein Zeichen geben. Dieses nämlich: Eine Jungfrau
wird schwanger. Sie wird einen Sohn bekommen
und ihn ‚Gott-mit-uns' nennen, Immanuel also.
Butter wird er essen und Honig auf der Schrippe,
bis er weiß, Gutes vom Bösen zu unterscheiden und
das eine zu verwerfen, um das andere zu erwählen.
Aber bis er das begriffen hat, wird die Gegend verödet sein, vor dessen beiden Königen dir momentan
so graut.*

Ahas schaut Jesaja etwas dümmlich an; das ist
ihm zu hoch. Was für 'ne Jungfrau? Da soll doch!
Welcher Immanuel? Wenn diese Propheten bloß
nicht immer so verblasen daherreden würden!

Er regt sich schnell wieder ab, als Rezin von Damaskus und Peka von Samaria die Finger von Jerusalem lassen. Dafür erobern sie die Stadt Elath
und verauktionieren sie gleich an die Leute von
Edom weiter. Bei den Kämpfen fallen 120 000 judäische Soldaten. 200 000 Gefangene werden von König Peka nach Samaria verfrachtet. Flotte Jungs,
hübsche Maiden, junge Frauen. Und unheimlich viel
Beute.

Der Gefangenentreck erreicht Samaria nie. Das
liegt an Herrn Oded, der gerade der maßgebende
Prophet von Israel ist. Er reist dem siegreichen Kö-

nig entgegen und redet ihm ins Gewissen: *Der GROSSE BOSS hat zwar 'ne Wut auf das Südreich, auf Juda; deshalb hat er dich siegen lassen. Aber die Art, wie ihr die Soldaten niedergemetzelt habt, schreit zum Himmel, Majestät!*

Und jetzt kommst du auch noch mit den Gefangenen an, unter denen ich nicht einen einzigen Soldaten entdecken kann. Willst du die Zivilisten etwa zu Sklaven machen? Da kann ich dich nur warnen! Das wird dem GROSSEN BOSS garantiert nicht gefallen. Jetzt machst du dich verdammt schuldig, König Peka! Es sind immerhin Menschen unseres Blutes, auch wenn wir eine geteilte Nation sind. Schick sie lieber wieder zurück. Ich rate dir gut!

Die Standpauke des Propheten löst ein langes Palaver aus, bis eine Abstimmung der Oberen und Ältesten Israels ergibt, daß man dem latenten Zorn des GROSSEN BOSSES auf die Nordreichsangehörigen keine neue Nahrung bieten will.

Von einem Extrem ins andere: Jetzt werden die Gefangenen reichlich aus dem Beutegut versorgt und bekommen Klamotten, Freßpakete und Vaseline auf die wundgelaufenen Füße. Wer gar nicht gehen kann, wird auf einen Esel gesetzt. Reich beschenkt werden die 200 000 bis ans Weichbild der Palmenstadt Jericho zurückgebracht.

Inzwischen ist ihr Südkönig Ahas nicht untätig. Er packt an Gold und Silber zusammen, was irgendwie entbehrlich ist, und schickt mit diesen Geschenken Unterhändler zu König Pul nach Assyrien. *Hilf mir gegen den König von Damaskus, Kollege Pul! Und gegen den Peka bitte auch gleich!*

Pul prüft den Wert der Geschenke und sagt zu den Unterhändlern: *Geritzt! Der Damaszener König liegt mir sowieso schon lange im Magen!* Kurz darauf rückt er mit seiner Armee in Damaskus ein und beseitigt den Syrerkönig Rezin, indem er ihn hinrichtet.

Zur Siegesfeier des Assyrers Pul trifft auch Ahas in Damaskus ein. Er gratuliert und bedankt sich. *Du mußt einen Klassegott haben!* vermutet er. *Kann ich den mal sehen?*

Der König von Juda kann. Er bewundert den Sieg-
bringer und macht heimlich eine Zeichnung von der
Figur. Auch mißt er den Altar aus und notiert sich
sämtliche Einzelheiten. So kommt es, daß alsbald
ein fremder Gott im Tempel des GROSSEN BOS-
SES in Jerusalem Einzug hält; eine naturgetreue
Kopie des unnatürlichen Götzen von Damaskus.
Wenn man ihm nun noch tüchtig opferte, mußte
man zwangsläufig immerzu siegen.

Im Rahmen der Umorientierung des Tempels wird
eine Menge baulicher Veränderungen vorgenommen. Was nicht mehr gebraucht wird, fliegt raus.
Soll sich der GROSSE BOSS doch 'ne neue Bleibe
suchen!

176

FERTIGMACHEN ZUM UNTERGANG (1)

2 Könige 17; Jesaja 9

Während sich im Südreich Juda der König Ahas
dem Assyrerkönig Pul sozusagen unterwirft
und ihm Tribut zahlt, damit er ihn in Ruhe läßt, verliert der Israelkönig Peka nach einem Krach mit Pul
den größten Teil seines Nordreiches an diesen. Außer
dem Ephraimgebirge mit Samaria wird das ganze
Land eine assyrische Provinz. Peka muß furchtbar
berappen.

Das Ereignis schlägt Wellen bis rüber nach Judaland. Oder runter oder daneben. Ist ja bloß ein paar
Schattenlängen entfernt, die Brudernation, mit der
man sich seit Jahrhunderten zankt. Aber nun, wo
ein Dritter sich einmischt und absahnt, schlägt die
Stimmung um. Was fiel diesem dreckigen Assyrer
eigentlich ein? Empörend!

Das denkt auch Jesaja in Jerusalem und benutzt
den Vorfall als Stoff für seine weiteren Sturmwar-
nungen. *Der GROSSE BOSS hat sich gegen Israel
entschieden!* kommentiert er. *Nun gut; sie waren ja
auch reichlich arrogant, die Brüder in der Nordzone.*

‚Ziegel sind zerbrochen?' haben sie gesagt, ‚nehmen wir eben Quader zum Bauen! Maulbeerbäume hat man abgehackt? Pflanzen wir Zedern statt ihrer!'
Doch noch zuckt der Leichnam Israel, darum wird der GROSSE BOSS abermals drüber herkommen und Kopf und Schwanz, Stumpf und Stiel absäbeln an einem einzigen Tag. Deshalb hört mir zu, Männer! Merkt auf, Frauen! Damit es euch nicht genauso ergeht...

Warum spricht er soviel, wo er doch weiß, daß alles eine beschlossene Sache ist? Es geht seinen Gang; alles geht seinen Gang; seinen Untergang!

Im Nordreich Israel bringt ein gewisser Osee – wie schon erwähnt, ist auch ‚Hosea' richtig – den König Peka um. Als dessen Nachfolger findet er alles falsch, was sein Vorgänger gemacht hat. Besonders die Tributzahlungen an den Assyrerkönig hält er für überflüssig. Fleißig falschen Götzen anhangend, erdreistet er sich, an Assyrien keinen Sechser mehr zu zahlen.

Inzwischen aber ist dort Herr Salmanasser an die Macht gekommen – Pul wurde abserviert –, und der neue König hat eine Menge dagegen, daß man ihn nicht hofiert, respektiert und honoriert. Als er zu allem Überfluß auch noch erfahren muß, daß König Osee Boten zum ägyptischen Pharao zwecks Waffenhilfe geschickt hat, fährt er aus der Haut beziehungsweise mit seinem Heer nach Samaria.

Allerdings benötigt er drei Jahre, um es zu erobern. Aber das schadet nichts; der GROSSE BOSS hat den Entschluß, das Nordreich Israel gänzlich aufzulösen, nicht erst gestern gefaßt. Die Suppe kocht schon Jahrhunderte. Nun ist es soweit: Salmanasser räumt außerordentlich gründlich auf. Fast sämtliche Einwohner Samarias werden – wie die meisten Einflußreichen schon vorher – in assyrische Gefangenschaft getrieben. Er ist der erste Umsiedlungsstratege von radikaler Entschlossenheit.

Die Israels werden in Assyrien angesiedelt, das später babylonisch wird. Die leeren Städte und Dörfer in ganz Samarialand werden mit Assyrern bevölkert. Sie stellen einen Haufen Götzen neben den bereits vorhandenen Haufen Götzen und kuddeln und muddeln sich was zurecht. Bis sie später mal Samariter heißen.

Doch zurück zur Gegenwart. Sie ist abscheulich endgültig für das Nordreich Israel: Es hat aufgehört zu existieren...

177

TEILT DAS LETZTE HEMD

Apokryphen: Tobias 1

Unter den von Assyrerkönig Salmanasser deportierten Israels ist auch Vater Tobias. Seine Frau heißt Hanna, sein Sohn ist Tobias junior. Schon im Nordreich ist er ein braver, BOSSESfürchtiger Mann gewesen, der nie zu den goldenen Kälbern gebetet hat, sondern lieber bis nach Jerusalem gestiefelt ist. Wobei das geprahlt ist, denn er hatte gar keine Stiefel: Er war nämlich arm. Trotzdem teilte er sein letztes Stück Brot mit den Hungrigen.

Dasselbe tut er auch in Ninive, dem Ort seiner Verbannung. Alles teilt er mit seinen Mitgefangenen, nicht nur Leid und Elend; auch die Brotkruste. Er tröstet die Verzweifelten und hat doch selbst furchtbares Heimweh. Er spricht von der Güte des GROSSEN BOSSES, wiewohl es näher läge, an ihr zu zweifeln.

Sein Ruf – der Ruf, ein rechter Tobias zu sein – dringt bis zum König. Dieser achtet Charakterfestigkeit über alle Maßen und erlaubt deshalb dem redlichen Gefangenen, sich überall frei zu bewegen. Außerdem schenkt er ihm einen Tausender. Er hat's ja. Tobias hat's nicht; jetzt hat er's. Doch er hat's nicht lange!

In der Stadt Rages trifft er einen Stammesangehörigen, einen Naphthaliner also, der noch ärmer ist als er. Deshalb leiht er ihm den Tausender – nicht etwa nur die Hälfte – und bekommt einen Schuldschein. Dafür kann Tobias sich zwar nichts

— 499 —

kaufen, aber er fühlt sich hübsch an in der Brusttasche; der Schein vom Schuldner Gabael.

Wie Gutsein sich mitunter auszahlt! Als Tobias seiner Frau vom verborgten Geld erzählt, fängt sie an zu spinnen. Das ist wörtlich zu nehmen: Tagsüber spinnt sie, nachts webt sie bezaubernde Kopftücher und Schals mit kunstvollen Mustern. Bald gehört es bei den eitlen Assyrerinnen zum guten Ton, eine Hanna-Kreation zu tragen. Frau Tobias kann kaum noch die Bestellungen der Boutiquen in Ninive erfüllen, ihr Mann aber einen kleinen Hof mit Vieh und Äckern erwerben. Und einen besseren Webstuhl natürlich! War immer gut, wenn die Frau was zuverdiente.

Bis hierher wäre die Geschichte vom braven Tobias ziemlich alltäglich; einer hat Glück, was soll's! Aber dann stirbt Salmanasser, und sein Sohn Sanherib kommt an die Macht. Er kann die Israels auf den Tod nicht leiden! Wo er nur kann, schikaniert und piesackt er die umgesiedelten Krummnasen. Dadurch bekommt Tobias wieder alle Hände voll zu tun. Täglich besucht er die gequälten Heimatvertriebenen in ihren Camps und tröstet sie; bringt ihnen Eßwaren und Anziehsachen. Außerdem tut er etwas streng Verbotenes: Er begräbt ihre Toten.

Bei dieser Beschäftigung überlassen wir Tobias vorübergehend seinem Schicksal und kümmern uns inzwischen mal wieder um das Südreich Juda. Hannas Volkskunst ist ja nicht nur im Ex-Reich Israel gewachsen; daran haben schon die Ehefrauen der Jakobsöhne geknüpft, von denen einer Juda hieß.

178

KINDER, WERDEN DAS ZEITEN

Jesaja 9—12

Nach dem endgültigen Fall des Nordreichs kämpft Jesaja einen heldenhaften — vergeblichen — Kampf um die Seele des Volkes von Juda. Doch weiß er auch Trost für die fernsten Generationen; er ist schließlich Prophet: ,Weh dir, Assyrien!' spricht der GROSSE BOSS. ,Du bist nur die Peitsche meines Zornes; Werkzeug meiner Wut. Ich laß dich nur auf mein abtrünniges Volk los, weil ich ihm zürne. Berauben sollst du's, ausplündern und zertreten wie Dreck auf der Gasse!' Und die Assyrer denken bestimmt: Sollten wir nicht Jerusalem und Judaland das gleiche tun wie Samaria und Israel? So wird es also geschehen.

Aber wenn der GROSSE BOSS sein Zerstörungswerk beendet hat, wenn alles eingetreten ist, was ich euch seit Jahr und Tag weissage, dann wird der GROSSE BOSS sprechen: ,Jetzt ist Assyrien an der Reihe! Jetzt werde ich den hochmütigen König heimsuchen, der zu sagen wagte, er habe durch seine Kraft und Klugheit die Länder erobert und die Bevölkerung zu Boden gestampft. Der sich erdreistete zu behaupten, er habe den Reichtum der Völker eingesammelt, wie man Eier aus verlassenen Vogelnestern nimmt. Der da sagte, kein Flügel hätte sich geregt, kein Schnäbelchen gezirpt!'

Wie recht er hat, unser GROSSER BOSS! Seit wann vermag die Axt sich zu rühmen, sie sei es, die zuschlägt? Darf eine Säge prahlen, sie mache die Bretter? Das wär grad, als wenn der Knüppel den Polizisten herumwirbelte! Als ginge die Sonne nur auf, um den Hahn zu wecken! Deshalb wird der GROSSE BOSS unter die assyrischen Prahler die Auszehrung schicken, ihre Besitztümer anzünden, ihren Glanz und ihre Herrlichkeit zu Asche machen! Wälder und Gärten werden zunichte werden, bis zuletzt ein Abc-Schütze die Bäume des Landes zählen kann.

Zu dieser Zeit werden die Übriggebliebenen von Israel sich nicht mehr auf fremde Schönfärber verlassen. Sie werden sich zum GROSSEN BOSS bekehren. Zwar ist das Verderben ganz Israels beschlossene Sache, aber es bringt auch Fluten von Gerechtigkeit. Darum spricht der GROSSE BOSS: ,Geduld, mein Volk! Einmal wird meine Last von euren Schultern weichen, mein Joch von eurem Hals.

Dann werde ich die Geißel über eure Verderber schwingen wie in der Schlacht Midians an dem Rabenfelsen und der Wolfskelter. Jeden Stiefel, der mit knallenden Absätzen dahergeht, jeden Mantel, durch Blut geschleift, werde ich euch zur Freude verbrennen.

Und es wird ein kleiner Sproß keimen aus dem Stamm Isais, dem Enkel Ruths, der Ährenleserin. Ein Zweig aus seiner Wurzel wird gute Frucht bringen. Laut wird der Jubel sein und groß die Freude, wie man sich freut in der Ernte, wie man fröhlich ist beim Verteilen von Geschenken.'

So spricht der GROSSE BOSS durch meinen geringen Mund... Habt ihr das eigentlich mitgekriegt, Leute? Ein Kind soll uns irgendwann einmal geboren werden, ein Sohn, und alle Herrschaft auf seiner Schulter ruhn! Ein Wunder an Weisheit! Einer, der für Frieden sorgt! Ein gütiger Vater, gleich dem GROSSEN BOSS, und mächtig dazu! Der Juniorchef unseres allmächtigen BOSSES, wenn ihr so wollt. Denn auf dem Junior wird sein Geist ruhen, der Geist der Erkenntnis und der Einsicht. Nicht richten wird er dem Augenschein nach, nicht urteilen nach Hörensagen. Gerecht wird er sein; ein Freund aller Armen und Unterdrückten. Den richtigen Weg wird er nicht nur wissen, sondern auch die Kraft haben, ihn zu gehen.

Der Wolf wird das Lamm besuchen, der Panther beim Schafbock lagern. Bären werden zusammen mit den Kühen in Freundschaft leben. Der Löwe und das Kalb werden gemeinsam Rübenschnitzel fressen; ein Kind kann sie hüten. Der Säugling wird mit der Kreuzotter spielen, das Krabbelkind mit der Giftspinne. Alles Böse wird ein Ende haben, denn überall wird der GROSSE BOSS und jedermann nahe sein. Zu dieser Zeit werden eure Nachkommen dem GROSSEN BOSS danken und seine Weitsicht und die tausendjährige Planung preisen, die wir nicht zu erkennen vermögen, weil man sich, vom Dunkel kommend, erst ans Licht gewöhnen muß.

Unser tiefes Dunkel aber währet noch. Und noch und noch und nöcher und noch nöcher...

179

SAG MIR, WO DIE GÖTTER SIND

2 Könige 18; 2 Chronik 32

Sechs Jahre vor der Zeit, in der Jesaja seine prophetischen Sternstunden hat, stirbt König Ahas von Juda. Sein Nachfolger wird sein fünfundzwanzigjähriger Sohn Hiskia, der so manches Mal vom Palastfenster aus den Reden Jesajas gelauscht und viel darüber nachgedacht hat. Das zeigt sich sofort nach seiner Einfettung: Als erstes schmeißt er die Kopie des Damaszener Götzen aus dem Tempel. Er mistet den Saustall aus und hofft, daß der GROSSE BOSS wieder einzieht.

Als nächstes räumt er mit dem Brauch des geräucherten Höhenopfers auf und zerschlägt die eherne Schlange, die sich um einen Stab windet und seinerzeit von Mose gegen Schlangenbiß konstruiert wurde. Leichtfertigerweise ist das Ding zuletzt als Gott angequalmt worden. Alles, was Hiskia tut, ist im Sinne des GROSSEN BOSSES. Auch die mosaischen Gesetze hält er peinlich genau ein. Das muß ihm ja Glück bringen, oder?

Im Zuge seiner vielen Retro-Reformen steigt er auch gleich aus der Koalition mit dem König von Assyrien aus. Das Geld, den Tribut, konnte man sparen. Da erfährt er, daß Samarien als letzter israelitischer Landesteil für die Verbannung in Assyrien entvölkert wird. Allein Juda also besteht noch als Reich im Gelobten Land der Väter! Als er dazu noch Jesajas verheißungsschwere Ankündigung hört, wird sein Eifer, dem GROSSEN BOSS keinen Kummer zu machen, noch größer.

Trotzdem kann er nicht verhindern, daß man ihm an die Wäsche will. König Salmanasser von Assyrien wird von Sanherib abgelöst, wie wir bereits wissen. Ohne lange zu fackeln, besetzt er die meisten Städte in Juda.

Als er mit seinem Heer in Lachis lagert, erhält er aus Jerusalem eine Eildepesche von Hiskia mit folgendem Inhalt: ‚Gebe meine Schuld in Form von

Tributverweigerung zu. Erbitte Schonung und bin zu jeder Wiedergutmachung bereit. Hiskia.'

Sanherib grinst sich eins und fordert 300 Zentner Silber und 15 Doppelzentner Gold, die er auch bekommt, obwohl Hiskia gar nicht soviel Edelmetall hat. Er muß sogar das Goldblech, mit dem er die Tempeltüren hat überziehen lassen, wieder abmontieren. Wahrscheinlich kam der GROSSE BOSS sowieso durchs Fenster. Wenn er kam!

König Sanherib quittiert den Empfang der Wiedergutmachung, dann kratzt er sich auf dem Kopf und bedauert, nicht das Doppelte gefordert zu haben. Ob man Jerusalem nicht doch einen kleinen, zackigen Besuch abstattete?

Vielleicht würde er es tatsächlich tun, wenn ihm der Oberstabsarzt nicht das Auftreten einer merkwürdigen Krankheit melden würde. Unter den Soldaten ist eine Epidemie ausgebrochen; eine Art Ruhr. So hat es Hiskia von Juda einem Massendurchfall zu verdanken, daß er nicht sofort angegriffen wird.

Aber aufgeschoben ist nicht aufgehoben. Der ärgste Dünnschiß geht mal vorbei. Als die assyrischen Soldaten nicht mehr dauernd rennen müssen, gibt König Sanherib den Befehl zum Run auf Jerusalem. Späher melden Hiskia die ersten größeren Truppenbewegungen in Richtung Hauptstadt. Rasch läßt er die Wasserleitungen zudecken und sämtliche Brunnen mit Grasnarben tarnen, damit die Feinde nicht zu Guttemplern werden. Außerdem werden in rasender Eile die Löcher in der Stadtmauer ausgebessert und weitere Befestigungen gebastelt. Dann hält Hiskia eine kurze Ansprache an Volk und Wehr:

Mut, Männer und Frauen von Jerusalem! Mit uns ist ein Größerer als mit König Sanherib und seinen Scheißassyrern! Er will es mit der Gewalt des Armes schaffen; wir haben einen Verteidiger mit Geist: unseren GROSSEN BOSS! Deshalb verliert den Mut nicht, Leute!

Während die Jerusalemer voller Vertrauen auf überirdische Hilfe den Feind erwarten, erreichen Sanheribs Truppen die Stadt. Sie lagern neben der

Wasserleitung am Teich auf dem Acker des Lederwalkers und entdecken prompt die Erfrischungs-
rinne. Dann wird König Hiskia durch einen Parlamentär aufgefordert, einen Parlamentär zu schicken.

Drei Mann hoch kommen sie aus dem Stadttor:
ein Minister, der Regierungssprecher und ein Proto-
kollant. Äußerlich sehr sicher, innerlich voller Bammel müssen sie sich vom Oberkommandierenden des
Assyrerheeres hohntriefende Worte anhören.

*Richtet eurem Hiskia folgende Botschaft unseres
großen Königs Sanherib aus: ,Worauf verläßt du
dich eigentlich, König Hiskia? Mit großen Worten ist
noch kein Krieg gewonnen worden. Wer soll dir
wohl helfen, jetzt wo du von mir abgefallen bist?
Die Ägypter vielleicht? Daß ich nicht lache. Ägypten
ist ein morscher Stecken. Wenn du dich darauf stützen willst, fällst du fürchterlich auf die Schnauze.*

*Oder verläßt du dich auf euren GROSSEN BOSS?
Der ist doch von deinem Vater exmittiert worden!
Meinst du, daß er das vergessen hat? Dann wäre er
ja Opportunist!*

*Ich gehe mit dir jede Wette ein, daß du nicht mal
genügend Reiter stellen kannst, wenn ich dir zweitausend Gäule meiner Kavallerie gebe! Wie willst
du also gewinnen? Glaubst du, ich bin ohne unseren
Gott losgezogen? Er hat mir gesagt, daß ich dich und
dein Land verwüsten soll!'*

Das Gespräch findet in der Nähe der Stadtmauer
statt. Neugierig lauschen die Soldaten Hiskias, was
den Parlamentären ziemlich peinlich ist. Deshalb
sagt der Pressesprecher der Monarchie zu dem Oberkommandierenden: *Könntest du nicht arabisch mit
uns sprechen? Die Männer auf der Stadtmauer
brauchen ja nicht alles zu hören, nicht wahr?!*

Aber der Heerführer bleibt bei Hebräisch. *Warum
denn? Dürfen eure Soldaten die Wahrheit nicht wissen? Wenn sie erst von ihren eigenen Exkrementen
leben müssen, ist es zu spät!*

Er hält seine Hände wie einen Trichter an den
Mund und wendet sich direkt an die Verteidiger auf
der Mauer: *Hört zu, Männer von Juda! Ich spreche
im Auftrag des unbezwingbaren Königs von Assy-*

rien! Wollt ihr euch von Hiskia weiter an der Nase
herumführen lassen? Er kann euch nicht retten!
Unser König ruft euch zu:
,Laßt euch von Hiskia nicht mit dämlichen Worten abspeisen und auf den GROSSEN BOSS ver-
trösten! Hat er dem Nordreich Israel geholfen? Warum also sollte er gerade euch, grad Jerusalem helfen?! Ich, der König von Assyrien, strecke euch
tapferen Soldaten Judas die Freundschaftshand entgegen! Hört nicht auf das Geschwafel eures Königs!
Er lügt, wenn er nur den Mund aufmacht!

Kommt heraus aus euren Mauern! Jeder soll von
seinem Weinstock und seinem Feigenbaum essen!
Trinken von seinem Brunnen! Bis ich euch in ein
Land führe, das eurem gleich ist. Wo es Brot und
Honig gibt und Wein, Weib und Gesang in Hülle
und Fülligkeit. Die Hiskias werden kommen und
gehen, aber ihr, Soldaten, aber das judäische Volk
bleibt!'

Der Oberkommandierende wartet vergeblich auf
Antwort. Die Verteidiger auf dem Befestigungswall
bleiben stumm, denn hinten unter ihnen stehen die
Beamten Hiskias mit verheißungsvollen Mienen. Da
hält man besser die Klappe.

180

DU SOLLST MICH NICHT
VERHOHNEPIPELN

2 Könige 19

Hiskia ist entsetzt. Er weiß, von König Sanherib
hat er keine Gnade zu erwarten. Wenn kein
Wunder geschah... Er schickt Boten zu dem Propheten Jesaja, der draußen im Villenviertel wohnt. *König Hiskia läßt dir sagen, heute sei ein Tag der
Schande, der Schmach und der Strafe. Der assyrische Heerführer habe den GROSSEN BOSS im Auftrag seines Königs verhöhnt bis dorthinaus, und
wenn der sich das gefallen ließe, wisse er sich kei-*

nen Rat mehr. Er bittet, du möchtest für uns beten, Jesaja.

Der weise Verkünder zieht sich für eine Weile in sein Studio zurück. Als er wiederkommt, strahlt er. *Ich habe gute Nachrichten für den König! Der GROSSE BOSS läßt ihm bestellen, er habe sehr wohl gehört, wie die assyrischen Hunde über ihn lästerten und werde deshalb dem Sanherib ein Gerücht zutragen lassen, daß er keine Zeit mehr für Hiskia habe. Anschließend werde er ihn in seinem eigenen Land hinterrücks ermorden lassen. – Richtet das dem König mit besten Grüßen aus. Salue!*

Tatsächlich wird Sanherib schon bald das Gerücht hinterbracht, die Äthiopier seien auf dem Kriegspfad. Bevor er ihnen entgegenzieht, schickt er noch rasch einen unflätigen Zettel an Hiskia: ,Sei nicht albern, Hiskia! Schiet auf Deinen verkalkten BOSS! Du weißt doch, wie wir Könige von Assyrien alle Länder verwüstet und entvölkert haben! Willst Du, daß es Dir genauso ergeht?'

Mit diesem Wisch marschiert Hiskia schnurstracks in den Tempel und legt ihn gut sichtbar auf den Altar, in der Hoffnung, daß der GROSSE BOSS ihn mit seinem Teleobjektiv lesen kann. Dann betet er:

Lieber GROSSER BOSS aller Königreiche dieser Welt, und wenn's noch andere Regierungsformen gibt, auch dieser! Himmel und Erde hast du erschaffen! Du kannst und darfst dir das nicht gefallen lassen! Lies, was der Kerl von König über dich geschrieben hat! Das ist direkt eine Blasphemie, ist das!

Natürlich ist es wahr, daß die Assyrer ganze Völker ausgerottet haben, GROSSER BOSS. Sie haben die Götter ihrer Feinde ins Feuer geworfen – jedenfalls soweit sie aus Holz waren –, und das schadet auch nichts. Man soll sich ja keine Abbilder machen von dem, woran man glaubt. Deshalb könnte dir das nie passieren. Ich flehe dich an, errette uns aus der Hand der Asozialen und -yrer, damit alle Königreiche der Welt – und wenn es noch andere Staatsformen gibt, auch sie – erkennen, wer der GROSSE BOSS ist. Daß du G o t t bist!

Jesaja, der Prophet mit Direktleitung nach oben, läßt Hiskia umgehend die Antwort des GROSSEN BOSSES auf sein Gebet zukommen: *Was du wegen König Sanherib zu mir gebetet hast, habe ich vernommen. Meine Meinung zu seinen Verhohnepipelungen und meine Antwort an ihn ist diese:*

‚Jerusalem verachtet dich, Sanherib, und spottet deiner! Wen hast du gelästert, über wen zu urteilen gewagt? Über einen, dem du nicht das Wasser reichen kannst! Wie hast du angegeben? Du seist mit deinem Wagen auf den Libanon raufgefahren? Du hättest die stolzen Zedern und Zypressen abgeholzt? Gegraben hast du nach Wasser in fremden Ländern und dich daran sattgetrunken? Du wolltest den Nil und alle Flüsse Ägyptens trockentrampeln?

Ach, du armseliger Gernegroß! Das alles habe ich vor vielen hundert Jahren schon vorbereitet! Von Anfang an ist alles, was du tust und noch tun wirst, von mir geplant. Ich weiß, wo du wohnst und kenne Beginn und Ende deiner Kriege. Doch tobe ruhig weiter wider mich. Ich werde dir einen Ring durch die Nase ziehen und dich an die Kette legen, wann immer ich lustig danach bin. Quer durchs Maul will ich dir einen Zaum legen und dich am kurzen Zügel in dein Land zurückbringen.'

Du aber, Hiskia, merke dir: Der König von Assyrien wird Jerusalem nicht betreten. Nicht mal einen Pfeil wird er hineinschießen. Ich will die Stadt beschirmen und erretten um meinetwillen und wegen meines alten Freundes David. Wenn er auch manche Zicken gemacht hat, er hat mir in Jerusalem 'ne Wohnung verschafft, nur daß sie ein anderer gebaut und bezahlt hat. Nebbich! − Schalom, Hiskia! Morgen ist der ganze Spuk vorbei!

In dieser Nacht − einen Tag vor ihrem Abmarsch in Richtung Äthiopien − erkranken 185 000 assyrische Soldaten schwer. Diesmal haben sie mehr als Darmkneifen: Ein Gerichtsvollzieher des GROSSEN BOSSES hat vorm Abendessen in sämtliche Gulaschkanonen Rattengift getan. Als König Sanherib morgens aus seinem Zelt tritt, wimmelt das ganze Lager von Leichen. Das heißt, sie wimmeln nicht, sie liegen hübsch still, starr und steif. Diszipliniert noch im Exitus.

Sanherib braucht weder einen Ring durch die Nase noch eine Kandare im Maul: Er läßt umgehend abrücken. Nach Hause, lautet die Parole. Zurück nach Ninive, wo wir vor etlichen Jahren den braven Tobias seinem Schicksal überlassen haben.

181

WO DIE SCHWALBE SCHMEISST

Apokryphen: Tobias 1—3

Als Sanherib nach Ninive zurückkommt, läßt er seine Wut über die verhängnis- und geheimnisvolle Niederlage an den deportierten Exilisraels aus. Er wütet unter ihnen, daß die Fetzen und die Leichen nur so fliegen und Tobias aus dem Grubengraben gar nicht mehr rauskommt.

Leider wird das dem König hinterbracht, der sich gerade über zwei seiner Söhne geärgert hat. Sie wollten mehr Taschengeld. Tobias kriegt gleich was vom königlichen Zorn ab: die Todesstrafe für unbefugtes Buddeln! Außerdem soll sein Höfchen mit Vieh, Acker und Webstühlen konfisziert werden. Glücklicherweise erfährt er rechtzeitig von dem Beschluß und flieht mit nichts auf dem Leib als seinem einzigen Anzug — und seiner Familie am Hals — zu Freunden, die ihn fürs erste verstecken.

Doch der GROSSE BOSS hat 'n Faible für den braven Tobias: In Ninive pilgert nach 45 Tagen König Sanherib in den Tempel seines Falschgottes Nisroch, um dem sein Leid zu klagen und um gut Wetter für einen feinen neuen Krieg zu bitten. Da stechen ihn seine beiden Söhne hinterrücks tot. Hätte er mal lieber ihr Taschengeld erhöht!

Tobias wagt sich wieder auf seinen kleinen Besitz, als wäre nichts gewesen und wird auch so behandelt, als wäre nichts gewesen, denn über den Fall ist noch gar keine Akte angelegt worden. An Pfingsten schickt er seinen Sohn los, ein paar Bekannte zum Essen einzuladen. Er mag nicht festeln, wenn andere hungerln.

Draußen auf der Straße liegt ein toter Mann, Papa! Erschlagen! Mit dieser frohen Pfingstbotschaft kehrt Jung Tobias ins Elternhaus zurück. Seufzend schiebt der Alte den Napf zurück und betätigt sich als Straßenfeger. Heimlich trägt er die Leiche in ein leerstehendes Haus. Dann geht er auf seinen Acker und gräbt die Süßlupinen zugunsten eines mannsgroßen Loches aus. Als er fertig ist, ist er es auch und es dunkel obendrein. Da trägt er den Toten zur Grube, legt ihn rein und schaufelt sie wieder zu.

Zu Hause sind die Gäste fleißig beim Maibowling. *Prost, Tobias!* ruft einer und drückt ihm ein Glas Bowle in die Hand. Dabei sieht er die schwarzen Trauerränder unter den Fingernägeln des trauernden Hausherrn. *Du hast doch nicht etwa —,* fragt er ahnungsvoll, *einen reingelegt, Tobias?*

Hätte ich ihn auf der Gasse vergammeln lassen sollen? Bei der Hitze?

Die Freunde wiegen besorgt die Köpfe. *Du bist verrückt!* murren sie. *Vor 'n paar Wochen biste erst vom König dafür zum Tod verurteilt worden; nu fängste schon wieder an!*

Tobias fürchtet den GROSSEN BOSS mehr als den König. Hatte der Prophet Amos nicht mal gesagt: ,Eure Feiertage sollen zu Trauertagen werden'? Deswegen buddelt er ein, wo er was zum Einbuddeln findet.

Eines Tages hat er besonders viele Löcher gegraben und Leute beigesetzt. Hundemüd kommt er heim und setzt sich an die Hauswand, um ein bißchen auszuruhen. Dabei schläft er ein.

Plötzlich fällt ihm etwas Heißes aufs Gesicht. Er blinzelt schlaftrunken, öffnet die Augen weit — und schreit auf. Das Heiße war Scheiße. Von einer Schwalbe, die oben an der Hauswand ihr Nest hat. Sie hat ihm auf die Augendeckel geschmeißt; durch sein Blinzeln ist der ätzende Schwalbenkot in seine Augen gedrungen. Tobias ist blind.

Grollt er nun: Murrt er? Verzagt er? Nichts von alldem! Er läßt sich lieber verhöhnen, als daß er am GROSSEN BOSS verzweifelt. *Da hast du den Dank für deine Totengräberei, für deine vielen milden Gaben! Ganz schön angeschissen biste!* sagen seine Freunde.

Tobias aber glaubt, irgendein Unrecht getan, eine Sünde begangen zu haben und wäre lieber tot. Um solches bittet er den GROSSEN BOSS; um ein alsbaldiges und möglichst sanftes Ableben.

Der BOSS aber hat mit ihm etwas anderes vor: Tobias und seine Geduld sollen in aller Welt — und in späteren Zeiten auch in heute noch unbekannten, unerforschten Galaxien — als Musterbeispiel für bestverzinsliches Gottvertrauen gepriesen werden.

182

BRAUTBETT BRICHT BRÄUTIGAME
Apokryphen: Tobias 3

A m gleichen Tag, an dem Tobias erblindet und den GROSSEN BOSS anfleht, ihn wegzunehmen von dieser Erde, bittet in einer anderen Stadt eine junge Frau um ebendasselbe. Sie heißt Zarah und möchte, daß er sie von ihrer Schmach erlöst oder zu sich ruft; so jedenfalls mag sie nicht länger leben.

Ist ja auch — ehrlich — kein schönes Leben, das die schöne Zarah inmitten schönen Oleanders verplempert. Siebenmal war sie verheiratet, siebenmal wurde sie Witwe und ist noch immer Jungfrau, denn leider endeten alle sieben Hochzeitsnächte für die jungen Ehemänner tödlich. Noch bevor sie eintauchen konnten ins große Glück, wurden sie dahingerafft. Vielleicht starben sie an Überarbeitung, vielleicht an akutem Gliederreißen — die Blamage für die Witwe bleibt dieselbe. Jetzt wagt sich keiner mehr ran. Die Junggesellen flüstern sich zu, Zarah habe wohl Zähne, wo andere Damen schamhaft behaart sind.

Zarah hingegen gibt einem bösen Geist namens Asmodi die Schuld. Sagt sie jedenfalls zu ihren Eltern. Einer muß es ja gewesen sein. Deshalb ist es auch eine Unverschämtheit von der Küchenhilfe, Zarah eine Männermörderin zu titulieren. So werden also Tobias und Zarah am gleichen Tag gescholten und beten um ihre baldige Abberufung.

Sie wenden sich nicht vergeblich an den GROSSEN BOSS. Er ruft einen seiner sieben engsten Mitarbeiter zu sich und erklärt ihm die beiden Fälle und was er plant. Daraufhin macht sich der junge Vertraute auf die vertrauliche Reise. Er heißt Raphael, das bedeutet ‚Gott heilt'. Nötig wär's ja: Eine taube Nuß und zwei blinde Augen, da hat und sieht man nicht viel von den schönsten Dingen des Lebens.

183

ZARAH DEFLORATA

Apokryphen: Tobias 4—8

Tobias, gläubig wie er ist, erwartet nach seiner Anrufung des GROSSEN BOSSES stündlich den Tod und läßt darum seinen Junior zu sich kommen, um ihm eine kleine Abschiedsrede zu halten: *Wenn ich nun sterbe, mein Junge, dann möchte ich selber natürlich auch begraben werden. Halte neben mir ein Plätzchen für Mutter frei und vergiß nie, daß sie dich neun Monate unterm Herzen getragen hat. Ich meine, du solltest sie ehren und achten und ihr keinen Kummer machen, indem du zum Beispiel zu Huren gehst, statt dir eine anständige Frau unserer Rasse zu suchen.*

Und noch was, Tobby: Sei gut zu den Armen und Bedürftigen! Wenn du viel hast, gib viel; hast du wenig, dann gib das Wenige von ganzem Herzen. Der GROSSE BOSS wird es dir lohnen, wenn du selber mal in Not bist. Ich spreche aus Erfahrung! Und sei auch nie überheblich. Denke nicht hochmütig.

Sprich nicht anmaßend, Arroganz ist Dummheit und Anfang alles Verderbens. Da ist das Ende von weg!

Tobias macht eine Pause und lauscht nach innen, ob es schon soweit ist. Als sich nichts Verdächtiges regt, spricht er weiter: *Bevor ich's vergesse, Tobby — ich habe vor unendlich langer Zeit einem Mann namens Gabael einen Tausender geliehen. Er wohnt in Rages. Ich denke, du solltest dich aufmachen und das Geld einkassieren. Nicht daß wir's dringend benötigen; wir haben ja unsern GROSSEN BOSS. So lange wir ihn hochhalten, sind wir nie richtig arm. Andererseits kostet meine Beerdigung auch 'ne Kleinigkeit. Hast du alles verstanden, mein Junge?*

Ja, Papa, sagt Tobias junior. *Ich will auch alles tun, was du gesagt hast. Nur weiß ich nicht, wie ich die tausend Eier eintreiben soll. Dieser Gabael kennt mich nicht und ich ihn auch nicht. Vielleicht schmeißt er mich raus? Außerdem, wie komme ich nach Rages? Ich hab keine Ahnung, wo das Kaff liegt.*

Vater Tobias gibt seinem Sohn den zerknitterten Schuldschein: *Das dürfte als Ausweis genügen. Und zur Stadt Rages kommst du am besten mit einem ortskundigen Reiseführer. Frag mal die Nachbarn; vielleicht war einer von ihnen schon mal dort und will sich ein paar Groschen verdienen.*

Tobias geht aus dem Haus und fällt vor der Tür ums Haar über einen jungen, gut gekleideten Mann. *Hoppla!* lacht Tobby. *Wo soll denn die Reise hingehen?*

Nach Rages, wenn du weißt, wo das liegt.

Nach Rages? Tobby kann es nicht fassen. *Du willst im Ernst nach Rages?*

Ja. Warum sollte ich nicht nach Rages? Ist das so was Besonderes?

Tobby lacht schallend. *Wenn du wüßtest! Komm doch bitte mal mit. Ich möchte dich meinem alten Herrn vorstellen.* So geschieht es, daß der brave Tobias den Kurier des GROSSEN BOSSES, Raphael, kennenlernt, ohne das Arrangement zu durchschauen.

Schalom! grüßt Raphael. *Wie ich sehe, siehst du nichts, ja?*

Wo die Schwalbe schmeißt — wird man leicht blind.

Geduld, Herr Tobias, sagt Raphael, *eines Tages wird der GROSSE BOSS die Finsternis wieder von dir nehmen.*
Woher willst 'n das wissen?
Gefühlssache!
Der Alte brummt was Unverständliches, dann fragt er schlau: *Wie war noch dein Name?*
Ist der so wichtig, alter Herr? Namen sind Schall und Rauch. Laß es dir damit genügen, daß ich deinen Sohn sicher nach Rages und auch wieder gesund zurückbringen werde.
So geht's dann auch vonstatten; Raphael bleibt anonym, und die drei ziehen los. Drei, weil Tobby seinen Hobby mitnimmt, einen kleinen Jagdhund, der ununterbrochen mit dem Schwanz wedelt. Womit auch sonst.
Am ersten Tag erreichen sie den Tigris. Tobby zieht sich aus, um zu baden. Kaum hat er den linken Fuß im Wasser, schwimmt ein großer Fisch auf ihn zu; ein Mordsvieh mit Zähnen wie 'n Hai. *Hilfe!* schreit Tobby. *Der will mich fressen!* Hobby jault mit ihm, aber vor Begeisterung und Jagdeifer.
Pack ihn an der Schwanzflosse und zieh ihn raus! ruft Raphael. Wenig später zappelt der Fisch auf dem Trockenen. *So, und jetzt schlag ihn tot und zerteile ihn! Das gibt ein prima Fischfilet, und Hobby wird auch satt. Ich mache inzwischen Feuer. Übrigens, lege Herz, Leber und Galle beiseite, damit wir später Arznei draus machen können.*
Gesagt, gebraten. Der Fisch schmeckt köstlich. Mit Galle, Herz und Leber im Handgepäck geht die Reise weiter. Unterwegs erkundigt Tobby sich, was für eine Arznei man aus den Innereien machen könne und wozu sie gut sei. Raphael erklärt es ihm: *Wenn du Fischleber und Herz auf glühender Holzkohle langsam verbrennen läßt, vertreibt der Rauch die bösen Geister.*
Soso — so was gibt's, meinst du? Naja... sagt Tobby und meint die Metaphysik. *Und die Galle?*
Wenn man sie einem Menschen auf die Augäpfel schmiert, geht der graue Star weg.
Von Vögeln verstehst du also auch was! Du weißt

allerhand! Vielleicht auch, wo wir heute übernachten werden?

Klar! Bei einem Mann, dessen Tochter Zarah heißt. Merk dir den Namen, denn du wirst sie heiraten.

Zarah? überlegt Tobby. *Ist das vielleicht die siebenfache Witwe? Und die soll ich —? Willst du mich umbringen?*

Du vergißt die Arznei! Du brauchst nur Herz und Fischleber zu verbrennen, dann hast du eine Brautnacht, wie sie im Buche steht.

Ich mag die pornographische Literatur nicht! Wenige Stunden später unterschreibt Tobias den Ehevertrag, der die siebenfache Witwe zu seiner rechtmäßigen Frau macht. Das Abendessen wird zum Hochzeitsmahl, dann zieht sich das Brautpaar zurück. Vorsichtshalber gräbt Tobbys Schwiegervater schon mal ein Loch, falls es wieder schiefgeht.

Es geht nicht schief. Tobby verbrennt das stinkende Fischzeug, und der böse Geist Asmodi ergreift die Flucht. Das sieht Zarah zwar nicht, aber sie spürt es gleich drauf, daß der Kerl fort sein muß. Diesmal klappt alles und wird so schön, daß sie noch miteinander werkeln, als in aller Frühe die Leiche des vermutlich toten Gatten beiseite geschafft werden soll.

Glückstrahlend füllt der Schwiegervater Tobbys Grabloch wieder mit Erde und gießt den Oleander auf den sieben anderen Gräbern.

184

WIE DAS HÄUTCHEN VOM EI

Apokryphen: Tobias 9, 11, 12

Mit Sack und Pack, das heißt mit Mitgift, entgifteter Frau und dem von Raphael persönlich kassierten Tausender, reisen unsere drei nach einigen Wochen wieder heim. Mutter Hanna sitzt schon den ganzen Tag am Fenster im Oberstübchen und

hält Ausschau nach dem Sohn und seinem myste-
riösen Begleiter. Als sie endlich in der Ferne auf-
tauchen, zählt sie die Figuren in der Staubwolke
erst gar nicht nach. *Er kommt! Sie kommen!* jubelt
sie und fällt ihrem Mann um den Hals.

Hab ich's nicht gesagt! brummelt der Alte. *Du
aber hast mir dauernd in den Ohren gelegen: ,Es
wird ihm doch nichts passiert sein beim Überqueren
des Tigris-River?!'* − *Ach, daß mir sein Anblick
verwehrt ist!*

Hier irrt Tobias senior. Nach herzlicher Begrüßung zwingt der Junge den Alten aufs Sofa. *Augen
auf!* kommandiert er; dann reibt er dem Vater die
Fischgalle in die Augen, direkt in die Pupillen. Und
das Wunder, das Unwahrscheinliche geschieht: Wie
das Häutchen vom gekochten Frühstücksei löst sich
eine Schicht von den Augäpfeln des braven Tobias,
daß er wieder sehen kann. Da sieht er sich auch
gleich als Schwiegervater.

Der Familiendank an den GROSSEN BOSS kommt
aus ehrlichstem, tiefstem Herzen. Als sie sich aber
auch bei Tobbys Reisebegleiter bedanken wollen, ist
Raphael verschwunden, und der kleine Hobby bellt
den Mond an. Ein Jagdhund hat eben 'ne feine Witterung!

185

ZURÜCK MARSCHMARSCH

2 Könige 20

Während die isrealitischen Verbannten unter den
Assyrern dahinfristen, haben es ihre Brüder in
Juda gut: Jerusalem wächst, blüht und gedeiht. Das
ganze Land wächst, blüht und das andere. Nur privat gerät der Wohlstand dem König Hiskia nicht so
sehr zum Segen. Auf seinem Körper wachsen, blühen und gedeihen lauter Geschwüre. Vielleicht ißt
er zu fett oder zu vitaminarm oder hat er was
Schleichendes. Auf jeden Fall erscheint eines Tages

der Prophet Jesaja bei dem Todkranken und gibt ihm den guten Rat, sein Testament zu machen. *Bestelle dein Haus*, sagt er. *Der GROSSE BOSS hat deinen baldigen Tod beschlossen.*

Das trifft den König schwer. Er wendet sein Gesicht zur Wand und betet: *Da bin ich nun mein Leben lang in deinem Sinne gewandelt, GROSSER BOSS, willst du mir das nicht ein bißchen anrechnen?* Ein Tränenstrom verschlägt ihm die Sprache und kühlt die Geschwüre.

Jesaja ist inzwischen leise gegangen. Er will gerade das Palastgelände verlassen, da hört er die Stimme des GROSSEN BOSSES: *Geh noch mal zurück, Jesaja, und sage Hiskia, daß ich sein Gebet gehört, seine Tränen gesehen habe. Es hat mich so erschüttert, daß ich ihn gesund machen werde. In drei Tagen wird er wieder in den Tempel meines Namens gehen können. Ich gebe ihm noch mal fünfzehn Jahre dazu!*

Mach ich! verspricht Jesaja. *Fürchterlich, so 'ne Furunkulose!*

Du sagst es! Deshalb pflücke jetzt rasch ein paar frische Feigen vom Baum.

Jesaja schüttelt Feigen vom Baum, kehrt damit zu Hiskias Krankenlager zurück, entblättert den König, besichtigt die Körperaufbrüche, dann fabriziert er sirupartige Feigenpflaster und legt sie auf die eklen Geschwüre. *In drei Tagen kannst du wieder in den Tempel, läßt dir der GROSSE BOSS bestellen.*

Hiskia ist überglücklich und will's kaum glauben. Darum fragt er auch schüchtern: *Könnte mir der GROSSE BOSS nicht 'n kleines Zeichen geben, daß er mich gesund machen wird?*

Glaubst du, unser BOSS verkohlt dich? Na, meinethalben... Schau mal auf die Uhr, Majestät. Soll der Zeiger zehn Striche vorwärts rennen oder zehn Striche zurück?

Vorwärts geht der Zeiger von allein. Der GROSSE BOSS möchte ihn bitte zehn Striche zurückspringen lassen.

In der Tat, der Zeiger tut's. Seit der Zeit gehen Sonnenuhren meist etwas nach.

186

PRAHLHANS
IST KEIN KÜCHENMEISTER
2 Könige 20; 2 Chronik 32

Völlig ausgeheilt und mit frischen Kräften geht König Hiskia von Juda an die Mehrung seines Reichtums, obwohl er schon mehr als genug besitzt. Er hat so 'ne glückliche Pfote, daß er bald weitere Vorratshäuser für Getreide, Wein und Öl bauen muß. Auch die Ställe und Koppeln für seine Herden sind immer wieder zu klein; sein Safe platzt aus den Schweißnähten. Außerdem baut er Städte und eine 500 Meter lange, unterirdische Wasserleitung – von der Gihonquelle bis runter in die Davidsstadt. Und anderes Ruhmförderndes mehr.

Die Kunde von dem steigenden Wohlstand und der seltsamen Heilung des Königs von Jerusalem dringt weit über die Grenzen Judas hinaus. Auch der König von Babel erfährt davon und schickt eine Abordnung mit Geschenken nach Jerusalem.

Hiskia empfängt sie überaus freundlich und nimmt gern die Segenswünsche und die Geschenke entgegen. Zum Dank dafür und aus Eitelkeit und Angabe führt er die babylonischen Gäste überall rum und zeigt ihnen alles. Seine sämtlichen Schätze.

Kaum sind die Leute aus Babel wieder abgereist, erscheint Jesaja bei Hiskia. Begeistert erzählt der König von den lobenden Worten, die seine Besucher bei der Besichtigung seiner Reichtümer gefunden haben. Da wird der Prophet sehr nachdenklich. Er ist ein ausgezeichneter Menschen-, besser: Königskenner. *Woher kamen die Leute?* fragt er mißtrauisch.

Aus Babel. Weit weg! Liegt am Euphrat.

Das weiß ich. Und du hast ihnen alles gezeigt?

Natürlich alles! Es gibt nichts, was sie nicht gesehen und angestaunt haben! sagt Hiskia stolz wie fünf Pfaue.

Angestaunt, so... Ich glaube, bald ist die Reihe an dir, zu staunen, Majestät! Jesaja hat inzwischen

Kontakt mit dem GROSSEN BOSS gehabt. Transzendental; da hört man nichts; besonders kein Unberufener. *Das ist das Wort des GROSSEN BOSSES*, sagt er daher: *‚Der Tag wird kommen, wo dir alles genommen werden wird, was du prahlerisch den Fremden vorgeführt hast. Renommieren ist nicht gleich Renommee! Alles, was du und deine Ahnen an Werten angehäuft haben, wird eines Tages nach Babel verschleppt werden. Auch einige deiner Söhne werden sie mit sich nehmen, damit sie dem König von Babylon dienen!'*

Nachdem Jesaja gegangen ist, macht der Angeber Hiskia ein belämmertes Gesicht. Was sonst noch von ihm zu sagen ist, siehe, das steht geschrieben im nächsten Kapitel.

187

SCHMIRGELSTEINS EINKEHR
Jesaja 1, 28, 30, 31; Micha 2, 3, 5, 6

Ob Jesajas Ankündigung vom babylonischen Raubzug schuld ist, ob das Erlebnis mit Senharibs Belagerung und Abzug damals — egal; jedenfalls hat König Hiskia insgeheim einen Vertrag mit dem Pharao von Ägypten geschlossen. Wiederum jedoch nicht geheim genug, als daß nicht Jesaja davon erführe. Na, wettert der vielleicht los! Da wakkelt die Wand beziehungsweise der Maulbeerwald, denn Jesaja predigt heute im Freien.

Das Wetter ist piekfein. Richtiges Prophetenwetter, sagen die Spaziergänger, denn außer Jesaja predigt heute auch wieder der junge Prophet Micha am anderen Ende des Hains. Wenn man sich in der Mitte plazierte, konnte man beide gleichzeitig hören.

Der Sargtischler Schmirgelstein vom dritten Bezirk hat sich einen Hocker mit Drehbein gebastelt und ist ständig in kreisender Bewegung, damit ihm nichts entgeht. Seine Ohren sind schon ganz rot. Grad zieht Jesaja gegen König Hiskia vom Leder:

Wehe denen, die Pläne machen ohne GROSSEN BOSS! Bündnisse schließen ohne seinen Rat, seinen Geist! Sie kunkeln mit Ägypten, koalieren mit dem Pharao ohne seine Weisung. Nie wird ihnen von den Nilisten Schutz und Schatten; nur Schande! Nicht Hilfe und Beistand; nur Hohn und Spott! Ägypten ist nichts, bloß feige; seine Hilfe steht auf dem Papyrus. Ihr glaubt vielleicht, das sei ein mächtiges Land? Brüllend vor ungeheuerlicher Kraft? Nein, es ist zum Schweigen verdammt!

An dieser Stelle kreiselt Herr Schmirgelstein, der Sargtischler, denn wie ein Echo schallt es aus dem Mund des Propheten Micha an sein Ohr:

Das sind keine Witze! Das ist die lautere Wahrheit! Jaaa, ich weiß — wenn ich euch zum Maule redete, ein Lügenprophet wäre, der euch zum Saufen und Schlemmen animiert, dann stünde ich hoch in eurer Gunst! Ihr könnt mir die Wahrheit nicht verbieten, diese: Wegen eures unmoralischen Lebenswandels wird diese Stadt unsanft zerstört werden! Deshalb lauft, lauft fort von hier! Dies ist kein Ort, an dem ihr länger bleiben solltet!

Wieder dreht sich der Tischlermeister. Was Jesaja am gegenüberliegenden Ende sagt, klingt wie eine Fortsetzung des Michaschen Grolls:

Der GROSSE BOSS will, weil ihr seinen Propheten nicht glaubt, daß euer Mutwillen, mit dem ihr euch eurer Torheit auch noch brüstet, wie ein Riß in der Wand sein soll; ein Spalt in einer festen Mauer, aus dem der Kalk rieselt, bis sie urplötzlich zusammenstürzt! Nur in der Umkehr liegt euer Heil, im Vertrauen eure Kraft!

Und vom Podium Michas dröhnt es den Zuhörern um die Ohren: *Es ist dir, Mensch, gesagt, was gut ist und was der GROSSE BOSS von dir verlangt: Daß du seinen Willen erfüllst und allein die Liebe zu deiner Lebensregel erhebst. Die Liebe schlechthin!*

Und Jesaja: *Ihr aber denkt nur immer an euch! Auf stolzen Rossen wollt ihr dahinfliegen! Jaaa, das werdet ihr, dahinfliegen! Rausfliegen nämlich! Tausend von euch werden vor der Drohung eines einzelnen davonrasen!*

Rum mit dem Kopf, Meister Schmirgelstein! Micha haut in dieselbe Kerbe! Schön achtgeben, Alter!

Denn so spricht der GROSSE BOSS: ‚Böses hab ich für euch ersonnen! Eine Schlinge werfe ich, aus der ihr so bald nicht den Hals zieht! Klagen werdet ihr: Aus ist es mit uns, wir sind passé! Fremden gehört unser Land; wann ziehen sie endlich Leine?!'

Auf der anderen Rednertribüne hat es Jesaja wieder mit den Ägyptern, die seine besonderen Unlieblinge zu sein scheinen. Der Sargtischler denkt, was sein Drehschemel für 'ne dufte Erfindung ist. Auf diese Weise konnte er auf zwei Kanälen genießen, obwohl doch weder Jesaja noch Micha zum Genuß predigen.

Wehe denen, donnert Jesaja erneut, *die auf Ägyptens Hilfe bauen und sich auf deren Kavallerie und Panzerwagen verlassen, statt auf den GROSSEN BOSS! Die Ägypter sind Menschen, keine Götter! Ihre Pferde sind irdisch, nicht geistig. Schindmähren —*

Bei Schindmähren gibt der Tischler seinem Drehstuhl einen solchen Schubs, daß er wie ein Helikopterblatt rotiert. Hat der Micha nicht grad auch was von Pferden gesagt? Ja, hat er:

Der GROSSE BOSS will ihre Gäule zuschanden schinden und ihre Kampfwagen zertöppern! Die Städte unseres Landes wird er verheeren und unsere Festungen zerschmettern! Schlagen will er dich, Jerusalem, für deine Sünden, denn er kann sie nicht vergessen, die gezinkte Waage und die falschen Gewichte!

Hier wendet sich der Bretterverarbeiter wieder Jesaja zu. Das mit den zu klein geratenen Gewichten, also wenn er da an sich selbst denkt... Obwohl er gar nichts zu wiegen hat! Dafür sind seine Särge immer ein paar Zentimeter zu kurz. Neulich mußte er einer langen Leiche heimlich die Beine brechen, um sie überhaupt reinzukriegen. Nee, lieber dem Jesaja zugehört; der war nicht so direkt.

Er merkt schnell, daß er sich verdammt geschnitten hat: Der Jesaja schießt nun mit voller Breitseite. Da bleibt kein Auge unfeucht.

Ha! schreit er durch den Hain; daß drüben sein junger Kollege einen Moment innehält und ebenfalls lauscht. *Du Verbrecherpack! Du sündiger Haufen! Du Teufelsbrut! Du Mistvolk! Krank am Kopf und morsch im Herzen, verfault vom Scheitel bis zur Sohle! Da ist aber auch nichts Gesundes mehr dran: Beulen am Leib und Striemen am Rücken; Wunden, wohin man guckt, voller Eiter und ohne Verband — ekelhaft! Euer Land? Eine Wüste wird's sein! Eure Städte? Ein Haufen Schutt! Eure Äcker? Die Fremden werden sie kahlfressen! Übrigbleiben wird allein die Veste Zion wie eine Hütte im Weinberg; wie ein Unterstand im Gurkenfeld!*

Und vom anderen Ende des Hains schallt es wie ein schwacher Trost zurück und dem Sargschummler um die Ohren: *Ihr hohen Herrn Israels, die ihr, was gerade ist, krumm macht; die ihr richtet für Geschenke; deren Priester gegen Hurenlohn Verkehrtes lehren; und deren Hauspropheten ihnen für Nuttenpenunze eine prächtige Zukunft verheißen — Jerusalem wird verbrennen und mit ihm —*

Meine Werkstatt! denkt Meister Schmirgelstein. Meine schöne Werkstatt! Wozu hab ich mir dann die Kreissäge angeschafft, wenn alles im Eimer sein soll? Lieber hör ich wieder dem Jesaja zu; der ist älter und nicht so 'n randalierender Hitzkopp!

Denkste, Tischler! Jesaja liebt den Vergleich mit geschichtlichen Ereignissen, besonders wenn sie so gut ins Konzept passen: *Hört, ihr Fürsten von Sodom, hört das Wort des GROSSEN BOSSES! Volk von Gomorrha, vernimm seine Weisung!*

,*Was sollen mir eure Opfer?*' spricht der *GROSSE BOSS.* ,*Hört auf, mir derart zu huldigen! Mit Hammelfleisch und Kälberfett schafft ihr mich nicht! Diese Opferei ist mir zum Speien! Doch noch habt ihr eine Chance: Wenn eure Sünde auch rot wie das Blut ist, sie kann wieder weiß werden wie der Schnee vom Kilimandscharo! Seid ihr aber weiterhin ungehorsam, wird euch mein Schwert fressen wie eine Anakonda, die drei Monate gehungert hat!*'

Wie zur Bestätigung hebt drüben noch mal Micha seine Stimme: *Der BOSS der Welt wird aus dem*

Himmel runterkommen und sich auf den Bergen postieren, daß sie unter ihm wegschmelzen wie Wachs im Feuer. Er wird die Täler verwüsten, als brächen die Sturzwasser der Sintflut von den Höhen!

Ihr denkt, die brausende Flut wird euch nicht mitreißen, fährt Jesaja auf seinem Podium fort, ohne Michas Text gehört zu haben. *Habt ihr einen Vertrag mit dem Tod geschlossen? Einen Pakt mit der Hölle? Der GROSSE BOSS wird sie annullieren. Doch auch das sagt er euch: ,Wer an mich glaubt, braucht nicht zu fliehen!'*

An diesem Nachmittag geht der Tischlermeister Schmirgelstein ziemlich nachdenklich heim. Als er in seiner Werkstatt den kurzen Sarg für den verstorbenen langgeschossenen Zinseintreiber Rubelchen erblickt, schlägt er sein Machwerk kaputt und schreinert einen neuen Sarg. Den aber gleich wieder so lang, daß man die Leiche darin festbinden muß, damit sie beim Transport nicht klappert.

188

JESAJA GUT KIENEND UND OFENFERTIG
2 Könige 21

Bevor all das eintritt, was — siehe weiter vorn —, beißt Hiskia ins Gras, in welchem sein zwölfjähriger Sohn kurz vorher noch rumkroch. Jetzt wird er König. Leider führt der Filou mal wieder ganz was Neues ein: die Nationalgötzen der Ureinwohner Kanaans. Als wenn das nicht schon sehr viele vor ihm getan und sich fürchterlich die Finger dran verbrannt hätten!

Auch die qualmenden Höhenheiligtümer richtet er wieder auf, die sein Vater Hiskia endlich weggeräumt hatte, und auch Baal und Astarte kommen wieder zu Ehren. Abermals muß der GROSSE BOSS sein Quartier räumen; im Tempel ziehen die neuen alten Götter ein.

Doch damit nicht genug: Manasse grillt dem greulichen Moloch zu Gefallen seinen kleinen Sohn auf dem Altarrost. Wenn das kein Glück bringt!

Um dessen ganz sicher zu sein, befragt er außerdem die Astrologen, die Vogelschreideuter, die Handlinienleser, die Okkultisten, Orakelisten und Kaffeesatzisten. Ein Heer von Scharlatanen verdient sich bei ihm krumm und lahm.

Natürlich färbt so was auf die Bevölkerung ab. Bald ist ganz Juda ein Eldorado der schwarzen Künste und der Abgötterei. Da grollt der GROSSE BOSS freilich sehr: *Weil Manasse das alles tut, ärgere Greuel als je einer vor ihm, und weil er das ganze Volk dazu verführt hat, will ich Jerusalem und ganz Juda mit der Drahtbürste ausscheuern wie einen angebrannten Suppentopf! Und dann ab damit! Auf den Müll!*

Auf welche Weise auch, jedenfalls kommt der Zornesausbruch des GROSSEN BOSSES dem König zu Ohren. Er hat auch sofort einen Sündenbock parat: Jesaja! Nur einer im Land hatte solch engen Kontakt mit dem Zürner! Und außerdem – hatte er sich nicht sogar erdreistet, Jerusalem mit Gomorrha und ihn selbst mit dem König von Sodom zu vergleichen?

Klammheimlich setzt die Jagd auf den Propheten ein. Fort mit dem Kerl, der nur Ärger machte!

Jesaja erfährt rechtzeitig, was gegen ihn im Busch ist. Er schließt seine Memoiren ab und ein und flieht vor den Beamten mit dem Haftbefehl in die freie Landschaft. Als er zufällig einen hohlen Baumstamm entdeckt, versteckt er sich darin. Leider sehen das die Bullen und bringen ihn – anstatt in Handschellen – samt Versteck zu Manasse.

Der schlaue Hund weiß natürlich, daß eine offizielle Gerichtsverhandlung sämtliche Jesaja-Fans auf die Palme treiben würde. Flugs läßt er sich was Besseres einfallen.

Hübscher Baumstamm! sagt er mit grausamem Grinsen. *Wird gut in meinem Kamin brennen. Zersägt ihn mal gleich hier in kurze Rundstücke. Mich friert ein bißchen.*

So wird mitten im Raum Jesaja im Baum, man glaubt so was kaum, samt Baum zu Klobenholz für den königlichen Kamin zersägt. Leider wird sein Märtyrertod — wenn das keiner ist! — nicht öffentlich bekannt. Nur König Manasse tut abends von dem Qualm und dem Gestank nach angebratenen Rouladen der Kopf weh.

Deshalb legt er sich an diesem sägensreichen Tag auch etwas früher ins Bett als sonst und steht morgens etwas später auf. Beziehungsweise gar nicht, denn er ist tot, als er nicht aufwacht.

Derlei Sünden straft der GROSSE BOSS im Schnellverfahren.

189

JEDER EIN KLEINER EINSTEIN

Zephanja 3; Habakuk 1—3;
2 Könige 21, 22

Manasses Sohn, Prinz Amon — also nicht der, den der Papi zwecks Götzenbestechung flambiert hat —, ist zweiundzwanzig, als er König wird. Er treibt's wie sein Herr Vater und wird im zweiten Jahr seiner Regentschaft von Verschwörern abgemurkst. Daß anschließend sämtliche Verschwörer vom judäischen Volk abgemurkst werden, macht Amon auch nicht wieder lebendig.

Zum Glück wird er nicht kinderlos neben seinem Vorwandler in einem Gemüsegarten verscharrt. Fünf Tage später wird die Miniaturkrone — die seinerzeit für den siebenjährigen König Joas angefertigt wurde — aus der Kramkiste geholt. Durch Zufall ist sie nicht eingeschmolzen oder im Rahmen einer Wiedergutmachung in Zahlung gegeben worden.

Prinz Josia, Amons Lendenergebnis, ist gerade acht Jahre alt, als er König von Juda wird. Soweit man in diesem Alter schon wandelt, wandelt er im Sinne des GROSSEN BOSSES. Nicht ein Jota weicht er vom richtigen Weg ab; weder nach rechts noch nach links. Er ist ein gradliniger König, besonders mit zunehmendem Alter.

Leider löcken die anderen wider den Stachel, was den GROSSEN BOSS nicht grad besänftigt. Deshalb schickt er auch ein Donnerwetter nach dem andern auf die Häupter der judäischen Ludriane. Gleich drei Propheten auf einmal macht er zu seinen Wetterfröschen, und keiner gibt dem andern einen Deut nach, was die Dialektik betrifft. Bruchstückweise kommen ihre Texte auch dem König zu Ohren, auf den sie gar nicht gemünzt sind.

Sagt doch der Habakuk — das bedeutet ungefähr soviel wie ‚Schmuser‘ —, sagt der doch neulich: *Ich habe den GROSSEN BOSS gefragt, warum ich all die Verbrechen überhaupt mitansehen muß, die ringsum geschehen. Da hat er mir geantwortet:*

‚*Damit du weißt, warum alles passieren wird, was man dir nicht glauben will, Habakuk! Ja, ich werde ein grausames Volk auf sie hetzen! Ein Volk, das bissiger ist als der Steppenwolf und Gefangene sammelt wie Hausfrauen Rabattmarken! Sie kriegen jeden Tresor auf, jede Panzertür! Festungen sind für sie 'n Klacks! Ihre Kraft und ihr Glaube an ihre Kraft sind ihr Gott. Ich spreche übrigens nicht von den Ägyptern.‘*

Da bat ich unseren BOSS, er möge uns doch nicht sterben lassen, die Feinde nur zur Züchtigung schikken. Und er ließ mich wissen: ‚Die Heimsuchung wird kommen, das ist gewiß. Nur der Halsstarrige glaubt, die Ungewißheit nicht länger ertragen zu können. Sein schlechtes Gewissen ist sein lebendiger Tod. Wer da aber glaubt, der kann gar nicht sterben!‘

So sagte der GROSSE BOSS, meine Freunde. Und jetzt singen wir gemeinsam ein schönes Lied, das ich selber verfaßt und komponiert habe. Er stimmt seine Gitarre und singt vor: ‚Ich will mich auf die Trübsal freun, denn hinterher wird Labsal sein...‘

Wahrlich, seine Zuhörer sind allesamt rechte Schälke und singen lauthals vom Elend des Überflusses und vom Glück einer Zukunft, die mit Untergang beginnt...

Und noch einer versucht – vergeblich, wen wundert's –, das Volk von Juda mit Worten der Verheißung zur Umkehr zu bewegen: Zephanja. Dafür wird er auch später hingerichtet. Momentan prophezeit er einen fröhlichen Tag, der mit Sicherheit einmal kommen wird, wenn der ganze Rummel erst mal 'n paar tausend Jahre rum ist.

Nachdem er die augenblicklichen Zustände in Grund und Boden verdammt hat, ruft er aus: *Einst wird kommen der Tag, da wird sich der GROSSE BOSS über sein Volk wieder freuen und ihm in seiner grenzenlosen Liebe alles Böse vergeben.*

,Alle, die dich bedrängen, mein Volk', spricht unser BOSS, ,will ich für dich aus dem Weg räumen. Ich werde den Hinkenden helfen und die Zerstreuten einsammeln, um sie in allen Ländern zu Ehren zu bringen, in denen man sie als Krummnasen verachtet. Zur selben Zeit will ich euch heimführen, hierher zurück. Ihr Übriggebliebenen, nichts Böses werdet ihr dann mehr über mich reden, keine Lügen verbreiten. Darum sollt ihr dann für immer hier säen und ernten und wohnen ohne alle Furcht.'

Deshalb, Freunde, jauchzt und seid fröhlich! Der Tag ist nah –

Alles was recht ist, ,nah' ist ja nun übertrieben. Aber das kann der wackere Zephanja natürlich nicht wissen, weil wir Menschen – Rotseher und Schwarzseher, Hellseher und sonstige Fernseher – so schrecklich kurzsichtig sind. Naja, die Eintagsfliege denkt vermutlich auch, ihr Leben wäre eine kleine Ewigkeit und faltet an ihrem Lebensabend zufrieden die Flügelchen, weil sie morgens so 'ne schöne Jugend erlebt und mittags die beiden Weltkriege mit der Spinne siegreich bestanden hat.

Wenn nur nicht alles so verdammt relativ wäre!

190

DIE GEHEIMSCHRIFT
IN DER RUMPELKAMMER
2 Könige 22; Jeremia 1, 2, 4—6

In seinem achtzehnten Regierungsjahr beschließt König Josia, den mittlerweile etwas schäbig gewordenen Tempel des GROSSEN BOSSES restaurieren zu lassen. Inwieweit da die Drohreden Habakuks und Zephanjas mitspielen, bleibt sein Geheimnis. Jedenfalls beauftragt er eines Tages den Oberpriester Hilkia mit den Renovierungsarbeiten. Dazu soll alles Gold verwendet werden, das sich im Verlauf vieler Jahre aus Spenden, Tempelsteuer und Kollekten angesammelt hat.

Hilkia nimmt den Auftrag vom Oberhofbuchhalter des Königs entgegen. Bei dieser Gelegenheit gibt der Priester dem Hofbeamten eine gewichtige Buchrolle mit. *Ich habe sie zufällig in einer Rumpelkammer im Tempel gefunden. Es scheint ein Gesetzbuch zu sein. Gib's dem König zu lesen.*

Als der Beamte fort ist, sagt der Priester zu seinem Sohn Jeremia: *König Josia wird aus allen Wolken fallen, wenn er das liest!*

Jeremia lächelt. *Oder er reformiert hier den ganzen Betrieb,* sagt er, erstaunlich weise für sein Alter. *Schade, daß ich nicht in Jerusalem wohne!* fügt er seufzend hinzu. Dabei ist seine Umsiedlung längst eingeplant vom GROSSEN BOSS. *Natürlich prophezeit es sich auch in Anathoth ganz gut; aber hier wäre ich sicher viel ausgelasteter.* Er lächelt verträumt vor sich hin. *Wenn ich daran denke, wie ich vor fünf Jahren den Posten übernahm! Hab ich dir das eigentlich mal erzählt, Pa? Meine erste Begegnung mit dem GROSSEN BOSS?*

Nein, mein Junge. Laß hören. Ich bin zwar nur ein Priester —

Sei nicht so eitel, Papa! Jeremia droht vergnügt mit dem Finger. *Also, der GROSSE BOSS erschien mir und sagte zu mir: ‚Ich kannte dich bereits, da wußten weder dein Vater noch deine Mutter etwas von dir. Als du dann im Mutterleib heranträumtest, beschloß ich, dich später mal zum Propheten zu machen.'*

‚Verzeihung, GROSSER BOSS', antwortete ich ihm, ‚aber ich bin furchtbar schüchtern. Ich bringe keinen ordentlichen Satz zusammen, wenn mich jemand nur anschaut. Außerdem bin ich viel zu jung für den Job.'

‚Du bist nicht zu jung, Jeremia! Und vor deinen Zuhörern brauchst du schon deshalb keine Angst zu haben, weil ich bei dir bin und dir die Zunge führe. — Und jetzt schau mal nach rechts! Was siehst du?'

‚Einen Zweig mit Knospen', antwortete ich.

‚Sehr schön! Das sind wir beide. Ich bin der Zweig, auf dem du mit meiner Hilfe, mit meinem Saft und Mark grünst und sprießt. — Und jetzt guck nach links! Was siehst du dort?'

‚Einen dampfenden Topf', sagte ich verwundert. ‚Der Brodem zieht von Nord nach Süd.'

‚Stimmt ebenfalls! Von Norden her wird das Unglück über dieses Volk hereinbrechen.' Die Stimme Jeremias ist zuletzt leiser geworden; dann verstummt er.

Forschend sagt sein Vater: *Das scheint mir noch nicht alles zu sein, was unser BOSS zu dir gesprochen hat. Hab ich recht?*

Ja. Er sagte noch: ‚Geh hin nach Jerusalem und predige dort öffentlich und vor jedermann!'

Ja aber, Junge — warum bleibst dann nicht gleich hier? Du kannst gern bei uns wohnen!

Ich fürchte mich, Pa! Die Großstadt, das Nachtleben... Ich bin noch so jung und unerfahren. Vielleicht anfechtbar...

Ach, mein Kleiner! Der alte Oberpriester schmunzelt. *Glaubst du, der GROSSE BOSS gibt dir einen Auftrag und nicht auch gleichzeitig die Kraft dazu, ihn zu seiner Zufriedenheit auszuführen?*

Damit ist Jeremias Umzug eine beschlossene Sache. Der junge Prophet ahnt nicht, was ihn erwartet; nicht, daß man versuchen wird, ihn zu töten; daß er verfolgt werden wird, gefangengenommen, gefoltert und in eine Schlammgrube geworfen, in der er beinahe ersäuft. Ja, Jeremia macht eine Menge durch, bis er zum Schluß von seinen eigenen Landsleuten gesteinigt wird. Und das auch noch in Ägypten!

Gut, daß Jeremia das alles nicht weiß. Während er nach Anathoth eilt, um seine Übersiedlung in die Wege zu leiten, berichtet der Oberhofbuchhalter dem König inzwischen von der Weitergabe des Renovierungsauftrags. Dann überreicht er Josia das vergilbte Gesetzbuch, das Hilkia in der Rumpelkammer des Tempels aufgestöbert hat. *Ich hab mal drin gerollt, Majestät! Eine bibliophile Kostbarkeit!*

Neugierig studiert Josia das antike Dokument. *Das ist wohl in einer Geheimschrift geschrieben?* fragt er seinen Oberhofbuchhalter, der ursprünglich Bibliothekar werden wollte.

Nein, Majestät. In Althochhebräisch. Wenn es dir recht ist, will ich dir das Gesetzbuch gern vorlesen und versuchen, veraltete Begriffe und Wörter zu verdeutschen.

Deutsch versteh ich auch nicht, murrt der Monarch.

Pardon, ich habe mich versprochen. ‚Zu verdeutlichen' wollte ich natürlich sagen.

Tu das! Und fang endlich an! fordert Josia aufs höchlichste interessiert.

Der andere liest laut, artikuliert und in verständlichem Volkston. Erst am nächsten Morgen, als es hell wird, legt er die Buchrolle aus der Hand und sieht, daß sein König bitterlich weint.

Draußen scheint die Sonne, schluchzt Josia, *aber in meinem Herzen ist es finster vor Trauer. Lauf rasch zu Hilkia und geh mit ihm los, jemanden zu suchen, der den GROSSEN BOSS für mich, für ganz Juda befragt, damit wir wissen, was wir jetzt machen sollen. Der Zorn des Allergrößten über uns muß ungeheuerlich sein, weil seine Gesetze geradezu schamlos mit Füßen getreten werden!*

Er denkt einen Moment nach. *Jetzt erst verstehe ich, warum Habakuk und Zephanja den Leuten ihre bitterbösen Prophezeiungen um die Ohren klatschen! Sie sollen –* Er bricht ab. *Hoffentlich ist es noch nicht zu spät!*

Der Oberhofbuchhalter beschwichtigt den könig-

lichen Selbstzerfleischer: *Du hast dir nichts vorzuwerfen, Majestät!*

*Als wenn es um mich ginge! Ich sonne mich die
ganzen Jahre im Gefühl meiner Redlichkeit, und
mein Volk läßt alle Teufel tanzen! Los, lauf zum
Oberpriester! Mir bricht der kalte Schweiß aus,
wenn ich an mich denke. Was bin ich für 'n selbst-
gefälliger Thronsaß!*

Der Oberbuchhalter eilt zu Hilkia, der schnurstracks mit ihm zur Prophetin Hulda rennt. Sie
wohnt am Stadtrand zur Untermiete und hört sich
Josias Begehren an. Dann antwortet sie sorgenvoll:
Sagt dem König, so spricht der GROSSE BOSS:

*‚Ich werde Unheil über Jerusalem und seine Ein-
wohner bringen, wie es geschrieben steht in dem
Buch, das der König sich hat vorlesen lassen. Weil
das Volk mir den Laufpaß gegeben hat und anderen
Göttern opfert, wird mein Zorn über die Frevler
mit nichts abzukühlen sein. Nur der König selbst
— dessen Tränen und tiefe Demut ich gesehen habe — soll von meiner Strafe verschont bleiben. Ich
will ihn in Frieden sterben lassen, damit er das
Schreckliche nicht sehen muß.‘*

Als König Josia die Ankündigung des GROSSEN
BOSSES nun auch noch aus dem Mund der integren
alten Hulda hört, entfaltet er eine enorme Aktivität
in Sachen Religion. Dabei findet er Unterstützung
von einem jungen, aufgeweckten Burschen, der erst
kürzlich zugezogen ist. Sein strahlendes Äußeres
und sein edler Charakter verschaffen ihm bald großen Zulauf, dem Propheten Jeremia.

Hört das Wort vom GROSSEN BOSS! ruft er mit
heller Stimme im Tempel, am Tor, im Maulbeer-
hain, wo immer ihn auch der religiöse Eifer packt.
*Er läßt euch sagen: ‚Du läufst, Volk von Juda, läufst
umher wie eine brünstige Kamelstute! Wie eine
wilde Eselin, lechzend in ihrer Brunst, stolperst du
durch die Wüste! Oh, was seid ihr doch für Narren,
wie dämlich in eurer Torheit! Erst dachte ich, es
sind nur die Armen und Ungebildeten, die es nicht
besser wissen, aber die Großen, die Reichen und
Wissenden sind die Schlimmeren!‘*

Deshalb hat mich der GROSSE BOSS aufgefordert, das Volk, sein Volk zu prüfen. Aber ach, es schnaubt der Blasebalg vor Ärger, noch so sehr er auch bläst, so heftig das Metall im Tiegel brodelt — das Schmelzen ist vergeblich: Das Schlechte läßt sich nicht vom Edlen scheiden. ‚Silber für die Abraumhalde' nennt euch der GROSSE BOSS, denn er hat euch verworfen!

Während Jeremia solcherart und auf seine Weise zu reformieren versucht, tut König Josia das Seine: Sämtlichen hohen und höchsten Staatsbeamten läßt er das aufgefundene Gesetzbuch vorlesen. Auch die Priester müssen regelmäßig Nachhilfeunterricht in biblischer Geschichte nehmen. Überdies sorgt Josia dafür, daß auch der kleine Mann aus dem Volk erfährt, was in dem uralten Wälzer notiert ist, damit ein jeder die Gebote befolge und die Verbote erst recht. Das versprechen auch alle hoch und heilig.

Danach säubert Josia noch einmal gründlich den Augiasstall seines Vaters und Großvaters. Dabei finden sich noch eine ganze Menge versteckter Götzenheiligtümer und die dazugehörigen Priester. Sie werden verbrannt, ihre Asche zerstreut. Die Häuser der Tempelhurer und des Personals der frivolen Astarte werden abgerissen. Alle Sternhimmel- und Sonnensymbole werden vernichtet und mit ihnen zusammen sämtliche Astrologen, Vogelschreideuter, Geisterbeschwörer, Handlinienleser, Okkultisten, Orakelisten und Kaffeesatzisten vom Erdboden vertilgt.

Er läßt den Kindergrill des grauenvollen Molochs zerstören und die Toten auf dem Privatfriedhof der Baalpriester exhumieren und ihre Knochen auf ihren eigenen Altären verbrennen, wie es einmal vor urlanger Zeit — im 135. Kapitel — ein Bilderstürmer des GROSSEN BOSSES angekündigt hat. Kein König vor Josia hat je so radikal Schluß mit der Abgötterei gemacht, keiner sich so von ganzem Herzen und mit ganzer Seele zum GROSSEN BOSS bekannt.

Und trotzdem, der Zorn dessen, dem sein eigenes auserwähltes Volk jahrhundertelang immer wieder auf der Nase rumgetanzt ist, kühlt nicht ab. *Ich kann dieses Volk von Juda nicht mehr sehen!* grollt er immer wieder. *Genauso wie mir zuletzt seine Schwester Israel zum Hals rausgehängt ist. Ich will und werde diese Stadt ausradieren und das Haus, das meinem Namen gewidmet ist. Einmal will ich nicht der Übertölpelte sein!*

Wer könnte, wer dürfte es ihm verübeln.

191

PROPHETUUM MOBILE

2 Könige 23; Jeremia 15, 26

König Josia ist, wie bereits gesagt, betreffs Erregung von Mißfallen ein totaler Außenseiter. Das ist an sich sehr lobenswert, bloß was er nun macht, also da tut er des Guten zuviel. Er mischt sich nämlich in Sachen, die ihn nichts angehn!

In Ägypten lebt der Pharao Necho, der in den Krieg gegen den König der Assyrer ziehen will. Auf seinem Weg zum Euphrat rauf stellt sich ihm Josia mit seinen Truppen in die Quere.

Was soll das?! knurrt der Pharao. *Willst du mir Schwierigkeiten machen? Ich muß hier durch, ich will nach Assyrien rauf. Mach Platz!*

Josia macht nicht Platz und der Pharao nicht lange Federlesens. Was soll er auch mit den Federn! Er gibt seinen Soldaten den Befehl zum Angriff, und Josia empfängt gleich zu Beginn der Vorstellung einen Pfeilschuß in der Gegend des Herzens und von Megiddo. Schnell wird er nach Jerusalem transportiert, wo er bei seiner Ankunft sehr tot aussieht, was er auch ist.

Nachdem er begraben ist, wird sein dreiundzwanzigjähriger Sohn, Prinz Joahas, König. Er regiert nur drei Monate, weil sich Pharao Necho plötzlich an den renitenten Vater erinnert und es den Sohn büßen läßt, indem er ihn kurzerhand ins Gefängnis wirft. Wer in Juda König wird, bestimmt er und macht deshalb Joahas' Bruder dazu. Der muß sich auf pharaonischen Befehl Jojakim nennen, obwohl er eigentlich Eljakim heißt. Damit will der Ägypter deutlich machen, daß besagter Jo nur ein Vasallenkönig ist. Außerdem brummt er ihm eine Steuer auf, daß es nur so kracht: 100 Zentner Silber und 50 Kilo Gold, natürlich nicht wöchentlich. Trotzdem muß Onkel Jo sehen, wo er die Kohlen herkriegt.

Dumme Frage! Er legt sie auf sein Volk um. Jeder muß nach Vermögen und Einkommen blechen, um mit der Steuer dem Unheil zu steuern, das munter fürbaß schreitet: Der Pharao nimmt vorsichtshalber den abgesetzten Joahas mit runter nach Ägypten, wo er bürgerlich ablebt. Die Steuergelder erklärt Necho zur Bringschuld, so kommt bei Old Jo noch das Porto dazo.

In dieser belämmerten Zeit ist natürlich auch Jeremia nicht untätig. Auf Wunsch des GROSSEN BOSSES hat er sein Rednerpult im Vorhof des Tempels aufgeschlagen, wo jeder Betwillige vorbei muß. *Hört, was mir der GROSSE BOSS gesagt hat!* wagt er einmal zu predigen: *,Da ihr meine Gesetze nicht befolgt und nicht auf die Worte meiner Propheten hört, will ich mit diesem Tempel verfahren wie mit Silo im ehemaligen Nordreich Israel. Jerusalem wird noch mal zum Kernfluch im Maul aller Völker der Welt werden!'*

Ob dieser Rede kommt es zu einer regelrechten Gerichtsverhandlung gegen Jeremia. Der öffentliche Ankläger beantragt sogar die Todesstrafe, weil der Prophet gesagt hat, er spreche im Namen des GROSSEN BOSSES.

Ein alter Geschworener der Geistlichkeit führt zu Jeremias Verteidigung den Propheten Micha an, der schon lange tot ist: *Unter König Hiskia hat Micha prophezeit, Zion werde wie ein Acker umgepflügt und Jerusalem in eine Schutthalde verwandelt werden und wurde dafür keineswegs zur tödlichen Rechenschaft gezogen. Ich plädiere deshalb auf Freispruch!*

Jeremia wird nicht verurteilt. Dafür brechen sie über einen anderen Propheten den Stab. Er heißt Uria und weissagt gleichfalls die Zerstörung der

Stadt. Den wollen sie –, aber da ist er bereits nach Ägypten geflüchtet, von wo Jojakim ihn schleunigst zurückholen läßt, um es ihm zu besorgen. Die Leiche wird auf den Schindanger am Platz der Totenschädel geschmissen. Zum Geier mit dem Kerl! Die hohe Geistlichkeit braucht ein Opfer, und Jeremia ist leider viel zu beliebt beziehungsweise gefürchtet, was im Prinzip gleich ist, bedenkt man das Resultat.

Weh mir, meine Mutter! klagt Jeremia. *Warum hast du mich nur geboren! Mich, den alle hassen, obwohl ich weder Wucher treibe noch jemandem Geld oder sonstwas schulde! Warum nur verfluchen sie mich?*

Was fragst du du, Jeremia, möchte man ihm zurufen. Weißt du nicht, daß noch in Jahrtausenden die Menschen jeden verneinen werden, dem sie geistig oder künstlerisch nicht folgen können? Denn Jeremia sagt viele sehr schöne Dinge, doch weder bessern sich die Leute noch hören sie so was gern. König Jojakim schon gar nicht; der kriegt immer mehr Ärger an den Hals.

Nicht nur, daß er dem Pharao die verdammten Steuern zahlen muß, eines Tages soll er sich auch noch dem Nebukadnezar unterwerfen. Das ist der König von Babel, und der braucht unbedingt Geld, weil er die Assyrer besiegen muß, um einmal weltmächtig zu werden.

Deshalb schickt Nebukadnezar seine riesige Armee über den Euphrat, runter zum Jordan und weiter westwärts. Und dann wieder südlich, bis bei Bethulia sein Vormarsch gebremst wird, weil ein General völlig den Kopf verliert.

Er heißt Holofernes.

192

DER SCHLEIER FÄLLT

Apokryphen: Judith 7—10

Das Anrücken Nebukadnezars unter dem Oberbefehl von General Holofernes hat in ganz Judaland eine hektische Betriebsamkeit zur Folge. Überall werden Barrikaden errichtet, Bogenschützengräben ausgehoben, Wälle verstärkt, denn diesem Holofernes geht ein fürchterlicher Ruf voraus. Was der schon alles erobert hat! Gar nicht aufzuzählen, die Länder! Und mit welchen Mitteln! Brutal, kann man da nur sagen, einfach brutal.

Deshalb verriegeln die Bewohner der Stadt Bethulia die Tore und beten zum GROSSEN BOSS. Hat er seinen Israels nicht immer geholfen, wenn sie gehorsam waren? Nun, die Bethulianer sind der Meinung, sie hätten sich nichts vorzuwerfen, bibbern aber trotzdem in der Erwartung des Eroberers.

Holofernes seinerseits wundert sich nicht wenig darüber, daß er trotz seines sagenhaften Renommees überall Knüppel in den Weg gelegt bekommt. Nicht nur Knüppel! Ganze Felswände versperren ihm immer wieder den Vormarsch.

Und nun diese Stadt! Dem General entgehen die Helme nicht, die die Stadtmauer wie blinkende Zierknaufe garnieren. Unter den Töppen sind Kommisköppe, weiß er, und warum etwas riskieren, wenn es auch anders geht!

Als erstes läßt er die Röhren kaputtmachen, die von einem Brunnen ins Stadtinnere führen. Aber es gibt da noch etliche kleine Brünnlein dicht an der Stadtmauer, zu denen die Bethulianer nachts schleichen, um heimlich Wasser zu holen. Natürlich reicht das kaum zum Trinken, geschweige zum Kochen und Baden. Und auch das nur so lange, bis ein Kollaborateur aus Ammon dem General flüstert, warum die Bewohner von Bethulia nicht kapitulieren.

Daraufhin legt Holofernes an jedes Brünnlein hundert Kriegerchen. Prompt wird in der Stadt das Wasser noch knapper. Trotz schärfster Rationierung der Zisternenvorräte steht den Bethulianern nach zwanzig Tagen das Wasser bis zum Hals, denn da ist selbiges alle.

Jetzt werden die Bewohner im Rathaus vorstellig und geben eine Vorstellung, die sich gewaschen hat. Leider nur bildlich. *Ihr allein seid an unserer Misere schuld!* beschimpfen sie die Stadträte. *Hätten wir uns gleich dem Holofernes ausgeliefert, wäre dieser Kelch an uns vorübergegangen. Jetzt haben wir die Bescherung. Die Kinder schreien nach Wasser! Das Vieh tobt in den Ställen! Und wir haben auch Durscht!*

Trinkt Wein! rät der ratlose Oberbürgermeister.

Erstens ist der auch bald alle, und zweitens kann man damit keine Suppe kochen. Oder willst du, daß unsere Kinder das Delirium kriegen?

Der OB schweigt und suggelt gedankenverloren an seiner Bartspitze, weil er genauso 'n Durst hat. Von draußen schallen die Rufe und Anklagen der Bevölkerung ins Zimmer: *Wir wollen uns ergeben! — Lieber tot als durstig! — Der GROSSE BOSS hat uns aufgegeben, und Holofernes liegt so nah!*

Der Stadtvater tritt ans Fenster und wartet, bis unter den Versammelten Ruhe herrscht. Dann bittet er sie in bewegten Worten: *Liebe Mitbürger, liebe Mitbürgerinnen! Ihr sitzt nicht allein auf dem Trokkenen; auch meine Familie hat nicht mal mehr Speichel zum Speuzen. Aber ich flehe euch an:*

Wir wollen dem GROSSEN BOSS eine letzte Chance geben! Fünf Tage wollen wir mit der Kapitulation noch warten und beten, daß er uns noch einmal seine Gnade bezeigen möge, sich selbst zum Ruhme und uns zur Durststillung. Läßt er in dieser Fünftagewoche kein Wunder geschehen, wollen wir dem Holofernes die Tore öffnen. Vielleicht macht er's gnädig mit uns.

Seine Rede hat Erfolg; die Protestversammlung löst sich murrend auf. Natürlich wird über die Galgenfrist herumgetratscht, und so erfährt auch Judith davon. Sie wohnt in Bethulia-Westend, einem vornehmen Viertel, und ist Witwe. Ihr Mann fiel bei der Gerstenernte. Einem Sonnenstich zum Opfer.

Seit dreieinhalb Jahren lebt sie mit ihrem Personal ganz zurückgezogen. Nie sieht man sie bei einem Tanzvergnügen oder im Theater. Trotz ihres immensen Reichtums trägt sie immer denselben billigen schwarzen Fummel. Kaum daß sie was ißt. Sie betet bloß und kasteit sich nur, so sehr hat sie ihren sonnengestochenen Gatten geliebt.

Judith ist sehr jung Witwe geworden und erfreut sich in der Stadt eines einmalig guten Rufes. Deshalb kann sie es sich erlauben, den Oberbürgermeister zu sich nach Hause zu bitten, wo sie ihm erhebliche Vorwürfe macht: *Das ist doch wohl nicht dein Ernst, daß du diesem General Holofernes in fünf Tagen die Stadt übergeben willst!*

Verzeihung, Frau Judith, ich weiß zwar nicht, wieso dich nicht dürstet — deine Mitbürger jedenfalls kennen Wasser nur noch vom Hörensagen. Und vor der Stadtmauer liegen hundertzwanzigtausend Infanteristen und zwölftausend schwerbewaffnete Reiter. Wenn kein Wunder geschieht —

Wunder, Wunder! Wer bist du eigentlich, daß du es wagst, dem GROSSEN BOSS eine Frist zu stellen? Das heißt ja Gott versuchen! Bestimmst einfach Tag und Stunde, bis zu der er uns helfen soll. Zum Glück ist unser BOSS kein Mensch, den man beleidigen und um Entschuldigung bitten kann!

Ich finde, die Strafe, die er uns im Moment auferlegt, ist eine Lappalie gegen unsere Sünden. Wenn wir uns jetzt bewähren, wird er uns auch aus dem Dilemma heraushelfen. Aber nicht so: binnen! Terminiert! Das riecht sehr nach Erpressung, oder?

Der OB gibt keine Antwort. Natürlich hat sie recht, die Witwe Judith. *Bete für uns,* bittet er endlich. *Du bist so tugendsam und so schön fromm.*

Mit Beten allein ist es nicht getan! kritisiert Judith. *Was seid ihr nur für Männer! Der GROSSE BOSS liebt Waschlappen nicht, dessen bin ich sicher.*

Aber was sollen wir tun?

Beten! sagt Judith lächelnd. *Tun — das werde ich! Bittet ihr den GROSSEN BOSS um Gnade und Glück für mich. Ich hoffe, es ist in seinem Sinne, was ich vorhabe.*

Und das wäre, wenn die Frage erlaubt ist?

Kein Kommentar! Sei heute drei Stunden nach Mitternacht mit einem verschwiegenen Mann am Nordtor und laß mich mit meiner Kammerzofe aus der Stadt. Mehr kannst du nicht für mich tun. − So, und jetzt möchte ich mich zurückziehen. Ich habe noch eine Menge Vorbereitungen zu treffen.

Schalom, Judith! Der GROSSE BOSS sei mit dir! Er weiche keine Minute von deiner Seite! sagt der Oberbürgermeister zum Abschied.

Das letztere wäre mir vielleicht gar nicht so angenehm, murmelt Judith vor sich hin. Dann ruft sie ihre Kammerzofe...

Im Morgengrauen schleichen zwei vermummte Gestalten durch die Gassen Bethulias. Sie müssen sich beeilen, wollen sie pünktlich am Nordtor sein, denn dort fröstelt der OB mit einem Stadtverordneten. Die Torwache hat man ins Wachhaus geschickt. Da sagt eine Stimme im Rücken des Stadtvaters: *Hallo, hier sind wir!* Verdutzt drehen sich die beiden Männer um, starren auf die vermummten Figuren. Langsam läßt eine von ihnen das Umschlagtuch sinken.

Dunnerlittchen! entfährt es dem Oberbürgermeister. So hat sich die junge Witwe seit Mittag verändert. Unfaßlich! Dafür hat sie sich allerdings auch stundenlang mit sich beschäftigt, hat gründlich gebadet − in Eselsmilch − und den Körper mit teuren Cremes eingerieben. Zwei Stunden bastelte ein Künstler an ihrem Haar herum. Danach zog sie ihr schönstes Kleid an und behängte sich mit den kostbarsten Stücken aus ihrer Schmuckschatulle. Nun sieht sie aus wie eine Schönheitskönigin und duftet wie ein Rosenhag im Morgentau. Ihre Augen blitzen, ihre Lippen blühen wie eine rote Orchidee. Nein, so herrlich hat Judith noch nicht mal zu Lebzeiten ihres Gemahls ausgesehen. Aber der hieß auch nicht Holofernes.

Alles Glück! flüstert der Stadtgewaltige und entriegelt das Tor.

Ich will ununterbrochen für dich beten! verspricht der andere. Aber das hat Judith bereits ausgiebig getan. Eine Stunde lang hat sie den GROSSEN BOSS um Verständnis für ihr Vorhaben gebeten: ‚Laß den General in Hitze geraten, wenn er mich erblickt! Verwirre ihm die Sinne, wenn es mir allein nicht gelingt! Gib mir die Kraft, es zu tun, und laß mich tapfer sein, falls es mir vor ihm graust! Gib ihm Lust und mir List...

Eilig schreiten Judith und ihre Zofe den Berg hinunter. Die Dienerin schleppt in einem Beutel Nahrungsmittel mit, die ihre Religion ihnen erlaubt. Plötzlich ertönt ein halblauter Ruf: *Halt! Stehenbleiben! Oder es wird geschossen!* Aus einem Gebüsch brechen feindliche Vorposten. *Hoppla! Wen haben wir denn da?* Erstaunte Blicke, ein anerkennender Pfiff.

Judith lächelt. *Ich bin Judith aus Bethulia. Witwe. Ich habe mit meiner Dienerin heimlich die Stadt verlassen. Warum soll ich warten, bis ihr sie erobert, nicht wahr?*

Bis jetzt sieht's noch nicht danach aus! knurrt ein Feldwebel.

Ihr schafft's schon! Leicht sogar, wenn euer General erst weiß, was ich weiß. Führt mich zu Holofernes, damit ich ihm verraten kann, was die Stadtväter dort oben für Pläne haben.

Na schön, sagt der Feldwebel, *komm mit. Ich bring dich zu ihm. Junge, wird der Augen machen! Holofernes ist kein Kostverächter. Sind alle Mädchen in Bethulia so hübsch wie du?*

Judith lächelt kokett. *Was erwartest du für eine Antwort? Bald kannst du's ja selber prüfen. Los, beeilen wir uns!*

Allein schon für Frauen wie dich lohnt sich das Kriegführen! schmeichelt der Spieß und schultert den seinen.

193

GESTATTEN: HOLOFERNES
Apokryphen: Judith 11—12

Holofernes fällt fast vom Feldstuhl, als Judith in sein Zelt geführt wird. Donnerwetter, war das ein Rasseweib! Als sie sich vor ihm niederwerfen will, verwehrt er es ihr: *Nicht doch, Madame! Was soll denn dieses! Ich bin nur ein kleiner General, dem es eher anstünde, vor dir niederzufallen. Schönheit geht vor Genie. Gestatten: Holofernes!*

Der geniale Feldherr fordert Judith zum Niedersitzen auf, ihre Zofe muß stehen. Bloß den Campingbeutel darf sie abstellen. Dann erkundigt Holofernes sich nach Judiths Anliegen. *Die Wache sagte mir bereits, daß du aus Bethulia geflohen bist. Sehr vernünftig! Lange warte ich nämlich nicht mehr. Ich will noch nach Jerusalem. Das hier ist quasi meine Zwischenmahlzeit.*

Na, nun sprich schon, Judith! Frisch von der Leber weg. Meine zwickt leider. Kommt vom Durst, haha! — Apropos Durst, nimmst du einen Drink mit mir?

Wenn ich verzichten dürfte, Herr General? So in aller Morgenfrühe schmeckt's mir noch nicht. — Doch um auf das von dir soeben erwähnte Jerusalem zurückkommen; wenn du meinem Ratschlag folgst, wird es dir wie eine reife Orange in den Schoß fallen.

Potz Bomben und Granatäpfel, das wäre was! Wie sollte das zugehen, schöne Frau?

Zuerst mal: Glück und Segen deinem König Nebukadnezar, den ich sehr verehre. Er muß ein weiser Monarch sein, sonst hätte er dich nicht zum General gemacht. Über dich hört man ja schöne Geschichten, ich meine, du bist ein sehr berühmter Mann, Holofernes!

Hoho, du meinst wohl, berüchtigt! Der General lacht schallend und geschmeichelt dazu. *Mach weiter; du gefällst mir!* Seine Augen tasten Judith ab, ziehen ihr das Kleid aus, prüfen die Festigkeit ihrer

Brüste und die mögliche Tiefe des Schoßes. Judiths Gebet wirkt bereits. Holofernes ist ganz hin. Am liebsten würde er gleich –, aber das schickt sich nicht für einen Armeegeneral im Dienst. Zur Abregung trinkt er erst mal einen.

Judith plaudert ungeniert weiter: *Ich bin geflohen, weil unsere Propheten den Untergang des ganzen Landes verkündet haben. Wegen unserer vielen Sünden sollen wir von unserem GROSSEN BOSS vernichtet werden. Darum zittern auch die Bürger von Bethulia wie – wie – Sie findet nicht gleich ein passendes Wort.*

Wie die Jungfrau vorm Kind! scherzt Holofernes soldatenderb.

Und wie Espenlaub, ergänzt Judith charmant. *Ihre Angst vorm GROSSEN BOSS ist aber noch gar nichts gegen ihre Angst vor dir, General! Dazu der Hunger und der Durst in der Stadt! Jetzt wollen sie schon die Tiere schlachten, um ihr Blut zu trinken, was uns streng untersagt ist. Genauso wie wir das heilige Brot vom Altar nicht essen dürfen. Aber auch das werden sie tun, um nicht zu verhungern. Die Folgen kannst du dir leicht ausrechnen. Deshalb bin ich geflohen, Holofernes, um dir das im Auftrag unseres GROSSEN BOSSES anzukündigen.*

Holofernes überlegt einen Moment, dann bekommt sein Blick einen mißtrauischen Ausdruck. *Aber du bist doch von ihm abgefallen?!*

Judith begehrt auf: *Aber nein! Auch wenn ich zu dir gekommen bin, bleibt der GROSSE BOSS mein Alleinseligmachender. Ich bitte deshalb schon jetzt für mich und meine Zofe um die Erlaubnis, morgens und abends im Freien zu ihm beten zu dürfen. Wenn mir der GROSSE BOSS dann mitteilt, wann die Stunde X gekommen ist, will ich es dir sofort sagen, damit du Bethulia und Jerusalem einnimmst zur Strafe für die Sünden aller Israels.*

Das läßt sich hören! freut sich der General und hebt noch einen. *Prosit, Judith! Deinesgleichen gibt's nicht noch einmal auf Erden – an Schönheit und Grips!* Er trinkt. *Ich laß dir jetzt dein Zelt zeigen. Wir sprechen uns noch. Du ißt natürlich mit mir!*

Verzeihung, wir haben unsere eigenen Speisen mitgebracht. Unsere Gesetze verbieten uns —

Scheiß Gesetz! schimpft der Armeegeneral. *Und wenn der Fraß alle ist, wovon wollt ihr beiden Hübschen denn leben?*

Judith zieht sich schlau aus der Schlinge: *Bis wir unsere Nahrungsmittel verzehrt haben, hast du längst Bethulia und Jerusalem im triumphalen Finish genommen, wetten?*

Holofernes wettet nicht. Er läßt sich von der Zofe den Inhalt des Beutels zeigen und schmunzelt. Das reichte nicht mal für 'n hohlen Zahn! Dieses Teufelsweib würde schon sehr bald zu ihm zum Essen kommen. Und nicht nur, um zu essen!

Aber erstens hat Judith keine hohlen Zähne, zweitens ißt sie bekanntlich wie ein Spatz, und drittens ist sie nicht zum Schnabulieren gekommen, sondern — siehe nächstes Kapitel.

194

LIEBLING, MACH DIE AUGEN ZU

Apokryphen: Judith 12, 13

D rei Tage weilt Judith nun schon im Heerlager von General Holofernes. Sie hat mit ihrer Zofe ein hübsches Zeltchen bekommen und geht mit ihr zweimal täglich zum Beten ins Freie. Der Radius dieses ‚Freien' wird dabei immer größer, damit sich die Wachtposten an ihre Spaziergänge gewöhnen. Und immer schleppt die Zofe den Naturalienbeutel mit sich herum. Auch das hat seinen guten Grund.

Des vierten Tages langer Abend nähert sich. Holofernes hat das Gefühl, daß Judith am Verhungern sein müsse und gibt deshalb bei seinem Koch ein Festmahl in Auftrag. Zu seinem Adjutanten sagt er augenzwinkernd: *Das geht ja wohl nicht an, daß dieses hebräische Luxusweib hier ungebumst wegkommt! Das bin ich schon meinem schlechten Ruf schuldig, sie ungeheuer zu verkasematuckeln!*

Als seine Ordonnanz in Judiths Zelt erscheint und sie zu einem gemütlichen Abendessen ins Zelt des Generals bittet, weiß sie, daß ihre Stunde gekommen ist. *Sage deinem General, ich käme gern und würde ihm meinen ganzen Frohsinn als Gastgeschenk mitbringen!*

Dann macht sie sich besonders hübsch und geht mit Zofe und Campingsack hinüber zu dem berühmt-berüchtigten Heerführer.

Sein Zelt ist ein mehrzimmriger Prachtbungalow aus purpurfarbener Leinwand, mit Edelsteinen geschmückt und nicht hellhörig, was sich als dienlich erweisen wird.

Holofernes und seine Vertrauten haben schon einige Becher Wein intus, als Judith mit sanft wiegenden, makellosen Hüften ins Zelt tritt. Dem General fallen fast die Augen aus den Höhlen vor Geilheit. Aber er nimmt sich zusammen. Ärgert sich noch nicht mal, daß Judith nur das ißt, was ihre Zofe ihr vom Mitgebrachten serviert. Sie trinkt sogar ihren eigenen Hebräerwein, den Holofernes sofort ausspuckt, als er ihn verkostet. *Das reinste Zuckerwasser!* Er schüttelt sich und spült den Sirupgeschmack mit Babler Riesling hinunter.

Judith stößt so oft mit ihm an, wie das möglich ist, ohne Anstoß zu erregen. Bald schickt Holofernes die anderen Gäste fort. *Jetzt sind wir unter uns Pastetentöchtern!* scherzt er und rückt näher. Judith deutet diskret auf ihre Zofe. *Jag das Luder zum Teufel!* knurrt der General.

Aber sie stört doch gar nicht, sagt Judith kokett. *Ich meine, hier an der Tafel stört sie nicht, oder?*

Da hat sie recht, denkt Holofernes und nimmt einen gewaltigen Schluck. Komisch, bei diesem Weib muß er sich tatsächlich erst Mut antrinken. Sie hat so was Gewisses, die Judith. So was anziehend Zurückweisendes, ernüchternd Verwirrendes. Da hilft nur tüchtiges Saufen.

Kurz nach zehn Uhr ist es dann soweit. Der General erhebt sich. Das geht zwar ein bißchen schwer, aber er kommt doch noch hoch, der General, und lallt: *Jetzt zeig ich dir − hick − zeig ich dir − hick −*

Holofernes hickt soviel, daß Judith nie erfahren wird, was er ihr zeigen will. Sie kann es sich auch so denken. Wahrscheinlich seine Briefmarkensammlung.

Ohne die Unterstützung Judiths und ihrer Zofe käme der Feldherr gar nicht bis zu seinem Schlafgemach. Beidseitig halb getragen wird er reingebracht und auf sein Bett gelegt. Ein prächtiges Lager! Ein richtiges Himmelbett, kostbar geschmückt. An einer Säule hängt das Schwert des Generals, an einer anderen sein seidener Morgenrock. Aber den braucht er nicht. Er braucht überhaupt nicht mehr viel, der sturztrunkene Schnarcher. Kein Küßchen, kein Aufhupferl, nicht mal 'n Glas Wasser für 'ne Alka-Seltzer.

Judith schickt ihre Zofe zum Schmierestehen vors Schlafgemach, dann faltet sie die Hände und betet leise: *Gib mir Kraft, lieber GROSSER BOSS, damit ich tun kann, was ich mir vorgenommen habe! Hilf mir, das Werk zu vollenden! Führe meine Hand, denn ich muß es mit geschlossenen Augen tun, weil ich, wenn ich Blut sehe, sofort ohnmächtig werde. Deshalb will ich mich beeilen, daß ich hinter mich kriege, was ich noch vor mir habe.*

In diesem Moment raspelt Holofernes einen ganz besonders knorrigen Ast durch. Sein Schnarchen klingt wie 'n Sägewerk mit Zahnradschaden. *Einen Augenblick noch, Herr General,* murmelt Judith, *du hast gleich ausgeschlafen...*

Sie nimmt das Schwert von der Säule des Himmelbettes – nähert sich dem Schläfer – zielt mit der Schwertspitze auf seinen Hals – schließt die Augen ganz fest – und sticht zu. Zieht raus! Sticht noch einmal in dieselbe Richtung! Trifft wieder! Und schon schnarcht Holofernes nicht mehr.

Mit abgewandtem Gesicht säbelt Judith dem weltberühmten Mann die Rübe vom Hals. Dann rollt sie den Rest des Generals vom Bett runter, zerrt das blutbefleckte Bettuch aus Damast herunter, wickelt den Kopf darin ein und tritt – persönlich unbenutzt – aus dem Schlafraum.

Es hat hingehauen! sagt sie treffend und ein bißchen heiser und steckt den körperlosen General in den Schnappsack der Zofe. *Gehn wir! Ich brauche frische Luft!*

Als wollten sie ihrem täglichen Gebet nachgehen, wandern die beiden Frauen ins Freie. Immer weiter ins Freie. Bis sie zur Freiheit wird.

195

DIE HAUPTSACHE

Apokryphen: Judith 13—15

Mitten in der Nacht klopft es ans Nordtor von Bethulia. *Wer da?* ruft eine Stimme von der Zinne. — *Ich bin's, die Witwe Judith mit ihrer Zofe. Macht rasch auf! Ich habe eine Überraschung für euch!*

Die beiden Damen werden eingelassen. Der Stadtbüttel schellt die Bürger zusammen. Die Räte und der Oberbürgermeister kommen im Schlafrock gerannt. Und Judith stellt sich auf einen geparkten Wagen.

Hört, ihr Bürger von Bethulia, gellt Judiths nun nicht mehr heisere Stimme über den Marktplatz, *hört, was der GROSSE BOSS für euch durch mich getan hat! Denn er verläßt die Seinen nicht, wenn sie ihm nur vertrauen und an ihn glauben!*

Inzwischen haben etliche Zuhörer Fackeln angesteckt; um so gespenstischer wirkt die folgende Szene. Judith greift in den Tragebeutel, zieht den Generalskopf heraus und befreit ihn vom Bettuch. Merkwürdigerweise fürchtet sie sich plötzlich nicht mehr vor dem Anblick von Blut. Sie packt den Holofernes am Scheitel und hebt ihn hoch: *Hier, das ist das Haupt des Hauptes unserer Feinde! Holofernes persönlich!*

Sie zeigt mit der anderen Hand das blutbefleckte Bettuch: *Auf diesem Laken hat er gelegen, als es geschah. Es war als Liebeswindel gedacht, aber der GROSSE BOSS hat mir die feindliche Umarmung*

— 546 —

erspart. *Wir wollen ihm alle dafür danken, daß er den Feind durch die Hand einer schwachen Frau besiegt hat. Und damit wir die Sternstunde nutzen, hört meinen Rat:*

Wenn jetzt der Tag anbricht, zeigt euch alle in voller Rüstung auf der Stadtmauer. Dann öffnet die Tore und macht einen Ausfall. Die Posten, deren geringe Anzahl ich kenne, werden fliehen und ihren General wecken wollen. Wenn sie dann die kopflose Leiche entdecken, werden sie so entsetzt sein, daß es euch ein leichtes sein muß, sie zu besiegen. Ohne den genialen Strategen Holofernes sind seine Offiziere nur ein Haufen Alkoholiker. Überlegt nicht lange, sondern macht euch fertig. Es wird schon hell am Firmament!

Begeistert von dem Alleingang der schönen Witwe bekommen alle Nachtmützen neuen Mut. Die Aussicht, vielleicht schon bald wieder baden zu können, erfrischt sie sichtlich. Bevor es noch ganz hell ist, wimmelt die Stadtmauer von Bewaffneten. Dann findet der geplante Ausfall statt. Mit bravourösem Geschrei, versteht sich.

Alles trifft ein, wie Judith es prophezeit hat: Die völlig überraschten Posten fliehen zum Lager zurück, wecken die Offiziere, sagen Bescheid. Die wiederum stürzen zum Zelt des Generals, wo sie zehn Minuten lang diskret vorm Schlafraum husten, weil sie annehmen, daß es Holofernes noch mit Judith treibt. Als sich dann immer noch nichts regt, reißen sie die Leinwand beiseite und sehen den Torso. Erkennen ihn an der Uniform als einen Teil ihres Generals. Vergeblich suchen sie nach dem Kopf; er ist und bleibt verschwunden. Aber selbst, wenn sie ihn fänden, würde er ihnen schwerlich was nutzen. So abgetrennt entwickelt auch ein Genie keinen raschen Verteidigungsplan.

Die Bethulianer Miliz hat tatsächlich leichtes Spiel. Das Entsetzen über den schauerlichen Tod ihres unbesiegten Heerführers schlägt den meisten Landsern derart auf den Magen, daß sie ohnehin rennen müssen. So entsteht die berühmte Flucht der verlorenen Hosen.

Als das die Bewohner der umliegenden Gemeinden sehen, kriegen auch sie so etwas wie Kampfgeist. Sie metzeln tüchtig mit unter den Flüchtenden und teilen sich dafür mit den Bethulianern die Beute aus dem Heerlager. Eine enorme Beute, eine wertvolle Beute! Judith, plötzlich eine Nationalheilige fürs Volk, bekommt allen Schmuck des Generals, der ja doch keine Verwendung mehr dafür hat.

Die größte Ehrung aber erlebt die schöne Judith durch den König von Juda persönlich: Jojakim erscheint mit großem Gefolge in Bethulia und verleiht Judith das Goldene Killerkreuz mit Olivenlaub und Schwertern. Außerdem den Ehrentitel ‚Verdiente Witwe des Volkes'.

196

IMMER AUFS SCHLIMME
2 Könige 24; Jeremia 19, 20, 36

Judiths Sieg über Holofernes und das erfolgreiche Gemetzel unter seiner Armee würde sich bald als Pyrrhussieg herausstellen, wenn Pyrrhus schon umkämpft und volkstümlich wäre. Da das noch ein paar Jahrhunderte dauert, entpuppt sich Judiths Kopfsalat als Danaergeschenk. König Nebukadnezar nämlich ernennt einen gewissen Nebusaradan zum Oberbefehlshaber seiner sämtlichen Streitkräfte und brütet Rache: Wenn Jojakim in Zukunft nicht Tribut zahlt an ihn, wird er Jerusalem auf der Stelle zerstören. In der Nähe ist er ja schon, noch von damals, bloß daß er jetzt noch zu mehreren ist. Folglich zahlt König Jojakim.

Ob er glaubt, daß er sich damit Nebukadnezars Stillhalten erkauft hat? Der Prophet Jeremia glaubt es jedenfalls nicht; er gibt keine Ruhe. Eines Tages zertöppert er vor aller Augen einen Tontopp vorm Scherbentor − nomen est omen − und behauptet: *Aufgeschoben ist nicht aufgehoben! So wie diesen*

Tonkrug wird der GROSSE BOSS eines Tages dieses Volk zertöppern!

Seine Demonstration hat Folgen: Nach einem weiteren ‚Angriff auf die Moral der Bevölkerung' — so nennt es der aufsichtsführende Priester im Vorhof des Tempels — bezieht Jeremia fürchterliche Prügel. Anschließend kommt er am oberen Benjamin-Tor in den Block, ein Folterapparat, in welchen Hände und Füße gesteckt werden. Unbequem und wegen der Passanten überaus peinlich.

Nach erfolgter Entblockung beschimpft er den Priester, dem er die Senge und die öffentliche Blokkade verdankt, und prophezeit ihm Gefangenschaft und Tod in Babylonien. Aber er stöhnt auch: *Ach, lieber GROSSER BOSS, da hast du mir vielleicht was eingebrockt! Erst überredest du mich, und dann läßt du mich zum Gespött der Leute werden. Als wenn es mir nicht schon genug Hohn und ironische Bemerkungen eingebracht hätte, daß ich deine Pläne verkünde! Alle meine Freunde lauern nur darauf, daß ich zu Fall komme; denken, ich werde mich zu etwas hinreißen lassen, das mich endgültig erledigt. Manchmal war ich drauf und dran, alles hinzuwerfen.*

Aber dann kam das Feuer wieder, das du in mir angezündet hast, und ich habe weiter gepredigt in deinem Namen. Nach dieser Blamage jetzt allerdings, kann ich nur noch sagen: Verflucht sei der Tag, wo mein Vater sich auf die Schenkel klatschte und sich über die Geburt meiner Wenigkeit freute!

Die depressive Stimmung Jeremias hält nicht lange an. Bald schon greift er wieder frisch, fromm und freiweg die Übelstände im Land an. Besonders den König Jojakim nimmt er sich vor. Außerdem diktiert er auch noch ein Buch. Da steht nun zu lesen, was Old Jo nicht hören mag, weshalb er auch Zeile für Zeile des konfiszierten Manuskriptes ins Kaminfeuer feuert. Prompt diktiert Jeremia das ganze noch einmal. Wieder gipfelt es in der Ankündigung des totalen Untergangs.

Auf diesen spitzt sich auch langsam, aber sicher alles zu. Es beginnt damit, daß König Jojakim es satt hat, gleich an zwei ausländische Herrscher Steuern bezahlen zu müssen: an den Pharao von Ägypten und an den König von Babylonien. Eines Tages stellt er die Zahlungen ein. Ausgerechnet die an Nebukadnezar, wo dieser schon wegen Holofernes ziemlich sauer ist.

Der GROSSE BOSS allerdings begrüßt die Zahlungseinstellung von Old Jo, denn jetzt kann er zeigen, mit welcher Akribie er seine Dispositionen trifft: Eine riesige Heerschar zieht von Babylonien runter gegen Jojakim von Jerusalem, und das alles nur, damit das Volk Juda vernichtet wird, weil er es — wie er gesagt hat — nicht mehr riechen kann.

Noch gibt es diesmal eine Menge Überlebende in Juda. Nur den König Jojakim nicht mehr. Der ist klugerweise und kinderlos eingegangen. Eine ganze Weile liegt er unbeweint rum, bis er anfängt zu möpseln. Da verscharrt man ihn, wie Jeremia es ihm prophezeit hat.

Wo nun allerdings der achtzehnjährige Konja — oder Jojachin, auch das ist richtig — plötzlich herkommt und sich als Sohn des Verstorbenen zum König ernennen läßt, bleibt mehr als mysteriös. Vielleicht hat Jeremia sich geirrt; das wäre nur menschlich. Heißt ja auch: ‚Errare prophetanum est‘.

Wie dem auch sei, Konja übernimmt mit dem Königreich auch das weitere Inkasso an Katastrophen. Viel Zeit dazu bleibt ihm nicht. Genau drei Monate und zehn Tage. Dann ist es soweit: Nebukadnezar erscheint wieder mal mit seinem Heer vor Jerusalems Toren. Als der Jungkönig die kolossale Truppenansammlung sieht, nimmt er sein Mütterchen am Ärmchen und ergibt sich mit seinem Hofstaat freiwillig. Wenn man erst drei Monate an der Macht ist, darf man das; da schmeckt sie noch nicht so köstlich.

Freiwillig, wenn auch auf gutes Zureden Jeremias, schließt sich der Prophet Hesekiel dem Königshaus an. Während man in Gefangenschaft pilgert, plündern die babylonischen Soldaten die Stadt so gründlich, daß hinterher nicht mal mehr ein goldner Lippenstift zu finden ist. Als sie endlich wieder

abziehen, nehmen sie auch noch sämtliche qualifi-
zierten Arbeiter mit: siebentausend Zimmerleute,
tausend Schmiede, dazu sämtliche Maurer, Fliesen-
leger und Installateure.

Natürlich muß auch die High-Society mit. Und die
intelligenten Eierköpfe. Auch ein junger, sanfter
Stud. proph. namens Daniel wird hinterher für vermißt erklärt. Bloß die Hilfsarbeiter, die Tagelöhner
und motorische Faulenzer werden zurückgelassen.
Von denen hat man selbst mehr als genug im schönen Babylonien. Am Euphrat.

197

DER VERTRIEBENENMINISTER
SCHREIBT
2 Könige 24, 25; Hesekiel 1—3;
Jeremia 27, 28, 31

Nach König Konjas Kapitulation wird sein Onkel
Zedekia — den Künstlernamen verleiht Nebukadnezar dem Sohn Josias persönlich — auf Veranlassung des babylonischen Herrschers König von
Restjuda.

Wozu noch ein König, wenn niemand mehr zu
regieren ist? Nun, es sind nicht wenige, die sich
während der Plünderungen versteckt haben — in
der Kanalisation, in Erdlöchern, in Hurenbetten.
Dazu die anderen, die in der Provinz noch existieren. Sie zusammen also sind seine Untertanen, zu
denen auch Jeremia zählt, auf den der Babylonier
verzichtet hat. Ihm genügen Hesekiel und Daniel,
die sich in Babel bereits einen Namen machen.

Sagt der Hesekiel doch neulich — im fünften Jahr
seiner freiwilligen Verbannung —, er habe Gesichte
gehabt; der GROSSE BOSS habe sie ihm persönlich vorgeführt. Komische Sachen darunter; unerklärliche. Zum Beispiel vier Tiere mit vier Gesichtern. Mordsschädel demnach. Außerdem hätten sie
vier Flügel und glitzernde Stierfüße an Säulenbei-

nen gehabt. Aber nicht nur das! Die vier seltsamen Dinger hatten außerdem noch Räder, mit denen sie in jede Richtung rollen konnten, ohne rangieren zu müssen. Und fliegen konnten sie auch! Bis zum Himmel rauf, der wie ein Saphir glänzte und wo ein Thron war, auf dem ein Mensch saß. Nein, einer der aussah wie ein Mensch! Oben glitzerte er kuglig in Weißgold, unten funkelte er spitzig wie Feuer, um ihn herum glissen lauter Regenbogen in echt Agfa-Color.

Vielleicht ein außerirdischer Besucher?! wagt ein Belesener — gewichtig mit dem Kopf dänikend — zu vermuten.

Sag ich doch: Es war der GROSSE BOSS! hakt Hesekiel in Babylonien sofort ein. *Er sagte zu mir: ‚Steh auf, ich hab mit dir zu reden!‘ Da stand ich auf und hörte ihm zu. ‚Du weißt gewiß, daß dein Volk dickköpfig und verstockten Herzens ist. Sie hassen dich zwar, deine Leute, trotzdem sollst du mit ihnen reden.‘ Ich wollte Einwände machen, da kam er mir zuvor: ‚Widersprich mir nicht, Hesekiel! Mach lieber den Mund auf und iß das hier!‘*

Ich guckte, aber ich sah nur eine Hand, die mir eine Buchrolle hinhielt. Ich rollte sie auf; sie war außen und innen bekritzelt. ‚Und das soll ich essen?‘ fragte ich verwundert. ‚Ist es wenigstens was Amüsantes?‘

‚Iß und verdau's!‘ sagte der GROSSE BOSS und schob mir die Rolle zwischen die Lippen. Was soll ich euch sagen, das Buch schmeckte einfach lecker! Wie süße Schillerlocken, mit Honig gefüllt. Danach forderte er von mir, nun soll ich euch den Text verkünden, euch auf eine Zukunft vorbereiten, die in der Unendlichkeit bereits Vergangenheit ist...

Was er mir sonst noch alles sagte, erzähl ich euch ein andermal; dahinten gähnen schon welche! Kinder, Kinder, wenn das eure Brüder in Jerusalem wüßten!

Wären wir mal dort! murrt einer. *Sie leben sicher sicher wie in Abrahams Schoß und gemütlich in Sausen mit Brause und Bier. Hier sind wir nur weit unter Tarif bezahlte, dreckige Fremdarbeiter!* Mit letzterem hat der Meckerer nicht ganz unrecht. Doch mit der Vermutung, in Jerusalem herrsche eitel Freude und Fettlebe, irrt er.

Dort hat der GROSSE BOSS dem König Zedekia durch den Propheten Jeremia mitteilen lassen, daß er – als Schöpfer der Welt – mit seinem Eigentum machen könne, was er wolle. *Jetzt habe ich König Nebukadnezar im Visier. Alle Völker sollen ihm dienen, bis er – und dann sein Nachfolger – fällig ist, das heißt, sich einem noch mächtigeren König unterwerfen muß. Wer sich jetzt nicht unter das Joch des Königs von Babel beugt, den suche ich anderweitig heim. Mit dem Schwert oder durch 'ne Hungersnot. Vielleicht auch, daß ich mal wieder 'ne schicke Pestilenz schicke.'*

Diese Prophezeiungen, die keiner gern hört, widerlegt ein gewisser Hananja, ein Angeber und Prophet in Taschenformat. Wenn er überhaupt einer ist. *Blödsinn!* verkündet er. *Der GROSSE BOSS hat mir gesagt, in zwei Jahren wird er alle heiligen Geräte des Tempels zurückbringen und König Konja und alle Vertriebenen gleich mit. ,Ich zerbreche den gordischen Knotenstock von Babel!' hat er gesagt, der GROSSE BOSS. Zu mir, Hananja! Euer Jeremia ist ein Miesmacher; 'ne richtige Kassandra!*

Jeremia überlegt, wo er den Namen Kassandra noch nicht gelesen hat. Klang griechisch und nach Konkurrenz und Papagei. Laut warnt er: *Es ist stets verdächtig, wenn einer was Gutes prophezeit! Bislang haben wir immerzu nur Unheil zu verkünden gehabt, von wenigen Ausnahmen abgesehen. Deshalb warne ich euch vor Hananja. Dieser Scharlatan kann gar nicht vom GROSSEN BOSS gesandt sein! Auch soll er – wie ich aus berufenem Munde erfuhr – demnächst fristlos vom Erdboden entlassen werden!* Was dann auch geschieht.

Endlich hat Jeremia Muße für einen Brief an den Ältestenrat der Heimatvertriebenen in Babylonien: ,Liebe Freunde und Brüder im Exil! Ich habe euch im Auftrag des GROSSEN BOSSES folgendes mitzuteilen: ,Baut euch Häuser! Pflanzt Gärten und heiratet einheimische Frauen! Vermehrt euch kräftig, denn ihr sollt nicht aussterben. Tut alles für die fremde Stadt; ihr Wohlstand kommt auch euch zugute.

Und laßt euch nicht von falschen Propheten beschwatzen! In siebzig Jahren etwa will ich mein Versprechen realisieren und euch zurückholen. Die Zukunft wird euch alle Träume und Wünsche erfüllen. Bis dahin ruft mich ruhig an; ich geh immer an den Apparat. Wenn ihr mich bittet, werde ich euch anhören; wer mich sucht, wird mich finden. Dazu braucht er kein Adreßbuch. Ich bin immer da, immerdar!'

In der Hoffnung, daß ihr die Worte des GROSSEN BOSSES beherzigt und es euch gut geht in der Fremde, verbleibe ich: Jeremia, Diplomprophet.

Das Echo ist erschütternd; nämlich ein gepfefferter Beschwerdebrief per Eilboten. Aber nicht an Jeremia adressiert, sondern an den aufsichtsführenden Priester im Jerusalemer Tempel:

,Verehrter Herr Oberpriester! Wozu bist Du eigentlich Tempelaufseher, wenn Du nicht verhindern kannst, daß solche Verrückten wie dieser Jeremia sich ungestraft austoben können! Schreibt der Kerl uns doch, wir sollten uns Häuser bauen, Gärten pflanzen und Mischehen zwecks Vermehrung schließen; die Verbannung werde noch sehr lange dauern. Schließe den Mann sofort in den Block, bevor er das Volk noch weiter verhetzt! Hochachtungsvoll und für den Ältestenrat: Schemaja, zur Zeit in Babel am Euphrat in Babylonien.'

Der Tempelverwalter gibt Jeremia den Brief zum vertraulichen Lesen. *Was hast du dazu zu sagen, Herr Prophet?*

Jeremia schüttelt müde den Kopf. *Sie erkennen nicht, weil sie nichts vom Segen des Leides wissen. Ist ja auch nicht leicht zu begreifen. Aber trotzdem:* ,Wenn es möglich wäre, den Himmel zu messen und die Erde zu ergründen, würde ich das Volk Israel verwerfen ob all seiner Untaten. So aber will ich ihnen verzeihen, wie ich es versprach!' *sagt der GROSSE BOSS, und ich habe dem nichts hinzuzufügen, Herr Oberpriester.*

Den Himmel messen? Die Erde ergründen? Den Mond, diese Laterne mit Milchglasscheiben? Wie nun, wenn einer mal da raufturnt? Nicht auszudenken!

Zum Glück wird das nie passieren, hihi...

198

NEGER RETTET WEISEN

2 Könige 24, 25; Jeremia 21, 37

O hm Zedekia ist mit einundzwanzig Jahren von Nebukadnezar zum König von Juda gemacht worden. Neun Jahre regiert er und zahlt − wenn auch ungern und erst nach wiederholter Mahnung − dem Babylonier die auferlegten Steuern. Bis es ihm reicht und er die unerfreuliche Abgabe einstellt. Babel war weit, der König konnte ihn mal am Arsche lecken, was der aber nicht tut. Im Gegenteil. Er mobilisiert seine Armee und setzt sie in Richtung Jerusalem in Marsch.

Als Zedekia das erfährt, schlottern ihm sämtliche Kaldaunen. Rasch läßt er Jeremia, den er eigentlich nicht ausstehen kann, fragen, ob er sich nicht mal schnell beim GROSSEN BOSS erkundigen könne. *Nebukadnezar ist im Anmarsch; vielleicht kann der BOSS mal wieder ein nettes kleines Wunder tun, damit der Kerl umkehrt. Das hat doch früher so gut bei ihm funktioniert! Ich habe davon in alten Illustrierten gelesen.*

So was von kleinkariertem Kalkül! Jeremias Antwort ist negativ. Alles werde zerstört werden. Auch er, der König, sei davon nicht ausgenommen.

Je näher das babylonische Heer kommt, um so stärker besinnt Zedekia sich auf die Existenz eines gewissen GROSSEN BOSSES. Warum nur, zum Henker, hatte man ihn so links liegen lassen! Wieder muß Jeremia ran. Er soll beten. Jawohl, beten für die Errettung des Königs und der Stadt. Da hält

Jeremia Zwiesprache mit seinem höchsten Arbeitgeber und bekommt auch gleich Auskunft.

Sage diesem Zedekia, knurrt der GROSSE BOSS, *wenn Nebukadnezar auch momentan gegen den von ihm zu Hilfe gerufenen Pharao von Ägypten kämpfen muß, ändert sich nichts. Der Pharao kriegt die Hucke voll und zieht den Schwanz ein, bildlich gesprochen. Dann aber kommen die Babylonier hier angerückt und machen endgültig reinen Tisch, indem sie alles verunreinigen, verwüsten und verbrennen. Dein König soll sich nur keinen falschen Hoffnungen hingeben!*

Als Zedekia die Botschaft des GROSSEN BOSSES vernimmt, ist er wütend. Und zwar auf Jeremia. Der Salbader sagte einem aber auch nie was Angenehmes! Das gehörte direkt bestraft!

Eines Tages will Jeremia wegen einer Erbschaftsauseinandersetzung ein benachbartes Dorf aufsuchen und wird prompt am Stadttor, dem Benjamin-Tor, verhaftet. *Haben wir dich erwischt, du feiges Aas! Du willst überlaufen, du Verräter!*

So sehr Jeremia sich auch gegen diese absurde Behauptung wehrt, es nutzt ihm nichts. Er ist viel zu unbeliebt bei den maßgeblichen Leuten, die wegen seiner Prophezeiungen keine Nacht mehr ruhig schlafen konnten. Ein schnell zusammengestelltes Vorkriegsgericht verurteilt ihn zu unbefristetem Kerker. Vorher wird er noch tüchtig verprügelt. Dann landet er im Gewölbe des Brunnenhauses, von dessen Quaderwänden es rhythmisch tropft. Gut bei Rheuma!

Am 10. 10. des neunten zedekianischen Regierungsjahres schließt sich der Ring der babylonischen Soldaten um Jerusalem. Feierabend! Zedekia kann sich leicht ausrechnen, wann die Vorratslager leer sind. Heimlich läßt er deshalb Jeremia aus dem Kerker holen und in den Palast bringen. Vielleicht hatte der Prophet noch einen Trumpf in seinem Blatt.

Aber der hat nur Schnupfen, kein Wort vom GROSSEN BOSS, nach dem der König hungert. *Du wirst dem König von Babel in die Hand fallen und*

ich mir in deiner Tropfsteinhöhle 'ne Lungenentzün-
dung holen! Wenn du Honig ums Maul geschmiert
haben willst, mußt du deine Lieblingspropheten be-
fragen...

Zedekia begnadigt Jeremia zu einer Art freier
Festungshaft. Das ist zwar Quatsch, denn aus Jerusalem kommt sowieso keiner mehr raus; aber um
den Wachhof ist eine kleine Mauer, hinter der er
sich frei bewegen darf. Außerdem kriegt er täglich
einen Laib Brot aus der Bäckergasse. Trotz der Vergünstigungen rät Jeremia jedem, der es hören oder
auch nicht hören will, zur bedingungslosen Kapitulation. *Überläufer sind Überleber, läßt euch der*
GROSSE BOSS bestellen!

Das wird brühwarm dem König gemeldet. *Der*
Kerl verhetzt das ganze Volk! Er wiegelt die Solda-
ten zur Kapitulation auf! Der Defätist muß hinge-
richtet werden, Majestät!

Zedekia will damit nichts zu tun haben. *Sonst*
fragt ihr mich doch auch nicht! rechtfertigt er sich
vor seinen Ministern. *Macht mit ihm, was ihr wollt!*

Jeremia fliegt ohne Verhandlung in die nächste
Zisterne, mitten auf dem Wachhof. Er fällt zum
Glück weich, denn unten ist lauter Schlamm, in den
er sinkt und immer mehr sinkt.

Wenn Zedekia nicht einen afrikanischen Kammerdiener hätte, würde Jeremia in den Schlamm
beißen. Aber der Neger hat ein Herz mit Traute und
erzählt dem König, was dem Propheten angetan
wurde. Brummt Zedekia: *Hol ihn raus aus dem*
Schlamm! Es genügt, wenn einer im Schlamassel
sitzt — und das bis über die Ohren!

Der Afrikaner aus Ophir zieht Jeremia an Strik-
ken aus der Tiefe der Zisterne unters Himmelslicht
der Sterne, denn natürlich geschieht das nachts, weil
es keiner merken soll. Sie merken's aber doch; Jeremia prophezeit sofort wieder munter die Katastrophe. Trotzdem kauft er noch rasch einen Acker
für lächerliche 245 Gramm Silber, weil ihm der
GROSSE BOSS dazu geraten hat: ‚Die Zeit wird
kommen, wo man wieder mit Immobilien handeln
wird. Das Geld ist gut angelegt, Jeremia.'

Achtzehn Monate belagert Nebukadnezars gewaltige Armee die Stadt. Als da die Jerusalemer noch immer nicht verhungert sind, läßt der babylonische Holofernes-Nachfolger Nebusaradan eine Bresche in die Stadtmauer brechen. Natürlich bleibt den Einwohnern das nicht verborgen. Sie hören zwar schwer, aber sie sind nicht schwerhörig. Da sagt sich König Zedekia nicht dumm, was gut zum Reinkommen ist, taugt auch fürs Rauskommen!

Noch in derselben Nacht wagt er mit seiner Leibgarde einen verzweifelten Ausbruch. Es gelingt ihm sogar beinahe, den Jordan zu erreichen; aber eben nur beinahe. Im Tal von Jericho holen die Babylonier sie ein und nehmen Zedekia gefangen. Die Reste seiner Garde zerstreuen sich. In sämtliche Winde.

Jeremia aber steht händefuchtelnd in der belagerten Stadt und beschwört das Volk, es soll sich ergeben. *Lieber ein Ende mit kleinen Schrecken als ein Riesenschreck mit tödlichem Ausgang!* variiert er einen Psalm aus dem Repertoire der sangesfrohen Familie der Asaphs.

Doch bei diesem Volk und in diesem prekären Augenblick ist Hopfen und Malz verloren. Dieses übergärige Bier will ums Verrecken ohne Blume getrunken werden.

199

FERTIGMACHEN ZUM UNTERGANG (2)

2 Könige 25

Das Verhängnis legt ein Mordstempo vor. Zuerst wird der königliche Gefangene Zedekia vom Jordantal in Eilmärschen vor Nebukadnezar gebracht, der sich gerade in Ribla amüsiert. Er ißt nämlich für sein Leben gern syrisch. Außerdem haben die dort eine Revue laufen, eine Revue!

Zedekia wird vor ein improvisiertes Feldgericht gestellt, dessen Urteil schon vor der Verhandlung auf schuldig lautet. Zum tödlichen Feierabend werden ihm noch mal seine Söhne gezeigt, dann darf er zuschauen, wie sie niedergemetzelt werden. Mit Musik.

Anschließend kriegt er selbst ganz schnell die Augen ausgestochen, damit er nicht etwa noch einen guten Eindruck von dieser bestmöglichen aller Welten mit hinübernimmt in die ewige Nacht. Was die Musikuntermalung betrifft, ist Nebukadnezar sein bester Showmaster: Die zugkräftigste Nummer in seinem babylonischen Zirkus bekommt bei ihm den effektvollsten Trommelwirbel.

Während der blinde König a. D. in Ketten nach Babel geschleppt wird, zieht Oberbefehlshaber Nebusaradan wieder nach Jerusalem. Darüber vergeht etwa ein Monat. Zuerst stecken seine Mannen den Tempel in Brand, dann den Königspalast. Danach sämtliche übrigen Häuser. Ein australischer Waldbrand ist nichts dagegen, bloß hat noch keiner einen gesehen. Trotzdem ist das Flammenmeer von außerhebräischer, Vordresdener Größe.

Anschließend werden die Befestigungswerke und die Stadtmauer geschleift. Dann sortiert Nebusaradan die aufgegriffenen Menschen in solche, die dableiben dürfen — das sind armselige Kleinbauern und Weinschrebergärtner —, und solche zum Mitnehmen. Unter letzteren befinden sich der Oberpriester, sein Stellvertreter, der Kriegsminister, der Heeresbeauftragte und rund sechzig weitere Großkopfete.

Die Selektierten — was soviel wie erste und zweite Wahl bedeutet — sehen einem ungewissen Schicksal entgegen. Über die Armen im Geiste — und auch so — sprechen wir später; die geistig Hochstehenderen — und auch so — werden in Ribla dem Nebukadnezar vorgeführt.

Intelligent bin ich selber! schimpft der König. *Weg mit den unnützen Fressern!* Da kriegt die Hautevolee den Kürbis abgehackt. Vielleicht sollte man bei Mitgliedern der oberen Zehntausend taktvoller sagen: Sie bekommen die Ananas abgezweigt.

Das ändert nichts an der Tatsache, daß mit ihnen auch das Südreich Juda aufgehört hat zu existieren.

200

JEREMIAS LETZTER MISSERFOLG

Jeremia 40—43

Im Rahmen des radikalen Inkassos aller Intellektuellen hat der oberste Verheerer Nebukadnezars
den Propheten Jeremia verschont, weil er alles vorausgesagt hatte, wie es gekommen ist. *Du gefällst
mir*, sagt Nebusaradan zu ihm. *Wenn du gern möchtest, darfst du bei deinem Restvölkchen bleiben. Du
weißt ja, daß Gedalja als Verwalter des Überbleib-
sels eingesetzt ist. Sein Büro hat er in Mizpa. Oder
willst du lieber mitkommen?*

Jeremia denkt nicht lange nach. *Ich möchte hierbleiben und hätte auch noch eine Bitte an dich: Ich
erflehe von dir das Leben des Negers, der mich aus
dem Dreck, ich meine, aus dem Schlamm der Zisterne gezogen hat. Tut ihm bitte nichts!* Daraufhin
wird der Schwarze ebenso verschont wie der Weise,
den Nebusaradan seinem Schicksal überläßt und der
anscheinend das Verhängnis gepachtet hat: Was
immer Jeremia anfaßt, richtet sich zu schlechter
Letzt gegen ihn.

Natürlich erfahren auch die geflohenen Soldaten
und ihre restlichen Vorgesetzten, die an vielen
Ecken des eroberten Landes in Verstecken leben,
daß über die armseligen Verschonten ein Verwalter
eingesetzt worden ist. Einer muß sich ja auch darum
kümmern, daß die Ärmsten der Armen nicht verhungern.

Nach und nach kleckern die ausgerissenen Offiziere in Mizpa ein und melden sich bei Gedalja, der
ihnen rät, sich dem König von Babylon zu unterwerfen: *Bleibt hier und geht wieder euren bürgerlichen Berufen nach. Sät und erntet und repariert
eure Wohnungen. Nebukadnezar gestattet uns den
Wiederaufbau ausdrücklich. Überlegt es euch in
aller Ruhe. Inzwischen ist hier für jeden von euch
ein Care-Paket aus Babel.*

Die Offiziere gehen zwecks Nachdenkens. Andere
kommen zwecks Erkundung der Lage: geflohene

Hebräer aus Moab, aus Ammon und Edom, von überallher, wo sie untergekrochen sind. Gedalja überredet auch sie zum Bleiben.

Dann kommen die Offiziere wieder. Einer weiß was Neues: *Du sollst umgebracht werden, Statthalter! Ich weiß es aus sicherer Quelle. Ismael heißt der Meuchling.*

Das kann ich nicht glauben! sagt Gedalja. *Was hab ich ihm denn getan?*

Du seist ein Kollaborateur, behauptet er.

Was is 'n das?

Einer, der sich beim Feind anschmust. Apropos, hast du noch 'n Care-Paket für mich? Ich bring dafür auch den Ismael um. Es geht nicht an, daß der Kerl dich auspustet. Dann ist auch noch der Rest des Südreichs in den Binsen! Wo wir ohnehin nur noch ein schäbiger Klacks sind.

Nein, das erlaube ich nicht! Du bringst diesen Ismael nicht um! Ich bin sicher, daß deine sichere Quelle 'ne Giftküche ist! Ojemine, würde er doch auf die Offiziere hören! Besagter Ismael — eng mit dem abgesetzten Königshaus verwandt — erscheint mit zehn ehemaligen Hofbeamten in Mizpa, wird von Gedalja zum Essen eingeladen, schlägt sich den Wanst voll und dann den Statthalter tot. Gleich nach dem Pudding.

Aber nicht nur Gedalja ist hinüber: Mit ihm fallen sämtliche judäischen und babylonischen Tischgäste. Dazu kommen noch eine Menge Pilger aus Sichem, Silo und Samaria, die zum Opfern hergepilgert sind. Die Leichen fliegen in die Zisternen. Alles Nichtschwimmer. Anschließend vertreibt Ismael die Bevölkerung und flieht nach einer erbitterten Schlacht, die ihm von gedaljatreuen Offizieren geliefert wird, mit acht Mann nach Ammon.

Die überlebenden Judäer hocken in einer Kneipe in Bethlehem und sind ratlos. Wenn König Nebukadnezar erfuhr, daß der von ihm eingesetzte Statthalter getötet worden war — nicht auszudenken. Am besten, man zog gleich weiter nach Ägypten. Vorher aber fragen sie Jeremia, was er von der Sache hält: *Könntest du nicht für uns zum GROSSEN*

BOSS beten und ihn fragen, welchen Weg wir ge-
hen, was wir tun sollen? Wir sind mit unserer Weis-
heit und Verpflegung am Ende.

Kann ich machen, sagt Jeremia bereitwillig. *Ist*
ja mein Beruf.

Zehn Tage zieht sich der Prophet in Klausur zu-
rück. Dann hat er von oben Bescheid. Er ruft die
Offiziere, die restlichen Ältesten und das klägliche
Häufchen Volk zusammen und hält eine Ansprache:

Der GROSSE BOSS läßt euch sagen — wenn ihr
hierbleibt, hilft er euch beim Wiederaufbau und
will es genug sein lassen mit dem Ärger, den er euch
bereitet hat. Von dem Babylonierkönig hättet ihr
nichts zu befürchten; er werde ihn euch wohlgeson-
nen machen.

Wenn ihr allerdings nicht tut, was er euch rät
— wenn ihr sagt: ‚Wir wollen nach Ägypten machen,
wo wir nichts mehr sehen vom Krieg, nichts mehr
hören von Fanfaren und Alarmen, nicht mehr hun-
gern nach Brot und was drauf!' —, dann, so läßt
euch der GROSSE BOSS bestellen, wird euch das
gefürchtete Schwert eben in Ägypten treffen, der
Hunger ebendort in euren Eingeweiden rumoren —
kurzum, dann geht ihr im Nil baden! Auf jeden Fall
seid ihr so und so da unten im...

Sofort nach Jeremias drastischen drei Pünktchen
geht das Gemurre los. *Du lügst, Jeremia!* schelten
sie. *Das hat der GROSSE BOSS niemals gesagt! Das*
hat dir dein Assistent, dieser miese Baruch, einge-
blasen, damit wir dem Nebukadnezar in die Hände
fallen und wie die anderen Volksgenossen nach Ba-
bylonien verschleppt werden! Auf, Leute — ab geht's
nach Ägypten! Und du, Jeremia, kommst mit!

Warum nur glauben sie dem Untergangsprediger
noch immer nicht; der Tatbestand gibt ihm doch nur
zu recht! Alles, was er geweissagt hat, ist eingetreten, und dennoch erscheint er seinen Brüdern
unglaubwürdig. So unglaubwürdig, daß sie ihn mit
nach Ägypten schleppen, wo er ebenso tragisch endet, wie es seine lebenslänglichen Mißerfolge letztlich waren: Er wird von seinen eigenen Landsleuten
mit einem Steinhagel — nicht zu verwechseln mit

Steinhäger, obwohl's damit auch geht – brutal zum
Tode befördert.

,Der Gerechte muß viel leiden', hat seinerzeit David gepsalmt, ,doch der GROSSE BOSS bewahrt ihm
alle Gebeine, daß nicht eines zerbrochen wird.'

Das kann David ja wohl bloß symbolisch musiziert haben, so zermatscht, wie der Jeremia endet.

201

DER MANN, DER SHERLOCK HOLMES NICHT WAR

Hesekiel 34, 36; Daniel 1;
Apokryphen: Susanna & Daniel

War Jeremia in den Augen und Ohren des Volkes ein ausgesprochener Schwarzseher, so ist
Hesekiel in Babylonien für die Vertriebenen das
genaue Gegenteil eines Miesmachers. Von Anfang
der Verbannungszeit an versucht er mit allen Mitteln und Zungen, seine Landsleute moralisch auf-
zurüsten:

,Wehe der Hirten, die sich selber weiden!' spricht
der GROSSE BOSS. ,Solltet ihr nicht lieber eure
Herden weiden? Ihr trinkt ihre Milch, laßt euch aus
ihrer Wolle Pullover stricken, und zum Schluß wan-
dern sie in eure Kochtöpfe. Die Schwachen füttert
ihr nicht, die Räudigen kuriert ihr nicht, die Ver-
letzten verbindet ihr nicht, und nach den Verirrten
haltet ihr nicht Ausschau.'

Deshalb wird sich der GROSSE BOSS selber der
Herde annehmen und für sie sorgen. Er wird die
verirrten Schafe suchen – in allen Ländern, unter
allen Völkern. Dann wird er euch ein nagelneues
Herz verpassen und einen neuen, besseren Geist:
seinen eigenen nämlich! Anstelle des Eisschrankes
in eurer Brust, den ihr mit Herz bezeichnet, wird er
euch einen warmen, mitfühlenden Muskel einpflan-
zen, mit dem ihr dann in dem Land wohnen sollt,

das er schon unseren Ur- und noch ureren Ahnen gegeben hat.

Mit solchen Verheißungen gelingt es dem Propheten Hesekiel immer wieder, die Niedergedrückten für eine Weile aufzumöbeln. Wenn es nur nicht so lange dauern würde mit der Heimkehr! Oder wenn man so ein feines Leben hätte wie der Daniel! Der ging bei Nebukadnezar ein und aus und hatte Herz-was-begehrste. Wie er das nur angestellt hatte?

Glück hat er gehabt; aber nicht nur! Er war ein schlaues Kerlchen; aber auch das: nicht nur. An Daniel war eben alles heil, wie es sich für rechten Israelen — egal ob Israelit oder Judäer — gehört. Damals, als er noch ein junger Prophetenstudiosus war und mit König Konja freiwillig in die Verbannung ging, bot Nebukadnezar ihm und einigen anderen von vornehmer Herkunft eine Chance. Da sie jung, gebildet und ohne körperliche Gebrechen waren, wurden sie am Hofe Nebukadnezars unterrichtet. Rasch lernten sie Babylonisch in Wort und Schriftbild, aßen im Speisesaal des Königs und tranken denselben Wein wie er.

Drei Jahre dauerte die höfische Lehrzeit; Daniel hatte nur beste Zensuren im Zeugnis. Überdurchschnittlich befähigt war er in den Fächern Traum und Gesichte. Da glänzte er nur so. Die psychologischen Tests — Reaktionsfähigkeit, logisches Denken, Kombinationsgabe und angewandte Phantasie — bestand er mit Auszeichnung. Kein Wunder also, daß der König bald auf ihn aufmerksam wurde. Besonders als die Sache mit Susanne im Bad passiert...

Zu dieser Zeit nämlich lebt in Babylon ein junges Ehepaar; pardon, jung ist nur die Frau. Sie heißt Susanne und ist so schön wie ihr Name, der ‚Lilie' bedeutet. Ihr Mann hat anstelle von Jugend und Schönheit Besitz und Reichtum. Das gleicht manches aus.

So wie ein reicher Vertriebener nie richtig arm wird — auch nicht im Exil —, so bleiben auch verbannte Lustmolche solche. Mehr noch! Je älter sie werden, desto mehr vermolchen sie diesbezüglich. Genau wie die beiden Exilrichter aus Judaland.

Graue Schläfen, aber nach süßen Puppen gucken! Und dann noch nach solchen, die verheiratet sind! Das nennt man, die Gastfreundschaft mit Füßen treten, denn im Hause des besagten Ehepaares treten sie täglich privat ein und aus und werfen Susanne immer lüsternere Blicke zu. Aber die ist tugendsam und ihrem Ehemann treu wie sein gerettetes Vermögen.

Hinter dem schönen Haus des glücklichen Paares befindet sich ein großer Park. Mit Liegewiese und lieblichem kleinen Plätscherbach, in welchem Susanne zu baden pflegt. Auch wegen der Hygiene. Selbst ein schöner Leib braucht mal Seife außer Spray.

Meist erquickt Susi sich um die Mittagszeit, wenn die beiden Richter gegangen sind. Sie ahnt nicht, daß die zwei alten Säcke nach Verlassen der Villa heimlich kehrtmachen, sich an den Zaun stellen und mit glasig-geilen Glubschaugen auf ihre Blößen glotzen. Viel können sie zwar nicht sehen, um so mehr aber denken sie sich. In ihrer schmutzigen Phantasie sehen sie tiefer als das beste Fernrohr.

Eines Tages passiert ihnen etwas überaus Peinliches, obwohl es eher komisch ist: Die beiden Böcke — die sich stets an der nächsten Ecke voneinander getrennt haben — beziehen zufällig an derselben Zaunlücke Posten.

Was machst du denn hier? fragt der eine. — *Dasselbe könnte ich dich fragen!* sagt der andere.

Gemeinsam stieren sie, bis ihre Augen rotgeädert und schwarzumrändert sind. Das geht viele Wochen so. Eines Tages glauben sie, es nicht länger ertragen zu können.

Was seufzt 'n so? fragt der eine. — *Am liebsten Wein!* knurrt der andere. Dann macht er einen Vorschlag: *So geht das nicht weiter, Herr Amtsgerichtsrat! Gib schon zu, daß du scharf auf sie bist!*

Du vielleicht nicht, Herr Landesgerichtsrat? Beide sehen sich an, beiden steht er und als Wunsch im Gesicht geschrieben, mit Susanne...

Knobeln wir! schlägt der Amtsrichter vor. *Wenn morgen ihre Zofe verschwunden ist, steigen wir*

*über den Zaun. Wer beim Knobeln gewinnt, darf
zuerst. Der andere hält sie nötigenfalls bei der Nö-
tigung fest. − Hast du mal zwei Zahnstocher?*

Bei der fiesen Knobelei gewinnt der Landgerichtsrat. Der andere zieht den kürzeren. Zahnstocher.
Mit lüsterner Vorfreude auf die kommende mittäg-
liche Notzucht trennen sie sich.

Am andern Tag ist es sehr heiß. Nachdem die beiden Richter ihren Vormittagsbesuch beendet haben,
trippelt Susanne mit ihrer Zofe zu dem Plätscherbach, läßt sich beim Auskleiden helfen, steht split-
ter- und fasernackt am Rand des Bachs und des
Unheils, taucht ein Füßchen in die kühle Flut und
hat Handtuch und Seife vergessen.

Als die Zofe ins Haus zurückschlendert, um die
fehlenden Badesachen zu holen, kommt sie an einem
Rosenbusch vorbei. Sie bemerkt nicht die beiden
Grauköpfe, die sich bereits dahinter versteckt haben und aus zween Gründen schwitzen: Einesteils
der Eier wegen, anderenteils, deren sie jeder − der
Kondition wegen − ein Dutzend zum Frühstück verzehrt haben. Die Sonnenglut schiert sie weniger.

Als die Häubchenlerche im Haus verschwunden
ist, stürmen sie aus der Hecke, laufen zum Bach,
stehen vor der nackten Susi und hecheln: *Wir halten das nicht länger aus! Du machst uns fix und fertig! Leg dich hin und laß dich − oder es passiert ein
Unglück und kommt selten allein.*

Ich darf zuerst! drängt sich der Landgerichtsrat
vor und nestelt an der Hose. *Ich hab den längeren −*

Susanne interessiert nicht, welchen Zahnstocher
er gezogen hat; sie stößt ihn zurück: *Laß das drin,
oder ich schreie um Hilfe!*

Das wirst du nicht tun! faucht der Beamte, bei
dem sich alles auf die Erreichung des Ziels versteift
hat. *Dann werden wir nämlich beschwören, daß wir
dich ertappt haben, wie du grad mit einem jungen
Burschen gebumst hast! Also, nun mach schon! Ich
bin in Hochform wie schon lange nicht mehr!*

Susanne hält die Hände vor ihr Intimbereichtum
und stöhnt: *Tu ich's und werd ich erwischt, komme
ich vor den Kadi und werde zum Tod verurteilt. Tu*

ich's nicht, seid ihr die Kadis und bestraft mich ebenso. Eine verteufelte Situation!

Nun mach schon, Susi! Auch der Amtsrichter ist kaum noch in der Lage, sich zu beherrschen.

Meine Zofe wird jeden Moment zurückkommen! wankelt Susi.

Leg dich, spreiz dich — oder wir schwören, daß du sie nur ins Haus geschickt hast, um es mit dem jungen Kerl zu treiben!

Susanne hat sich entschieden, denn sie ist, wie gesagt, tugendrein und ehemannsfürchtig. *Lieber unschuldig in Verruf kommen, als mit euch geilen Böcken...* Sie hat das Nichtgedruckte nur so herausgestoßen, angewidert, lustlos in der Tendenz. Dann schreit sie wie bereits aufgespießt: *Hilfe! Hilfäää! Man will sich an mir verlustieren!*

Auch die beiden Richter haben keine Knötchen auf den Stimmbändern. Während einer rasch das Gartentor entriegelt und aufreißt, kreischt der enttäuschte Landgerichtsrat, jählings abgeschlafft:

Schweinereiii! Die Hausfrau rummst mit Rassefremden! Am hellen Mittag und in aller Öffentlichkeit! Schamlose Persooon!

Und der Amtsgerichtsrat aus Judaland fällt ein: *Seht, wie die Gartentür auf steht, durch die wir kamen, weil wir sie sperrangelweit offen fanden! Durch sie ist auch der junge Mann getürmt, als er uns kommen sah! Mit offener Hose; ich hab's deutlich gesehen! Und nicht mal beschnitten!*

Gleichgültig, was die beiden Verschmähten noch alles schreien, jedenfalls haben sich mittlerweile Dutzende von Menschen im Garten eingefunden — nicht nur das Hauspersonal. Alle starren auf Susi, die sich ins Badetuch gewickelt hat, das ihr die Zofe inzwischen brachte.

Die Gerichtsverhandlung gegen die Ehebrecherin ist schon bald und kurz. Sie findet im gleichen Haus statt, in welchem die beiden Lustgreise Susi zum erstenmal begegnet sind. Beide Richter können der Volksstimme gewiß sein. Einstimmig wird die Frau des Hauses zum Tod verurteilt. Susis Schlußwort lautet:

*Der GROSSE BOSS ist mein Zeuge, daß die bei-
den Richter einen Meineid geschworen haben! Deshalb flehe ich ihn an: Oh, du GROSSER BOSS des
Himmels und der Erde, der du weißt, daß ich unschuldig bin — mache doch, daß die Wahrheit ans
Licht kommt, bevor ich sterben muß!*

Der GROSSE BOSS hat auch ein Einsehen. Zur
Aufklärung der Hintergründe des Skandals bedient
er sich des jungen Daniel, dessen psychologische
Testergebnisse er kennt. An ihm ist ein Sherlock
Holmes verlorengegangen, wird man sehr viel später mal in einer frechfrommfröhlichen und sehr
freien Dechiffrierung der Geheimschrift der Vollbärte behaupten.

Daniel kommt zufällig an dem Ort des Verbre-
chens vorbei, als die Öffentlichkeit aus der Villa des
anscheinend gehörnten Ehemanns strömt. Die Leute
finden das Todesurteil völlig in Ordnung.

Seid ihr denn alle verrückt! schimpft er los. *Was
sind denn das für Indizien?! Also, ich für meine
Person will mit dem Blut der Unschuldigen nichts
zu schaffen haben!*

Wie dürfen wir das verstehen, junger Mann?
fragt einer, dem mal die Frau weggelaufen ist und
der ihr dann verziehen hat.

Daniel erklärt es: *Ihr seid blutsmäßig doch Israels; wie könnt ihr dann eine Israelin verdammen,
bevor ihr der Sache auf den Grund gegangen seid?
Soll es später mal heißen, eure Richter in Babylon
seien voller Bosheit und Meineid gewesen?*

Hin und her wird geredet, bis sich eine ansehnliche Menschenmenge auf der Straße angesammelt
hat. Unter ihnen befinden sich auch die Geschwore-
den der Gerichtsverhandlung. Daniel soll ihnen erklären, was sie seiner Meinung nach falsch gemacht
haben und wie man die Sache mit Susannchen im
Bächlein hätte anpacken müssen.

Wenn ihr mir vertraut, sagt Daniel, *werde ich
euch in wenigen Minuten den Beweis dafür erbrin-
gen, daß die Richter gelogen haben. Ich muß sie nur
in aller Öffentlichkeit — und zwar jeden allein! —
vernehmen dürfen.*

So geschieht es auch. Alles eilt in den improvisierten Gerichtssaal zurück. Hier bitten die Geschworenen den Amtsrichter, er möchte einen Moment im Nebenraum warten. Nichts Gutes ahnend, verläßt er, der sowieso schon den kürzeren zog, den Verhandlungsraum.

Daniel bittet den Landgerichtsrat in den Zeugenstand. *Ich habe nur eine einzige, kleine Frage, Herr Rat: Als du die Dame des Hauses intim mit dem jungen Unbekannten verkehren sahst — unter welchem Baum lagen die beiden da aufeinander? War's eine Linde oder eine Eiche?*

Eine Linde! sagt der Landgerichtsrat ohne Zögern.

Sehr fein beobachtet! spottet Daniel. *Unter einer Linde! Finde mir eine Linde in dem ganzen Garten, und du bist unschuldig! So aber bist du des Meineides überführt. Was darauf steht, weißt du ja am besten. — Ab mit ihm! Bringt den anderen!*

Der Amtsrichter wird gebracht. *Nur eine Formalität, Herr Amtsgerichtsrat: Unter welchem Baum hat der ehebrecherische GV zwischen Frau Susi und dem großen Unbekannten eigentlich stattgefunden? War es eine Linde oder eine Eiche?*

Eine Eiche! sagt der Amtsgerichtsrat ohne Zögern. *Spendet ja auch mehr Schatten!*

Sehr fein beobachtet! sagt Daniel ironisch. *Eine Eiche! Reiche mir das Blatt einer Eiche aus Susannes Garten, und du bist unschuldig! Da es aber weder Linde noch Eiche darin gibt, sondern nur Rosen und Spalierobst, hast du einen Meineid geleistet. Was dich dafür erwartet, weißt du wohl besser als wir alle! — Die Sitzung ist geschlossen!*

Die Leute toben vor Begeisterung und tragen Daniel auf den Schultern aus dem Haus, die Straße hinunter, bis zum Palast des Königs Nebukadnezar. Und so erfährt dieser, was sein Musterschüler — siehe weiter vorn.

202

FEUERFESTER OFENTEST
Daniel 3

Gegen den jungen Daniel sind selbst die ältesten Magier des Herrschers reine Dilettanten, Klippschüler, Sitzengebliebene. Deshalb ernennt Nebukadnezar ihn — nachdem er noch eine erste Probe aus der königlichen Privatsphäre bestanden hat — zum Chefmagier des Landes. Seine drei besten Freunde werden auf Daniels Vorschlag hin zu Bezirksmagiern befördert.

Eines Tages gibt König Nebukadnezar eine riesige Bildsäule in Auftrag: Gold, 27 Meter hoch, fast 23 Meter breit. Er läßt sie in einer der vielen Grünanlagen von Babylon aufstellen und setzt den Tag der Einweihung fest. Zu diesem erhebenden Ereignis erscheinen sämtliche Würdenträger des Landes; dazu alle Richter, alle Statthalter der besetzten Gebiete, alle Minister, Offiziere und was sonst noch Rang und Namen hat. Sie müssen sich vor dem Goldbildnis aufstellen, dann verkündet der Regierungssprecher:

Hiermit befiehlt Seine Majestät, König Nebukadnezar, allen Babyloniern sowie allen Angehörigen fremder Völker, die seiner Herrschaft unterstehen, daß sie jedesmal, wenn von nun an unsere Hymne erklingt, vor dem Bildnis niederfallen und es anbeten sollen. Wer es nicht tut, wird in den größten Verbrennungsofen unseres Krematoriums geworfen. — Wir machen jetzt eine Probe!

Gleich darauf setzt ein ohrenbetäubendes Konzert ein: Ein Achtzig-Mann-Orchester mit Trompeten, Posaunen, Flöten, Kesselpauken, Zithern, Harfen, Dudelsäcken und einer Triangel spielt die Bündnishymne. Alle Teilnehmer an der Einweihungsfeier fallen auf die Knie oder den Mollenfriedhof und beten den Kolossalkitsch an. Nur die Vertriebenen aus Israel und Juda nicht.

Das wird dem König gesteckt. *Immer die Juden! Verdammte Krummnasen!* schimpft er los. ‚Krummnasen', das Wort hat er aus der Historie. ‚Juden' ist neu und von ihm. So bezeichnet er alle Exilierten schlechthin, egal ob sie aus Israel oder Juda stammen. Bald darauf werden die Nordreichshebräer wie die Südreichshebräer überall nur noch ‚die Juden' genannt.

Nebukadnezar läßt Daniels drei Freunde, die Bezirksweisen, vor seinen Thron zitieren. Sie gehören zu den Leuten, die nicht vor dem Goldbildnis niedergefallen sind. *Was soll das?!* fährt der König sie an. *Sofort schmeißt ihr euch vor meinem Gott auf den Bauch! Ich werde gleich noch mal die Hymne spielen lassen. Wenn ihr euch weigert, kommt ihr auf den Rost!*

Die Mühe kannst du dir sparen, Majestät! antworten die drei Freunde. *Unser GROSSER BOSS kann uns ebenso leicht aus dem Feuer des Krematoriums erretten, wie wenn du uns in der Pfeife rauchst. Aber selbst wenn er beides nicht täte, würden wir dieses goldene Monstrum nicht anbeten!*

Nebukadnezar rast vor Wut. Sein Gesicht verzerrt sich. Schaum schäumt auf seinen Lippen. Dann befiehlt er, den Verbrennungsofen siebenmal stärker zu heizen als gewöhnlich. Danach läßt er die drei Freunde ins Krematorium führen, in welchem inzwischen eine derartige Hitze herrscht, daß die Heizer wie Rostbratwürste riechen.

Mit sämtlichen Kleidern werden die drei Bezirksmagier in den Ofen geschoben. Beim Öffnen der Feuerklappe schlägt eine Stichflamme heraus und verbrennt die Menschenbäckergehilfen.

Den Freunden aber passiert nicht das geringste! Wie Nebukadnezar durch das feuerfeste Glas in der Ofentür erkennen kann, gehen die drei Opfer in angeregtem Gespräch − oder singen sie gar? − auf den glühenden Kohlen herum.

Das gibt's doch gar nicht! Das ist doch nicht möglich! stammelt der König ein übers andere Mal. Dabei rinnt ihm der Schweiß über alle Backen vor Hitze. Auch die als Zeugen versammelten Minister und Justizoberen sind klitschnaß; sie haben ihre Talare vorsorglich mit Wasser getränkt.

Als Nebukadnezar die Unflammbaren endlich wieder aus der Verbrennungsanlage herausläßt, starrt er sie fassungslos an, befühlt die Feuerfesten: Sie sind ganz kühl; frieren sogar ein bißchen. Das geht über das königliche Begriffsvermögen hinaus.

Laßt euch umarmen! bittet Nebukadnezar. *Ihr habt lieber meinen Befehl mißachtet und seid in die Flammen gestiegen, als meinen Goldfinger anzubeten. Was muß euer GROSSER BOSS für ein gewaltiger, für ein einmaliger Gott sein!*

Dann erläßt er die Anweisung, daß jeder getötet werde, der es in Zukunft noch mal wage, den GROSSEN BOSS der Juden zu schmähen: *Es gibt keinen anderen Gott, der bei solchen Temperaturen noch arbeiten kann!*

203

KÖNIG KOMMT IN KLAPSMÜHLE
Daniel 4

Nach der seltsamen Affäre mit dem überhitzten Königsgrill träumt Nebukadnezar nachts immer verworreneres Zeug. Um dem ein Ende zu machen, läßt er sämtliche bedeutenden Traumdeuter und Astrologen holen und erzählt ihnen seinen letzten Alptraum. Als die Magier lediglich dumme Gesichter machen, sonst aber nichts Deutendes und Bedeutendes zu sagen wissen, erinnert er sich an Daniel. Wie konnte er den nur vergessen!

Daniel erscheint im Palast, der König berichtet ihm seinen Traum: *Ich stand da und erblickte einen ungeheuren Baum. Er wuchs so lange, bis er in den Himmel reichte. Mal sah ich ihn direkt vor mir, mal am entferntesten Ende der Welt. Ein herrlicher Baum mit grünem Laub und prächtigen Früchten, dick wie Melonen, reichlich für alle. Genauso wie der Baum Schatten warf für alle und in den Ästen Platz war für sämtliche Vögel.*

Plötzlich sah ich einen jungen, kräftigen Mann

mit 'ner mächtigen Axt in der Hand. Er kam geradewegs aus dem Himmel, baute sich vor dem Baumgiganten auf und rief: ,Den werde ich jetzt umhauen, die Äste abhacken, das Laub abstreifen, die Vögel vertreiben und die Früchte zermanschen. Nur den Stubben werde ich stehenlassen, damit er wild wuchert wie Steppengras. Naß soll er werden und seinen Verstand verlieren, denn alle sollen wissen: Es gibt einen Höheren, als der höchste Baum hoch ist. Er setzt den Tagelöhner zum Herrscher ein, wenn er will — oder einen Clown, wenn er lustig ist. Auch einen Gefreiten, wenn er abschrecken will! Da läßt er sich von keinem dreinreden!'*

Das ist mein Traum, Daniel. Und jetzt verrate mir, was der Quatsch bedeuten soll!

Daniel ist bei der Erzählung kreidebleich geworden. Er weiß sofort, was der Traum besagt. Doch kann er, darf er das dem mächtigsten Mann im Staate ins Gesicht sagen?

Was hast 'n? Du bist ja so blaß um die Nase? Der König tut überlegen: *Nur raus mit der Sprache! Auch wenn's was Schlechtes ist. Ich vertrag 'nen Stiefel!*

Aber dann haut es ihn beinahe um. Was Daniel ihm zu sagen hat, ist ja auch ein bißchen happig: *Schade, daß dein Traum nicht von deinen Gegnern spricht, Majestät. Der Mordsbaum bist nämlich du! Gewachsen und stark geworden. Weit reicht deine Macht in der Welt. Dann aber hast du den Holzfäller aus dem Himmel kommen sehen. Was er gerufen hat, läßt nur eine Deutung zu.* Er bricht ab, zögert.

Welche Deutung? Na los doch!

Auf deine Verantwortung, Herr König! Der Beauftragte des GROSSEN BOSSES meint damit nichts anderes, als daß du — wahnsinnig wirst!

Wahnsinnig?

Wahnsinnig! Du wirst ausgestoßen aus der menschlichen Gesellschaft und wirst wie ein wildes Tier leben. Wie ein Ochse wirst du Gras fressen und einregnen. Zum Schluß wirst du wissen, daß der Höchste nur denjenigen herrschen läßt, der ihm auch behagt.

*Aber der Stubben, Daniel! Du vergißt die übrig-
gebliebene Wurzel!*

*Der Stubben bedeutet, daß deine Herrschaft wei-
tergeht, wenn du den GROSSEN BOSS als den Allmächtigen anerkennst. — Darf ich dir 'n Tip geben,
Majestät?*

Nur zu, sagt der Monarch wesentlich kleinlauter.

*Hör auf zu sündigen! Sei gerecht und tu Gutes!
Hab ein Herz für die Armen und Unterdrückten!
Vielleicht kannst du dir dadurch das Irrenhaus er-
sparen.*

Ein Jahr später steht Nebukadnezar auf seinem
Dachgarten und blickt wohlgefällig über die Stadt
Babylon. *Alles mein!* sagt er stolz. *Damit habe ich
mir ein schönes Denkmal gesetzt, was?*

Das Fragezeichen noch auf den Lippen, verzerrt
sich plötzlich sein Gesicht zur Fratze. Er beginnt zu
lallen, zu zucken. Dabei schielt er fürchterlich um
die Ecke. Kurzum, er ist soeben übergeschnappt.
Richtig wahnsinnig sieht er aus, als er übers Dach
saust und unartikulierte Schreie ausstößt.

Gleich einem wilden Tier lebt er hinfort fort. Er
kriecht auf allen vieren, frißt Teppiche an und
Grasmatten auf, näßt und wird genäßt — einfach
schauerlich! Zuletzt hängen ihm die Haare wie 'ne
Mähne runter; die Finger- und Zehennägel gleichen
Raubtierkrallen.

Bis er mal einen lichten Moment hat! Da erkennt
er, wem er den Irrsinn verdankt und demütigt sich
so, daß er wieder gesund wird.

Als geheilt entlassen, kehrt er auf den Thron zurück. Dem Volk wird mitgeteilt, er habe die Mana-
gerkrankheit gehabt. Aber keiner glaubt das. Bloß
reden sie nicht tripper...

BEGNADIGTER
KRIEGT LEBENSLÄNGLICH
2 Könige 25

Voll im Besitz seiner geistigen und körperlichen Kräfte — und nachdem er noch Ägypten besiegt hat —, stirbt Nebukadnezar trotzdem und in Babel. An seine Stelle tritt Evil-Merodach. Er herrscht ein Jahr, da erinnert er sich an einem regenreichen Tag wie aus heiterem Himmel an König Konja — alias Jojachin — aus Judaland, der sich vor 37 Jahren freiwillig dem Feind ergeben hat und noch immer in seinem Spandau sitzt. Eingespunnt und schwerbewacht.

Der König mit dem modischen Doppelnamen — Evil-Merodach also — läßt Konja aus dem Kerker holen und unterhält sich mit dem ehemaligen Gegner lange und schier freundschaftlich. Zum Schluß stößt er mit Konja mit Cognac an und schickt nach seinem Hofschneider. *Du hast jetzt lange genug die scheußliche Sträflingskleidung getragen,* meint er lächelnd. *Ich werde dir einen Anzug spendieren, in welchem du wieder in bist. Such dir einen Stoff aus.*

Konja weiß nicht, wie ihm geschieht. Er wühlt in den Stoffmustern und wählt zu guter Letzt — einen gestreiften. So knietief steckt ihm der Knast in den Knochen.

Im übrigen bekommt er einen Ehrenplatz unter allen adligen Gefangenen und darf täglich mit Evil-Merodach zu Mittag essen. Außerdem setzt ihm der gnadenvolle Babylonier eine monatliche Rente auf Lebenszeit aus, ohne zu bedenken, daß sein Ex-Kollege alt wie Methusalem werden könnte. Das wären 969 Jahre.

Die Begnadigung Konjas ist der erste wirkliche Hoffnungsschimmer für die israelitischen Vertriebenen seit sehr langer Zeit.

SCHLAGZEILE IM HANDSATZ
Daniel 5

L eider regiert Evil-Merodach nicht viel über zwei Jahre, dann probiert's ein anderer. Und dann wieder ein anderer. Danach erst ist Belsazar an der Reihe. Ein toller Hirte! Statt mal rüber nach Persien zu blicken, wo sich ein gewisser König Kyrus schon alle Finger nach dem riesigen babylonischen Reich leckt, feiert er die Feste, wie sie fallen. Und sie fallen bei ihm täglich. Stündlich, ist man geneigt zu sagen.

Wieder mal ist eine Riesenparty angesetzt. Über tausend Fürsten aus dem ganzen Land hat er eingeladen, um mit ihnen zu saufen. Was da alles hinter die Binde gegossen wird! Bald sind alle blau; am blauesten König Belsazar selbst.

In seinem euphorischen Zustand läßt er die goldenen Pokale holen, die einst sein Vater Nebukadnezar aus dem Tempel von Jerusalem hat mitgehen heißen. Aus denen wird weitergesoffen. Fürsten und Fürstinnen, Mätressen und Hofkonkubinen, Starlets und Mannequins − kurz, alles schlürft aus den geweihten Römern, die dunnemals nicht so heißen. Sie trinken daher aus Jerusalemern.

Das Fest wird zum Bacchanal! sagt ein griechischer Weinlieferant, als er den Radau aus dem Bankettsaal hört, in welchem sich die Partygäste saftige Witze erzählen. Außerdem lassen sie immer mal wieder einen ihrer diversen Götter und Götzen hochleben: *Prost, Götzin! Auf dein Wohl trinke ich am liebsten, hick!*

Da geschieht plötzlich etwas Seltsames: Auf einer weißgetünchten Querwand, die gelegentlich als Hintergrund für Schattenspiele dient, erscheint wie ein Spuk eine Hand mit einem dicken Filzschreiber und malt in großen, plakativen Buchstaben einen einzigen Satz an die Wand: ‚Mene mene tekel u parsin'.

Auf einmal schmeckt dem Zar Belsa, pardon, Belsazar, der Wein nicht mehr. Jäh wird er wieder nüchtern. Kreidebleich und angstschlotternd und auch sonst völlig verkatert läßt er die Hofzauberer aus dem Bett trommeln, damit sie ihm die Schlagzeile deuten. Was sie freilich nicht können.

Aber Daniel kann's. Auf Anraten der Frau Königin wird er geholt. Belsazar sagt zu ihm: *Ich habe schon viel von dir gehört, Daniel. Du sollst es faustdick hinter den Ohren haben. Da kannst du mir sicher auch die Schrift dort an der Wand deuten. Meine Magier können's nämlich nicht. Wenn du es rausbekommst, kleide ich dich in Purpur und hänge dir eine schwere Goldkette um den Hals. Außerdem ernenne ich dich zum dritthöchsten Mann in meinem Reich. Fang an!*

Daniel schüttelt den Kopf. *Ich will deine Geschenke nicht. Das Gekritzel deute ich dir umsonst. Aber ich muß dir vorher etwas anvertrauen, Majestät: Dein Vater Nebukadnezar − was er historisch gesehen gar nicht gewesen ist − war einmal sehr hochmütig und anmaßend. Da ließ ihn mein GROSSER BOSS überschnappen.*

Ich dachte, er hatte einen entzündeten Manager?

Unsinn! Nicht alle Tassen im Schrank hatte er und kam in die Gummizelle, sozusagen. Wie ein Tier hat er leben müssen; so lange, bis er erkannte, wer wirklich der Boß dieser Welt ist. Der GROSSE BOSS nämlich, dem du, Belsazar, jetzt wieder denselben Kummer machst. Wie konntest du nur aus den heiligen Bechern bechern! Überall ist Lippenstift dran! Außerdem habt ihr euren Götzen damit zugeprostet. Nie hast du denjenigen verehrt, dem du verdankst, daß du überhaupt schnaufen, saufen und das andere kannst. Deshalb hat er die Hand geschickt und den Spruch an die Wand malen lassen.

Naja, aber was bedeutet er denn nun? fragt Belsazar ungeduldig und den Mund voll schlechtem Geschmack.

Mene mene tekel u parsin, das heißt − auf einen kurzen Nenner gebracht: Gewogen und zu leicht befunden! ‚Mene' soll heißen: Deine Tage sind gezählt, dein Königreich ist im Eimer. ‚Tekel': Du wurdest gewogen und bist nicht wichtig; von ‚Ge-*

*wicht'. Und ,u parsin' nennt dir den Eroberer Baby-
loniens: der Perser nämlich. — Bist du nun zufrieden, Majestät?*

Belsazar ist tief beeindruckt; zufrieden weniger.
Das mit den gezählten Tagen stört ihn am meisten.
Dabei handelt es sich sogar nur um Stunden, denn
er wird noch in derselben Nacht ermordet.

So ein Menetekel hat demnach noch nie etwas
Gutes bedeutet. Dabei war's doch nur mit Farbe,
nicht mal mit Feuer geschrieben...

206

DANIEL WIRD PRIVATDETEKTIV

Esra 1; Apokryphen: Vom Bel zu Babel

Gezählt, gewogen, Fliegengewicht. Nach Belsa-
zars Ableben wird ganz Babylonien vom Perserkönig Kyrus — auch Kores oder Cyrus — erobert.
Das geht nicht ganz so schnell, wie es sich schreibt.
Doch alles ist relativ; besonders im Krieg. Im Jahr-
tausendbuch des GROSSEN BOSSES steht einer,
der einmal dreißig Jahre dauern soll. Jedenfalls
wird in Babylonien eines Tages auch noch Persisch
gesprochen. Die Juden machen was mit! Was war
das nun wieder für einer, der König Kyrus?

Warum fragen sie nicht den Daniel? Der geht beim
Neuen genauso ein und aus wie bei dem Verblichenen, genießt dessen ganze Gunst und darf sich als
ehrlicher Freund bei Kyrus manches herausnehmen.
Ist ja jetzt kein junger Spund mehr. Bloß eines
tut er nicht, obwohl ihn der Perserkönig herzlich
darum bittet: Er begleitet ihn nicht in den Tempel
des großen Gottes Bel. Kyrus verehrt diesen Haupt-
und Reichsgott als den Herrscher und Schöpfer der
Welt. Aber Daniel bleibt bei seinem GROSSEN
BOSS. Ist ja wohl auch klar!

Nicht nur verehren tut Kyrus den Bel in seinem
riesigen Tempel, er füttert ihn auch tüchtig. Was
der Nimmersatt verspeist, ist enorm: Tag für Tag

vertilgt er vierzig Schafe, zwölf Sack Weizen und hundert Liter Wein. Morgens ist immer alles ratzekahl weggeputzt.

Wieder einmal drängt Kyrus den Daniel, ihn zum Gebet in den Bel-Tempel zu begleiten, aber der schüttelt wie immer den Kopf: *Du weißt doch, Majestät, ich diene nicht den handgebastelten Götzen. Ich verehre nur den einen, den wahren, nämlich den lebendigen Gott. Und das ist der GROSSE BOSS!*

Ich versteh dich nicht, Danny! Hältst du unseren Bel etwa nicht für einen lebendigen Gott? Bedenk mal, was er jeden Tag ißt und trinkt!

Da kann Daniel nicht mehr an sich halten, er lacht schallend. Als er das pikierte Gesicht des Königs sieht, entschuldigt er sich: *Ich wollte dich nicht kränken, Hoheit. Nur verstehe ich nicht, wie du dich so an der Nase rumführen lassen kannst. Dein Bel steht auf tönernen Füßen! Alles an ihm ist aus Ton. Nur außen ist er mit Gold verkleidet. Glaube mir, dein Bel hat in seinem ganzen ‚Leben‘ noch nicht einen Happen gegessen, noch nicht einen Fingerhut voll Wein getrunken! Sonst müßte er ja wohl scheißen, mit Verlaub zu sagen!*

Diesmal ist Daniel zu weit gegangen. Kyrus läßt sofort sämtliche Bel-Priester in seinen Palast rufen; siebzig gut genährte Brocken. Aufmerksam lauschen sie dem Perserkönig, der wegen der Unterstellung, sein Gott könnte womöglich ein Hungerkünstler sein, noch immer wütend ist.

Herhören, Priester und Prediger! röhrt er. *Wenn ihr mir nicht umgehend beweist, daß unser Bel lebt und täglich hundert Liter Wein trinkt, vierzig Schafe ißt und zwölf Sack Weizen zum Sattwerden braucht, laß ich euch alle siebzig aufhängen! Wenn ihr mir das aber beweisen könnt, muß der Zweifler Daniel sterben, denn er hat gesagt, Bel mache sich nichts aus menschlicher Nahrung. Er könne nicht kauen, nicht schlucken, nicht verdauen!*

In Ordnung! sagt der Oberpriester des Bel. *Du kannst gleich mitkommen. Und dieser jüdische Ignorant auch. Wir beweisen dir, daß Bel stets einen bewunderungswürdigen Appetit entwickelt.*

Gemeinsam marschieren alle siebzig Priester, der König und Daniel zum Tempel. Daniel bleibt an der Tür stehen und hält Augen und Ohren offen, während der Oberpriester auf Kyrus einschwatzt: *Ich mache folgenden Vorschlag, Majestät: Ich verlasse jetzt mit meinen Amtsbrüdern den Tempel, und du läßt Bel sein Essen servieren. Stelle alles vor den Altar und schließe dann hinter dir den Tempel ab. Als zusätzliche Sicherung magst du das Türschloß mit deinem königlichen Siegel plombieren.*

Morgen früh komm dann bitte wieder. Wenn der Bel inzwischen nicht alles aufgegessen und ausgetrunken hat, darfst du uns allesamt gern an den Galgen hängen. Im andern Fall müssen wir allerdings darauf bestehen, daß Daniel stirbt. Wir können die Verleumdung nicht auf uns und unserem Gott sitzenlassen!

Siegessicher verlassen die Priester den Tempel. Kyrus läßt die Götterspeise bringen. Die Träger stöhnen unter dem enormen Gewicht. Dann dekoriert der König eigenhändig mit den Fressalien den Altar.

Inzwischen hat sich Daniel von seinem Boy einen Sack Asche besorgen lassen. Nachdem der König mit dem Servieren fertig und gegangen ist, um sein Siegel zu holen, muß Daniels Boy den gesamten Tempelboden gleichmäßig dünn mit Asche einpudern. Wer es nicht weiß, dem fällt der graue Belag gar nicht auf.

Auch dem König nicht, der mit seinem Siegel zurückkommt, den Tempel abschließt und das Schloß versiegelt. *Bis morgen früh um sechs!* ruft er Daniel zu, ehe der endgültig heimgeht. *Ordne inzwischen deine Hinterlassenschaften!*

Morgens um sechs trifft man sich an der Tempelpforte wieder. Das Siegel wird unversehrt vorgefunden. Dann schließt der König auf und will in den Tempel stürmen. Daniel hält ihn zurück. *Einen Augenblick noch, Majestät!* bittet er.

Man kann den Altar mit dem Götzenbildnis von der Tür aus gut sehen. Das Gesicht des Königs überzieht ein Strahlen: *Na also! Alles hat er weggefut-*

tert! Jetzt dürfte er wieder für 'ne Weile satt sein!
Vielleicht hat er 'n Bandwurm! spöttelt Daniel.
Dann wird er ernst: *Du glaubst also, dein Bel habe*
über Nacht sämtliche Lebensmittel verspeist? Dann
schau dir bitte mal genau den Boden an. Ich ließ
Asche darüberstreuen. Fällt dir nichts auf?

Des Königs Augen werden größer und größer. Seine Stirnadern schwillen an wie Süßwasseraale. *Da*
soll doch — Quer durch den ganzen Raum laufen
die Fußspuren! Große von Männerschuhen; kleine
von Damensandalen; sehr kleine, wie sie Kinder-
pantöffelchen hinterlassen. Und alle enden direkt
unter dem Altar, wo eine Falltür das Geheimnis
eines unterirdischen Tunnels preisgibt.

Geh nicht so streng mit ihnen um, bittet Daniel
für die fremden Priester. *Alle haben große Fami-*
lien mit wenigstens sieben Kindern. Bedenke, was
die so verfuttern pro Tag! Mindestens soviel wie
dein tönerner Bel...

Aber Kyrus ist nicht zu beschwichtigen. Er kriecht
höchstpersönlich in den Geheimgang hinein und
tastet sich vorwärts. Als er mitten in der Küche des
Oberpriesters wieder ans Tageslicht kommt, trifft
diesen vor Entsetzen fast der Schlag.

Kyrus läßt ihn und seine neunundsechzig Amts-
brüder sofort verhaften und haut am Tag ihrer Hinrichtung eigenhändig den Bel kaputt. Es tönt sehr
tönern. Besonders die Füße, auf denen er stand.

207

SCHÄBIGER PERSER ZU VERSCHENKEN

Esra 1—4

Während die Exiljuden noch immer nicht recht
wissen, was sie von dem Perserkönig Kyrus
halten sollen, läßt dieser sich tagelang von Daniel
nicht sprechen. Das Erlebnis mit seinem Haupt- und
Reichsgott hat ihn in tiefe Unruhe gestürzt. Was
war das mit der sogenannten Religion? Wieso spiel-

te sie eine so bedeutende Rolle im Leben aller Völker?

Daniel erfährt nie, was in all den Wochen wirklich in König Kyrus vorgeht. Doch dann erleben er und seine Mitvertriebenen eines Tages eine außerordentlich freudige Überraschung. Über Nacht hängen plötzlich in allen Sprachen des Landes — und das sind nicht wenige — abgefaßte öffentliche Bekanntmachungen allerorts an Wänden und Säulen: ,Ich, Kyrus, König des Großpersischen Reiches, gebe hiermit kund und zu wissen: Mir, dem Herrscher über alle mir bekannten Nationen der Erde, mir, dem König der Könige, hat der GROSSE BOSS der Welt aufgetragen, dafür zu sorgen, daß der Tempel seines Namens im ehemaligen Jerusalem wieder aufgebaut wird. Deshalb fordere ich sein Volk auf, sich an den genannten Ort zu begeben, zu welchem Zwecke sie von den Bewohnern ihres gegenwärtigen Wohnsitzes mit Geld und Vieh unterstützt werden. — Gezeichnet: Kyrus.'

Die Juden stehen vor den Litfaßsäulen und können es nicht glauben. Ein Wunder? Das Wunder überhaupt! Hatte das nicht so ähnlich einst Jeremia prophezeit? Egal, ganz egal! Nix wie hin nach Jerusalem — wer nur irgendwie abkömmlich ist!

Vollgepackt mit freiwilligen Spenden, mit Gold und Silber, mit den heiligen Pokalen und sonstigen Tempelgeräten aus Nebukadnezars einstiger Beute, ziehen sie los: 423 300 baulustige Juden. Dazu kommen 7337 Knechte und Mägde, 200 Sänger und Sängerinnen sowie 736 Pferde, 245 Maultiere, 435 Kamele und 6720 Esel. Das Grundkapital für den Neubau beträgt über eine Million Mark, weil der persische Gulden grad mit 23 Mark gewechselt wird.

Natürlich lassen sich nicht alle Heimkehrer in Jerusalem selbst nieder, aber zur Einweihung eines ersten, improvisierten Altars sind sie dann alle wieder zur Stelle. Brandopfer, wie sie Mose vor urdenklichen Zeiten mal vorschrieb, werden dargebracht, alle angängigen Feste gefeiert. Dann werden Zimmerleute und Steinmetzen angeworben — und los geht's mit dem Bauen.

Die Grundsteinlegung zu dem neuen Tempel wird abermals festlich begangen. Ansprachen, Lieder, Musik. Der Jubel ist so groß, daß man die Schluchzer nicht hört, die sich den Greisenbrüsten entringen, denn es sind alte Leute dabei, die den früheren Tempel noch kannten und vor Ergriffenheit weinen.

Und gleich gibt's Ärger! Die Leute in Samarialand werden von Neid und Mißgunst geplagt. Wir erinnern uns: Beim großen Umgesiedel anläßlich des Untergangs vom Nordreich Israel haben Assyrer von der Landschaft landwirtschaftlichen Gebrauch gemacht und sich, wenigstens einigermaßen, akklimatisiert. Jetzt kommen sie an und wollen am Tempel mitbauen. Das haben die sich so gedacht, ha!

Auch wenn ihr seit damals unserem GROSSEN BOSS opfert, ihr ehrt ihn ja doch nur ‚unter anderen‘, protestieren die Bauherren. *Wir wollen unseren Tempel alleine bauen. Kyrus hat kein Wort davon gesagt, daß ihr mitbauen dürft! Haut ab!*

Die Regierung der Provinz Samaria gibt nicht nach. Wenn man die Burschen in Jerusalem nicht gleich am Anfang duckte, wurden sie womöglich wieder so mächtig wie früher. Die einstweiligen Verfügungen ihrer besten Anwälte flattern nur so durch Neu-Juda, und der Tempelbau stockt. Jedenfalls solang Kyrus lebt.

Sein Nachfolger ist kaum im Amt, da empfängt er einen Eilbrief der Samarianer: ‚Dem König zur Kenntnis, daß die Juden im Begriff stehen, die berüchtigte Stadt Jerusalem wieder aufzubauen. Wir bitten, in den alten Chroniken nachforschen zu wollen, aus denen Majestät ersehen wird, daß diese Stadt stets den Aufruhr liebte und deshalb auch zerstört wurde. Sollte sie tatsächlich wieder aufgebaut werden, wird der König mit Sicherheit keine Steuern mehr erhalten.‘

Die Antwort ist entsprechend: ‚Untersage bis auf weiteres jeden Hammerschlag in Sachen Jerusalem. Fordere strenge Maßnahmen und Überwachung zum Wohle der persischen Krone!‘

Feierabend! Aus der Traum! Die Maurer schmeißen ihre Kellen hin, und die Priester und die übrigen Baulustigen warten auf ein neues Wunder. Zum Beispiel auf einen neuen Perser. Der alte war doch recht schäbig.

208

DER GRÖSSTE DOMPTEUR DER ERDE

Daniel 6

Der neue Perser, der in Babylonien alsbald mit gekröntem Haupt spazieren geht, ist im Grunde genommen ein alter Perser: 62 Jahre; aber gut erhalten. Er heißt Darius und verschuldet später mal den Marathonlauf. Da besiegen ihn nämlich die Griechen, und einer von ihnen rast mit der Freudenbotschaft heim. Jetzt macht er erst mal was anderes. Er teilt sein Land in 120 Statthaltereien auf, sogenannte Satrapien. Über diese setzt er 120 Satrapen ein und drei Obersatrapen — im Fürstenrange —, die wiederum über den Untersatrapen stehen.

Einer von ihnen, der fromme Traumdeuter Daniel, ist seinen beiden Mitobersatrapen schon bald ein Ärger im Dorn. Kein Wunder, er versteht hundertmal mehr von Organisation und Menschenführung als seine Kollegen.

Das merkt auch König Darius, der gerade beim Planen von Straßen und Kanälen ist und denkt, daß Daniel der Richtige wäre, seine weiträumigen Ziele auch durchzuführen. Am besten, er machte ihn zum Oberobersatrapen, kurz: zu seinem Stellvertreter.

Das kriegen die beiden Mitspitzenkräfte schnell spitz und tun sich mit einigen unzufriedenen Statthaltern zusammen, um zu beraten, was man Daniel am Zeug flicken könnte. Aber betreffs seiner Amtsführung ist leider nichts zu flicken. Da hat ein Satrap 'ne Idee: *Das einzige, wo wir ihm vielleicht an den Wagen pinkeln können, ist seine Religion!*

Was hast du vor? fragt Obersatrap Zwo.

Wir gehen zum Alten! Laßt mich nur machen!
Gemeinsam werden sie bei König Darius vorstellig.
Majestät, mögest du uralt werden! begrüßen sie ihn.
Danke! Unternehmen läuft bereits! Was gibt's denn? Darius füttert seinen Lieblingskater. Auch ein Perser.

Majestät, wir Obersatrapen haben uns mit dem Minister für Staatssicherheit beraten und sind zu dem Schluß gekommen, daß du ein Gesetz erlassen solltest, das jedermann verbietet, etwas anderes zu verehren als dich.

Darius unterbricht sein Katerfrühstück. *Da werden sich die Damen aber freuen!* meint er ironisch.

Die Ränkeschmiede bleiben ernst. *Du solltest durch Gesetz bestimmen, daß jeder, der einen Gott oder einen Menschen durch Niederknien verehrt, in den Löwenzwinger geworfen wird.*

Die Biester sind wohl am Verhungern? argwöhnt Darius. Gelächter, Rede, Gegenrede. Zum Schluß ist das Gesetz formuliert und rechtskräftig...

Daniel erfährt noch am gleichen Tag, was seine Kollegen ohne ihn ausgebrütet haben, und weiß auch, wem das Ei zugedacht ist. Bedrückt eilt er noch vor Büroschluß nach Hause, wo seine Fenster nach Süden gehen. Wenn man etwas Phantasie hat, wie er, kann man geradewegs bis nach Jerusalem blicken. Deshalb stehen Daniels Fenster auch immer offen.

Hier pflegt er dreimal täglich niederzuknien und zum GROSSEN BOSS zu beten. Das tut er auch heute und bemerkt die Leute mit den Ferngläsern nicht, die ihn von schräg gegenüber beobachten: seine feinen Kollegen!

Eine Stunde später sind sie erneut bei Darius: *Majestät, es ist furchtbar! Denk dir, den ersten, den wir erwischt haben, ist ausgerechnet unser lieber Kollege Daniel! Obwohl wir ihm das neue Gesetz auf dem Instanzenweg zugesandt haben, ist er zu Hause auf die Knie gefallen und hat seinen GROSSEN BOSS angebetet. Was machen wir jetzt nur?*

Annulliert das Gesetz! sagt Darius, denn er mag Daniel.

Unmöglich, Majestät! Das Volk würde sagen: Uns kleinen Leute trifft das Gesetz mit voller Strenge, bei den Großen wird es manipuliert!

So sehr der König auch grübelt, wie er Daniel retten könnte – es fällt ihm nichts ein. Gesetz ist Gesetz, und Löwe ist nun mal Leu. Also macht er sich mit den Denunzianten auf den Weg zum Zwinger, wohin Daniel inzwischen schon gebracht worden ist.

Hör zu, Daniel, sagt der König kreuzverlegen, *ich habe mich da in den Maschen meines eigenen Gesetzes verfangen. Leider ist die Immunität von hohen Beamten noch nicht erfunden, du mußt also in die Höhle des Löwen. Ich kann nur hoffen, daß dein GROSSER BOSS dir hilft. – Mach's gut, mein Vize!*

Daniel lächelt etwas gequält und rümpft ein wenig die Nase. Auch weil ihm beim Öffnen des Zwingers penetranter Raubtiergeruch entgegenschlägt. Dann wird der Verschlußstein auf die Öffnung gerollt und vom König eigenhändig versiegelt. Nicht an Befreiung von fremder Hand denkt Darius dabei; er traut nur den Intriganten nicht. Sie waren imstande und warfen noch brennende Fackeln hinterher, damit die Bestien noch wilder wurden.

In dieser Nacht bekommt der König kein Auge zu. In aller Frühe begibt er sich zum Löwenzwinger, legt das Ohr an den Verschlußstein, hört zuerst nichts, dann ein zärtliches Schnurren. *Bist du es, Daniel, der so schnurrt?* fragt er bang.

Nee! antwortet Daniel lachend. *Das sind meine Freunde, die niedlichen Kätzchen.*

Darius läßt den Stein entfernen, blickt in den Zwinger und starrt fassungslos auf die Szene: Daniel hat sich während der Nacht mit den Löwen in einer Weise angefreundet – nicht zu glauben! Sie lecken ihm das Gesicht, lassen sich kraulen, ihn auf ihrem Rücken reiten; sie spielen Fangen, Nachlaufen und Drittermannabschlagen mit ihm. Zum Schluß, sozusagen als Hit der Galavorstellung, erlaubt der wildeste Löwe, eine wahre Bestie, daß der Prophet seinen Kopf ins Löwenmaul steckt.

Wenn auch ein Löwenmaul nichts mit Leumund zu tun hat, das Ereignis im Zwinger stärkt nicht nur

Daniels Image enorm, auch der GROSSE BOSS pro-
fitiert davon. ‚Befehl an mein Volk!' schreit es kurz
darauf von allen Plakaten. ‚Ab sofort ist in meinem
Land nur noch der GROSSE BOSS zu verehren und
anzubeten! Er allein ist der lebendige Gott! Kein
anderer hat je eine solche Raubtierdressur zustande
gebracht wie Daniel in der Löwengrube...'

Gleichzeitig läßt Darius die Denunzianten samt
ihren Frauen und Kindern in den Zwinger werfen.
Diesmal geschieht kein Wunder; die Löwen fressen
sich tüchtig satt. Aus ihren Knochen wachsen später
Blumen raus. Löwenzahn.

209

BUNTE REITER FERNGESEHEN

Esra 5; Haggai 1; Sacharja 1—3

D ie Israels haben also die Assyrer überlebt, von
denen sie umgesiedelt worden sind. Die Judäer
haben die babylonische Siegermacht gegen eine
persische eingetauscht. Daniel predigt unter Darius
am Euphrat. Und in Jerusalem stockt der Bau am
Tempel, den eine vieltausendköpfige Vorausabtei-
lung begonnen hat. Hier machen zwei Propheten
von sich reden: Haggai und Sacharja. Der jüdische
Statthalter von Jerusalem heißt Serubabel und hört
ihnen mit gemischten Gefühlen zu.

Sagt doch — zum Beispiel — der Haggai zu Serubabel: *Paß mal obacht, Statthalter! Der GROSSE
BOSS läßt dir was ausrichten. ‚Dieses Volk', sagt er,
‚die Juden also, behaupten, die Zeit sei noch nicht
reif, mir meinen Tempel zu bauen. Dann darf ich
vielleicht mal höflich fragen, wieso sie reif genug
ist, daß die Kerle in Villen mit Parkettböden, ge-
täfelten Wänden und allem Komfort wohnen, während meine Behausung noch in Schutt und Scherben
liegt? Wenn sie nicht bald ins Gebirge steigen und
Bäume für meine Wohnung fällen, mögen sie meinetwegen soviel säen, wie sie wollen: Es wird ihnen*

keine gute Ernte bringen! Essen werden sie, ohne satt zu werden! Im dicksten Paletot werden sie frieren! In ihr Portemonnaie jage ich Löcher, daß sie jeden sauer verdienten Groschen auf der Straße verlieren! So lange ich obdachlos bin...!

Das sagt Haggai. Zwei Monate drauf haut der Prophet Sacharja auf den gleichen Gong. *Denkt an eure Vorfahren!* ruft er den Juden zu. *Sie haben dem GROSSEN BOSS was geschissen, da hat er ihnen was gehustet! Ihr wollt doch nicht, daß es euch wie euren Ahnen ergeht?! Darum hört mir mal zu: Ich habe heute nacht eine Vision gehabt, da saß im Tal ein Mann auf einem roten Pferd. Hinter ihm waren eine Menge Reiter auf Schimmeln, Rappen und Schecken. Ich frage, was das zu bedeuten hat, da antwortet mir eine Stimme: ,Die Reiter hat der GROSSE BOSS geschickt, damit sie auf der Erde rumreiten!'*

,Aha', sage ich, ,und was haben sie gefunden?'

,Nix', antworten die Reiter, ,überall ist es ruhig und still.'

Da fragt die Stimme die Gestalt auf dem roten Pferd: ,Wie lange willst du Jerusalem noch quälen? Siebzig Jahre leidet es nun schon, genau wie die anderen Städte in Juda.'

Leider konnte ich nicht hören, was der GROSSE BOSS meiner Geisterstimme antwortete. Dann kam der Ton wieder. Meine Stimme sagte: ,Verkünde überall das Wort des GROSSEN BOSSES: Ich ärgere mich schon lange über die arroganten Völker, die euch unter der Fuchtel haben. Ich gebe zu, ich habe mich über euch erbost, aber ich wollte nicht, daß man gleich so rabiat mit euch umspringt. Deshalb will ich mich jetzt wieder mehr um euch kümmern. Ich möchte vor allen Dingen, daß Jerusalem wieder aufgebaut wird. Und mein Haus natürlich auch.'

Während ich noch darüber nachdachte und meinen Blick so rumschweifen lasse, seh ich plötzlich einen Mann mit einem Zollstock. ,Was will denn der?' frage ich die Stimme; dann den Mann: ,Wo willst 'n mit dem Metermaß hin?'

,*Ich geh Jerusalem ausmessen!*' sagt der Mann. ,*Wie lang und breit es werden soll.*'

Er hat noch nicht ausgesprochen, ertönt es aus meinem unsichtbaren Lautsprecher: ,*He, Mann mit dem Zollstock! Jerusalem soll ohne Mauer gebaut werden! Sonst wird's zu eng, wenn später mal die Konjunktur einsetzt. Vorerst wird der GROSSE BOSS einen Strahlengürtel um die Stadt ziehen, den er als einziger ein- und ausschalten kann.*'

Nachdem der Architekt verschwunden war, sehe ich plötzlich den Hohepriester Josua neben dem Satan stehen —

Hier wird Sacharja unterbrochen. *Wann schläfst du eigentlich?* fragt ein vorlauter Judenjunge laut. Da werden die Zuhörer wütend, denn die Geschichten, in denen der Satan vorkommt, interessieren sie mehr als alle Horrorliteratur Persiens.

Leider ist der Rotzlöffel, den sie zur Strafe verprügeln, ein Sohn des Statthalters. Oder soll man sagen, glücklicherweise? Als Serubabel nämlich die blauen Flecke seines Jungen sieht und nach deren Ursache fragt, lernt er die vielen Storys kennen, die samt und sonders — wenn auch recht chiffriert — mit dem Tempel zu tun haben. Daraufhin entschließt er sich, endlich und richtig mit dem Bau eines neuen Tempels zu beginnen. Haggai, Sacharja und die Jerusalemer sind begeistert mit von der Partie.

Da sag noch mal einer was gegen die Prügelstrafe!

210

EIN TEMPEL WIRD HOCHGEJAGT

Esra 5, 6

Die rege Bautätigkeit zieht viele Neugierige an. Immer stehen irgendwelche Müßiggänger herum und geben überflüssige Ratschläge. Das wird in Jahrtausenden nicht anders sein.

Aber es kommen auch andere nach Jerusalem und betrachten interessiert den wachsenden Rohbau auf dem Tempelplatz. Zum Beispiel der Statthalter der Provinz Ehemalig-Juda. Er heißt Tatnai und kriegt kalte Füße. *Wer hat euch geheißen, den Tempel zu bauen?* fragt er und bekommt von allen Maurern, Zimmerleuten, Klempnern, Mörtelmischern und auch vom Stadtverwalter Serubabel die einzig richtige Antwort: *Der GROSSE BOSS!*

So sehr Tatnai und seine Beamten auch herumschnüffeln und fragen, wer der irdische Auftraggeber ist, sie finden es nicht heraus. Daher können sie auch keinem Arbeiter den Job verbieten. Stattdessen bekommt die PP, die Persische Post, wieder etwas zu tun.

Tatnais Brief an König Darius von Persiens Gnaden lautet: ,Heil dem König! Wir kommen soeben von einer Inspektion der Stadt Jerusalem zurück, wo auf dem Tempelgelände wieder rege Bautätigkeit herrscht. Maurer und Zimmerleute arbeiten im Akkord und wollten uns nicht sagen, wer ihr Auftraggeber ist. Ein Polier erklärte uns wörtlich:

,Wir sind nur Handlanger des GROSSEN BOSSES und bauen das Haus wieder auf, das einmal auf diesem Fleck von einem berühmten König Israels errichtet wurde. Weil unsere Vorfahren den BOSS erzürnten, zerstörte er die Stadt und lieferte die Einwohner dem König Nebukadnezar von Babel aus. Nachdem Kyrus, der König von Persien, Babylonien eroberte, befahl dieser den Neuaufbau des Tempels. Leider geriet die Arbeit durch widrige Umstände ins Stocken.

Sehr geehrte Majestät! Sollte der Polier – Name d. Red. bek. – die Wahrheit gesprochen haben, müßten sich in den königlich-persischen Archiven Unterlagen darüber befinden. Wenn nicht, erbitten wir untertänigst baldigen Bescheid, was mit dem Rohling auf dem Tempelplatz geschehen soll.'

Als Darius diesen Brief bekommt, läßt er sofort in sämtlichen Archiven stöbern. Tatsächlich wird eine Akte gefunden, in der die Angaben des Poliers vollinhaltlich bestätigt sind. Nicht nur, daß König Kyrus den Wiederaufbau ausdrücklich befohlen hatte, auch wie groß der Tempel werden sollte und daß für den Bau Gelder aus der Staatskasse zu verwenden seien.

Das genügt Darius. Schnell diktiert er an Statthalter Tatnai seine Antwort: ‚Die Juden sollen ihren Tempel bauen, wie es Vorgänger Kyrus einst bestimmte. Dabei werde ihnen jede Unterstützung zuteil. So nehme man von den Steuern, die an mich abzuführen wären, das erforderliche Geld und liefere außerdem den Priestern alle benötigten Opfertiere für ihren GROSSEN BOSS.

Bei dieser Gelegenheit sollen sie auch für mich und meine Familie beten. Im übrigen soll jeder, der dieser Anordnung zuwiderhandelt, an einen Balken seines Hauses genagelt und dann mit diesem zerstört werden. Untermietern geschähe Sinngemäßes. Für die Richtigkeit: Ich, Darius der Erste.'

Statthalter Tatnai erteilt nun offiziell noch einmal die Bauerlaubnis und hält auch alles andere strikt ein. Da machen sogar die Maurer Überstunden! Sechs Jahre werden die Juden von Darius regiert, dann ist auch der Tempel fertig.

Die Einweihungsfeierlichkeiten gleichen dem Fest der Grundsteinlegung: Jubel und Tränen, Freude und Ergriffenheit, Stolz und viele gute Vorsätze. Hundert Stiere, zweihundert Widder, vierhundert Lämmer werden als Sündopfer dargebracht und sollen dem GROSSEN BOSS lieblich in die Nase duften. Zwölf Ziegenböcke − für die zwölf Stämme Israels − hören auf zu stinken. Gebraten meckert keiner mehr über sie; nur die zwölf verwitweten Ziegen.

211

XERXES WAR EIN PERSER TROTZIG

Esther 1

Nach dem Tod von König Darius I. übernimmt sein Sohn Xerxes die Macht. Er wird der erste sein, der zu den Juden eine tragbare Brücke baut

— eine Perserbrücke sozusagen —, indem er nämlich eine Jüdin heiratet. Doch der Reihe nach:

Xerxes besiegt Ägypten, unterliegt jedoch den
Griechen bei Salamis, was nichts mit italienischen
Würsten zu tun hat, sondern die gleichnamige Insel
mit der schülerfolternden Seeschlacht ist. Mit Babylonien, Ehemalig-Juda und Ex-Israel zusammen
herrscht er über 127 Länder, vom Indus in Indien
bis zum Nil und Mazedonien. Das muß man sich
mal auf der Landkarte angucken!

Im dritten Jahr seiner Herrschaft veranstaltet
Xerxes in seiner Winterresidenz, der befestigten
Stadt Susa, rund 250 Kilometer nördlich vom Persischen Golf, ein Fest, das seinesgleichen in der Welt
suchen dürfte. Dagegen ist jede ‚Nacht des Jahres‘
sehr viel späterer Playboys ein unterprivilegiertes
Treppenwitzchen. Xerxes' Party dauert geschlagene
180 Tage und Nächte! Sämtliche Fürsten seines gigantischen Imperiums, alle hohen Reichsbeamten,
alle Heerführer — vom kleinen Marschällchen aufwärts — sind eingeladen, seinen Reichtum und die
Herrlichkeit seiner Macht zu bewundern.

Aber auch das Volk soll daran teilhaben. Sieben
Tage lang veranstaltet er für die Leute — vom
Kleinsten und Gemeinsten bis rauf zum Größten
und Gemeinsten — ein Palastgartenfest, bei dem sie
einen Geschmack davon bekommen, wie so 'n armer
König leben muß.

Innen im Palast liegen schwellende, goldene und
silberne Kissen auf den schwarzen, weißen und grünen Marmorböden. An den Wänden und Säulen
hängen farbige Tücher, eingefaßt mit scharlachroten
Kordeln. Am beeindruckendsten sind aber die
Trinkgefäße aus purem Gold: Jeder Becher, jeder
Pokal ist anders. Tausend und mehr Variationen
haben sich die Goldschmiede einfallen lassen.

Und zu trinken gibt's erst! Jeder kann bestellen,
was er will. Vom Äppelwoi bis zum Zwetschken-
wasser ist alles vorhanden. Das Fest steht unter
dem königlichen Motto: Chacun à son Gusto! Trotzdem wird kein einziger goldener Humpen geklaut.

Gleichzeitig gibt auch die Frau Königin für sich

und ihre sämtlichen zum Hof gehörenden Neben-
buhlerinnen ein Fest. Da ist des Gegackers und Ge-
kichers kein Ende, denn natürlich lutschen die Damen ebenfalls ihre Fläschchen leer.

Sieben Tage dauert bereits die Sause der Herren.
Xerxes hat einen Zacken in der Krone, obwohl eine
Königskrone gar keine Zacken hat. Ist auch nur
bildlich gemeint; er hat einen im Liegen sitzen und
stehen und möchte plötzlich seine Frau Gemahlin
sehen. Auch um mit ihr anzugeben, denn Königin
Vasti – so heißt sie – ist eine sehr schöne Frau.

Da geschieht das ganz und gar Ungeheuerliche:
Der ausgeschickte Kämmerer kommt ohne die hohe
Frau zurück. *Sie will nicht!* verkündet er betreten.

Xerxes kann es nicht fassen. Seine Frau wollte
nicht? So eine Blamage! Diesen Skandal durfte er
sich nicht gefallen lassen!

Sofort setzt er sich mit dem Justizminister und
anderen Ehrenwerten zur Beratung zusammen. *Was
soll ich mit dem Luder machen?* fragt er. *Sie hat
mich und das Gesetz verhöhnt, indem sie mir einen
Korb gab!*

Du irrst, Majestät, korrigiert ein alter Justitiar,
*nicht dir allein hat sie Schaden zugefügt. Auch mir!
Allen Fürsten, allen Völkern! Überlege doch einmal: Wenn es bekannt wird, daß die Königin ihrem
Herrn und Gebieter nicht gehorcht, was machen
dann die Frauen der Fürsten? Was macht meine
Alte? Sie wird mir in Zukunft auf der Nase herum-
tanzen. Koch dir deinen Kaffee selber und so!*

Das sieht Xerxes ein. Schlechte Beispiele verderben gute Sitten, weiß er. Oder war es vielleicht keine gute Sitte, daß die langhaarigen Frauenzimmer
nichts zu sagen hatten? Noch war der Mann die
Krone der Schöpfung, das Weib bloß ein angefüt-
tertes Kotelett von ihm!

*Es bleibt dir wohl nichts anderes übrig, Majestät,
du mußt deine Gemahlin mit Verstoßen bestrafen.
Gleichzeitig solltest du ein Rundschreiben in alle
Welt verschicken, aus dem hervorgeht, daß nach
wie vor der Mann der Herr im Haus und jegliche
Emanzipation verboten ist.*

So geschieht es dann auch. Diesem Rundbrief verdanken es die Männer später einmal, daß ihre Frauen so erpicht darauf sind, ihre hübschen Beine in Männerhosen zu verstecken. Aus Protest gegen alle derartigen Xerxesexzesse.

212

ENDLÖSER HAMAN

Esther 2–4
Apokryphen: Stücke zu Esther 4

Xerxes, der seine Frau, die schöne Vasti, protokollmäßig verstoßen hat, beklagt sich bei seinen Beratern: *Und mit wem repräsentiere ich nun? Laßt euch gefälligst was einfallen!* Daraufhin senden seine Vertrauten Späher in alle Länder des persischen Großreiches, die ihre Augen offenhalten und jede besonders attraktive Jungfrau nach Susa bringen, wo sie dann im Frauenhaus großgepäppelt werden. Soll heißen, rausgefüttert, weil Xerxes das Mollige liebt. Außerdem lernen sie Körperpflege und kriegen den königlichen Perserschliff.

Allerdings hätten sich die Ratgeber die Jungfernsuche sparen können, denn in Susa lebt Esther, eine Waise. Ihr Onkel Mardochai ist gleichzeitig ihr Vormund und Pflegevater. Er gehört zu den Vertriebenengeschlechtern, die seinerzeit mit König Konja nach Babylonien kamen. Als er von der Suche nach einer neuen Königin erfährt, arrangiert er es, daß ein Späherauge auf Esther fällt. Da sie bildhübsch ist, fordert der Jungfernklau sie auf, in den Palast zu kommen.

Esther begibt sich ins Frauenhaus des Xerxes und stellt sich dem Damenverwalter vor. Der Eunuche sieht eine reelle Chance für sie und bevorzugt das Mädchen während der einjährigen Rundumbehandlung vor allen Konkurrentinnen. Sie bekommt das schönste Zimmer, die beste Zofe, die leckersten Marzipankugeln und die teuersten Kosmetika. Sechs

Monate lernt sie Schönheitspflege, übt sie Haltung, Schreiten und Lächeln à la reine.

Dann ist es soweit. Esther, von der niemand in den Palästen weiß, daß sie eine Vollblutjüdin ist, soll Xerxes vorgestellt werden. Der Kastrat sorgt dafür, daß sie verführerisch herausgeputzt wird und geleitet sie persönlich in den Palast des Königs.

Hach, tölt er tuntig. *Hoffentlich klappt es!* Dabei sprechen Eunuchen immer so. *Toi toi toi, Esther!* Er spuckt ihr dreimal sparsam auf die nackte Schulter und pudert nach.

Xerxes erwartet Esther bereits. Donnerwetter, denkt er, ein appetitliches Persönchen! Da sie sich anschließend auch im seidnen Bett nicht ungeschickt anstellt – sie hat in ‚Theorie der körperlichen Liebe' eine Eins gehabt –, darf sie nicht nur über Nacht bleiben: Sie wird – wer sagt's denn – Königin.

Ihre offizielle Ernennung wird zu einem großen Fest, mit Steuererlaß, Amnestie und Freibier. Xerxes findet noch allemal einen Grund zum Saufen! Tagelang tändelt er mit seiner neuen Königin, dann wird sie in ihr eigenes Palästchen geschickt. Jetzt darf sie nur noch zu ihrem Herrn Gemahl, wenn er sie ruft; andernfalls fällt sie in Ungnade. Diese Bestimmung ist nicht gar zu schwer zu verstehen, wenn man bedenkt, daß der Damenverwalter – Hegai heißt er – noch einige hundert Jungfrauen betreut, die den Sex Rex Xerxes' befriedigen sollen, bevor sie als nicht zur Zucht geeignet zurückgeschickt werden.

Noch immer weiß der Perser nicht, daß er eine Jüdin geheiratet hat. Er hat sie ja auch nicht danach gefragt, und Mardochai, der einstige Pflegevater von Esther, hält auch den Schnabel. Er sitzt den lieben langen Tag am Torplatz rum, wo sich das Volk zum Plauschen trifft. Auf diese Weise erfährt er die Neuigkeiten aus aller Welt. Manchmal auch etwas, das nicht für seine Ohren bestimmt ist. Zum Beispiel, daß zwei Angestellte des Königs – ihrer Meinung nach zu Unrecht – von Xerxes fürchterlich zusammengestaucht worden sind und deshalb beschlossen haben, ihn aus Rache umzubringen.

Mardochai rast zum Palästchen des Nichtchens, läßt die Königin rufen und tuschelt der Erlauchten das Erlauschte zu. *Du mußt deinen Mann warnen!* rät er ihr. *Wenn er abgemurkst wird, bist du deinen Goldesel los!*

Ich liebe meinen Xerxi! sagt Esther vorwurfsvoll und es dem König weiter, daß er gemeuchelt werden soll.

Am nächsten Tag enden die beiden Attentatsplaner am Galgen. Esthers Position ist fester denn je. Der Vorfall aber und der Name des Warners werden in das Protokollbuch des Königs eingetragen, das man ihm zwar jeden Tag vorlegt, in das er aber nie reinguckt. Er ernennt lieber Leute, managt Karrieren und spielt Wohltäter. Vielleicht ist er es sogar.

Jedenfalls wird ein Beamter der mittleren Laufbahn überraschend von ihm in den Rang eines Kanzlers erhoben, so ziemlich das letzte, was einer werden kann. Auf der Stufenleiter des Erfolges...

Der Kanzler heißt Haman. Den Namen wird man sich merken müssen, denn der Mann ist schuld daran, daß in viel späterer Zeit die Juden einen Feiertag mehr haben. Ein Freudenfest mit Geschenken, Maskeraden und so. Jetzt genießt er vorerst mal die neue Macht und das Gefühl, was besonderes zu sein. Kein Wunder auch, wo jedermann vor ihm aufs Knie fällt, wenn er vorbeikommt. Oder wenigstens den Hut abnimmt.

Nur einer grüßt Haman ums Verrecken nicht, obwohl ihn seine Mitbürger immer wieder dazu ermahnen: Mardochai, Esthers Ex-Vormund. Bald finden sich Denunzianten, die seine passive Renitenz dem Kanzler melden. *Was, der will nicht?* schimpft Haman los. *Das werden wir gleich haben! Wer ist der Kerl?*

Nur ein Jude, Herr Kanzler.

Auch das noch! Ein Saujud! Die kann ich sowieso nicht ausstehen, die Krummnasen!

Kanzler Hamans Antipathie zur jüdischen Rasse muß wirklich enorm sein! Er bricht den Stab nicht etwa nur über den widerborstigen Mardochai, nein, er beschließt, gleich das ganze Judentum auszurotten! Bei der täglichen Besprechung mit Xerxes schlägt er diesem deshalb vor, alle Juden im Hoheitsbereich des Persers zu töten.

Das Volk lebt zerstreut und abgesondert, polemisiert er, und hat völlig andere Gesetze als wir. Die befolgen sie zwar auch nicht immer, aber doch noch eher als die deinen, Majestät. Es geht meines Erachtens nicht an, daß du dir das länger gefallen läßt.

Xerxes stimmt dem aberwitzigen Vorschlag zu. *Hier hast du meinen Siegelring, Haman! Schreib überall hin, daß die Brüder umgebracht werden. Wann soll es denn stattfinden?*

Ich habe das Pur entscheiden lassen, Majestät.

Aha, das Pur! Und was ist das, das Pur?

Pur heißt ‚Los'. Und das Pur ist auf den dreizehnten Adar gefallen, das ist der zwölfte Judenmonat. An diesem Tag soll die Endlösung der Judenfrage stattfinden!

Klingt ja nicht grad fein, was? Aber sei's drum — man muß den Anfängen wehren! Wie ich ja auch meine Frau Vasti beim ersten Anzeichen von Aufsässigkeit abserviert habe. Bin ich froh, daß meine Esther mir so schön pariert! Ein prächtiges Weib!

Eine geborene First Lady, Majestät! Wenn man dagegen diese Judenweiber betrachtet...

Während Xerxes mit seinem Kanzler den Pokal kreisen läßt, galoppieren Stafettenreiter in sämtliche Distrikte und Landesteile des persischen Imperiums. Sie haben gesiegelte Briefe in der jeweiligen Landessprache bei sich, in denen steht, daß am dreizehnten jüdischen Zwölften sämtliche Juden zu töten seien. Männer, Frauen, Kinder. Ihr gesamter Besitz verfalle der Krone. Die Anordnung gelte als Sondergesetz. Die Tötung habe schlagartig, diskret und an diesem einen Tag zu erfolgen.

Von diesem schauerlichen Erlaß hängt eine Kopie in Hebräisch in der Stadt Susa öffentlich am Schwarzen Brett des Rathauses. Dort liest es Mardochai. Er liest es einmal, liest es zwei-, dreimal, dann rauft er sich die Haare, schmeißt den Hut auf die Straße und zertrampelt ihn in ohnmächtiger Wut. Er zerfitzelt seine Krawatte, spuckt Gift und Galle, dann rennt er ins Palastviertel. *Ich möchte die Königin sprechen!* fordert er völlig außer Odem.

Ohne Krawatte? Du spinnst wohl! Wir haben strikten Befehl, niemanden ohne Krawatte in den Palast zu lassen. Nächstens kommst du noch im Rollkragenpullover!

Von diesem Vorfall erfährt Esther durch ihre Zofe, wie auch von dem ungeheuerlichen Erlaß, der in der Stadt angeschlagen ist. Sofort schickt sie die Zofe los, eine Krawatte zu kaufen und sie dem Onkel heimlich zuzustecken, damit er eingelassen wird.

Mardochai weigert sich, den Schlips anzunehmen. *Hier* — er gibt der Zofe einen Zettel — *das ist eine Abschrift des königlichen Judenpogroms. Gib es deiner Herrin und flehe sie in meinem und des GROSSEN BOSSES Namen an, damit zu Xerxes zu gehen und ihn um Gnade für die Juden zu bitten.*

Nachdem die Zofe der Königin alles ausgerichtet hat, verfällt Esther fast in Trübsinn. Dann schickt sie ihren Privateunuchen mit einer Botschaft zum Onkel: ,*Alle Welt weiß, daß der König jeden töten läßt, der ungerufen in seinem Palast erscheint, egal ob Mann oder Frau. Es sei, er streckt sein goldenes Zepter nach ihm aus!*' — *Das soll ich dir von der Frau Königin ausrichten. Sie sei schon dreißig Tage und Nächte nicht mehr zu ihrem Gatten gerufen worden und könne unmöglich —*

Weiter kommt der Eunuche nicht. *Sag deiner Königlichen Hoheit, sie solle sich nicht einbilden, bei dem Massaker gegen die Juden als einzige mit dem Leben davonzukommen! Sie möge mal darüber nachdenken, ob sie nicht vielleicht nur deshalb Königin werden durfte, um ihr eigenes Volk zu erretten! — Hier, das ist für dich! Bitte halte den Mund über das, was ich dir anvertraut habe!*

Der Eunuche stößt das Geld zurück und fistelt: *Behalte deine Piepen! Für die Königin Esther würde ich mir glatt was abschneiden, wenn ich's noch hätte!*

Drei Tage fastet Esther und betet zum GROSSEN BOSS, dann zieht sie ihr schönstes, verworfenstes

Kleid an und wagt sich zum Innenhof des Königs-
palastes. Eine Hofdame trägt ihre Schleppe, eine
andere das Riechfläschchen. Als sie ihren Mann auf
seinem edelsteingeschmückten Thron sitzen und unwillig hochblicken sieht, fällt sie in Ohnmacht. Wie
gescheit das von ihr ist, merkt sie gleich.

Xerxes stürmt zu ihr hin und nimmt sie besorgt
in den Arm. *Was hast du, mein Liebling? Ist dir
nicht gut? Was kann ich für dich tun?*

Die Hofdame hält Esther das Riechfläschchen ans
Näschen. Ein tiefer Schnaufer, die Königin macht
Augen und Mund auf: *Ich wollte dich bitten, heute
abend zu mir zum Essen zu kommen.*

Na, das hättest du mir auch schreiben können!
lacht der Herrscher.

*Ich wollte dich bitten, deinen Kanzler Haman
mitzubringen, Schatz. Deshalb kam ich persönlich,*
sagt Esther mit entwaffnender Unlogik.

Gemacht! freut sich Xerxes. *Stell den Sekt kalt!*

Ungetötet schreitet Esther davon. Weil Perser
besser sind als ihr Ruf.

213

LAUSCHEN LOHNT SICH
Esther 5, 6

Das Abendessen bei Frau König gestaltet sich
ganz intim: unter sechs Augen. Es wird lebhaft
geplaudert und heftig gezecht. Als Xerxes einen
Schwips hat, sagt er zu Esther: *Nun sag mir endlich, was du auf dem Herzen hast! Du wirst mir
nicht einreden wollen, daß du dir die Umstände, die
sich dein Personal gemacht hat, ohne Hintergedan-
ken aufgehalst hast. Wünsch dir was, Liebling! Meinetwegen die Hälfte meines Königreiches. Du bekommst es!*

Lächelnd sagt Esther: *Regieren ist Männersache.
Aber weil ich mir etwas wünschen darf, bitte ich
darum, daß ihr beiden morgen abend wieder zum*

Essen kommt. Ich mach auch was Besonderes mit meinem Koch!

Wäre nur schon die Kartoffel erfunden! seufzt Xerxes. *Ich esse für mein Leben gern Kartoffelklöße mit –*

Mit? fragt Esther neugierig.

Mit der Gabel natürlich, sagt Xerxes gähnend und erhebt sich. Das intime Souper ist beendet. Morgen wird er nicht soviel trinken, nimmt der Monarch sich vor; sonst war das Wollen wieder dem Können überlegen. Nicht mal zu einer kleinen Dankeszärtlichkeit fühlt er sich in der Lage...

Am nächsten Tag ist Kanzler Haman überaus gut aufgelegt. Jedem erzählt er, wie er vom Herrscherpaar ausgezeichnet worden ist: *Unter sechs Augen waren wir den ganzen Abend! Und heute bin ich schon wieder eingeladen! Xerxes übrigens auch!*

Seine euphorische Stimmung kriegt einen Mordsdämpfer, als er am Torplatz vorbeikommt: Alle grüßen ihn unterwürfig, bloß der Jude Mardochai nicht. Wütend marschiert Haman zu seiner Villa auf Kanzlershöh.

Seine Frau hat bald heraus, was ihm über die Leber gelaufen ist. Ihr Gegenmittel ist unblutig, aber radikal: *Fordere einen stabilen Dienstgalgen für Kanzlershöh an. Heute abend beim Tête-à-tête mit der Königin und ihrem Mann bittest du darum, daß du diesen fiesen alten Provokateur Mardochai schon vor dem Hamans-Tag aufknüpfen darfst. So wie ihr miteinander steht, wird er es dir sicherlich gestatten. Schon um seiner Frau zu imponieren...*

Der Galgen wird gebaut; ein Hochgerüst. Ein Seil wird extra stark gereept; ein Hochseil. Und dann ist es höchste Zeit, daß sich Haman zu seinem Hochamt begibt. Er muß schließlich auch mal kanzeln.

Wenn er ahnte, was ihn dort erwartet! Aber das tut er nicht; er weiß nicht, daß Xerxes nach dem gestrigen Abendessen vor lauter Sodbrennen nicht schlafen konnte und deshalb in dem königlichen Protokollbuch mit den täglichen Meldungen geblättert hat. Dabei ist ihm der Bericht aufgefallen, nach welchem es ein gewisser Mardochai war, der das geplante Attentat auf ihn durch vorbildliche Wachsamkeit verhindert hat. Gleich morgens hat er sich erkundigt, was dieser Mardochai für die Lebensrettung bekommen hat. *Nichts!* war die Antwort, ebenso sparsam wie der Dank.

Als Kanzler Haman sich wie stets zum Dienst meldet, fragt Xerxes ihn als erstes: *Haman, was würdest du an meiner Stelle mit einem Mann machen, den du vor allen anderen ehren und auszeichnen möchtest?*

Haman stockt einen Moment der Atem. Das konnte sich nur auf ihn, den Kanzler, beziehen! Der König wollte ihn auszeichnen, nichts anderes konnte seine Frage bedeuten. Ob er ihm vorschlug, dem Unbekannten den höchsten Orden zu verleihen, den Goldenen Perverser am Purpurband? Aber wann holte man so 'n Ding schon aus dem Etui!

Ich würde vorschlagen, spinnt er mit wachsender Begeisterung, *dem Ehrenmann einen königlichen Persianer umzuhängen und ihm dein schönstes Pferd zu schenken. Dann sollte einer deiner höchsten Beamten den Ehrenmann im Ehrenmantel auf dem Ehrenpferd sitzend durch die Stadt führen und dabei immerzu ausrufen: ,Seht alle her! So ehrt unser König einen Gentleman!' Was Schöneres könnte ich mir nicht denken.*

Fein, lobt Xerxes, *eine gute Idee! Laß schnell den Bürger Mardochai holen, ein Jude und ein verdienstvoller Mann dazu. Häng ihm einen Persianer um und setz ihn auf mein Lieblingspferd. Und dann führe ihn, wie du gesagt hast, durch die Straßen der Stadt und mache seine Ehrung bekannt.*

Haman braucht lange, sehr lange, bis er den Brokken verdaut hat. Aber was soll er machen? Er muß wohl oder übel des Königs Wunsch erfüllen. So geschieht es daher, daß der Hinrichter seinen Delinquenten schmückt und eigenhändig durch Susa führt.

Vom vielen Lobpreisen ganz heiser, erklimmt Haman am Spätnachmittag Kanzlershöh, wo wie zum Hohn der Strick am drohenden Holzarm sanft im persischen Golfwind schaukelt.

214

JUDE MACHT LOTTERIE UNGÜLTIG
Esther 7—9

Z weites Intimsouper bei Esther. Es wird wesentlich stiller als das erste. Haman sind ein Haufen haariger Tierhäute weggeschwommen; das drückt auf die Stimmung. So greift Xerxes, entgegen seiner Absicht, immer häufiger zum Pokal, bis er wieder in seiner berühmten Geberlaune ist.

Wünsch dir was, Liebling! sagt er zu seiner jungen, liebenswerten Frau. *Und wär's die Hälfte Persiens! Ich möchte, daß du glücklich bist!*

Esther seufzt, dann wagt sie es: *Mein Herr und Gebieter — ich bitte dich um mein Leben!*

Xerxes sieht Esther verständnislos an. *Wieso? Will dir einer ans Leder? Ich versteh nicht, wovon du sprichst! Bei mir bist du doch sicher wie — wie — — in Abrahams Schoß!* ergänzt Esther leise. Dann schüttelt sie schmerzlich den bildhübschen Kopf: *Ich erwähne Abraham deshalb, weil er einer meiner Urst-Ahnen ist. Ich bin nämlich — bin nämlich — also ich bin Jüdin! Ja — ich gehöre zu denen, die dein Kanzler Haman am dreizehnten jüdischen Zwölften töten läßt!*

Der Blick, den Xerxes daraufhin dem Haman zuwirft, ist so unheilverkündend, daß der Kanzler sich gar nicht so schnell fürchten kann, wie sein Gebiß klappert. Mit grimmiger Miene verläßt der König das Zimmer und ergeht sich brütend im Garten.

Im Souperseparée aber wirft sich der Kanzler vor Esther — die auf dem Diwan ihren Laufpaß erwartet — auf den frisch gefüllten Bauch und fleht sie um sein Leben an. In dieser Situation findet Xerxes ihn vor, als er vom Brüten zurückkommt.

Bist du lebensmüde? schreit er. *Nicht genug, daß du meine Frau töten willst, vernaschen willst du sie anscheinend auch noch vorher!* Er reißt ihm seinen Siegelring vom Finger und die Tür auf. Brüllt in den Vorraum: *Wache! Der Kanzler hat mein Mißtrauen!*

Bei Sonnenaufgang wird Haman an seinem selbstbestellten Galgen hochgezogen. Dabei läßt er sehr den Kopf hängen.

Mittags empfängt Xerxes den Ehrenmann Mardochai: *Mein lieber Schwiegerpflegevater, ich freue mich mächtig, dich kennenzulernen! Wenn du gestattest, möchte ich dir Hamans Bungalow auf Kanzlershöh schenken.*

Danke, Majestät, murmelt Mardochai leise.

Das hört sich aber nicht an, als würdest du dich sehr darüber freuen, lieber Pflegeschwiegerpapa! Hast du irgendeinen Kummer?

Die Briefe, Majestät! Der Erlaß, den Haman in deine sämtlichen Länder geschickt hat! Das Judenpogrom, das die Ausrottung des Geschlechtes deiner Frau Gemahlin zum Ziel hat! Wie sollte ich mich da noch über irgendwas freuen können?

Wenn es weiter nichts ist! lacht Xerxes und zieht wieder mal seinen Siegelring vom Finger. *Hier! Nimm den Ring mit meinem Wappen, bester Schwegepflieger — zum Teufel, Mardochai, das Wort will mir nicht über meine persische Zunge!*

Nenne mich, wie du willst, lieber Xerxes, aber sage mir schnell, was ich mit dem Ring machen soll.

Siegeln natürlich! All die vielen Briefe, die du in meinem Namen an alle meine Völker so schnell wie möglich diktieren mußt. Die Adressen findest du in der Kanzlei des Kanzleramtes. Widerrufe den Befehl, den Haman losgeschickt hat. Schreib — schreib — schreib, Schwagerpflegepipi!

Das läßt Mardochai sich nicht viermal sagen! Er sendet durch Expreßreiter an alle Völker dasselbe Schreiben:

‚Ich, Xerxes, König des Großpersischen Reiches, widerrufe hiermit den letzthin ergangenen Befehl, wonach sämtliche Angehörigen der jüdischen Rasse getötet werden sollten. Kraft meines unantastbaren Amtes ist ab sofort allen Juden Versammlungsfreiheit zu gestatten. Außerdem dürfen sie sich gegen jeden Angriff verteidigen sowie vorbeugende Maßnahmen zur Wahrung ihrer Sicherheit treffen. Hierbei werde ihnen von allen meinen Statthaltern und

Fürsten jede Unterstützung zuteil. – Gezeichnet: Xerxes.'

Der königliche Widerruf löst unter den Juden aller besetzten Länder und Exile unbändigen Jubel aus. Den Passus, vorbeugende Maßnahmen treffen zu dürfen, befolgen sie auf ihre – radikale – Weise: An dem Tag, der zur Ausrottung ihrer Rasse gedacht war, am 13. des jüdischen 12., fallen sie, unterstützt von den Landesverwaltern, über ihre Anfeinder her. 75 000 dieser bleiben auf der Langstrecke. Und die Exilierten tragen den Kopf wieder höher.

Auch in der Stadt Susa wird den Antisemiten die böse Absicht blutig vergolten, wobei alle zehn Söhne des gehängten Kanzlers umkommen. Hier dauert das Gemetzel gleich zwei Tage, weshalb auch der ‚Tag des Loses‘ – der Purims-Tag – später unterschiedlich gefeiert wird; am 14. – anderswo am 15. März. Weil man bis dahin den Kalender ändern wird. Aber jedenfalls findet das Freudenfest im Frühling statt, wo sogar Wegweiser und Galgen hoffen, daß sie grünen werden.

215

NEHEMIAS SELBSTVERPFLICHTUNG

Nehemia 1–2

Xerxes ist tot, es lebe Artaxerxes! Auch ein Perser, auch ein König. Schon jetzt: Frieden seiner Asche! Er steht im Begriff, sich das Wohlwollen der Juden zu erobern. Ihr Land hat er ja schon übernommen. Die Israels werden immerzu weitergereicht.

Auch Artaxerxes residiert wie sein Vorgänger – der Gemahl der Esther – am liebsten in der Stadt Susa. Die Gegend und das Klima gefallen ihm. Auch die Leute. Besonders sein Mundschenk. Der gießt ihm schon ein, bevor er Durst geäußert hat. Kunststück! Wenn Artaxerxes einen vollen Pokal nur sieht, hat er schon Durst!

Der Mundschenk heißt Nehemia. Verbannungs-
jude. Eines schönen Tages erhält er den Besuch seines Bruders Hanani aus Jerusalem. Als zweites
fragt Nehemia, wie es seinen Landsleuten geht, die
damals aus der Deportation in die Heimat zurückkehren durften.

*Mies, lieber Bruder, sagt Hanani, furchtbar mise-
rabel! Wenig zu beißen und nix auf 'm Konto. Kein
schönes Leben! Dazu noch in einer Stadt ohne Mauern, ohne Tore, mitten unter Trümmern und keine
Aussicht auf 'ne schöne Aussicht.*

Diese Mitteilung hat auf Nehemia eine außerordentliche Wirkung. Tagelang ißt er nichts, weint
nur und betet: *Ach, du schrecklicher GROSSER
BOSS im Himmel! Ich dachte, du hältst die Versprechen, die du denen gegeben hast, die dir treu
sind und deine Gebote halten? Dann bitte ich dich,
mich anzuhören.*

*Sieh, ich weiß ja, wie schlecht wir uns dir gegen-
über benommen haben mitunter. Deshalb hast du
auch gehandelt, wie du zu Mose damals gesagt hast:
,Wenn ihr mir nicht treu seid, zerstreue ich euch!'*

*Aber, GROSSER BOSS, du hast auch gesagt:
,Wenn ihr kehrtmacht und meine Gebote haltet, will
ich euch — wohin immer ihr auch verstreut sein
mögt — wieder einsammeln und an den Ort zurückbringen, an dem ich meinen festen Wohnsitz habe.'
Das stimmt doch, ja?*

Als er keine Antwort bekommt, betet er weiter:
*Ich habe nämlich einen Plan, GROSSER BOSS.
Könntest du nicht so nett sein und mein Vorhaben
gelingen lassen? Du müßtest nur dafür sorgen, daß
König Artaxerxes heute gute Laune hat und mir
gewogen ist. — Geht das?*

Wieder keine Antwort. Nehemia probiert es trotzdem: Beim Abendessen gießt er dem König Artaxerxes unaufhörlich ein; dabei läuft er mit einem
Gesicht rum wie sieben Tage Nieselregen. Endlich
fällt das dem König, wie beabsichtigt, auf. *Du
machst vielleicht einen Miesepetrigen! Was ist denn
los mit dir? Hast du 'n Zahlungsbefehl bekommen?*

Lang lebe der König! donnert Nehemia heraus.

*Was soll der Quatsch? Ich hätte mich fast ver-
schluckt vor Schreck! Verrate mir lieber, warum du
so belämmert aussiehst.*

Ach, Majestät, seufzt Nehemia gekonnt, *wie sollte
ich ein heiteres Gesicht machen, wenn ich dauernd
daran denken muß, daß Jerusalem keinen Zaun hat.*

Hä? fragt der Perser begriffsstutzig.

*Die Stadt meiner Väter liegt in Trümmern! Un-
gehindert können die Schakale rein und raus, weil
die Stadtmauer futsch ist. Das muß doch einen Pe-
kinesen jammern!*

*Kenn ich nicht; hab ich noch nicht erobert. Und
was deine kaputte Vaterstadt betrifft — was hast du
vor? Du willst kündigen, nicht wahr?*

Sehr fein ausgedrückt! Als wenn ein Verbannter
so mir nix dir nix kündigen könnte. *Wenn du es
nicht für durstschädigend hältst, möchte ich dich
bitten, mich nach Jerusalem reisen zu lassen. Ich
möcht's halt wieder aufbaue, gelle?* sagt Nehemia
auf jordanfurterisch.

Artaxerxes lacht. Dann fragt er seine Gattin: *Was
meinst du? Sollen wir sie ziehen lassen, unsere
kleine Trümmerfrau?*

Die Königin meint, da meint auch der König. Und
Nehemia meint auch und gleich noch was dazu,
nämlich daß es prima wäre, wenn Artaxerxes ihm
ein paar Empfehlungsschreiben an die Statthalter
der Transitländer mitgäbe, damit sie ihm Geleitschutz gewähren.

Nehemia erhält alles, was er erbittet. So 'n Stein
hat er beim König im Brett.

Apropos Brett! Nehemia bekommt auch einen
Brief an den königlichen Forstverwalter mit: Er soll
ihm das Holz für die Tore Jerusalems überlassen.
Derart ausgerüstet, zieht er schon bald los. Beziehungsweise gen. Jerusalem.

MACHT DAS TOR ZU!
Nehemia 2—4, 6, 7

Ohne viel Aufhebens zieht Nehemia mit seinen wenigen Begleitern in Jerusalem ein. Schon in der dritten Nacht marschiert er los, um den Zustand der Befestigungsanlagen zu überprüfen. Was er sieht, läßt ihn fast verzagen. ‚Ich möcht's halt gern wieder aufbaue', hat er zu Artaxerxes gesagt. Ich Großmaul, denkt er jetzt, denn alles ist noch viel verfallener, als er es sich vorgestellt hat.

Vom Taltor geht er — am Drachenquell vorbei — zum Misttor. Dabei prüft er die Stadtmauer und notiert, was eingestürzt ist, welche Tore verbrannt sind. Alle! Am Quelltor sieht's ganz und gar trostlos aus.

Als Nehemia gegen Morgen heimkommt, betet er lange. Auch um Hilfe und gut Wetter bei den Stadträten, die noch nicht ahnen, was der Zugereiste vorhat. Sein Vortrag im Stadthaus rennt offene Türen ein; das alles wissen die Verantwortlichen selbst. Aber was können sie dagegen tun?

Da zeigt Nehemia seine Empfehlungsschreiben vor. Auch den Brief an die Forstverwaltung. Gleich erhellen sich alle Mienen. *Okay!* sagen die Herren strahlend. *Wenn das so ist! Bauen wir also!*

Sie fangen an. Vom Hohepriester mit seinen Brüdern bis zu den Priestern und Priesterschülern — alles baut. Zuerst das Schaftor. Es bekommt neue Torflügel. Und sie bauen weiter: Das Stück Mauer bis zum Turm Mea, dann bis zum Hananel-Turm, wird erneuert, während andere das Fischtor wieder aufbauen. Alles baut! Hier der Goldschmied mit seiner Familie, dort der Apothekerclan. Die Bezirksvorsteher wollen nicht zurückstehen und bauen mit der ganzen Familie. Auch die Töchter müssen ran. Sie bauen das Misttor, sie bauen das Quelltor. Und den Aufgang zum Zeughaus. Und und und...

Wenn die Beamten der Provinzverwaltung in Samaria zuerst nur amüsiert gelästert haben, nimmt jetzt ihr Hohn stärkere Formen an. *Wollen die Juden den Schutthaufen etwa wieder lebendig machen?* spotten sie. Ein anderer grinst verächtlich: *Wenn bloß ein Fuchs die Mauer anspringt, bricht sie in sich zusammen!*

Aber die Juden bauen. Bauen, bis die Mauer — wenn auch erst halbhoch, so aber doch ringsum — geschlossen ist. Nun reicht es den Samaritern. Einen Riegel vorschieben, bevor sie sich einriegeln, die Juden — lautet ihre Parole. Mit ihr auf den Lippen und im Pfeilköcher tödliche Sportartikel ziehen sie los, um die Jerusalemer an der Fertigstellung ihrer Festungsanlagen zu hindern.

Als die Stadterneuerer davon erfahren, stellen sie sogleich überall Wachen auf. Speerwerfer besetzen die noch offenen Mauerstellen. Alle andern Dienstfreiwilligen müssen ab sofort bewaffnet zur Arbeit erscheinen. Während die eine Hälfte Steine schleppt, stellt sich die andere schützend und in voller Kriegsbewaffnung hinter ihnen auf. Die Lastenschlepper tragen das Material nur noch mit einer Hand, weil sie in der anderen das Schwert halten. Sie schuften im wahrsten Sinne des Wortes von Sonnenaufgang bis spät nach Sonnenuntergang, und in der Nacht legt keiner die Kleidung ab.

Nach 52 Tagen unsagbarer Schwerstarbeit ist die Mauer mit allen Toren wieder hergestellt. Torhüter werden ernannt. Nehemias Bruder wird Stadtkommandant, derselbe Hanani, der während seines Urlaubs in Susa dem König Artaxerxes den Mundschenk abspenstig machte. Das den Perser trotzig keinesfalls am Süffeln hindert. Der frühere Chefmixer des Babyloner Hilton feuchtet ihm nun den Knorpel an.

JERUSALEM
WIRD SCHEIDUNGSPARADIES
Esra 7–10; Nehemia 8

Sollte der Eindruck entstanden sein, König Artaxerxes habe nichts anderes als ein genußvolles
Leben im Kopf, dann ist das unbeabsichtigt. Außer
daß er es sich gutgehen läßt, läßt er auch den Priester Esra gehen. Nach Jerusalem. Er überreicht dem
gescheiten Mann, der sämtliche mosaischen Gesetze
auswendig kennt, sogar ein außerordentliches Be-
glaubigungsschreiben, ehe er ihn mit den Worten
verabschiedet:

‚Friede zuvor! Ich erlaube hiermit, daß jeder, der
mit Priester Esra, dem Beauftragten des GROSSEN
BOSSES, nach Jerusalem zurückkehren will, dies
ungehindert tun kann. Ich sende Esra, damit er in
seiner einstigen Heimat nach dem Rechten sieht und
das ihm von mir und meinem Ministerium für Ent-
wicklungshilfe übergebene Gold und Silber in den
Tempel seines GROSSEN BOSSES bringt. Dasselbe
soll mit den Geräten geschehen, die ihm für dessen
alleinigen Gebrauch überreicht worden sind. Was
noch fehlt, möge er beim königlichen Schatzamt anfordern. Alles soll ihm bewilligt werden, damit
nicht der Zorn seines GROSSEN BOSSES über den
König und seine Familie komme.

Weiter bestimme ich Steuerfreiheit für Esra und
alle Priester sowie für sämtliche Angestellten und
Arbeiter des Tempels von Jerusalem. Jeder Verstoß gegen die Gesetze des GROSSEN BOSSES und
des Königs des persischen Großreiches soll mit dem
Tod, mit Landesverweis, hoher Geldbuße oder Gefängnis ohne Bewährung bestraft werden. – Gezeichnet: Artaxerxes, König aller Könige.'

Mit diesem ungewöhnlichen Akkreditiv hält Esra
mit 1500 männlichen Begleitern und deren Frauen
und Kindern Einzug in Jerusalem. Nach einer drei-
tägigen Ruhepause werden Gold, Silber und Tem-
pelgeräte offiziell den Priestern der Stadt über-

geben. Abschriften des königlichen Erlasses gehen mit Sonderkurieren an sämtliche Statthalter westlich vom Euphrat.

Danach trifft Esra sich mit den obersten Tempelpriestern zu einer langen Konferenz. Sie findet unter Ausschluß der Öffentlichkeit statt, was sich als sehr vorteilhaft herausstellt, denn was Esra erfährt − und daraufhin anordnet − ist erschütternd.

Viele, sehr viele Juden − nicht nur die kleinen, unwissenden Leute, auch Priester und besonders die Macher der Stadtverwaltung − haben Frauen fremder Rassen geheiratet. Mischehen, durch welches Schlüsselloch man auch blickte!

Als Esra das hört, rauft er sich alles, was behaart ist, so haarig findet er den Verstoß gegen das Gebot des GROSSEN BOSSES − mitgeteilt durch Mose, er habe ihn selig −, wonach ihnen Mischehen nicht erlaubt sind. Deshalb betet Esra erst mal in Permanenz.

Noch während seiner selbstzerfleischenden Tour de Trance erscheinen viele Mit-Leider und wollen ihn trösten: *Wir haben unserem GROSSEN BOSS die Treue gebrochen, als wir den fremden Frauen Treue schworen. Aber wir wollen das wieder gutmachen, indem wir diesen auswärtigen Rasseweibern aus Treue zum GROSSEN BOSS untreu werden und uns von ihnen und ihren Mischlingskindern für alle Zeiten trennen. Ist das 'ne Idee?*

Es scheint so, denn Esra läßt öffentlich bekanntmachen, daß alle Juden sich binnen drei Tagen vor dem Tempel zu versammeln haben, andernfalls sie enteignet und aus der Gemeinde ausgestoßen werden. Der Ukas wirkt: Am dritten Tag wimmelt es von Menschen auf dem Platz vorm Tempel. Es regnet in Strömen, und so zittern die Leute nicht nur wegen des Verhandlungsthemas.

Regen träufelt in Priester Esras Nase und Mund. Triefend vor Nässe und Zorn fährt er die Versammelten an: *Ihr habt den GROSSEN BOSS wieder mal an der Nase rumgeführt, hatschi − habt die Schuld Israels ins Unermeßliche vergrößert, hatschi, indem ihr die fremden Weiber geehelicht habt, ha* — Der Nieser will nicht. *Tut sofort, was euch der GROSSE BOSS durch Mose geboten hat, und trennt euch umgehend von euren Fremdkörpern! Ha-ha-haben wir uns verstanden?* unwettert der verschnupfte Esra.

Jaaa! ertönt es aus unzähligen Kehlen zurück. Bei vielen klingt ein Ton der Befreiung heraus. Öfter mal 'ne Neue, scheinen sie zu denken. So bequem wurde man die alte Alte bestimmt nicht wieder los.

Im Lauf der nächsten drei Monate kommen die dazu Bestimmten aus dem Scheiden nicht heraus. Es herrscht ein Betrieb wie in Reno, das schon lange noch nicht gegründet ist. Jerusalem wird für 'ne Weile zum Scheidungsparadies für Juden. Doch fließen natürlich auch sehr viele Tränen, nicht nur aus den Augen der so plötzlich verstoßenen Ehefrauen und Kinder.

Damit so etwas nicht noch einmal vorkommen kann, versammelt sich ein halbes Jahr später das Volk vorm Wassertor, wo Esra aufgefordert wird, die Gesetze Moses langsam und deutlich vorzutragen, damit sie sich jeder hinter die Ohren schreiben kann.

Die Löffel gespitzt, den Kiel in der Tinte, hört das Volk dem Esra zu. Ach, so viele Gesetze sind längst ihrem Gedächtnis entschwunden! Es sind ja auch strapaziös viele. Jetzt erfahren sie wieder, was sie alles nicht dürfen und was sie unbedingt sollen und versprechen zum Schluß, daß sie alles, alles einhalten werden, was Esra deklamierte. Das tun sie nicht etwa, weil sie nach der Marathonsitzung Schwielen auf dem Hintern haben. Sie sind wirklich sehr willens, wie den Schluchzern und den Tränenfluten zu entnehmen ist, die während der Nachhilfestunden das Licht der Welt erblicken.

Deshalb sagt Esra auch, als er den letzten Paragraphen runtergeschnurrt hat: *Was gibt's da zu weinen, Leute? Dies ist ein Tag des GROSSEN BOSSES! Auf auf, macht ein Fest, eine Feier! Seid fröhlich und jubiliert! Jetzt wißt ihr wenigstens, was euch, wenn ihr straffällig werdet, blüht. Ist das nicht herrlich: ein blühendes Volk, ein blühendes Land?*

Wie leicht herauszuhören, ist Esra einer der ersten israelitischen Satiriker; und nicht Ephraim Kishon.

<hr>

218

KANNIBAL ANTE PORTAS

Apokryphen: 2 Makkabäer 7

So falsch wie der Titel variiert ist, so wenig haben die Juden sich bei der Rezitation ihrer alten Gesetze ergötzt. Esra hat die Wurzeln ihres Glaubens an die Auserwähltheit ihres Volkes nur frisch gegossen. Bald regt sich ein neues und doch so altes Bewußtsein in den Leuten. Wer sind wir denn, daß wir wegen unseres Glaubens immerzu verfolgt werden? Warum dürfen wir nicht nach des GROSSEN BOSSES Fasson selig werden?

So denken viele. Nicht nur heute, auch morgen, übermorgen und in vielen Jahren noch. Wie die Witwe und ihre sieben Söhne sehr viel später. Aber der wahrhaftige Glaube kennt keine Fristen und keine Vorbehalte. Das werden wir schon bald erleben. Bei Hiob.

Erst mal zur Witwe. Kommt doch da einer der vorübergehenden Eroberer Jerusalems auf die Idee, sie und ihre sieben Söhne müßten zur Abwechslung mal Schweinefleisch essen! Rein aus Daffke, weil es ihnen laut Gesetz verboten ist. Das hat Mose sich bestimmt nicht träumen lassen, daß Menschen wegen dieser — zugegeben, nicht leicht verständlichen Bestimmung, besonders bei Wurstmangel und Hungersnot —, daß also wegen dieser gebratenen Sau acht Menschen verhaftet, eingesperrt und grauenhaft gefoltert werden!

Aber das nutzt alles nichts: Die acht verschmähen die Schweinshaxen, die man ihnen vorsetzt. *Lieber sterben wir, als daß wir das Gesetz unserer Väter übertreten!* sagt der älteste Sohn auf hebräisch zum König von dunnemals.

Nachdem der Dolmetscher den Satz übersetzt hat, läßt Antiochus — so heißt der Saukerl — in seiner rasenden Wut ein großes Feuer machen. Riesige Töpfe und Pfannen werden angeheizt, bis sie glühen. Dann bekommt der älteste Sohn die Zunge aus dem Mund geschnitten. Mit 'm Wurstmesser.

Anschließend wird er regelrecht skalpiert. Nicht weil der König ein Sioux ist; das ist lediglich eine Spezialität des Herrscherhauses.

Danach kriegt der junge Mann mit dem Beil Hände und Füße abgehackt. Die kommen in den Suppentopf. Zum Schluß muß der Jüngling auf den blutigen Beinstumpen zur Pfanne humpeln. Beim Hineinklettern zwecks Bräunens und Bratens wird ihm freundliche Unterstützung zuteil. Dann zischt es, dann brutzelt es, dann stinkt es, dann qualmt es.

Seine Mutter und seine sechs Geschwister müssen das mitansehen. Sie zucken nicht mit der Wimper. Nur sehr bleich sind sie. Aber ebenso tapfer wie blaß tuscheln sie miteinander: *Keine Schwäche zeigen! Nicht nachgeben! Der GROSSE BOSS sieht uns zu; er wird uns trösten!*

Der zweite Sohn wird geholt und neben der Pfanne mit dem ziemlich eingeschrumpften Bruder gefragt, ob er lieber Schweinskotelett essen oder wie sein Bruder frikassiert werden möchte.

Der junge Mann entscheidet sich für das letztere, wird zerhackt, skalpiert und geschmort. Er hat schon zum erstenmal gezischt, da kann er noch röcheln: *Ihr könnt meinen Körper töten, meine Seele nicht! Sie gehört dem GROSSEN BOSS... Er wird sich ihrer annehmen...*

Der dritte Sohn streckt den Metzgern die Zunge weit heraus, hält ihnen die Hände hin: *Bedient euch! Das alles hat mir der GROSSE BOSS gegeben. Für ihn und seine Gesetze opfere ich es gern!*

Insgeheim schüttelt der König, der mit vielen Ehrengästen von einer Loge aus zuschaut, den Kopf. Was war das für ein Bursche! Hüpfte geradezu freudig in die Pfanne!

Der vierte Sohn wird bratfertig zugeschnitten. Noch auf dem Hauklotz der Fleischer sagt er stolz: *Das Leben durch Menschenhand zu verlieren, was ist das schon groß, wenn man weiß, daß man es vom GROSSEN BOSS irgendwie zurückbekommt. Da bist du viel schlimmer dran, König Kannibal Antiochus!*

Nummer fünf soll wohl in erster Linie für eine kräftige Brühe Verwendung finden. Er kommt in handliche Portionen in einen großen Pott mit siedendem Wasser, nicht ohne vorher noch spöttisch zum König gesagt zu haben: *Du meinst, weil du König bist, kannst du dir alles erlauben? Vor dem GROSSEN BOSS bist du ein Nichts! Denke nur nicht, daß er unser Volk verlassen hätte, weil wir dir jetzt zur Gaudi dienen müssen!*

Die Loge des Königs ist mittlerweile ziemlich leer geworden. Viele Ehrengäste sind gegangen, weil sie das entsetzliche Schauspiel nicht länger ertragen. Die meisten allerdings, um zu kotzen. Wenn wenigstens der Wind günstiger gestanden hätte!

Sohn sechs wird nach einer kurzen Besprechung anscheinend als Gulasch verplant. Doch kein Schmerzensschrei kommt bei der Zerkleinerung über seine Lippen, nur die Worte: *Ach, du dummer Selbstbetrüger! Wir Juden haben Leid verdient, weil wir oft gesündigt haben. Aber bilde dir nicht ein, daß dich unser GROSSER BOSS ungeschoren davonkommen läßt!* Und ab geht's in den Schmortopf.

Mit unbewegtem Gesicht hat die Mutter das blutige Schlachtfest an ihren Buben über sich ergehen lassen. Hat sie vielleicht kein Herz, kein Gemüt? Woher bezieht sie die Kraft, ihren unglaublichen Mut? Wieso kann sie zu ihrem letzten, dem siebten Knaben sagen:

Ich habe euch zwar alle geboren, aber das Größte gab ich euch nicht. Nicht den Atem, das Leben — nur die Körperlichkeit. Was ihr jetzt verliert, sind nur Behälter s e i n e s Geistes! Ich bin gewiß, daß ihr, die ihr aus Treue zu ihm sterbt, im Sinne des GROSSEN BOSSES weiterleben werdet!

Diese Rede kann der König zwar nicht hören,

aber er sieht, wie die Mutter mit dem jüngsten Sohn tuschelt. Es spricht für seine Minderwertigkeitskomplexe, daß er sofort annimmt, die Witwe habe sich über ihn lustig gemacht. War ja auch wirklich ein Mordsjux das ganze! Selten so gelacht!

Antiochus läßt den jüngsten und letzten Sohn in die Loge holen, wo ihm der Dolmetscher metschen muß: *Sei doch nicht dumm, Kleiner! Wenn du jetzt euren bornierten Gesetzen abschwörst und ein bißchen Schweinebauch mit Sauerkraut ißt, laß ich dich nicht nur am Leben — ich erhebe dich sogar in den erblichen Adelsstand und mache dich so reich, wie du willst! Mein königsheiliges Ehrenwort drauf!*

Aber der Knabe schüttelt den Kopf. Da läßt der König die Mutter holen und redet ihr zu. Wie einen lahmen Gaul versucht er, sie zu beschwatzen, damit sie ihrerseits ihrem Jungen gut zurede, auf daß er nicht auch noch in der Kasserolle ende. *Nicht mal 'n Spezialitätenrestaurant nimmt das Zeug!*

Die Mutter spricht mit ihrem Jüngsten. Auf hebräisch, damit der sadistische König sie nicht versteht. *Ich soll dich überreden, wenigstens ein kleines Spanferkel zu kosten. Aber ich, deine leibliche Mutter, die dich neun Monate getragen und drei Jahre gestillt hat, ich flehe dich an:*

Schau dir den Himmel an! Sieh auf die Erde, auf der du stehst! Das alles hat der GROSSE BOSS aus Nichts erschaffen, wie er auch uns aus Nichts gemacht hat. Fürchte dich nicht vor diesem Scheusal von König! Sei tapfer und stark wie deine Brüder, zu Ehren des GROSSEN BOSSES! Nichts kränkt den Tyrannen ärger, als daß er dich nicht zähmen kann, mein Kind. Doch noch nie ist einer von ihnen alt geworden!

Während sie noch weiterspricht, schreit der Knabe laut zur Loge und zu seinen Metzgern hinüber: *Worauf wartet ihr noch? Ich pfeife auf die Gnade des Tyrannen! Macht fix, daß ich zu meinen Brüdern komme und zu unserem GROSSEN BOSS! Du, König, wirst dort nie hinkommen! Dir ist ein lästerlicher Tod bestimmt. Je mehr du uns Juden verfolgst, um so weniger wirst du unserem BOSS ent-*

gehen. Auf den Knien wirst du noch einmal be-
kennen: Ja, er ist der GROSSE BOSS der Welt! Bis
dahin aber —

Er kann nicht weitersprechen. Auf einen Wink des tobsüchtig gewordenen Königs wird er gepackt und zerlegt wie ein Kalb: in Knabenkoteletts, in Knabenfilet, in Knabenhaxen und Knabenbauch, in Knabennußstück und Knabenkeulen.

Sein Hirn werft den Hunden zum Fraß vor! schreit der König, so sehr ärgert ihn der Hohn und die Unerschütterlichkeit des Judenjungen.

Zuletzt kommt die Mutter dran, die Witwe, deren Namen noch nicht bekannt ist, weil das alles sehr viel später passiert. Nur den Grundstein zum fanatischen Glauben, ihn hat Priester Esra gelegt beziehungsweise von dem Moder befreit, der sich im Verlauf der Jahrhunderte darauf abgelagert hat.

Nachschrift: Wem die obige apokryphe Schauergeschichte mißfiel, dem sei aus der Vorrede zum Buch des Jesus Sirach zitiert:

‚...denn was in hebräischer Sprache geschrieben ist, das lautet nicht so wohl, wenn man's bringt in eine andere Sprache...'

219

DER GROSSE UNBEKANNTE ANTWORTET

Hiob 1—3, 9, 11, 12,
29—31, 38—40, 42

Hiob: verheiratet, Kinder, wohnhaft in Uz-Ost. Vermögend: 7000 Schafe, 3000 Kamele, 1000 Rinder, 500 Esel, viel Personal. Leumund: nichts Nachteiliges bekannt.

Wieder einmal hält der GROSSE BOSS eine Betriebsversammlung ab. Alle Kuriere, Reisestewards, Feuerwerker, Volksbefrager und so weiter sind bereits versammelt, als etwas atemlos, humpelnd und stinkend als letzter der Satan eintrifft.

Warum kommst du so spät? murrt der GROSSE BOSS.

Bei dem Verkehr heutzutage! sagt der Satan unter dreister Vorwegnahme eines künftigen Teufelsproblems.

Wo hast du dich rumgetrieben?

Wie üblich: überall! Ich durchstreife deine Erde, wie's in meiner Dienstanweisung steht. Der Satan blitzt ein bißchen mit den Pupillen. *Kein Job für Stubenhocker, bedenkt man, daß immerzu neue Länder entdeckt werden. Fehlt bloß noch Amerika, aber da brauch ich dann eine Menge Satanellen.*

Noch ist es nicht soweit, weist der GROSSE BOSS den Satan zurecht. *Aber was anderes, Pferdefuß: Hattest du auf meinen Knecht Hiob acht? Du weißt schon, der Uzer. Ich habe selten so was Rechtschaffenes und Moralisches im Kindergarten gehabt!*

Der Satan spielt grinsend mit seiner Schwanzquaste. *Unter uns, BOSS: Ich bin der Meinung, daß er dich nur deshalb so fürchterlich fürchtet, weil du ihn ganz offensichtlich vor allen anderen bevorzugst. Alles, was der Hiob anpackt, gelingt ihm. Er hat also allen Grund, dir zum Mund zu reden. Ich bin sicher, wenn du seinen Riesenbesitz antastest, flucht er dir mitten ins Gesicht. Wollen wir wetten?*

Ich wette nicht! lehnt der GROSSE BOSS empört ab. *Außerdem irrst du. Von mir aus kannst du alles nehmen, was er hat; nur ihn selbst darfst du nicht anrühren. Du wirst sehen, er bleibt, wie er im tiefsten Innern ist: rechtschaffen, moralisch und —*

Geschenkt! feixt der Satan. Er hat nur Hilfsschule und kein Benehmen. Schon seine Großmutter wußte nicht, wer Knigge sein wird...

Eines Tages gibt der älteste Hiobsohn in Uz ein Fest für seine Geschwister. Es wird tüchtig gefeiert, geschmaust und gebechert. Leider ist Hiob nicht gekommen. *Junges Volk will unter sich sein!* hat er verständnisvoll und schmunzelnd gemeint.

Nun sitzt er also auf der Bank vor seinem Haus und schmaucht sein Pfeifchen. Da erscheint aufgelöst ein Bote und stottert angstschlotternd: *Es ist furchtbar, Meister Hiob! Die Rinder pflügten, die*

*Esel weideten, da fielen die Leute aus Saba ein,
raubten das Vieh und schlugen alle Knechte tot!
Nur ich konnte fliehen.*

Er hat kaum ausgesprochen, da erscheint ein anderer Bote mit der zweiten Schreckensnachricht: *Ein Blitz zischte vom Himmel und hat alle Schafe mit sämtlichen Hirten erschlagen! Nur ich bin noch mal davongekommen.*

Eine Hiobsbotschaft kommt selten zu zweit. Ein weiterer Bote schwirrt herbei: *Feind in Sicht beziehungsweise schon wieder fort! Sie haben deine sämtlichen Kamele geraubt und die Treiber abgemurkst! Ich allein konnte dem Blutbad entrinnen.*

Auch Unglücksbote Nummer vier läßt nicht lange auf sich warten: *Dein ältester Sohn und seine Geschwister —*

Sie feiern eine Party, ich weiß. — Was ist mit ihnen? fragt Hiob, nichts Gutes ahnend.

Ein Sturm hat das Haus eingerissen! Deine sämtlichen Kinder sind unter den Trümmern verschüttet! Mausetot! Nur ich blieb verschont.

Eine Weile sagt Hiob gar nichts, dann murmelt er verstört vor sich hin: *Womit habe ich das bloß verdient? Da betet man Tag und Nacht — und dann dieses!*

Er wendet sich an einen der Unglücksvögel: *Sei so gut, schneid mir mal 'ne Glatze. Ich will trauern.*

Nachdem er kahl ist, zerfetzt er sein Hemd vor Kummer und wirft sich zum Gebet auf die Erde: *Nackt bin ich geboren, nackt werde ich sterben. Der GROSSE BOSS hat's gegeben, der GROSSE BOSS hat's genommen. Der GROSSE BOSS wird wohl wissen warum. Ich will ihm deshalb nicht zürnen. Sein Name sei auch weiterhin gelobt!*

Unter den Uzern einer der reichsten, trägt Hiob seine plötzliche Armut mit Haltung und Würde...

Und wieder versammelt der GROSSE BOSS seine Gefolgschaft zum Halbjahresbericht um sich. Auch diesmal erkundigt er sich beim Satan, ob er auf Hiob gut achtgegeben hat: *Ich habe dummerweise deinem Vorschlag, ihn völlig verarmen zu lassen, zugestimmt. Um so mehr freue ich mich, daß selbst diese Prüfung nichts an seinem Charakter geändert hat. Noch immer ist er rechtschaffen und fromm, genießt seinen Eintopf und schimpft nicht auf mich.*

Der Satan grinst hinterhältig: *Zugegeben, er trägt den Totalschaden recht imponierend. Aber ich wette mit dir, wenn du ihm persönlich an der Wäsche fingerst — ich meine, wenn es um sein eigenes Leben geht, wird er dir was husten! Bislang war's die fremde Haut, die gegerbt wurde. Wenn er selber in die Mangel muß, biste abgemeldet!*

Na schön, Pferdefuß: Von mir aus, amüsiere dich mit ihm. Aber laß ihn leben! Ich weiß ohnehin, daß er mir treu bleiben wird.

Der Satan läßt sich das nicht zweimal sagen. Mit geradezu satanischer Lust macht er sich an Hiob ran und verschandelt ihn von Kopf bis Fuß mit ekelhaften, juckenden Geschwüren. Wie ein eitriger Streuselkuchen sieht der arme Hiob aus.

Von Stund an sitzt er vorm Haus und kratzt sich: mit den Fingernägeln, mit einem Scherben aus einem kaputten Milchkrug, mit Topfschaber und hölzernen Fidibussen. Es nutzt alles nichts. Er möchte die Wände hochklettern, so leidet er unter dem Juckreiz.

Was seine Frau zu ihm sagt, besänftigt ihn auch nicht gerade: *Du hast sie doch nicht alle, Mann! Nichts besitzt du mehr außer gräßlichen Geschwüren und bist immer noch fromm? Pfeif auf deinen GROSSEN BOSS und friß Bilsenkraut, dann hast du Ruh! Das ist doch kein Leben! Wir können aber auch zusammen ins Wasser gehn...*

Red nicht so 'n Quatsch, Alte! schimpft Hiob und schabt. *Das Gute nehmen wir von unserem BOSS an, dann müssen wir auch mal 'ne Handvoll Furunkel in Kauf nehmen!*

Handvoll! höhnt Frau Hiob. *Guck mal in den Spiegel! Du siehst aus wie ein Warzenkaktus!*

Aber Hiob gibt keine Antwort mehr. Weder lästert er den GROSSEN BOSS, noch beklagt er sich. Er bleibt ab sofort stumm wie ein Fisch und schabt. Daran ändern auch seine drei Kumpel nichts, die zwecks Aufheiterung gekommen sind und ihn gar nicht gleich erkennen. Dann gewöhnen sie sich an den grauslichen Anblick. *Laß jucken, Kumpel!* scherzen sie trostspendenwollend.

Hiob geht nicht darauf ein. Er spricht überhaupt kein Wort mit ihnen. Sage und schreibe sieben Tage und Nächte sitzt er seinen drei Busenfreunden gegenüber, ohne auch nur einmal den Mund aufzumachen. Als er es dann doch tut, klingt sein Ausbruch wie Schuß und Schrei zusammen.

Verflucht sei der Tag meiner Geburt, ausgelöscht die Nacht, in der sie jauchzten: ‚Ein Knabe ist da!‘ Warum bin ich nicht gestorben bei meiner Geburt? Warum wurde ich überhaupt erst gezeugt? Warum hat sie mich gestillt? Warum?

Warum gibt der GROSSE BOSS den Bekümmerten Licht, den Betrübten Leben? Sie hoffen doch nur auf den Tod, der nicht kommt; warten aufs Ende wie auf den Hauptgewinn in der Lotterie. Wie wären sie fröhlich über ein Grab!

Warum gibt er unsereinem das Leben und nicht die Klugheit dazu, seine Absicht zu verstehen? Warum verbaut er den Weg, den er uns gehen heißt? Wo liegt da der Sinn, wo die Logik?

Mein tägliches Brot ist mein Seufzen, mein Getränk ist mein Geschrei. Ich habe das Unheil in Pacht und frage: Warum denn i c h? Warum nicht der Gottlose? Rechnet ein redliches Leben denn nichts? Was zählt als Verdienst? Wieso schlägt er mir Wunden ohne Grund? Er hat die Macht und die Gewalt. Geht es um das Recht: Wer will ihn vorladen?

Ich bin unschuldig! Ich möchte nicht mehr leben! Er bringt den Frommen um wie den Gottlosen! Seine Geißel schlägt zu, und er spottet über die Verzweiflung der Unschuldigen. Er macht die Richter blind für das Recht und schenkt die Macht den Tyrannen. Wenn er es nicht ist — ich frage euch: Wer ist es sonst?

Hiob ist völlig verzweifelt. Auch weil er grauenvolle Schmerzen hat. Da hilft alles Jucken, Schaben und Kratzen ebensowenig wie sein Hadern, das selbst seine Freunde nicht billigen.

Nun reicht es langsam! sagt einer und blickt in die Runde. *Du quatscht und quatscht und denkst, du hast recht? Irrtum, mein Lieber! Ach, daß der GROSSE BOSS mit dir reden wollte, dir die Tiefen seiner Weisheit zeigen möchte; zu unendlich und wunderbar für unseren menschlichen Verstand! Hohlkopf bleibt Hohlkopf, und ein Waldesel wird niemals ein Mensch!*

Jetzt begehrt Hiob auf: *Ihr seid mir die Richtigen! Ihr habt wohl die Weisheit mit Löffeln gefressen? Ich sage euch, sie wird mit euch zu Grabe gehen! Ihr spottet über mich, weil ich den GROSSEN BOSS anrufe und frage und hoffe, daß er mir zuhört. Ihr gebt dem Wankenden noch schnell einen Fußtritt!*

Ich hab's satt, euch länger zuzuhören! Ich will reden! Mag hinterher kommen, was will; mag er mich töten, ich habe nichts mehr zu hoffen. Bloß aufzählen will ich, was ist. Er soll mir meine Schuld und mein Unrecht zeigen! Ist das zuviel verlangt? Bin ich vielleicht sein Feind?

Warum kann es nicht sein, wie es früher einmal war? Ging ich zur Versammlung der Alten, traten die Jungen ehrfurchtsvoll beiseite, denn ich half den Armen, die mich baten, und den Waisenkindern, die mit hungrigen Augen bettelten. Mein Mantel war die Gerechtigkeit. Ich war des Blinden Auge und des Lahmen Fuß.

Und heute? Sie verlachen mich und singen Spottlieder über mich. Schrecken starrt mich an von allen Ecken und Enden. Meine Seele zerfällt, das Elend hat mich in den Klauen. Nicht schlafen kann ich vor Schmerzen mehr. Ich schreie zum GROSSEN BOSS und krieg keine Antwort.

Hätte ich einen, der mich anhört; Brief und Siegel für eine Antwort! Zeigt mir die Anklageschrift! Wessen nennt man mich schuldig? Ich würde die lügnerische Akte wie einen Turban umbinden und vor den GROSSEN BOSS bringen, um Stück für Stück und Zeile für Zeile zu widerlegen. Nicht schuldig! würde ich, Angeklagter Hiob, sagen — frei heraus und aufrecht wie ein freier Bürger!

Hiob hat zuletzt sehr laut gesprochen, hat es in
den Wind hineingeschrien, der seine Worte mitnahm
wie Spreu und Wollgrasflöckchen, emporhob hoch
über die Erde, hinausflog ins Unendliche, aus dem
plötzlich eine Stimme ertönt, daß Hiob den Furunkel nicht schabt, und seine Freunde wie erstarrt
sitzen, denn die Stimme aus dem Nichts, sie konnte
nur einem gehören: dem GROSSEN BOSS.

*Wer zürnt mir und zweifelt an meinem Jahrmil-
lionenplan? Er soll vortreten wie ein Mann und
mich eines besseren belehren, wenn er es vermag!*

*Wo warst du, Hiob, als ich Himmel und Erde er-
schuf? Sag's mir, du bist doch so klug?*

*Wer hat die Maße gesetzt, wer zu den Meeren ge-
sagt: Bis hierher und nicht weiter!*

*Hast du der Morgenröte geboten? Weißt du, wie
groß die Welt ist? Kennst du den Weg zum Licht?*

*Kannst du die Bande des Siebengestirns zu-
sammenbinden oder den Gürtel des Orion auflösen?
Wer läßt die Sterne des Tierkreises ihre Bahn ziehen — du oder ich?*

*Weißt du die Ordnung des Himmels in seinen
Millionen von Sonnensystemen? Was ist ein Atom,
Hiob?*

*Fliegt der Falke dank deiner Klugheit und
Einsicht? Baut der Adler sein Nest auf deinen
Befehl?*

*Wer mit dem Allmächtigen rechtet — kann er ihm
etwas vorschreiben? Antworte, wenn du es wagst,
deinen Boß zurechtzuweisen! Sprich, wenn du mich
für schuldig hältst!*

Hiob schweigt lange, sehr lange. Dann faltet er
die Hände, richtet seinen Blick in die Wolken und
sagt leise:

*Verzeih mir, großer Unbekannter! Verzeih mir,
daß ich von gestern bin und nichts weiß. Das Leben
ist ein Kampf, so lange wir sind und wandeln, bis
wir den Weg ohne Umkehr gehen.*

*Ich bekenne, daß ich dummes Zeug geredet habe,
denn das alles ist mir zu hoch. Ich verstehe es nicht.
Doch geht mir ein Licht auf, daß alles einen Sinn
hat. Und wenn wir ihn auch nicht begreifen — und*

vielleicht auch nicht versuchen sollen, ihn zu be-
greifen —, es hat alles, alles seinen Sinn, wie es ist.

Ich erkläre dir, meinem höchsten Richter: Ich,
Angeklagter Hiob, bekenne mich schuldig im Sinne
der Anklage!

Am nächsten Morgen erwacht Hiob nach langem, traumlosem Schlaf und greift aus purer Gewohnheit zu seinen Kratzgeräten. Aber an seinem Körper findet sich kein noch so kleines Geschwürchen mehr. Desgleichen erhält Hiob all seinen verlorenen Besitz zurück — in doppelter Anzahl: 14 000 Schafe, 6000 Kamele, 2000 Rinder und 1000 Esel.

Und weiter bekommt Hiob sieben Söhne und drei Töchter. Er gibt den Mädchen die Namen Turtel-täubchen, Zimtblütchen und Puderdöschen, weil sie schöner sind als alle Mädchen in ganz Uz. Und weil Hiob so überaus glücklich ist. Denn eines hat der Zweifler begriffen:

Wenn es einen GROSSEN BOSS gibt — und das möge der GROSSE BOSS geben —, dann ist Glück GOTT und GOTT Glück...

Walter

DER PRÄCHTIGE

Ingeborg Walter

DER PRÄCHTIGE

Lorenzo de' Medici
und seine Zeit

Verlag C. H. Beck

Mit 28 Abbildungen

© Verlag C. H. Beck oHG, München 2003
Satz: Fotosatz Reinhard Amann, Aichstetten
Gesetzt aus der Centaur MT
Druck und Bindung: Ebner & Spiegel, Ulm
Gedruckt auf säurefreiem, alterungsbeständigem Papier
(hergestellt aus chlorfrei gebleichtem Zellstoff)
Printed in Germany
ISBN 3 406 50309 8

www.beck.de

für Giovanna,
Stefano und Roberto

I. DAS HAUS

Benozzo Gozzoli,
«Zug der Heili-
gen Drei Könige»,
Ausschnitt: Vorne
von rechts nach
links: Piero,
Giovanni und
Cosimo de'
Medici folgen
zusammen mit
Galeazzo Maria
Sforza und Sigis-
mondo Pandolfo
Malatesta den
Heiligen Drei
Königen.
In der zweiten
Reihe, etwas links
oberhalb von
Galeazzo Maria
Sforza, erblicken
wir den zehnjäh-
rigen Lorenzo de'
Medici. (Florenz,
Palazzo Medici
Riccardi, Kapelle)

*I*n einem bürgerlichen Gemeinwesen wie Florenz war das Haus nicht nur der Ort, in dem eine Familie wohnte. Mit seinen Mauern und Räumen bildete es zugleich eine Art Körper, der die Familie schützend umhüllte und nach außen hin ihre Stellung im sozialen Gefüge der Stadt anzeigte. Im Haus materialisierten sich die Geschichte der Familie, ihr gegenwärtiger Stand, ihre Hoffnungen für die Zukunft. Dies galt auch für das Haus, in dem Lorenzo de' Medici am 1. Januar 1449 das Licht der Welt erblickte.

Die Familie, in die er hineingeboren wurde, war nicht von Adel, aber seit Jahrhunderten in Florenz ansässig. Einem Dokument zufolge – dem ersten, das sie nennt – wohnten die Medici im Jahre 1169 zusammen mit einer adligen Familie in einem befestigten Turm beim Mercato vecchio, dem alten Markt, im gleichen Stadtbezirk, in dem sie auch noch im 13. und 14. Jahrhundert siedelten, als sie längst eine personenstarke, in verschiedene Zweige aufgeteilte Sippe geworden waren. Am Mercato vecchio lagen ihre Häuser, Läden und Werkstätten, die zusammen mit einer Loggia, wo sich die Familienangehörigen und ihre Freunde zu versammeln pflegten, einen zusammenhängenden baulichen Komplex bildeten. Hier befand sich auch die heute zerstörte Kirche San Tommaso, über die mehrere Medici-Familien noch im 15. Jahrhundert gemeinsam Patronatsrechte ausübten. Lorenzos Großvater Cosimo de' Medici ließ sogar im Jahr 1435, als er das hohe Amt des *Gonfaloniere di Giustizia*, das höchste im Staat, bekleidete, das Fest des Hl. Thomas zum städtischen Feiertag erklären.

Sechs Jahrzehnte zuvor hatte ein anderer Medici, Filigno mit Namen, 1374 rückblickend in sein Familienbuch geschrieben: «So mächtig war unsere Stellung, daß man sagte: Du bist wie einer von den Medici. Und jeder fürchtete uns, und man sagt auch, wenn ein Bürger einem anderen Gewalt oder Schimpf antut: Was würde man wohl sagen, wenn er einen Medici so behandelte?» Die große Pest des Jahres 1348 hatte auch von den Medici ihren Tribut gefordert – schon hundert Männer der Familie habe er zu seinen Lebzeiten sterben gesehen, schrieb Filigno –, doch waren sie, wie er anmerkte, auch jetzt noch «sehr groß», was ihren *stato*, ihre Freunde und ihren Reichtum anbelangte. Der *stato*, von dem Filigno sprach, bezeichnete in seinem Verständnis die gesellschaftliche und politische Stellung der Familie in der Stadt, die auf der Teilhabe an den Regierungsämtern und einem weiten Netz von Anhängern und Klienten beruhte.

In gesellschaftlicher Hinsicht gehörten die Medici zu den *popolani*, jener Schicht von wohlhabenden Bürgern aus Gewerbe und Handel, die nach Ausschluß des Adels seit dem Ende des 13. Jahrhunderts in Florenz auch die politische Macht in Händen hielt. Zu Wohlstand kamen sie vor allem durch Wechsel- und andere Finanzgeschäfte – unentbehrliche, moralisch aber leicht anrüchige Aktivitäten, wenn man bedenkt, daß die Kirche das Ausleihen von Geld gegen Zinsen untersagte –, doch waren sie auch in anderen Geschäftszweigen wie der Fabrikation und dem Handel von Wolltuchen und Seidenstoffen tätig. Der wirtschaftliche Erfolg ermöglichte es ihnen, zu den Häusern in Florenz ausgedehnten Grundbesitz außerhalb der Stadt zu erwerben. Er lag hauptsächlich im Mugello, einem Landstrich nördlich von Florenz, durch den die Straßen über den Apennin in die Romagna führten. Es ist jedoch unwahrscheinlich, daß das Wappenzeichen der Medici, die bekannten *palle*, fünf, sechs oder auch mehr rote Kugeln auf goldenem Grund, mit Bezug auf ihre Finanzgeschäfte Geldstücke oder gar mit Anspielung auf ihren Namen Pillen darstellen sollten.

Um die Mitte des 14. Jahrhunderts erwarb Filigno de' Medici das spätere Geburtshaus Lorenzo de' Medicis in einem Neubauviertel am Rande des alten Stadtkerns, wohin auch andere Mitglieder der Familie übersiedelten, so daß hier wiederum ein baulicher Komplex im Besitz der Medici-Sippe entstand. Filignos Haus lag an der Via larga, einer, wie der Name besagt, «breiten» Straße, die angelegt worden war, um den von Norden kommenden Warenverkehr zu den Märkten in der engen Innenstadt zu erleichtern. Zu Beginn des 15. Jahrhunderts gelangte es durch Erbschaft in den Besitz von Lorenzos Urgroßvater Giovanni de' Medici, Sohn des Averardo, genannt Bicci, dem Stammvater jener Linie der Medici, die im 15. Jahrhundert zunächst in inoffizieller Form, dann seit dem 16. Jahrhundert als Herzöge und Großherzöge über Florenz herrschten. Früh verwaist, war der im Jahr 1360 geborene Giovanni als Lehrling in die Bank seines entfernten Verwandten Vieri de' Medici eingetreten und hatte danach viele Jahre lang die römische Niederlassung dieser Bank geleitet. Als Vieri sich aus den Geschäften zurückzog, machte sich Giovanni selbständig und gelangte vor allem dank seiner guten Beziehungen zur Kurie, deren Finanzen er als päpstlicher Depositar lange verwaltete, zu großem Reichtum. 1397 gründete er die Bank in Florenz, und als 1427 alle Florentiner erstmals systematisch im sogenannten Kataster steuerlich erfaßt wurden, rangierte Giovanni in bezug auf die Steuerlast an zweiter Stelle hinter dem steinreichen Palla Strozzi.

Giovanni bewohnte zusammen mit seiner Frau Piccarda Bueri und den beiden Söhnen Cosimo und Lorenzo das ererbte Haus an der Via larga, in dem er 1429 starb, nachdem er schon 1420 die weitläufigen Geschäfte seinen Söhnen übertragen hatte. Um diese Zeit hatte sich das Bank- und Handelsunternehmen schon sehr ausgeweitet. Außer in Rom, Neapel und Venedig betrieben die Medici auch eine Niederlassung in Genf. In der gleichen Zeit begann der politische Aufstieg, klug gesteuert von Giovannis ältestem Sohn Cosimo, durch den Aufbau einer weiten Partei von Freunden und Klienten. Cosimo erwarb sich den Ruf eines Freundes des Volks. Als sich der Kontrast mit der mächtigen oligarchischen Partei zuspitzte, wurden Cosimo und sein Bruder Lorenzo 1433 aus der Stadt verbannt, konnten aber schon im Herbst 1434 siegreich wieder in ihre Heimatstadt zurückkehren. Seitdem war Cosimo de' Medici die herrschende Gestalt im politischen Leben von Florenz. Dank seines Reichtums, seiner blühenden Geschäfte — inzwischen waren weitere Filialen in Pisa, Mailand, Lyon, Avignon, Brügge und London gegründet worden —, seines politischen Geschicks und einer zahlreichen Anhängerschaft und Klientel war er in der Lage, die innere und äußere Politik nach seinen Vorstellungen zu lenken, ohne daß seine Stellung je eine konstitutionelle Sanktion erfahren hätte. Cosimo selbst strebte auch nie nach einer Änderung des überlieferten Verfassungsgefüges, sondern verstand sich sein Leben lang als ein Bürger unter Bürgern in einem republikanischen Staatswesen, wie Florenz es seit alters war.

Giovannis Söhne Cosimo und Lorenzo waren auch nach ihrer Eheschließung im väterlichen Haus wohnen geblieben. Cosimo hatte sich mit Lotta Bardi aus der Familie der Grafen von Vernio (sie wurde deshalb Contessina, die kleine Gräfin, genannt), Lorenzo mit Ginevra Cavalcanti vermählt, mit deren Familien Giovanni in geschäftlicher Verbindung stand; zur Mitgift Ginevra Cavalcantis gehörten auch Räumlichkeiten im Haus ihrer Familie, in dessen Erdgeschoß die *Tavola*, die örtliche Bank der Medici, ihren Sitz hatte, während die zentrale Verwaltung im Haus an der Via larga angesiedelt war. Das dreigeschossige Gebäude bot mit seinen zweiunddreißig Zimmern, Kontoren und Magazinen auch drei Familien noch genügend Raum, zumal der Kindersegen beschränkt blieb. Cosimo wurden 1416 und 1421 die Söhne Piero und Giovanni geboren; zu ihnen gesellte sich 1427 ein Bastard namens Carlo. Lorenzo hatte dagegen nur einen einzigen Sohn, Pierfrancesco, der 1430 zur Welt kam. Cosimos Sohn Piero, den sein Vater vergeblich mit der Tochter des Grafen von Poppi, Francesco Guidi, zu verheiraten gesucht hatte, nahm am 3. Juni 1444 Lucrezia Tornabuoni zur Frau, die ebenfalls aus einer alten, mit den Medici verbundenen Kaufmannsfamilie stammte. Nun wurde es langsam enger, obwohl das Haus in der dreißiger Jahren durch die Einbeziehung zweier Nachbarhäuser erweitert worden war. Cosimo nährte schon länger den Wunsch, seiner Stellung in der Stadt durch den Bau eines neuen Hauses Ausdruck zu geben. Der prächtige Palast, dessen Bau er kurz nach Pieros Hochzeit auf einem nur wenige Häuser entfernten, großen Eckgrundstück zu errichten begonnen hatte, war aber am 1. Januar 1449, als sein erster männlicher Enkel in der fünfzehnten Stunde des Tages geboren wurde, immer noch nicht bezugsfertig.

Lorenzo de' Medici war das dritte Kind seiner Eltern nach zwei Töchtern, Bianca Maria, geboren am 10. September 1445, und Lucrezia, zärtlich Nannina genannt, die am 14. Februar 1448 zur Welt gekommen war. Durch seine Geburt erhielt Cosimos Familie wieder einen Erben, der den Fortbestand des Hauses sichern konnte. Piero de' Medici ließ fünf ganze Tage verstreichen, bevor er seinen Sohn am 6. Januar in San Giovanni, der altehrwürdigen Taufkirche der Stadt, taufen ließ. Die Wahl des Tages war bedacht. Der 6. Januar war das Fest der Heiligen Drei Könige, deren Kult sich die Familie des Neugeborenen sehr verpflichtet fühlte. Das Fest der Epiphanie wurde traditionell in Florenz feierlich begangen. An diesem Tag zog eine große Prozession durch die Stadt, in deren Mitte die drei Könige aus dem Morgenland unter dem Geleit der höchsten Magistraturen durch die Straßen ritten. Auch die einzelnen Begebenheiten der biblischen Erzählung wurden im Verlauf der Prozession an bestimmten Stationen szenisch dargestellt. Die drei Könige machten Herodes ihren Besuch und huldigten an einem anderen Ort dem Jesuskind in der Krippe; auch der grausame Kindermord von Bethlehem lebte wieder auf. Mit den Vorbereitungen zu diesen Feierlichkeiten beschäftigte sich eine Bruderschaft, die *Compagnia de' Magi*, in der Cosimo de' Medici eine führende Stellung einnahm. Diese fromme Vereinigung, die den Kult der Heiligen Drei Könige auf ihre Fahne geschrieben hatte, pflegte sich im Dominikanerkloster San Marco zu versammeln, mit dem Cosimo wiederum in engen Beziehungen stand. Er hatte das baufällige Kloster, das Papst Eugen IV. 1436 den Observanten von Fiesole übertragen hatte, auf eigene Kosten von Grund auf restaurieren lassen und ihm auch eine Bibliothek gestiftet, der er viele kostbare Handschriften schenkte. Es heißt, er habe 50.000 Goldgulden für die Bauarbeiten und die Ausstattung des Klosters ausgegeben. Es lag also nahe, daß Piero de' Medici die Taufe seines Sohnes an dem Tag feiern wollte, der den Schutzheiligen seines Hauses gewidmet war.

Zeitgenössischen Berichten zufolge zog die Drei-Königs-Prozession auf dem Weg von San Marco nach San Giovanni gewöhnlich auch durch die Via larga, am Haus der Medici vorbei. Es ist indessen nicht bekannt, ob die Gruppe von Männern, die am 6. Januar 1449 den von seiner Amme Tita Villani getragenen Säugling zur Taufe geleitete, sich diesem Zug anschloß. Piero de' Medici hatte für seinen Sohn illustre Paten ausgewählt. Der höchste im Rang war der Erzbischof von Florenz Antonino Pierozzi, ein Dominikaner und ein frommer, sittenstrenger Mann, der zuvor Prior von San Marco gewesen war und mit Cosimo de' Medici beim Wiederaufbau des Klosters eng zusammengearbeitet hatte; Cosimo hatte selbst bei Papst Eugen IV. seine Erhebung zum Erzbischof betrieben. Auch der Prior von San Lorenzo, der nahegelegenen Hauskirche der Medici, Benedetto Schiattesi, war zum Paten gebeten worden. Der dritte Pate war dagegen ein Laie und hoher Adliger. Es handelte sich um den jungen Grafen Federico da Montefeltro, der damals als Condottiere in Florentiner Diensten stand. Er kam jedoch nicht selber nach Florenz, sondern ließ sich von seinem Bruder Ottaviano Ubaldini vertreten. Mit diesen drei hochgestellten Persönlichkeiten gab Piero sich noch nicht zufrieden. Er lud auch die Männer zur Taufe ein, die in den letzten zwei Monaten zusammen mit ihm Mitglieder der Signorie, der Regierung der Stadt, gewesen waren. Als ihr Vertreter erschien Angelo Acciaiuoli, einer der einflußreichsten Bürger der Stadt und zugleich ein enger Freund und Parteigänger Cosimos, der als *Gonfaloniere di giustizia* den Vorsitz in der Regierung geführt hatte. Doch selbst dies schien Piero noch nicht genug. Er versammelte auch jene Personen ums Taufbecken, die im Vorjahr mit ihm zusammen zu *Accoppiatori* gewählt worden waren. Die *Accoppiatori* (der Name leitet sich vom Verb *accoppiare*, zusammenstellen, her) übten eine besonders wichtige Funktion bei den Wahlen zu den Regierungsämtern aus, denn sie verteilten die Zettel mit den Namen der wahlfähigen Bürger auf die Wahlbeutel, aus denen alle zwei Monate die Signorie mit ihren beigeordneten Gremien ausgelost wurde. Vertreter der höchsten geistlichen und weltlichen Gewalten von Florenz begleiteten also Pieros ersten Sohn zur Taufe und machten damit augenfällig, welch mächtige Stellung die Medici in Florenz einnahmen. Es konnte fast den Anschein haben, daß dem Täufling ähnliche Ehren zuteil wurden wie dem Jesuskind, dem die Heiligen Drei Könige an diesem Tag huldigten.

Zur Erinnerung an die Geburt und zugleich als Glückwunsch für das künftige Leben seines Kindes gab Piero de' Medici, wie es bei Florentiner Familien üblich war, einen sogenannten Geburtsteller in

Auftrag. Solche «Teller», beidseitig bemalte Holztafeln, *deschi da parto* genannt, hatten ursprünglich rituelle Bedeutung, denn sie dienten dazu, der Wöchnerin die ersten kräftigen Speisen ans Bett zu bringen. Die bei Lorenzos Geburt gefertigte Tafel ist erhalten und ein besonders prächtiges Exemplar dieser Gattung. Sie wird Giovanni di Ser Giovanni, genannt Scheggia, dem jüngeren Bruder des frühverstorbenen großen Masaccio, zugeschrieben, der in Florenz eine renommierte Werkstatt unterhielt. Zum Thema wählte Piero eine Allegorie, den Triumphzug der Göttin Fama, wie ihn schon Petrarca und Boccaccio in ihren Werken beschrieben hatten. Er ist auf der Vorderseite dargestellt, während die Rückseite ein Emblem der Medici, den Diamantring mit den drei Federn und das Motto «Semper», zeigt. Die geflügelte Göttin Fama, die dem antiken Mythos zufolge den Ruhm der Helden in der Welt verbreitet, steht mit ausgebreiteten Armen auf einer goldenen Kugel, die auf einen Triumphkarren gestellt ist. Aus den Öffnungen der Kugel ragen die Trompeten hervor, die den Ruhm erschallen lassen. Fama hält in der einen Hand ein Schwert, in der anderen eine goldene Statuette Amors, der, wie Petrarca im *Trionfo della Fama* erklärt, «viele Ritter gefesselt hält». In der Tat erblicken wir auf dem Bild eine Schar von Berittenen in glänzender Rüstung, die der Fama huldigen. Nach Petrarcas Erklärung war Fama auch die Göttin, die «den Menschen dem Grab entreißt und am Leben erhält», ihm nämlich die Unsterblichkeit des Ruhms verlieh. Ganz im humanistischen Sinn wünschte Piero de' Medici mit der Wahl dieses Themas seinem neugeborenen Sohn nicht nur Ruhm, sondern auch jenes Weiterleben im Gedächtnis der Menschen, das den leiblichen Tod überwindet. Lorenzo de' Medici hielt die Tafel, die an seine Geburt erinnerte, in Ehren und bewahrte sie mit vielen anderen kostbaren Kunstgegenständen in seinem großen Schlafgemach auf, wie wir dem nach seinem Tod aufgestellten Inventar der im Palazzo Medici befindlichen Gegenstände entnehmen können.

In der Taufe erhielt das Kind den Namen seines 1440 verstorbenen Großonkels, des einzigen Bruders Cosimos. Piero de' Medici folgte damit einer in Florenz sehr ausgeprägten Sitte, die auf der Überzeugung beruhte, daß ein verstorbenes Familienmitglied durch die Über-

tragung seines Namens auf ein Kind symbolisch wiederaufersteht. Diese Art der Namensgebung wurde in Florenz mit dem Wort *rifare* (wiederherstellen, neu machen) bezeichnet, wobei das Verb in dieser übertragenen Bedeutung auch zu spaßigen Mißverständnissen führen konnte. Aus dem Kreis der Medici-Familie ist eine Anekdote überliefert, die dies auf witzige Art zum Ausdruck bringt: Cosimino Rucellai, der kleine Sohn von Lorenzos Schwester Lucrezia, lauschte einem Gespräch, in dem es hieß, daß sein neugeborenes Brüderchen den Namen des verstorbenen Großonkels Filippo erhalten sollte. Doch als das Wort *rifare* fiel, protestierte das Kind heftig und rief: «Macht ihn aber nicht wieder so häßlich!»

Lorenzo de' Medici, Cosimos jüngerer Bruder, den Pieros Sohn symbolisch wiederaufleben lassen sollte, war am 23. September 1440 im Alter von fünfundvierzig Jahren plötzlich gestorben; für seinen einzigen, damals erst zehnjährigen Sohn Pierfrancesco übernahm Cosimo die Vormundschaft. Für die Medici-Familie bedeutete der Tod einen schweren Verlust. Lorenzo war Cosimos Kompagnon gewesen und hatte alle Wechselfälle des Lebens brüderlich mit ihm geteilt. Auch als Bauherren und Auftraggeber von Kunstwerken hatten die Brüder oft gemeinsam gehandelt und unter anderem zusammen den Bildhauer Buggiano beauftragt, in der von ihnen nach Plänen Brunelleschis errichteten Grabkapelle in der Kirche San Lorenzo, der Alten Sakristei, ein würdiges Grabmal für ihre Eltern zu schaffen. In einer Republik wie Florenz beruhten die Stellung und der politische Einfluß einer Familie nicht nur auf der Tatkraft des einzelnen, sondern war das Ergebnis des Zusammenwirkens aller Familienmitglieder. Je kinderreicher das Haus, desto größer waren die Chancen, gesellschaftliches und politisches Gewicht nicht nur zu erlangen, sondern auch zu bewahren. Ganz konkret nämlich erhöhte die Zahl der Männer in einer Familie die Möglichkeit, Kandidaten für die zahlreichen Ämter zu stellen und damit in vielfältiger Form an der Regierung der Stadt teilzunehmen. Bereits Filigno de' Medici hatte den Personenmangel der Medici beklagt. Nur noch fünfzig Männer gebe es augenblicklich in der Familie, von denen dazu nur wenige eine eigene Familie hätten. «Heute sind wir schlecht dran, was Kinder betrifft, das heißt, wir haben davon nur wenige», schrieb er wörtlich in seinen Aufzeichnungen. Unter diesem Gesichtspunkt füllte Lorenzo nicht nur im Namen die Lücke, die der Tod aufgerissen hatte. Seine Geburt stärkte die Hoffnung, daß die Medici ihre Vormachtstellung in der Stadt – ihren *stato* – auch in Zukunft würden bewahren können.

Während das Kind Lorenzo im alten Haus an der Via larga die ersten Schritte tat, nahm ganz in der Nähe der neue, große Palast, mit dessen Planung und Ausführung Cosimo seinen Architekten Michelozzo di Bartolomeo beauftragt hatte, unter dem Gemurmel der Neider und politischen Gegner langsam Gestalt an. Als er vollendet war, füllte er den Raum von etwa zwanzig kleineren Häusern, die ihm hatten weichen müssen. Die Vorarbeiten begannen Anfang 1445 mit dem Abriß einiger Häuser, die zum Teil eigens dafür aufgekauft worden waren, um Platz für die riesigen Fundamente zu schaffen. Die Baugrube war so gewaltig, daß der Chronist Giovanni Cavalcanti treffend das Staunen, aber auch die hämische Kritik wiedergab, indem er schrieb: «Viele sagten: Nachdem es nun nichts mehr für die Frati (nämlich die Dominikaner von San Marco) zu bauen gibt, hat er (Cosimo) einen Palast begonnen, dem gegenüber das Kolosseum verschwindet. Und andere sagten: Wer würde nicht großartig bauen, um das Geld auszugeben, das ihm nicht gehört? Und so war die ganze Stadt voll von gehässigem Gerede.»

Außer den Prestigegründen, die im Vordergrund standen, gab es dringende praktische Motive für den Bau eines neuen Hauses, denn die Familie wurde zusehends größer. Zu Lorenzo und seinen beiden Schwestern gesellte sich 1453 ein zweiter Sohn, den Piero nach einem verstorbenen Vetter Giuliano nannte. Drei weitere Kinder wurden geboren, starben aber bald. Zu Beginn des Jahres 1453 hatte sich auch Pieros jüngerer, lebenslustiger Bruder Giovanni endlich entschlossen, dem Junggesellenstand zu entsagen, und sich am 20. Januar mit Ginevra Alessandri vermählt. Der einzige Sohn des Paares kam fast gleichzeitig mit Giuliano zur Welt und erhielt den Namen seines Großvaters. Es gab nun also wieder einen neuen Lorenzo und einen neuen Cosimo in der Familie. Auch eine natürliche Tochter Pieros wuchs zusammen mit den legitimen Kindern auf. Sie hieß Maria und wurde später mit einem Angestellten der Bank verheiratet. Ebenfalls zur Hausgemeinschaft gehörten bis zum Umzug in den neuen Palast der Sohn des verstorbenen Lorenzo, Pierfrancesco, und dessen Mutter Ginevra Cavalcanti.

Auch die in den dreißiger Jahren begonnenen Renovierungsarbeiten im alten Haus waren bei Baubeginn des neuen Palastes noch nicht abgeschlossen. Das alte Haus erhielt schließlich eine neue Fassade, um ihm ein einheitlicheres und moderneres Aussehen zu geben. Als Cosimos Neffe Pierfrancesco 1451 die Großjährigkeit erreichte, ging es in dessen Besitz über. Im gleichen Jahr wurde auch die Güterteilung vorgenommen. Bei dieser Gelegenheit wurde vereinbart, daß das nun Pierfrancesco gehörende alte Haus noch fünf Jahre im gemeinsamen Besitz verbleiben sollte, bis der neue Palast bezugsfertig war. Die Übersiedlung von Cosimos inzwischen vielköpfiger Familie nach dort fand wahrscheinlich kurz vor der Hochzeit Pierfrancescos statt, der im Mai 1456 Laudomina, eine Tochter von Cosimos engem Freund und

Verbündeten Angelo Acciaiuoli, zur Frau nahm. Im Jahre 1457 war, wie Cosimos Steuererklärung bezeugt, der Umzug endlich vollzogen.

Der Palast mit seiner für ein Bürgerhaus bislang ungekannten Größe und Pracht war der sinnfällige Ausdruck der Stellung, die Cosimo de' Medici durch sein geschäftliches und politisches Geschick seit 1434 in Florenz erworben hatte. So gewaltig war das Gebäude, daß es sogar dem Palazzo della Signoria, dem Sitz der Regierung und Mittelpunkt des kommunalen Lebens, Konkurrenz machte, und dies nicht allein wegen seiner Ausmaße. In Cosimos letzten Lebensjahren, als schmerzhafte Gichtanfälle ihn immer häufiger ans Bett fesselten, wurden hier oft auch jene politischen Beratungen abgehalten, deren verfassungsmäßiger Ort der Palazzo della Signoria war. Wie Papst Pius II. in seinen «Commentarii» kritisch anmerkte, wurde die Angelegenheiten der Republik in Cosimos Haus entschieden.

Ungemein beeindruckend für Mitbürger und Zeitgenossen war auch die prächtige Ausstattung des neuen Palastes. Der junge Sohn des Herzogs von Mailand Francesco Sforza, Galeazzo Maria, Graf von Pavia, der im April 1459 hier zu Gast war, kam aus dem Staunen gar nicht mehr heraus. In einem langen Brief an seinen Vater, der 1450 auch dank der politischen und finanziellen Unterstützung Cosimos Herzog geworden war, beschrieb er mit begeisterten Worten das Haus, in dem er mit seinem Gefolge abgestiegen war. Er pries «die Schönheit der Decken, die Höhe der Räume, die treffliche Art der Anordnung von Türen und Fenstern, die große Zahl von Zimmern und Sälen, die erlesene Ausstattung der *studioli*, die wertvollen Bücher, die gepflegten, anmutigen Gärten, die kostbaren Wandbehänge und Truhen von unvergleichlicher Machart, die herrlichen Skulpturen, die Zeichnungen aller Art, das Silbergerät von unschätzbarem Wert» und schloß: «Es ist das schönste Haus, das ich je gesehen habe und je wohl sehen werde.» Es war eine feinere, kultiviertere Welt, in die sich der Herzogssohn versetzt sah. Der Gegensatz zu den mittelalterlichen Kastellen von Pavia und Mailand, in denen er aufgewachsen war, konnte nicht größer sein.

Wie schon im alten wohnten auch im neuen Haus wieder drei Familiengruppen unter einem Dach. Die Familien Cosimos, Pieros und

Giovannis wohnten jedoch getrennt. Cosimo und seine beiden Söhne verfügten wie schon im alten Haus ein jeder über eine eigene Wohnung, bestehend aus einem Saal, einem großen Wohn- und Schlafzimmer, einem Vorzimmer und einem *studiolo*, dem mit erlesenen Gegenständen und Büchern gefüllten Arbeitsraum des Familienvaters, das von den besten Künstlern und Handwerkern in Florenz ausgestattet worden war. Alle drei Wohnungen lagen im ersten Stock des Palastes, doch war Pieros Wohnung, die größte von allen, zur Hauptfront an der Via larga gelegen, während Cosimo selbst, der beim Bezug des neuen Palastes schon fast siebzig Jahre alt war, sich in ein zum Garten blickendes Appartement zurückzog.

Trotz dieser Aufteilung repräsentierten jedoch zwei Räume unmißverständlich die Einheit der Familie. Es waren dies der große Saal im ersten Stock, der zu Pieros Wohnung gehörte und bequem von der Haupttreppe aus zugänglich war, und die auf dem gleichen Stockwerk gelegene Hauskapelle am Ende des großen Flures, auf den die Treppe mündete. Der große Saal, um die zwanzig Meter lang und zehn Meter breit, bildete mit seiner mächtigen, neuartigen Kassettendecke in antikisierender Manier, der kostbaren Wandverkleidung und den Gemälden, die ihn schmückten, ein allgemein bestauntes Wunderwerk. Hier empfingen die Medici ihre Gäste, denn viele hochgestellte Besucher der Stadt ließen es sich nicht nehmen, Cosimo und seinen Söhnen beim Aufenthalt in Florenz ihre Aufwartung zu machen. Die auf den Wänden dargestellten Stadt- und Familienwappen, die Gemälde, Werke hervorragender Florentiner Künstler der Zeit wie Antonio del Pollaiuolo, Piero del Castagno und Pesellino, auf denen die Taten des Herkules, der Stadtheilige Johannes der Täufer und, mit Anspielung auf das Wappentier von Florenz, ein Löwengehege dargestellt waren, nahmen Bezug auf die religiösen und politischen Ideale der Stadt. Vor allem Herkules, dessen Bild seit dem 13. Jahrhundert das Stadtsiegel schmückte, verkörperte für die Florentiner den Kampf gegen die Herrschaft der Tyrannen. Der Bildschmuck des großen Saales wies die Medici als loyale Bürger der Republik aus.

Der zweite gemeinsam von der Familie genutzte Raum war die kleine Kapelle, die ebenfalls im ersten Stockwerk lag. Sie hatte ihrer Natur nach einen intimeren Charakter als der große Saal, denn sie diente der privaten Andacht. Ein Hausgeistlicher las hier täglich die Messe, da Cosimo und seine Frau wie vor ihnen schon die Eltern ein päpstliches Privileg erlangt hatten, das ihnen erlaubte, einen Hausaltar zu besitzen. Galeazzo Maria Sforza beschrieb diese Kapelle in seinem Brief etwas lapidar als «ebenso schmuckvoll und schön» wie das übrige Haus, obwohl er selbst auch diesen Raum betreten hatte. Hier hatte ihn Cosimo mit einer zugleich feierlichen und rührenden Zeremonie empfangen. Cosimo war damals schon so durch die Gicht behindert, daß er kaum noch gehen konnte. Deshalb ließ er sich auf einem Lehnstuhl in die Kapelle tragen, um den hohen Gast hier zu erwarten. Zur Begrüßung umarmte er ihn herzlich und sagte ihm, fast weinend vor Freude, wie der junge Fürst seinem Vater beschrieb, daß sich ihm in seinem Alter kein größerer Wunsch hätte erfüllen können. Stets habe er sich danach gesehnt, den Herzog wiederzusehen, nun glaube er, ihn in seinem Sohn zu erblicken. Das Ritual des Empfangs folgte, dem sakralen Charakter des Raumes entsprechend, einem biblischen Muster. Cosimo sprach wie der greise Simeon bei der Darbringung Jesu im Tempel, wie Niccolò de' Carissimi in seinem Bericht an Herzog Francesco Sforza unterstrich. Cosimo soll dabei sogar wörtlich Simeons Worte zitiert haben: «Nunc dimittis servum tuum, Domine Pater» – Herr und Vater, nun lasse deinen Knecht ziehen –, denen im Lukasevangelium bekanntlich der Satz folgt: «Denn meine Augen haben deinen Heiland gesehen.» Es sei jedenfalls die schönste Darstellung der Darbringung Jesu im Tempel gewesen, die er je gesehen habe, fügte der Augenzeuge hinzu. Cosimo hatte mit dem politischen Gespür, das ihm eigen war, effektvoll ein geistliches Schauspiel inszeniert. Nach dieser rührenden Begrüßungsszene trugen zwei Enkel Cosimos – wir dürfen annehmen, daß es Giuliano und Cosimo waren – zu Ehren des mailändischen Gastes zwei kurze Begrüßungsreden vor, eine lateinische und eine italienische, was den Prinzen wiederum wegen der Jugend der Kinder sehr beeindruckte. Dann aber strömte eine große Menschenmenge in die Kapelle, um Cosimo zu besuchen, was den Herzogssohn zum vorläufigen Abschied zwang.

Als Galeazzo Maria Sforza Cosimo zum ersten Mal begegnete, war die Kapelle noch nicht mit den farbenprächtigen Fresken Benozzo Gozzolis ausgeschmückt, die wir heute dort bewundern. Dies erklärt auch, warum der junge Gast dem Raum so wenige Worte widmete. Während der Bildschmuck des großen Saales die republikanische Loyalität der Medici unter Beweis stellen sollte, verbildlichten die Malereien in der Kapelle ihre politische Macht, ihren *stato*. Benozzo Gozzoli begann mit der Freskierung der Kapelle kurz nach der Abreise des jungen Sforza. Das gewählte Sujet war, wie es der Charakter des Raumes erfordete, sakraler Natur und hatte den Familienkult der Medici zum Gegenstand. Dargestellt wurde auf Wunsch der Auftraggeber ebenjener Zug der Heiligen Drei Könige, der als Prozession schon den Rahmen für Lorenzos Taufe abgegeben hatte. Verteilt auf zwei Wände der Kapelle, bewegt sich ein unendlicher, prächtiger Zug von Menschen, Pferden und Kamelen auf einem felsigen Weg durch eine heitere, bergige Landschaft. Die drei Könige sind von einem großen Gefolge umgeben, und wie bei den Prozessionen an ihrem Fest geben ihnen auch hier Männer das Geleit, deren Physiognomie und Kleidung sie als Zeitgenossen, Menschen des 15. Jahrhunderts, ausweisen. Sie verteilen sich auf zwei Gruppen, die vor und hinter den Königen auftreten. Die Könige sind von unterschiedlichem Alter: ein Greis der erste, der zweite ein Mann in mittlerem Alter, der dritte ein Jüngling, ja fast noch ein Kind. Drei Generationen der Familie Medici sind auch in dem Zug vertreten, der sich den Königen anschließt. In der ersten Reihe reiten Cosimo und seine Söhne. Auf dem Zaumzeug von Pieros weißem Pferd sind deutlich die Medici-Wappen und -Embleme, der Schild mit den sechs Kugeln, die drei Federn und das Motto «Semper», zu erkennen. Neben diesen drei Repräsentanten des Hauses Medici aus der ersten und zweiten Generation erblicken wir, getrennt von ihnen durch einen schwarzen Diener in Livree, zwei weitere Männer zu Pferd. In ihnen sind vermutlich zwei befreundete Fürsten porträtiert, die beide kurz zuvor Gast in Florenz und im Hause der Medici gewesen waren und ihren adligen Glanz auf die bürgerliche Familie ausgestrahlt hatten: auf einem Schimmel der jugendliche Galeazzo Maria Sforza und, am linken Rand des Bildes auf einem braunen Pferd, Sigismondo Pandolfo Malatesta, der kriegerische Herr von Rimini. Die dritte Generation der Medici, vertreten durch Cosimos drei männliche Enkel Lorenzo, Giuliano und Cosimino, sind in der zweiten Reihe zu sehen. Das eingedrückte Nasenprofil eines der Knaben läßt keinen Zweifel, daß es sich um Lorenzo handelt. Verwandte und Anhänger, ebenjene Männer, die den *stato* der Medici bildeten, folgen in großer Zahl. Sie sind nicht einzeln identifizierbar. Nur der Maler Benozzo Gozzoli hat sich zu erkennen gegeben, denn er schrieb seinen Namen auf die Mütze.

Dies also war die familiäre und häusliche Umgebung, in der Lorenzo de' Medici seine Kindheit verbrachte. Aber wie lebten Cosimos Enkel in dem Haus, das ihr Großvater für sie, die die Zukunft seiner Familie bedeuteten, errichtet hatte? Die Zeugnisse sind spärlich, doch deutet manches darauf hin, daß Cosimo sich liebevoll um sie kümmerte und an ihrem Leben und Treiben freudig Anteil nahm. So schrieb er einmal an seinen Sohn Piero: «Wir haben kleine Kinder im Haus und wissen nicht, wie lange unser Leben dauern wird, aber solange wir leben, müssen wir ihnen beistehen und sie erziehen, damit sie, wenn sie von uns verlassen werden, mit festen Vorsätzen ausgerüstet sind.» Vielleicht beleuchtet eine Anekdote, die der Ferrareser Literat Ludovico Carbone überliefert, am eindrucksvollsten Cosimos Liebe zu sei-

nen Enkeln, wenngleich das Geschichtchen schwerlich einen realen Vorfall wiedergibt. In dieser Anekdote wird erzählt, daß Cosimo einmal in seinem Haus eine Gesandtschaft aus Lucca empfing, um mit ihr wichtige politische Angelegenheiten zu besprechen. Doch während der Verhandlungen kam ein kleines Kind ins Zimmer gelaufen und bat seinen Großvater, ihm aus Rohrstücken eine Schalmei zu basteln. Cosimo unterbrach sogleich das Gespräch, um den Wunsch des Enkels zu erfüllen, was einige Zeit erforderte. Dann gab er die Schalmei dem Kind mit den Worten: Nun lauf und spiel drauf! Die Gesandten fühlten sich brüskiert und warfen Cosimo vor, sich mit einem Kind zu beschäftigen, obwohl so ernste Dinge zur Verhandlung stünden. Doch Cosimo antwortete ihnen herzlich lachend mit den Worten: «Seid ihr nicht auch Väter? Wißt ihr nicht, daß die wahre Liebe die Liebe zu unseren Kindern und Enkeln ist? Ihr wundert euch darüber, daß ich die Schalmei machte; zum Glück hat das Kind mich nicht noch gebeten, darauf zu spielen, sonst hätte ich das auch noch getan.» Carbone liefert auch eine Erklärung für das in den Augen seiner Besucher so ungebührliche Verhalten Cosimos. Er habe zu verstehen geben wollen, daß er seine eigenen Angelegenheiten im Kopf hatte. In der Erklärung spiegelt sich die Meinung wider, die sich die Zeitgenossen von Cosimo gemacht hatten, daß er nämlich bei der Wahl zwischen den Interessen des Staates und denen seiner Familie stets letzteren den Vorzug gab. Seine Enkel kamen für ihn an erster Stelle, denn sie verkörperten die Zukunft der Familie. Von ihnen hing es ab, ob das Haus und die Macht der Medici Bestand haben würden. Cosimos Palast steht heute noch, aber das immaterielle Haus, die Familie, begann schon bald Risse zu zeigen. Noch im selben Jahr, in dem der Palast so hohe Gäste wie den mailändischen Prinzen zur Begeisterung hingerissen hatte, starb der kleine Cosimo, gerade sechs Jahre alt, am 17. November 1459. Danach wurde, wie Nicodemo Tranchedini, der Gesandte Herzog Francesco Sforzas nach Mailand berichtete, dessen Vater Giovanni nie wieder froh. Der lebensfrohe Giovanni, an dem seine Eltern mit besonderer Liebe hingen, war ein großer Sammler von Kunstgegenständen und Büchern; viele der erlesenen Ausstattungsstücke des Palastes waren von ihm ausgewählt und erworben worden. Für sich selbst hatte er sich eine anmutige Villa in Fiesole bauen und von den besten Künstlern der Stadt ausschmücken lassen. Seit 1455 leitete er auch die Medici-Bank. Von gesünderer Konstitution als sein Bruder Piero, der schon in jungen Jahren wie sein Vater an der Gicht, dem Erbleiden der Medici, litt, strapazierte er jedoch seinen Körper oft durch eine unmäßige Lebens- und Ernährungsweise. Der Tod seines einzigen Sohnes traf ihn so schwer, daß sich auch sein Gesundheitszustand zunehmend verschlechterte. Am 25. September 1463 erlitt er einen schweren Anfall, der ihn einige Stunden ohnmächtig niederliegen ließ und die Familie und ihn selbst aufs höchste alarmierte. Kaum wieder zu sich gekommen, schrieb er am 26. September einen Brief an Francesco Sforza mit der Bitte, ihm mit höchster Eile seinen Leibarzt nach Florenz zu schicken. Sein Leiden sei von einer Art, daß es ihn ohne kompetente Behandlung in einer Woche ins Grab bringen würde. Er möge Mitleid mit Cosimo haben, schrieb er noch, damit sein Vater in seinem hohen Alter nicht noch den Schmerz ertragen müsse, einen Sohn vor ihm selbst sterben zu sehen. Der Herzog schickte den Arzt umgehend nach Florenz, doch seine Künste waren vergeblich. Giovanni starb am 1. November 1463. Am 5. November teilte Cosimo persönlich dem Herzog in würdevoller Trauer mit, daß es Gott gefallen habe, die Seele seines Sohnes zu sich zu rufen.

Hinter den stoischen Worten verbarg sich die Verzweiflung. Cosimo hatte schon während der Krankheit zu einigen Freunden gesagt, daß Gott, wenn er ihm Giovanni nehmen wolle, doch wenigstens dem Unglück des Vaters ein Ende setzen möge, solange der Sohn noch am Leben sei. Diese Gnade wurde ihm nicht zuteil, und er sollte sich von diesem Schicksalsschlag nicht mehr erholen. Nicodemo Tranchedini, der mailändische Gesandte, der täglich bei ihm ein- und ausging, schrieb am 1. Juni 1464 an Francesco Sforza, Cosimo habe ihm gesagt, er sei am Ende seiner Kräfte und bereit, diese Welt bald zu verlassen. Giovanni war die ganze Hoffnung Cosimos gewesen, weil Piero ihm, wie Machiavelli in seinen ‹Florentinischen Geschichten› schreibt, wegen seiner schlechten gesundheitlichen Verfassung nicht in der Lage zu sein schien, den öffentlichen und privaten Geschäften der Familie mit der nötigen Energie nachzugehen. So sah Cosimo in seinen letzten Lebensjahren der Zukunft seines Hauses mit Pessimismus entgegen. Vespasiano da Bisticci, der Buchhändler und Kopist, der so viele Codices für ihn kopiert hatte, hörte ihn einmal sagen, er glaube, daß in fünfzig Jahren von ihm und seinem Hause nichts anderes übrig sein werde als die wenigen Bauten, die er errichtet habe. Er sei mehr um seine Nachkommen besorgt als andere Bürger, denn er sei sich der Schwierigkeiten bewußt, ein Gemeinwesen so zu führen, wie er es getan habe, das heißt mit jener politischen Klugheit – *prudenza* –, die als die Haupttugend Cosimos galt. Machiavelli überliefert auch eine Anekdote, die sehr einprägsam die Gemütsverfassung des Greises beleuchtet. Nach dem Tod Giovannis habe sich Cosimo einmal durch den Palast tragen lassen und dabei seufzend ausgerufen: «Dies ist ein viel zu großes Haus für eine so kleine Familie.»

Cosimo starb am 1. September 1464, nur zehn Monate nach seinem Lieblingssohn, in seiner Villa in Careggi nahe bei Florenz. Er war fünfundsiebzig Jahre alt geworden. Die Exequien fanden auf Wunsch des Verstorbenen ohne Feierlichkeit am 2. September in der Kirche San Lorenzo statt. Wie sein Sohn Piero in einem für seine Nachkommen bestimmten, privaten Nachruf auf ihn schrieb, war Cosimo stets der Meinung gewesen, daß Almosen im Leben, nicht nach dem Tod gegeben werden sollten. Deshalb hatte er auch kein Testament gemacht, sondern überließ seinem Sohn, dem einzigen Erben, die Regelung seines Nachlasses. Er wurde nicht in der alten Sakristei, der von Brunelleschi errichteten Grabkapelle der Medici, sondern, wie er selbst bestimmt hatte, in einem Grab in der Krypta von San Lorenzo beigesetzt, zu dessen Markierung sein Sohn Piero eine von Andrea del Verrocchio gefertigte einfache runde Grabplatte aus verschiedenfarbigem Marmor auf dem Boden vor dem Hauptaltar einlassen ließ. Die Florentiner Regierung beschloß wenige Monate nach seinem Tod, ihm den Ehrentitel eines «Pater Patriae» zu verleihen.

Seine Enkel Lorenzo und Giuliano verbrachten wie so oft den Sommer auf dem Gut Cafaggiolo im Mugello, wohin sie schon Anfang Juni geschickt worden waren, um sich vor der auch in diesem Jahr wieder grassierenden Pest zu schützen. Hier erreichte sie in den letzten Julitagen ein Brief aus Careggi über den hoffnungslosen Zustand ihres Großvaters. Ihr Vater schrieb ihnen, man erwarte zwar noch einen Arzt aus Mailand, doch bleibe nur noch das Gottvertrauen übrig. Cosimo bereite sich beispielhaft auf seinen Tod vor. Er hatte, wie Piero seinen Söhnen berichtete, ihn, seinen Sohn, und seine Frau Contessina an sein Bett gerufen und ihnen sein ganzes Leben erzählt. «Sodann sprach er von der Regierung der Stadt, danach von den Geschäften und schließlich der Sorge für Familie, Besitz und Haus.» Auch das Wohl seiner Enkel lag Cosimo sehr am Herzen. «Da Ihr von guter Veranlagung seiet», schrieb Piero an seine Söhne, «ermahnte er mich, Euch gut aufzuziehen, da Ihr mir große Lasten abnehmen könntet.» Am Tag darauf habe Cosimo gebeichtet, eine Messe lesen lassen und kommuniziert, alles bei hellstem Bewußtsein, nun aber ginge es zu Ende mit ihm. «Und Ihr sollt Euch ein Beispiel nehmen», beschloß Piero seinen Brief, «denn ihr seid jung. Ihr müßt guten Mutes Euren Teil an der Last auf Euch nehmen, denn Gott der Herr will es so, und betragt Euch so, als ob ihr Männer wärt, wenn Ihr auch nur Burschen seid, denn dies erfordern Euer Stand und der jetzige Fall, und vor allem strebt nach dem, was Euch Ehre und Nutzen bringt. Die Zeit ist gekommen, daß Ihr Euch bewähren müßt.» Noch im Sterben beschrieb Cosimo seinem Enkel Lorenzo die Aufgaben, die ihn als ältesten Sohn des kranken Pieros erwarteten, und zeichnete ihm den Weg vor.

II. DER HERR DER SPIELE

Giovanni di Ser Giovanni, genannt Scheggia, Drei Knaben beim sogenannten Eulenspiel (gioco della civetta), wobei es galt, sich schnell zu ducken, um den Schlägen der Mitspieler auszuweichen. Geburtsteller (Florenz, Palazzo Davanzati)

*L*orenzo de' Medici wuchs sozusagen spielend in die ihm vorbestimmte Rolle hinein. Er war sechs Jahre alt, als Piero de' Medici am 1. Mai 1455 seinem Vater Cosimo in einem Brief über seinen Aufenthalt im Bad Macereto berichtete, wo er seine Gicht, sein kleiner Sohn einen Hautausschlag behandeln wollte. Die Kur zeigte bereits Erfolge, und das Leben im Bad hatte sich als recht angenehm erwiesen. Von diesem Leben in Macereto zeichnete Piero seinem Vater folgendes heitere Bild: «Als wir mit der Wasserkur begannen, wurde Lorenzo gleich zum Herrn des Bades gemacht; hier befinden sich eine Menge ehrenwerter Männer und viele andere Leute, ... alles fröhliche Genossen. Außer baden tut man hier nichts anderes als tanzen, singen und musizieren, und Lorenzo spielt seine Rolle gut ... Wenn Bianca und Nannina (Lorenzos ältere Schwestern) hier wären, dann wäre eine von ihnen bestimmt Patin des Frauenbades geworden, und wer weiß, wie viele schöne Kränze sie bekommen und wie viele Marzipantorten sie gegessen hätten, denn Lorenzo, der hier der Herr ist, hat immer solche, zum Frühstück, zum Mittagessen und zur Vesper.» Die Bäder hatten also auch recht vergnügliche Seiten, denn neben der Gesundheit förderten sie zugleich die Geselligkeit. Zwischen den Wasserkuren vertrieben sich die Gäste die Zeit mit allerlei Kurzweil, und in den Spielen, die man trieb, spiegelte sich auch die gesellschaftliche Stellung der Badegäste wider. Der kleine Sproß der reichen, mächtigen Medici wurde zum Herrscher über das Bad erhoben, dem die Huldigungen in Form von Leckereien dargebracht wurden.

Da die Angehörigen der Familie Medici häufig von Krankheiten, besonders aber von der Gicht geplagt waren, suchten sie oft und gerne die heißen, schwefelhaltigen Heilquellen im Merse-Tal in der Nähe von Siena auf. Hier befand sich, nicht weit von Macereto entfernt, neben einer kleineren Quelle beim Gut Filetta auch das beliebte Bad Petriolo. Die Thermen gehörten der Republik Siena, die für ihre Instandhaltung sorgte und sie zum Schutz vor Überfällen von Mauern hatte umgeben lassen. Illustre Persönlichkeiten wie der Sieneser Papst Pius II. suchten hier Linderung ihrer Leiden. Lorenzos Onkel Giovanni war sozusagen Stammgast in diesen Bädern, er suchte sie in jüngeren Jahren fast jedes Jahr auf. Ein Freund hänselte ihn einmal in einem Brief, daß er in Petriolo nach Schwefel zu stinken beginne, während die anderen in Rom ihren Spaß trieben. Dies kümmerte Giovanni nicht weiter und hielt ihn nicht davon ab, alle Freuden des Badelebens auszukosten, indem er sich im Bad mit Poeten und Musikanten umgab. Auch Lorenzos Mutter Lucrezia Tornabuoni machte schon bald nach ihrer Heirat im Mai 1446 unter der kundigen Anleitung eines Arztes eine längere Kur in Petriolo. In späteren Jahren bevorzugte die Familie Medici ein anderes Bad in der Gegend von Volterra, das Bagno a Morba (oder Morbo) in der Nähe der dampfenden, borhaltigen Quellen beim heutigen Ort Larderello, das Lucrezia Tornabuoni mit beträchtlichem Aufwand wiederherrichten und ausbauen ließ. Als sie anfänglich hier ihre Kuren machte – oft begleiteten sie auch ihre Söhne –, waren die Thermen und die dazugehörige Herberge so heruntergekommen, daß sie einmal scherzend nach Hause schrieb: «Die Zimmer sind wie Alchimistenhöhlen und die Wanzen hier so groß wie Kapern.» Deshalb mietete sie 1477 auf unbestimmte Zeit das Bad von der Kommune Florenz, in deren Besitz es sich befand, und ließ dort nach ergiebigeren Quellen suchen und größere Becken und Duschräume angelegen. Auch eine neue bequeme Herberge wurde gebaut. Es entstand ein Bad mit beträchtlichem Komfort, das viele Gäste anzog. Außer dem gesundheitlichen brachte es also auch ökonomischen Gewinn. Lorenzo begleitete seiner Mutter öfter in dieses Bad, das er auch nach ihrem Tod regelmäßig aufzusuchen pflegte. Der dem Haus Medici eng verbundene Kanzler von Florenz Bartolomeo Scala, angeregt durch den Namen des nahegelegenen Kastells Montecerboli und die unwirtliche Natur der Umgebung, lieferte schließlich auch eine klassisch getönte Ursprungssage in lateinischen Hexametern nach. Dieser zufolge trug das Bad den Namen der heilkräftigen Nymphe Amorba, die von dem in den nahen Schluchten hausenden Cerberus verfolgt und fast vergewaltigt worden wäre, hätte sie Apoll nicht in die gesundheitsspendende Quelle verwandelt.

Das Tanzen, Singen und Musizieren waren Beschäftigungen, denen man in der Familie Medici nicht nur in den Bädern nachging. Schon die Anekdote von der Schalmei, die Cosimo seinem Enkel im Beisein der Gesandten gebastelt haben soll, läßt erahnen, welche Bedeutung der Musik im Hause beigemessen wurde. Lorenzos Vater Piero und vor allem sein Onkel Giovanni waren beide große Musikliebhaber und übten sich oft in dieser Kunst. Sie vergnügten sich damit, Gedichte bekannter Dichter oder eigene poetische Schöpfungen von guten Musikern vertonen zu lassen, um sie bei privaten Festen oder offiziellen Anlässen zur Laute, Viola, Gitarre oder gar zur Orgel ein- oder mehrstimmig vortragen zu können. Der Austausch von Texten und Melodien war ein beliebter Zeitvertreib in ihrem Freundeskreis. An Musikinstrumenten und Notenbüchern mangelte es im Haus nicht; ein 1492 aufgestelltes Inventar nennt Dutzende davon. Giovanni bemühte sich 1450 darum, eine Tragorgel in seinen Besitz zu bringen, die der Eigentümer, ein Kardinal, aber nicht veräußern wollte. Lorenzos Schwestern Bianca Maria und Lucrezia waren bekannt und bewundert für ihr musikalisches Talent, das sie oft während des Besuchs hoher Gäste vorführten, denn die Musik diente nicht nur zur Unterhaltung, sondern war zugleich auch ein Mittel der Repräsentation. Aus einem zeitgenössischen Bericht geht hervor, daß Bianca Maria, als Papst Pius II. 1459 Florenz besuchte, einigen Herren aus dessen Gefolge mehrere Stücke auf einer Orgel vortrug. Auch während des Besuchs von Ippolita Maria Sforza, der Braut des neapolitanischen Thronfolgers Alfonso d'Aragona, die 1465 nach Florenz kam und bei den Medici wohnte, trugen beide Schwestern Stücke auf verschiedenen Instrumenten vor. Die Orgel, auf der Bianca Maria 1459 ihre Künste zeigte, war als Geschenk König Alfons' von Neapel an den berühmten Florentiner Domorganisten Antonio Squarcialupi nach Florenz gelangt. Dieser stammte aus sehr einfachen Verhältnissen und war von

Cosimo schon früh gefördert worden. Neben seiner Tätigkeit am Dom erteilte der Meister sehr wahrscheinlich auch im Haus Medici Musikunterricht. Wie sein Großvater hielt auch Lorenzo ihn in hohen Ehren und ließ nach seinem 1480 erfolgten Tod im Florentiner Dom eine Gedenktafel mit seiner Büste anbringen. Die lateinische Inschrift auf diesem Epitaph, einem Werk des Benedetto da Maiano, stammt möglicherweise von Lorenzo selbst.

Niccolò Valori, Lorenzos früher Biograph, schreibt, er habe sich sein Leben lang an der Musik ergötzt und so viele musikalische Kenntnisse besessen, daß er es auf diesem Gebiet mit jedem andern habe aufnehmen können. Daß Lorenzo ein großer Musikfreund war, bestätigen auch andere Zeugnisse. Wie seine Schwestern spielte er mehrere Instrumente, besonders gern aber Viola und Laute, auf denen er sich beim Gesang zu begleiten pflegte. Er trennte sich nur ungern von seinen Musikinstrumenten und nahm sie auch bei Reisen und den Aufenthalten auf seinen Gütern mit, denn die Musik war ein unverzichtbarer Teil des geselligen Lebens. Der Humanist Angelo Poliziano, der Lorenzo einmal auf einer der häufigen Reisen nach Pisa begleitete, schilderte in einem Brief den Tagesverlauf auf folgende Weise: Die Reisegesellschaft hatte auf dem Weg den ganzen Tag über gesungen und, da Fastenzeit war, auch ein wenig über religiöse Themen disputiert. Abends im Quartier in San Miniato wurde deshalb auch zunächst aus den Schriften des Heiligen Augustinus vorgelesen, gleich danach aber musiziert. Fromme Lieder scheint die Gesellschaft nicht gesungen zu haben, denn auf die Musik folgte sogleich der Tanz. Man vergnügte sich damit, einen im Ort beliebten Tanz zu verfeinern und einem Tänzer, den man eigens hatte kommen lassen, etwas elegantere Bewegungen beizubringen.

Schon der achtzehnjährige Lorenzo drängte darauf, daß der berühmte französische Komponist Guillaume Dufay eine Begleitung zu einem seiner Gedichte, der Ballata ‹Amor, che hai visto mio pensiero›, schreiben sollte, und bat Squarcialupi, den Meister in Cambrai brieflich darum zu bitten. Squarcialupis Brief ist erhalten, nicht aber die gewünschte Vertonung. Doch entsprach Dufay dem Wunsch wahrscheinlich gerne, denn er hatte schon in den dreißiger Jahren im

Gefolge Papst Eugens IV. Florenz besucht und dabei Cosimo de' Medici kennengelernt. Er blieb auch weiterhin mit den Medici in Verbindung. 1455 sandte er Cosin Söhnen Piero und Giovanni, deren Musikliebe er kannte, einige von ihm komponierte Lieder. Die moderne burgundisch niederländische Tonkunst war im Hause Medici also bekannt und geschätzt. Lorenzos Schwestern Bianca Maria und Lucrezia sangen beim erwähnten Besuch der Herren aus dem Gefolge Papst Pius' II. zusammen mit einer dritten jungen Frau auch einige französische, venezianische und sizilianische Lieder, darunter zwei des berühmten Komponisten Gilles Binchois zu Texten in französischer Sprache. Obwohl Lorenzo wegen der Deformation seiner Nase keine wohlklingende Stimme hatte, brillierte er doch in einem damals sehr beliebten poetisch-musikalischen Genre, das im Florenz der Zeit ein weit über die Mauern der Stadt hinaus bekannter Bänkelsänger namens Antonio di Guido populär gemacht hatte. Antonio war ein Improvisationskünstler, der mit leichter Hand Terzinen an Terzinen fügte und seine Poeme vor großem Publikum auf der Piazza San Martino vorzutragen pflegte. Sein Repertoire war breit und reichte von mittelalterlichen Ritterepen über erbauliche Geschichten bis hin zu den klassischen Mythen. Während des Florentiner Besuchs von Galeazzo Maria Sforza im Jahre 1459 bestellten ihn Cosimo und seine Söhne in ihre Villa nach Careggi, wo der Künstler im Beisein des mailändischen Gastes zur Gitarre ein langes improvisiertes Preislied auf Herzog Francesco Sforza und seinen Sohn vortrug. Der junge Graf von Pavia war so begeistert, daß er seinem Vater schrieb, er wisse nicht, ob «je Lukan oder Dante» etwas Schöneres geschaffen hätten, denn jenes «Vermischen von so vielen antiken Geschichten, unzähligen Namen alter Römer, Fabeln, Dichtern und den Namen aller Musen» hatte ihn ungemein beeindruckt. In solchem *cantar improvviso*, das sich so gut auch für nächtliche Ständchen eignete, scheint Lorenzo ein Meister gewesen zu sein. Ein indirektes Zeugnis hierfür enthält ein Brief aus späteren Jahren, als sich Lorenzo de' Medici diese Art von Vergnügungen wohl nur noch selten gestattete. Der Schreiber dieses Briefs, Angelo Poliziano, berichtete hierin seinem Gönner von einer abendlichen Überraschung, die ihm sein Zögling Piero, Lorenzos älte-

«Drei Tänzer».
Miniatur aus einer
Handschrift des
Tanztraktats von
Guglielmo Ebreo
(Paris, Bibliothè-
que Nationale,
MS. italien 973,
fol. 21 r)

ster Sohn, bereitet hatte, indem er sich mit einer Gruppe von Improvi-
satoren ohne Voranmeldung bei ihm eingestellt und ihm seine Bravour in dieser Kunst vorgeführt hatte. Der Humanist äußerte sich sehr
anerkennend über die unerwartete Darbietung, lobte die Leichtigkeit
der Verse, die scherzhaften, prompten Reden und Gegenreden, die
gute Diktion. Kurz, Poliziano hatte, wie er schrieb, ganz den Eindruck, Pieros Vater selbst vor sich zu sehen.

Wie die Musik war auch der Tanz ein unverzichtbares Ingredienz
der Geselligkeit; Tanzunterricht gehörte deshalb zur obligaten Ausbildung junger Florentiner Damen und Herren. Bei den Tänzen handelte es sich, zumal wenn sie Teil öffentlicher Zeremonien waren, um
kunstvolle, fest vorgeschriebene Bewegungen, die nur unter der Anleitung eines erfahrenen Tanzlehrers gelernt und geübt werden konnten.
Einer der Briefe, die der junge Galeazzo Maria Sforza 1459 aus Florenz
nach Hause schrieb, illustriert sehr anschaulich, auf welch hohem Ni-
veau die Tanzkunst damals in Florenz stand. Unter den vielen Veranstaltungen zu Ehren des mailändischen Prinzen befand sich auch ein
Fest auf dem Mercato nuovo. Auf dem prächtig geschmückten Platz
hatten sich hundertfünfzig Florentinerinnen aus den besten Familien
eingefunden, alle überaus elegant in Seide und Brokat gekleidet und so
schön anzusehen, daß der junge Graf ins Schwärmen geriet. Galeazzo
Maria nahm auf einer Tribüne zwischen den Botschaftern des Her-

zogs von Burgund Platz, vor ihm führten junge Mädchen und Frauen in Gruppen kunstvolle Tänze aus. Auch der hohe Gast wurde schließlich von zwei schönen Mädchen zum Tanz aufgefordert, von denen besonders eines ihn zu größter Bewunderung hinriß. Es trug eine Haube aus goldenem Stoff, unter der die aufgelösten, lockigen Haare hervorschauten. Hätte es dazu Köcher und Pfeile getragen, wäre es, wie der Graf schrieb, in seinem kurzen Kleid geradezu ein Bild der Göttin Diana gewesen. Die Inszenierung des Festes erschien dem Herzogssohn so außergewöhnlich schön, daß er seinen Brief mit dem Ausruf schloß: «Florenz ist das Paradies!»

Lorenzo, der wie alle jungen Leute seines Standes zweifellos schon als Kind Tanzunterricht erhalten hatte, wollte, ehrgeizig wie er war, auch in dieser Kunst niemandem nachstehen. Er wollte nicht nur ein guter Tänzer sein, sondern schrieb sogar selber Choreographien. Zwei davon sind überliefert. Es handelt sich um sogenannte *bassedanze* – «niedere Tänze» –, weil sie keine Sprünge und Hüpfer, sondern nur Schritte und Drehungen vorsahen. Der eine, bestimmt für drei Tänzer, ist «Venus», der andere, für zwei Tänzer, «Lauro» überschrieben. Der zweite Titel verweist unmißverständlich auf den Namen und das Sinnzeichen des Verfassers, den Lorbeer. Die beiden Tänze standen wahrscheinlich im Zusammenhang mit den Liebesspielen, an denen der junge Lorenzo und seine Freunde, wie wir noch sehen werden, so großen Spaß fanden. Die Namen seiner ersten Tanzmeister kennen wir nicht. Doch 1467 eröffnete der Bruder des berühmtesten Choreographen der Zeit, jenes Guglielmo Ebreo, der nach seiner Taufe den Namen Giovanni Ambrosio annahm, eine Tanzschule in Florenz und gab seitdem, wie es scheint, auch im Hause Medici Tanzunterricht. Er hieß Giuseppe und sollte Lorenzo im Frühjahr 1469 zur Hochzeit Galeazzo Maria Sforzas nach Mailand begleiten, die dann aber verschoben wurde. Als im Juni desselben Jahres Lorenzos eigene Hochzeit gefeiert wurde, bestand wieder großer Bedarf an Tanzmeistern, denn die Festlichkeiten sahen wie üblich viele Tänze vor, für die vor dem Medici-Palast eigens eine Tribüne errichtet wurde. Guglielmo Ebreo alias Giovanni Ambrosio, der in Pesaro lebte, stellte seine persönliche Mitwirkung bei der Hochzeit in Aussicht. Es ist nicht ganz sicher, ob er tatsächlich nach Florenz kam. Die Verbindung riß auch in der Folgezeit nicht ab. Lorenzo schickte ihm offenbar seine beiden Choreographien zur Begutachtung nach Pesaro. Der große Theoretiker des Tanzes sparte nicht an Lob und kam endlich, versehen mit einem Empfehlungsschreiben des Herrn von Pesaro, Costanza Sforza, im Sommer 1477 selbst nach Florenz, um Lorenzo ein Exemplar seines Tanztraktates zu überreichen, wobei es sich wahrscheinlich um eine neue Fassung des schon 1463 Galeazzo Maria Sforza von Mailand gewidmeten Werks ‹De pratica seu arte tripudii› handelte. Dieses enthielt neben theoretischen Erörterungen auch praktische Tanzanleitungen, eigene und solche anderer berühmter Tanzmeister des Jahrhunderts. Die Handschrift enthält auch die beiden Choreographien Lorenzos. Als 1484 die Herrin von Pesaro Lorenzo jedoch um geldliche Unterstützung für den greisen, in Not geratenen Tanzmeister bat, lehnte dieser mit der Begründung ab, es gebe schon genug Arme in Florenz zu versorgen.

Tanz und Musik hatten ihren festen Platz im privaten wie öffentlichen Leben, und deshalb gehörte die Unterweisung in diesen Künsten zu jeder guten Erziehung. Doch gab es grundlegendere Kenntnisse, die den Kindern vermittelt werden mußten – das Lesen, Schreiben und Rechnen an erster Stelle, Fertigkeiten, die in Florenz keineswegs auf die Oberschicht beschränkt waren. Selbst einfache Handwerker und Frauen konnten lesen und schreiben, und ohne Rechenkenntnisse war das Leben in einer Stadt, die von Handel und Gewerbe lebte, überhaupt nicht denkbar. Für diesen Unterricht gab es genug öffentliche und private Schulen und Schulmeister. Daß die Erziehung eines Kindes aus der ersten Familie der Stadt mehr als solche Grundkenntnisse umfassen sollte, liegt auf der Hand. Lorenzo wurde deshalb im Alter von fünf Jahren einem Erzieher anvertraut. Pieros Wahl fiel auf einen jungen Kleriker aus Urbino, der schon länger in Florenz lebte. Gentile Becchi hatte den geistlichen Beruf weniger aus Überzeugung als aus Gründen der Versorgung gewählt. Schon Cosimo hatte ihm als Pfründe die nahe beim Medici-Palast gelegene Kirche S. Giovanni Evangelista verschafft. Sein Eintritt ins Haus als Erzieher Lorenzos im Jahre 1454 erleichterte ihm auch die kirchliche Laufbahn: 1462 wurde er Kanoniker an der Domkirche Santa Maria del Fiore, 1473 auf Betreiben seines Zöglings sogar zum Bischof von Arezzo erhoben. Lorenzo hätte ihm gerne auch zum Kardinal gemacht, doch blieben diese Bemühungen erfolglos. Becchi fand Wohnung und Verpflegung im Haus an der Via larga, wo er als gerngesehener Gast auch häufig noch verkehrte, als er längst Bischof geworden war.

Im Mai 1454 beschrieb Becchi Piero de' Medici, der sich auf einer Reise befand, in einem lateinischen Brief das erste öffentliche Auftreten seines kleinen Zöglings. Seit einiger Zeit hielt sich Johann von Anjou, der Sohn des antiaragonesischen Prätendenten auf den neapolitanischen Königsthron, in Florenz auf, wo er im Haus der Familie Pazzi logierte. Dorthin führte Becchi Lorenzo, um dem Herzog die Aufwartung zu machen. Das Kind war für diesen offiziellen Besuch nach französischer Mode gekleidet worden und sah in dieser Aufmachung so reizend aus, daß sich ihm spontan ein Zug von Kindern, Burschen und Erwachsenen anschloß. Mit diesem aufgelesenen Gefolge trat Lorenzo vor den Herzog, der sich lange mit ihm beschäftigte. Die französische Kleidung des Kindes als eine besondere Hommage der Medici an ihn hatte ihm sehr geschmeichelt. Wie Becchi voller Stolz schrieb, machte vor allem die «*gravitas*», das würdevolle Auftreten des Kindes, großen Eindruck. Cosimos kleiner Enkel bewies, daß er sich seiner Stellung bewußt war.

Niccolò Valori, Lorenzos früher Biograph, der Gentile Becchi noch persönlich gekannt hatte, zeichnet ein recht erbauliches Bild vom innigen Verhältnis zwischen dem Kind und seinem Erzieher. Becchi, schreibt er, habe ihm selbst erzählt, daß Lorenzo nie von seiner Seite wich, wenn er die Messe las oder des Abends an den Versammlungen der frommen Bruderschaft San Paolo im Kloster San Marco teilnahm. Obwohl Becchi in Briefen und Gesprächen manchmal recht despektierlich von religiösen Dingen redete («diese Alaungrube scheint mir die Dreifaltigkeit zu sein, ich verstehe sie nicht», schrieb er einmal ironisch), wurde von ihm doch erwartet, daß er das Kind auch in der Religion unterwies und ihm die ethischen Prinzipien vermittelte. Dies gab ihm die Autorität, seinem Zögling auch hin und wieder die Leviten zu lesen, denn Lorenzo zeigte, besonders als er ins Burschenalter kam, einen ungestümen, eigensinnigen Charakter mit der gefährlichen Tendenz, alles selbst bestimmen zu wollen. Auch verhielt er sich in der Öffentlichkeit nicht immer mit dem Anstand, den seine Stellung erforderte, so daß er manchmal in der Stadt Anstoß erregte. Doch bestand die Hauptaufgabe Becchis darin, dem Kind jene humanistische Bildung zu vermitteln, die auch sein Großvater, Vater und Onkel erworben hatten.

Wie eine solche Erziehung im Idealfall aussehen sollte, hatte der vielseitige Humanist, Architekt und Kunsttheroretiker Leon Battista Alberti, Angehöriger einer alten Florentiner Kaufmannsfamilie, beispielhaft in seinem großen Buch über die Familie und das Hauswesen beschrieben. In einem Gespräch, das die Protagonisten des Buches führen, heißt es: «Wer wüßte nicht, daß die *lettere* (die Literatur) die erste nützliche Sache für die Kinder sein muß? Sie steht deshalb an erster Stelle, weil einer ohne *lettere* stets nur als ein Bauer angesehen wird, wie adlig er auch sein mag … Mir hat auch die von manchen oft vertretene Auffassung nie gefallen, daß es schon mehr als genug sei, seinen Namen schreiben zu können und die Summe auszurechnen, die man noch zu bekommen hat.» Für Alberti bezeichnete das Wort «*lettere*» die antike Literatur. Die Kenntnis der antiken Schriftsteller, gleich ob es sich um Dichter, Philosophen, Historiker, Juristen oder Naturforscher handelte, war seiner Auffassung nach unerläßlich, um ein guter und angesehener Bürger in einem republikanisch verfaßten Gemeinwesen zu werden. Alberti war stolz darauf, daß es in seiner Familie viele Männer gab, die sich in den *lettere* hervortaten, in der Naturphilosophie und der Mathematik, in der Kenntnis der Heiligen Schrift und der Musik, als Geschichtsschreiber und Astrologen. Kurz gesagt, unter den *lettere* verstand Alberti das ganze aus der antiken Welt überkommene Wissen. Deshalb sollten die Kinder noch vor dem Einmaleins und dem Rechnen die lateinische Sprache lesen und schreiben lernen.

Nach diesem Muster verlief zweifellos auch Lorenzos Erziehung. Auf Becchis konkreten Unterricht werfen allerdings nur wenige Zeugnisse ein flüchtiges Licht. Im Februar 1458 hatte sich Lucrezia Tornabuoni mit ihren Kindern nach Cafaggiolo begeben, von wo aus sie ihrem Mann von den Übungen berichtete, die Becchi dem neunjährigen Lorenzo aufgetragen hatte: Er sollte bestimmte Verse – lateinische, dürfen wir annehmen – auswendig lernen. Dies tat er auch eifrig und brachte die Verse zugleich seinem jüngeren Bruder Giuliano bei. Wir hören nochmals von Lorenzos Studien, als im September 1461 der Erzieher selbst dem abwesenden Vater von den Fortschritten seines Schülers berichtete. Lorenzo war damals mit der Lektüre von Ovid und Justin beschäftigt, was ihm nach Becchis lobenden Worten ungemein viel Spaß machte. Ovids Verwandlungsgeschichten und Justins mit Anekdoten reich versetztes Kompendium der Geschichte der Alten Welt, angefangen von den Skythen bis hin zur ältesten Geschichte Roms, war in der Tat eine vergnügliche Lektüre für einen Knaben, der die lateinische Sprache einigermaßen fließend las. Leon Battista Alberti widmete dem zehnjährigen Lorenzo selbst eine kurze Einführung in die Rhetorik, als er zwischen 1459 und 1460 im Gefolge Papst Pius' II. zweimal nach Florenz kam. Sie trug den Titel *Trivia senatoria* und sollte dem jungen Schüler helfen, sich einen guten lateinischen Stil anzueignen. Doch zog es Lorenzo sein Leben lang vor, sich der toskanischen Muttersprache zu bedienen, die in Becchis Unterricht keineswegs vernachlässigt wurde. Niccolò Valori merkt ausdrücklich an, daß Lorenzo unter Becchis Führung «in der einen wie der anderen, nämlich der römischen und der Muttersprache, und zwar in Prosa und im Vers» große Fortschritte machte. Unter der Anleitung seines Lehrers las er die großen Dichter der florentinischen Tradition – Dante, Petrarca, Boccaccio –, deren Werke zusammen mit vielen der klassischen Autoren in der Bibliothek des Hauses standen. Sie waren sozusagen Pflichtlektüre für jeden halbwegs gebildeten Florentiner.

Die von Becchi vermittelten Grundkenntnisse ermöglichten es Lorenzo schon früh, Ausflüge in weitere Geisteslandschaften zu wagen. Die philosophischen und humanistischen Größen in der Stadt sollen, so heißt es oft, seine Lehrer gewesen sein. In der Tat rühmte sich mancher von ihnen später, wenn er ihm eines seiner Werk widmete, den jungen Medici zum Schüler gehabt zu haben. Doch fand, falls überhaupt, ein solcher Unterricht in eher lockerer Weise statt. Zusammen mit seinem Erzieher Becchi besuchte Lorenzo wahrscheinlich die Vorlesungen, die der aus Byzanz vertriebene griechische Philosoph Johannes Argyropulos an der Florentiner Universität hielt.

Hier kommentierte der Byzantiner seinen Hörern in lateinischer Sprache die Werke der griechischen Philosophen, Aristoteles an erster Stelle, aber auch Plato und andere griechische Denker. Daneben gab Argyropulos nachmittags privaten Unterricht in einem auserwählten Kreis von Liebhabern der antiken Philosophie, zu dem neben humanistisch gebildeten Intellektuellen auch junge Leute der Florentiner Oberschicht gehörten. An diesen zwanglosen Zusammenkünften, die in Privathäusern und Villen stattfanden, nahm auch Lorenzo zuweilen teil. Einer der ersten Briefe, die von ihm erhalten sind, betreffen in der Tat ein Mitglied der «Akademie», wie jene Versammlungen im Hinblick auf das griechische Vorbild genannt wurden. Der zwölfjährige Lorenzo verwandte sich im September 1461 bei seinem Vater – im Auftrag der ganzen «Akademie», wie er unterstrich – für eines der Mitglieder des Kreises, Griso Griselli, der gerne bei den nächsten Wahlen Notar der Signorie geworden wäre und es dank dieser Empfehlung auch tatsächlich wurde.

Die griechische Sprache erlernte Lorenzo während des Besuchs jener «Akademie» jedoch nicht, und genausowenig scheint er mit Marsilio Ficino, dem Herold der platonischen Philosophie in Florenz, damals näheren Umgang gepflegt zu haben. Der Philosoph und Übersetzer Platos war in jener Zeit noch ohne Amt und Würden und immer auf der Suche nach Gönnern. 1462 beauftragte ihn der greise Cosimo de' Medici, für ihn die Werke Platos ins Lateinische zu übersetzen. Cosimo besaß seit langem einen kostbaren griechischen Kodex mit allen Schriften des griechischen Philosophen, den er wahrscheinlich schon während des Florentiner Konzils von einem der dort anwesenden griechischen Gelehrten und Theologen, womöglich dem berühmten Gemistos Plethon, erworben hatte. Um Ficino während seiner Arbeit an der Übersetzung einen materiellen Rückhalt zu geben, schenkte er ihm zwei kleine Häuser, eines in Florenz und ein zweites gegenüber seiner Villa in Careggi, das der so großzügig Bedachte etwas hochtrabend als seine «Akademie» bezeichnete. In seinen letzten Lebensjahren, als er wegen seiner Gebrechlichkeit kaum noch das Haus verließ, liebte Cosimo es, mit den Gelehrten über philosophische und ethische Probleme zu diskutieren. Wie der Buchhändler Vespasiano da Bisticci in seiner Lebensbeschreibung Cosimos berichtet, lud er auch Argyropulos zu sich ein, um sich mit ihm über die Unsterblichkeit der Seele zu unterhalten.

Nach Cosimos Tod im Jahre 1464 lockerte sich die Verbindung Ficinos zu den Medici wieder, denn Piero de' Medici hatte in den fünf Jahren, in denen er die Geschicke seines Hauses leitete, wegen der angespannten innen- und außenpolitischen Lage wenig Zeit, sich mit philosophischen Fragen zu beschäftigen. Bei seinem Sohn Lorenzo nahm diese Distanz sogar die Form offenen Widerspruchs an. Als Marsilio Ficino im Herbst 1469 seine bekannteste und folgenträchtigste Schrift, den Kommentar zu Platos ‹Gastmahl› mit dem Titel *Commentarium in convivium de amore* abschloß und dann auch ins Italienische übersetzte, parodierte der junge Lorenzo den Traktat übermütig in einem kleinen Poem in dantesken Terzinen mit dem platonischen Titel *Simposio*. Hierin begegnet der Autor einem grotesken Zug von Betrunkenen (der Text ist auch unter dem Titel *I beoni*, die Trunkenbolde, überliefert), in dem kalauernd Ficinos Ausführungen zur allumfassenden, immerzeugenden Liebe verspottet werden. Aus Spucke entwickelt sich unter den staunenden Augen der Zuschauer eine lebende Kröte.

Lorenzo erwarb auf diese Weise unter Becchis Führung jene von Alberti beschriebenen Kenntnisse in den *lettere*, die für einen Florentiner Bürger seiner Zeit und seiner Stellung nicht ungewöhnlich waren. Becchi erfüllte seine Aufgabe mit gewissenhafter Hingabe, jedoch nie vergessend, daß seiner erzieherischen Autorität gesellschaftliche Abhängigkeit gegenüberstand. Deshalb erscheint das Verhältnis zwischen dem Pädagogen und seinem Zögling manchmal geradezu auf den Kopf gestellt. Lorenzo schuldete in seiner Eigenschaft als Zögling seinem Erzieher zwar Gehorsam, doch stand er in der sozialen Hierarchie haushoch über ihm. Becchi pflegte diese Tatsache mit Worten auszudrücken, deren Witz die Unterwürfigkeit oft nur mühsam überdeckte. Als 1469 Lorenzos Braut Clarice Orsini in Rom abgeholt werden sollte, um sie zur Hochzeit nach Florenz zu geleiten, stand lange nicht fest, ob auch Becchi an dieser Gesandtschaft teilnehmen sollte. Dieser hatte soeben die Nachricht vom Tode seines Vaters in Urbino erhalten und wäre deshalb gerne dorthin gereist. Das Hin und Her bezüglich der Reise nach Rom entlockte ihm aber schließlich in einem Brief an Lorenzo folgende tragikomischen Worte: «Zunächst wurde mir gesagt, daß ich mit Giuliano reisen sollte, dann nicht, jetzt doch. Ich machte mich fertig, dann ließ ich es wieder sein; nun richte ich mich wiederum höchst gerne her, wie es sich für einen Mann ziemt, der aus Schuldigkeit oder der Natur nach Teig ist, wenn es um Deine Angelegenheiten geht.» Bei anderer Gelegenheit schrieb er witzig, seinen einstigen Zögling nun mit Ihr anredend: «So bereit stehe ich für Eure Winke, daß ich schon gehorcht haben könnte, bevor Ihr überhaupt mit der Wimper zuckt.» So verhielt er sich sogar noch, als er schon Bischof von Arezzo war. Als Lorenzo einmal durchblicken ließ, daß ihm ein Pferd von ihm gefiel, verstand Becchi den Wink sofort und schickte ihm, wenn auch schweren Herzens, seinen Grauschimmel, an dem er leidenschaftlich hing. Er schicke das Pferd, schrieb er an Lorenzos Sekretär Niccolò Michelozzi, auch ohne daß er direkt darum gebeten worden sei, denn schließlich habe ihn ja auch Lorenzo von selbst zu dem gemacht, der er sei. Becchi pflegte sich als einen «Zweig des Lorbeers» zu bezeichnen und ging sogar so weit, seine Briefe mit dem Patronym «Gentile di Lorenzo» zu unterschreiben, um sich damit sozusagen als Sohn, ja geradezu als Eigentum seines einstigen Zöglings zu bezeichnen. Dennoch bezeugte Lorenzo seinem Erzieher stets große Anhänglichkeit und leugnete dessen Verdienste um seine Erziehung nie. Dem Kardinal Jacopo Ammannati Piccolomini, der in Rom die Erhebung Becchis zum Kardinal fördern sollte, schrieb er im Jahre 1477: «Vor allem für mich selbst könnte es nichts Wichtigeres geben, und nichts könnte mir größere Ehre einbringen. Denn alles, was besagter Bischof (Becchi) besitzt und an Würden und Ehre hat, ist von mir geschaffen worden, ebenso wie das bißchen Tugend und Verstand, das ich habe, von ihm geschaffen worden ist.»

Über die Kindererziehung raisonnierend, hatte Leon Battista Alberti unter anderem geschrieben: «Ich möchte die jungen Edelleute lieber mit einem Buch als mit dem Sperber in der Hand sehen.» Er zielte damit auf die Jagd, Inbegriff adligen Lebensstils, der auch die

Jugend der Florentiner Oberschicht leidenschaftlich gerne nachging. Lorenzo war ein begeisterter Jäger, und alles, was mit der Jagd zu tun hatte – Sperber und Falken, Hunde und Pferde –, war ihm fast ebenso lieb wie die Bücher, mit denen er sich sein Leben lang umgab. In seiner Kinder- und Jugendzeit verbrachte er jedes Jahr viele Wochen auf dem Gut Cafaggiolo im Mugello, das Cosimo 1443 nach dem Tod des letzten Nachkommens seines Onkels Francesco als Erbschaft zugefallen war. Cosimo liebte diese Besitzung sehr und pflegte scherzend zu sagen, daß die Villa in Cafaggiolo wegen ihrer Aussicht jener in Fiesole, die sein Sohn Giovanni sich hatte bauen lassen, überlegen sei, da sie im Unterschied zu dieser auf eigenes Land blicke – eine sehr aufschlußreiche Bemerkung, wenn man bedenkt, daß die Villa in Fiesole einen herrlichen Ausblick über Florenz und das Arnotal bot. Er hatte das alte, burgartige Wohngebäude durch seinen Architekten Michelozzo modernisieren lassen, so daß es auch für längere Aufenthalte alle Bequemlichkeiten bot. Mit seinen ausgedehnten Ländereien, den Zier- und Gemüsegärten, Fischteichen und Taubenschlägen sowie einem eigenen Wildgehege bildete dieses Landgut ein ideales Gelände für jugendliche Streifzüge. Die Briefe des langjährigen Verwalters von Cafaggiolo, Francesco Fracassini, an Piero de' Medici geben manchen Einblick in dieses Landleben. «Die Burschen (Lorenzo und Giuliano) machen sich eine gute Zeit und sind sehr vergnügt, gehen auf Vogelfang und auf die Jagd, so daß sie den ganzen Ort in heitere Stimmung versetzen», schrieb Fracassini am 1. September 1467 an deren Vater. Giuliano war im April schon einmal in Cafaggiolo gewesen und vom Verwalter wegen seines guten Betragens sehr gelobt worden: Er hatte den Fisch für das Mittagsmahl selbst gefischt und war zeitig genug für die Zubereitung zurückgekommen. Am nächsten Tag wollte Fracassini mit ihm ausreiten und ihm die ganze Besitzung zeigen, wie Piero es ihm aufgetragen hatte. Die Aufenthalte in Cafaggiolo brachten also auch erzieherischen Gewinn. Sie gaben Einblick in die Verwaltung des Gutes, dessen Erzeugnisse zum großen Teil für den Haushalt in Florenz bestimmt waren.

Lorenzo ließ keine Gelegenheit zur Jagd verstreichen. Er jagte nicht nur in der Gegend von Cafaggiolo, im Mugello, sondern gern auch in

Giusto Utens,
«Die Landvilla
der Medici in
Cafaggiolo im
Mugello», Aus-
schnitt (Florenz,
Museo di Fi-
renze com'era)

der Umgebung von Pisa, wo die Medici ein Haus und andere Ländereien besaßen. Vor allem liebte er die Falkenjagd. Er hielt sich zahlreiche Falken und Sperber und beschäftigte für deren Dressur und Betreuung mehrere Falkner. Von den vielen Jagdhunden war ihm einer mit dem Namen Buontempo so ans Herz gewachsen, daß er ihn sogar in einem seiner literarischen Werke auftreten ließ. Zum Jagen gehörten auch Pferde, und Pferde waren seine ganze Leidenschaft. Seine Roßhändler durchstreiften ganz Italien, um ihm die schönsten und schnellsten Pferde zu kaufen. Einer von ihnen, ein entfernter Verwandter namens Andrea de' Medici, genannt Butto, pries ihm 1468 aus Rom mit solch begeisterten Worten einen Apfelschimmel aus dem Gestüt des Bischofs von Fermo, daß er ihn sogleich kaufen ließ. Bis nach Sizilien hin war bekannt, daß er ein Pferdenarr war und mit Pferden umzugehen verstand. Als er einmal den Wunsch durchblicken ließ, ein besonders berühmtes Pferd zu besitzen, wurde es ihm von seinem sizilianischen Besitzer sogleich geschenkt. So berichtet es Niccolò Valori, der auch von Lorenzos Begeisterung für Pferderennen schreibt. Aber die Pferde – Berber und Hengste aus Kalabrien oder den Abruzzen, Schimmel, Rotfüchse und Braune – dienten ihm auch ganz einfach zur Fortbewegung, bei den Reisen und für die häufigen Ritte zu den Gütern und Villen außerhalb der Stadt, denn je schneller und widerstandsfähiger die Pferde waren, desto eher gelangte man zum Ziel. Daneben machten immer wieder öffentliche Zeremonien wie die Prozessionen bei Kirchenfesten, die Einzüge fremder hoher Gäste und vor allem die häufig in der Stadt abgehaltenen Turniere den Besitz von Pferden nötig, mit denen Parade zu machen war. Selbst bei den oft schwierigen politischen Beziehungen zu den anderen Herren und Fürsten Italiens konnten Pferde, Hunde und Falken ein Mittel der Verständigung sein.

Im Mai 1477 schickte Lorenzo seinen Roßhändler Andrea del Fede nach Neapel, um König Ferrante zwei seiner Hengste für die Zucht auszuleihen. Dessen Gespräch mit dem König ist sehr aufschlußreich. Der König fragte gleich zu Beginn, welche Art Pferde Lorenzo vorziehe, und bekam zur Antwort, daß ihm schnelle, niedrige Pferde, die leicht auf den Zügel ansprächen, am liebsten seien. Darauf Ferrante: Er habe gehört, daß Lorenzo Falken besitze und gerne zur Jagd gehe. Del Fede bestätigte dies. «Ich antwortete», schrieb er an Lorenzo, «daß Eure Magnifizenz jeden Tag im Sattel sitzt und sich selbst wie auch seine vielen Falkner immer um die Falken kümmert.» Worauf König Ferrante versprach, Lorenzo zwei schnelle Berber für die Jagd schenken zu wollen. Kurz danach traf Cristofano, einer von Lorenzos Falknern, mit einem Gerfalken für den König in Neapel ein. Ferrante zeigte sich jedoch enttäuscht, denn er hatte nicht einen, sondern zwei Falken erwartet. Der zweite Gerfalke sei verletzt, wurde ihm erklärt, er werde ihm geschickt, sobald er wieder gesund sei, worauf Ferrante ausgerufen habe: «So wie ich König bin, so will ich ihn haben.» Andrea del Fede kehrte schließlich mit reicher Ausbeute nach Florenz zurück. Er führte Lorenzo acht Pferde zu, teils Geschenke des

Königs, teils von ihm selbst in Neapel erworben, dazu als weiteres königliches Geschenk vier Sperber. Ein Falkner und ein Zureiter des Königs begleiteten ihn, um Lorenzo den richtigen Umgang mit den Tieren zu erklären. Als der Roßkamm auf dem Rückweg mit seinem Zug durch Rom kam, erregte er großes Aufsehen. Man schloß daraus, daß die Beziehungen zwischen Lorenzo und dem König von Neapel überaus eng und herzlich seien, eine Botschaft, die besser als jede diplomatische Depesche die Lage veranschaulichte und sicher auch die Kurie erreichte.

Lorenzo hatte schon als Kind gelernt, mit Pferden umzugehen, und war im Alter von zehn Jahren ein geschickter, sattelfester Reiter, der mit Eleganz zu Pferd zu sitzen verstand. Während des Besuchs von Galeazzo Maria Sforza im Frühjahr 1459 nahm er, ein zehnjähriger Knabe, an einem zu Ehren des mailändischen Prinzen inszenierten Ritterspiel teil. Die ungewöhnlich prächtige Veranstaltung, mehr ein festlicher Aufzug als ein Kampfspiel, erregte so großes Aufsehen, daß mehrere Berichte darüber erhalten sind. Man schrieb den 1. Mai. Am Tag hatte die Regierung eine «Jagd» auf der Piazza della Signoria abhalten lassen, ein Spektakel, bei dem die von der Stadt als Wappentiere gehaltenen Löwen in der Arena mit Wölfen, Wildschweinen, wilden Stieren und ungezähmten Pferden gekämpft hatten. Das Ritterspiel, *armeggeria* genannt, fand am Abend bei Dunkelheit statt. Es war, wie in Florenz üblich, von einer Gruppe junger Leute aus den besten Familien ausgerichtet worden, die den jungen Lorenzo im Namen Amors zum *messere*, dem Herrn ihrer Schar, erwählt hatten. Ein glänzender Zug von zehn Rittern, in dem Lorenzo als der «Herr» der Schar an letzter Stelle ritt, bewegte sich im Schein Hunderter von Fackeln vom Kloster San Marco aus die mit Sand bestreute Via larga entlang zum Baptisterium San Giovanni, wo die Ritter ihre Lanzen brachen. Dem Zug schritten Musikanten voraus, seinen Abschluß bildete ein von zwei Pferden gezogener Triumphwagen mit einem sich drehenden, funkensprühenden Aufbau, auf dessen Spitze als Sinnbild ritterlicher Liebe ein nackter Cupido auf einer goldenen Kugel stand. Der kleine Medici («jung an Alter, doch alt an Wissen, obwohl er noch mit der Stimme eines Kindes spricht», schreibt ein Chronist, den Topos des *puer senex* im Sinn) erregte bei den Zuschauern große Bewunderung wegen der prächtigen Aufzäumung seines Pferdes und der überaus kostbaren Gewandung («sie ist einen Schatz wert», befand derselbe Chronist), die ihn eindeutig als den «Herrn» der Ritterschar auswies. Seine dem Zug vorangetragene Standarte mit den Farben rot-weiß-grün zeigte als persönliches Emblem einen fliegenden goldenen Falken, der von einem Netz eingefangen war. Galeazzo Maria verfolgte das glänzende Schauspiel von einem Fenster des Medici-Palastes aus, in dem anschließend ein Festbankett stattfand, bei dem Lorenzo den Gastgeber spielte. Diese *armeggeria* war eine Huldigung des jungen Medici an den nur wenig älteren Herzogssohn, dessen Vater Cosimos wichtigster außenpolitischer Verbündeter war. Zugleich erfüllte sie die Funktion, Cosimos Enkel vor den Augen der Stadt und der auswärtigen Gäste als den prädestinierten Erben der Medici und ihrer Politik auszuweisen. Der Chronist, ein überzeugter Anhänger der Medici, drückte dies mit klaren Worten aus: Der Knabe Lorenzo, schrieb er, habe als «Herr» deshalb so große Macht über die Ritter, weil seine Familie mächtig sei. Sein Auftritt habe den Zuschauern bedeuten wollen, daß alle, wie auch Lorenzo selbst, der als Amors Knecht aufgetreten war, einem Herrn unterworfen seien.

III. IN DER SCHULE DER POLITIK

Mino da Fiesole,
Piero de'
Medici.
Marmorbüste.
(Florenz, Museo
Nazionale del
Bargello)

M it dem Tod seines Großvaters Cosimo am 1. September 1464 begann ein neuer Abschnitt im Leben des jungen Lorenzo. Die kurz vor Cosimos Hinscheiden ausgesprochene väterliche Mahnung, sich fortan nicht mehr wie ein Kind, sondern wie ein Mann zu verhalten, war ernst gemeint und keine von den Umständen diktierte leere Floskel. Als der vorbestimmte Erbe eines Vaters, dessen Gesundheitszustand wenig Hoffnung auf ein langes Leben ließ, rückte Lorenzo nun in eine Stellung ein, in der er auch Verantwortung übernehmen mußte. Piero de' Medici litt seit Jahren so schwer an der Gicht, daß er oft tagelang das Bett nicht verlassen konnte. Seit dem Tod Giovannis hatte sich dazu im Haus eine solch melancholische Stimmung ausgebreitet, daß Cosimo und sein Sohn sich kaum noch für die öffentlichen Belange zu interessieren schienen. Im Sommer 1464 schrieb Angelo Acciaiuoli, der Schwiegervater von Pieros Cousin Pierfrancesco, dem Herzog von Mailand, daß Vater und Sohn wegen ihrer Krankheit und aus Sorge, jemanden vor den Kopf zu stoßen, gar nichts mehr unternähmen und sich «feiger als Kaninchen» verhielten. Dennoch hatte Cosimo seine Autorität in der Stadt auch in den letzten Lebensjahren zu bewahren gewußt, zumal nach kurzem Aufbegehren eines Teiles der Bürger, der die republikanische Grundordnung in Gefahr sah, im Jahre 1458 eine Verfassungsänderung die Partei der Medici zusätzlich gestärkt hatte. Cosimo starb im Vollbesitz seines Ansehens, hochgeehrt noch nach dem Tod als «Pater Patriae». Jedoch hatte sich schon in seinen letzten Lebensjahren in den Reihen der eigenen Partei eine gefährliche Fronde abzuzeichnen begonnen, die jetzt offen zutage trat. Es lauerte von neuem die Gefahr innerer Spaltung, seit eh und je ein

Erzübel Florentiner Politik, dessen unzulängliches Heilmittel gewöhnlich darin bestand, daß die überlegene Partei die Gegner ins Exil schickte. So gab es zu allen Zeiten, wie Ranke es formulierte, auch ein «auswärtiges Florenz», das eine ständige Bedrohung für die Stadt darstellte, da die Verbannten gewöhnlich mit Hilfe feindlicher Mächte in die Heimat zurückzukehren und die bestehenden Verhältnisse umzustürzen suchten. Ein fataler Kreislauf, der das innere Gleichgewicht immer wieder aus dem Lot brachte und schließlich zum Untergang der Republik führte.

Piero de' Medici trat also ein schwieriges Erbe an, zumal er nach einer umfassenden Prüfung der Rechnungsbücher feststellen mußte, daß die Geschäfte des Hauses längst nicht mehr so florierten wie einst. Lorenzo war einstweilen noch zu jung, um in erster Person am politischen Leben der Stadt teilnehmen können, denn für die Mitgliedschaft in den für die Gesetzgebung zuständigen Räten und die Wahl zu den Ämtern war ein Mindestalter vorgeschrieben, das er noch lange nicht erreicht hatte. So suchte Piero nach anderen Wegen, um seinen Sohn in die Welt der Politik und der Geschäfte einzuführen. Eine günstige Gelegenheit, auf beiden Gebieten Erfahrungen zu sammeln, fand sich bald. Den Anlaß bot die Heirat Ippolita Maria Sforzas, einer Tochter Herzog Francescos, mit dem neapolitanischen Thronfolger und Herzog von Kalabrien Alfonso d'Aragona, die im Mai 1465 stattfinden sollte. Piero beschloß, seinen Sohn nach Mailand zu schicken, um der herzoglichen Familie seine Glückwünsche und Geschenke zu übermitteln. Angesichts der unsicheren inneren Lage schien es ihm opportun, die von Cosimo geknüpften engen persönlichen Beziehungen zu den Sforza mit einer konkreten Geste zu erneuern, stellte doch das mailändische Herzogshaus den wichtigsten Rückhalt der Medici in Italien dar. Schon Cosimo hatte aus demselben Grund noch kurz vor seinem Tod eine Reise Lorenzos nach Mailand in Erwägung gezogen, um seinen Enkel beim Herzog und seiner Familie einzuführen, was auch deshalb nahelag, da Francesco Sforza selbst 1459 seinen ältesten Sohn Galeazzo Maria zu Cosimo geschickt hatte. Der Plan war damals aber nicht ausgeführt worden.

Jetzt sollte die Reise nach Mailand Lorenzo zugleich Gelegenheit geben, die von Pigello Portinari geleitete Niederlassung der Medici-Bank kennenzulernen, um einen Einblick in die auswärtigen Geschäfte zu gewinnen. Deshalb war während der Hinreise auch ein Besuch der venezianischen Filiale vorgesehen worden. Während diese schon seit Beginn des Jahrhunderts bestand – Cosimo und sein Bruder hatten sich bezeichnenderweise nach Venedig geflüchtet, als sie 1433 aus Florenz verbannt wurden –, war jene in Mailand erst 1452 auf Wunsch Francesco Sforzas gegründet worden, der Cosimo auch den Baugrund geschenkt hatte, auf dem in den folgenden Jahren nach den Plänen des Architekten Michelozzo ein prächtiger Palast als Filialsitz errichtet wurde. Francesco Sforza gewann auf diese Weise einen stets willigen Kreditgeber, die Medici dafür einen nicht immer zuverlässigen Schuldner und Kunden, denn auch bei den von der Filiale getätigten Handelsgeschäften waren der Herzog und sein Hof die wichtigsten Abnehmer der kostbaren Stoffe, mit denen die Medici in Mailand handelten. Die Niederlassung in Mailand, bei der die Verquickung von Geschäft und Politik besonders ausgeprägt war, konnte deshalb dem jungen Lorenzo einen doppelt nützlichen Anschauungsunterricht bieten.

Die Hochzeit warf früh ihre Schatten voraus. Alfonso d'Aragona hatte seinen jüngeren Bruder Federico beauftragt, die Heirat per Prokura in Mailand zu vollziehen und die Braut sodann nach Neapel zu geleiten. Auf der Hinreise kam der Königssohn am 17. April 1465 nach Florenz, das ihm höchste Ehren erwies, obwohl man es übel vermerkte, daß der junge Federico – er war erst dreizehn Jahre alt – bei der Begrüßung der Regierung vor dem Palazzo della Signoria nicht einmal vom Pferd stieg. Lorenzo machte sich schon vor der Abreise des Prinzen in Begleitung seines Schwagers Guglielmo Pazzi auf die Reise nach Norden, um sich nach einem Aufenthalt in Ferrara, wo die Reisenden am Hof der Este freundlich aufgenommen wurden, nach Venedig zu begeben.

Piero de' Medici war besorgt, ob sich sein Sohn der Aufgabe gewachsen zeigen würde. Lorenzo gab sich nämlich damals gerade leidenschaftlich gewissen Spielereien hin, denn er hatte sich sehr in eine junge Mitbürgerin verliebt. In den Briefen, die er ihm während der

Reise schrieb, wurde Piero deshalb nicht müde, seine Ermahnungen zu wiederholen: Vergiß nicht zu schreiben, sei Dir bewußt, kein Kind mehr, sondern ein Mann zu sein; streng dich an, damit man dich auch für größere Aufgaben verwenden kann; dementsprechend seien deine Worte und Gesten; die Reise ist ein Prüfstein für dich; hör auf das, was dir Pigello Portinari sagt – dies war der Ton der Briefe, die er ihm nachschickte.

In Venedig wurde Lorenzo dem Dogen vorgestellt und machte die Bekanntschaft verschiedener venezianischer Patrizier, darunter wohl auch die des gebildeten Bernardo Bembo, mit dem ihn in späteren Jahren eine herzliche Freundschaft verbinden sollte. Allzu warm scheint die Aufnahme in der Lagunenstadt jedoch nicht gewesen zu sein, denn Alessandro Martelli, der die Bank dort leitete, wünschte Lorenzo, daß der Aufenthalt in Mailand angenehmer und in besserer Gesellschaft verlaufen möge als der venezianische.

In Mailand, wo er im Sitz der Niederlassung abstieg, machte Lorenzo schon kurz nach seiner Ankunft Francesco Sforza seine Aufwartung, doch war auch hier das Terrain offenbar nicht so günstig wie erhofft. Der junge Medici kam als Privatmann, ohne offiziellen Auftrag, und fand als Sohn eines trotz allem Reichtum doch nur bürgerlichen Kaufmanns am adligen, von der Hochzeit völlig in Anspruch genommenen Hof offenbar nicht die Beachtung, die sein Vater sich gewünscht hatte. Als offizieller Florentiner Botschafter weilte dazu in der Stadt Dietisalvi Neroni, einst einer der engsten Parteigänger Cosimos, nun aber Piero feindlich gesinnt, der Lorenzos Anwesenheit mit Mißtrauen verfolgte und seinen Leuten sogar verbot, mit ihm über politische Angelegenheiten zu sprechen. Nach Pieros Wunsch sollte Lorenzo für Federico d'Aragona ein Fest ausrichten lassen; ob der Prinz die Einladung annahm, ist ungewiß. Lorenzo trat die Rückreise an, noch bevor der Brautzug Anfang Juni nach Süden zog, denn er sollte in Florenz sein, wenn Ippolita Maria Sforza und ihr Gefolge dort eintrafen. Die neue Herzogin von Kalabrien hatte ihre Anwesenheit bei den Festlichkeiten zu Ehren des Stadtpatrons Johannes des Täufers am 24. Juni zugesagt, und während ihres Aufenthaltes in Florenz sollten sie und ihre zwei Brüder, die sie begleiteten, im Medici-Palast wohnen. Trotz aller Hindernisse war Piero de' Medici mit dem Verhalten seines Sohnes und den Ergebnissen der Reise jedoch offenbar zufrieden.

Die Braut und ihre überaus zahlreiche Begleitung erreichten Florenz am 22. Juni. Doch das Johannisfest mit seinen prächtigen Prozessionen, den kunstvoll geschmückten Wagen und lebensvollen Nachstellungen biblischer Begebenheiten, bei denen sich die Florentiner wegen des hohen Besuchs besondere Mühe gegeben hatten, fand bei den Gästen nur mäßiges Interesse. Mehr nach ihrem Geschmack waren der «Palio», das im Borgo Ognissanti veranstaltete Pferderennen, und der Tierkampf mit den städtischen Löwen. Außerdem durfte im Hause Medici mit Rücksicht auf die wegen Cosimos Tod gebotene Trauer nicht getanzt werden, so daß die Tänze, ein Vergnügen, dem sich die Braut und ihr Schwager Don Federico mit Begeisterung hingaben, in einem anderen Haus stattfinden mußten. Wir dürfen annehmen, daß Lorenzo bei der Unterhaltung der hohen Gäste sein Bestes gab. Es war ursprünglich auch geplant, daß er die Herzogin bis nach Neapel begleiten sollte, um sich dort am königlichen Hof vorzustellen. Davon wurde jedoch Abstand genommen. Piero hielt einen solchen Schritt offenbar für verfrüht. Die innen- und außenpolitische Lage war unsicher, die Pest ging wieder um, und vielleicht war am Hof in Mailand doch nicht alles so glatt gelaufen, wie man in Florenz glauben machen wollte. Als Ippolita Maria Sforza am 27. Juni Florenz wieder verließ, begleitete sie Lorenzo zusammen mit einigen anderen jungen Bürgern nur ein Stück weit zur Stadt hinaus, wie es das Zeremoniell verlangte. Am Plan einer Reise nach Neapel wurde jedoch festgehalten. Im Februar 1466 wurde mit den Vorbereitungen dazu begonnen, und Anfang März brach Lorenzo mit einem kleinen Gefolge, zu dem auch sein Erzieher Gentile Becchi gehörte, nach Süden auf.

Das erste Ziel war Rom, die Stadt des Papstes und der Kurie. In Rom befand sich auch die älteste und bedeutendste Niederlassung der Medici-Bank, der seit einem Jahr Pieros Schwager und Lorenzos Onkel Giovanni Tornabuoni vorstand. Lorenzo sollte sich nach Pieros Geheiß gut darin umsehen, damit er ihm bei der Rückkehr über die Lage Bericht erstatten konnte. Ein wichtiges Geschäft stand nämlich gerade kurz vor dem Abschluß. Es betraf die Ausbeutung der vor kurzem entdeckten Alaungruben in Tolfa bei Civitavecchia, Eigentum der päpstlichen Kammer, an der sich die Medici beteiligen wollten. Alaun war damals eine sehr gefragte Ware, da es für die Glasproduktion, die Gerberei und die Färberei benötigt wurde und die Vorkommen in Italien rar und von schlechter Qualität waren. Tatsächlich unterschrieb Lorenzo am 1. April 1466 den Vertrag, durch den die Medici Partner der zum Zweck der Ausbeutung gebildeten Gesellschaft wurden. Noch wichtiger als die geschäftlichen Fragen war indessen der Besuch der Kurie. Lorenzo sollte dem Papst vorgestellt werden und Kontakt zu jenen Kardinälen aufnehmen, die Florenz und den Medici freundlich gesinnt waren und deren Interessen fördern konnten. Ebenso waren Besuche in römischen Adelshäusern vorgesehen, denn Piero hatte, wie es scheint, schon damals ernsthaft ins Auge gefaßt, seinen Sohn mit einem Mädchen aus diesem Milieu zu verheiraten. Ein fester Rückhalt in Rom neben der Unterstützung, die er in Mailand fand, war bei seiner prekären Situation in Florenz überaus wichtig. Der unerwartete Tod Francesco Sforzas am 8. März 1466 rückte die politischen Aspekte von Lorenzos Besuch in Rom schließlich ganz in den Vordergrund.

Die Nachricht erreichte Florenz am 11. März und löste Bestürzung aus, die sich bei Piero de' Medici zu größter Sorge steigerte. Der Herzog hatte ihm noch vor wenigen Monaten in einem persönlichen Brief seine alte Freundschaft bestätigt und ihm mit warmen Worten seine Unterstützung in den innenpolitischen Schwierigkeiten zugesagt. Piero verlor durch seinen Tod die wichtigste Stütze und konnte nur hoffen, daß sich die Nachfolge in Mailand ohne Schwierigkeiten vollziehen würde. Francesco Sforza hatte vor sechzehn Jahren das Herzogtum mit den Waffen erobert, nachdem der letzte angestammte Herzog, Filippo Maria Visconti, 1447 ohne männliche Erben gestorben war. Allerdings hatte Sforza durch seine Ehe mit Bianca Maria, der einzigen, doch unehelichen Tochter des verstorbenen Herzogs, einen gewissen Rechtstitel auf das Herzogtum gewonnen, jedoch war die formelle Bestätigung durch den Kaiser, in dessen Namen die Visconti zunächst als Vikare, dann als Herzöge geherrscht hatten, nicht erfolgt. Auch drohte die Gefahr, daß die Venezianer ihre Expansion nach Westen auf Kosten Mailands wiederaufnahmen. In der Tat wurden in Florenz sofort Stimmen laut, die forderten, das von Cosimo durchgesetzte Bündnis zwischen Florenz und Mailand durch die traditionelle Allianz mit Venedig zu ersetzen. Ein Teil von Pieros Befürchtungen wurde zum Glück hinfällig, als am 20. März Francesco Sforzas ältester Sohn, der im Hause Medici wohlbekannte Galeazzo Maria, unter dem Jubel des Volks als Herzog in Mailand einzog. Piero de' Medici informierte seinen Sohn sofort über die neue Lage. Er wies ihn an, Trauerkleidung anzulegen und das Musizieren, Singen und Tanzen sowie ähnlichen Zeitvertreib sein zu lassen. Es galt nun, vor dem Papst und bei den Kardinälen den Standpunkt der Medici zu vertreten, das heißt, dafür zu werben, daß Paul II., der ein Venezianer war, die Interessen seiner Vaterstadt zurückstellte und den Status quo in Mailand anerkannte. Viel scheint Lorenzo nicht erreicht zu haben. Der Papst empfing ihn nur kurz, versprach ihm aber eine längere Audienz bei der Rückreise von Neapel. Die Besuche bei den Kardinälen und Kurialbeamten, die sein Vater ihm aufgetragen hatte, erfüllten jedenfalls den Zweck, ihn in die komplexe Welt des päpstlichen Hofs einzuführen. Vielleicht konnte er während des in Rom verbrachten Monats auch einen Blick auf das Mädchen werfen, das drei Jahre später seine Frau werden sollte. Nachdem er am 6. April auf einem ehrenvollen Platz in Sankt Peter der feierlichen Ostermesse beigewohnt hatte, brach er am Ostermontag nach Neapel auf. Wenige Tage später überschritt er die Grenze des Königreichs.

Aus Neapel schrieb Gentile Becchi am 14. April einen ausführlichen Brief an Piero de' Medici, in dem er detailliert den Verlauf der Reise schilderte. Am 10. April hatte die Reisegesellschaft über die Via Appia Gaeta mit seiner mächtigen Festung hoch über dem Meer erreicht, wo eine große Besatzung und Hunderte von Kanonen zu Land und zur See die Grenze bewachten. Noch vor kurzem hatten sie jenem Johann von Anjou getrotzt, dem der kleine Lorenzo vor zwölf Jahren in Florenz seine Aufwartung gemacht hatte. Lorenzo und seine Begleiter besichtigten die Festung am Tage darauf, freundlich empfangen vom Kastellan, der sie durch die weitläufige Anlage führte. Sie sahen die Zitadelle, den prächtigen Palast, den Alfonso d'Aragona, der Vater

König Ferrantes, gebaut hatte, den Turm – ein zur Burg umgerüstetes antikes Grabmal –, der hoch oben auf dem Felsen die ganze Stadt überragte. Dann ging der Weg weiter zu einer «geistlichen Festung», wie Becchi schrieb, einer Eremitenklause auf dem «gespaltenen Berg» am äußersten Ende der Landzunge, auf der Gaeta lag. Trotz dieser ausgedehnten Wanderung wurde die Reise noch am selben Tag bis nach Sessa fortgesetzt, wo die Gesellschaft in einer unbequemen Herberge die Nacht zubrachte, um schon früh am nächsten Morgen in Richtung Capua aufzubrechen. Auf dem Weg dorthin erreichte sie die Nachricht, daß König Ferrante persönlich dort weilte. Doch als sie nach kurzer Rast, um sich herzurichten, die Stadt erreichten, war der König zur Jagd ausgeritten. Er hatte, wie sie später erfuhren, sogar versucht, sie auf dem Weg zu treffen, um Lorenzo ganz ohne Förmlichkeit willkommen zu heißen. So fand der Empfang beim König erst am folgenden Tag, dem 13. April, statt. Diesmal wurde jedoch ein sehr ausgeklügeltes Zeremoniell gewahrt.

König Ferrante hatte Lorenzo schon abends nach der Rückkehr von der Jagd ausrichten lassen, in seinem Logis im erzbischöflichen Palast zu warten, und hatte ihm am nächsten Morgen – es war ein Sonntag – ein auf der Jagd erlegtes Wildschwein als Gabe geschickt. Doch plagten Lorenzo Zweifel, wie er sich verhalten sollte, da ein Geleit, das der König offenbar schicken wollte, ihm, der keinen diplomatischen Status besaß, eine unangemessene Ehre erschien. So fragte er Antonello Petrucci, den mächtigen Sekretär Ferrantes, um Rat. Dieser sandte zur Antwort zwei Hofbeamte, um ihn zum König zu bringen. Da er sich demütig zeigen wollte, bestand Lorenzo darauf, wenigstens zu Fuß zu gehen. Im Vorzimmer des Königs waren viele Herren und Barone versammelt. Doch kaum war er eingetreten, erschien Ferrante d'Aragona in wohlkalkulierter Gleichzeitigkeit auf der Schwelle zum Saal und befahl, Platz zu machen, um Lorenzo zu begrüßen. Dieser verbeugte sich dreimal tief und wollte sich ihm zu Füßen werfen, um die Knie zu küssen, woran ihn der König jedoch hinderte, indem er ihm huldvoll die Wange zum Kuß bot. Dann nahm Ferrante Lorenzo bei der Hand und führte ihn zum Dom, wo der ganze, wegen Francesco Sforzas Tod schwarzgekleidete Hof die sonntägliche Messe hörte. Danach wurde Lorenzo entlassen. Erst am späten Nachmittag wurde er von zwei Höflingen wieder abgeholt und begab sich – diesmal zu Pferd – nochmals an den Hof, wo König Ferrante ihn zu einem halbstündigen Gespräch ohne Zeugen in seinem Gemach empfing. Hier hatte Lorenzo Gelegenheit, die Grüße seines Vaters auszurichten und dessen Anliegen vorzutragen. Daraufhin wollte ihm der König auch öffentlich seine Huld kundtun, indem er mit ihm Hand in Hand durch die Stadt ritt. Zum Abschluß folgte ein Pferderennen vor den Toren der Stadt. Lorenzo konnte mit dieser ungewöhnlich ehrenvollen Aufnahme zufrieden sein. Am nächsten Tag reiste er in Begleitung des königlichen Sekretärs Antonello Petrucci nach Neapel weiter, während der König Capua in entgegengesetzter Richtung verließ. Noch am Abend nach der Ankunft ließ Petrucci ein großes Festmahl für die Florentiner Gäste in seinem Haus ausrichten, in dem Lorenzo auch logierte. Soweit der am gleichen Abend geschriebene Bericht Becchis. Piero de' Medici las ihn mit solcher Genugtuung, daß er eigenhändig darunter schrieb: «Dreimal habe ich ihn gelesen, zu meiner Freude und meinem Vergnügen.»

Was der König und Lorenzo sich während ihres privaten Gesprächs sagten, wußte auch Becchi nicht genau anzugeben. Aber neben dem Austausch von Höflichkeiten kamen sicher auch die Probleme zur Sprache, die der Tod Francesco Sforzas aufgeworfen hatte. Beide, Piero de' Medici wie der König, hatten in ihm ihren wichtigsten Verbündeten verloren. Angesichts der immer bedrohlicheren inneren Opposition war Piero vor allem daran gelegen, sich der Freundschaft des Königs zu versichern, um die sich bereits auch seine Gegner bemühten. Ferrante wünschte dagegen, daß Florenz dem neuen Herzog in Mailand mit allen Kräften, auch mit Geld, zur Hilfe kam. Der König, der 1458 seinem Vater Alfonso gefolgt war, hatte erst nach einem mehrjährigen Krieg gegen den französischen Thronprätendenten Johann von Anjou und die opponierenden Barone des Königsreichs seine Herrschaft befestigen können, wobei die mailändische Unterstützung entscheidend gewesen war. Des Herzogs Tod hatte ihn deshalb beunruhigt, und er drängte darauf, daß Florenz Galeazzo Maria Sforza so bald wie möglich den gewünschten Kredit von 40.000 Goldgulden auszahlte. Mit diesen Fragen beschäftigte sich natürlich auch die offizielle Diplomatie. Der König nutzte aber zweifellos Lorenzos Besuch, um weiteren Druck auszuüben, wobei er es nicht unterließ, die Medici seiner Freundschaft zu versichern. Piero de' Medici schloß jedenfalls aus der so überaus gnädigen Aufnahme seines Sohns, daß der König seine Partei und nicht die seiner Gegner unterstützen wollte.

Lorenzo blieb nur wenige Tage in Neapel, wo er, wie ihm aufgetragen war, bei vielen Neapolitaner Großen vorsprach und auch der Herzogin von Kalabrien, die vor einem Jahr Gast im Haus Medici gewesen war, einen Besuch abstattete. Am 17. April lud ihn der König zu einem zweiten Treffen in Nola ein, das am 18. stattfand. Am 19. berichtete er aus Capua dem Vater kurz von dieser Begegnung und versprach genauere Berichterstattung bei der Heimkehr. Sodann trat er die Rückreise an, die diesmal nicht, wie ursprünglich geplant, über Rom, sondern über die Abruzzen gehen sollte. Piero de' Medici durfte mit den Ergebnissen der Reise zufrieden sein. Der König bestätigte wenig später seine Gewogenheit dem Haus Medici gegenüber noch einmal schriftlich, als er auf einen Dankesbrief Lorenzos antwortete. Sein Schreiben enthielt Worte, die Piero de' Medici überaus süß in den Ohren klingen mußten: Lorenzo brauche ihm nicht so überschwenglich für die Aufnahme am Hof zu danken, schrieb ihm Ferrante, denn die Liebe zu seinem Vater, zu ihm selbst und seinem Hause hätte einen noch größeren Beweis verdient. Alles, was in seinen Kräften stehe, wolle er für ihn und sein Familie tun.

Der Reise nach Neapel wäre fast noch eine andere Reise gefolgt. Anfang Juni hatte der französische König Ludwig XI., der 1465 den Medici das Privileg erteilt hatte, das königliche Lilienwappen in ihr Wappen mit den Kugeln einzufügen, dem Teilhaber und Angestellten der Medici-Filiale in Lyon, Francesco Nori, seinen Wunsch ausgedrückt, einen der Söhne Pieros persönlich kennenzulernen. Nori riet Piero sehr zu einer Reise Lorenzos an den Königshof, doch hatte die politische Lage in Florenz in der Zwischenzeit eine solch gefährliche Wendung genommen, daß Piero auf die Anwesenheit seines Sohnes in der Stadt nicht verzichten wollte. Lorenzo hatte durch die Reisen eine direkte Kenntnis der neben Florenz vier wichtigsten Staaten Italiens gewonnen, jetzt aber sollte er mit dem Kernproblem florentinischer Politik konfrontiert werden, dem immer wieder aufflammenden Konflikt zwischen den führenden Familien der Stadt.

Als Lorenzo de' Medici Anfang Mai 1466 aus Neapel zurückkam, hatte sich die Lage dramatisch zugespitzt. Das von Cosimo aufgebaute System, durch die Teilung der Macht mit einer Handvoll einflußreicher und ihm ergebener Familien die Vorherrschaft der Medici zu garantieren und dabei zugleich die republikanische Konstitution zu wahren, drohte zusammenzubrechen. Einige der mächtigsten Bürger, die dieses System mitgetragen hatten, schickten sich an, die Loyalität aufzusagen. Nach Cosimos Tod waren sie nicht weiter bereit, seinem Sohn Piero die Führungsrolle zuzuerkennen. So wurde, wie so oft in solcher Lage, der Ruf nach der alten florentinischen Freiheit wieder laut. Schon im September 1465 schrieb Dietisalvi Neroni, der mit Luca Pitti, Angelo Acciaiuoli und Niccolò Soderini die treibende Kraft gegen Piero de' Medici war, an Francesco Sforza: «Die Bürgerschaft wünscht sich mehr Freiheit und eine Regierung auf breiterer Grundlage (*più universale governo*), wie es sich in Städten von Bürgern wie der unseren gehört.» In den zwei letzten Monaten des Jahres 1465, als Niccolò Soderini das Amt des *Gonfaloniere di giustizia* innehatte, wurde deshalb heftig über die Modalität der Wahlen zu den Ämtern diskutiert, die seit längerem nicht mehr nach den alten Regeln durchgeführt wurden. Statt die Namen der Kandidaten, die sich in den nach Ämtern sortierten Wahlbeuteln befanden, auszulosen, wählten die mit der Durchführung der Wahlen beauftragten *Accoppiatori* die Namen nach eigenem Ermessen aus, und zwar aufgrund von Sondervollmachten, die ihnen immer wieder zugestanden worden waren. Man wollte deshalb wieder zum alten Losverfahren zurückkehren. Aber auch damit war das Problem noch nicht an der Wurzel gelöst. Die Namen der Bürger, die berechtigt waren, Ämter zu bekleiden, gingen aus periodisch stattfindenden, stadtweiten Ausleseverfahren (*scrutini*) hervor, die aber seit Cosimos Rückkehr aus dem Exil im Jahre 1434 auch nicht immer unparteiisch verlaufen waren. Um die Chancen der einzelnen und der Familien, Ämter zu erlangen, wieder gerechter zu verteilen, wurde beschlossen, ein neues Ausleseverfahren abzuhalten. In die damit beauftragte, vielköpfige Kommission wurde dank einer Ausnahmeklausel trotz seiner Jugend auch Lorenzo gewählt. Aufgrund dieses neuen *scrutinio* wurde ihm, der dieses Recht schon 1464 erworben hatte, und seinem jüngeren Bruder Giuliano die Wahlfähigkeit zum *Gonfaloniere di giustizia* zuerkannt. Dies bedeutete im Augenblick noch keine konkrete Möglichkeit, da für dieses höchste Amt ein Alter von fünfundvierzig Jahren vorgeschrieben war. Doch seitdem befanden sich die Namen der beiden jungen Medici im entsprechenden Wahlbeutel, und es war möglich, daß sie bei den Wahlen «gezogen» wurden, was schon allein als große Ehre galt.

Nach diesen innenpolitischen Vorgängen glätteten sich die Wogen wieder etwas. Doch der Tod Francesco Sforzas im März 1466 brach die Fronten wieder auf. Der Konflikt entzündete sich am versprochenen Kredit für Mailand, den Pieros Gegner zu hintertreiben suchten. Im Mai schworen vierhundert Bürger, unter ihnen die schon genannten Gegner Pieros und selbst sein Vetter Pierfrancesco, einen Eid, sich für die Bewahrung der republikanischen Verfassung einsetzen zu wollen. Im Sommer war es dann schon so weit, daß beide Parteien sich nach militärischer Hilfe umsahen. Piero erhoffte sich Hilfe von den bei Bologna stationierten Truppen des Herzogs von Mailand, seine Gegner vertrauten auf die Unterstützung des Herzogs von Ferrara Borso d' Este, der gerne Florenz wieder auf der Seite von Venedig gesehen hätte. In dieser explosiven Lage kam auch Lorenzo eine wichtige Rolle zu.

Beide Parteien warteten in ängstlicher Spannung darauf, welche Regierung für die nächsten zwei Monate die Auslosung am 28. August bringen würde, denn es war entscheidend, ob die neun Männer, die die Signoria bildeten, auf seiten Pieros oder seiner Gegner standen. Piero wollte sich indessen nicht überraschen lassen, sondern gerüstet sein, falls die Wahl für ihn ungünstig ausfallen sollte, zumal sein Schwager Tommaso Soderini und der mailändische Gesandte Tranchedini ihn schon seit längerem drängten, die Situation energisch in die Hand zu nehmen. Die Vorbereitungen wurden auf ingeniöse Weise getarnt. Die Familie Serristori, Freunde der Medici, die im Arnotal Güter und Anhänger hatten, veranstaltete für Lorenzo einen großen Fischfang auf dem Fluß, zu dem zahlreiche Bauern aus der Umgebung herbeigerufen wurden. Diese schworen den Medici Treue und boten Lorenzo an, in Waffen nach Florenz zu kommen, falls die Lage es erfordern sollte. Auch die Bauern der Medici-Güter im Mugello wurden in Alarmbereitschaft versetzt und verschiedene Adlige vom Land um Waffenhilfe angegangen. Am Tag vor der Wahl, dem 27. August, geschahen wiederum sehr merkwürdige Dinge. Der gichtkranke Piero ließ sich morgens auf einer Tragbahre nach seiner Villa in Careggi bringen, kam aber schon am selben Abend mit großem bewaffneten Gefolge wieder nach Florenz zurück und behauptete, seine Gegner hätten einen Anschlag gegen ihn geplant; auf dem Weg von Careggi nach Florenz hätten von Dietisalvi Neroni angeheuerte Kriegsleute auf ihn gelauert, um ihn zu töten. Für diese Behauptung fehlt indes ein schlagender Beweis; Pieros Anschuldigungen wurden sogar von einem aufmerksamen zeitgenössischen Beobachter wie dem Florentiner Kaufmann Marco Parenti ausdrücklich als falsch bezeichnet. Das Attentat, von dem spätere Chronisten, doch keine Zeitgenossen berichten, gab Niccolò Valori Gelegenheit, seinem Helden dabei die Rolle des Lebensretters zuzuschreiben. Lorenzo habe die Träger der Bahre mit seinem Vater angewiesen, einen anderen als den gewohnten Weg zurück in die Stadt zu nehmen. Er selbst sei indessen den üblichen Weg entlanggeritten, um den bei der Kirche Sant'Antonio lagernden Bewaffneten zu sagen, sein Vater folge ihm gleich nach. Mit diesem Täuschungsmanöver habe er den Anschlag verhindert. Möglicherweise suchte Piero aber nur nach einem plausiblen Vorwand, um Bewaffnete in die Stadt zu schleusen, und erfand aus diesem Grund die ganze Geschichte oder bauschte sie doch auf. Lorenzos Rolle in dieser Episode bleibt unbestimmt, auf jeden Fall stand er in den folgenden turbulenten Tagen seinem kranken Vater tatkräftig zur Seite. Doch sagte er einmal später, als sein eigenes Leben in Gefahr war und er von allen Freunden aufgefordert wurde, vorsichtig zu sein, er habe in seinem Leben bisher einen einzigen Hinterhalt erlebt, und zwar zur Zeit Soderinis, doch sei er damals mit dem Leben davongekommen.

Die Regierung, die am 28. August ausgelost wurde, bestand aus Anhängern der Medici, aber die Tage bis zu ihrer Einführung ins Amt am 1. September verliefen im Tumult. Beide Parteien rüsteten zum Kampf, bewaffnete Bauern und Männer aus dem Umland von Florenz rückten vor die Tore der Stadt, während Truppen der Herzöge von Mailand und Ferrara sich anschickten, die Grenzen des Florentiner Gebiets zu überschreiten. Die Medici verschanzten sich in ihrem Palast, der voller Bewaffneter war und den Piero in den nächsten Tagen unter dem Vorwand der Krankheit nicht mehr verließ. Als er zusammen mit Luca Pitti von der noch amtierenden alten Regierung, der er nicht traute, in den Palazzo della Signoria zu einem Aussöhnungsversuch geladen wurde, schickte er Lorenzo dorthin. Tags darauf, es war der 29. August, begann er geheime Verhandlungen mit Pitti, um ihn auf seine Seite zu ziehen. Die Nachricht von Truppenbewegungen an der Grenze löste Unruhen in der Stadt aus. Piero ließ deshalb von seinen Leuten die nahe Porta San Gallo besetzen, um noch mehr Bewaffnete einlassen zu können und sich notfalls einen Fluchtweg offenzuhalten. Mit Geld, das er sich von seinem reichen Vetter Pierfrancesco lieh, ließ er Brot aufkaufen und erwarb Waffen. Am 1. September entschloß sich Luca Pitti, auf seine Seite überzutreten, wodurch seine Gegner endgültig in Nachteil gerieten. Unter den Forderungen, die Pitti Piero für seinen Parteiwechsel gestellt hatte, befand sich auch die nach einer Eheverbindung zwischen den beiden Familien, bei der Pitti wohl eine Heirat seiner Tochter Francesca mit Lorenzo im Sinn hatte. Piero stimmte dem zu, drückte sich aber in bezug auf den Bräutigam etwas vage aus. Als er nach ein paar Tagen das Heft wieder fest in der Hand hatte, mußte Pitti feststellen, daß Piero ihn an der Nase herumgeführt hatte. Nicht sein Sohn, sondern sein Schwager Giovanni Tornabuoni sollte Pittis Schwiegersohn werden. Für Lorenzo hatte er Höheres im Sinn.

Als am 1. September die neue Regierung ins Amt eingeführt wurde, fühlte sich Piero sicherer, doch einer Aufforderung, zu Beratungen in den Regierungspalast zu kommen, folgte er auch diesmal nicht. Dafür hielt er Versammlungen im eigenen Hause ab. Am 2. September machte Pitti, zweifellos im Einverständnis mit Piero, den folgenschweren Vorschlag, ein Parlament einzuberufen, um die Ruhe in der

Stadt wiederherzustellen. Das Parlament war die Versammlung aller Florentiner Bürger und wurde nur in besonders kritischen Situationen versammelt, um außergewöhnliche Maßnahmen durchzusetzen. Es trat noch am selben Tag auf dem Platz vor dem Palazzo della Signoria zusammen, den Piero von bewaffnetem Fußvolk – man zählte dreitausend Männer – zum Schutz hatte umstellen lassen. An ihrer Spitze sah man den siebzehnjährigen Lorenzo zu Pferd und in voller Rüstung, der mit dem Ruf «Es lebe das Volk» den politischen Standort der Medici anzeigte. Die Versammlung gab widerstandslos ihre Zustimmung zum Vorschlag, den ihr die Regierung unterbreitete. Zur Wiederherstellung des Friedens unter den Bürgern sollte eine *Balìa*, nämlich eine Regierungskommission mit Sondervollmachten, eingesetzt werden, deren Beschlüsse nicht von den zuständigen Räten bestätigt werden mußten und nur von einem Parlament wieder aufgehoben werden konnten. Diese *Balìa*, ein vielköpfiges Gremium, dem auch der junge Lorenzo aufgrund seiner Wahlfähigkeit zum *Gonfaloniere* angehörte, ergriff schon in den nächsten Tagen Maßnahmen, die in Kürze zur Wiederherstellung von Pieros Vorherrschaft und zur Verbannung seiner Gegner führten. Der alte Angelo Acciaiuoli und seine Söhne, Dietisalvi Neroni und seine Brüder sowie Niccolò Soderini und sein Sohn wurden für die Dauer von zwanzig Jahren aus der Stadt verbannt und mußten ihren Wohnsitz in fernen Gegenden nehmen – Acciaiuoli in Barletta, Neroni in der Provence, Soderini in Sizilien. Vorgeworfen wurde ihnen ein Anschlag gegen die republikanische Freiheit. Von einem Mordanschlag gegen Piero de' Medici war in den Urteilen indessen nicht die Rede. Wieder einmal wurden die inneren Gegensätze nicht durch einen politischen Ausgleich, sondern die Vertreibung der unterlegenen Partei gelöst, mit den üblichen Konsequenzen, die sich bald zeigen sollten. Die vier Monate lang amtierende *Balìa* verlieh Lorenzo de' Medici am 4. Dezember das Privileg, seinen Vater bei dessen Verhinderung jederzeit im wichtigen *Consiglio del Cento* vertreten zu dürfen, obwohl für die Mitgliedschaft in diesem Rat ein Alter von fünfunddreißig Jahren vorgeschrieben war. Der «Rat der Hundert» war erst vor acht Jahren zur Stärkung der Macht der Medici geschaffen worden, hatte wichtige gesetzgeberische Befugnisse und stellte schon durch seine Zusammensetzung ein williges Instrument der mediceischen Interessen dar.

Piero de' Medici war als Sieger aus der Zerreißprobe hervorgegangen, sein Sohn Lorenzo hatte in der kritischen Lage Mut und Entschlossenheit gezeigt und dabei Gelegenheit gehabt, in das innerste Getriebe der florentinischen Politik zu schauen. Der Konflikt hatte ihm Erfahrungen gebracht, die für sein Alter nicht selbstverständlich waren. Auch König Ferrante von Neapel gratulierte ihm persönlich aufs allerherzlichste zum politischen Geschick und dem männlichen Mut, den er in jenen unsicheren Tagen bewiesen habe, und schrieb wörtlich: «Wir beglückwünschen den edlen Piero zu einem so würdigen Sohn, das Florentiner Volk, das einen solch trefflichen Verteidiger seiner Freiheit besitzt, und nicht zuletzt uns selbst, der wir einen solchen Freund haben.» Die Anerkennung, die Lorenzo sich beim König erworben hatte, war Jahre später die letzte Karte, die er in der schwierigsten Situation seines Lebens ausspielen konnte.

Die zwei folgenden Jahre brachten viel Unruhe für Florenz. Die innere Gefahr war zwar gebannt, aber dafür regte sich die äußere, denn die verbannten Gegner der Medici weigerten sich, an die ihnen durch das Urteil bestimmten Orte überzusiedeln, und suchten unter Ausnutzung der schwelenden Konflikte unter den italienischen Mächten nach Unterstützung, um mit Waffengewalt in die Heimat zurückzukehren und die Medici aus Florenz zu vertreiben. Soderini und Neroni wandten sich an den großen Condottiere Bartolomeo Colleoni, um ihn zu einem Feldzug gegen Florenz mit der Zustimmung von Venedig zu bewegen; Angelo Acciaiuoli begab sich dagegen nach Neapel, um König Ferrante für sich zu gewinnen, denn seine Familie hatte seit langer Zeit bedeutende Handelsniederlassungen im Königreich und erfreute sich dort großen Ansehens. Als dies nicht gelang, ging er nach Rom, um den venezianischen Papst Paul II. und die Kardinäle von seiner Sache zu überzeugen. Das Resultat dieser Machenschaften war ein zäher Kleinkrieg, in dem Florenz und seine Verbündeten gegen Bartolomeo Colleoni und Venedig, das sich allerdings bedeckt hielt, Federico da Montefeltro als Generalkapitän ins Feld schickte. Dieser konnte Colleoni am Vorstoß gegen Florenz hindern und ihm im Juli 1467 in der Romagna nach einer Schlacht zum Rückzug zwingen. Herzog Galeazzo Maria Sforza von Mailand, der ebenfalls mit Truppen herbeigeeilt war, verpaßte das Treffen, weil er in diesen Tagen einen Abstecher nach Florenz gemacht hatte, wo er wieder im Palast an der Via larga Wohnung nahm. Lorenzo, der diesen Besuch unter den Denkwürdigkeiten seines Lebens verzeichnete, erhielt auf diese Weise wiederum Gelegenheit, dem Herzog persönlich zu begegnen. Mit einem gewissen Stolz merkte er an, daß der Herzog das Haus der Medici dem Quartier im Dominikanerkloster S. Maria Novella, wo die hohen Gäste der Stadt gewöhnlich beherbergt wurden, vorgezogen habe.

Der Krieg berührte also Florenz nur am Rande, doch machten einzelne Über- und Einfälle das Gebiet so unsicher, daß Piero de' Medici sich Sorgen um seine Söhne machte, die es liebten, auf dem Land herumzustreifen. Selbst in Bagno a Morba lauerte Gefahr. Lorenzos Mutter und sein Bruder Giuliano mußten bei einem Besuch dort in die schützenden Mauern von Volterra flüchten; Lorenzo wurde wegen seiner Sorglosigkeit gerügt und angewiesen, in Florenz zu bleiben. Selbst nach dem Friedensschluß im Mai 1468 gingen die Scharmützel weiter. Als im September dieses Jahres die Burg Castiglionchio überfallen wurde, mahnte Piero de' Medici seine Söhne, die im nahen Cafaggiolo wie üblich den Sommer verbrachten, vorsichtig zu sein, keine Fremden einzulassen und nachts alle Tore und Türen zu versperren. Trotz allem gelang es keinem der Verbannten, nach Florenz zurückzukehren. Zu Rebellen erklärt, was die Konfiskation ihres Vermögens zur Folge hatte, verbrachten sie alle den Rest ihres Lebens in der Fremde.

Lorenzo benutzte in diesem Krieg als Waffe nur das Wort, indem er ein Streitsonett gegen Bartolomeo Colleoni schrieb. Paradoxerweise schenkte ihm der Krieg noch einmal einen kurzen Aufschub, bevor die Ereignisse ihm früh das Leben eines Erwachsenen aufzwangen. Es waren Jahre, in denen er verhältnismäßig unbeschwert seinen Vergnügungen und Liebhabereien nachgehen konnte.

IV. EINE FRÖHLICHE GESELLSCHAFT

Antonio del Pollaiuolo, «Apollo und Daphne». Dem antiken Mythos zufolge verwandelte sich die Nymphe Daphne in einen Lorbeerbaum, um sich dem Liebeswerben des Gottes Apollo zu entziehen. Die Szene ist hier in eine toskanische Flußlandschaft verlegt (London, National Gallery)

Seit mehreren Jahren schon verkehrte ein amüsanter Mann von kümmerlicher Gestalt, aber gewaltigem Wortwitz im Hause Medici: der glücklose Kaufmann und Poet Luigi Pulci. Wie so viele andere suchte auch er Schutz und Auskommen im Schatten des mächtigen Bank- und Handelshauses. Pulci stammte aus alter florentinischer Familie, deren wirtschaftliche Lage jedoch schon lange sehr prekär war. Der Turm beim Palazzo della Signoria und die Häuser in der Stadt, die den Pulci einst gehört hatten, waren längst in andere Hände übergegangen. Luigis Vater Jacopo steckte so tief in Schulden, daß er 1450 nicht einmal ein Amt, für das er ausgelost worden war, antreten konnte. Als er 1451 starb, hinterließ er seinen Söhnen Luca, Luigi und Bernardo außer Schulden nur einen winzigen Rest des einstigen Landbesitzes, der den Pfändungen entgangen war. 1458 gab Luigi Pulci folgende trostlose Steuererklärung ab: «Wir haben in Florenz weder Haus oder Hausrat noch Geld auf der Bank, keine Läden oder andere Habe, auch nichts zu fordern, wohl aber zu geben.»

Der «Palagio», das brüchige Landhaus in Cavallina mit ein wenig Land, das den Brüdern als mütterliches Erbe noch geblieben war, lag im Mugello, nicht weit vom Gut Cafaggiolo entfernt, auf dem Lorenzo de' Medici und seine Familie so häufig weilten. Luigi Pulci legte den kurzen Weg dorthin gerne und oft zurück. Indessen hielt die wirtschaftliche Misere die drei Brüder nicht von ihrem beliebtesten Zeitvertreib, dem Verseschmieden, ab. Luca, der älteste, widmete dem jungen Lorenzo schon kurz nach dem Tod Cosimos ein etwas wirres Poem in Oktaven über die mythischen Ursprünge des Mugello mit dem Titel *Driadeo d'amore*, in dem er nach der Manier Boccaccios die ländliche Gegend in ein von Nymphen, Satyrn und Schäfern bevölkertes Arkadien verwandelte. Bernardo verfaßte Gedichte und geistliche Dramen, während Luigi, der begabteste und geistreichste der drei Brüder, in vielen literarischen Gattungen zu Hause war. Er schrieb Sonette, Kanzonen und Tanzlieder, eine Novelle und zwei Versdichtungen. Berühmt wurde er vor allem durch sein komisches Ritterepos ‹Morgante›, das aus dem Stoff der Rolandssage gewoben war. Angeregt zu diesem Werk hatte ihn Lorenzos Mutter Lucrezia Tornabuoni, die den stets zu Scherzen aufgelegten mittellosen Poeten unter ihre Fittiche nahm. Pulci revanchierte sich für die Protektion, indem er die Dichtkunst im Hause Medici heimisch machte. Lucrezia Tornabuoni goß, sicherlich mit seiner Hilfe, die biblischen Geschichten von Judith, Susanne, Esther, Tobias und Johannes dem Täufer in Terzinen und schrieb auch eine Reihe frommer Gedichte, die bei passender Gelegenheit im häuslichen Kreis vorgetragen wurden. Kurzum, Luigi Pulci ging im Haus an der Via larga ein und aus und nahm herzlichen Anteil an allen familiären Ereignissen. Als im März 1471 Lorenzos junge Frau Clarice Orsini bei einer Frühgeburt Zwillinge zur Welt brachte, die nicht überlebten, spendete er ihr den selbstironischen Trost, es wären im besten Fall doch nur zwei Pulcis herausgekommen, während man von ihr robustere Kinder – Cosimos, Pieros, Giulianos, um nicht zu sagen: Lorenzos – erwarte und nicht die sieben Krebse den Bund, wie man sie in San Miniato feilbiete. Sein Konkurrent um die Gunst des Hauses, der Geistliche und Poet Matteo Franco, mit dem Pulci Sonette wechselte, die von gegenseitigen Beschimpfungen nur so strotzten, machte Lorenzo gegenüber seinem Unwillen über die Allgegenwart des quirligen Dichters mit den giftigen Worten Luft: «Gigi ist aufdringlich, Gigi ist lästig, Gigi ist ein Lästermaul, Gigi ist arrogant, närrisch und ein Skandalstifter, Gigi hat nach Eurem Dafürhalten tausend schlechte Eigenschaften – nichtsdestotrotz kann man in Eurem Haus ohne Gigi nicht atmen, Gigi ist das Gekröse Eurer *palle* ...»», wobei er dem Wort für das Wappenzeichen der Medici den obszönen Sinn von «Eiern» unterlegte. Matteo Franco ging aus diesem Wettstreit als Sieger hervor. Der «Herzensliebling» und «kleine Kumpan», wie Pulci den jungen Lorenzo einst zärtlich nannte, hatte in der Zwischenzeit die Führung des Hauses Medici übernommen und pflegte nun ganz anderen literarischen und intellektuellen Umgang.

Als er Anfang der sechziger Jahre ins Haus gekommen war, hatte Pulci auch den kaum dem Knabenalter entwachsenen Lorenzo in die Dichtkunst eingeführt. Unter seiner Anleitung schrieb der junge Medici ganz in Pulcis populär witzigem Stil seine ersten satirischen Versdichtungen und Gedichte in der toskanischen Vulgärsprache. Auf dieses Verdienst, das einzige, das er ins Feld führen konnte, berief sich Pulci oft, wenn er in seinen Briefen wortreich, bitter und witzig um Lorenzos Unterstützung bettelte, da seine wirtschaftliche Situation immer unhaltbarer auf den Ruin zusteuerte. Als er 1466, wegen Schulden aus der Stadt verbannt, Lorenzo in einem Brief aus dem Mugello zu bewegen suchte, ihn mit auf die Reise nach Rom zu nehmen, drohte er ihm mit den Worten: «Wenn du das nicht tust, nie mehr Verse, nie mehr Geplauder, nie mehr werden wir Kumpane sein», und in einem anderen Brief heißt es: «Ich schicke Dir eine Menge Verse, damit Du Dich an mich erinnerst.»

Mit seinem Witz, seiner überbordenden sprachlichen Phantasie und seiner sarkastischen, zur Blasphemie neigenden Skepsis gegenüber allen höheren Wahrheiten, auch jenen der Religion, prägte Pulci den Sprach- und Lebensstil von Lorenzos *Brigata*, jener fröhlichen Gesellschaft von Freunden, mit der sich der junge Medici umgab. Solche losen Vereinigungen von jungen Leuten hatten in Florenz Tradition. Sie pflegten zum Beispiel während des Karnevals oder auch bei Besuchen hoher auswärtiger Gäste private und öffentliche Feste und Vergnügungen auszurichten. So hatte, wie schon erwähnt, 1459 der erst zehnjährige Lorenzo beim Besuch von Galeazzo Maria Sforza als «Herr» eine solche *Brigata* angeführt. Die Sprößlinge reicher Familien vergnügten sich natürlich auch auf andere Weise, was nicht selten zu Auswüchsen führte. In seinen *Istorie Fiorentine* tadelt Machiavelli das Gebaren solcher Gruppen heftig, wobei er nicht von ungefähr auf die Zeit verwies, von der hier die Rede ist. Die jungen Männer, schrieb er rückblickend, hätten damals in Florenz ihr Geld für Kleidung, Feste und ähnlichen Zierat zum Fenster hinausgeworfen und mit Spiel und

Frauen ihre Zeit und ihr Vermögen verschwendet; dabei sei es ihre höchste Ambition gewesen, sich prächtig zu kleiden und gewandt und witzig zu reden, «und wer die anderen am geschicktesten stichelte, der galt als der Gescheiteste und war der Angesehenste». Die Worte scheinen geradezu auf Lorenzos *Brigata* gemünzt. Von deren Festen und Spielen ist manches Zeugnis überliefert. Lorenzo legte zum Beispiel großen Wert auf elegante, kostbare Kleidung. So konnte er es kaum erwarten, aus Mailand das ihm von Herzog Francesco Sforza versprochene Wams zu erhalten, und als das prächtige Kleidungsstück mit dem herzoglichen Emblem, dem Hund unter der Pinie, gerade noch rechtzeitig zur im Juni 1466 gefeierten Hochzeit seiner Schwester Lucrezia mit Bernardo Rucellai ankam, überschlug er sich geradezu vor Freude. Wenn er zehn Zungen, alles Papier von Fabriano und sämtliche Federn der Welt hätte, schrieb er in seinem Dankesbrief, könnte er höchstens ein Hunderttausendstel von dem Dank abtragen, den er schulde. Auch der Umgangston in Lorenzos Kreis war offenbar von der Art, wie sie Machiavelli beschrieb. Die Briefe Pulcis und der Freunde sind voll von komischen Beschreibungen, Wortspielen und mehr oder weniger gutmütigen Sticheleien. Das abschätzige Urteil Machiavellis, viele Jahre später zu Papier gebracht, wurde von Niccolò Valori nicht geteilt, der im Gegenteil Lorenzos *gioioso parlare*, seine schlagfertige, witzige Art, sich auszudrücken, zu seinen lobenswerten Eigenschaften zählt.

Zu Lorenzos engerem Freundeskreis gehörten die Söhne einiger befreundeter Kaufmannsfamilien aus der Nachbarschaft: Braccio Martelli, Gismondo Della Stufa, Dionigi Pucci, Giovanfrancesco Venturi, die alle etwas älter als er selbst waren. Zu diesen gesellten sich die Schwäger Guglielmo Pazzi und Bernardo Rucellai. In der herrlichen Villa, die Bernardos Vater Giovanni am Arnoufer bei Quaracchi hatte errichten lassen, versammelten sich die Freunde gerne und oft, um sich mit Fischfang und Bootsfahrten, Ball- und Kartenspiel, Singen und Tanzen die Zeit zu vertreiben. Auch Ausflüge und Jagdpartien wurden unternommen, wie etwa im Juli 1464, als Braccio Martelli und Gismondo Della Stufa ihren jungen Freund nach Pistoia, Lucca und Pisa begleiteten. Viele dieser Jugendfreunde blieben Lorenzo auch in späteren Jahren treu, bekleideten wichtige Ämter und unterstützten seine Politik. Auch Luigi Pulci nahm, wenn er nur konnte, an dem fröhlichen Treiben teil. Vor allem aber begleitete er die mehr oder weniger unschuldigen Lustbarkeiten des Kreises mit seinen poetischen Erzeugnissen, wie es auch andere dem Haus Medici verpflichtete Literaten taten. Durch diese glückliche Verbindung von Spiel und Dichtung erhielt die *Brigata* der Freunde Lorenzos ihren besonderen Reiz und Charakter.

Lorenzo de' Medici hat selbst in einer kleinen Versdichtung mit dem Titel ‹Die Rebhuhnjagd› (*Uccellagione di starne*) den Freunden seiner Jugendzeit einige Jahre später ein spöttisch-komisches Denkmal gesetzt. Protagonisten des Poems sind Guglielmo Pazzi, Dionigi Pucci und Giovanfrancesco Venturi, die sich zur Jagd verabredet haben. Mit ihren Sperbern und Hunden verlassen sie frühmorgens, begleitet von einem Troß von Dienern, Freunden und Neugierigen, die Stadt. Unter den Zuschauern befinden sich der Autor selbst mit ein paar anderen Freunden. Nicht mit von der Partie sind dagegen Gismondo Della Stufa und Luigi Pulci, ein Faulpelz der erste, während Pulci fernblieb, weil er «den Kopf voller Phantasie» hatte und an einem Sonett werkelte. Nach vielen komischen und für die Jäger wenig schmeichelhaften Zwischenfällen oft zweideutiger Art endet die Jagd des Abends mit einem gemeinsamen Gelage. Das kleine Werk parodiert ein traditionelles literarisches Genre, und es handelte sich dabei schwerlich um eine realistische Beschreibung. Es war vielmehr ein literarischer Scherz voller Anspielungen und Anzüglichkeiten, der für ebenjene Freunde bestimmt war, die darin auftreten. Wahrscheinlich aber spiegelt es recht gut die Atmosphäre wider, die in dieser jugendlichen Gesellschaft herrschte.

Die lockere Stimmung und der schlagfertig spöttische Ton im Verkehr unter den Freunden klingen auch in Angelo Polizianos *Detti piacevoli* nach, einer Sammlung von mehr als vierhundert Anekdoten, witzigen Aussprüchen, Redewendungen und typischen Ausdrücken der toskanischen Vulgärsprache, die der dem mediceischen Haus eng verbundene Humanist und Dichter in späteren, weniger unbeschwerten Jahren zusammenstellte. Die schnell- und spitzzüngigen Protagonisten dieser Geschichtchen sind oft Zeitgenossen, viele von ihnen Hauptakteure auf der politischen Bühne von Florenz. Wir begegnen Cosimo ebenso wie seinem Enkel Lorenzo und anderen Mitgliedern der Familie Medici. Auch die Freunde der *Brigata* kommen zu Wort. Von Pulci werden gleich fünf witzige Geschichten überliefert. So soll er sich zum Beispiel geweigert haben, vor einer Wand Platz zu nehmen, und zwar mit der Begründung, daß er fürchte, als säumiger Schuldner dort klebenzubleiben – keine unberechtigte Sorge bei seiner wirtschaftlichen Lage, denn in Florenz wurden die Zahlungsunfähigen und Bankrotteure zur Abschreckung auf die Fassade des Podestà-Palastes gemalt. In einer anderen Anekdote erklärt Giovanfrancesco Venturi, er habe noch nie nach einer Frau ein Verlangen verspürt, das Lorenzo sich nicht sogleich erfüllt habe. Das Wort fiel, so heißt es, bei einem Gespräch über die «Damen». In der Tat beschäftigte man sich im Freundeskreis ausgesprochen eifrig mit dergleichen Angelegenheiten.

Von Luigi Pulci ist ein merkwürdiger Brief an Lorenzo überliefert. Er ist in einer Geheimsprache abgefaßt und deshalb ohne Schlüssel unverständlich. Der Gebrauch eines Codes läßt vermuten, daß Dinge mitgeteilt werden sollten, die nicht für jedermanns Ohren bestimmt waren. Bei der Art der Beziehung zwischen Briefeschreiber und Adressat dürfte es sich kaum um politische Geheimnisse gehandelt haben. In Florenz hatte der Gebrauch einer solchen Geheimsprache, «*gergo*» genannt, Tradition. Der *gergo* wurde nicht nur beim mündlichen Verkehr benutzt, sondern war auch in der florentinischen Literatur des 15. Jahrhunderts ein beliebtes Stilmittel; er diente vor allem dazu, Obszönes zu vehikulieren. Zum Glück hat sich eine Liste mit geheimsprachlichen Ausdrücken zusammen mit der zugehörigen Übersetzung von Pulcis eigener Hand erhalten, so daß der Brief «übersetzt» werden kann. Pulci lud Lorenzo darin ein, aus dem Mugello, wo er sich zur Sommerfrische befand, nach Florenz zurückzukommen, da sich in einem Hause eine Gesellschaft von «Fischen» einquartiert habe, so daß bei Bereitstellung des nötigen Geldes der Spaß garantiert sei. Das Wort «Fisch» wird auf Pulcis Liste mit «Mädchen» übersetzt. Bei den «Fischen» handelte es sich also offenbar um gefällige Damen, die, wie Pulci schrieb, von einigen Herren in die Stadt geholt worden waren.

Da Pulcis Brief kein Datum enthält, läßt sich nicht entscheiden, ob er mit einem anderen Schreiben zusammenhängt, das Gentile Becchi, Lorenzos Pädagoge, im September 1467 besorgt an seinen Zögling richtete. Dieser befand sich damals in den Bädern von Morba, wo seine Mutter sich von den Strapazen ihrer Romreise erholte, und Becchi forderte Lorenzo auch im Namen der gemeinsamen Freunde auf, den Ort, der für ihn gefährlich sei (es war die Zeit des Krieges mit den Exilierten), bald wieder zu verlassen. Jedoch solle er nach seiner Rückkehr nach Florenz sein Verhalten gründlich bessern, auch *in re venerea*. Becchis Ermahnungen, die wohl vor allem darauf zielten, daß Lorenzo wenigstens öffentlich keinen Anstoß gab, scheinen nicht viel gefruchtet zu haben. Noch 1471 wurde in römischen Kreisen «von Herren und Monsignoren» sein Betragen stark gerügt. Es wurde ihm vorgeworfen, daß er sich nachts mit Frauen herumtreibe und andere Leichtfertigkeiten begehe, so daß sich schäme, wer am Tag darauf mit ihm zu tun habe. Lorenzo fand Verteidiger, die entgegenhielten, solches sei, wenn überhaupt, nur vor seiner Hochzeit vorgekommen. Die Römer blieben trotzdem skeptisch. Tatsache ist, daß sowohl Niccolò Machiavelli als auch Francesco Guicciardini Lorenzo großen sexuellen Appetit zuschreiben. Er sei sein Leben lang «wollüstig und ganz der Venus hörig» gewesen, behauptet Guicciardini, der nur den Namen seiner letzten Geliebten zu nennen weiß. Doch waren dies Affären, die relativ geheim blieben, denn sie haben kaum Spuren in der Überlieferung hinterlassen. Die Freunde der *Brigata* nahmen, wie Pulcis Brief und die Giovanfrancesco Venturi in Polizianos Anekdote zugeschriebenen Worte zeigen, an diesen sexuellen Abenteuern lebhaft Anteil, wie sie auch eine Liebesaffäre ganz anderer Art mit gespanntem Interesse verfolgten.

Lorenzo war noch keine sechzehn Jahre alt, als er sich heftig in eine junge Patrizierin verliebte, die als eines der schönsten Mädchen von Florenz galt. Sie hieß Lucrezia Donati und entstammte einer alten vornehmen Familie, deren wirtschaftliche Lage und politische Stellung in der Stadt allerdings seit langem im Niedergang begriffen waren. Lucrezia war zwar schon vergeben, was aber für Lorenzos Werbungen kein Hindernis darstellte. Eine Heirat mit ihr stand auch gar nicht zur

Diskussion. Die Ehe hatte im Verständnis der Zeit mit Liebe und Verliebtheit ohnehin nichts zu tun, sie war dazu da, um den für den Fortbestand der Familie nötigen Nachwuchs zu garantieren. Angesichts der geltenden Moralgesetze konnte sich Lorenzo allerdings wenig Hoffnung machen, das schöne junge Mädchen, das fast gleichaltrig mit ihm war, sexuell zu besitzen. Er gab sich diesbezüglich wohl auch keinen Illusionen hin, denn seine deklarierte Leidenschaft für Lucrezia Donati gehörte zu einer anderen Art von Liebe. Sie war, wenigstens ihrem Anspruch nach, keusch und folgte dem Muster der idealisierten höfischen Liebe, wie sie, vermittelt durch die Dichtung, seit dem 13. Jahrhundert auch in der bürgerlich kaufmännischen Lebenswelt Italiens heimisch geworden war. Kaufmannssöhne schlüpften in das Gewand von adligen Troubadours und Minnesängern, um ein Gesellschaftsspiel zu inszenieren, bei dem die Poesie eines der wichtigsten Ingredienzien war. Historisch ist über die Affäre, die viel Anlaß zu Gerede gab, folgendes verbürgt.

Lucrezia Donati war die jüngste Tochter von Manno Donati und dessen zweiter Frau Caterina Bardi. Sie hatte mehrere Stiefgeschwister aus der ersten Ehe ihres Vaters und eine etwas ältere Schwester, Costanza, die mit Alfonso Pitti verheiratet war. Bis 1458 hatte Manno Donati seiner letzten Tochter noch keine Mitgift aussetzen können, was deren Heiratschancen drastisch minderte, denn in Florenz war ohne Mitgift keine Tochter unter die Haube zu bringen. Es gelang ihm schließlich doch, einen Ehemann für Lucrezia zu finden. Niccolò Ardinghelli, ein in der Verbannung lebender Kaufmann, erklärte sich bereit, Lucrezia zur Frau zu nehmen. Das Geschäft war auch für ihn nicht so nachteilig, wie es den Anschein haben konnte. Als politisch Verfemter hatte Ardinghelli Mühe, eine Frau in seiner Heimatstadt zu finden, da die Familien ihre Töchter nicht gerne nach auswärts verheirateten, schon gar nicht mit einem Exilierten. Doch machten sie zuweilen eine Ausnahme, wenn es an der Mitgift haperte. Im Herbst 1462 wurde der Heiratsvertrag zwischen Manno Donati und Niccolò Ardinghelli unterzeichnet. Giovanfrancesco Strozzi, ein Cousin der Mutter Ardinghellis, der ebenfalls im Exil lebte, setzte Lucrezia sogar eine kleine Mitgift aus; diese wurde jedoch offenbar nicht ausgezahlt, da Strozzi im Winter 1464 Bankrott machte. Niccolò Ardinghelli hatte es nicht eilig mit der Hochzeit, wohl auch, weil Lucrezia noch zu jung zur Ehe war. Kurz nach Abschluß des Vertrags verließ er Italien, um in der Levante seinen Geschäften nachzugehen. Die versprochene Braut wartete in Florenz auf ihn, wo sie oft monatelang ohne Nachrichten von ihm blieb. Erst Anfang 1465 kehrte Niccolò Ardinghelli nach Italien zurück und bemühte sich um eine Aufenthaltserlaubnis, um die Braut heimzuführen. Alessandra Macinghi Strozzi, die kluge Beobachterin der florentinischen Szene, die mit Caterina Strozzi, der Mutter Ardinghellis, verwandt war, verfolgte die Angelegenheit mit großem Interesse und unterrichtete ihre ebenfalls exilierten Söhne über den Verlauf und die Hintergründe dieses Ehegeschäfts, denn es berührte auch die eigenen Interessen. Am 29. März 1465 schrieb sie ihrem Sohn Filippo, der sich in Neapel niedergelassen hatte, daß sich auch Lorenzo de' Medici bei seinem Vater für Niccolò Ardinghelli verwandt habe, weil er Lucrezia, die seine «Dame» sei, zu Diensten sein wollte, «auf daß sie ihm gleiches mit gleichem vergelte». Und seufzend setzte sie hinzu: «Vielleicht ist es nützlicher, eine schöne Frau zu haben als Empfehlungen von König Ferrante», der Piero de' Medici damals drängte, Alessandras Söhnen die Rückkehr nach Florenz zu ermöglichen. Niccolò Ardinghelli erhielt in der Tat die Erlaubnis, sich einige Tage in Florenz aufhalten zu dürfen, um die Hochzeit zu feiern, die am 21. April 1465 stattfand. Schon wenige Tage später brach er wieder auf, seine junge Frau unter der Aufsicht seiner Mutter in Florenz zurücklassend.

In Lorenzos Kreis wurden die Hochzeitsfeierlichkeiten mit gespannter Aufmerksamkeit verfolgt, einige der Freunde nahmen sogar als Gäste daran teil. Lorenzo hatte in jenen Tagen seine Reise nach Venedig und Mailand angetreten und mußte sich mit den Berichten seiner Freunde begnügen, die ihn während seiner Abwesenheit eifrig mit den neuesten Nachrichten von seiner «Dame» versorgten. Am 27. April beschrieb ihm Braccio Martelli, der sich selbst Lucrezias Schwester Costanza zur «Dame» erkoren hatte, in einem Brief detailliert die Lustbarkeiten, die im Zusammenhang mit der Hochzeit stattgefunden hatten: abendliche und nächtliche Feste in Florenz und den Villen vor den Toren, bei denen junge Männer und Frauen, Verwandte und Freunde des Brautpaares, zusammen schäkerten, tanzten und sangen. «Die Quelle aller Eloquenz, Giovanni Boccaccio, der göttliche Erzähler von dergleichen Dingen», schrieb Braccio Martelli begeistert an Lorenzo, würde zur Beschreibung nicht ausreichen. Das illustre literarische Vorbild ermutigte Martelli offenbar auch, dem abwesenden Freund in recht eindeutigen Worten die Einzelheiten des Ehevollzugs zu illustrieren, die er, wie er schrieb, von einem, der Wache dabei stand, erzählt bekommen habe.

Das Liebesspiel wurde auch nach der Hochzeit weitergetrieben. Die Situation entbehrte allerdings nicht einer gewissen Zweideutigkeit. Eine junge Frau, allein gelassen von ihrem politisch verpönten Gatten, die vom Sprößling der mächtigsten Familie der Stadt heiß umworben wurde, mußte Anlaß zu Gerede geben. Alessandra Macinghi Strozzis spitze Bemerkung, daß die Fürsprache einer schönen jungen Frau mehr bewirke als die eines Königs, zeigt, daß es an Lästerzungen nicht fehlte. Als 1466 Braccio Martelli seine Hochzeit mit Costanza Pazzi feierte, versprach Lorenzo seiner «Dame» sogar ein Turnier, Lucrezia schenkte ihm zum Pfand ihrer Treue einen Veilchenkranz. Auch ein Motto wurde gefunden: «*Amor vuol fe, e dove fe nonne, Amor non puo*» – Amor erheischt Treue, und wo die Treue fehlt, kann Amor nichts ausrichten. Wir lesen diesen alten Sinnspruch auf einem kleinen runden Kupferstich, der für die Verzierung des Deckels eines Minnekästchens bestimmt war. Links steht ein Jüngling in kurzem Gewand nach französischer Mode, auf welchem das bekannte Medici-Emblem des Diamantrings mit den drei Federn aufgestickt ist. Getrennt von ihm durch ein tellerförmiges Rund, blickt ihm ein nymphenhaftes Mädchen in einem antikisierenden Gewand entgegen. Ein flatterndes Band, auf dem das Motto in großen Lettern eingeschrieben ist, verbindet das jugendliche Paar, das sicher Lorenzo und Lucrezia darstellen sollte.

Der Karneval zu Beginn des folgenden Jahres gab wiederum Gelegenheit zu einer pseudohöfischen Maskerade. Lorenzo richtete seiner Angebeteten auf deren Bitte hin einen großen Ball im Papstsaal des Klosters Santa Maria Novella aus. Es wurde ein großes gesellschaftli-

ches Ereignis, das Alessandra Macinghi Strozzi ihrem Sohn Filippo in einem Brief beschrieb. Nach ihrem Bericht hatte Lucrezias Gatte in der Levante gute Geschäfte gemacht und Geld nach Florenz geschickt, so daß sich seine Frau ein prächtiges, mit Perlen besticktes Festgewand anfertigen lassen konnte. Lorenzo trat beim Ball mit einem Gefolge von jungen Leuten auf, die alle in eine Livree mit seinen Farben gekleidet waren. Er selbst trug ein dunkles Gewand, das mit Perlen von ungeheurem Wert bestickt war.

Die längere Reise, die Lorenzo von März bis Mai 1466 nach Rom und Neapel führte, gab seinen Freunden wiederum Anlaß, ihn über jeden Schritt seiner Angebeteten auf dem laufenden zu halten. Es war während der Fastenzeit Brauch, verschiedene Kirchen zu besuchen, um Ablässe zu erlangen. Dies zu tun, empfahl dem in Rom weilenden Lorenzo auch sein Freund Braccio Martelli, der ihm am 8. März scherzend schrieb: «Mein lieber Lorenzo, ich empfehle mich Dir und mahne Dich, eifrig Ablässe zu sammeln, wobei ich Dich auch bitte, mir ein Stückchen davon mitzubringen, so viel, wie du meinst, daß es zur Tilgung der Sünden, die wir gemeinsam begangen haben, genügt.»

Das während der Fastenzeit übliche Pilgern von Kirche zu Kirche stellte für die jungen Männer eine recht weltliche Attraktion dar, denn es lockte die Mädchen und Frauen aus den Häusern, in denen sie die meiste Zeit des Jahres über zurückgezogen im Kreis der Familie lebten. So hofften die Freunde, auch Lucrezia bei diesen frommen Bußgängen zu Gesicht zu bekommen. Doch wurden sie enttäuscht, Lucrezia ließ sich nirgendwo blicken. Wie Gismondo Della Stufa seinem Freund nach Rom schrieb, hatte er auf seine Nachforschungen hin erfahren, daß sich Lucrezia seit Lorenzos Abreise weigerte, das Haus zu verlassen, so daß die ganze Familie sogar auf den geplanten Kirchgang nach San Miniato verzichten mußte. «Ob du der Grund dafür bist, weiß ich nicht», setzte er vieldeutig hinzu. Zwei Wochen später gelang es ihm dann doch, Lucrezia zu sehen. Er begegnete ihr am Vorabend des Verkündigungsfestes vor der Kirche der SS. Maria Annunziata und beschrieb dies dem fernen Freund mit den Worten: «Sie schien gebeichtet zu haben und voller Reue über ihre Sünden, ohne Feuer, etwas Schöneres hast Du nie gesehen, wie sie mit ihrem schwarzen Gewand und verhülltem Haupt mit anmutigen Schritten daherkam, so daß bei ihrem Vorbeigehen die Steine und Wände ihr die Reverenz zu erweisen schienen.»

Wenn die sinnenfrohen Feste Braccio Martelli an Boccaccio denken ließen, so scheint Gismondo Della Stufa bei seiner flüchtigen Begegnung mit Lucrezia Petrarca im Sinn gehabt zu haben, der ja auch in der Fastenzeit, an einem Karfreitag, seine Laura zum ersten Male gesehen hatte und dabei von Amor in Fesseln geschlagen worden war. Die florentinischen Kaufmannssöhne kannten die großen Dichter ihrer Stadt. Die Poesie war ein fester Bestandteil dieses Liebesspieles, bei dem Lucrezia Donati zur Nachfolgerin Beatrices, Lauras und Fiammettas, der Geliebten Dantes, Petrarcas und Boccaccios, avancierte. Lorenzos Liebe zu seiner «Dame» regte deshalb auch die Florentiner Literaten, die den jungen Medici umgaben, zu einer Fülle von dichterischen Werken an.

Lorenzo gab selber den Ton dabei an. Er schrieb zu Ehren Lucrezias eine Anzahl von Gedichten, in denen er seiner Liebe zu jener, «die mein Herz in ihren Händen hält», auf die von der literarischen Tradition verbürgte Art zum Ausdruck brachte. Sein Vorbild dabei war neben Dante und den Dichtern des *Stilnovo* vor allem Petrarca, der mit seinem *Canzoniere* den Maßstab für die Liebeslyrik gesetzt hatte. In Lorenzos Gedichten wird die Geliebte nicht mit ihrem Namen angeredet, sondern nach provenzalischem Vorbild unter einem *senhal* (Zeichen) verborgen, einer Art Pseudonym, das die wahre Identität der angebeteten Dame unkenntlich machen sollte. So wird Lucrezia mit Bezug auf ihren Namen als Licht (*luce*) und in erweitertem Sinn als Sonne angesprochen, ja sogar mit merkwürdiger Verkehrung des Geschlechts als Phoebus-Apoll, der Gott der Sonne und der Poesie, gepriesen, vor dem sich Daphne, die seine Liebe verschmähte, in einen Lorbeerbaum verwandelte. Hierbei meinte der Lorbeer, lateinisch *laurus*, Lorenzo, dessen lateinische Namensform *Laurentius* lautete. Aber nicht nur unter den «Zeichen», die sich vom Namen herleiteten, verbarg sich Lucrezia. Sie wird auch als Diana, die keusche Göttin der Jagd und der Wälder, oder als Nymphe bezeichnet, und zwar nicht nur im Gedicht. In den chiffrierten Briefen von Lorenzos Freunden steht der Name der antiken Göttin ebenfalls für Lucrezia: «Diana spielt auf ihrem Instrument, um sich die Melancholie zu vertreiben», schrieb Bernardo Rucellai, Lorenzos Schwager, im März 1466 an diesen in Rom. Diana habe er zusammen mit ihrer Schwester getroffen, beide «schön wie nie», berichtete ihm Braccio Martelli einen Monat später und zitierte dazu Verse aus einem Gedicht Lorenzos, in dem dieser «seiner Diana» in die Wälder zu folgen versprach. Im tiefen Wald traf dann auch Luigi Pulci eine verzweifelte Nymphe, die ihn weinend nach dem Verbleib eines Jünglings «im dunklen Gewand» fragt. Das herzerweichende Zwiegespräch zwischen den beiden Verlassenen (Pulci hatte ja vergebens gehofft, Lorenzo auf der Reise nach Rom begleiten zu dürfen) über die ihnen durch Lorenzos Abwesenheit zugefügten Qualen steht im Mittelpunkt der berühmten Canzone ‹Da poi che 'l lauro›, die Pulci zusammen mit einem kurzen Brief schon am 22. März 1466 nach Rom schickte.

Am Chor der Sänger von Lorenzos Liebe beteiligte sich auch Luigis Bruder, der Bankrotteur Luca. Er schrieb *Pistole*, «Briefe» in Versen im Stil von Ovids *Heroides*, in denen Lucrezia als die fiktive Schreiberin des ersten Briefes auftritt. Dieser ist an den Lauro-Lorbeer gerichtet, in dessen Schatten auch der unglückliche Luca Zuflucht zu finden hofft. Eine anscheinend schon 1464 geschriebene Ekloge im Stil Vergils mit dem Titel *Innamoramento di Lorenzo* oder *Corinto* stellt einen weiteren Beitrag Lorenzos zu diesem vielstimmigen Konzert dar. Thema ist die unglückliche Liebe zur schönen Galatea des ungeschlachten Schäfers Polyphem, mit dem Lorenzo sich hier ganz offensichtlich identifiziert. Naldo Naldi und Ugolino Verino steuerten lateinische Eklogen und Elegien auf Lucrezia bei. Die literarische Qualität der meisten Dichtungen hielt sich in Grenzen. Doch bei ihren nicht uneigennützigen Bemühungen, die Spiele des jungen Herrn aus reichem Hause poetisch zu verklären, erfanden die Literaten ein Vokabular, das sich auch politisch ummünzen ließ. Lorenzo wurde als der Lorbeerbaum gepriesen, unter dessen Schutz Florenz «froh und in Frieden» leben konnte, wie es zehn Jahre später Angelo Poliziano in einer berühmten Stanze seiner *Giostra* ausdrückte. Die Gedichte, die Lorenzo de' Medici in jenen frühen Jahren der Liebe zu Lucrezia Donati widmete, bilden den Grundstock seines *Canzoniere*, an dem er sein Leben lang weiterarbeitete.

Das Liebesspiel mit allem Drum und Dran scheint auch in den folgenden Jahren weitergegangen zu sein. Giovanfrancesco Venturi forderte den Freund 1468 sogar ganz ungeschminkt auf, die Rolle des platonischen Liebhabers aufzugeben und die Abwesenheit von Lucrezias Ehemann zu nutzen, um endlich aufs Ganze zu gehen. Dafür, daß dies geschehen wäre, gibt es keine Beweise. Es blieben allem Anschein nach die Grenzen gewahrt, die die Spielregeln vorschrieben. Niccolò Ardinghellis Bann war schon im September 1466 nach der Niederschlagung der Pitti-Verschwörung aufgehoben worden. Seitdem hielt er sich öfter in Florenz auf, wenn ihn auch seine Geschäfte immer wieder für längere Zeit in den Orient führten. Noch nach der Hochzeit Lorenzos mit der Römerin Clarice Orsini im Juni 1469 erinnerte Giovanfrancesco Venturi seinen Freund dann und wann an die alte Liebe. «Ich habe Gelegenheit», schrieb er im Juli 1470, «Euch von Eurer edlen L., einer Frau von sehr lobenswerten Sitten, Nachricht zu geben und ebenso von meiner und Eurer G. Die Natur hat gut daran getan, keine

Mühe zu scheuen, so schöne und liebliche Frauen zu formen, die es wert sind, von so anmutigen Liebhabern wie uns geliebt zu werden.» Es sei nachgetragen, daß im Juli 1471 Lorenzos Frau Clarice Orsini zusammen mit fünf anderen illustren Personen, darunter Filippo Strozzi, durch dessen Mutter wir so viel von dieser Geschichte erfahren haben, Patin von Lucrezias und Niccolòs ältestem Sohn Piero wurde. Dieser stieg vierzig Jahre später zum mächtigen Sekretär von Papst Leo X., Lorenzo de' Medicis zweitem Sohn Giovanni, auf. Lucrezia Donati starb 1501, fünf Jahre nach ihrem Gemahl, und wurde in der Kapelle der Ardinghelli in Santa Trinita beigesetzt, nicht weit von jener Kapelle entfernt, auf deren berühmten Fresken Domenico Ghirlandaio auch den Geliebten ihrer Jugendjahre dargestellt hat.

Mit der Zeit aber löste sich Lucrezias reale Person völlig von der literarischen Figur und verwandelte sich in der Tradition Dantes und Petrarcas zu jenem Himmelswesen, das durch seinen veredelnden Einfluß dem Geliebten den Weg zu den höheren geistigen Sphären öffnet. Als Lorenzo de' Medici im Laufe der Jahre seine Gedichte nach dem Vorbild von Dantes *Vita Nuova* mit einem Kommentar versah, verlegte er hier die Begegnung mit seiner ersten Geliebten in eine ferne Zeit, der nichts Wirkliches mehr anhaftete. Es ist auch kein sicheres Bildnis von Lucrezia Donati bekannt. In einer von seinem Erben aufgestellten Liste von elf Werken, die Andrea del Verrocchio für die Medici ausgeführt hatte, ist auch ein «Bildnis auf Holz» von ihr verzeichnet. Es ist bis heute vorschollen, schwerlich aber handelte es sich dabei um ein naturalistisches Porträt. Wir dürfen es uns wohl vielmehr als eines jener idealisierten Frauenbildnisse vorstellen, wie mehrere aus der gleichen Zeit erhalten sind. Ebensowenig gibt die Nymphe auf dem Stich für das Minnekästchen Lucrezias reale Züge wieder. Solche Bilder gehörten zum Liebesritual, seitdem Francesco Petrarca in zwei berühmten Sonetten (*Canzoniere*, Nr. 77 und 78) das von Simone Martini gemalte Bildnis seiner Laura gepriesen hatte. Nach diesem Vorbild verfaßte Lorenzo de' Medici selbst ein Sonett, in dem er innige Zwiesprache mit dem Bild der Geliebten hält.

V. *Le tems revient*
EHE ODER LIEBE

Francesco d'Antonio del Chierico, «Triumph Amors». Ganzseitige Miniatur aus einer Prunkhandschrift mit Werken von Petrarca und Dante aus dem Besitz Lorenzo de' Medicis (1476). Im Medaillon unten in der Mitte eine Frau, die einen Zweig von einem Lorbeerbaum pflückt. Es handelt sich um das gleiche Motiv, das auf Lorenzos Turnierfahne dargestellt war.

*A*ls sich nach dem letzten Aufflackern der Feindseligkeiten die Lage im Spätherbst 1468 endlich beruhigt hatte, hielt Piero de' Medici die Zeit für gekommen, die seit längerem gehegten Pläne für die Verheiratung seines Ältesten zu verwirklichen. Lorenzo war zwar noch keine zwanzig Jahre alt und in einer Phase des Lebens, in der Florentiner Kaufmannssöhne gewöhnlich noch nicht in den Ehestand zu treten pflegten. Entschlossen sie sich zu diesem Schritt, waren sie oft dreißig und älter, denn erst dann hatten sie, oft nach langen Aufenthalten in der Fremde, ihre wirtschaftliche Position so weit gefestigt, daß sie an die Gründung einer eigenen Familie denken konnten. An einem Punkt hielten sie jedoch stets fest: Auch wenn die Geschäfte oder politische Gründe sie von der Heimatstadt fernhielten, nahmen sie doch fast ausnahmslos eine Florentinerin zur Frau. Der *parentado*, die Verschwägerung mit einer anderen florentinischen Familie von ähnlichem Rang, bedeutete den Erwerb neuer Freunde und Verbündeter und damit den Ausbau jenes Geflechts von Beziehungen, das die einzelne Familie zwar stärkte, für den Zusammenhalt des Gemeinwesens aber so nachteilig war, da die Festigung solcher familiären Strukturen politische Spaltungen bewirkte, die die Stadt immer wieder in den Bürgerkrieg zu stürzen drohten.

Unter der Mißbilligung seiner Mitbürger brach Piero mit dieser Tradition. Die letzte innenpolitische Krise hatte ihn davon überzeugt, daß es nützlicher für die Stärkung seines Hauses war, zuverlässige Verwandte und Freunde außerhalb von Florenz zu gewinnen. Sein Blick richtete sich dabei auf Rom, wofür er viele gute Gründe hatte. Die Finanzoperationen mit der römischen Kurie hatten seit den Tagen

Giovanni de' Medicis große Gewinne gebracht und die verfügbaren Gelder den politischen Aufstieg der Familie begünstigt; über lange Zeiten hinweg warf die Niederlassung in Rom von allen Aktivitäten die höchsten Profite ab. Doch die Päpste und Kardinäle, deren Gelder die Medici verwalteten, wechselten oft, so daß immer neue einflußreiche Fürsprecher an der Kurie gefunden werden mußten. Als Haupt des Kirchenstaates war der Papst dazu einer der mächtigsten Territorialherren Italiens und damit in das italienische Bündnissystem mit seinen häufigen Frontwechseln eingebunden. Seine Einstellung gegenüber Florenz mit seinen Parteiungen hatte deshalb oft Auswirkungen auf das innere Gleichgewicht der Republik. So war der eben herrschende Papst Paul II. zwar offiziell ein Bündnispartner der Florentiner, doch neigte er als Venezianer dazu, die Interessen seiner Vaterstadt, die die Gegner der Medici unterstützte, nicht aus dem Auge zu verlieren. Piero wußte, daß sein Widersacher Angelo Acciaiuoli sich mit seinem Sohn Jacopo in Rom aufhielt und dort fast täglich beim Papst vorsprach, um dessen Unterstützung für eine mehr oder weniger gewaltsame Rückkehr der Verbannten nach Florenz zu gewinnen. Nicht zuletzt hatte Piero auch einen sehr persönlichen Grund, auf die schnelle Verheiratung seines Sohnes zu drängen. Sein Gesundheitszustand verschlechterte sich zusehends, der Fortbestand des Hauses aber hing allein von seinen beiden noch sehr jungen Söhnen ab, von denen der zweite, Giuliano, damals noch keine fünfzehn Jahre alt war. Er hatte Grund, mit Sorge an die Zukunft seiner Familie zu denken.

Während sich der Krieg mit den aus Florenz verbannten Gegnern der Medici anbahnte, schickte Piero im März 1467 seine Frau Lucrezia nach Rom, um dort für die Sache der Medici zu werben und Ausschau nach einer geeigneten Braut für Lorenzo zu halten. Sein Schwager Giovanni Tornabuoni, Lucrezias Bruder, der die römische Niederlassung der Bank leitete, hatte bereits das Terrain sondiert. Lucrezia reiste in Begleitung von Gentile Becchi und führte viele elegante Kleider und kostbare Gegenstände im Gepäck mit, die ihr den Empfang an der Kurie und in den römischen Adelshäusern erleichtern sollten. Ihr Auftreten in Rom wurde von den Acciaiuoli mit Mißtrauen und Sorge betrachtet. Angelos Sohn Jacopo berichtete seinem Bruder Neri zwar beunruhigt, doch sarkastisch über Lucrezias römische Mission: Sie besuche jeden Kardinal einzeln und warte darauf, vom Papst in Audienz empfangen zu werden. Dabei laufe sie aufgedonnert wie eine Fünfzehnjährige in Rom herum, schrieb er verächtlich (Lucrezia war tatsächlich damals fast vierzig). Man mache sich über sie lustig und spotte über ihren Gemahl, der es nötig habe, seine und überhaupt eine Frau vorzuschicken. Ob Lucrezia solch üble Nachrede zu Ohren kam, ist unbekannt. Sie verfolgte jedenfalls hartnäckig und geschickt ihr Ziel und konnte am 28. März 1467 ihrem Gatten mitteilen, daß sie, zumindest was die Braut betraf, fündig geworden sei. Dies war ihr Bericht:

Vor Sankt Peter war sie der römischen Dame Maddalena Orsini mit ihrer Tochter begegnet, die ihr gut gefallen hatte. Das junge Mädchen, dessen Alter sie auf fünfzehn bis sechzehn Jahre schätzte, war groß und von heller Hautfarbe. Es trug das typische, weite Tuch der Römerinnen, das vom Kopf bis zum Boden reichte, aber zu Lucrezias Bedauern die Form des Körpers nicht gut erkennen ließ. Zum zweiten Mal sah sie das Mädchen im Hause ihrer Familie, als sie dort dem Kardinal Latino Orsini, einem Bruder von Madonna Maddalena, ihre Aufwartung machte. Während des Gesprächs traten wie zufällig Mutter und Tochter ins Zimmer, diese jetzt ohne das verhüllende Tuch und in anliegendem Kleid, so daß Lucrezia das Mädchen jetzt einer genaueren körperlichen Prüfung unterziehen konnte. Sie tat es diskret, aber mit scharfem Blick: Das Gesicht, mit runden, aber etwas hängenden Wangen, schien ihr zwar nicht ausgesprochen schön, aber angenehm; das Haar war, wenn auch nicht von dem in Florenz begehrten Blond, doch füllig und durch einen rötlichen Ton aufgehellt; die Gestalt schien ihr ein wenig zu schmal, die Hand war aber entsprechend lang und schlank; nur die Brust entzog sich wegen des hochgeschlossenen Kleides der genaueren Sicht. Körperliche Vorzüge besaß die junge Orsini also durchaus, nur ihre Manieren entsprachen nach Lucrezias Urteil nicht ganz den Florentiner Ansprüchen. Obwohl von sanfter Art, bemängelte sie, sei ihr Auftreten nicht so formvollendet wie das der Florentinerinnen und insbesondere ihrer eigenen Töchter: «Sie geht nicht mit erhobenem Kopf wie die unseren», schrieb sie, «sondern etwas vorgebeugt, und das, weil sie, wie ich glaube, schamhaft ist, und diese Schamhaftigkeit ist das einzige auffällige Merkmal, das ich an ihr bemerke.« Dem könne aber sicher abgeholfen werden, mit seiner Bescheidenheit würde sich das Mädchen sicher leicht den Florentiner Sitten anpassen. Gewöhnlicher Durchschnitt sei die junge Orsini jedenfalls nicht. Dasselbe konnte mit gutem Recht von ihrer Familie behauptet werden. Die Orsini, ein weitverzweigtes Geschlecht, gehörten zum ältesten und vornehmsten römischen Adel, aus dessen Reihen Kardinäle und Bischöfe und im 13. Jahrhundert mit Nikolaus III. sogar ein Papst hervorgegangen waren. Auch jetzt gehörten wieder ein Kardinal und ein Erzbischof zur engeren Familie der ins Auge gefaßten Braut. Latino Orsini, ein Onkel mütterlicherseits, war seit fast zwanzig Jahren Kardinal und eine der einflußreichsten Persönlichkeiten an der Kurie, wo er den Interessen der Medici sehr förderlich sein konnte, sein Bruder Giovanni Erzbischof von Trani. Auch ein Bruder der jungen Orsini, Rinaldo, hatte die kirchliche Laufbahn eingeschlagen; er wurde später dank Lorenzo Erzbischof von Florenz. Jacopo Orsini, der Vater Clarices – so ihr Vorname (Lucrezia schrieb «Crarice») – war dagegen Herr von Monterotondo und anderer Kastelle im Umkreis von Rom, ihre Mutter Maddalena, ebenfalls eine Orsini aus dem Zweig der Herren von Bracciano, wie gesagt, die Schwester des Kardinals Latino und des Erzbischofs von Trani. Zu Clarices Verwandtschaft gehörten außerdem angesehene Kriegsleute, von denen mancher auch im Dienst von Florenz gekämpft hatte.

Zu einer Abmachung war es bei der Zusammenkunft nicht gekommen, von einer eventuellen Heirat offenbar überhaupt noch nicht die Rede gewesen. Lucrezia Tornabuoni wünschte zuvor die Meinung ihres Gatten und vor allem jene Lorenzos zu hören, der, wie sie schrieb, Clarice schon gesehen habe. Dies war offenbar während seines Aufenthaltes im Frühjahr 1466 in Rom geschehen. Vielleicht hatte Lorenzo damals einen Besuch bei der Familie Orsini gemacht, vielleicht Clarice aber auch nur beim Gottesdienst in einer Kirche erspäht, denn nur hier zeigten sich die Mädchen aus guter Familie gewöhnlich in der Öffentlichkeit, weshalb die Kirchen bei jungen Männern für Erkundigungen solcher Art sehr geschätzt waren. Die Antwort aus Florenz kam umgehend. Lorenzo hatte nichts gegen Clarice einzuwenden, Piero dagegen meinte, daß seine Frau sich etwas zu kühl über das Mädchen geäußert habe. Lucrezia konterte, sie habe sich nur um Objektivität bemüht, und versicherte nochmals, daß es zur Zeit kein schöneres Mädchen auf dem römischen Heiratsmarkt gebe. Die eigentlichen Verhandlungen kamen dagegen nur mühsam in Gang. Die Orsini ließen sich Zeit und zeigten Clarice während Lucrezias Aufenthalt in Rom, der sich wegen einer vom römischen Dauerregen verursachten schweren Krankheit einige Wochen lang hinzog, nicht noch einmal vor. Vielleicht hatten die Eltern Bedenken, ihre Tochter an einen Nichtadligen zu verheiraten, so reich und berühmt seine Familie auch war; vielleicht ließ sie die mit dem Krieg verbundene politische Unsicherheit zögern; vielleicht wollten sie aber auch nur möglichst günstige Bedingungen erreichen. Es vergingen mehr als anderthalb Jahre, bis Lorenzos Onkel Giovanni Tornabuoni, der die Verhandlungen führte, am 27. November 1468 mit Kardinal Latino Orsini die erste formelle Übereinkunft traf. Dieser schrieb noch am selben Tag an Piero und drückte seine Freude über die Abmachung und die Hoffnung aus, seinen «Neffen» Lorenzo und vielleicht sogar dessen Vater zu Weihnachten in Rom begrüßen zu können, um das freudige Ereignis zu feiern. Filippo de' Medici, Erzbischof von Pisa und ein entfernter Verwandter, hatte ebenfalls dem Akt beigewohnt und informierte Piero, ihm herzlich gratulierend, über den Inhalt der Vereinbarungen, die Kardinal Orsini einstweilen nicht öffentlich bekanntgeben wollte, weil sie rechtlich noch nicht bindend waren. Die Orsini verlangten weitgehendere Vollmachten für die Unterhändler, auch jene, die Ehe an Stelle des Bräutigams schließen zu können, wozu dieser schriftlich seine Zustimmung geben mußte. Einig geworden war man sich indessen schon jetzt über die Höhe der Mitgift, deren Wert an Geld und Gegenständen insgesamt 6000 römische Gulden betragen sollte. Die Orsini verzichteten darauf, daß, wie es in Rom üblich war, Clarice von ihrem Gatten eine Schenkung im Wert eines Viertels dieser Mitgift erhielt; dafür sollte die Mitgift jedoch, falls Clarice kinderlos und ohne Testament stürbe, in voller Höhe an ihre

Familie zurückgezahlt werden, was nicht unbedingt und nicht überall üblich war. Damit hatte man, wie der Erzbischof befriedigt schrieb, einen Ausgleich zwischen florentinischem und römischem Brauch gefunden, alles andere sollte dagegen Florentiner Sitte folgen. Filippo de' Medici drängte Piero, die nötigen Vollmachten so schnell wie möglich zu schicken, da sich das Gerücht von dem Eheabkommen schon in Rom zu verbreiten beginne. Wenig später, am 10. Dezember, nahm Filippo de' Medici im Namen Lorenzos Clarice Orsini zur Frau. Dies meldete der Erzbischof sofort nach Florenz und pries Lorenzo die Braut in höchsten Tönen.

Trotz der warmen Einladung von Kardinal Latino reiste Lorenzo nicht nach Rom, weder zu Weihnachten noch danach, um seine junge Frau, die Clarice nun rechtens war, kennenzulernen, obwohl diese und ihre Mutter ihn immer wieder herzlich drängend dazu aufforderten. Er müsse nach Rom kommen, um sich seine Ware anzusehen, bevor er sie im Hause habe, ließ ihm die Schwiegermutter, sich scherzend kaufmännischen Sprachgebrauchs befleißigend, einmal ausrichten. Sie wünsche ihn kennenzulernen, schrieb sie ihm eigenhändig in mütterlicher Sorge, bevor sie ihre Tochter ins ferne Florenz schicke, und hoffe, daß auch er seine neuen römischen Verwandten kennenlernen wolle. Clarice bemühte sich derweilen um den letzten Schliff, um in Florenz ohne Tadel auftreten zu können, und nahm Tanzunterricht. Francesco Tornabuoni schrieb in den ersten Januartagen 1469 an Lorenzo: «Es vergeht kein Tag, ohne daß ich Eure Madonna Clarice besuchte; sie macht mich ganz närrisch, denn jeden Tag erscheint sie mir schöner ... Seit ungefähr acht Tagen lernt sie tanzen, und jeden Tag hat sie einen neuen Tanz gelernt; kaum führt man ihr einen vor, hat sie ihn auch schon gelernt ... Ihr habt die würdigste Gefährtin von ganz Italien.»

Der Bräutigam oder vielmehr Gemahl, wie ihn Clarice in ihren Briefen anredete, hatte jedoch zur Zeit ganz andere Dinge im Sinn, die ihm ungleich wichtiger erschienen. Was ihn in Florenz festhielt, war nicht so sehr Gleichgültigkeit gegenüber einer Braut, die seine Eltern für ihn ausgesucht hatten, sondern ein grandioses gesellschaftliches Ereignis, in dem er die Hauptrolle spielen sollte. Nach dem Krieg, der eine festliche Veranstaltung dieser Art bisher verhindert hatte, hatte die Stadt im November 1468 endlich ein großes Turnier ausgeschrieben, in dem Lorenzo sein vor drei Jahren Lucrezia Donati gegebenes Versprechen einzulösen gedachte. Es war als eine der Lustbarkeiten des nächsten Karnevals geplant und sollte zugleich den wiedergewonnenen Frieden feiern. Trotz seines adligen Charakters erfreute sich das Turnier seit langem auch in den bürgerlichen Städten Italiens großer Beliebtheit, wo es jungen Leuten von Rang und Vermögen Gelegenheit bot, vor der Bürgerschaft Mut und Körperkraft zu beweisen und sich ihr sozusagen öffentlich vorzustellen. Der Turnierkampf stellte eine Art Übergangsritus dar, mit dem die Sprößlinge der großen Familien ihren Eintritt in die Führungsschicht der Stadt feierten. Sowohl Lorenzos Onkel Giovanni wie dessen Vetter Pierfrancesco de' Medici hatten 1446 und 1454 ein Turnier bestanden, ob auch sein Vater Piero, ist nicht bekannt. Lorenzo hatte schon lange ungeduldig auf diesen Moment gewartet und gab sich nun mit Leib und Seele den Vorbereitungen hin. Sogar die Damen in Rom sahen ein, daß er zwingenden Grund hatte, die Reise aufzuschieben, und zeigten sich besorgt um den Ausgang des Turniers, das auch Gefahren barg. Federico da Montefeltro hatte bei den Vorbereitungen zu einem solchen Kampf ein Auge und den oberen Teil des Nasenbeins eingebüßt, weshalb er sich seitdem immer nur im Profil darstellen ließ. Clarice dachte sogar daran, am Tag vor dem Ereignis für den Sieg ihres Gemahls zu fasten, während ihre Mutter den Schwiegersohn mit den stolzen Worten ansporte: «Ich wünsche Euch, daß Ihr Ehre gewinnt, denn die Frauen der Orsini sind ebenso glücklich über die Ehre und den Ruhm ihrer Gatten wie über ihren Anblick.»

Kaum war das Turnier angesagt, als Lorenzo sich an alle befreundeten Fürsten Italiens wandte, um sie um Pferde und kundige Turnierkämpfer zu bitten. Alle zeigten sich großzügig dazu bereit, seine Wünsche zu erfüllen: König Ferrante von Neapel, der Herzog von Ferrara Borso d'Este, der Graf von Urbino Federico da Montefeltro wie auch der Herr von Pesaro Alessandro Sforza stellten ihm ihre besten Rösser und Leute zur Verfügung. Dezember und Januar vergingen auf diese Weise in fiebrigen Vorbereitungen. Die Teilnahme verlangte nicht nur körperliches Training, das Turnier war zugleich auch ein prunkvolles Schauspiel, für dessen Gelingen alle handwerklichen und künstlerischen Ressourcen der Stadt eingesetzt werden mußten. Waffen- und Silberschmiede, Samt- und Seidenweber, Schneider und Sticker, ja auch die Maler und Poeten der Stadt wurden beschäftigt, um dem Ereignis den von allen erwarteten prächtigen Rahmen zu geben.

Zwei Beschreibungen des Turniers, das am 7. Februar 1469 auf dem Platz vor der Kirche Santa Croce stattfand, sind erhalten, die eine von einem ungenannten Zuschauer, die zweite aus der Feder Luigi Pulcis, der seinem Bericht die poetische Form von hundertsechzig Stanzen gab. Der Dichter des *Morgante* war als Hauspoet und Experte in Ritterangelegenheiten dazu ausersehen worden, diesen wichtigen Tag zu feiern und für alle Zeiten im Gedächtnis aufzubewahren. Während der Prosabericht von der Mentalität eines Kaufmanns zeugt, der den vorgeführten Luxus auch preislich taxiert, verdeutlicht Pulcis Poem deutlicher den Sinngehalt solcher Veranstaltungen. Das Turnier stand, wie die Tradition es wollte, unter dem Zeichen der höfischen Liebe, in deren Namen alle Beteiligten zu kämpfen vorgaben. Deshalb präsentierten sich die vierzehn Teilnehmer bei der prachtvollen Parade, die dem Kampf vorausging, allesamt als ritterliche Knechte Amors und zeigten auf ihren Bannern und Helmzieren, den Gewändern und Harnischen, den Schabracken und dem Zaumzeug der Pferde die verschlüsselten Embleme und Sinnsprüche, die auf die unerfüllte und unerfüllbare Liebe zu ihren «Damen» verwiesen.

Lorenzo kämpfte, der Fiktion des Tages entsprechend, zu Ehren von Lucrezia Donati, deren vertrockneter Veilchenkranz seinen Helm zierte. Als er als einer der letzten auf dem Kampfplatz erschien, ging Staunen durch die Menge. Die Zahl seines Gefolges und der exquisite Luxus des ganzen Aufzugs übertrafen alles, was bisher zu bewundern gewesen war. Ein Page zu Pferd trug Lorenzos Standarte voraus (angefertigt in der Werkstatt Andrea del Verrocchios, der allerdings sein Leben lang vergeblich auf die Bezahlung wartete), die Lorenzos Imprese zeigte und damit der prächtigen Inszenierung das Thema gab. Die Fahne aus kostbarem Taft war in zwei Felder in den Farben Weiß und Tiefrot aufgeteilt, darauf einige Figuren, deren genaue Anordnung sich anhand der Beschreibungen nicht sicher rekonstruieren läßt: Oben waren eine Sonne und ein Regenbogen dargestellt, unter denen in goldenen Buchstaben das französische Motto «*Le tems revient*» (die Zeit kehrt wieder) geschrieben stand. Darunter stand eine Frauengestalt in einem blauen, mit silbernen und goldenen Blumen übersäten Kleid, die in der Hand einen halbgeflochtenen Lorbeerkranz hielt. Die Frau befand sich auf einer Wiese neben einem Baum oder großen Ast von Lorbeer, der unmißverständlich auf Lorenzos Namen anspielte. Von dessen Zweigen grünte jedoch nur einer, nämlich jener, den die Frau mit ihrer Hand berührte, alle anderen waren verdorrt. Vertrocknete Lorbeerzweige waren außerdem als Dekoration über das tiefrote, grüne Lorbeerkränze über das weiße Feld verstreut. In den Farben Weiß und Tiefrot waren auch die Gewänder aller Teilnehmer und die kostbaren Schabracken der Pferde gehalten, auf denen das französische Motto und das Motiv des Lorbeerzweiges zusammen mit blühenden und vertrockneten Rosen wiederkehrten. Die Choreographie des ganzen Zuges war auf das kunstvollste ausgefeilt. Zwei professionelle Turnierkämpfer, von Federico da Montefeltro und dem König von Neapel auf Lorenzos Bitten entsandt, ritten an der Spitze; ihnen folgten, ebenfalls zu Pferd, zwölf junge Männer aus den vornehmsten, mit den Medici verbündeten und verwandten Familien. Sie alle trugen das gleiche tiefrote, mit einer Perlenschnur, Edelsteinen und goldenen Federn (dem Medici-Emblem) verzierte Barrett. Zwei unberittene Pferde hinter ihnen waren ebenfalls mit einer weißen bzw. tiefroten Silberbrokatschabracke bedeckt. Sodann trabte unter lautem Trommelwirbel ein kostbar aufgezäumtes Pferd auf das Turnierfeld, geritten von einem Knappen, der den prachtvollen Helmschmuck Lorenzos trug (auch dieser kam aus der Werkstatt Verrocchios); er bestand aus einem Silberrelief mit einer Frauengestalt, die eine Lanze und einen Lorbeerkranz in Händen hielt und das gleiche blaue Kleid wie die Frau auf der Standarte trug. Das nächste Pferd war ein mächtiges Schlachtroß; sein lederner, blauer Panzer war mit den Lilien des französischen Königs geschmückt, dessen Geschenk es war. Endlich erschien Lorenzo selbst. Er ritt ein Pferd mit dem Namen «Falsamico» («wahrer», nicht «falscher» Freund, präzisierte Pulci), das ihm

König Ferrante von Neapel für das Turnier geschickt hatte und dessen von Perlen übersäte Schabrake Rosen (Wappenzeichen der Orsini) und Lorbeerzweige zeigte. Von erlesener Kostbarkeit war auch Lorenzos Gewandung: Auf seinem Brustschild glänzte ein großer roter Edelstein von unschätzbarem Wert, auf seinem ärmellosen Wams waren ebenfalls Rosen und Lorbeerzweige sowie das französische Motto mit Perlen eingestickt. Unendlich kostbar war auch sein rotes, mit Perlen übersätes Barrett mit den drei mediceischen Federn aus Gold, die aus einer von Edelsteinen funkelnden Brosche hervorragten. Lorenzo de' Medici zeigte sich hier wirklich als «der Prächtige», als der er in die Geschichte eingegangen ist. Ihm folgten vier weitere junge Herren und schließlich, auf einem Roß mit eiserner Rüstung, Giuliano, der auf dem Kopf ein schwarzes Samtbarret mit den goldenen Federn trug (in der Reihenfolge des anonymen Augenzeugen kam er vor Lorenzo). Dazu Knappen und Musikanten in großer Zahl, die freudig das Losungswort «*palle, palle!*» schrieen.

Das Motto von der Wiederkehr der Zeit verwies, französisch verfremdet, ebenso wie das Bild auf der Standarte auf ein Grundmotiv der petrarkesken Liebeslyrik. Die Zeit, die am Tag des Turniers wiederkehrte, war jene, als der Liebesgott Amor den Ritter mit seinem Pfeil traf und die Liebe entbrennen ließ, als er ihn in Fesseln schlug und ihm wegen der Unerfüllbarkeit dieser Liebe ein Leben voller Leid und Tränen aufzwang. Dennoch befiehlt Amor seinem Knecht, jener vergangenen glücklichen Zeit der ersten Liebe stets aufs neue feierlich zu gedenken. Petrarca hat diesem Thema in seinen Gedichten auf viele Art Ausdruck gegeben; es bildet auch das Leitmotiv eines seiner großen *Trionfi*, des Triumphzugs Amors, in dem der Dichter alle Knechte dieses Gottes aus dem antiken Mythos und der Geschichte aufziehen läßt. Lorenzo selbst widmete dem Thema der Wiederkehr der Zeit ein Gedicht in strengen Sextinen, dessen Anfangsworte das Motto der Standarte schon implizit enthalten:

Io sento ritornar quel dolce tempo,
del qual non mi rimembra sanza pianti, ...
e perché si rinnuova nella mente,
vuol ch'io ne faccia tal memoria Amore.

(Die süße Zeit fühl' ich wiederkehrn, / derer ich mich nicht ohne Tränen erinnre. / Damit sie sich im Geist erneure, / will Amor, daß ich ihr dies Gedenken widme). Mit dem Turnier sollte, wie der Gott es wünschte, Lorenzos erste Liebe zu Lucrezia Donati gefeiert werden. Wie die Sonne auf der Standarte, die ja als *senhal* – «Zeichen» – für Lucrezia stand, die Pflanzen in der Natur zu neuem Leben erweckt, so erneuert sie auch die Liebe, denn aus dem verdorrten Lorbeerzweig sprießt bei der Berührung durch die sonnengleiche Geliebte ein grüner Zweig. Sonne und Regen, vertrocknete und blühende Blumen, helle und dunkle Farben symbolisierten in Lorenzos Aufzug ebenjene ewige Wiederkehr der einzigen, wahren Liebe.

Luigi Pulci, der seine Texte gern mit klassischen Motiven dekorierte, obwohl seine humanistische Bildung eher beschränkt war, unterlegte dem Motto von der Wiederkunft der Zeit in seinem Poem über das Turnier noch einen zweiten Sinn, denn er deutete das Ereignis mit Bezug auf Vergils berühmte vierte Ekloge auch als die Wiederkehr des Goldenen Zeitalters, das mit Lorenzos Auftritt anbrechen sollte. Damit legte er den Grundstein zu einem Mythos, der mit der Zeit ein Ingredienz der politischen Propaganda wurde. Nach der Vertreibung der Medici aus Florenz im Jahre 1494 wurde Lorenzos Epoche von seinen Anhängern im Rückblick zum Goldenen Zeitalter verklärt, das nur eine neue Herrschaft der Medici wiederbringen konnte. Vielleicht dürfen wir aber auch in Pulcis antikisierender Reminiszenz den Niederschlag persönlicher Erfahrungen erkennen. Als er sein Poem mehrere Jahre nach dem beschriebenen Ereignis vollendete und 1481 drucken ließ, schien ihm schon länger nicht mehr die Sonne von Lorenzos Gunst, und so mochten ihm jene glücklichen Jahre, als er im Hause Medici ein gerngesehener Gast war und zu Lorenzos jugendlichem Freundeskreis gehörte, als ein Goldenes Zeitalter erschienen sein, dessen Wiederkehr er vergeblich ersehnte.

Im Turnier, das sich an die prachtvolle Parade anschloß, kämpfte Lorenzo unter dem Lilienwappen des französischen Königs, ehrenvoll, doch ohne besondere Bravour. Dreimal wechselte er das Pferd, und einmal wurde er sogar zu Boden geworfen. Dennoch sprach ihm das Richterkolleg, wie es wohl schon von Anfang an beschlossene Sache gewesen war, den ersten Preis zu. Lorenzo selbst sprach rückblickend eher nüchtern über diesen Sieg, als er einige Jahre später in seinen Aufzeichnungen schrieb: «Um es wie die anderen zu halten, kämpfte ich auf dem Platz von Santa Croce im Turnier, mit hohen Kosten und großem Aufwand; ich stelle fest, daß ungefähr 10.000 Siegelfiorini dafür ausgegeben wurden, und obwohl ich weder mit den Waffen noch den Stößen sehr stark war, wurde mir der erste Preis zuerkannt, nämlich ein silberverzierter Helm mit einem Mars als Helmschmuck.» Die Erinnerung an das Turnier wurde auch durch eine bildliche Darstellung wachgehalten. Das nach Lorenzos Tod aufgestellte Inventar des Medici-Palastes verzeichnet neben zahlreichen Turnierrequisiten eine etwa acht Meter lange «*Spalliera*», eine in die Täfelung des Raumes eingelassene, bemalte Holztafel, auf der auf drei getrennten Feldern das Ereignis dargestellt war. Es handelte sich um ein Werk jenes «Scheggia», der zwanzig Jahre zuvor Lorenzos Geburt mit der Darstellung des Triumphs der Fama gefeiert hatte. Es ist leider nicht erhalten.

In Rom wurde die Nachricht vom günstigen Ausgang des Turniers mit Freude und einer gewissen Erleichterung aufgenommen. Am 25. Februar gratulierte Clarice Orsini ihrem fernen Gemahl mit schüchtern ehrerbietigen Worten zu seinem Sieg. Sie sei sehr glücklich, schrieb sie, daß er das, was ihm so große Freude mache, erreicht habe, und wenn ihre Gebete dazu beigetragen hätten, wäre es ihr nur lieb. Sodann empfahl sie sich, schon ganz in der Rolle der Schwiegertochter, ihrem «Vater» Piero und ihrer «Mutter» Lucrezia. Lorenzo ließ sich indessen auch nach dem Turnier nicht in Rom blicken und entschuldigte sich damit, daß sein Vater die Reise bislang noch nicht beschlossen habe. Piero wollte offenbar seinen Sohn nicht missen, zumal die politische Lage sich wieder zuzuspitzen begann. Die Nachfolgefrage in Rimini sorgte für Unruhe unter den italienischen Mächten, aus Lorenzos Reise nach Rom wurde deshalb nichts. Als der vereinbarte Heiratstermin näherrückte, ging sein Bruder nach Rom, um die Braut abzuholen und nach Florenz zu geleiten. Giuliano brach am 27. April 1469 mit neun Begleitern auf, unter denen sich neben Gentile Becchi engste Familienangehörige wie Pierfrancesco de' Medici und die Schwäger Guglielmo Pazzi und Bernardo Rucellai befanden. Die Gesandtschaft führte an die fünfzig Pferde mit und reiste, wie der mailändische Gesandte seinem Herzog berichtete, «mit großem Pomp». Clarice Orsini nahm am 15. Mai in Rom Abschied von ihren Eltern und reiste ihrem neuen Leben als Ehefrau Lorenzo de' Medicis entgegen, in dessen Haus sie nun eintrat. Von ihren Verwandten scheint sie nur ihr Bruder Rinaldo, der spätere Erzbischof von Florenz, begleitet zu haben, der mit den Vorbereitungen zur Überführung Clarices nach Florenz von der Familie beauftragt worden war.

Die Hochzeit in Florenz sollte mit größtem Aufwand gefeiert werden. Die Medici, schrieb ein Zeitgenosse, «wünschen und befehlen, das größte Fest auszurichten, das es je in Florenz gab». Einladungen ergingen an viele Familien, vor allem an jene, in denen es jungverheiratete Paare gab, die dem Fest den beabsichtigten glänzenden Rahmen geben konnten. Da in der letzten Zeit nur wenige Ehen geschlossen worden waren, herrschte jedoch Mangel an solchen. Die Einladungen brachten manche Florentiner Familie in Verlegenheit, machten sie doch, dem Anlaß entsprechend, die Anschaffung teurer und zahlreicher Festgarderobe nötig, da die Feierlichkeiten sich über mehrere Tage hinziehen sollten. Nicht alle angesprochenen Familien waren bereit oder in der Lage, sich für die Ehre der Einladung in hohe Unkosten zu stürzen. Doch die Medici nahmen Absagen übel, besonders von seiten derer, die ihnen verpflichtet waren, und davon gab es viele in Florenz. Auch Fiammetta, die junge Frau Filippo Strozzis, der erst 1466 nach langem Widerstand Pieros aus dem schon 1434 über seine Familie verhängten Exil nach Florenz hatte zurückkehren können, wurde eingeladen. Da sie aber schwanger war, lehnten die Strozzi zunächst ab. Indessen kam das Kind schon vor der Hochzeit zur Welt, so daß Lucrezia Tornabuoni auf ihrer Einladung bestand. Fiammetta hatte wenig Lust, auf das Fest zu gehen, und plante sogar, sich krank zu stellen. Ihr Schwager Lorenzo schätzte die Lage jedoch realistischer ein und schrieb besorgt an seinen Bruder und Fiammettas Ehemann, der sich in Neapel befand: «Du weißt, was uns erwartet, wenn wir nicht gehorchen..., stell mindestens 400 Fiorini bereit und mach schnell, denn die Zeit drängt.» Die Medici übten ihre Macht auch auf diese Weise aus.

Filippo Strozzi wurde durch seinen Schwager Marco Parenti, der ihm einen ausführlichen Bericht nach Neapel schickte, detailliert über die Hochzeitsfeierlichkeiten informiert. Schon zwei Tage vor dem geplanten Termin setzte sich eine endlose Prozession von Gratulanten in Gang, die ihre größtenteils aus Naturalien bestehenden Gaben im Medici-Palast ablieferten. Es erschienen die Abgesandten der von Florenz unterworfenen Städte Pisa und Arezzo sowie zahlreicher anderer Gemeinden, Güter und Burgen. Zusammen lieferten sie hundertfünfzig Kälber, mehr als zweitausend Paar Kapaune, Enten und Hühner, Seefische und Forellen ab, dazu Wachs, süßes Gebäck und unzählige Fässer und Korbflaschen Wein, weißen von auswärts und den üblichen roten aus der Toskana. Auch achthundert Florentiner Bürger, darunter die Strozzi und die Parenti, brachten ihren Tribut an Kalbfleisch dar, ein jeder zwischen zehn und zwanzig Pfund.

Am 4. Juni, einem Sonntag, wurde die Braut, die im Hause der verschwägerten Familie Alessandri Wohnung genommen hatte, nach altem Brauch in feierlichem Zug in das Haus ihres Gemahls gebracht. Sie ritt auf dem großen Pferd, das der König von Frankreich Lorenzo geschenkt hatte. Musikanten führten den Hochzeitszug an, um die Braut herum eine Schar von festlich gekleideten jungen Männern zu Fuß, hinter ihr zu Pferd zwei angesehene Bürger im Ritterrang. Clarice Orsini trug ein prächtiges Kleid aus weißem Goldbrokat mit einem Überwurf aus dem gleichen Stoff. Der festliche Zug bewegte sich durch mehrere Straßen, bevor er zum reichgeschmückten Palast der Medici gelangte, vor dem eine Tribüne für die Tänze errichtet worden war. Kaum war die Braut abgesessen, schlossen sich ihr zwei von rechts und links kommende Züge von dreißig jungen Frauen (darunter auch die schöne Fiammetta Strozzi) und dreißig jungen Männern an, während ihr gleichzeitig aus dem Palast nochmals dreißig junge Frauen und Mädchen entgegenschritten. Ein Ölbaum, der in ein kunstvoll hergerichtetes Gefäß eingepflanzt war, wurde nun, wie es bei Hochzeiten Brauch war, unter Musikklängen in die Höhe gezogen und an der Fassade festgemacht. Dann begann das Festmahl. Die Braut mit ihrem Gefolge von jungen Damen speiste in der Gartenloggia, die jungen Männer in einem Raum, der ebenfalls auf den Garten hinausging; unter den Loggien des inneren Hofes, in dessen

Mitte, wie der Berichterstatter nicht zu erwähnen vergaß, Donatellos bronzener David stand, wurden die älteren Bürger bewirtet, während Madonna Lucrezia im großen Saal im ersten Stockwerk die Damen von Florenz um sich scharte. Die Choreographie, mit der die Speisen unter Trompetenklang aufgetischt wurden, war so gut einstudiert, daß allen gleichzeitig serviert wurde. Die Menge der Speisen hielt sich jedoch in Grenzen; es gab, wie unser Chronist angibt, nur einen einzigen Bratengang; die Medici, erklärt er, hätten sich der bei Hochzeiten vom Gesetz vorgeschriebenen Mäßigkeit befleißigen wollen, um ein Beispiel zu geben. Ungefähr tausend Bürger kamen in den Genuß, an den Festlichkeiten, die bis zum Dienstag dauerten, teilzunehmen. Nur das Wetter machte einen Strich durch die Rechnung. Am Montag ging unerwartet ein schwerer Platzregen nieder, der alles durchnäßte und auch die schönen, teuren Kleider der Gäste ruinierte. Es bleibt zu erwähnen, daß die Eheschließung mit keiner religiösen Zeremonie verbunden war. Wir hören nur, daß die Braut am Dienstagmorgen, dem letzten Tag des Festes, begleitet von vielen Frauen, die Messe in San Lorenzo hörte. Die Kirche hatte in Florenz noch keine Kontrolle über die Ehe erlangt, die eine private Angelegenheit zwischen den Familien blieb und von gegenseitig ausgehandelten Klauseln geregelt war.

Clarice Orsini erhielt bei der Hochzeit viele Geschenke, an die fünfzig Ringe, Brokatstoff, eine Silberschale für Konfekt und ähnliche Gegenstände. Die große Anzahl der Ringe mag erstaunen. Es handelte sich in der Tat weniger um Geschenke zum persönlichen Gebrauch als um rituelle Gaben. Vor allem die weiblichen Mitglieder der Familie des Bräutigams schenkten solche Ringe, um mit dieser Geste die Braut in ihren Kreis aufzunehmen. Wahrscheinlich befanden sich unter den Schenkenden aber auch Freunde und Klienten der Medici, und so manifestierte sich in den Ringen zugleich auch die Macht und Bedeutung von Clarices neuer Familie. Sie steckten den Kreis ab, in dem die junge Frau von nun an leben würde. Ein besonderes, ganz persönliches Geschenk an Clarice verdient noch Erwähnung. Es handelte sich um ein kostbares Gebetbuch, das Gentile Becchi für die Frau seines einstigen Zöglings hatte anfertigen lassen. Seinen Einband zierten ein Silberrelief und Kristall, und es war mit goldenen Lettern auf ultramarinem Grund geschrieben. Der Berichterstatter taxierte seinen Wert auf zweihundert Fiorini. Seltsamerweise wird der Bräutigam im Bericht an keiner Stelle erwähnt. Marco Parenti ging es vor allem darum, seinem Schwager die sich im Fest entfaltende Magnifizenz der Familie Medici zu schildern.

Clarice Orsini war auf diese Weise das jüngste weibliche Mitglied der Familie Medici geworden, die Lorenzos Schwestern schon vor mehreren Jahren verlassen hatten, um in andere Familien einzutreten. In der Familienhierarchie stand sie deshalb auf der untersten Stufe und hatte sich der Autorität ihres Schwiegervaters und ihres jungen Gemahls zu unterwerfen. Auch ihrer Schwiegermutter Lucrezia Tornabuoni, die den Haushalt mit fester und gestrenger Hand führte, und der Witwe Cosimos, Contessina, mußte sie sich fügen. Clarice akzeptierte diese Rolle, für die sie schließlich erzogen worden war. Doch trotz ihres guten Willens, sich dem Florentiner Lebensstil anzupassen, bewahrte sie ihr Leben lang jene stolze Sprödigkeit, die sie ihrer Herkunft aus dem alten römischen Adelsgeschlecht verdankte. Als sie im Frühjahr 1472, nach zwei Geburten und einer Frühgeburt von Zwillingen, zum Besuch ihrer Familie auf kurze Zeit nach Rom zurückkehrte, beschrieb sie Luigi Pulci, der sie begleitete, ihrem Gemahl liebevoll, aber auch im gewohnten scherzhaften Ton mit den Worten: «Deiner lieben Gemahlin wurde überall viel Ehre zuteil; und viel Ehre hat sie auch Dir und uns gemacht, das ist so gewiß, wie es mir scheint: morgens früh zu Pferd, nicht müde, nicht verdrossen, nicht unausstehlich wie unsre Damen etc., sondern immer fröhlich, behende und galant wie tausend Reibeisen; und vor allem ungeschminkt, nur heute morgen in Terni ließ sie etwas schwarzen Schwefel holen.» Eine Aufzählung wie in in der ‹Frottola› von Quaracchi sei deshalb nicht möglich. Pulci spielte damit auf eines seiner berühmtesten Scherzgedichte an, das die Schmink- und Verschönerungssucht der Florentinerinnen aufs Korn nahm. In Quaracchi, wo die Familie Rucellai, in die Lorenzos Schwester Lucrezia eingeheiratet hatte, jene herrliche Villa am Arno besaß, in der Lorenzos jugendliche Gesellschaft sich so oft mit Spielen und Festen die Zeit vertrieb, luden nach

Pulcis hyperbolischer Beschreibung die Schiffe jene ungeheuren Mengen von Salben und Tinkturen, Pudern und Gebräuen, Töpfchen, Spiegelchen und Farben aus, mit deren Hilfe die Florentiner Damen ihr Aussehen zu verbessern suchten – darunter fehlte natürlich auch der schwarze Schwefel nicht.

Clarice blieb ihr Leben lang eng mit ihrer Familie verbunden, deren Angelegenheiten sie bei ihrem Gemahl mit zäher Ausdauer vertrat. Sie pflegte ihm mit Bitten so lange in den Ohren zu liegen, bis sie für ihre Verwandten das erreichte, was sie und diese sich in den Kopf gesetzt hatten. Das Schicksal ihrer Geschwister lag ihr vor allem am Herzen. Ihr Bruder Orso, genannt Organtino, der im Sold des Königs von Neapel stand, wünschte schon Anfang 1470, in Florentiner Dienste zu treten, was Lorenzo jedoch nicht opportun erschien. Deshalb bat er Galeazzo Maria Sforza, seinem Schwager einen Soldvertrag zu geben, was der Herzog auch versprach. Aber er ließ sich Zeit damit, so daß Lorenzo in eine peinliche Lage geriet. Bedrängt von seinem Schwager, der ihm vorwarf, ihn zur Kündigung seines Soldes veranlaßt zu haben, um ihn dann hängenzulassen, war er gegen seinen Willen gezwungen, Druck in Mailand zu machen, um nicht, wie er sagte, mit einer «Schandmütze auf dem Kopf» vor seinen Verwandten zu stehen. Auch für ihren Bruder Rinaldo, seit 1474 Erzbischof von Florenz, der mit der Hilfe Lorenzos gerne auch noch Kardinal geworden wäre, setzte sie sich hartnäckig ein. Um seine Schwägerin Aurante mußte sich Lorenzo ebenfalls kümmern. Deren Gemahl Giovan Ludovico Pio da Carpi hatte sich unter Mitwissen Piero de' Medicis gegen Herzog Borso d' Este verschworen und war im Sommer 1469 hingerichtet worden. Lorenzo fiel die Aufgabe zu, die Witwe und ihre beiden unmündigen Töchter zu versorgen. Er beschaffte ersterer einen neuen adligen Ehemann und den Töchtern eine Mitgift, so daß sie später ihrem Rang entsprechend verheiratet werden konnten. Wenn es um Clarices Verwandte ging, wußte Lorenzo, daß ihm keine Ausflüchte blieben. In späteren Jahren, als wiederum eine Angelegenheit der Orsini zu erledigen war, begründete er deren Dringlichkeit seinem Beauftragten mit den Worten: «Um der Liebe Gottes willen, Baccio, kümmert euch mit allen Kräften um diese Sache, weil sie mir in jeder

Hinsicht wichtig ist und vor allem Clarices wegen; denn ich möchte gerne zu Hause Ruhe haben, da ich doch so wenig Grund habe, ruhig zu sein, wenn ich draußen bin.» Man darf sich wohl fragen, wer hier das bessere Geschäft gemacht hatte, die Medici oder die Orsini.

In einem Punkt hatte sich Lucrezia Tornabuoni indessen nicht getäuscht. Clarice besaß tatsächlich jene Eigenschaft, derentwegen sie nicht zuletzt ausgewählt worden war. Sie zeigte sich fähig, Kindern das Leben zu schenken. In den Jahren zwischen 1470 und 1479 gebar sie Lorenzo drei Söhne und vier Töchter, die alle das Kindesalter überlebten. Der wichtigste Zweck der Ehe, den physischen Fortbestand der Familie zu sichern, war damit erfüllt.

VI. *Reputazione e grandezza*
DIE SICHERUNG DES ERBES

*I*m Sommer 1469, kurz nach seiner Hochzeit, begab sich Lorenzo de' Medici zum zweiten und letzten Mal in seinem Leben nach Mailand, wo nun Francesco Sforzas Sohn Galeazzo Maria als Herzog regierte. Dieser hatte schon im Mai Piero de' Medici eingeladen, Pate seines noch ungeborenen ersten Kindes zu werden. Piero, hoch geehrt, wie er schrieb, sagte zu. Als Taufgeschenk für die Kindesmutter, Herzogin Bona, wählte er eine kostbare goldene Kette mit einem großen Diamanten im Wert von 3000 Fiorini. Dieses Schmuckstück machte in Mailand so großen Eindruck, daß der Herzog, wie Lorenzo später in seinen Erinnerungen anmerkte, von nun an jedesmal, wenn ihm ein Kind geboren wurde, die Medici zu Paten bat. Gian Galeazzo Sforza kam am 20. Juni zur Welt, am 14. Juli machte sich Lorenzo, der seinen Vater sehr gedrängt hatte, ihm die Reise an den mailändischen Hof zu gestatten, mit ansehnlichem Gefolge auf den Weg nach Norden.

Der schreibgewandte Gentile Becchi, der Lorenzo auch dieses Mal begleitete, hat in einem Brief an Clarice Orsini eine lebhafte Schilderung dieser Reise hinterlassen. Sie zeigt, daß auch in solch unbequemen Zeiten wie damals das Reisen unter bestimmten Bedingungen sehr angenehme Seiten haben konnte. Fortbewegungmittel war das Pferd, denn Reisewagen oder Kutschen gab es noch nicht. In allen Städten und Orten, durch die die Reisegesellschaft kam, wurde Lorenzo geradezu fürstlich empfangen, bewirtet, beschenkt und mit Proviant für Menschen und Pferde versorgt. Am ersten Reisetag nahm er in Prato, bis wohin ihn sein Bruder Giuliano begleitete, bei seinem Onkel Carlo de' Medici das Mittagessen ein, der hier Propst war; abends in Pistoia bat ihn der Bischof zu Gast, in dessen Palast er auch übernachtete. Tags darauf speiste er in Pescia beim Vikar, dem Vertreter der florentinischen Regierung; die Gemeinde ließ es sich nicht nehmen, ihm Wein, Marzipan und Hafer für die Pferde zu schenken. Lucca stand dagegen nicht wie die zuvor besuchten Orte unter der Herrschaft von Florenz. Nachdem sie die Stadt durchritten hatten, nahmen die Reisenden deshalb in einer Herberge außerhalb der Mauern Quartier. Doch die Regierung der Stadt, in ihrer Ehre geradezu gekränkt, schickte umgehend Abgesandte in den Gasthof, um Lorenzo, der im Freien nach einem heißen Reisetag die Kühle des Abends genoß, einzuladen, der Signorie einen Besuch abzustatten. Lorenzo wollte eigentlich schon frühmorgens wieder aufbrechen, aber daraus wurde nun nichts. Am nächsten Morgen, es war ein Sonntag, wurde er zunächst in die Cappella della Croce geführt, um die Messe zu hören, dann zum Sitz der Regierung, wo ihn der versammelte Magistrat empfing. Es wurden Begrüßungsreden gehalten, und Lorenzo sprach bei dieser Gelegenheit so gut und lang, daß er, wie Becchi Clarice schrieb, alle Herzen gewann. Bei der Rückkehr ins Quartier erhielt er zum Geschenk «große und kleine Fackeln, Pinienkerntorten, anderes Gebäck und Wein», für die sich Lorenzo mit ähnlichen Geschenken revanchierte. Er lud auch einige Bürger zum Essen ein, wofür er das zu solchen Zwecke mitgeführte Silbergerät auspacken ließ. Danach ging es weiter durch eine liebliche Landschaft bis nach Pietrasanta, das als etwas unsicher galt. Dennoch wurde Lorenzo auch hier herzlich aufgenommen. «Die Leute sahen sich nicht satt an ihm», konnte Becchi berichten. Einige Herren des Orts luden zum Abendessen ein, das unter einer Laube mit Ausblick auf das Meer und das davorliegende, fruchtbare Hügelland serviert wurde. So ging es weiter, bis nach einer Woche das Ziel erreicht war. Am 22. Juli schrieb Lorenzo selbst aus Mailand etwas steif und altväterlich an seine junge Frau, um ihr seine Ankunft zu melden und sie zu ermahnen, seinen Eltern und seiner Großmutter gute Gesellschaft zu leisten. Er selbst, schrieb er noch, könne es gar nicht abwarten, sie wiederzusehen. Die Taufe des Herzogskindes fand am 25. Juli mit einer feierlichen Zeremonie im Mailänder Dom statt, kurz darauf trat Lorenzo die Heimreise an.

Als Lorenzo nach Mailand reiste, war das Verhältnis nicht mehr so ungetrübt wie zu Zeiten Cosimos. Probleme der gesamtitalienischen Politik hatten in letzter Zeit zu Spannungen zwischen Florenz und Mailand geführt, wobei vor allem die Frage von Rimini im Mittelpunkt des Disputs stand. Als im Oktober 1468 der letzte Herr der Stadt, Sigismondo Pandolfo Malatesta, gestorben war, beschloß Papst Paul II., dieses kirchliche Lehen einzuziehen, und beauftragte den natürlichen Sohn des Verstorbenen, Roberto Malatesta, der als Söldnerführer im Dienst der Kirche stand, die Stadt mit ihrem Umland zurückzuerobern. Damit traf er keine glückliche Wahl, denn Roberto Malatesta ließ sich selbst mit Hilfe von Federico da Montefeltro zum Herrn von Rimini ausrufen und erbat den Schutz der zwischen Florenz, Mailand und Neapel bestehenden Liga, deren Generalkapitän der Graf von Urbino war. Im Bündnis mit Venedig ließ Paul II. deshalb im Juli 1469 die Stadt belagern. Dieser Schritt brachte die Mitglieder des Dreibunds in Verlegenheit, denn keine der drei Mächte wollte als erste dem Papst offene Feindschaft erklären. Die Lage hatte wie so oft auch Auswirkungen auf die innere Stabilität von Florenz. Die politischen Gegner Pieros forderten, statt mit Mailand, dem traditionellen Bündnispartner seit Cosimos Zeiten, mit Venedig, das auf seiten des Papstes stand, zusammenzugehen, was auch die Rebellen von 1466, die bei den Venezianern Rückhalt gefunden hatten, zu neuerlicher Rüstung trieb.

Angesichts der unruhigen Lage in der Stadt hatte Piero lange gezögert, Lorenzo fortzulassen, denn er wollte dem schwelenden Konflikt mit dem Besuch seines Sohnes am mailändischen Hof keinen weiteren Zündstoff geben. Er wies deshalb Lorenzo an, keinen Aufwand zu treiben, sich auf die Taufe zu beschränken und alle eventuell auftauchenden politischen Fragen der offiziellen Florentiner Diplomatie zu überlassen. «Man sieht es nicht gerne», so drückte er sich aus, «daß Enten die Gänse zum Trinken führen.» Am Herzogshof bestanden dagegen ganz andere Erwartungen. Der mailändische Gesandte in Florenz, Sacramoro Mengozzi da Rimini, hatte eine sehr positive Meinung über Lorenzo gewonnen und dem Herzog in einem Schreiben den «äußerst gewandten Geist» von Pieros Sohn gepriesen. So war es nicht möglich, in Mailand politischen Diskussionen völlig aus dem Weg zu gehen. Der Herzog drängte Lorenzo, an seinen Vater zu schreiben (was Lorenzo auch tat), weil er wünschte, daß Florenz zur Unterstützung Federico da Montefeltros Truppen nach Rimini schickte, was er selbst, wie übrigens auch Florenz, aus Kostengründen nicht zu tun gewillt war.

Lorenzo erwähnt seinen Besuch in Mailand beiläufig in einem nur fragmentarisch überlieferten Text von seiner Hand über die politischen Ereignisse in Italien seit dem Tod Cosimo de' Medicis. Mit Bezug auf den Krieg von Rimini schreibt er, daß die Florentiner ihre Truppen zwar in Bereitschaft gesetzt, aber nicht ins Feld geschickt hätten, weil sie mehr noch als die anderen Mächte der Liga einen Krieg mit dem Papst zu fürchten gehabt hätten. In diesem Entschluß habe sie auch die ungewisse Haltung des Herzogs bestärkt, der keinen Krieg führen wollte, wie er es selbst viele Male von ihm persönlich gehört habe, als er sich zur Taufe in Mailand befand. Wahrscheinlich schrieb Lorenzo diesen Text nach dem Tod seines Vaters als eine Art Promemoria für sich selbst, denn eine gute Kenntnis der Verhältnisse und Entwicklungen auf der italienischen Halbinsel war die erste Voraussetzung für alles politische Handeln.

Am 30. August 1469 – Lorenzo war längst wieder aus Mailand zurück – schlug Federico da Montefeltro zusammen mit dem neapolitanischen Thronfolger Alfonso d'Aragona das päpstliche Heer und befreite die Stadt von der Belagerung. Der Papst war aber immer noch nicht zum Einlenken bereit, so daß der Konflikt das Bündnis, in das Florenz eingebunden war, zerbrechen zu lassen drohte. Hier der kriegsunlustige Herzog, der separat mit dem Papst wegen eines Friedens verhandelte, dort der König, der den Sieg nicht unnütz verschwenden wollte und auf die Fortsetzung des Krieges drängte, während Florenz es sich mit keinem verderben wollte und eine abwartende Haltung einnahm. In diesem Zusammenhang kam es sogar zu persönlichen Anschuldigungen zwischen dem Herzog und Piero de' Medici. Als Galeazzo Maria Sforza ein abfälliges Urteil Pieros über ihn zu Ohren kam, schrieb er mit fürstlicher Arroganz an seinen Gesandten in Florenz: «Wenn er unseres Standes wäre, hätten wir ihm geantwortet, doch ist er es nicht...». Lorenzo suchte zu vermitteln, indem er sich von seinem Vater distanzierte und dem mailändischen Gesandten gegenüber dessen starre Haltung bedauerte. Diese Unabhängigkeit des Urteils ließ ihn in der Gunst des Herzogs steigen, deren er schon sehr bald dringend bedürfen sollte.

Der Zwist mit Galeazzo Maria Sforza war gerade erst mühsam überbrückt, als Piero de' Medici am späten Abend des 2. Dezember 1469 nach kurzer schwerer Krankheit starb. Der Tod kam zwar plötzlich, aber nicht ganz unerwartet, denn niemand hatte dem schwer gichtkranken Mann langes Leben zugeschrieben. Selbst sein Sohn hatte sich in dieser Hinsicht keine Illusionen gemacht und die Möglichkeit von Pieros Ableben bereits im September 1469 bei Gesprächen mit dem mailändischen Gesandten Sacramoro gestreift. Er habe für diesen Fall seine Vorkehrungen getroffen, erklärte er diesem gegenüber, die Unterstützung der «Freunde des Hauses» sei ihm gewiß, ja diese «Freunde» seien ihm selbst sogar noch mehr gewogen als seinem Vater.

Als das gefürchtete Ereignis tatsächlich einzutreten drohte, informierte Lorenzo sofort persönlich den Herzog. Sein Vater habe vor ein paar Tagen ein paar kleinere «Anfälle» erlitten, schrieb er ihm am 1. Dezember, sich dann aber wieder etwas erholt; es sei jedoch zu befürchten, daß solche Anfälle wiederkämen. Er wolle deshalb den Herzog über das, «was geschehen könnte», unterrichten. Daß Pieros Zustand in der Tat äußerst besorgniserregend war, läßt schon der Ton des langen Schreibens erkennen. Es war ein leidenschaftlicher Appell an den Herzog, ihm den Schutz und die alte Freundschaft, welche die Sforza schon immer seiner Familie gegenüber bewiesen hätten, in diesem schweren Augenblick nicht zu entziehen. Die Tatsache, daß sein Vater Piero stets ein treuer Diener der Sforza gewesen sei, ermutige ihn, den Gönner des *stato* und der *grandezza* des Hauses Medici um Protektion für die Erhaltung dieser Stellung in Florenz zu bitten. Es sei schließlich im eigenen Interesse des Herzogs, mächtige Diener zu haben, die seine Wünsche und Absichten in der Stadt durchsetzen könnten. Am Tag darauf, nur wenige Stunden vor Pieros Tod, schrieb er einen zweiten Brief nach Mailand, in dem er keine Hoffnung mehr für eine Genesung ließ.

Pieros Sterben war qualvoll. Er hatte die Sprache verloren, lag reglos und schaute die Besucher, die sich dem Krankenbett näherten, schweigend an. Doch habe er Reue über seine Sünden gezeigt und mit Händedruck und Zeichen zu verstehen gegeben, daß er seine Söhne dem Herzog anempfehle, schrieb der mailändische Gesandte seinem Herrn. Der Tod trat in den späten Abendstunden des 2. Dezember ein. Am nächsten Tag wurde der Verstorbene abends in der Dunkelheit zu Grabe getragen. Nur die engsten Angehörigen und Freunde, darunter keine einzige Frau, begleiteten ihn im Schein von wenigen Fackeln zum Begräbnis in der nahen Kirche San Lorenzo, wo die Kanoniker zusammen mit den von den Medici begünstigten Dominikanern von San Marco, den Serviten von SS. Maria Annunziata und den Mönchen der Abtei von Fiesole ein einfaches Totenamt zelebrierten. Hinter dem Sarg schritten auf dem Weg zur Kirche in der ersten Reihe zwischen den Gesandten des Herzogs von Mailand und des Königs von Neapel Pieros Stiefbruder Carlo und sein Vetter Pierfrancesco de' Medici, die nächsten Angehörigen aus der gleichen Generation; in der zweiten Reihe folgte sein Sohn Lorenzo zusammen mit dem florentinischen Generalkapitän Roberto di Sanseverino und dem Bischof Mariano Salvini von Cortona, der schon Cosimos Beichtvater gewesen war; Giuliano kam in der dritten Reihe, begleitet von seinem Onkel Tommaso Soderini und Pieros einstigem Feind Luca Pitti. Ein Beobachter sah, wie Lorenzo auf dem Rückweg von den Exequien hemmungslos weinte.

Für Trauer blieb indessen wenig Zeit, denn es galt, unverzüglich zu handeln, um das politische Erbe Pieros zu sichern. Die Anhänger der Medici mußten dazu gebracht werden, Lorenzo und seinen Bruder Giuliano als die politischen Nachfolger Pieros anzuerkennen und ihnen Unterstützung zuzusagen. Die Jugend der Brüder war dabei ein Hindernis, aber zugleich auch eine Chance. Nicht wenige aus dem engeren Kreis der Anhänger glaubten, daß sich ein Zwanzigjähriger wie Lorenzo leichter als sein Vater leiten lassen würde, kurz gesagt, die führenden Männer der Partei hofften auf eine Stärkung ihrer Macht. Eine ähnliche Hoffnung nährte auch der Herzog von Mailand, der aber, um seinen Einfluß zu stärken, im Gegenteil auf die Befestigung von Lorenzos Stellung in Florenz hinwirken mußte. Schon während Piero im Sterben lag, strömten viele Bürger ins Haus an der Via larga, um Trost zu spenden und ihre Freundschaft anzubieten. Gleichzeitig traf Tommaso Soderini, Pieros Schwager, Vorbereitungen zu einer Versammlung der Anhänger der Medici, um die Lage mit ihnen zu diskutieren. Diese Versammlung fand unmittelbar nach Pieros Tod noch in derselben Nacht im Kloster S. Antonio statt, wo sich rund siebenhundert Männer aus allen Schichten der Stadt einfanden. Soderini ergriff als erster das Wort und rief mit Hinweis auf die Verbannten, die immer schon auf Pieros Tod gewartet hätten, um nach Florenz zurückzukehren und die bestehende Ordnung umzustürzen, die Anwesenden zur Einigkeit auf. Als erstes politisches Ziel nannte er den Abschluß des Friedens im Krieg von Rimini, was eine Fortsetzung des freundschaftlichen Verhältnisses mit Mailand implizierte. Er vergaß auch nicht, auf die Verdienste der Medici als Freunde des «Volks» hinzuweisen. Die Anwesenden ließen sich leicht überzeugen und versprachen feierlich, *reputatione e grandezza*, das «Ansehen» und die «Größe», der Söhne Pieros bewahren zu wollen, was hieß, die Vorrangstellung, die Piero in der Stadt und in der Partei eingenommen hatte, auch dessen Söhnen zuzuerkennen. Dem Drängen einiger besonders Hitziger, die alle Opponenten der Medici vorsorglich verhaften wollten, wurde nicht nachgegeben. So war bereits unmittelbar nach Pieros Tod ein breiter Konsens gefunden und Zusammenhalt demonstriert worden.

Im ersten Brief mit der Bitte um Unterstützung vom 1. Dezember hatte Lorenzo Galeazzo Maria Sforza versichert, viele Freunde in Florenz zu haben; auch dem Mailänder Gesandten Sacramoro sagte er am selben Tag, daß er in Hinsicht auf sein Verhältnis zu den führenden Bürgern glaube, «fest auf dem Pferd» zu sitzen. Die Versammlung in S. Antonio schien dies zu bestätigen. Auch am Tag nach Pieros Tod — der Verstorbene war noch nicht begraben — fanden sich im Palast an der Via larga viele angesehene, den Medici freundschaftlich verbundene Bürger ein, um der Familie ihr Beileid auszudrücken und Lorenzo zugleich aufzufordern, das politische Erbe seines Vaters anzutreten. Über diese Einladung schrieb Lorenzo in seinen privaten

Aufzeichnungen wenige Jahre später folgendes: Obwohl er eigentlich viel zu jung gewesen sei, hätten ihn doch die führenden Männer – *i principali* – der Stadt und des *stato* eingeladen, wie sein Vater und Großvater für jene und diesen Sorge zu tragen. Da eine solche Aufgabe aber im Widerspruch zu seinem Alter gestanden und eine große Last und Gefahr für ihn bedeutet habe, habe er diesen Auftrag nur unwillig angenommen und auch nur deshalb, um die Freunde und das Vermögen der Familie zu bewahren, da man in Florenz als reicher Mann nicht ohne *stato* leben könne. Die Unterscheidung zwischen der Stadt und dem *stato* zeigt, daß zweierlei Dinge gemeint waren: dort das Florentiner Gemeinwesen mit seiner tradierten republikanischen Verfassung, die den Bürgern Anteil an den Regierungsgeschäften gab; hier der *stato* der Medici, nach Rankes Worten «das eigentümlichste Institut dieser Republik», eine Gruppe von den Medici verbundenen Männern, «die gleichsam im Mitbesitz der Herrschaft war», ohne direkt zu regieren. Ohne die Rückendeckung eines solchen *stato*, wollte Lorenzo sagen, konnte ein wohlhabender Mann in Florenz nicht ungestört leben und seinen Geschäften nachgehen. Lorenzo akzeptierte den Auftrag, weil er den Reichtum und die Stellung seiner Familie, die seine Vorfahren aufgebaut und verteidigt hatten, nicht aufs Spiel setzen wollte, obwohl es nicht einfach, wenn nicht gar unmöglich war, die Belange der Stadt und die eigenen Interessen im Gleichgewicht zu halten.

Am 4. Dezember fand Lorenzo endlich Zeit, Herzog Galeazzo Maria Sforza, der schon durch seinen Gesandten Sacramoro von Pieros Tod erfahren hatte, in aller Förmlichkeit das Hinscheiden seines Vaters anzuzeigen. Der feierlich rührende, auch im Namen seines Bruders Giuliano abgefaßte Brief, stilsicher aufgesetzt von Gentile Becchi, dessen Hand ihn auch schrieb, enthielt nochmals die Bitte um Schutz mit Hinweis auf die traditionelle Freundschaft und «Dienstbarkeit» seiner Familie gegenüber dem Haus der Sforza. Sie seien bereit, wie ihr Vater und Großvater, «Seele, Körper und alles, was wir an Gütern haben, für jedes Bedürfnis Eurer Durchlaucht hinzugeben». Lorenzo war fest entschlossen, die von Cosimo eingeleitete promailändische Politik weiterzuführen, weil er sich vom Herzog den wirksamsten Schutz für seine Stellung in Florenz erhoffte. In der Tat bot Galeazzo

Maria Sforza sogleich an, Truppen an der Grenze bereitzustellen, um eventuell in Florenz einzugreifen. Er schrieb auch an die amtierende Signorie, um ihr Lorenzo und Giuliano, die ihm teuer wie Brüder seien, ans Herz zu legen.

Während die Regierung, der ein treuer Anhänger der Medici vorstand, über die neue Lage beriet, lud Lorenzo selbst am 6. Dezember fünfundzwanzig angesehene Bürger in sein Haus, um ihre Meinung anzuhören und ihnen den eigenen Standpunkt darzulegen. Er fand Zustimmung und Rat. Doch obwohl er sich bescheiden gab und sich für die etwas ungebührliche Einberufung entschuldigte, ließ er keinen Zweifel darüber aufkommen, daß er sich in der Nachfolge seines Großvaters und Vaters als der neue Führer des *stato* der Medici betrachtete. Ein paar Tage später, am 10. Dezember, bedankte er sich mit bewegten Worten bei Galeazzo Maria Sforza für die großzügig angebotene Hilfe. Er habe sie zum Glück nicht nötig, denn wie der Herzog selbst sicher schon erfahren habe, entwickelten sich seine Angelegenheiten in Florenz in Frieden und Eintracht. Er habe so viele Freundschaftsbeweise empfangen, «daß es nicht besser gehen könnte». Dies konnte auch der Gesandte des Herzogs bestätigen. Sacramoro da Rimini, der in dieser ersten, unsicheren Zeit Lorenzos engster, nicht ganz uninteressierter Ratgeber war, hatte lange Gespräche mit Lorenzo geführt, bei denen dieser ihm versichert hatte, «fest im Sattel zu sitzen», was sein Verhältnis zu den führenden Bürgern, den *principali*, betreffe. Der Gesandte warnte Lorenzo dennoch vor diesen, wenn es eine Gefahr für seine Stellung gebe, dann laure sie dort. Deshalb riet er ihm auch, sich weniger arrogant als sein Vater, aber auch nicht zu nachgiebig zu verhalten. Lorenzo beherzigte den Ratschlag und bewegte sich mit Geschick. «Die Mehrzahl der Bürger steht auf seiner Seite, und sein Auftreten gefällt dem Volk», meldete Sacramoro wenig später dem Herzog. Diese Harmonie war jedoch, ganz wie der mailändische Gesandte gefürchtet hatte, von kurzer Dauer. Bald schon trübte sich das Verhältnis zwischen Lorenzo und den führenden Männern seiner Partei. «Alle sehen höchst ungern Lorenzos *grandezza*», schrieb ein halbes Jahr nach Pieros Tod der Mailänder Gesandte dem Herzog, «denn sie wissen, daß er große Fähigkeiten besitzt, und sind ungehalten darüber, daß sein Ansehen täglich zunimmt.» Es komme sie hart an, daß die Meinung und der Wille eines jungen Mannes mehr gelte als der ihre.

Im ungelösten Problem von Rimini fand der angelegte Konflikt bald ein geeignetes Terrain. Um einen Ausgleich zwischen den divergierenden Positionen von Mailand und Neapel zu finden, war schon zu Pieros Lebzeiten ein Treffen der Mächte des Dreibunds geplant worden, das Anfang Januar 1470 in Florenz begann. In die fünfköpfige Kommission, die die Republik dabei vertreten sollte, wurde auch Lorenzo de' Medici berufen. Die vier anderen Unterhändler – Tommaso Soderini, Jacopo Guicciardini, Antonio Ridolfi, Jacopo Pazzi – gehörten alle zu jenen führenden Männern, vor denen Sacramoro da Rimini Lorenzo gewarnt hatte. Deshalb hielt sich Lorenzo bei den Verhandlungen klug im Hintergrund, um die älteren Kollegen nicht zu brüskieren, und beachtete auch strikt die Regeln. So lehnte er es zum Beispiel ab, die Vertreter Mailands privat zu empfangen, wie diese und ihr Herr, der Herzog, es gewünscht und erwartet hatten. Dennoch kam es bald zu schweren Meinungsverschiedenheiten innerhalb der Florentiner Deputation, in denen sich die Parteiungen widerspiegelten. Lorenzo plädierte im Sinne Mailands für einen friedlichen Ausgleich mit dem Papst, was ihm auch die Sympathie des der Kriegssteuern überdrüssigen Volks einbrachte. Dagegen vertrat vor allem sein Onkel Soderini mehr oder weniger offen die Position des Königs von Neapel, der den Krieg am liebsten fortgesetzt hätte. Der mailändische Gesandte beschuldigte Soderini sogar, den Krieg deshalb zu wollen, weil in solchem Fall gewöhnlich ein außerordentlicher Rat mit großen Vollmachten – eine *Balia* – die Regierungsgeschäfte übernahm, in der sich die *grandezza* der führenden Bürger entfalten könne. «Der Frieden ist ihr Ruin», war sein bissiger Kommentar.

Das Treffen wurde nach zwei Monaten auf Veranlassung Mailands abgebrochen, die bei den Verhandlungen zwischen Lorenzo und seinen Kollegen hervorgetretenen Divergenzen waren aber damit noch nicht aus der Welt geschafft. Weiteren Zündstoff brachte im April 1470 ein Handstreich gegen die unter Florentiner Herrschaft stehende Stadt Prato, den eine Gruppe von Männern, die 1466 ins Exil geschickt worden waren, organisiert hatte. Das Unternehmen mißlang, alle Beteiligten wurden gefangengenommen und hingerichtet. Doch während der Krise kam es in Florenz zu öffentlichen Freundschaftsbekundungen für Lorenzo, was die Mißgunst der *principali* noch verstärkte. Auch mit der Absicht, Lorenzo «eins auf den Kopf zu geben» – so der mailändische Gesandte –, nahm die im Mai amtierende Regierung Verhandlungen mit König Ferrante von Neapel auf. Lorenzos Stellung in Florenz war also doch nicht so sicher, wie er selbst zunächst geglaubt hatte. Der Zwist innerhalb der Liga konnte zwar schließlich beigelegt und im Juli das Bündnis zwischen Florenz, Mailand und Neapel erneuert werden. Auch der Papst lenkte ein, als die Türken Negroponte (Euboea) eroberten, so daß am 22. Dezember 1470 nach dem Vorbild des 1454 abgeschlossenen Friedens von Lodi in Rom eine allgemeine Liga unter den italienischen Mächten verkündet werden konnte. Dennoch bot die auswärtige Politik Lorenzos Gegnern immer wieder neue Argumente für ihre Fronde.

Die fortgesetzten Reibungen hatten Lorenzo jedoch davon überzeugt, daß sein *stato* auf schwachen Füßen stand. Besonders nachteilig war es für ihn, daß aus den Wahlen nicht immer freundlich gesinnte Regierungen hervorgingen. Auch auf den *Consiglio del Cento*, den engeren Rat, der 1458 zur Stärkung des politischen Einflusses der Medici-Partei geschaffen worden war, war kein sicherer Verlaß mehr, doch ohne dessen Zustimmung konnte kein Gesetz verabschiedet werden. Auch wählte der *Consiglio del Cento* jedes Jahr die *Accoppiatori*, die alle zwei Monate die Wahlen für die Regierung durchführten, wobei seit 1466 die Auswahl der Kandidaten wieder weitgehend in deren Ermessen gelegt war. Eine Reform dieser beiden Institutionen schien Lorenzo deshalb der gebotene Weg, um den *stato* der Medici zu stärken und Regierungen nach seiner Couleur zu erhalten. Falls diese Reform gelänge, schrieb Sacramoro da Rimini Anfang 1471 an Galeazzo Maria Sforza, gewänne Lorenzo einen *stato* und solche *grandezza*, wie sie weder Cosimo noch Piero je besessen hätten. Der Gesandte, stets bemüht, seinen Schützling nicht vom rechten mailändischen Pfad abweichen zu lassen, blieb nicht untätig und konnte schließlich auch Lorenzos Onkel Tommaso Soderini zur Treue gegenüber seinem Neffen verpflichten, wobei auch Geld etwas nachhalf. Sacramoro kommentierte Lorenzos Bitte an den Herzog, Soderini eine Rente zuzusichern, sarkastisch mit den Worten: «Solche Ausgaben bringen manchmal sehr großen Nutzen, auch wenn sie für den Empfänger schlimm und tadelnswert sind. Aber hier (in Florenz) scheinen sie sich nicht allzu sehr über so etwas zu schämen.»

Schon im Juli 1470 hatte die amtierende Regierung im Sinne Lorenzos einen ersten Reformvorschlag gemacht: Die *Accoppiatori* sollten fortan nur noch unter den Personen oder deren Familienangehörigen ausgewählt werden, die seit 1434, dem Beginn von Cosimos Vorherrschaft in Florenz, dieses Amt schon einmal bekleidet hatten. Dies waren etwa vierzig Personen, von denen Treue erwartet werden durfte; nur fünf neue Kandidaten sollte es geben. Bei der Abstimmung im *Consiglio del Cento* fiel der Vorschlag jedoch durch. Man hätte auf diese Weise nur fünfundvierzig Tyrannen geschaffen, schrieb Alamanno Rinuccini, ein überzeugter Verfechter der republikanischen Traditionen, empört in seinen Aufzeichnungen. Ein zweiter Vorstoß wurde Anfang 1471 unternommen, als Agnolo Della Stufa, einer der treuesten Anhänger Lorenzos, *Gonfaloniere di giustizia* wurde. Der Gesetzesvorschlag, die Wahl der *Accoppiatori* dem «Rat der Hundert» zu entziehen und der Signorie zusammen mit den jeweils amtierenden *Accoppiatori* zu übertragen, wurde zwar angenommen, aber nur mit einer sehr knappen Mehrheit. Wiederum wurde deutlich, daß im *Consiglio del Cento* nicht nur Anhänger der Medici saßen.

Während Lorenzo auf diese Weise damit beschäftigt war, seine Stellung in Florenz zu stärken, erschien im März 1471 Galeazzo Maria Sforza höchstpersönlich in Florenz. Es war vorgeblich ein ganz privater Grund, der den Herzog an den Arno führte. Er wollte, wie er erklärte, ein Gelübde erfüllen, indem er der in ganz Italien berühmten wundertätigen Madonna in der Kirche SS. Maria Annunziata einen Besuch abstattete. Nachdem ihn eine vierköpfige Florentiner Delegation, der auch Lorenzo de' Medici angehörte, schon in Sarzana an der Grenze des florentinischen Gebiets willkommen geheißen hatte, hielt der Herzog am 15. März seinen feierlichen Einzug in Florenz. Er war begleitet von seiner Gemahlin, Bona von Savoyen, von seinen Brüdern und zahlreichen Edelleuten des Hofs und seines Geheimen Rats. Die ungeheure Pracht des Aufzugs machte großen Eindruck in Florenz. Knappen und Pagen waren in grünen Samt gekleidet, die drei Karren und achtzig Maultiere, die das Gepäck beförderten, mit kostbaren Seidenschabracken bedeckt, in die das Wappen des Herzogs, vermischt mit dem des französischen Königs, eingewebt war. Ähnlich aufgeputzt auch die fast fünfzig Rösser, die im Zug mitgeführt wurden, ganz zu schweigen von den beiden Pferden, die das Herzogspaar ritt. Die Edelleute und Damen des Gefolges trugen Kleider aus Brokat, der Herzog und die Herzogin dagegen als einzige blaue Übergewänder aus Seide mit den Lilien des französischen Königs darauf. Bewunderung erregte auch der große, in Gold gefaßte Edelstein, ein Balassrubin, den der Herzog an einer Kette um den Hals trug. Galeazzo Maria Sforza präsentierte sich in Florenz als Verbündeter und Vasall Ludwigs XI. von Frankreich, der ihm auf Grund diskutabler Rechtstitel Genua und Savona verliehen hatte. Auch war der König sein Schwager, da er mit Carlotta von Savoyen, der Schwester Herzogin Bonas, vermählt war. Es war vereinbart worden, daß der Herzog wie schon bei seinen vorigen Besuchen in den Jahren 1459 und 1467 im Palast der Medici logieren sollte, den Lorenzo von Andrea del Verrocchio prächtig hatte schmücken lassen. Bevor er aber dort abstieg, begrüßte der Herzog die Regierung und tat mit einem kurzen Gebet in der Kirche der SS. Maria Annunziata seinem Gelübde Genüge.

Sein Besuch hatte entgegen allem Anschein auch gewichtige politische Gründe. Der Herzog hatte die im Dezember 1470 in Rom abgeschlossene Liga zwischen den italienischen Mächten nicht ratifiziert und auch Florenz im letzten Augenblick von der Ratifizierung abgehalten. Er bemängelte verschiedene Klauseln, vor allem aber störte ihn, daß die Liga nicht nur gegen die Türken gerichtet war, sondern implizit auch einen Nichtangriffspakt zwischen allen italienischen Staaten darstellte. Zudem war er besorgt wegen der Annäherung zwischen Venedig und Neapel, die ihrerseits ein geheimes Bündnis zur Verteidigung gegen die Türken abgeschlossen hatten. In dieser Lage wollte sich der Herzog der Treue der Florentiner versichern, denn er hatte gesehen, wie leicht die Stimmung in der Stadt zugunsten des

Königs von Neapel umschlagen und Lorenzo de' Medici, seine wichtigste Stütze hier, in Bedrängnis bringen konnte. Um seinen Standpunkt darzulegen, hielt er eine effektvolle Rede vor der versammelten Regierung, den führenden Bürgern und den Gesandten der auswärtigen Mächte im Palazzo della Signoria. Er sprach von seinem Gelübde, seinen zwei vorigen Besuchen in der Stadt, seinem Wunsch, den Frieden in Italien zu bewahren, vor allem sich mit dem Staat begnügen zu wollen, den sein Vater ihm hinterlassen hatte. Letzteres mochte manchem etwas heuchlerisch klingen, denn 1454 hatte Francesco Sforza zugunsten der Venezianer auf ausgedehnte Gebiete im Osten des Herzogtums verzichten müssen, die Galeazzo Maria gerne zurückgewonnen hätte, weshalb ihm der geforderte Frieden zwischen den Staaten ein Dorn im Auge war. Um Florenz fest auf seiner Seite zu halten, bot der Herzog an, der Stadt die finanzielle Last der Unterhaltung von Soldtruppen abzunehmen, zur der die Liga sie verpflichtete. Er erklärte sich sogar bereit, ein Kontingent für die Florentiner Bedürfnisse bereitzustellen.

Die Nachricht von der Bekanntgabe des Bündnisses zwischen Venedig und Neapel, die am 18. März in Florenz eintraf, empörte den Herzog sehr und bewegte ihn wohl auch, an einer unglücklichen militärischen Operation mitzuwirken, die von vielen Bürgern Lorenzo zur Last gelegt wurde. Mit mailändischer Rückendeckung wurde eine Soldtruppe gegen Piombino geschickt, um die vom dortigen Herrn exilierte Gegenpartei gewaltsam in die Stadt zurückzuführen und mit diesem Handstreich den Kleinstaat unter florentinische Herrschaft zu bringen – sozusagen als Gastgeschenk des Herzogs. Das Unternehmen mißlang, und der König von Neapel, dessen Protegé der Herr von Piombino Jacopo d'Appiano war, protestierte heftig. Lorenzo war besorgt über diesen Ausgang, denn er wollte nicht als erklärter Feind des Königs dastehen. In der Tat entfachte dieser Zwischenfall erneut die innere Opposition. Es gab Schwierigkeiten für Lorenzo, als im Mai eine Steuerauflage von 50.000 Fiorini zur Diskussion stand, von denen ein Teil an König Ferrante für den Kreuzzug gegen die Türken bestimmt war, der andere – und hier lag der Stein des Anstoßes – zur Deckung der enormen Kosten des Herzogsbesuchs.

Beim Florentiner Volk hinterließ der Herzog trotz oder eben wegen des zur Schau gestellten Luxus einen äußerst schlechten Eindruck. Man nahm es ihm vor allem übel, daß er keinen Geschmack an den für ihn mit beträchtlichem Aufwand vorbereiteten geistlichen Schauspielen fand, die der ganze Stolz der Stadt waren. Da der Herzog erklärtermaßen aus einem frommen Grund und außerdem in der Fastenzeit nach Florenz gekommen war, schienen solche Spiele die passendsten Unterhaltungen für den hohen Besuch. Doch zweimal wartete man in SS. Maria Annunziata vergeblich auf den Herzog, erst beim dritten Mal ließ er sich dazu herab, dem Spiel beizuwohnen. Pferderennen, Turniere und Bälle, die die Fastenzeit freilich verbot, wären seinem adligen Geschmack besser entgegengekommen. Nach Santo Spirito, der gerade erst vollendeten Kirche Brunelleschis, wo ein Spiel über die Niederkunft des Hl. Geistes auf ihn wartete, begab er sich überhaupt nicht. Da bei dieser Inszenierung, wie oft üblich, auch pyrotechnische Einlagen vorgesehen waren, kam es in der Nacht zu einem verheerenden Brand, der die Kirche völlig zerstörte.

Lorenzo de' Medici ließ sich zur Erinnerung an den Besuch seines wichtigsten Verbündeten und Beschützers von Piero del Pollaiolo ein Bildnis der Herzogs malen. Auf diesem ist Galeazzo Maria Sforza im Dreiviertelprofil dargestellt. Das längliche Gesicht, umrahmt von dem braunen, gelockten Haar, ist von der mächtigen Hakennase geprägt. Die ganze Miene drückt Hochmut aus. Die rechte Hand – nur diese ist sichtbar – mit dem abgespreizten, leicht angewinkelten Zeigefinger steckt in einem eleganten, weichen Handschuh und hält den zusammengedrückten zweiten Handschuh. Auf dem Bild trägt der Herzog dasselbe blaue Gewand mit den französischen Lilien und den kostbaren Edelstein auf der Brust, mit denen er nach der Beschreibung des Mantuaner Gesandten Zaccaria Saggi in die Stadt eingezogen war.

Galeazzo Maria Sforzas Besuch hatte sich also im Endeffekt eher als hinderlich denn als förderlich erwiesen, doch schon bald hatte Lorenzo wieder das Heft in der Hand. Im Juli 1471 wurde auf Vorschlag einer befreundeten Regierung eine *Balia* mit weitgehenden Vollmachten eingesetzt, weil, so hieß es etwas vage, in der Stadt vieles zu ordnen und zu verbessern sei, das Anlaß zur Zwietracht geben könnte. In Wirklichkeit sollte die *Balia* die begonnene Reform der Verfassungsorgane vollenden, denen der *Consiglio del Cento* sicher nicht zugestimmt hätte. In diesen außerordentlichen Rat von zweihundertvierzig Bürgern, der nach mehreren Verlängerungen schließlich bis Februar 1472 im Amt blieb, wurde auch Lorenzo de' Medici gewählt, obwohl er das geforderte Alter nicht besaß. Die Teilnahme an dieser *Balia* war sehr begehrt, zumal jede Familie höchstens zwei Mitglieder dafür stellen durfte, weshalb sich zahlreiche Besucher im Medici-Palast einfanden, um sich Lorenzo zu empfehlen. Obwohl Lorenzo sich um eine gewisse Ausgewogenheit bemühte, stieß die Auswahl der Mitglieder, wie zu erwarten war, auf Kritik, denn ganz wie beabsichtigt besaßen seine Anhänger die Mehrheit in diesem Rat. Den weiteren Reformen stand nun nichts mehr im Wege.

Als erstes änderte die *Balia* die Zusammensetzung des *Consiglio del Cento*, so daß Lorenzo hoffen konnte, hier in Zukunft auf weniger Widerstand zu stoßen. Außerdem beschloß sie, ein neues Ausleseverfahren zur Feststellung der Wahlfähigkeit der einzelnen Bürger durchzuführen, da das letzte schon länger zurücklag. Dies alles vollzog sich formell durchaus im Rahmen verfassungsmäßiger Legalität. Aber Lorenzos «Empfehlungen» zusammen mit der Ermessensfreiheit der zehn *Accoppiatori* (Lorenzo war einer von diesen), welche die aus dem *scrutinio* hervorgegangenen Namen in die Wahlbeutel der verschiedenen Ämter füllten, führten dazu, daß befreundete Familien und Personen bevorzugt wurden. Die Benachteiligten aber, unter diesen auch die personenstarke, reiche Familie Pazzi, schworen Feindschaft,

Die Reformen erfüllten, wenigstens am Anfang, die Erwartungen, die Lorenzo in sie gesetzt hatte. Sie stärkten unter Wahrung republikanischer Formen seinen *stato* und erleichterten seiner Partei die Kontrolle über den Regierungsapparat. Doch legten sie zugleich auch den Grundstein zu neuem schweren Konflikt. Unter dem Jahr 1473 findet sich in einer zeitgenössischen Chronik, vermischt mit vielen anderen, die knappe Notiz: «Es wurden vier Anschlagszettel mit Parolen gegen die Medici und die führenden Männer ihrer Partei entdeckt.» Der Verfasser dieser etwas wirren Chronik, Benedetto Dei, der auch aufschrieb, was man in Florenz so sagte, überliefert unter der Überschrift «*Motti provati*» – Sprüchen, die keines Beweises bedürfen – auch jenen: «*Chi non seghue le palle gli fie rotto le spalle alfine*» – sinngemäß übersetzt: «Wer den *palle* (den Wappenkugeln der Medici) nicht folgt, dem wird am Ende das Rückgrat gebrochen.»

Lorenzo fühlte sich jetzt so fest «im Sattel», daß er glaubte, wieder mehr Zeit auf seine persönlichen Interessen verwenden zu dürfen, besonders auf das Dichten, von dem er beim Tod seines Vater in einem Sonett etwas vorschnell Abschied genommen hatte. «Ein widriges, hartes Los zwingt mich zu dem, was ich nicht möchte», hatte er damals geschrieben, «o Verse, o Reime ..., euch laß' ich gegen meinen Wunsch». In den scheinbar ruhigen Tagen jetzt, als er sich am Ziel glaubte, entstanden neue Liebesgedichte, Karnevals- und Tanzlieder, zwei Novellen in der Art Boccaccios und anderes mehr; auch frühere Werke nahm er wieder zur Hand und überarbeitete sie. Damals begann Lorenzo auch die Gedichte zu sammeln, die Zeugnis von seiner Liebe zu Lucrezia Donati gaben, um sie in einem *Canzoniere* zusammenzustellen. Zugleich faßte er den Plan, die neuen Gedichte, die er schrieb, nach dem Vorbild Dantes zu kommentieren, um seine eigene Erlösung durch die Liebe zu beschreiben, ein literarisches Projekt, das ihn sein ganzes Leben lang begleitete. Von den Werken Dantes und Petrarcas, seiner poetischen Leitsterne, ließ er damals auch eine reichilluminierte Prunkhandschrift anfertigen. Darin zeigt eine besonders schöne, seitengroße Miniatur zur Illustrierung von Petrarcas *Trionfi* den Siegeszug Amors und ein Medaillon in der ornamentalen Umrandung des Blattes die Frau im blauen, mit Goldsternen verzierten Kleid, die Lorenzos Turnierfahne geschmückt hatte. (Abb. S. 81)

Im Spätsommer 1473 nahm er auch den Kontakt zu Marsilio Ficino, dem alten Schützling seines Großvaters Cosimo, wieder auf, dessen im Kommentar zu Platos *Gastmahl* niedergelegten Ideen über Liebe er noch wenige Jahre zuvor in seinem Versgedicht *Simposio* so übermütig verspottet hatte. Was ihn im einzelnen zu diesem Schritt bewegte, ist nicht ganz klar. Ficinos Wiederbelebung der platonischen Tradition machte die Figur des Herrscher-Philosophen wieder aktuell, in die er

vielleicht gerne geschlüpft wäre. Vor allem scheint Lorenzo aber daran gelegen zu haben, seinen Namen mit dem des Philosophen, dessen neuplatonische Lehren in Florenz so viel Anklang fanden, zu verbinden. Es mußte ihm deshalb opportun erscheinen, das alte Klientelverhältnis wiederherzustellen, denn Ficino bewegte sich seit Cosimos Tod in medicifernen, wenn nicht gar medicifeindlichen Kreisen. Er hatte den im Sommer 1469 abgeschlossenen lateinischen Kommentar zum platonischen *Symposion*, dem er bald eine italienische Übersetzung folgen ließ, Giovanni Cavalcanti gewidmet, keinem Freund der Medici, in dessen Landvilla er oft Ruhe zur Arbeit an seiner *Theologia platonica* fand, dem großen Werk, das die platonische Philosophie mit der christlichen Lehre in Übereinstimmung bringen sollte. So hatte er auch das im Kommentar beschriebene, angeblich in Florenz veranstaltete Gastmahl zu Ehren Platos im Haus von Francesco Bandini Baroncelli angesiedelt, dem Bruder jenes Bernardos, der später den ersten Dolchstoß gegen Lorenzos Bruder Giuliano führen sollte. Erst in einer späteren Fassung ließ Ficino Lorenzo als Anreger und Gastgeber dieses Mahles in der Medici-Villa in Careggi auftreten.

Nach Careggi lud Lorenzo Ficino Ende August oder Anfang September 1473 ein, um mit ihm über philosophische Fragen zu diskutieren. Bei diesen Zusammenkünften wurde beschlossen, diese Gespräche auch schriftlich festzuhalten. In der Tat schrieb Lorenzo in den folgenden Monaten ein sechsteiliges Versgedicht mit dem Titel *De summo bono* (Vom höchsten Gut), in dem er weitgehend zwei an ihn gerichtete philosophische Briefe Ficinos paraphrasierte. Das wahre, höchste Gut, erklärt hierin der Philosoph Lorenzo, bestehe einzig in der Seelenliebe zu Gott, der höchsten Form der Liebe. Es sah ganz so aus, als ob sich Lorenzo zum neuplatonischen Credo bekehrt hätte. Ficino brachte dieses unerwartete Interesse auch praktischen Gewinn, denn Lorenzo verschaffte ihm, der sich am 18. Dezember 1473 zum Priester hatte weihen lassen, die Kirche S. Cristofano in Novoli als einträgliche Pfründe. Im September 1474 kam es noch einmal zu einem kurzen philosophischen Briefwechsel, in dem Ficino Lorenzo vorwarf, seine Zeit mit leeren Beschäftigungen und Vergnügen zu vergeuden. Lorenzo gab einer gewissen Leichtfertigkeit seines Charakters die Schuld, doch damit endete der philosophische Briefwechsel.

Im Kreis von Lorenzos Poetenfreunden sah vor allem Luigi Pulci die Annäherung an die Ideen Ficinos mit steigender Besorgnis, denn sie paßte so gar nicht in sein profanes Lebensbild, das sein Schüler einst mit ihm geteilt hatte. Pulci gab seiner tiefen Abneigung gegenüber Ficino in einem blasphemischen Gedicht Ausdruck, in dem er «das große Gerede» über die Seele und «wo sie eingeht und wo sie rausgeht» sarkastisch verhöhnte. Für ihn war die Seele nur ein «Zuckerplätzchen im warmen, weißen Gebäck» oder «geräuchertes Schweinefleisch im aufgeschnittenen Brot». Ficino beschwerte sich, bezeichnete Pulci als Feind Gottes und Monstrum der Ruchlosigkeit, protestierte, das Heilige dürfe nicht vor die Hunde und die Flöhe («*pulci*») der Hunde geworfen werden. Die wüste Polemik zog Kreise, bis Lorenzo die aufgeregten Kontrahenten zur Ordnung rief. Doch hatte sich auch sein eigenes Verhältnis zu Ficino abgekühlt, da dieser weiterhin mit seinen alten Gönnern verkehrte. Vor allem seine Verbindungen zu den Pazzi, den Gegenspielern der Medici nicht nur in wirtschaftlicher Hinsicht, bei denen Ficino als junger Mann Hauslehrer gewesen war, machten ihn Lorenzo verdächtig. Aber auch Pulcis Stern war im Sinken, denn mit Poliziano stand Lorenzo nun ein Literat von ganz anderer Qualität zur Seite.

VII. GIULIANO

Sandro
Botticelli,
«Bildnis des
Giuliano
de' Medici»
(Washington,
National
Gallery)

Seit zwei Generationen schon lagen die Geschicke der Familie Medici in den Händen eines Brüderpaars. Cosimo und Lorenzo, Piero und Giovanni hatten gemeinsam die Geschäfte geführt, zusammen unter einem Dach gelebt und in Eintracht die politische Macht und Stellung ihrer Familie gefördert und vermehrt, wobei dem älteren der Brüder immer die führende Rolle zugefallen war. Ein merkwürdiges Schicksal hatte es auch gefügt, daß der jüngere Bruder stets dem älteren in den Tod vorausging. Nach Pieros Tod traten nun zum dritten Mal zwei Brüder an, um das Haus der Medici weiterzuführen. Dieser Tradition eingedenk, beauftragten Lorenzo und Giuliano schon kurze Zeit nach dem Tod ihres Vaters den Bildhauer und Maler Andrea del Verrocchio, der schon bei anderen Gelegenheiten für die Familie gearbeitet hatte, mit der Ausführung eines Doppelgrabes für ihren Vater und ihren Onkel Giovanni, das in der von Cosimo erbauten, zur Grablege der Medici bestimmten Alten Sakristei der Kirche San Lorenzo seinen Platz finden sollte. Dieses Grabmal gilt als eines der bedeutendsten Werke dieses Künstlers. Der reich mit bronzenem Rankenwerk verzierte Sarkophag aus rotem Porphyr mit den ebenfalls bronzenen Löwenfüßen, kunstvoll eingepaßt in einen Durchgang zur benachbarten Kapelle, steht auf einen marmornen Sockel, um den herum in kapitalen Lettern eine lateinische Inschrift die Namen der Stifter und das Datum der Vollendung nennt: «LAURENTIUS ET JUL. PETRI FF. POSUER. PATRI PATRUOQUE MCCCCLXXII» – Lorenzo und Giuliano, die Söhne Pieros, errichteten (dieses Grabmal) ihrem Vater und ihrem Onkel im Jahre 1472.

War schon Lorenzo eigentlich zu jung für die ihm zugefallene Aufgabe, so galt dies doppelt für seinen Bruder. Nach Pieros eigenen Aufzeichnungen wurde Giuliano am 25. Oktober 1453 geboren, beim Tod seines Vaters war er also gerade erst sechzehn Jahre alt. Seine Erziehung war ähnlich verlaufen wie die seines älteren Bruders; unter der Leitung Gentile Becchis hatte auch er eine humanistisch geprägte Ausbildung erhalten, Latein gelernt und die antiken und die italienischen Schriftsteller gelesen. Wenn noch sein Onkel Giovanni sehr zu seinem Unwillen in jungen Jahren eine Lehrlingszeit in den Kontoren der Medici-Bank hatte absolvieren müssen, während sich der ältere Bruder Piero auf die Politik vorbereitete, so scheinen Giuliano dergleichen Mühen erspart worden zu sein. Die Leitung der Geschäfte lag schon seit 1463 in den Händen des Generaldirektors Francesco Sassetti. Giuliano verbrachte deshalb eine sorglose Kindheit mit langen Aufenthalten auf dem Familiengut Cafaggiolo, wo es sich herrlich reiten, fischen und jagen ließ.

Für Lorenzo bedeutete die Existenz eines Bruders zweifellos eine Stütze und eine Sicherheit, doch war er wenig gewillt, Giuliano größeren Spielraum zu gewähren. Als der Ältere fühlte er sich berechtigt, die wichtigsten Entscheidungen allein zu treffen. Dagegen war für Giuliano Lorenzo das beneidete Vorbild, dem er in jeder Richtung nachzueifern suchte. Die gleichen Erfahrungen wie sein Bruder zu machen war sein heißester Wunsch. Auch er wollte, wie Lorenzo, die wichtigsten Höfe Italiens kennenlernen. Nur Rom hatte Giuliano bisher gesehen, als er im Frühjahr 1469 Lorenzos Braut Clarice Orsini dort abgeholt und nach Florenz geleitet hatte. Nun wollte er auch Mailand, Venedig und Neapel besuchen. Als Luigi Pulci sich Anfang 1471 in Angelegenheiten Lorenzos in Neapel aufhielt, fühlte er vor, ob ein Besuch Giulianos am Hof genehm wäre. Die Stimmung war günstig, und man erkundigte sich schon nach den Vorlieben des jungen Medici, aber aus einer Reise nach Neapel wurde nichts, weder jetzt noch später. Das Verhältnis zu König Ferrante hatte sich nach Pieros Tod, wie schon gesagt, verschlechtert, obwohl der König immer noch, so schrieb Pulci aus Neapel, Lorenzo sehr gewogen sei. Zum Beweis dafür war er bereit, auf dessen Wunsch die Pferde Falsamico und Abruzzese, die sich im Turnier von 1469 so glänzend bewährt hatten, nochmals nach Florenz zu schicken. Hindernisse solcher Art stellten sich für eine Reise nach Mailand dagegen nicht, und als Galeazzo Maria Sforza im März 1471 nach Florenz kam, lud er Giuliano ein, den mailändischen Hof und das Herzogtum zu besuchen.

Giuliano ergriff die Gelegenheit mit Begeisterung, zumal ein solcher Besuch den gegenseitigen Beziehungen nur förderlich sein konnte, und brach schon wenige Tage nach dem Herzog in Richtung Norden auf. Zwei ganze Monate blieb er fort. Der Empfang am mailändischen Hof war herzlich – der Herzog behandle ihn nicht wie einen Diener, der er doch sei, sondern wie einen Sohn, schrieb er nach Hause –, und am Fest des heiligen Georg, am 23. April, fanden in Mailand allerlei Veranstaltungen zu seinen Ehren statt. Giuliano vergnügte sich bei Turnierkämpfen, Bällen und Ritten durchs Land, lernte Städte wie Genua und die herzoglichen Burgen und Besitzungen kennen. Möglicherweise sah er sich auch nach einer mailändischen Braut um, denn ebenso wie sein Bruder wollte er eine auswärtige Eheverbindung eingehen, die ihm ehrenvoller erschien als die übliche Heirat mit einer Florentinerin. Kurzum, die Reise gelang so gut, daß er schon bald eine neue plante.

Im März 1472 machte Giuliano Anstalten, nach Venedig aufzubrechen, doch hätte er sich keinen schlechteren Zeitpunkt aussuchen können. Ende Februar war in Volterra, das unter florentinischer Herrschaft stand, ein Aufstand ausgebrochen, dem wirtschaftliche, die Ausbeutung der dortigen Alaungruben betreffende Gründe wie auch innere Spaltungen zugrunde lagen. Die Krise blieb nicht auf die Stadt beschränkt. In Florenz regte sich die innere Opposition wieder, während die Exilierten von 1466, die wie immer schon in Venedig Rückhalt fanden, von neuem rüsteten. Ihre Hoffnung war, den Konflikt auszunutzen, um einen Umsturz in Florenz zu bewirken. Die politische Lage war explosiv und eine Reise unter solchen Bedingungen inopportun und gefährlich. Lorenzo versuchte deshalb, Giuliano den Plan auszureden oder ihn doch wenigstens zu bewegen, die Abreise zu verschieben. Doch Giuliano verschloß sich jeder Einsicht und bestand auf seinen Plänen. Er hatte sich schon von seinen Freunden verabschiedet, als ihm Lorenzo ausdrücklich verbot abzureisen. Es kam zu einer schweren Auseinandersetzung, in der Giuliano seinem Bruder vorwarf, ihn bewußt an die Seite zu drücken. Er wolle nicht, daß er «in der Welt» bekannt werde und sich dort «Reputation» erwerbe. Auch die Ermahnungen der Mutter fruchteten nichts; Giuliano schwang sich aufs Pferd und ritt nach Cafaggiolo, das an der Straße nach Norden lag. Es war nötig, ihm Gentile Becchi nachzuschicken, um ihm ins Gewissen zu reden und zum Einlenken zu bewegen. Giuliano ließ trotzdem mehrere Tage vergehen, bevor er nach Florenz zurückkehrte, denn es schien ihm eine Demütigung, sich so schnell wieder vor seinen Freunden zu zeigen.

Kaum vierzehn Tage später zog er von neuem los, um sich in Begleitung Becchis über Bologna und Ferrara nach Venedig zu begeben, wo, wie in Mailand, die Niederlassung der Medici-Bank bequeme Unterkunft bot. Diese Niederlassung war zwar längere Zeit infolge des 1467 von den Exilierten provozierten Krieges geschlossen geblieben, hatte seit einem Jahr aber die Geschäfte wieder aufgenommen. Ihr Leiter Giovanni Lanfredini pflegte Beziehungen zu den höchsten venezianischen Kreisen und war in der Lage, Giuliano dort einzuführen, obwohl das offizielle Verhältnis zwischen Florenz und Venedig im Augenblick immer noch kühl war. Trotzdem wurde Giuliano, wie man berichtete, von der Regierung sehr geehrt und schloß Bekanntschaft mit vielen venezianischen Patriziern. Auch dem Dogen wurde er vorgestellt, als dieser am Himmelfahrtstag seine Vermählung mit dem Meer zelebrierte. Man munkelte in Venedig sogar von einer möglichen Ehe Giulianos mit einer Venezianerin. Dieser Plan, zunächst beiseite gelegt, wurde zwei Jahre später wieder aufgegriffen, als Lorenzo, im Konflikt mit dem Papst, ein Bündnis mit Venedig anstrebte. Noch 1477 war von einer Verbindung Giulianos mit einer Tochter Marco Corners die Rede. Zur Verwirklichung kamen diese Pläne nie.

Nach einem sehr vergnüglichen Aufenthalt in der Lagune verließ Giuliano Anfang Juni Venedig wieder und sah sich noch etwas in der Gegend um. Er besuchte Padua, Vicenza und Verona, drei von Venedig beherrschte Städte, und bat schließlich Markgraf Ludovico Gonzaga von Mantua, ihn auf dem Rückweg besuchen zu dürfen. Er wollte das Gebiet des Herzogs von Ferrara meiden, das unsicher war.

In Ferrara hielt sich der 1466 verbannte Dietisalvi Neroni auf, der nur auf eine Gelegenheit wartete, Giuliano eine Falle zu stellen. Ein Meuchelmörder stand schon bereit. Die Gonzaga, alte Freunde der Medici, nahmen Giuliano herzlich auf. Sein Name kam wenig später sogar als möglicher Gemahl einer der Töchter des Markgrafen ins Gespräch. Giuliano konnte zufrieden sein. Er hatte sich an vielen Orten vorgestellt, war überall gut aufgenommen worden und hatte sich auf diese Weise etwas von jener «Reputation» erworben, die sein Bruder ihm seiner Meinung nach vorenthielt.

Giulianos Vorwürfe waren nicht ganz unberechtigt, denn Lorenzo setzte sich nur allzuleicht über die Wünsche und Ambitionen seines jüngeren Bruders hinweg, wenn er glaubte, daß dessen Person für seine politischen Ziele nützlich sein konnte. Dies zeigte sich schon bald nach der Rückkehr aus Venedig. Im Juli 1471 war in Rom unerwartet Papst Paul II. gestorben, dessen Verhältnis zu Florenz nie sehr freundlich gewesen war. Zu seinem Nachfolger wurde am 9. August der Franziskaner Francesco Della Rovere gewählt, der aus Savona stammte und als Untertan des Herzogs von Mailand mit diesem seit langem enge Beziehungen unterhielt. Die mailändischen Interessen hatte er schon als Kardinal von San Pietro in Vincoli an der Kurie vertreten, weshalb seine Wahl von Mailand kräftig unterstützt worden war. Auch Lorenzo de' Medici hatte, wie es scheint, in Rom für ihn werben lassen. Es bestand also berechtigte Hoffnung, daß der neue Papst, der sich Sixtus IV. nannte, ihm und Florenz günstig gesinnt sein würde. Im Herbst nahm Lorenzo an der offiziellen Florentiner Gesandtschaft teil, die Sixtus IV. zu seiner Wahl gratulieren sollte, und hatte in Rom Gelegenheit, dem Papst auch seine persönlichen Anliegen vorzutragen. Sixtus IV. empfing ihn außerordentlich herzlich. Er schenkte ihm zwei antike Marmorköpfe und erlaubte ihm auch, aus dem reichen Schatz Pauls II. von antiken Gemmen und Medaillen einige kostbare Stücke zu günstigem Preis zu erwerben. Lorenzo schätzte diesen Gunstbeweis so sehr, daß er ihn auch in seinen Aufzeichnungen erwähnte. Zugleich vertraute Sixtus IV. den Medici wieder die Verwaltung der päpstlichen Gelder an, die zuletzt in der Hand eines Neffen Pauls II. gelegen hatte, indem er Lorenzo und Giuliano de'

Medici zu päpstlichen Depositaren ernannte. Dieses Amt war allerdings nicht mehr so einträglich wie früher, als es Giovanni de' Medici und seinen Söhnen den wirtschaftlichen und politischen Aufstieg ermöglicht hatte. Denn in die Kasse des Depositars flossen nicht nur die Einnahmen, der Depositar mußte auch Gelder vorschießen, wenn die Einnahmen sich verspäteten oder, was noch schlimmer war, die Ausgaben die Einnahmen übertrafen. Gerade aber dies war jetzt der Fall, denn der Geldhunger Sixtus' IV. und seiner mächtigen Neffen war unersättlich. Für die Medici-Bank, die unter Kapitalmangel litt, war dies eine heikle Situation. Ein weiteres Thema, das bei Lorenzos Gesprächen mit dem neuen Papst angeschnitten wurde, betraf Giuliano ganz persönlich.

Seit langem wünschten sich die Florentiner einen Kardinal aus ihren Reihen, der die Interessen der Stadt an der Kurie loyal und mit Nachdruck vertreten konnte. Er sollte die Approbation der Signorie besitzen und von dieser dem Papst vorgeschlagen werden. Schon Cosimo de' Medici hatte sich vergeblich bemüht, einem entfernten Verwandten, jenem Erzbischof von Pisa Filippo de' Medici, der 1468 Lorenzos Eheschließung in Rom durchgeführt hatte, diese Würde zu verschaffen, doch weder Pius II. noch Paul II. ernannten überhaupt einen Florentiner zum Kardinal. Lorenzo brachte den Wunsch bei seinem Besuch in Rom deshalb erneut vor, und Sixtus IV. gab ihm diesbezüglich auch feste Zusicherungen. Er versprach, daß er dabei Lorenzos Wünsche berücksichtigen wolle. Doch statt wiederum auf dem Erzbischof von Pisa zu bestehen, schlug Lorenzo nach einiger Zeit dem Papst seinen eigenen Bruder als Kandidaten vor.

Erste Schritte wurden im Spätherbst 1472 unternommen. Lorenzo schrieb am 15. November an Sixtus IV., der, wie man annahm, bald neue Kardinäle ernennen würde, um ihn an den «lange gehegten Wunsch unseres Hauses nach einem Kardinal» zu erinnern. Zugleich kündigte er ihm den Besuch von Giovanni Tornabuoni an, der ihm dieses Anliegen ausführlicher darlegen sollte. Zwei Wochen später empfahl er dem Papst auch seinen Vertrauten Francesco Nori, Direktor der *Tavola* in Florenz, den er nach Rom schicke, «nicht um dem glühenden Wunsch Ihrer Heiligkeit, uns zu Gefallen zu sein, noch mehr Brennholz zu liefern, sondern um von ihm zu erfahren, wem meinem Wunsch nach diese Würde zuteil werden sollte». Wenn er den Namen höre, würde er den Wunsch sicher noch lieber erfüllen.

Nori erhielt von Lorenzo Empfehlungsschreiben an eine Reihe von Kardinälen, darunter die einflußreichen Neffen Sixtus' IV., Pietro Riaro und Giuliano Della Rovere. Im Januar 1473 brachte Nori die Antwort nach Florenz. Dem Papst hatte, wie dieser dann selbst auch nach Florenz schrieb, der Vorschlag sehr gefallen. Er versprach, alles zu tun, um Lorenzos Wunsch zu erfüllen, und legte die Angelegenheit in die Hände von Pietro Riario, Kardinal von San Sisto, den er über alles liebte. Der machtbesessene, verschwenderische Kardinal erwartete natürlich Gegendienste, und Lorenzo war auch bereit, den Beutel zu öffnen, sobald konkrete Ergebnisse vorlagen, aber er ahnte wohl nicht, daß Riario auf mehr als Geld aus war.

Das plötzliche Umschwenken auf den Namen Giulianos, nachdem Filippo de' Medici über Jahrzehnte der Kandidat der Medici gewesen war, hatte konkrete politische Motive, denn eine Erhebung des eigenen Bruders zum Kardinal hätte Lorenzos Stellung innerhalb und außerhalb von Florenz noch mehr gestärkt. Daneben gab es aber auch wirtschaftliche Aspekte, die Lorenzo Sorge bereiteten. Giovanni Tornabuoni, der Leiter der römischen Niederlassung, konnte dem Geldbedarf des päpstlichen Hofes kaum nachkommen, denn dessen Ausgaben überstiegen die Einnahmen um vieles. Bis zum Juli 1472 hatte Tornabuoni der päpstlichen Kammer nach offiziellen Berechnungen schon 107.000 Kammergulden vorschießen müssen. Lorenzo war zur Einsicht gekommen, daß nur ein Kardinal in der Person seines Bruders selbst eine Garantie für diese Kredite darstellen konnte.

Was bei diesen Überlegungen offenbar keine Rolle spielte, war die Meinung des Betroffenen selbst. Giuliano, der nach einer fürstlichen Heirat Ausschau hielt, hatte nicht die geringste Lust, Kardinal zu werden. Es schien ihm eine Ungerechtigkeit des Schicksals, daß er eine solche Bürde zum Wohl der Stadt und der Familie auf sich nehmen sollte. Die Zustimmung mußte ihm mühsam abgerungen werden. Ein Hindernis bestand auch darin, daß er keinerlei geistliche Ausbildung genossen hatte und es schwierig war, ihn gleich aus dem Laienstand zum Kardinal zu erheben. Der Papst wünschte deshalb, daß Giuliano einstweilen wenigstens «den Brokat» ablegen und sich «züchtig» kleiden, vor allem aber «studieren» sollte. Er bekam auch einen Lateinlehrer aus Rom geschickt, damit er sich flüssig in der Sprache der Kirche auszudrücken lernte.

Mit der Erhebung neuer Kardinäle ließ sich Sixtus IV. allerdings Zeit, so daß sich schließlich ein anderer Kardinal einschaltete. Es war der aus Lucca gebürtige Jacopo Ammannati Piccolomini, einst Sekretär des Sieneser Papstes Pius II., der seit langem in guten Beziehungen zu Florenz und den Medici stand. Auch er war der Meinung, daß Giuliano zunächst etwas mehr geistlichen Schliff bekommen sollte. «So unbehauen, wie er ist», schrieb er am 25. April 1473 an Lorenzo, «zweifle ich, daß er der Gesellschaft hier gefällt.» Man solle ihm wenigstens für kurze Zeit das Chorhemd eines Klerikers oder Protonotars überziehen. Als Sixtus IV. am 7. Mai neue Kardinäle ernannte, war Giuliano trotz aller Versprechungen nicht dabei. Die Erklärungen, die der Papst und Kardinal Riario vorbrachten, waren nicht sehr überzeugend, aber Lorenzo ließ trotzdem von seinem Plan nicht ab. Eine Woche nach der verfehlten Gelegenheit legte ihm Kardinal Ammannati in einem langen Brief seine Meinung zur ganzen Angelegenheit dar und zeigte ihm das Für und das Wider einer Erhebung Giulianos zum Kardinal auf. Seine Argumente klingen seltsam, bezeugen aber große politische Erfahrung und Scharfsicht. Mit Hinweis auf einen nicht lange zurückliegenden, politischen Mordfall, der auch die Kurie beschäftigt hatte, sah er in merkwürdiger Vorahnung einen Nachteil darin, daß sich die Brüder Medici im selben Haus und am selben Ort aufhielten. Da auf Lorenzo, wie er sich ausdrückte, viele Augen lägen, könne dem einen oder anderen vielleicht die Versuchung kommen, sie beide auf einen Schlag aus dem Weg zu räumen. Wenn Giuliano aber als Kardinal nicht in Florenz, sondern in Rom wäre, würde eine solche Versuchung wohl gar nicht erst aufkommen, da, wenn nur einer der Brüder getötet würde, ja ein Ersatz bereitstünde. In diesem Sinne sei ein Kardinalat Giulianos zu befürworten. Andererseits seien aber Lorenzos Kinder noch klein, man wisse nicht, ob sie das Erwachsenenalter erreichten, und wenn dann Giuliano als Geistlicher keine Abkömmlinge habe, geriete die Stellung der Medici in Florenz in Gefahr. Deshalb solle Giuliano sich keinesfalls gleich zum Priester weihen lassen, damit er eventuell wieder zurückkönne. Er müsse aber wenigstens einen Monat lang das kuriale Amt eines Protonotars ausüben und an die Kurie übersiedeln. Für sein richtiges Benehmen wolle er dann zusammen mit Gentile Becchi gerne sorgen. Giuliano jedoch, vom Papst beim letzten Konklave übergangen, nahm dies zum Anlaß, sich noch störrischer zu weigern, das Chorhemd anzuziehen. Bedenken waren aber auch von anderer Seite laut geworden. Giovanni Tornabuoni, der die Geheimnisse der Kurie gut kannte, legte Lorenzo Vorsicht nahe und warnte ihn vor den Ambitionen und der Verschwendungssucht von Kardinal Riaro, der viel verspreche, aber wahrscheinlich auch viel fordern würde. Lorenzo ließ sich trotzdem nicht beirren und führte die Verhandlungen noch einige Zeit weiter – in Florenz wurde schon fest mit Giulianos Erhebung gerechnet –, aber im Herbst gab er dann auf. Ein seit einiger Zeit schwelender Interessenkonflikt hatte jede Verständigung unmöglich gemacht. Da er weitreichende Folgen für das Verhältnis zum Papst und seinen mächtigen Neffen hatte, soll er hier erwähnt werden.

Es ging um die Stadt Imola in der Romagna. Von hier aus war es nicht weit, über den Apennin auf florentinisches Gebiet zu gelangen, und feindliche Truppen, die von Norden kamen, hatten in der Vergangenheit mehr als einmal diesen Weg genommen. Deshalb hatte Florenz mit dem Herrn von Imola Taddeo Manfredi ein Schutzbündnis abgeschlossen, das bis Ende März 1473 lief. Ende 1471 trat Manfredi jedoch heimlich die Stadt dem Herzog von Mailand ab, womit er den heftigen Protest von Florenz provozierte. Das Bündnis blieb zwar in Kraft, doch der Herzog verlegte eine Garnison nach Imola. Auf die Stadt, die wie die ganze Romagna zum Kirchenstaat gehörte, hatte indessen auch Sixtus IV. ein Auge geworfen. Er wollte sie seinem Neffen Girolamo Riario übertragen, der sich Graf nannte, nachdem er mit Geldern der Kirche die kleine Grafschaft Bosco erworben hatte und vom Herzog von Mailand damit belehnt worden war. Der Vorwand war, daß Taddeo Manfredi den schuldigen Zins nicht gezahlt habe, weshalb Imola an die Kirche zurückfallen müsse. Der besondere

Grund für diese Manöver war die im Januar 1473 erfolgte Heirat Riarios mit Caterina Sforza, einer natürlichen Tochter Herzog Galeazzo Marias. Die Stadt, die dem mailändischen Herzog dank der Abtretung Taddeo Manfredis zugefallen war, sollte die Mitgift Caterinas darstellen. Nach Ablauf des Schutzbündnisses zeigte sich der Herzog auf florentinischen Druck hin jedoch bereit, seinen Anspruch auf Imola gegen die Zahlung einer hohen Summe an Florenz abzutreten. Als die Nachricht davon im Mai 1473 nach Rom gelangte, während über Giulianos Kardinalat verhandelt wurde, brach die Hölle los. Sixtus IV. drohte Mailand und Florenz mit den schärfsten geistlichen und weltlichen Strafen, so daß die Vereinbarung geleugnet und die ganze Angelegenheit einstweilen auf Eis gelegt wurde. Im September darauf besuchte Kardinal Pietro Riario als päpstlicher Legat Mailand und bewegte Herzog Galeazzo Maria dazu, ihm Imola für seinen Bruder Girolamo um den Preis von 40.000 Dukaten zu verkaufen. Das Geld für diesen Kauf sollten die Medici und die Pazzi gemeinsam über ihre Banken vorstrecken. Lorenzo, bestärkt vom Herzog selbst, der in der ganzen Angelegenheit eine etwas undurchsichtige Rolle spielte, lehnte jedoch ab, diesen Kredit zu gewähren, was ihm die Feindschaft Riarios einbrachte und das anfangs so herzliche Verhältnis zu Sixtus IV. gründlich verdarb. Der Kredit wurde von anderen Geldgebern, hauptsächlich aber von den Pazzi zur Verfügung gestellt, die seit den von Lorenzo durchgedrückten Reformen in Florenz eine dumpfe Opposition betrieben. Girolamo Riario wurde auf diese Weise Herr von Imola und zugleich zum erklärten Feind Lorenzos. Damit scheiterte das ehrgeizige Projekt von Giulianos Kardinalat endgültig. Seitdem favorisierte Lorenzo eine Kandidatur Gentile Becchis, der wenigstens schon Kleriker war. Er wollte ihn sogar adoptieren, damit auf jeden Fall ein Medici Kardinal würde. Als erstes Ergebnis solcher Bemühungen konnte er verbuchen, daß Becchi im Oktober 1473 das Bistum Arezzo übertragen wurde. Giuliano durfte aufatmen. Er brauchte den verhaßten Priesterrock nicht anzuziehen und konnte sich wieder seinen weltlichen Ruhmesträumen hingeben. Er scheint sich seitdem etwas besser in seine Rolle als Zweiter gefügt zu haben. Während der häufigen Abwesenheiten Lorenzos aus Florenz pflegte er seinen Bruder dort in allen politischen und diplomatischen Angelegenheiten sachkundig zu vertreten.

Sein großer Auftritt kam im Januar 1475. Im November zuvor hatten die Kapitäne der guelfischen Partei, des Organs, das derlei Veranstaltungen durchzuführen pflegte, wieder ein großes Turnier angesagt. Den Anlaß dazu bot das von Florenz am 2. November 1474 abgeschlossene Bündnis mit Venedig und Mailand, das an die Stelle des alten Dreibunds von Mailand, Florenz und Neapel trat. Die politischen und militärischen Ereignisse der letzten Zeit, darunter nicht zuletzt eine weitere Verschlechterung der Beziehungen zu Papst Sixtus IV., hatten zu diesem Frontwechsel geführt. Vor allem Lorenzo hatte, besorgt über die bedrohliche, von Neapel unterstützte Expansionspolitik des Papstes und seiner Neffen in Mittelitalien, auf das Bündnis mit Venedig gedrängt, und während der Vorverhandlungen war auch wieder eine venezianische Heirat Giulianos ins Gespräch gekommen. Dagegen hatte sich Galeazzo Maria Sforza lange gegen ein Zusammengehen mit seinen traditionellen Feinden gesträubt und war dem Bündnis schließlich nur widerwillig beigetreten. Zum Feiern sah er deshalb wenig Anlaß.

Der Beschluß, die neue Allianz mit einem Turnier zu ehren, auf den Giuliano, wie er selbst angab, aktiv hingewirkt hatte, setzte wiederum große Vorbereitungen in Gang. Die nötigen Pferde mußten beschafft und auswärtige Mitstreiter gewonnen, die Anfertigung der luxuriösen Ausstattungsstücke für die Parade vorangetrieben werden. Dies alles kostete Zeit und vor allem viel Geld. Lorenzo und Giuliano schickten sofort Boten aus, um die befreundeten Herren Italiens zu bitten, ihnen gute Pferde zur Verfügung zu stellen, was ihnen auch gerne zugesichert wurde. Giuliano lag aber vor allem daran, im Turnier die Farben des mailändischen Herzogs zu zeigen, so wie sich sein Bruder 1469 mit jenen des Königs von Frankreich geschmückt hatte. Über diesen Wunsch sprach er schon vor der offiziellen Ansage des Turniers am 20. November mit dem mailändischen Gesandten in Florenz und kündigte dem Herzog selbst am 15. November den Besuch des bewährten Roßkamms Andrea del Fede an. Doch schon kurz darauf sprach er aufs neue beim Gesandten vor, diesmal mit dem Wunsch, der

Herzog möge ihm nicht nur Pferde, sondern auch Turnierkämpfer und ein paar Trompeter schicken, die ihn auf den Turnierplatz begleiten sollten. Zunächst zeigte sich der Herzog disponibel, dann aber, immer noch verärgert über den Abschluß des neuen Bündnisses, boykottierte er Giulianos Wünsche; Andrea del Fede kam mit leeren Händen aus Mailand zurück. Der Herzog entschuldigte sich: Dem Roßkamm habe nur ein einziges Pferd gefallen, doch dieses sei ihm so teuer wie sein eigenes Auge, er habe es nicht über sich gebracht, es wegzuschicken. Turnierkämpfer habe er leider überhaupt keine, entweder seien sie zu alt oder nicht gut genug für den Kampf in Florenz. Für Giuliano war diese Absage eine herbe Enttäuschung. Er jammerte dem mailändischen Gesandten vor, die Pferde habe er gar nicht so sehr für den Kampf, sondern für seine «Reputation» nötig, als ein Zeichen der Gunst des Herzogs, und außerdem würde er sich auf einem Roß der Sforza sicher viel mutiger fühlen. Trotzdem wolle er zur Not auf die Pferde verzichten, auf die Turnierkämpfer, seine «Hauptzier» bei der Veranstaltung, aber keinesfalls. Er versprach, den Reitern mit ihren Pferden ein höchst ehrenvolles Quartier in Santa Maria Novella zu reservieren. Der Herzog zögerte, wollte wissen, nach welchen Regeln in Florenz gekämpft würde, und als ihm diese Regeln erklärt wurden, sagte er endgültig nein. Die Trompeter, die er schließlich doch noch schickte, trafen erst nach dem Turnier in Florenz ein, wie Giuliano in seinem trockenen Dankesbrief etwas pikiert anmerkte. Giuliano zog schließlich auf einem Pferd namens Orso in den Kampf. Es kam, wie es scheint, aus dem Marstall des Königs von Neapel.

Am 29. Januar 1475 war es endlich soweit. Zweiundzwanzig Turnierkämpfer hatten sich zusammengefunden, unter ihnen die Sprößlinge einiger großer, mit den Medici verbündeter Florentiner Familien – Soderini, Della Stufa, Guicciardini, Nerli –, dazu verschiedene Adlige, Kriegsleute von Beruf, wie der Sohn des Markgrafen von Mantua, Rodolfo Gonzaga, und zwei Söhne des großen Condottiere Roberto di Sanseverino. Giuliano zeichnete sich bei der festlichen Parade auf dem Platz vor der Kirche Santa Croce schon durch seinen großen Troß aus. Siebzig Fußsoldaten, mehr als jeder andere, führte er in seinem Gefolge mit, dazu Trompeter, Pfeifer, Trommler und viele edle

Pferde aus den Rennställen der Medici und anderer Herren. Auch seine engsten Angehörigen, alle zu Pferd und in prächtiger Kleidung, begleiteten ihn auf den Turnierplatz. Gleich hinter ihm ritt Lorenzos kleiner Sohn Piero, keine drei Jahre alt, ihm folgte Lorenzo selbst zusammen mit Pierfrancesco de' Medici und dem Schwager Guglielmo Pazzi. Wie schon im Turnier des Jahres 1469 war auch diesmal wieder der ganze Schatz der Medici an Juwelen, Edelsteinen und Perlen zu besichtigen, die auf der Kleidung und Kopfbedeckung Giulianos sowie den Schabracken seines Pferdes funkelten. Gerade dieses etwas protzige Zurschaustellen von Reichtum, typisch für eine Stadt von Kaufleuten und Bankiers wie Florenz, wurde als einer der wichtigsten Aspekte des Turniers angesehen, was einen Teilnehmer wie den jungen Gonzaga ernsthaft in Verlegenheit brachte. Er hatte keine Edelsteine vorzuzeigen, denn sein Vater, Markgraf Ludovico, hatte die seinen gerade verpfändet, um die Heirat einer seiner vielen Töchter zu finanzieren. Man mußte auf eine Ausrede sinnen. Nach dem Turnier, bei dem er trotz aller Tapferkeit ein paar sichtbare Hiebe abbekommen hatte, schrieb Rodolfo Gonzaga bewundernd an seine Mutter Barbara von Hohenzollern, Giuliano de' Medici habe Juwelen im Wert von hunderttausend Dukaten am Leib getragen.

Da die Fiktion der höfischen Liebe wie immer dem Turnier das Thema gab, kämpfte auch Giuliano zu Ehren einer Dame. Die Erwählte hieß Simonetta Cattaneo und war mit Marco Vespucci, dem Sohn Piero Vespuccis, verheiratet. Simonetta stammte aus einer alten Genueser Kaufmannsfamilie, die in Piombino ansässig geworden war, und ihre 1468 erfolgte Heirat war von Jacopo d'Appiano, dem dritten Herrn von Piombino dieses Namens, vermittelt worden, mit dem die Vespucci in geschäftlichen Verbindungen standen. Die Genueserin war in ganz Florenz wegen ihrer Schönheit berühmt, und Giuliano ließ es sich nicht nehmen, ihr sehr eifrig den Hof zu machen. Als weder Giuliano noch Simonetta mehr unter den Lebenden weilten, erinnerte Piero Vespucci Lucrezia Tornabuoni in einem Brief aus dem Gefängnis, in dem er sich wegen seiner Verwicklung in die Pazzi-Verschwörung befand, mit bewegten Worten an die häufigen Besuche ihres Sohnes in seinem Haus, in der Hoffnung, ihre Fürsprache zu gewinnen. Auf diese seine Liebe zu Simonetta verwies wie üblich die Imprese auf der Standarte, die Giuliano ins Feld führte und über deren Bedeutung viel gerätselt worden ist. Ein Augenzeuge hat sie genau beschrieben.

Auf der Fahne war eine große, «der Pallas ähnliche» Frauengestalt im weißen, goldschattierten Gewand dargestellt, unter deren in Stiefelchen steckenden Füßen zwei Flammen brannten. Auf dem Kopf trug die Figur einen Helm nach antiker Art, aus dem die in Zöpfe geflochtenen Haare hervorflatterten; in der rechten Hand hielt sie eine Turnierlanze, in der linken, wie die Göttin Pallas Athene, einen Schild mit einem Medusenhaupt. Ihr Blick war fest auf die Sonne gerichtet, neben ihr breitete sich eine Wiese mit bunten Blumen aus, auf der ein Olivenbaum mit einem weit hervorragenden Ast stand. Das zum Bild gehörige französische Motto «*La sans par*» (die Ohnegleiche) war auf diesem Ast eingeschrieben oder daran angeheftet. An den Stamm des Baums war ein gefesselter Cupido gebunden, dessen Bogen, Pfeile und Köcher zerbrochen zu seinen Füßen lagen. Das Thema und die Kompositionselemente dieser Imprese waren nicht neu. Die den Liebesgott fesselnde, bewaffnete Frau, die Sonne, Flammen, Bäume und Blumenwiesen waren beliebte Topoi der Liebeslyrik, aus der die Erfinder solcher Sinn- und Rätselbilder, als welche sich die Impresen verstanden, sie übernahmen. Nach Pulcis Beschreibung behandelten im Turnier von 1469 gleich zwei Standarten Themen solcher Art: Eine Amor fesselnde und rupfende Frau war auf der Fahne der Brüder Pitti dargestellt, während das Banner eines anderen Teilnehmers ein den Liebesgott verspottendes Mädchen zeigte, das Feuerfackeln, Amors brennende Pfeile, löschte. Der Gedanke, der solchen Darstellungen zugrunde lag, war der Gegensatz zwischen Liebe und Keuschheit, aus dem das Liebesverhältnis seine Spannung bezog.

Giuliano ging wie erwartet als Sieger aus dem Turnier hervor. Er hatte tatsächlich Mut und Geschick in einem Kampf bewiesen, der nicht ohne dramatische Zwischenfälle verlief. Sein Triumph wurde mit Festen und Bällen im Hause Medici gefeiert, doch scheint er, wenn wir eine Bemerkung Gentile Becchis richtig deuten, über den Erfolg trotzdem nicht so glücklich gewesen zu sein, wie es eigentlich zu erwarten gewesen wäre. Er hatte vielleicht den nicht ganz unberechtigten Eindruck gehabt, daß seinem Bruder, der umgeben von seinem kleinen Sohn und den nächsten Verwandten bei der Parade mitritt, mehr Aufmerksamkeit zuteil geworden war als ihm selbst, ja daß Lorenzo, nicht er selbst, die eigentliche Hauptperson an jenem Tag gewesen war. Giuliano konnte sich mit seiner Rolle als Zweiter nicht abfinden, und nach seinem frühen, dramatischen Tod schrieb Piero Vespucci, Simonettas Schwiegervater, in dem schon erwähnten Brief an Lucrezia Tornabuoni, Giuliano habe ihm mehrmals gestanden, er sei der unzufriedenste junge Mann nicht nur von Florenz, sondern von ganz Italien.

Giulianos Turnier geriet nicht in Vergessenheit, denn es verbindet sich mit ihm eine der berühmtesten Dichtungen der Zeit. Wie 1469 erhielt auch diesmal ein Poet den Auftrag, das Ereignis in Versen zu feiern. Angelo Poliziano, aus dessen Feder das Preisgedicht stammt, war freilich ein Literat von ganz anderem Rang als der vergnügliche Hauspoet Luigi Pulci. Er war nach dem Tod seines Vaters, der einem Mord zum Opfer gefallen war, in sehr jungem Alter aus dem heimatlichen Montepulciano, von dem er seinen Humanistennamen Poliziano herleitete (sein wahrer Name war Angelo Ambrogini), zum Studium nach Florenz gekommen und hatte hier in äußerst ärmlichen Verhältnissen gelebt. Mit seiner Homer-Übersetzung aus dem Griechischen ins Lateinische erregte er schon als Student Aufsehen. Um das Jahr 1470 widmete er Lorenzo de' Medici ein von eigener Hand geschriebenes Exemplar mit seiner Übertragung der zwei ersten Bücher der *Ilias*, in der Hoffnung, Unterstützung zu finden. Die Hoffnung erfüllte sich. Angezogen von der ungewöhnlichen Begabung des jungen Gelehrten, holte Lorenzo den Neunzehnjährigen 1473 in sein Haus. Als Gegenleistung arbeitete Poliziano in der Kanzlei und übernahm 1475 die Erziehung von Lorenzos ältestem Sohn Piero. Wie kein anderer seiner Zeit kannte Poliziano die Werke der antiken Schriftsteller und beherrschte die griechische ebensogut wie die lateinische Sprache, in denen er gleicherweise mit großer Eleganz zu schreiben und zu dichten verstand. Ebenso leicht liefen ihm die italienischen Verse aus der Feder, so daß es nur nahelag, daß er den Auftrag erhielt, das Preisgedicht auf das Turnier zu schreiben. Es beginnt mit einer Huldigung an Lorenzo, den der Autor in einer berühmten Strophe als den Lorbeerbaum preist, unter dessen Schutz und Schatten Florenz froh und in Frieden lebt.

Die *Stanze per la giostra*, so betitelt nach den achtzeiligen Strophen (*stanze*), in die es gegliedert ist, enthält indessen im Gegensatz zu Pulcis Werk keine wirklichkeitsnahe Beschreibung des festlichen Ereignisses, sondern erzählt in mythischer Verkleidung die Geschichte der Liebe Julio-Giulianos zur schönen Nymphe Simonetta, wobei der Autor Motive der antiken Mythologie und Dichtung sowie der vulgärsprachlichen Poesie meisterhaft verwebt. Julio, ein herber Jüngling, der alle verhöhnt, die Amors Knechte geworden sind, wird schließlich selbst von den glühenden Pfeilen des Liebesgottes getroffen, als er bei der Jagd im Wald der schönen Nymphe Simonetta begegnet. Siegesfroh kehrt Amor ins Reich seiner Mutter Venus zurück, von dem Poliziano eine berühmte Beschreibung gibt. Erst das zweite, unvollendete Buch des Poems befaßt sich näher mit dem Turnier. Ein dramatischer Wachtraum, geträumt von Julio im Morgengrauen vor Anbruch des Treffens, ist von besonderem Interesse, denn er liefert den Schlüssel zum Verständnis der Imprese auf Giulianos Turnierfahne. Dem Träumenden erscheint die Geliebte im weißen Gewand, über dem sie einen Harnisch mit einem Medusen-Schild auf der Brust trägt. Sie bindet Amor an einen Olivenbaum, reißt ihm die Federn aus und zerstört ihm Bogen und Pfeile. Dabei zeigt sie auf eine Flamme am Himmel, in der sich die Ruhmesgöttin Gloria verbirgt, die auch sogleich hinabschwebt, der Frau die Waffen abnimmt und sie Julio übergibt. Der Sinn der Darstellung auf der Standarte enthüllt sich damit: Die Geliebte, die sich mit den Waffen der keuschen Pallas Athene gegen die Liebe wehrt, verweist den Liebenden auf den Ruhm, den er im Turnier erringen wird. Poliziano hat das Bild der gewappneten Geliebten nicht erfunden, denn schon Petrarca hatte es gebraucht. Im «Triumph der Sittsamkeit» trägt auch die geliebte Laura, die der Dichter unter dem Gefolge der «Pudicitia» erspäht, ein weißes Kleid und einen Medusen-Schild in der Hand. Die Imprese thematisierte also den unüberwindlichen Kontrast zwischen Liebe und Verweigerung, um den sich seit höfischen Zeiten alle Liebeslyrik drehte, und seine Überwindung durch den Ehre verleihenden Kampf. Poliziano, der das Preislied schrieb, war vermutlich auch der Schöpfer der Imprese. Da aber die Vorstellungen, die ihr zugrunde lagen, kulturelles Gemeingut in einer Stadt wie Florenz waren, ist auch eine persönliche Mitwirkung Giulianos nicht auszuschließen. Poliziano beklagte sich später einmal humorvoll in einem lateinischen Epigramm, daß er der gesuchteste Erfinder solcher Impresen in ganz Florenz sei und man ihm geradezu die Tür einrenne, um eine von ihm zu bekommen. Die Umsetzung der Erfindung ins Bild wird allgemein Botticelli zugeschrieben, auch wenn sichere Beweise dafür fehlen. Die Annahme stützt sich auf eine Angabe Vasaris, der zufolge sich noch um die Mitte des 16. Jahrhunderts im Medici-Palast ein Gemälde Botticellis mit einem Bildnis der Athene befand, auf der brennende Zweige als Imprese dargestellt waren; es handelt sich wahrscheinlich um dasselbe Bild, das im 1492 aufgestellten Inventar des Medici-Palastes verzeichnet ist. Es ist nicht erhalten, aber die angegebenen Maße (ca. 240 x 120 cm) schließen aus, daß es sich um die Turnierfahne handelte. Die thematische Verwandtschaft läßt aber durchaus die Möglichkeit zu, daß Botticelli, der nach Vasaris Bericht eine neue Technik der Bemalung solcher Fahnen entwickelte, auch jene Giulianos bemalte. Mit Sicherheit fertigte indessen der mit solchen Aufträgen gern bedachte Verrocchio eine Standarte für Giulianos Turnier an, wie das Verzeichnis seiner von den Medici nicht bezahlten Werke vermerkt. Aus Verrocchios Werkstatt stammt allem Anschein nach auch eine Tonbüste, die Giuliano im Harnisch mit einem Medusenhaupt auf der Brust zeigt, in der gleichen Rüstung also, wie er sie der Beschreibung nach im Turnier trug. Sein leicht vorgestrecktes Kinn, die kühne Nase und der zusammengepreßte Mund drücken Entschlossenheit aus. Es ist gut möglich, daß die Büste zur Erinnerung an das Turnier geschaffen wurde.

Der Traum in Polizianos epischem Gedicht enthält auch eine merkwürdige Prophetie. Julios Freude über die von der Ruhmesgöttin erhaltenen Waffen schlägt plötzlich in Traurigkeit um, als er sieht, wie die Geliebte, umhüllt von einer Wolke, seinem Anblick entrissen wird.

Simonetta Cattaneo starb in der Tat schon ein Jahr nach dem Turnier, in dem sie als Dame Giulianos im Mittelpunkt der Aufmerksamkeit gestanden hatte. Ihre Krankheit, eine Schwindsucht, wurde mit besorgter Anteilnahme verfolgt; Lorenzo ließ es sich nicht nehmen, ihr seinen eigenen Arzt zu schicken. Als es mit ihr zu Ende ging, unterrichtete ihr Schwiegervater Piero Vespucci Lorenzo, der sich gerade in Pisa befand, fortlaufend über ihren Zustand. Die junge Frau starb am 26. April 1476 im Alter von nur dreiundzwanzig Jahren, auf den Tag genau zwei Jahre vor ihrem ritterlichen Geliebten. Der Agent Sforza Bettini, der Lorenzo von ihrem Begräbnis berichtete, bezeichnete mit Anspielung auf Petrarcas *Trionfo* ihr Hinscheiden als einen zweiten Triumph des Todes.

Im Kreis der Medici wurde die Verstorbene sehr betrauert, und zahlreiche Literaten, die Lorenzo und Giuliano nahestanden – Angelo Poliziano, Bernardo Pulci, Naldo Naldi und andere –, beweinten sie in feinen lateinischen und italienischen Versen wie schon drei Jahre zuvor Albiera degli Albizzi, die Braut Gismondo Della Stufas, die kurz vor der Hochzeit gestorben war. Diesmal beteiligte sich auch Lorenzo selbst am Trauerchor. Er schrieb vier Sonette über Simonettas Tod, die er später im *Comento de' miei sonetti*, seinem ehrgeizigsten literarischen Werk, erläuterte. Als die Tote im offenen Sarg zum Grab getragen wurde, schrieb er hier in Anlehnung an den Brief Sforza Bettinis, sei sie noch schöner gewesen als im Leben, und zitierte dazu den Petrarca-Vers «*Morte bella parea nel suo bel volto*» – in ihrem schönen Antlitz schien selbst der Tod noch schön – aus dem *Trionfo della Morte*. Zwar nennt er Simonettas Namen nicht, doch ist sie unter der literarischen Verkleidung leicht zu erkennen. In Lorenzos *Comento*, der nach Dantes Vorbild den Aufstieg des Mannes zur höchsten Form der Liebe, der Gottes, unter der Führung der in himmlische Sphären entrückten Geliebten zum Thema hat, wurde die beweinte Tote zum ersten Leitstern auf diesem Weg. Keines der verschiedenen Frauenbildnisse, in denen man Simonetta Vespucci zu erkennen geglaubt hat, gibt aber mit Sicherheit ihre realen Züge wieder.

Giuliano beteiligte sich nur am Rande an diesen literarischen Exerzitien. Vielleicht fand er wenig Geschmack daran, vielleicht aber auch, weil es ihm aussichtslos erscheinen mochte, mit dem Bruder auf diesem Gebiet zu wetteifern. Er versuchte es zwar. Unter der Anleitung Polizianos vertiefte er sich in die Studien, wie aus einem im März 1477 geführten Briefwechsel zwischen Lorenzo und Poliziano hervorgeht. In seinem Bericht über die Verschwörung, der Giuliano wenig später zum Opfer fiel, erwähnt Poliziano in seiner Würdigung von Giulianos Person auch dessen Liebe zu den Künsten und zur Poesie (besonders Liebesgedichte habe er gerne gelesen) und gibt an, daß er selbst «würdevolle» und «gedankenreiche» Verse geschrieben habe. Unter dem Namen Giulianos zirkulieren in der Tat in den Manuskripten einige Gedichte von eher stümperhafter Art. Doch waren diese kulturellen Interessen wohl nur ein sekundärer Aspekt seines Wesens. Poliziano preist vor allem seine körperliche Tüchtigkeit, die auf einer überaus kräftigen natürlichen Konstitution basierte. «Er konnte vorzüglich reiten, werfen, springen und kämpfen», schreibt Poliziano, aber über alles habe er die Jagd geliebt. Sonst sei er eine aufrechte Natur gewesen, schlagfertig und redegewandt, dabei ohne jede Hinterlist, und seinem Bruder sehr ergeben, weshalb er dem Volk genehm und seiner Familie sehr lieb gewesen sei.

Nach dem Turnier, dem Glanzpunkt in seinem kurzen Leben, gibt es wenig Bemerkenswertes mehr über Giuliano zu berichten. Francesco Guicciardini schreibt in seinen *Storie fiorentine*, er habe die Gunst des Volks besessen und wäre bei einem eventuellen Tod Lorenzos durchaus in der Lage gewesen, die Führung der Partei und des *stato* zu übernehmen. Doch trat das Gegenteil ein, nicht Lorenzo, sondern Giuliano verlor das Leben. Eine schon fest vereinbarte Heirat mit einer Tochter des reichen Mailänder Kaufmanns Giovanni Borromei scheiterte 1475 am Widerstand Giulianos. Im Jahr darauf wurde ihm sogar, wie es scheint, über einen Florentiner Mittelsmann von seiten der Riario ein *parentado* angeboten; die Tochter einer Schwester Girolamos stand zur Verfügung. Im März 1477 waren indessen die Verhandlungen zu einer Ehe mit Semiramide, der Schwester des neuen Herrn von Piombino Jacopo d'Appiano, der seinem gleichnamigen Vater 1476 gefolgt war, schon so weit gediehen, daß die Bekanntmachung erwartet wurde. Es war eine Verbindung «auf den Spuren Simonettas», wie

Gentile Becchi bemerkte. In der Tat war Semiramide d'Appiano, wie es scheint, eine Verwandte von ihr. Romantische Gründe dürften jedoch kaum eine Rolle bei diesem Heiratsplan gespielt haben. Die am Thyrrhenischen Meer gelegene Herrschaft Piombino, zu der auch die Insel Elba gehörte, war ein Protektorat des neapolitanischen Königs und ein Unruheherd dazu; es diente den Aragonesen von Neapel als Einfallstor für ihre Expansionsbestrebungen in der südlichen Toskana. Auch der Herzog von Mailand hätte es gerne als Seestützpunkt benutzt. Schon 1471 hatte er ja, wie berichtet, eine florentinische Militäraktion zur Besetzung von Piombino unterstützt. Eine Eheverbindung war jedenfalls dazu geeignet, den dortigen Herrn enger an Florenz binden. Auch handfeste wirtschaftliche Interessen waren mit im Spiel. Jacopo d'Appiano war der Besitzer von Eisenminen auf Elba, den einzigen in Italien, die er im Februar 1477 Lorenzo und Giuliano de' Medici auf fünf Jahre verpachtete. Die Heirat mit Giuliano, obwohl schon für sicher angesehen, kam dann doch nicht zustande, vielleicht weil eine venezianische Verbindung attraktiver erschien. Als diese scheiterte, wurden die Verhandlungen mit den Appiano wiederaufgenommen. Nach Francesco Guicciardinis Darstellung wollten die Verschwörer, als sie ihr Attentat gegen die Medici-Brüder planten, abwarten, daß sich Giuliano zum Kennenlernen seiner Braut nach Piombino begab, um sicherer handeln zu können. Dann aber änderten sie ihren Plan und beschlossen, beide Brüder zusammen zu ermorden, um die Herrschaft der Medici an der Wurzel auszurotten. Giuliano war immer noch nicht vermählt, als er am 26. April 1478 während der feierlichen Sonntagsmesse im Florentiner Dom ermordet wurde.

Ein unehelicher Sohn, dessen Mutter unbekannt blieb, kam kurz nach Giulianos Tod zur Welt. Er erhielt den Namen Giulio, wurde von Lorenzo aufgezogen und bestieg 1523 als Clemens VII. den päpstlichen Thron. Niccolò Machiavelli widmete ihm seine *Istorie fiorentine*, doch entschuldigte er sich, daß er darin wenig über seinen Vater gesagt habe. Zu kurz sei dafür sein Leben gewesen, aber die Tatsache, daß er den Papst zeugte, werde ihm mehr Jahrhunderte Ruhm verleihen, als sein grausames Schicksal ihm Lebensjahre genommen habe.

Neben der Büste Verrocchios hat auch ein Bildnis Sandro Botticellis die Züge Giulianos festgehalten. Es ist in drei Versionen überliefert, von denen möglicherweise keine die ursprüngliche Fassung darstellt. Doch während die Büste Giuliano als jugendlichen Held darstellt, schwebt über den Bildnissen Botticellis ein Todeshauch. Das hagere Antlitz, im Dreiviertelprofil dargestellt, scheint das Abbild einer Totenmaske zu sein. Der Blick der bis auf einen Spalt geschlossenen Augen ist nach unten gerichtet und in sich gekehrt. Auf einer der drei Versionen ist die Todessymbolik besonders ausgeprägt. Im Hintergrund ist eine Fensteröffnung zu sehen, durch die Licht ins Bild fällt, doch ist der eine Flügel des Fensterladens geschlossen. Noch heute zeigt in Italien ein angelehnter Türflügel den Tod eines Hausgenossen an. Auf der Brüstung der steinernen Umrahmung des Porträts sitzt eine Turteltaube auf einem vertrockneten Zweig, ein Symbol der Trauer und immerwährender Treue; vielleicht spielte sie auf Giulianos unsterbliche Liebe zu Simonetta Cattaneo an, die ihm im Tod vorausgegangen war. Möglicherweise handelt es sich bei diesen Porträts um erst nach dem Tod entstandene Gedächtnisbilder, die die Erinnerung an die grausame Mordtat festhalten sollten. Merkwürdigerweise wird kein solches Bild im Inventar des Medici-Palastes von 1492 aufgeführt, wohl aber in der Sammlung von Pierfrancesco de' Medicis Sohn Lorenzo. Es waren offenbar vor allem Verwandte und Freunde der Medici, die ein Bildnis des Verstorbenen zu besitzen wünschten. Die vielen Fragen, die die drei Versionen von Giulianos Bildnis aufwerfen, sind bis heute nicht völlig geklärt.

Doch wie konnte es zu einer solchen Katastrophe kommen, deren Möglichkeit schon Kardinal Jacopo Ammannati Piccolomini nicht hatte ausschließen mögen? In den sieben Jahren seiner politischen Vorherrschaft waren Lorenzo wohl doch mehr Feinde erwachsen, als er es sich in jugendlicher Unbekümmertheit vielleicht hatte eingestehen wollen.

VIII.

Leonardo da Vinci, «Bernardo Bandini Baroncelli, der Mörder Giuliano de' Medicis, in türkischen Kleidern, hingerichtet durch den Strang». Federzeichnung (Bayonne, Musée Bonnat)

DIE
VERSCHWÖRUNG

*D*ie Ermordung Giulianos war Frucht eines seit längerem schwelenden Komplotts, dessen Wurzeln innerhalb und außerhalb von Florenz lagen. Letztendlich bildete sie den End- und Höhepunkt der Krise des mediceischen Herrschaftssystems, die sich nach dem Tod Cosimos aufgetan und schon 1466 in der Pitti-Verschwörung dramatisch manifestiert hatte. Piero de' Medici hatte damals über seine Gegner gesiegt und sein Leben gerettet. Doch die Umtriebe der Exilierten, ihre beharrlichen Versuche, Unterstützung zu finden, indem sie sich die schwankenden Beziehungen zwischen den italienischen Mächten zunutze machten, hatten die Krise über die Grenzen von Florenz hinausgetragen. Zum nie ganz überwundenen Konflikt mit einer Oligarchie, die selbst dann, wenn sie sich mit den Medici arrangiert hatte, ihre traditionelle Macht nicht geschmälert wissen wollte, kamen die schwierigen auswärtigen Verhältnisse, der häufige Wechsel der Fronten, die wirtschaftlichen und territorialen Interessenkonflikte.

Lorenzo de' Medici bekleidete kein öffentliches Amt, das es ihm erlaubt hätte, in erster Person auf der Bühne der florentinischen Außenpolitik zu agieren. Die auswärtige Politik war ein Prärogativ der Signorie. Doch wurden außenpolitische Fragen von besonderer Bedeutung gewöhnlich auch in eigens berufenen Kommissionen, den sogenannten *pratiche*, diskutiert, zu denen die amtierende Regierung angesehene Bürger einlud. An solchen Beratungen nahm Lorenzo gewöhnlich teil und konnte dort auf die Entscheidungen Einfluß nehmen. Daneben betrieb er aber auch eine private Diplomatie. Aufgrund seiner Stellung und seines Prestiges suchten ihn die Gesandten und

Agenten anderer Mächte oft in seinem Hause auf, um seine Meinung zu hören und persönliche Botschaften ihrer Herren zu überbringen, so daß er manchmal schon vor der Regierung Einsicht in die offiziellen Schreiben erhielt. Über die Lage und Stimmungen an den verschiedenen Höfen und die Absichten und Pläne der anderen wurde er dazu regelmäßig von den Leitern seiner Bankfilialen unterrichtet, die wahre Informationszentren darstellten; Accerito Portinari in Mailand und Giovanni Tornabuoni in Rom versorgten ihn fast täglich mit den neuesten Nachrichten aus diesen Städten. Von Vorteil waren auch seine persönlichen Beziehungen zu einigen Herren Italiens, die er eifrig pflegte. König Ferrante von Neapel und seine Söhne entzogen ihm deshalb auch in den feindlichsten Zeiten ihr persönliches Wohlwollen nicht. So bewegte sich die florentinische Außenpolitik wie schon zu Zeiten Cosimos und Pieros auf doppeltem Gleise; die aktuellen Probleme wurden nicht nur im Palast der Signorie, sondern auch im Hause Medici diskutiert und verhandelt. Dies brachte es wiederum mit sich, daß Entscheidungen, die von der Regierung gefällt wurden, Lorenzo allein zur Last gelegt wurden. Von außen gesehen, wurde es immer schwieriger, zwischen der Regierung und Lorenzo de' Medici zu unterscheiden, obwohl dieser selbst auf einer solchen Unterscheidung sein Leben lang bestand.

Unter allen Bedrohungen, denen Florenz in jenen Jahren ausgesetzt war, ging die stärkste vom päpstlichen Rom aus. Trotz der anfänglich so guten Beziehungen wurde Sixtus IV. bald ein erklärter Feind von Florenz. Es waren vor allem die Ambitionen seiner Verwandten, die für Unruhe sorgten. Ein Bruder und fünf Schwestern samt ihren Männern und Kindern waren dem Papst aus dem heimischen Savona in die Ewige Stadt gefolgt und suchten hier ihr Glück. Zwei der Neffen, Giuliano Della Rovere und Pietro Riario – sie wurden schon erwähnt –, hatte Sixtus IV. gleich nach seiner Wahl zu Kardinälen erhoben. Beide strebten danach, oft in Konkurrenz zueinander, ihren eigenen Familien eine territoriale Herrschaft zu verschaffen, die über das Pontifikat Sixtus' IV. hinaus Bestand haben sollte. Da der Erwerb solcher Herrschaften am einfachsten auf dem Gebiet des Kirchenstaats zu verwirklichen war, der im Norden und Osten an florentinisches Gebiet grenzte, mußte es geradezu zwangsläufig zu Konflikten kommen. Der Streit um Imola hatte es sehr bald gezeigt. Vor allem die Brüder Riario kannten keine Grenzen, wenn es um ihre Wünsche ging, ja sie scheinen Sixtus IV. in der ersten Zeit seines Pontifikats geradezu erpreßt zu haben. Offiziell galten sie als Söhne einer Schwester des Papstes, Luchina, doch lassen sich Zweifel an dieser Version nicht ganz abweisen. Es war möglicherweise kein Verwandtschafts-, sondern ein Klientelverhältnis, das den Papst an die Riario band, deren Vater Paolo ihn, der der Sohn eines einfachen Tuchscherers war, in der Jugend unterstützt hatte.

Aber wie dem auch sei, Kardinal Pietro Riario starb nach kurzer Krankheit schon am 5. Januar 1474 im Alter von nur achtundzwanzig Jahren, wie man munkelte, an den Folgen seines ausschweifenden Lebens. Seine glänzenden Feste und Lustbarkeiten waren über Rom hinaus berühmt gewesen. «Und so machten wir ein Ende allen unseren schönen Festen», kommentierte der römische Chronist Stefano Infessura seinen Tod. In den gut zwei Jahren seines Kardinalats hatte er die ungeheure Summe von dreihunderttausend Fiorini ausgegeben und dazu sechstausend Fiorini Schulden hinterlassen. Daß die Bank der Medici solchem Geldbedürfnis kaum nachkommen konnte, liegt auf der Hand. Sixtus IV. ließ seinem «wohlverdienten» Neffen, wie es auf der Grabinschrift heißt, durch Andrea Bregna in der Kirche SS. Apostoli ein elegantes Grabmal errichten. Nach Pietros Tod hatte sein Bruder Girolamo, dem der Besitz von Imola nicht genügte, das ganze Ohr des Papstes. Den Versuchen, seine territoriale Herrschaft auszuweiten, setzte Florenz jedoch Widerstand entgegen, was Riario vor allem Lorenzo de' Medici zur Last legte. Er hielt ihn für das Haupthindernis für die Verwirklichung seiner Pläne und verbündete sich mit den Gegnern der Medici in Florenz. Die Verschwörung, der Giuliano zum Opfer fiel, war das Ergebnis dieses Bündnisses.

Nach der Niederschlagung der gefährlichen Aufstände in Prato und Volterra und den 1471-1473 durchgesetzten inneren Reformen, welche die Macht seiner Partei gestärkt hatten, wähnte sich Lorenzo dagegen in Sicherheit, zumal auch das gute Verhältnis zu Sixtus IV. durch den Zwischenfall von Imola allem Anschein nach nicht wesentlich gelitten hatte. Er fühlte sich, um das Wort des mailändischen Gesandten zu wiederholen, endlich «im Sattel» – zu fest, möchte man hinzufügen. «Es scheint mir, daß er sich seiner Person und seines Lebens so sicher ist, daß seine Feinde es jetzt mehr auf jene beiden abgesehen haben als auf einen Umsturz», schrieb Sacramoro da Rimini schon im Oktober 1472 an den Herzog in Mailand. Die besorgten Überlegungen von Kardinal Ammannati Piccolomini, wenige Monate später zu Papier gebracht, wurden schon erwähnt. Ein Mordanschlag wurde also bereits damals nicht ausgeschlossen. Doch schien Lorenzo taub für solche Warnungen. Er gab sich so selbstbewußt und herrisch, daß sogar der mailändische Gesandte sein Verhalten rügte und meinte, dies sei fehl am Platz in einer Stadt von Bürgern.

Doch im Sommer 1474 wurde Florenz erneut in einen Konflikt mit Papst Sixtus IV. hineingezogen, der trotz seines lokalen Charakters das bestehende Verhältnis zwischen den italienischen Mächten schwer belastete. Diesmal ging es um Città di Castello. Die kleine Stadt im oberen Tibertal nahe der florentinischen, nicht unbestrittenen Grenze, gehörte zum Kirchenstaat. Dort herrschte, zwar nicht formell, sondern aufgrund seiner persönlichen Machtstellung, Niccolò Vitelli, der als Schützling von Florenz 1470 in das Bündnis zwischen Mailand, Florenz und Neapel mit eingeschlossen worden war. Sixtus IV. hatte indessen schon bald nach Beginn seines Pontifikats beschlossen, in Umbrien, wo sich Städte und Herren weitgehend der päpstlichen Oberherrschaft entzogen, Ordnung zu schaffen. Im Sommer 1473 begab sich deshalb Pietro Riario als päpstlicher Legat dorthin und berief ein Parlament in Gubbio ein, dem Vitelli jedoch fernblieb. Ohne viel erreicht zu haben, begab sich der Kardinal sodann nach Florenz, wo er feierlich von dem ihm übertragenen Erzbistum Besitz nahm. Die Zustimmung der Florentiner Regierung zu seiner Erhebung zum Erzbischof von Florenz war der Preis für die Unterstützung von Giuliano de' Medicis Kardinalskandidatur. Danach zog Riario nach Mailand weiter, wo er unter anderem erreichen konnte, daß der Herzog sich verpflichtete, zur Verteidigung des Kirchenstaates Truppen zu stellen, falls dies vom Papst gewünscht würde. Florenz mußte fürchten, in die Isolation gedrängt zu werden.

Melozzo da Forlì, «Papst Sixtus IV. und seine Neffen». Von links nach rechts: Giovanni Della Rovere, Girolamo Riario, Herr von Imola und Forlì, Kardinal Giuliano Della Rovere sowie neben dem Papst der bereits verstorbene Kardinal Pietro Riario, dazu kniend der vatikanische Bibliothekar Bartolomeo Platina.

Pietro Riario starb, wie gesagt, Anfang Januar 1474 und räumte den Platz für Giuliano Della Rovere, jetzt der einzige päpstliche Neffe im Range eines Kardinals, der auch persönlich ein Auge auf Città di Castello geworfen hatte. Er erwog, die Stadt nach der Vertreibung Niccolò Vitellis seinem Bruder Giovanni, genannt Zanetto, zu verschaffen, und versuchte sogar, die Zustimmung Lorenzos für diesen Plan zu gewinnen. Im März 1474 schlug er die Heirat Giovannis mit einer Tochter Lorenzos vor, obwohl die älteste, Lucrezia, noch keine vier Jahre alt war. Giovanni Della Rovere sollte bei der Gelegenheit nach dem Vorschlag des Kardinals zusammen mit dem wiedereroberten Città di Castello auch das nahe Sansepolcro als päpstliches Vikariat erhalten, das die Florentiner 1441 Papst Eugen IV. abgekauft oder – genauer – als Pfand für die Schulden des Papstes erhalten hatten. Der florentinische Rechtstitel auf diese Grenzfeste stand also auf schwachen Füßen. Lorenzo verschloß sich deshalb dem Ansinnen des Kardinals, aber in Florenz wuchs die Sorge.

Im Juni 1474 brach Giuliano Della Rovere an der Spitze eines Heeres nach Umbrien auf mit dem offiziellen Auftrag, die Aufstände in Todi und Spoleto niederzuschlagen, was er grausam vollzog. Der Kardinal war zwar wie sein Onkel im Franziskanerkloster aufgewachsen, erwies sich aber als begabter und gefürchteter Condottiere. Noch als Papst Julius II. scheute er sich nicht, trotz seines betagten Alters persönlich den Angriff auf die Festung La Mirandola gegen die Franzosen zu befehligen, weil die kirchlichen Kapitäne seiner Meinung nach die Angelegenheit zu lasch betrieben. «Vom Papst hatte er nur den Namen und das Gewand», kommentierte Francesco Guicciardini. Das war im Jahr 1510. Jetzt aber wandte sich der kriegerische Kardinal unverzüglich gegen Città di Castello. An Lorenzo hatte er geschrieben, er sei sicher, daß er das Unternehmen mit dem gleichen Eifer unterstützen werde, wie Sixtus IV. ihm 1472 bei der Unterwerfung von Volterra zur Hilfe gekommen sei. In Florenz betrachtete man den Feldzug des Kardinals jedoch als ernste Bedrohung, und gedrängt von Lorenzo, beschloß die Regierung, Niccolò Vitelli nicht im Stich zu lassen. Den mailändischen und neapolitanischen Bündnispartnern wurde in Erinnerung gerufen, daß Vitelli Mitglied der Liga sei und deshalb verteidigt werden müsse. Truppen wurden nach Sansepolcro verlegt, um den Nachschub für das päpstliche Belagerungsheer vor Città di Castello zu unterbinden. Das hatte Sixtus IV. nicht erwartet. Er prostestierte nicht nur bei der Signorie, sondern auch bei Lorenzo selbst. Donnernd schrieb er dem mailändischen Gesandten in Florenz, er wolle mit «beiden Schwertern» gegen die Florentiner vorgehen und «Himmel und Erde» gegen sie in Bewegung setzen. Als Repressalie wurde Lorenzo und Giuliano de' Medici am 16. Juli 1474 das Amt des Depositars entzogen. Alle von der Bank vorgelegten Abrechnungen wurden dazu peinlich genau überprüft,

Pfänder und Einkünfte aufgesagt, die zur Deckung und Sicherung der ungeheueren Kredite gegenüber der päpstlichen Kammer zugestanden worden waren. Der ökonomische Schaden war beträchtlich. Die florentinischen Bündnispartner zögerten jedoch, sich auf einen Krieg mit dem Papst einzulassen, der König von Neapel stellte sich nach einigem Hin und Her sogar auf die Seite von Sixtus IV. Die Frage von Città di Castello drohte sich auszuweiten und das Bündnis zu sprengen.

Die Verhandlungen, die Vermittlungsversuche, die Belagerung zogen sich über Wochen hin. Erst das Eingreifen von Federico da Montefeltro, dem der Papst am 21. August 1474 die Herzogswürde verlieh und den er kurz darauf zum Generalkapitän der Kirche ernannte, nachdem sein Vertrag mit der Liga von Florenz, Mailand und Neapel ausgelaufen war, bewegte Niccolò Vitelli Ende August zur Kapitulation. Am 10. Oktober gab der Papst das Verlöbnis Giovanni Della Roveres mit Giovanna da Montefeltro, einer Tochter des neuen Herzogs, bekannt, über das schon im Mai verhandelt worden war. Damals war auch von der Übertragung von Città di Castello an den Bräutigam die Rede gewesen; jetzt erhielt dieser eine andere Signorie im Kirchenstaat, bestehend aus Gebieten (Senigallia und Mondavio), die Federico da Montefeltro wie allen seinen Besitz als kirchliche Lehen hielt. Mit dieser Eheverbindung begründeten die Della Rovere ihren Anspruch auf das Herzogtum Urbino, das ihnen 1503 nach dem Tod von Federicos einzigem Sohn Guidubaldo zufiel. Die Abkömmlinge eines Tuchscherers stiegen auf diese Weise zu Fürsten auf. Eine Folge des Konflikts um Città di Castello war auch der Abschluß jenes neuen Bündnisses zwischen Florenz, Mailand und Venedig, das im Januar 1475 mit Giulianos prächtigem Turnier gefeiert worden war. Der neuerliche Konflikt hatte das Verhältnis zu Sixtus IV. und seiner Familie noch weiter verschlechtert. Eine kirchenpolitische Streitfrage fügte weiteren Zündstoff hinzu.

Zur Disposition stand seit dem Tod Pietro Riarios das Erzbistum Florenz. An Kandidaten fehlte es nicht; selbst Gentile Becchi, der gerade erst Bischof von Arezzo geworden war, machte sich Hoffnungen. Ein weiterer Anwärter auf das hohe und einträgliche Kirchenamt war der schon genannte Freund und Beschützer Ficinos, Francesco Salviati.

Er gehörte einer angesehenen, wenn auch verschuldeten Florentiner Familie an und war mit der Familie Pazzi verwandt, die seine kirchliche Karriere finanziell unterstützt hatte. Seit langem lebte er in Rom an der Kurie, wo er zur Umgebung Kardinal Pietro Riarios gehört hatte. Er war so eng mit den Riario verbunden, daß ihn Girolamo nach dem Tod seines Bruders sogar adoptierte. Auch er strebte in Konkurrenz zu Giuliano de' Medici nach der Stellung eines Kardinals für Florenz. In Rom hielt er engen Kontakt zu seinen Pazzi-Verwandten, besonders zu Francesco, wegen seiner kleinen Gestalt Franceschino genannt, dem unruhigen und ehrgeizigen Bruder von Lorenzos Schwager Guglielmo, der an der Handels- und Bankniederlassung der Pazzi dort tätig war. Lorenzo konnte indessen erreichen, daß nicht Salviati, sondern sein Schwager Rinaldo Orsini am 28. Januar 1474 zum Erzbischof von Florenz erhoben wurde. Dieser kam freilich nie nach Florenz, sondern beauftragte seinen Schwager mit der Verwaltung der Diözese. «Was den Vikar oder die anderen Beamten betrifft, die dabei nötig sind, so kann sie Eure Magnifizenz ganz nach eigenem Gutdünken in meinem Namen bestellen», schrieb er ihm wörtlich. Dafür vertrat er, mehr oder weniger willig, die Interessen seiner Florentiner Verwandten an der Kurie. Nach dem Tod Filippo de' Medicis wurde Francesco Salviati jedoch am 14. Oktober 1474 zum Erzbischof von Pisa ernannt. Damit handelte Sixtus IV. bewußt gegen die Wünsche der Florentiner Regierung, die schon vor dem Tod Filippo de' Medicis auf ihre Prärogative verwiesen hatte, bei der Wahl des neuen Erzbischofs mitreden zu dürfen. Pisa, 1406 von Florenz erobert, galt immer noch als unsichere Stadt. Salviati wurde deshalb der Zugang zu seinem Bistum verwehrt. Die Schuld daran schrieb Sixtus IV. wieder vor allem Lorenzo zu.

Es dauerte ein ganzes Jahr, bis eine Einigung gefunden wurde. In dieser Zeit wurde das Verhältnis Lorenzos zu den Pazzi zunehmend gespannter. Diese alte Familie von Magnaten, die wie die Medici durch Bank- und Handelsgeschäfte zu Reichtum und Ansehen gekommen war, hatte erst infolge der in den Jahren 1458/59 von Cosimo de' Medici durchgesetzten Verfassungsreformen das politische Gewicht erlangt, das ihrer sozialen Stellung und wirtschaftlichen Stärke entsprach. Die

Hochzeit von Lorenzos Schwester Bianca Maria mit Guglielmo Pazzi hatte die Annäherung zwischen den Familien besiegelt, doch hatte schon gleich nach Pieros Tod Jacopo Pazzi, das Familienhaupt und der Cousin Francesco Salviatis, Lorenzos Politik einer starken Bindung an Mailand nicht mehr loyal mitgetragen. Die von Lorenzo betriebenen Reformen hatten die Pazzi benachteiligt und ihnen Grund zur Fronde gegeben. Als im August 1475 dann Sixtus IV. auf Bitte König Ferrantes Antonio Pazzi das im Königreich gelegene Bistum Sarno übertrug, betrachtete Lorenzo dies als einen persönlichen Affront, zumal in der gleichen Zeit die Pazzi in Florenz offen gegen ihn Stimmung machten. Der Herzog von Mailand warnte ihn vor ihren Machenschaften und ermahnte ihn, sich in acht zu nehmen. «Ich werde die Augen offenhalten», schrieb Lorenzo zurück. Die Pazzi seien undankbar, ihre Stellung in der Stadt verdankten sie einzig den Medici. Sie seien vom König von Neapel und Federico da Montefeltro gegen ihn aufgehetzt worden, fänden zum Glück aber wenig Gehör in Florenz.

Tatsächlich hätte man auch am neapolitanischen Hof einen Umsturz in Florenz nicht ungern gesehen. König Ferrante hatte es schlecht verwunden, daß Mailand und Florenz sich gegen ihn mit Venedig verbündet hatten. Federico da Montefeltro, den Papst und König gemeinsam in Dienst genommen hatten, ließ sich nach dem Bericht eines Agenten in adligem Hochmut sogar zu sehr ausfälligen Worten gegen sein Taufkind hinreißen: Der König dürfe sich nicht vor einem gemeinen Kaufmann wie Lorenzo de' Medici verneigen, sondern müsse ihn aus Florenz jagen und umbringen lassen. Trotz aller Mahnungen zur Vorsicht war Lorenzo indessen überzeugt, die Lage im Griff zu haben. Zwei Jahre später vergalt er den Pazzi ihre Machenschaften. Auf seine Veranlassung wurde Anfang 1477 trotz großen Widerstandes auch in den eigenen Reihen ein neues Erbschaftsgesetz erlassen, dem zufolge die nachgelassenen Güter bei Fehlen eines Sohnes nicht mehr wie zuvor an die Töchter, sondern an die Neffen männlichen Geschlechts fallen sollten. Genau ein solcher Fall aber betraf die Pazzi. Giovanni Pazzi, der Bruder von Lorenzos Schwager Guglielmo, war mit der einzigen Tochter des reichen Giovanni Borromei verheiratet. Die Pazzi hatten sich schon Hoffnungen auf ihr Erbe gemacht, doch aufgrund des neuen Gesetzes fiel die Erbschaft nun nicht an Giovannis Frau, sondern an einen Vetter von ihr. Wie Guicciardini schreibt, wollte Lorenzo mit diesem Gesetz verhindern, daß den Pazzi aus dem erwarteten Erbe «Reichtum und *grandezza*» erwachse. Vielleicht war dies der sogenannte letzte Tropfen, der das Faß überlaufen ließ, das heißt die Dinge in die Katastrophe trieb.

Damit ist der Personenkreis umrissen, der 1478 die Verschwörung gegen Lorenzo und Giuliano de' Medici ins Werk setzte. In der Person Francesco Salviatis mit seinen Bindungen an die Pazzi einerseits und zu Girolamo Riario und dem Papst andererseits trafen sich die innere und die äußere Opposition gegen die Medici. Konkrete Interessen, politische und wirtschaftliche Konkurrenz, nicht die vorgebliche Sorge um die florentinische «Freiheit» ließen die Verschwörer zu den Waffen greifen. Die Ermordung Galeazzo Maria Sforzas am 26. Dezember 1476 durch einige mit seiner Herrschaft unzufriedene junge Adlige, die aufgrund ihrer humanistischen Bildung einen Tyrannenmord antiker Manier zu begehen glaubten, stellte ein finsteres Menetekel dar und beraubte Lorenzo de' Medici seines wichtigsten Verbündeten. In Mailand führte seitdem eine Regentschaft, die selbst auf schwachen Füßen stand, die Geschäfte für den noch unmündigen Sohn des toten Herzogs, während der König von Neapel, einst der Dritte im Bunde, sich auf die Seite des Papstes geschlagen hatte.

Umbrische Wirren im Jahr 1477 gaben den Verschwörern den letzten Vorwand und Anstoß, ihre Pläne auszuführen. Die Unruhen in dieser Region, wo päpstliche und florentinische Interessen aufeinanderstießen, wurden durch Carlo Fortebracci, den Sohn des berühmten Condottiere Braccio Fortebracci da Montone, ausgelöst, der nach dreißigjährigem Sold in venezianischen Diensten beschlossen hatte, in seine Heimat zurückzukehren. Dies brach alte Fronten wieder auf. Vor allem in Perugia hoffte man, mit seiner Hilfe die herrschende Partei der Baglioni zu stürzen und damit zugleich das feste Regiment des päpstlichen Gouverneurs abzuschütteln. In der Erwartung, nach Perugia gerufen zu werden, bemühte sich Fortebracci um einen Soldvertrag mit Florenz und wünschte, mit seiner angestammten Herrschaft

Montone unter den Schutz der Republik gestellt zu werden. Ein mailändisches Veto verhinderte dies. Mit der geheimen Deckung von Florenz zog Fortebracci darauf mit seinen Söldnern, die sich wie üblich durch Plünderungen versorgten, auf das Gebiet von Siena, was nicht nur den Protest der Sienesen, sondern auch den Zorn König Ferrantes herausforderte, der sich als Schutzherr von Siena verstand. Dennoch schlug der König Lorenzo gegenüber einen konzilianten, ja väterlichen Ton an. Er versicherte ihn durch seinen Gesandten Marino Tomacelli seiner Freundschaft und warnte ihn zugleich. Die Lage könne genauso gefährlich werden wie im Jahre 1466. Er solle an seinen *stato* denken, der «schön und groß» sei, und seinen Feinden keine Gelegenheit geben, ihm zu schaden, was in solch turbulenten Zeiten leicht geschehen könne. Er schwebe in großer Gefahr, falls die Worte jener, die in diesen Wirren gegen ihn sprächen, wahr sein sollten. Ferrante wußte, daß sich einige der 1466 Exilierten in Siena aufhielten, und kannte offenbar auch die Pläne der anderen Feinde Lorenzos. Diesen selbst beschuldigte der Papst öffentlich, Fortebracci zu unterstützen, das heißt, am Angriff auf die päpstliche Herrschaft in Umbrien beteiligt zu sein.

Im August 1477 erschien in Florenz als Abgesandter Girolamo Riarios der Condottiere Giovan Battista da Montesecco, ein Vertrauensmann des Grafen. Sein nach dem gescheiterten Umsturz abgelegtes Geständnis ist die wichtigste Quelle über die Vorbereitungen zur Verschwörung. Wir entnehmen diesem von Montesecco selbst schriftlich niedergelegten und von Zeugen beglaubigten Geständnis, daß die Hauptantreiber der Verschwörung drei Personen waren – Franceschino Pazzi, Francesco Salviati und Girolamo Riario – und die konkreten Umsturzpläne in Rom vorbereitet und entschieden wurden. Die Beweggründe der beiden ersten wurden schon beschrieben. Girolamo Riario trieb dagegen die Sorge, daß seine Herrschaft in der Romagna nach dem Tod Sixtus' IV. nicht zu halten sei, und betrachtete Lorenzo als das größte Hindernis für die Verwirklichung seiner Expansionsgelüste. Montesecco wurde in die Pläne der Verschwörer eingeweiht, da er für militärische Rückendeckung sorgen sollte. Die von Carlo Fortebracci bewirkten Unruhen konnten einen guten Vorwand für Truppenbewegungen abgeben. Viel Militär lag schon in Umbrien, und auch von Imola, Riarios Signorie, war der Weg nach Florenz nicht weit. Montesecco gestand auch, daß der Papst von der Verschwörung wußte, den geplanten Umsturz in Florenz billigte, aber jedes Blutvergießen dabei strengstens ablehnte. Bei einer dramatischen Diskussion im Papstpalast soll er Riario, der meinte, daß er als Papst, falls trotzdem Blut fließen sollte, dem Schuldigen schon verzeihen würde, als einen rohen Dummkopf bezeichnet haben. Die Verschwörer ließen sich von solchen päpstlichen Auflagen indessen nicht beeindrucken. Der Mord an Lorenzo und seinem Bruder erschien ihnen das einzig wirksame Mittel für das Gelingen ihrer Pläne.

Der geheime Zweck von Monteseccos Mission nach Florenz im August 1477 war der, Jacopo Pazzi, das Haupt der Familie, für die Verschwörung zu gewinnen. Dies erwies sich als schwierig, denn Jacopo glaubte nicht an den Erfolg. Als er schließlich doch einwilligte, machte er zur Bedingung, daß Salviati im kritischen Moment persönlich anwesend sein sollte. Montesecco kehrte Ende August nach Rom zurück. Damals warnte Giovanni Tornabuoni, der vage Informationen über den wahren Zweck der Mission erhalten haben mußte, seinen Neffen äußerst besorgt. Dasselbe tat der mailändische Gesandte, dem Lorenzo jedoch entgegenhielt, daß es nicht einfach für ihn sei, sich wirksam zu schützen. Was er nötig habe, sei vor allem Gottes Schutz. Lorenzo vertraute immer noch seinem Glück. Francesco Salviati begab sich im September 1477 persönlich nach Florenz, nachdem Riario seine Ernennung zum päpstlichen Legaten erwirkt hatte. Franceschino Pazzi begleitete ihn. Offiziell hatte Salviatis Mission die Peruginer Frage und in der Romagna aufgetretene Zwistigkeiten zum Gegenstand, doch in Wirklichkeit sollte während seiner Anwesenheit in der Stadt endlich der Umsturz ins Werk gesetzt werden. Weitere Anhänger wurden gewonnen, alles stand bereit. Doch dann stellte sich heraus, daß sich Carlo Fortebracci zu einem Familienbesuch in der Stadt aufhielt. Man fürchtete Komplikationen, so daß der Anschlag noch einmal vertagt wurde. Es vergingen Monate, bis sich wieder eine günstige Gelegenheit bot.

In der Zwischenzeit konnten sich die Verschwörer auch der Unterstützung König Ferrantes von Neapel versichern, der, obgleich einem Umsturz in Florenz nicht ganz abgeneigt, dem Unternehmen doch zunächst kritisch gegenübergestanden hatte. Wahrscheinlich mißbilligte auch er den Mord als Mittel zum Zweck. Am 27. März 1478 aber unterzeichnete Girolamo Riario als Vertreter Sixtus' IV. im Papstpalast eine Vereinbarung mit dem neapolitischen Gesandten und zwei Abgeordneten Federico da Montefeltros, deren Inhalt durch die von Ferrante vorgenommene Ratifizierung bekannt ist. Sie betraf bestimmte Zwistigkeiten in bezug auf Faenza, sah aber auch die Einhaltung gewisser «geheimer Vereinbarungen» vor, die sich zweifellos auf den geplanten Umsturz in Florenz bezogen. Man erwartete Lorenzo, den Girolamo Riario angeblich zur Aussprache schon im Januar eingeladen hatte, zu Ostern in Rom, und bei dieser Gelegenheit sollte er festgenommen und sein Bruder Giuliano gleichzeitig in Florenz unschädlich gemacht werden. Lorenzo ließ sich jedoch in Rom nicht blicken, und da die geheimen Pläne publik zu werden drohten, beschlossen die Verschwörer, unverzüglich zu handeln. Und dann geschah, wie Montesecco sein Geständnis beschloß, «am Sonntagmorgen, dem 26. April 1478, in Santa Liberata das, was aller Welt bekannt ist».

Der Verlauf des Geschehens wird von den überlieferten Quellen – Briefen, Diplomatenberichten, Tagebuchaufzeichnungen, Chroniken – ziemlich übereinstimmend geschildert. Drei Darstellungen aber, geschrieben von Zeitgenossen, die die Ereignisse aus nächster Nähe miterlebten, zeichnen ein besonders eindringliches und erschütterndes Bild von den Ereignissen: Angelo Polizianos anklägerische Schrift *Coniurationis Commentarium*, und der Augenzeugenbericht des einfachen Florentiner Spezereiwarenhändlers Luca Landucci, der Tag für Tag die sich in seiner Umgebung abspielenden Ereignisse in seinem Tagebuch festhielt. Während Poliziano sich während des Anschlags gegen Lorenzo und Giuliano de' Medici im Florentiner Dom befand und aus nächster Nähe dem Geschehen beiwohnte, selbst in Lebensgefahr schwebend, wurde Landucci Augenzeuge der Wirren auf den Plätzen und Straßen von Florenz, die sich an das Attentat im Dom anschlossen. Die direkte Vorgeschichte hat dagegen der Florentiner Patrizier

Piero Parenti in seinem Geschichtswerk geschildert. Nach diesen Quellen verliefen die Ereignisse auf folgende Weise: Im Dezember 1477 hatte Sixtus IV. Raffaele Sansoni Riario, den Sohn einer Schwester Girolamo Riarios, zusammen mit zwei Großneffen aus der dritten Generation der Della Rovere zu Kardinälen erhoben und den jungen Sansoni Riario im Januar darauf auch zum päpstlichen Legaten in Umbrien ernannt. Raffaele, jetzt Kardinal von San Giorgio, studierte damals noch unter der Obhut des Erzbischofs Francesco Salviati an der Universität in Pisa. Seine Person lieferte den Verschwörern die langgesuchte Gelegenheit, ihre Umsturzpläne endlich auszuführen. Der offensichtlich ahnungslose Kardinal begab sich Anfang 1478, angeblich oder tatsächlich wegen der in Pisa grassierenden Pest, zusammen mit seinem Mentor, dem Erzbischof Saviati, in eine Villa Jacopo Pazzis, die nur wenige Meilen von Florenz entfernt lag. Ein Besuch in der Stadt bot sich also an und wurde ihm sicher auch von seinen Gastgebern vorgeschlagen. Diese erwarteten nämlich mit gutem Grund, daß Lorenzo de' Medici und sein Bruder es sich nicht nehmen lassen würden, dem Kardinal die Ehre zu erweisen. Bei solcher Gelegenheit sollten die Medici-Brüder zusammen umgebracht werden. Im ersten Moment forderten sie Lorenzo und Giuliano auf, den Kardinal in ihrer nahen, schönen Villa in Fiesole zu empfangen. Diese Villa schien den Verschwörern für die Ausführung ihres Planes besonders geeignet, da es dort eine geheime Wendeltreppe gab, über die die Mörder nach getaner Arbeit unbemerkt entweichen und versuchen konnten, in Florenz den Regierungspalast zu besetzen und den Umsturz auszurufen. Auch militärische Rückendeckung stand schon bereit, die auf ein Zeichen hin von Imola und Città di Castello auf florentinisches Gebiet einrücken sollte. In der Tat richtete Lorenzo dem Kardinal in der von seinem Onkel Giovanni erbauten Villa einen glänzenden Empfang aus. Er scheint sich arglos nach Fiesole begeben zu haben, denn er nahm auch seinen kleinen Sohn Piero und dessen Erzieher Angelo Poliziano mit. Nur Giuliano fand sich nicht ein, da er unwohl war. Dies war die Entschuldigung, aber vielleicht handelte es sich um eine Vorsichtsmaßnahme; es scheint, daß die Brüder in der letzten Zeit vermieden, gemeinsam aufzutreten. Die Verschwörer waren enttäuscht und beschlossen nun, in der Stadt zur Tat zu schreiten, wo Lorenzo und sein Bruder dem Kardinal, der seinen berühmten Palast besichtigen wollte, ein großes Festmahl geben sollten. Die Medici-Brüder, die immer stolz waren, Gästen ihre Schätze zeigen zu können, ließen ihr Haus aufs prächtigste für den Besuch herrichten.

Am 26. April, einem Sonntagmorgen, kam der Kardinal von San Giorgio in die Stadt, begleitet von Angehörigen der Familie Pazzi, dem Erzbischof von Pisa und dem Condottiere Giovan Battista da Montesecco. Doch ein Mißverständnis stiftete wiederum Verwirrung. Die Brüder erwarteten den Kardinal nicht, wie angenommen, zu Hause, sondern im Dom, wo ein feierliches Hochamt zu dessen Ehren zelebriert werden sollte. Die Kirche war zum Bersten voll, der Kardinal wurde auf seinen Ehrenplatz neben dem Altar geführt, während die Verschwörer sich unter das Volk mischten. Sie waren entschlossen, sich auch von diesem heiligen Ort nicht an der Ausführung ihres Plans hindern zu lassen. Wenn der Priester die Hostie zur Kommunion emporhob, wollten sie sich gleichzeitig auf Lorenzo und Giuliano stürzen, die, ein jeder zusammen mit Freunden, aber getrennt in der Kirche vor dem Chor umherwandelten. Doch machte im letzten Augenblick der Condottiere Giovan Battista da Montesecco, der Lorenzo töten sollte, nicht mit. Er weigerte sich, das Sakrileg eines Mordes in der Kirche und dazu während der Messe zu begehen, und dies rettete wahrscheinlich Lorenzo, nicht aber ihm selbst das Leben. Auf das vereinbarte Zeichen hin überfiel zuerst Bernardo Bandini Baroncelli Giuliano und verwundete ihn mit einem tiefen Dolchstich schwer. Giuliano versuchte zu fliehen, stürzte jedoch nach wenigen Schritten zu Boden und wurde hier auf brutale Weise von Franceschino Pazzi mit zahlreichen Dochstößen niedergemacht. So groß war Franceschinos Furie, daß er sich selbst dabei schwer verletzte. Nicht weit davon entfernt suchten zwei Leute Jacopo Pazzis – der Geistliche Stefano, sein Kanzler, und der päpstliche Scriptor Antonio Maffei aus dem 1472 grausam geplünderten Volterra –, Lorenzo zu überwältigen. Doch dieser reagierte prompter als sein Bruder. Er drehte sich nicht um, als Antonio Maffei ihm die Hand auf die Schulter legte, sondern riß sich den Mantel vom Leib, wickelte ihn um den Arm und verteidigte sich, wild um sich schlagend, mit seinem Dolch. Am Hals verletzt, konnte er sich mit einigen Freunden und Anhängern, darunter Angelo Poliziano, in die Sakristei retten. Im Gemetzel fand auch Francesco Nori, der alte Freund und Geschäftspartner der Medici, den Tod. Im Dom war unterdessen ein unbeschreibliches Getümmel ausgebrochen. Geben wir Poliziano selbst das Wort, um den Fortgang des Dramas zu erzählen:

«Dann verschlossen ich, der ich mich nach hier geflüchtet hatte, und einige andere die Türen (der Sakristei), die aus Bronze sind. So wehrten wir der Gefahr, die von Bandini drohte. Während wir die Türen bewachten, drängten andere drinnen besorgt darauf, sich um Lorenzos Wunde zu kümmern. Daraufhin saugte Antonio Ridolfi, der Sohn Jacopos, ein trefflicher junger Mann, die Wunde aus. Lorenzo selbst aber dachte nicht an seine Gesundheit, sondern fragte immerzu, ob Giuliano unverletzt geblieben sei, wobei er Drohungen ausstieß und klagte, daß Leute nach seinem Leben trachteten, für die solches höchst unbillig sei. Sodann versammelte sich eine Schar junger Männer, die Anhänger des Hauses Medici waren, mit Waffen vor den Türen der Sakristei und riefen einstimmig, daß sie Freunde und Verwandte seien; Lorenzo solle sofort herauskommen, bevor die gegnerische Partei stärker würde. Wir drinnen waren aber ganz unschlüssig und unsicher, ob es Feinde oder Freunde wären, fragten aber, ob Giuliano unversehrt sei. Auf dies antworteten sie nicht. Darauf stieg Sigismondo Della Stufa, ein trefflicher Mann und Lorenzo seit Kindertagen in großer Liebe und Freundschaft zugetan, auf einer Leiter schnell zu einem Guckloch bei den Orgeln hoch und erkannte sofort am Leichnam Giulianos die Schandtat. Er sah, daß die Leute vor den Türen Freunde waren, und befahl aufzumachen. Sie nahmen Lorenzo in ihre Mitte und führten ihn auf einem Umweg nach Hause, damit er nicht auf den Leichnam Giulianos träfe. Ich selbst kehrte auf direktem Weg zurück und fand Giuliano, wie er von vielen Wunden niedergemacht und von viel Blut besudelt auf dem Boden lag. Dann wurde ich, zitternd und vor übermächtigem Schmerz fast ohmächtig, von einigen hilfreichen Freunden nach Hause gebracht.»

Francesco Salviati hatte den Dom schon gleich bei Beginn der

Messe wieder verlassen. Ihm war die Aufgabe zugefallen, während des Mords im Dom den Palazzo della Signoria in die Gewalt der Verschwörer zu bringen. Doch als er dort unter dem Vorwand, der Regierung einen Besuch abstatten zu wollen, mit ansehnlichem Geleit erschien, schöpfte der *Gonfaloniere di giustizia* Verdacht, weil der Erzbischof ihm so seltsam aufgeregt vorkam. Er ließ die Türen des Appartements im zweiten Stockwerk des Palasts, in dem die Regierung während ihrer Amtszeit zu wohnen pflegte, versperren, so daß sich Salviati mit seinen bewaffneten Begleitern in der Falle befand. Die Regierung entwich über einen zweiten Ausgang und verschanzte sich unter dem Turm im darüberliegenden Stockwerk, wo sich der Wehrgang befand. Von hier aus warfen sie und ihre Diener Steine und andere schwere Gegenstände nach unten auf den Platz, wo Jacopo Pazzi unter dem Streitruf «*Popolo e libertà*» Salviati und den Seinen zu Hilfe kommen wollte. Aber das alte Motto republikanischer Freiheit verhallte ungehört. Das Volk stand nicht gegen die Medici auf, sondern fand sich in Scharen ein, um die Regierung zu verteidigen. Jacopo Pazzi mußte einsehen, daß die Verschwörung gescheitert war, und floh aus der Stadt. Die Regierung machte kurzen oder besser überhaupt keinen Prozeß. Erzbischof Francesco Salviati wurde kurzerhand an einem Fenster des Palastes aufgeknüpft. Das gleiche Schicksal traf seinen Bruder Jacopo und Francesco Pazzi, den Hauptantreiber der Verschwörung. Bis zum Abend waren nach dem Bericht des Mantuaner Gesandten sechsunddreißig Leute auf diese Weise getötet worden.

Kaum zu Hause angelangt, schrieb Lorenzo mit eigener Hand ein fiebriges Billet nach Mailand: «Meine allererlauchtesten Herren», warf er auf das Blatt, «jetzt gerade hat man meinen Bruder Giuliano umgebracht, und mein eigener *stato* befindet sich in höchster Gefahr. Deshalb ist jetzt die Stunde gekommen, meine Herren, daß Ihr Eurem Diener Lorenzo zu Hilfe eilt. Schickt so viele Truppen, wie Ihr könnt, und so schnell wie möglich, mir zum Schild und zum Heil des *stato*, wie sie es immer gewesen sind. In Florenz, am 26. April, Euer Diener Lorenzo de' Medici». Doch bedurfte es dieser militärischen Hilfe nicht. Selbst die Bauern auf dem Land griffen zu den Waffen. Im Norden, nahe der Grenze zur Romagna, ebenjenem Gebiet, in dem die Medici seit alters Güter besaßen, zwangen sie zweihundert Ritter Girolamo Riarios, die von Imola her eingefallen waren, zum Rückzug. Im Süden wurde ebenfalls eine aus Umbrien einrückende Söldnertruppe von Bauern zurückgedrängt, während Florentiner und Bologneser Truppen schon an der Grenze einen größeren, vom Gouverneur von Imola zum Schutz der Verschwörer entsandten Verband am Vormarsch hinderten. Auch in der Stadt hatte Lorenzo bald wieder das Heft in der Hand. Seine Anhänger scharten sich um ihn, und das Volk strömte ihm zu. Immer wieder mußte er sich am Fenster zeigen, um zu beweisen, daß er am Leben war. Am Tag nach der Bluttat empfing er in seinem Haus viele Bürger.

Die Grausamkeit und die Gewalt, mit der die Verschwörer gehandelt hatten, fiel nun auf sie zurück. Ein Blutrausch erfaßte Florenz, furchtbare Greuel geschahen. Von den Leuten, die der Erzbischof von Pisa in den Palast geschleust hatte, wurden viele lebendig aus den Fenstern auf den Platz geworfen, wo das zusammengelaufene Volk sie auf grausame Weise niedermachte. Ein Geistlicher des Erzbischofs wurde dabei geköpft und in Stücke gehauen, sein Kopf auf einer Lanze und ein Viertel seines Körpers auf einem Spieß unter dem Ruf «Tod den Verrätern!» durch die Straßen bis zum Medici-Palast getragen. Der mailändische Gesandte schrieb noch am selben Tag an die herzogliche Regentschaft, daß Francesco Pazzi, Francesco und Jacopo Salviati sowie andere Verschwörer hingerichtet worden seien. Der Kardinal von San Giorgio sei dagegen in den Regierungspalast gebracht worden. Erst am 4. August wurde auf Anweisung der *Otto di guardia e balìa*, der gefürchteten Magistratur, die seit Cosimos Zeiten vor allem für die innere Sicherheit zuständig war, vom Podestà, bei dem formell immer noch die Strafgerichtsbarkeit lag, ein reguläres Urteil gegen die Verschwörer erlassen. Die Exekutionen zogen sich über Tage hin, denn viele Pazzi, die sich durch Flucht zu retten gesucht hatten, wurden erst nach und nach wieder eingefangen. Jacopo Pazzi wurde am 28. April nach einem weitgehenden Geständnis ebenfalls an einem Fenster des Palazzo della Signoria gehenkt. Nur Guglielmo Pazzi, der Schwager und Freund Lorenzos, kam mit dem Leben davon und wurde aus Florenz verbannt. Er hatte angeblich nichts von der Verschwörung gewußt. Der Palast der Pazzi wurde vom Pöbel geplündert, obwohl die Regierung dies zu verhindern gesucht hatte. Am 4. Mai wurde auch der Condottiere Giovan Battista da Montesecco als Adliger mit dem Schwert hingerichtet. Sein in der Hoffnung auf Gnade abgelegtes Geständnis rettete ihn nicht. Am selben Tag wurden auch die beiden Geistlichen, die Lorenzo zu töten versucht hatten, am Palast des Podestà aufgehängt, nachdem sie in einem Kloster der Stadt, in dem sie sich versteckt gehalten hatten, entdeckt worden waren.

Nur Bernardo Bandini Baroncelli, dem Mörder Giulianos und Francesco Noris, gelang es zu entweichen. Er floh bis an den Hof des Sultans in Konstantinopel, doch ließ Lorenzo keine Ruhe, bis er ihn wieder in der Hand hatte. Nach längeren Verhandlungen gelang es ihm, ihn sich ausliefern zu lassen. Ende 1479 brachte ihn Antonio de' Medici nach Florenz zurück. Das Todesurteil durch Erhängen an den Fenstern des Palastes des Podestà durch die *Otto* erging am 28. Dezember, die Exekution erfolgte im Morgengrauen des folgenden Tages. Das Urteil bestimmte, daß Bandini in denselben Kleidern, in denen er aus Konstantinopel nach Florenz gekommen war, gehenkt werden sollte. Er trug offenbar immer noch türkische Gewänder, und es sollte mit dieser Verfügung wahrscheinlich herausgestellt werden, daß er nicht nur den Staat, sondern auch den Glauben verraten hatte. Die exotische Kleidung muß dem jungen Leonardo da Vinci so interessant vorgekommen sein, daß er den Gehenkten zeichnete und mit penibler Genauigkeit dessen Kleidungsstücke notierte. Auch der Name eines anderen berühmten Künstlers ist mit der Pazzi-Verschwörung verbunden. Am 21. Juli verfügten die *Otto* die Zahlung von vierzig Fiorini an Sandro Botticelli für die Ausführung der Schandbilder der Verräter. Es war Brauch, die Bilder der Verbrecher (ursprünglich nur der Bankrotteure) zur Schmach und zur Abschreckung auf die Wände öffentlicher Gebäude zu malen. Botticellis Schandbilder sind wie fast alle dieser Art nicht erhalten, obwohl solche Darstellungen oft erst nach Jahrzehnten übertüncht wurden.

Giulianos feierliche Exequien fanden am 30. April in der Kirche San Lorenzo statt. Die Jugend von ganz Florenz legte dazu Trauerkleidung an. Es war ein Tag der öffentlichen Trauer, wie sie auch auf der Rückseite einer von Bertoldo di Giovanni für Lorenzo gestochenen Gedenkmünze auf die grausame Mordtat beschworen wird. «*Luctus Publicus*» steht unter dem im Profil gezeigten und in der Umschrift mit dem Namen gekennzeichneten Kopf Giulianos de' Medicis geschrieben. Dieser Kopf schwebt gleichermaßen über der Szene des Mords, die sich darunter abspielt. In dem durch Säulen vom Kirchenschiff getrennten, achteckigen Chor zelebriert der Priester im Beisein des Kardinals die Messe, während sich vor dem Chor Kampfszenen abspielen. Hier sehen wir rechts auf dem Boden den verwundeten Giuliano liegen, über den sich sein Mörder beugt.

Nach dem späteren Zeugnis Giorgio Vasaris ließen Angehörige und Anhänger der Medici lebensgroße Wachsfiguren Lorenzos in der renommierten Werkstatt der Wachsbildnerfamilie Benintendi anfertigen und zum Dank für seine Rettung in verschiedenen Kirchen aufstellen. Vasari erwähnt drei solcher Bilder in der Lebensbeschreibung Andrea del Verrocchios, der sie angeblich entwarf. Er sah sie wohl noch mit eigenen Augen. Eines von ihnen zeigte Lorenzo im *lucco*, dem typischen langen Gewand des Florentiner Bürgers, und war über einer Tür in der Servitenkirche SS. Maria Annunziata aufgehängt, die von solchen Votivfiguren geradezu vollgestopft war. Ein zweites befand sich in Assisi beim Grab des hl. Franziskus, das dritte dagegen in einer kleinen Kirche in der Via di San Gallo. Es stand hier vor einem wundertätigen Kruzifix und stellte Lorenzo im blutigen Gewand dar, mit dem er verwundet aus der Kirche geflohen war. Die Patronatsrechte über diese Kirche besaß, wie jüngst nachgewiesen wurde, die Familie Bandini Baroncelli, ebenjene Familie, der der Mörder Giulianos entstammte. Vielleicht wollte sie sich mit der Aufstellung von Lorenzos Wachsbild von der Mordtat ihres Verwandten distanzieren. Kein einziges dieser Votivbilder hat sich erhalten. Sie gingen wie die unzähligen anderen, die die Kirche der Annunziata füllten, im Laufe der Jahrhunderte verloren.

Die Verschwörung hatte ein grausiges Nachspiel. Mitte Mai wurde der Leichnam Jacopo Pazzis, der in der Grabkapelle seiner Familie bei der Kirche Santa Croce beigesetzt worden war, wieder ausgegraben und an einer Stelle an der inneren Seite der Stadtmauer verscharrt. Hier gruben ihn Kinder – *fanciulli* – ein zweites Mal wieder aus, zerrten ihn am Strick, an dem er aufgeknüpft worden war, durch ganz Florenz und sangen dazu makabre Spottlieder, von denen eines lautete: «*Muoia il papa, muoia il cardinale, viva Lorenzo, che ci da del pane*» (Tod dem Papst, Tod dem Kardinal, es lebe Lorenzo, er gibt uns Brot). Schließlich warfen sie den Leichnam in den Arno, auf dem er ein Stück weit hinabtrieb, bis ihn die jungen Leichenschänder wiederum herauszogen, ihn bastonierten und schließlich zurück ins Wasser warfen. Das Volk stand in Scharen auf den Brücken, um dem widerlichen Schauspiel zuzusehen. Noch in Pisa habe man die Leiche unter den Brücken durchschwimmen sehen, erzählt Luca Landucci. Es war ein ungezügelter Ausbruch von Barbarei, gegen den die Obrigkeit offenbar bewußt nicht einschreiten wollte. Poliziano schreibt, daß der Anstoß zu den Ausschreitungen von Bauern ausgegangen sei – Bauern wie solchen, die für die Medici die Waffen ergriffen hatten –, die aus Sorge über anhaltende starke Regenfälle in großer Zahl in die Stadt geströmt seien. Der Regen war ein sensibles Thema in Florenz mit seinem bäuerlichen Umland, aus dem die Stadt ihre Versorgung bezog. Ihm waren deshalb religiös verbrämte, magische Riten gewidmet. Blieb er aus oder floß er in zerstörerischem Übermaß, ließ die Regierung das Gnadenbild der Madonna aus dem nahen Impruneta in die Stadt holen und mit feierlichen Prozessionen ehren, damit die Gottesmutter der Unbill der Natur Einhalt gebiete. Nach dem Mord hatten die Bauern, wie Poliziano erklärt, die Regenfluten, die ihre Ernte gefährdeten, dem Umstand zugeschrieben, daß der frevelhafte Jacopo Pazzi in geweihter Erde begraben lag. Die Natur war, so glaubten sie wohl, durch die Untat der Pazzi in Aufruhr geraten, die alle Gesetze außer Kraft gesetzt hatte, die menschlichen ebenso wie jene der Natur. Die Regierung ließ aber das Gnadenbild diesmal nicht in die Stadt holen, sondern überließ den Kindern, die aufgrund ihres Alters noch außerhalb des Gesetzes standen, an Stelle und im Namen des aufgebrachten, abergläubischen Bauernvolks die fürchterliche Schändung. Es dauerte Wochen, bis Florenz wieder zur Ruhe kam.

IX. *Salus publica*
DER KAMPF UMS ÜBERLEBEN

Bertoldo di Giovanni, «Gedenkmünze auf die Pazzi-Verschwörung». Vorderseite: Kopf Lorenzo de' Medicis, darunter Szenen des Anschlags gegen ihn, in der Mitte die Inschrift «SALUS PUBLICA». Rückseite: Kopf Giuliano de' Medicis, darunter Szenen seiner Ermordung, in der Mitte die Inschrift «LUCTUS PUBLICUS».

*D*ie Vorderseite der Gedenkmünze auf die Verschwörung zeigt als Pendant zum Profilkopf Giulianos jenen Lorenzos, darunter, spiegelbildlich verkehrt, wiederum das Achteck des Chors mit dem zelebrierenden Geistlichen, davor die Bildchronik des Mordanschlags gegen Lorenzo selbst. Wenn die Giuliano gewidmete Seite zur öffentlichen Trauer aufrief, so verwies die andere auf das Programm, nach dem jetzt gehandelt werden mußte: «*Laurentius Medices Salus Publica*» – Lorenzo de' Medici Öffentliches Wohl –, lautete hier die Inschrift. Das Wohl des Medici, sollte mit dieser Gleichung ausgedrückt werden, fiel mit dem Wohl seiner Vaterstadt zusammen. Schon Piero de' Medici hatte den gleichen Anspruch erhoben, als er nach dem 1466 errungenen Sieg über seine Gegner auf dem Sockel von Donatellos Judith-Statue, die im Garten des Medici-Palastes stand, mit Bezug auf sich selbst die gleichen Worte einmeißeln ließ. Allein in der Identität zwischen der Stadt und den Medici, besagte das Motto, würde Florenz sein Prestige und seine Freiheit bewahren können. Diese Forderung galt jetzt mehr denn je, da Lorenzos physisches, politisches und wirtschaftliches Überleben auf dem Spiel stand. Nur mit dem unbedingten Rückhalt aller Bürger konnte der dem Tod so knapp Entgangene hoffen, seinen *stato* zu bewahren. Sein eigenes Wohl mußte die Sache aller Bürger werden.

In den ersten verworrenen Tagen nach der Niederschlagung der Verschwörung war Lorenzos Stellung noch sehr unsicher und sein Leben immer noch in Gefahr. Er wagte es nicht einmal, auf die Straße zu gehen, auch wegen der Wunde, die erst heilen mußte. Seine Ärzte fürchteten sogar, daß die Waffe, die ihn verletzt hatte, vergiftet gewesen sein könnte. Zehn Tage lang scheint er das Haus überhaupt nicht verlassen zu haben. Er fühlte sich erst wieder sicherer, als er am 5. Mai die Erlaubnis erhielt, sich zu seinem Schutz mit einer Leibwache umgeben zu dürfen – ein außerordentliches Privileg, denn seit dem Ciompi-Aufstand vor hundert Jahren war den Bürgern das Waffentragen in der Stadt streng untersagt.

Von jetzt an bewegte sich Lorenzo in der Öffentlichkeit nur noch zusammen mit seiner Schutztruppe von Armbrustschützen und Reitknechten, die furchterregende Namen wie «Morgante» und «Margutte», die Riesen aus Pulcis Ritterepos, trugen. Dieses Auftreten stieß jedoch auf manche Kritik in der Stadt, denn es erinnerte allzusehr an fürstliche Prärogativen. Lorenzo selbst gab sich zuversichtlich. Der mailändischen Regentin und Herzogsmutter Bona von Savoyen, die ihn in Erinnerung an die Ermordung ihres Gemahls besorgt aufgefordert hatte, seinen Schutz nicht zu vernachlässigen, antwortete er mit den Worten: «Ich vertraue auf Gott. So wie er mich jetzt auf wunderbare Weise rettete, wird er in seiner Barmherzigkeit vielleicht so gnädig sein, es so einzurichten, daß es scheinen mag, er habe mich für einen guten Zweck gerettet.»

Mitte April 1478, also schon vor dem Anschlag, war Lorenzo de' Medici in die Magistratur der *Otto di guardia e balìa* gewählt worden, die am 1. Mai turnusgemäß ihr Amt antreten sollte. Dieses aus acht Mitgliedern bestehende Gremium war, wie schon gesagt, für die Ordnung in der Stadt und insbesondere den Schutz der Verfassung verantwortlich. Angesichts der gespannten Lage erhielten die *Otto* diesmal weitgehende Vollmachten, die sie ermächtigten, auch ohne die Zustimmung der Räte Maßnahmen zum Schutz der Stadt zu ergreifen. Sie gingen sofort mit äußerster Härte gegen die Pazzi vor. Schon am Tag nach dem Anschlag beschlagnahmten sie deren gesamten Besitz mit der Begründung, die Ansprüche der Gläubiger, die auf vierzig- bis fünfzigtausend Dukaten geschätzt wurden, zu garantieren. Am Tag darauf beauftragten sie den *Podestà*, einige Mitglieder der Familie, die nicht direkt an der Verschwörung beteiligt waren, zu verbannen. Der Bann traf auch Lorenzos Schwager Guglielmo, obwohl er, wie ein Chronist berichtet, schon im Dom lauthals seine Unschuld herausgeschrien hatte. Er erhielt die Auflage, sich nicht näher als fünf und nicht weiter als fünfundzwanzig Meilen von Florenz entfernt aufzuhalten, und verlor alle politischen Rechte. Am 1. Mai trat die neue Achterkommission, der Lorenzo angehörte, ihr Amt an. Sie beschloß am 7. Mai, weitere Angehörige der Familie und andere an der Verschwörung Beteiligte vom *Podestà* zu lebenslänglichem Gefängnis verurteilen zu lassen, unter diesen auch den Bruder Guglielmos, Giovanni Pazzi. Sie wurden teils in den berüchtigten «*Stinche*» in Florenz, teils in der Festung von Volterra eingekerkert. Das gleiche Los ereilte Piero Vespucci, der einem der Verschwörer zur Flucht verholfen hatte. Sein Sohn Marco, der Witwer der schönen Simonetta, flehte Lorenzo vergeblich um Hilfe an. Piero Vespucci blieb bis 1480 im Kerker, Marco selbst wurde lebenslang aus Florenz verbannt.

Lorenzo legte sein Amt als Mitglied der *Otto* schon am 18. Mai wieder nieder, wohl um aufkommenden Vorwürfen zu begegnen, er nutze es zu persönlicher Rache. Wenige Tage später wurde ein Gesetz erlassen, das die Familie Pazzi praktisch auslöschte. In der langen Präambel des am 23. Mai vom *Consiglio del Popolo* ratifizierten Gesetzestextes, in der die Phasen der Verschwörung anklägerisch noch einmal durchlaufen werden, erhielt jene Identität zwischen Florenz und Lorenzo de' Medici, die Bertoldos Gedenkmünze einforderte, ihre offizielle Formulierung: Gott wird gedankt, einen so vortrefflichen Mann wie Lorenzo de' Medici, die «Zierde der Stadt», errettet zu haben, da doch das ganze Wohl der Stadt vom Wohl dieses einen Mannes abgehangen habe. Für die Pazzi dekretierte das Gesetz eine wahre *damnatio memoriae*: Ihr Name und ihr Wappen sollten überall gelöscht und zerstört werden, es sei denn, sie erinnerten an die begangene Schandtat. An die Stelle jener Pazzi-Wappen, die sich gemalt, gemeißelt und in anderer Form in öffentlichen, kirchlichen und privaten Räumen befanden, sollte das Wappen des Florentiner Volks oder derjenigen treten, denen der betreffende Ort gehörte. Sogar den Bildhauern, Malern, Goldschmieden und anderen Handwerkern wurde verboten, Wappen der Pazzi herzustellen. Die Straßenecke bei ihrem Palast, die nach ihnen hieß, sollte einen neuen Namen erhalten. Auch ein altes Ehrenprivileg, das sie seit Jahrhunderten besaßen, verloren sie. Die Feuersteine, die angeblich ein Kreuzfahrer aus ihrer Familie vom Grabe Christi in

Jerusalem mitgebracht hatte, pflegten am Ostersamstag von ihrem Haus aus in feierlicher Prozession zum Dom geführt zu werden, um während des Hochamtes am Osterfest den Funken zu zünden, der den Karren vor dem Dom in die Luft sprengte; sie wurden nun der Calimala-Zunft zur Aufbewahrung übergeben. Auch solche alten Riten markierten die Stellung einer Familie. Damit aber noch nicht genug: Jene Pazzi, welche die Säuberungen überstanden hatten, mußten ihren Namen und ihr Wappen ablegen und andere annehmen. Um mögliche verwandtschaftliche Verflechtungen mit anderen Florentiner Familien für immer zu verhindern, wurden Heiraten mit Frauen aus der Familie Pazzi untersagt. Wer dennoch ein Mädchen aus dieser Familie zur Frau nahm, sollte ebenso wie seine Nachkommen von allen öffentlichen Ämtern ausgeschlossen bleiben. Die beschlagnahmte mobile Habe der Verschwörer wurde am 1. Juni öffentlich versteigert. Damit war die physische, politische und symbolische Vernichtung der Pazzi vollzogen.

Mit dieser entschiedenen Reaktion war in kurzer Zeit die innere Ruhe wiederhergestellt, gespannt blieben dagegen die äußeren Beziehungen. Sixtus IV. war nicht bereit, die Exekution des Erzbischofs von Pisa und die Festnahme des Kardinals Sansoni Riario widerspruchslos hinzunehmen. Zwar hatte die Florentiner Signorie schon am 28. April, zwei Tage nach dem Attentat, ihren Botschafter in Rom angewiesen, den Papst vom gescheiterten Umsturzversuch und den Hinrichtungen zu unterrichten; dabei war aber nur von den Pazzi die Rede gewesen. Die Nachricht vom gewaltsamen Tod des Erzbischofs Salviati und der Festsetzung des Kardinals im Palazzo della Signoria ließ sich jedoch nicht lange verheimlichen. Sie gelangte, ebenso wie die in Montesseccos Geständnis enthaltenen Enthüllungen, die die Mitschuld Riarios bewiesen, in Windeseile nach Rom, so daß die Lage sich bald gefährlich zuspitzte. Am 12. Mai schrieb Lorenzo einen Brief an seinen Onkel Tommaso Soderini, der sich als florentinischer Gesandter in Mailand befand. Darin beklagte er sich herb über Riarios Versuche, mit der Billigung des Papstes den König von Neapel und das so oft der päpstlichen Oberherrschaft widerstrebende Bologna durch Gewährung von Privilegien zum Krieg gegen Florenz umzustimmen. Auch waren, wie er berichtete, die Florentiner Kaufleute in Rom täglich Schikanen ausgesetzt, was die Regierung bewogen habe, den Kardinal Sansoni Riario nicht wegziehen zu lassen, um Schlimmeres zu verhindern. Letztere Maßnahme hatte Erfolg, denn sie zwang Sixtus IV. zu verhandeln. Er schickte den päpstlichen Vizelegaten von Perugia, Niccolò da Cattaro, nach Florenz, der aber nichts ausrichten konnte, weil die Florentiner als Bedingung für die Freilassung des Kardinals schriftliche Garantien für ihre Landsleute in Rom forderten. Girolamo Riario, der jede Mitschuld an der Verschwörung frech leugnete, sann derweilen auf eine Lösung, die ihm auch persönlich Nutzen bringen sollte. Ein Neffe von ihm, nämlich der Bruder des in Florenz festgehaltenen Kardinals, sollte mit einer Tochter Lorenzos vermählt werden, der Kardinal selbst das durch Salviatis Tod freigewordene Erzbistum Pisa erhalten. Sixtus IV. verkündigte eine Übereinkunft in diesem Sinne am 15. Mai den erstaunten Kardinälen, wobei er angab, der Vorschlag stamme von Lorenzo selbst. Dieser dementierte empört. Als in Rom bekannt wurde, daß der päpstliche Abgesandte erfolglos Florenz verlassen hatte, wurden am 22. Mai alle Florentiner Kaufleute aus ihren Häusern geholt und in die Engelsburg gebracht, während der Botschafter Donato Acciaiuoli entgegen allen diplomatischen Gepflogenheiten gezwungen wurde, Riario in den Vatikanspalast zu folgen. Zwar wurden alle noch am selben Tage auf Intervention des Kardinalkollegs wieder freigelassen, doch mit der Auflage, innerhalb von fünfzehn Tagen die Freilassung des Kardinals zu bewirken. Die Lage war verfahren. Erst auf wiederholtes Drängen von Venedig und Mailand rangen sich die Florentiner dazu durch, den Kardinal auch ohne Garantien wegziehen zu lassen. Aber jetzt war es zu spät. Am 4. Juni, demselben Tag, als man in Florenz beschloß, den Kardinal freizulassen – dem war der Schreck so in den Knochen steckengeblieben, daß er sein Leben lang eine totenbleiche Gesichtsfarbe behielt –, verkündete Sixtus IV. eine auf den 1. des Monats datierte Bulle gegen Florenz, die einer Kriegserklärung gleichkam. Lorenzo de' Medici, mit biblischer Rhetorik als «Sohn der Frevels» und «Zögling des Verderbens» bezeichnet, wurde darin zahlreicher Verbrechen gegen den

Heiligen Stuhl bezichtigt, die von der Unterstützung Niccolò Vitellis in Città di Castello bis hin zur prozeßlosen Exekution Salviatis und anderer Geistlicher sowie der Gefangensetzung des Kardinals Sansoni Riario reichten. Deshalb wurden er selbst und seine Anhänger, die amtierende und die vorhergehende Regierung sowie die Kommission der *Otto* unter Zugrundelegung gewisser Bestimmungen des kanonischen Rechts – Bezug genommen war auf jene, welche die Tötung und Festhaltung von Geistlichen betrafen – exkommuniziert mit allen damit verbundenen Strafen und Zensuren. Die Bistümer Florenz, Fiesole und Pistoia wurden zugleich mit dem Interdikt bedroht, was die Einstellung aller religiösen Funktionen bedeutete. Falls die Schuldigen nicht innerhalb Monatsfrist zur Bestrafung ausgeliefert würden, sollte Florenz dazu seines Erzbistumssitzes verlustig gehen. Da diese Forderungen nicht erfüllt wurden, verhängte der Papst am 20. Juni das Interdikt. König Ferrante von Neapel war bereit, als weltlicher Arm der Kirche die Sanktionen durchzuführen.

Für Lorenzo kam die Exkommunikationsbulle nicht ganz überraschend. Schon am 24. Mai hatte ihm der französische Kardinal Guillaume Estouteville, ein Freund der Medici, mitgeteilt, der Papst habe eine Kommission von fünf Kardinälen eingesetzt, um über die kirchlichen Strafen gegen ihn und ihre Begründung durch das Kirchenrecht zu beraten. Lorenzo sah das Unheil nahen, glaubte aber nicht, daß es zum Äußersten kommen würde. Als es dennoch geschah, blieb er nicht untätig und sah sich nach Hilfe um. In den Wochen nach dem Attentat verließ eine Unzahl von Briefen die Schreibstube seiner Sekretäre. Sie waren an Fürsten, Gesandte, Agenten und die Leiter und Mitarbeiter seiner Filialen gerichtet, die informiert und in verschiedenem Maße um Unterstützung gebeten wurden. Gerade letzteren, seinen Geschäftspartnern und Angestellten, mit denen ihn oft ein vertrautes Verhältnis verband, schüttete er zuweilen sein Herz aus. In einem Brief vom 1. Juni an den Schwager Lionetto de' Rossi in Lyon beklagte er sich mit bitteren Worten über das Schicksal, das über ihn und seine Vaterstadt hereingebrochen war: «Sie haben uns unsere Freiheit rauben wollen, haben meinen Bruder getötet und mich selbst, so kann man sagen, umgebracht; Hab und Gut haben sie plündern und die Männer ins Gefängnis werfen wollen. Und obendrein exkommunizieren sie uns jetzt und belegen uns mit dem Interdikt, und dies ohne allen ehrbaren Grund.» Und wenige Wochen später, am 20. Juni, heißt es angesichts der zögernden Haltung des verbündeten Venedig in einem Brief an Giovanni Lanfredini, den bewährten Leiter der Niederlassung in der Lagunenstadt: «Giovanni, mir kommt vor, als ob ich in ein seltsames Labyrinth geraten wäre, ohne Hoffnung, wieder herauszufinden. Und ich weiß auch nicht, welche Hoffnung ich haben könnte, wenn bei solch schweren Kränkungen die Regierung dort nichts unternimmt... Und derweilen könnte es für uns nicht schlimmer laufen... Auf dem Spielbrett sehe ich das Leben, den *stato*, die Ehre und das Hab und Gut, und von denen dort bekommen wir kaum Antwort...!»

Während beide Seiten zu den Waffen griffen, wurde zugleich ein Kampf mit anderem Geschütz ausgefochten, der sich einer neuen Erfindung bediente, nämlich des Buchdrucks: Die Bulle Sixtus' IV. vom 1. Juni 1478 und die zwei anderen Schreiben, die ihr folgten, wurden ebenso wie die florentinischen Gegen- und Verteidigungsschriften in gedruckter Form verbreitet, um ihre Propagandawirkung zu erhöhen. In den Sommermonaten des Jahres 1478 verbreiteten die Florentiner eine Reihe von Pamphleten, die, abgestützt durch Rechtsgutachten namhafter Juristen, ebenfalls verschickt wurden und vehement und polemisch die Anschuldigungen Sixtus' IV. zurückwiesen. Das Hauptargument war, daß weder Lorenzo noch die Regierung Schuld an der Exekution Salviatis und der Geistlichen seines Gefolges treffen könne, da Lorenzo wegen seiner Verwundung zu Hause geblieben und die Tötung auch nicht durch die Mitglieder der Regierung, sondern spontan bei der Verteidigung des Palasts gegen die Eindringlinge erfolgt sei. Auch seien der Erzbischof und die anderen Kleriker nicht als Geistliche erkenntlich gewesen, weil sie keine entsprechende Kleidung getragen hätten. Was die Gefangennahme des Kardinals betreffe, so sei er nicht verhaftet, sondern im Gegenteil zum Schutz vor der Wut des Volkes in den Palast gebracht worden. Angelo Poliziano verdichtete diese Argumente in einer Anekdote. Der venezianische Botschafter Giovanni Emo soll dem Kardinal zum Abschied gesagt haben: «Monsignore, wir haben Euch ziehen lassen, weil wir Euch nie festgehalten haben; wir sind glücklich, alle Rechtfertigung auf unserer Seite zu haben. Sagt dem Papst, daß er den Krieg nur beginnen solle, wir werden ihn bei ihm zu Hause beenden; seine Exkommunikation bedeutet Kommunion für uns» – ein Wortspiel, das auf das Bündnis zwischen Florenz, Venedig und Mailand anspielte, aber, so dürfen wir sagen, die Lage etwas schönte, da vor allem Venedig sich wenig kriegswillig zeigte.

Angelo Poliziano schrieb und druckte wahrscheinlich ebenfalls in den Sommermonaten 1478 seinen «Kommentar» zur Verschwörung, dessen propagandistischer Charakter nicht zu übersehen ist. Aus der Feder Gentile Becchis stammte dagegen eine längere Schrift, die eine im Florentiner Dom am 23. Juli zusammengetretene Synode erarbeitet haben sollte und die ebenfalls im Druck die Runde machte. Sie erinnerte noch einmal detailreich an die tragischen Ereignisse, um dann Punkt für Punkt alle gegen Florenz und Lorenzo erhobenen Vorwürfe zurückzuweisen, indem sie unter anderem ausführlich aus dem Geständnis Monteseccos zitierte. Es ist ungewiß, ob eine solche Synode je stattfand, unüberhörbar ist jedoch die Drohung, den Papst vor ein Konzil zu stellen.

Gentile Becchi reagierte mit dieser Schrift auf ein Breve Sixtus' IV. vom 7. Juli, auf das die Florentiner Regierung am 21. Juli antwortete. In diesem Schreiben hatte der Papst versucht, einen Keil zwischen die Stadt und ihren ersten Bürger zu treiben, indem er Lorenzo allein die Schuld zuwies und Regierung und Volk aufforderte, den Tyrannen aus der Stadt zu jagen, da nur so Florenz seine alte Freiheit zurückgewinnen könne. Der Papst habe, so heißt es im Schreiben auch, stets nur das öffentliche Wohl im Sinn, womit er sich selbst als dessen wahren Garanten ausgab. Eine Anspielung auf den Krieg, den Bartolomeo Colleoni, wie es hieß, eben wegen dieser Freiheit gegen Florenz geführt hatte, läßt erkennen, daß auch die 1466 vertriebenen Gegner der Medici sich wieder rührten. Dietisalvi Neroni hatte sich in Rom niedergelassen und hoffte, daß die gegenwärtige Krise ihm den Rückweg in die Heimat ebnen würde. Das Argument der Freiheit war ein gefährliches Argument, das in Florenz nie auf taube Ohren stieß. Doch die Regierung antwortete mit stolzer Festigkeit: Lorenzo sei kein Tyrann, sondern im Gegenteil der Verteidiger der Florentiner Freiheit. Die Stadt stehe geschlossen hinter ihm, da sein Wohl das öffentliche Wohl und die Freiheit mitbedeute. Der auf Bertoldos Medaille eingeschriebene Spruch war Regierungsprogramm geworden. Dem Brief vom 21. Juli folgte am 11. August eine offizielle Verteidigungsschrift aus der Feder Bartolomeo Scalas, des Humanisten und ersten Kanzlers der Republik, unter dem Titel *Excusatio Florentinorum*. Sie enthielt zum Beweis für das Mitwissen und die Billigung des Papstes das vollständige Geständnis Giovanni Battista da Monteseccos und forderte den Kaiser und den König von Frankreich auf, die Republik zu verteidigen.

Von Anfang an hatte Lorenzo im Streit mit Sixtus IV. und dem neapolitanischen Herrscher auf die Unterstützung des französischen Königs gesetzt. Ludwig XI. war ein alter Gönner der Medici, und die geschäftlichen Verbindungen zum französischen Hof, die die Niederlassung in Lyon pflegte, waren eng. Ludwig XI. war in vielfältiger Weise in die italienische Politik verwickelt; seit Karl von Anjou im 13. Jahrhundert das Königreich Sizilien den Staufern entrissen hatte, betrachteten die französischen Könige es als ihre Apanage. Die letzte, 1435 verstorbene Königin von Neapel aus dem Hause Anjou, Johanna II., hatte jedoch Alfonso d'Aragona, den Vater König Ferrantes, zu ihrem Erben bestimmt, der das Königreich gegen die Ansprüche Renés von Anjou in Besitz genommen hatte. Die Aussicht, bei einem italienischen Feldzug die alten französischen Rechte wieder geltend machen zu können, mußte Ludwig XI. verlockend erscheinen. Auch über Genua, das unter mailändischer Herrschaft stand, beanspruchte der König die Oberhoheit. Lorenzo hatte Ludwig XI. sofort vom Tod seines Bruders unterrichtet und Giannetto Ballerini, den Kassierer der Lyoner Bank, als seinen persönlichen Abgesandten an den Hof geschickt. Er wünschte, daß der König dem Papst die kirchliche Obödienz entziehen und ein Konzil einberufen sollte, eine Waffe, die jeder Papst seit den großen Konzilien der ersten Jahrhunderthälfte fürchten mußte.

Ludwig XI. kondolierte sofort zum Tod seines «sehr teuren Cousins» und kündigte die Entsendung des Herrn von Argenton, des als Memoirenschreiber berühmt gewordenen Philippe de Commynes, an, der am 2. Juli nach Florenz kam und mit großen Ehren empfangen wurde. Aber es war nur eine moralische Unterstützung, die er den Florentinern brachte, wie er es selbst in seinen *Mémoires* unterstrich. «Die Gunst des Königs», schrieb er hier, «bewirkte zwar einiges für sie, aber nicht so viel, wie ich gewünscht hätte, denn ich hatte keine Truppen, um ihnen zu helfen, sondern nur mein Gefolge.» Ein Besuch im Feldlager hatte ihm schnell klargemacht, daß die Florentiner ihren Feinden militärisch bei weitem unterlegen waren. Von Lorenzo selbst zeichnete er ein etwas zweideutiges Bild: Dieser, «ihr Haupt in der Stadt», sei «jung» gewesen und von «jungen Männern» geleitet worden; auch habe er sich sehr an seine eigene Meinung gehalten. Commynes verhandelte mit der Vermittlung Lorenzos, der eine königliche Vollmacht dafür erhielt, in Florenz auch mit den mailändischen Vertretern, um die Divergenzen zwischen Ludwig XI. und Mailand beizulegen, mit dem Erfolg, daß zwischen den beiden Mächten ein Bündnis abgeschlossen wurde, das auch die Investitur des mailändischen Herzogs mit dem rebellischen Genua vorsah. Der französische Diplomat bewahrte eine gute Erinnerung an seinen Aufenthalt in der Stadt, wo er nach seinen Worten «besser am letzten als am ersten Tag» behandelt worden war. Damit spielte er auf die in seinen *Mémoires* nicht erwähnten reichen Gaben an, die er beim Abschied erhielt. Die Signoria schenkte ihm Silbergerät im Wert von mehr als vierhundert Dukaten, Lorenzo selbst Juwelen im Wert von dreihundert Dukaten. Am 23. August, dem Tag vor Commynes Abreise, schrieb Lorenzo einen überschwenglichen, mit französischen Wörtern gespickten Dankesbrief an den König, voll des höchsten Lobes für den Gesandten.

Hatte die Anwesenheit Philippe de Commynes', wie Lorenzo in seinem Dankesbrief schrieb, auch nur die *reputazione* von Florenz gestärkt, ohne jedoch das Kriegsglück wenden zu können, so griff doch Ludwig XI. begeistert den Vorschlag auf, ein Konzil einzuberufen, lag er doch selbst schon seit längerem im kirchenpolitischen Zwist mit Sixtus IV. und hatte öfter schon mit einem solchen Schritt gedroht. Zwischen Ende Juli und Anfang August stellten Gesandte Frankreichs und der Liga dem Papst in Bracciano, wohin er sich vor der Pest geflüchtet hatte, die Forderung, die Zensuren gegen Florenz und Lorenzo de' Medici zurückzunehmen und die Waffen niederzulegen – vergeblich. Sixtus IV. beharrte starr auf seinem Standpunkt und verlangte, daß Lorenzo zuerst persönlich vor ihm seine Schuld eingestehen und um Verzeihung bitten sollte. Dies veranlaßte die Gesandten, eine formelle Erklärung abzugeben, in der sie das für die Christenheit so schädliche Verhalten Sixtus' IV. anprangerten und die Einberufung eines Konzils in Frankreich ankündigten, das den Papst zur Rechenschaft ziehen sollte. Ludwig XI. meinte es durchaus ernst. Schon am 10. August schrieb er einen Brief voller Anschuldigungen an den Papst, verbot wenig später den Geistlichen des Königreichs, sich in Pfründenangelegenheiten nach Rom zu begeben, und rief eine Kirchenversammlung des französischen Klerus nach Orléans ein. Auch stellte er die Entsendung von Truppen unter Charles de Maine, dem Erben Renés von Anjou, der sich mit dem traditionellen Titel des neapolitanischen Thronfolgers «Herzog von Kalabrien» schmückte, in Aussicht, was in Florenz bei den *Dieci* größte Freude auslöste. Das Scheitern der Verhandlungen in Bracciano hatte freilich für Lorenzo persönlich zur Folge, daß unter Androhung schwerer Strafen allen Mitarbeitern der Medici-Bank in Rom befohlen wurde, binnen zehn Tagen den Kirchenstaat zu verlassen.

Inzwischen hatte auch der Krieg begonnen. Um ihm zu begegnen, war schon am 13. Juni in Florenz, wie immer in Kriegszeiten, die mit großer Machtfülle ausgestattete, zehnköpfige Sonderkommission der *Dieci di balìa* eingesetzt worden, in die auch Lorenzo de' Medici gewählt wurde. Sie blieb nach zweimaliger Verlängerung schließlich fast anderthalb Jahre im Amt, eine außergewöhnlich lange Zeit für florentinische Verhältnisse. Die *Dieci* hatten nicht nur für die militärischen Angelegenheiten zu sorgen, sondern führten in Krisenzeiten auch die auswärtige Politik. Als Mitglied dieser mächtigen Kommission befand sich Lorenzo also nun auch ganz offiziell im Schaltzentrum der Macht, wo die Entscheidungen getroffen wurden und die Korrespondenzen und Informationen zusammenliefen. Daneben betrieb er aber auch seine eigene Diplomatie, sandte Vertrauensleute und Unterhändler an die Höfe, unterhielt persönlichen Kontakt zu den offiziellen Gesandten der Stadt und führte während der ganzen Zeit des Konflikts auch geheime Verhandlungen mit den Feinden. Lorenzo bewegte sich auf einer doppelten Ebene, einer offiziellen als Mitglied der Regierungskommission und einer privaten in seiner Eigenschaft als einflußreichster und bekanntester Bürger seiner Vaterstadt, der die eigenen Verbindungen spielen ließ.

Die Kriegshandlungen begannen im Juli, als die feindlichen Truppen unter dem Kommando des Herzogs von Kalabrien, Alfonso d'Aragona, und Federico da Montefeltros, des kirchlich neapolitanischen Generalkapitäns, von der umbrischen Grenze und dem verbündeten Siena aus in florentinisches Gebiet einrückten. Die *Dieci* hatten dagegen Mühe, eine wirksame Verteidigung aufzubauen. Florenz unterhielt kein eigenes Heer. Die Fußtruppen, die es in Sold genommen hatte, waren in schlechter Verfassung, und Mailand und Venedig hatten es nicht eilig, Verstärkungen zu schicken. Die Verbündeten scheuten die Kosten, für deren Deckung in Florenz hohe Steuern, insbesondere zu Lasten des Klerus, aufgelegt wurden. Vor allem aber fiel es schwer, tüchtige Heerführer zu finden, da diese viel Geld für ihre Dienste verlangten. Schließlich akzeptierte der Herzog von Ferrara, Ercole d'Este, über dessen hohe Soldforderungen man sich lange nicht einigen konnte, den Oberbefehl. Aber im Hin und Her der Verhandlungen war viel Zeit vergangen, und es wurde September, bis der Herzog nach Florenz kam, um den Kommandostab in Empfang zu nehmen. In der Zwischenzeit waren viele Orte im Chianti verlorengegangen (Rencine, Castellina, Radda sowie die Kastelle Brolio und Cacchiano), während unter den florentinischen Söldnerführern Uneinigkeit herrschte. Einzelne Vorstöße der Feinde bis in die Nähe von Florenz verbreiteten Schrecken in der Stadt und verunsicherten die Bevölkerung. Es entwickelte sich ein zäher Kleinkrieg, der keiner Seite Ehre machte, Plünderungen und Brandschatzungen waren an der Tagesordnung. Schließlich ergab sich Anfang November, kurz bevor die Truppen ihre Winterquartiere bezogen, auch das befestigte Monte San Savino im Chianatal. Die florentinische Kriegsführung war katastrophal. Verschanzt in ihrem Hauptquartier, dem Poggio Imperiale bei Poggibonsi, wagten die Heerführer kaum, Initiativen zu ergreifen, und versäumten manche Gelegenheit zum Entsatz belagerter Orte. Dazu kam, daß die Pest wieder umging, die auch vor dem florentinischen Feldlager nicht haltmachte. Die Seuche wütete ebenso in Florenz, wo die Stimmung bei dem von den Kriegssteuern gebeutelten Volk immer verzweifelter wurde. Der Spezereiwarenhändler Luca Landucci schildert sie so: «Und diese Feiertage», schrieb er mit Bezug auf die folgende Weihnachtszeit, «verbrachten die Bürger in Angst wegen des Krieges und wegen der Pest, wegen des päpstlichen Bannes, wegen Unruhen. Die Bürger waren sehr eingeschüchtert, und niemand hatte Lust zu arbeiten. Und die Armen fanden nichts zu tun, weder in der Seide noch in der Wolle ...», das heißt in der Fabrikation der wichtigsten Exportgüter von Florenz. Eine explosive Lage. Der Entschluß, Lorenzos Wohl zum eigenen zu machen, forderte den Florentinern große Opfer ab.

Es waren schwierige Zeiten auch für die Familie Medici. Die Pest und die unsichere Lage bewogen Lorenzo im August 1478, seine Frau und seine Kinder aus Florenz fortzuschicken. Bei ihm in der Stadt blieb nur seine Mutter Lucrezia, seine beste Ratgeberin und festester Halt in diesen gefährlichen Monaten und Jahren. Als sie am 25. März 1482 starb, in einem Moment, da sich wiederum ein schwerer Konflikt abzeichnete, meldete Lorenzo dem Herzog und der Herzogin von Ferrara mit bewegten Worten ihren Tod: «Mein Herr», schrieb er an Ercole d'Este, «wenn auch unter Tränen und Schmerz, kann ich doch nicht umhin, Eurer Exzellenz den unglückseligen Fall vom Tod meiner allerliebsten Mutter Madonna Lucrezia mitzuteilen, die heute dieses Leben verlassen hat. Darüber bin ich so unglücklich, wie man es nur sagen kann, denn außer der Mutter – schon allein die Erinnerung an sie bricht mir das Herz – habe ich auch eine Stütze verloren, die mir viele Mühen abgenommen hat. Doch hat Gott es so gewollt ... Es schmerzt mich sehr, daß ich nicht solch standhaften und starken Geistes bin, wie es sich ziemte.» Briefe von ähnlichem Wortlaut wurden an zahlreiche Persönlichkeiten verschickt. Die Lücke, die seine Mutter hinterließ, konnte Lorenzos Gemahlin nicht ausfüllen.

Clarice Orsini fand mit ihren sechs Kindern in Pistoia im Haus der Panciatichi, der ersten Familie der Stadt, Aufnahme. Sie war damals wieder schwanger. Doch die Aufregungen und die Sorgen um das Wohl ihres Gemahls brachten sie in Gefahr, das Kind, das sie erwartete, zu verlieren. Anfang September fühlte sie sich unwohl und war darüber sehr beunruhigt. Sie hatte den Tod von Giovanni Tornabuonis Frau Francesca Pitti vor Augen, die im Jahr zuvor in Rom während der Geburt eines Kindes auf dramatische Weise gestorben war. Auch fürchtete sie, an der Pest erkrankt zu sein. Der Hausarzt Stefano Della Torre, ein renommierter Gelehrter und Praktiker, wurde eilends nach Pistoia geschickt. Zum Glück war die Krise schon nach wenigen Tagen überwunden. Clarices letztes Kind, das den Namen seines ermordeten Onkels erhielt, kam am 12. März 1479 auf die Welt. Es war der künftige Herzog von Nemours, für den Michelangelo viele Jahre später in der Neuen Sakristei der Kirche San Lorenzo ein trauerschweres Grabmal schuf. Clarice blieb aber unruhig, drängte ihren Gatten immer wieder, ihr zu schreiben, sie zu besuchen, sie nicht allein zu lassen. Lorenzo kam indessen nur selten nach Pistoia, wohl wissend, daß sich Clarice dort in guten Händen befand. In ihrer Begleitung befand sich auch Angelo Poliziano, der sich um die Erziehung des sechsjährigen Piero kümmern sollte. Poliziano war nicht froh über diesen Auftrag, denn er wäre lieber bei Lorenzo in Florenz geblieben, zumal sein Verhältnis zu Clarice Orsini nicht das glücklichste war. Pistoia erwies sich schließlich doch nicht als so sicher, wie angenommen worden war. Im November 1478 wurde dort eine gefährliche Verschwörung aufgedeckt. Ihr Urheber, Piero Baldinotti, gestand nach seiner Festnahme, er habe mit Unterstützung von neapolitanischen Truppen die Stadt besetzen und dabei Lorenzos Gemahlin und Kinder, womöglich Lorenzo selbst, gefangennehmen wollen.

Damals hatte die Medici-Familie Pistoia schon wieder verlassen, um sich zuerst nach Fiesole, dann nach Cafaggiolo zu flüchten, von wo aus Angelo Poliziano im Dezember Lucrezia Tornabuoni einen sehr melancholischen Brief schrieb. Seit Tagen regnete es in Strömen, die Kinder waren gezwungen, im Haus zu bleiben, und mußten durch allerlei Spiele in Bewegung gehalten werden. Die Stimmung in der ungemütlichen, kalten Villa war, zumindest unter den Erwachsenen, äußerst gedrückt. Poliziano sehnte sich nach Florenz zurück, in die

Nähe seines geliebten Meisters Lorenzo. Mit beredten Worten beschrieb der empfindsame Literat seiner Gönnerin sein Elend: «Ich bleibe im Haus am Feuer sitzen, in Pantoffeln und im Mantel, so daß ich Euch wie die Melancholie selbst vorkommen würde, wenn Ihr mich sähet..., und ich tue, sehe und fühle nichts, was mir Vergnügen bereitete, so sehr sind mir alle diese unsere Wechselfälle zu Herzen gegangen. Und im Schlafen und im Wachen habe ich immer diese Grübeleien im Kopf.» Auch die anderen Hausgenossen waren nicht heiterer. «Monsignore (Gentile Becchi war gemeint) schließt sich in sein Zimmer ein, ich finde ihn immer traurig und besorgt, so daß die Melancholie mich mehr erquickt als seine Gesellschaft... So bleibe ich allein, und wenn ich genug vom Studieren habe, dann gebe ich mich Gedanken hin, die zwischen der Pest und dem Krieg, dem Schmerz über das Vergangene und der Angst vor der Zukunft hin- und herschwanken.» So vergingen die Monate. Im Frühjahr 1479 trat auch in Cafaggiolo ein Pestfall auf und zwang die Familie zu weiteren Umzügen, zunächst in die nahegelegene Villa in Trebbio, dann nach Gagliano, wo es, wie Clarice Orsini ihrer Schwiegermutter in Florenz klagte, «nur die Wände» gab.

Das Jahr 1479 hatte sich noch schlechter angelassen als das vorige, in militärischer wie in diplomatischer Hinsicht. Im Januar ging nochmals eine französische Gesandtschaft nach Rom, um für Lorenzo und Florenz beim Papst zu intervenieren. Sixtus IV., zunächst wegen der französischen Drohungen besorgt, hatte jedoch in der Zwischenzeit Kontakt mit Kaiser Friedrich III. aufgenommen und fühlte sich nun stärker. Als Voraussetzung für jeden Friedensschluß verlangte er, daß Lorenzo persönlich nach Rom kommen und reuig um Absolution für die Tötung des Erzbischofs von Pisa und der anderen Geistlichen bitten solle; das gleiche sollten die Vertreter der Republik tun. Bei den endlos sich hinziehenden Verhandlungen, an denen Gesandte des Kaisers und der florentinisch-mailändisch-venezianischen Liga beteiligt waren, schraubte der Papst seine Forderungen immer höher. Es sollten ein feierlicher Gottesdienst in Florenz zur Sühne für den Mord an den Geistlichen gefeiert, das Schandbild des Erzbischofs Salviati gelöscht, alle Kriegskosten von den Florentinern bezahlt werden.

Dazu kamen territoriale Ansprüche. Lorenzo begann einzusehen, daß der Friede nur auf seine Kosten zu gewinnen war, und meinte ironisch in einem Brief, daß, wenn er schon für den Tod seines Bruders um Verzeihung bitten müsse, es nur folgerichtig sei, daß dessen Urheber dafür belohnt werde. Damit meinte er Girolamo Riario, der weitgehende Sicherheiten für sich verlangte. So ging es fort, bis Ende Mai die Verbündeten die Gespräche abbrachen. Man war zur Überzeugung gekommen, daß die Gegenseite den Frieden nicht ernsthaft wollte.

Auch das Kriegsglück wollte sich nicht einstellen. Zwar war während der Verhandlungen in Rom ein Waffenstillstand vereinbart worden, doch schon im Frühjahr fiel Roberto di Sanseverino mit der Billigung König Ferrantes von Norden her in florentinisches Gebiet ein und streifte bis vor die Tore von Pisa, zur großen Beunruhigung der Florentiner. Er zog sich zwar nach einiger Zeit wieder zurück, aber im stets zur Rebellion neigenden Pisa und in Lucca, das sich seine Unabhängigkeit bewahrt hatte, machten sich antiflorentinische Gesinnungen breit. Nach Abbruch der Verhandlungen ging auch der Krieg in der südlichen Toskana wieder los. Die Verteidigung dort wurde verstärkt, Mailand schickte seinen Generalkapitän, den Markgrafen Federico Gonzaga von Mantua, dazu wurden einige Herren aus der Romagna wie Roberto Malatesta von Rimini und Costanzo Sforza von Pesaro in Sold genommen. Auch Carlo Fortebracci war wieder dabei. Die Verbündeten verfolgten jetzt eine neue Taktik. Ercole d'Este und Federico Gonzaga sollten sich von Poggio Imperiale aus gegen Siena wenden, Roberto Malatesta den Krieg auf das Gebiet des Kirchenstaates tragen, um mit Hilfe Fortebraccis Perugia gegen die päpstliche Herrschaft aufzuwiegeln. Es kam nicht soweit, denn Fortebracci starb schon im Juni in Cortona, andere kleinere Eroberungen konnten nicht gehalten werden. Doch war das größte Hemmnis für einen militärischen Erfolg die Rivalität zwischen den Heerführern. Bei der Plünderung eines sienesischen Kastells gerieten die Leute des Herzogs von Ferrara und des Markgrafen von Mantua so aneinander, daß sie fortan getrennt werden mußten; auch Roberto Malatesta und Costanzo Sforza waren keine Freunde. Das Heer mußte geteilt werden:

Der Herzog von Ferrara und Costanzo Sforza operierten deshalb im Westen, vom festen Stützpunkt Poggio Imperiale aus, Federico Gonzaga und Roberto Malatesta im Osten, im Gebiet von Perugia und im Chianatal, während das kirchlich neapolitanische Heer, sowieso stärker an Zahl, geeint zwischen ihnen stand und die beiden Heeresteile an wirksamen Vorstößen hinderte.

Die Niederlage war nicht mehr aufzuhalten, als ein Machtwechsel im Herzogtum Mailand Federico Gonzaga und Ercole d'Este zwangen, in die Lombardei zurückzukehren. Den Brüdern des ermordeten Herzogs Galeazzo Maria Sforzas, die nach dessen Tod verbannt worden waren, gelang es im September, mit Hilfe König Ferrantes nach Mailand zurückzukehren und dort die Herrschaft an sich zu reißen. Ludovico Sforza, genannt «il Moro», war, wenn auch nicht formell, so doch faktisch der neue Herr in Mailand. Lorenzo kannte ihn zwar gut, denn er war mehrmals mit ihm in Pisa, wo Ludovico sein Exil verbracht hatte, zusammengetroffen. Aber die Unterstützung, die er von König Ferrante erhalten hatte, ließ befürchten, daß Mailand von jetzt an ein unsicherer Bündnispartner sein würde. In der Tat versuchte Girolamo Riario Ludovico Sforza zu bestimmen, Lorenzo aufzugeben, freilich ohne Erfolg. Der Fall von Poggio Imperiale, des schlecht verteidigten Hauptquartiers am 22. September, war, wie Guicciardini schreibt, «ein Stoß ins Herz der Stadt» und löste Entsetzen in Florenz aus. Als dann am 12. November auch das Städtchen Colle Val d'Elsa nach langer Belagerung sich dem Herzog von Kalabrien ergab, während zur selben Zeit Leute Riarios von Imola aus die Burg Piancaldoli einnahmen, konnte kein Zweifel mehr bestehen, daß der Krieg verloren war. Die Stimmung in Florenz nahm düstere Töne an, die Kassen waren leer, an neue Steuern nicht zu denken, das Volk wünschte nur noch Frieden, und selbst in den Reihen der Anhänger Lorenzos rührte sich vehemente Kritik. Alamanno Rinuccini, ein Parteigänger aus dem engeren Kreis, brachte damals sein Pamphlet *De libertate* zu Papier, in dem er Lorenzo de' Medici als den großen Tyrannen und Widersacher der republikanischen Freiheit bezeichnete. Die innere Opposition konnte, wie die Erfahrung zeigte, gefährlicher sein als der Krieg von außen.

Die Angst, daß Sixtus' IV., der nach wie vor auf der Vertreibung Lorenzos bestand, Zustimmung in der Stadt finden könnte, war nicht unbegründet. Lorenzo mußte fürchten, wie Guicciardini schrieb, «daß die Bürger, um dieses Fieber loszuwerden, ihm den *stato* nähmen». So spielte er seine letzte Karte aus, um sich selbst und jenen *stato* zu retten. Er faßte den kühnen Entschluß, nach Neapel zu gehen, um persönlich mit König Ferrante über den Frieden zu verhandeln. Am 5. Dezember ließ er von der Regierung und den *Dieci* ein paar Dutzend prominenter Bürger zusammenrufen, um ihnen seinen Plan darzulegen. Er wolle herausfinden, sagte er ihnen, ob tatsächlich nur er selbst der Grund des Krieges und der Wirren in Italien sei, wie der König und der Papst behaupteten, oder aber der Grund anderswo liege. Deshalb gehe er allein, um den Frieden zu erringen; er sei bereit, für das Wohl der Stadt selbst sein Leben hinzugeben. Dies war zweifellos eine Antwort auf die wachsende Kritik in der Stadt, gegenüber einer öffentlichen Meinung, die ihm täglich feindlicher wurde. Die Versammelten fanden das Unternehmen zwar gefährlich – man erinnerte sich noch, wie Ferrante den Condottiere Jacopo Piccinino mit Versprechungen nach Neapel gelockt und dort hatte ermorden lassen –, aber niemand widersprach. Am 6. Dezember 1479 verließ Lorenzo Florenz, eine Woche später ging er in Porto Pisano an Bord, am 18. Dezember erreichte er Neapel.

Sein Entschluß, sich in die Hände des Feindes zu begeben, kam für die Stadt völlig überraschend, doch war die Reise nach Neapel in Wirklichkeit gut vorbereitet worden. Auch nach Abbruch der Verhandlungen in Rom hatte Lorenzo die ganze Zeit über im geheimen weiterverhandelt, doch scheiterten alle Vorschläge für einen Ausgleich immer wieder an der starrsinnigen Haltung des Papstes. Zumal in den Sommer- und Herbstmonaten des Jahres 1479 waren seine Unterhändler viele Male mit Vorschlägen ins feindliche Heerlager und nach Siena gegangen, zu Alfonso d'Aragona und Federico da Montefeltro. Auch König Ferrante hatte schließlich signalisiert, daß er ernsthaft Frieden wünschte und sogar bereit war, ihn unabhängig vom Papst abzuschließen, wobei er vor allem das Ziel verfolgte, Florenz und Mailand vom Bündnis mit Venedig, mit dem er im östlichen Mittelmeer rivalisierte, zu lösen und den alten Dreibund wiederherzustellen. Nach dem Fall von Colle Val d'Elsa schickte Lorenzo deshalb Filippo Strozzi, der während seines Exils in Neapel gelebt hatte und in besten Beziehungen zum König stand, dorthin, um das Terrain für ihn vorzubereiten und Ferrante ausrichten zu lassen, «daß er sich völlig in seine Arme werfe». Sodann ersuchte er den Herzog von Kalabrien, ihm ein Schiff zu schicken, das ihn nach Neapel bringen sollte. Alfonso d'Aragona führte ihm zwar die politischen Gefahren einer längeren Abwesenheit aus Florenz vor Augen, erfüllte aber sogleich die Bitte. «Mein teuerster und sehr geliebter Lorenzo», schrieb er ihm eigenhändig am 4. Dezember, «ich schicke Euch Messer Percevallo – Ihr wißt, wie sehr ich ihn liebe – mit zwei Galeeren und dem Befehl, sich um Euer Wohlergehen und Eure Person so zu sorgen wie um meine eigene.» Am selben Morgen, an dem er Florenz verließ – es war der 6. Dezember –, schrieb ihm Lorenzo zurück: «In diesem Augenblick breche ich nach Pisa auf, von dort gehe ich, wie befohlen, nach Livorno, um mich vor die Füße der Majestät des Königs zu werfen. Hier lasse ich die Dinge in guter Ordnung und in einer Weise zurück, daß ich hoffen kann, sie so wiederzufinden, wie ich sie verlassen habe.» Obwohl Lorenzo den versammelten Bürgern gesagt hatte, daß er als Privatmann nach Neapel zu gehen gedenke, beschlossen die *Dieci* am Ende doch, ihm weitgehende Vollmachten für die Verhandlungen und den Friedensschluß zu erteilen und nachzuschicken. Damit erhielt seine Mission auch einen offiziellen Charakter.

Lorenzo ging im Vertrauen, in Neapel freundlich aufgenommen zu werden, denn er erinnerte sich der Sympathie, die ihm beim ersten Besuch am königlichen Hof entgegengeschlagen war. Man schätzte Lorenzo dort nicht nur als den Bankier und den Mann, der die Geschicke seiner Vaterstadt lenkte, sondern auch als den Intellektuellen und den Dichter, der er war. Man wußte von den prächtigen Festen, die er in Florenz ausrichtete, bewunderte sein Haus, in dem viele Besucher aus dem Königreich Gastfreundschaft erfahren hatten, teilte seinen Geschmack für erlesene Antiken und kostbare Handschriften, seine Liebe zur Jagd, seine Leidenschaft für Pferde, Falken und Hunde, die zu manchem Austausch geführt hatten. Mit Alfonso d'Aragona

hatte er schon in jungen Jahren Gedichte gewechselt und war 1465 zu dessen Vermählung nach Mailand gereist; die Gemahlin des Herzogs, Ippolita Maria Sforza, war damals auf dem Weg in die neue Heimat im Medici-Palast abgestiegen. Auch eine andere Tochter des Königs, Eleonora, war im Juni 1473 auf dem Weg an den Ferrareser Hof ihres Gemahls Ercole d'Este mit großen Ehren und Festlichkeiten in Florenz empfangen worden; der König hatte es sich nicht nehmen lassen, Lorenzo persönlich dafür zu danken. Ebenso hatte Lorenzo im Herbst 1476 Ferrantes jüngeren Sohn Federico in Pisa bewirtet und ihm bei diesem Treffen eine Sammlung toskanischer Dichtungen versprochen. König Ferrante hatte seinerseits auf eigenen Wunsch die Patenschaft von Lorenzos erstgeborener Tochter Lucrezia übernommen.

Neben den Angehörigen der königlichen Familie waren mit ihm in Neapel auch einige Große des Hofes befreundet, vor allem der königliche Sekretär Antonello Petrucci, den er von seiner ersten neapolitanischen Reise her kannte, und der gelehrte Graf von Maddaloni, Diomede Carafa, dessen Sohn Gian Tommaso ihn jetzt zusammen mit Percevalle De Gennaro auf dem Schiff nach Neapel bringen sollte. Lorenzo fühlte sich sicher und war sich seiner Ausstrahlungskraft bewußt. Angst hatte er noch nie gekannt. Doch fand er bei seiner Ankunft in Neapel eine Lage vor, die sich als sehr viel schwieriger erwies, als er wohl gehofft hatte. Der König nahm ihn sehr huldvoll auf und beteuerte ihm immer wieder seinen Wunsch, Frieden zu schließen, doch die endlosen, mühseligen Verhandlungen, die Lorenzo mit den königlichen Deputierten Petrucci, Carafa und zwei anderen bewährten Diplomaten führte, kamen nicht vom Fleck, vor allem aus dem Grund, weil Ferrante nicht mit Sixtus IV. brechen wollte. Lorenzo lehnte dagegen bestimmte Bedingungen entschieden ab. Von dem Vorschlag des Königs, die strittigen Fragen durch eine Schiedskommission, bestehend aus dem König selbst, dem Papst und der Herzogin von Mailand, entscheiden zu lassen, konnte er sich nichts Gutes für Florenz erhoffen.

Die Diskussionen drehten sich vor allem um zwei Punkte: Sie betrafen die Rückgabe der eroberten Orte an Florenz und die Garantien für jene Herren des Kirchenstaats, insbesondere Roberto Malatesta von Rimini und Costanzo Sforza von Pesaro, die im Krieg als Heerführer der Liga gegen ihren päpstlichen Oberherrn gekämpft und damit die Lehnstreue verletzt hatten. Lorenzo mußte indessen schnell feststellen, daß, wie er schon am 22. Dezember an die *Dieci* in Florenz schrieb, Ferrante nie die Absicht gehabt hatte, «alle unsere Orte aufoder zurückzugeben noch die Herren der Romagna zu retten». Der Papst und Girolamo Riario, über die Kehrtwende des Königs äußerst besorgt, versuchten dazu, jede Übereinkunft zu sabotieren. Selbst Dietisalvi Neroni, der alte Gegner der Medici, tauchte in Neapel auf, «um Böses zu säen, wie immer, gegen den Vorteil der Stadt», meldete Lorenzo nach Florenz. Besonders in der Frage der Herren der Romagna war der Papst zu keinerlei Milde bereit, bestärkt darin von Riario, der hoffte, durch die Vertreibung jener Herren die eigene Herrschaft in dieser Region erweitern zu können, während zugleich ein eiligst nach Neapel entsandter Vertreter Sienas die Rückgabe der eroberten Orte zu verhindern suchte. Lorenzo, schrieb der Sieneser hämisch an seine Regierung, sei «wie ein Ertrinkender, der sich an Rasiermesser klammert». Auch erhob der Papst bald wieder die Forderung, daß Lorenzo persönlich nach Rom kommen solle, um Abbitte zu leisten.

Lorenzo verhandelte zäh und in stetem Kontakt mit den *Dieci* in Florenz, die er regelmäßig informierte und um Weisungen bat. Er wußte, daß er die Herren der Romagna, die den Krieg für Florenz geführt hatten, nicht den Repressalien des Papstes ausliefern konnte, «schon um unserer Ehre willen», wie er schrieb. Ebensowenig durfte er die vom Feind eroberten Orte aufgeben, wollte er sein Ansehen in Florenz nicht aufs Spiel setzen. Mitte Januar 1480 waren die Verhandlungen so festgefahren, daß Lorenzo mit der Abreise drohte. Sie wurden schließlich durch die Herzogin von Kalabrien wieder in Gang gebracht, der als Mailänderin und Freundin von Florenz der Frieden besonders am Herzen lag. Sie hat bewiesen, daß sie die Tochter Francesco Sforzas ist, kommentierte Lorenzo enthusiastisch ihre Vermittlung. Der Schluß war, daß König Ferrante sich verpflichtete, persönlich mit dem Papst eine Einigung auszuhandeln, bei der auf die Herren der Romagna Rücksicht genommen sowie die Restitution der Orte garantiert werden sollte – notfalls auch durch Rückkauf. Aber Sonder- und Eigenwünsche Mailands, immer neue Hindernisse von seiten des Papstes und die unvermeidliche Langsamkeit des diplomatischen Verkehrs zogen die Verhandlungen in die Länge. Endlich verkündigte am 24. Februar der Gesandte des Papstes – es war Lorenzo Giustini, Niccolò Vitellis alter Rivale um die Herrschaft in Città di Castello – den bei König Ferrante versammelten Gesandten, daß Sixtus IV. bereit sei, den Mitgliedern der Liga Frieden zu gewähren, auch Lorenzo persönlich, falls dieser das tue, «was einer, der seine Fehler bereut, tun müsse». Mit Verweis auf den Tod seines Bruders und die eigene Verletzung protestierte Lorenzo noch einmal heftig gegen diese Sicht der Dinge, die ihn vom Opfer zum Angeklagten machte, versprach dann aber, alle ihn betreffenden Bedingungen zu akzeptieren, falls dies den Frieden bringen könne. Damit war der Durchbruch gelungen, jetzt blieben nur noch Einzelheiten zu klären.

Lorenzo hatte höchste Eile, nach Florenz zurückzukehren, denn er hatte erfahren, daß dort Bernardo Bembo, der Gesandte des von den Verhandlungen ausgeschlossenen Venedig, Propaganda für die Wahl einer provenezianischen Signoria machte. Seine lange Abwesenheit gab den nie verstummenden Gegnern in der Stadt Aufwind, die schon bei seiner Abreise gehofft hatten, ihn nie wiederzusehen. Kaum hatte er Florenz verlassen, waren auf den Mauern Sprüche erschienen mit dem Wortlaut: «Der Tyrann ist endlich weg!». Deshalb verließ er Neapel noch vor dem Abschluß der Verhandlungen am 27. Februar, um in die Heimat zurückzusegeln. Bei einer Zwischenlandung in Gaeta, der Grenzfeste am Meer, die ihn schon bei seinem ersten Besuch im Königreich beeindruckt hatte, suchte ihn der König in einem langen Brief zur Umkehr zu bewegen, doch vergeblich. Für die restlichen Verhandlungen stellte Lorenzo in Gaeta eine Vollmacht für Ippolita Maria Sforza und seinen in Neapel zurückgelassenen Sekretär Niccolò Michelozzi aus. Am 13. März 1480, demselben Tag, als in Neapel der Friedensvertrag und ein neues Bündnis unterzeichnet wurden, erreichte er nach einer überaus stürmischen Seefahrt, bei der er um sein Leben gefürchtet hatte, den rettenden Hafen von Livorno. Am 15. betrat er unter dem Jubel des Volks und zur Freude und Erleichterung seiner Familie Florenz.

Am 17. März kamen die ersten Nachrichten über den konkreten Inhalt des Friedensvertrages nach Florenz. Dieser war sehr viel ungünstiger ausgefallen, als Lorenzo es erwartet hatte. Der Bußgang nach Rom war ihm nicht erlassen, die Rückgabe der verlorenen Ortschaften einstweilen in weite Ferne gerückt, die Garantien für die Herren der Romagna vom Papst nicht zugestanden worden. Enttäuschung breitete sich in der Stadt aus, weil die Klauseln, wie Alamanno Rinuccini in seinen Aufzeichnungen schrieb, «weder ehrenvoll noch nützlich für unsere arme Stadt» waren. Der Frieden und das neue Bündnis, dem auch Venedig und der Herzog von Ferrara nach Wunsch beitreten durften, wurden am 25. März öffentlich verkündet und in Florenz mit Festen und einer feierlichen Prozession gefeiert, zu der sogar das Gnadenbild der Madonna aus dem nahen Impruneta in die Stadt geholt wurde. Als dann am 3. April endlich der genaue Text der Verträge vorlag, bestätigten sich die schlimmsten Befürchtungen. Es stellte sich heraus, daß der ausgehandelte Frieden im Grunde nur die militärischen Feindseligkeiten beendete, alle anderen Fragen aber offenließ. Das für das innere Gleichgewicht von Florenz so wichtige Problem von Exkommunikation und Interdikt war im Vertrag nicht einmal erwähnt worden, hing seine Lösung nach Ansicht des Papstes doch von der Bereitschaft Lorenzos ab, die geforderte Sühne zu leisten. Die kirchlichen Sanktionen bestanden also weiter fort, so daß die Florentiner auch am diesjährigen Osterfest auf die Tröstungen der Sakramente verzichten mußten. Trotz allen Drängens, auch von Lorenzo selbst, war der Papst nur bereit, eine dreitägige Unterbrechung des Interdikts zu gewähren, die die Regierung nicht einmal bekanntzugeben wagte, weil sie den Unmut des Volkes fürchtete. Die anfängliche Freude wich schnell neuen Sorgen.

X. FAHRT ZWISCHEN KLIPPEN

Domenico Ghirlandaio, «Die Berufung des Petrus», Ausschnitt, Mitglieder der florentinischen Kolonie in Rom als Zuschauer der Episode aus dem Matthäus- evangelium (Vatikan, Sixti- nische Kapelle)

*A*ls Lorenzo im Sommer 1481 seinem Sekretär Niccolò Michelozzi auftrug, Girolamo Riario in Forlì aufzusuchen und zugleich auch dessen Feind Galeotto Manfredi, dem Herrn des benachbarten Faenza und Schützling von Florenz, einen Besuch abzustatten, riet er ihm, Manfredi das doppelgleisige Verhalten damit zu entschuldigen, daß man doch «irgendwie auf diesem Meer schiffen» müsse. Die nautische Metapher umschreibt anschaulich Lorenzos Lavieren in den Jahren nach dem Frieden vom März 1480. Wie ein Schiffer auf bewegter See mußte er viele Klippen geschickt umfahren, um das so mühsam Erreichte nicht wieder aufs Spiel zu setzen. Trotz aller ungelösten Fragen durfte er jedoch mit dem Erfolg seiner Reise nach Neapel zufrieden sein. Er war ein großes Wagnis eingegangen, aber der Ausgang hatte ihm recht gegeben. Der Krieg, der so schwer auf Florenz gelastet und seinen *stato* bedroht hatte, war endlich zu Ende gegangen. Der Friedensschluß, schrieb Guicciardini, «verschaffte ihm größte *reputazione*, so daß, obgleich sein Entschluß gefährlich und vielleicht allzu wagemütig, das Ergebnis doch glücklich und ehrenvoll für ihn war». Eine von Bertoldo di Giovanni gestaltete Gedenkmünze feierte diesen Erfolg. Einem Sesterzen aus der Zeit Kaiser Trajans nachgebildet, zeigt sie auf der Vorderseite Lorenzos Kopf im Profil mit der einfachen Umschrift «*Laurentius Medices*», auf dem Revers den siegreichen Imperator mit Lanze und Schwert. Hier lautet die Umschrift jedoch anders als auf der antiken Vorlage: «*Ob cives servatos*» – der Rettung der Bürger wegen –, steht hier geschrieben, und unter dem Standbild des kaiserlichen Triumphators der Spruch: «*Agitis in fatum*» – ihr handelt wider das Schicksal. Die Anspielung auf den bestandenen Kampf gegen die Feinde im soeben beendeten Krieg ist kaum zu überhören. Lorenzo de' Medici hatte gegen ein widriges Los gekämpft und so seine Mitbürger aus der Gefahr gerettet. Er konnte sich als der Retter von Florenz rühmen. Die Propaganda verschleierte indessen die wirkliche Lage. Immer lauter waren in der letzten Zeit die Stimmen jener geworden, die bestritten, daß das Wohl des Medici auch das Wohl aller Bürger bedeutete. Schon deshalb durfte Lorenzo nicht zögern, den kurzen Moment der Euphorie zu nutzen, um seine eigene und die Stellung seiner Partei in der Stadt zu festigen. Er verhehlte sich wohl kaum, daß die Probleme, die der Friedensschluß offengelassen hatte und deren Lösung noch fern schien, eine nicht zu unterschätzende Gefahr für sein Ansehen darstellten. Als Mittel zur Niederhaltung der Opposition, die sich sogar in seinen eigenen Reihen regte, boten sich wie schon 1471 Änderungen im Verfassungsgefüge der Republik an, die die Macht im Staat auf eine immer kleinere Gruppe beschränken sollten. Für diese Reformen wurde auch diesmal eine *Balia* einberufen.

Schon zwischen dem 8. und dem 10. April 1480 legte die Regierung, in der altbewährte Anhänger der Medici wie Ruberto Lioni und Ridolfo Ridolfi saßen, den drei gesetzgebenden Räten der Republik einen Vorschlag zur Berufung eines solchen mit großen Vollmachten versehenen Rates vor, der, so hieß es, das durch den Krieg entstandene finanzielle und administrative Chaos in Ordnung bringen sollte. Er sollte bis Ende Juni im Amt bleiben und vor allem den *Monte comune*, die Staatsschuldenverwaltung, und das Steuersystem reformieren, dazu auch ein neues Ausleseverfahren für die Qualifizierung zu den Ämtern durchführen. Den Kern der *Balia* bildete die amtierende Regierung selbst, die das Recht erhielt, weitere dreißig Mitglieder zu wählen und mit diesen zusammen dann zweihundertzehn andere Bürger zu berufen. Der Vorschlag wurde angenommen, wenn auch nur mit knapper Mehrheit im *Consiglio del Cento*, der — zu Recht — eine Beschneidung seiner Kompetenzen befürchtete. Unter den dreißig von der Regierung ernannten Mitgliedern der *Balia* befanden sich in der Tat zusammen mit Lorenzo selbst die engsten Parteigänger der Medici, der innere Kreis ihres *stato*, neben Lorenzos Verwandten Tommaso Soderini und Filippo Tornabuoni bewährte Diplomaten wie Jacopo und Luigi Guicciardini, enge Freunde wie Ugolino Martelli und Agnolo Della Stufa sowie alte treue Anhänger der Medici wie Antonio Pucci und Antonio und Tommaso Ridolfi. Die der *Balia* zugedachten Aufgaben rückten jedoch schon bald in den Hintergrund. Dafür schuf die Versammlung am 19. April auf die Initiative Lorenzos und seiner Freunde hin einen neuen Rat von siebzig Mitgliedern, den sogenannten *Consiglio dei Settanta*, bestehend, wie der Name besagt, aus siebzig Mitgliedern, der die ungewöhnlich lange Zeit von fünf Jahren im Amt bleiben sollte. Er war zusammengesetzt aus den ersten dreißig Mitgliedern der *Balia* selbst, die das Recht erhielten, weitere vierzig Bürger dazuzuwählen. Bei einer solchen Zusammensetzung durfte erwartet werden, daß der neue Rat Lorenzos Wünschen gegenüber aufgeschlossen sein würde.

Dem «Rat der Siebzig» wurden weitgehende Funktionen übertragen, die zu Lasten anderer Organe der Republik gingen. Alle von der Regierung beschlossenen Gesetzesinitiativen bedurften fortan seiner Zustimmung; er bestimmte auch die Regierung selbst, was bis jetzt die *Accoppiatori* besorgt hatten. Seine Verhandlungen waren geheim. Außerdem wählten die «Siebzig» aus ihren Reihen zwei Kommissionen, die *Otto di Pratica* und die *Dodici Procuratori*, bestehend aus acht bzw. zwölf Mitgliedern. Die «Acht» sollten für die auswärtigen Angelegenheiten zuständig sein, die «Zwölf» für die inneren, insbesondere für die Finanzen; ihre Amtszeit war auf sechs Monate begrenzt. Der *Consiglio dei Settanta* übernahm damit viele Aufgaben, die bisher bei der Regierung und dem «Rat der Hundert» gelegen hatten. Allerdings wurde der Vorschlag, dem Rat auch die Vollmachten der ihn konstituierenden *Balia*, das heißt alle Rechte der alten, gesetzgebenden Räte der Republik, zu übertragen, abgelehnt. Selbst die engsten Anhänger Lorenzos waren nicht bereit, den «Siebzig» eine so große Machtfülle zuzugestehen. Der neue Rat traf tatsächlich auf viel Kritik, vor allem bei jenen Familien, die sich ausgeschlossen sahen. Ein Beobachter und Bürger der Stadt, der weitgereiste Kaufmann und Chronist Benedetto Dei, prophezeite sogar weitsichtig, daß das Ressentiment der Übergangenen zum Ruin der Florentiner Republik führen werde. Als die erste Amtszeit des *Consiglio dei Settanta* 1485 auslief und er für weitere fünf

Jahre verlängert werden sollte, regte sich in der Tat großer Widerstand, ebenso wie 1490, als der Rat zum zweiten Mal verlängert wurde. Er zeigt, daß es in einer alten Republik wie Florenz nicht leicht war, die Macht in den Händen weniger zu bündeln. Nicht «bürgerlich», sondern «tyrannesk» sei die von Lorenzo und seinen Freunden geschaffene Regierungsform, kritisierte Benedetto Dei. War Lorenzo also doch der «Tyrann», von dem Sixtus IV. Florenz hatte befreien wollen, oder nur der «Bürger» mit großem Ansehen, als den er sich selbst gab? Dies fragte sich mancher damals in Florenz. Mit der Schaffung des Siebzigerrates, dem er selbst angehörte, wurde es auf jeden Fall leichter für Lorenzo, die politischen Entscheidungen in seinem Sinne zu beeinflussen. Er war mit diesem Ergebnis auch sehr zufrieden und schrieb im September 1480 an seinen Schwager Lionetto de' Rossi in Lyon: «Meine Lage hier in Florenz ist so, wie ich sie haben will, und wenn ich das Leben nicht verliere, zweifle nicht am *stato*.» Der Bedingungssatz enthüllt, daß Lorenzos Stellung weniger gefestigt war, als er behauptete.

Es waren vor allem die ungelösten Fragen, die seine Popularität unterhöhlten. Die kirchlichen Zensuren griffen tief in das religiöse Leben der Stadt und der einzelnen ein und gaben viel Grund zum Murren. Ein Bußgang nach Rom, wie ihn Sixtus IV. forderte, wäre jedoch einer tiefen Demütigung gleichgekommen, die wiederum seinem Ansehen in der Stadt geschadet hätte. Gegen einen solchen Bußgang wurden merkwürdigerweise auch Einwände ganz entgegengesetzter Art erhoben. Man bemängelte nämlich, daß er auf diese Weise als einziger Vertreter der Stadt auftreten würde, was seine Anerkennung als Herr der Stadt bedeuten könnte. Die Identität zwischen Lorenzo und Florenz, die die Bürger im Krieg zusammengehalten hatte, wurde zunehmend in Frage gestellt. Dazu kam, daß der Papst die Aufhebung der Zensuren von der Zustimmung der Republik zur Erhebung des Kardinals Sansoni Riario zum Erzbischof von Pisa abhängig machte – eine Zumutung für die Florentiner und ein weiteres Hindernis auf dem Weg zur Versöhnung.

Die größte Gefahr für Lorenzos Ansehen stellte indessen der Verlust der im Krieg verlorenen Ortschaften dar, der die Bürger tief erregte. Doch die Lösung erwies sich als schwierig und gab Lorenzos politischen Gegnern neue Argumente in die Hand. Der in Neapel ausgehandelte Vertrag forderte nicht zuletzt auch weitere finanzielle Anstrengungen in einem Moment, da die öffentlichen und privaten Kassen erschöpft waren. Es handelte sich um die Soldzahlungen für die großen Condottieri, die den militärischen Schutz des neuen Bündnisses übernehmen sollten, und um diese Gelder aufzubringen, wurden neue Steuern und Zwangsanleihen nötig. Die *Settanta* beschlossen deshalb schon gleich nach ihrer Einsetzung zwei verschiedene Auflagen – doch sind bekanntlich Steuern noch nie der Popularität der Regierenden förderlich gewesen. Als im Mai 30.000 Dukaten an den Herzog von Kalabrien, der noch kurz zuvor gegen die Stadt Krieg geführt hatte, ausgezahlt wurden, schrieb Luca Landucci mit bitterer Ironie in sein Tagebuch: «Jedermann, der zu unserem Schaden daherkommt und die Gegend zugrunde richtet und ausplündert – die Florentiner haben es zum weisen Brauch, immer Geld zu geben, als Bezahlung für den Schaden ... Wer Geld von den Florentinern will, der komme nur, um uns Böses anzutun.» Die Lage war nicht dazu angetan, Lorenzo Sympathien zu verschaffen.

Ein Ereignis, das ganz Italien in Schrecken versetzte, brachte Sixtus IV. dazu, in der Frage der kirchlichen Sanktionen relativ schnell einzulenken. Im August 1480 eroberten die Türken Otranto an der apulischen Südspitze Italiens. Die Notwendigkeit, einen solch gefährlichen Feind am Vordringen zu hindern und wieder aus dem Land zu werfen, brachten die wegen unzähliger Einzelfragen im Streit liegenden Bündnispartner einander wieder näher; die Türkengefahr forderte Einigkeit. Sixtus IV. signalisierte deshalb im September 1480 seine Bereitschaft nach Florenz, die Verhandlungen wiederaufzunehmen. Lorenzo raffte sich folglich dazu auf, einen Brief an den Papst zu schreiben. Er sei grundsätzlich bereit, nach Rom zu kommen, erklärte er darin, aber erst dann, wenn es ohne Lebensgefahr geschehen könne. Er zweifle nicht am Wohlwollen des Papstes selbst, fürchte aber seine Höflinge; deshalb möge ihm die Reise nach Rom erlassen oder ihm doch wenigstens ein Aufschub gewährt werden, bis die Lage für ihn sicher sei. Trotz dieser Vorsichtsklauseln wurde der Brief in Rom gut aufgenommen, sogar Riario meinte, Lorenzo habe endlich einen Schritt nach vorn getan. Das Ergebnis der nachfolgenden Verhandlungen war, daß im November eine repräsentative, hochrangige Florentiner Gesandtschaft nach Rom ging, um offiziell um die Absolution und die Aufhebung des Interdikts zu bitten. Lorenzo gehörte ihr nicht an. Der Papst verlangte zunächst die Zahlung einer hohen Kreuzzugssteuer, die entschieden abgelehnt wurde, gab dann aber nach und erteilte am 3. Dezember im Petersdom Florenz und Lorenzo de' Medici die Absolution. Doch die damit verbundene Buße, die er erst im Anschluß an die feierliche Zeremonie verkündete, bestand in der Auflage, fünfzehn Galeeren samt Besatzung für den Türkenkrieg auszurüsten. Die Empörung über diesen Schachzug war groß, aber schließlich überwog die Erleichterung. In Florenz wurden Freudenfeuer angezündet.

Doch mußten noch viele Hindernisse beseitigt werden, bevor der Papst im März 1481 mit der Publizierung der Bulle der Absolution förmliche Gültigkeit verlieh. Bei den Verhandlungen, die der florentinische Gesandte Guidantonio Vespucci nach der Abreise der Gesandtschaft in Rom führte, forderte der Papst erneut viel Geld für die Verteidigung gegen die Türken, den Zugang Kardinal Sansoni Riarios zum Erzbistum Pisa, schließlich die Freilassung der eingekerkerten Pazzi. Auch sollte die Niederlassung der Medici in der Ewigen Stadt wiedereröffnet werden, was Lorenzo sehr ungelegen kam, da ihm die nötigen finanziellen Mittel dazu fehlten. Der florentinische Widerstand gegen diese Bedingungen führte zu solchen Spannungen, daß Anfang des Jahres 1481 in Rom schon wieder von einer Vertreibung Lorenzos geredet wurde, so daß dieser in große Sorge geriet. Erst Ende Februar kam es zur Einigung: Florenz versprach 15.000 Dukaten für den Kreuzzug sowie die Ausrüstung von fünf (nicht fünfzehn) Galeeren und erlaubte Kardinal Sansoni Riario, Besitz vom Erzbistum Pisa zu nehmen, wenn auch unter bestimmten Vorbehalten. Auch Lorenzo erklärte sich bereit, seine römische Bank wieder aufzumachen. Erst danach publizierte Sixtus IV. die Absolutionsbulle.

Die Aussöhnung mit Sixtus IV. hatte auch zur Folge, daß einige der renommiertesten Florentiner Maler sich auf den Weg nach Rom machten, um an der Ausschmückung der neuen Palastkapelle im Vatikan – der «Sixtinischen» eben – mitzuwirken. Ob diese Beteiligung in den

Verhandlungen des Winters 1480/81 zur Sprache gekommen oder geradezu gefordert worden war, ist unbekannt, aber nicht auszuschließen; die Beilegung des Zwists machte jedenfalls eine solche Mitwirkung überhaupt erst möglich. Sixtus IV., dessen Gesundheit zu wanken begann, lag die schnelle Vollendung seiner Kapelle sehr am Herzen, und er wußte, daß in Florenz Künstler erster Qualität zu finden waren. So gesellten sich im Laufe des Sommers 1481 die Maler Domenico Ghirlandaio, Sandro Botticelli und Cosimo Rosselli dem in der Kapelle bereits tätigen Umbrier Pietro Perugino bei, um den großen Freskenzyklus zur Verherrlichung der päpstlichen Gewalt zu Ende zu bringen. Ein Vertrag vom 27. Oktober 1481 verpflichtete die vier genannten Maler, die restlichen zehn Felder von den insgesamt vierzehn vorgesehenen bis zum 15. März des folgenden Jahres fertigzustellen. Dies ist zusammen mit einem zweiten Dokument über die den einzelnen Malern zustehende Bezahlung vom 17. Februar des folgenden Jahres das einzige Dokument, das sicheren Aufschluß über Freskierungsarbeiten in der Sixtinischen Kapelle gibt. Das vorgegebene Thema, zweifellos von Sixtus IV. selbst inspiriert, war eine Gegenüberstellung von je sieben Episoden aus der Mosesgeschichte und dem Leben Jesu als den Stellvertretern göttlicher Gewalt auf Erden im Alten und im Neuen Testament, einer universalen Gewalt, die von Jesus dann dem Apostel Petrus und von diesem wiederum auf seine Nachfolger, die Päpste, übertragen worden war – eine Art heilige Genealogie, welche die Macht auch des gegenwärtigen Papstes begründete. Der Zyklus enthält viele Anspielungen auf zeitgenössische Ereignisse, vom Türkenkrieg bis hin zum Konzil, mit dem Sixtus IV. immer wieder gedroht wurde (eines tagte damals in Basel, zu dem Lorenzo einen Beobachter entsandt hatte). So erblickt man zum Beispiel auf der Szene der Berufung der Fischer-Brüder Petrus und Andreas am See Genezareth, die Ghirlandaio malte, am rechten Rande des Feldes eine Gruppe von Personen, die ihre Gewandung als Florentiner ausweist. Kaum eine läßt sich mit Sicherheit identifizieren; leicht zu erkennen, weil von anderen Bildnissen her bekannt, ist nur Giovanni Tornabuoni, der Ende 1481 an seinen Platz als Leiter der Medici-Bank in Rom zurückkehrte. Auf der Darstellung treten die Florentiner als Zuschauer und Zeugen jenes heiligen Aktes auf, mit dem Jesus den Petrus zu seiner Nachfolge berief, gleichsam als sollte ihnen noch einmal eingeprägt werden, daß die Macht des Papstes, gegen die sie sich erhoben hatten, göttlichen Ursprungs war. Es entbehrt nicht einer gewissen Ironie, daß ausgerechnet Florentiner Maler ihre Hand zu solch trotziger Verherrlichung der päpstlichen Gewalt leihen mußten.

So darf es sicher als ein Gegenzug betrachtet werden, daß sofort nach der Rückkehr aus Rom dieselben Künstler mit der Ausmalung der «Sala dei Gigli» im Palazzo della Signoria in Florenz beauftragt wurden. Dieser Saal lag im obersten Stockwerk des Palastes, der der Regierung vorbehalten war, und diente dieser als Audienzraum. Er war somit der repräsentativste Saal im ganzen Palast, in dem die oberste Gewalt des florentinischen Staates residierte. Es darf auch angenommen werden, daß Lorenzo de' Medici die treibende Kraft bei diesem Auftrag war, denn er selbst und seine engsten Freunde gehörten mehrmals in jenen Jahren der fünfköpfigen Kommission der *Operai di Palazzo* an, die die Aufsicht über die Bau- und Verschönerungsarbeiten im Palazzo della Signoria führte. Schon im Mai 1482 hatten die amtierenden *Operai* beschlossen, auf der Ostwand des Saales ein Bild des hl. Zenobius, des alten Schutzpatrons von Florenz, malen zu lassen, an dem Domenico Ghirlandaio schon im Sommer arbeitete, noch bevor er am 5. Oktober 1482 den förmlichen Auftrag erhielt. Der heilige Bischof Zenobius, der einer Legende nach Florenz vor den Goten gerettet hatte, war im Bewußtsein der Bürger ein Garant ihrer Freiheit, und es war voller Bedeutung, daß sein Bild nun, da diese Freiheit so schwer bedrängt worden war, den Saal der Regierung schmücken sollte. Am selben Tag wurden neben Ghirlandaio auch Botticelli und Perugino (der allerdings nicht nach Florenz kam und durch Filippino Lippi ersetzt wurde) mit Freskierungsarbeiten im selben Saal beauftragt. Außer dem hl. Zenobius malte Ghirlandaio eine Galerie berühmter Männer aus der römischen Geschichte, die, wie die lateinischen Bildunterschriften hervorheben, auf verschiedene Weise für die Freiheit des republikanischen Roms gekämpft hatten. Es drängt sich auf, das Bildprogramm der «Sala dei Gigli» als einen Gegenentwurf zum Freskenzyklus in der Sixtinischen Kapelle zu lesen, als eine Antwort der

Republik, die sich in Lorenzo de' Medici verkörperte, gegen die Ansprüche Papst Sixtus' IV,, mit dem Florenz im Herbst 1482 schon wieder im Krieg lag. Nachzutragen bliebe noch, daß etwas später Lorenzo selbst Botticelli, Ghirlandaio, Perugino und Filippino Lippi berief, um seine 1486 erworbene Villa Spedaletto bei Volterra auszumalen. Als kurz danach der Herzog von Mailand Verschönerungsarbeiten in der Kartause von Pavia plante und nach geeigneten Malern suchte, pries ihm ein ungenannter Agent die Qualitäten derselben Maler, die außer Filippino alle in der Sixtinischen Kapelle und dann alle zusammen im Spedaletto gemalt hätten, wobei unsicher bliebe, wer der beste von ihnen sei.

Der Einfall der Türken in Apulien und die Besetzung Otrantos im Sommer 1480 ließen in Florenz die Hoffnung auf die Rückgewinnung der im Pazzi-Krieg verlorenen Ortschaften wachsen, denn angesichts der dramatischen Lage wurde der Herzog von Kalabrien von seinem Vater aus der Toskana abberufen, um den Kampf gegen die gefährlichen Feinde aufzunehmen. Dennoch ließ sich König Ferrante, der die Rückgabe aufgrund des Friedensvertrags durch einen Schiedsspruch regeln sollte, viel Zeit. Erst im Oktober 1480 bestimmte er, daß die Restitution in zwei Phasen erfolgen sollte: Zunächst sollten die von den neapolitanischen Truppen besetzten Orte zurückgegeben werden, die in den Händen Sienas befindlichen jedoch erst nach der Rückeroberung von Otranto und dazu gegen die Zahlung einer noch festzulegenden Summe – Bedingungen, die in Florenz großen Unmut hervorriefen. Immerhin gaben die Vertreter des Herzogs von Kalabrien am 29. März 1481 Poggibonsi mit dem befestigten Poggio Imperiale, am 30. Colle, am 6. April Monte San Savino zurück. Kurz darauf zogen die letzten neapolitanischen Truppen zur Erleichterung der Florentiner aus der Toskana ab, um gegen die Türken ins Feld zu ziehen. Siena dagegen widerstrebte jeder Rückgabe, für deren Modalitäten der Schiedsspruch des Königs noch ausstand. Die Ungeduld wuchs nach der Rückeroberung Otrantos am 10. September 1481. Aber der König zeigte keine Eile.

Die Frage der Restitutionen führte nicht nur zu ernsthaften Spannungen zwischen Florenz und Ferrante, der Lorenzo zeitweilig sogar mit Maßnahmen gegen seine wirtschaftlichen Interessen im Königreich drohte; sie brachte auch Lorenzo selbst in eine bedrängte Lage in der Stadt, wo ihm die immer wache innere Opposition seine den florentinischen Interessen zuwiderlaufende, proneapolitanische Haltung vorwarf. Der König hatte während des Türkenkrieges viel Geld von Florenz gefordert und dabei auch Druck auf Lorenzo ausgeübt, dem angesichts der leeren Kassen wenig Handlungsspielraum blieb. In den Instruktionen für seinen Sekretär Niccolò Michelozzi, den er im Sommer 1481 auch zu Beratungen zu Federico da Montefeltro schickte, beschrieb er diesen Zwiespalt anschaulich und wohl kaum übertreibend so: Er sei dem König sehr verpflichtet und wünsche nichts mehr, als ihm zu Gefallen zu sein. Doch herrsche in Florenz keine gute Stimmung Ferrante gegenüber, und die finanzielle Not sei größer denn je zuvor. «Die Majestät des Königs glaubt, daß ich mit einem Wink über Florenz verfügen kann; wahr ist dagegen, daß ich keinen so großen Einfluß und Autorität habe, wie es nötig wäre.» Die dramatische Alternative für ihn sei, so zu handeln, daß entweder das Volk aufstünde oder er selbst die königliche Gunst verlöre. Und mit Bezug auf die Hinhaltungstaktik des Königs in der Frage der Restitutionen schrieb er im November 1481 in einem privaten Brief dem Gesandten in Neapel Pierfilippo Pandolfini: «Ihr wißt, in welchen Gefahren und Nöten ich gewesen bin wegen der Art und Weise, wie sich der König nach dem Frieden gegen uns betragen hat, und was ich habe tun können. Ich bin nicht Herr von Florenz, sondern Bürger mit einiger Autorität, die ich mit Mäßigung und Begründung ausüben muß ... Dies ist ein großes Volk, und es hat einen schlechten Eindruck.» Das undurchsichtige Verhalten Ferrantes schädigte Lorenzos Stellung in Florenz. Als der König dann auch noch die Zahlung einer ungeheuren Summe an Siena anordnete, kannte die Empörung keine Grenzen mehr, so daß Lorenzo im Januar 1482 dem von den endlosen Verhandlungen erschöpften Gesandten in Neapel, der auf Ablösung drängte, schrieb: «Mir fehlen nicht nur die Argumente den anderen gegenüber, um mein Ansehen zu bewahren, sondern auch mir selbst gegenüber.» Der königliche Schiedsspruch wurde im Februar 1482 schließlich verkündigt, aber seine Ausführung scheiterte am erbitterten Widerstand von Siena. Es bedurfte politischer Umwälzungen in der Stadt, bis die Sienesen sich im Sommer 1483 endlich dazu verstanden, die besetzten Orte herauszurücken.

Die Schwierigkeiten bei der Rückgewinnung der verlorenen Orte waren jedoch nichts gegen die wiederholten Komplotte, die darauf zielten, Lorenzo nicht nur politisch, sondern auch physisch auszulöschen. Das Beispiel der Pazzi machte trotz seines spektakulären Mißerfolgs Schule. Von der im Herbst 1478 aufgedeckten Verschwörung Piero Baldinottis in Pistoia ist schon berichtet worden. Damals herrschte Krieg, und es war leicht für einen Verschwörer, bei den Feinden von Florenz Unterstützung zu finden. Doch auch nach dem Friedensschluß durfte sich Lorenzo nicht sicher fühlen, denn die Gefahr lauerte überall. Im September 1480 wurde ein Einsiedler festgenommen, der sich in sein Landhaus in Poggio a Caiano eingeschlichen hatte, wie es hieß, um ihn zu töten. Der Eindringling wurde ertappt, nach Florenz gebracht und so grausam gefoltert, daß er an den Verletzungen starb. Doch kam knapp ein Jahr nach dieser merkwürdigen Episode, deren Beweg- und Hintergründe dunkel blieben, eine Verschwörung ans Licht, die ganz nach dem von den Pazzi vorgegebenen Muster ablaufen sollte. Auch diesmal trieb die Verschwörer ein Gefühl politischer und persönlicher Zurücksetzung. Am 2. Juni 1481 wurden in Florenz drei Männer unter dem Vorwurf festgenommen, ein Komplott gegen Lorenzo de' Medici vorbereitet zu haben. Ihre Namen waren Battista Frescobaldi, Amoretto Baldinovetti und Antonio Balducci, von denen besonders ersterer als Anhänger Lorenzos bekannt war. Frescobaldi, ein Kaufmann aus alter Familie mit ausgedehnten kommerziellen Interessen im Orient, hatte 1478 die delikate Aufgabe übernommen, den nach Konstantinopel geflüchteten Mörder Giulianos, Bernardo Bandini Baroncelli, dingfest zu machen und dessen Güter in der Levante zu beschlagnahmen. Doch für diesen Dienst scheint er sich nicht entsprechend entschädigt gefühlt zu haben. Er hatte deshalb Kontakt zum Kreis der Florentiner Exilierten in Rom aufgenommen, besonders zu Neri Acciaiuoli, dem Sohn des inzwischen verstorbenen Angelo, der angeblich den Verschwörern die giftige Seife für den Dolch lieferte, mit dem Lorenzo erstochen werden sollte. In Rom gewann er auch Baldovinetti und die Brüder Francesco und Antonio Balducci für die Teilnahme. Lorenzo sollte am Pfingstsonntag von ihnen im Dom ermordet werden. Dann wollten die Attentäter zunächst die Wirkung abwarten und notfalls die Bewohner eines von Arbeitern und einfachen Leuten bewohnten Viertels, wo die wirtschaftlichen Folgen des Krieges besonders drückend waren, mit dem Ruf «*Viva il Popolo*» – es lebe das Volk – zum Aufstand hinreißen. Dies alles ergab das unter Folter abgelegte Geständnis der Verhafteten, die wegen Majestätsverbrechens (*crimen laesae maiestatis*) zum Tode verurteilt und am 6. Juni an den Fenstern des Palazzo del Capitano gehenkt wurden. Die Tragweite der Verschwörung wurde von offizieller Seite aber offenbar heruntergespielt. Obwohl in der Stadt die Meinung verbreitet war, daß Riario hinter dem Komplott steckte, wurde dies aus Gründen politischer Opportunität ausdrücklich dementiert. Es sollte offenbar der Eindruck vermittelt werden, daß die Verschwörer isoliert gehandelt und keinen Konsens in der Stadt gefunden hatten. Lorenzo kommentierte den gescheiterten Anschlag mit der ihm eigenen Zuversicht, indem er dem florentinischen Gesandten in Mailand, Tommaso Ridolfi, schrieb: «Ich kann nicht glauben, daß ich so oft heil davongekommen bin, um dann doch auf der Strecke zu bleiben.»

Daß das Komplott gefährlicher gewesen war, als offiziell zugegeben wurde, ist jedoch nicht zu bezweifeln. Der Gesandte des Herzogs von Ferrara glaubte, daß bei Gelingen des Mordanschlages in Florenz alles «drunter und drüber» gegangen wäre. Er meinte aber auch – und damit gab er nicht nur seine persönliche Ansicht wieder –, daß ein Todesurteil wegen Majestätsverbrechens eigentlich nicht gerechtfertigt gewesen sei, da das Verbrechen gegen einen «privaten» Bürger, wie es Lorenzo war, gerichtet war. Die *Settanta*, berichtete Antonio da Montecatini dem Herzog, hätten jedoch argumentiert, daß die Verschwörer einen Anschlag gegen den Staat geplant hätten, der «mittels» Lorenzo regiert werde, so daß jeder Anschlag gegen seine Person einem Anschlag gegen die bestehende Ordnung gleichkomme. Noch einmal also wurde der Grundsatz von der Identität zwischen Lorenzo de' Medici und der Republik zur Geltung gebracht. Der Ferrareser

Gesandte verhehlte sich nicht die Gefahren einer solchen juristischen Konstruktion. Je mehr demonstriert werde, daß Lorenzo über die anderen herrsche, um so mehr Feinde schaffe er sich, merkte er an. Und mit dieser Meinung stand er sicher nicht allein.

Die Komplotte und die ständige Unsicherheit, der er sich ausgesetzt sah, machten Lorenzo nicht nur mißtrauisch allem und jedem gegenüber – «wer schlecht von uns spricht, liebt uns nicht», soll er nach dem Zeugnis seines Sohnes Giovanni oft gesagt haben –, sondern überzeugten ihn auch von der Notwendigkeit einer inneren Befriedung. Kein Mittel eignete sich dazu besser als Heiraten. Lorenzo machte selbst den Anfang, indem er seine älteste Tochter Lucrezia Jacopo Salviati, dem Sohn des vor längerem verstorbenen Giovanni Salviati, zur Frau gab. Zwar waren Jacopo und sein Vormund und Onkel Averardo nicht an der Verschwörung beteiligt gewesen, sondern hatten sich im Gegenteil stets als loyale Anhänger der Medici bewiesen, aber sie gehörten doch einer Familie an, deren Name seit den Ereignissen von 1478 keinen guten Klang mehr hatte. Der *sposalizio*, der erste formelle Akt der Eheschließung, bei dem die Verbindung öffentlich vor Zeugen vereinbart und die Mitgift vertraglich festgelegt wurde, fand am 13. September 1481 an einem symbolschweren Ort, nämlich in derselben Domkirche statt, in dem Giuliano de' Medici drei Jahre zuvor ermordet worden war. Da Lucrezia erst elf Jahre alt war, wurde die Hochzeit bis 1486 aufgeschoben. Auch die Töchter der Pazzi durften wieder heiraten. Schon Anfang 1480 hatte mit der Vermittlung Lorenzos, der als Schiedsrichter dabei auftrat, im Medici-Palast der *sposalizio* eines Mädchens aus dieser Familie stattgefunden, dessen Name in Ameni umgewandelt worden war. Die Töchter Guglielmo Pazzis, Lorenzos Nichten, wurden 1484 wieder heiratsfähig, als die Strafen, die ihre Ehegatten nach dem Gesetz von 1478 zu erwarten hatten – Ausschluß aus den Ämtern auch für die Nachkommen –, im Herbst jenes Jahres durch ein förmliches, zweifellos von Lorenzo inspiriertes Gesetz aufgehoben wurden. Selbst Lisetta, die natürliche Tochter des 1478 hingerichteten Familienoberhauptes Jacopo Pazzi, fand 1486 einen Ehemann. Eine Kontrolle über die Heiraten mußte Lorenzo in jeder Hinsicht wichtig erscheinen, da Eheverbindungen ja vor allem dazu dienten, Bündnisse zwischen den Familien zu schließen, die ihm selbst gefährlich werden konnten. Guicciardini macht solche Eingriffe in die Heiratspolitik der Familien Lorenzo ganz offen zum Vorwurf. Er habe darauf geachtet, daß die mächtigen Familien sich nicht ohne seine Zustimmung verschwägerten, und zuweilen junge Männer gezwungen, Mädchen zu heiraten, die sie sonst nie zur Frau genommen hätten. Ohne seine Vermittlung oder Erlaubnis sei in Florenz keine Ehe mehr geschlossen worden. Dies scheint zwar etwas übertrieben, doch hatte sich Lorenzo tatsächlich sogar schon vor der Pazzi-Verschwörung oft als Heiratsvermittler betätigt. Aus einem Notarsprotokoll seines Sekretärs Niccolò Michelozzi geht hervor, daß in seinem Beisein im Medici-Palast zahlreiche von ihm vermittelte Eheverträge unterzeichnet wurden. Das waren längst nicht alle, bei denen er beteiligt war. Selbst der reiche Filippo Strozzi verheiratete eine Tochter und eine Nichte mit der Vermittlung Lorenzos.

Im Sinne der Aussöhnung wurden auch verschiedene Teilnehmer und Mitläufer der Verschwörung aus dem Kerker befreit, darunter Piero Vespucci, der im Sommer 1480 begnadigt wurde, und Filippo Bracciolini, der Bruder Jacopos, der 1478 seinen Verrat mit dem Leben gebüßt hatte. Sogar von den Exilierten des Jahres 1466 durften einige wieder in die Heimat zurückkehren. Nicht Dietisalvi Neroni, der im Juli 1482 einundachtzigjährig in Rom starb und dessen Grabinschrift in S. Maria sopra Minerva rühmt, daß er die Freiheit seiner Vaterstadt leidenschaftlich geliebt habe; wohl aber Jacopo und Raffaele Acciaiuoli, die Söhne Angelos, obwohl ihr Bruder Neri in die Verschwörung von 1481 verwickelt gewesen war. Auch die in Volterra eingekerkerten Pazzi wurden freigelassen und des Landes verwiesen. Die Entbehrungen der Haft hätten den jüngeren Gefangenen fast das Leben gekostet. Dennoch hörten die antimediceischen Umtriebe nicht auf. 1484 kam es wiederum zu gefährlichen Spannungen in der Stadt. In diesem Zusammenhang wurde sogar ein Verwandter Lorenzos verhaftet, Alessandro Tornabuoni, ein Cousin mütterlicherseits, der angeblich gegen den *stato* Lorenzos Propaganda gemacht hatte. Auch diesmal wurde die Sache heruntergespielt, sogar der Eindruck vermittelt, daß Tornabuoni sich wirtschaftlicher Delikte schuldig gemacht hatte. Aber es war gefährlich geworden, gegen Lorenzo Opposition zu machen. Alessandro Tornabuoni wurde lebenslang nach Sizilien verbannt. Der in Neapel von Lorenzo ausgehandelte äußere Frieden hielt nicht lange an. Kaum waren die Türken aus Otranto vertrieben, brach auch die alte Zwietracht zwischen den italienischen Staaten wieder aus. Sixtus IV., der dem Frieden ohnehin nur widerwillig zugestimmt hatte, hatte schon im Mai 1480 ein Bündnis mit Venedig abgeschlossen, so daß die neuerliche Spaltung Italiens in zwei Lager bald zu einem neuen Krieg führte, aus dem Lorenzo Florenz vergeblich herauszuhalten suchte. Es ging diesmal um Ferrara und die venezianischen Vorrechte dort, die Herzog Ercole d'Este seit langem ein Dorn im Auge waren. Ein in der Stadt residierender, von Venedig ernannter *Visdomino* übte die Gerichtsbarkeit über die im Herzogtum ansässigen Venezianer aus und wachte vor allem darüber, daß die venezianischen Privilegien beachtet wurden, von denen das wichtigste das Salzmonopol war. Ein angeblicher Verstoß des Herzogs gegen dieses Monopol führte zu Grenzstreitigkeiten. Als Mitglied der im Juli 1480 abgeschlossenen, neuen Liga zwischen Neapel, Mailand und Florenz forderte Ercole d'Este deshalb Hilfe von seinen Bundesgenossen. Anfang Mai 1482 begann Venedig den Krieg, während Sixtus IV. gleichzeitig das päpstliche Vikariat über Ferrara, auf dem Ercoles Herrschaft beruhte, Venedig übertrug.

Lorenzo wollte diesen Krieg nicht. «Unsere Liga hat den Krieg zur Zeit nicht nötig, und ich selbst möchte ihn nicht führen», hatte er schon im Dezember 1481 an Pierfilippo Pandolfini in Neapel geschrieben, als sich der Konflikt abzuzeichnen begann. In einem Moment, da die Florentiner immer noch auf die Rückgabe der verlorenen Orte warteten und unter der Steuerlast stöhnten, fürchtete er zu Recht neue Kriegskosten, die das Volk und seine Gegner ihm unweigerlich zur Last legen würden. Außerdem war er sicher, daß Girolamo Riario nur auf die Gelegenheit wartete, um seine Herrschaft in der Romagna auszuweiten. Im Herbst 1481 war er mit großem Pomp und schlechten Manieren in Venedig aufgetreten und hatte zum Krieg geblasen, wenn auch sein tollkühner Vorschlag, Ferrante d'Aragona aus dem Königreich Neapel zu vertreiben, in Venedig auf Skepsis stieß. Lorenzo setzte seine ganze persönliche Diplomatie ein, um den Krieg zu verhindern, machte Propaganda für eine gesamtitalienische Liga und versuchte auch, in Rom Terrain zu gewinnen, indem er die Unterstützung des Kardinals Giuliano Della Rovere, der mit Riario tief verfeindet war, suchte. Er wollte ein Gegengewicht zu dessen verderblichem Einfluß auf den Papst schaffen. Als der Kardinal Anfang 1482 von einer längeren Legation in Frankreich auf dem Seeweg zurückkam, begrüßte ihn Lorenzo bei der Landung in Pisa, um ihm dann in Florenz einen feierlichen Empfang zu bereiten. Lorenzos Bemühungen waren nicht vergebens. Giuliano Della Rovere war bereit, sich für die Florentiner Belange bei seinem Onkel einzusetzen. Den Krieg konnte auch er nicht verhindern. Die einzelnen Phasen des Konflikts sollen hier nur flüchtig nachgezeichnet werden. In den Sommermonaten des Jahres 1482 standen sich der venezianische Generalkapitän Roberto di Sanseverino und Federico da Montefeltro, den die Liga nach mühsamen Verhandlungen für sich hatte gewinnen können, am Unterlauf des Pos auf den beiden Flußufern gegenüber, während Alfonso d'Aragona auf dem Marsch nach Norden, vom Papst am Durchzug durch das kirchliche Gebiet gehindert, Rom bedrohte, wo sich das Adelsgeschlecht der Colonna gegen Sixtus IV. erhoben hatte. Die schwierige Lage des Papstes in der eigenen Stadt ermutigte die Florentiner zu militärischen Aktionen in Umbrien: Im Juni besetzte Niccolò Vitelli mit florentinischer Hilfe erneut Città di Castello, was wiederum den Haß Sixtus' IV. gegen Lorenzo schürte, den er für diese Manöver verantwortlich machte. Im Norden wurde gleichzeitig die Situation für den Herzog von Ferrara immer bedrohlicher, da die Liga Schwierigkeiten hatte, die nötigen Truppen an die Front zu senden. Dazu brach in den heißen Monaten in den Feldlagern die Malaria aus, an der auch Ercole d'Este und Federico da Montefeltro schwer erkrankten. Am 21. August erlitt der Herzog von Kalabrien ganz unerwartet in der Nähe von Rom eine vernichtende Niederlage durch den dem Papst zur Hilfe geeilten Herrn von Rimini, Roberto Malatesta. Als schon zwei Tage später Lorenzo die erste konfuse Nachricht über den katastrophalen Ausgang der Schlacht bei Campomorto erhielt, mochte er kaum daran glauben und eilte von Poggio a Caiano nach Florenz zurück, um mit der Regierung und den Gesandten der Liga über Gegenmaßnahmen zu beraten. Roberto Malatesta, triumphal in Rom empfangen, konnte sich des Sieges nicht lange erfreuen. Er starb am 10. September an einem Fieber, das er sich wahrscheinlich im sumpfigen Gelände während der Schlacht zugezogen hatte. Am selben Tag erlag auch Federico da Montefeltro in Ferrara der Malaria. Ferrara schien verloren. Im Herbst setzte Sanseverino zur entscheidenden Offensive gegen die Stadt an, der er sich bis auf drei Meilen näherte. Aber die von den Gegnern gesandten Verstärkungen und der anbrechende Winter zwangen ihn, sich Anfang Dezember mit seinen Truppen ins Winterlager zurückzuziehen.

Friedensverhandlungen hatten den ganzen Krieg begleitet. In Rom hatte sich besonders Giuliano Della Rovere zum Mißfallen seines päpstlichen Onkels aktiv um einen Ausgleich bemüht. Aber nun, da die Venezianer auf der ganzen Linie zu siegen drohten, fürchtete Sixtus IV. den Verlust von Ferrara und lenkte ein. Am 12. Dezember 1482 unterzeichnete er in Rom einen Friedensvertrag mit seinen Gegnern, der auch Venedig offenstehen sollte. In der Folge dieses Vertrags wurde eine Zusammenkunft aller beteiligten Mächte in Ferrara beschlossen, um über die weiteren Schritte gegen das friedensunwillige Venedig zu beraten. Lorenzo de' Medici wurde zum offiziellen Vertreter der florentinischen Republik bei diesem Treffen ernannt.

Es war die einzige offizielle diplomatische Mission, die Lorenzo während seines langen politischen Lebens übernahm, weshalb seine postumen Lobredner ihm auch eine dominierende Rolle bei diesem Kongreß zuschrieben. Sie begründete seinen Ruf, der Garant des italienischen Gleichgewichts gewesen zu sein, das «Zünglein an der Waage», wie Filippo Nerli es um die Mitte des 16. Jahrhunderts mit einer einprägsamen Metapher ausdrückte. Mit seiner außerordentlichen Eloquenz habe er alle Teilnehmer dazu gebracht, seinen Argumenten zu folgen. In Wirklichkeit scheint seine Rolle bescheidener gewesen zu sein. Der Auftrag, den er von der Regierung erhielt, betraf vor allem den finanziellen Beitrag der Florentiner zum Krieg gegen Venedig, der so gering wie möglich gehalten werden sollte. Lorenzo hatte deshalb wenig Spielraum für die Verhandlungen, die schließlich nicht in Ferrara, sondern, auf Druck von Ludovico Sforza, dem wahren Protagonisten des Treffens, auf mailändischem Gebiet in Cremona stattfanden. Doch befand sich nun Lorenzo als Gleichberechtigter im Kreise jener Herren und Fürsten, die ihn immer schon als den wahren Herrn von Florenz angesehen und behandelt hatten. Wie die anderen Abgesandten war auch Lorenzo Anfang 1483 zunächst nach Ferrara gereist, wo der Herzog von Kalabrien und der päpstliche Legat, Kardinal Francesco Gonzaga, schon eingetroffen waren. Zusammen mit dem kranken Ercole d'Este sahen sich alle nun gezwungen, die Reise nach Cremona fortzusetzen. Da der Weg durch den Staat der Gonzaga führte, ergriff Lorenzo die Gelegenheit, um einen Abstecher nach Mantua zu machen. Der unerwartete Entschluß brachte den Hof dort in Verlegenheit, da Markgraf Federico schon nach Cremona aufgebrochen war. Doch war der Besuch im Palast der Gonzaga nicht der einzige und vielleicht auch nicht der wichtigste Zweck des Ausflugs. Lorenzo machte zwar den beiden jungen Töchtern des Markgrafen die gebührende Aufwartung, dann aber auch einen Besuch beim berühmten Maler Andrea Mantegna, der seit längerem in Diensten der Gonzaga stand.

Die Beziehungen des Meisters zur Familie Medici waren alten Datums. 1466 war Mantegna im Auftrag Ludovico Gonzagas in Florenz gewesen, vielleicht um sich ein Bild vom Zustand der Bauarbeiten am großen neuen Chor der Kirche SS. Maria Annunziata zu machen, für die der Markgraf Geld gestiftet hatte. Bei dieser Gelegenheit, so wird angenommen, porträtierte er den Stiefbruder Piero de' Medicis und Onkel Lorenzos, Carlo de' Medici, den päpstlichen Protonotar und Propst in Prato. Von Mantegnas Hand stammte auch ein Täfelchen mit einer Judith-Darstellung, die sich nach Ausweis des 1492 aufgestellten Inventars des Palazzo Medici in einer Schublade im *scrittoio* Lorenzos befand. Ob es sich bei dieser Judith um das Bild handelte, für das sich Lorenzo bei Mantegna 1481 bedankte, ist ungewiß. Als Autor des Täfelchens wird im Inventar Andrea Squarcione genannt, wie sich Mantegna nannte, als er noch als Lehrling und Gehilfe in Squarciones Werkstatt in Padua arbeitete. Jedenfalls bezeugt das Geschenk, das Mantegna Lorenzo 1481 machte, daß die Verbindung in der Zwischenzeit nicht abgerissen war. Lorenzo kannte zweifellos auch die antiquarischen Interessen Mantegnas und wußte, daß er eine beachtliche Antikensammlung besaß. Von Lorenzos Besuch bei Mantegna erzählt Francesco Gonzaga, der Lorenzo in Mantua begleitete, in einem Brief an seinen Vater. Nach der Morgenmesse in San Francesco, berichtete er ihm, «begab sich ihre Magnifizenz zum Haus von Andrea Mantegna, wo er mit großem Vergnügen einige Gemälde Andreas und einige Reliefköpfe sowie viele andere antike Dinge sah, an denen er sich, wie es scheint, sehr delektiert.» Wahrscheinlich zeigte Mantegna Lorenzo auch die Pläne für sein großes Haus in antikem Stil, das er sich zu bauen anschickte. Beglückt über das Interesse des hohen Gastes, bat Mantegna Lorenzo im August 1484 um finanzielle Unterstützung für den Bau; ob sie gewährt wurde, wissen wir nicht. Es ist aber bezeichnend für Lorenzo, daß auch die dringendsten politischen Geschäfte ihn nie von seinen vielfältigen intellektuellen Interessen ablenken konnten.

Der Krieg gegen Venedig, der in Norditalien viele Menschen ins Elend stürzte und in Florenz die Preise in unerschwingliche Höhe trieb, wurde erst im Sommer 1484 durch einen am 7. August in Bagnolo bei Brescia von allen fünf Hauptmächten Italiens unterzeichneten Friedensvertrag beendet. Fünf Tage danach starb am 12. August 1484 in Rom Papst Sixtus IV. – aus Kummer über den Frieden, wie ein damals zirkulierendes lateinisches Distichon polemisch behauptete. Die Phase der Kriege, die die Verschwörung der Pazzi ausgelöst hatte, war damit zu Ende. Lorenzo hatte in dieser schwierigen Zeit seine Stellung in Florenz festigen und sein Ansehen im italienischen Staatenverein stärken können. Zuletzt hatte ihn der Tod auch von seinem erbittertsten Widersacher befreit. Er hätte aufatmen können, wenn die langen Wirrnisse seine ohnehin schon prekären Finanzen nicht völlig in den Ruin getrieben hätten.

XI. UNORDENTLICHE VERHÄLTNISSE

*B*ei der Gegenüberstellung von Cosimo de' Medici und seinem Enkel Lorenzo, um abzuwägen, wer von beiden der Größere gewesen sei, gibt Francesco Guicciardini Cosimo den Vorzug. Dieser habe den *stato* der Medici geschaffen und dreißig Jahre lang ohne größere Anfechtungen bewahrt, da er den offenen Konflikt mit seinen Gegnern innerhalb der Stadt zu vermeiden gewußt habe. Außerdem hätten ihn die politischen Angelegenheiten nie von seinen privaten Angelegenheiten und den Geschäften abgehalten, die er mit solchem Geschick geführt habe, daß sein Reichtum immer noch größer gewesen sei als sein doch auch überaus großer *stato*. Lorenzo sei dagegen in privaten Dingen und Geschäften weniger glücklich gewesen, obwohl er den *stato* schon vorgefunden und nur zu bewahren gebraucht habe. Ebendiese geschäftliche Erfolglosigkeit habe ihn dazu verleitet, sich öffentliche und private Gelder anzueignen – ein ungeheurer, auch von anderen Zeitgenossen erhobener Vorwurf, der einen dunklen Schatten auf ihn wirft.

Lorenzos besaß zweifellos wenig Neigung, sich mit den traditionellen Geschäften seiner Familie zu befassen. Doch ist es auch wahr, daß er von seinem Vater und Großvater ein Bank- und Handelsimperium erbte, das seine beste Zeit schon hinter sich hatte. Als Piero de' Medici es nach Cosimos Tod übernahm, war die Lage bereits so kritisch, daß er sich gezwungen sah, viele Kredite zurückzufordern, was ihm nicht wenige Feinde schuf, wenn auch der Vorwurf Machiavellis, er habe durch diese Maßnahmen eine Kette von Bankrotten ausgelöst, ungerechtfertigt erscheint. Lorenzo drückte selbst in seinen Aufzeichnungen Bestürzung über die «unglaubliche Summe» aus, die seit 1434 «allein für

Almosen, Bauten und Steuern» ausgegeben worden war. Nachdem er Einblick in die Rechnungsbücher gewonnen hatte, konnte er nicht länger übersehen, daß der Erwerb von Cosimos *stato* und politischem Prestige ein Vermögen verschlungen hatte.

Lorenzo hatte nur eine sehr oberflächliche Ausbildung zum Bankier und Kaufmann erhalten. Er hatte nie in einer der über ganz Europa verstreuten Niederlassungen der Medici eine Lehrzeit durchlaufen, wie sie noch sein Onkel Giovanni in der Jugend hatte ableisten müssen. Nur die Reisen seiner Jugendjahre hatten ihm einen flüchtigen Einblick in die Arbeit einiger Niederlassungen gegeben. Es wäre dennoch verfehlt zu glauben, daß er die Bank- und Handelsgeschäfte völlig Francesco Sassetti überlassen hätte, der seit 1463 als Generaldirektor das weitgestreute Unternehmen führte. Lorenzos Korrespondenz mit den Filialen zeigt, daß er sich durchaus auch um die geschäftlichen Probleme kümmerte. Doch abgelenkt und beansprucht von der Aufgabe, den *stato* seiner Familie zu bewahren, widmete er sich ihnen nicht mit der Konzentration und Entschlossenheit, die nötig gewesen wären, um den fortschreitenden Ruin aufzuhalten. «Verzeiht mir», schrieb er im Sommer 1470 an den selbstherrlich wirtschaftenden Tommaso Portinari, der die Niederlassung im flandrischen Brügge leitete, «aber die ununterbrochenen und fortwährenden Angelegenheiten des Palastes (das sollte sagen, der Politik) hindern mich daran, meinen eigenen Dingen so emsig nachzugehen, wie es erforderlich wäre»; und weiter: «Ich habe bislang die Abrechnungen des alten Geschäftsvertrags vom vergangenen Jahr noch nicht angesehen und mich noch nicht näher damit beschäftigt, weil ich keine Zeit dazu hatte; aber da ich Verlust sehe, könnt Ihr Euch vorstellen, daß mir das mißfällt ... In Mailand wird ebenfalls nicht verdient.» Lorenzo sah den Schaden, aber noch nicht voraus, welch gravierende Folgen seine Nachlässigkeit haben würde.

Die Geschäftslage, die er beim Tod seines Vaters vorfand, war alles andere als erfreulich. Es wurden fast überall nur noch Verluste gemacht. Die Niederlassungen im In- und Ausland – Rom, Mailand und Neapel die wichtigsten in Italien, Lyon, Brügge und London die im Ausland – arbeiteten zwar nach den von der Zentrale in Florenz vorgegebenen Direktiven, die zur Vorsicht bei der Kreditvergabe mahnten, doch die einzelnen Leiter der Niederlassungen hielten sich oft nicht daran und waren schon wegen der Entfernungen nicht leicht zu kontrollieren. Sie waren zumeist auch keine Angestellten im engeren Sinne, sondern durch zeitlich begrenzte Gesellschaftsverträge an die Medici gebunden, also zugleich Teilhaber, wenn auch zu geringeren Quoten. Es hätte deshalb auch in ihrem eigenen Interesse gelegen, die Geschäfte sorgfältig zu führen, doch Unfähigkeit, Eigennutz, Eitelkeit veranlaßten sie nicht selten zu gewagten Spekulationen. Einer der häufigsten Fehler war, Kredite zu vergeben, deren Rückzahlung nicht gesichert war und die tatsächlich nicht selten abgeschrieben werden mußten. Dabei waren die meisten von ihnen den Medici schon lange eng verbunden, hatten von Jugend auf in den in- und ausländischen Kontoren der Bank gedient, waren zum Teil sogar Verwandte. In Rom führte Giovanni Tornabuoni, Lorenzos Onkel, die Geschäfte, in Lyon der Schwager Lionetto de' Rossi; in Mailand zunächst Pigello Portinari, nach seinem frühen Tod im Jahre 1468 dessen Bruder Accerito; ein dritter Bruder, Tommaso, war, wie gesagt, in gleicher Stellung in Brügge tätig. Die drei Brüder aus alter Florentiner Familie, deren Vater schon Geschäftspartner der Medici gewesen war – er hatte der *Tavola* in Florenz vorgestanden –, hatten als Waisen Aufnahme in Cosimos Haus gefunden und wären schon deswegen zu besonderer Sorgfalt und Treue verpflichtet gewesen. Aber in Wirklichkeit arbeiteten sie, wo sie nur konnten, in die eigene Tasche.

Gerade in Brügge standen die Dinge nicht zum besten, als Lorenzo die Nachfolge seines Vaters antrat. Noch kurz vor Pieros Tod war der Geschäftsvertrag mit Tommaso Portinari erneuert worden, anschließend hatte ihn Lorenzo im eigenen und im Namen seines Bruders Giuliano bestätigt, 1473 einen neuen mit ihm abgeschlossen. Doch gab das Verhalten Tommasos oft Anlaß zu Ärger, nicht nur bezüglich seiner Geschäftsführung. Gar nicht im Sinn der Medici war zum Beispiel die Ehe, die er 1469 bei einem Aufenthalt in Florenz ohne Wissen und Billigung seiner Vorgesetzten einging. Die Frau, die er sich nach Brügge holte, war die blutjunge Maria Bandini Baroncelli, deren Familie in wirtschaftlicher und politischer Konkurrenz zu den Medici stand. Ein Verwandter von ihr, Pierantonio, war in Brügge für die

Pazzi tätig, Bernardo, aus derselben Familie, ermordete, wie schon erzählt, Giuliano de' Medici. Tommaso lebte in Brügge auf großem Fuß, in einem der schönsten Paläste der Stadt, den er 1466 Piero de' Medici zu erwerben bewegt hatte, und ging am Hof der Herzöge von Burgund ein und aus. Als Karl der Kühne 1477 auf dem Schlachtfeld vor Nancy den Tod fand, hinterließ er die Schulden seiner Tochter Maria und seinem Schwiegersohn, dem späteren Kaiser Maximilian I., dessen chronische Insolvenz notorisch war. Tommaso Portinari erhielt zwar von Maria von Burgund ein Privileg, das die Rückzahlung garantierte, aber diese kam nur zäh voran. Neben den Geldgeschäften trieb Portinari auch Handel, besonders mit Wolle und Alaun, und war Pächter der Zollstätte von Gravelingen, wo vor allem die Waren aus England passierten. Es besteht der nicht unbegründete Verdacht, daß Tommaso bei seinen Transaktionen die Gewinne über das vertraglich Vereinbarte einbehielt, die Verluste indessen sozialisierte. Die schwierige finanzielle Lage des flandrischen Kontors rührte allerdings nicht nur von den Krediten her, die Portinari Karl dem Kühnen so großzügig gewährte, sondern auch von den katastophalen Verlusten, welche die von Brügge abhängige Niederlassung in London beim Handel mit englischer Wolle eingefahren hatte, so daß Lorenzo die Londoner Niederlassung 1472 liquidierte und deren Schulden zum Teil der Filiale in Brügge aufbürdete.

Die Mailänder Niederlassung kämpfte mit Schwierigkeiten, die ähnliche Gründe hatten. Schon in ihrer Gründung war gewissermaßen der Keim zum Mißerfolg angelegt. Cosimo de' Medici hatte sie 1452 auf ausdrücklichen Wunsch Francesco Sforzas kurz nach dessen Machtergreifung eröffnet. Die Versorgung des Herzogs, Cosimos Hauptverbündeten, und seines Hofes mit Geldern und Handelsgütern sollte die Hauptaufgabe der Niederlassung sein. Es waren also vor allem Überlegungen politischer Natur, die Cosimo zur Eröffnung dieser Filiale veranlaßten, obwohl er wußte, daß die Geschäfte mit den Fürsten große Risiken bargen. Als Francesco Sforza 1466 starb, hinterließ er an die 170.000 Dukaten Schulden bei den Medici. Lorenzo wandte sich 1470 an seinen Nachfolger Galeazzo Maria Sforza mit der dringenden Bitte um Rückzahlung, doch ohne viel zu erreichen.

Trotzdem baute Lorenzo das unselige Geschäft mit den Fürsten noch aus – oder besser: Er widerstand nicht den fürstlichen Wünschen. So eröffnete er 1471 auf Drängen König Ferrantes hin eine Niederlassung in Neapel, die bald ähnliche Probleme bekam. Die Geschäfte mit den Höfen, so wenig einträglich sie auch waren, brachten indessen Prestige – *onore* – und damit politischen Gewinn, der Lorenzos *reputazione* in Florenz förderlich war. Doch wenn *onore* nicht mit dem wirtschaftlichen Gewinn, dem *utile*, Hand in Hand ging, nahm der Ruf der Bank Schaden, was wiederum der Ehre abträglich war. Philippe de Commynes, der mit den florentinischen Verhältnissen wohlvertraute französische Diplomat, stellte in seinen *Mémoires* Betrachtungen über dieses Dilemma an. Die Vertreter der Medici-Bank, von denen er selbst einige persönlich gekannt habe, seien so mächtig gewesen, daß sie die große Politik beeinflußt hätten. So habe Gherardo Canigiani, der Leiter der Londoner Niederlassung, König Eduard IV. von England gerettet, indem er ihm auf Treu und Glauben eine große Summe zur Verfügung stellte – freilich mit wenig Gewinn für seinen Herrn. In gleichem Sinne warf auch Guicciardini Lorenzo vor, viel Geld verschleudert zu haben, um sein Ansehen bei den Fürsten zu steigern, «so daß in Lyon, Mailand und Brügge und wo er Handel trieb, die Ausgaben für die Repräsentation und die Geschenke immer größer wurden und die Gewinne zugleich abnahmen». Deshalb sei er mehrmals in solche «Unordnung» geraten, daß er fast Bankrott gemacht hätte.

Schon am Vorabend der Pazzi-Verschwörung war die Geschäftslage so prekär, daß von einem möglichen Zusammenbruch der Medici-Bank gemunkelt wurde. Renato Pazzi, von seinen Verwandten aufgefordert, der Verschwörung beizutreten, soll nach dem Bericht Guicciardinis seinen anfänglichen Widerstand mit dem Argument begründet haben, daß die Medici vor dem Bankrott stünden und ihre Herrschaft schon bald von selbst zusammenstürzen würde. In der Tat brachten die Ereignisse von 1478 Lorenzo in größte finanzielle Bedrängnis. Zu den schon vorher defizitären Ergebnissen gesellte sich die Schließung der Niederlassungen in Rom und Neapel infolge des päpstlichen Bannspruchs. Die extreme Geldnot zwang Lorenzo zu allerlei nicht immer korrekten Maßnahmen. Als erstes versuchte er mit allen Mitteln, seine Kredite zurückzugewinnen. Neben den Sforza, die immer noch ungeheure Schulden bei ihm hatten, stand auch der Markgraf von Mantua bei ihm in der Kreide. Ludovico Gonzaga hatte 1477 ein hohes Darlehen erhalten, das noch der Rückzahlung harrte. Im Sommer 1478 wandte sich Lorenzo deshalb an seinen Sohn und Erben Federico, wobei er, um die Dringlichkeit seiner Bitte zu unterstreichen, mit bewegten Worten auf die feindlichen Aktionen des Papstes und König Ferrantes hinwies: «Wir haben unsere Freiheit verteidigt», schrieb er ihm, der Krieg sei über ihn hereingebrochen, weil er sich nicht habe umbringen lassen wie sein Bruder. Aber Federico Gonzaga steckte selbst in Schwierigkeiten, auch er hatte noch viel Geld von den Sforza zu bekommen für den Sold, der seinem Vater als mailändischem Feldherrn nicht ausbezahlt worden war. Es war deshalb doppelt nötig, in Mailand Druck zu machen, ohne jedoch die Sforza zu verschnupfen, die mächtigsten Bundesgenossen im Krieg gegen den Papst und Neapel.

Lorenzo ließ im Sommer 1478 durch den florentinischen Gesandten Girolamo Morelli diskret vorfühlen, ob ihm nicht dreißig- oder vierzigtausend Dukaten vorab für kurze Zeit wenigstens «geliehen» werden könnten. Der Herzogin Bona, die er selbst dann um zwölftausend Dukaten bat, erklärte er, daß es bei der gegenwärtigen Lage und den damit verbundenen «öffentlichen und privaten» Ausgaben nicht habe ausbleiben können, daß er sich «in einiger Unordnung» befinde. Die Herzogin sagte ihm sechstausend Dukaten zu. Aber nicht einmal diese erreichten ihn alle, weil Accerito Portinari einen Teil davon für sich selbst abzweigte mit der Begründung, seine Neffen, die Söhne Pigellos, hätten aus alten Verträgen noch Forderungen an die Medici. Lorenzo war außer sich und beklagte sich bitter und heftig bei Tommaso Portinari, der Brügge verlassen hatte und zu seinem Bruder nach Mailand gezogen war. Er und seine Brüder seien im Haus der Medici aufgewachsen, hätten lange deren Brot gegessen, seien ihnen stets eng und herzlich verbunden gewesen. Er hätte nie geglaubt, daß Accerito ihn in solcher Notlage im Stich lassen würde, sondern vielmehr gemeint, daß er sich sogar in die Münzpresse gelegt und zu Geldstücken gemacht hätte, wäre er aus Gold gewesen. Seine Enttäuschung über die Undankbarkeit der Brüder Portinari war grenzenlos. Sie hätten sich, klagte er dem florentinischen Gesandten, immer mehr um die eigenen Interessen als die seinen gekümmert. Noch im selben Jahr oder wenig später löste er die Geschäftsverbindung mit Accerito Portinari auf, im April 1479 stellte er alle seine Aktivitäten in Mailand ein. Nur der prächtige Palast, der Sitz der Bank, blieb ihm noch ein paar Jahre erhalten.

Um sich einen zuverlässigen Überblick über die Lage in Brügge zu verschaffen, wandte er sich im Dezember 1478 an Folco Portinari, einen entfernten Verwandten Tommasos, der nach dessen Abreise dort die Geschäfte führte. Er habe nicht erwartet, durch einen zu «ertrinken», der ihm in einer Lage wie der seinen sogar mit dem eigenen Blut hätte helfen müssen, schrieb er ihm, und versprach, sich gegen die Ansicht Sassettis die Passiva der Niederlassung aufbürden zu wollen. Um sie so niedrig wie möglich zu halten, sollte Folco die Ausstände «am Hof und überall sonst» eintreiben. Eine Aufzeichnung Lorenzos über die Situation in Brügge basiert wahrscheinlich auf den von Folco übermittelten Daten. Sie kommt einer Anklageschrift gegen Tommaso Portinari gleich, «dem ich traute und immer wie mir selbst getraut habe, ohne je von seinen Wünschen abzuweichen». Lorenzo beschuldigte Portinari ganz offen, bei verschiedenen Gelegenheiten Gewinne eingestrichen und ihm selbst die Verluste aufgehalst zu haben. Im einzelnen warf er ihm vor, das vertraglich festgelegte Limit des Kredits an den Herzog von Burgund eigenmächtig überschritten, gegen die Klauseln des Geschäftsvertrags auf eigene Faust Wollhandel getrieben, ohne sein Wissen in eine äußerst riskante Expedition nach Guinea investiert, schließlich große Bauarbeiten im Medici-Palast in Brügge für circa 8000 Dukaten vorgenommen zu haben, «was für uns Verluste und weggeworfenes Geld sind».

Dennoch zögerte Lorenzo, den letzten Schritt zu tun. Im Herbst 1479 sandte er nochmals einen Abgesandten in der Person des geschäfts- und ortserfahrenen Rinieri da Ricasoli nach Brügge mit dem Auftrag zu prüfen, ob die Niederlassung nicht doch noch gerettet werden könne. Tommaso Portinari, nun besorgt nach Flandern zurückgeeilt, bewegte Ricasoli, Lorenzo einen neuen Geschäftsvertrag vorzuschlagen, wozu Lorenzo aber nicht mehr bereit war. Ende Juli 1480 erhielt Ricasoli die Weisung, mit Portinari einen Vergleich abzuschließen und die Sozietät mit ihm aufzulösen, was am 7. August 1480 geschah. Die Abrechnungen waren aber auch im Sommer 1482 noch nicht abgeschlossen. Wie hoch die Verluste Lorenzos zum Schluß ausfielen, ist unklar. Tommaso Portinari blieb noch viele Jahre in den Niederlanden, wo er weiter Handel trieb und hauptsächlich damit beschäftigt war, seinen Krediten hinterherzujagen.

Die nach dem Frieden von 1480 wiedereröffneten Niederlassungen in Rom und Neapel konnten die Verluste in Mailand und Brügge nicht ausgleichen. Was Neapel betraf, so hatte Lorenzo schon während seines Aufenthaltes dort wegen der Rückgabe seiner beschlagnahmten Güter verhandelt; tatsächlich wurden ihm bald das Kassenbuch und eine kleinere Summe zurückerstattet. Aber die hohen Schulden, die der König und verschiedene Mitglieder des Hofs bei der Bank hatten, ließen sich nicht leicht zurückgewinnen. Ferrante versprach zwar viel, ließ aber keine Taten folgen. Lorenzo spielte zeitweise sogar mit dem Gedanken, die Filiale aufzulösen. Als der florentinische Gesandte in Neapel, Pierfilippo Pandolfini, der sich auf Lorenzos Drängen sehr um eine Lösung des Problems bemüht hatte, Anfang März 1482 Neapel verließ, konnte er immerhin mitteilen, daß eine offizielle Schuldenaufstellung erfolgt und Anweisungen für die Rückzahlung in Aussicht gestellt worden seien. Aber 1485 wartete Lorenzo immer noch auf einen Teil seines Geldes. Die Bank wurde schließlich liquidiert und 1487 unter dem Namen eines neuen Gesellschafters noch einmal ins Leben gerufen. Seinen eigenen Namen wollte Lorenzo nicht mehr aufs Spiel setzen.

Sehr viel wichtiger war es, in Rom wieder Fuß zu fassen. Lorenzo zögerte zunächst aber, sich dort zu engagieren, obwohl der Papst und Girolamo Riario die Wiedereröffnung der Bank sehr wünschten. Er befand sich nämlich Ende 1480, als Sixtus IV. Florenz und ihn selbst vom Bann löste, in einer so kritischen finanziellen Lage, daß er nicht wußte, woher er das Geld nehmen sollte, um den Neuanfang zu bewerkstelligen (dies war zumindest die Meinung des Ferrareser Gesandten in Rom). Doch die Aussicht, die Stellung als erster Finanzmann des Papstes wiederzugewinnen, die die Medici groß gemacht hatte, und wieder Hand auf die Gelder der Kurie zu legen, war zu verlockend, um diese Möglichkeit fallenzulassen. Im November 1481 machte sich Giovanni Tornabuoni auf den Weg nach Rom, um die Bank wieder zu eröffnen. Dennoch fiel es ihm nicht leicht, die von Sixtus IV. 1478 eingefrorenen Kredite gegenüber der päpstlichen Kammer wieder flüssig zu machen, ja sie auch nur bestätigen zu lassen. Wie der König machte auch der Papst nur Versprechungen. Die Geschäfte kamen wenigstens zu Lebzeiten Sixtus' IV. nicht wieder so recht in Gang.

Während in Brügge und Mailand die Dinge der Katastrophe zustrebten, schien die zweite große Niederlassung nördlich der Alpen recht rentierlich zu arbeiten. Das seit den ersten Jahrzehnten des Jahrhunderts in Genf unter verschiedenen Formen operierende Kontor war 1466 wegen der besseren Geschäftsbedingungen nach Lyon verlegt worden. 1470 hatte Lorenzo für dort einen neuen Gesellschaftsvertrag mit seinem Generaldirektor Francesco Sassetti und dem seit vielen Jahren für die Medici-Bank tätigen Lionetto de' Rossi abgeschlossen, dem er auch die Leitung übertrug und 1474 seine uneheliche Stiefschwester Maria zur Frau gab. Der Sitz in Lyon war über die wirtschaftlichen Aspekte hinaus auch deshalb von Bedeutung, weil er die Kontakte zum französischen Hof pflegte. Lionetto de' Rossi wurde so Lorenzos persönlicher Verbindungsmann zu König Ludwig XI., der sogar Anfang 1476 Lionettos ersten Sohn und Lorenzos Neffen Luigi aus der Taufe hob. Besonders während der Pazzi-Wirren, als sich Florenz große Hilfe vom französischen König versprach, wurde die Lyoner Bank zum Stützpunkt für die nach Frankreich entsandten florentinischen Diplomaten und Agenten Lorenzos.

Doch mit dem Frieden kamen auch in Lyon die Probleme ans Licht. Francesco Sassetti kritisierte immer heftiger die undurchsichtige Geschäftsführung Lionetto de' Rossis, seinen riskanten Umgang mit den ihm anvertrauten Geldern, seine ungenauen, wenn nicht gar gefälschten Bilanzen. Das Verhältnis zwischen den beiden Männern wurde immer gespannter. Sassetti hätte Lionetto am liebsten entlassen, dieser wiederum ertrug Sassettis Sohn Cosimo nicht, der bei ihm angestellt war und eine Vorzugsbehandlung beanspruchte. Er hielt ihn für eine taube Nuß und fürchtete zugleich seine Berichte an den Vater in Florenz. Die Lage wurde immer verworrener, auch weil Lionetto nicht mit sich reden ließ. Man warf ihm vor, sich auf unkorrekte Weise bei anderen Niederlassungen der Medici-Bank Geld zu besorgen, indem er Wechsel auf diese ausstellte, während er selbst solche nicht honorierte und damit den Namen der Bank schädigte. Lionetto befand sich in großer Not, die er aber nicht eingestehen wollte, und operierte so waghalsig, daß man in der Zentrale in Florenz große Verluste, sogar einen Bankrott in Lyon befürchtete. Lorenzo, dessen Stiefschwester Maria schon 1479 verstorben war, scheint seinen Schwager aber lange gegen Sassetti in Schutz genommen zu haben, wohl auch, weil er nicht auf seine Mittlerdienste am französischen Hof verzichten mochte, besonders als es darum ging, französische Pfründen für seinen Sohn Giovanni zu suchen. Am Ende überzeugte sich aber auch er, daß dem Treiben ein Ende gesetzt werden mußte.

Lionetto de' Rossi wurde im Sommer 1485 eingeladen, zur Aussprache nach Florenz zu kommen, wo er unverzüglich wegen betrügerischer Geschäftsführung ins Gefängnis geworfen wurde. Seine Festnahme machte in Lyon und am französischen Hof ungeheuren Eindruck. Die Lyoner Bürgerschaft intervenierte sogar für ihn. Er kam zwar nach einigen Monaten wieder frei, aber an seiner Stelle wurde Agostino Biliotti, einer der erfahrensten Mitarbeiter der Medici-Bank, nach Lyon geschickt, um den drohenden Bankrott zu verhindern und die Dinge einigermaßen wieder ins Lot zu bringen. Es ging um den Ruf und die Glaubwürdigkeit der ganzen Medici-Bank. Im folgenden wurde ein neuer Geschäftsvertrag zwischen Lorenzo, Francesco Sassetti und Giovanni Tornabuoni abgeschlossen und ein neuer Geschäftsführer in der Person von Lorenzo Spinelli eingesetzt, der auch den alten Gesellschaftsvertrag mit Lionetto de' Rossi liquidieren sollte. Es waren wahrscheinlich Spinellis Abrechnungen, die Lionetto 1487 nochmals ins Schuldgefängnis brachten. Seine ehemaligen Geschäftspartner forderten 30.000 Fiorini von ihm, die er nicht aufbringen konnte. Francesco Sassetti machte sich 1488 trotz seiner siebenundsechzig Jahre selbst noch einmal auf den beschwerlichen Weg nach Frankreich. Er

rückte in Lyon auch einiges wieder zurecht, ohne jedoch die Situation grundsätzlich ändern zu können. Als 1489 der alte Freund und Kunde Philippe de Commynes, der sich selbst in einer Notlage befand, seine Einlagen zurückforderte, bereitete dies peinliche Schwierigkeiten. Die Lyoner Filiale kränkelte in den folgenden Jahre dahin, verfolgt von Liquiditätsproblemen, denen Lorenzo nicht abhelfen wollte oder konnte. 1497 wurde sie aufgelöst.

Wie wenig erfolgreich diese Geschäftsführer und Partner Lorenzos auch wirtschafteten, ja durch Eigensucht und Unvermögen entscheidend zum Untergang der Medici-Bank betrugen, so traten sie doch alle als große Herren auf und bewiesen ausgeprägten Sinn für Repräsentation und Selbstdarstellung. Sie betätigten sich als Bauherren, Auftraggeber von Kunstwerken und – dies gilt vor allem für Sassetti – als Sammler von Antiken und Handschriften griechischer und lateinischer Autoren. Sassetti trug eine beachtliche Bibliothek zusammen und pflegte Umgang mit den Humanisten der Stadt. Seine persönliche Imprese verband ein auf den Familiennamen bezogenes Motiv, die Steinschleuder (*sasso* = Stein), mit der Figur des Kentauren aus dem antiken Mythos. Obwohl er selbst an Schriftlichem nur seine Kaufmannsbriefe und private Aufzeichnungen in italienischer Sprache hinterlassen hat, gefiel er sich doch in der Attitüde des kultivierten, klassisch gebildeten Bürgers nach dem Vorbild der Medici. Ähnlich wie Giovanni de' Medici, dessen rechte Hand er in jungen Jahren gewesen war, ließ er sich auf einer Porträtbüste in antik drapiertem Gewand darstellen. Der Sohn eines Geldwechslers vom Mercato nuovo aus alter, aber nicht vornehmer Familie war reich im Dienst der Medici geworden und baute sich eine prächtige Villa vor den Toren der Stadt, die von einem seiner Humanistenfreunde als «königlich» gepriesen wurde. Dazu kaufte er Ländereien und plante auch, einen repräsentativen Stadtpalast für seine vielköpfige Familie zu bauen. Doch der Plan kam nicht zur Ausführung, da mit dem Niedergang der Medici-Bank auch seine eigenen Einkünfte schwanden. Verwirklichen konnte er nur die berühmte Grabkapelle in der Kirche des Klosters S. Trinita, die er von Domenico Ghirlandaio, dem renommiertesten Maler der Zeit, ausmalen ließ. Hier wurde er nach seinem Tod im Jahre 1490 in einem antikisierenden Sarkophag beigesetzt.

Ghirlandaios farbenprächtige Fresken zeigen Szenen aus dem Leben des hl. Franziskus von Assisi, Francesco Sassettis Namens- und Schutzpatrons. An prominenter Stelle auf dem großen Feld über dem Altar ist ein Wunder dargestellt, das nicht zu den bekanntesten des Heiligen gehört, das aber seiner Position nach zweifellos eine Lebenserfahrung Sassettis widerspiegelt. Es handelte sich bei diesem Wunder um die Wiederauferweckung eines kleinen Kindes durch den Heiligen, das sich der Legende nach in Rom abgespielt haben sollte. Hier aber ist es in Florenz angesiedelt, auf dem weiten Platz vor der Kirche S. Trinita, in deren Nachbarschaft die Familie Sassetti wohnte. Mitten auf diesem Platz steht eine Bahre, auf der sich ein kleines Kind soeben aufgesetzt hat. Es war, wie wir in einer Art filmischem Ablauf sehen, aus einem Fenster des großen Hauses links zu Tode gestürzt. Die Beisetzung war schon angesagt, doch dann schwebte der hl. Franziskus auf einer Wolke herbei, um das Kind wieder zum Leben zu erwecken. In der Tat war Sassettis ältester Sohn Teodoro im Winter 1478/79 neunzehnjährig in Lyon gestorben, doch schon im Mai darauf war ihm ein neues Kind geboren worden, das traditionsgemäß den Namen des verstorbenen Bruders erhielt und damit diesen symbolisch wiederaufleben ließ. Sassetti dankte auf diesem Bild seinem Schutzpatron für dieses «Wunder».

Doch bedeutungsvoller für unseren Zusammenhang ist eine zweite

Episode aus dem Leben des hl. Franziskus, die auf dem Feld über der Kindeserweckung dargestellt ist, denn dort hat sich Sassetti zusammen mit seinem weltlichen Schutzpatron, mit Lorenzo de' Medici, abbilden lassen. Um es mit Aby Warburg zu sagen: «Das bescheidene Privilegium des Stifters, sich devot in einer Ecke des Bildes aufzuhalten, erweitern Ghirlandaio und sein Auftraggeber unbedenklich zu einem Recht auf freien Eintritt ihres leibhaftigen Abbildes in die heilige Erzählung...» Das Thema ist die Bestätigung der Ordensregel des hl. Franziskus durch Papst Innozenz III. Der historischen Überlieferung nach erfolgte sie in Rom, aber auch diesmal bildet Florenz den Rahmen des Geschehens. Im Hintergrund der komplexen Darstellung, die sich auf drei Ebenen entwickelt, sehen wir die von Menschen belebte Piazza della Signoria mit der Loggia dei Lanzi und dem mächtigen Palazzo della Signoria, das Zentrum des öffentlichen Lebens in Florenz. Davor thront unter einer offenen Gewölbehalle der Papst unter einem Baldachin. Kardinäle und Geistliche sitzen sich vor ihm auf Bänken gegenüber, und zwischen diesen knien in grauer Kutte die Brüder des hl. Franziskus, der auf den Stufen des päpstlichen Throns die Bulle mit der Regel empfängt.

Auf der dritten, der vordersten Ebene des Bildes präsentiert sich dagegen Sassetti selbst mit seiner Familie in trauter Gemeinschaft mit Lorenzo de' Medici und dessen Kindern. Der Stifter steht am rechten Bildrand zusammen mit seinem Prinzipal und einem unbekannten dritten Mann, an seiner linken Seite ein Kind. Vor dieser Vierergruppe steigen drei Kinder aus einem Treppenschacht nach oben, Lorenzos drei junge Söhne in Begleitung ihrer Erzieher, angeführt von Angelo Poliziano, dessen markantes Profil auch von anderen Bildnissen her bekannt ist. Bei den beiden Männer hinter ihnen handelt es sich wohl ebenfalls um Pädagogen. Auf der linken Seite des Bildes vor dem leichten Geländer, das den Treppenschacht umgibt, stehen dagegen drei junge Männer, auf die Sassetti zeigt und zu denen Lorenzo freundlich hinüberlächelt. Es sind zweifellos Sassettis drei älteste Söhne, darunter auch der verstorbene. In einem Augenblick, da er älter wurde und die Fortune ihn zu verlassen drohte, ließ sich Sassetti mit seinen Söhnen in aller Öffentlichkeit in intimer Vertrautheit mit seinem mächtigen Geschäftspartner und Patron abbilden, dem Garanten des Wohlstands und der gesellschaftlichen Stellung seiner selbst und seiner Familie. Wahrscheinlich gab er dabei auch einem besonderen Wunsch Ausdruck, der die Zukunft des Knaben neben ihm betraf und mit dem päpstlichen Hof hinter dem doppelten Familienbild zu tun hatte. Sassetti hatte nämlich seinen vierten Sohn Federico, das Kind an seiner Seite, zum Geistlichen bestimmt, weil er glaubte, daß nur eine erfolgreiche kirchliche Laufbahn mit den damit verbundenen einträglichen Pfründen und Ämtern den sich abzeichnenden gesellschaftlichen und wirtschaftlichen Abstieg der Familie Sassetti noch aufhalten konnte. «Mit der Tonsur» sei das Familienvermögen am besten zu erhalten, erklärte Sassetti seinen Söhnen in seinen letztwilligen Verfügungen, die er vor seiner Reise nach Lyon im Jahre 1488 aufsetzte. Sein Wunsch war, daß Lorenzo, der großzügige Verteiler von Pfründen, die kirchliche Laufbahn seines vierten Sohnes ebenso fördern möge wie die seines Sohnes Giovanni, der mit seinen Brüdern die Treppe hinaufsteigt. Seine Hoffnungen erfüllten sich indessen nicht, denn Federico starb schon 1490. Seine überlebenden Söhne konnten, wie befürchtet, den großzügigen Lebensstil ihres Vaters nicht aufrechterhalten.

Es scheint fast, als ob die Rivalität zwischen Lorenzos großen Direktoren, die sich so ungünstig auf die profitable Zusammenarbeit der Filialen auswirkte, sich auch in den Kirchen fortgesetzt hätte. Pigello Portinari ließ sich schon in den sechziger Jahren eine prächtige Grabkapelle in S. Eustorgio in Mailand errichten, für die wahrscheinlich Cosimo de' Medicis Architekt Michelozzo den Entwurf lieferte. Der elegante, von einer Kuppel überwölbte kleine Bau, in dem Pigello schon bald seine letzte Ruhestätte fand, wurde mit plastischen Dekorationen und Malereien von exquisiter Machart ausgeschmückt. Die Fresken stammen von Vincenzo Foppa, einem der angesehensten norditalienischen Künstler der Zeit, der auch den Palast der Medici-Bank in Mailand ausmalte. Pigellos Bruder Tommaso bemühte sich dagegen darum, den Namen der Familie in Florenz hochzuhalten. Die Portinari waren ein altes, vornehmes Geschlecht. Ihr Name war nicht nur mit Dantes Seelenführerin Beatrice verknüpft, die der Tradition nach der Familie entstammte, sondern auch mit dem großen Spital S. Maria Nuova, das Folco, angeblich Beatrices Vater, Ende des 13. Jahrhunderts gegründet hatte. Auf dem Areal der alten Häuser der Familie in der Nähe des Doms ließ Tommaso in den siebziger Jahren ein neues Wohnhaus nach dem vom Medici-Palast vorgegebenen Stil bauen. Da die Portinari Patronatsrechte über die Spitalkirche S. Egidio besaßen, beauftragte Tommaso den flämischen Maler Hugo van der Goes mit einem großformatigen Tafelbild für den Hochaltar, auf dessen Seitenflügeln er sich selbst und seine Frau Maria zusammen mit den Schutzheiligen und den Söhnen und Töchtern darstellen ließ. Dieses Gemälde, eine «Anbetung der Hirten», schickte er 1483 nach Florenz, wo es Aufsehen und Bewunderung erregte und den Florentiner Malern neue Anregungen gab.

Giovanni Tornabuoni trat als letzter in diesen Wettstreit ein. In seinem Auftrag entstand ein Werk, das vielleicht auf die eindringlichste Weise die Lebenssicht und das Lebensgefühl der Florentiner Oberschicht am Ende des Quattrocento zum Ausdruck bringt. Kaum hatte Ghirlandaio die Arbeiten für Sassetti vollendet, trug Tornabuoni ihm auf, seine eigene Kapelle im Chor der Dominikanerkirche S. Maria Novella auszumalen. Tornabuoni scheute keine Kosten, und Ghirlandaio bot seine ganze Werkstatt auf, in der damals auch Michelangelo das Handwerk erlernte, um das große Werk auszuführen. Auf den beiden Kapellenwänden wurden Szenen aus dem Leben Mariens, der die Kirche geweiht war, und Johannes' des Täufers, des Schutzpatrons von Florenz und Namensheiligen des Stifters, dargestellt. Wie in der Kapelle Sassettis bildet auch hier das Florenz der Zeit mit seinen Häusern und Straßen, seinen Palästen, den luxuriösen Interieurs und den lieblichen Landschaften des Umlands die Szenerie für die heiligen Geschichten. Dazu Triumphbögen, Hallen, Säulen, Gewölbe und Dekorationen, die das alte Rom evozieren. Unter die Protagonisten der heiligen Geschichten mischen sich ganz ungeniert die Zeitgenossen, die vielen Frauen und Männer der Familie Tornabuoni mit ihren Freunden, eine heitere, gelassene Gesellschaft, die selbstsicher ihre Opulenz zur Schau stellt. Das Bildnis Lorenzo de' Medicis suchen wir auf diesen Fresken allerdings vergebens, denn das alte Geschlecht der Tornaquinci-Tornabuoni fühlte sich an Vornehmheit den Medici ebenbürtig. Doch es war ein Schwanengesang. Der wirtschaftliche und politische Ruin der Medici zog auch die Tornabuoni in seinen Strudel.

Die finanzielle Unordnung, in die Lorenzo hineingeraten war, sprengte sogar den Zusammenhalt der Familie Medici. Pierfrancesco de' Medici, der Cousin seines Vaters, war 1476 im besten Alter an den Folgen eines Abszesses gestorben und hatte im Testament Lorenzo und Giuliano de' Medici die Vormundschaft über seine minderjährigen Söhne Lorenzo und Giovanni übertragen, so wie einst Cosimo die Vormundschaft über ihn selbst übernommen hatte. Lorenzo lag das Wohl seiner Mündel durchaus am Herzen. Er sorgte dafür, daß die Knaben eine gute Erziehung erhielten, und ließ sie von Angelo Poliziano unterrichten. Vor allem der 1463 geborene Lorenzo zeigte Begabung und eignete sich eine vortreffliche Kenntnis der lateinischen und griechischen Sprache und Literatur an. Botticelli malte für ihn die berühmte «Primavera». Später erinnerte ihn Poliziano in einer Elegie an die Fürsorge, die sein Vormund ihm in der Kindheit hatte angedeihen lassen. Lorenzo habe ihn nach dem Tod seines Vaters nie von seiner Seite gelassen, ihm später dann wichtige Aufgaben übertragen, ihn als Gesandten nach Frankreich und zum Papst geschickt. Als Poliziano dies schrieb, war das Verhältnis zum Vormund bereits zerrüttet. 1480 aber hatte Lorenzo die Ehe seines namensgleichen Cousins mit Semiramide d'Appiano, der Schwester des Herrn von Piombino, arrangiert, deren Heirat mit Giuliano schon beschlossene Sache gewesen war. Dies war auch in ökonomischer Hinsicht eine glänzende Verbindung, da die Mitgift der Braut 10.000 Fiorini betrug, fünfmal so hoch wie jene, die Lorenzo seiner Tochter Lucrezia aussetzte. Diese Mitgift sollte sicher auch eine Art Entschädigung darstellen, denn Lorenzo war bei den Söhnen Pierfrancescos hoch verschuldet.

Mit der Vormundschaft hatte Lorenzo auch die Verwaltung des Erbes der beiden Knaben übernommen, eines sehr reichen Erbes, denn bei der Erbteilung von 1451 hatte Pierfrancesco die Hälfte des Vermögens erhalten, das Cosimo und sein Bruder Lorenzo zusammengetragen hatten. Lorenzo hatte sich schon bei Pierfrancesco mehrmals größere Summen ausgeliehen, die er bei dessen Tod noch nicht zurückgezahlt hatte. Als die Pazzi-Verschwörung ihn dann in äußerste Notlage brachte, zögerte er nicht, auf das Vermögen seiner Mündel zurückzugreifen. Er zwang sie mit Drohungen, wie diese später aussagten, ihm ihre beträchtlichen Bargeldbestände zur Verfügung zu stellen. Die Summe allen geborgten Geldes und der nicht ausgezahlten Anteile an den Gewinnen gemeinsamer Bank- und Handelsgeschäfte belief sich schließlich auf Zehntausende Fiorini, so daß Pierfrancescos Söhne selbst in finanzielle Nöte gerieten und sogar ihre Steuern nicht mehr bezahlen konnten. Steuerschulden bedeuteten aber den Ausschluß aus den öffentlichen Ämtern. Als Lorenzo, der älteste der Brüder, großjährig wurde, zog er deshalb vor Gericht, um wieder in den Besitz des ererbten Vermögens zu kommen. 1485 kam es zu einem Vergleich. Ein Schiedsspruch zwang Lorenzo de' Medici, den Söhnen Pierfrancescos zum Ausgleich für seine Schulden bei ihnen fast allen Besitz im Mugello zu überlassen – mehr als sechzig Gehöfte, Mühlen, Häuser, darunter auch das Gut und die Villa Cafaggiolo, in der er und sein Bruder Giuliano so viele glückliche Tage verbracht hatten. Seitdem neigten Lorenzo und Giovanni de' Medici, wie schon 1466 ihr Vater, der inneren Fronde zu und traten nach dem Tod ihres einstigen Vormunds in offene Opposition zu Piero de' Medici, dem neuen Führer des mediceischen *stato*.

Die Frage, ob und vor allem in welchem Maße sich Lorenzo an öffentlichen Geldern vergriff, hat bis heute keine eindeutige Antwort gefunden und ist immer noch Gegenstand wissenschaftlicher Diskussion. Die Anschuldigungen der Zeitgenossen, wenn auch verschieden artikuliert, sind aber zu insistent, als daß sie sich allein antimediceischer Gesinnung zuschreiben ließen. Die Vorwürfe waren so allgemein, daß sogar Niccolò Valori, der nur Positives an seinem Helden sah, sie gar nicht erst abstritt, sondern eine etwas merkwürdig klingende Entschuldigung dafür fand. Da Lorenzo sich privat in finanzieller «Unordnung» befunden habe, sei es für ihn nötig gewesen, sich öffentlichen Geldes zu bedienen, denn er habe die Verbindlichkeiten der Bank gegenüber ihren Kunden nicht unerfüllt lassen können. Solches sei ihm nämlich ganz unerträglich gewesen, und er habe sich öffentlich über seine Mitarbeiter beklagt, daß sie ihn in die Lage gebracht hätten, entweder zur Schande der Stadt und seiner selbst die Verpflichtungen nicht einzuhalten oder aber öffentliche Gelder zu privaten Zwecken zu benutzen, was er sonst nie habe erlauben wollen.

Lorenzo de' Medici war in verschiedener Weise an der Leitung der öffentlichen Finanzen beteiligt. Er war mehrmals, wie es seinem Stand entsprach, Mitglied der fünfköpfigen Aufsichtsbehörde über den *Monte*, die Staatsschulden- und Finanzverwaltung, der auch die Steuergelder zuflossen. Der *Monte* war aufgrund der anhaltenden Krisensituation in einer so kläglichen Verfassung, daß er zeitweise nicht mehr in der Lage war, den Eignern der Anteilsscheine an den Staatsanleihen – und das waren viele in Florenz – die fälligen Zinsen auszuzahlen oder die Anteilscheine einzulösen, ohne neue Steuern aufzulegen. Deshalb wurde 1481 und wiederum 1491 auf begrenzte Zeit eine mit weitgehenden Vollmachten ausgestattete Sonderkommission eingesetzt, die die Staatsfinanzen wieder ins Lot bringen und den *Monte* reformieren sollte. Den «Siebzehn Reformatoren», so genannt nach der Zahl ihrer Mitglieder, gehörte beide Male auch Lorenzo an. Zwar gelang auch den «Siebzehn» keine durchgreifende Reform, doch wurde die Arbeit der Kommission, der wieder einmal die engsten Parteigänger der Medici angehörten, wegen der ihr zugestandenen Machtfülle (ihre Beschlüsse hatten Gesetzeskraft) mit großem Argwohn verfolgt. Unter den zahlreichen Beschlüssen und Maßnahmen befanden sich in der Tat auch einige, die Lorenzo direkt betrafen und ihm unter gewissen Bedingungen den Zugriff auf die Staatskasse ermöglichten.

Ein Dekret von 9. Juli 1482 erfüllte alte, noch auf Cosimos Zeiten zurückgehende Ansprüche gegenüber dem *Monte* und brachte Lorenzo in den kostbaren Besitz von 9000 Fiorini baren Geldes, in einem Augenblick, als der *Monte* fast zahlungsunfähig war. Die damit verbundene Auflage, eine öffentliche Herberge zu bauen, erfüllte er jedoch nie. Ein zweites Dekret vom 22. Juli desselben Jahres gewährte ihm dagegen ein bedeutsames Steuerprivileg. Seine Motivierung ist aufschlußreich: Lorenzo hatte hohe Steuerschulden, nicht zuletzt weil seinen Angaben nach die Berechnung der Steuern auf einer zurückliegenden Taxierung seines Vermögens und seiner Einkünfte beruhte, die dem gegenwärtigen Stand nicht mehr entsprach. Um einen Steuernachlaß zu erlangen, mußte ein Antrag an die Regierung und die Räte gestellt werden. An diesem Punkt nun setzt das Dekret mit einer etwas umständlichen Argumentation ein: Die Steuern nicht zu bezahlen ginge nicht an, die Gewährung eines Nachlasses durch die Räte wäre indessen schädlich für die Stadt und den gegenwärtigen *stato*, denn sie würde Lorenzos mißliche Vermögenslage publik machen und ihn *reputazione* kosten. Da aber das Heil des *stato* von der Aufrechterhaltung der *reputazione* Lorenzos abhinge und von der Bewahrung des *stato* die gute Verfassung des *Monte*, der Schutz von Lorenzos Stellung also im öffentlichen Interesse liege, so müsse ihm die Bezahlung seiner Steuern auf andere Weise erleichtert werden. Ihm und seinen Cousins, den Söhnen Pierfrancescos, wurde deshalb die Erlaubnis erteilt, sich jederzeit und ohne weitere Förmlichkeiten vom *Monte* Zinsen und Anteile aus- bzw. zurückzahlen zu lassen (auch solche, die auf andere Namen lauteten und auf dem Markt zu reduziertem Preis angeboten wurden), um damit die Steuern zu begleichen, eine Möglichkeit, die anderen Bürgern bei der restriktiven Zahlungspolitik des *Monte* nur in beschränktem Maße offenstand. Auf diskrete Weise wurde so eine Lösung für Lorenzos Steuerprobleme gefunden.

Die Tragweite dieser Konzession ist nicht leicht einzuschätzen. Die Lückenhaftigkeit der den *Monte* betreffenden Dokumente wie auch die Schwierigkeit ihrer Interpretation lassen kein sicheres Urteil darüber zu, wie weit Lorenzo, auch über die gesetzten Grenzen hinaus, die Möglichkeit ausnutzte, sich vom *Monte* Geld zu beschaffen. Seine Entnahmen, die nach 1486 immer häufiger wurden, sind in den Rechnungsbüchern des *Monte* ordentlich verzeichnet. Doch die Volkswut, die sich nach seinem Tod gegen einige ihm verbundene Beamte des *Monte* richtete, lassen den Verdacht zu, daß es eine Grauzone gab, in der mit nicht ganz durchsichtigen Finanztricks unter dem Anschein der Legalität Lorenzos Geldbedarf Genüge getan wurde. Bei seinem Tod hinterließ er jedenfalls mehr als 12.000 Schulden gegenüber dem *Monte*, das Vierfache der Summe, derentwegen er 1482 das Steuerprivileg erhielt. Die wie auch immer gestalteten Übergriffe auf das öffentliche Geld schadeten seinem Ruf erheblich, halfen ihm aber, den Bankrott und das Ämterverbot zu vermeiden, die seiner politischen

Stellung einen tödlichen Stoß versetzt hätten. Dies war jedenfalls die Meinung Francesco Guicciardinis, dessen Großvater und Vater selbst Mitglied der «Siebzehn Reformatoren» gewesen waren. «Er geriet mehrmals in solche Unordnung, daß er vor dem Bankrott stand und sich mit dem Geld der Freunde und dem öffentlichen helfen mußte», heißt es in den *Storie fiorentine*. Ein Gegner Lorenzos wie Alamanno Rinuccini, der in Lorenzo nur den Tyrannen sah, vermutete Schlimmeres. Lorenzo habe den *Monte* zerstören wollen, um sich selbst als Herr von Florenz der Staatseinkünfte zu bemächtigen. Der Wahrheit entspricht aber sicherlich ein Vorwurf, den Piero Parenti in seiner Chronik erhebt, daß nämlich Lorenzo unter anderem öffentliche Gelder dazu benutzte, um die Erhebung seines Sohnes Giovanni zum Kardinal zu finanzieren.

XII. FAMILIENSTRATEGIEN

Gherardo di Giovanni, Bildnis des Piero de' Medici im Alter von etwa siebzehn Jahren, Miniatur aus einer auf Pergament gedruckten, Piero de' Medici gewidmeten Inkunabel mit den griechischen Werken Homers (Neapel, Nationalbibliothek, III.S.Q.XXIII K 22)

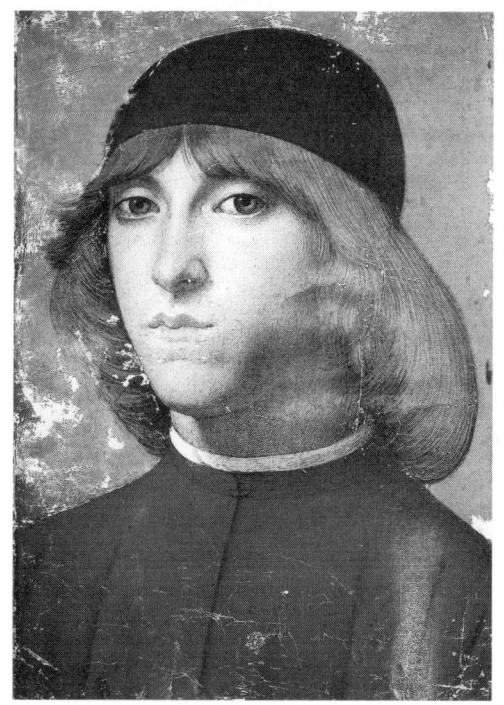

*I*n seinem sehr positiven Urteil über die Persönlichkeit und das Wirken Lorenzo de' Medicis, mit dem Niccolò Machiavelli seine *Istorie fiorentine* beschließt, erwähnt er auch einige Züge des Gepriesenen, die sich mit dem entworfenen Bild des klugen Staatslenkers und Förderers von Kunst, Literatur und Wissenschaft scheinbar schlecht vereinbaren ließen. Dabei nennt er Lorenzos außerordentliche Hingabe an die Lüste der Venus, seinen Umgang mit Witzbolden und Spöttern, schließlich seinen Spaß an kindlichen Spielen, «mehr als es für einen so großen Mann ziemlich zu sein schien». Das von Machiavelli gezeichnete Bild wird auch von anderen bestätigt. Die Liebesgeschichten und sexuellen Eskapaden aus Lorenzos Jugendzeit sind schon beschrieben worden. Francesco Guicciardini spricht ebenfalls von Lorenzos Sinnlichkeit («er war wollüstig und ganz der Venus hörig und konstant in seinen Liebesaffären, die jahrelang dauerten»). Er macht die amourösen Exzesse sogar für seinen frühen Tod verantwortlich. Doch erwähnt er nur eine einzige Affäre aus späteren Lebensjahren, die Leidenschaft zu einer verheirateten Florentiner Dame namens Bartolomea Nasi, die ihm allerdings vor allem dazu dient, das «tyrannische» Gebaren Lorenzos zu veranschaulichen. Die Gesellschaft von geistreichen Spöttern hat dagegen Angelo Poliziano in den *Detti piacevoli* zu Wort kommen lassen, und was den Spieltrieb betrifft, so fügt Machiavelli hinzu, daß Lorenzo oft gesehen wurde, wie er sich zu den Spielen seiner kleinen Söhne und Töchter gesellte. Machiavelli sah darin jedoch nichts Tadelnswertes oder gar Verwerfliches; ganz im Gegenteil machte die Verbindung von staatsmännischer Würde und froher Sinnenlust Lorenzo in seinen Augen zu einer noch außergewöhnlicheren Persönlichkeit: «Man sah, daß in ihm zwei verschiedene Personen waren, die mit fast unmöglicher Konjunktion vereint waren.» Die herzliche Anteilnahme am Wohl und Wehe der Kinderschar, die im Hause Medici heranwuchs, bezeugen viele Quellen. In schneller Reihenfolge hatte Clarice Orsini sieben Kinder, drei Knaben und vier Mädchen, zur Welt gebracht – Lucrezia (4. August 1470), Piero (15. Februar 1472), Maddalena (25. Juli 1473), Giovanni (11. Dezember 1475), Luisa (Ende 1476 oder Anfang 1477), Contessina (Januar 1478), Giuliano (12. März 1479) –, nicht eingerechnet eine Zwillingsfrühgeburt im März 1471, bei der die Kinder starben. Zu Lorenzos eigenen Kindern gesellten sich Giulianos nachgeborener Sohn Giulio und später ein weiterer Neffe, Luigi de' Rossi, der Sohn des unglücklichen Lionetto, der nach der Rückkehr aus Lyon im Haus Aufnahme fand. Über ihr fröhliches Treiben und ihre Erziehung geben zahlreiche Briefe Auskunft. Lorenzo entfernte sich häufig aus Florenz, und ebensooft verließen auch seine Familienangehörigen die Stadt, um sich auf die Güter, in die Villen oder die Bäder zu begeben. Diese Trennungen boten Gelegenheit zu regem brieflichen Verkehr. Es schreiben die Mutter und die Großmutter, der Vater selten, die Erzieher, Sekretäre und Freunde des Hauses, und kaum daß sie schreiben, ja sozusagen sprechen können, schicken auch die Kinder ihre Briefchen – eine vielstimmige Korrespondenz, die ein meist heiteres Bild vom Leben der Familie zeichnet. Lucrezia Tornabuoni erhielt im September 1473 folgenden reizenden Bericht über das Befinden der Enkelkinder, die sich in Careggi befanden: «Lucrezialein ist gehorsam, ganz das vernünftige Persönchen, das sie ist. Piero ist gut im Fleisch und heiter und fröhlich, Gott sei Dank, und kommt oft an das Tor, das zum Terzolle führt, und ruft Euch alle und sagt: ‹Nona et babo, mama› (Oma, Papa, Mama), so daß Ihr darüber lachen müßtest, wie das vor sich geht, Maddalena geht es auch noch gut …» In komischer Nachahmung der Kindersprache verdeutlicht der Schreiber, daß der zweijährige Piero die Doppelkonsonanten noch nicht aussprechen kann. Im Mai 1477 war es die kleine Lucrezia, die der gleichnamigen Großmutter aus Careggi ins Bad nach Morba schrieb: «Meine verehrte Großmutter, gebt mir doch Nachricht, wie es Euch geht und wann Ihr mit dem Baden angefangen habt. Tausend Jahre lang scheint es mir zu dauern, bis Ihr wiederkommt, und jeden Tag bete ich ein Vaterunser und ein Ave-Maria für Euch, damit Ihr gesund und froh zurückkommt. Und schickt mir den Rosenkorb, den Ihr mir versprochen habt ... Wir gehen oft zu Eurem Brünnchen, und da unten reden wir dann alle von Euch.» Aus Trebbio hatte schon im Sommer zuvor Piero ein Briefchen an die Großmutter diktiert: «Schickt uns wieder viele Feigen, denn die haben mir geschmeckt, von den schwarzen, sage ich; Nußpfirsiche und andere Leckereien, Ihr wißt schon, was wir mögen, Zuckerwerk und süße Kringel und andere Sächelchen, ganz wie ihr wollt.» Die Geschwister trugen geradezu einen Wettstreit im Briefeschreiben aus. Aus Cafaggiolo, wo die Familie während des Pazzi-Krieges viele Monate verbrachte, schrieb Piero (auf lateinisch) an den Vater: «Mit der Lucrezia streiten wir uns darum, wer besser schreibt. Gewinner ist, wer das bekommt, um was er bittet. Lucrezia hat alles bekommen, ich warte aber immer noch auf das Pferdchen.» Als das Pferdchen dann ankam, bewirkte es einen begeisterten Dankesbrief. In einem anderen lateinischen Briefchen aus Cafaggiolo an den Vater läßt Piero die ganze Geschwisterschar Revue passieren: «Giovanni kann schon Silben buchstabieren, Giuliano lacht, Lucrezia näht, singt und liest, Maddalena bumst mit dem Kopf gegen die Wand, Luisa spricht schon ganz gut, Contessina lärmt durchs ganze Haus.» Als Lorenzo in Neapel war, berichtete man ihm von Giovanni. Er war ein gutmütiges, rosiges, wohlgenährtes Kind, das abends gern ins Bett ging und sich mit kindlichem Stolz rühmte, die ganze Nacht durchzuschlafen.

Die Kinder hingen sehr an ihrem Vater und warteten immer sehnsüchtig auf seine Rückkehr oder seinen Besuch. Als sich die Familie im Sommer 1478 in Pistoia befand, schrieb Clarice Orsini an Lorenzo: «Giovanni will immer hören, was wir für Nachrichten von Euch haben und sagt immerzu: Wann kommt Loencio?» (das r kam ihm noch nicht über die Zunge), und aus Cafaggiolo flehte Piero seinen Vater an: «Bitte vergeßt uns nicht, denn wir sind klein und haben Euch nötig.» Die Enttäuschung war groß, wenn er entgegen ihren Erwartungen dann doch nicht erschien. «Er kommt nie», klagte Giuliano, als er den Eltern vor die Stadt entgegengeritten war und nur die Mutter sah. Matteo Franco, der Literat im geistlichen Gewand, der mit Luigi Pulci einst so wüste Wortschlachten geführt hatte, hat diese Begegnung der Medici-Kinder mit ihrer Mutter auf anrührende Weise beschrieben. Franco hatte Lorenzo und Clarice, die seine unterhaltsame Art schätzten, im Frühjahr 1485 zu einem längeren Badeaufenthalt nach Bagno a Morba begleitet. Auf der Rückreise blieb Lorenzo noch ein paar Tage in Pisa, während Clarice alleine nach Florenz zurückkehrte. Wieder zu Hause, schilderte Franco in einem Brief Lorenzos Sekretär Piero Dovizi detailreich und witzig diese Heimreise und unter anderem auch folgende Szene:

«Bei der Certosa trafen wir das Paradies voller Engel, Jubel und Freude, nämlich Messer Giovanni, Piero, Giuliano und Giulio, zu Pferd, mit ihrer Begleitung. Und kaum hatten sie die Mama gesehen, sprangen sie vom Pferd, allein oder mit Hilfe anderer; und alle rannten und wurden Madonna Clarice in den Arm gelegt mit so viel Fröhlichkeit, Küssen und Seligkeit, daß ich es Euch auch in hundert Briefen nicht beschreiben könnte. Auch ich selbst konnte mich nicht bezwingen, nicht vom Pferd zu steigen, und bevor alle wieder aufsaßen, gab ich jedem zwei Küsse, einen für mich und einen für Lorenzo. ‹O o o o›, wo ist Lorenzo?› fragte der liebenswürdige Giuliano mit einem langgezogenen O. Als wir ihm sagten: ‹Er ist nach Poggio gegangen, um dich dort zu treffen›, sagte er fast weinend: ‹Er ist nie da.› Etwas Rührenderes kann man sich nicht vorstellen. Und Piero ist der hübscheste Junge der Welt geworden, das Anmutigste, was ihr, bei Gott, je saht: etwas gewachsen und mit einem gewissen Profil seines Gesichts, daß er wie ein Engel aussieht, mit etwas längerem und glatterem Haar als zuvor, die Anmut selbst. Und Giuliano, ganz munter und frisch wie ein Röslein, artig, höflich und rein wie ein Spiegel, froh und ganz nachdenklich mit solchen Augen. Messer Giovanni hat auch ein gutes Aussehen, wenn auch ohne viel Farbe, aber gesund und natürlich. Giulio eine gebräunte und gesunde Gesichtsfarbe – um Schluß zu machen: alle sind sie die Fröhlichkeit in Natur.» So sehen wir die drei Medici-Knaben auch auf Ghirlandaios Fresko in S. Trinita, das um dieselbe Zeit entstand – den neunjährigen Giovanni, der uns so bedeutungs-

voll anblickt, den dreizehnjährigen Piero mit seiner etwas hochnäsigen Miene und den sechsjährigen Giuliano, den jüngsten der Brüder. Die Freude über das Aufwachsen dieser Kinderschar, das warme Interesse an ihren individuellen Eigenschaften und Fortschritten, ja die persönliche Teilnahme Lorenzos an ihren kindlichen Spielen, die, wenn auch nur von Machiavelli erwähnt, sich doch gut in dieses Bild einfügt, bedeuteten aber nicht, daß nicht jedem einzelnen von ihnen ein fester Platz in der Familie und eine bestimmte Aufgabe im Leben zugeteilt war. Anders als die Generationen vor ihm verfügte Lorenzo über eine zahlreiche Nachkommenschaft – drei Söhne und vier Töchter, dazu zwei Neffen, von denen der eine, Giulio, ihm besonders teuer war –, die für das physische Fortbestehen der Medici und die Bewahrung ihrer Vormachtstellung in Florenz ein sicheres Pfand darstellten. Ein jeder, eine jede von ihnen war in Lorenzos Plänen eine Figur auf dem Schachbrett des politischen Spiels, die jederzeit nach Bedürfnis eingesetzt werden konnte. Nach der Pazzi-Verschwörung und ihren verheerenden Folgen stand Lorenzos Strategie fest. Piero, der älteste der Söhne, war dazu bestimmt, den *stato* der Medici weiterzuführen und die Stellung seines Vaters in Florenz und Italien nach dessen Tod zu übernehmen. Giovanni sollte dagegen das verwirklichen, was den Medici bislang versagt geblieben war, nämlich zum Kardinal aufsteigen, um in Rom, von wo aus den Medici, wie sich schmerzlich gezeigt hatte, die größte Gefahr drohte, die Interessen der Familie zu vertreten. Hatte noch Kardinal Ammannati Piccolomini Lorenzo davon abgeraten, die Erhebung seines Bruders zum Kardinal zu betreiben, um die Präsenz der Familie in Florenz nicht zu schwächen, so stand jetzt ein neuer Giuliano als eventueller Ersatz bereit. Die zwei Neffen dagegen sollten, schon ihrer Versorgung wegen, wie Giovanni die geistliche Laufbahn einschlagen und ihrem Vetter in der Kirche den Rücken stärken. Die Töchter hatten dagegen wie immer die Aufgabe zu erfüllen, durch Heiraten Bündnisse zu stiften.

Piero wurde im Alter von drei Jahren Angelo Poliziano zur Erziehung anvertraut, der seit zwei Jahren im Haus lebte und sich bereits einen Namen als vorzüglicher Kenner der antiken Sprachen und Literatur gemacht hatte. Poliziano nahm sich der Aufgabe mit größter Hingabe an, denn seine Ergebenheit und Dankbarkeit gegenüber seinem verehrten und geliebten Gönner, der ihn aus dem Elend gerettet und ihm das Studium ermöglicht hatte, war grenzenlos. Seine Briefe aus der Zeit des Pazzi-Krieges, als er die Familie bei ihren Wanderungen begleitete, geben manchen Einblick in seine pädagogischen Bemühungen. Aus Pistoia berichtete er Lorenzo im August 1478: «Ich kümmere mich um Piero und dränge ihn zu schreiben und glaube, daß er Euch in ein paar Tagen schon schreiben wird.» Allerdings lehrte er die Technik des Schreibens nicht selbst, dafür war ein anderer Schulmeister angestellt worden. Der Erfolg ließ aber auf sich warten, denn einen ganzen Monat später heißt es noch: «Piero ist weiter dabei, schreiben zu lernen, und schreibt schon ganz gut.» Am Tag darauf endlich die triumphierende Nachricht: «Diesem Brief lege ich einen von Piero bei, den er ganz allein geschrieben und aufgesetzt hat.» Es war ein noch etwas ungelenkes Briefchen, in dem Piero seinem Vater schrieb: «Obwohl ich noch nicht so gut schreiben kann, tue ich es so, wie ich kann. Ich werde mich bemühen und anstrengen, es in Zukunft sehr viel besser zu machen. Ich habe schon viele Verse von Vergil gelernt und kann fast das ganze erste Buch von Teodoro [die griechische Grammatik des byzantinischen Humanisten Theodor Gaza] auswendig und verstehe sie auch, wie mir scheint.» Noch bevor er schreiben konnte, hatte sich Piero also schon Kenntnisse in der Literatur und Grammatik angeeignet. Doch nicht nur aus Schulstunden bestand das Leben in Pistoia: «Jeden Tag laufen wir, ganz wie es uns gefällt, durch die Stadt und schauen uns die Gärten an», berichtete der Pädagoge dem Vater, während der kleine Giovanni auf seinem Pferdchen durch die Stadt ritt und einen Schwarm von Menschen hinter sich herzog.

Als die Familie darauf den Herbst und Winter auf dem Gut Cafaggiolo verbrachte, wurde auch Giovanni, der im Dezember 1478 drei Jahre alt geworden war, in den Unterricht miteinbezogen. Doch Polizianos unkonventioneller Unterrichtsstil beunruhigte Clarice Orsini. Ihr scheint es vor allem mißfallen zu haben, daß der zum geistlichen Beruf bestimmte Giovanni die Psalmen nicht aufsagen lernte und dagegen mit wer weiß welchen heidnischen Texten gefüttert wurde. Die humanistische Erziehung, die Poliziano auf Wunsch des Vaters ihren Söhnen angedeihen ließ, mußten Clarice übertrieben und vor allem für einen künftigen Geistlichen unangemessen erscheinen. Sie entzog Giovanni deshalb Polizianos Unterricht, worüber sich dieser bei Lorenzo bitter beschwerte. Als die Mutter nicht dagewesen sei, habe das Kind die erstaunlichsten Fortschritte gemacht, so daß es bereits Buchstaben und Silben zu Wörtern verbinden könne, schrieb Poliziano im April 1479 an Lorenzo. Damit konnte er jedoch nicht verhindern, daß ihn Clarice Orsini Anfang Mai 1479 kurzerhand vor die Tür setzte. Es war wohl vieles, was ihr über die Unterrichtsmethoden hinaus an Poliziano mißfiel: sein schwieriger Charakter, sein Unglauben und vielleicht auch, unausgesprochen und uneingestanden, seine Homosexualität. Poliziano rief den Vater an: «Wenn Ihr mich gehört habt, seid gewiß auch Ihr der Meinung, daß nicht alles Unrecht auf meiner Seite liegt.» Lorenzo schickte ihn nach Cafaggiolo zurück, wobei er seine Frau in energischem Ton bat, ihn freundlich aufzunehmen, um Pieros Studien nicht zu schaden. Aber es half nichts, bald mußte Poliziano wieder das Haus verlassen. Clarice verteidigte ihr Verhalten damit, daß sie viele Grobheiten Polizianos habe erdulden müssen, der auf Loren-

zos Protektion gepocht habe. Sie wolle nicht in aller Munde sein wie einst Pulci in dem Francos, man solle nicht von ihr sagen können, Poliziano sei gegen ihren Willen im Hause geblieben. Die Auseinandersetzung scheint schrille Töne angenommen zu haben. Poliziano bat auch Lucrezia Tornabuoni um Vermittlung im Streit und wartete in der Medici-Villa in Fiesole auf einen Wink seines Herrn, um sein Amt als Pädagoge wiederaufzunehmen. Doch Lorenzo, beschäftigt mit sehr viel dringlicheren Problemen, ließ die Angelegenheit auf sich beruhen, auch weil er wohl häuslichen Streitereien aus dem Weg gehen wollte.

Es kamen in den folgenden Monaten neue Lehrer ins Haus, so ein Martino della Commedia, der auch die Kinder Giovanni Tornabuonis unterrichtete und von dem Clarice viel Gutes gehört hatte. Dann aber wurde Bernardo Michelozzi, der Bruder von Lorenzos vertrautem Sekretär Niccolò, beauftragt, Polizianos pädagogisches Werk fortzusetzen. Bernardo war ein gelehrter Kleriker, im Lateinischen wie im Griechischen bewandert, wenn auch weitaus nicht von der intellektuellen Statur Polizianos. Enttäuscht und verstimmt, trat Poliziano eine längere Reise nach Norditalien an. Nach dem Friedensschluß von 1480 kam aber dann doch alles wieder einigermaßen in Ordnung. Poliziano erhielt den Auftrag, an der Universität Florenz Rhetorik und Poetik zu lesen, und durfte auch Piero wieder unterrichten. Giovannis Haupterzieher aber blieb Bernardo Michelozzi, dem mit der Zeit noch verschiedene andere Lehrer beigesellt wurden. Es scheint, daß Giovannis Erziehung etwas oberflächlich blieb, was sicher auch an der Eile lag, mit der man ihn auf seine kirchliche Laufbahn vorbereiten wollte. Er war gerade erst dreizehn Jahre alt, als er zum Studium auf die Universität in Pisa geschickt wurde.

Fast gar nichts erfahren wir dagegen über die Erziehung der Töchter, aber sicher lernten sie mehr als das Lesen, Singen und Nähen, mit dem nach Pieros Bericht seine Schwester Lucrezia in Cafaggiolo beschäftigt war. Auf jeden Fall schrieb sie Briefe, wenn auch nicht auf Latein, das sie und ihre Schwestern allem Anschein nach nicht lernten. Auch die Lektüre blieb deshalb auf vulgärsprachliche Texte beschränkt, unter denen solchen von erbaulichem Inhalt offenbar der Vorzug gegeben wurde. Aus einem der Briefe, die Poliziano nach seiner Vertreibung aus Cafaggiolo an seine Gönnerin Lucrezia Tornabuoni schrieb, erfahren wir, daß ihre gleichnamige Enkelin die Lauden, Sonette und biblischen Verserzählungen der Großmutter auswendig lernte.

In der zweiten Phase seines Unterrichts, nach seiner Rückkehr nach Florenz, schrieb Poliziano ein sehr ungewöhnliches lateinisches Übungsbuch für seinen Schüler Piero, das direkt dem Unterricht entsprungen scheint. Die zwanzig kleinen italienischen Texte, denen die Übersetzung ins Lateinische gegenübergestellt ist, handeln nur selten von antiken Dingen, vielmehr ist in lockerem, ja spontanem Gedankengang von allerlei Angelegenheiten und Vorfällen die Rede, die gerade von Aktualität sind. Für Poliziano war das Latein keine tote

Sprache, sondern immer noch geeignet, auch die einfachsten und banalsten Sachverhalte der Gegenwart und des täglichen Lebens präzise und elegant auszudrücken. Die Belagerung von Otranto wie Polizianos Streit mit einem Pächter, die Freuden des Ferienlebens auf dem Land und die Wünsche des Kinder («Du, Piero, wünschst dir ein Rennpferd mit goldenem Sattel..., dein Bruder Giovanni ein Pferdchen oder ein Hündchen...») ebenso wie die Geschichte von Polizianos Hund, der, in den Arno geworfen, seinen Retter in die Hand beißt, ja sogar die Pfründen, die Piero von seinem Vater für Poliziano erbitten soll, bilden Themen für die Lateinübungen. Dazwischen eingestreut viele Mahnungen, zweisprachig auch diese: Wenn du einsichtig wärst, würdest du für die Zeit vorsorgen, wenn du keinen Lehrer mehr hast, aber du denkst nur an die Ferien... Wenn ihr [hier sind vielleicht auch Pieros Brüder mitangesprochen] nicht immer Schlösser in die Luft bautet, wenn ich euch die Bedeutung der Wörter erkläre, würdet ihr mehr profitieren; aber ihr seid faul, leichtfertig, es wird schlimm mit euch ausgehen...; Piero, du gestikulierst immer so mit den Händen, mir platzt bald die Geduld, du bist doch für ein Leben bestimmt, das würdevolles Auftreten verlangt...; Piero, du stehst im Ruf, unbesonnen und ein bißchen ungehorsam zu sein; wenn du nicht lernst, macht dein Vater mich dafür verantwortlich.» Poliziano scheint seine liebe Mühe gehabt zu haben. Eine der kleinen Geschichten der *Detti piacevoli* wirft ein amüsantes Licht auf das pädagogische Verhältnis: «Ginevra de' Benci... [die schöne junge Frau mit dem trotzigen Ausdruck, die Leonardo gemalt hat] spielte einmal mit uns ein Spiel, bei dem Schläge auf die flache Hand gegeben wurden, und als es dabei geschah, daß Piero, mein Schüler, mir einen solchen Schlag versetzen mußte und dann gleich weg in sein Zimmer lief und ich ihn fragte, wohin er gehe, antwortete sie schlagfertig: Was glaubt ihr wohl, wo er hingeht? Er geht einen von denen abhaken, die Ihr ihm gegeben habt.»

Wie der erste ist auch der letzte Übungstext ein Lobpreis des Wissens und zugleich ein freimütiges Bekenntnis Polizianos zu seiner humanistischen Lebenssicht: Dem Tod, gibt er seinem zerstreuten Schüler zu bedenken, kann niemand entgehen, denn «unser Leben gleitet dahin wie das Wasser eines Flusses, und die menschlichen Dinge schwanken eine Weile hin und her und gehen schließlich zugrunde». Wer aber im Gedächtnis der Nachkommen weiterleben wolle, der müsse sich den Studien widmen, die allein die Menschen vom Tod befreien und ewig machen könnten. Poliziano glaubte an den unsterblichen Ruhm als Mittel zur Überwindung des Todes, dessen unbekanntes Reich er seinem Schüler mit skeptischen Worten beschrieb: «Wir werden in ein Land gehen, von dem wir nicht wissen, ob es nach Westen oder nach Osten hin liegt, und wir wissen auch nicht, ob dort Pferde verkauft werden und ob man dort über ein schönes Kleid reden kann, das versteigert werden soll, noch ob die Bewohner ihre Töchter an Fremde verheiraten und ob diese Bewohner die unsrigen schätzen. Ich habe solche Angst, wenn ich die Erde offen sehe, um unsere Körper zu verschlingen...» Keinen tröstlichen christlichen Himmel schilderte Poliziano hier seinem Schüler, sondern nur das Grauen vor dem Tod. Um ewigen Ruhm zu erringen, gelte es, Sokrates und Cato nachzueifern, denn nur ein solcher Ruhm bei den Nachlebenden könne den Tod überwinden. Lorenzo, dessen Geburtstafel der Göttin Fama gewidmet war, teilte solche Auffassungen zweifellos. Clarice Orsini, der Adligen aus dem bigotten Rom, mußten diese Ideen dagegen ketzerisch und gefährlich erscheinen.

Von Pieros Griechischkenntnissen zeugt seine lateinische Übersetzung einer kleinen griechischen Schrift über die florentinische Verfassung, die der berühmte Humanist und Kanzler der Republik Leonardo Bruni in den dreißiger Jahren des Jahrhunderts für die byzantinischen Teilnehmer des in Florenz tagenden Unionskonzils verfaßt hatte. Wie Piero im Widmungsschreiben an seinen Vater erklärte, hatte er den Text zu seiner Übung übersetzt, als er sich im Mai 1484 ohne seine Bücher zusammen mit seinem Lehrer müßig in der Villa in Fiesole befand und dort zufällig auf diese Schrift gestoßen war. Nur auf Polizianos Drängen lege er ihm das Ergebnis seiner Mühe vor. An Pieros eigener Initiative darf gezweifelt werden. Der Text war zweifellos mit Bedacht für Pieros politische Erziehung ausgewählt worden, spiegelte Brunis Darlegung der florentinischen Verfassung doch den Zustand wider – er beschrieb sie als eine Mischung von Volks- und der Optimatenherrschaft –, den der florentinische Staat unter Cosimos Führung angenommen hatte. Lorenzo war stolz darauf, daß sein Sohn in einer Sprache bewandert war, die er selbst nicht beherrschte. Als er 1486 Herzog Ercole d'Este von Ferrara um die Ausleihe einer seltenen Handschrift mit einem Werk von Dio Cassio bat, begründete er die Bitte damit, daß sein Sohn Piero, «der sich ein bißchen in griechischer Literatur auskennt», ihn gedrängt habe, ihm diesen Autor zu zeigen.

Man wußte in der Stadt von Pieros Griechischstudien, und so wurde ihm passenderweise von Freunden des Hauses, vielleicht im Zusammenhang mit seiner Hochzeit, eine prächtige, auf Pergament gedruckte und reich mit Miniaturen verzierte Inkunabel mit den Werken Homers in griechischer Sprache gewidmet und geschenkt. Dabei handelte es sich um deren ersten Druck überhaupt. Dieses kostbare Buch enthält auch ein eindrucksvolles Bildnis des jungen Medici, das ihn im Alter von etwa siebzehn Jahren zeigt. Es entspricht ganz der Beschreibung, die Matteo Franco 1485 in seinem Brief von Pieros Aussehen gegeben hatte: Ein hübscher Jüngling mit ovaler Gesichtsform, hellbraunen Augen, feingebauter, doch kräftiger Nase und geschwungenen, vollen Lippen über dem länglichen Kinn mit der querlaufenden Kerbe, die dem Antlitz etwas Hochmütiges geben, das gescheitelte, rötlichblonde, bis auf die Schultern herabfallende Haar von einer einfachen schwarzen Kappe bedeckt. Ein schöner Prinz, dem das Volk auf der Straße nachlief und der, mehr als es seinem Vater lieb war, seine Stellung genoß. Lorenzo wurde ein Ausspruch über seine drei Söhne zugeschrieben, dessen wohlwollendste Fassung Niccolò Valori überliefert: «Von seinen Söhnen pflegte er zu sagen, daß der eine von besonderem Geist und Verstand, der andere von höchster Gutherzigkeit, der dritte von bewundernswerter Anmut und freundlicher Gesinnung sei.» Doch das war, zumindest was den ersten, Piero, betraf, eher Schmeichelei. Piero hatte trotz Polizianos liebevoller Bemühungen wenig Zeug zum Intellektuellen. Dafür besaß er andere, in Florenz sehr geschätzte gesellschaftliche Tugenden. Er bewies schon früh Schlagfertigkeit und Witz und beherrschte wie sein Vater glänzend die Kunst des *cantar improvviso*.

Lorenzo fand früh Gelegenheit, seinen ältesten Sohn in die große

Welt der Politik und der Diplomatie einzuführen. Papst Sixtus IV. war, wie gesagt, am 12. August 1484 in Rom gestorben. Zu seinem Nachfolger wurde am 29. August der Kardinal Giovanni Battista Cibo gewählt, ein Genueser, der den Namen Innozenz VIII. annahm. Es bestand berechtigte Hoffnung, daß das Verhältnis zu ihm in friedlicheren Bahnen verlaufen würde als das zu seinem Vorgänger. Der Papst war eine schwache Persönlichkeit und stand ganz unter dem Einfluß des Kardinals Giuliano Della Rovere, der seine Wahl durchgesetzt hatte. Dieser war wiederum als Gegner Girolamo Riarios ein Freund von Florenz. Über den neuen Papst schrieb der florentinische Gesandte Guidantonio Vespucci schon am Tag seiner Wahl: «Er hat sich mehr als ein Mann erwiesen, der sich beraten läßt, statt andere zu beraten.» Die Zeichen standen günstig, auch für die speziellen Interessen Lorenzos.

Nach längerem, durch Meinungsverschiedenheiten mit den Verbündeten bedingtem Zögern schickte die florentinische Republik Ende November eine feierliche Gesandtschaft nach Rom, um den neuen Papst zu seiner Wahl zu beglückwünschen und ihm das übliche Gehorsamsversprechen zu leisten. Dieser sechsköpfigen Gesandtschaft gesellte Lorenzo seinen ältesten Sohn bei. Piero de' Medici war mit keiner offiziellen Funktion betraut, auch andere junge Leute aus vornehmen Florentiner Familien schlossen sich wie er der Reisegesellschaft an. Piero sollte Innozenz VIII. die persönlichen Glückwünsche seines Vaters überbringen und ihm dessen Anliegen unterbreiten, dazu einige Kardinäle und vor allem seine mütterliche Familie besuchen, allen voran den Kardinal Giovanni Battista Orsini, damit dieser sehe, so drückte sich Lorenzo mit einer landwirtschaftlichen Metapher aus, «wie die Pflanzen aus seinem Haus auf unseren Böden anschlagen und welche Früchte sie hervorbringen», von denen er, der Vater, die Erstlinge nach Rom schicke. Doch dürfe Piero nicht vergessen, daß er nur zur Hälfte ein Orsini sei und deshalb nicht den gleichen Rang wie diese beanspruchen könne.

Lorenzo gab seinem Sohn schriftliche Anweisungen mit auf den Weg, die detailliert vorschrieben, wie er sich zu verhalten und welche Besuche er in Rom zu machen hatte. Dabei schärfte er Piero als erstes ein, bescheiden aufzutreten und die altersmäßige Hierarchie zu wahren, um die anderen jungen Mitreisenden nicht vor den Kopf zu stoßen, denn, so erklärte er ihm, «wenn du auch mein Sohn bist, so bist du doch wie sie nichts anderes als ein Bürger von Florenz». Lorenzo kannte Pieros Hang, sich aufzuspielen, ebensogut wie die Empfindlichkeiten seiner Mitbürger und legte Wert darauf, den Eindruck zu vermeiden, daß er seinen Thronfolger mit nach Rom schickte. Besonders ausführlich behandelte Lorenzo Pieros Besuch beim Papst, bei dem angesichts der vergangenen Ereignisse keine falsche Geste gemacht, kein falsches Wort fallen durfte: «Du wirst Dich Ihrer Heiligkeit vorstellen, und wenn du meinen für Sie bestimmten Kredenzbrief... geküßt hast, wirst du Sie bitten, ihn gütig zu lesen. Und wenn du daran sein wirst zu sprechen, wirst du mich zu Füßen Ihrer Seligkeit demütig empfehlen und sagen, daß ich sehr gut weiß, daß es meine Pflicht war, mich selbst vor die Füße Ihrer Seligkeit zu werfen, wie ich es bei deren verstorbenem Vorgänger tat...» Zur Entschuldigung sollte Piero anführen, daß sein Vater damals, anders als jetzt, in der Person seines Bruders Giuliano einen Stellvertreter in Florenz habe zurücklassen können. Der Name Giulianos rührte an ein heikles Thema. Es galt, die Vergangenheit, das heißt Lorenzos Position im Konflikt mit Sixtus IV., so darzustellen, daß dessen Nachfolger im Amt daran keinen Anstoß nehmen konnte. Deshalb zunächst die Versicherung: «Du wirst Ihrer Seligkeit zu verstehen geben, daß ich den festen Vorsatz habe, mich nie von deren Befehlen zu entfernen», um dann fortzufahren: «Außerdem habe ich die Erfahrung gemacht, welchen Schaden es mir brachte, der Gunst des vorigen Papstes entbehrt zu haben, obwohl mir scheint, daß ich ohne meine Schuld viele Verfolgungen erlitten habe und eher wegen anderer Sünden als für Kränkungen und Beleidigungen gegenüber dessen heiligem Andenken. Doch überlasse ich dies Urteil anderen ...» – eine vorsichtige und diplomatische Art, an die blutige Auseinandersetzung zu erinnern, ohne den eigenen Standpunkt zu verleugnen. Zum Schluß sollte Piero auch um einige konkretere Gunstbeweise bitten. Piero scheint seine Aufgaben gut erledigt zu haben. Seine Antworten seien zugleich schicklich und spontan gewesen, so daß alle eine ausgezeichnete Meinung über ihn gewonnen hätten, schrieb Giovanni Tornabuoni, der Mitglied der Gesandtschaft war, an den Vater nach Florenz.

Die speziellen Gunstbeweise, um die Piero den Papst bitten sollte, betrafen vor allem seinen Bruder Giovanni – kurz gesagt, es ging um Giovannis Pfründen, von denen ihm bereits Sixtus IV. einige übertragen hatte. Die geistliche Laufbahn von Lorenzos zweitem Sohn hatte offiziell ihren Anfang genommen, als Giovanni am 1. Juni 1483, erst siebenjährig, die Tonsur empfing. Lorenzo hielt dieses wichtige Ereignis in seinen privaten Aufzeichnungen fest. Nach seiner Darstellung verliefen die Ereignisse auf folgende Weise: Am 19. Mai 1483 war in Florenz die Nachricht eingetroffen, daß der König von Frankreich Giovanni die Abtei Font-Douce verliehen hatte (die Niederlassung in Lyon hatte diese Angelegenheit seit Jahresbeginn am französischen Königshof energisch betrieben), am 31. Mai jene, daß der Papst dieser Verleihung zugestimmt und Giovanni mit der Ernennung zum Protonotar zugleich die Fähigkeit erteilt hatte, schon als Siebenjähriger Pfründen zu halten. «Am 1. Juni», schrieb Lorenzo, «kam Giovanni vom Poggio nach Florenz und ich zusammen mit ihm.» Noch am selben Tag wurde das Kind firmiert und ihm die Tonsur gegeben. Schauplatz des Ritus war die Hauskapelle im Medici-Palast, der Offiziant Lorenzos ehemaliger Erzieher Gentile Becchi, nun Bischof von Arezzo. Es handelte sich um eine quasi private Zeremonie, der nur wenige Personen beiwohnten. Seitdem wurde das Kind, seinem neuen Klerikerstand entsprechend, nur noch «Messer» Giovanni genannt.

Jetzt ging die Jagd auf Würden und Pfründen erst richtig los. Als kurz nach Giovannis Weihe aus Lyon gemeldet wurde, daß der Erzbischof von Aix-en-Provence die Augen geschlossen hatte, setzte Lorenzo alles ins Bewegung, um seinem Sohn mit der Gunst des Königs auch dieses einträgliche Bistum zu verschaffen. Leider stellte sich bald heraus, daß der Erzbischof noch am Leben war; Sixtus IV. hatte wegen Giovannis zartem Alter ohnehin schon abgewinkt. Keine Schwierigkeit bereitete es indessen, das Kind zum Domherrn von Florenz zu machen, da die Medici seit alters das Recht auf die Besetzung eines Kanonikats besaßen. Die Einsetzung erfolgte am 8. November 1483. Dagegen wehrten sich die Mönche von S. Michele in Arezzo erbittert, aber erfolglos gegen die Übertragung des Klosters an den kleinen Medici. Für die Abtei San Michele in Passignano, eine der reichsten der Toskana, hatte Sixtus IV. Giovanni noch kurz vor seinem Tod die Aspektative, das heißt einen Anspruch darauf, nach dem Tod des Abtes das Kloster übertragen zu bekommen, verliehen. Der Abt starb im Frühjahr 1485. Doch auch hier war der Widerstand so groß, daß eine Polizeitruppe aus Florenz das Kloster sozusagen militärisch für Giovanni erstürmen mußte. Zahlreiche weitere Benefizien in Florenz und auf dem Territorium der Republik kamen mit der Zeit dazu, große und kleine, zum Schluß der gesamte Pfründenbesitz von Cosimos Bastard Carlo de' Medici nach dessen Tod im Jahre 1492. Giovanni wurde so schon als Kind mehrfacher Abt, was allerdings nicht bedeutete, daß er auch die Abtspflichten übernahm. Die Abteien wurden ihm in der Form der Kommende verliehen, was bedeutete, daß ihm nur die Einkünfte zuflossen, während für die Ausübung der geistlichen Pflichten Vikare bestellt wurden.

Anfang 1485 war zum ersten Mal auch von einer Erhebung Giovannis zum Kardinal die Rede, als Giovanni Tornabuoni, durch seine jahrzehntelange Tätigkeit in der Ewigen Stadt ein Habitué der päpstlichen Kurie, vertrauliche Gespräche mit Papst Innozenz VIII. führte, bei denen er auch den Wunsch der Florentiner nach einem Kardinal vorbrachte. Der Papst ging nicht näher auf das Thema ein, erklärte bei einer weiteren Audienz aber, Giovanni zum Kardinal machen zu wollen, wenn er irgendwann einmal später neue Kardinäle ernennen würde. Bei diesen vagen Versprechungen blieb es einstweilen, denn Florenz wurde schon bald wieder in einen neuen Krieg mit dem Papst verwickelt. Von Anfang an war das Verhältnis zwischen Ferrante d'Aragona und Innozenz VIII., der auch der Lehnsherr des Königreichs war, gespannt gewesen, denn Ferrante unterließ mit der Begründung, seine Kassen seien leer, den geschuldeten Lehnszins zu zahlen. Zugleich gärte es im Königreich, wo die großen Barone an der Kurie geheime Verhandlungen führten, um Ferrante zu stürzen und die aragonesische Dynastie aus dem Land zu jagen. Innozenz VIII. sagte den Aufrührern Unterstützung zu. Als im Sommer 1485 die Stadt Aquila gegen den König rebellierte und sich unter den Schutz des Papstes stellte, erhoben sich auch viele große Feudalherren gegen Ferrante. Dies war der Anfang des sogenannten Baronenkrieges. Die Bündnispflichten verlangten von Mailand und Florenz, dem König zu Hilfe zu kommen. Aber in Florenz wollte niemand einen neuen Krieg, der nur Geld kostete, und schon gar nicht gegen den Papst, mit dem endlich Frieden herrschte. Wenn schon militärische Aktionen, war die Meinung, dann sollte Sarzana zurückerobert werden, das immer noch in der Hand Genuas war. Lorenzo war jedoch anderer Ansicht. Er fürchtete, daß ein Sieg über den König die Macht des Papstes im Kirchenstaat so stärken würde, daß sie Florenz gefährlich wurde. Aber selbst unter den Anhängern teilten nicht alle seine Sicht. Es kam zu solchen Spannungen, daß Lorenzo wieder um seine Stellung zu fürchten begann. Viermal wurde bei der Abstimmung eine Beteiligung am Krieg abgelehnt. Am Ende gelang es ihm doch, seine Mitbürger und Anhänger von der Notwendigkeit des Krieges zu überzeugen.

Dank seiner Bemühungen und seiner verwandtschaftlichen Beziehungen traten einige der mächtigsten Mitglieder des Hauses Orsini, das sich in Rom gegen den Papst erhoben hatte, als Condottieri in den Dienst der Verbündeten. Den am 2. November 1485 in Florenz abgeschlossenen Soldvertrag mit Virginio, Vicino, Giulio und Gian Paolo Orsini, die sich noch im Sommer dem Papst verpflichtet hatten, unterzeichnete Lorenzo als Zeuge. Er dauerte fast ein Jahr, bis nach den Wechselfällen und Verwüstungen des Baronenkrieges der Frieden wieder einkehrte. Im August 1486 unterzeichnete Ferrante einen Friedensvertrag mit Innozenz VIII., der Amnestie für die aufständischen Barone vorsah. Doch ungeachtet des gegebenen Worts ließ der König die Hauptanführer, darunter Lorenzos alten Freund, den königlichen Sekretär Antonello Petrucci, grausam hinrichten. Die Beziehungen zwischen Papst und König blieben deshalb auch weiterhin gespannt.

Das entschlossene Eintreten für den König gegen den Papst und die daraus erwachsenen näheren Beziehungen zum Zweig der Herren von Bracciano kamen Lorenzos familiären Belangen zugute, denn Virginio Orsini, der Herr von Bracciano, schlug Lorenzo eine seiner Cousinen als Braut für Piero vor. Alfonsina Orsini, die Tochter seines 1476 verstorbenen Onkels Roberto Orsini, Graf von Tagliacozzo und Albe im Königreich, und der neapolitanischen Adligen Caterina di Sanseverino, war zugleich auch eine Cousine von Clarice Orsini, deren Mutter Maddalena eine Schwester von Alfonsinas Vater war. Eine solche Eheverbindung mußte deshalb ganz nach ihrem Geschmack sein. Das junge Mädchen lebte in Neapel, wo sie im November 1486 der florentinische Gesandte Bernardo Rucellai, Pieros Onkel, diskret in Augenschein nahm. Am 25. November berichtete er Lorenzo von seinen Erkundigungen, wobei er scherzend bemerkte, so sehr habe er sich unter den jungen Damen umgetan, «daß du mich für etliche Jahre jünger gehalten hättest». Die Besichtigung der jungen Orsini begeisterte ihn nicht sonderlich: Nichts Außerordentliches, schrieb er, weder im Guten noch im Schlechten, zu beanstanden höchstens eine kleine Ausbuchtung vorn am Hals. Sonst aber sei sie groß, obgleich höchstens vierzehn Jahre alt, mit wohlgeformten Händen und Armen, die auch auf entsprechende Beine schließen ließen, dazu schönes Fleisch und gute Farbe, weißer Augapfel, schöne Nase und voller Mund. Lorenzo stimmte der Verbindung zu, obwohl die junge Orsini im Grunde keine sonderlich gute Partie war, abgesehen von der nicht unbeträchtlichen Mitgift von 12.000 Dukaten. Viel Nutzen hatte Lorenzo die Verwandtschaft mit den Orsini bisher nicht gebracht, eher Ärger, denn er wurde fortgesetzt um Empfehlungen und andere Gefälligkeiten von ihnen gebeten. Indessen konnte Lorenzo als Bürger schwerlich auf die Hand einer Fürstentochter für seinen Sohn hoffen, und einen Schritt zurück auf der gesellschaftlichen Leiter, indem er Piero mit einer Florentinerin verheiratete, wollte er offensichtlich auch nicht tun, nachdem er selbst eine Adlige zur Frau genommen hatte.

Die weiteren Schritte übernahm Virginio Orsini, der sich damals in Neapel aufhielt. Dort wurde der Ehevertrag am 24. Februar 1487 im Castelnuovo im Beisein des Königspaares unterzeichnet, wobei Bernardo Rucellai für den abwesenden Bräutigam, Virginio Orsini für die Braut handelte. Der juristische Akt wurde des Abends mit einem vom König ausgerichteten Festmahl mit anschließendem Ball gefeiert. Die Hochzeit selbst fand erst im folgenden Jahr in Florenz statt, nachdem Piero seine Braut im Mai 1488 in Rom abgeholt hatte. Bei dieser Gelegenheit machte er auch Virginio Orsini in seiner Burg in Bracciano einen Besuch, wo noch heute ein Fresko von dieser Begegnung kündet. Als das junge Paar Florenz betrat, war dort jedoch gerade Pieros Schwester Luisa gestorben, so daß die Hochzeitsfestlichkeiten verschoben werden mußten.

Nach dem Ende des Baronenkriegs mußte auch das Verhältnis zu Papst Innozenz VIII., das sich so gut angelassen hatte, neu geknüpft werden, nicht nur im Hinblick auf Giovannis kirchliche Karriere, sondern auch wegen der römischen Bank, die im Krieg ihre Tätigkeit praktisch wieder hatte einstellen müssen. Darum bemühten sich seit dem Herbst 1486 der florentinische Gesandte Pierfilippo Pandolfini und Lorenzos Schwager Rinaldo Orsini, der Erzbischof von Florenz, der an der Kurie lebte. Im November war es soweit, daß Innozenz VIII. den Wunsch äußerte, in engere Verbindung zu Lorenzo de' Medici zu treten, und zwar, wie er im folgenden wissen ließ, durch einen *parentado*. Der Papst wünschte, seinen Sohn Francesco Cibo, genannt Franceschetto, mit einer Tochter Lorenzos zu verheiraten und, wie er Rinaldo Orsini gegenüber erklärte, sich in Zukunft in allen politischen Angelegenheiten nach Lorenzos Rat zu richten. Er versprach, seinen Sohn auszustatten, ihm Ländereien zu kaufen, ihm sogar gegen seine anfängliche Absicht den Staat von Girolamo Riario zu übertragen. «Dies ist der Stand der Dinge», schrieb Pandolfini am 13. Februar 1487 an Lorenzo, «jetzt muß abgeschlossen oder die Verhandlung abgebrochen werden.»

Lorenzo hatte in der Tat gezögert, seine zweite Tochter Maddalena, die noch keine vierzehn Jahre alt war, dem fast vierzigjährigen Papstsohn zur Frau zu geben, dessen Ruf zudem nicht der beste war, denn Franceschetto war für seine Spielsucht und seine Frauenaffären bekannt. Im Januar 1487 schloß der Papst jedoch ein Abkommen mit Venedig, was Lorenzo sehr beunruhigte und zum Handeln trieb. Am 25. Februar 1487 wurde in Gegenwart des Papstes die Ehe abgeschlossen, wobei Rinaldo Orsini die Braut vertrat. Zwei Tage später bestätigte Lorenzo, wie vom Papst gewünscht, den Ehevertrag und die zugesagte Mitgift von 4000 Fiorini in der Kirche San Lorenzo zu Florenz. Die *Otto di Pratica* waren ebenso wie Ferrante d'Aragona und

Ludovico il Moro in Mailand konsultiert worden, und alle hatten die Verbindung begrüßt. Lorenzo versprach ihnen dafür sein Eintreten für ihre Interessen beim Papst. Fast am selben Tag hatte Lorenzo zwei Kinder verheiratet, doch nicht mit Angehörigen Florentiner Familien, was bekanntlich in der Stadt auf Kritik zu stoßen pflegte. Deshalb verlobte Lorenzo seine beiden letzten Töchter eilends mit Florentiner Bürgern. Die zehnjährige Luisa wurde Giovanni de' Medici, dem jüngeren Sohn Pierfrancescos, angetraut, doch sie starb, wie gesagt, noch bevor die Hochzeit gefeiert werden konnte. Der Zwist zwischen den beiden Familienzweigen, den die Ehe hätte heilen sollen, schwelte deshalb weiter. Die jüngste Tochter, Contessina, wurde Piero Ridolfi versprochen.

Maddalena wurde erst im November 1487 nach Rom geschickt. Ihre Mutter hatte den Wunsch geäußert, den Winter im milderen Klima ihrer Heimat verbringen zu dürfen, in der Hoffnung, wieder gesund zu werden, denn sie litt seit längerem schon an der Schwindsucht. Maddalena, ihre Lieblingstochter, sollte mit ihr reisen, um ihr Gesellschaft zu leisten. Auch Piero und der Schwiegersohn Jacopo Salviati, dazu Gentile Becchi und Matteo Franco, der die Rolle des Hofmeisters und Kaplans übernehmen sollte, begleiteten sie. Der feierliche Einzug in Rom fand am 13. November statt. Ein paar Tage später veranstaltete der Papst zu Ehren der beiden Damen ein Festmahl im Vatikan, bei dem Maddalena von ihrem Schwiegervater Geschmeide im Wert von achttausend, vom Bräutigam ein Schmuckstück von zweitausend Dukaten erhielt. Die Hochzeit wurde am 20. Januar 1488 gefeiert – viel zu früh, wie Lorenzo meinte –, doch schon im Mai kehrte Maddalena mit ihrer Mutter, der der lange Aufenthalt in Rom keine Besserung gebracht hatte, nach Florenz zurück, einen Monat später gefolgt von ihrem Gemahl. Da der Zustand ihrer Mutter sich aber von Tag zu Tag verschlechterte, blieb Maddalena auch nach der Abreise ihres Gatten in Florenz.

Clarice Orsini starb am 30. Juli 1488. Lorenzo befand sich an ihrem Todestag nicht in Florenz. Da er selbst wieder schwer von seinen Leiden geplagt war, hatte er sich am 21. Juli auf das Drängen seiner Ärzte ins Bad Filetta bei Siena begeben, wo ihn die Todesnachricht erreichte.

Falls er in Rom deswegen getadelt würde, schrieb sein Sekretär Piero Dovizi an den Gesandten Giovanni Lanfredini, dann möge er ihn entschuldigen. Piero Leoni, der berühmte Arzt, habe die Kur für unaufschiebbar gehalten, und niemand habe geglaubt, daß Clarice so bald sterben würde. Auch an den feierlichen Exequien am 1. August nahm Lorenzo nicht teil. Dennoch läßt der Brief, mit dem er am 31. Juli Innozenz VIII. ihren Tod meldete, mehr als konventionelle Trauer durchscheinen. «Der soeben erfolgte Tod von Clarice, meiner sehr geliebten und liebreichen Gemahlin», schrieb er ihm, «war und ist aus vielfältigen Gründen für mich von solchem Schaden, Nachteil und Schmerz, daß er meine Geduld und Ausdauer in den Widrigkeiten und den Verfolgungen der Fortuna, von der ich nicht glaubte, daß sie mir etwas so Schmerzhaftes bringen könnte, besiegt hat. Und dieses hat, da ich mich solch holden Umgangs und solcher Gesellschaft beraubt sehe, alles Maß überschritten und traf und trifft mich noch immer so tief ins Herz, daß ich nicht aus und ein weiß.»

Maddalena kehrte erst Anfang September zu ihrem Gatten nach Rom zurück, wo der treue Matteo Franco ihr die Familie zu ersetzen suchte. Franco hatte vieles zu beklagen, denn statt Maddalena als Sekretär und geistlicher Beistand zu dienen, benutzte ihn Franceschetto Cibo für allerlei andere Dienste. So beauftragte er ihn unter anderem, das heruntergekommene und einsam gelegene Bad Stigliano – «Bagno a Morba ist im Vergleich ein Careggi», stöhnte Franco – nach dem Vorbild der toskanischen Bäder wiederherzurichten, denn Cibo versprach sich zahlende Gäste. Lorenzo machte sich Sorgen um seine Tochter, nicht nur wegen des schlechten Rufs seines Schwiegersohns. Innozenz VIII. war sehr kränklich und in der Vergangenheit schon einmal dem Tode nahe gewesen. Sollte er sterben, würde Franceschetto mittellos dastehen. «Ich wundere mich», schrieb er im November 1487 an den Florentiner Gesandten in Rom, «daß ihm nicht in den Sinn kommt, daß er am Morgen nach dem Tod des Papstes der ärmste Mann der Welt sein wird.» Auch zwei Jahre später war das Problem noch nicht gelöst: «Unser Herr [der Papst] muß den Herrn Francesco endlich so ausstatten, daß ich nicht jeden Tag Ärger wegen seiner Angelegenheiten habe, denn, sagen wir nur die Wahrheit, der

Herr Francesco hat immer noch keine Stellung, die einem Papstnepoten angemessen wäre», klagte er dem neuen Gesandten Giovanni Lanfredini. Lorenzo fürchtete, daß er im Fall des Ablebens von Innozenz VIII. für die Versorgung von Tochter und Schwiegersohn aufkommen mußte. Dabei fiel es Lorenzo sogar schwer, Maddalenas Mitgift auszuzahlen. «Ihr wißt, wie viele Löcher ich zu stopfen habe», schrieb er diesbezüglich an Lanfredini. Mit Hilfe der Medici-Bank hatte Cibo im Sommer 1487 die Herrschaft Cerveteri erworben, dazu wenig später das nahegelegene Santa Severa. Die Bank finanzierte im folgenden auch den Erwerb der Grafschaft Anguillara, so daß Francesco Cibo schließlich über ein zwar kleines, aber zusammenhängendes Gebiet im Norden von Rom verfügte, mit dem Innozenz VIII. ihn am 21. Februar 1490 endlich belehnte. Er erhielt auch das Florentiner Bürgerrecht und den Palast, der einst Jacopo Pazzi gehört hatte, dazu dessen Villa in Montughi. Die Aufwendungen für den Schwiegersohn, zu denen auch die Begleichung seiner laufenden Schulden gehörte, wurden zwar durch die Übertragung von kirchlichen Einkünften an die Bank teilweise kompensiert, und auch sonst brachte die Verwandtschaft mit dem Papst der Bank manchen geschäftlichen Vorteil. Die noch aus der Zeit Sixtus' IV. herrührenden Ansprüche gegenüber der päpstlichen Kammer wurden endlich anerkannt und diese und andere Schulden der Bank allmählich zurückgezahlt. Die Bank wurde auch wieder für die Kammer der Kardinäle tätig, das Privileg für die Ausbeutung der Alaungruben von Tolfa wurde ebenfalls erneuert. Aber alles in allem entwickelten sich die römischen Geschäfte nicht so gut, wie Lorenzo gehofft hatte.

Während der Verhandlungen über Maddalenas Ehe im Februar 1487 war auch das Thema von Giovannis Zukunft wieder angeschnitten worden. Innozenz VIII. hatte sich nach dem jungen Kleriker erkundigt und etwas vage versprochen, ihm Würden und Benefizien verleihen zu wollen. Der Papst hielt Wort: Gleichzeitig mit der Verkündigung der Ehe seines Sohnes mit Maddalena de' Medici im März übertrug er ihm die altehrwürdige Benediktinerabtei Montecassino als Kommende. Er entsprach damit einer Forderung Ferrantes, der Montecassino seit dem Krieg besetzt hielt und auf diese Weise Lorenzo seine Dankbarkeit für die erfahrene Unterstützung beweisen wollte. Montecassino mit seinen ausgedehnten Besitzungen, Rechten und Einkünften war immer noch eines der reichsten Klöster der Christenheit und der Erwerb für Giovanni ein wahrer Glücksfall. Lorenzo kommentierte den Erfolg mit den Worten: «Dank dem *parentado* Pieros und dieser Abtei ist unser Haus so froh, wie es seit sehr langer Zeit nicht mehr gewesen ist.»

Die Mehrung der kirchlichen Pfründen kam sehr gelegen, doch das wahre Ziel, die Erhebung Giovannis zum Kardinal, lag noch fern. Das größte Hindernis für seine Verwirklichung war Giovannis kindliches Alter. Deshalb mußte Zeit gewonnen und verhindert werden, daß Innozenz VIII. in der Zwischenzeit einen Kardinal für Florenz ernannte, der Lorenzo nicht genehm war. Der Gesandte Giovanni Lanfredini, der die Republik seit dem Sommer 1487 vertrat, nahm sich der Sache mit großer Ausdauer an. Im Juli schon berichtete er Lorenzo, er habe die Frage bei einer Audienz zur Sprache gebracht und dabei auch behauptet, daß Giovanni bereits im 14. Lebensjahr stehe. Lorenzo hielt es dennoch für verfrüht, Giovannis Kardinalat zu betreiben, zunächst müsse nur verhindert werden, schrieb er an Lanfredini zurück, daß kein Florentiner Kardinal ohne seine Zustimmung gewählt wurde. Ein Kandidat nach seinem Geschmack sei Gentile Becchi, denn in diesem Falle hätte auch Giovanni schon «einen Fuß in der Tür».

Der Papst ließ sich zum Glück mit der Erhebung neuer Kardinäle Zeit, erst Anfang 1488 war wieder davon die Rede. Auch diesmal meinte Lorenzo zu Recht, daß Giovanni noch zu jung sei, erst in zwei bis drei Jahren könne sein Name ins Spiel gebracht werden. Es sei schon ein Erfolg, wenn sich unter den neuen Kardinälen überhaupt ein Florentiner befinde. Zur Ernennung neuer Kardinäle kam es jedoch nicht. Im Sommer 1488 brachten Lanfredinis Bemühungen Innozenz VIII. immerhin dazu, die Möglichkeit zu erwägen, Giovanni wenigstens im geheimen – *in pectore* – zum Kardinal zu erheben, das heißt seine Ernennung eine Weile lang noch nicht bekanntzugeben, wobei der Gesandte dem Papst immer noch einredete, daß der Kandidat zwei Jahre älter sei als in Wirklichkeit. Eine solche geheime Wahl hatte allerdings einen Haken, denn sollte der Papst vorzeitig sterben, war die ganze Mühe vergebens. Der Papst erhob aber auch im Sommer 1488 noch keine Kardinäle. Unterdessen suchte der Gesandte die Zustimmung des Kardinalkollegiums zu gewinnen, dessen Mitgliedern die Bank großzügige persönliche Zuwendungen machte. Doch gerade einer der mächtigsten Kardinäle, Giuliano Della Rovere, wandte ein, daß Giovanni entschieden zu jung sei, und riet dem Papst von der Erhebung ab. Innozenz VIII. wurde derweil auch mit Weinlieferungen bei Laune gehalten, denn er war davon überzeugt, daß der von Lorenzo gesandte Trebbianer die beste Medizin für seine Gebrechen sei. Erst zu Beginn des neuen Jahres 1489 machte der Papst ernstliche Anstalten, Kardinäle zu ernennen. Damals riet Lanfredini sogar, die Taufbücher in Florenz verschwinden zu lassen und ein Zeugnis zu schicken, aus dem hervorginge, daß Giovanni im Dezember fünfzehn Jahre alt geworden sei (in Wirklichkeit wurde er dreizehn), was Lorenzo jedoch entschieden ablehnte. Dann war es soweit. Unter den acht neuen Kardinälen, die der Papst am 9. März 1489 ernannte, befand sich auch Giovanni de' Medici, der den Titel eines Kardinaldiakons von S. Maria in Domnica erhielt. Die Ernennung war wie erwartet in geheimer Form erfolgt; drei Jahre lang durfte sie nicht publiziert werden, sonst drohte die Strafe der Exkommunikation.

Aus der Geheimhaltung wurde zum Ärger des Papstes nicht viel. Noch am selben Tage unterrichteten der Gesandte Giovanni Lanfredini und verschiedene Kardinäle und Prälaten Lorenzo von dem glücklichen Erfolg. Die Nachricht gelangte in Windeseile nach Florenz und löste dort Jubel aus. Öffentliche Feste wurden zur Feier des Ereignisses veranstaltet. Er habe sie nicht verhindern können, schrieb Lorenzo zu seiner Entschuldigung an den Papst. Am 14. März dankte er Innozenz VIII. für das Breve, das ihm die Promotion gemeldet hatte. Giovanni wurde zur Vorbereitung auf sein hohes Amt zum Studium des kanonischen Rechts an die Universität in Pisa geschickt. Eine Fortsetzung der humanistischen Studien wurde für überflüssig gehalten. Dennoch blieb die Sorge, daß der Papst die Dreijahresfrist nicht überleben würde. Als er im September 1490 einen Schlaganfall erlitt, der ihn an den Rand des Todes brachte, stand schon eine Gesandtschaft zur Abreise nach Rom bereit, die bewirken sollte, daß Giovanni zum Konklave für eine eventuelle Papstwahl zugelassen wurde. Doch der Papst erholte sich wieder, und alles Drängen, die Publikation vorzuziehen, war vergebens.

Am 9. März 1492, genau drei Jahre nach seiner Ernennung «*in pectore*», begab sich Giovanni in die Abtei von Fiesole, wo er am nächsten Morgen aus der Hand des Priors Matteo Bosso das Pallium, den Hut und den Ring des Kardinals entgegennahm. Danach zog er feierlich in Florenz ein. Es folgten ein Gottesdienst im Dom, der Besuch bei der Signorie und öffentliche Festlichkeiten, an denen ganz Florenz teilnahm. Im Hause Medici wurde ein Festmahl für sechzig ausgewählte Gäste gegeben. Nur Lorenzo konnte an diesen Feierlichkeiten nicht teilnehmen, denn er war seit Wochen so krank, daß er nur einen kurzen Blick auf die im Festsaal tafelnden Gäste werfen konnte. Doch die Genugtuung, seinen Sohn in den Gewändern eines Kardinals zu sehen, wurde ihm vor seinem Tod noch gewährt.

Machiavelli bezeichnet die Erhebung Giovannis zum Kardinal als «eine Leiter, die sein [Lorenzos] Haus in den Himmel steigen lassen konnte». Haben wir diese Leiter nicht schon gesehen, dort in der Kirche Santa Trinita, wo auf dem Fresko Ghirlandaios die drei Söhne Lorenzos die Treppe nach oben steigen? Nur einer der Knaben blickt aus dem Bild heraus den Betrachter an und wird durch eine Blicklinie auch mit dem päpstlichen Hof in Verbindung gesetzt, denn einer der Geistlichen, die auf den Bänken vor Papst Innozenz III. sitzen, wendet sich zu ihm um. Kein Zweifel, das Kind neben Poliziano ist Giovanni, dem sein Vater eine Zukunft in Rom an der päpstlichen Kurie vorausbestimmt hatte, wo wieder ein Papst mit dem Namen Innozenz regierte. Lorenzos Hoffnungen erfüllten sich über die kühnsten Erwartungen hinaus. Giovanni de' Medici bestieg 1513 als Leo X. den päpstlichen Thron. Damals war sein Vater schon lange tot, und die Medici waren erst vor kurzem aus der Verbannung nach Florenz zurückgekehrt. Als Papst legte Giovanni den Grundstein dafür, daß die Medici bis ins 18. Jahrhundert hinein als Fürsten über Florenz herrschen konnten.

XIII. MAGNIFIZENZ

Giusto Utens,
Lorenzo de'
Medicis Villa in
Poggio a Caiano
in ihrer
ursprünglichen
Gestalt,
Ausschnitt
(Florenz,
Museo di Firenze
com'era)

*A*ls der *Magnifico* – der Prächtige –, wie das italienische Wort über-setzt zu werden pflegt, ist Lorenzo de' Medici in die Geschichte eingegangen. Der Beiname evoziert den Glanz der Renaissance, läßt an Kunst und Feste, Reichtum und Luxus denken, wie sie die Bilder jener Zeit aufleuchten lassen. Indessen kontrastieren die zeitgenössi-schen Beschreibungen über seine äußere Erscheinung und sein Auftre-ten in vieler Hinsicht mit dem strahlenden Bild, das der Beiname sugge-riert. Alle Chronisten stimmen darin überein, daß Lorenzo de' Medici ein Mann von abgrundtiefer Häßlichkeit war. Mit Bezug auf die weni-gen gesicherten Bildnisse, die von ihm überliefert sind, befand Aby Warburg sogar, daß diese eine «abstoßende verkniffene Verbrecher-physiognomie» zeigten. Was das übrige Erscheinungsbild betraf, so war er überdurchschnittlich groß und von kräftigem Körperbau, dabei von erstaunlicher Agilität. Jedoch hatte ihn im übrigen die Natur, wie Niccolò Valori es in seiner Lebensbeschreibung ausdrückt, sehr stief-mütterlich behandelt: «Seine Sehkraft war schwach, seine Nase einge-drückt, und er hatte keinen Geruchssinn»; dazu sei er von dunkler, fahler Hautfarbe gewesen. Die Fehlbildung der Nase, die ihn des Ge-ruchs beraubte (über diesen Defekt soll er gescherzt haben, daß ihm auf diese Weise die unangenehmen Gerüche, die ohnedies in der Überzahl seien, erspart blieben), hatte noch eine weitere ungünstige Auswirkung, denn sie gab seiner Stimme ein heiseres und wenig ange-nehmes Timbre: «Es schien, als ob er durch die Nase redete», schreibt Guicciardini. Der Chronist Bartolomeo Cerretani, der ebenfalls von sehr dunkler Hautfarbe und Haar spricht, erwähnt zusätzlich einge-fallene Wangen und einen übergroßen Mund – eine Beschreibung, die auf die letzten Lebensjahre zu passen scheint. Diese äußere Erscheinung war kaum dazu geeignet, Lorenzo spontane Sympathien zuzutragen. Ganz unabhängig von ihrem jeweiligen politischen Urteil über die Person berichten aber alle Geschichtsschreiber übereinstimmend, daß diese ausgeprägten physischen Mängel durch glänzende Geistesgaben und ein anziehendes Wesen aufgewogen wurden. Lorenzo war berühmt für sein großes Wissen und seine schnelle Auffassungsgabe wie auch für Schlagfertigkeit und Witz, die aber die Würde seines Auftretens nicht beeinträchtigten. Ebenso mochte die reiche, ausgesuchte Kleidung, die er Cerretani zufolge zu tragen pflegte, die Häßlichkeit des Gesichts überspielen. Daß er großen Wert auf seine Kleidung legte, beweisen auch die unzähligen, aus den kostbarsten Stoffen hergestellten Kleidungsstücke verschiedenster Art, die im nach seinem Tod aufgestellten Inventar aufgeführt werden. Mit der Kleidung unterstrich er zugleich seinen Reichtum und seine Vorrangstellung in der Stadt, doch achtete er stets darauf, die Regeln der Bürgerlichkeit nicht zu verletzen. Nur wenn er Besuche an Fürstenhöfen machte, wie 1480 zum Beispiel, als er nach Neapel zu König Ferrante ging, ließ er sich besonders kostbare Kleidungsstücke anfertigen, um angemessen bei Hofe auftreten zu können. Eher bürgerlich (*civile*) als prächtig (*suntuoso*) sei, wie Guicciardini schreibt, auch sein häusliches Leben gewesen. Ausnahmen davon hätten nur die Empfänge und Gastmähler gebildet, mit denen er «auf sehr prächtige Weise (*magnificamente*) viele fremde Adlige, die nach Florenz kamen, ehrte». Mit Kleidung und Lebensführung signalisierte Lorenzo de' Medici den Florentinern, daß er ihr Mitbürger – wenn auch ein sehr reicher und mächtiger –, aber nicht ihr Herr sein wollte, wenn manche Haltung und Handlung seine politischen Gegner auch auf das Gegenteil schließen ließ. Die Pracht vertrug sich eben schlecht mit dem bürgerlichen Lebensstil, sondern war ein Attribut der Fürsten. In der Tat kamen, wie Guicciardini bemerkt, nur die hohen Besucher von auswärts in den Genuß seiner außerordentlich prächtigen Bewirtung.

Es bleibt anzumerken, daß das italienische Wort *magnifico* nicht nur Pracht, Reichtum und Luxus bezeichnet. Es konnte auch ganz einfach nur Ehrerbietung ausdrücken, wenn es, vor allen im brieflichen Verkehr, dem Namen vorgestellt wurde. *Magnifico Lorenzo* – mit dieser Anrede beginnen gewöhnlich alle an ihn geschriebenen Briefe, solche von hochgestellten wie von untergebenen Personen. Es handelte sich dabei um eine Höflichkeitsformel, auf die jede Person von Ansehen, auch eine Dame, Anrecht hatte, die sich aber grundsätzlich von dem *illustre* oder *illustrissimo* unterschied, mit dem Fürsten ausgezeichnet wurden. So kam es, daß man, auch wenn man von Lorenzo in dritter Person sprach, ihn als den *magnifico* Lorenzo bezeichnete. Das Adjektiv blieb an seinem Namen hängen und wurde zum Beinamen – der *magnifico* Lorenzo verwandelte sich in Lorenzo *il Magnifico* –, womit sich aber auch die Bedeutung verschob.

Darüber hinaus beinhaltete das Wort *magnifico*, besonders in der Form des entsprechenden Substantivs *magnificenza*, auch eine Tugend. Es bezeichnete zunächst die Freigebigkeit als die Voraussetzung aller Magnifizenz. Niccolò Valori veranschaulicht dies in seiner *Vita* sehr einprägsam mit einer Anekdote. Lorenzo, erklärt Valori, sei seiner Natur nach und aus Gewohnheit so zu Wohltaten geneigt gewesen, daß er nur das, was er für Freunde und Verwandte an Geld ausgab, als etwas Gutes betrachtete, weshalb er sich schon in jungen Jahren nicht nur den Titel des Freigebigen (*magnifico*), sondern auch den des Großherzigen (*magnanimo*) verdient habe. Darin sei er eher königlichen denn bürgerlichen Sinnes gewesen. Zur Erläuterung erzählt er folgende Geschichte: «Als er [Lorenzo] sich einmal ein berühmtes Pferd wünschte, denn als junger Mann hatte er eine Leidenschaft für Pferde und war ein ausgezeichneter Reiter, geschah es, daß ihm dieses Pferd von seinem Besitzer aus Sizilien als Geschenk zugesandt wurde. Darauf schickte er diesem Geschenke von noch größerem Wert als dem, was das Pferd selbst gekostet hätte. Und als ihm der Stallmeister, der es pflegte, sagte: Der Nutzen wäre größer gewesen, wenn du es gekauft hättest, antwortete er ihm lächelnd: Ich habe eine königliche Gabe anzunehmen gewußt, und danach habe ich zeigen wollen, daß es für einen König noch würdiger ist, sich an Freigebigkeit nicht übertreffen zu lassen.» Die Geschenke, die zwischen Fürsten ausgetauscht wurden, hatten keinen Geldwert, und wenn Lorenzo dem Schenker des Pferdes ein noch größeres Geschenk machte, dann handelte er nicht wie ein Kaufmann, sondern wie ein Fürst und erwarb sich damit *magnificenza*.

Valoris Lebensbeschreibung hat zelebrativen Charakter und die Anekdote vor allem die Aufgabe, diese Tugend der Magnifizenz seinem Helden zuzuschreiben. Doch hebt auch Guicciardini, der die Objektivität des Geschichtsschreibers für sich in Anspruch nimmt, die *magnificenza* als eine der hervorstechendsten Eigenschaften Lorenzos hervor. Er rühmt sie vor allem im Hinblick auf seine großzügige Förderung des geistigen Lebens, der Philosophie, Poesie, Musik, Architektur, Maler- und Bildhauerei sowie der humanistischen Studien. Ihm sei es zu verdanken, daß alle Künste und Fertigkeiten in Florenz mehr als in anderen Städten Italiens geblüht hätten, denn er habe dafür gesorgt, daß in allen diesen Disziplinen viele hervorragende Männer Versorgung und die nötigen Mittel für ihre Künste erhielten, weshalb Florenz voller schöner Dinge gewesen sei. Jedoch habe diese Freigebigkeit auch eine Kehrseite gehabt. Durch sie habe Lorenzo zwar die Freundschaft vieler Fürsten gewonnen, da er an keiner Art von prächtigen Auf- und Zuwendungen (*magnificenzie*) diesen großen Herren gegenüber gespart habe, doch habe dies auch zu seinem wirtschaftlichen Ruin beigetragen, da sich in Lyon, Mailand und Brügge die Ausgaben für solchen Luxus gehäuft hätten. Wie der Humanist Giovanni Gioviano Pontano schreibt, war die *magnificenza* keinem materiellen Zweck unterworfen, vielmehr «schön in sich selbst» und folglich schlecht mit den Interessen eines Kaufmanns zu vereinen, der bei seinen Geschäften auf den Gewinn zu beachten hatte. Deshalb war die *magnificenza* ihrer Natur nach keine bürgerliche, sondern eine fürstliche Tugend, denn nur der Fürst stand über solch niedrigen Dingen wie Geld, Handel und Gewinn.

Mehr noch als solche Freigebigkeit brachte indessen nach einer von der Antike übernommenen Auffassung das Bauen «Magnifizenz», vor allem wenn der Bauherr neben dem eigenen auch den öffentlichen Nutzen im Auge hatte, das heißt die von ihm errichteten Bauwerke auch in gewissem Sinne der Allgemeinheit «schenkte». Das hatte Cosimo de' Medici getan, der nicht nur seinen Palast, sondern auch Kirchen, Klöster und Bibliotheken erbaut hatte, die der ganzen Stadt zunutze kamen. Freigebigkeit konnte sich aber auch auf andere Weise manifestieren. Nach Pontanos Worten richtete der *uomo magnifico* auch öffentliche Feste aus und bewirtete seine Gäste mit jener Pracht und Großzügigkeit, wie sie dem Rang der Gäste entsprach. Hierin hatte sich Lorenzo zweifellos hervorgetan, vor allem was die Gastlichkeit betraf. Viele Fürsten und Herren waren in seinem Hause abgestiegen und aufs prunkvollste, ohne Rücksicht auf Ausgaben, bewirtet worden. Deshalb stellte sich Guicciardini auch die Frage, ob die *magnificenza* Cosimos oder die seines Enkels größer gewesen sei. Die beider sei sehr groß gewesen, befand er, doch gab er Cosimo wegen seiner Bauten den Vorzug vor dem Enkel. Die Magnifizenz Lorenzos war seinen Ausführungen nach dagegen in der Förderung von Geist und Kunst, den Festen, die er ausrichtete, und nicht zuletzt in der glänzenden Gastfreundschaft gegenüber den hohen Besuchern der Stadt begründet. In diesem Sinne darf Lorenzo de' Medici ganz zu Recht der «Prächtige» genannt werden. Seine *magnificenza* machte ihn, den Bürger, fürstengleich, aber sie drückte zugleich auch den ganzen Zwiespalt seiner politischen Existenz aus.

Die ständigen finanziellen Engpässe ließen Lorenzo wenig Spielraum für eigenes Bauen, das seinem Großvater so großen Ruhm eingebracht hatte. Mit seiner Bautätigkeit hatte Cosimo aber auch die Finanzen der Familie strapaziert, wie Lorenzo schnell feststellen mußte. Als er 1473 sein Familienbuch zu schreiben begann, notierte er: «Ich sehe, daß wir seit 1434 eine große Summe Geld ausgegeben haben. Wie aus einem kleinen Quartheft hervorgeht, ist von jenem Jahr an bis Ende 1471 eine unglaubliche Summe verzeichnet, denn sie beläuft sich auf 663.775 und einen halben Fiorino an Ausgaben für Almosen, Bauten und Steuern.» Es liegt auf der Hand, daß der größte Teil dieser Summe den Bauten zugeflossen war. Dennoch billigte Lorenzo diese Ausgaben, da sie, wie er meinte, dem *stato* der Medici zu großer «Zierde» gereicht seien. Deshalb wollte auch Lorenzo nicht ganz auf ein Bauen verzichten, das nicht nur ihm selbst, sondern auch der ganzen Bürgerschaft Nutzen brachte. 1490 erwarb er ein größeres Gelände in der Nähe der Kirche SS. Maria Annunziata, für dessen Bebauung ihm die Kommission der «Siebzehn Reformatoren», der er selbst angehörte, beachtliche Steuervergünstigungen gewährte. Hier ließ er zwei Straßen anlegen – eine erhielt den Namen «Via Laura» –, denen entlang an die siebzig Mietshäuser entstehen sollten. Da bei seinem Tod aber erst vier dieser Häuser gebaut waren, gab sein Sohn Piero das Projekt wieder auf.

Lorenzo interessierte sich überhaupt für alles, was die Architektur betraf, nicht nur in praktischer, sondern auch in theoretischer Hinsicht. Er kannte die zeitgenössischen Ideen über die Baukunst, vor allen jene Leon Battista Albertis, der ihm schon 1462 ein Lehrbuch gewidmet und ihm 1471 bei seinem Besuch in Rom die Altertümer gezeigt hatte. Auch Albertis Abhandlung über die Architektur, die auf den Ideen Vitruvs aufbaute, war ihm bekannt. «Er liest sie oft, und sie ist ihm sehr teuer», berichtete der Ferrareser Gesandte Herzog Ercole d'Este, als dieser sich die Handschrift ausleihen wollte. Auf Lorenzos Veranlassung hin wurde sie 1485 unter dem Titel *De re aedificatoria* zum ersten Mal gedruckt. Lorenzo war auch die treibende Kraft bei der Planung einer neuen Domfassade, die nur zu einem Drittel fertiggestellt war und durch eine andere ersetzt werden sollte. In den Jahren 1490/91 gehörte er der Kommission an, die über den Neubau entscheiden sollte. Allerdings ist es unwahrscheinlich, daß er, wie Vasari behauptet, einen eigenen Vorschlag einreichte, als ein Wettbewerb für die Neugestaltung ausgeschrieben wurde. Er setzte aber durch, daß die Leitung der Arbeiten Luca Fancelli übertragen wurde, einem Florentiner Baumeister, der seit langem im Dienst der Gonzaga stand und Lorenzo schon bei dessen Aufenthalt in Mantua gebeten hatte, ihm neue Aufträge, möglichst in Florenz, zu verschaffen. Lorenzo hielt sich viel auf sein architektonisches Wissen zugute und scheint dann und wann selbst Entwürfe skizziert zu haben. Eine von Niccolò Valori erzählte Anekdote beleuchtet diesen Hang. Lorenzo habe einmal seinem Verwandten Francesco (Pierfrancesco?) de' Medici, der beim kostspieligen Umbau seines Hauses auch manches bereits Fertige aus Mangel an Planung wieder hatte einreißen müssen, scherzend zu bedenken gegeben: «Die anderen pflegen das Haus nach dem Modell zu bauen, du hast dagegen das Modell vom Haus abgeleitet.»

Er selbst baute dann schließlich doch noch «prächtig». Das architektonische Projekt, an dem seit langem sein ganzes Herz hing, war eine neue Landvilla in Poggio a Caiano, einem Ort an der Straße nach Pistoia, nahe der Mündung des Ombrone in den Arno und nicht weit von Florenz entfernt. Schon 1474 hatte Lorenzo Giovanni Rucellai, den Vater seines Schwagers Bernardo, dazu bewogen, ihm diese Besitzung zu verkaufen. Das Gut hatte einst Cosimos großem Gegner Palla Strozzi gehört und war 1434 nach dessen Exilierung beschlagnahmt worden. Giovanni Rucellai, sein Schwiegersohn, hatte es dann nach und nach zurückgekauft. Da er seine Wiederaufnahme in die Florentiner Führungsschicht der Heirat seines Sohnes mit der Schwester Lorenzos verdankte, konnte er dessen Drängen schwer widerstehen und hatte in den Verkauf eingewilligt. In den nächsten Jahren erweiterte und rundete Lorenzo den Besitz durch Zukäufe und Tauschaktionen ab und führte große Verbesserungen durch, indem er Land trockenlegte, den Ombrone eindämmte, Stallungen, Wirtschaftsgebäude und Wasserleitungen anlegte. So entstand ein landwirtschaftlicher Musterbetrieb, der auf Viehzucht und Käserei spezialisiert war, aber auch die Seidenraupenzucht und den Gemüseanbau miteinschloß. Lorenzo liebte die Besitzung sehr und verbrachte viel Zeit dort, Poliziano pries sie ihm in anmutigen lateinischen Versen in einem *Ambra* betitelten Gedicht. Auch er selbst widmete ihr eine Versdichtung in italienischer Sprache, die Fragment blieb. Darin schilderte er realistisch die verheerenden Überschwemmungen des Ombrone und fügte in einem zweiten Teil eine Ursprungslegende nach Ovidscher Manier bei. Dieser zufolge hatte sich eine von Lauro-Lorenzo geliebte Nymphe namens Ambra ähnlich wie Daphne, die zu Lorbeer wurde, den amourösen Verfolgungen des Wassergotts Ombrone durch die Verwandlung in Stein entzogen und war zur Villa geworden.

«Ambra» war schon der Name des alten, baufälligen Herrschaftsgebäudes auf der Besitzung gewesen. Lorenzo hatte es wiederherrichten lassen, wünschte sich aber von Anfang an eine neue Villa. Der Plan mußte lange auf die Ausführung warten, erst der Verlust von Cafaggiolo infolge des Vergleichs mit den Söhnen Pierfrancescos im Jahre 1485 gab vermutlich den Anstoß zum Baubeginn. Die Pläne für die neue «Ambra» entwarf Giuliano da Sangallo, der Architekt, den Lorenzo am meisten schätzte, aber es ist anzunehmen, daß sie in enger Zusammenarbeit mit dem Bauherrn und nach dessen präzisen Anweisungen entstanden. In Poggio a Caiano ließ Lorenzo das alte Griechenland wiederaufleben, denn in die Fassade des eleganten, auf einem breiten Untergeschoß ruhenden Gebäudes ist die Front eines ionischen Tempels mit einem Fries in griechischer Manier eingepaßt, durch den man über einen Vorraum in den großen Saal im ersten Stockwerk gelangt. Es ist in jüngster Zeit die suggestive Vermutung aufgestellt worden, daß bei dieser neuartigen Erfindung nicht nur Ideen und Entwürfe Albertis aufgegriffen wurden. Lorenzo hatte sich vor Baubeginn eigens ein Modell der von Alberti entworfenen Kirche San Sebastiano in Mantua kommen lassen, von der die Villa einige Elemente übernahm, doch scheinen die Propyläen der Akropolis in Athen das eigentliche Vorbild gebildet zu haben. Hier hatten die Herzöge aus der Familie der florentinischen Acciaiuoli in der ersten Hälfte des 15. Jahrhunderts einen Palast in die antike Säulenhalle, die den Eingang zur Burg bildete, eingebaut. Man kannte diesen Palast in Italien aus der Beschreibung und den Zeichnungen des Humanisten Cyriacus von Ancona, von denen Giuliano da Sangallo wahrscheinlich Kopien besaß. Lorenzo erlebte die Vollendung seiner Villa nicht mehr, erst sein Sohn Giovanni nahm die Arbeiten wieder auf, nachdem er Papst geworden war.

Lorenzos Ruf als Experte in architektonischen Fragen verbreitete sich in ganz Italien, so daß seine fürstlichen Freunde oft seinen Rat für die eigenen Bauvorhaben suchten. 1484 bat ihn Alfonso d'Aragona um einen Architekten für Militär- und Zivilbauten. Lorenzo schickte ihm Giuliano da Maiano, der nach einem ersten kurzen Aufenthalt 1487 zum zweiten Mal nach Neapel reiste, um dem Thronfolger eine große Villa zu bauen. Als Giuliano 1490 in Neapel starb, erreichte er, daß Luca Fancelli, der auf Lorenzos Betreiben Dombaumeister in Florenz geworden war, die Leitung der Arbeiten übertragen bekam. Sogar der König selbst wandte sich an Lorenzo. Auf seinen Wunsch begab sich 1488 Giuliano da Sangallo mit einem Palastmodell an den neapolitanischen Hof; der König revanchierte sich, indem er Giuliano auf dem Rückweg einige antike Statuen als Geschenk für Lorenzo mitgab.

Desgleichen forderte Ludovico Sforza Zeichnungen von Poggio a Caiano an, als er den Bau einer Villa plante.

Lorenzo vermittelte nicht nur die Architekten, sondern schickte auch Maler und Bildhauer an die auswärtigen Höfe. Es ist zwar nicht belegt, aber sehr wahrscheinlich, daß er die Künstler auswählte, die sich 1481 nach Rom begaben, um den Freskenzyklus in der Sixtinischen Kapelle auszuführen. Sicher ist dagegen, daß er 1488 auf Ansuchen von Kardinal Oliviero Carafa Filippino Lippi nach Rom schickte, um die Kapelle des Kardinals in der Kirche S. Maria sopra Minerva auszumalen. Auch Leonardo da Vinci soll sich 1482 mit einem Auftrag von ihm an den mailändischen Hof begeben haben. Dieser Auftrag betraf zwar nicht die bildende Kunst. Leonardo sollte vielmehr, so wird überliefert, Ludovico Sforza eine neuartige, von ihm selbst entworfene und angefertigte Lyra überbringen, in deren Spiel er unübertroffen war.

Lorenzo stärkte damit nicht nur das eigene, sondern auch das Prestige seiner Vaterstadt, indem er zeigte, über welchen Vorrat vortrefflicher Künstler sie verfügte. Aus demselben Grunde hielt er auch die Erinnerung an die verstorbenen Florentiner Künstler wach. Fra Filippo Lippi, ein Karmeliter mit wenig mönchischem Lebensstil, war 1469 in Spoleto gestorben, wo er die Apsis des Doms ausgemalt hatte. Lorenzo wollte seinen Leib nach Florenz überführen lassen, doch widersetzten sich die Spoletiner diesem Wunsch mit der Begründung, daß sie Mangel an vortrefflichen Männern hätten, während er selbst dagegen in Florenz «unendlich viele berühmte Männer, ja geradezu «übertrieben viele» davon habe. So wenigstens stellt es Vasari dar. Fra Filippos sterbliche Hülle blieb deshalb in Spoleto, wo Lorenzo ihm später im Dom ein Grabmal errichten ließ, mit dessen Entwurf und Ausführung er Filippos Sohn Filippino beauftragte. Poliziano verfaßte die lateinische Grabinschrift, in welcher er den großen Maler nach einem antiken Topos als denjenigen pries, den die Natur, in deren Nachahmung Filippo unvergleichlich gewesen sei, als einen Ebenbürtigen anerkannt habe. Hier lesen wir auch die dem Toten in den Mund gelegten Worte: «Lorenzo de' Medici hat mich in dieses Marmorgrab gelegt, zuvor war ich von schlichtem Staub bedeckt.» Für

Giotto ließ Lorenzo eine Gedenktafel im Florentiner Dom anbringen, deren Inschrift ebenfalls aus der Feder Polizianos stammte. Sie feierte den ersten großen Florentiner Maler als den Wiedererwecker der untergegangenen Malerei und zugleich als den Erbauer des mächtigen Dom-Campanile. Auch Antonio Squarcialupi, der Organist und Musiklehrer seiner Jugendjahre, erhielt im Dom ein Epitaph mit seinem Bildnis.

Was die Förderung der lebenden Künstler betraf, die Guicciardini als eines der Hauptverdienste Lorenzos preist, so gewährte er ihnen Zugang zu seinem Garten beim Kloster San Marco, in dem er die antiken Skulpturen und Fragmente aufbewahren ließ, die im Medici-Palast und dessen Garten keinen Platz gefunden hatten. Wie alle großen Herren seiner Zeit legte auch Lorenzo Wert darauf, Antiken zu besitzen. Berühmt war vor allem seine Sammlung von antiken Gemmen, Kammeen, Gefäßen und Statuetten, die er zusammen mit den Edelsteinen, Medaillen (1844 Stücke zählt das Inventar), kostbaren Handschriften (darunter drei mit Dantes sowie drei mit Petrarcas Werken, eine der letzteren von Boccaccios eigener Hand geschrieben), Land- und Seekarten, kleinformatigen Gemälden in seinem *scrittoio*, dem Arbeitszimmer im ersten Stockwerk, aufbewahrte – ein unendlich kostbarer Schatz, den er seinen Gästen gerne zeigte. Auch war der Palast voll von Büsten und Köpfen berühmter Männer der Antike, die zum Teil schon sein Vater, Onkel und Großvater erworben hatten. Daneben sammelte er auch größere Skulpturen. Viele erhielt er geschenkt, die ersten von Sixtus IV., als er sich 1471 mit der florentinischen Gratulationsgesandtschaft in Rom aufhielt. Noch gegen Ende des Lebens erwarb er neue Stücke dazu. Sein Agent in Rom, Luigi Lotti, stellte sogar Raubgrabungen dort für ihn an. Der Garten bei San Marco, ein Skulpturengarten, wie es sie auch in Rom gab, stellte nicht nur für die hohen Gäste der Stadt eine große Attraktion dar. Er zog auch die Künstler an, die in Florenz nicht viel antikes Anschauungsmaterial fanden. Alle später berühmten jungen Florentiner Künstler der Zeit, Maler und Bildhauer, sollen nach Vasaris Angabe in diesem Garten gearbeitet und hier die antike Formensprache studiert haben. Die Aufsicht über den Garten führte der Bildhauer Bertoldo di Giovanni, der seit langem in Diensten der Medici stand und ein Schüler Donatellos gewesen war, so daß auf diese Weise auch die Verbindung zu diesem großen, 1466 verstorbenen Meister der Skulptur lebendig blieb. Zweifellos arbeitete auch der junge Michelangelo im Garten und ließ sich von Bertoldo in die Kunst der Bildhauerei einführen, nachdem er zuvor bei Ghirlandaio das Malerhandwerk erlernt hatte. Seine Biographen erzählen, er sei dort Lorenzo wegen seines Talents so aufgefallen, daß er ihn in sein Haus geholt habe. Doch ist letzteres wohl ebenso Legende wie die Angabe, daß Lorenzo im Garten eine Kunstakademie unter der Leitung Bertoldos ins Leben gerufen habe.

Lorenzo arbeitete bewußt darauf hin, Florenz als kulturelle Hauptstadt Italiens zu etablieren, und diese Bemühungen erstreckten sich auf alle Gebiete des Geistes und der Kunst. Schon in jungen Jahren kümmerte er sich sehr eifrig um den Aufbau einer neuen Universität in Pisa, die nach einem im Dezember 1472 ergangenen öffentlichen Beschluß in dieser Stadt gegründet werden sollte. Lorenzo wurde in die fünfköpfige Aufsichtskommission gewählt, welche die neue Universität leiten, das heißt ihre Finanzierung gewährleisten und die Professoren berufen sollte. Er nahm sich dieser Aufgabe begeistert an. Aus Niccolò Valoris Darstellung könnte man sogar schließen, daß die Gründung der Pisaner Universität allein sein Werk gewesen sei. Schon im November 1473 begann der Lehrbetrieb. Denen, die ihm vorhielten, daß in Pisa die Studenten fehlen würden, soll er geantwortet haben, es sei wichtiger, daß dort gute Professoren lehrten. Es gelang ihm tatsächlich, einige berühmte Gelehrte nach Pisa zu holen, unter anderen den Rechtsgelehrten Bartolomeo Sozzini und den Arzt Stefano Della Torre, der bei Krankheiten oft auch ins Haus Medici gerufen wurde.

Nicht zuletzt sollten die toskanische Dichtung und Sprache die kulturelle Überlegenheit von Florenz beweisen. Hier befand sich Lorenzo auf einem Terrain, auf dem er selbst Meister war. Die toskanische Dichtung, die auf eine mehr als zweihundertjährige Tradition zurückblicken konnte, war mit Dante, Petrarca und Boccaccio zu einem unübertroffenen Höhepunkt gelangt. Zusammen mit der Sprache, in der diese großen Dichter geschrieben hatten, sollten deren Werke auch für das ganze übrige Italien Vorbild und Norm werden. Bei der Verteidigung der Vulgärsprache gegenüber dem Lateinischen in der Einleitung zum *Comento* drückt Lorenzo diesen Wunsch klar aus, wenn er schreibt: «Und vielleicht werden in jener Sprache noch feine, wichtige und lesenswürdige Dinge geschrieben werden, zumal diese Sprache bis jetzt sozusagen noch im Knabenalter steht und immer mehr an Eleganz und Zierlichkeit dazugewinnt. In ihrer Jünglings- und Erwachsenenzeit könnte sie aber sehr leicht zu noch größerer Vollkommenheit gelangen, besonders wenn noch ein paar glückliche Erfolge eine Erweiterung der florentinischen Herrschaft zur Folge hätten.» Letzteres stehe zwar in der Gewalt der Fortuna und im Willen Gottes, doch auch ohne dies stehe die toskanische Sprache bereits jetzt überall in großem Ansehen.

Zur Verbreitung dieses Ansehens hatte er selbst beigetragen. Schon in jungen Jahren hatte er Alfonso d'Aragona, dem Herzog von Kalabrien, eine kleine Anthologie toskanischer Dichtung in einer schönen illuminierten Handschrift zugeeignet. Von deutlich größerer Bedeutung war indessen die Sammlung toskanischer Dichtung, die er für Alfonsos Bruder Federico zusammenstellen ließ. Er hatte den neapolitanischen Prinzen, König Ferrantes zweiten Sohn, der 1465 prächtig bewirteter Gast im Medici-Palast gewesen war, im September 1476 in Pisa wiedergetroffen, als dieser auf der Rückreise von Burgund dort an Land gegangen war. Die offiziellen Beziehungen zu Neapel waren zu jener Zeit zwar nicht die besten, da Florenz 1474 vom neapolitanischen auf das venezianische Bündnis umgeschwenkt war, doch bot der Besuch des Prinzen Gelegenheit, die persönlichen Beziehungen zum neapolitanischen Königshaus am Leben zu halten, die selbst in Zeiten der Feindschaft nie ganz abrissen. Angesichts der angespannten politischen Lage wurde mit diplomatischer Vorsicht beim Treffen in Pisa offenbar weniger über politische Fragen als über private Liebhabereien gesprochen – über Pferde, Falken, Hunde sicherlich, die man so gerne austauschte, aber auch über die Literatur. Dabei soll Federico d'Aragona den Wunsch geäußert haben, die vielen toskanischen Dichter, die Lorenzo rühmte, selbst zu lesen. So wenigstens wird es in dem von Angelo Poliziano im Namen Lorenzos verfaßten Widmungsschreiben zur großen Sammlung toskanischer Dichtung dargestellt, die unter der Aufsicht Polizianos in den folgenden Monaten zusammengestellt wurde. Die toskanische Sprache, heißt es in der Widmung, sei nicht, wie von manchen behauptet, rauh und grob, sondern «äußerst schmuckreich» und besitze, wie vor allem das Beispiel Dantes und Petrarcas zeige, große Ausdrucksfähigkeit und sei dem Lateinischen ebenbürtig. Der, wie es heißt, «nicht ohne große Mühe» fertiggestellte Band, als dessen Anreger Federico d'Aragona im Vorwort schmeichelnd mit Pisistratos von Athen, dem Sammler der Texte Homers, verglichen wird, vereint zum ersten Mal die wichtigsten poetischen Zeugnisse der toskanischen Tradition seit dem 13. Jahrhundert bis hin zur damaligen Gegenwart. Sie schließt auch solche Autoren mit ein, die mit der Zeit in Vergessenheit geraten und nun aus alten Handschriften wieder ans Licht gefördert worden waren. Die Sammlung umfaßte an die zweihundert Gedichte verschiedener Autoren, darunter Dante mit Gedichten und der *Vita nuova*, denen Boccaccios Lebensbeschreibung des großen Dichters vorangestellt war. Der mit philologischer Akribie zusammengestellte Band sollte einen literarischen Kanon aufstellen, der Anspruch auf Gültigkeit in ganz Italien erhob. In diese literarische Tradition stellte sich Lorenzo selbst, indem er der Sammlung zum Schluß sechzehn seiner eigenen Gedichte beifügte, die letzten, die er geschrieben hatte, darunter die vier Sonette zum Tod der schönen Simonetta. Das Original dieser Handschrift ging früh verloren. Die kunstliebende Isabella d'Este, eine Nichte Federico d'Aragonas und Herzogin von Mantua, lieh sie sich Anfang des 16. Jahrhunderts aus, danach verlieren sich ihre Spuren. Die erhaltenen Abschriften zeigen jedoch, daß die Sammlung auf großes Interesse gestoßen war.

Lorenzos Bemühungen, das Toskanische zur sprachlichen Norm für ganz Italien zu erheben und dessen Gleichwertigkeit mit den beiden alten Sprachen zu postulieren, wurden zu Beginn des nächsten Jahrhunderts durch den Venezianer Pietro Bembo wieder aufgenommen. Sein Werk zur Verteidigung der Vulgärsprache, die *Prose della volgar lingua*, die er Lorenzos Neffen Giulio, Papst Clemens VII., widmete, verfechten die Verbindlichkeit des Toskanischen als der Sprache der Literatur und der Gebildeten ganz Italiens. Aber die Fäden führen nach Florenz zurück. Pietros Vater Bernardo war ein enger, auch literarischer Freund Lorenzos gewesen, und als Kind hatte Pietro Bembo Lorenzo wahrscheinlich persönlich kennengelernt, als sein Vater vor und nach der Pazzi-Verschwörung zweimal für längere Zeit venezianischer Gesandter in Florenz gewesen war. Er war auch mit Lorenzos literarisch begabtem Sohn Giuliano befreundet und hatte mit Poliziano gesprochen, als dieser 1491 bei seiner Suche nach antiken Handschriften in der Bibliothek der Bembo in Venedig interessante Entdeckungen gemacht hatte. Es ist anzunehmen, daß sich in dieser Bibliothek auch Abschriften von Lorenzos Werken befanden. Daß Pietro Bembo diese kannte, geht aus dem Widmungsschreiben der *Prose* an Clemens VII. klar hervor: Mit den Werken «in Prosa», die er unter Lorenzos Werken nennt, war zweifellos auch der *Comento* gemeint. In seinem Plädoyer für die toskanische Sprache hatte Lorenzo dort unter anderem das Argument angeführt, daß auch die hebräische, die griechische und die lateinische Sprache einst lebende Sprachen – «Muttersprachen» – gewesen seien und er deshalb nicht getadelt werden dürfe, wenn er seine eigene Muttersprache benutze. Hier lag allerdings ein Problem für den Venezianer Bembo, dessen Muttersprache nicht das Toskanische war. Um einen normativen Charakter zu gewinnen, mußte das Toskanische gerade diese seine Eigenschaft als lebende Sprache aufgeben. Bembo richtete die Regeln für die neue Literatursprache deshalb an Dante, Petrarca und vor allem an Boccaccio aus, deren Werke damals schon sprachliche Monumente darstellten. Da Bembos Werk anders als das Lorenzos im Druck erschien, konnte es auch eine größere Wirkung entfalten. Es bewirkte mit, daß vom 16. bis zum 18. Jahrhundert die italienische Sprache von den Gebildeten in ganz Europa gesprochen und gelesen wurde.

Wie schon sein Großvater Cosimo, aber mit tieferer Kenntnis der Materie, liebte Lorenzo es, Gelehrte und Theologen in sein Haus zu laden und mit ihnen über philosophische Fragen zu diskutieren. Wie Poliziano berichtet, soll er kurz vor seinem Tod bei einem solchen Gespräch sogar gesagt haben, er habe den Wunsch, sich in den Jahren, die ihm noch blieben, fern vom Lärm der Stadt in der Gesellschaft von

Ficino, Giovanni Pico della Mirandola und Poliziano philosophischen und literarischen Fragen zu widmen. Jedoch verhinderten dies seine Mitbürger, die seinen Rat immer mehr bräuchten. Es war nicht nur mehr Plato, der in der letzten Zeit von Lorenzos Leben die Gemüter bewegte. Sein Herold Marsilio Ficino hatte wegen seiner *liaisons dangereuses* mit den Pazzi und deren Freunden lange gefürchtet, verbannt zu werden, und sogar erwogen, an den ungarischen Hof von König Matthias Corvinus überzusiedeln. Doch Lorenzos Erfolg in Neapel im Frühjahr 1480 leitete eine Phase der Versöhnung ein, von der auch der Philosoph profitierte. 1482 widmete er Lorenzo den ersten Druck seiner *Theologia platonica*, des Werkes, das die Summe seines Denkens darstellte, 1484 die erste Gesamtausgabe seiner lateinischen Übersetzungen der Platonischen Dialoge, versehen mit seinen Kommentaren; später dann, neben ein paar kleineren Schriften, auch die lateinische Übersetzung der Werke Plotins. Doch waren diese Zueignungen wohl mehr die geschuldete Hommage an den Mann, der als höchster Schiedsrichter über alle Fragen des Geistes auftrat, als ein Zeugnis für wahre Geistesverwandtschaft. Lorenzo identifizierte sich nie ganz mit einer philosophischen Richtung, wie sein Interesse gegenüber der Philosophie überhaupt eher eklektischer Natur war. Er war in erster Linie Literat und suchte seine Vorbilder bei anderen Literaten. Zwar durfte der Philosoph wieder im Medici-Palast verkehren, aber die großzügige materielle Unterstützung, die er einst von Cosimo erfahren hatte, wurde ihm von dessen Enkel nicht mehr zuteil.

Es war vor allem Poliziano, der Lorenzo die Welt der griechischen Antike näherbrachte und ihn beim Aufbau einer griechischen Bibliothek beriet und unterstützte. Lorenzo hatte den Ehrgeiz, den ganzen Schatz der griechischen Überlieferung zu besitzen und den Gelehrten zugänglich zu machen – auch dies ein Werk der *magnificenza*, nach der er so sehr strebte. Seine Bibliothek umfaßte zum Schluß an die sechshundert Handschriften griechischer Autoren und war damit eine der größten in Italien. Er kaufte Nachlässe von Humanisten und einzelne Handschriften, andere lieh er sich aus und ließ sie kopieren. Viele dieser Handschriften wurden mit prächtigen Miniaturen ausgeschmückt.

Anfang der neunziger Jahre ließ er noch einmal systematisch nach griechischen Handschriften suchen. Zwischen 1490–1492 bereiste in seinem Auftrag Janos Lascaris, der in Florenz Griechisch unterrichtete, zweimal Griechenland und kam mit großer Ausbeute nach Florenz zurück. Mit dem gleichen Auftrag begab sich auch Poliziano zusammen mit Giovanni Pico della Mirandola 1491 nach Oberitalien und Venedig. Noch auf dem Totenbett soll Lorenzo nach Polizianos Zeugnis scherzend zu diesem und zu Pico gesagt haben: «Ich wollte diesen Tod wenigstens so lange noch aufschieben, bis ich Eure Bibliothek vollendet hätte.» Poliziano konnte mit gutem Grund Florenz als ein neues Athen feiern. Er selbst widmete sich nun immer mehr der Philologie und forderte, daß der sichere Text die Grundlage aller Interpretation bilden müsse. Es wird überliefert, daß er bei einer der philosophisch-theologischen Diskussionen in Lorenzos Haus die Argumente eines der Teilnehmer mit dem ungewohnten Einwand entkräftete, daß sie auf einem verdorbenen Text beruhten. Poliziano setzte auf die Textkritik und stand den immer mehr ins Mystische und Esoterische abgleitenden, philosophisch theologischen Spekulationen Ficinos und Picos, mit dem ihn gleichwohl eine herzliche Freundschaft verband, eher skeptisch gegenüber.

Gerade Giovanni Pico della Mirandola stand Lorenzo in seinen letzten Lebensjahren sehr nahe. Der junge Graf und Kleriker aus altem, vornehmem Hause bestach nicht nur durch seine ungewöhnliche Gelehrsamkeit und die Vielfalt seiner Interessen, sondern auch durch seine adligen Attitüden, so sehr im Kontrast mit der Haltung mancher anderer Intellektuellen, die in Lorenzo vor allem den Gönner und Brotgeber sahen. Lorenzo nahm Pico unter seinen Schutz, nicht nur, als dieser sich in ein tolles Liebesabenteuer stürzte und in Arezzo kurzerhand die schöne junge Frau eines Medici entführte. Pico befand sich damals auf dem Weg nach Rom, wo er seine neunhundert Thesen (*Conclusiones*) öffentlich diskutieren wollte. Dieses ehrgeizige und etwas waghalsige Werk, in dem er alles überkommene Wissen – die griechische Philosophie, ägyptische Weisheiten, arabisches Denken und jüdische Überlieferung bis hin zur Kabbala – mit der christlichen Lehre in Übereinstimmung zu bringen suchte, brachte ihm jedoch die

Verurteilung wegen Häresie und die Verhaftung ein. Lorenzo verteidigte ihn und trat bei Innozenz VIII. für ihn ein, um die Verurteilung wieder aufheben zu lassen. Lorenzo vermutete in der Sache Picos – vielleicht nicht zu Unrecht – gegen ihn selbst gerichtete Machenschaften an der Kurie. «Selbst wenn er [Pico] das Glaubensbekenntnis aufsagte, würden es die bösen Geister dort als Ketzerei ansehen», beklagte er sich beim Gesandten Lanfredini. Pico widmete ihm das in der Ruhe der Medici-Villa in Fiesole geschriebene Werk über die Genesis *Heptaplus* und die *Apologia*, die Schrift zur Verteidigung seiner verurteilten Thesen.

Guicciardini sah die Triebfeder für Lorenzos Förderung der Florentiner Kultur in seinem grenzenlosen Ehrgeiz, der sich auf rundweg alle Gebiete, nicht nur des Geistes, erstreckt habe. Von niemandem, weder von seinen Mitbürgern noch den Fürsten, habe er sich in irgendeiner Fertigkeit übertreffen lassen wollen, sei es auch nur im Tanzen oder Reiten gewesen, ein Urteil, das auch Lorenzos Zeitgenosse und politischer Gegner Alamanno Rinuccini teilt. Unter einem allgemeinen Gesichtspunkt, befand Guicciardini, sei dies aber nicht tadelnswert gewesen, da ihn dieser Ehrgeiz veranlaßt habe, dafür zu sorgen, daß «die Künste und Fertigkeiten in Florenz ausgezeichneter wären als in jeder anderen Stadt Italiens». Deshalb habe er in gleicher Weise die italienische Dichtkunst, die Musik, die Architektur, die Malerei, die Bildhauerei und alle anderen Handwerkskünste gefördert. Dabei bestreiten weder Guicciardini noch Rinuccini Lorenzos ungewöhnliche Begabung und Kompetenz. Guicciardini bezeichnet ihn in dieser Hinsicht sogar als *universalissimo*. Er habe sich deshalb zum höchsten Schiedsrichter in allen Kunstfragen aufgeworfen und damit erreicht, daß alle Künstler miteinander wetteiferten, um seine Anerkennung zu gewinnen. Obwohl Eigennutz und Allgemeininteresse in diesem Falle zusammenfielen, war dies alles Lorenzos republikanischen Kritikern jedoch deshalb suspekt, weil ihm etwas Fürstliches anhaftete. Der Nachwelt hat sich aber vor allem dieses Bild des Herrn über die Künste und Wissenschaften eingeprägt und Lorenzo den Beinamen des Prächtigen, seiner Zeit trotz aller Schatten den Ruf der goldenen eingebracht.

XIV. SCHATTEN ÜBER DER GOLDENEN ZEIT

Domenico Ghirlandaio, «Zacharias erscheint ein Engel, um ihm die Geburt seines Sohnes anzukündigen». (Florenz, S. Maria Novella)

*A*uf einem der Felder des Freskenzyklus, den Giovanni Tornabuoni zum Ruhm seiner selbst und seiner Familie in der Kirche S. Maria Novella von Domenico Ghirlandaio und seinen Gehilfen ausführen ließ, ist auch die Episode dargestellt, in der ein Engel Zacharias, dem Vater Johannes' des Täufers, im Tempel erscheint und ihm die Geburt seines Sohnes ankündigt. Diesem Feld wies der Stifter besondere Bedeutung zu, denn es zeigt ihn selbst zusammen mit seinen Brüdern und vielen anderen Männern und Frauen seines Hauses, umgeben auch von den berühmtesten Gelehrten der Zeit. In der Gruppe links unten erblicken wir in lebhaftem Disput die renommiertesten Humanisten der Zeit, Marsilio Ficino, Cristoforo Landini, Angelo Poliziano und Demetrios Chalkondylas, während auf einem römischen Triumphbogen rechts oben neben dem Tempel die lateinische Inschrift zu lesen ist: «MCCCCLXXXX, *quo pulcherrima civitas opibus victoriis artibus aedificiisque nobilis copia salubritate pace perfruebatur*» – 1490, als sich die herrliche Stadt, edel an Macht, Siegen, Künsten und Bauten, sich der Fülle, des Wohlseins und des Friedens erfreute. Die Inschrift wird Poliziano zugeschrieben, das Datum bezieht sich auf die Enthüllung der Fresken, die am 22. Dezember jenes Jahres stattfand. Der Text drückt den Stolz über die unvergleichliche Stadt und zugleich die Erleichterung über den nach langen Kriegen errungenen Frieden aus. Er beschreibt eine Stadt voller Reichtum und Überfluß, in der die Künste blühen und große Bauten entstehen. Es war die Zeit, da auch die Humanisten, die in Lorenzo ihren natürlichen Beschützer und Gönner sahen, wieder von der Rückkehr des goldenen Zeitalters sprachen. Die Stadt befand sich damals, wie Guicciardini

275

schrieb, «in höchster Ruhe und Frieden im Inneren, nach außen hin voller Ruhm und Ansehen», denn sie besaß eine Regierung und ein Haupt von größter Autorität, hatte ihr Herrschaftsgebiet erweitert, zur Rettung Ferraras und König Ferrantes entscheidend beigetragen, verfügte ganz über den Papst, war mit Mailand und Neapel verbündet, ja geradezu die Waagschale Italiens geworden – letzteres ein Verdienst, das Filippo Nerli später, wie gesagt, Lorenzo allein zuschrieb, als er ihn das «Zünglein an der Waage» der italienischen Politik nannte.

Tatsächlich hatte Florenz im Juni 1487 Sarzana, einen der schmerzlichsten Verluste des Pazzi-Krieges, nach langer Belagerung zurückerobert. Kurz vor der Kapitulation hatte sich Lorenzo persönlich ins Feldlager begeben und war bei der Rückkehr triumphal in der Stadt empfangen worden. 1488 befreite ihn das Geschick auch von seinem Erzfeind Girolamo Riario, der am 14. April in Forlì von unzufriedenen Untertanen ermordet wurde. Die Mörder unterrichteten Lorenzo sofort persönlich davon. Die nach Riarios Tod ausgebrochenen Unruhen erlaubten es Florenz, mit einem schnellen militärischen Schachzug die Burg Piancaldoli zurückzuerobern, die Riario 1478 besetzt hatte. Kurz darauf wurde am 31. Mai Galeotto Manfredi, der Herr von Faenza und Schützling von Florenz, von seiner eifersüchtigen Gemahlin Francesca Bentivoglio ermordet, was zu weiteren Wirren in der Romagna führte. Was Lorenzo am meisten fürchtete, war eine Rückkehr der Provinz unter die direkte päpstliche Herrschaft, und er setzte alles daran, dies zu verhindern. In Forlì und Imola konnte Riarios Witwe Caterina Sforza mit der Unterstützung mailändischer Truppen die Nachfolge ihres unmündigen Sohnes Ottaviano durchsetzen. In Faenza wurde dagegen der ebenfalls unmündige Astorre Manfredi unter florentinischem Schutz zum Herrn der Stadt ausgerufen. Aber der Interessenkonflikt um den Einfluß in der Romagna hätte fast zum Zusammenstoß mit Mailand geführt. Auch Giovanni Bentivoglio, der Vater der Gattenmörderin, fühlte sich brüskiert, weil er ausgeschaltet worden war und einige Zeit in florentinischer Schutzhaft zubringen mußte. Bei einem Treffen in Cafaggiolo schlug er zur Aussöhnung die Heirat einer seiner vielen Töchter mit Lorenzos jüngstem Sohn Giuliano vor. Lorenzo lehnte ab mit der Begründung, er habe nur noch ein Kind im Hause, das einzige, das ihm geblieben sei, er wolle noch seine Freude an ihm haben. Die beste Karte jedoch, die Lorenzo in diesen Jahren auf dem diplomatischen Parkett ausspielen konnte, war seine Verschwägerung mit Innozenz VIII. Die Fürsten und Herren Italiens, die auf seine Fürsprache beim Papst hofften, wie er es ihnen versprochen hatte, behandelten ihn jetzt ganz offen als den Herrn von Florenz, so daß ihm in der italienischen Politik tatsächlich eine Art Vermittlerrolle zuwuchs.

Ein greifbares Zeichen dafür, daß es in Florenz wieder aufwärts ging, war auch der ungeheure Bauboom, der die Stadt in jenen Jahren ergriff. Luca Landucci, der Spezereiwarenhändler, der aufmerksam beobachtete, wie der mächtige Palast des reichen Filippo Strozzi vor seinen Augen in die Höhe wuchs, merkte an, daß die Menschen damals so versessen aufs Bauen gewesen seien, daß Baumeister und Baumaterial knapp wurden. Er zählt auch eine ganze Reihe von kirchlichen und privaten Bauwerken auf, die in jenen Jahren entstanden: das Observantenkloster in San Miniato, die Sakristei von Santo Spirito, die Augustinerkirche vor der Porta San Gallo, die neue Festung in Sarzana, das Haus des Giuliano Gondi und «viele andere Häuser... an vielen Stellen in Florenz». Unter den Bauherren erwähnt er auch Lorenzo de' Medici, der «einen Palast in Poggio a Caiano auf seiner Besitzung zu bauen begann». Lorenzo hatte aber auch an fast allen anderen aufgezählten Bauten seine Hand im Spiel, als Mitglied von Planungsausschüssen, Aufsichtskommissionen oder, wie im Fall des Klosters San Gallo, das er seinem Lieblingsprediger, dem Augustinermönch Fra Mariano da Genazzano, errichten ließ, als Stifter.

Nach so vielen Jahren der Wirren und der Trauer durften die Florentiner endlich auch ihre Feste wieder feiern, in denen sich der Stolz und der Zusammenhalt der Bürger manifestierte. Im Juni 1488 kam Lorenzos Schwiegersohn Franceschetto Cibo zum ersten Mal nach Florenz. Aus diesem Anlaß wurde das Fest des Stadtpatrons St. Johannes des Täufers, das seit den Jahren des Pazzi-Kriegs zumeist in sehr schlichter Form begangen worden war, wieder mit dem traditio-

nellen Aufwand gefeiert. Es gab wieder die Prozessionswagen mit ihren kunstvollen Aufbauten, die «Wolken», jene hohen Gestelle, wahre
Meisterstücke des Handwerks, auf denen Heilige und Engel, von
Menschen dargestellt, schwebten, die Riesen und dünnen «Geister-
chen» auf ihren Stelzen, die sie begleiteten, die Züge der Bruderschaften, die all diese bunte Pracht mit Hilfe von Künstlern und
Handwerkern arrangiert hatten, dazu allerlei «mechanische Erfin-
dungen» für das Volk zum Zeitvertreib – «und dies alles macht man
des Herrn Cibo wegen und weil unser Volk in guter Verfassung und
voller Freude ist», kommentierte ein anonymer Chronist. Stand das
Johannisfest des Jahres 1488 noch ganz im Zeichen der Tradition, so
erlebte es drei Jahre später eine Neuerung, die ungeheuren Eindruck
machte. Am Fest des Stadtheiligen ließ Lorenzo den Triumph des römischen Feldherrn Aemilius Paullus, des Bezwingers von Mazedonien, aufziehen, ein Thema, das, wenn auch im Italien der Zeit beliebt,
für ein religiöses Fest doch eher ungewöhnlich war. Der großartige
Triumphzug – fünfzehn Karren, die von einem halben Hundert Ochsen gezogen wurden – war von Francesco Granacci, Michelangelos
Jugendfreund, auf Lorenzos Geheiß entworfen und in der üblichen
Form von lebenden Bildern realisiert worden. Zwischen den Karren
defilierten aber auch fünf Reiterschwadrone, die Lorenzo eigens aus
dem Feldlager hatte kommen lassen – eine Demonstration von
Macht, die bedrohlich auf die des Auftraggebers zurückverwies.

Auch der Karneval kam wieder zu seinem Recht, ihm drückte Lorenzo jetzt ebenfalls seinen Stempel auf. Neben den ausgelassenen, när-
rischen Karren mit ihren zweideutigen Pantomimen zogen nun auch
elegante Wagen mit mythologischen Sujets durch die Stadt. So erregten
während des Karnevals 1490 die von Lorenzo in Auftrag gegebenen sieben Karren mit den sieben Planetengöttern großes Aufsehen. Zur Begleitung des Zuges schrieb Lorenzo auch einen Karnevalsgesang, in dem
allerdings ein ganz anderer Ton aufklingt als in den traditionellen Lie-
dern voller obszöner Anzüglichkeiten, wie er sie selbst früher gedichtet
hatte. Die *Canzona de' sette pianeti* ist eine Huldigung an Venus, den hell-
sten Stern des Firmaments, und zugleich ein Aufruf, die nimmermehr
wiederkehrende Zeit in diesem kurzen Leben zu genießen, sich dem

Vergnügen und der Liebe hinzugeben. Von ähnlicher Stimmung geprägt ist auch ein zweites Karnevalslied, das Lorenzo wahrscheinlich ebenfalls anläßlich des Karnevals von 1490 schrieb. Die *Canzona di Bacco* mit den Anfangsversen

Quant' é bella giovinezza
che ci fugge tuttavia

(wie schön ist die Jugend, die uns doch entgleitet) ist mit ihrem leichten tänzerischen Rhythmus eines der berühmtesten und schönsten von Lorenzos vielen Gedichten. Es beschreibt den orgiastischen Triumphzug von Bacchus und Arianna und thematisiert mit seinem achtmal wiederholten Refrain

Chi vuol esser lieto, sia
di doman non c' é certezza

(wer fröhlich sein will, sei's heute, was morgen kommt, ist ungewiß) eindringlicher noch als das Venuslied die Vergänglichkeit der Jugend und des Lebens. Keine Zeit kam mehr zurück, und welche blieb, galt es bis zum letzten Tropfen auszukosten.

Die Beruhigung der politischen Lage hatte Lorenzo wieder Muße für das Dichten, seine liebste Beschäftigung, geschenkt. Er nahm seinen *Comento* wieder zur Hand, den Giovanni Pico, emphatisch übertreibend, als dem Dantes überlegen gepriesen hatte. Doch vermissen wir in diesen späteren Werken Lorenzos ganz den kecken, spöttischen Ton, der so viele Dichtungen der Jugendjahre gekennzeichnet hatte. Luigi Pulci, sein erster poetischer Lehrmeister, war 1484 fern von Florenz in Padua gestorben. Sein *Morgante*, kurz nach 1478 zum ersten Mal gedruckt, hatte Skandal erregt, vor allen bei den Predigern der Bettelorden, die von der Kanzel aus immer wieder vor der Lektüre warnten. Pulci legte darauf eine neue, gereinigte Fassung vor und bekannte sich selbst in einem Gedicht zum rechten Glauben. Dennoch war er wegen seines Werks in ungeweihter Erde begraben worden. Der Wind hatte sich gedreht. Die Exegesen der Gedichte des *Comento* verloren sich immer mehr in den spekulativen Höhen der mit neuplatonischen Gedanken versetzten Liebesmystik im Gefolge Dantes und Petrarcas, die schlüpfrigen Karnevalslieder der früheren Jahre wichen solchen, in denen Melancholie die Ausgelassenheit überschattet.

Nicht nur die persönliche Stimmungslage, bedingt von den Todesfällen in der Familie und der eigenen unaufhaltsam fortschreitenden Krankheit, scheinen Lorenzo das *Carpe diem* seiner letzten Karnevalsgesänge eingegeben zu haben. Hinter der glänzenden Fassade der Stadt, dem sich in den neuen Palästen manifestierenden Reichtum der großen Bürger, den florierenden Künsten, dem Luxus, der Versammlung so vieler illustrer Geister um Lorenzo, das ungekrönte Haupt der Stadt, begehrte das Volk auf, das ihm einst zugejubelt hatte. Die Kriege, die wiederkehrenden Seuchen, die drückenden Steuern, der Verfall des Geldwerts und die damit einhergehende Depression in Handel und Gewerbe hatten die untersten Schichten der Stadt am härtesten getroffen. Auch der Bauboom schürte die soziale Unruhe, denn um Platz für die Fundamente der neuen grandiosen Gebäude zu schaffen, mußten kleinere Häuser abgerissen werden, so daß viele einfache Leute ihre Wohnungen, Läden und Werkstätten verlassen mußten und sich ihrer Existenzgrundlage beraubt sahen. Kein Wunder also, daß das Volk den Bußpredigern zuströmte, die gegen den Luxus und den von der Kirche verbotenen Wucher, verstanden als Ausleihe von Geld auf Zinsen, wetterten. Das Zinsverbot war zwar mit der Zeit in Praxis und Theorie aufgelockert und unterlaufen worden. Aber die Radikalität, mit der vor allem die Prediger das Problem neu stellten, bedeutete eine ernstzunehmende Gefahr für die politische und gesellschaftliche Stabilität einer Stadt, deren Wirtschaft und Wohlstand letztlich auf solchem «Wucher» beruhte.

In der Fastenzeit 1488 predigte der Franziskaner Bernardino da Feltre im Dom gegen die Verderbnis der Sitten. Er warb auch für die Errichtung eines *Monte di Pietà*, das heißt eines öffentliches Leihhauses zur Vergebung von zinslosen Darlehen, wie sie schon in anderen Städten bestanden. Seine flammenden Predigten machten tiefen Eindruck und führten unter anderem dazu, daß «Kinder» – ebenjene gewalttätigen Kinderbanden aus den unteren Schichten, die sich schon während der Pazzi-Verschwörung durch ihre Grausamkeit hervorgetan hatten – sich aufmachten, um eine jüdische Wechselbude zu stürmen und den Besitzer zu ermorden. Die Obrigkeit griff sofort ein. Die *Otto*, zuständig für die Ordnung in der Stadt, schickten ihre Schergen aus und verboten unter der Strafe des Galgens Übergriffe solcher Art. Bernardino da Feltre erhielt zunächst Predigtverbot und wurde dann, da diese Maßnahme unzureichend erschien, aus der Stadt verwiesen. Landucci, der die Episode überliefert, schreibt dazu, daß die Ausweisung des Franziskaners, der für einen Heiligen gehalten wurde, im Volk als ein schlechtes Vorzeichen angesehen wurde, das sich schon dadurch bestätigt habe, daß einige der «Acht» bald ein schlimmes Ende nahmen.

Solche Zwischenfälle, die letztlich auch gegen ihn selbst und seine eigenmächtige, undurchsichtige Art, die öffentlichen Angelegenheiten zu behandeln, zielten (man munkelte sogar, daß die Juden ihn bestochen hätten, um ihr Handwerk in der Stadt ausüben zu dürfen), müssen Lorenzo so beunruhigt haben, daß er ein Jahr später bei einem ähnlichen Vorfall mit ungewöhnlicher Härte durchgriff. Ein Scherge der verhaßten *Otto* war unter unbekannten Umständen von einem jungen Mann getötet worden. Der Mörder war nach Siena geflohen, von den Sienesen aber ausgeliefert worden. Als er zum Richtplatz geführt wurde, lief das Volk in Scharen herbei und versuchte, ihn dem Büttel zu entreißen. Die Lage war so explosiv, daß einige Herren, darunter die Gesandten von Ferrara und Genua, die «Acht» zu überzeugen versuchten, daß es besser wäre, den jungen Mann nicht hinzurichten. Lorenzo befand sich während des Tumults im Palazzo della Signoria zusammen mit Lorenzo und Giovanni, den Söhnen Pierfrancescos. Aber im Gegensatz zu jenen, die, wie auch seine Cousins, eine Begnadigung für die bessere Lösung hielten, glaubte er, ein Exempel statuieren zu müssen. Er setzte durch, daß der Mörder vor aller Augen an einem Fenster des Palastes des Bargello aufgeknüpft wurde und vier der Aufrührer nach einer Körperstrafe aus der Stadt verbannt wurden. Sympathien erwarb er sich beim Volk damit nicht.

Um der verheerenden Wirkung der radikalen franziskanischen Bußprediger gegenzusteuern, die auch zu öffentlichen Verbrennungen von Tand und Luxusgegenständen schritten, holte Lorenzo Prediger anderer Orden in die Stadt. Seine ganze Gunst besaß der Augustinermönch Fra Mariano da Genazzano, dem er, wie gesagt, ein Kloster vor der Porta San Gallo bauen ließ. Fra Mariano war ein gebildeter Mann, der die Rhetorik beherrschte, gerne auch Zitate der klassischen Autoren und italienische Verse in seine Predigten einstreute, mit wohlklingender Stimme sprach und sich einer mäßigen Gestik befleißigte.

Poliziano lobte ihn sehr und stellte ihn in der an Lorenzo gerichteten Widmung zum ersten Band seiner ‹Miscellanea›, der 1489 gedruckten Sammlung seiner Vorlesungen über die antike Dichtung, den «Zensoren» gegenüber, die in ihrer rohen Ignoranz, die sie als Heiligkeit ausgäben, die klassische Literatur und die Poesie diffamierten. Dies nämlich war ein weiterer beunruhigender Aspekt der Predigten, der auf die ganze herrschende Kultur zielte. Nicht, daß Fra Mariano in dieser Hinsicht keine Bedenken gehabt hätte, denn er hatte Pulci zu seinem Widerruf gedrängt, aber er war doch weit von dem Rigorismus anderer Prediger entfernt. Niccolò Valori erzählt, daß Lorenzo sich oft zusammen mit Giovanni Pico und anderen Literaten seines Kreises in das Kloster San Gallo begeben habe – «fast wie in eine Akademie der christlichen Religion» –, um über theologische und philosophische Fragen zu disputieren, wobei ihm besonders das Thema der Unsterblichkeit der Seele am Herzen gelegen habe. Wie dem auch sei, Lorenzo wußte es zu schätzen, mit Fra Mariano einen Prediger auf seiner Seite zu wissen, dem jeder Extremismus fernlag.

Im April 1489 wandte sich Lorenzo, wahrscheinlich auf Vorschlag Giovanni Picos, an den General der Dominikaner mit der Bitte, den Ordensbruder Girolamo Savonarola nach Florenz zurückzuschicken. Dieser hatte zwischen 1482 und 1485 einige Zeit in Florenz als Lektor im Dominikanerkloster San Marco gewirkt, über das die Medici eine Art Schutzherrschaft ausübten, seit es Cosimo de' Medici wiederaufgebaut und dem Orden übertragen lassen hatte. Neben der theologischen Lehrtätigkeit hatte er auch gepredigt – gegen den Luxus der Kleidung, des Hausrats, auch gegen Pulci, der sich daraufhin «bekehrt» hatte –, aber sein in Florentiner Ohren barbarisch klingender Ferrareser Dialekt, seine ungezügelte Gestik und der völlige Mangel an rhetorischem Raffinement fanden wenig Anklang, vor allem beim gebildeteren Publikum. Die Fastenpredigten des Jahres 1484 in San Lorenzo waren ein wahrer Mißerfolg gewesen.

Der Frate, der im Frühjahr 1490 als Lektor nach San Marco zurückkehrte, hatte zwar etwas von seiner Ungeschliffenheit abgelegt, nicht aber seine Überzeugungen. Seine Vorlesungen zogen neben den Novizen auch viele Laien an, so daß sie bald aus dem Kloster in die Kirche des Konvents verlegt werden mußten. Von August 1490 bis Anfang 1491 legte Savonarola seinem Publikum die Apokalypse aus. Das Thema förderte den prophetischen Ton, in dem er zu predigen pflegte. Der Frieden, in dem Italien lebe, und die ganze schöne Zeit, sagte er, seien suspekt. Er sah das Strafgericht Gottes nahen und Unheil über die verderbte Menschheit kommen, verstand sich selbst als den Hagel, der denen, die sich nicht in Sicherheit gebracht hatten, das Haupt einschlagen würde. Deswegen forderte er die Erneuerung der korrupten Kirche, wetterte gegen den Verfall der Sitten, die Mißbräuche der Regierung, prangerte die Philosophen, Literaten und jene Humanisten an, deren philologischer Eifer nicht einmal vor den Heiligen Schriften haltmache. Dazu kündigte er furchtbare Heimsuchungen, das Kommen des Antichristen und das Ende der Zeiten an – nicht, wie er sagte, wegen der abergläubischen Prophezeiungen, an die das Volk glaube, sondern einzig und allein aufgrund der Auslegung der Heiligen Schrift. Die Predigten, die er in der Fastenzeit 1491 im Dom hielt, der allein groß genug war, um die Menge der Zuhörer zu fassen, übten noch größere Wirkung aus und brachten das Volk endgültig auf seine Seite. Er wurde zum Prediger der «Verzweifelten und Unzufriedenen», wie es hieß, aller jener, die sich von den Herrschenden und Reichen bedrückt und ausgebeutet fühlten. Lorenzo ließ ihn durch Freunde zur Mäßigung auffordern und ihm sagen, er solle nicht mehr *de futuris*, nämlich vom kommenden Unheil, predigen. Savonarola deutete in einem Brief an einen Freund an, daß er fürchtete, es würde ihm wie Bernardino da Feltre ergehen.

Nach Ostern hielt Savonarola auch eine Predigt vor der Regierung über das Thema: «Alles Gute und Schlechte geht vom Haupt aus», in welcher er den Regierenden in biblisch verbrämter Sprache den Spiegel vorhielt. Sie gäben Schmeicheleien statt, verteilten die Steuern willkürlich, kauften die Wahlstimmen, verschacherten die Zollrechte, bestellten schlechte Verwalter, änderten die Münze zum Schaden der Armen – eine unerbittliche Philippika gegen alle Mißstände des Regimes. Es war die Zeit, als die «Siebzehn Reformatoren» mit ihrer weitreichenden Macht über die öffentlichen Finanzen wieder schalteten und walteten. Besonders die Prägung der neuen Münzen von höherem Metallwert, mit denen jetzt alle Abgaben bezahlt werden mußten, hatte viel Mißmut unter den Bürgern erregt. Im Mai hielt Fra Mariano da Genazzano im Beisein Lorenzos, Polizianos, Picos und anderer Freunde in San Gallo noch einmal eine flammende Predigt gegen die Exzesse Savonarolas, die aber das Gegenteil bewirkte und den Augustiner bestimmte, nach Rom zurückzukehren.

Dennoch wollte und konnte Lorenzo es nicht noch einmal wagen, das Volk, das Savonarola inzwischen wie einen Heiligen verehrte, gegen sich aufzubringen und den Prediger künftigen Unheils aus der Stadt zu jagen. Die Lage war um so gefährlicher, da auch Angehörige seines eigenen Lagers sich von den Predigten Savonarolas hinreißen ließen. Würde die alte Oligarchie, die Lorenzos Macht mit steigendem Mißtrauen betrachtete, die Gelegenheit nutzen, um größeren Anteil an dieser Macht zu verlangen, sich gegen ihn verbünden, ihn gar auszuschalten suchen? Die innere Opposition hielt sich zwar bedeckt, aber die Wiederwahl der «Siebzehn Reformatoren» im Jahr 1490 war nur mit knapper Stimmenmehrheit im Siebzigerrat durchgegangen, jenem Organ, das eigens dazu geschaffen worden war, Lorenzos Macht zu stärken.

Lorenzo versuchte sich der allgemeinen Stimmung irgendwie anzupassen. Er dichtete nun selbst geistliche Lieder, wie es sogar Poliziano tat. Für den Karneval 1491 schrieb er ein Mysterienspiel über die Legende der Heiligen Johannes und Paulus. Dafür hatte er freilich einen persönlichen Grund. Sein jüngster Sohn Giuliano war zum *Messere* der *Compagnia di San Giovanni Evangelista*, zum Haupt einer Bruderschaft von Kindern, gewählt geworden, und solche Vereinigungen, in der sich Kinder aus allen Schichten zusammenfanden, pflegten, wie andere Bruderschaften auch, in der Karnevalszeit Lustbarkeiten zu veranstalten. Für die Aufführung seines erbaulichen Theaterstücks, bei der auch Giuliano mitwirkte, ließ Lorenzo einen prächtigen szenischen Apparat anfertigen. Anschließend gab es üppige Erfrischungen für die Kinder und ihre Angehörigen, Konfekt, süßes Gebäck und Wein. Lorenzo wohnte dem Ereignis selbst bei und mit ihm ein zahlreiches Publikum, das wie die jungen Schauspieler aus Menschen aller Klassen bestand. Der hohe Herr der Stadt mischte sich mit seiner Familie unter das Volk, dessen Gunst ihm zunehmend entglitt. Savonarola hatte sehr bestimmte Vorstellungen darüber, welche Aufgaben die Poesie zu erfüllen hatte. Im Herbst 1491 schickte ihm Ugolino Verino, ein Literat, der zum Kreis Lorenzos gehörte, ein kleines Werk in lateinischen Hexametern mit dem Titel *De christianae religionis... foelicitate* (Vom Glück der christlichen Religion), das diese Frage aufwarf. Der Autor beklagte die Schlüpfrigkeit der antiken Dichter und die Sitte, die Jugendlichen im Geiste Homers und Vergils zu erziehen, sie in der Rhetorik zu unterrichten und zum ausgefeilten Stil anzuhalten – «so daß sie glauben, daß keine Rede elegant sei, wenn sie irgendwie christlichen Klang hat, sie flüchten davor wie vor einer Barbarei. Lieber nennen sie Jupiter statt Christus, den Tirsus statt des Kreuzes, Juno und Bacchus statt Maria und Johannes.» Verino erinnerte in diesem Zusammenhang auch an die Plautus-Komödie *Die Menächnen*, die Schüler der Schule von San Lorenzo im Jahre 1488 in lateinischer Sprache unter Polizianos Leitung in ebendieser Kirche aufgeführt hatten. Auch Lorenzo hatte im Publikum gesessen. Verino hatte die klare Sprache und die Komik des Stücks zwar gefallen, doch hatte er «lebhaften Abscheu vor den weichlichen Umarmungen dieser zarten Komödianten» empfunden. Die ganze humanistische Erziehung war seiner Meinung nach wegen ihrer moralischen Bedenklichkeit nicht für Kinder geeignet.

Savonarola antwortete ihm mit der Schrift *Apologeticus de ratione poeticae artis*, in der er Verinos Kritik voll und ganz zustimmte. Er verwarf die Poesie zwar nicht ganz, wies ihr aber doch den allerniedrigsten Platz unter den menschlichen Wissenschaften zu. Wenn überhaupt, dann sollte sie sich mit den christlichen Heilswahrheiten befassen. Damit stand die ganze literarische Kultur unter Verdikt, die dem klassischen Altertum zugewandte humanistische ebenso wie die Liebeslyrik im Gefolge Dante und Petrarcas, die Novellen im Stil Boccaccios, Epen wie Pulcis *Morgante*, gegen den Savonarola nicht aufhörte zu predigen. Für Savonarola galten allein die Heiligen Schriften, alle andere Literatur war wertlos, wenn nicht gar zu verdammen.

1492 hielt Savonarola seine Fastenpredigten in der überfüllten Kirche San Lorenzo, der Kirche der Medici. Der Andrang war größer denn je. Die Themen waren die üblichen, der Ton noch heftiger und prophetischer. Wieder predigte der Dominikaner gegen die «Großen», die nicht kritisiert werden wollten und ihm übelwollten, sich gewöhnlich nicht einmal bei den Predigten blicken ließen. Dies zielte sicher auch auf Lorenzo. Doch wäre es diesem in jenen Märztagen schwerlich möglich gewesen, die Kirche aufzusuchen, denn er war seit Wochen hoffnungslos krank. Schon seit dem Herbst 1491 gab sein Gesundheitszustand zu Besorgnis Anlaß. Die Gicht, an der Lorenzo wie sein Vater und Großvater litt, veranlaßte ihn seit 1485 zu immer häufigeren und längeren Badekuren. Im Frühjahr und im Herbst pflegte er gewöhnlich Florenz zu verlassen, um viele Wochen in den Bädern zuzubringen, in Bagno a Morba, in Filetta bei Siena, in Bagno di San Filippo und in Bagno Vignoni im südlichsten Zipfel der Toskana sowie in den Villen Spedaletto und Agnano, in deren Nähe ebenfalls heiße Quellen sprudelten. Er reiste dann mit großer Begleitung, zusammen mit seinen Sekretären und anderen Personen des Haushalts, um auch im Bad die politischen Geschäfte weiterführen zu können; die Kuriere eilten zwischen Florenz und dem jeweiligen Bad hin und her. Er umgab sich dabei oft auch mit Literaten und Musikern, die ihm den Aufenthalt versüßen sollten. Solche Kuren brachten ihm wenigstens vorübergehend eine Besserung des sehr schmerzhaften Leidens, aber keine Heilung. In Unkenntnis der wahren Ursachen der Krankheit besaßen die Ärzte kein Heilmittel, um das Übel an der Wurzel zu kurieren. Bei der Gicht handelt es sich bekanntlich um eine Stoffwechselkrankheit, die zuerst die Gelenke, dann auch die anderen Organe des Körpers befällt und sich schubweise in sehr schmerzhaften, rheumaartigen Anfällen äußert.

Seit Ende des Jahres 1491 verschlechterte sich der Gesundheitszustand Lorenzos rapide. «Er hat seit zweiundzwanzig Tagen das Haus nicht mehr verlassen», berichtete am 19. Januar 1492 einer der Sekretäre dem Kollegen Niccolò Michelozzi, der sich in Neapel befand. Lorenzo litt an schier unerträglichen Schmerzen in den Gelenken, den Füßen, den Händen, den Knochen, am Magen, dem ganzen Körper.

Er konnte sich kaum noch bewegen und das Bett nicht mehr verlassen, geschweige denn Besuche empfangen. Am 11. Februar schrieb der Gesandte von Ferrara seinem Herzog: «Er ist so von Schmerzen geplagt, daß es geradezu ein Wunder ist, wie er das ertragen kann.» Lorenzo war nicht einmal mehr in der Lage, sich die vielen eingehenden Briefe vorlesen zu lassen, nur jenen des Königs von Neapel, der ihm sein Bedauern über das Leiden aussprach, wollte er hören. Dann trat in der zweiten Februarhälfte plötzlich eine Besserung ein, die seine Umgebung aufatmen ließ. Die Schmerzen ließen nach, doch die Stimmung Lorenzos blieb gedrückt. An einen Badeaufenthalt, wie ihn die Ärzte für wünschenswert hielten, war wegen des schlechten Wetters und der ungewöhnlichen Kälte – der Schnee lag noch Anfang März bis vor die Tore der Stadt – einstweilen nicht zu denken. Während des Karnevals sah man ihn, wie er mit bedecktem Haupt von einem Fenster seines Palastes aus die Karnevalswagen auf der Straße vorbeiziehen sah. Als sein Sohn Giovanni am 10. März den roten Hut empfing, war Lorenzos Zustand zwar nicht mehr kritisch, aber an den großartigen Festlichkeiten konnte er nicht teilnehmen. Immer wieder auftretende Schmerzen machten deutlich, daß die Krankheit weiterschwelte. Die zeitweilige Besserung erlaubte es ihm jedoch, seinem Sohn einige schriftliche Anweisungen mit auf diese Reise nach Rom zu geben, die Giovanni am 12. März in Begleitung seines Bruders Giuliano und eines großen Gefolges antrat. In diesem Schriftstück heißt es:

«Messer Giovanni, Ihr seid dem Herrn Herrgott zu großem Dank verpflichtet und auch wir alle Euretwegen, denn außer den vielen Wohltaten und Ehren, die unser Haus durch ihn empfangen hat, hat er es auch eingerichtet, daß wir in Eurer Person die höchste Würde erblicken, die es je im Haus gab.» Das Haus, die Familie Medici also, erhielt durch Giovannis Erhebung zum Kardinal eine Erhöhung ihres Standes. Es reihte sich damit unter die Fürstenhäuser Italiens ein, die wie die Aragonesen von Neapel, die Sforza oder die Gonzaga ihren Sprößlingen in letzter Zeit einen Sitz im Kardinalskollegium verschafft hatten. Die nochmals wiederholte, eindringliche Ermahnung, daß dem Herrgott allein für die neue Würde Dank gebühre, klingt freilich etwas seltsam angesichts der Anstrengungen und Opfer finanzieller und anderer Art, die für die Erreichung dieses Ziels nötig gewesen waren. Dann aber überwiegt die väterliche Sorge, diktiert vom Wissen darum, welche Bürde das Amt für den erst sechzehnjährigen, unerfahrenen Jüngling bedeuten mußte. Lorenzo kannte die römische Kurie, ihre Intrigen und die moralischen Gefahren, die dort lauerten. «Rom ist der Pfuhl allen Lasters», warnte er seinen Sohn, doch nicht nur schlechtes Beipiel könne ihn vom rechten Weg abbringen. Da sei auch der Neid, den seine Erhebung ihrer Umstände halber und wegen seines jungen Alters unvermeidlich erregen würde. «Diejenigen, die Eure Erhebung nicht haben verhindern können, werden listig versuchen, Eure Würde zu mindern, indem sie Euren Lebenswandel anschwärzen und Euch in denselben Graben stürzen lassen, in den sie selbst gefallen sind, in der Überzeugung, daß Euer Alter sie zum Erfolg führt.» Deshalb ermahnte er Giovanni zu tugendsamem Leben. Die Person eines Kardinals sei von großer Bedeutung und müsse Vorbild sein: «Der ganzen Welt ginge es gut, wenn die Kardinäle so wären, wie sie sein müßten, denn dann machten sie immer einen guten Papst, woraus sozusagen allen Christen Trost erwüchse.» Wer hörte aus diesen Worten nicht Lorenzos eigene bittere Erfahrungen heraus? Er, sein Vater, habe ihn heute, so heißt es weiter, Gott und der Heiligen Kirche geschenkt. Deshalb müsse er ein guter Geistlicher werden und das Interesse der Kirche und des Hl. Stuhles über alles stellen. Unter dieser Voraussetzung werde er aber sicher auch Gelegenheit finden, «der Stadt und dem Haus» zu helfen, «denn für diese Stadt ist die Union mit der Kirche nützlich, und Ihr müßt dafür ein gutes Verbindungsglied sein», das Wohl des Hauses jedoch hänge vom Wohl der Stadt ab. Natürlich wisse man nicht, was die Zukunft bereithalte, aber ganz allgemein glaube er, daß es möglich sei, «beides unter einen Hut zu bringen». Die Giovanni zugewiesene Aufgabe war, in Rom die Interessen seiner Familie und seiner Vaterstadt zu vertreten, die nicht voneinander zu trennen waren, und dafür zu sorgen, daß das Bündnis mit dem Papsttum erhalten blieb.

Was folgt, sind Verhaltensregeln für den jungen Kardinal: Da er die schwierige Kunst des Gesprächs mit seinen neuen Kollegen und anderen hochgestellten Personen noch erlernen müsse, solle er zu Beginn mehr die Ohren als die Zunge gebrauchen. Seines jungen Alters wegen müsse er sich vor allem der Bescheidenheit befleißigen und Maß in allen Dingen halten: «Ein schöner Marstall und ein geordneter Haushalt wären mir lieber als ein reicher und pompöser; besser etwas Feines an antiken Dingen und schöne Bücher sowie eine gesittete und gelehrte Kardinalsfamilie als eine aus vielen Personen bestehende» (eingedenk der väterlichen Ermahnungen hat sich Giovanni de' Medici später denn auch als Papst zusammen mit einem kostbaren Buch und edlen Gegenständen von Raffael malen lassen). Eine Regel legte Lorenzo seinem Sohn besonders ans Herz, das frühe Aufstehen, das nicht nur der Gesundheit zuträglich sei, sondern es auch ermögliche, die vielen anfallenden Geschäfte des Tages zu erledigen, die er sich immer vor dem Schlafenlegen zurechtlegen solle – eine Regel, die sich zweifellos auch der Vater zum Gebot gemacht hatte. Wie sonst hätte Lorenzo wohl neben den zeitraubenden, aufreibenden politischen Geschäften und den Angelegenheiten der Bank noch die Zeit für seine vielfältigen intellektuellen Interessen, seine Liebhabereien und seine literarischen Betätigungen gefunden?

Lorenzo ahnte, daß er Giovanni nicht wiedersehen würde. Trotz der kurzen Besserung, die ihm sogar erlaubte auszureiten, trat Anfang April eine dramatische Verschlechterung seines Zustands ein. Wegen der besseren Luft ließ er sich in die Villa in Careggi bringen. Es half ihm nicht. Den Schmerzen gesellten sich jetzt Fieber und Ohnmachtsanfälle zu. Trotzdem hielt sein Arzt Piero Leoni, eine Berühmtheit in seinem Beruf, die Krankheit immer noch nicht für lebensgefährlich. Er irrte, denn Lorenzos Leben ging zu Ende. Gut zwei Monate nach dem Tod beschrieb Poliziano dem befreundeten Humanisten Jacopo Antiquario in einem Brief Lorenzos Sterben. Es ist der Bericht eines Augen- und Ohrenzeugen und zugleich ein ergreifender Nachruf auf den Mann, der ihm mit seiner Unterstützung und der lebhaften Anteilnahme die Verwirklichung seiner intellektuellen Ziele ermöglicht hatte. Da Poliziano den Brief schon im Juli 1492 drucken ließ, verfolgte er zugleich einen anderen Zweck. Er wollte damit das Andenken Lorenzos gegenüber moralischen Vorwürfen verteidigen und ihn als guten Christen darstellen. An der Wahrhaftigkeit von Polizianos Schilderung ist aber nicht zu zweifeln, da sie in ihren groben Zügen auch von anderen Quellen bestätigt wird. Diesem Zeugnis wollen wir deshalb bei der Beschreibung von Lorenzos letzten Stunden folgen.

Als Lorenzo in der Nacht vom 6. zum 7. April sein Ende nahen fühlte, ließ er einen Geistlichen holen, um zu beichten und zu kommunizieren, was er mit tiefer Andacht tat. Dann ließ er seinen Sohn Piero zu sich kommen, um ihn zu trösten und ihm sein politisches Testament zu hinterlassen. Dessen Einzelheiten blieben geheim. Poliziano wußte nur, daß Lorenzo, überzeugt davon, daß die Nachfolge ohne Schwierigkeit gelingen würde, Piero ermahnte, nie nur auf den Rat einzelner Männer zu hören, sondern immer der Meinung der Mehrheit des *stato* zu folgen, denn jeder *stato* sei ein Körper mit vielen Köpfen. Lorenzo war sich offenbar bewußt, daß eine wie auch immer gestaltete Alleinherrschaft der Medici in Florenz zum gegenwärtigen Zeitpunkt nicht zu verwirklichen war. In diesem Sinne gab er auch Anweisungen für sein Begräbnis. Er wollte wie ein «privater» Bürger, in der gleichen einfachen Form wie sein Großvater Cosimo, zu Grabe getragen werden.

Dann kam der Morgen und mit ihm ein Arzt aus Pavia, den Ludovico il Moro geschickt hatte. Magister Lazzaro urteilte sofort, daß die Krankheit völlig falsch behandelt worden sei, aber die Pülverchen aus gestoßenen Gemmen und Perlen und seine anderen therapeutischen Maßnahmen, die Lorenzo geduldig über sich ergehen ließ, konnten dem Sterbenden nicht mehr helfen. Lorenzo fand sogar noch die Kraft für einen wenn auch bitteren Scherz. Als man ihn fragte, ob die gebotenen Speisen nach seinem Geschmack seien, antwortete er: «Wie kann einem, der zum Tod verurteilt ist, noch etwas schmecken?» Poliziano war vom Schmerz derart überwältigt, daß er weinte, und als Lorenzo dies sah, tröstete er ihn und fragte nach Giovanni Pico, der auf seinen Wunsch sofort herbeigerufen wurde. Der Besuch des Grafen heiterte den Sterbenden auf. Er unterhielt sich mit ihm und Poliziano, den beiden Gelehrten, die ihm am nächsten standen, und beklagte, daß er «ihre» Bibliothek nicht habe vollenden können. Kaum war Pico gegangen, trat Girolamo Savonarola in das Zimmer. Als Prior des den Medici verbundenen Klosters hatte er es wohl als seine Pflicht angesehen, dem Sterbenden geistlichen Beistand zu gewähren. Daß er aber zur Bedingung für die Absolution Lorenzo aufgefordert habe, Florenz die Freiheit zurückzugeben, ist eine von seinen Anhängern später in die Welt gesetzte Legende. Nach Polizianos Zeugnis ermahnte Savonarola Lorenzo, Glauben zu haben und in Zukunft sehr tugendsam zu leben, falls nötig auch den Tod mit Ergebung zu ertragen, was Lorenzo ihm versprach. Dann bat er den Frate, der sich schon anschickte zu gehen, noch um seinen Segen. In seinen letzten Stunden blieb Lorenzo stets bei wachem Bewußtsein. «Nur der Geist ist übriggeblieben», schrieb sein Sekretär Filippo da Gagliano an Niccolò Michelozzi. Dann erhielt er die letzte Ölung und nahm Abschied von den Seinen, unter denen sich nach dem Bericht Valoris auch seine Schwester Bianca und seine Lieblingstochter Lucrezia befanden. In der folgenden Nacht gegen Morgen – es war der 8. April 1492 – starb er, erst dreiundvierzig Jahre alt, den gleichen exemplarischen christlichen Tod wie einst sein Großvater Cosimo. Die Totenmaske, die nach Florentiner Sitte gleich nach dem Tod abgenommen wurde, hat Lorenzos letzte Züge festgehalten.

Die Bestürzung in der Stadt war allgemein. In dem von den Predigten Savonarolas aufgeheizten Klima erinnerte man sich nun an die vielen Prophezeiungen künftigen Unheils und glaubte, Vorzeichen gesehen zu haben. In der Nacht zum 5. April – eine Angabe, die sich bei allen Chronisten findet – war bei einem plötzlich aufgezogenen Gewitter ein Blitz in die Domkuppel gefahren und hatte schwere Schäden angerichtet. Ganze Marmorblöcke waren heruntergeschleudert worden und viele davon in Richtung des Medici-Palastes gefallen. Poliziano gibt an, daß auch eine vergoldete Kugel herabgestürzt sei, ein sinistrer Hinweis auf das Medici-Wappen. Andere merkwürdige Dinge geschahen: Eine Frau hatte am selben Tag während einer Predigt in der Kirche S. Maria Novella die Vision eines wilden Stieres gehabt, der mit seinen brennenden Hörnern die Kirche, nach anderer Version die ganze Stadt in Brand steckte; in der Nacht des Todes erschien ein heller Stern über der Villa in Careggi, der im Augenblick des Todes erlosch; im Garten hatten riesige Schattengestalten miteinander gekämpft. Drei Nächte lang sah man sodann von den Hügeln Fiesoles aus Flammen über San Lorenzo stehen, der Grabkirche der Medici; die Löwen, die Florenz als lebende Wappentiere hielt, fielen übereinander her und zerfleischten einander, einer blieb tot – alles Zeichen, die, wie Marsilio Ficino Niccolò Valori erklärte, den Tod großer Männer zu begleiten pflegten. Die seltsamen Vorfälle wurden indessen in Florenz als Vorzeichen großen Unglücks gedeutet. Die ganze Ungewißheit über die Zukunft der Stadt nach dem Tod dessen, der ihr wahrer Herrscher gewesen war, drückte sich in diesem mythischen Denken aus.

Einige, setzte Poliziano noch leicht ironisch hinzu, hätten auch einen weiteren Vorfall für ein Unheilszeichen gehalten. Piero Leoni, der berühmte Arzt, der Lorenzo seit vielen Jahren behandelt hatte, war tot in einem Brunnen aufgefunden worden. Man munkelte von Mord, aber der Verdacht war unbegründet. Leoni scheint tatsächlich von einigen Dienern Lorenzos bedroht worden zu sein, die ihm vorwarfen, ihren Herrn vergiftet zu haben. Deshalb war der Arzt zu seinem Schutz in eine Villa der befreundeten Familie Martelli gebracht worden. Hier sah man ihn völlig von Sinnen und verstummt; auf Fragen gab er keine Antwort mehr. Am Morgen bat er um ein Handtuch und ging zu einem Brunnen, in dem man ihn dann wenig später ertrunken auffand. Nach einer Obduktion von Lorenzos Leichnam kam auch Magister Lazzaro aus Pavia zum Schluß, daß Lorenzo vergiftet worden sei. Diesen Verdacht äußerte er jedoch vorsichtigerweise erst nach seiner Rückkehr nach Mailand dem Herzog gegenüber. Nichts weist aber darauf hin, daß er begründet gewesen wäre.

Der Sarg mit Lorenzos Leichnam wurde zunächst in das Kloster San Marco gebracht, in den Raum der *Compagnia dei Magi*, der Lorenzo angehört hatte, dann abends am 9. April im Licht der Fackeln in die Sakristei von San Lorenzo überführt. Am Morgen darauf fanden die feierlichen Exequien statt, ohne Aufwand, wie es Lorenzo gewünscht hatte, aber in Gegenwart einer überwältigenden Menge von Bürgern im Trauergewand oder doch mit einem Zeichen der Trauer, zur Demonstration, wie Guicciardini schreibt, «daß ein öffentlicher Vater und Herr (*padre e padrone*) der Stadt gestorben war». Danach wurde der

Sarg wieder in die Alte Sakristei gebracht in Erwartung eines der Bedeutung des Verstorbenen angemessenen Grabmals.

Ein solches hat jedoch Lorenzo aufgrund der politischen Lage, die sich nach seinem Tod ergab, nie erhalten. Erst 1519 beschlossen Leo X. und sein Cousin Kardinal Giulio de' Medici, eine zweite Grabkapelle in San Lorenzo errichten zu lassen, die Neue Sakristei, in dem die sterblichen Überreste ihrer Väter zusammen mit denen von Giuliano, Herzog von Nemours, und Lorenzo, Herzog von Urbino, des Sohnes und des Enkels Lorenzos, die vor kurzem gestorben waren, beigesetzt werden sollten. Mit dem Entwurf und der Ausstattung der neuen Kapelle wurde Michelangelo beauftragt. Er schuf zunächst die berühmten Grabmäler der beiden Herzöge, für die Grablege der beiden älteren Medici zunächst nur einen schlichten Marmorsarg. Nach dem Tod beider Auftraggeber – Leo X. starb 1521, Giulio de' Medici 1534 als Papst Clemens VII. – wurden die Arbeiten unterbrochen. Erst 1559 ließ Herzog Cosimo I., über seine Mutter ein Urenkel Lorenzo de' Medicis, die Särge Lorenzos und Giulianos in den von Michelangelo vorbereiteten Marmorsarg legen, der in der Neuen Sakristei an der Wand gegenüber dem Altar aufgestellt wurde. Wahrscheinlich stellte Vasari, der die Kapelle in Ordnung bringen sollte, auch drei von Michelangelo entworfene, zum Teil von Schülern ausgeführte Skulpturen auf den Sarg, eine Madonna und die Statuen der Familienheiligen Cosmas und Damian. Eine Inschrift wurde jedoch nicht angebracht, so daß man schließlich vergaß, wo Lorenzo und sein Bruder begraben lagen. Nach längerer Suche wurden sie Ende des 19. Jahrhunderts im Marmorsarg Michelangelos wiederaufgefunden. Erst danach wurde die Inschrift eingemeißelt, die heute hier an Lorenzo «il Magnifico» und seinen Bruder Giuliano erinnert.

EPILOG

Sofort nach Lorenzos Tod mußte die Nachfolge Pieros gesichert werden. War die Stadt tatsächlich bereit, ihn als Erben in der zwiespältigen Stellung seines Vaters, als Herrn *de facto* der Republik, die Florenz der Form nach immer noch war, anzuerkennen? Oder war die Stimmung unter den Bürgern vielleicht längst gegen die Medici umgeschlagen? Hatten die Mißstände und Mißbräuche der Macht, die Savonarola seit Jahren so heftig anprangerte, das Volk gänzlich von den Medici abgewendet? Wollten überhaupt diejenigen, die die Herrschaft mit Lorenzo geteilt hatten, dem jungen Piero die Führung des *stato* überlassen, das heißt ihm die Autorität zugestehen, die sein Vater besessen hatte?

Nicht alle in der Stadt waren über Lorenzos Tod unglücklich. Piero Parenti, ein Angehöriger der Florentiner Führungsschicht, der jedoch nicht zum innersten Kreis des mediceischen *stato* gehört hatte, schreibt in seinem Geschichtswerk, daß in der Stadt die Nachricht von Lorenzos Tod auf verschiedene Weise aufgenommen worden sei. Das niedere Volk habe sich darüber gefreut, wegen der Warensteuern und der neuen Münzprägungen, die es als Kränkung empfunden habe. Die höheren Schichten (*popolani e nobilotti*) seien auch nicht allzu traurig gewesen, aus denselben Gründen und wegen weiterer Steuern, die ihnen auferlegt worden waren. Selbst von den *principali*, den mächtigsten Bürgern, hätten nicht alle den Tod beweint. Einzig diejenigen, die Lorenzo sehr nahegestanden und mit ihm die Herrschaft geteilt hatten, hätten große Trauer empfunden, weil sie eine Minderung ihrer Macht befürchteten. Die nicht an der Macht partizipiert und keine Regierungsämter besessen hätten, seien eher froh gewesen, weil sie glaubten,

daß die Republik und sie selbst jetzt die Freiheit zurückerlangten. Laut hätten sie dies allerdings nicht ausgesprochen.

Einer jener *principali*, die nur wenig an der Macht teilgehabt hatten, war Alamanno Rinuccini, der überzeugte Verfechter der alten Republik, der seit Jahren schon Lorenzo der «Tyrannei» bezichtigte, freilich nur im privaten Studierzimmer. Er schrieb gleich nach dem Tod Lorenzos in seinen *Ricordi* ein vernichtendes Urteil über den Verstorbenen nieder – «nicht aus Haß oder Mißgunst gegen ihn, ... sondern aus Liebe und Eifer gegenüber der Wahrheit». Diese sei nämlich von vielen, die Lorenzo in ihren Schriften hätten schmeicheln wollen, verzerrt worden. Lorenzo habe ohne Rücksicht auf Regeln und Gesetz geschaltet und gewaltet und am Ende sogar geplant, sich wie Julius Caesar der Republik zu bemächtigen. Er habe nur noch auf eine günstige Gelegenheit gewartet. Viele hätten von seinen Übergriffen auf das öffentliche Geld gewußt, niemand jedoch etwas zu sagen gewagt.

Die Mißstimmung über Lorenzos autoritäres Gebaren war offensichtlich selbst bei denen, die sich seine Anhänger nannten, verbreitet. Aber wenn schon einen «Tyrannen», befand Francesco Guicciardini, dann hätte die Stadt keinen «besseren und liebenswürdigeren» finden können. Als Enkel, Großneffe und Sohn von Männern, die zum engsten *stato* Lorenzos gehört hatten, gibt der Verfasser der *Storie fiorentine* hier sicher auch die in seiner Familie überlieferte Meinung wieder. Trotz aller Bewunderung für die ungewöhnliche Persönlichkeit kam aber auch er zum Schluß, daß Florenz zur Zeit Lorenzos nicht frei gewesen sei. Unendliche Wohltaten habe die Stadt aufgrund seiner natürlichen Neigung und Milde zwar durch ihn erfahren, wegen der Notwendigkeiten der Tyrannis aber auch Übles, wenn auch mit Maßen und begrenzt und nur, weil die Situation es erfordert habe; keines dieser Übel sei indessen tyrannischer Willkür entsprungen. Selbst die grausame Behandlung der Pazzi (er meinte deren unmenschliche Kerkerhaft in Volterra, nicht die Exekutionen) sei aus den Umständen zu erklären gewesen. Lorenzo hatte in der Tat, im Unterschied zu so vielen kleinen Tyrannen Italiens, niemals zum Mittel des Mords gegriffen, sondern war im Gegenteil selbst Mordanschlägen ausgesetzt gewesen. Er hatte immer nur mit den unblutigen Waffen der Politik und der Diplomatie gekämpft.

Trotz aller Kritik an Lorenzos Wirken verlief der Machtübergang ohne Schwierigkeiten. Schon eine Woche nach dem Tod verabschiedeten die Räte mit breiter Mehrheit ein Gesetz, das es dem gerade zwanzigjährigen Piero erlaubte, seinem Vater in dessen Ämtern nachzufolgen. So wurde er Mitglied der «Siebzig», bei denen faktisch die Führung aller Regierungsgeschäfte lag. Die Männer des *stato* waren bereit, ihn zu stützen und das Regiment der Medici weiterzuführen. Doch setzte sich Piero schnell über den Ratschlag seines Vaters hinweg, sich vor Entscheidungen beraten zu lassen und der Meinung der Mehrheit des *stato* zu folgen. Er handelte nach eigenem Gutdünken und folgte vor allem dem Rat einzelner treuergebenener Diener. Zusammen mit seinem arroganten Auftreten rief dies bald Irritationen hervor und brachte einen Teil des *stato* gegen ihn auf, der sich zu spalten begann. Sogar sein Onkel Bernardo Rucellai und Lorenzo und Giovanni de' Medici, die Söhne Pierfrancescos, wandten sich von ihm ab.

In dieser prekären innenpolitischen Lage wurde Piero ein Ereignis der auswärtigen Politik zum Verhängnis, das schnell das ganze Fünfstaatensystem Italiens aus den Angeln heben sollte. 1494 beschloß König Karl VIII. von Frankreich, nach Italien zu ziehen, um als Erbe der letzten Anjou das Königreich Neapel für die französische Krone zurückzuerobern. In dieser Situation machte Piero den schwerwiegenden Fehler, die Partei des Königs von Neapel zu ergreifen, statt, wie gedrängt, auf die Seite Mailands zu treten, das sich mit Frankreich verbündet hatte. Er verweigerte dem König den gewünschten friedlichen Durchzug durch florentinisches Gebiet. Diese Haltung entfremdete ihm nicht nur das Volk, das sich traditionell mit Frankreich verbunden fühlte, sondern wurde auch von den meisten Anhängern nicht geteilt. Als der König mit seinen Truppen schon auf florentinischem Gebiet stand, machte Piero einen letzten verzweifelten Versuch, um das Blatt zu wenden. Er begab sich zu Karl VIII. und sagte ihm nach längeren Verhandlungen ohne Rücksprache mit den Florentiner Regierungsorganen die Übergabe der Festungen Sarzana, Pietrasanta, Pisa und Livorno zu, von denen die beiden ersten sogleich von den Franzosen besetzt wurden. Die Empörung darüber war groß in Florenz. Jetzt fielen auch seine engsten Anhänger von ihm ab. Als er zurückkam und der Regierung über die Vorgänge Bericht erstatten wollte, wurde ihm der Eingang zum Palazzo della Signoria verwehrt. Er kehrte nach Hause zurück, während sich in den Straßen immer lauter der Ruf «Es leben das Volk und die Freiheit!» erhob. Kurz darauf überbrachte ihm ein Regierungsbote die Nachricht, daß er zum Rebellen erklärt worden sei. Am selben Tag, dem 9. November 1494, floh Piero de' Medici aus Florenz, zusammen mit seinen Brüdern Giuliano und Kardinal Giovanni, der als Bettelmönch verkleidet unerkannt aus der Stadt entwich. Der Medici-Palast wurde vom Volk geplündert. Nur einunddreißig Monate, gut zweieinhalb Jahre nach Lorenzos Tod war die seit sechzig Jahren während faktische Herrschaft der Medici über Florenz zusammengebrochen.

Lorenzos Ziel, durch Verfassungsreformen und die Aushöhlung der republikanischen Grundordnung die Macht seiner Familie in Florenz zu verankern, war damit gescheitert. Die schon von Cosimo ein-

geleitete Politik, die Herrschaft in den Formen der Republik auszuüben, war ein äußerst schwieriger Balanceakt, den der junge Piero nicht
beherrschte. Die Familien der Stadt, deren Rivalitäten nie zur Ruhe kamen, wollten sich die Macht von einer einzelnen Familie nicht völlig
aus den Händen winden lassen. Lorenzo war es weder gelungen, einen
festen Bund mit anderen mächtigen Familien zu schließen, um nach
dem Vorbild von Venedig gemeinsam mit ihnen die Macht auszuüben
und damit zugleich eine stabilere Regierungsform zu schaffen, noch
eine formelle, erbliche Alleinherrschaft durchzusetzen. Ob er letzteres
überhaupt je ernsthaft anstrebte, ist fraglich. Versagt hatte er auch als
Bankier und Handelsherr, denn das von seinem Urgroßvater und
Großvater aufgebaute Wirtschaftsimperium war unter seiner Leitung
ebenso zusammengebrochen wie die Macht der Familie in Florenz.

Nicht diese Aspekte seines Lebens und Wirkens machen also Lorenzos Gestalt so einzigartig. Seine wahre Größe liegt vielmehr in jener besonderen Ausprägung der Magnifizenz, die sich nach Guicciardinis Urteil in seiner lebhaften, aktiven Teilnahme am intellektuellen
und künstlerischen Leben der Stadt, dem vorbehaltlosen Interesse an
allen geistigen Strömungen der Zeit, der zweckfreien Förderung von
Künstlern und Gelehrten und dem Bemühen, Florenz zur geistigen
und kulturellen Hauptstadt Italiens zu erheben, ausdrückte. Als der
Mittelpunkt eines Kreises von Dichtern, Philosophen, Humanisten
und Künstlern gewährte er dem Geist die Freiheit, die er seinen Mitbürgern beschnitt. Die Florentiner gewannen nach seinem Tod und
der Vertreibung Pieros ihre alte republikanische Freiheit wieder zurück, ja sie probten unter dem Einfluß Savonarolas geradezu radikale
demokratische Regierungsformen aus. Aber mit den Medici stürzte
auch jenes helle Reich des Geistes, in dem Lorenzo zugleich Bürger
und Herr gewesen war. Bücher und Bilder, die nicht ins apokalyptische
Weltbild Savonarolas paßten, und all der schöne Tand, der Lorenzos
Florenz vergoldet hatte, fielen schon bald den Scheiterhaufen zum
Opfer.

DANK

Für sein Interesse möchte ich vor allem Horst Bredekamp danken, der große Teile dieses Buches im Manuskript gelesen hat. Philine Helas, Giovanna Sarti und Raffaella Zaccaria haben mir auf verschiedene Weise mit ihrer Kompetenz geholfen; ihnen sei herzlich gedankt dafür. Danken möchte ich nicht zuletzt auch Christine Zeile vom Verlag C.H.Beck, die nie die Hoffnung aufgegeben hat, daß dieses Buch eines Tages fertig werden würde. Mein Mann Roberto Zapperi hat mit viel Geduld, Liebe und Kritik meine Arbeit begleitet und mich immer ermutigt. Seiner Erfahrung und seinem Wissen verdanke ich sehr viel.

Rom, im November 2002

QUELLEN- UND LITERATURHINWEISE

I. Das Haus
Zur Geschichte der Familie Medici:
M. Tarassi, Il committente: La famiglia Medici dalle origini al Quattrocento, in Il Palazzo Medici Riccardi, S. 2–9; vgl. auch J.T. Paoletti, «... ha fatto Piero con voluntà del padre ...», in Piero de' Medici «il Gottoso», S. 232 ff.; De Roover, Il banco, S. 27 f. (Sitz der Bank im Cavalcanti-Palast); Libro di memorie di Filigno de' Medici, hrsg. von Giovanni Biondi de' Medici Tornaquinci, Florenz 1981 (Zitat S. 7); zum Medici-Wappen vgl. L. Borgia, L'insegna araldica medicea; origine ed evoluzione fino all' età laurenziana, in ASI, 150, 1992, S. 609–639.
Zum alten Haus: I. Hyman, Fifteenth Century Florentine Studies: The Palazzo Medici and a Ledger for the Church of San Lorenzo, New York/London 1977, S. 45 ff.; H. Saalman/P. Mattox, The First Medici Palace, in Journal of the Society of Architectural Historians, 44, 1985, S. 329–345, sowie zuletzt D. Carl, La casa vecchia dei Medici e il suo giardino, in Il Palazzo Medici Riccardi, S. 38–43; ein Inventar aus dem Jahr 1418 mit den Einrichtungs- und Kunstgegenständen bei J. K. Lydeker, Il patriziato fiorentino e la committenza artistica per la casa, in I ceti dirigenti nella Toscana del Quattrocento, Florenz 1987, S. 209 f.
Zum Aufstieg Giovanni de' Medicis: G. Holmes, How the Medici became the Pope's Bankers, in Florentine Studies. Politics and Society in Renaissance Florence, hrsg. von N. Rubinstein, London 1968, S. 357–380; De Roover, Il banco, S. 51 ff.
Die Geburtsdaten von Lorenzo und seinen Geschwistern ergeben sich aus eigenhändigen Aufzeichnungen Piero de' Medicis in Archivio di Stato di Firenze, Mediceo avanti il Principato 163, c. 1ᵛ. Zum Fest der Heiligen Drei Könige und der Rolle der Medici in der Bruderschaft R. Hatfield, The compagnia de' Magi, in JWCI 33, 1970, S. 107–161.

Taufe: R.C. Trexler, Lorenzo de' Medici and Savonarola, Martyrs for Florence, in Renaissance Quarterly, 31, 1978, S. 293–297, 306; zum Geburtsteller (*desco da parto*) zuletzt Il fratello di Masaccio, Giovanni di Ser Giovanni detto lo Scheggia, Katalog hrsg. von L. Cavazzini, Florenz/Siena 1999, S. 50–53; vgl. auch Libro d'inventario, S. 27; «Trionfo della Fama» in Francesco Petrarca, Rime, Trionfi e poesie latine, hrsg. von F. Neri u. a., Mailand/Neapel 1951, S. 531–553; zum Thema des Ruhms vgl. Burckhardt, Die Kultur der Renaissance, II, 3, S. 132–143, bes. S. 139.

Zu Lorenzo de' Medici dem Älteren: J. Paoletti, Fraternal Piety and Family Power: The Artistic Patronage of Cosimo and Lorenzo de' Medici, in Cosimo «il Vecchio», S. 195–219; zur Sitte des *rifare* Klapisch-Zuber, Il nome «rifatto». La trasmissione dei nomi propri nelle famiglie fiorentine, in La famiglia, S. 59–90; die diesbezügliche Anekdote in Poliziano, Detti piacevoli, Nr. 123, S. 62; über Pierfrancesco de' Medici, die Erbteilung von 1451 und seine Heirat mit Laudomina Acciaiuoli A. Brown, The Medici in Florence, S. 73–102.

Zum Bau des neuen Palastes: I. Hyman, cit., S. 90 ff., sowie D.V. und F.W. Kent, Two comments of March 1445 on the Medici Palace, in The Burlington Magazine, CXXI, Nr. 921, Dec. 1979, S. 795 f. (Cavalcantis Bemerkungen in Storia della letterara italiana, III, S. 241); die Aufteilung und Ausstattung rekonstruiert W.A. Bulst, Die ursprüngliche innere Aufteilung des Palazzo Medici, in MKIF, 14, 1969/70, S. 369–392; zur Kapelle und ihrer Ikonographie R. Hatfield, Cosimo de' Medici and the Chapel of his Palace, in Cosimo «il Vecchio», S. 221–244; der oft zitierte Brief Galeazzo Maria Sforzas vom 17. April 1459 in Magnani, Delle relazioni, Nr. 20, S. XII–XV; Cosimos Vergleich mit Simeon in Hatfield, cit., S. 226.

Über Cosimos Sorge um seine Enkel Pieraccini, La stirpe, S. 25; der Text der Anekdote in Ludovico Carbone, Facezie, hrsg. von A. Salza, Livorno 1900, S. 64 f.; vgl. auch Gutkind, Cosimo de' Medici, S. 288 f.; über die Villa in Fiesole A. Lillie, Giovanni di Cosimo and the villa Medici at Fiesole, in Piero de' Medici «il Gottoso», S. 189–205.

Zum Tod von Cosimino, Giovanni und Cosimo: Magnani, Delle relazioni, Nr. 32–39, S. XXIV–XXVII; Gutkind, Cosimo de' Medici, S. 324–326; Pieraccini, la stirpe, S. 25; Rochon, La jeunesse, S. 48, Anm. 15.

Cosimos Bemerkungen über die Zukunft seiner Familie überliefern Vespasiano da Bisticci, Lebensbeschreibungen, S. 321, und Machiavelli, Istorie fiorentine, VII, 6, S. 462 f.; Piero de' Medicis Nachruf auf seinen Vater in A. Fabroni, Magni Cosmi Medicei vita, II, Adnotationes et Monumenta, Pisa

1788, Nr. 141, S. 253 f., sein Brief vom 26. Juli 1464 an die Söhne in Fabroni, Laurentii...vita, II, S. 26; Lorenzos und Giulianos Brief an Piero auf die Nachricht von Cosimos Tod in Medici, Lettere, I, Nr. 5, S. 11 f.

II. Der Herr der Spiele

Badeleben: Der Brief Piero de' Medicis aus Macereto ist auszugsweise gedruckt in Pieraccini, La stirpe, S. 82 f.; zu den einzelnen Bädern vgl. E. Repetti, Dizionario geografico fisico storico della Toscana, I, Florenz 1833, S. 223 f. (Bagno a Morba), S. 224 (Petriolo); III, Florenz 1839, S. 7 f. (Macereto und Filetta); über Giovanni de' Medicis Aufenthalte in Petriolo: V. Rossi, L'indole e gli studi di Giovanni di Cosimo de' Medici, in: Rendiconti della R. Accademia dei Lincei, Cl. scienze morali, storiche e filologiche, Serie V, II, 1893, S. 44 und 49 Anm.; zu Lucrezia Tornabuonis Aufenthalten und die Arbeiten in Bagno a Morba siehe Tornabuoni, Lettere, Nr. 1, 2, 17–21, 37–44, 102, und Einleitung, S. 26; vgl auch L. Righetti, Del bagno a Morba. Ricordi storici e letterari, Roma 1881 (auf S. 39–41 Bartolomeo Scalas mythologische Versdichtung von 1484), sowie E. Fiumi, L'impresa di Lorenzo de' Medici contro Volterra, Firenze 1977, S. 40, 64–66.

Musik: Frank A. D'Accone, Lorenzo the Magnificent and Music, in: Lorenzo il Magnifico e il suo mondo, S. 259–290; vgl. auch Rochon, La jeunesse, S. 42–44, (S. 43 der Brief Squarcialupis an Dufay und der Text der Inschrift auf der Gedenktafel), S. 69 f., 323–336; zahlreiche Musikinstrumente verzeichnet der Libro d'inventario, S. 20 f.; die zu vertonende «Ballata» in Medici, Opere, ed. Zanato, S. 40; ed. Orvieto, I, S. 60 f. (=Canzoniere, Nr. XX); über die Musikliebe auch Valori, Vita, S. 79 f.; die angeführten Briefe Angelo Polizianos vom 8. April 1476 bzw. 5. Juni 1490 in Poliziano, Prose volgari Nr. II, S. 47, Nr. XXIX, 77 f.; der Brief Galeazzo Maria Sforzas über die Darbietung des Antonio di Guido in Careggi in Gutkind, Cosimo de' Medici, S. 291, jener über das Fest auf dem Mercato nuovo in Magnani, Delle relazioni, Nr. 28, S. XXI–XXIII.

Tanz: McGee, Dancing masters, sowie Maurizio Padovan, Lorenzo de' Medici e la danza, in Rinascimento, Serie 2, 32, 1992, S. 247–252 (Text der zwei Tanzanleitungen auf S. 251 f.).

Erziehung und Unterricht: Rochon, La jeunesse, S. 30–71; über Gentile Becchi C. Grayson, in DBI, 7, Roma 1965, S. 491–493; Valori über das pädagogische Verhältnis sowie den doppelten Unterricht im Lateinischen und im Toskanischen in Vita, S. 25, 28; Becchis Brief über den Besuch bei Johann von Anjou in Fabroni, Laurentii...vita, II, S. 9 f. (vgl. Rochon, S. 73, 100, Becchi über

die Dreifaltigkeit ebenda S.65, über seinen Gehorsam S.61); Lorenzo über Becchis Verdienste in Medici, Lettere, II, Nr. 248, S.309; zur Unterweisung der Kinder in den *lettere* L. B. Alberti, I libri della famiglia, hrsg. von R. Romano und A. Tenenti, Turin 1969, S.82–88; Lucrezia Tornabuoni und Gentile Becchi über Lorenzos Studien (28. Februar 1458 und 5. September 1461) in Tornabuoni, Lettere, Nr. 4, S.55, bzw. in F. Pintor, Per la storia della libreria medicea nel Rinascimento, in IMU, 3, 1960, S.207 f; Lorenzos Brief für Ser Griso Griselli in Medici, Lettere, I, Nr. 2, S.5 f.; über das Verhältnis zu Marsilio Ficino siehe R. Fubini, Ficino e i Medici all'avvento di Lorenzo il Magnifico, in Rinascimento, Serie II, 24, 1984, S.3–52, sowie J. Hankins, Cosimo de' Medici and the Platonic Academy, in JWCI, 53, 1990, 144–152; über Cosimos Beziehungen zu Argyropulos Vespasiano da Bisticci, Lebensbeschreibungen, S.330.
Cafaggiolo: Medici, Lettere, I, Nr. 4–6, S.9–13; Giuseppe Baccini, Le ville medicee di Cafaggiolo e Trebbio in Mugello. Cenni storici, Florenz 1897, S.18–23. Cosimo über den Unterschied zwischen Cafaggiolo und Fiesole in Poliziano, Detti piacevoli, Nr. 3, S.44.
Jagd und Pferde: Rochon, La jeunesse, S.263–265; M. Martelli, Nelle stalle di Lorenzo, in ASI, 150, 1992, S.263–302 (S.271 und 282–286 Abdruck der erwähnten Briefe Becchis, S.273–278 Briefe del Fedes).
Die *armeggeria* und andere Festlichkeiten zu Ehren Galeazzo Maria Sforzas sind beschrieben in Ricordi di Firenze dell'anno 1459 di Autore anonimo, hrsg. von G. Volpi, in Rerum Italicarum Scriptores, XXVII, 1, Città di Castello 1907, S.31 f.; ein weiterer Bericht in Gutkind, Cosimo de' Medici, S.290; vgl. auch L. Ricciardi, «Col senno, col tesoro e colla lancia». Riti e giochi cavallereschi nella Firenze del Magnifico Lorenzo, Florenz 1992, S.132 f., 152–157; zum «Triumph Amors» Helas, Lebende Bilder, S.128, 198 f.

III. In der Schule der Politik

Angelo Acciaiuolis Bemerkung in Rubinstein, Il governo, S.165; Rankes Wort vom «auswärtigen Florenz» in Filippo Strozzi und Cosimo Medici, der erste Großherzog von Toskana, in Studien und Portraits, S.269.
Aragonesischer Besuch in Florenz: Parenti, Lettere, Nr. 29, S.57f., Nr. 30, S.61, Nr. 35, S.73, Nr.37, S.76–85.
Erste Reise nach Mailand 1465: Rochon, La jeunesse, S.74–77, 102 f. Siehe auch Medici, Lettere, I, Nr. 7, S.14–16; Fabroni, Laurentii…vita, II, S.51–53, Magnani, Delle relazioni, Nr. 40, S.XXVII f. (Briefe Pieros an Lorenzo in Mailand).

Reise nach Rom und Neapel 1466: Rochon, cit., S. 77–79, 105–108; dazu Medici, Lettere, I, Nr. 9, S. 18–20 (Brief Lorenzos aus Capua); Fabroni, Laurentii...vita, II, S. 47–51 (zwei Briefe Pieros an Lorenzo in Rom); A. Municchi, La fazione, Nr. 6, S. 118–122 (Becchis Brief aus Neapel vom 14.4.1466); zum Alaun-Vertrag vgl. De Roover, Il banco, S. 233 f.; ein Brief Ferrantes an Lorenzo vom 2. Juni 1466 mit väterlichen Ermahnungen, Cosimo nachzueifern, in Pontieri, La dinastia aragonese, Nr. 8, S. 288. Zur Krise von 1466: Rubinstein, Il governo, S. 166–210 (bes. S. 186, 194–201), sowie ders., La confessione di Francesco Neroni, in ASI, 106, 1968, S. 373–387; Municchi, La fazione, S. 60–78; einen detaillierten Bericht der Ereignisse gibt Marco Parenti, Ricordi storici, S. 121–141 (S. 123, 130 f., 140 f. betreffen Lorenzo); Valori über Lorenzos angebliche Rolle als Lebensretter in Vita, S. 31 f.; Lorenzo über die überwundene Gefahr in Lettere, II, S. 413 f. Ferrantes Brief mit Glückwünschen zu Lorenzos Verhalten in Pontieri, La dinastia aragonese, Nr. 10, S. 289 f.; zum Krieg der Verbannten gegen Florenz, Municchi, La fazione, S. 85–106, sowie Nr. 36, S. 163 f. Lorenzo über den Besuch Galeazzo Maria Sforzas im Jahre 1467 in Medici, Opere, ed. Zanato, S. XXXVII; Lorenzos Streitgedicht gegen Bartolomeo Colleoni in Medici, Opere, ed. Zanato, S. 130 f.; ed. Orvieto, I, 149 f. (= Canzoniere, Nr. LXX).

IV. Eine fröhliche Gesellschaft

Zu Luigi Pulci und seinen Brüdern: D. De Robertis, in Storia della letteratura italiana, III, S. 461–486, und zuletzt S. Carrai, Le muse dei Pulci, Neapel 1985 (S. 189–199 über das Bildnis Pulcis); eine kurze Biographie Luigi Pulcis in Pulci, Morgante, S. XLIX–LV. Luca Pulci, Il Driadeo d' amore, hrsg. von F. Torraca, in Poemetti mitologici de' secoli XIV, XV e XVI, Livorno 1888, S. 161–319. Zu Lucrezia Tornabuonis literarischer Betätigung: F. Pezzarossa, I poemetti sacri di Lucrezia Tornabuoni, Florenz 1978; Pulcis Trost für Clarice Orsini in Pulci, Morgante, Brief Nr. XX, S. 969; seine «Drohungen» an Lorenzo ebenda, Brief Nr. IV, S. 944, Nr. IX, S. 953; Francos hämische Bemerkungen in Franco, Lettere, Nr. II, S. 73.
Zu den brigate und ihrer sozialen Funktion: R.C. Trexler, Public Life in Renaissance Florence, New York et al. 1980, S. 220 ff., 394 ff.; Machiavellis Bemerkungen zur jugendlichen Verschwendungssucht bzw. Lorenzos sexuellen Ausschweifungen in Istorie fiorentine VII, 28, S. 494; VIII, 36, S. 576; der Dankesbrief für das Wams aus Mailand in Medici, Lettere, I, Nr. 19, S. 21 f.; Valori über Lorenzos giocoso parlare in Vita, S. 36; über die Scharfzüngigkeit und die Spottsucht der Florentiner Burckhardt, Die Kultur der

Renaissance, S. 143 ff.; über die Freunde der *brigata* Rochon, La jeunesse, S. 88–93.

Das Versgedicht *Uccellagione di starne* in Medici, Opere, ed. Orvieto II, S. 655–670.

Anekdoten in Poliziano, Detti piacevoli, Nr. 119 (Pulcis Ängste), Nr. 12, 73 und 74 (Giovanfrancesco Ventura); zu Pulcis Brief in «*gergo*» (= Pulci, Morgante, Brief Nr. LII, S. 1007 f.) siehe F. Ageno, Tre studi quattrocenteschi, in SFI, 20, 1962, S. 84–93, und dies., Una nuova lettera di Luigi Pulci a Lorenzo de' Medici, in Giornale storico della letteratura italiana, 81, 1964, Vol. 141, Nr. 433, S. 103–110; über Lorenzos Betragen *in re venerea* Rochon, La jeunesse, S. 128, Anm. 346.

Zur Lucrezia-Affäre: I. Del Lungo, Gli amori del magnifico Lorenzo, Bologna 1924 (mit Briefen der Freunde); zwei Briefe von Bernardo Rucellai an Lorenzo in Rom vom März 1466 über die Vergnügungen der *brigata* in R.M. Comanducci, «Svaghi in villa», in La Valtiberina, Lorenzo e i Medici, hrsg. von G. Renzi, S. 76–78; Pulcis Canzone «Da poi che 'l lauro» in Pulci, Morgante, Brief Nr. VI, S. 945–950 (auch in Pulci, Opere minori, S. 44–50); vgl. dazu Rochon, La jeunesse, S. 94–97, 125, 129–232, 163; Alessandra Macinghi Strozzi erwähnt Lucrezia Donati und Niccolò Ardinghelli in den Briefen Nr. 16, 41–46, 62, 66, 68 (bzw. Nr. 17, 42–47, 63, 69 bei Doren); über Lucrezia und ihre Familie vgl. auch E. Möller, La gentildonna dalle belle mani di Leonardo da Vinci, Bologna 1954, S. 37–48. Lorenzos Turnierversprechen erwähnt Pulci, La giostra, in Opere minori, S. 64; zu Sinnspruch und Minnekästchen A. Warburg, Delle «imprese amorose» nelle più antiche incisioni fiorentine, in Gesammelte Schriften, Leipzig/Berlin 1932, I, S. 77–88.

Zu den Werken der Poeten bezüglich Lorenzos Liebe zu Lucrezia Donati Rochon, La jeunesse, S. 95, 130 f., Anm. 370–373.

Von Lorenzos Werken beziehen sich auf diese Liebe die Versdichtung *Innamoramento di Lorenzo de' Medici (Corinto)*, in Medici, Opere, ed. Orvieto, II, S. 863–871, sowie viele Gedichte des *Canzoniere* (in Medici, Opere, ed. Zanato, S. 13–131; ed. Orvieto, I, S. 29–322) und einige Stellen des *Comento de' miei sonetti*, (ed. Orvieto, I, S. 353–531); zum verlorenen Bildnis Verrocchios Rochon, La jeunesse, App. I, S. 635–637; Lorenzos Sonett vor dem Bildnis der Geliebten in Medici, Opere, ed. Zanato, S. 87; ed. Orvieto, I, S. 109 (= *Canzoniere*, XLIX).

V. *Le tems revient.* Ehe oder Liebe

Die Mißbilligung der Florentiner über die auswärtige Eheverbindung Lorenzos erwähnt Machiavelli, Storie fiorentine, VII, 11, S. 470. Der Brief Jacopo

Acciaiuolis vom 3. 4. 1467 in Municchi, La fazione, Nr. 25, S. 143–145; Lucrezias Briefe aus Rom in Tornabuoni, Lettere, Nr. 12–13, S. 62–64; Brief Filippo de' Medicis an Lorenzo über die von ihm vorgenommene Heirat in Fabroni, Laurentii…vita, II, S. 39 f.; ein weiterer Brief von ihm sowie Briefe von Latino, Rinaldo, Clarice und ihrer Mutter Maddalena Orsini in Guasti, Tre lettere, S. 12–16; vgl. auch Reumont, Lorenzo de' Medici, I, S. 200–204, sowie Rochon, La jeunesse, S. 98 f., 136 f.; über florentinische und römische Heiratsrituale Klapisch-Zuber, La famiglia, S. 112 ff.; über die Phasen der Eheschließung in Florenz siehe Fabbri, Alleanza matrimoniale, passim; der Brief Francesco Tornabuonis über Clarices Fortschritte im Tanzen vom 4. 1. 1469 bei T.J. McGee, Dancing masters, S. 219, Nr. I.

Quellen zum Turnier: Luigi Pulci, La giostra, in Opere minori, S. 53–120 (Anspielung auf ein neues Goldenes Zeitalter in Stanzen XXVII und LXIV, S. 72 und 86), sowie L. Fanfani, Ricordo di una giostra fatta a Firenze a dì 7 febbraio 1468 sulla piazza di Santa Croce, in Il Borghini, II, 1864, S. 474–483, 530–42 (beide Quellen bezeichnen die zweite Farbe der Fahne mit dem Wort *pagonazzo* (= *paonazzo*), das ein tiefes, ins Violette spielendes Purpurrot bezeichnete; vgl. S. Battaglia, Grande Dizionario della lingua italiana, XII, Turin 1984, S. 508 f.; eine Rekonstruktion des Banners in Le tems revient, S. 183; Lorenzos Gedicht über die Wiederkehr der Zeit in Opere, ed. Zanato, S. 72–74, ed. Orvieto, I, S. 94–96 (= Canzoniere, XLI); ein Antwortbrief Federico da Montefeltros auf Lorenzos Bitte um Pferde und Turnierkämpfer in P. Viti, Lettere familiari di Federico da Montefeltro ai Medici, in Federico di Montefeltro. Lo Stato le arti la cultura, hrsg. von Giorgio Cerboni Baiardi u.a., I, Lo Stato, Nr. VI, S. 479 s.; Lorenzos eigenes Urteil über das Turnier in Medici, Opere, ed. Zanato, S. XXXVIII (nach der Steuererklärung Piero de' Medicis hatte das Turnier 4269 fl. gekostet; vgl. A. Brown, The Medici in Florence, S. 81, Anm. 34); die *spalliera* des «Scheggia» verzeichnet der Libro d'inventario, S. 73, im selben Raum waren auch eine Helmzier mit einer Dame im perlenbestickten Gewand und eine Turnierlanze aufbewahrt; zwei Turnierfahnen und eine Trompete befanden sich in Lorenzos *scrittoio* (ebenda, S. 53), anderes Turniergerät in Abstellkammern (ebenda, S. 88–92); Clarice Orsinis Glückwunschschreiben in Guasti, Tre lettere, S. 15.

Das Datum 27. April für die Abreise der Gesandtschaft nach Rom gibt der mailändische Gesandte (R. Magnani, Delle relazioni, Nr. 55, S. XXXVII). Vom Wunsch der Medici, das größte Fest aller Zeiten zu feiern, spricht Marco Parenti in einem Brief an seinen Schwager Filippo Strozzi in Neapel vom 21. April 1469 (Parenti, Lettere, Nr. 67, S. 178); über die Weigerung Fiam-

metta Strozzis und die Notwendigkeit, die Einladung zur Hochzeit anzunehmen Macinghi Strozzi, Lettere, Nr. LXXI, S. 592 f., 600 (Nr. 72, S. 315, 318
bei Doren); die Beschreibung der Hochzeitsfeierlichkeiten in Parenti, Lettere,
S. 247–250; zur rituellen Bedeutung der Ringe siehe Klapisch-Zuber, La
famiglia, S. 174 ff., sowie L. Fabbri, Alleanza matrimoniale, S. 192.
Zwei Briefe Pulcis von der Reise nach Rom in Pulci, Morgante, Brief Nr.
XXIV–XXV, S. 977–979; die «Frottola» *Le galee di Quaracchi* in Pulci, Opere
minori, S. 21–30; zu Clarices Eintreten für ihre Familie vgl. Rochon, La jeu-
nesse, S. 241, 269–270 (Anm. 24 und 28); zur Soldfrage Orso Orsinis vgl.
Medici, Lettere, I, Nr. 44, S. 129 f., und Nr. 66, S. 218; zum Schicksal Aurante
Orsinis und ihrer Töchter ebenda, Nr. 167, S. 531–533, sowie Guidi Bruschi,
Politica matrimoniale, S. 284 f. (Eheverträge)

VI. *Reputazione e grandezza*. Die Sicherung des Erbes
Pieros Zusage auf die Einladung zur Taufe in Magnani, Delle relazioni,
Nr. 56, S. XXXVII; Lorenzo über das Geschenk in Medici, Opere, ed. Zanato, S. XXXVII f.; Becchis Brief an Clarice Orsini aus Pontremoli (18. Juli
1469) in A. Fabroni, Laurentii … vita, II, S. 54–56; zur Reise nach Mailand
siehe auch Medici, Lettere, I, Nr. 19–21, S. 41–47; zur Nachfolgefrage und
dem Krieg von Rimini ebenda «Excursus I», S. 541–546; Lorenzos Abriß über
die italienischen Verhältnisse, in T. Zanato, Gli autografi di Lorenzo il Magnifico: analisi linguistica e testo critico, in SFI, 44, 1986, S. 184–186. Galeazzo
Maria Sforzas Worte über die Standesungleichheit der Medici in Magnani,
Delle relazioni, Nr. 58, S. XXXVIII.
Zu Pieros Krankheit und Tod: Medici, Lettere I, Nr. 22–23, S. 48–53; über
sein Sterben und das Begräbnis Parenti, Lettere, Nr. 75, S. 199–203; Lorenzos
Bemerkungen zur Lage nach Pieros Tod in Medici, Opere, ed. Zanato,
S. XXXVIII f.; das angeführte Sonett ebenda, S. 102 (= *Canzoniere*, Nr. LV, das
gleiche Thema behandelt auch Sonett Nr. LVI, S. 103).
Zur Lage nach dem Tod Piero de' Medicis: G. Soranzo, Lorenzo il Magnifico
alla morte del padre e il suo primo balzo verso la Signoria, in ASI, III, 1953,
S. 42–77, sowie N. Rubinstein, Lorenzo de' Medici. The Formation of His
Statecraft, in Lorenzo de' Medici. Studi, S. 41–66; zum Bedeutungsfeld des
Worts *stato* ders., Notes on the Word *stato* in Florence before Machiavelli, in
Florilegium historiale, Essays presented to W. K. Ferguson, Toronto 1971,
S. 314–326; Rankes Definition des Wortes *stato* in Studien und Portraits, S. 189
Über die inneren Reformen: Rubinstein, Il governo, S. 213–237; Rinuccini
über den ersten Reformversuch in Ricordi storici, S. CXIII (über die weiteren

Reformen ebenda S. CXIV–CXVII); zum Besuch Galeazzo Maria Sforzas (15. bis 24. März 1471) ebenda, S. CXV, sowie R. Fubini, In margine all' edizione delle «Lettere» di Lorenzo de' Medici, in Lorenzo de' Medici, Studi, S. 167–177 und S. 192–212; zum Bildnis Pollaiuolos A. Wright, A portrait for the visit of Galeazzo Maria Sforza to Florence in 1471, in Lorenzo the Magnificent, S. 65–92; über die diplomatischen Verwicklungen dieser Monate siehe auch Medici, Lettere, I, Dok. I–II und Nr. 75–76, S. 251–273; Machiavellis Bemerkung über den Sittenverfall in Florenz in Istorie fiorentine, VII, 28, S. 495; das antimediceische Motto in Benedetto Dei, La Cronica dall'anno 1400 all'anno 1500, hrsg. von R. Barducci, Florenz 1984, S. 147.

Die einundsiebzig Gedichte von Lorenzos erstem *Canzoniere*, die sich zum großen Teil auf die Liebe zu Lucrezia Donati beziehen, in Medici, Opere, ed. Zanato, S. 13–132.

Lorenzos frühe Beziehungen zu Ficino behandelt R. Fubini, Ficino e i Medici all'avvento di Lorenzo il Magnifico, in Rinascimento, Serie II, 24, 1984, S. 3–52, und ders., Ancora su Ficino e i Medici, ebenda, 27, 1987, S. 275–291; das Versgedicht *De summo bono (Altercazione)* in Medici, Opere, ed. Zanato, S. 265–309, ed. Orvieto, II, S. 927–975; eine deutsche Übersetzung unter dem Titel *Über das höchste Gut (Streitgespräch)* in Medici, Ausgewählte Werke, S. 96–163. Über die Umstände der Entstehung Martelli, Studi laurenziani, S. 1–35 (vgl. auch die entsprechenden Einführungen der Werkausgaben von Orvieto und Zanato); Pulcis Gedicht *Costor che fan si gran disputazione* in Opere minori, S. 197 f.; vgl. auch das Gedicht gegen Franco ebenda, S. 169–171.

VII. Giuliano

Reisen nach Mailand und Venedig: A. Rochon, La jeunesse, S. 26–29, 56 f.; (Anschlag in Ferrara: Medici, Lettere, I, Nr. 154, S. 493); zur geplanten Reise nach Neapel siehe Pulci, Morgante, Brief Nr. XVII, S. 963 f.

Ehepläne: Medici, Lettere, I, S. 399 f.; II, S. 14, 175, 192, 264, 270, 299 f.; zur Heirat mit Semiramide d'Appiano vgl. auch Guicciardini, Storie fiorentine, S. 184.

Kardinalat und Frage von Imola: Medici, Lettere, I, Nr. 115, 119–129, S. 398–401 409–428 (bes. die Einleitungen zu Nr. 115 und 129); Kardinal Ammannatis Erwägungen in Ammannati Piccolomini, Lettere, III, Nr. 653, 659 f., S. 1699–1701, 1706–1711.

Zu den politischen Hintergründen des Turniers von 1475 vgl. Medici, Lettere II, Excursus II, S. 485–90. Über das Turnier selbst und die Vorbereitungen dazu: I. Del Lungo, Florentia. Uomini e cose del Quattrocento, Florenz 1897,

S. 391–400; E. Tedeschi, Alcune notizie, S. 11–23; E. Fumagalli, Nuovi documenti su Lorenzo e Giuliano de' Medici, in IMU, Ser. 2, 23, 1980, S. 141–163; P. O. Kristeller, Un documento sconosciuto sulla giostra di Giuliano de' Medici, in ders., Studies in the Renaissance Thought and Letters, I, Rom 1984, S. 437–449; M. Martelli, Nelle stalle di Lorenzo, in ASI, 150, 1992, S. 280–302; die literarischen Zeugnisse verzeichnet R. M. Ruggieri, Letterati, poeti e pittori intorno alla giostra di Giuliano de' Medici, in Rinascimento, Serie I, 10, 1959, S. 165–196; die Beschreibung von Giulianos Aufzug in G. Mazzatinti, Inventari dei manoscritti delle biblioteche d'Italia, XI, Forlì 1901, S. 27–29; vgl. auch *Le tems revient*, S. 189.

Die *Stanze per la giostra* in Angelo Poliziano, Stanze, Orfeo, Rime, hrsg. von D. Puccini, Mailand 1992, S. 3–141 (S. VII–LXXXIV ein detaillierter Überblick über Leben und Werke Polizianos); der Hinweis auf Lorenzo als Lorbeerbaum in *Stanze*, I,4; zur Handschrift der Lorenzo gewidmeten Homer-Übersetzung (Vat. lat. 3298 der Bibliotheca Apostolica Vaticana) vgl. S. Pagliaroli in Sandro Botticelli, Pittore della Divina Commedia, Katalog, Rom/Mailand 2000, S. 88.

Zu Simonetta Cattaneo: A. Simeoni, Donne e amori medicei, in Nuova Antologia, Anno 43, Fasc. 676, 16 giugno 1908, S. 684–695; vgl. auch Rochon, La jeunesse, S. 246–248. Lorenzo gedenkt ihrer im *Comento de' miei sonetti*, in Opere, ed. Zanato, S. 589–604; ed. Orvieto, I, 372–386; deutsch in Medici, Ausgewählte Werke, S. 200–229; Piero Vespucci über Giulianos unglückliche Verfassung in Lettere, I, 399.

Über Giulianos Studien: Medici, Lettere, II, Nr. 259, S. 343 f.; Polizianos Würdigung in Poliziano, Della congiura, S. 62–65.

Zu Botticellis Bildnissen: Renaissance Florence, S. 126 f. (P. Lee Rubin); zur Büste ebenda, S. 160 f.; siehe auch H. Bredekamp, Die Medici, Sixtus IV. und Savonarola: Botticellis Konflikte, in Sandro Botticelli. Der Bilderzyklus zu Dantes Göttlicher Komödie, Ostfildern/Ruit/London 2000, S. 293.

Zur ungelösten Frage der Mutter von Giulianos natürlichem Sohn Giulio zuletzt R. Zaccaria. Documenti e ipotesi sulla madre di Giulio de' Medici, in Interpres. Rivista di studi quattrocenteschi, 18, 1999, S. 234–243.

Guicciardini über die Beliebtheit Giulianos in Storie fiorentine, S. 183; Machiavelli über ihn in Istorie fiorentine, S. 66.

VIII. Die Verschwörung

Die Gründe und Vorgeschichte sowie den Verlauf der Verschwörung beschreiben aus zeitlichem Abstand, aber mit Einsicht in die offiziellen Dokumente sowohl Guicciardini, Storie fiorentine, S. 117–127, wie auch Machiavelli, Istorie fiorentine, VIII, 1–9, S. 508–524; viele diesbezügliche diplomatische Quellen sind gedruckt, verzeichnet und kommentiert in Medici, Lettere, III. Eine Rekonstruktion der Ereignisse aufgrund dieser Quellen gibt R. Fubini, La congiura dei Pazzi: radici politico-sociali e ragioni di un fallimento, in Italia quattrocentesca, S. 87–106.

Zu Lorenzos undefinierter, aber bestimmender Rolle in der florentinischen Außenpolitik siehe M. Mallet, Diplomacy and War in later 15th Century, in Lorenzo de' Medici, Studi, S. 250–256.

Über Sixtus IV. und seine Verwandten Pastor, Geschichte der Päpste, II, S. 477–495; die Hauptquelle über die Herkunft des Papstes ist Bartolomeo Platinas offiziöse *Vita Sixti IV* (in Rerum Italicarum Scriptores, III,1, 389–419); siehe auch I. Walter, Der Traum der Mutter vor der Geburt. Zur Vita Sixtus' IV. auf den Fresken in Santo Spirito in Rom, in Träume im Mittelalter, hrsg. von A. Paravicini Bagliani und G. Stabile, Stuttgart/Zürich 1989, S. 125–136; Infessura zum Tod Pietro Riarios in Stefano Infessura, Römisches Tagebuch, übersetzt und eingeleitet von H. Hefele, Jena 1913, S. 65.

Warnungen: Medici, Lettere, II, S. 49, 118 f., 413 f.; vgl. auch Fubini, cit, S. 92, 101 ff.

Zum Konflikt um Città di Castello: Medici, Lettere, II, Excursus I, S. 475–484, sowie Pastor, Geschichte der Päpste, II, S. 468 f., 476–483; die Episode der Belagerung von La Mirandola durch Julius II. erzählt Francesco Guicciardini in Storia d'Italia, hrsg. von S. Seidel Menchi, Turin 1971, II, S. 897–899 (IX,13).

Rinaldo Orsini an Lorenzo de' Medici bezüglich der Administration des Erzbistums Florenz in Consorterie politiche, S. 142.

Francesco Salviatis Beziehungen zu den Pazzi und die Frage des Erzbistums Pisa: Medici, Lettere, II, Nr. 200–201, S. 115–127; vgl. auch Fubini, La congiura cit., S. 92 ff.; Pastor, Geschichte der Päpste, II, S. 501 ff.

Erbschaft Borromei: Guicciardini, Storie fiorentine, S. 119; Machiavelli, Istorie fiorentine, VIII,2, S. 511; Fubini, cit., S. 95; Medici, Lettere, II, S. 126, Anm. 7.

Die Hauptquellen zum Attentat vom 26. April 1478 sind verzeichnet in A. Perosas Ausgabe von Polizianos *Coniurationis commentarium* (Poliziano, Della congiura, S. XXVII–XXXI; S. 34–37 der lateinische Text der hier übersetzt wiedergegebenen Stelle). Die unmittelbar vorausgehenden Ereignisse schildert Parenti, Storia fiorentina, S. 12–20; über die Vorgänge im Palazzo della Signoria vgl. Medici, Lettere, III, Nr. 272, S. 3–6, sowie N. Rubinstein, The Palazzo Vecchio, S. 39; der Bericht des Mantuaner Gesandten in Pastor, Geschichte der Päpste, II, S. 786 f.; Giovan Battista da Monteseccos Geständnis mit allen notariellen Bezeugungen publiziert G. Capponi, Storia della Repubblica di Firenze, II, Florenz 1875, S. 509–520.

Zu Bertoldos Gedenkmünze und den Votivbildern, von denen Vasari in der Vita von Andrea del Verrocchio berichtet (Vite, II, S. 468), siehe Kress, Laurentius Medices, S. 175–195. Zu Botticellis Schandbild, der Verurteilung Bandini Baroncellis und Leonardos Zeichnung Consorterie politiche, S. 159–162. Zum ganzen Fragenkomplex vgl. auch Bredekamp, Repräsentation, S. 33–37. Eine ausführliche Beschreibung der auch von Poliziano (Della congiura S. 58–61) und anderen Chronisten erwähnten Ausschreitungen in Landucci, Ein florentinisches Tagebuch, S. 30 ff.; das erwähnte Spottliedchen aus Gentile Becchis Schrift *Florentina Synodus* und andere in Poliziano, Della congiura, S. 59; über solche Kinderbanden, die zu Zeiten Savonarolas dann eine große Rolle spielten, siehe O. Niccoli, I «fanciulli» del Savonarola: usi religiosi e politici dell'infanzia nell' Italia del Rinascimento, in: Savonarole. Enjeux, débats, questions, Actes du Colloque international (Paris, 25-26-27 janvier 1996), hrsg. von A. Fontes, J.-L. Fournel, M. Plaisance (s.l. s.d.), S. 105–120.

IX. *Salus publica.* Der Kampf ums Überleben
Zur Gedenkmünze siehe Kress, Laurentius Medices, S. 184.
Dokumente und Kommentare für die Zeit vom Attentat im April 1478 bis zum Friedensschluß im März 1480 in Medici, Lettere, III–IV.
Im einzelnen: F. Caglioti, Donatello, I Medici e Gentile de' Becchi: un po' d' ordine intorno alla «Giuditta» (e al «David»), in Prospettiva, 75–76, 1994, S. 19–28 (zur korrekten Inschrift auf Donatellos Judith-Statue; zu deren Datierung auf 1466 Rubinstein, The Palazzo Vecchio, S. 72); Leibwache Lorenzos: Medici, Lettere, III, S. 22, Anm. 2; F. W. Kent, Lorenzo and Oligarchy, sowie A. Brown, Lorenzo and public opinion, in Lorenzo il Magnifico e il suo mondo, S. 59 bzw. 83. Lorenzos Äußerung im Brief an Herzogin Bona und ihren Sohn Gian Galeazzo vom 12.5. 1478 in Medici, Lettere, III, Nr. 277, S. 22.
Zur Mitgliedschaft bei den Otto: Rubinstein, Il governo, S. 267; über die Funktionen der *Otto di guardia e di balia* siehe Consorterie, S. 151 ff.; zur Beschlagnahmung der Pazzi-Güter: Medici, Lettere, III, Nr. 274, S. 9 f., Anm. 2 und 4; Vollmachten für die Otto zum Schutz der Stadt ebenda, Nr. 279, S. 27, Anm. 1; Aktenstücke zur Verurteilung der Pazzi und ihrer Anhänger durch die Otto in Poliziano, Della congiura, Anhang, Dok. II, b-c; das Gesetz vom 23.5.1478 gegen die Pazzi in Fabroni, Laurentii...vita, II, S. 111–115; zum

Schicksal der beiden Vespucci Consorterie, S. 157–159; von der Versteigerung des Pazzi-Hausrats berichtet Landucci, Ein florentinisches Tagebuch, S. 37. Bei der Rekonstruktion der Ereignisse bis Anfang Juni 1478 wurde Bezug genommen auf Medici, Lettere, III, Nr. 272–283; die Bulle Sixtus' IV. vom 1. Juni in Fabroni, Laurentii…vita, II, S. 121–129; bei den zitierten Briefen an Lionetto de' Rossi und Giovanni Lanfredini handelt es sich um Nr. 281 bzw. 291 in Medici, Lettere, III (Zitate S. 36 f. bzw. S. 81); zur Einziehung des Medici-Vermögens im Königreich vgl. ebenda, Nr. 291, S. 75, Anm. 2. Publizistik der Sommermonate 1478: Das Breve Sixtus' IV. vom 7. Juli und die Antwort der Signorie vom 21. Juli publiziert F. Di Benedetto, Un breve di Sisto IV contro Lorenzo, in ASI, 150, 1992, S. 374–378; Gentile Becchis *Florentina Synodus* sowie Bartolomeo Scalas sogenannte *Excusatio Florentinorum* in Fabroni II, Laurentii…vita, S. 136–167, bzw. 167–182 (zum Druck dieser Stücke siehe die Angaben in Poliziano, Della congiura, S. XXIX f.). Zur kirchenrechtlichen Begründung der päpstlichen Anklagen und den zur Verteidigung erstellten Rechtsgutachten K. Pennington, The Prince and the Law, 1200–1600. Sovereignty and Rights in the Western Legal Tradition, Berkeley/Los Angeles/Oxford 1993, 238–267, und E. Spagnesi, In difesa del Magnifico. A proposito di alcuni «consilia» legali della congiura dei Pazzi, in La Toscana, III, S. 1235–1253; Polizianos Anekdote in Detti piacevoli, Nr. 207, S. 76 f.

Commynes über seine Mission nach Florenz in Mémoires, VI,4, S. 441–444; seine Beziehungen zur Medici-Bank in Lyon behandelt Blanchard, Commynes et les italiens, S. 11–37; die Ziele seiner italienischen Mission mit Bezug auf Mailand sind erläutert in Lettere, III, Nr. 301, Einleitung, S. 116–119; Lorenzos Dankesbrief an Ludwig XI. vom 23.8.1478 ebenda Nr. 322, S. 186–188; über das Verhältnis Ludwigs XI. von Frankreich zu Sixtus IV. siehe Pastor, Geschichte der Päpste, II, S. 547 ff., und J. Favier, Louis XI, Paris 2001, S. 795–805; zu den Verhandlungen von Bracciano Medici, Lettere, III, Nr. 315, S. 158–163, und Pastor, S. 552 ff.

Zu Lorenzos Mitgliedschaft bei den *Dieci di balìa* und seiner privaten Diplomatie N. Rubinstein, Il governo, S. 267, und Medici, Lettere, III, Einleitung, S. VI ff.

Über den Verlauf der Kriegshandlungen Guicciardini, Storie fiorentine, S. 129–140, sowie die unter dem Eindruck der Ereignisse gemachten Aufzeichnungen von Landucci, Ein florentinisches Tagebuch, S. 40–50; eine ausführliche Schilderung des Krieges aufgrund zeitgenössischer Chroniken in Reumont, Lorenzo de' Medici, I, S. 320–324, 332–337.

Lorenzos Würdigung seiner Mutter in Medici, Lettere VI, Nr. 567, S. 287: über die kriegs- und pestbedingten Wanderungen der Familie Medici 1478–1479 unterrichten Briefe Clarice Orsinis (Cortese, Noterelle, S. 534–539) und Polizianos (Prose volgari inedite, Nr. XI–XXV, S. 57–74); der zitierte Brief an Lucrezia Tornabuoni jetzt auch in Tornabuoni, Lettere, S. 153–155 (hier S. 156 ein Brief Clarices aus Gagliano); dazu Medici, Lettere, IV, Nr. 395 und 398, S. 80 und 92 f.

Über die Verhandlungen in Rom von Januar bis Mai 1479 Pastor, Geschichte der Päpste, II, S. 542 ff., und Medici, Lettere, IV, Nr. 382, Einleitung, S. 32–35; Lorenzos ironischer Kommentar zu seiner Lage in Medici, Lettere, III, Nr. 375, S. 304.

Reise nach Neapel: Die Vorgeschichte erläutert der «Excursus» in Medici, Lettere, IV, S. 391–400 (M. Mallet); die Reise selbst behandeln Nr. 436–455, S. 249–334, ebenda; im Anhang auch eine Reihe von Aktenstücken, u.a. das Mandat der *Dieci* für Lorenzo vom 12.12.1479 (Dok. Nr. IV, S. 367 f.) und der Friedensvertrag vom 13.3.1480 (Dok. Nr. VIII, S. 377–389); der Text des Bündnisses zwischen Neapel, Mailand, Florenz und Sixtus IV. in Medici, Lettere, V, Dok. Nr. I, S. 279–290.

Lorenzo erwähnt die Patenschaft König Ferrantes in seinen *Ricordi* (Medici, Opere, ed. Zanato, S. XXXVII); Dankesbrief für die Aufnahme Eleonoras in Pontieri, La dinastia aragonese, S. 303 f.

Zum Interdikt während des Osterfestes 1480 Medici, Lettere, IV, Nr. 359, S. 347 f., und Landucci, S. 52; Rinuccinis Bemerkung in Ricordi, S. CXXXI.

X. Fahrt zwischen Klippen

Die zitierten Worte in Medici, Lettere, VI, Nr. 509, S. 34; Guicciardini über Lorenzos Wagemut in Storie fiorentine, S. 146; zur Medaille «*Ob cives servatos*» Kress, Laurentius Medices, S. 185, 195.

Schaffung des *Consiglio dei Settanta*: Rubinstein, Il governo, S. 239–248; dazu Lettere, V, Excursus I, S. 311–316, sowie Consorterie, S. 36–39; über die Widerstände dagegen F.W. Kent, Lorenzo and Oligarchy, in Lorenzo de' Medici e il suo mondo, S. 53–56 (S. 54 das Urteil von Benedetto Dei).

Über die allgemeine politische Lage in Italien nach der Rückkehr Lorenzos aus Neapel: Medici, Lettere, V, Nr. 461, Einleitung, S. 3–12; Aussöhnung mit Sixtus IV. ebenda, insbesondere Dok. I, S. 72–74; Nr. 473, Einleitung, S. 82–84, 90 f.; Dok. II, S. 118–121; Nr. 482, Einleitung, S. 122 f.; Nr. 485, Einleitung, S. 152 f.

Lorenzo über seine Lage an Lionetto de' Rossi in Medici, Lettere, V., Nr. 468,

S. 56 f.; an Niccolò Michelozzi in Medici, Lettere, V, Nr. 504, 268 f.; an Pierfi-lippo Pandolfini, in Medici, Lettere, VI, Nr. 525, S. 100, Nr. 539, S. 166, Nr. 550, S. 228. Landuccis Stoßseufzer in Ein florentinisches Tagebuch, S. 53. Sixtinische Kapelle: Pastor, Geschichte der Päpste, II, S. 689–710; E. Stein-mann, Die Sixtinische Kapelle, I, München 1901, schlägt zahlreiche, nicht im-mer überzeugende Personenidentifizierungen vor; auf dem Fresko mit der Berufung von Petrus und Andreas glaubt er zum Beispiel in der Gestalt hin-ter Christus Dietisalvi Neroni zu erkennen (S. 378). Zur Funktion der Fres-ken als Ausdruck der Behauptung päpstlicher Gewalt siehe Bredekamp, Re-präsentation, S. 37–41. Über die Fresken in der «Sala dei Gigli» M. Hegarthy, Laurentian Patronage in the Palazzo Vecchio: The Frescoes of the Sala dei Gigli, in The Art Bulletin, LXXVIII, 1996, S. 264–285; über jene in der Villa Spedaletto G. C. Romby, Novità documentarie sulla Villa di Spedaletto, in La Toscana, I, S. 173–182; der Agentenbericht an den Herzog von Mailand ist zi-tiert in M. Baxandall, Die Wirklichkeit der Bilder. Malerei und Erfahrung im Italien des 15. Jahrhunderts, Frankfurt am Main 1987, S. 36 ff.

Rückgewinnung der im Krieg verlorenen Orte: Medici, Lettere V, Excursus III, S. 327–337; Friedensschluß mit Siena 1483: Lettere, VII, Nr. 642, Einlei-tung, S. 294 f.

Verschwörung Battista Frescobaldis: Medici, Lettere V, Nr. 497, S. 226–229 (Zitat, S. 228); Consorterie, S. 162–164; Umtriebe Alessandro Tornabuonis: Medici, Lettere, VIII, Nr. 713, S. 29–31; über die antimediceischen Tendenzen siehe auch A. Brown, Lorenzo and public opinion in Florence, in Lorenzo de' Medici e il suo mondo, S. 61–85; den Ausspruch «Sappiate che chi dice male di noi non ci vuole bene» überliefert Guicciardini in seinen Ricordi (Francesco Guicciar-dini, Opere, hrsg. von V. De Caprariis, Mailand-Neapel 1953, S. 113)

Heiratspolitik: F. Guidi Bruscoli, Politica matrimoniale, S. 365, 387 (Beeidi-gung des Ehevertrages für Lucrezia de' Medici und Jacopo di Giovanni di Alamanno Salviati), sowie Consorterie, S. 175 (diesbezüglicher Eintrag von Alamanno Salviati); das Gesetz betreffend die Aufhebung der Sanktionen bei Heirat mit Pazzi-Töchtern: Medici, Lettere, VIII, Nr. 713, S. 30, Anm. 3; Francesco Guicciardini über Lorenzos Heiratspolitik in Storie fiorentine, S. 181; Strozzi-Heiraten: L. Fabbri, Alleanza matrimoniale, S. 167, 176.

Amnestiemaßnahmen: Consorterie, S. 159, 165 f.; M.A. Ganz, Paying the price for political failure. Florentine women in the aftermath of 1466, in Rinasci-mento, Ser. 2, 34, 1994, S. 251 f.

Über die Ursprünge des Kriegs von Ferrara: «Excursus» in Medici, Lettere, VI, S. 345 ff.; Lorenzos Mission nach Cremona: Medici, Lettere VII, Excursus III, S. 539 ff.. Besuch bei Mantegna: R. Lightbown, Mantegna. With a complete catalogue of the paintings, drawings and prints, Oxford 1986, S. 96, 121, 415, 462 f.; den Brief Francesco Gonzagas publiziert Tedeschi, Alcune notizie, S. 30, den Brief Mantegnas an Lorenzo P. Kristeller, Andrea Mantegna, Berlin/Leipzig 1902, S. 542; über die Beteiligung Ludovico Gonzagas am Bau des neuen Chors von SS. Maria Annunziata siehe Medici, Lettere, I, Nr. 75, S. 275–78. Das Distichon über die Kriegswut Sixtus' IV. überliefert Guiccardini, Storie fiorentine, S. 257.

XI. Unordentliche Verhältnisse

Guicciardini über Cosimo und Lorenzo de' Medicin: Storie fiorentine, S. 182 f.; Machiavelli über Piero de' Medicis finanzielle Maßnahmen in Istorie fiorentine, VII, 10–11, S. 468–70; Lorenzo de' Medici über die beim Tod seines Vaters vorgefundene finanzielle Lage: Medici, Opere, ed. Zanato, S. XXXIX. Zur Geschichte der Medici-Bank grundlegend: De Roover, Il banco, insbesondere S. 315 ff. (Rom), S. 363 ff. (Neapel), S. 373 ff. (Mailand), S. 417 ff. (Lyon), 470 ff. (London), S. 490 ff. (Brügge).

Im einzelnen: Lorenzo an Tommaso Portinari in Medici, Lettere, I, Nr. 61, S. 186–188 Commynes über das Verhältnis zwischen Fürsten und Kaufleuten in Mémoires, VII,6, S. 514 f.; Guiccardini über Renato Pazzis Einschätzung von Lorenzos Finanzlage und die *liberalità* gegenüber den Fürsten in Storie fiorentine, S. 125 bzw. S. 177.

Von Lorenzos Geldnot und den Versuchen, Kredite zurückzugewinnen und zu erhalten, handeln zahlreiche Briefe aus dem Jahr 1478: Medici, Lettere III, Nr. 304, 309, 313 f., 319, 326–328, 336–339, 350, 354.

Zur Niederlassung in Mailand und zum Bruch mit Accerito Portinari: Medici, Lettere I, Nr. 72, S. 240–242 (an Galeazzo Maria Sforza); III, Nr. 340, S. 250–252 (an Tommaso Portinari); Nr. 341, S. 254 f. (an Girolamo Morelli); Nr. 350, S. 289 (an Girolamo Morelli mit Anschuldigungen gegen die Portinari).

Zur Niederlassung in Brügge und deren Liquidierung: Medici, Lettere, I, Nr. 61, S. 187 f. (an Tommaso Portinari); III, Nr. 355 (an Folco Portinari), S. 305–308; Documento I, S. 350–354 (Promemoria über die Filialen in Brügge und London, publ. auch in De Roover, Il banco, S. 565–67); IV, Nr. 426, S. 193–198 (Weisung an Rinieri da Ricasoli) ; VII, Nr. 580-580A, S. 23–25 (an Accerito Portinari); die Übereinkunft vom 15.2.1481 in De Roover, Il banco, S. 514. Zu Portinaris Wirken in Flandern siehe auch M. Boone, Apologie d'un banquier médiéval: Tommaso Portinari e l' Etat bourguignon, in Le Moyen Age, 105, 1999, S. 31–54.

Zu Lionetto de' Rossis Rolle als politischer Agent: Blanchard, Commynes et les italiens, S. 12–16; Medici, Lettere, II, *passim*, und Excursus IV, S. 512 ff.; weitere Briefe Lorenzos an ihn in Medici, Lettere, III, Nr. 281, 296, 370; V, 468, 470. Das genaue Datum des Heiratsvertrags (7.7.1474) in Guidi Bruscoli, Politica matrimoniale, S. 384.

Über Lorenzos Direktoren als Auftraggeber: M. Wackernagel, Der Lebensraum, S. 271–283.

Portinari: zu Pigellos Kapelle siehe La Cappella Portinari in Sant' Eustorgio a Milano, hrsg. von R. Cipriani u.a., Mailand 1963; zu den verschiedenen in Flandern entstandenen Bildnissen Tommasos und seiner Frau: A. Warburg, Flandrische Kunst und florentinische Frührenaissance. Studien, in Warburg, Ausgewählte Schriften, S. 103–124; zum Bau des Portinari-Palastes in Florenz G. Pampaloni, Il palazzo Portinari Salviati, Florenz 1960.

Francesco Sassetti und seine Kapelle in S. Trinita: Grundlegend und unübertroffen immer noch A. Warburg, Bildniskunst und florentinisches Bürgertum (1902), und ders, Francesco Sassettis letztwillige Verfügung (1907), in Ausgewählte Schriften, S. 65–101 bzw. 137–163; zur Kapelle und der Person des Auftraggebers auch E. Borsook – J. Offerhaus, Francesco Sassetti and Ghirlandaio in Santa Trinita, Florence. History and Legend in a Renaissance Chapel, Doornspijk (Holland) 1981. Zur Villa in Montughi: A. Lillie, Francesco Sassetti and his Villa at La Pietra, in Oxford, China and Italy. Writings in Honour of Sir Harold Acton, hrsg. von E. Chaney und N. Ritchie, Florenz 1984, S. 83–93.

Tornabuoni-Kapelle: M. Wackernagel, Der Lebensraum, S. 50–53.

Über die Auseinandersetzung mit Pierfrancescos Söhnen: De Roover, Il banco, S. 532 f.; A. Brown, The Medici in Florence, S. 94–102; Polizianos Elegie in Michele Marullo, Poliziano, I, S. 106–109; Vertrag über die Ehe Lorenzos mit Semiramide d'Appiano (7.10.1480) in Guidi Bruscoli, Politica matrimoniale, S. 387. H. Bredekamp, Botticelli Primavera. Florenz als Garten der Venus, Frankfurt a. M. 1988, interpretiert das Gemälde im Kontext des Familienstreits und als Kandidatur des jüngeren Lorenzo auf die Führung des mediceischen *stato*.

Lorenzo und der *Monte*: A. Brown, Lorenzo, the Monte and the Seventeen Reformers, in dies., The Medici in Florence, S. 151–192 (die Dekrete zugunsten Lorenzos sind im Anhang abgedruckt); dagegen bestreiten G. Ciappelli und A. Molho, Lorenzo de' Medici and the Monte. A note on sources, in Rinascimento, 37, 1997, S. 243–282, die Ergebnisse dieser Studie in bezug auf die Zahlungen des *Monte* an Lorenzo; Browns Antwort auf diese Kritik ebenda, 38, 1998, S. 517–522. Diesbezügliche Urteile einiger Zeitgenossen und Chronisten: Valori, Vita, S. 70; Guicciardini, Istorie fiorentine, S. 177 und 183; Alamanno Rinuccini in V. R. Giustinian, Lorenzo nel giudizio d' un suo intrinseco, in ASI, 150, 1992, S. 472.

XII. Familienstrategien

Niccolò Machiavelli über Lorenzos drei «Untugenden» in Istorie fiorentine, VIII, 36, S. 576; Francesco Guicciardini über Lorenzos Liebesaffären in Storie fiorentine, IX, S. 178.
Zu den Geburtsdaten und der Reihenfolge von Lorenzos Kindern: Rochon, La jeunesse, S. 267 f.; vgl. dazu auch Lorenzos Katastererklärung von 1480, in Archivio di Stato di Firenze, Catasto 1016, c. 475v.
Familienbriefe: Cristoforo Benini und Lucrezia de' Medici an Lucrezia Tornabuoni in Tornabuoni, Lettere, Nr. 75 und 96, S. 123–125 und 144 f.; Clarice Orsini an Lorenzo de' Medici aus Pistoia in D. Cortese, Noterelle, S. 535 f.; Piero de' Medicis Briefe aus Cafaggiolo in [I. Del Lungo] Letterine d'un bambino fiorentino alunno di Messer Angelo Ambrogini Poliziano (per nozze Bemporad-Vita), Florenz 1887 (hier S. 29 f., Anm. 2, auch das Briefchen von 1476 an L. Tornabuoni mit der Bitte um Leckereien, und S. 31, Anm. 6, die Bemerkungen über Giovanni); Matteo Francos Reisebericht an Piero Dovizi in Franco, Lettere, Nr. V, S. 79–85, bes. S. 83; vgl. hierzu Warburg, Bildniskunst und florentinisches Bürgertum, in Ausgewählte Schriften, S. 79 (die Übersetzung Warburgs wurde auf der Grundlage der kritischen Edition von Francos Briefen leicht verändert und korrigiert); Polizianos Briefe aus Pistoia, Cafaggiolo und Fiesole in Poliziano, Prose volgari, Nr. XI–XXVI, S. 57–74; den mehrfach gedruckten, lateinischen Brief aus Cafaggiolo vom 16. April 1479 über Giovannis Fortschritte publiziert in verbesserter Form Picotti, Richerche umanistiche, Dok. III, S. 71; zwei Anweisungen Lorenzos an seine Frau bezüglich deren Streit mit Poliziano in Medici Lettere, IV, Nr. 395 und 399, S. 80 und 92 f.; Clarice Orsinis Verteidigungsbrief vom 28.5.1478 in Fabroni, Laurentii … vita, II, S. 288.
Über Poliziano als Lehrer von Piero und Giovanni de' Medici und seinen Streit mit Clarice Orsini vor allem Picotti, Ricerche umanistiche, S. 23 ff., 39 ff.; Polizianos lateinisches Übungsbuch ist gedruckt unter dem Titel *Latini dettati a Piero de' Medici*, in Poliziano, Prose volgari, S. 17–41; die Anekdote steht in Detti piacevoli, S. 99; Piero de' Medicis Bruni-Übersetzung publiziert A. Moulakis, Leonardo's Constitution of Florence, in Rinascimento, Ser. 2,

26, 1986, S. 186–190 (vgl. dazu auch P. Viti, in Conserterie, S. 119–121); zum Widmungsexemplar der Homer-Inkunabel mit dem Bildnis Piero de' Medicis A. De Marchi in Il Giardino di San Marco, S. 108–111; der genannte Brief Matteo Francos enthält auch Bemerkungen über Pieros Schlagfertigkeit und seine Beliebtheit in Florenz.

Guidantonio Vespucci über Papst Innozenz VIII. im Brief vom 29.8.1484 in Fabroni, Magnifici Laurentii…Vita, II, S. 256–258.

Die Instruktionen an Piero für seine Reise nach Rom vom 26. November 1484 in Medici, Lettere, VIII, Nr. 716, S. 68–79; über Pieros zuweilen unangebrachtes Auftreten in der Öffentlichkeit Nr. 745, S. 179 f.

Zu Giovannis kirchlicher Laufbahn bis zur Abreise nach Rom ausführlich Picotti, La giovinezza, S. 66–328.

Zum Baronenkrieg: Pastor, Geschichte der Päpste, II, S. 223 ff.; zu Lorenzos Haltung gegenüber dem Krieg und seinen Schwierigkeiten in Florenz H. Butters, Florence, Milan and the Baron's War, in Lorenzo de' Medici, Studi, S. 281–308; über Lorenzos Beziehungen zu Virginio Orsini, auch bezüglich der Heirat Pieros, C. Shaw, Lorenzo de' Medici and Virginio Orsini, in Florence and Italy, S. 33–42; vgl. auch Buser, Lorenzo de' Medici, S. 72, 171 f.; über Alfonsina Orsinis Herkunft siehe Pieraccini, La stirpe, S. 172 ff.

Zum Leben Francesco Cibos DBI, 25, Rom 1981, S. 243–245 (F. Petrucci).

Zu den Verhandlungen über die Ehe zwischen Maddalena de' Medici und Franceschetto Cibo zuletzt Bullard, Lorenzo il Magnifico, S. 133–153 (S. 152 f. der Text des in Rom abgeschlossenen Ehevertrags, S. 140 über die Verlöbnisse der jüngeren Töchter), vgl. aber auch Buser, Lorenzo de' Medici, S. 71 f., 103; zur Verleihung von Montecassino an Giovanni siehe Picotti, La giovinezza, S. 97 ff.; über Maddalenas Hochzeit in Rom, Cibos Besuch in Florenz und Clarice Orsinis Tod am ausführlichsten Reumont, Lorenzo de' Medici, II, S. 252–264, Lorenzo über Clarices Tod in Medici, Scritti scelti, S. 659 f.

Über die römische Niederlassung zur Zeit Innozenz' VIII. Bullard, Lorenzo il Magnifico, S. 155–214, sowie dies., Fortuna della banca medicea a Roma nel tardo Quattrocento, in Roma capitale (1447–1527), hrsg. von S. Gensini, Pisa 1994, S. 235–251.

Francos Brief aus Stigliano (7.5. 1488) in Franco, Lettere, Nr. VI, S. 86–89.

Zu den Verhandlungen über das Kardinalat siehe auch Buser, Lorenzo de' Medici, S. 65 f., 72 ff., 172 ff., sowie R. Palmarocchi, Lorenzo de' Medici e la nomina cardinalizia di Giovanni, in ASI, 110, 1952, S. 38–54.

Machiavellis Ausspruch in Istorie Fiorentine, VIII,36, S. 574.

E. Gombrich, The Sassetti Chapel Revisited: Santa Trinita and Lorenzo de'

Medici, in I Tatti Studies. Essays in the Renaissance, 7, 1997, S 11–35, identifiziert mit guten Gründen das Kind an der Hand Polizianos als Giovanni.

XIII. Magnifizenz

Zur äußeren Erscheinung: Valori, Vita, S. 29 f.; Guicciardini, Storie fiorentine, S. 182; Cerretani, Storia fiorentina, S. 185; vgl. auch A. Warburg, Bildniskunst und florentinisches Bürgertum, in Ausgewählte Schriften, S. 185. Kleidung: Libro d' inventario, S. 29 ff. und *passim* (zur Anfertigung höfischer Garderobe für den Besuch in Neapel 1480 Picotti, Studi umanistici, S. 55); Guicciardini über Lorenzos bürgerlichen Lebensstil in Storie fiorentine, S. 178; Valoris Anekdote über Lorenzos Liberalität und Magnifizenz in Vita, S. 27 f. Zur Bedeutung von *magnificenza/magnifico* vgl. die zahlreichen Beispiele in S. Battaglia, Grande Dizionario della lingua italiana, IX, Turin 1975, S. 470–472; von der *magnificenza* als Tugend handelt der Humanist Giovanni Pontano, I trattati delle virtù sociali, hrsg. von F. Tateo, Rom 1965, S. 85 ff., 233 ff. (vgl. hierzu auch M. Warnke, Liberalitas principis, in Arte, committenza ed economia a Roma e nelle corti del Rinascimento, hrsg. von A. Esch und C.L. Frommel, Turin 1995, S. 83–92); über Lorenzos *magnificenza* im besonderen Valori, Vita, S. 27 f., Guicciardini, Storie fiorentine, S. 177 f., 183 (Vergleich mit Cosimo); über *magnifico* als Anredeformel A. von Reumont, Lorenzo's de' Medici Titel und Bildnisse, in Historisches Jahrbuch der Görresgesellschaft, V, 1884, S. 146 f.
Lorenzo über Cosimos Ausgaben in Medici, Opere, ed. Zanato, S. XXXIX; Valori über Lorenzos Interesse an architektonischen Fragen in Vita, S. 102 f.; der Ferrareser Gesandte über Lorenzos Alberti-Lektüre in Cappelli, Lettere, S. 268; vgl. auch A. Belluzzi, Chiesa a pianta centrale di Giuliano da Sangallo, in Lorenzo de' Medici e il suo mondo, S. 385 f.; zu den städtebaulichen Plänen C. Elam, Lorenzo's architectural and urban policies, ebenda, S. 357–384; über die Rolle Lorenzos bei der Planung einer neuen Domfassade P. Foster, Lorenzo de' Medici and the Florence Cathedral Façade, in The Art Bulletin, LXIII, S. 495–500.
Zum Erwerb von Poggio a Caiano: F.W. Kent, Lorenzo de' Medici's acquisition of Poggio a Caiano in 1474 and an early reference to his architectural expertise, in JWCI, 42, 1979, S. 250–76, hinsichtlich der Zukäufe P. Salvadori, Dominio e patronato. Lorenzo de' Medici e la Toscana nel Quattrocento, Rom 2000, S. 162–166 (mit weiterer Literatur); grundlegend zu Poggio a Caiano immer noch P.E. Foster, A study of Lorenzo de' Medici's Villa at Poggio a Caiano, Diss., New York 1978; Polizianos Gedicht *Ambra* in Michele Ma-

rullo, Poliziano, S. 144–155 (bes. S. 152–55); Lorenzo Versgedicht, auch mit dem Namen *Descriptio hiemis* überliefert, in Medici, Opere, ed. Zanato, S. 530–552; ed. Orvieto, II, S. 893–910; zum Vorbildcharakter des Acciaiuoli-Palastes in Athen T. Tanoulas, Through the broken looking glas: The Acciaiuoli Palace in the Propylaea reflected in the villa of Lorenzo il Magnifico at Poggio in Caiano, in Bollettino d'arte, 100, 1997, S. 1–32.

Zur Vermittlung und Förderung Florentiner Künstler: C. Elam, Art and Diplomacy in Renaissance Florence, in Journal of the Royal Society for the Encouragement of the Arts, 136, 1988, S. 816–820; zum Grabmal Filippo Lippis in Spoleto sowie Filippino Lippis Engagement bei Kardinal Carafa vgl. auch die Viten von Fra Filippo Lippi und Filippo (Filippino) Lippi in Vasari, Le vite, II, S. 224 f., 491–493; zu Leonardo da Vinci und seiner Entsendung nach Mailand C. Vecce, Leonardo, Rom 1998, S. 72–77 (mit Abdruck der einschlägigen Quellen im Anhang); Polizianos Inschriften für Filippo Lippi und Giotto in Michele Marullo, Poliziano, S. 83 f., jene für Squarcialupi in Fabroni, Laurentii… Vita, II, S. 284; zum Garten bei San Marco C. Elam, Lorenzo de' Medici's sculpture garden, in MKIF, 36, 1992, S. 41–84, sowie Il giardino di San Marco, S. 157–171. Vasari über die angebliche Funktion des Gartens als Akademie in Le vite, IV, S. 315–318.

Die bei Lorenzos Tod im *scrittoio* aufbewahrten Gegenstände sind verzeichnet in Libro d'inventario S. 34–58; siehe auch Il tesoro di Lorenzo de' Medici, I–II, Florenz 1973–74; zu Lorenzos Erwerb und Sammlung von Antiken siehe eine kurze Übersicht in Il giardino di San Marco, S. 21–32, sowie L. Bedeschi, Le sculture antiche di Lorenzo il Magnifico, in Lorenzo il Magnifico e il suo mondo, S. 291–317.

Lorenzos Beitrag zur Gründung der Universität in Pisa: Rochon, La jeunesse, S. 303–307; Valori, Vita, S. 80 f.

Das Poliziano zugeschriebene Widmungsschreiben an Federico d'Aragona der «Raccolta aragonese» ist gedruckt in Lorenzo de' Medici, il Magnifico, Opere, hrsg. von A. Simioni, I, Bari 1939, S. 3–8; die der Sammlung beigefügten sechzehn Gedichte Lorenzos sind zusammengestellt in Medici, Opere, ed. Zanato, S. 313–353; siehe dazu auch D. De Robertis, Lorenzo aragonese, in Rinascimento, Serie II, 34, 1994, S. 3–13, und G. Tanturli, Firenze davanti alla propria storia letteraria, in Lorenzo il Magnifico e il suo tempo, S. 27–38.

Verteidigung der toskanischen Sprache und Dichtung: *Comento de' miei sonetti,* in Medici, Opere, ed. Orvieto, I, S. 369 f., ed. Zanato, S. 584; Pietro Bembos *Prose della volgar lingua* in Pietro Bembo, Prose e rime, hrsg. von C. Dionisotti, Turin 1960 (Lorenzo ist erwähnt auf S. 76).

Poliziano über Lorenzos Wunsch, philosophische Gespräche zu führen, im Brief an Jacopo Antiquario in Prosatori latini del Quattrocento, hrsg. von E. Garin, Mailand/Neapel 1952, S. 896 f.; zum Verhältnis zu Ficino nach der Pazzi-Verschwörung C. Vasoli in DBI, 47, Rom 1996, S. 378–395 (bes. S. 387 ff.); zu Lorenzos eklektischem Verhältnis zur Philosophie und zu den Philosophen seiner Umgebung J. Hankins, Lorenzo de' Medici as a patron of philosophy, in Rinascimento, Serie 2, 34, 1994, S. 15–53, sowie J. Kraye, Lorenzo and the philosophers, in Lorenzo the Magnificent, S. 151–166.

Zur griechischen Bibliothek und den Expeditionen von Lascaris, Poliziano und Pico sei verwiesen auf S. Gentile, Lorenzo e Giano Lascaris. Il fondo greco della biblioteca medicea privata, in Lorenzo il Magnifico e il suo mondo, S. 177–194, und E.B. Fryde, Lorenzo's Greek manuscripts, and in particular his own commissions, in Lorenzo the Magnificent, S. 93–104.

Guicciardini über Lorenzos Ehrgeiz als Triebfeder seiner Kulturpolitik in Storie fiorentine, S. 175 f.

XIV. Schatten über der goldenen Zeit

Die Namen der vier Humanisten auf dem Ghirlandaio-Fresko (Abb. S. 118) nennt Vasari, Le vite, II, S. 406, das Datum der Enthüllung der Fresken gibt Landucci, Ein florentinisches Tagebuch, S. 90.

Zu den Wirren in der Romagna M. Pellegrini, Congiure di Romagna. Lorenzo de' Medici e il duplice tirannicidio a Forlì e a Faenza nel 1488, Florenz 1999; Lorenzos Antwort auf den Ehevorschlag Giovanni Bentivoglios in Cappelli, Lettere, S. 315; über den Bauboom siehe Landucci, cit., S. 88 f.; Guicciardini über die damalige Lage in Florenz in Storie fiorentine, S. 171.

Zur Gestaltung des Johannisfestes in Florenz: Helas, Lebende Bilder S. 31–37 (im Anhang, S. 200 f., zeitgenössische Berichte, darunter auch eine kurze Beschreibung der Veranstaltungen von 1488 zum Besuch Cibos und eine Schilderung des römischen Triumphzugs); zu den Triumphzügen mit Planetengöttern ebenda, S. 121–127; über Lorenzos Karneval von 1491 M. Martelli, Studi laurenziani, S. 37–49; die beiden Karnevalsgesänge in Medici, Opere, ed. Zanato, S. 366–368, 391–394; ed. Orvieto, II, S. 799–806.

Der Text von Pulcis gereimter Confessione in Luigi Pulci, Opere minori, S. 219–229, über die Umstände der «Bekehrung» ebenda, S. 217 f.; über Pulcis letzte Lebensjahre L. Böninger, Notes on the last years of Luigi Pulci (1477–1484), in Rinascimento, Ser. 2, 27, 1987, S. 259–271.

Von der Predigttätigkeit Bernardinos da Feltre und den dadurch bewirkten Ausschreitungen berichtet Landucci, Ein florentinisches Tagebuch, S. 81 f.

Valori über Mariano da Genazzano in Vita, S. 82 f.; vgl. auch Reumont, Lorenzo de' Medici, II, S. 389–397 (mit Hinweis auf einen Brief Polizianos), sowie R. Ridolfi, Vita di Girolamo Savonarola, 6. Aufl., Florenz 1981 S. 62–65.
Über das Wirken Savonarolas in Florenz und sein Verhältnis zu Lorenzo Ridolfi, cit., S. 20–80; zur Diskussion zwischen Verino und Savonarola ebenda, S. 69, 516 f., sowie M. Martelli, La politica culturale dell' ultimo Lorenzo, in Il Ponte, 36, S. 923–950 (Martellis Behauptung einer Konvergenz zwischen den Zielen des Frate und Lorenzos ist jedoch wenig überzeugend); zur Aufführung der *Menaenchmen* Reumont, Lorenzo de' Medici, II, S. 394 f. sowie P. Ventrone, Lorenzo's politica festiva, in Lorenzo the Magnificent, S. 114.
Zur inneren Opposition während der letzten Jahre Lorenzos vgl. A. Brown, Lorenzo and public opinion in Florence, in Lorenzo de' Medici e il suo mondo, S. 66–80.
Das Mysterienspiel unter dem Titel *Rappresentazione di San Giovanni e Paolo* ist gedruckt in Medici, Opere, ed. Orvieto, II, S. 984–1062 (über die Umstände informiert die Einleitung S. 979–983).
Zu Lorenzos Krankheit und Badekuren M. Martelli, Studi laurenziani, S. 190–223.
Lorenzos Ratschläge an seinen Sohn Giovanni vor der Abreise nach Rom in Fabroni, Laurentii...vita, II, S. 208–212 (deutsch in Reumont, cit., II, S. 406–409).
Tod und Begräbnis: Polizianos Brief an Jacopo Antiquario ist gedruckt in Prosatori latini del Quattrocento, cit. oben, S. 321, S. 886–901; vgl. auch Parenti, Storia fiorentina, S. 21 f., Valori, Vita, S. 104–109; Cerretani, Storia fiorentina, S. 184 f., Guicciardini, Storie fiorentine, S. 183 f. (alle Chronisten erwähnen die Wunderzeichen). Zur später kursierenden tendenziösen Version, Savonarola habe dem Sterbenden seine Sünden vorgehalten und die Beichte abgenommen, J. Schnitzer, Savonarola am Sterbebette Lorenzo de Medicis, in Historisches Jahrbuch der Görresgesellschaft, 1900, S. 299–327. Zum Selbstmord des Arztes L. Frati, La morte di Lorenzo de' Medici e il suicidio di Pier Leoni, in ASI, Ser. V, IV, 1889, S. 255–260; zur Obduktion und Magister Lazzaros Verdacht auf Gift Magnani, Delle relazioni, Dok. 98–99, S. LVI f.
Zur Geschichte des Grabmals: P. Ruschi, in L'architettura di Lorenzo il Magnifico, Katalog, Cinisello Balsamo 1992, S. 118–123.

Epilog

Die Ereignisse vom Tod Lorenzos bis zur Vertreibung Piero de' Medicis erzählen Guicciardini, Storie fiorentine, S. 185–207 (S. 187 über das Fehlen von Grausamkeit), ausführlicher Parenti, Storia fiorentina, S. 24–125, und Cerretani, Storia fiorentina, S. 186–207. Vgl. dazu Rubinstein, Il governo, S. 279–285.

ABGEKÜRZT ZITIERTE QUELLEN UND LITERATUR

Siglen

ASI   Archivio storico italiano
DBI   Dizionario biografico degli italiani
IMU   Italia medioevale e umanistica
JWCI Journal of the Warburg and Courtauld Institutes
MKIF Mitteilungen des Kunsthistorischen Institutes in Florenz
SFI   Studi di filologia italiana

Ammannati Piccolomini, Lettere Jacopo Ammannati Piccolomini, Lettere (1444–
1479), hrsg. von Paolo Cherubini, I–III, Rom 1997

Blanchard, Commynes et les italiens Joël Blanchard, Commynes et les italiens. Let-
tres inédites du mémorialiste, (Paris) 1993

Bredekamp, Repräsentation Horst Bredekamp, Repräsentation und Bildmagie der
Renaissance als Formproblem, München 1995

Brown, The Medici in Florence Alison Brown, The Medici in Florence. The Exer-
cise and Language of Power, Florenz/Perth 1992

Bullard, Lorenzo il Magnifico Melissa Meriam Bullard, Lorenzo il Magnifico.
Image and Anxiety, Politics and Finance, Florenz 1994

Burckhardt, Die Kultur der Renaissance Jacob Burckhardt, Die Kultur der Renaissance in Italien, hrsg. von W. Goetz, Stuttgart 1952

Buser, Lorenzo de' Medici Benjamin Buser, Lorenzo de' Medici als italienischer
Staatsmann. Eine Skizze nach handschriftlichen Quellen, Leipzig 1879

Cappelli, Lettere Antonio Cappelli, Lettere di Lorenzo de' Medici detto il
Magnifico conservate nell' Archivio Palatino di Modena, con notizie tratte
dai carteggi diplomatici degli oratori estensi a Firenze, in Atti e Memorie
della Deputazione di storia patria per le provincie modenesi e parmensi, I,
1863 S. 231– 320

Cerretani, Storia fiorentina Bartolomeo Cerretani, Storia fiorentina, hrsg. von Giuliana Berti, Florenz 1994

Commynes, Mémoires Philippe de Commynes, Mémoires, hrsg. von Joël Blanchard, Paris 2001

Consorterie politiche Consorterie politiche e mutamenti istituzionali in età laurenziana, hrsg. von Maria Augusta Morelli Timpanaro, Rosalia Manno Tolu, Paolo Viti, Katalog, Florenz 1992

Cortese, Noterelle Dino Cortese, Noterelle Medicee: Un epigramma per Simonetta Cattaneo e otto lettere di Clarice Orsini, in Medioevo e Rinascimento veneto, con altri studi in onore di Lino Lazzarini, Padua 1977, I, S. 529–539

Cosimo «il Vecchio» Cosimo «il Vecchio» de' Medici, 1389–1464. Essays in commemoration of the 600th anniversary of Cosimo de' Medici's birth, hrsg. von Francis Ames-Lewis, Oxford 1992

De Roover, Il banco Raymond De Roover, Il banco dei Medici dalle origini al declino (1393–1494), Florenz 1970 (italienische, vom Verfasser durchgesehene Übersetzung der englischen Originalausgabe The Rise and the Decline of the Medici Bank, 1397–1494, Cambridge, Mass. 1963)

Fabbri, Alleanza matrimoniale Lorenzo Fabbri, Alleanza matrimoniale e patriziato nella Firenze del '400. Studio sulla famiglia Strozzi, Florenz 1991

Fabroni, Laurentii...vita Angelo Fabroni, Laurentii Medicis Magnifici vita, I–II, Pisa 1784

Florence and Italy Florence and Italy. Renaissance Studies in Honour of Nicolai Rubinstein, hrsg. von P. Denley und C. Elam, London 1988

Franco, Lettere Matteo Franco, Lettere, hrsg. von Giovanna Frosini, Florenz 1990

Fubini, Italia quattrocentesca Riccardo Fubini, Italia quattrocentesca, Politica e diplomazia nell' età di Lorenzo il Magnifico, Mailand 1994

Guasti, Tre lettere Cesare Guasti, Tre lettere di Lucrezia Tornabuoni a Piero de' Medici ed altre lettere di vari concernenti il matrimonio di Lorenzo il Magnifico con Clarice Orsini (Nozze Uguccioni-De Turco), Florenz 1859

Guicciardini, Storie fiorentine Francesco Guicciardini, Storie fiorentine, hrsg. von Alessandro Montevecchi, Mailand 1998

Guidi Bruscoli, Politica matrimoniale Francesco Guidi Bruscoli, Politica matrimoniale e matrimoni politici nella Firenze di Lorenzo de' Medici, in Archivio storico italiano, 155, 1997, S. 347–397

Gutkind, Cosimo de' Medici Curt S. Gutkind, Cosimo de' Medici il Vecchio, Florenz 1940

Helas, Lebende Bilder Philine Helas, Lebende Bilder in der italienischen Festkultur des 15. Jahrhunderts, Berlin 1999

Il giardino di San Marco Il giardino di San Marco. Maestri e compagni del giovane Michelangelo, hrsg. von Paola Barocchi, Katalog, Cinisello Balsamo 1992

Il Palazzo Medici Riccardi Il Palazzo Medici Riccardi di Firenze, hrsg. von Giovanni Cherubini und Giovanni Fanelli, Florenz 1990

Klapisch-Zuber, La famiglia Christiane Klapisch-Zuber, La famiglia e le donne nel Rinascimento a Firenze, Bari 1988

Kress, Laurentius Medices Susanne Kress, Laurentius Medices – Salus Publica. Zum historischen Kontext eines Voto Lorenzos de' Medici aus der Verrocchiowerkstatt, in Die Christus-Thomas-Gruppe von Andrea del Verrocchio, hrsg. von Herbert Beck, Maraike Bückling und Edgar Lein, Frankfurt am Main 1996, S. 175–195, 335

Landucci, Ein florentinisches Tagebuch Luca Landucci, Ein florentinisches Tagebuch, 1450–1516, nebst einer anonymen Fortsetzung, übersetzt, eingeleitet und erklärt von Marie Herzfeld, Jena 1927

La Toscana La Toscana al tempo di Lorenzo il Magnifico, I–III, Ospedaletto (Pisa) 1996

Le tems revient Le tems revient, 'l tempo si rinnuova. Feste e spettacoli nella Firenze di Lorenzo il Magnifico, hrsg. von Paola Ventrone, Katalog, Cinisello Balsamo/Mailand 1992, S. 183

Libro d'inventario Libro d'inventario dei beni di Lorenzo de' Medici, hrsg. von Marco Spallanzani und Giovanna Gaeta Bertelà, Florenz 1992

Lorenzo de' Medici, Studi Lorenzo de' Medici, Studi, hrsg. von Gian Carlo Garfagnini, Florenz 1992

Lorenzo il Magnifico e il suo mondo Lorenzo il Magnifico e il suo mondo. Convegno internazionale di studi (Firenze, 9–13 giugno 1992), hrsg. von Gian Carlo Garfagnini, Florenz 1994

Lorenzo il Magnifico e il suo tempo Lorenzo il Magnifico e il suo tempo, hrsg. von Gian Carlo Garfagnini, Florenz 1992

Lorenzo the Magnificent Lorenzo the Magnificent, Culture and Politics in Medicean Florence, hrsg. von Nicolas Mann (Warburg Institute, Colloquia, 3), London 1996

Macinghi Strozzi, Lettere Alessandra Macinghi degli Strozzi, Lettere di una gentildonna fiorentina del secolo XV ai figli esuli, hrsg. von Cesare Guasti, Florenz 1877 (deutsch von Alfred Doren, Jena 1927)

Machiavelli, Istorie fiorentine Niccolò Machiavelli, Istorie fiorentine, hrsg. von Franco Gaeta, Mailand 1962

Magnani, Delle relazioni private Rachele Magnani, Delle relazioni private tra la corte sforzesca di Milano e casa Medici (1450–1500), Mailand 1910

Martelli, Studi laurenziani Mario Martelli, Studi laurenziani, Florenz 1965

McGee, Dancing masters Timothy J. McGee, Dancing masters and the Medici court in the 15th century, in Studi musicali, 17, 1988, 2, S. 201–224

Medici, Ausgewählte Werke Lorenzo de' Medici, Ausgewählte Werke/Opere scelte, übertragen von Edith und Horst Heintze sowie Babette Hesse, hrsg. und eingeleitet von Manfred Lentzen, Tübingen 1998

Medici, Lettere Lorenzo de' Medici, Lettere, I–II, hrsg. von Riccardo Fubini, Florenz 1977; III–IV, hrsg. von Nicolai Rubinstein, Florenz 1977 und 1981; V–VII, hrsg. von Michael Mallet, Florenz 1989, 1990, 1998; VIII, hrsg. von Humfrey Butters, Florenz 2001

Medici, Opere, ed. Orvieto Lorenzo de' Medici, Tutte le opere, hrsg. von Paolo Orvieto, I–II, Rom 1992

Medici, Opere, ed. Zanato Lorenzo de' Medici, Opere, hrsg. von Tiziano Zanato, Turin 1992

Medici, Scritti scelti Scritti scelti di Lorenzo de' Medici, hrsg. v. Emilio Bigi, Turin 1955

Michele Marullo, Poliziano Michele Marullo, Poliziano, Iacopo Sannazzaro, Poesie latine, hrsg. von Francesco Arnaldi und Lucia Gualdo Rosa, Mailand/Neapel 1964

Municchi, La fazione Alfredo Municchi, La fazione antimedicea detta «Del Poggio», Florenz 1911

Parenti, Lettere Marco Parenti, Lettere, hrsg. von Maria Marrese, Florenz 1996

Parenti, Ricordi storici Marco Parenti, Ricordi storici (1464–1467), hrsg. von Manuela Doni Garfagnini, Rom 2001

Parenti, Storia fiorentina Piero di Marco Parenti, Storia fiorentina, hrsg. von Andrea Matucci, Florenz 1994

Pastor, Geschichte der Päpste, II Ludwig von Pastor, Geschichte der Päpste im Zeitalter der Renaissance von der Thronbesteigung Pius' II. bis zum Tode Sixtus' IV., Freiburg im Breisgau 1925

Picotti, Richerche umanistiche Giovanni Battista Picotti, Ricerche umanistiche, Florenz 1955

Picotti, La giovinezza Giovanni Battista Picotti, La giovinezza di Leone X., Mailand 1928 (Reprint Rom 1981)

Pieraccini, La stirpe Gaetano Pieraccini, La stirpe dei Medici di Cafaggiolo, Saggio di ricerche sulla trasmissione ereditaria dei caratteri biologici, I, Florenz 1924

327

Piero de' Medici «il Gottoso» Piero de' Medici «il Gottoso» (1416–1469). Kunst im Dienste der Mediceer, hrsg. von Andreas Beyer und Bruce Boucher, Berlin 1993

Poliziano, Della congiura Angelo Poliziano, Della congiura dei Pazzi (Coniurationis commentarium), hrsg. von Alessandro Perosa, Padua 1958

Poliziano, Prose volgari Angelo Poliziano, Prose volgari inedite e poesie latine e greche edite e inedite, hrsg. von Isidoro Del Lungo, Florenz 1867

Poliziano, Detti piacevoli Angelo Poliziano, Detti piacevoli, hrsg. von Tiziano Zanato, Rom 1983

Pontieri, La dinastia aragonese Ernesto Pontieri, La dinastia aragonese di Napoli e la casa de' Medici di Firenze (dal carteggio familiare), in Archivio storico per le provincie napoletane, 26, 1940, S. 274–341; 27, 1941, S. 217–245

Pulci, Morgante Luigi Pulci, Morgante e Lettere, hrsg. von Domenico De Robertis, Florenz 1962

Pulci, Opere minori Luigi Pulci, Opere minori, hrsg. von Paolo Orvieto, Mailand 1986

Ranke, Studien und Portraits Leopold von Ranke, Studien und Portraits zur italienischen Geschichte, hrsg. von Willy Andreas, Wiesbaden/Berlin 1957

Renaissance Florence Renaissance Florence. The Art of the 1470s, Katalog, hrsg. von Patricia Lee Rubin und Alison Wright, London 1999

Reumont, Lorenzo de' Medici Alfred von Reumont, Lorenzo de' Medici il Magnifico, I–II, 2. Aufl., Leipzig 1883

Rinuccini, Ricordi storici Filippo di Cino Rinuccini, Ricordi storici dal 1282 al 1460, con la continuazione di Alamanno e Neri suoi figli sino al 1506, hrsg. von G. Aiazzi, Florenz 1840

Rochon, La jeunesse André Rochon, La jeunesse de Laurent de Médicis (1449–1478), Paris 1963

Rubinstein, Il governo Nicolai Rubinstein, Il governo di Firenze sotto i Medici (1434–1494), Florenz 1971 (leicht korrigierte Übersetzung von The Government of Florence under the Medici, 1434–1494, Oxford 1966, 2. Aufl. Oxford 1997)

Rubinstein, The Palazzo vecchio Nicolai Rubinstein, The Palazzo Vecchio 1298–1532. Government, Architecture, and Imaginery in the Civic Palace of the Florentine Republic, Oxford 1995

Storia della letteratura italiana Storia della letterara italiana, hrsg. von Emilio Cecchi und Natalino Sapegno, III, Mailand 1966

Tedeschi, Alcune notizie Emma Tedeschi, Alcune notizie fiorentine tratte dall' Archivio Gonzaga di Mantova, Badia Polesine 1925

Tornabuoni, Lettere Lucrezia Tornabuoni, Lettere, hrsg. von Patrizia Salvadori, Florenz 1993

Valori, Vita Niccolò Valori, Vita di Lorenzo il Magnifico, hrsg. von Angela Dillon Bussi, Palermo 1992

Vasari, Le Vite Giorgio Vasari, Le vite dei più eccellenti pittori scultori ed architettori, hrsg. von Licia und Carlo L. Ragghianti, 4 Bände, Mailand 1973

Vespasiano da Bisticci, Lebensbeschreibungen Vespasiano da Bisticci, Lebensbeschreibungen berühmter Männer des Quattrocento, ausgewählt, übersetzt und eingeleitet von Paul Schubring, Jena 1914

Wackernagel, Der Lebensraum Martin Wackernagel, Der Lebensraum des Künstlers in der florentinischen Renaissance: Aufgaben und Auftraggeber, Werkstatt und Kunstmarkt, Leipzig 1938

Warburg, Ausgewählte Schriften Aby M. Warburg, Ausgewählte Schriften und Würdigungen, hrsg. von D. Wuttke, Baden-Baden 1992

STAMMTAFEL DER MEDICI (Auszug)

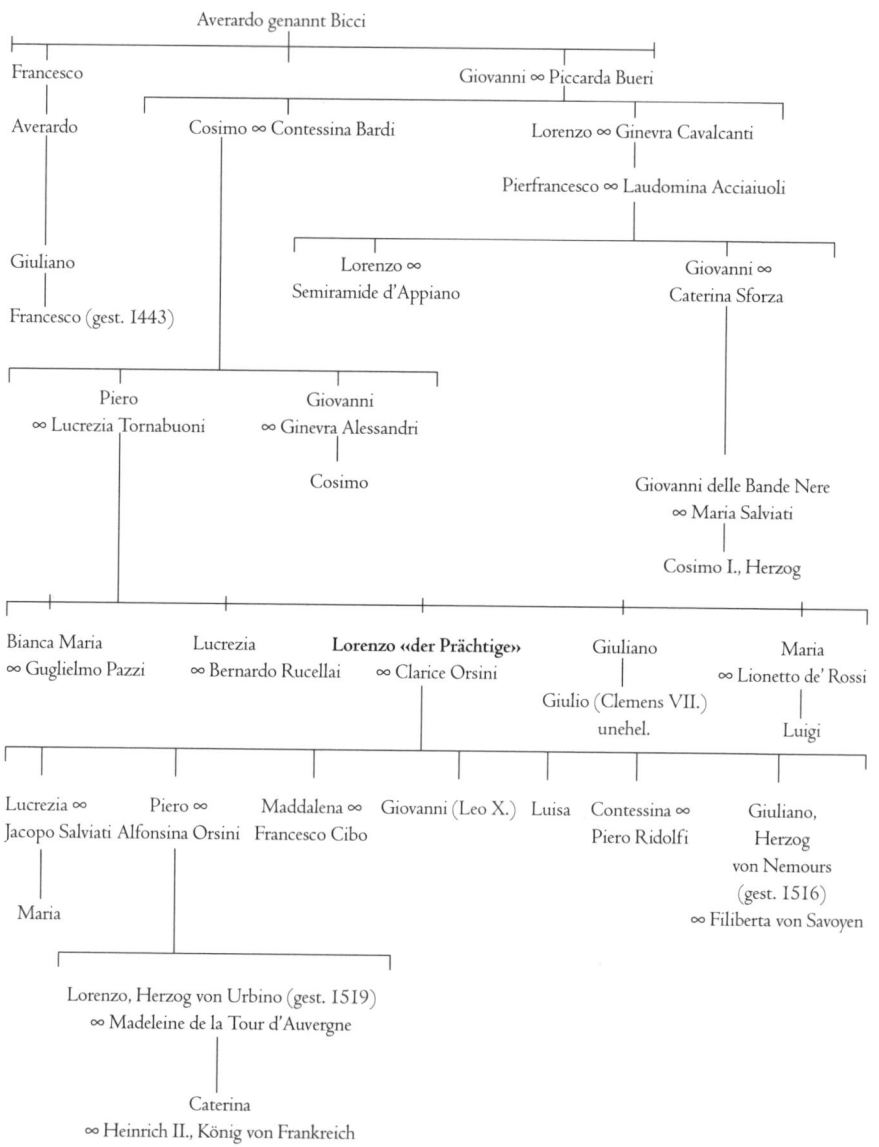

Averardo genannt Bicci

Francesco

Averardo

Giuliano

Francesco (gest. 1443)

Giovanni ∞ Piccarda Bueri

Cosimo ∞ Contessina Bardi

Lorenzo ∞ Ginevra Cavalcanti

Pierfrancesco ∞ Laudomina Acciaiuoli

Lorenzo ∞
Semiramide d'Appiano

Giovanni ∞
Caterina Sforza

Piero
∞ Lucrezia Tornabuoni

Giovanni
∞ Ginevra Alessandri

Cosimo

Giovanni delle Bande Nere
∞ Maria Salviati

Cosimo I., Herzog

Bianca Maria
∞ Guglielmo Pazzi

Lucrezia
∞ Bernardo Rucellai

Lorenzo «der Prächtige»
∞ Clarice Orsini

Giuliano

Giulio (Clemens VII.)
unehel.

Maria
∞ Lionetto de' Rossi

Luigi

Lucrezia ∞
Jacopo Salviati

Maria

Piero ∞
Alfonsina Orsini

Maddalena ∞
Francesco Cibo

Giovanni (Leo X.)

Luisa

Contessina ∞
Piero Ridolfi

Giuliano,
Herzog
von Nemours
(gest. 1516)
∞ Filiberta von Savoyen

Lorenzo, Herzog von Urbino (gest. 1519)
∞ Madeleine de la Tour d'Auvergne

Caterina
∞ Heinrich II., König von Frankreich

STAMMTAFEL DER ORSINI (Auszug)

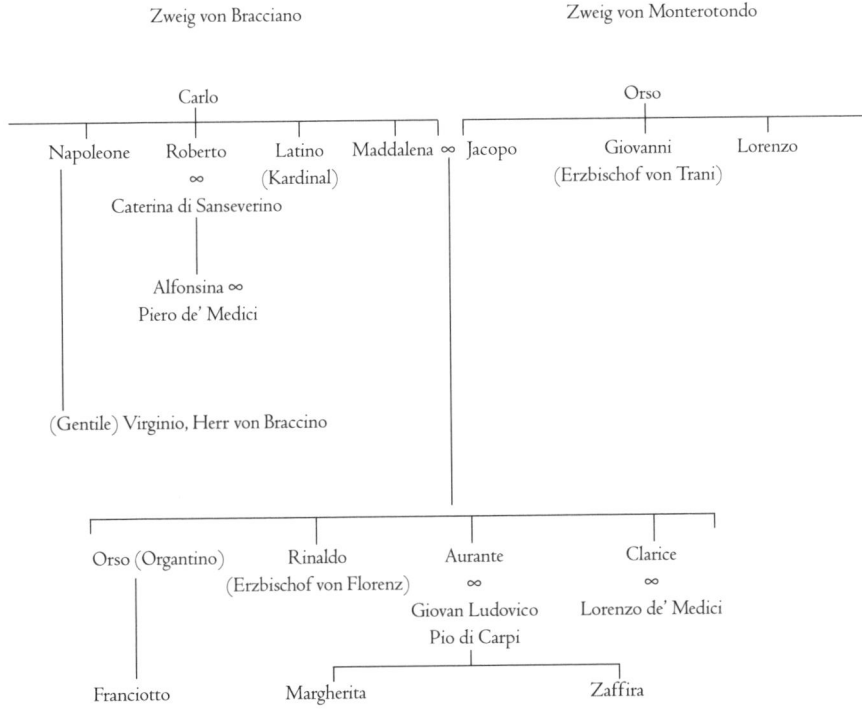

Zweig von Bracciano

Zweig von Monterotondo

Carlo

Orso

Napoleone   Roberto   Latino   Maddalena ∞ Jacopo   Giovanni   Lorenzo
              ∞   (Kardinal)   (Erzbischof von Trani)
Caterina di Sanseverino

Alfonsina ∞
Piero de' Medici

(Gentile) Virginio, Herr von Braccino

Orso (Organtino)   Rinaldo   Aurante   Clarice
                  (Erzbischof von Florenz) ∞   ∞
                                  Giovan Ludovico   Lorenzo de' Medici
                                  Pio di Carpi

Franciotto   Margherita   Zaffira

REGISTER

333